1. 2001年8月22日，第21届世界大学生运动会开幕式在北京举行。中共中央总书记、国家主席江泽民宣布运动会开幕

新华社供稿

2. 2001年6月12日，国务院总理朱镕基在全国基础教育工作会议闭幕式上发表题为《努力开创基础教育改革和发展的新局面》的讲话

新华社供稿

3. 2001年4月6日，国务院副总理李岚清在《中华人民共和国义务教育法》颁布15周年座谈会上讲话

鲍效农摄

4. 教育部部长陈至立向来访的外国客人介绍中国教育改革和发展情况

葛正明供稿

5. 教育部副部长吕福源到清华大学看望张光斗教授

樊世钢摄

6. 教育部副部长韦钰（右二）在中国—加拿大大学校长研讨会上发言

吴培红供稿

7. 教育部副部长张保庆（中）视察高等学校基建工地

张燕军供稿

8. 春节前夕，教育部副部长王湛（左）到北京密云县看望工作在第一线的教师，并到教师家中慰问

张学军摄

9. 教育部副部长袁贵仁（左）在参加全国政协教育组讨论会中，与委员们交换意见

樊世钢摄

10. 教育部副部长章新胜在教育部慰问驻外人员家属春节联欢会上讲话

李大光供稿

11. 教育部副部长赵沁平（中）考察高等学校教学实验室

刘　宏供稿

12. 为推动创新教育，北京市宣武区教育局召开创新课堂教学模式研讨会

《北京教育年鉴》编辑部供稿

13. 随着教育信息化建设步伐的加快，山区的孩子也接受计算机教育了。图为山东省平度市“青岛市南希望小学”学生上计算机课

青岛市教科所供稿

14. 上海市积极开展小班化教育试点。图为上海市教科所实验小学小班化教学综合活动课

张学军摄

15. 学生们在上海青少年校外活动营地——东方绿洲的知识大道观摩

上海市教委供稿

16. 江西景德镇特殊教育学校实行“文化教育、职业技术教育和语言训练相结合”。图为学生在进行语言训练

韩树民摄

17. 贵州三都民族中学开办女子寄宿班，为提高民族地区妇女的素质，作出了积极努力。图为女子寄宿班的学生在上网

张学军摄

18. 国家加大对民族教育的扶植力度，使青海省民族教育的面貌发生了巨大变化，学生入学率大幅提高，在边远牧区学校开展了远程教育

修伯明摄

19. 青海省撒拉族自治县女子中学的撒拉族女教师在给学生上英语课

修伯明摄

20. 建党80周年之际，革命圣地延安开展“继承革命传统，宏扬延安精神”的教育活动。

樊世钢摄

21. 西藏自治区加大教育投入，努力改善中小学办学条件。图为日喀则地区中学教学楼

西藏自治区教育厅供稿

22. 石家庄美术职业学校的学生在做根雕

樊世钢摄

23. 石家庄市职业教育中心学生在电工实验室实习

樊世钢摄

24. 山东省胶南市第二职业高中加强校内实习基地建设，与工厂联合办学，把职业教育融入社会。图为该校“工学班”学生在上课

韩树民摄

25. 重庆市石柱土家族自治县西沱镇的石柱第一职业中学探索“科教兴农”的办学路子，开创了“学校＋公司＋农户”的农村地区职业教育发展的“西沱模式”。图为该校教师在葡萄园里为学生讲课

修伯明摄

26. 近年来上海构建社区教育网络，开展面向成人提高生活质量和职业需要的多层次教育。图为上海市静安寺街道的老人们在社区学校学习

张学军摄

27. 湖北广播电视大学学生在远程教育教室里上课

张学军摄

28. 2001年7月1日，清华大学师生收看庆祝中国共产党成立80周年庆祝大会实况后，进行学习座谈

王 鹰摄

29. 近年来，太原理工大学承担了多项国家级和省部级科研项目，并在一些领域取得重要成果。图为该校研究人员在实验室工作

修伯明摄

30. 上海高校依托重点学科和重点实验室建设，研究开发了一批领先经济发展的重点项目。图为上海大学自强2000—SUHPCS计算机研制人员集体攻关

张学军摄

31. 西南师范大学的青年教师在进行教学基本功训练

修伯明摄

32. 西安工程科技学院学生在暑期“三下乡”社会实践活动中，到贫困地区为当地学生辅导功课

张学军摄

33. 湖北恩施职业技术学院培训的养殖专业户已成为当地致富的带头人

张学军摄

34. 改革开放以来，贵州民族学院预科部已培养了1600多名民族预科生，为边远贫困地区民族教育事业的发展做出了贡献

张学军摄

35. 大连市留学人员创业园

辽宁省教育厅供稿

36. 杭州市下城区青少年活动中心少年军校朝晖一小分校被评为“杭州市优秀少年军校”。图为“小海军”们在进行旗语训练

朱强尔摄

37. 首都大学生纪念中国共产党建党80周年文艺晚会在北京大学举行。图为文艺晚会现场

鲍效农摄

38. 2001年7月13日夜晚，首都的大学生走上街头，欢庆北京申奥成功

修伯明摄

39. 2001年8月22日，第21届大学生运动会在北京开幕。图为开幕式盛况

修伯明摄

# 中国教育年鉴

# (2002)

《中国教育年鉴》编辑部

人民教育出版社
·北京·

**图书在版编目(CIP)数据**

中国教育年鉴.2002/《中国教育年鉴》编辑部编. 北京:人民教育出版社,2002
ISBN 7-107-15800-7

Ⅰ.中…
Ⅱ.中…
Ⅲ.教育事业-中国-2002-年鉴
Ⅳ.G52-54

中国版本图书馆 CIP 数据核字(2002)第 054022 号



人民教育出版社出版发行
(北京沙滩后街 55 号 邮编:100009)
**网址**:http://www.pep.com.cn
山东新华印刷厂德州厂印装 全国新华书店经销
2002 年 11 月第 1 版 2002 年 11 月第 1 次印刷
开本:890 毫米×1 240 毫米 1/16 印张:56 插页:64
字数:1 300 千字 印数:0 001~3 000 册
定价:130.00 元

# 编 辑 说 明

一、《中国教育年鉴》是中华人民共和国教育部编纂的全国性专业年鉴和综合性资料著作。它是各级教育行政部门、各级各类学校执行党和国家的教育方针政策与法律法规、做好教育工作的经验总结，是中国教育事业不断改革和发展的真实记录。

二、编纂本书是为教育管理决策、教育科研提供依据；为教育战线沟通信息、交流经验开辟园地；为宣传中国教育改革与发展成果设立窗口；并为热心关注和研究中国教育的读者提供参考。

三、年鉴的基本栏目有：党和国家有关教育工作的重要文件，党和国家领导人有关教育工作的重要讲话，国家教育行政部门负责人的讲话或专文，全国教育年度工作计划，教育发展基本统计，教育综合管理，基础教育，职业教育与成人教育，高等教育，师范教育，民族教育，学校体育、卫生与艺术教育，电化教育，教育考试，干部管理与教师工作，教育财务与审计，国际及与港、澳、台合作交流，语言文字工作，教材建设、出版管理与教学仪器研究，教育科研、学术活动，教育报刊，各省、自治区、直辖市教育（按行政区划顺序排列），香港、澳门特别行政区教育情况简介，文件选编，资料汇编，教育大事记。

四、按目前国际国内通例，当年的年鉴反映上一年教育工作的基本情况，某些多年才能完成的工作任务，主要记述当年此项工作的进展情况。

五、年鉴的全国性统计数据，由教育统计部门提供，引用应以此为准。某些条目中的数据，因统计口径不一，可能有不尽一致之处，望读者使用时注意。

六、年鉴的全国性统计数据均不包括台湾省和香港、澳门特别行政区。

七、在年鉴编纂过程中，虽力求做到内容全面系统，资料准确无误，文字简明精炼，但由于我们水平所限，仍有需要改进之处，欢迎读者批评指正。

《中国教育年鉴》编辑部

2002年6月

# 目　录

# Contents

# 在庆祝清华大学建校九十周年大会上的讲话

（2001年4月29日）

江 泽 民

老师们，同学们，同志们，朋友们：

今天，清华大学校园里春光明媚，万物更新，充满着蓬勃朝气。来到你们中间，我仿佛年轻了许多，心情特别高兴。

首先，我代表党中央、国务院，并以我个人的名义，向清华大学全体师生员工和海内外校友，表示热烈的祝贺！向参加庆典的海内外嘉宾，表示诚挚的欢迎！向全国高等院校的师生员工和广大从事教育工作的同志们，致以亲切的问候！

清华大学建校九十年来，随着时代的步伐前进，发扬“自强不息，厚德载物”校训的精神，为祖国培养了一批又一批人才。清华的广大师生心系祖国和人民，为祖国科学教育事业的发展，为中华民族的解放和振兴作出了重要贡献。

清华大学有着光荣的历史，涌现了许多可歌可泣的杰出人物。闻一多先生横眉冷对反动派，宁死不屈，表现了“生当作人杰，死亦为鬼雄”的高风亮节。朱自清先生写出了《荷塘月色》、《背影》等清新淡雅的著名文章，他铁骨铮铮，一身正气，宁肯饿死，也不领美国的救济粮。毛泽东同志说：“我们应当写闻一多颂，写朱自清颂，他们表现了我们民族的英雄气概。”新中国成立后，清华大学更是人才辈出。国家表彰的为“两弹一星”作出突出贡献的23名科学家，其中有14名曾在清华大学学习和工作过。他们隐姓埋名，顽强拼搏，以自己的智慧、热血和生命谱写了一曲曲感人的爱国主义之歌。在我国革命、建设和改革的各个历史时期，许许多多的清华人，响应党和人民的召唤，在各条战线上艰苦奋斗，为祖国和人民建功立业。他们是清华大学的光荣，也是中国知识分子的骄傲！

实践证明，牢固树立为祖国和人民而奋斗的理想，并坚忍不拔地为实现这种理想而奋斗，不仅不会限制优秀人才的个性和才能的发展，而且恰恰相反，只有在这种火热的奋斗中，优秀人才的聪明才智才能更加充分地发挥出来，他们的生命价值才能更加完美地展现出来。一切有志的青年，只有走这条道路，才能对祖国和人民大有作为。

纵观世界，经济全球化正在深入发展，科技进步日新月异，综合国力竞争日益激烈。科学技术的重要性从来没有像现在这样突出。科学技术越来越显示出第一生产力的巨大作用。我们必须坚持实施科教兴国战略，不断提高全民族的思想道德素质和科学文化水平。

到本世纪中叶，我们要基本实现社会主义现代化，实现中华民族的伟大复兴。离开科学教育事业的发展，离开全民族科学文化水平的提高，这一光荣而艰巨的任务是不可能完成的。大学应该成为科教兴国的强大生力军。要继续提高高等教育的质量，加快高等教育事业的发展，努力在全国建设若干所具有世界先进水平的一流大学。清华大学提出要建设成世界一流大学。希望你们向着这个目标不懈努力。

一流大学应该坚持正确的办学思想，注重形成优秀的办学传统，形成鲜明的办学风格，发展优势学科，努力建设一支高素质、高水平的教师队伍，为国家和民族的兴旺发达作出贡献。

一流大学应该站在国际学术的最前沿，紧密结合先进生产力的发展要求，依托多学科的交叉优势，努力进行理论创新、制度创新、科技创新，特别要抓好科技的源头创新，并推动科技成果加速转化为现实生产力。

一流大学应该成为继承传播民族优秀文化的重要场所和交流借鉴世界进步文化的重要窗口，成为新知识、新思想、新理论的重要摇篮，努力创造和传播新知识、新理论、新思想，不断促进社会主义文化的发展。

一流大学应该成为培养人才的重要基地，不断为祖国为人民培养出具有正确的世界观、人生观、价值观，具有创造精神和实践能力的全面发展的人才。

一个国家的大学水平如何，从一个方面反映着这个国家科技文化发展的水平，也是这个国家综合国力的重要体现。我国建设具有世界水平的一流大学，需要党和政府以及全社会的大力支持，需要优化配置和充分利用教育资源，更需要广大大学师生员工的艰苦努力。

中国要实现繁荣富强，中华民族要实现伟大复兴，中国人民要对人类作出更大贡献，必须培养和造就千千万万的人才。要做到这一点，教育战线上的同志们责任尤为重大啊！党和国家殷切希望你们履行好这一光荣的责任。

这里，我想向在座的大学生，并通过你们向全国的大学生提出几点希望。

从 20 世纪进入 21 世纪，你们是承前启后、继往开来的重要一代。我国现代化建设的第三步战略目标将在你们这一代手中实现。你们树立什么样的理想，学到什么样的知识，具有什么样的能力，对于祖国和民族的未来关系重大。你们要成为祖国和人民需要的人才，既要靠老师们的辛勤培育，更要靠自己的刻苦努力。

希望你们成为理想远大、热爱祖国的人。始终以国家富强和人民幸福为己任，坚定建设有中国特色社会主义的信念。闻一多先生说："诗人主要的天赋是'爱'，爱他的祖国，爱他的人民。"要成为一个有志和有为的青年，爱祖国、爱人民是首要的要求。

希望你们成为追求真理、勇于创新的人。马克思说过，在科学上没有平坦的大道，只有不畏劳苦沿着陡峭山路攀登的人，才有希望达到光辉的顶点。要热爱科学，崇尚科学精神，特别要善于从马克思主义理论中汲取营养，树立科学的世界观，把握正确的方法论，努力做科学探索和创新的先锋。

希望你们成为德才兼备、全面发展的人。要努力使自己既具有优良的思想政治素质，又具有过硬的科学文化本领，既有强健的体魄，又有健全的心智。全面认识自己、提高自己，不断在学习中增长知识，不断在人生旅途中陶冶情操，不断在社会实践中磨炼意志，为承担起建设祖国的神圣职责做好一切准备。

希望你们成为视野开阔、胸怀宽广的人。要学会以宽广的眼光观察中国，观察世界，善于用中华文明的优秀传统和世界文明的先进成果来丰富自己。要坚持向历史和现实学习，向人民和社会学习，既勇于开拓，又谦虚谨慎，善于在集体的奋斗中开创新的事业。

希望你们成为知行统一、脚踏实地的人。认知只有赋之实践，才具有彻底的意义。古人说："道虽迩，不行不至；事虽小，不为不成。"你们一定要发扬从自己做起、从现在做起的精神，既富于崇高理想，又始终脚踏实地，诚诚恳恳地为祖国和人民做好每一件有意义的事情。

"长江后浪推前浪，世上新人换旧人。"这是一条不可抗拒的客观规律。我相信，在祖国改革开放和现代化建设的广阔舞台上，年轻一代一定会干得很好，一定能创造出无愧于时代和人民的业绩。

中华民族的未来是美好的！

中国青年的未来也是美好的！

# 努力开创基础教育改革和发展的新局面

## ——朱镕基总理在全国基础教育工作会议上的讲话

（2001 年 6 月 12 日）

这次会议是进入新世纪以后，国务院召开的第一次教育工作会议，专门研究基础教育工作，说明党中央、国务院对基础教育的高度重视，李岚清同志代表国务院作了讲话，我都同意。大家认真讨论了《国务院关于基础教育改革与发展的决定》，分析了当前基础教育工作中的问题，明确了今后一个时期的指导思想和主要任务。这次会议必将对我国基础教育的改革和发展产生重要推动作用。下面我讲几点意见。

**一、必须把基础教育放在更加重要的战略地位**

这次会议和《国务院关于基础教育改革与发展的决定》，进一步强调了教育特别是基础教育的重要地位和作用。这无疑是十分正确的。教育是科技的基础，基础教育是教育事业的基石，对于提高国民素质、培养各级各类人才，对于实施科教兴国战略、加速我国现代化进程，都具有基础性、先导性和全局性的重要作用。江泽民总书记十分重视基础教育工作，明确指出："普及九年义务教育，满足基本学习需要和提高劳动者的整体素质，要作为教育工作的首要目标，努力提高绝大多数人的教育水准。"目前我国有 2 亿多中小学生，再加上学龄前儿童，占全国人口的六分之一。他们是祖国的未来，民族的希望。把基础教育搞上去，就可以显著提高未来的国民素质，为培养大批优秀人才打下坚实基础，这是具有战略意义的大事。

切实加强基础教育，加快基础教育改革和发展，既是教育工作的当务之急，也是推进我国现代化建设的一项紧迫而艰巨的任务。新中国成立 50 多年特别是改革开放以来，我国基础教育工作取得了巨大进步，基本普及九年义务教育和基本扫除青壮年文盲（简称"两基"）的目标初步实现。这是一个非常了不起的成就。但基础教育总体水平不高，发展不平衡，问题还不少。目前，全国尚有 15％的人口地区没有完成普及九年义务教育的任务，还有近 5％的青壮年没有脱盲；已经实现"两基"的地区，质量参差不齐，有的没有真正达到标准；有些地区成果不巩固，中小学辍学率有上升趋势；农村义务教育管理体制不顺，教育经费不足，并由此带来一系列问题。

跨入新世纪，我国进入了全面建设小康社会，加快推进社会主义现代化的新的发展阶段，各项任务非常艰巨。我们要抓住世界经济科技发展的机遇，迎接国际竞争的挑战，要对国民经济进行战略性调整，促进产业结构优化升级，实施西部大开发，进一步深化改革，扩大开放，这些都迫切需要显著提高劳动者的素质和加快培养大批人才。相对而言，我们现在最紧缺的不是资金和资源，而是人才。中国人还是很聪明的，只要从小抓起，普及教育，在许多科技领域，特别是在计算机技术、信息技术领域，完全可以较快赶上世界先进水平。总之，不加强基础教育，就不可能实现中华民族的伟大复兴，更不可能把我国建成强大的现代化国家，必须把基础教育作为教育事业发展的重点，放在更加重要的战略地位。

**二、完善基础教育管理体制，确保义务教育经费投入**

加强基础教育的一个重要方面，是要完善教育管理体制，确保经费投入，特别是保障义务教育投入。现行基础教育体制特别是农村义务教育体制的最大问题，是既无法保证义务教育经费的稳定来源，又为乱收费、乱摊派敞开方便之门，造成农民负担过重，到了非改不可的时候。中央最近研究决定，“实行在国务院领导下，由地方政府负责、分级管理、以县为主的体制”，明确划分了从中央到省、地（市）、县的职责，特别是明确了县对本地农村义务教育负有主要责任。这是完全必要的、正确的，必须认真贯彻执行。这里需要强调以下三点：第一，举办基础教育特别是义务教育，主要是政府的责任。这在世界各国都是如此，我国也应当这样做。政府要保证对义务教育的投入，不要把这个钱摊在老百姓身上。宁可少上几个项目，宁可把盖办公大楼的标准降低一点，也一定要千方百计保证基础教育经费。第二，省、地（市）、县人民政府都要加大对基础教育的投入。在现行财政体制下，财政的大头在地方。2000 年国家财政收入共13 380亿元，其中，地方财政收入6 394亿元；中央财政收入6 986亿元，其中中央又返还地方4 668亿元（包括增值税的返还，补助发工资和其他各种补贴，还有转移支付等），也就是说，80%以上的财力在地方，中央只有2 300多亿元，用于维持外交、国防和政府的正常运转。同时，地方也是发展基础教育的直接受益者。希望大家进一步认识加强教育工作的重要性，拿出更大的积极性和实际行动支持基础教育。第三，中央要加强对基础教育的宏观管理和指导，并根据实际情况加大对中西部困难地区和民族地区的财政转移支付，支持这些地区基础教育的发展。认真实行这样的体制，并加大投入，我国基础教育就会持续健康发展。

为了保证基础教育特别是农村义务教育经费，当务之急是要采取“一保、二控、三监管”的措施。所谓“保”，就是保证教师工资发放。确保农村中小学教师工资发放，是地方各级政府的责任，只有稳定教师队伍，才能搞好农村义务教育。要严格实行教师资格制度，逐县核定教师编制和工资总额，由县级财政部门通过银行直接发放在编教师的工资。对财力不足、发放教师工资确有困难的县，要通过调整财政体制和增加转移支付的办法加以解决。所谓“控”，就是控制学校收费标准，坚决制止乱收费，切实减轻学生家长特别是农村学生家长的负担。国务院有关部门要统一制定贫困地区农村义务教育收费标准和收费制度，其他地区由省级人民政府按照国家有关规定，结合当地实际，确定本地区杂费、书本费的标准。所谓“监管”，就是加强对教师工资发放和教育收费情况的监管和检查，完善举报制度，接受群众监督。对于违反规定，不能保证教师工资发放和挪用挤占教师工资资金的地方，对于乱收费和挪用挤占中小学收费资金的行为，要及时严肃查处。严禁借收费搞不正之风和腐败行为。

在农村税费改革中，既要减轻农民负担，又要确保义务教育经费投入。农村税费改革是一次伟大的农村改革，我们原来希望搞得快一点，希望农民负担减轻得快一点，农业发展能够快一点。但现在看来解决这个问题的难度相当大，还有不少问题尚未研究清楚，在目前的情况下，全面推开农村税费改革确实有很大的风险。因此，中央决定还是在安徽试点取得经验后，再逐步推开。从方向上看，这项重大改革是非搞不可的。现在最大的担心就是改革后农村义务教育经费缺口太大。目前县财政的60%～70%、乡（镇）财政的70%～80%用于教育。税费改革后，教育费附加和集资不能搞了，缺口就出来了。我们工作的一个重要着眼点，是既减轻农民负担，又保证农村义务教育投入。在实行农村税费改革的试点地区，要在减轻农民负担的同时，采取切实措施，确保义务教育经费投入有稳定的来源；没有搞农村税费改革的地方，仍按照国家有关法律法规和现行办法保证教育经费来源，并按照国务院的要求建立农村义务教育新的管理体制，为今后的改革创造条件。总之，无论哪种情况，无论什么地方，都必须保证农村义务教育经费的投入。各级政府有关部门和所有学校都要切实加强财务管理，努力提高经费使用效益。

加强基础教育，还要鼓励社会力量办学。要坚持贯彻“积极鼓励、大力支持、正确引导、加强管理”的方针，利用社会力量多形式、多途径发展教育特别是非义务教育。要提倡捐资助学，对企事业单位、社会团体和公民个人对基础教育的捐赠，一律享受国家有关优惠政策，捐赠款在应纳税所得额中全额扣除。国家和地方对捐助基础教育有突出贡献的单位和个人予以表彰。

**三、着力提高基础教育质量**

中小学教育对人的一生发展起着关键性作用。必须全面贯彻党的教育方针，扎扎实实推进素质教育。要适应时代发展和现代化建设要求，端正教育思想，转变教育观念，面向全体学生，培养他们的创新精神和实践能力，使学生具有适应终身学习的基础知识、基本技能和方法，具有健壮的体魄和良好的心理素质。为此，要加快课程教学改革和考试制度改革，全面提高基础教育质量。特别要加强德育。现在学校教育中一个倾向性问题，是对德育重视不够。要对中小学生加强爱国主义、集体主义和社会主义教育，加强中华民族优良传统、革命传统和国防教育，加强思想品德和道德教育。高中阶段要注重进行马克思主义、毛泽东思想和邓小平理论基本观点的教育。对中学生进行正确的世界观、人生观、价值观教育。中华民族传统道德中有许多非常优秀的成分，蕴藏着丰富的精神内涵。要发扬这种优秀传统，教导青年立志、做正直的人，树立对国家、为民族的奉献精神。德育工作要适应新形势的要求，改进方式方法，增强针对性、有效性。

教师是保证和提高教育质量的关键，要努力建设一支高素质的教师队伍。教师不仅要传道、授业、解惑，更要“学高为师、身正为范”。广大中小学教师非常辛苦，为基础教育事业作出了很大贡献。但也要看到，还有相当一部分教师不能适应素质教育的要求。要抓好教师培训，提高教师道德素质和业务水平。要严格把关，录用优秀人才进入教师队伍，同时认真核定编制，坚决辞退不合格人员，精简富余人员。

**四、加强领导，努力开创基础教育工作新局面**

各级党委、政府必须切实加强对基础教育和整个教育工作的领导。邓小平同志早在1985年全国教育工作会议上就指出：“一个地区，一个部门，如果只抓经济，不抓教育，那里的工作重点就是没有转移好，或者说转移得不完全。忽视教育的领导者，是缺乏远见的、不成熟的领导者，就领导不了现代化建设。各级领导要像抓好经济工作那样抓好教育工作。”这个论断非常重要、非常深刻，至今仍具有很大的现实意义和教育意义。希望各级领导同志要认真领会小平同志的这一重要思想，时刻铭记在心，身体力行抓好教育。特别是省级领导干部要带头，要有远见，更加自觉地关心基础教育，关心下一代成长，为加强基础教育创造良好条件。

各级领导干部要转变工作作风，做深入细致的工作，亲自调研和处理基础教育改革和发展中的重要问题，经常深入学校，深入边远、贫困地区和少数民族地区，为基础教育多办实事。这次会议后有许多工作需要落实，例如治理乱收费、落实教育经费、整顿教师队伍等，要做好过细的工作，不能出问题。

基础教育是全社会的事业，各个方面都要关心、支持。要在全社会树立和普及正确的教育思想，促进教育观念的转变，为基础教育的改革和发展创造良好的社会环境。

切实加强基础教育工作，关系现代化建设全局，关系中华民族的伟大复兴。我们要高举邓小平理论伟大旗帜，以江泽民同志“三个代表”的重要思想为指导，开拓进取，扎实工作，努力开创我国基础教育改革和发展的新局面。

# 深化基础教育改革　加快素质教育步伐 为现代化建设提供人才储备和智力支持

## ——李岚清副总理在全国基础教育工作会议上的讲话

（2001 年 6 月 11 日）

这次全国基础教育工作会议，是在进入新世纪，全党全国人民认真落实“十五”计划、大力实施科教兴国战略、加快推进社会主义现代化的新形势下，我国教育战线召开的一次重要会议。会议的主要任务是：以邓小平理论和江泽民同志“三个代表”的重要思想为指导，认真贯彻落实党的十五届五中全会和第三次全国教育工作会议精神，以全面实施素质教育为核心，以调整农村义务教育管理体制为重点，进一步加快基础教育的改革与发展，努力提高基础教育的质量和水平，为改革开放和现代化建设提供强大的人才储备和智力支持。会议召开之前，已经作出了《国务院关于基础教育改革与发展的决定》；会议期间，朱镕基同志还要作重要讲话。这里，我先代表国务院着重强调以下三个问题。

**一、统一思想，提高认识，切实增强搞好基础教育的责任感和紧迫感**

我们是在知识经济加速到来、国际竞争日趋激烈的国际形势下进行现代化建设的，我国人口众多且科技文化水平偏低的基本国情，决定了我们在经济社会发展中必须切实把教育放在优先地位。党的十五大指出：“培养同现代化要求相适应的数以亿计的劳动者和数以千万计的专门人才，发挥我国巨大人才资源的优势，关系 21 世纪社会主义事业的全局。”搞好基础教育，是落实科教兴国战略和教育优先发展战略的首要任务，是提高国民整体素质、把沉重的人口负担转化为巨大人力资源优势的根本途径，是促进社会主义现代化建设、实现中华民族伟大复兴的奠基工程。我们要从实践江泽民同志“三个代表”重要思想的高度和实现我国现代化建设第三步战略目标的大局出发，深刻认识搞好基础教育的重要意义。

新中国成立后特别是改革开放以来，在党中央、国务院的领导下，经过各级党委、政府和广大人民群众的共同努力，我国基础教育取得了举世瞩目的历史性成就。2000 年基本实现了“基本普及九年义务教育和基本扫除青壮年文盲”的奋斗目标，全国 85%的人口地区基本普及九年义务教育（简称“普九”），青壮年文盲率降到 5%以下，国民平均受教育年限提高到 8 年以上。小学学龄儿童入学率达到 99.1%，初中和高中阶段的毛入学率分别达到 88.6%和 42.8%，学前教育也有了长足发展。近年来，政府和全社会对教育的投入逐年增加，教育规模不断扩大，学校布局趋于合理，办学条件和教师的工作、生活待遇有了显著改善，教师的学历水平和素质有了明显提高，教师队伍建设得到进一步加强，素质教育的思想逐步深入人心并在实践中进行了积极探索，我国基础教育在国际上已显示出自己的优势和特点。这一切，为我们在新世纪加快教育尤其是基础教育的发展奠定了坚实基础，也为我国经济和社会的全面发展提供了重要保证。

但是，也要清醒地看到，当前我国的基础教育还存在许多问题和困难，主要表现在：一是基础教育的发展很不平衡。在已经初步实现“普九”目标的地区，不少地方工作基础脆弱、质量水平偏低，巩固和提高的任务依然繁重；在尚未实现“普九”目标的地区，由于经济文化发展相对落后，推进义务教育的任务更为艰巨。西部及“老、少、边、穷”地区基础教育的发展与发达地区的差距在不断扩大。二是基础教育的管理体制和投入机制不够完善。一些农村中小学校布局不够合理，尤其是新形势下稳定支撑农村义务教育的经费保障机制尚未建立，投入严重不足，有的地方长期拖欠教师工资，中小学日常运转经费和危房改造、校舍建设所需的必要资金得不到保证，严重制约了基础教育的发展。三是实施素质教育尚未取得突破性进展。基础教育本身还没有从“应试教育”的桎梏中解放出来，教师队伍整体素质还不能完全适应实施素质教育的要求，对学生重智力培养、轻全面发展，重知识灌输、轻创新精神和实践能力培养的倾向还比较严重，课程教材改革滞后、学生课业负担过重、德育缺乏针对性和实效性等问题还没有解决。“十五”期间，我国正处于初中学龄人口入学高峰期，基础教育面临极大的压力，对于上述问题如不抓紧采取有效措施加以解决，不仅已有的基础教育成果难以巩固，而且还可能滑坡，严重影响我国改革开放和现代化建设的进程。总之，我国的基础教育与21世纪经济和社会发展的要求相比还存在很大差距，还不能完全承担起培养数以亿计的高素质劳动者和数以千万计的专门人才、把沉重的人口负担转化为巨大人力资源优势的历史重任，在这个问题上，我们一定要有危机感和紧迫感。

当前，推进基础教育的改革与发展虽然面临着严重的挑战，但也存在着难得的历史机遇。党中央、国务院高度重视基础教育工作。早在1995年5月召开的全国科技大会上，江泽民同志首先提出了科教兴国的战略。2000年2月，他专门就教育问题发表了重要谈话，最近又进一步强调实施科教兴国战略必须首先落实到义务教育上来。朱镕基总理在本届政府组成伊始就宣布把实施科教兴国战略作为最大任务。国务院和地方各级政府在加大对教育的投入和推动基础教育的改革和发展方面采取了一系列措施，全社会尊师重教的风气正在形成。“十五”期间，国家将制定和完善有关政策，深化基础教育改革，加大对基础教育的投入，促进基础教育健康发展。国家实施的西部大开发战略，把加快西部和贫困地区的教育发展作为一项重点任务，这必将为西部和贫困地区基础教育发展注入新的活力，并对全国的基础教育工作产生积极而深刻的影响。

在这样的形势和任务面前，各级党委、政府一定要统一思想，提高认识，牢固树立教育要适度超前发展的思想，牢固树立实施科教兴国战略必须首先落实到义务教育上来的思想，牢固树立解决好我国经济和社会发展中的各种问题，最终要靠大力发展教育、提高劳动者整体素质的思想，继续把搞好基础教育作为教育工作的“重中之重”，抓住当前的有利时机，采取切实措施，推动基础教育跨上新台阶。

**二、深化基础教育体制改革，推动农村义务教育顺利发展**

农村义务教育是我国教育事业的重要组成部分，不仅关系到广大农村中小学生的健康成长，关系到亿万农民素质的提高，而且关系到农业和农村经济的发展，关系到国民经济和社会发展的全局。我国有12.6亿人口，农村人口达8亿多，普及义务教育的重点在农村，难点也在农村。长期以来，我国农村的义务教育基本上是依靠当地农民来办的。过去在计划经济时代，人民公社既是基层政权，又是经济实体和社会组织，农村中小学是由政府和集体共同举办的，并主要依靠社队来办。实行家庭联产承包经营责任制以后，主要依靠向农民收取“三提五统”中的教育费附加和教育集资来办当地的义务教育。农民办义务教育的体制，在当时特定的历史条件下，对农村教育的发展起到了重要作用，但也带来了不少问题，比如，加重了农民的负担，损害了干群关系，制约了农村特别是贫困地区农村义务教育和农村经济的进一步发展。随着改革开放的深入和社会主义市场经济的发展，我国综合国力大大增强，中央和地方财政状况逐步好转，各级政府应当而且可以对农村义务教育承担更多的责任。我们有理由也有条件对农村义务教育体制实行进一步的调整和改革，推动农村义务教育的发展。

**第一，完善农村义务教育管理体制，使各级政府切实承担起发展义务教育的责任。**

办好义务教育是政府义不容辞的责任。要按照中央关于教育体制改革的决定和《中华人民共和国义务教育法》的精神，尽快确立和实行在国务院领导下，由地方政府负责、分级管理、以县为主的管理体制，大力发展农村义务教育。县（市）人民政府要真正担负起发展本地农村义务教育的主要责任，负责抓好中小学的规划、布局调整、建设和管理，负责教职工工资的统一发放，负责中小学校长、教师的管理。乡（镇）人民政府要承担相应的义务教育办学责任，根据国家规定筹措教育经费、改善办学条件、提高教师待遇。乡（镇）、村要负责维护学校的治安和安全、划拨新建扩建校舍所必需的土地、动员适龄儿童入学等。有条件的乡（镇）可撤销专管教育的机构，由中心学校的校长承担管理该地区学校的职能。

**第二，建立健全经费投入机制，为农村义务教育的发展提供可靠的物质保障。**

各级政府要加大教育投入，切实保证义务教育的经费需要。农村义务教育经费主要有教师工资、公用经费、校舍建设和危房改造经费、书本费四大块。

在教师工资方面，要在严格实行教师资格制度、核定教师编制和工资总额的基础上，确保农村中小学教师工资按时足额发放。县（市）人民政府要强化对教师工资的管理，从2001年起，将农村中小学教师工资的管理上收到县，原乡（镇）财政收入中用于农村中小学教职工工资发放的部分要相应划拨上交到县级财政，并按规定设立“工资资金专户”，由财政部门通过银行直接拨入教师在银行开设的个人账户中，实现教师工资的统一管理和发放。对财力不足、发放教师工资确有困难的县，要根据“一要吃饭，二要建设”的原则，通过调整财政体制和上级财政增加转移支付的办法予以解决。在国家扶贫开发工作重点县等中西部困难地区，要建立农村中小学教师工资保障机制，中央财政给予适当补助。在财政确保教师工资发放的同时，要采取有力措施，严格控制收费标准，坚决刹住乱收费，切实减轻农民负担。要进一步加强对教师工资经费的监管，实行举报制度，对挪用挤占教师工资资金的，一经查实，要立即停止中央财政的转移支付，扣回已经转移支付的资金，并追究主要领导人的责任。

在公用经费方面，要合理安排农村中小学正常运转所需经费，由省（自治区、直辖市）人民政府根据当地农村中小学实际公用经费支出情况，核定本地区该项经费的标准和定额。除从学校按规定收取的杂费中开支外，其余不足部分由县（市）、乡（镇）人民政府予以安排。

在农村中小学校舍建设和危房改造经费方面，地方各级人民政府要把农村学校建设列入基础设施建设的统一规划，高度重视农村中小学危房的改造，统筹安排相应的校舍建设资金。国家依据法律允许在群众自愿量力的原则下，动员农民集资，提倡农民通过义务劳动支持农村中小学危房改造。

在杂费、书本费方面，国家扶贫开发工作重点县等农村贫困地区义务教育阶段，实行由中央有关部门规定标准的“一费制”收费制度；对其他地区由省级人民政府按照国家有关规定，结合当地实际，确定本地区的标准。教科书的印制要符合新颁布的中小学教材版式的国家标准，在农村特别是贫困农村地区推广使用经济适用型教材，出版发行要打破垄断，试行公开竞标，保证教材质量，降低成本和价格，做到“课前到书，人手一册”。从2001年开始，对贫困地区农村家庭经济困难的中小学生要完善助学金制度，逐步实行由国家免费提供教科书的制度。

没有进行税费改革的地方，要继续做好农村教育费附加的征收和管理工作。实行农村税费改革试点的地方，对因税费改革而减少的教育经费，有关地方人民政府要在改革后的财政预算和上级转移支付资金中优先安排，确保当地农村义务教育投入不低于税费改革前的水平。

总之，对农村义务教育经费要“一保、二控、三监管”，“一保”即，保证教师工资按时足额发放；“二控”即，控制学校收费标准，坚决制止乱收费，切实减轻学生家长特别是农村学生家长的负担；“三监管”即，加强对教师工资发放和教育收费情况的监管和检查，完善举报制度，接受群众监督。

发展农村义务教育，要坚持以政府办学为主、社会力量办学为补充的原则，在全社会大力倡导捐资助学，鼓励社会力量办学。企业、社会团体和公民个人捐资助学，通过非营利的社会团体和国家机关向农村义务教育所捐资金在应纳税所得额中全额扣除，并且要给予宣传表彰。

**第三，调整农村中小学布局，促进教育资源的优化配置。**

现行的农村义务教育办学体制，大体上是中学由乡里办，小学由村里办，存在布局不合理，力量分散，资源浪费等问题，制约着教育质量的提高。我们必须因地制宜地调整农村中小学布局，提高教学质量和管理水平。要按照小学就近入学、初中相对集中、优化教育资源配置的原则，把方便学生上学与扩大学校规模结合起来，合理规划和调整学校布局。农村小学和教学点要在方便学生就近入学的前提下适当合并，在交通不便的地区仍需保留必要的教学点，防止因布局调整造成学生辍学。调整后的校舍等资产要保证用于发展教育事业，防止教育资源的浪费和国有资产的流失。在有需要又有条件的地方可办寄宿制学校。

**第四，加大教育对口支援力度，促进贫困地区和少数民族地区义务教育的发展。**

帮助贫困地区发展科技和教育，是扶贫的根本性措施。在刚刚闭幕的中央扶贫开发工作会议上，江泽民同志指出，要把扶贫工作与科教发展紧密结合起来，促进贫困地区经济社会协调发展。朱镕基同志强调，要高度重视科技、教育在脱贫致富中的作用，努力提高贫困地区人口素质。我们要按照中央的要求，抓住西部大开发的有利时机，大力加强教育对口支援工作。要认真实施好第二期“国家贫困地区义务教育工程”，继续支持中西部贫困地区、少数民族地区和边疆地区普及义务教育。在扶贫工作中，要把教育扶贫作为重要内容，继续实施“东部地区学校对口支援西部贫困地区学校工程”、“大中城市（包括西部地区）学校对口支援本地贫困地区学校工程”。对口支援要落实到地区对地区、学校对学校，重点提高受援学校和地区的教育质量和学校管理水平。要帮助贫困地区培训师资，特别是培养校长和骨干教师。西部地区地广人稀，学校和教学点分散，要帮助他们充分利用远程教育网络和现代技术手段开展教学和培训师资。发达地区和城市里学校闲置和更换下来的教学仪器设备、学生用过的课本等学习用品、穿过的衣服等生活用品，都可以收集起来，送到贫困地区的农村学校去。这项工作也是体现我们社会主义制度优越性的一个方面，要形成制度，长期坚持下去。

共青团开展的“希望工程”活动受到广大群众的热情支持，对支援贫困地区教育做出了很大贡献，成为政府对义务教育特别是对农村义务教育投入的重要补充，体现了中华民族济困重教优良传统。希望团中央继续做好这项工作，为农村中小学危房改造工程和扶困助学做出有益的贡献。

发展义务教育，是增强民族团结的重要途径。我们要采取切实措施，进一步办好内地的民族学校、“西藏班”、“新疆班”，加大对少数民族地区实施义务教育的支持力度。少数民族地区要认真贯彻执行《中华人民共和国国家通用语言文字法》，提高教师使用普通话和规范汉字的能力，提高教师双语教学的水平，搞好双语教学特别要加强汉语教学。在多民族聚居区，要提倡不同民族的学生在同一学校共同学习，促进民族团结。同时，要将残疾少年儿童的义务教育作为普及九年义务教育巩固提高工作的重要任务。

**第五，逐步统一中小学学制，推动农村义务教育的规范化发展。**

当前，我国中小学的学制还不统一，有的实行“五三”学制，有的实行“六三”学制。全国还有数以万计的复式教学点，就是不管小学几年级都在一起上课。这种状况严重影响了教学质量，必须逐步加以规范。“十五”期间，国家将整体设置九年义务教育课程。现在实行“五三”学制的地区，要在2005年基本完成向“六三”学制过渡，即小学六年、初中三年。有条件的地方，可以实行小学和初中结合的九年一贯制。还可以积极探索实行完全中学的高中与初中分离，扩大高中阶段教育规模。

**第六，坚持农科教相结合，促进农村经济和社**

会发展。

在农村地区实施义务教育，要紧密结合本地的实际情况，坚持农科教相结合和基础教育、职业教育、成人教育的“三教统筹”，适当增加适用技能课程，以利于农村的经济发展和社会进步。

**三、全面贯彻党的教育方针，大力实施素质教育**

全面贯彻党的教育方针，是基础教育沿着正确方向前进的根本保证。在新的世纪，我国教育的根本任务是什么？是智育惟一，片面追求升学率，还是全面提高国民素质？这是事关基础教育性质和发展方向的根本问题。这个问题不解决好，实施全面素质教育就是一句空话。近些年来，特别是第三次全国教育工作会议以来，素质教育思想逐步深入人心，广大教育工作者为推进素质教育，在理论和实践上进行了认真探索，积累了有益的经验，涌现了一些好的典型，为进一步深化基础教育改革奠定了基础，创造了条件。但是，从总体上看，素质教育的成效还不够明显，尚未取得突破性进展。一些地方开展素质教育还是号召多而落实的措施少，一些学校对素质教育的理解和实施存在简单化片面化的倾向，个别地方应试教育愈演愈烈。为什么素质教育只能在点上开花，不能在面上结果？究其原因，一是我国历史上长期存在的科举制度对人们思想观念的影响；二是我国教育资源短缺、升学竞争激烈的客观因素制约；三是教师队伍还不适应素质教育的需要；四是基础教育本身还存在一些弊端，迫切需要深化改革。现在，经过这么多年的探索和实践，大家对应试教育的弊端已经看得比较清楚了，改革的思路和时机也基本成熟了。我们应当以党的教育方针统一思想，转变教育观念，以对历史和民族高度负责的态度，坚决摒弃应试教育的弊端，切实推进素质教育，使青少年在德智体美等方面得到全面发展，健康成长。

全面实施素质教育，涉及的问题很多，情况也比较复杂，我们既要有全面系统的政策导向，又要紧紧抓住核心问题和关键环节，采取有力措施，力争取得突破性进展。当前，要突出抓好以下四个方面的工作：

（一）积极推进课程改革。课程集中体现了教育思想和教育观念，课程改革是基础教育改革的核心内容。现行课程设置存在不少弊端，主要表现为“难、繁、偏、旧”。“难”，就是课程要求过高，教材难度过大，有些学科的内容过深，不符合少年儿童的认知规律，学生难于理解，影响了学生的学习兴趣，学习起来往往事倍功半。“繁”，就是课程内容繁多、重复，有些内容甚至带有浓厚的繁琐哲学和形式主义色彩，不必要地加上一些形容词、名词，使简单的命题复杂化，难于理解，增加了学生的学习负担。“偏”，就是偏于知识传授，偏到考试科目上，考试出偏题、怪题，各学科缺乏联系，忽视了基础教育广而博的特征。“旧”，就是课程内容陈旧，不能及时反映科技、经济、社会的新知识和新进展。这种状况，难以适应素质教育的要求，必须进行改革。在课程改革的目标上，要适应社会发展和科技进步的要求，加快构建符合素质教育要求的新的基础教育课程体系，根据不同年龄学生的认知规律，优化课程结构，调整课程门类，更新课程内容，引导学生积极主动地学习。在课程标准上，要用体现党的教育方针、有利于学生全面发展的新的课程标准，逐步替代现行的教学大纲，把德智体美的要求列入新的课程标准，规定各门功课的目标、内容以及教学过程和合理的考核评价的具体要求。在课程设置上，要把传承人类优秀文化与贴近学生的生活实际结合起来，把人类知识、能力、品格中最基本的部分、对人才成长起基础性作用的部分作为学习内容，不仅要学数理化，也要学文史哲以及体育和艺术，还要把社会实践纳入课程计划，引导学生关注自然环境和经济社会发展，使学生学会学习，学会做事，学会做人，学会与人交往和共事。在课程管理上，实行国家、地方、学校三级课程管理。国家制定中小学课程发展总体规划，确定国家课程门类和课时，制定国家课程标准，宏观指导中小学课程实施。在保证实施国家课程的基础上，鼓励地方开发适应本地区的地方课程，学校可开发或选用适合本校特点的课程。要探索课程持续发展的机制，组织专家、学者和经验丰富的中小学教师参与基础教育课程的改革。

有了好的课程标准和教材，还必须实施与之相配套的教学方法和教学过程的改革。广大教师首先要掌握新的课程标准和教材，切实改变陈旧落后的教学方法。在教学过程中，要充分考虑学生的个体差异，因材施教，按照学生身心发展规律，充分开发学生潜能，促进学生全面素质的提高。

（二）改进和加强德育。德育是基础教育的重要内容，是全面推进素质教育的灵魂。当前，中小学德育不能适应培养全面发展人才的需要，已经成为基础教育中一个十分薄弱的环节，主要表现在：在内容上，存在成人化、简单化倾向，不符合认知规律，与学生身心发展特点和思想、生活实际相脱节；在方式方法上，未能把学校教育、家庭教育和社会教育结合起来，把知识传授与行为养成结合起来，存在教与学、理论与实践“两张皮”的现象。要改变这种状况，必须依据不同年龄段学生的身心特点和接受能力，确立由浅入深、由低到高的阶段性目标，增强德育工作的针对性和实效性。小学从行为习惯养成入手，重点进行社会公德教育，进行爱祖国、爱人民、爱劳动、爱科学、爱社会主义教育，联系实际对学生进行热爱家乡、热爱集体以及社会生活常识教育。初中加强国情教育、法制教育、纪律教育和品格修养，高中阶段着重进行马列主义、毛泽东思想和邓小平理论基本观点教育，加强中华民族优良传统教育和革命传统教育，引导他们逐步树立正确的世界观、人生观、价值观。学校、家庭、社会要紧密配合，共同促进青少年健康成长。要通过多种形式把德育贯穿于教育的全过程，渗透到学校教育的各个方面，要使学生将自己的理想与日常的学习生活实践联系起来，让更多的学生有机会在学校里当学生干部和参与社会工作，经受锻炼。要重视引导和组织青少年开展课外活动，加强少年宫、科技馆等校外活动场所和素质教育基地的建设。社会上的博物馆、图书馆、科技馆等要更多地向青少年开放。要针对我国独生子女多的特点，引导家长加强对子女的思想品德教育。总之，中小学德育应当着眼于培养国民的基本素质，塑造合格公民，为学生的终身发展奠定基础。

（三）改革考试评价制度。考试评价制度改革是实施素质教育的一个关键环节。目前的考试评价制度，特别是高考的负面影响，成了扭曲整个基础教育的指挥棒，不仅把高中教育，甚至把初中、小学教育也导入了应试教育的轨道，严重制约了学生的全面发展，甚至影响到青少年的身心健康。我们要正确处理基础教育中普及与提高的关系，以高考为突破口，改革考试评价制度，既要满足越来越多的青年继续升学的愿望，又要使那些不能升学的青少年在基础教育阶段学到有用的知识和本领，具备就业谋生的能力。教育部对高考改革已经进行了试点，今后要在总结经验的基础上，不断加以完善。任何高考都要体现衡量学生全面素质的要求，考试的内容都不能超出课程标准。既要有统一的考试，也要有选择性的考试。高考每年要举行两次以上，使学生有多次参加考试的机会。要改变高中毕业生由所毕业的学校报名和通知录取的做法，由教育行政部门直接组织高考，学生自己去报名，招生部门直接向考生公布和发放录取通知，使高考与学生毕业的学校脱钩，避免一些学校片面追求升学率。高中的毕业班除毕业考试外，要尽量减少其他各种繁琐和不必要的考试，使学生有更多的时间从事学习和社会活动。高等学校依法享有招生的自主权。在有条件的地方，经过教育部批准，可以由高校自主招生。教育部门要会同有关部门研究制订严格有效的监督制约制度和公示制度，坚决杜绝考试招生中的舞弊等腐败现象。

我们要通过加大政府对高等教育的投入、优化教育资源配置、高校后勤社会化和鼓励社会力量办学等措施，继续扩大高校招生规模，缓和高考竞争的压力。随着人口高峰年龄段上移，许多地方农村初中相对紧缺，城市初中升高中竞争激烈，各地方政府都要高度重视并认真解决这一问题。就业人事制度也要进行配套改革，要建立和完善人才市场，建立和完善对各类人才的选拔任用、考核评价、流动配置、激励监督的制度，形成有利于人才辈出、人尽其才的机制，构筑有利于素质教育的社会环境。

（四）建设高素质的教师队伍。建设一支师德高尚、业务精湛、充满活力的教师队伍，是全面推进素质教育的关键。要完善以现有师范院校为主体、其他高等学校共同参加、培养培训相衔接的开放的教师教育体系。要重视办好师范院校，支持综合性大学和其他非师范类高等学校举办教育院系，鼓励这些学校院系的毕业生通过培训和考核取得教师资格，从事基础教育工作。要通过中小学人事制度改革，全面实施教师资格制度，严把教师进口关，坚决辞退不具备教师资格的人员。要加强骨干教师队伍建设，培养一大批在教育教学工作中起骨干、示范作用的优秀教师。要紧密结合基础教育课程改革，加强中小学教师继续教育工作，健全教师培训制度，利用多媒体、远程教育等现代科技手段，提高培训的质量，降低培训的费用，使教师不断更新知识、提高素质。

教师要热爱自己所从事的教育事业，努力学习，勤奋实践，积极参加教学研究、科技传播和社会服务活动，在教学实践中不断提高自己。要按照全面实施素质教育的要求，深化教学改革，改进教学方法，更新教学内容，不断提高教学质量和水平。要为人师表，以自己的模范行动影响和带动学生，以自己的学术造诣和优秀品格赢得学生的尊重和热爱。要尊重学生的人格，注意培育学生的自信心和自尊心，启发每一个学生的求知欲和追求真理的精神。

同志们，教育，首先是基础教育是关系国家、民族前途命运的千秋大业。发展教育事业，加强基础教育，实施素质教育，各级党委、政府负有重要责任。邓小平同志 1985 年就指出："现在小学一年级的娃娃，经过十几年的学校教育，将成为开创 21 世纪大业的生力军。中央提出要以极大的努力抓教育，并且从中小学抓起，这是有战略眼光的一着，如果现在不向全党提出这样的任务，就会误大事，就要负历史的责任。"我们要认真领会和落实小平同志的指示。各级党委和政府要高度重视基础教育，认真贯彻《中共中央国务院关于深化教育改革全面推进素质教育的决定》和近日下发的《国务院关于基础教育改革与发展的决定》精神，采取切实有效措施，加快基础教育的发展。要把基础教育工作列入党委政府的重要议事日程，经常深入学校调查研究，及时发现新情况、新问题，提出教育改革和发展的新举措，帮助学校解决办学中的困难和问题。要认真落实增加基础教育投入的各项措施，进一步加大投入，保证基础教育优先发展。要动员全社会关心支持教育事业，加强中小学校安全工作和周边治安秩序的治理，加强青少年活动场所建设和文化市场管理，为青少年学生健康成长创造良好的社会环境。让我们紧密团结在以江泽民同志为核心的党中央周围，高举邓小平理论的伟大旗帜，全面贯彻"三个代表"的重要思想，深化基础教育改革，加快实施素质教育步伐，为实现社会主义现代化建设和中华民族伟大复兴的宏伟目标而奋斗！

# 在教育部2002年度教育工作会议上的讲话

（2001年12月26日）

陈 至 立

不同寻常的2001年即将过去，我们就要迎来充满机遇和挑战的新的一年。2001年是“十五”计划的起始之年，面对复杂多变的国际形势，面对我国加快推进现代化进程中各种复杂的矛盾和问题，以江泽民同志为核心的党中央，与时俱进，统揽全局，领导全国各族人民取得了辉煌的成绩，令世人瞩目。一年来，教育系统认真学习、宣传、实践“三个代表”重要思想，贯彻落实第三次全教会和全国基础教育工作会议精神，各项工作取得了新的进展。在新的一年即将来临之际，我们召开这次工作会议，主要任务是，以邓小平理论和“三个代表”重要思想为指导，认真贯彻落实党的十五届五中、六中全会精神，回顾总结过去一年的工作，交流经验体会，深入分析2002年教育工作面临的形势与挑战，研究确定2002年度教育工作的指导思想和主要任务，进一步提高认识，统一思想，推动教育工作上一个新台阶。

**一、2001年教育工作的简要回顾**

在过去一年里，教育系统在党中央、国务院的正确领导下，高举邓小平理论伟大旗帜，认真实践“三个代表”要求，教育改革和发展取得了新的进展，主要体现在以下几个方面：

1. 深入学习江泽民同志“七一”讲话，进一步加强和改进高校党建和思想政治工作。

——“七一”讲话学习宣传活动在全系统深入展开。掀起了学习“三个代表”重要思想的热潮，从新的高度加深了对教育战略地位和重要作用的认识，进一步增强了工作责任感和使命感。

——高校党建和思想政治工作进一步加强。继续开展高校师生思想政治状况滚动调查，思想政治教育进网络工作取得新的进展。加强了校园管理，努力把握工作主动权，继续保持学校稳定。

——广泛开展纪念建党80周年活动。使广大师生受到了一次生动的思想教育，更加坚定了对坚持中国共产党的领导、对建设有中国特色社会主义的信念。

此外，还利用我国申奥成功、举办APEC会议和加入WTO等重大事件，开展生动活泼的形势教育，更加激发了广大青年学生的爱国主义热情。

2. 认真贯彻全国基础教育工作会议精神，积极落实国务院制定的各项政策措施。

2001年召开的全国基础教育工作会议是一次事关教育大局的重要会议，对基础教育乃至整个教育事业的发展都具有深远的影响。会议之后，全国各地认真贯彻落实会议精神，已有28个省、自治区、直辖市召开了基础教育工作会议，对贯彻落实工作进行了具体部署，有力地推动了基础教育健康发展，2001年，又有32个县（市、区，含其他县级行政区划）通过“两基”验收。

——农村义务教育管理体制的调整开始起步。根据20个省、自治区、直辖市上报的情况，到2001年10月底，安徽、广东省所有的县、市、区都已全部做到农村中小学教师工资管理上收到县；湖南、江苏、宁夏、贵州等4个省（区）80%以上的县实行了农村中小学教师工资县级管理；四川、湖北、河北、吉林、重庆等5个省（市）也达到

50%以上。各地保障农村中小学教师工资发放的力度加大，拖欠中小学教师工资的情况有所好转。

——实施素质教育取得了重要进展。基础教育新课程体系于2001年秋季开始试行，《基础教育课程改革纲要（试行）》已经发布，新一轮义务教育国家课程标准（实验稿）已经印发。高中新课程的研制和实验工作全面启动。小学思想品德和中学思想政治课改革加快步伐，制定了新的体育、音乐、美术和艺术课程标准，认真贯彻《国防法》，推进了学生军训的制度化建设。162个青少年校外教育活动场所建设项目已陆续动工兴建。“校校通”工程开始实施，中小学信息技术教育的水平有了新的提高。“更新教育观念”报告团在7个省（自治区、直辖市）巡回报告，受到好评。

——基础教育投入有较大增加。全国基础教育工作会议后，中央财政投入50个亿，用于专项补助中西部困难地区发放农村中小学教师工资；并决定两年内中央专项投入30亿元，用于“中小学危房改造工程”，2001年底可安排落实26亿元。“十五”期间，“国家贫困地区义务教育工程”二期专项资金中央财政安排50亿元，2001年已落实10亿元；为资助家庭贫困学生接受义务教育，中央财政提供的1亿元助学金和1亿元免费提供教科书专项经费已经下拨各地。财政部返还地方用于学生校外活动场所建设的3亿元彩票公益金也已全部到位。另外，各地在确保教师工资发放、中小学危房改造、办学条件改善、中小学信息技术教育、青少年校外活动场所建设等方面也都加大了投入。

——中小学教师队伍建设取得新的成绩。继续深化师范院校教育教学改革，中小学教师培养质量有了进一步的提高。结合基础教育课程教材改革，继续推进“中小学教师继续教育工程”，完成了对6 000多名骨干教师的国家级培训。教师资格制度开始全面实施，师德建设得到加强。2001年10月，国务院办公厅转发了中编办、教育部和财政部《关于制定中小学教职工编制标准的意见》，制定了建国以来第一个国家级教师编制标准。

——语言文字工作进一步推进。大力宣传贯彻实施《国家通用语言文字法》，颁发了《国家语言文字工作“十五”计划》。启动了城市语言文字工作的评估，加强了普通话水平测试的管理和学校语言文字工作。适应信息化要求，进一步完善了国家语言文字规范。

3. 高等教育保持良好发展势头。

——高等教育进一步发展。2001年，全国高校招生440万人，其中普通高校260万人，比上年增长17.9%，成人高校180万人，比上年增长15.3%；研究生招生16.2万人，比上年增长33.9%。另外新批准设置了一批本科学校和专科院校，改变了一些中心城市缺少本科学校的状况，还有235所高等职业学校（其中包括53所民办学校）进行了备案。民办高等教育有了新的增长，截止到2001年底，经教育部批准或授权省、自治区、直辖市批准的具有颁发学历文凭资格的民办高校已达89所。现代远程教育也有了进一步发展。

——重视提高教学质量和调整学科结构。开始实施“新世纪教改工程”。加快高校学科专业结构调整力度，2001年全国有503所高校新增1 993个本科专业点并开始招生。另外有一批学校开始试办示范性软件学院。信息技术、生物技术等高新技术类和其他急需人才的专业有了较快发展。启动了公共管理硕士学位的试点和公共卫生硕士专业学位的试点申报工作，高层次应用型人才培养得到进一步加强。开展高校教学状况与教学质量的检查，提出了加强高等学校本科教学工作和提高教学质量的措施和办法，努力提高教育质量。

——改革继续深化。截至2001年11月底，全国又有66所高校（普通高校43所，成人高校23所）合并调整成31所高校（普通30所，成人1所）。高校后勤社会化改革按预定目标向前推进，2001年新建、改建学生公寓超过1 400万平方米。“3+X”高考科目改革已推广到18个省（自治区、直辖市），得到社会各方面越来越广泛的认同。

——高校科技贡献力度不断加大。在2001年18项国家重点基础研究项目中，高校专家作为首席科学家的有8项；基础研究重大项目前期研究专项，高校承担了1/3；在新一届“863计划”的250名领导班子成员中，来自高校的有120名。进一步加强了重点实验室、网上合作研究中心的建设。国家大学科技园发展到22家，建立了6个依托高校的国家技术转移中心，高校科技产业有了新的发展，高校在社会中的地位不断提高。

——高水平大学和重点学科建设取得新的进展。“211工程”已完成投资150多亿元，一流大学、高水平大学及学科建设得到加强，一批高校的面貌发生巨大变化，对我国高等教育发展产生极为深远的影响。继续实施“长江学者奖励计划”，高校高层次创造性人才队伍建设有了新的进展。高校内部人事和劳动分配制度改革进一步深化，教师待遇有了较大提高。

4. 积极推动职业教育和成人教育发展。

——继续推动中等职业学校改革与布局结构调整。加大了中职招生制度改革的力度，取消了计划和政策限制，实行更加灵活的招生办法，遏制了招生规模锐减的势头。加强了对城市再就业人员、农村进城务工人员的教育和培训，积极推动中等职业教育的布局调整，加大对骨干示范性学校的建设力度。加快职业教育教学改革，积极实施“面向21世纪职业教育课程改革和教材建设规划”。农村、城市及企业教育综合改革等工作有了新的进展。配合全国人大教科文卫委员会对《职业教育法》贯彻落实情况进行了检查，对职业教育面临的形势与任务进行了深入的调查研究，进一步探讨积极发展职业教育的政策措施。

——大力培育职业教育和成人教育新的增长点。积极发展社区教育，建立了28个实验区。加快推进职业教育信息化，教学和管理资源平台建设已完成了前期准备工作。进一步促进职前培养与职后培训的结合，在建立学习化社会方面进行了积极探索。

5. 落实教育支持西部大开发的各项政策措施，促进少数民族地区教育发展。

——继续加大对西部地区教育发展的支持力度。利用国债支持西部20所高校加大建设力度，并在西部186个国家级贫困县建立了职业教育中心。重点建设了一批西部地区高校本科专业和17个教育部重点实验室。认真实施西部地区高校高级访问学者专项计划，为西部高校培养了一批骨干人才。

——东西部对口支援工作全面展开。进一步实施对口支援的“两个工程”，目前，参与对口支援的东西部各1 000所学校以及有关的人员、物资均已落实，工作进展顺利。启动了高等学校对口支援计划，确定北京大学、清华大学等14所高校对口支援西部地区石河子大学、青海大学等西部高校。

——重点支持西部地区推进教育信息化。在中国教育科研网整体建设中，加强了西部地区网的建设。利用国债专项资金，实施西部152所高校的校园网建设项目。安排专项经费在西部12个省（区）建设50个“校校通”示范网。现代远程教育工程扶贫示范项目进展顺利，西部中小学教师的信息技术培训开始进行。

——大力推动少数民族地区教育发展。积极筹备全国民族教育工作会议，研究加速发展民族教育事业的政策措施。加强了少族民族汉语教学、教材建设和师资培训工作。2001年招收的少数民族预科生、内地西藏班、新疆高中班等任务都已圆满完成。

6. 研究加入WTO的应对措施，进一步扩大教育国际交流与合作。

——研究部署应对措施并完善有关政策法规。对我国加入WTO教育服务承诺及应对政策进行了深入研究，抓紧起草《中外合作办学条例》，对行政审批项目和部门规章进行了全面清理。

——抓住机遇推动教育国际交流与合作。2001年9月，我们成功举办了九个人口大国全民教育部长级会议，加强了与会各国之间的合作，向全世界展示了我国全民教育取得的历史性成就。教育领域的双边和多边合作向纵深发展。继续实施“春晖计划”、建立留学生创业园示范区等措施，吸引海外留学人员为国服务、回国创业。同时，根据国务院整顿和规范市场经济秩序的要求，对自费出国留学中介服务机构进行了清理整顿，逐步健全出国留学中介服务体系。

7. 学习贯彻党的十五届六中全会精神，推进教育系统作风建设。

——党风廉政建设继续得到加强。积极贯彻中纪委五次全会、国务院第三次廉政工作会议和国务院纠风会议精神，加强党风廉政责任制的建设，抓好领导干部廉洁自律工作，加大查办案件工作的力度，大力纠正部门和行业不正之风，推动党风廉政建设不断深入。

——高度重视全社会关注的热点问题。对农村税费改革中教育投入问题进行了深入研究，提出了建立保障机制的政策建议。2001年普通高校招生考试全部实行网上录取，加强了考场和录取现场的监管。减少了保送生名额，并向社会公布保送标准，严格选拔条件。采取多项措施，控制农村初中生辍学。对农村中小学乱收费进行专项治理。进一步加强了教育督导工作。我们还针对14个热点、难点问题开展了深入的调查研究。

总之，围绕着贯彻落实党中央、国务院的战略部署，各级教育行政部门、各级各类学校在当地党委和政府的领导下，齐心协力，共同奋斗，2001年教育工作取得了可喜的成绩。

但与此同时，我们也应当清醒地看到，近年来的大发展、大改革，使新旧矛盾相对集中，新情况、新问题不断涌现，成绩背后存在着一些隐患或者不稳定因素。这些问题如果不能得到及时处理和解决，问题会逐步积累，矛盾会越来越大，最终将影响教育事业的持续健康发展。对此我们一定要保持清醒的头脑，戒骄戒躁，居安思危，切不可掉以轻心。

我们所说的矛盾和问题，有的是长期积累下来的，有的是改革发展过程中带来的新情况，还有一些是新挑战、新要求。突出表现在以下几个方面：

首先，教育投入不足仍是制约教育发展的瓶颈。近年来，教育经费有较快的增长，据统计，2000年国家财政性教育经费约2 563亿元，占国民生产总值的比例2.87%，比上年提高0.08个百分点。但经费增长还是远远跟不上教育规模扩张的速度，更难以满足时代提出的教育信息化、现代化的要求。特别是地区之间、城乡之间的投入水平不均衡，教育发展差距有进一步拉大的趋势。西部地区和广大农村面临新的困难，教育保障机制尚不巩固和完善，“两基”成果巩固的任务十分艰巨。高等教育连续扩大招生，使本来就比较短缺的办学条件更加紧张。教育发展的巨大压力、教育规模的快速增长与教育投入的严重不足形成尖锐的矛盾，直接影响到教育的质量和可持续发展。

其次，已经出台的一些重大政策措施，由于受到许多因素的制约，有的还难以落实到位。为加快教育改革与发展，党中央、国务院出台了一系列重大举措，但在落实过程中往往会遇到一些困难和障碍，政策成效受到影响。比如，当前素质教育的推进仍步履维艰，职业教育发展还存在较大困难，农村义务教育管理体制的调整进展并不快，拖欠教师工资问题还未得到根本解决，贫困地区义务教育“一费制”在实施中也出现一些新的情况，对社会力量办学还缺乏有力的指导、引导等等。

还有，社会各方面对教育的新要求、新期望越来越高，我们的工作往往不适应变化了的新情况。如经济结构的战略性调整，从整体上要求进一步整合教育资源，加大调整学科专业结构的力度。面对日新月异的高新技术的发展，高层次创新人才培养能力亟须加强。加入WTO后对外开放的进一步扩大，使我们基础相对薄弱的教育事业面临着更加激烈的国际竞争。信息技术的广泛应用，对传统教育方式提出了全新的挑战。就业观念和就业方式的深刻变化，要求打破原来的狭窄的专业限制，进一步拓宽人才培养的基础。随着时代的发展，人民群众对教育的选择性增加，而优质教育资源相对短缺的矛盾比较突出，造成择校高收费等问题长期难以得到有效治理，一些地方和学校乱收费屡禁不止，行业不正之风滋长蔓延，社会各方面对此反映强烈。

面对这些新问题和新情况，我们要进一步认清形势，统一思想，突出重点，把工作做得更实更细，巩固和发展教育工作的大好形势，切实解决当前影响我们继续前进的关键问题，努力实现教育事业的持续健康发展。

**二、2002年教育工作的任务与要求**

我们提出的2002年教育工作总体要求是：

高举邓小平理论伟大旗帜，以“三个代表”重要思想为指导，认真贯彻党的十五届五中、六中全会精神，落实第三次全国教育工作会议和全国基础教育工作会议提出的各项任务，全面实施教育“十五”计划。进一步解放思想，深化改革，加快发展，提高质量，保持稳定，以优异的成绩迎接党的十六大召开。

根据这样的工作思路，我们制定了《2002年教育部工作要点》，共十二个方面37条，反映了教育部对2002年教育工作的基本考虑和要求。

在2002年教育工作中，首先要认真贯彻全国基础教育工作会议精神，调整完善农村义务教育管理体制，加快课程、教材改革，大力推进素质教育。要加快发展高中阶段教育，大力发展各种形式的职业教育和培训，促进学习化社区建设。要加大学科专业结构调整力度，努力提高教育质量和水平，继续推动高等教育持续健康发展。

要加快科技创新和体制创新，积极推进科技成果产业化，加大高等学校对经济社会发展的贡献力度。大力推进高层次人才队伍建设，加强教师的培养和培训，深化学校人事制度改革，努力提高教师整体素质。要抓住机遇，积极应对加入WTO的挑战，进一步扩大教育的对外开放，提高我国教育的国际竞争力。坚持依法行政，加强教育督导，不断提高教育宏观管理的水平。

要努力增加教育投入，稳定教育收费标准，提高教育经费使用效益。继续落实教育支持西部大开发的各项措施，进一步推动民族教育加快发展。加强规范，完善标准，进一步做好语言文字工作。

要深入学习贯彻"三个代表"重要思想，认真落实《公民道德建设实施纲要》，切实做好学校党建和思想政治工作。认真贯彻党的十五届六中全会精神，加强和改进教育系统作风建设，以优异的成绩迎接党的十六大召开。为了进一步做好2002年的工作，下面我着重强调几个问题：

1. 狠抓落实，切实把党中央、国务院的重大决策落在实处。

近年来，中央领导同志对教育工作作了许多重要讲话和指示，党中央、国务院出台了一系列关于教育工作的大政方针和政策举措，这是我们做好教育工作的最重要的保证。我们在2002年工作中必须进一步加以落实。

第一，抓住关键环节，全面推进素质教育。这是第三次全教会的主题，也是2001年召开的全国基础教育工作会议的一项重要任务。近年来实施素质教育虽然取得了一些进展，但总的来看，影响素质教育的传统观念和做法依然存在，基础教育还远未摆脱"应试教育"的惯性和影响。2002年，我们还要紧紧抓住加强学校德育工作、加快课程教材更新和改革考试评价制度三个关键环节，力争取得新的突破。特别是在课程教材改革方面，要加快步伐，整体推进，进一步扩大新课程实验范围。一方面，我们要看到，实施素质教育还面临着各种各样的困难；但另一方面，也要看到近年来推进素质教育给各级各类学校带来的巨大变化，教育系统乃至全社会的教育观念发生了深刻变化，各地涌现出不少教育教学改革的典型，研究性学习、启发式教学、讨论式教学越来越普遍，实施素质教育的效果正在逐步显示出来。对此，我们要有充分的信心。

第二，坚持并完善农村义务教育管理"以县为主"的新体制。实行"在国务院领导下，由地方政府负责、分级管理、以县为主"的农村义务教育管理新体制，是中央在新形势下作出的重大决定，也是解决农村义务教育问题的治本之策。各地要高度重视这项工作的贯彻落实，实现以县为主并通过银行发放教师工资的新机制，力争2002年基本解决农村中小学教师工资拖欠问题，并加强跟踪调查，深入研究和及时协调解决体制调整中出现的新问题。另外，中央决定2002年农村税费改革要进一步扩大试点，我们要密切关注改革的进展情况，全面了解对农村义务教育带来的影响，要按照中央的要求，确保义务教育投入不低于改革前的水平并力争有所增长。要抓紧落实农村中小学危房改造专项资金，实施好"中小学危房改造工程"。严格控制中小学收费标准，坚决制止各种形式的乱收费，认真研究解决农村贫困地区实行"一费制"过程中出现的新情况、新问题，切实落实"一保、二控、三监管"。这项工作需要以积极进取的精神来推动，各地首先要把情况吃透，要抓住机遇，积极争取，提出切实可行的措施和建议。

第三，在巩固"两基"成果基础上，大力发展高中阶段教育。发展高中阶段教育是我们实施"十五"计划的一个难点，也是制约教育发展的一个瓶颈。目前，初中毕业生升学率约为51%，高中阶段入学率约为42%，随着"普九"的推进和入学高峰的到来，初中毕业生未来几年每年将净增500万～600万人，因此要实现到2005年高中阶段入学率60%左右的目标，任务极为艰巨，需要各地大胆进行机制创新，努力探索新的发展途径，要千方百计增加对高中的投入，扩大现有高中的教育资源，尤其是优质高中的规模，积极鼓励民办高中的发展。同时，要认真研究新形势下中等职业教育的发展思路，使中等职业教育和普通高中教育协调发展。

第四，加强高水平大学和重点学科的建设，继续实施好“211工程”。这是党中央、国务院作出的一项重大举措，也是提高新世纪我国高等教育竞争力的基础工程。2002年，要继续对有关学校的“九五”建设项目进行验收并认真总结经验，同时对新建项目进行科学规划，保障和落实相关的经费投入。要进一步加强规划、评估和跟踪调研，协调解决发展中出现的新问题。我在这里特别要强调指出的是，高水平大学和重点学科的建设，最终目标是要出人才、出成果，较大的经费投入要有相应的重大贡献和一流的成果。这些学校和学科，既要重视加强基础研究，也要重视解决关系经济社会发展全局的重大现实课题；既要大力推进高校知识创新和技术创新，也要在知识应用和科技成果转化上起到示范作用；既要重视提高教师待遇，也要深化人事和分配制度改革，建立新的人才激励机制，不能形成新的大锅饭；既要重视投入，更要讲求经费使用效益，坚持科学规划、艰苦奋斗、勤俭办学。2002年，我们要请参加共建的省市一起，对各个建设学校进行评估，建立科学的评价体系，适当引入竞争机制。

第五，切实落实教育支持西部大开发的各项政策措施。党中央、国务院对发展西部教育十分关心，已经出台了许多政策措施，需要精心组织、认真落实。要继续推进第二期“国家贫困地区义务教育工程”的实施，切实抓好教育对口支援工作，开展经常性的面向西部的社会助学活动，支持西部地区加快发展基础教育和中等职业技术教育。继续做好中央专项经费支持西部各省（自治区、直辖市）重点建设一所较高水平的大学和重点办好一批中等职业学校工作。进一步落实发展民族教育的各项政策。这里，我专门强调一下教育援藏工作。

加快西藏发展，是贯彻党的民族政策、增强民族团结、维护祖国统一的迫切需要，对于实施西部大开发战略具有特殊的意义。全国教育援藏工作，是贯彻中央方针的重要方面。我们要按照《中共中央国务院关于做好新世纪初西藏发展稳定工作的意见》的精神，坚持“分片负责、对口支援”的原则，实行对口、定点、包干责任制。由各地教育行政部门一把手亲自抓，精心组织落实。

要采取切实有效的措施，重点支持西藏发展基础教育和职业技术教育。承担援藏任务的地方教育行政部门要争取把教育援藏项目纳入本地政府援藏总体规划之中，重点帮助西藏扩建一批中小学和职业技术学校。要积极开展“校对校”帮扶活动，并可选拔西藏的优秀初中毕业生直接插班到内地重点高中学习。

要加大投入，深化改革，继续办好内地西藏班。今后，要继续稳定内地西藏初中班、师范班的办学规模，积极稳妥地扩大高中班和高等教育的招生，逐步调整层次结构。

总之，大家要从我国整个现代化建设全局的高度来认识教育援藏工作的重要意义，认真做好这项工作。

2. 树立正确的发展观，继续推动教育事业持续健康发展。

在2002年的工作中，要继续坚持发展这一主题，要依靠发展来解决前进中的各种矛盾和问题。但在新的形势下，要进一步树立全面正确的发展观。

**第一，要把加快发展与巩固提高“两基”成果紧密结合起来。**2000年，我们实现了“两基”，创造了世界教育史上的奇迹。但许多国家教育发展的历史经验表明，巩固和提高的任务，通常比实现普及需要更长时间的持续努力。一方面，我们要根据新的形势研究确定实事求是的发展目标，扎扎实实地继续推进普及九年义务教育。另一方面，在已经实现“两基”目标的广大地区，要把工作重点放在巩固提高上来。目前已进入初中在校生高峰期，各地要千方百计确保初中学龄人口就学高峰的平稳过渡，切实控制农村初中生辍学，这是当前“两基”巩固提高的重点。要加大危房改造力度，大幅度改善办学条件，努力提高师资水平，改造和消除薄弱学校。同时，要进一步推动大中城市和经济发达的农村地区高水平、高质量地普及九年义务教育。在今后的教育工作中，要继续坚持普及九年义务教育和扫除青壮年文盲工作的“重中之重”地位不动摇，坚持基础教育优先发展不动摇。在巩固的“两基”基础之上，实现整个教育事业的持续健康发展。

**第二，要把加快发展与增加投入、改善办学条件紧密结合起来。**1999年以来，我国高等教育事业连续三年保持快速发展。2001年全国各类高等教育招生与1998年相比翻了一番多，各类高校的在校生达到1 300万左右，比1998年增加了近90%。普通高校校均规模（全日制本专科生）达到6 000人左右，比1998年增长约80%。普通高校生师比（以折合学生数计算）达到18∶1，比1998年提高了60%以上。这种发展速度，一方面使高等教育发展不足的局面得到一定程度的改变，得到了人民群众的普遍欢迎。但同时也产生并积累了新的困难和问题。突出表现在：一是投入不足，二是公共课和一些学科的师资紧缺，三是办学条件全面趋紧。三年来，普通高校在校生规模净增约370万人，但各级政府的投入仅为按照标准所需投入的一半。高校专任教师总量出现严重不足，如果按14∶1的原有标准测算，2001年全国普通高校专任教师就有近10万人左右的缺口。综合考虑以上因素，2002年普通高校和成人高等学历教育本专科招生预计安排465万人，增长速度为5%左右。这个速度是积极稳妥的，也是实事求是的。今后招生计划安排要与各地对高等学校的投入力度、与高校办学条件、办学秩序相挂钩，没有必要条件和办学质量差，就决不能盲目扩招。

**第三，要把加快发展与调整学科结构、提高质量紧密结合起来。**教育质量是教育事业的生命线。在数量规模迅速扩大之后，如何提高教育质量、调整学科结构、提高办学效益就成为更加紧迫的任务。没有基本教育质量保证的扩招，不是健康的发展；学科专业和人才培养结构不适应经济社会需求，也无法实现持续的发展。必须坚持改革、发展、稳定的统一，坚持数量、质量、结构、效益的统一。要根据入世后经济结构调整和就业市场变化的趋势，加快高等学校和职业学校学科、专业结构调整的步伐，把培养高新技术产业、现代服务业人才和高层次的金融、贸易、法律、会计和管理人才放在突出位置，并大力开展关于世界贸易组织规则的培训。在当前的经济形势和就业压力增大的环境下，我们要高度关注就业问题。1999年扩招的专科生到2002年就要毕业，接下去，扩招后的大量本科生也将陆续就业。近年来，虽然本科毕业生初次就业率达到80%以上，但专科和高职毕业生初次就业率不足40%，有的省甚至低于10%。这当中当然有社会方面的原因，但也与人才培养结构和质量有着直接的关系。教育行政部门和高等学校要根据新的形势，花大力气研究结构和质量问题，最大可能地适应社会的需求变化。要切实加强教育教学改革，加大教学经费投入力度，努力改善学校教学基础设施和条件，建立和完善高校办学水平和教育质量的监控与评估机制，促进高等教育的健康发展。

**第四，要把加快发展和深化改革紧密结合起来。**加快教育发展，必须努力巩固改革成果并进一步深化各项改革，以改革为动力，以改革促发展，努力开辟新的发展空间。涉及640余所高等学校的高校管理体制改革，是一项事关我国现代化建设的全局、培养高素质创新人才的战略措施，几年来取得了突破性进展。今后，中央和地方两级政府要形成合力，加强共建，继续推进合并高校的实质性融合，促进交叉学科的发展，逐步显示出改革的成效。要继续推进高校后勤社会化改革，进一步加强政府统筹力度，积极落实各项优惠政策，力争在年内实现预定目标，为高等教育的可持续发展提供保障。继续推进高考内容、方法改革。逐步完善高校毕业生在政府宏观调控和政策指导下，双向选择、自主择业和自主创业的制度。

**第五，要把加快发展与提高教育信息化结合起来。**国家在“十五”计划中明确提出要以信息化带动工业化，这将对教育工作产生深远影响。我们今后培养的学生如果不掌握信息技术，就很难适应工作的需要。一方面，要在中小学生中大力普及信息的基本知识教育，有关高等学校要积极介入政务信息化、金融信息化等方面的建设，为国家实施信息化战略提供人才和智力支持。另一方面，要发挥教育系统“天罗地网”的独特优势，充分利用现代信息技术，通过广播、电视、卫星电视地面接收站、互联网等手段，发展现代远程教育和网络教育，实现优质教育资源的共享，提供多样化的教育机会。要切实加强统筹规划，加大教育软件、教学课件等教育资源库的研究开发力度，提高信息化设施的利用率和使用效益。促进信息技术和其他课程的整合，推进现代信息技术在教学中的应用。大力发展现代远程教育，逐步扩大网络教育的层次和范围，切实加强管理，形成多元化、现代化的远程教育网络。

**第六，要把加快发展与依法行政、加强管理紧密结合起来**。发展的任务越重，发展的速度越快，越是要强调按章办事、越是要强调依法治教，加强管理。依法治国基本方略的进一步实施，对教育行政管理的法制化、科学化、透明化提出了更高的要求。特别是在我国已加入 WTO 的形势下，教育依法行政面临着许多挑战，教育行政部门在规章制度、管理方式、管理程序方面存在着许多不适应。我们要切实把加强教育法制建设、推进依法行政作为一项全局性、基础性的工作，积极开展教育系统“四五”普法工作，进一步增强法制意识。不断完善教育法律法规体系，积极配合全国人大教科文卫委员会做好《民办教育促进法》、《学位法》等法律草案的调研、起草工作，并认真做好《教师职务条例》、《教育督导条例》等法规出台准备工作，制定有关学生安全、权益保护和伤害事故处理等规章。真正做到依法行政、依法治教，使我们的行政管理更加科学、有效、透明、公开。要按照国务院的要求，认真做好行政审批项目的清理工作。切实加强教育宏观管理，保障教育健康发展。

3. 进一步解放思想，与时俱进，不断开拓创新。

教育事业发展的生机与活力，源于改革，源于创新，关键是要与时俱进。当前，国际国内环境都在发生深刻的变化，教育工作面临许多新情况、新挑战、新要求。我们要进一步解放思想，实事求是，开拓进取，不断创新。

**第一，教育工作在应对加入 WTO 的挑战上要有新的举措**。我们要积极配合有关方面做好《中外合作办学条例》的颁布和实施，按照“以我为主，因势利导，趋利避害，为我所用，分类指导，加强监管，依法办学”的方针，依法规范中外合作办学行为，提高监管能力和水平，积极稳妥地促进中外合作办学发展。我们一要从各地的实际情况出发，不要一哄而起；二要切实维护教育主权，防止意识形态和宗教势力的渗透；三要选择优质教育资源，进行高水平的教育合作。要切实改进国家公派出国留学方式，增强针对性，提高水平和效益。要积极促进双边和多边教育交流与合作，研究和推动与国外互认学历、学位的工作。加强对外汉语教学和接受外国留学生工作，进一步推动我国教育走向世界，参与国际竞争。与此同时，要进一步完善国内鼓励和规范民办教育的相关政策，促进民办教育健康发展。

**第二，职业教育的发展要迈出新的步伐**。当前，中等职业教育的发展遇到了一些困难和问题，原因是多方面的，但主要的是现有职业教育的办学机制和培养模式，难以适应社会和市场的变化，也有家长和学生的观念上的问题。事实上，当前我国中高级技术工人和现代服务业高素质从业人员严重缺乏，职业教育的发展天地非常广阔。随着我国产业结构的调整和加入 WTO，我们需要大力发展现代服务业为特征的第三产业，这是实现劳动力转移和就业的重要出路，职业教育的重要地位和作用将更加突出。新的行业、新的工种和新的就业岗位将不断产生，职业教育的内涵和外延将更加丰富和拓展。关键是要进一步解放思想，突破那些束缚和制约职业教育发展的传统思维模式，寻求发展创新的新路子。一方面，要加快职业教育布局结构的调整和人才培养模式的改革，面向高新技术产业、新兴产业和现代服务业，大力发展现代职业教育，发展适应终身学习需要的社区教育；另一方面，要积极引导人民群众的教育需求，加大构建人才成长立交桥的力度，逐步形成职业教育灵活的办学体制。2002 年，我们将专门召开职业教育工作会议，进一步深入研究促进职业教育发展的政策措施。首先要转变观念，倡导多样化的人才成长道路。进一步强化行业、企业的责任，鼓励民间力量参与办学。加大《职业教育法》的执法力度，完善相关政策导向，改善职业学校的办学条件，增强职业学校的特色和适应性，推进就业准入制度和国家职业资格制度，进一步完善初、中、高等职业教育间的衔接。切实把培养不同层次的职业人才和高素质的劳动者，摆到与大力发展普通高中同等重要的位置，彻底扭转中等职业教育发展步履艰难的状况。

**第三，人才培养和使用机制上要有新的创新**。加入WTO后，人才竞争加剧，特别是高新技术人才会首当其冲。一方面，要紧紧抓住2002年世界经济形势发生变化、一些发达国家经济低迷的有利时机，采取更加有力的措施，鼓励和吸引海外优秀人才以各种形式参与我国经济建设，支持有真才实学的拔尖人才兴办高新技术企业。另一方面，要充分发挥“长江学者奖励计划”、“跨世纪优秀人才计划”等措施的重要作用，继续推动“高等学校骨干教师资助计划”的实施，并研究新的政策措施培养和引进优秀人才。改革和完善奖励制度，落实知识、技术、管理等生产要素参与分配的政策，落实对有突出贡献的人员进行重奖的规定，鼓励优秀人才脱颖而出，人尽其才。

**第四，高校对经济社会发展要有新的贡献**。要进一步发挥高校优势，大力加强基础研究，增强科技创新能力。特别是要采取新的举措，加强科技和教育的结合，实现优势互补，推动创新发展。要进一步组织高校科研力量，形成整体优势，加强并完善网上合作研究中心的建设，共同承担国家“863”、“973”、科技攻关及国防重大科技项目。要继续推动国家大学科技园、工程研究（技术）中心的建设，在部分大学建立国家技术转移中心，加大高校科研成果转化和高新技术产业化工作力度。加强对高校科技企业的规范管理，进一步推进产学研结合。要进一步加强高校哲学、人文社会科学队伍建设和重点研究基地建设，坚持理论联系实际的学风，积极开展全局性、前瞻性、战略性的课题研究，为国家发展和地方建设提供咨询和服务。

4. 深入学习和努力实践“三个代表”重要思想，进一步加强教育系统党建和思想政治工作。

学习贯彻“三个代表”重要思想，是教育系统当前和今后一个时期的头等大事，也是一项重要而长期的政治任务。要联系教育改革和发展的实际，深入学习领会“三个代表”重要思想，进一步统一思想认识。要从“三个代表”的新高度，充分认识教育工作在发展先进生产力中的重要作用，自觉担负起传播和发展中国先进文化的重任，不断满足人民群众的教育需求。各项教育工作，都要着眼于促进先进生产力和先进文化的发展，都要实实在在地为进一步改善人民群众生活和实现共同富裕做出贡献。

要切实按照“三个代表”的要求，努力开创教育系统党的建设的新局面。要进一步加强高校领导班子和干部队伍建设，努力提高高校领导干部的政治敏锐性和政治坚定性，加大对年轻干部的选拔和培养力度。加强学校党的基层组织建设，积极探索有效工作形式。教育系统尤其是高等学校是知识分子集中的地方，我们要从保持党的先进性和旺盛生命力的战略高度，以极大的热情和高度的政治责任感，认真做好在优秀知识分子中发展党员的工作。

要积极推动“三个代表”重要思想进高校课堂、进教材、进学生头脑的工作，坚持用富有时代特征和中国特色的当代马克思主义教育青少年一代，坚持着眼于新的实践和发展，使高等学校成为学习、宣传、研究“三个代表”重要思想的坚强阵地。要不断改进德育和思想政治工作，增强工作的针对性和实效性，在各级各类学校努力贯彻《公民道德建设实施纲要》，推动思想政治教育进网络的工作。

5. 认真贯彻党的十五届六中全会精神，切实加强教育系统的作风建设。

要按照《中共中央关于加强和改进党的作风建设的决定》提出的“八个坚持、八个反对”的要求，结合教育工作的实际，加强和改进教育系统的作风建设。

要把思想作风建设放在教育系统作风建设的首位。着重提高各级教育行政干部和广大教职员工的马克思主义理论水平，牢固树立解放思想、实事求是、与时俱进的科学态度，认真研究和解决工作中的热点难点问题，努力在教育系统营造勇于改革、锐意进取、求真务实、奋发有为的工作氛围。

要切实转变工作作风，深入调查研究。按照中央要求，把2002年作为教育系统的转变作风年、调查研究年。教育部机关已确定了若干重点调研题目（如：如何处理好高等教育的发展规模与办学条件的关系；如何实现高中阶段教育发展规模；学生公寓化管理、网络管理、大学城、并校、分校或异地办学等引发的办学秩序问题与学生思想教育工作对策；高校自主权和依法自律的关系；各地在贯彻落实全国基础教育工作会议精神过程中带有普遍性的难点、热点问题，特别是农村税费改革中如何确保农村义务教育投入问题的研究；进一步研究基础教育升学、择校、收费等现象的规范问题；进一步研究促进义务教育均衡发展问题；进一步落实西部地区教育发展措施及教育对口支援工作；研究新形势下职业教育发展趋势和机制问题；加入 WTO 对我国教育的影响及相关对策研究；进一步促进民办教育健康发展问题；企业办学改革问题等等）并正在认真组织调查研究。也希望地方教育行政部门的同志，制定和落实各自的调研计划，深入基层，了解实情，指导工作。要进一步密切同广大师生和人民群众的联系，倾听群众的呼声。各级教育行政部门在调整教育政策时，必须充分听取和考虑广大人民群众的意见和建议。要大力精简会议和文件，改进会风和文风，切实解决“文山会海”问题。

要以好的党风带动校风、教风、学风建设。要结合教育工作的实际，认真贯彻落实《公民道德建设实施纲要》，加强思想道德教育，加强校园文化建设，提高学生的文化素质、教师的文化素养和学校的文化品位，注重培养学生的科学精神和科学态度。积极倡导科学严谨的治学态度，反对学术上的急功近利和浮躁虚假，树立和发扬优良的学术风气。要规范学术成果鉴定，严格评审程序，自然科学成果评审要参照国际标准，坚持学术质量的高标准。一定要严肃学术纪律，遏制极少数人的学术腐败行为。要坚持勤俭办教育事业，提倡艰苦奋斗，反对奢侈浪费。

要标本兼治，抓紧研究、解决好人民群众不满意的突出问题，规范整顿教育秩序，维护教育形象。对当前人民群众反映强烈的乱收费、高考舞弊及少数人违法乱纪等突出问题，要进行专门整治。要进一步抓好义务教育阶段中小学收费各项政策和规定的落实工作，严格规范直辖市和省会及其他大中城市的非义务教育阶段高中收费，规范普通高校及其他各类学校的收费工作，加强招生考试管理，严肃考风考纪，改革高校招生录取制度。要抓好从源头上遏制腐败的工作，进一步健全党风廉政建设责任制，健全人、财、物的管理制度，建立严格的监督、约束机制，规范操作规程，防止不正之风的产生和蔓延。

2002 年是我们党和国家的历史上具有重大意义的一年，我们要紧密团结在以江泽民同志为核心的党中央周围，高举邓小平理论的伟大旗帜，以“三个代表”重要思想为指导，团结奋斗，开拓创新，扎实工作，以教育改革与发展的新的优异成绩，迎接党的十六大召开。

# 贯彻“三个代表”重要思想 加快发展专业学位教育

吕福源

在我国学位与研究生教育制度改革和发展过程中，设置专业学位，不仅完善了我国的高等教育体系，符合国际高等教育发展的趋势，更重要的是做到了教育要适应和服务于国家经济建设和社会发展的需要。经过十年的努力和建设，专业学位已经成为与学术性学位并行的一种新的学位类型，专业学位教育特色逐步显现、种类稳步增加、规模不断扩大、制度不断完善，已经成为我国学位与研究生教育工作的重要组成部分，为我国经济建设和社会发展发挥着越来越重要的作用。但是，由于专业学位教育在我国起步较晚等方面的原因，专业学位教育在发展过程中还存在一些问题，主要表现为对专业学位教育重要性的认识有待进一步提高，专业学位教育的规模在整个研究生教育中的比例仍然偏小，专业学位教育的办学特色不够明显，培养单位的质量意识需要进一步加强等。为此，我们要从实践“三个代表”的高度，充分认识专业学位教育的重要性，切实重视专业学位教育工作，积极推动改革，加快发展，把我国专业学位教育工作提高到新的水平。

**一、学位与研究生教育工作要认真贯彻江泽民同志“三个代表”重要思想，积极促进先进生产力的发展，努力繁荣先进文化，不断满足广大人民群众接受高层次教育的需要**

江泽民同志“三个代表”思想是马克思主义在当代中国的最新发展，是我们党的立党之本、执政之基、力量之源。“三个代表”重要思想指明了新世纪教育事业的发展方向，对于推进新世纪教育事业的全面发展具有重大的指导意义。人是生产力中最具决定性的因素。科学技术是第一生产力，而且是先进生产力的集中体现和主要标志。在科学技术突飞猛进的今天，高层次人才在科技创新中的作用日益突出，同时，人民群众接受高层次教育的需求普遍高涨。学位与研究生教育是培养高层次人才的重要渠道，因此，在促进先进生产力发展、繁荣先进文化、满足广大人民群众受教育的需求方面，都负有特殊、光荣和艰巨的任务。

1981年，在邓小平同志的倡导下，我国开始实施学位制度。20年来，在党和政府的高度重视和各方人士的共同努力下，我国的研究生教育从小到大，不断发展，学位制度从无到有，逐步完善，取得了巨大成就。目前，我国有权授予学士学位的高等学校共665所；有权授予硕士学位的单位共729个（其中高等学校457所），硕士学位授权学科、专业点共9 692个（其中高等学校8 969个）；有权授予博士学位的单位共312个（其中高等学校245所），博士学位授权学科、专业点1 542个（其中高等学校1 397个），博士学位授权一级学科点682个（其中高等学校628个）。到2000年8月底，我们共授予了6.5万博士学位，53.4万多硕士学位。已经授予的学位，覆盖了所有学科门类。近年来，教育部根据形势发展的需要，不断加快学位与研究生教育发展的步伐。2001年，硕士和博士研究生的招生规模达到了16.2万人，全国在学研究生已经超过37万人（不含在职攻读学位研究生）。学位与研究生教育的发展从根本上缓解和改变了由于十年动乱造成的我国高层次人才严重匮乏、青黄不接的状况，为现代化建设输送了大批合格的高层次专门人才。

学位与研究生教育要担负起促进先进生产力发展、繁荣先进文化、满足广大人民群众接受高层次教育需求的历史使命，不仅要培养大批从事基础研究和高等学校教学工作的学术性人才，而且还要培养大批面向厂矿企业等有关行业和部门的应用型、复合型高层次人才，即专业学位人才。在促进科技成果转化为生产力的过程中，在提高管理水平和效益以及推进法制化进程等方面，专业学位人才发挥着不可替代的作用。有关研究表明，厂矿企业所需的高层次人才，大约5%是研究型人才，而大约95%左右是从事生产实施、设计开发、经营销售和管理类的人才。随着经济的快速发展、社会的全面进步以及加入WTO，我国各行各业对于专业学位人才的需求将更加迫切。

研究西方发达国家高等教育和学位制度的历史和现状可以发现，现代学位制度和研究生教育源于德国，最初只是为了培养科学接班人，强调学术研究。美国等其他西方国家的学位制度和研究生教育最初也受德国大学模式的影响，在实施学位制度早期，也只是注重学术性人才的培养。第二次世界大战后，由于受经济、军事发展的需要，西方发达国家开始重视应用型、复合型的高层次人才培养，其培养规模一直呈不断扩大的趋势，美国和德国的工程学位教育就是从这一时期在政府的支持下快速发展起来的。至20世纪90年代，美国专业学位获得者的比例已占全部硕士学位获得者人数的55%以上。德国、英国、法国、加拿大等国家的学位制度与我国有很大差异，但也都十分重视专业学位人才的培养，而且，许多行业的从业资格与学位紧密相联，德国工程师学位教育、英国建筑师的培养、法国中小学教师的培养都是非常典型的专业学位教育。

我国学位制度建立之初，为首先解决教育、科研人才断层和打好教育、科研基础问题，设置了学术性学位，主要培养教学、科研型人才。随着社会、经济的发展和人才需求结构的变化，近10年来，我们又先后设置了工商管理硕士学位（MBA）、建筑学专业学位（建筑学学士学位和建筑学硕士学位）、法律硕士专业学位、教育硕士专业学位、工程硕士专业学位、临床医学专业学位（临床医学博士和硕士学位）、公共卫生硕士专业学位、口腔医学专业学位（口腔医学博士和硕士学位）、公共管理硕士学位（MPA）、农业推广硕士学位、兽医专业学位（兽医博士和硕士学位）等11种专业学位，为国家培养应用型高层次人才。从学术性人才和专业学位人才所发挥的不同作用和功能看，如果缺少了专业学位人才，将影响科技成果的转化，许多引进的技术也不能很好地消化吸收，科技作为第一生产力在经济和社会发展中的应有作用也不能充分发挥出来，对提高管理水平和推进法制化进程等方面也会造成不利的影响。因此，在我国经济建设和社会发展中，专业学位人才与学术性学位人才发挥着同等重要的作用，培养专业学位人才与培养学术性学位人才是高等教育同等重要的任务，两种类型人才的培养工作具有同等重要的地位。因此，我们要从实践“三个代表”的高度，充分认识专业学位教育的重要性，进一步重视和加强专业学位教育工作，认真总结专业学位教育工作的经验，积极探讨专业学位教育的特色和规律，并在人、财、物等教育资源的配置上予以积极支持。

**二、努力调整学位与研究生教育的类型结构，积极发展专业学位教育**

从我国经济建设和社会发展的需要出发，必须大力调整我国学位与研究生教育的类型结构，积极发展专业学位教育。确定学位与研究生教育发展规模和发展速度，不仅要区分不同的学科，还要区分不同的学位类型，实行分类指导。一方面，为满足高等学校师资队伍建设和科研机构研究队伍建设的需要，特别是为了在某些对国家发展至关重要的基础学科领域，抢占科学技术的制高点，创造更多具有我国自主知识产权的科技成果，我们要加大基础学科建设的力度，加强教学科研型人才的培养。另一方面，由于专业学位教育起步较晚，相对而言，目前专业学位人才显得更为短缺。因此，在保证质量的前提下，要加快专业学位教育发展的速度。有关教育行政部门和学位授予单位要采取政策倾斜，挖掘潜力，改善条件，积极发展专业学位教育。

要根据经济建设和社会发展的需要，不断研究和探讨新的专业学位种类的设置。对有些应用类特别是行业领域特色较突出的学科可以研究考虑只设置专业学位的问题。

专业学位教育发展的重点主要应放在硕士层次上。要根据不同专业学位教育的特点和要求，让更多的具备条件的学位授予单位逐步承担起专业学位教育的任务，并采取必要的政策导向，使得大批学位授予单位把培养研究生的重点逐步转向培养专业学位人才。目前，我国所有的研究生培养单位都是以培养学术型研究生为主，而专业学位教育的试点单位主要集中在办学层次较高的重点大学，这样一个格局是否合理值得研究。无疑，重点大学也需要举办专业学位教育，专业学位教育对重点大学的发展也将起到重要的作用，国外好的研究型大学，其专业学位教育的品牌往往也很好。但是，更要采取措施，调动其他学位授予单位举办专业学位教育的积极性，促使这些学校调整学科结构和发展方向，把办出特色的专业学位教育作为他们学位与研究生教育工作的主要任务和努力方向，避免将不同层次高等学校都吸引到办研究型大学上来。

扩大专业学位教育规模，增加专业学位举办单位，还要考虑地区布局。要积极支持西部地区专业学位教育的发展，加大向西部地区倾斜的力度，为西部大开发做好人才准备，培养西部地区留得住、用得上的大批应用型、复合型人才。因此，在扩大专业学位试点单位时要充分考虑西部地区发展的要求，让更多西部地区有条件的高校能够开展专业学位教育，西部地区的高校也应根据专业学位教育的特色和要求，转变观念，主动调整学科结构；在确定专业学位研究生招生规模时，要根据实际需要向西部地区的试点单位倾斜，只要有需要和具备条件，西部地区专业学位教育发展的速度可以更快一些；东部地区的高校要积极开展对口支援西部地区高校的活动，尤其要积极为西部高校培养专业学位师资，为促进西部地区专业学位教育的发展做出贡献。

根据西方国家专业学位教育发展的经验，要促进我国专业学位教育的发展，必须逐步将专业学位教育与职业的任职资格要求有机地衔接起来。例如，在美国，医学博士是临床医师的必备学位，建筑硕士学位是取得建筑师执照的先决条件等。要加强与有关行业主管部门的联系，根据行业的职业任职资格的要求及其变化来培养专业学位人才，不断改革专业学位教育以适应社会的需要；积极推动有关部门制定专业学位与职业任职资格证书相互衔接的政策。

要积极支持和鼓励开展专业学位教育的国际交流与合作。西方发达国家专业学位教育的历史较长，特色鲜明，办学经验较丰富，适应社会需求的能力较强。我们要加强专业学位教育领域的国际交流与合作，深入研究这些国家发展专业学位教育的经验，借鉴国外专业学位教育的理念和教育的模式，学习国外有益的教育方法和管理经验，引进国外优秀师资和最先进的教材、案例。支持与国外水平较高、资质较好的大学合作开展专业学位教育。合作办学的最终目的是为了提高我国专业学位教育水平和国际竞争力。在支持和鼓励中外合作办学的同时，要加强管理和监督，制止境外机构在我境内违规办学。

**三、以适应市场需要为导向，深化专业学位教育制度的改革**

**第一，转变教育观念**。专业学位是与学术性学位并行的另一种类型的学位，两种类型学位的规格不同，各有侧重。专业学位的培养目标是根据特定职业的需要培养从事实际工作的应用型、复合型高层次人才，培养工作的突出特点是学术性与职业性的紧密结合。因此，两种学位教育对招生的办法、教学内容、教学的方式方法、论文的要求、师资队伍的要求以及质量评估的标准也不同。由于受传统教育观念、教育模式、教育内容、师资结构等因素的影响，一些学校对专业学位的认识不够准确，沿用学术性学位教育的“套路”和标准举办专业学位教育。因此，要转变教育观念，以适应市场需要为导向，正确认识和把握专业学位，深化专业学位教育制度的改革。

**第二，改革招生制度**。专业学位研究生招生考试方式、考试的内容与学术性学位研究生不同，既要考虑今后培养和就业所需的实践经验、能力及潜力，适合专业学位教育的特点，也要规范和严肃考试制度。要减少死记硬背的考试内容，进一步加强对学生综合素质和能力（特别是实践能力）的考核，增加面试在考试中的比重，录取研究生既要对笔试成绩有要求，也要对面试成绩有要求，同时还要参考考生的工作经历和取得的业绩等情况；具备条件时，招生规模和录取分数线要逐步实行在国家宏观调控下，由培养单位自行确定。

**第三，优化培养方案和课程体系，不断更新教学内容**。在专业学位教育中，要根据学生的知识结构和专业学位的培养目标，有针对性地制订培养方案、设计课程体系和确定教学内容。攻读专业学位学生的知识结构差别很大，专业学位教育的培养目标要求学生具有较宽的知识面和较强的实践能力，因此，在培养方案的制订、课程体系的设计和在每门课程教学内容的取舍上，要突出基础性、实践性、选择性、先进性。要在注重拓宽学生的知识面，加强专业教育的同时，注重现代科技知识的掌握；理论教学也要紧密联系实际，培养学生应用理论解决实际问题的能力；要实行学分制和弹性学制，要开设必要的选修课，供学生根据各自的基础和知识结构进行选修；要反对墨守成规，要加强与有关行业主管部门的联系，根据行业任职资格的要求及其变化、学科的发展和教学的需要，不断更新教学内容，将新理论、新成果、新案例及时纳入教学之中；要加强教材建设，大胆引进国外先进的教材，有条件的单位要鼓励教师和学生使用国外先进教材。

**第四，改进教学方法**。教学的方式、方法要灵活多样，课堂教学要把讲授与讨论结合起来，鼓励学生积极参与教学活动，教学相长；要加强案例教学、模拟训练或现场教学，在实践中培养学生运用理论知识解决实际问题的能力。要激励教师编写高水平的案例和学习使用现代教学手段，课件制作应计入工作量，高水平案例应作为教学研究成果。要加强第二课堂教学，拓宽学生的知识面，开阔学生的视野，培养学生的团队精神。要鼓励学生在学习期间从事创业实践，培养学生的创业精神和创业能力。

**第五，正确把握对学位论文的要求**。专业学位研究生特别是硕士层次研究生的培养是以课堂教学和实践训练为主，这与目前学术性学位研究生培养中要求课程与科研并重不一样。因此，要避免用学术性学位研究生学位论文的标准来衡量和要求专业学位研究生的学位论文；专业学位研究生的学位论文要力求反映学生的综合运用所学知识分析问题和解决问题的能力。为此，论文选题要突出实践性，强调学位论文的应用性，研究结果要解决实际问题，能够在实践中得到运用。

**第六，加强教师队伍建设**。一支具有现代教育观念、合理知识结构和实际工作经验的教师队伍，是保证专业学位教育质量的重要前提。由于我国专业学位教育起步较晚，教师的知识结构和实际工作经验离专业学位教育的要求，还有较大的差距。要把加强教师队伍建设作为当前专业学位教育中一项迫切的任务抓紧、抓好。要提高教师队伍的学历层次；要加强教师的在职培训，支持教师到国内外参加有关课程的培训和研讨；要鼓励教师从事与其教学有关的社会兼职；要积极聘请实际部门有丰富实践经验和较高理论水平的人员参与教学；要促进教师研究和改进教学方法；要建立教师的评价激励机制。

**第七，引入竞争机制**。专业学位教育的质量最终要由市场来检验，因此，要建立优胜劣汰的市场竞争机制，发挥市场竞争在促进提高专业学位教育质量方面的作用。要强化学校的竞争意识，扩大学位授予单位的办学自主权。要通过市场竞争促进学校改善办学条件，增强服务意识，提高教育质量。各种专业学位教育都要逐步实行成本补偿政策并给予学校在确定收费标准上的自主权，师资的聘用要引进竞争机制。在鼓励竞争的同时，特别要注意规范办学，要建立和完善有关规章制度，建立良好的竞争秩序，强化依法办学意识。

**四、加强质量监督，确保专业学位教育的质量，保证专业学位教育的健康发展**

质量是学位与研究生教育的生命线，保证和提高质量是学位与研究生教育工作中永恒的主题。在学位与研究生教育规模迅速扩大的今天，学位与研究生教育工作尤其要强化质量意识。经过几年扩招，目前，我国高等教育的规模迅速扩大，教育部不久前下发了《关于加强高等学校本科教学工作、提高教学质量的若干意见》，目的就是要强化高等学校的质量意识，通过抓好本科教学来提高本科层次的教育质量，保证本科教育质量不因规模的扩大而下降。近几年来，国务院学位委员会和教育部及时调整了工作重点，把抓质量作为学位与研究生教育工作的重点，开展了学科建设规划、重点学科评选、优秀教材的遴选和推荐、优秀论文评选、学位论文的抽查和质量评估等一系列工作，这些对强化学位授予单位的质量意识，促进学科建设，起到了积极的作用。

当前，少数同志有一种错误的认识，认为对专业学位教育质量的要求可以低一些。这种错误认识对专业学位教育的发展是极其有害的，必须予以纠正。专业学位与学术性学位只是规格、培养目标、教学内容与方法等的不同，没有层次和质量的差异。质量是专业学位教育持续健康发展的重要保证，专业学位教育同样要强化质量意识，坚持质量标准。要树立全面质量观，既要强调业务水平，更要强调政治思想水平；既要强调专业知识的学习，更要强调实践能力的培养和综合素质的提高。要避免用学术性学位的学术标准来衡量专业学位教育质量的做法，是否适应社会、经济的发展和实际用人部门的需要是衡量专业学位教育质量的重要指标。

要充分发挥专业学位教育指导委员会在保证质量方面的重要作用，专业学位教育指导委员会在我国专业学位教育的发展中具有重要的地位和作用，随着政府职能的转变，其地位和作用将会更加突出。要充分发挥专业教育指导委员会在学位标准的制定、教学改革、师资培训、国际间交流与合作、加强与有关行业的协调、参与评估、开展咨询和研究等方面的作用，进一步加强各专业学位教育指导委员会在制定行业自律规范和进行质量监督方面的职能。

保证质量，管理是关键。要加强招生、培养、学籍管理和学位授予等环节的制度建设，专业学位教育的各项工作要严格按照有关规章制度来执行。特别是在依法办学的今天，政府职能的转变、学校办学自主权的扩大，更要求学校形成一种自律、良性发展的机制和作风。

要加强质量评估。在学校自觉提高教育质量的同时，加强社会对教育质量的评估，对引起学校、社会关注人才培养工作，促进学校加强投入和建设、有针对性地改进教学管理，提高教育质量也会起到积极的促进作用。今后，评估工作还要加强并不断改进完善。要将用人单位的意见等客观内容列入评估指标，以减少对学校正常教学活动的干扰。评估工作要公平、公正、公开，力戒烦琐哲学和形式主义。评估结果要予以公布，对于不能保证质量的单位要取消其专业学位教育的举办资格。有关政策的制定要有利于教育资源向在评估中质量高、信誉好的学位授予单位转移，把学校工作的重点引导到树信誉、创品牌上来。

# 教育以跨越式的发展迎接挑战

韦　钰

历史的车轮已经驶入21世纪，越来越多的有识之士正清醒地认识到，人类社会正在经历一次由信息科学技术驱动的深刻变革，生产、交换和服务的方式发生了重大变化，知识的作用产生了质的飞跃。可以预见，21世纪初网络将遍布世界各地，地球上十几亿人将会在互联网构筑的平台上生活、学习和工作。在这场变革中，我们必须坚决贯彻落实国家“科教兴国”的战略方针，抓住机遇，直面挑战。

**教育必然也必须会发生革命性变革**

现代网络技术的运用、信息科技的发展，要求教育必须发生革命性变革。这是因为：

1. *社会要求教育提供掌握科学技术的合格公民*。科学技术已经成为人们日常生活的一部分、文化的一部分，因此，掌握一定的科学技术，将成为进入信息社会的入场券，成为人们享有尊严生活，并获得参与社会经济发展权利的必备条件。

2. *社会要求教育为新经济发展提供合格的劳动者*。新经济的发展已经证明：它对劳动者的素质有了新的要求，需要大量具有聪明智慧和专业技能的人才。因此，教育要尽可能为更多的人提供高层次、高质量的教育。

3. *教育要培养能敬业、创业、革新和创新的人才*。一个民族的创新能力，特别是顶尖创新人才的质量是体现国家竞争能力的关键。

4. *教育要为公民提供终身学习体系*。科学技术不仅发展非常迅速，而且不再是缓慢地经过几十年，甚至更长的时间才进入实用。它会很快地进入实际社会，信息技术更是如此。学习已成为人们生活中不可分割的部分，因此，教育要为尽可能多的公民提供更方便灵活，且不受时间和地点限制，能够满足其需求的学习方式和学习内容。

5. *教育要培养国际性人才*。科技和经济的全球化是不可逆转的趋势；跨国公司的作用日益重要；国际资本流动产生决定性的影响。教育要培养在地球村中能够相互理解和良好沟通的人才：他们要拥有在国际活动中既能合作，也可在竞争中取胜的实力；既能参与经济和科技全球化，又能保持本国文化的独特性。

教育不仅必须发生重大变革，而且由于互联网的引入，知识的传播方式、课堂的概念、教师的作用和行为、学习的方式、思维的方式、生活的方式等都将会发生巨大变化。所以，教育必然也必须发生一场深刻而伟大的变革。

自觉而深刻地认识这场教育变革的紧迫性，及时地研究教育思想的变化，以制定正确的策略和措施，争取在这场变革中掌握主动权，是时代赋予我国教育工作者的历史责任。为此，1998年教育部制定了《面向21世纪教育振兴行动计划》；1999年，中共中央、国务院颁发了《关于深化教育改革全面推进素质教育的决定》；2001年5月，国务院作出了《关于基础教育改革与发展的决定》，对我国教育改革和发展作出了全面部署。

**运用互联网技术实现全民教育的跨越**

全民教育是指为全体社会成员提供的教育。这一概念最早出现在1948年《世界人权宣言》之中。1990年在泰国宗滴恩召开的“世界全民教育大会”启动了“世界全民教育十年”，在《世界全民教育宣言》中提出：满足每个人（无论是儿童、青年还是成人）的基本学习需要是全民教育的最终目标。基本学习需要包括：人们为生存下去，为充分发展自己的能力，为享有尊严地生活和工作，为充分参与发展，为改善自己的生活质量，为作出有见识的决策，为实现继续学习所需要的基本学习手段和基本学习内容。2000 年在达喀尔召开的“世界教育论坛”，标志着“未来世界全民教育十五年”的开始。

中国是一个发展中国家，运转着世界最大规模的教育体系。因此，开展现代远程教育，对于实现全民教育有着特殊重要的意义。迄今我们为推进全民教育做了很多工作，取得了很大成绩。在义务教育方面，截至 2000 年底，已在 85%的人口地区普及九年义务教育，青壮年文盲率降低到 5%以下；高等教育方面，通过两年的大规模扩大招生，按年龄段计算的大学入学率已达 11%左右。诚然，这样的比例对于知识经济社会来说，显然还是比较低的；而且把学生都集中到大城市里来，将来可能会出现就业困难。目前我们的教育资源十分有限，且过分集中在大城市，特别是沿海城市，分布很不平衡。因此，我们在提高全民教育质量和实现高等教育大众化方面，按照发达国家的模式发展是相当困难的。

然而，我们在远程教育方面已经具备了良好的基础。远程教育的开展有可能为中国全民教育的跨越式发展，提供一种可能的、有效的途径。1994 年开始，以计算机网络技术和多媒体技术为基础的交互式现代远程教育已经起步，1997 年我们对其进行了全面规划。现代远程教育工程主要包含以下几方面的内容：高速硬件传输平台、依托重点大学的二级网络教育学院、共用软件平台与工具、师资培训用课件与工具、高校与中小学联网、实行面向西部的扶贫工程以及教师培训计划等。另外，我们还要发展一批诸如网上招生系统、高校科学研究虚拟中心、高校科技评估系统、高校科技协作网以及网上电视会议系统等大型应用网站和系统。2000 年 10 月，教育部又决定全面实施“校校通”工程。

高速硬件平台的建设包括两大部分，即 CERNET 网的提速和中国教育电视台的 C 波段到 Ku 波段的改造。CERNET 网是在国家计委等部门的大力支持下，在国家教育部的直接领导下，由 100 多名专家努力拼搏、自主建设而成的全国第二大计算机互联网络。目前已通达全国各省会城市和联接了全国 700 多所大学入网，用户数量达 300 多万，这是在世界范围内也很少见的全国性的统一规划和建设的教育网络。到 2000 年底，已完成 CERNET 扩容和提速工作，把 CERNET 主干网的速度提升到 155M～622M，部分地区提升到 2.5G，最高提速1 200倍，并联通全国所有大学和数千所中小学。CERNET 的全面提速将为现代远程教育提供宽阔的高速传输通道。

中国教育电视台的卫星频道改造工作已经完成，并于 2000 年 10 月 31 日正式开通。卫星频道是向西部地区传输信息的最有力的手段与工具。改造后的卫星数字传输平台将具有 65 个数字频道，其中包括 8 个与 INTERNET 直接连接的 IP 频道和 8 个 VBI 频道。中国教育电视台的数字卫星传输平台和 CERNET 网一起，将构成一个多功能的、天地一体化的现代远程教育基础设施。

为了实现西部教育的跨越式发展，教育部在现代远程教育工程中安排了专门的项目。例如：已启动的“明天女教师培训”计划，把那些在大山沟里从事中小学教育、从未到过大城市的年轻女教师，邀请到北京进行强化培训，培训结束时，让每位女教师携带一台计算机和一套网络接收装置返回学校。通过 20 天的培训，这些从未出过远门的山村女教师，变成了会使用计算机上网操作、会通过 INTERNET 了解世界、迅速获取各种信息的新型女教师。她们的知识面拓展了，无疑她们的学生也将随之受益，这对女教师和她们的学生来说，不就是实现了跨越式发展吗？我们正在实施教育部现代远程教育扶贫示范项目和李嘉诚基金会西部中小学现代远程教育项目联合行动计划，预计两年内可以建立约 1 万个这样的信息技术的“星星之火”，在西部各省建立培训中心；在中央电教馆建立资源中心，以推动贫困地区农科教的发展，将名校和名师的教学资源能够真正送到西部。

在开发师资培训教学资源与课程，实施中小学教师继续教育工程的同时，我们要利用现代远程教育所提供的工具和手段，帮助进行中小学师资培训工作；要利用 CERNET 网开展中小学素质教育，以建立网络文化下的学习环境和培养相应的学习能力为主要目标。我们也正在推进有关地区的信息化试点工作和名校教学资源的上网工作。

总之，通过两年来的努力，现代远程教育工程的整体工作进展是好的，目标是明确的。在中国即将加入 WTO之际，我们大力开展远程教育，不仅有利于教育本身的改革与发展，有利于西部开发与人才培养，有利于构建终身学习体系，而且，也有利于推动和促进我国民族产业，特别是信息产业的进步与发展。

现代远程教育是我国社会主义教育事业的重要组成部分，开展现代远程教育必须遵循国家的教育方针，必须坚持“统筹规划、需求推动、扩大开放、提高质量”的指导方针。教育部已经公布了《教育网校和网站的管理办法》，将规范和进一步推动现代远程教育工程的发展。

在未来的竞争中，人才是关键，人的创新能力起着决定性的作用。因此，教育应该是最重要的基础。教育为这场变革提供最重要的资源、生产力诸要素中最具活力的要素——人才。邓小平同志“教育要面向现代化，面向世界，面向未来”的重要指示，是我们教育发展的战略指导方针。教育不仅必须适应当前的社会变革和经济发展的需要，而且要面向未来的激烈竞争和变化而发展，面向国际间的相互合作而发展。现代远程教育的发展，为实现教育跨越式的发展提供了广阔的空间和可能。互联网引入教育领域后，学习方式的改变、思维方式的改变甚至生活方式的改变是我们实现教育跨越式发展中最本质的方面。我们相信，脑科学的发展正为学习科学的研究铺就新的发展轨道，教育将像 150 年前的医学那样，正建筑在更扎实的科学研究成果之上。我们应该面对挑战，以主动的姿态抓住机遇，实现教育跨越式的发展，这样才能为人类科技和经济社会的发展培养出更多、更优秀的各级各类合格人才，使中华民族在未来激烈的竞争之中，立于不败之地。

# 统一思想 提高认识 狠抓落实 努力做好国家助学贷款工作

张保庆

**一、要从落实“三个代表”重要思想的高度，充分认识国家助学贷款工作的重要意义**

**开展国家助学贷款，是实施科教兴国战略，加快我国高等教育事业发展的一项重要政策。**立足于我国现代化建设的全局，为了满足国家对高级人才的需求和广大人民群众希望子女能更多地接受高等教育的愿望，提高全民族的整体素质，迎接21世纪的激烈竞争和挑战，为我国实现第三步发展战略提供足够的人才支持，党中央、国务院于1999年作出了进一步扩大高等学校招生规模的重大决策。经过各方面两年多的共同努力，2000年全国各类高等学校共招生约470万人，其中普通高校招生约220万人，比1998年的108万人翻了一番。全国普通高校的高考录取率已由1998年的36%提高到57%。全国各类高等学校的在校生1 100多万人，高等教育的毛入学率达到11.5%。这样的发展速度，是我国正常情况下所从来没有过的，在世界高教史上也极为罕见。通过扩招，使我国高等教育的规模发生了巨大变化，有效地缓解了高等教育长期形成的“供求”矛盾与压力，大大的提高了办学效益，充分发挥了高等学校的办学潜力，推动了各项相关高校改革的不断深化，也为本世纪实现中华民族的伟大复兴做了人才方面的必要准备。尽管扩招工作还存在不少矛盾和困难，但总体上进展健康平稳，受到了社会各界的一致欢迎与好评，也得到了中央、国务院的肯定。“十五”期间，我国高等教育还要继续保持一个积极发展的势头。到2005年，全国各类高等教育在校生要升至1 600万左右，毛入学率将达到15%。根据我国的具体国情，积极发展我国高等教育的根本出路，一是靠改革，二是靠以政府为主、多渠道不断增加投入。在今后一个时期高等教育领域的各项改革中，高校后勤社会化改革和高校收费改革是两项重要改革。高校收费改革的最终目标是要逐步建立一个由国家、社会、学校和个人合理分担高教培养成本的机制。这种机制，如能尽快建立起来并在实践中不断加以完善，就会进一步调整高教投入的格局，就会促进我国高等教育更快更好地发展。过去我们没有建立这种机制的条件，经过改革开放20多年来的实践和人民群众收入水平的普遍提高，现在完全可以逐步实施这种机制了。但在我国现行的情况下，要推行这项改革，则应持积极、稳妥、审慎的态度，必须一手抓收费改革，一手抓对家庭经济困难学生多种形式的资助工作，以保证每个被录取的大学生都不能因家庭困难而失学。而解决家庭经济困难学生问题的一个最有效的办法，从长远讲，则必须利用金融的力量，运用贷款助学的手段。

**开展国家助学贷款，帮助家庭经济困难学生完成学业，是由我国的国情和我们的社会制度决定的。**就国情来讲，改革开放以来，全国各族人民的生活水平虽都有了显著的提高，但总的来看，还仅是个小康水平。绝大多数人的收入还是比较低的，真正有钱的人还是少数，且尚有几千万人还没彻底解决温饱问题。更重要的是，我国各地的经济发展很不平衡，13亿人口中有近9亿还是农民，农民的子女中有许多人是优秀人才。这种情况就决定了我们的高校收费改革不可能走得太快，收费标准也不能定得太高，现阶段高等教育还必须主要靠国家投入支持，对高校中家庭经济有困难的学生则必须采取有效的资助措施。从政治角度考虑，我们是共产党领导的社会主义国家，高等教育应当也必须体现广大人民群众的利益，在受教育的机会方面，在统一的标准面前，应该是人人平等。如果让家庭困难的学生大量失学，或者变成谁有钱谁上学，那我们的教育方针还如何贯彻？社会主义制度的优越性还如何体现？正因为如此，党中央、国务院高度重视、关心解决高校中家庭经济困难学生的就学问题。在发展高等教育和实行高校收费改革的过程中，如何解决好高校中家庭经济困难学生的问题，一直牵动着党中央、国务院领导的心。中央自1994年起，每年都动用总理预备金，专项用于对中央部属高校中经济困难学生的资助。在1998年夏季洪涝灾害发生后，中央财政又特拨专款，用于补助家在灾区的经济特别困难学生。与此同时，在国务院领导的关心下，自1987年以来，教育部、财政部等部委一直致力于建立一种比较完善的资助困难学生的体系。经过各方面的共同努力，这种体系目前已初步建立起来，其主要内容包括“奖、贷、助、补、减”五个方面：**奖**，是指在学校设立各种形式的奖学金，帮助、支持家庭经济困难、学习优秀的学生和学习农林、师范、体育、航海、民族等特殊专业的学生。**助**，是指学校在教学、科研、管理、后勤及校园环境维护等方面，为经济困难学生设立一些助学、助研、助管岗位，帮助他们通过从事不同形式的勤工助学活动，获得一定的报酬，贴补其在学习期间的一些开支。**补**，是指困难补助。每年中央和地方政府，都拨出一定的专款，对经济困难学生进行补助。学校也采取各种形式对他们予以资助。**减**，是指减收或免收学费。国家已经规定，对学习农林、师范、体育、航海、民族等特殊专业的学生，减免学费。同时，还要求学校对家庭经济困难的学生，区别情况减收或免收学费。这些年，为保证刚考入大学的新生能够顺利入学，教育部明文规定各高校必须建立“绿色通道”制度，即对被录取入学、家庭经济困难的新生一律先办理入学手续，然后再根据核实后的情况，分别采取上述“奖、贷、助、补、减”等不同的措施，确保每一位新生都不因家庭经济困难而无法入学。国家还规定，高校每年应从所收学费中提取不少于10%的资金，用于资助经济困难学生。**贷**，是指由金融机构针对高等学校学生开展的各种助学贷款。今天我在这里讲的贷款，主要是指国家助学贷款，不包括商业贷款。国家助学贷款是一种对符合条件的学生发放的无担保信用贷款。其主要优惠政策是由政府对学生的贷款利息补贴一半。实践证明，实施包括贷款内容在内的帮助家庭困难学生完成学业的上述政策，体现了江总书记的“三个代表”的重要思想，体现了社会主义制度的优越性，有利于党的教育方针的贯彻、落实，有利于培养拥护党、拥护社会主义事业的高级人才和接班人。

**开展国家助学贷款，是在社会主义市场经济体制下，建立并完善帮助经济困难学生完成学业制度的新探索**。随着我国高等教育的迅速发展，高等学校在校生人数不断扩大，高校中家庭困难学生的人数也在不断增加。在这种变化了的形势面前，单靠上述的“奖、助、补、减”办法，已无法完全解决家庭经济困难学生的问题，必须借鉴国外的经验，结合我国的具体情况，通过金融机构的介入，不断扩大资助经济困难学生的力度和覆盖面。基于这种迫切需要，在李岚清副总理的亲自推动、关心下，于1998年经中国人民银行、教育部、财政部等部门共同研究，出台了国家助学贷款制度。这项工作，1999年先在北京、上海、天津、重庆、武汉、沈阳、西安、南京等八个城市开展试点，2000年又进而在全国全面推开。尽管这项制度在落实方面，目前还存在不少矛盾与问题，但已受到了社会各界的一致拥护和好评。随着高校收费制度改革的深化，由学生个人或家庭适当负担一部分高校培养成本，已是一种必然趋势；用于子女接受高等教育的支出，也势必成为今后每个家庭最重要的消费之一。但就我国城乡居民的实际收入水平来看，有相当多的家庭可能还难以完全靠储蓄来承受这种负担，必须借助一定的银行贷款。对高校学生来讲，开展助学贷款也会促使其在认识、观念、行为等方面的转变。国家助学贷款的开办，不仅会在一定程度上解决家长支持子女上大学在经济方面的矛盾与困境，减轻家庭经济困难学生在学习期间的顾虑与压力，而且还将有利于正确引导社会消费，激发学生自觉学习的积极性，促使学生树立自立自强、诚实守信的意识，有利于学生自身素质的提高。

因此，各地、各有关部门和各高等学校，都必须从落实江总书记“三个代表”重要思想的高度，从我国高等教育事业改革、稳定、发展的大局，从实施科教兴国战略的需要出发，进一步提高对开展国家助学贷款工作重要性的认识，加强责任感、急迫感，克服困难，狠抓落实，千方百计把工作做得更好。

**二、国家助学贷款已经取得了显著的成绩，但还不尽人意，远远没有达到中央、国务院的要求**

在李岚清副总理的亲自推动下，在国务院办公厅的协调指导下，国家助学贷款工作，已完成了试点并在全国全面推开。为了不断推进和完善国家助学贷款工作，在不到两年的时间里，国务院办公厅已转发了三个文件。朱镕基总理、李岚清副总理和温家宝副总理等中央、国务院领导同志先后多次就国家助学贷款工作作出了重要批示。成立了由教育部、财政部、中国人民银行组成的全国国家助学贷款部际协调小组。中国人民银行不断完善政策，制订下发了一系列相关配套文件。各经办银行均启动了国家助学贷款工作并努力扩大这方面的业务。教育部成立了全国学生贷款管理中心，积极协助二部一行推动此项工作。与此同时，大多数省、自治区、直辖市也初步建立了旨在资助省属高校家庭经济困难学生的国家助学贷款制度。各地教育、财政、金融机构和高等学校，为落实国家助学贷款制度做了大量工作，付出了大量心血。同时，各新闻媒体也不断加大宣传力度。经过各方面的共同努力，一个比较系统的开展国家助学贷款的组织机构和管理体制已在全国建立起来。与此同时，社会各方面对国家助学贷款工作的认识，正在发生深刻的变化。开展国家助学贷款工作的势头越来越好，已取得了喜人的成绩，并对我国高等教育的改革发展产生了深远的影响。据全国学生贷款管理中心最新统计，截至到2001年5月底，全国申请国家助学贷款的学生共53.4万人，申请贷款金额33.4亿元，已签订贷款合同的学生17万人，贷款合同金额12.6亿元，累计已发放贷款6.27亿元。各级财政共安排贴息经费2.79亿元，已支付贴息金额934万元。其中，全国地方院校申请国家助学贷款（不含体制改革中改由中央与地方共建的原中央部委所属高校）的学生人数39.2万人，申请贷款金额21.9亿元，已签订贷款合同的学生10.1万人，贷款合同金额6.7亿元，累计发放贷款4.07亿元，地方财政安排贴息经费1.07亿元，已支付贴息经费346.8万元；中央部委所属高等学校申请贷款学生14.2万人，申请贷款金额11.5亿元，已签订贷款合同人数6.8万人，贷款合同金额5.85亿元，累计发放贷款金额2.2亿元，中央财政安排贴息经费1.72亿元，已支付贴息金额587.2万元。2001年头五个月，实际发放贷款的金额比2000年全年增长了51%。

开展国家助学贷款，在我国是一项崭新的工作。在这样短的时间内，取得这样的进展，是很不容易的，应当充分予以肯定。但在肯定成绩的同时，还应当清醒地看到，整个工作正如岚清同志批示的那样，仅是取得了初步成绩。工作的总体状况离预期的目标，离国务院领导同志的要求还有较大差距。在此方面还存在不少问题。主要表现在：

**一是贷款进度不理想，贷款规模偏小。**当前，既有贷不出、贷不到、也有不该贷的问题，但主要矛盾还是贷不出。根据上述统计材料，可以看出到2001年5月底，全国高等学校中签订贷款合同的学生人数仅占申请人数的31%；已签贷款合同金额只占申请金额的37%；也就是说，到目前为止仍有近2/3申请贷款的学生尚未能与经办银行签订贷款合同。从大的方面分析，到2000年年底，全国普通高等学校在校生约560万人。如按10%的必要贷款面来考虑，应该有56万人得到国家助学贷款，但迄今已签订贷款合同的学生还不到17万人。从中央、地方财政安排的贴息经费来看，至少可以支付几十亿的贷款金额。而实际情况是，到2001年5月底全国贷款总金额为12.6亿元，实际累计发放的贷款额仅有6.27亿元。当然，我这样讲并不意味着不加区别地贷出的越多越好，而是要提请大家从中清醒地看到我们工作的差距。

**二是工作进展不平衡。**中央与地方比，一些地方行动慢。截至2001年5月底，全国还有5个省、自治区未安排国家助学贷款贴息资金，有2个省、自治区的国家助学贷款尚未启动。有一份材料反映，某省省属高校国家助学贷款发放量仅为申请数的3.87%。高校与高校比，不少高校对开展此项工作的重要意义认识不够。因此，不主动同银行配合，对开展国家助学贷款指导不力，有相当多的高校并没有认真开展此项工作，相关的机构和人员也不落实。尤其要指出的是，在中央部委所属高校中还有55所院校至今仍未启动国家助学贷款。这是绝对不允许的。银行与银行之间，有些基层经办银行认识不到位，态度不积极。不少基层银行的经办人员，至今仍存在着种种不必要的顾虑，怕麻烦，怕风险。从而影响了国家助学贷款工作的进展。

**三是在实施国家助学贷款过程中，还有一些矛盾与问题，需要进一步研究解决。**在如何防范风险，努力形成良性循环，如何更加简便易行、规范化、科学化操作等方面尚有许多工作要做。

产生上述问题的原因是多方面的。一是开办此项工作时间较短，缺乏经验。从试点开始，也只有不到两年的时间，全面推开国家助学贷款的文件，又是2000年8月下旬才印发的，下面还来不及消化和部署实施。二是由于国家助学贷款是一项新事物，社会各方面还有一个认识的过程，大家相互之间在工作上还需要一个磨合阶段。三是宣传教育不够深入广泛，一些学生、学校和经办单位，对国家助学贷款政策了解不够，还存在着种种不全面乃至错误的认识。四是开展国家助学贷款的具体操作包括一些实施办法也不够完善。但我看最主要的，还是一个认识和态度问题。认识不到位，思想不重视，行动不积极是主要矛盾。只要大家的认识真提高了，思想问题真解决了，这项利国利民的工作，就一定会做好，就一定能向中央、国务院领导交出一份满意的答卷。

**三、狠抓落实，努力使国家助学贷款工作在2001年实现决定性突破**

（一）要突出工作重点。

2001年的工作重点是全面落实国家助学贷款工作。助学贷款，包括一般助学贷款和国家助学贷款，当然都应该抓紧抓好。但2001年的重点，是抓好国家助学贷款工作。因此，2001年要在国务院的领导下，教育、财政、银行和学校等有关单位通力合作，进一步采取有效措施，全力推进，坚决把这件好事办实，把这件大事办好。

（二）要在全面落实已出台的国家助学贷款政策方面狠下功夫。

据了解，国务院和中央有关部、委、行出台的一系列关于国家助学贷款的文件，并未得到全面执行。因此，2001年我们工作的另一个重点，就是进一步全面落实已出台的相关政策。银行、教育、财政等有关部门和各高等学校，都要把精力和决心放在狠抓落实方面，要真抓实干，要层层落实责任，要切实加强督察。工作要注重实效，不要只满足于一般号召。我们已经商定，到2001年年底以前，不再出台新的政策，就是一心一意抓对已出台政策的贯彻执行。

（三）各高等学校主要领导要亲自抓国家助学贷款工作的落实。

开展国家助学贷款，说到底，还是为我们高校服务。高校学生既是贷款的主体，又是最终的收益者。在制订有关政策时，我们并没有要求高校在此方面负不应负的责任，但高校在工作上必须尽应尽的义务，必须积极协助配合，把这件事情办好。在此方面，高等学校领导要做到四个主动，即：主动开展国家助学贷款工作，主动加强对学生的贷款指导，主动与经办银行配合，主动承担高等学校在国家助学贷款办理过程中应尽的义务。每个高等学校都要指定专门机构或专人，指导并协助学生办理贷款有关手续。例如：谁是困难学生，谁应该申请国家助学贷款，申请贷款者的身份等，银行并不了解，学生所在的高校当然应该主动向银行介绍，或出具必要的证明。另外，学校一定要挑选有责任心、爱学生的人来负责此事。否则，工作也是做不好的。每个学校都要认真联系落实经办银行。如发现哪个高校对此项工作不认真、不到位，而致使工作落不实的，就要追究哪个高校领导的责任。

（四）各地要认真落实配套措施。

主要工作是两项。一是2001年各地都要建立、完善对省属高校的国家助学贷款制度。凡未启动这项工作的，要立即启动；凡未安排贴息资金的，要严格按财政部张佑才副部长的讲话要求予以落实。二是进一步健全工作机制，明确职责分工，严禁推诿扯皮。凡是没有成立相应机构的省、自治区、直辖市，要立即根据国务院办公厅国办发［1999］58号文件的要求，成立由教育、银行、财政等有关部门组成的省级国家助学贷款协调小组，小组下设贷款管理中心。协调小组由省级教育行政部门牵头。小组的主要职责，是在省级政府的领导下，制订年度贷款指导性工作计划，协调、沟通好教育、财政、银行、高校之间的关系，及时研究解决或向领导反映工作中出现的问题。开展国家助学贷款，是一个系统工程，需要金融、财政、教育和高校等部门之间协调行动，密切配合。关于中国人民银行、财政部、教育部在此方面的工作分工，国务院领导已有明确意见。希望各地也要参照国务院的做法，明确各有关单位之间的工作分工，以便各尽其责，进一步把工作做好。但不管如何分工，教育行政部门都必须更加主动、更加积极、更加努力的开展工作。

（五）各经办银行要转变作风，更加积极主动地开展工作。

目前，各经办银行在开展国家助学贷款工作中最关心的几个政策问题，如全额核销助学贷款呆坏账，免征国家助学贷款利息收入的营业税等，均已经得到解决。可以说，万事俱备，只欠东风。因此，各经办银行对开展国家助学贷款不应再有什么顾虑，应全力以赴全面加以推动。具体经办人员应该认识到这是以具体行动落实科教兴国战略，支持高等教育的发展，也是在为家庭经济困难的大学生做好事、排忧解难。当一个大学生在他最困难的时候，我们银行的经办人员及时按国家规定，为其办理了助学贷款，帮助他解决了就学的困难，这可能会影响到他的一生。为此，这个大学生也许一辈子都不会忘记我们银行的具体经办人员。希望有关银行的具体经办人员，能切实转变观念和作风，克服畏难情绪，不怕麻烦，满怀感情，主动、及时地做好国家助学贷款的具体操作和发放工作，努力为符合条件的学生提供简便、快捷、优质的服务。凡是学生提出国家助学贷款申请、且又符合贷款条件的，因银行具体经办人员无正当理由拖而不办而造成学生失学、辍学的，要追究银行经办人员的责任。

（六）要进一步加大对国家助学贷款工作的监督检查力度。

各级教育行政部门要加强对高等学校的检查、督导；各经办银行总行要对下属各基层银行，建立起一种有效的监督机制。今后，凡经办银行发现高等学校不主动配合工作、不出具合理证明的，经办银行可及时向省级教育行政部门乃至教育部反映；凡高等学校发现经办银行无正当理由而拒绝及时为学生办理国家助学贷款业务、不按合同向学生发放贷款的，高等学校有权向各经办银行总行乃至中国人民银行反映。2001年新生入学以后，中国人民银行、教育部、财政部将联合对落实国家助学贷款工作情况进行一次全面检查。通过加大检查力度等措施，促使各有关部门都能不折不扣地贯彻落实国家助学贷款政策。

（七）要继续加强教育，加大宣传力度。

各省要充分利用当地的各种新闻媒体，继续广泛深入的宣传国家助学贷款的有关政策。各省教育厅（教委）一定要负责把教育部、财政部印发的《高等学校学生资助政策问答》的小册子，及时、免费发到地、市、县、乡教育行政部门、高等学校和普通高中的毕业班。同时，也希望中央各大新闻宣传单位，能进一步重视对此项工作的宣传，通过各种形式，加大宣传力度。通过大家的共同努力，使开展这项工作的重要意义、政策办法、办理程序等真正能做到家喻户晓。

各高校在印发《招生简章》时，一定要刊登国家助学贷款的有关内容和资助经济困难学生的措施。2001年，凡在《招生简章》中没有注明上述内容的高校，必须在发放新生录取通知书时予以补发。同时，教育行政部门、高等学校和金融机构还要密切配合，采取有效的形式不断强化对大学生的信用观念和金融知识教育，使他们牢固树立自觉履行还贷责任的观点。

（八）加强调查研究，进一步解决落实国家助学贷款工作中的相关政策和问题。

在落实国家助学贷款工作的过程中，各地、各高校和各经办银行发现的新问题、新情况，请及时向我们报告，并欢迎大家提出建设性的建议。2001年下半年，我们将对这些问题集中进行调研，进一步明确相应的政策，报请国务院批准后于2002年下发执行。

（本文系教育部副部长张保庆2001年6月22日在全国国家助学贷款工作会议上的总结讲话摘要）

# 加大基础教育课程改革力度 扎实做好课程改革实验工作

王　湛

当前，全国各地都在积极贯彻全国基础教育工作会议精神，我们召开全国基础教育课程改革实验工作会议，正是贯彻全国基础教育工作会议精神的一项具体而又重要的举措。这次会议的主要任务是：学习贯彻《国务院关于基础教育改革与发展的决定》（以下简称《决定》）和教育部《基础教育课程改革纲要（试行）》（以下简称《纲要》），全面启动基础教育课程改革实验工作，积极推进基础教育课程改革的各项工作。

**一、增强加快基础教育课程改革工作的责任感和紧迫感**

近年来，全面推进素质教育，作为全面贯彻党的教育方针、深化教育改革的根本性任务提到了广大教育工作者乃至全社会的面前。通过学习、贯彻第三次全教会精神，深入学习、宣传江泽民同志《关于教育问题的谈话》，素质教育思想逐步深入人心，广大教育工作者推进素质教育的自觉性不断增强，在理论上和实践上进行了认真探索，教育教学改革不断深化。第三次全教会以来，学校德育工作得到加强和改进，基础教育课程改革工作全面启动，教师继续教育工作全面推进，考试评价制度包括高考的改革不断深化，减轻中小学生过重课业负担的工作取得一定进展，各地不断涌现出实施素质教育的好的典型，积累了许多有益的经验。但是，从总体上看，我们对推进素质教育的成绩不能估计过高，对这方面存在的问题和困难要有充分的清醒的认识。在2001年6月由国务院召开的全国基础教育工作会上，李岚清副总理指出："从总体上看，素质教育的成效还不够明显，尚未取得突破性的进展。一些地方开展素质教育还是号召多而落实的措施少，一些学校对素质教育的理解和实施存在简单化、片面化的倾向，个别地方应试教育愈演愈烈。"陈至立部长在报告中说："推进素质教育步履艰难，基础教育还没有摆脱应试教育的惯性和影响，在一些地方就像有的同志形容的'素质教育喊得震天动地，应试教育抓得扎扎实实'。"

如何使素质教育的实施能够扎实有效地推进并力争取得突破性进展，这是近年来广大教育工作者和全社会十分关注并努力探索的问题。中央领导同志对这个问题十分重视。李岚清副总理从2000年以来，多次召开座谈会，深入基层调查研究，提出要抓住核心问题和关键环节，推进素质教育。他在全国基础教育工作会议上的讲话中指出："全面实施素质教育，涉及的问题很多，情况也比较复杂，我们既要有全面系统的政策导向，又要紧紧抓住核心问题和关键环节，采取有力措施，力争取得突破性进展。"他提出要突出抓好的核心问题和关键环节是四个方面：一是积极推进课程改革；二是改进和加强德育；三是改革考试评价制度；四是建设高素质的教师队伍。课程改革被鲜明地提到促进素质教育取得突破性进展的关键环节的位置上。《决定》将形成适应时代发展要求的新的基础教育课程改革作为"十五"期间基础教育深化改革、素质教育取得明显成效的主要目标之一，明确提出"加快构建符合素质教育要求的新的基础教育课程体系”。

课程改革之所以被如此重要而紧迫地提出来，首先，由于它是整个基础教育改革的核心内容。课程集中体现了教育思想和教育观念；课程是实施培养目标的施工蓝图；课程是组织教育教学活动的最主要的依据。综观中外教育改革，无不把课程改革放在突出位置，把课程作为提高人才培养质量的关键来加以改革和建设。其次，在当前突出地强调课程改革，又因为我国现行的基础教育课程教材体系不适应全面推进素质教育的要求，不适应时代发展的要求。建国以来，我国先后进行了七次课程改革，每次改革都取得了明显成就。最近一次比较全面的改革是在《中华人民共和国义务教育法》颁布后，80 年代后期至 90 年代初期，经过几年的努力，形成了我国基础教育课程现行的体系。这次改革在一些方面取得了重要的进展。比如增加了“选修课”、“活动课”，初步改变了多年来只有“必修课”的模式；初步推动了在统一基本要求前提下的教材多样化，引入了地方课程，初步改变了国家对课程管理过于集中的状况；在教学实践中涌现出一批重视学生生动、活泼、主动地学习，重视学生成功与发展的好的教改典型。这些成绩为当前的课程改革打下了基础，积累了经验。但是，课程是必须不断改革、不断建设、不断创新的。随着我国改革开放和社会主义现代化建设进入新的时期，面对日新月异的科学技术的发展，现行基础教育课程存在的问题、弊端明显地突现出来。教育观念滞后，人才培养目标同时代发展的需求不能完全适应；思想品德教育的针对性、实效性不强；课程内容存在着“繁、难、偏、旧”的状况；课程结构单一，学科体系相对封闭，难以反映现代科技、社会发展的新内容，脱离学生经验和社会实际；学生死记硬背、题海训练的状况普遍存在；课程评价过于强调学业成绩和甄别、选拔的功能；课程管理强调统一，致使课程难以适应当地经济、社会发展的需求和学生多样发展的需求。这些问题的存在以及对实施素质教育的制约和不良影响，正说明了推进课程改革的必要性和针对性。

我们必须看到，世纪之交，基础教育课程改革在世界范围内受到前所未有的重视。近年来，世界许多国家特别是一些发达国家，无论是反思本国教育的弊病，还是对教育发展提出新的目标和要求，往往都从基础教育课程改革入手，通过改革基础教育课程，调整人才培养目标，改变人才培养模式，提高人才培养质量。这些国家都把基础教育课程改革作为增强国力、积蓄未来国际竞争实力的战略措施加以推行。国务院的《决定》深刻地指出：“基础教育是科教兴国的奠基工程，对提高中华民族素质，培养各级各类人才，促进社会主义现代化建设具有全局性、基础性、先导性的作用。”我们必须从实施科教兴国战略的高度，从提高民族素质、增强综合国力的高度，来认识推进基础教育课程改革，建立具有中国特色的符合素质教育要求的基础教育课程体系的重大意义，从而怀着强烈的使命感、责任感和紧迫感，积极地高度负责地参与并做好基础教育课程改革的各项工作。

**二、明确基础教育课程改革的主要目标和工作安排**

课程改革的目标是围绕着人的培养目标来设计和确定的。根据国务院《决定》精神，教育部在《基础教育课程改革纲要（试行）》中提出，新课程的培养目标要全面贯彻党的教育方针，全面推进素质教育，体现时代要求。要使学生具有爱国主义、集体主义精神，热爱社会主义，继承和发扬中华民族的优良传统和革命传统；具有社会主义民主法制意识，遵守国家法律和社会公德；逐步形成正确的世界观、人生观、价值观；具有社会责任感，努力为人民服务；具有初步的创新精神、实践能力、科学和人文素养以及环境意识；具有适应终身学习的基础知识、基本技能和方法；具有健壮的体魄和良好的心理素质，养成健康的审美情趣和生活方式，成为有理想、有道德、有文化、有纪律的一代新人。确定这一培养目标，正是基础教育贯彻落实邓小平同志关于“教育要面向现代化，面向世界，面向未来”和江泽民同志“三个代表”重要思想的体现，也正是基础教育承担提高全民族素质、增强综合国力历史重任的具体落实。基础教育课程改革的各个环节都应自觉地为实现这一目标服务，而不应偏离这一目标。

为了实现这一培养目标，同时针对现行的基础教育课程教材中的弊端，《纲要》提出了基础教育课程改革的六项具体目标。这些目标构成了这一次基础教育课程改革的总体框架，体现了课程改革是一项复杂而细致的系统工程。

首先是课程功能的转变。《纲要》指出："改变课程过于注重知识传授的倾向，强调形成积极主动的学习态度，使获得基础知识与基本技能的过程同时成为学会学习和形成正确价值观的过程。"强调了课程的功能要从单纯注重传授知识转变为体现引导学生学会学习，学会生存，学会做人。第一，要根据基础教育的性质和时代的特点，确定哪些基础知识和基本技能是学生终身发展必备的，同时应重新界定新时期基础知识与基本技能的概念，如英语的基本能力、信息意识与能力也应成为当代公民必备的素质。第二，要强调学生学习的过程与方法。以前更多关注的是学习的结果，而忽略了学生是通过什么样的学习方式和策略来学习的，死记硬背、题海训练得到的高分，掩盖了学生在学习方式上存在的问题，所以关注学生学习的过程与方式是引导学生学会学习的关键。第三，尤为重要的是要在学习知识的过程中潜移默化地培养学生正确的价值观、人生观和世界观，要引导学生在学习知识的过程中，形成正确的价值选择，具有社会责任感，努力为人民服务，树立远大理想。这种过程将深刻地影响他们思想道德的形成，影响他们人生的抉择。

其次是关于课程结构的改革，《纲要》指出："改变课程结构过于强调学科本位、科目过多和缺乏整合的现状，整体设置九年一贯的课程门类和课时比例，并设置综合课程，以适应不同地区和学生发展的需求，体现课程结构的均衡性、综合性和选择性。"儿童、青少年构建智慧的重要基础，是他们已有的生活经验、学习经验等，过多地强调学科的逻辑体系而忽视学生的经验，必然违反学生的认知规律。因此，这次课程改革针对现行课程结构的问题做了重大调整，强调课程的综合性，也就是既注重根据学生的经验组织教育内容，也注重学科内在的逻辑。在初中阶段设置了理科综合课程"科学"和文科综合课程"历史与社会"，在整个义务教育阶段设计了"艺术"等。另外，这次课程结构的改革，设置了综合实践活动课为必修课。综合实践活动课主要包括了信息技术教育、研究性学习、社区服务与社会实践、劳动技术教育等，旨在加强学生创新精神和实践能力的培养，加强学校教育与社会发展的联系，改变封闭办学、脱离社会的不良倾向，培养学生的社会责任感。课程结构的改革还强调了课程的均衡性和选择性，以体现培养全面发展的人，并为每个学生具有个性的健康发展创造条件。

第三是课程内容的改革，强调"改变课程内容'繁、难、偏、旧'和过于注重书本知识的现状，加强课程内容与学生生活以及现代社会和科技发展的联系，关注学生的学习兴趣和经验，精选终身学习必备的基础知识和技能"。另外，《纲要》在课程的实施、引导学生学会学习方面也提出了具体的要求："改变课程实施过于强调接受学习、死记硬背、机械训练的现状，倡导学生主动参与、乐于探究、勤于动手，培养学生搜集和处理信息的能力、获取新知识的能力、分析和解决问题的能力以及交流与合作的能力。"对于评价的改革，《纲要》指出："改变课程评价过分强调甄别与选拔的功能，发挥评价促进学生发展、教师提高和改进教学实践的功能。"关于评价的改革，将主要在评价的功能和评价的方式上有所突破，要充分发挥评价的教育功能，而不能仅仅是筛选与甄别的工具。

这次课程改革的另一重要目标是课程管理政策的改革。根据我国当前地区发展差异极大、文化多样的具体国情，教育要发挥促进当地社会经济发展的作用。提高课程的适应性，实现课程的多样化是改革的必然方向。而要提高课程对不同地区、学校的适应性，就必须走国家、地方和学校共同建设课程的路子，因此，课程管理的权限应根据各级不同的责任与需要作科学合理的划分。各地要在达到国家规定课程的基本要求下，规划、开发并管理好地方课程，发展学校课程。随着教师课程设计能力的提高，学校课程的发展将有更加多样和广阔的前景。

《纲要》提出的课程改革的六项具体目标是相辅相成和互为制约的，课程改革将围绕六个目标系统展开。

这次课程改革工作是一项意义重大、影响深

远、任务复杂、艰巨的系统工程，我们一定要整体规划、精心组织。整个改革涉及到培养目标的变化、课程结构的改革、国家课程标准的制定、课程实施与教学改革、教材改革、课程资源的开发、评价体系的建立和师资培训以及保障支撑系统等，是一个由课程改革所牵动的整个基础教育的全面改革。

新一轮基础教育课程改革工作大体分为三个阶段：酝酿准备阶段，试点实验阶段，全面推广阶段。经过广大专家学者、教研人员和教师的共同努力，艰苦奋战，在对国内基础教育的实际情况进行了大量的调研和对国际基础教育课程改革的现状与趋势进行了比较研究的基础上，新课程的研制取得了阶段性的进展，课程改革酝酿准备阶段主要工作任务已经完成。这一阶段从1999年《面向21世纪教育振兴行动计划》颁布和第三次全教会召开，到2001年6月全国基础教育工作会议召开前，有两年时间，在这一阶段，研究制定了《基础教育课程改革纲要（试行）》、义务教育阶段18科课程标准的实验稿；编写及审定了各科实验教材，目前已有20个学科（小学7科、中学13科）的49种中小学新课程实验教材于2001年9月首次在实验区试用。同时关于课程管理政策、评价制度、综合实践活动的研究，均已取得阶段性成果，并将在实验区逐步应用。

目前，基础教育课程改革进入了第二阶段，即试点实验阶段，全面启动新课程的实验工作，国家和省两级先后进行新课程实验并逐步扩大试点范围，探索、积累经验。这一阶段大约用三年时间，到2004年年中。

2004年年中，在对试点实验地区全程跟踪评估分阶段总结的基础上，全面总结国家和省两级实验区的经验，全面评估、广泛交流实验区的工作，全面推广新课程。计划2004年和2005年秋季，义务教育阶段和高中阶段分别全面推广新课程。到2005年秋季，中小学阶段各起始年级原则上都可实施新课程。

**三、加强领导，精心组织，扎实做好基础教育课程改革实验工作**

课程改革的实验工作在基础教育课程改革的全程中是非常重要、非常关键的一个阶段。在准备阶段研制的课程标准、试验教材及有关的管理和评价的方案、政策，都需要在实践中加以验证、修订和完善；教师和管理人员队伍需要在实践中积累经验并得到培训和提高，而课程改革的实验，决不仅仅是一个简单的方案验证，更是一个充满探索、创造和建设的教育改革的实践过程。实验将会大大丰富和发展现有的课程标准和各种实施方案。因此，实验阶段工作能否顺利进行，关系到基础教育课程改革的成败。我们一定要从思想上高度重视，自觉地用《决定》和《纲要》的精神指导实验工作。加强领导、精心组织、积极探索，富有创造性地同时又是一步一个脚印地做好实验阶段的各项工作。

1．实验的主要任务。

在《决定》的指导下，围绕《纲要》提出的课程培养目标及改革的各项具体目标进行实验。实施并验证课程设置方案，验证并修订各科课程标准（实验稿），为正式颁发各学科的课程标准及相关文件做好准备，加强对教材编写、审定、使用的管理，形成新的运行机制，规范教材的竞争，提高教材质量，促进教材的多样化。通过实验逐步形成国家、地方、学校三级课程管理的具体工作机制，提高地方、学校课程建设与管理的能力，农村中学要因地制宜地试行“绿色证书”教育。积极开展教育教学改革，充分发挥教师的积极性，引导学生学会学习，要特别鼓励研究性学习与合作学习。要在教学中大力推进信息技术的应用。探索与新课程实施相适应的教学管理制度。探索中小学评价与考试的改革，逐步形成促进学生发展的评价体系；积极探索对中小学校和教师的评价改革，尝试建立以教师自评为主，校长、教师、学生、家长共同参与，促进教师不断提高的教师评价制度和促进学校课程不断发展的机制。

2．实验工作的安排。

这一轮基础教育课程改革的实验工作，坚持先实验后推广，教育部和各地共同组织实验，逐步扩大实验范围，努力为全面推广打下较为坚实的基础。

2001年上半年，在各省教育厅（局）组织、各地自愿申报的基础上，教育部确定了27个省

（自治区、直辖市）的38个区（县、市）为义务教育课程改革实验区。2001年6月教育部已经进行了对实验区部分行政管理人员、各科中小学骨干教师的培训，目前，各地区正在组织二级培训。

2001年秋季，义务教育各学科课程标准（实验稿）及其实验教材在38个国家课程改革实验区开展实验；同时，探索三级课程管理的具体工作机制，探索评价、考试制度的改革。

2002年秋季，扩大实验范围，启动省级实验区的工作；义务教育新课程体系（包括三级课程管理的运行机制、评价制度等）全面进入实验阶段，根据各地的具体条件，原则上各省（自治区、直辖市）在所属的每个地级市可确定一个省级课程改革实验区（以县为单位），全国实验规模达到同年级学生的10％～15％。

2003年秋季，修订义务教育阶段课程计划、各学科课程标准以及《地方课程管理与开发指南》、《学校课程管理与开发指南》和中小学评价与考试的改革方案；在全国范围内，起始年级使用新课程的学生数达到同年级学生的35％左右。

2004年秋季，在认真总结国家和省两级实验区的经验，对实验区工作进行全面评估和广泛交流的基础上，课程改革的工作将进入全面推广阶段。将正式颁发义务教育阶段课程计划、各学科课程标准以及其他相关文件，起始年级使用新课程的学生数达到同年级学生的65％～70％左右。

2005年秋季，中小学阶段各起始年级的学生原则上都将使用新课程。

普通高中和幼儿教育的课程改革同时积极推进。2001年全面启动普通高中新课程的研制工作。2002年拟形成新的普通高中课程结构与管理制度，完成普通高中各学科课程标准（实验稿）的起草工作。2003年开始组织新高中课程的实验与推广工作，计划于2005年正式颁发普通高中课程计划、各学科课程标准以及其他相关文件。《幼儿教育指导纲要（试行）》于2001年正式颁发，教育部将对幼儿园教育的改革进行全面部署，拟用三年左右的时间全面落实《幼儿教育指导纲要（试行）》。

3. 加强领导，精心组织实验工作。

（1）**加强学习，更新观念**。开展课程改革实验，必须首先加强学习，在转变教育观念上狠下工夫，取得实效。要充分估计转变教育观念的难度，实验区应组织校长、教师学习《决定》和《纲要》，结合学校工作实际和课程改革实验，确立正确的人才观、质量观和学习观，要把创新意识和实践能力的培养真正渗透到学校的教育教学之中。各省级教育行政部门要广泛组织教育行政管理人员、教研员、中小学校长及教师认真学习，并结合实际进行深入的研究和讨论，把思想认识统一到《决定》和《纲要》上来，为课程改革实验的推广做好准备。要有计划地、持续不断地组织向全社会宣传《决定》和《纲要》的精神、改革的内容，引导全社会理解、参与并支持课程改革，形成有利于课程改革的良好的舆论氛围。

（2）**加强领导，强化管理**。课程改革工作涉及范围很广，政策性、业务性很强。做好课程改革工作既要动员组织教育内部各方面力量，还需要社会各方面的支持。要加强领导和组织协调。

要明确各级教育行政部门在课程改革实验工作中的任务。教育部宏观规划并指导全国基础教育课程实验工作，组织专业人员跟踪研究各科课程标准的实验情况，为修订颁发课程标准及有关文件做好基础研究的工作；组织对实验教材进行评价，引导教材编写质量的提高；研究、总结各实验区在三级课程管理方面的经验，修订、颁发《地方课程管理与开发指南》和《学校课程管理与开发指南》，促进三级课程管理机制的形成；研究、总结各实验区在评估、考试制度方面的尝试和经验，促进评价、考试制度的不断完善。为使课程改革实验工作取得实效并顺利推进，教育部将组织力量对各实验区的工作进行跟踪评估，以保证实验工作的正常进展，并总结实验过程中的经验，及时解决问题，使评估成为促进实验工作的重要途径。

各省（自治区、直辖市）都应积极支持并热情参与国家实验区的工作，使国家实验区成为本省推动课程改革实验的重要基地，同时要按国家推进课程改革的总体部署，统筹规划本省（自治区、直辖市）课程改革实验工作，建立省级课程改革实验区，实验区应分层推进，在总结评估的基础上，发挥其示范、培训和指导的作用，为过渡到全面实施新课程做好准备。在课程改革实验取得预期目标的基础上，将进入推广普及阶段。

各省（自治区、直辖市）要成立课程改革实验领导小组和专家工作组，建议其成员由教育行政部门、教研部门、部分师范大学“基础教育课程研究中心”和实验区骨干教师及校长的代表组成。课程改革实验领导小组和专家工作组应制定本省推进新课程的具体工作计划，要落实课程改革实验工作的组织、培训、经费以及有关政策等一系列措施，为实验工作创造良好的条件。特别应在以下几方面给予课程改革实验区政策保障：安排必要的基础教育课程改革的专项经费，保证实验工作的开展；加大实验区在课程设置、选用教材、初中毕业（升学）考试、高中毕业会考等方面的自主权；合理规定实验区教师的工作量并制定有关政策，调动教师的积极性；对参加基础教育课程改革的集体和个人所取得的优秀成果，各级教育行政部门应予以奖励。2001年，要重点支持并做好国家实验区的实验工作，搞好本省新课程实验的规划。组织好对《决定》和《纲要》的学习，熟悉新课程的内容框架，明确改革的目标。省级教育行政部门依据国家课程管理政策和本地区实际，制定本省（自治区、直辖市）五年内推广新课程的规划，并组织实施。

**（3）加强教师培训，为实施新课程做好师资准备**。师资培训工作是课程改革实验工作成败的关键。围绕课程改革，教育部基础教育司与师范教育司共同筹划课程改革实验的教师培训，并提出了具体的工作方案，会上将进行部署。

搞好基础教育新课程的师资培训工作，是进行基础教育新课程实验工作的重要组成部分，也是一项系统工程。各省（自治区、直辖市）的师资工作部门、基础教育处以及教师教育机构、教学研究机构、教育科研机构等要在教育部有关司局的宏观指导下和本省（自治区、直辖市）“基础教育课程改革实验工作领导小组”的领导下，共同参与、分工协作、形成合力。要充分发挥现有各级教师培训机构的作用，加强培训基地建设，充分调动教师教育机构和教研机构的积极性，共同做好新课程的师资培训工作。要切实做好新课程实验和逐步推广的师资培训的规划工作，确保新课程师资培训工作与新一轮课程改革的推进同步进行并适当超前。要坚持“先培训，后上岗；不培训，不上岗”的原则，将新一轮基础教育课程改革的有关内容纳入中小学教师继续教育的核心内容。要根据各省（自治区、直辖市）参与新课程实验的具体情况，规划并组织好对实验区教育行政人员、校长及教师的培训工作，尤其是要首先抓好教育管理者、培训者和中小学骨干教师的培训工作，从而为新课程的大范围实验和推广奠定基础，要将新课程培训作为正在实施的“继续教育工程”各级骨干教师培训的重要内容之一。

推进新课程的培训，其培训内容应主要包括：新课程改革的指导思想、教育观念、改革目标和相关的政策措施以及各学科课程标准的解读，使教师深入了解各学科改革的突破点以及对教学的实施建议等。在培训方式上，要倡导培训者与教师的平等交流、对话，了解他们的疑惑和困难，引导教师结合自己的教学实际，深入地讨论，使他们能全身心地参与到培训中来。要根据“边培训、边实验、边研究、边开发”的原则，加强培训资源建设。要切实加强对新课程师资培训的科学研究工作，广泛发动和组织教师教育机构人员、教研人员和教育科研人员等，对新课程师资培训工作进行评估、跟踪指导和专题研究，逐步形成“实验、培训、管理、研究”一体化的良好运行机制，努力探索、研究和利用各种行之有效的新的培训形式和培训手段，推动新课程师资培训工作质量和效益的不断提高。

**（4）加强课程改革实验的科学研究，以科学研究成果指导课程改革实践**。课程实验是一个改革创新的过程，要建立培训、教学和科研相结合的实验工作方式，及时发现和研究解决课程实验过程中出现的各种问题。各级中小学教研机构要把基础教育课程改革作为中心工作，要加强与师范院校的基础教育课程研究中心的联系，发挥理论与实践两方面的优势，形成实验区工作的专业指导力量。教研人员要转变教育观念，按实施新课程的要求，为中小学推进教学改革服务。积极探索与实施新课程相适应的教学方法改革，对关键问题进行攻关，力争取得突破。注意总结经验，积累经验，切实提高实验工作质量。

**(5) 加强与社会的联系，争取社区、家长的共同参与和积极配合**。课程改革涉及面广，工作难度大。要探索建立社区、家长有效参与课程改革的新机制。应积极利用社区内课程改革各方面的资源，认真听取和咨询有关意见，引导社区积极地参与改革；要赋予家长委员会在课程改革实验中的积极的职能，使学校、社区、家长在课程改革中形成合力。

基础教育课程改革在酝酿准备阶段，得到了各地教育行政部门、师范院校、教研和科研部门、教育出版机构、许多专家学者和广大教育工作者的积极参与和大力支持。我们希望参加改革的各地各级教育行政部门、有关单位，各方面的专家、学者和广大教育工作者，以“三个代表”的重要思想作指导，努力开拓，扎实工作，团结协作，共同做好基础教育课程改革实验工作和改革的各项工作，为基础教育改革做出新的更大的贡献。

（本文系教育部副部长王湛 2001 年 7 月 30 日在全国基础教育课程改革实验工作会议上的讲话）

# 做好新形势下的高校稳定工作

袁贵仁

改革开放以来，高校工作和全国一样，一条基本经验就是正确处理改革、发展、稳定的关系。当前，我国高等教育开始进入到一个新的阶段，高校的改革、发展、稳定都面临着新的形势、问题和任务。我们工作的着眼点和着重点也应随之进行调整。

我国高等教育开始进入新阶段。教育是社会的组成部分，它服务和服从于社会的进步，引导和推进社会的发展。当前，我国社会已经发生巨大变化，因此，教育也要随之变化。社会变化的主要标志是：(1) 从21世纪开始，我国进入全面建设小康社会，加快推进社会主义现代化的新阶段。(2) 加入世界贸易组织，我国将在更大范围和更深程度上参与经济全球化，对外开放进入新阶段。与此相应，适应和利用WTO规则，趋利避害，我国改革进入新阶段。(3) 江泽民同志在纪念建党80周年大会上发表重要讲话，深刻阐述了“三个代表”重要思想，党的十五届六中全会作出了加强和改进党的作风建设的重要决定，党的作风建设进入新阶段。

在这样的大背景下，高等教育必须审时度势，抓住机遇，主动推进改革，积极促进发展，不断提高教育质量和办学效益，实现从适应计划经济体制向适应社会主义市场经济体制转变，从宏观管理体制调整向内部学科专业结构调整转变，从以规模扩大为主向质量提高为主转变，走出一条有中国特色的社会主义高等教育事业的发展之路。

我国社会变化和面临的新形势，对稳定工作提出了新的要求。在2001年年底召开的中央经济工作会议上，江泽民同志特别要求各级干部“切实负起领导责任，确保社会稳定”，朱镕基同志专门强调了“高度重视社会稳定工作”。会议提出“稳定、安全、灵活、多元”的工作思路，首要的问题就是“稳定”。江泽民同志指出，稳定，就是各项工作都必须致力于维护政治上安定团结和社会稳定的大局，宏观政策要保持必要的稳定性和连续性，各项改革必须稳步推进，以确保国民经济的稳定增长，避免出现大起大落。总书记这段话对于今后特别是2002年高校工作的安排，具有重要的指导意义。

**一、加强思想文化建设，统一师生的认识和行动**

高校稳定，首先是思想稳定和政治上的安定团结。对此，思想文化建设至关重要。

这些年来，高校比较重视硬件建设和师生物质生活条件的改善。这是完全正确的，还需要继续坚持和加强。切实解决师生关心的实际问题，特别是关心困难群众的工作和生活，为师生排忧解难，多做实事好事，对于高校稳定始终具有重要意义，任何时候都要抓紧抓实抓好。但我们必须坚持“两手抓、两手都要硬”的原则，物质文明和精神文明协调发展。特别是随着形势的变化，更要充分认识思想文化建设的极端重要性和迫切性，把思想文化建设摆到学校工作的重要位置。

现在，大家都在学习贯彻“三个代表”重要思想。总书记特别强调了建设先进文化，把它与发展先进生产力并列为社会主义现代化建设的战略任务，作为促进人的全面发展、代表最广大人民群众根本利益的重要内容，提到“立党之本、执政之基、力量之源”的重要地位。这体现了世界眼光和时代精神，与当前我国社会的重大转变是紧密联系在一起的。

**第一，加强高校思想文化建设，第一位的任务是深入学习贯彻江泽民同志“七一”重要讲话和“三个代表”重要思想**。做好邓小平理论和江泽民同志“三个代表”思想的进课堂、进教材、进头脑工作，引导广大干部师生自觉地同以江泽民同志为核心的党中央保持一致，真正把思想和行动统一到邓小平理论和“三个代表”重要思想上来，统一到中央应对复杂国际形势作出的重要判断和重大决策上来，统一到中央关于今年工作的总体要求和工作部署上来。坚持把“三个代表”重要思想落实到学校工作的各个方面和改革发展的全过程，所有工作都要着眼于振奋精神、鼓舞士气，统一思想，凝聚力量；所有工作都要坚持正确导向，促进改革发展，维护学校稳定。

**第二，牢牢掌握学校舆论宣传工作的领导权和主动权**。实践证明，对于学校稳定，舆论宣传工作十分重要。小道消息多了，消极舆论多了，师生的心就散了、乱了，这迟早会出问题。要调动一切积极因素，坚持团结稳定鼓劲、正面宣传为主的原则，唱响主旋律，打好主动仗。用有利于人们身心健康的东西占领高校思想文化阵地；通过摆事实、讲道理，开展积极的思想斗争和批评，引导师生不断克服和抵制各种错误的东西，保持正确的思想舆论在高校生活中的主导地位。

紧密联系改革发展稳定的实际，切实加强思想政治工作的针对性和实效性。充分发挥基层党组织的战斗堡垒作用和党员的先锋模范作用。加强对热点难点问题的引导，及时化解矛盾，积极理顺情绪，主动释疑解惑，营造昂扬向上、团结奋进、开拓创新的舆论氛围。以爱国主义教育为重点，大力加强理想信念教育和思想道德建设，认真贯彻落实《公民道德建设实施纲要》，把依法治教与以德治教结合起来，把思想政治教育与心理教育结合起来。积极扩大思想政治工作的覆盖面，做好广大青年教师的思想政治工作，做好思想政治工作进公寓、进社团、进网络工作。

高度重视网络文化建设，加强学校网络管理。要像建设、管理校报、校刊、广播站、电视台一样，建设、管理好学校互联网。进一步加大领导力量和管理力度，完善工作机制。把网络办成宣传党的路线方针政策的新渠道，思想政治工作的新阵地，防止和抵制各种消极舆论、落后文化、腐朽思想乃至自由化思潮对师生的影响和渗透。

加入世界贸易组织以后，总体上处于弱势的发展中国家，不仅在经济发展上面临严峻挑战，在文化发展上也面临着严峻挑战。加强舆论引导，积极发展先进文化，确保在文化竞争中取胜，不仅关系学校稳定，而且关系到学生的全面发展和国家的前途命运。

江泽民总书记在六中全会闭幕式上讲过，开好十六大，关键要抓住两条，其中一条是对我们面临的、广大干部群众十分关心的一些重大理论问题和实际问题要进一步作出回答，以更好地指导实践。这是学校舆论宣传工作的中心任务和根本要求。

**第三，坚持不懈地培育大学精神，着力提高师生的精神境界**。毛泽东同志说过，人是要有一点精神的。大学、民族、国家也是要有精神的，这就是大学精神、民族精神、国家精神。在日前发表的《2001年全球竞争力报告》中，芬兰再次名列第一。气候寒冷、人口稀少、资源贫乏到只有森林的一个北欧小国，其竞争力何以连续两年超过美国。这其中道德意识和社会责任感是重要因素。良好的道德也能产生效益，凝聚力也是一个国家的综合竞争力，精神力量对一个国家的兴衰起着重要的作用。这是芬兰给我们办好一个大学的重要启示。

周光召同志在2001年11月15日的《科学时报》发表的“科技创新中的精神力量”一文中，用自己在芬兰亲身感受的事例，讲了精神力量的重要性。他说，爱国主义、奋发图强的精神，已经深入到了芬兰人的心中，芬兰能够取得今天的竞争实力，就是整个国民始终艰苦奋斗的结果。他特别强调，这种精神已经转化为一种强大毅力和意志，那里的人们身体力行，长期坚持不懈，已经形成一种传统，一种风气，一种文化。

在高等教育进入新阶段之后，如何结合每一学校的历史、传统、风格、特色和水准，认真总结、精心培育、积极宣传并身体力行一种大学精神，这对于激情励志、调整心态和规范行为，对于增强学校的向心力、凝聚力和竞争力，都具有重大而深远的影响，也是维护学校有序稳定、持续发展的一种强大而持久的力量。虽然，要培育、形成一种大学精神，要认同和践行一种大学精神，绝非一日之功。但只要持之以恒，就必将大有成效。

**二、提高教育教学质量，满足学生全面发展的要求**

高校的稳定，其次是学生心态的稳定和情绪的稳定。对此，学生对教育教学改革的认同感，对教育教学质量的满意度，就成了十分重要的因素。

由于交费上学，就业压力加大，以及行业收入差距的拉大，目前，学生对于自己所接受的教育教学质量特别关心和敏感。教育教学质量关系到学生的成就感，特别是学生的就业，成为影响高校学生心态和情绪的最敏感的问题之一，也成为影响高校稳定的最重要的因素之一。2001 年上半年对 8 省市 74 所高校14 500名学生进行调查，大学生要求深化教育教学改革的呼声十分强烈。相当数量的学生认为，当前高校教育教学的内容和方法，是制约学生创新精神和实践能力，关系到学生求知、成才和成功的“最主要问题”之一。在回答“在大学生活中感到最苦恼的问题”时，六成多的学生把“教学改革滞后，不能满足渴求知识的成才愿望和社会需求”列为大学生活中最苦恼的 9 项事项之首。有九成以上的学生赞同“全面推进素质教育”，赞同“深化教学改革”，并表示对加强教育教学改革工作抱有较高的期望。大学生认为当前高校开展教育教学改革最需要解决的问题依次是：“教学方法单一”（57%），“课程内容陈旧”（52%），“对学生的评价体系不全面”（50%），“考试方式不科学”（50%），“学生没有选课、换专业的自由”（47%）和“教材落后”（37%）。

**第一，提高教育教学质量，首先要调整专业结构**。办高等教育，总离不开规模、结构、质量和效益。这些年，高等教育管理体制改革、扩招、后勤社会化改革等，都为提高教育质量和办学效益奠定了基础，将对高等教育发展产生重大而深远的影响。同时也应当指出，这些改革正在推进之中，还需要继续深化；这些改革举措，本身并不是目的，最终要为提高教育质量和办学效益服务。要真正实现江泽民总书记 1996 年在与四所交大负责人座谈时提出的全面提高办学的质量和效益，实现教育工作两个重要转变的要求，我们还要做很多艰苦细致的工作。规模和效益有关系，没有规模就很难有效益，所以我们经常说“规模效益”。但应当说，规模还不等于效益。从规模到效益中间还有专业融合、资源优化等许多事要做。规模和质量不是对立的，不能认为规模小的质量一定高，规模扩大必然带来质量降低。但应当说，规模扩大后如果工作跟不上，依然采用旧的管理方式和教育模式，就有可能影响质量。

实际上，与质量最密切的是结构。什么叫高质量？由于教育是为经济社会发展服务的，所以专业结构、人才结构适应国家经济结构、产业结构的需要，培养的人才为现代化建设和社会全面发展所急需，就是高质量。不需要的也就是没有质量的。

**第二，提高教育教学质量，要调整学生的知识结构**。学生的知识结构直接决定着学生的全面素质和人才培养的整体质量。关于大学生的全面素质，国家教育方针已有明确规定，教育界、学术界也提出不少很好的意见。这里我想特别提一下高校的哲学社会科学建设和学生人文素质的培养问题。2001 年 8 月 7 日，江泽民同志在北戴河接见部分国防科技专家和哲学社会科学专家时指出：哲学社会科学，是人们认识世界、改造世界的重要工具，是推动历史发展和社会进步的重要力量。哲学社会科学的研究能力和成果，也是综合国力的重要组成部分。他特别指出：在认识和改造世界的过程中，哲学社会科学与自然科学同样重要；培养高水平的哲学社会科学家，与培养高水平的自然科学家同样重要；提高全民族的哲学社会科学素质，与提高全民族自然科学素质同样重要；任用好哲学社会科学人才并充分发挥他们的作用，与任用好自然科学人才并发挥他们的作用同样重要。

对于哲学社会科学的重要性，江泽民同志这段话简洁、明了、极为深刻。20 年前，邓小平同志把是否重视教育作为衡量一个领导是否成熟、有远见的重要标志。20 年后，江泽民同志关于哲学社会科学教育的论述，应当成为新世纪衡量一个领导是否成熟、有远见的重要标志。每一个高等教育管理者，都应当本着对学生负责，对科学负责，对国家负责的态度，把认识和行动统一到总书记的讲话上来，重视和加强哲学社会科学建设，重视和加强学生哲学社会科学素质的培养，重视和推进学生科学素养和人文素养的协调发展。这是人的全面发展的需要，社会全面发展的需要，人类和谐发展，以及人、自然、社会协调发展的需要。

**第三，提高教育教学质量，要加强教风和学风建设**。江总书记在“七一”讲话中说，党的作风，关系党的形象，关系人心向背，关系党的生死存亡。我们也可以这样说，一个学校的校风，也关系学校的形象，关系社会对学校的评价，最终关系到学校的生死存亡。提高教育教学质量，教师必须以德治教，有良好的教风，爱岗敬业，为人师表，教书育人。

目前教师的师德、教风如何？调查显示，大学生对高校教师的素质状况不尽满意。大学生对教师“课堂教学水平”、“学术水平”、“人格魅力”、“敬业精神”、“教书育人状况”的平均满意率为五成上下。其中对教师的“课堂教学水平”、“人格魅力”表示“很满意”的均不到一成。在座谈、访谈时，许多学生反映一些教师教学不认真，“好像没有备课”，“除了教材上的条条，没多少新东西”；有的教师甚至上课迟到，提前下课，上课打手机；与教师之间，除了上课，没有其他的联系。有的学生说：“我是交了钱来上学的，也是来买知识的，我不能接受过期和假冒伪劣产品”。有的学生说：“希望与教师建立一种平等的师生关系，允许阐述自己的看法和意见。”当然，学生也必须以德治学、以德修身，有良好的学风和社会公德，勤奋刻苦，严谨求实，开拓创新，成为德智体美全面发展的社会主义事业的建设者和接班人。

当前，贯彻中央十五届六中全会精神，按照“八个坚持、八个反对”的要求，紧密结合高校实际，着力解决作风上存在的问题，通过抓党风，促校风，带动教风和学风，是高校提高教育教学质量，维护学校稳定的一个重要方面。

**三、加强和改进作风建设，把维护稳定的各项措施落到实处**

稳定是政治、是大局，稳定压倒一切。高校稳定工作是党委的工作，也是行政的工作，是学校党政干部、教职员工的共同责任。

**第一，高度重视稳定工作，全面把握影响稳定的各种因素**。要按照中央的要求，真正把稳定工作摆上重要日程，切实承担起确保高校稳定的政治责任。认真总结高校十多年持续稳定的经验，准确把握高校稳定面临的形势，及时研究解决高校稳定工作与当前新形势、新任务、新要求不相适应的方面，把维护稳定的各项要求和措施真正落到实处，使高校稳定工作迈上一个新的台阶。

当前，我们面临的形势总的是好的，我们对保持高校稳定充满信心。从国际上看，和平与发展作为时代的主题没有改变，世界多极化和经济全球化在曲折中发展，我们面临的国际环境依然是机遇大于挑战。从国内看，在世界经济明显减缓的情况下，我国经济保持较好的发展势头。北京申奥成功、APEC 会议召开和加入世贸组织，进一步振奋了民族精神，增强了民族自信心和凝聚力。

同时，也必须清醒地看到我们所面临的新情况和新问题。“9·11”事件的发生，使进入新世纪的国际局势错综复杂，不稳定因素明显增多。全球经济下滑，我国人才争夺将更加激烈；西方国家的政治观点、意识形态对我国的影响和渗透，将更加广泛、直接；某些行业和产品将受到较大冲击，就业压力加大。特别是，2002 年我们党将召开十六大，对思想稳定、政治稳定和社会稳定工作提出了更高的要求。我们一定要把高校稳定工作放到党和国家事业的全局来考虑，放到当今国际背景下来考虑，进一步提高认识，扎扎实实地做好稳定工作。

**第二，高校稳定工作抓落实贵在抓平时**。影响高校稳定的因素很多，不可能保证不出任何问题。我们能够做到的是发挥党的思想政治工作的优势，变被动为主动，变临时为平时，坚持抓早抓小，工作在前、预防为主的原则，做到少出问题，不出大问题。我们要转变作风，深入基层，经常排查影响稳定的因素，热情帮助师生解决实际问题，及时化解师生思想矛盾，把问题解决在萌芽状态之中。只有平时解决问题，关键时候才能保证不出问题或不出大问题。

**第三，高校稳定工作抓落实重在抓体制。**高校稳定工作要坚持经常抓，就要建立党委负责、协调各方的稳定工作体制和责任制，形成多层次、多形式，分工明确、职责清晰的学校治安稳定工作网络。随时随地有人检查监督影响稳定的种种因素，及时处理有关问题。做好重点时期、重点场所、重点活动的安全防范工作，做好各项工作预案。

**第四，努力提高处理突发事件和复杂问题的能力。**影响稳定的因素是复杂的，从总体上说，出问题是难免的。一旦出现问题，学校领导要靠前指挥，沉着冷静，严肃对待，在弄清事实真相、正确判断问题性质的基础上，依法妥善处理。处置得当，引导正确，坏事也可以变成好事。多年的实践证明，出现一点问题并不可怕，可怕的是对事情采取形式主义、官僚主义的态度，或者麻木不仁不及时处理，或者简单草率处置不当，使一些本来并不十分复杂的问题复杂化，甚至酿成大事。近年来，这方面的教训不少，我们要引以为戒。

2002年，是我们党和国家历史上具有重要意义的一年，也是我们在严峻国际形势下把改革开放和现代化建设继续推向前进的重要一年。做好新的一年高校稳定工作至关重要。我们要更加紧密地团结在以江泽民同志为核心的党中央周围，高举邓小平理论伟大旗帜，以“三个代表”重要思想为指导，奋发进取，扎实工作，开创高校稳定工作的新局面，以高校改革发展稳定工作的新成绩，迎接党的十六大的召开。

# 加入世贸组织与我国高等教育

章 新 胜

经过15年的艰苦谈判，我国已经成为世界贸易组织的正式成员，这是我国对外开放进入一个新阶段的重要标志。加入世贸组织，教育作了什么样的承诺？所做承诺会对高等教育带来什么影响？其影响是通过什么样的途径实现的？我们应该如何正确地认识这些影响和应当做哪些准备？社会对这些问题都十分关心。我就我国在教育领域的承诺情况和我们所做的一些工作做些介绍，并谈几点个人的看法。

## 一、入世和我国在教育领域的承诺

入世是党中央、国务院在全面分析国内外形势的基础上，审时度势，为加快我国改革开放和社会主义现代化建设所作出的一项重大战略决策。江泽民总书记指出："加入世贸组织，有利于扩大对外开放，为我国经济发展赢得更好的国际环境，有利于促进经济体制改革和经济结构的战略性调整，增强我国经济发展的活力和国际竞争力，总体上符合我国的根本利益和长远利益。"

我们可以看出，入世是一个双赢的结果，是我国现代化建设的战略需要。教育作为改革开放和现代化建设的重要组成部分，既要服从于入世这个大局，也要服务于这个大局，积极迎接这个大局。随着经济的全球化与知识经济时代的到来，高等教育对于经济与社会发展的推动作用将进一步凸现。如果我们做得好，入世将为我国高等教育的进一步改革开放提供难得的历史性机遇和强有力的推动，将从总体上有利于缩小与国外的差距，提高我国高等教育的国际竞争力。当然，我们必然会面对严峻的挑战。

### 1. 入世与教育服务贸易

原来的《关税与贸易总协定》(GATT)中没有服务贸易，在"乌拉圭回合"历时8年的谈判中，服务贸易首次被纳入多边贸易谈判的议题。"乌拉圭回合"的重要成果之一就是达成了《服务贸易总协定》(GATS)。

服务贸易之所以如此受到重视，是由于随着经济的发展变化，服务业对经济增长的贡献越来越大。在西方发达国家，服务业的就业占全社会总就业的60%～70%以上；在国际贸易中，服务贸易所占比重也越来越大；发达国家在服务领域的国际贸易占有强势的地位；由于各国政治、社会和文化的多元性，服务贸易在贸易谈判中始终是个非常敏感和争夺激烈的问题。

根据服务贸易总协定的定义，所有的服务贸易有4种提供方式：跨境交付、境外消费、在服务消费国的商业存在和自然人的流动。服务贸易与货物贸易有什么不同？其一，生产、交易、消费具有直接的同一性，同时进行，不用储存；货物贸易的监管手段主要是关税、许可证、配额等，而服务贸易的监管手段则主要是国家法律法规等；其二，服务贸易的国民待遇不是自动获得，而是靠谈判；其三，可以不做承诺。

教育属于服务贸易领域第5类，受到《服务贸易总协定》的约束。对各国来说，教育都是关系到国家主权与安全的社会事业。因此，在服务贸易谈判中，各国对是否开放教育领域即把教育纳入服务贸易中去，都持十分审慎的态度。目前全世界对教育服务贸易做出承诺的国家共有47个。根据世界银行的统计，全球教育市场中，价值总量为2万亿美元，公立和私立学校的教职员工占全部劳动力的5%以上，150多万留学生接受高等教育，占有270亿美元的市场份额。其中，美国占全球市场的1/3，新兴和转型中国家约占15%。

2. 我国对教育的承诺

经过初步研究，我国对WTO教育服务方面所做的承诺可以从三个方面来认识：

一是水平承诺。水平承诺是12个服务贸易部门都要遵守的共同承诺，如中外合作办学学校的土地使用期限为50年，就是在水平承诺中体现的。

二是教育部门的具体承诺。我国对教育的部门承诺可以概括为：从承诺的范围讲，不包括义务教育和特殊教育服务（如军事、警察、政治和党校教育等），除此之外的各级各类教育均为承诺的范畴。从限制的角度讲，对跨境交付方式下的市场准入和国民待遇均未作承诺。从开放的意义上讲，允许中外合作办学，并允许外方可获得多数拥有权，但不承诺国民待遇；允许境外消费；允许自然人流动，有条件地承诺国民待遇。另外，对初等、中等和高等教育服务实行政府定价。教育没有过渡期。

三是《服务贸易总协定》规定的基本原则和我们的承诺义务。入世后我国的权利为：(1) 世贸组织所有成员提供的最惠国待遇；(2) 世贸组织所有成员提供的国民待遇；(3) 直接参与国际多边贸易新规则的制定；(4) 获得稳定、透明、可预见性的多边贸易体制的保障。

我国的义务为：(1) 遵守非歧视原则，对进口货物给予国民待遇和最惠国待遇。对服务、与贸易有关的投资履行入世的承诺；(2) 将关税逐步降低到发展中国家的水平。从2000年的15.6%逐步降到2005年的10%左右。逐步减少和取消对进口产品的许可证和配额等非关税措施；(3) 逐步开放服务贸易，有步骤地允许外商进入我国电信、银行、保险、证券及分销等服务领域；(4) 废除和停止实施与世界贸易组织规则相抵触的法律、法规和规章。接受世贸组织的有关审议。

3. 我国教育承诺情况的分析

以跨境交付方式提供教育服务，我们虽未作承诺，但需要认真对待。信息技术的飞跃发展，使以互联网为基础的远程教育已经成为教育一个新的增长点。网络教育具有任何时间、任何地点、个性化（anytime，anywhere，personalized）的特点很容易跨越国界，绕过现行管理体制，又有发达国家文凭、课程设置、教学内容、教法作为吸引力，即使比起面授教育有其局限性，加之未作承诺，但也将对教育产生深刻影响。

以境外消费提供的教育服务，本身就呈快速增长的趋势，承诺中未作限制，关键在于通过有力的政策措施的引导，使之服务于我国经济社会和教育发展，更好地满足人民大众日益增长的教育需求。入世后，对国际化人才的需求将会促进新的留学热，留学呈现内地化、多学科、低龄化的趋势。外国留学生来中国也是境外消费，但总的来说，在相当长的时期内将是我国教育服务的逆差，且承诺国民待遇的问题，也需加以认真研究。

商业存在方式对我国教育的影响最大，挑战很大，但机遇和潜能也很大。目前我国已有中外合作办学机构657个，我们到海外办学也将受到世贸组织规则的保护。问题在于我们的学校对国际规则、标准、市场及所在国政治、经济、社会的熟悉程度和自身的国际竞争力的强弱。

以自然人身份来华教学，一般来说，不如商业存在方式的冲击大，从目前情况看可以起补充作用。

**二、入世对我国高等教育的影响**

1. 如何看待机遇和挑战

如何看待入世给高等教育带来的机遇和挑战？这个题目很大，也相当复杂，还有很多不确定的因素，我谈3点初步认识：

首先，分析入世对我国高等教育的影响，不仅要看近期的冲击和直接的影响，更要看长期的挑战和间接的影响。因为尽管教育承诺没有过渡期，但近期的、直接的冲击不会像经济部门那么大，特别是与农业、金融、电信等相比。然而入世对我国经济社会带来的深层次的影响，必然或早或迟传递到教育中来。由于教育在国家经济社会发展中居于先导性、全局性、基础性的地位，无论是货物贸易，还是服务贸易；无论是经济结构经济体制的变革，还是社会生活的变化，最终都会反映为对教育数量结构和教育质量的要求。入世对经济社会的冲击越大，对高等教育的影响就越深远。如果只看到对教育的承诺所带来的直接影响，看不到教育的环境和经济社会基础正在发生重大的变化，我们就看不清高等教育未来发展的方向。面对“十五”计划对经济结构战略性调整和城镇化提出的新要求，面对经济全球化和科技革命的挑战，面对独生子女时代人民群众高涨的对高等教育的需求，可以说，当前我国高等教育正在面临深刻的变革，进入一个重要时期。

其次，当前机遇和挑战既取决于我们当前的承诺的大小（即教育市场开放度），又取决于自身的竞争力的强弱。就教育本身而言，承诺大，开放度越大，挑战也大，我们以商业存在方式进入外国教育市场的机会也越大。从教育发展的环境来说，所有其他部门的承诺越大，市场越开放，对其行业挑战越严峻，对教育尤其是高等教育和职业技术教育的需求就越大，为高等教育和职业技术教育的发展带来新的机遇也越大。

当然，机遇和挑战是动态的，辩证的，互动的，可以相互转换；正如危机二字所示，机会存在于危险之中，福兮祸所伏，祸兮福所倚。能不能抓住机遇，取决于我们对此问题的认识和态度，取决于我们的准备工作，看我们是否善于捕捉机遇，用好机遇。

2. 入世带来的机遇

入世有利于我们引进国外优质的教育资源和资金，拓宽教育投资渠道，这将增加我国高等教育供给总量和选择性、多样化，同时也将进一步激发人民群众对教育的需求，产生良性互动。据国家计委的一份材料所提到的，专家测算，中国入世后，每年国内生产总值会提高近3个百分点，到2005年完成各项承诺时，与入世前相比，当年的贸易生产总值和社会福利收入将分别比现在提高1955、1595亿元，占当年GDP的1.5%和1.2%。这使政府增加教育的投入成为可能。今后，人民群众对高质量教育的需求更加迫切，教育消费在居民支出中的比重也将进一步增加。社会力量办学、中外合作办学等新的办学形式，将进一步增加教育的资源供给，同时也增加了教育的选择性和多样性。

入世有利于促进我国高校更大的对外开放，引进和借鉴国外先进的办学经验，调整专业与学科结构和人才培养模式，改革教育内容与方法，缩小同发达国家的差距。入世后，国内企业与大量涌入的工业、金融、商业和高科技跨国公司对人才需求的结构性变化，将会导致高素质人才的供不应求。从目前情况来看，信息技术、生物技术、英语、计算机科学、金融、保险、证券、工商管理、政府公共行政管理、财会、商贸、旅游、法律等专业将进一步走俏，而一些传统专业毕业生的就业形势将更严峻。因此，入世将成为我国高校的专业设置与学科结构调整的新动力。

入世后将日益加剧的人才竞争不仅表现在数量上，更表现在质量上。如许多国际组织招聘国际职员，对国际视野、外语能力、交际能力、专业知识结构和素质及管理经验都提出了很高的要求。人才质量上的竞争将促使我们要改革人才培养模式，特别是把培养学生具有进取精神和创新能力放在突出的位置上，培养更多宽口径、厚基础的复合型人才，以及具有全球视野和国际交流能力，把握国际经济、政治或科技发展趋势的高层次人才。

入世有利于促进我国高校的双向开放，在世贸组织规则的保护下积极实施“走出去”战略。入世有利于国际教育交流成为双向的交流，可以从三方面来看：一是要鼓励有条件的高校，充分发挥比较优势和后发效应，在我们原有的传统学科（如汉语教学、中医中药等）以及有比较优势的学科上，主动走出去办学。二是入世有利于吸引更多的留学生。入世使我国的各行各业尤其是过去受保护的农业、电信、金融、保险、教育、文化传媒等行业开放了市场，大量的商机，必然吸引更多的留学生来华学习中国法律、财金、会计、政治等。三是高校要更积极地参与产业结构调整，在产业结构调整中调整自身的学科和专业，更多地配合企业打出去，加强产学研结合。

入世有利于促进高校在国际竞争中提高教育质量和效益，提升高校的地位。入世将在教育领域内引入新的竞争机制，大学生的就业将越来越受到就业市场供求关系的影响。人才的价值与其就业层次、岗位、薪酬挂钩越来越紧，价值也会较多地通过价格来体现，人才的薪酬水准越来越向国际市场水准靠近。高校毕业生在就业市场的表现，将逐步成为评估大学水准和质量的重要标准。这将强化高校的竞争意识、质量和效益的意识，促进高校教育质量和效益的提高。高校不仅要用地域的标准来衡量教育的质量，而且要按国际质量标准来衡量教育质量，向国际标准看齐。市场经济的原则将会直接影响高教的评估标准，使我国教育的标准与国际教育标准逐步接近。

入世有利于促进高校根据产业结构调整与人才需求结构的变化，形成主动适应社会需求并为之服务的机制，促进继续教育、成人培训和远程教育的发展，加快终身教育体系的形成。从各行业的整体情况看，其他行业的挑战对我们的高校来说可能是机遇。高层次、新兴行业的人才需求增大，高校的新兴学科毕业生的总需求增大，就业机会增多，有利于高校部分学科和专业的发展。另一方面，产业结构的调整和人才需求的变化，将使继续教育、高层次的成人培训以及远程教育需求增大，这也将给高校带来新的发展机遇。入世后，市场对企业的约束力越来越强，许多企业的经营管理者未接受过全面系统的工商管理培训。工程技术人员也有更大的压力不断更新知识，接受多种形式的继续教育和再培训，建立与之相适应的终身学习的新体系势在必然。

入世从某种意义上来讲，首先是对政府的公共行政管理提出了深化改革的要求。这有利于推进依法治教、依法行政，进一步转变政府职能，为高校的发展和形成自我发展、自我约束的新机制创造更好的外部环境。当前，政府对高等教育习惯于直接管理，高校自主权有待进一步落实，高等教育的办学、治理、管理体制、科研拨款体制、质量认证体系、依法治教以及现代大学的内部设置管理运行机制等方面仍存在一些与社会发展不相适应的方面。比如，如何有效地发挥市场机制的调节作用和政府宏观调控与监管的作用及中介机构作用等等。对此，我们的工作人员还不够熟悉。

3. 入世面临的挑战

入世意味着我国对外开放的大门将不可逆转的进一步打开，给高等教育带来的挑战是多方面的，对可存在的消极影响切不能低估，尤其是许多外方进入我国教育领域是采取静悄悄的办法。

(1) 教育服务市场的国际竞争将加剧。入世最大的挑战在经济领域，对于教育方面的挑战，我们研究得还不够深入。中国教育的潜在市场价值早已被西方国家所看好，特别是在高等教育方面，长期以来存在着人民群众要求接受高等教育与高等教育供给不足的矛盾，使高等教育长期处于所谓的卖方市场，这在相当长的时间内，仍难以从根本上改变，尤其是对于优质教育资源来说。我国经济的持续快速地增长，人们可支付能力的增强，可以说，人们对高等教育的需求的高潮还未完全到来。这种需求的存在，就意味着一个具有极大开发空间的中国教育市场正在形成。事实上，从20世纪90年代开始，工业发达国家即以各种形式，介入中国教育市场。现在发达国家进入中国教育市场正呈现出越来越强劲的趋势。1998年以来，不少发达国家热衷于在中国举办教育展，就是一个典型的例子。通过教育展更使发达国家对中国教育市场的空间有了深刻认识。就是东南亚国家也在试图分享中国的教育市场。

教育市场的竞争，集中在优秀和有经济价值(如IT、EMBA专业)的生源的竞争上。一方面，优势生源的流失将直接影响我国大学的办学水平，没有一流的生源，就没有一流大学。对优秀生源的争夺将更加激烈。另一方面，教育服务贸易逆差的格局在短期内难以改变，并有扩大的趋势。

发达国家把介入发展中国家教育市场作为一项重要的服务贸易和产业。入世后，中国教育这块巨大的市场将会在更大的程度上吸引跨国公司和外国教育机构来抢占，对此我们要有清醒的认识。面对更加激烈的竞争，紧闭大门不是办法，只有加快发展我们自己，提高竞争力，才能在竞争中立于不败之地。

(2) 对高校优秀人才的竞争加剧。入世后国际竞争的加剧不单单表现在产品市场上，更多地表现在人力资源的竞争上。一是人才竞争国际化，人才流动全球化，国际竞争国内化。由于中外合资或外资企业实行人才本土化战略，他们将会利用高工资和优厚的工作条件争夺我们的优秀人才、优秀教师；二是互联网的出现，使人才市场开始从有形向无形转化，使人才竞争成为“零距离竞争”；三是竞争的焦点可能集中在高新科技研发人才、高级教师和高级经营管理人才、年轻人才。

(3) 经济结构、产业结构和城乡结构的快速大变动使高校调整学科专业结构、转变人才培养模式的任务更加紧迫。从“十五”直到2010年，我国正处在经济结构、产业结构和城乡结构快速大变动的时期。快速是指用“十五计划”和到2010年的规划中明确要求的10年左右的时间基本完成经济结构调整的任务；大变动是指经济结构的战略性调整而非适应性调整。另一方面城镇化将快速推进。我国城镇化的比重在30%左右，低于发展中国家的平均水平45%左右。因此，在“十五”期间，城镇化的比重将会有较大的提高。

入世将加速推动经济结构、产业结构和城乡结构的变革。特别是入世后我国部分产业将可能跨越式发展进入后工业化、信息化时代，对与之相关的传统的人才培养模式提出严峻的挑战。对国际化人才的需求，对复合型人才的需求，对某些短缺人才如金融、软件、法律等的需求将高速增长。传统的教育与人才培养模式重知识轻能力、重传承轻创新、重守业轻创业、重单一型轻复合型的培养模式，很难适应当今社会发展的需要。

(4) 高校德育和思想政治工作以及民族传统文化教育面临新的挑战。入世将有利于我们吸收国外一切先进的文明成果，同时也对我们的意识形态安全、对社会现有的价值观和固有的文化传统构成挑战。资金、技术和信息的进入，西方的意识形态、价值观、思维方式和生活方式也将进入我国，会对高校学生的思想和道德教育产生一定的影响。特别是现代西方有些精神文化产品已经高度产业化了。这些精神产品，表面上是以商品的形式进入其他国家的，实际上却是传播精神文化的载体，其影响力是很大的。

高度发达的互联网技术也正在产生强大的文化影响，成为不同意识形态争夺的重要阵地。以宗教形式进行的文化渗透越来越成为全球不安定的重要因素，对此我们要予以高度重视。西方敌对势力分化、西化我们的活动也会加紧。

大学是传播和发展知识和先进文化的重要阵地，对全社会具有重要的影响和辐射作用。入世后，大学在社会文化建设中的作用更加重要、更加独特，加强德育、思想政治工作和民族优秀文化传统的教育，加强大学的人文和社会科学建设，对积极应对入世具有重要意义。高校党委进一步增强政治敏感性、政治鉴别力的责任更重，需高度重视外来文化带来的冲击和影响，警惕敌对势力政治、宗教、腐朽思想的渗透，坚持高等教育的社会主义方向。

此外，建立和完善高校自我发展、自我约束的现代大学制度，也是我们面临的一个重要课题。

总之，入世使我国打开市场成为世界市场的一部分，使全球化竞争国内化。入世也使我们承担了一项国际义务，即要遵循国际贸易和服务贸易的游戏规则——WTO规则，从某种意义上说，是使我们的法制建设和各项改革有了一张实质上的时间表。而且世贸组织所倡导的促进贸易自由化与公平竞争，实现生产要素在多国范围内的自由流通和优化配置，也将在某种程度上，推动我国改革中许多深层次问题的解决。处在这样一个剧烈变革的时代，高校必须为适应这样的时代、迎接这样的时代作好准备。入世，既不等于狼来了，也不等于钱来了。只有善于应对挑战，抓住机遇，才能促进中国高等教育新的发展。

**三、高校应对入世的思考**

对入世后的教育服务问题及其应对措施，教育部党组高度重视并做了认真的准备工作。教育部部长陈至立同志指出，教育要进一步开放，要进一步利用国外优质教育资源，我们要以更加积极的态度做好应该做的事情，做得好，就可以趋利避害，为我所用。2000年10月以来，根据国务院的部署和要求，在部党组的领导下，集中力量做了几项工作：

一是对承诺及承诺的内涵及其影响进行了深入的分析研究。教育服务贸易、市场准入、商业存在这些概念与我们以前的观念差别很大，协议又以英文文本为准，因此如何做到既不影响入世的大局又与世贸组织规则相衔接，而且要以《教育法》和我国的国情为基础，事关教育改革和发展的大局，我们广泛听取了有关法律、经济、管理和教育方面的专家的咨询意见以及地方教育行政部门领导和大学等方面的意见。

二是考虑到教育承诺事关国家主权和安全，在不影响入世进程的前提下，我们多次与有关部门协商，力争对已经作出的承诺进行完善和技术性的补充，并对文本的翻译提出了修改意见，得到重视和采纳。如，在入世的谈判最后阶段，中方争取到对部分教育服务实行政府定价；对英文条款中的“joint Schools”，“foreign majority ownership permitted”，提出正式译为“合作学校”，“外方多数拥有权”，既在英文原意的范围之内，又与我国教育公益性和“不以营利为目的”的原则相吻合，在法律上也站得住脚。

三是组织专门班子，进行了大量深入细致的调研工作，初步提出了应对思路和措施。还成立了专门工作小组，起草了《中外合作办学条例》(草案)和《高等学校境外办学暂行管理办法》。同时，认真清理了有关的法规规章文件。

四是采取特殊政策，加快幼小学科、新兴学科的发展。有利于我国在入世后占据主动，如批准建立了54个远程教育学院和试办35个软件学院等等措施。

面对新的挑战，高校如何抓住机遇，迎接挑战，加快发展，加快缩短与世界先进国家的差距，提高国际竞争力，为实施科教兴国战略作出更大贡献？我简要谈几点初步思考意见。

1. 首先在思想观念上要积极应对入世的挑战，树立赶超意识，明确追赶目标，尽快缩短我国教育的差距。

面对入世后高等教育面临的新形势，高等学校是抓住机遇，还是观望等待；是积极主动地迎接挑战，还是被动应付，不同的思路，不同的做法，将会对每一所高等学校的发展产生深刻影响和分水岭式的变化。

从历史上看，生产力的发展都是以思想解放为先导的，落后首先是由于思想和观念上的落后。只有解放思想，实事求是，才能发挥自身的比较优势和后发效应，缩短差距，提高国际竞争力，最终实现跨越式发展。江泽民同志提出的“三个代表”的重要思想，体现了解放思想、实事求是、与时俱进的马克思主义理论品质，是又一次思想大解放，这是指导我们应对入世工作的根本指导思想。

当我们再次面临发展的机遇时，我们别无选择，不能错过机会。特别是经过改革开放20多年，我们已经有了相当坚实的发展基础。教育近年的大发展，改革的大突破，我国教育国际地位日益提高，都为我们入世打下了基础。高等学校特别是重点高校要有信心抓住机遇，以江泽民同志“三个代表”重要思想为指导，充分发挥自身的比较优势和后发优势，勇于赶超先进，努力实现跨越式的发展。

我们应树立更加开放的教育观，按“三个面向”和“三个代表”的要求提升我们的教育观，包括办学体制、人才培养模式、教学内容、服务社会等。按缩短差距、提升我国教育的国际竞争力的要求，有些高校已确立了追赶、超越国际同行的先进大学和先进学科专业的具体目标（目标定位），树立了既实事求是，又目标远大的赶超战略。

2. 缩短差距、提高自身国际竞争力的前提：认真研究和掌握入世规则、承诺和国际标准，善于巧用规则。

进入情况快的大学，已不再单纯地分析利与弊，而是研究规则和我国的承诺，预测趋势，找准机遇，制定对策。这是一个庞大的体系，需要花大量的时间去消化。

首先，要学习、研究并运用WTO的规则。世贸组织是以规则为基础运行的，只有学习和掌握了其规则才能灵活运用规则为我所用。不仅要进行一般知识的普及及培训，还要组织多学科的专家开展研究。

其次，我们要认真做好法律法规的立、改、废工作，一是保证规则的统一性。要使各部门的规则相互协调，地方的规则也要与中央的规则相一致。二是教育的特殊性决定其规则只能与世贸组织规则“接口”（interface），不宜提接轨（integration）。我们要认真研究入世后我国教育开放和国际合作的政策界限，该修改的修改、该废除的废除、该补充的补充。世贸组织协议不能作为国内法直接适用，需要转化为国内法。但这种转化必须以我国宪法作为最重要的立法依据。在进行“转化”时，应将我国法律体系内容与世贸组织规则和国际通行的一些做法进行“接口”，但不能将世贸组织规则直接搬过来。另一方面，也不宜将国内法等同于世贸规则或者不加分析地混为一谈。

第三，要认真研究我国作出的承诺，不仅是教育的承诺，而且是各行各业的承诺，以明确调整的方向和发展的机会。如入世后我国金融机构面临压力较大，急需高校在培养、培训方面给予大力支持。这是机遇，同时，又是教师知识更新的压力(在全球化和信息时代，知识往往不仅只需要充电)。

第四，加快熟悉国际标准，逐步形成国际一流标准与适合我国国情，具有我国特色的中国高等教育体系。

第五，要不断的跟踪世贸组织的最新发展及经济全球化过程中出现的新情况、新问题，及时予以研究解决。

3．缩短差距、提高自身国际竞争力的关键：积极调整学科与专业设置，改变人才培养模式，大力推进素质教育和创新能力的培养，努力提高人才培养质量。

高校要根据入世后人才需求的结构性变化，及时调整专业设置与学科结构。要加快培养信息技术、生物技术等高新技术以及国际贸易、金融、财会、法律等方面的专业人才和复合型人才，还应注意培养具有全球视野、国际交往能力的现代管理方面的通才。在经济全球化和信息技术革命的背景下，对人才的知识结构需求有很大变化，应特别注重人文与科学交叉的复合型人才培养。

提高我国高等教育的整体竞争力，还要了解和思考发达国家实施综合型研究型大学和大众化高教双轨运行体系、并对其进行分类办学和指导的政策措施，会给我们以启示。如法国提供精英教育的“Grand schools”和多数大众化大学的双轨运行体系。又如美国加州州立大学分类办学的双轨运行体系，加州大学包括伯克利分校、戴维斯分校、洛杉矶分校等为综合型、研究型大学占高考入学率的12%，而加州州立大学（包括23所分校）是以教学为主型大学，只授予学士和硕士学位，即使有科研也只围绕教学进行，约占高考入学率的33%，主要是满足高教的大众化需求。其余为面广量大的社区学院，约占入学率的55%。而各高校的立交桥是互通的，学校和学生均各得其所。好比举重，重量级、轻量级都能得世界冠军，都可在各自类别成为一流。

4．缩短差距、提高自身国际竞争力的根本：进一步推动高校的体制改革，完善以建立大学自我发展、自我约束的机制为主的现代大学体制建设。

近年来，高等教育大发展，高校的体制改革取得了突破性的进展，极大地增强了高校的生机和活力。但是，高校自我发展、自我约束的机制尚未最终确立，这种体制和机制的形成是改革的核心，是高校发展和赶超之动力和活力的源泉。

5．缩短差距、提高自身国际竞争力的重要途径和捷径：加强高校的对外教育交流与合作，推动中外合作办学健康发展。

我们要抓住入世这个机遇，可以通过“走出去”和“请进来”全面提升我国高校的教育质量和水平。主要有三个方面的工作：

(1) 打通学历、学位、学分互认及质量认证制度上的接口。要利用入世这个契机，争取与发达国家在学历、学位、学分的相互承认方面有所突破，以使对外教育交流与合作向纵深发展。

(2) 实施培养、培训与引进三管齐下的人才战略。应当鼓励高校同他们的国外追赶对象开展全面的合作，从人才培养模式、课程设置、教材教法及管理上等方面进行深入的学习。主要方式有三：继续做好读学位留学生和高级访问学者的选拔、培养工作；对教师的培训要零散派出和成建制派出相结合，为赶超目标服务；要加大对外部人才的引进力度，重点是要吸引留学生中的优秀人才，还可以引进我所急需和短缺的境外的教授与专家。

(3) 中外合作办学——成建制、成系统地引进优质教育资源。可以说，中外合作办学既有可能对我国正常的教育秩序形成一定的冲击，同时也是极好的机遇。若办得好，中外合作办学有难以替代、一举三得的特殊作用：第一，办成不出国的留学(也可以是通俗称之为“匹萨饼”，“三明治”等多种形式)；第二，对入世后急缺和新兴学科的优质教育资源的获取是赶超发展的捷径；第三，更重要的是可以实现动态地、成系统地借鉴引进和实地观察，解剖名校、名学科、专业办学的成套软件和办学经验。

总结目前我国现有的中外合作办学，对我国教育、教学的改革起到了一定的积极推动作用，但也存在一些问题和不足，如优质教学资源和急缺的、新兴的学科和专业尚不够多，课程门类比较集中（主要是工商管理和外语及少部分电子、信息门类），发展尚不够平衡、中低水平层次重复尚较多，此外有少数还存在质量问题。

为推动合作办学的健康发展，关键是要注意把握好4个关系：维护国家教育主权与提高我国教育国际竞争力；坚持教育公益原则与引进国外优质教育资源；坚持社会主义教育方向与防止国外敌对势力利用教育交流进行政治、宗教、文化等意识形态渗透；保护、促进我国教育事业发展与适应世贸组织规则。我们要继续坚持扩大开放、依法办学、规范管理、促进发展的中外合作办学方针，在工作指导上继续实施“以我为主、因势利导、趋利避害、为我所用、分类指导、加强监管、依法办学”的原则。

6. 缩短差距、提高自身国际竞争力的重要措施：积极发展新兴和幼稚学科，占领前沿和重点学科及空白。

我们将继续积极发展网络教育，目前已经批准54所高校开展现代远程教育试点；积极发展新兴学科教育，批准筹建35所软件学院；还准备培养一批懂法律和世贸组织规则的复合型人才，等等。

7. 缩短差距、提高自身国际竞争力的基本保证：深化教育体制改革，转变政府的宏观管理职能。

入世后，教育行政部门及有关政府要以转变职能为中心，进一步改善高校管理体制；理顺政府与学校的关系，进一步落实高校的办学自主权，建立和完善新的行政管理机制，形成政府、学校、企业和社会之间的良性互动。

要积极发展和培育社会中介机构，让他们在宏观管理中逐步发挥独特的作用。在评估与科研拨款、质量认证等方面，依据国情，逐步创造条件，积极委托中介机构运行。加强对市场的监管，努力构建良好的学校、社会环境和秩序，保护和促进公平竞争。

教育是明天的事业，不仅要面向现代化，面向世界，还要面向未来；不仅要为物质文明建设服务，也要为精神文明建设和社会主义民主法制建设服务；不仅要培养具有国际竞争力的优秀人才，更要坚持教育的社会主义方向，培养社会主义事业的接班人；既要大胆借鉴国外的好的经验和做法，又要充分考虑我国教育的国情，形成我国教育的特有优势。高等教育的发展，要切实克服短期行为，防止急功近利，尊重教育规律，树立全面可持续发展的教育观，把我们的高等学校，都办成有特色、有竞争力，符合我国社会主义改革发展需要的大学。

注：世贸组织及世界银行等国际组织广泛使用教育市场、教育服务贸易等概念，文中为便于说清世贸组织的规则和观点，多处直接引用了这些提法，并不表明这是作者的概念和观点。

# 大胆探索　注重创新
# 推动大学科技园建设上新台阶

赵沁平

我国从80年代中期开始探索建立大学科技园，在此后的十多年中先后建立了不同形式的大学科技园30多个，取得了一定成效，积累了一些经验。但由于受办园观念、体制机制和社会环境条件等主客观因素的制约，这些大学科技园取得的效益较为有限。1999年，科技部、教育部根据《中共中央、国务院关于加强技术创新，发展高科技，实现产业化的决定》精神，从面向21世纪发展高科技、实现产业化、培养复合型人才的战略要求出发，决定以大学这一最具潜力的创新基地和源头为工作对象，联合推进大学科技园建设。2000年元月，科技部和教育部联合部署和正式启动了国家大学科技园试点工作。在各大学申报的基础上遴选了15个大学科技园开展试点。2001年3月，两部对包括试点单位在内的22家大学科技园进行了评估。通过评估，我们高兴地看到，在不到两年时间里，我国大学科技园的建设和发展取得了比较突出的成绩。

## 一、大学科技园建设的发展

目前我国大学科技园有50多个。近几年，各大学科技园结合当地实际情况，多种模式发展，取得了较大的进展，促进了高校科技成果转化和高新技术产业化，培育了新的经济增长点，带动了区域经济发展。据对参加评估的22家大学科技园的初步统计，大学科技园的依托高校达到67所。科技园规划用地43 626亩（2 908.4公顷），现已实际用地13 676亩（911.7公顷）；孵化器现有建设面积97.49万平方米，在建面积159.06万平方米；在孵科技企业1 763个，孵化育成企业459个；已入驻科技园区企业2 778家，投资总额170多亿元，其中学校投资42亿多元，吸收社会投资128亿多元；拥有的自主知识产权为4 813个，专利申请9 184个，已获专利3 482个；企业开发生产的重点新产品2 191个，1999年企业销售总额134亿多元，2000年超过257亿元。另外，大学科技园还为社会新创造就业岗位68 400多个。2001年，有22家大学科技园通过评估被认定为国家大学科技园。这批国家级大学科技园的认定，标志着我国大学科技园的建设已经取得了实质性的进展。大学科技园正在成为我国高等学校科技成果转化的基地，高技术产业的孵化器，正在成为我国大学与社会、经济发展紧密结合的纽带和我国经济发展新的增长点。

## 二、大学科技园建设的经验

各大学科技园根据自身的科研及产业化优势和实际情况，结合当地社会经济与发展的区域特点，在建设和发展大学科技园的实践中，积极探索，勇于创新，形成了各有特点的工作思路和方法，取得了一些有益的经验。

### 1. 地方政府领导高度重视，大力支持

我国国民经济建设和发展正处于以经济结构战略性调整和产业化升级为主要特征的关键历史时期，面临加入世界贸易组织后激烈的国际大竞争的严峻挑战，在这样的国际国内形势下，发展高科

技，实现产业化的任务十分迫切。大学科技园能充分发挥高等学校学科专业门类齐全，科研实力强大，成果累累，信息丰富等优势，为科技人才创业提供有利孵化环境，促进高等学校丰富的智力资源与社会其他资源的优化重组和整合。建设大学科技园是一条为国内外实践证明了的推动高新技术成果转化及发展产业化的有效途径。大学科技园建设与发展对地方科技进步，对区域社会和经济的快速发展具有巨大的促进作用。基于上述对形势和大学科技园意义的充分认识，各有关地方政府对大学科技园的建设工作高度认识、积极组织、宏观指导，制定一系列鼓励优惠政策措施。从领导班子组建、资金、用地及园区基本建设、财税、人才引进等方面给予大学科技园的建设以强有力的支持。很多地方都是党政主要领导挂帅，甚至是省政府第一、二把手亲自抓大学科技园的建设工作。如浙江大学科技园从推荐申请到规划建设，一直得到浙江省委、省政府和杭州市委、市政府的高度重视与大力支持；成立了以省政府主要领导为组长，省、市政府有关领导和校长为副组长的科技园领导小组，而且省政府拨出专款4 000万元，用于科技园的启动建设，省科技厅拨出100万元用于科技园孵化器的建设。科技园分园的建设同样得到了宁波、嘉兴、温州、绍兴等地市委、市政府的大力支持。

事实说明，地方政府领导的高度重视和有力支持保证了大学科技园建设工作的顺利展开，使得大学科技园建设在较短的时间内形成了良好局面。

2. 依托大学雷厉风行，真抓实干

各大学科技园依托大学在科技园建设工作中表现出高涨的热情和积极性。目前，国家对大学科技园的投入还很有限，但依托大学不等不靠，克服了各种各样的困难，艰苦奋斗，真抓实干。如东湖大学科技园中的华中科技大学园区在短短的一年时间里，投资1.2亿元，以认真负责的工作作风，完成投资量的85%以上，完成场平土方工程等大小项目30多个，基本设施（上下水、路、管网铺设等）硬环境建设又快又好，保证了一批孵化企业顺利入园并如期开工生产。

各依托大学不仅以各种形式投入必要的资金，而且抽调各类人才去建设大学科技园；优选一些市场潜力大，发展前景好的科技成果和高新技术企业入驻科技园。特别是大学转变思想观念，把大学的人才、技术、信息、实验设备、图书资料等资源向科技园开放，较好地发挥了大学知识、技术和信息密集的优势。各依托大学还制定了各种鼓励政策措施，支持教师学生携带科技成果到科技园去创办企业，转化成果。

3. 功能定位恰当，狠抓“孵化”环境建设

各大学科技园充分认识到要办好大学科技园，实现其战略目标，必须对大学科技园的功能准确定位，即大学科技园要成为技术创新的基地，高新技术企业孵化的基地，创新创业人才聚集和培育的基地，高新技术产业辐射的基地，其中高新技术企业的孵化应是其核心功能。因此，各大学科技园在工作中除抓紧建设和完善科技园区功能齐全、设施设备精良的硬环境建设外，还十分重视孵化软环境的建设。

大学科技园或自己开办，或联合社会力量，或引进社会专业机构，在园区内建立了各种咨询公司、策划公司、产品形象设计公司、会计事务所、律师事务所、金融机构、资产评估中心、测试中心、人才培训中心、技术交易市场等机构，为园内企业提供开办和运行全过程和全方位的“一站式”服务。实践证明，只有建立起这样一个完备的创业孵化平台，大学科技园的“孵化”环境才不会是空中楼阁，大学科技园的“孵化”功能才能真正实现。除此之外，大学科技园区有利于创新创业的人文环境、校园文化和宽松、开放、自由的学术氛围，也吸引了一批有志于我国高新技术产业化事业的新一代“知”本家来到大学科技园一显身手，大展宏图。

软环境体系中“孵化”功能强弱的另一个十分重要的指标便是大学科技园的风险投融资能力。各大学科技园充分注重园区风险投融资能力的加强，以各种形式组建和引进高科技研究与开发、科技企业孵化的风险投资公司，如科技园参股，通过利用政府设立的用于支持高新技术产业化的风险投资资金作为种子资金，吸纳社会、民间资本，引进风险投资公司入园等多种渠道，建立投资主体多元化的科技成果转化和高新技术产业化的风险投融资体

系，较好地保障了“孵化”功能的实现。同时，还积极推进孵化企业上市，争取更大的融资空间。

东北大学自80年代末期开始试办科学园到90年代正式建设大学科技园，始终把孵化功能放在大学科技园建设的首位，前后共孵化近50家企业和更多的企业原型，已经形成规模、成为独立科技研发机构和经济实体的27家。就销售收入而言，达到10亿元的企业有一家（东大阿尔派），2 000万元以上的企业2家，1 000万元以上的3家，大多数企业的经营收入都超过百万元。

4. 运行与管理机制科学，技术与体制创新并举

建立健全大学科技园自身的科学运行与管理机制，是大学科技园建设和发展中必须正确解决的大问题。各大学科技园都充分认识到这一问题的重要性并在建设工作中积极探索，根据大学科技园管理办法，适应市场经济的客观规律要求，结合学校实际情况与地方经济、科技发展的特点，逐步建立了“产权清晰，责权分明，校企分开，管理科学”的现代企业制度。实践证明，大学科技园建立在现代企业制度基础上的科学合理的运行机制是实现大学科技园基本功能的保证，是大学科技园的取胜之道，也为大学科技园今后健康持续发展打下了良好基础。

有些大学科技园除了完成好其在推进高新技术的研发和产业化、孵化高新技术企业方面的基本任务以外，还积极探索“官、产、学、研、资、介、贸”多种社会资源优化配置和整合的一体化运作的新路子，从而在大学科技园建设和管理的体制创新上有所突破，做到技术与体制创新并举。

**三、需要深入探讨并在实践中逐步解决的几个问题**

大学科技园的建设与发展开局良好，正在稳健地向前迈进。但是，大学科技园建设的实践中也存在一些问题。我们应采取积极的态度，正视这些问题，对于能够统一认识的问题，要大胆去实践；需要政府部门解决，属于宏观政策法规方面的，我们一定会认真研究，制定相应的政策规定，予以支持；对那些目前一时不能达成共识的问题允许大家在自己今后的实践中去积极探索，按照实践检验真理的准则，让市场、让孵化企业的实际绩效，让大学科技园的发展来验证这些问题的有效解决办法。

目前看来，有如下一些带有共性的问题值得我们充分注意。

1. 学校资源如何更好地对科技园开放。

2. 大学科技园的定位偏离“孵化器”的功能。一些大学科技园显露出独立的大学产业园的发展趋势。另外，存在一定程度的急于铺摊子、盲目追求大而全的倾向。

3. 有些大学科技园建在高新区（经济开发区）内，或是高新区加入了其建设与运作。诚然，高新区和大学科技园并无本质冲突，且有着天然的联系，但两者在功能上还是应有明确的分工。因此，如何协调两者的关系，真正建立起“科技创新——企业孵化——规模化生产——占领市场”这样的上下游一条龙的发展关系，是我们高新区及大学科技园要认真考虑的问题，也是各地政府主管部门从当地科技与经济持续健康发展角度应予以考虑的战略规划问题。

4. 大学和科技园企业特别是原有企业间存在资产关系不清问题，亟待按现代企业制度加以规范；科技园建设融资困难，特别是缺乏市场化的高校资产撤出机制，影响了高校在高新技术产业化方面的再投入能力和积极性，同时投入的决策和评估也有待进一步规范。

5. 各类学生在大学科技园创业的有关配套政策规定问题。

**四、今后工作的指导思想、工作目标及具体措施**

今后几年建设大学科技园的指导思想是：以党的十五届三中全会精神和江泽民同志“三个代表”重要思想为指针，统筹规划，合理布局，因地制宜，多种模式；实事求是，量力而行；积极探索，努力创新，全面落实国家大学科技园“十五”发展规划，以卓有成效的工作开创大学科技园建设与发展的新局面。

“十五”期间，是我国社会主义市场经济体制进一步完善、对外开放进一步扩大的重要时期，也是大学科技园通过深化改革加速发展的重要时期。江泽民同志最近指出：“大学应成为科教兴国的强

大生力军”，并强调一流大学应该“努力进行理论创新、制度创新、科技创新，特别要抓好科技的源头创新，并推动科技成果加速转化为现实生产力”。为了认真落实江总书记的重要指示，充分利用日益良好的社会环境条件，促进大学科技园在“十五”期间取得新的更大发展，科技部、教育部已经制定了《国家大学科技园“十五”发展规划纲要》。我们提出的主要发展目标是：

1. 在各地政府指导与支持下，重点建设50个左右服务功能健全、管理运行规范的国家级大学科技园，20个左右成为特色鲜明、优势突出的国内一流大学科技园，少数成为在国际上有重要影响的大学科技园。

2. 大学科技园“十五”期间孵化高新技术企业数量达到5 000家以上，在信息、生物、新材料等重点高新技术领域，培育出50家左右具有较强国际竞争力的高新技术企业或企业集团，形成一批具有自主知识产权的高新技术产品并在国内外市场占有一定份额。

3. 培养和凝聚一批高素质的科技企业家和创新创业人才，形成一支高素质的大学科技园管理和服务人才队伍。

我们将继续坚持以市场为导向，以营造环境为重点，以技术和制度创新为保证，以转化科技成果、孵化高新技术企业、培养复合型人才为主要任务，技术创新与体制创新并重，发挥政府、高校、社会多方面积极性的原则，努力把大学科技园建成人才、技术、资本、管理和服务等各类要素资源汇集、融合的良好舞台，为我国经济结构战略性调整作出积极贡献。

为实现上述目标，解决当前工作中存在的困难和问题，我们将采取以下具体措施，促进大学科技园快速发展：一是积极与有关部门一道，选择若干不同类型的大学科技园进行股份制改造和建立市场化投融资机制试点。二是按照国家投入引导资金、多渠道吸纳社会资金的方式，推动建立“大学科技园发展专项基金”，作为资本金用于支持大学科技园建设和进行风险投资。三是积极与有关部门协调，争取国家减免大学科技园所需孵化场地建设的土地税，并对相关用地拆迁费给予财政补贴。四是教育部将对大学科技园中的高新技术企业的人才培养给予支持，为他们培养的工程硕士的招生数量可单列计划，以加快园区创新创业人才的成长。

（本文系教育部副部长赵沁平在2001年全国大学科技园工作会议上的讲话摘要）

# 国务院关于基础教育改革与发展的决定

（2001 年 5 月 29 日）

改革开放以来，我国基础教育取得了辉煌成就。基本普及九年义务教育和基本扫除青壮年文盲（简称“两基”）的目标初步实现，素质教育全面推进。但我国基础教育总体水平还不高，发展不平衡，一些地方对基础教育重视不够。进入新世纪，基础教育面临着新的挑战，改革与发展的任务仍十分艰巨。

为了切实贯彻《中华人民共和国教育法》、《中华人民共和国义务教育法》、《中华人民共和国教师法》、《中华人民共和国未成年人保护法》等有关法律，实施《中华人民共和国国民经济和社会发展第十个五年计划纲要》，全面贯彻党的教育方针，大力推进基础教育的改革和健康发展，特作如下决定。

**一、确立基础教育在社会主义现代化建设中的战略地位，坚持基础教育优先发展**

1. 高举邓小平理论伟大旗帜，以邓小平同志“教育要面向现代化，面向世界，面向未来”和江泽民同志“三个代表”的重要思想为指导，坚持教育必须为社会主义现代化建设服务，为人民服务，必须与生产劳动和社会实践相结合，培养德智体美等全面发展的社会主义事业建设者和接班人。

基础教育是科教兴国的奠基工程，对提高中华民族素质、培养各级各类人才，促进社会主义现代化建设具有全局性、基础性和先导性作用。保持教育适度超前发展，必须把基础教育摆在优先地位并作为基础设施建设和教育事业发展的重点领域，切实予以保障。

2. “十五”期间，地方各级人民政府要坚持将普及九年义务教育和扫除青壮年文盲作为教育工作的“重中之重”，进一步扩大九年义务教育人口覆盖范围，初中阶段入学率达到 90%以上，青壮年非文盲率保持在 95%以上；高中阶段入学率达到 60%左右，学前教育进一步发展。

按照“积极进取、实事求是、分区规划、分类指导”的原则，不同地区基础教育事业发展的基本任务是：

（1）占全国人口 15%左右、未实现“两基”的贫困地区要打好“两基”攻坚战，普及初等义务教育，积极推进九年义务教育和扫除青壮年文盲，适度发展高中阶段教育，积极发展学前一年教育。

（2）占全国人口 50%左右、已实现“两基”的农村地区，重点抓好“两基”巩固提高工作，义务教育学校办学条件明显改善，教育质量和办学效益进一步提高，高中阶段教育有较大发展，积极发展学前三年教育。

（3）占全国人口 35%左右的大中城市和经济发达地区，高水平、高质量普及九年义务教育，基本满足社会对高中阶段教育和学前三年教育的需求，重视发展儿童早期教育。到 2010 年，基础教育总体水平接近或达到世界中等发达国家水平。

3. “十五”期间，基础教育改革进一步深化，素质教育取得明显成效。德育工作的针对性、实效性和主动性进一步增强，青少年学生健康成长的社会环境进一步优化。形成适应时代发展要求的新的基础教育课程体系及国家基本要求指导下的教材多样化格局，建立并进一步完善适应素质教育要求的考试评价制度和招生选拔制度，有条件的地方要取得新的突破。全国乡（镇）以上有条件的中小学基本普及信息技术教育。初步形成适应基础教育改革和发展的教师教育体系，中小学人事制度改革取得显著进展，教师队伍的职业道德和业务水平明显提高。农村教育管理体制进一步完善，基础教育尤其是农村义务教育投入和按时足额发放中小学教师工资的保障机制进一步落实，社会力量办学进一步发展和规范。

4. 大力发展高中阶段教育，促进高中阶段教育协调发展。有步骤地在大中城市和经济发达地区普及高中阶段教育。挖掘现有学校潜力并鼓励有条件的地区实行完全中学的高、初中分离，扩大高中规模。鼓励社会力量采取多种形式发展高中阶段教育。保持普通高中与中等职业学校的合理比例，促进协调发展。鼓励发展普通教育与职业教育沟通的高级中学。支持已经普及九年义务教育的中西部农村地区发展高中阶段教育。

5. 重视和发展学前教育。大力发展以社区为依托，公办与民办相结合的多种形式的学前教育和儿童早期教育服务。加强乡（镇）中心幼儿园建设并发挥其对村办幼儿园（班）的指导作用。

**二、完善管理体制，保障经费投入，推进农村义务教育持续健康发展**

6. 加强农村义务教育是涉及农村经济社会发展全局的一项战略任务。农村义务教育量大面广、基础薄弱、任务重、难度大，是实施义务教育的重点和难点。各级人民政府要牢固树立实施科教兴国战略必须首先落实到义务教育上来的思想；牢固树立解决好我国农业、农村和农民问题，要依靠大力发展农村教育，提高劳动者整体素质的思想，切实重视和加强农村义务教育。

7. 进一步完善农村义务教育管理体制。实行在国务院领导下，由地方政府负责、分级管理、以县为主的体制。国家确定义务教育的教学制度、课程设置、课程标准，审定教科书。中央和省级人民政府要通过转移支付，加大对贫困地区和少数民族地区义务教育的扶持力度。省级和地（市）级人民政府要加强教育统筹规划，搞好组织协调，在安排对下级转移支付资金时要保证农村义务教育发展的需要。县级人民政府对本地农村义务教育负有主要责任，要抓好中小学的规划、布局调整、建设和管理，统一发放教职工工资，负责中小学校长、教师的管理，指导学校教育教学工作。乡（镇）人民政府要承担相应的农村义务教育的办学责任，根据国家规定筹措教育经费，改善办学条件，提高教师待遇。继续发挥村民自治组织在实施义务教育中的作用。乡（镇）、村都有维护学校的治安和安全、动员适龄儿童入学等责任。

8. 确保农村中小学教师工资发放是地方各级人民政府的责任。省级人民政府要统筹制定农村义务教育发展和中小学布局调整的规划，严格实行教师资格制度，逐县核定教师编制和工资总额，对财力不足、发放教师工资确有困难的县，要通过调整财政体制和增加转移支付的办法解决农村中小学教师工资发放问题。县级人民政府要强化对教师工资的管理，从2001年起，将农村中小学教师工资的管理上收到县，为此，原乡（镇）财政收入中用于农村中小学教职工工资发放的部分要相应划拨上交到县级财政，并按规定设立“工资资金专户”。财政安排的教师工资性支出，由财政部门根据核定的编制和中央统一规定的工资项目及标准，通过银行直接拨入教师在银行开设的个人账户中。在此基础上，为支持国家扶贫开发工作重点县等中西部困难地区建立农村中小学教师工资保障机制，中央财政将给予适当补助。

各级人民政府要进一步加强对教师工资经费的监管，实行举报制度，对于不能保证教师工资发放，挪用挤占教师工资资金的地方，一经查实，要停止中央财政的转移支付，扣回转移支付资金，并追究主要领导人的责任。

9. 各地要依据《中华人民共和国教育法》、《中华人民共和国义务教育法》规定，继续做好农村教育费附加征收和管理工作。农村中小学危房改造的教育集资，必须严格按照有关规定执行。提倡农民通过义务劳动支持农村中小学危房改造。

实行农村税费改革试点的地区，要把农村税费改革与促进农村义务教育健康发展结合起来，对因税费改革而减少的教育经费，有关地方人民政府应在改革后的财政预算和上级转移支付资金中优先安排，确保当地农村义务教育投入不低于农村税费改革前的水平。

10. 地方各级人民政府要把农村学校建设列入基础设施建设的统一规划，高度重视农村中小学危房的改造，统筹安排相应的校舍建设资金。乡（镇）、村对新建、扩建校舍所必需的土地，应按有关规定进行划拨。

合理安排农村中小学正常运转所需经费。由省级人民政府根据当地农村中小学实际公用经费支出情况，核定本地区该项经费的标准和定额。除从学校按规定收取的杂费中开支外，其余不足部分由县、乡两级人民政府予以安排。

11. 采取有力措施，坚决刹住一些地方和学校的乱收费，控制学校收费标准，切实减轻学生家长特别是农村学生家长负担。在国家扶贫开发工作重点县等农村贫困地区义务教育阶段，实行由中央有关部门规定杂费、书本费标准的“一费制”收费制度；对其他地区，由省级人民政府按照国家有关规定，结合当地实际，确定本地区杂费、书本费的标准。杂费收入应全部用于补充学校公用经费的不足，不得用于教师工资、津贴、福利、基建等开支。地方各级人民政府和任何单位不得截留、平调和挪用农村中小学收费资金；严禁借收费搞不正之风和腐败行为。

进一步加强监管和检查，完善举报制度，对违反规定乱收费和挪用挤占中小学收费资金的行为，要及时严肃查处。政府有关部门和学校要进一步加强财务管理，努力提高经费使用效益。

12. 针对薄弱环节，采取有力措施，巩固普及九年义务教育成果。地方各级人民政府要把农村初中义务教育作为普及九年义务教育巩固提高的重点，努力满足初中学龄人口高峰期的就学需求，并采取措施切实降低农村初中辍学率。将残疾儿童少年的义务教育作为普及九年义务教育巩固提高工作的重要任务。要重视解决流动人口子女接受义务教育问题，以流入地区政府管理为主，以全日制公办中小学为主，采取多种形式，依法保障流动人口子女接受义务教育的权利。继续抓好农村女童教育。

13. 因地制宜调整农村义务教育学校布局。按照小学就近入学、初中相对集中、优化教育资源配置的原则，合理规划和调整学校布局。农村小学和教学点要在方便学生就近入学的前提下适当合并，在交通不便的地区仍需保留必要的教学点，防止因布局调整造成学生辍学。学校布局调整要与危房改造、规范学制、城镇化发展、移民搬迁等统筹规划。调整后的校舍等资产要保证用于发展教育事业。在有需要又有条件的地方，可举办寄宿制学校。

14. 规范义务教育学制。“十五”期间，国家将整体设置九年义务教育课程。现实行“五三”学制的地区，2005 年基本完成向“六三”学制过渡。有条件的地方，可以实行九年一贯制。

15. 抓住西部大开发有利时机，推动贫困地区和少数民族地区义务教育发展。继续实施第二期“国家贫困地区义务教育工程”，省级人民政府也应制定相关政策，加大对贫困地区和少数民族地区义务教育的投入力度。继续实施“东部地区学校对口支援西部贫困地区学校工程”、“大中城市学校对口支援本地贫困地区学校工程”。采取切实措施，加大对少数民族地区实施义务教育的支持力度，提高适龄儿童入学率。重视加强边境地区义务教育。继续办好内地“西藏班”、“新疆班”。

各级人民政府要完善并落实中小学助学金制度。从 2001 年开始，对贫困地区家庭经济困难的中小学生进行免费提供教科书制度的试点，在农村地区推广使用经济适用型教材。采取减免杂费、书本费、寄宿费等办法减轻家庭经济困难学生的负担。

16. 巩固扩大扫除青壮年文盲成果，大力推进贫困地区、少数民族和妇女扫除青壮年文盲工作。农村学校要积极参与扫除青壮年文盲工作，扫除青壮年文盲教育要与推广实用技术相结合。完善扫除青壮年文盲奖励机制，表彰先进。

**三、深化教育教学改革，扎实推进素质教育**

17. 实施素质教育，必须全面贯彻党的教育方针，认真落实《中共中央国务院关于深化教育改革全面推进素质教育的决定》（中发［1999］9 号），端正教育思想，转变教育观念，面向全体学生，加强学生思想品德教育，重视培养学生的创新精神和实践能力，为学生全面发展和终身发展奠定基础。

实施素质教育，促进学生德智体美等全面发

展，应当体现时代要求。要使学生具有爱国主义、集体主义精神，热爱社会主义，继承和发扬中华民族的优秀传统和革命传统；具有社会主义民主法制意识，遵守国家法律和社会公德；逐步形成正确的世界观、人生观和价值观；具有社会责任感，努力为人民服务；具有初步的创新精神、实践能力、科学和人文素养以及环境意识；具有适应终身学习的基础知识、基本技能和方法；具有健壮的体魄和良好的心理素质，养成健康的审美情趣和生活方式，成为有理想、有道德、有文化、有纪律的一代新人。

18. 切实增强德育工作的针对性、实效性和主动性。加强爱国主义、集体主义和社会主义教育，加强中华民族优良传统、革命传统教育和国防教育，加强思想品质和道德教育并贯穿于教育的全过程。主动适应新形势的要求，针对不同年龄学生的特点，调整和充实德育内容，改进德育工作的方式方法。

小学从行为习惯养成入手，重点进行社会公德教育，进行爱祖国、爱人民、爱劳动、爱科学、爱社会主义教育，联系实际对学生进行热爱家乡、热爱集体以及社会、生活常识教育。初中加强国情教育、法制教育、纪律教育和品格修养。高中阶段注重进行马列主义、毛泽东思想和邓小平理论基本观点教育。对中学生进行正确的世界观、人生观、价值观教育。要对中小学生进行民族团结教育。加强中小学生的心理健康教育。

丰富多彩的教育活动和社会实践活动是中小学德育的重要载体。小学以生动活泼的课内外教育教学活动为主，中学要加强社会实践环节。中小学校要设置多种服务岗位，让更多学生得到实践锻炼的机会。要将青少年校外活动场所建设纳入社区建设规划。各地要多渠道筹集资金，建设一批青少年学生活动场所和社会实践基地。建立健全各级青少年学生校外教育联席会议或相应机构，加强对青少年学生校外教育工作的统筹和协调。大力加强校园文化建设，优化校园育人环境，使中小学成为弘扬正气，团结友爱，生动活泼，秩序井然的精神文明建设基地。

19. 加快构建符合素质教育要求的新的基础教育课程体系。适应社会发展和科技进步，根据不同年龄学生的认知规律，优化课程结构，调整课程门类，更新课程内容，引导学生积极主动学习。小学加强综合课程，初中分科课程与综合课程相结合，高中以分科课程为主。从小学起逐步按地区统一开设外语课，中小学增设信息技术教育课和综合实践活动，中学设置选修课。普通高中要设置技术类课程。中小学都要积极开展科学技术普及活动。加强劳动教育，积极组织中小学生参加力所能及的社会公益劳动，培养学生热爱劳动、热爱劳动人民的情感，掌握一定的劳动技能。

农村中学的课程设置要根据现代农业发展和农村产业结构调整的需要，深化“农科教相结合”和基础教育、职业教育、成人教育的“三教统筹”等项改革，试行“绿色证书”教育并与农业科技推广等结合。

实行国家、地方、学校三级课程管理。国家制定中小学课程发展总体规划，确定国家课程门类和课时，制定国家课程标准，宏观指导中小学课程实施。在保证实施国家课程的基础上，鼓励地方开发适应本地区的地方课程，学校可开发或选用适合本校特点的课程。探索课程持续发展的机制，组织专家、学者和经验丰富的中小学教师参与基础教育课程改革。

20. 贯彻“健康第一”的思想，切实提高学生体质和健康水平。增加体育课时并保证学生每天参加一小时体育活动。开展经常性小型多样的学生体育比赛，培养学生团队精神和顽强意志。加强传染病预防工作和学校饮食卫生管理，防止传染病流行和食物中毒事件发生。制定并实施学生体质健康标准。有条件的地区要推行“学生饮用奶计划”。

21. 中小学要按照国家规定开设艺术课程，提高艺术教育教学质量。充分挖掘社会艺术教育资源，因地制宜地开展经常性的、丰富多彩的校内外艺术活动。各级人民政府和有关部门要重视艺术教育教师队伍建设、场地建设和器材配备工作，保证学校艺术教育的必要条件。

22. 教材编写核准、教材审查实行国务院教育行政部门和省级教育行政部门两级管理，实行国家基本要求指导下的教材多样化。国务院教育行政部门负责核准国家课程的教材编写，审定国家课程的教材及跨省（自治区、直辖市）使用的地方课程的教材；省级教育行政部门负责地方课程教材编写的核准和教材的审定。经国务院教育行政部门授权，省级教育行政部门可审定部分国家课程的教材。

改革中小学教材指定出版的方式和单一渠道发行的体制，试行出版发行公开竞标的办法，做到“课前到书，人手一册”。制定中小学教材版式的国家标准，保证教材质量，降低教材成本和价格。

23. 积极开展教育教学改革和教育科学研究。继续重视基础知识、基本技能的教学并关注情感、态度的培养；充分利用各种课程资源，培养学生收集、处理和利用信息的能力；开展研究性学习，培养学生提出问题、研究问题、解决问题的能力；鼓励合作学习，促进学生之间相互交流、共同发展，促进师生教学相长。各地要建立教育教学改革实验区和实验学校，探索、实验并推广新课程教材和先进的教学方法。各地要建设一批实施素质教育的示范性普通高中。有条件的普通高中可与高等学校合作，探索创新人才培养的途径。

广大教师要积极参加教学实验和教育科研，教研机构要充分发挥教学研究、指导和服务等作用。高等师范院校、教育科研院所要积极参与基础教育课程教材改革和教学实验。注意借鉴国外教学改革的先进经验。奖励并推广基础教育教学改革优秀成果。

24. 继续减轻中小学生过重的课业负担，尊重学生人格，遵循学生身心发展规律，保证中小学生身心健康成长。要加强教学管理，改进教学方法，提高教学质量。要丰富学生课余生活，组织好学生课外活动。

进一步加强对滥发学生用书、学具及其他学生用品的治理。任何部门和单位不得向学校搭售或强迫学校订购教辅材料，中小学校不得组织学生统一购买各种形式的教辅材料。

25. 改革考试评价和招生选拔制度。探索科学的评价办法，发现和发展学生的潜能，帮助学生树立自信心，促进学生积极主动地发展。改革考试内容和方法，小学成绩评定应实行等级制；中学部分学科实行开卷考试，重视实验操作能力考查。学校和教师不得公布学生考试成绩和按考试结果公开排队。推动各地积极改革省级普通高中毕业会考。要按照有助于高等学校选拔人才、有助于中学实施素质教育、有助于扩大高等学校办学自主权的原则，加强对学生能力和素质的考查，改革高等学校招生考试内容，探索多次机会、双向选择、综合评价的考试、选拔方式，推进高等学校招生考试和选拔制度改革。在科学研究、发明创造及其他方面有特殊才能并取得突出成绩的学生，免试进入高等学校学习。

26. 大力普及信息技术教育，以信息化带动教育现代化。各地要科学规划，全面推进，因地制宜，注重实效，以多种方式逐步实施中小学“校校通”工程。努力为学校配备多媒体教学设备、教育软件和接收我国卫星传送的教育节目的设备。有条件地区要统筹规划，实现学校与互联网的连接，开设信息技术课程，推进信息技术在教育教学中的应用。开发、建设共享的中小学教育资源库。加强学校信息网络管理，提供文明健康、积极向上的网络环境。积极支持农村学校开展信息技术教育，国家将重点支持中西部贫困地区开展信息技术教育。支持鼓励企业和社会各界对中小学教育信息化的投入。

各级人民政府和教育行政部门要重视常规实验教学，因地制宜地加强中小学实验室、图书馆（室）及体育、艺术、劳动技术等教育设施的建设，并充分向学生开放，提高教学仪器设备、图书的使用效益。鼓励各地乡（镇）中小学建立中心实验室、图书馆等，辐射周边学校。

27. 要认真贯彻实施《中华人民共和国国家通用语言文字法》，进一步加强中小学推广普通话、用字规范化工作，推广普及国家通用语言文字，把普及普通话、用字规范化纳入教育教学要求，提高学生语言文字应用能力和规范意识。

**四、完善教师教育体系，深化人事制度改革，大力加强中小学教师队伍建设**

28. 建设一支高素质的教师队伍是扎实推进素质教育的关键。完善以现有师范院校为主体、其他高等学校共同参与、培养培训相衔接的开放的教师教育体系。加强师范院校的学科建设，鼓励综合性大学和其他非师范类高等学校举办教育院系或开设获得教师资格所需课程。支持西部地区师范院校的建设。以有条件的师范大学和综合性大学为依托建设一批开放式教师教育网络学院。推进师范教育结构调整，逐步实现三级师范向二级师范的过渡。有条件的地区要培养具有专科学历的小学教师和本科学历初中教师，逐步提高高中教师的学历，扩大教育硕士的培养规模和招生范围。制订适应中小学实施素质教育需要的师资培养规格与课程计划，探索新的培养模式，加强教学实践环节，增强师范毕业生的教育教学与终身发展能力。

以转变教育观念，提高职业道德和教育教学水平为重点，紧密结合基础教育课程改革，加强中小学教师继续教育工作，健全教师培训制度，加强培训基地建设。加大信息技术、外语、艺术类和综合类课程师资的培训力度，应用优秀的教学软件，开展多媒体辅助教学。加强中青年教师的培训工作。在教师培训中，要充分利用远程教育的方式，就地就近进行，以节省开支。对贫困地区教师应实行免费培训。

29. 加强骨干教师队伍建设。实施“跨世纪园丁工程”等教师培训计划，培养一大批在教育教学工作中起骨干、示范作用的优秀教师和一批教育名师。在教育对口支援工作中，援助地区的学校要为受援地区的学校培养、培训骨干教师。

30. 加强中小学教师编制管理。中央编制部门要会同教育、财政部门制定科学合理的中小学教职工编制标准。省级人民政府要按照国家有关规定和编制标准，根据本地实际情况，制定本地区的实施办法。各地要核定中小学教职工编制，规范学校内设机构和岗位设置，加强编制管理。对违反编制规定擅自增加教职工人数的，要严肃处理。

大力推进中小学人事制度改革。全面实施教师资格制度，严把教师进口关。优先录用师范院校毕业生到义务教育学校任教。高中教师的补充，在录用师范院校毕业生任教的同时，注意吸收具有教师资格的其他高等学校毕业生。推行教师聘任制，建立“能进能出、能上能下”的教师任用新机制。根据中小学教师的职业特点，实现教师职务聘任和岗位聘任的统一。建立激励机制，健全和完善考核制度，辞退不能履行职责的教师。

调整优化教师队伍。实施教师资格准入制度，严格教师资格条件，坚决辞退不具备教师资格的人员，逐步清退代课人员，精简、压缩中小学非教学人员。政府部门和事业单位不得占用或变相占用中小学教职工编制，清理各类“在编不在岗”人员。

31. 依法完善中小学教师和校长的管理体制。落实《中华人民共和国教师法》规定的中小学教师的管理权限。县级以上教育行政部门依法履行中小学教师的资格认定、招聘录用、职务评聘、培养培训和考核等管理职能。

改革中小学校长的选拔任用和管理制度。高级中学和完全中学校长一般由县级以上教育行政部门提名、考察或参与考察，按干部管理权限任用和聘任；其他中小学校长由县级教育行政部门选拔任用并归口管理。推行中小学校长聘任制，明确校长的任职资格，逐步建立校长公开招聘、竞争上岗的机制。实行校长任期制，可以连聘连任。积极推进校长职级制。

**五、推进办学体制改革，促进社会力量办学健康发展**

32. 基础教育以政府办学为主，积极鼓励社会力量办学。义务教育坚持以政府办学为主，社会力量办学为补充；学前教育以政府办园为骨干，积极鼓励社会力量举办幼儿园；普通高中教育在继续发展公办学校的同时，积极鼓励社会力量办学。

对民办学校在招生、教师职务评聘、教研活动、表彰奖励等方面与公办学校一视同仁。政府要对办学成绩显著者予以表彰奖励。社会力量举办的全日制中小学办学所得合法资金，在留足学校发展资金后，可适当安排经费奖励学校举办者。各级教育行政部门要加强对民办中小学、幼儿园教育教学的指导和监督，要认真审核其办学资格和条件，规范其办学行为，保证其全面贯彻党的教育方针。

33. 积极鼓励企业、社会团体和公民个人对基础教育捐赠，捐赠者享受国家有关优惠政策。对纳税人通过非营利的社会团体和国家机关向农村义务教育的捐赠，在应纳税所得额中全额扣除，具体办法另行制定。国家和地方对捐助基础教育有突出贡献的单位和个人予以表彰。

34. 稳妥地搞好国有企业中小学分离工作。制定政策，多渠道筹措资金，落实分离中小学的办学经费，保障企业所属中小学分离工作顺利实施。企业中小学的分离应尊重企业的意愿。统筹安排好编制内具备教师资格的企业中小学教师。转由地方人民政府管理的企业中小学的校园、校舍、设施、设备等，不得挪用、侵占和截留，确保校产不流失。可通过办学体制改革的试验探索企业中小学分离形式。企业要继续办好未分离的中小学。

35. 加强对公办学校办学体制改革试验的领导和管理。公办学校办学体制改革要有利于改造薄弱学校，满足群众的教育需求，扩大优质教育资源。薄弱学校、国有企业所属中小学和政府新建的学校等，在保证国有资产不流失的前提下，可以进行按民办学校机制运行的改革试验。地方人民政府和教育行政部门要加强领导和管理，确保义务教育的实施和办学体制改革试验工作的健康开展。

**六、加强领导，动员全社会关心支持，保障基础教育改革与发展的顺利进行**

36. 各级人民政府要努力实践“三个代表”重要思想和实施科教兴国战略，宁可在别的方面忍耐一点，也要保证教育尤其是基础教育优先发展。要将基础教育工作列入议事日程，及时研究新情况、新问题，制订促进基础教育发展的措施，努力增加对基础教育的投入。各级领导同志要经常深入中小学，了解情况，指导工作，帮助学校解决办学中的突出问题。要将基础教育工作的情况作为考核地方各级人民政府领导同志的重要内容。

各级人民政府及有关部门要认真履行各自的职责，切实将基础教育事业的发展纳入国民经济和社会发展计划，切实将基础教育作为基础设施建设和教育事业发展的重点领域，切实保障基础教育改革和发展的经费投入，切实保障中小学教师工资的足额按时发放，切实治理中小学乱收费，切实加强学校安全工作和周边治安环境的治理，切实加强青少年学生活动场所建设，切实加强文化市场的管理，为基础教育事业发展和青少年学生健康成长创造良好的条件和社会环境。

37. 坚持依法治教，完善基础教育法制建设。各级人民政府及有关部门要认真贯彻执行教育的有关法律法规，提高依法治教意识，严格履行法律赋予的职责，完善行政执法监督机制，加大执法监督力度，加强学校管理，依法保障学校、教师和学生的合法权益。

将依法治教与以德治教紧密结合。各级教育行政部门和全体教育工作者，要提高以德治教的自觉性，不断加强职业道德建设，为人师表，教书育人，管理育人，服务育人，环境育人。学校教育要坚持把德育工作摆在素质教育的首要位置，以科学的理论武装人、以正确的舆论引导人、以高尚的精神塑造人、以优秀的作品鼓舞人，把学校建成社会主义精神文明建设的重要阵地。

38. 切实加强学校安全工作。各级人民政府及有关部门和学校要以对人民高度负责的态度，从维护社会稳定的大局出发，牢固树立“安全第一”的意识，建立健全确保师生安全的各项规章制度。严格学校管理，狠抓落实，采取积极的预防措施，重点防范危及师生安全的危房倒塌、食物中毒、交通、溺水等事故。要重视和加强对师生的安全教育，增强安全防范意识和自我保护能力。尽快制定中小学生伤害事故处理的有关法规，建立健全中小学安全工作责任制和事故责任追究制，确保师生人身安全和学校教育教学活动正常进行。切实维护学校及周边治安秩序，加强群防群治，警民合作，严厉打击扰乱学校治安的违法犯罪活动。

39. 加强和完善教育督导制度。坚持督政与督学相结合，继续做好贫困地区“两基”评估验收工作，保证验收质量；对已实现“两基”的地区，建立巩固提高工作的复查和督查制度。积极开展对基础教育热点难点问题的专项督导检查。在推进实施素质教育工作中发挥教育督导工作的保障作用，建立对地区和学校实施素质教育的评价机制。“十五”期间，国家和地方对实施素质教育的先进地区、单位和个人进行表彰。

40. 重视家庭教育。通过家庭访问等多种方式与学生家长建立经常性联系，加强对家庭教育的指导，帮助家长树立正确的教育观念，为子女健康成长营造良好的家庭环境。工会、共青团、妇联等团体要开展丰富多彩的家庭教育活动。

学校要加强和社区的沟通与合作，充分利用社区资源，开展丰富多彩、文明健康的教育活动，营造有利于青少年学生健康成长的社区环境。

基础教育是全社会的共同事业。继续支持开展“希望工程”、“春蕾计划”及城镇居民对农村贫困学生进行“一帮一”等多种形式的助学活动。新闻媒体要进一步加大对实施科教兴国战略，推进基础教育改革与发展的宣传力度。国家机关、企事业单位、社会团体等要发挥各自优势，共同努力，形成全社会关心、支持基础教育的良好社会氛围。

# 全国教育事业第十个五年计划

## 一、改革开放以来教育改革与发展取得了历史性的伟大成就

改革开放以来，在党中央、国务院的领导下，经过各级政府和全社会的共同努力，我国教育事业取得了历史性的伟大成就，为社会主义现代化建设前两步战略目标的实现，提供了强有力的人才支持和知识贡献。教育正在成为促进我国经济、社会发展，推动科技进步，增强综合国力的重要力量。二十多年教育改革与发展所取得的辉煌成就和积累的宝贵经验，为21世纪初我国教育事业的改革和发展打下了坚实的基础。

### 1. 教育事业的大力发展，极大地提高了全民族的科学文化水平

基本普及九年义务教育和基本扫除青壮年文盲（以下简称“两基”）的目标初步实现，全国有2 541个县（含县级行政区划单位）通过了国家组织的“两基”验收。学前教育和特殊教育取得长足发展。高中阶段教育发展迅速，在校生达到2 500余万人，高中阶段学龄人口毛入学率提高到42%左右。职业技术教育、成人岗位培训和继续教育大力发展，为我国现代化建设培养了大批熟练劳动者和实用技术人才。高等教育规模显著扩大，到2000年，在学人数达到1 100万人左右，毛入学率从80年代初的2%左右提高到11%左右。研究生在学人数由1980年的2.2万人增加到30.1万人，累计毕业近60万人。对外教育交流与合作不断扩大，派出留学人员和来华留学人员规模均得到较大发展。

教育事业的发展，使我国人均受教育年限由80年代初的4.5年提高到目前的8年左右，每万名从业人员中，专科以上毕业生由80人上升到400人左右，高中阶段教育毕业生由1 050人上升到1 380人，初中毕业生由2 600人上升到4 000人，文盲从2 800人下降到760人。我国人口受教育程度和从业人员科学文化素质得到了较大提高。

### 2. 教育改革全面推进，教育质量和办学效益逐步提高

教育管理体制改革取得决定性进展。中等及中等以下教育实行“地方负责、分级管理”的体制，取得了明显成效；国务院部门所属高等学校管理体制改革任务基本完成，布局结构调整实现重大突破，部门办学、条块分割的局面得到了根本性扭转。办学体制改革不断深化，社会力量办学得到迅速发展。学校办学自主权进一步扩大。学校内部管理体制改革向纵深发展，招生、收费、考试、毕业生就业制度改革不断深化。高等学校后勤社会化改革全面展开。课程改革已取得阶段性成果并正在抓紧进行。素质教育全面推进，教育质量和学生整体素质逐步得到提高。教育资源配置日趋合理，校均规模逐年扩大，办学效益不断提高。

### 3. 高等学校科学研究取得丰硕成果，为现代化建设作出了重大贡献

高等学校在推动科技工作面向经济建设主战场，发展基础研究、应用研究、高新技术及其产业化等方面取得了显著成绩，成为推动科技进步的重要方面军。建成了一批国家级科研基地，取得了一系列重大科研成果，为国民经济建设解决了一批带有全局性的重大关键技术问题，科技成果转化和推广应用取得明显成效。近些年来，高等学校获得的国家发明奖、科技进步奖分别占全国的三分之一和四分之一左右，得到自然科学基金资助的科研项目达到二分之一左右。高等学校人文社会科学研究领域大大拓宽，完成了一批重大课题研究，在马列主

义、毛泽东思想和邓小平理论研究与宣传方面取得了丰硕成果，为发展社会主义文化事业和学术繁荣作出了突出贡献。

4. 教育投入不断增加，办学条件得到一定改善

以政府投入为主，多渠道筹措教育经费的体制基本形成。中央和地方财政对教育的支持力度不断加大，人民群众对教育投入了大量的人力、物力和财力，教育经费总量逐年增加。全国财政性教育经费支出从 1990 年的 564 亿元增加到 2000 年的 2 563亿元。同时，还适当使用了国内金融资金和世界银行贷款。各级各类学校的校舍、教学仪器设备、图书及体育设施等办学条件，均有不同程度的改善。

5. 教师队伍建设进一步加强

通过各种形式，改进和加强了教师的培养、培训工作，教师队伍的整体素质不断提高。教师学历合格率大幅度上升。民办教师问题基本解决。教师生活待遇和社会地位有所提高，住房条件明显改善。教师正在逐步成为受人羡慕的职业。

6. 教育法制建设成就显著

制定并颁布了《教育法》、《义务教育法》、《职业教育法》、《高等教育法》、《教师法》、《学位条例》等重要法律，初步建立起以教育专门法和行政法规为骨干，以教育规章和地方性法规为补充的有中国特色的社会主义教育法律体系。教育督导制度不断完善。

**二、"十五"期间教育改革与发展面临的形势**

进入 21 世纪，国际竞争日趋激烈，竞争的焦点是人才的竞争，是全民素质的竞争。人力资源在国家综合国力的增强方面，发挥着越来越重要的作用，而人力资源的状况归根结底取决于教育发展的整体水平。综观世界教育现状和未来国际形势的发展，各国间人力资源素质的差距不但十分显著而且将长期存在，国际间高层次人才争夺会进一步加剧。为此，各国政府都更加重视教育，采取各种措施，把建设高质量教育作为 21 世纪的基本国策。积极推进教育改革，提高人才培养质量，大力发展终身教育，积极构建终身教育体系，高度重视信息技术对教育产生的革命性影响，大力推进教育信息化，已经成为当今世界教育发展的主流。

"十五"期间到 2010 年前后，是我国经济和社会发展的重要时期。科学技术的迅猛发展，经济结构的战略性调整，社会主义市场经济体制的完善和对外开放的扩大，城镇化进程的加快，西部大开发战略的实施和加入世贸组织，对劳动者素质和人才结构的要求必将发生重大变化。21 世纪，我国将实现社会主义现代化和中华民族的伟大复兴，教育更肩负着重要的历史使命。因此，今后 5 到 10 年，必须坚定不移地实施科教兴国战略，抓紧完成并不断深化各项重大教育改革，加速教育事业的发展，把人力资源作为国家资源的重要组成部分，全面提高国民素质，培养大量具有创新精神和实践能力的人才，千方百计缩小同一些发达国家的差距，为我国经济、社会的快速、持续、健康发展，作出应有的历史性贡献。

当前，我国教育事业的改革和发展还存在一些不容忽视的矛盾和困难。国民平均受教育水平仍然较低，高中阶段和高等教育规模偏小，从业人员中相当于高中文化程度的不到 14%，大专以上学历人员仅占 4%左右。近年来国家财政性教育经费支出虽在不断增长，但占 GDP 的比例一直处于不发达国家的水平，教育经费投入不足仍然是制约我国教育发展的一个重要因素。一些重大教育改革还有待不断推进和深化。现有教育体系的灵活性和开放性不强，人才成长的"立交桥"未能全面形成，尚未建成完整的终身教育体系。义务教育普及、巩固、提高的任务很重。学生的德育和思想政治工作需要进一步改进和加强。实施素质教育尚未取得突破性进展，现行的课程教材体系和考试评价制度不适应素质教育的需要。中小学教师的学历层次和综合素质有待尽快提高。办学条件急需改善，教育手段现代化和信息化程度较低。教育的外部大环境也须不断改善。对于这些困难和矛盾，我们要有清醒的认识，增强紧迫感和历史责任感，进一步采取措施，正确决策，逐步加以解决。

**三、"十五"期间教育改革与发展的指导思想、基本原则、战略要点与主要目标**

**（一）指导思想和基本原则**

"十五"期间，我国教育事业改革与发展的指

导思想是：高举邓小平理论伟大旗帜，以邓小平同志“教育要面向现代化、面向世界、面向未来”和江泽民同志“三个代表”的重要思想为指导，贯彻党的教育方针，落实党的十五大和五中全会精神，按照《中共中央、国务院关于深化教育改革全面推进素质教育的决定》、《国务院关于基础教育改革与发展的决定》以及《面向21世纪教育振兴行动计划》的要求，大力实施科教兴国战略，努力构建一个充满生机活力的、适应社会主义市场经济和社会全面进步需要的、有中国特色的社会主义教育体系，为实现我国现代化建设第三步战略目标奠定更加坚实的人才和知识基础。

基本原则是：

——建设高质量、高水平的教育，努力将沉重的人口负担转化为巨大的人力资源优势。

——发挥教育的先导性、全局性、基础性作用，加快教育发展，特别是对一些急需的专业和领域，实施适度超前和跨越式发展，促进教育与经济、社会发展和科技进步更加紧密结合。

——坚持社会主义办学方向，全面推进素质教育，改进并加强德育和思想政治工作。

——正确处理改革、发展、稳定的关系，坚持实事求是、因地制宜、分区规划、分类指导、分步实施的原则。

——坚持社会主义教育的公平与公正性原则，更加关注处境不利人群受教育问题。努力为公民提供终身教育的机会。

——正确处理普及与提高的关系。

——贯彻规模、结构、质量和效益相统一的方针，把提高质量和优化结构摆在突出位置。

——进一步解放思想，深化改革，扩大开放，加强制度创新。

——加快教育法制建设，努力实现依法治教。

**（二）战略要点**

根据我国的基本国情和国际竞争日趋激烈的态势，“十五”期间，我国教育的发展，在战略上必须坚持下列几点：

1. 全面提高民族的基本素质，巩固、扩大普及九年义务教育和扫除青壮年文盲成果，确保其“重中之重”的地位。

2. 根据“发展是硬道理”的原则，努力满足国家和人民群众对教育的需求，积极扩大高中阶段和高等教育的规模。

3. 适应国民经济结构的战略性调整，进行人才培养结构的战略性调整，提高人才培养质量。

4. 面向未来的挑战，努力在构建终身教育体系、教育手段现代化和教育信息化、鼓励和支持社会力量办学、发展高等职业技术教育等方面实现重大突破。

**（三）2005年主要目标**

1. 巩固、扩大“两基”成果

在2000年初步实现“两基”的基础上，坚持将普及九年义务教育和扫除青壮年文盲作为教育工作的“重中之重”，努力巩固并逐步提高“两基”的水平和质量，进一步扩大九年义务教育的人口覆盖率，使初中毛入学率达到90%以上，辍学率控制在3%以下，青壮年非文盲率保持在95%以上。大力支持贫困地区和少数民族地区实施义务教育。进一步加强流动人口子女与残疾儿童少年的义务教育。

2. 发展学前教育

积极发展学前三年教育，重视发展儿童早期教育，努力使城乡儿童在入小学前能够接受多种形式的学前教育，城市地区基本满足学龄前儿童入园（学前班）需求。

3. 以多种形式大力发展高中阶段教育

扩大各种形式的高中阶段教育和初中后职业培训在校生的规模，有步骤地在大中城市和经济发达地区普及高中阶段教育，努力争取使高中阶段毛入学率提高到60%左右，大中城市和经济发达地区的初中毕业生基本能够升入高中阶段的各类学校。促进高中阶段教育协调发展，使中等教育结构更趋合理，切合地方经济和社会发展的实际需要。鼓励有条件的地区实行完全中学的高、初中分离，鼓励发展普通教育与职业教育沟通的高级中学，支持已经普及九年义务教育的中西部农村地区发展高中阶段教育。

4. 采取各种措施积极扩大高等教育规模

各类高等教育在学人数增加到1 600万人左右，其中在学研究生规模达到60万人左右，高等教育毛入学率达到15%左右。继续加快高等职业技术教育的发展并进一步办出特色。派出留学人员和接收外国留学人员的规模稳步扩大。

5. 大幅度提高高等学校的教学科研水平和创新、服务能力

努力缩小一些高等学校与世界一流高校的水平差距，一批重点学科的教学科研达到或接近国际先进水平，创造一批具有我国自主知识产权的技术创新成果，极大地提高高等学校在解决国家经济、社会发展重大理论和实践问题的能力。加快高校重点学科带头人、科研骨干和高新技术人才的培养。同时，采取各种切实可行的优惠政策，吸引优秀的海外人才回国从事科研、开发、科技成果转化，进行学术交流。

繁荣人文社会科学研究。推进学科基础理论建设。充分发挥高等学校在弘扬民族优秀文化、传播先进文化、促进社会文明进步方面的重要作用。

6. 基本形成适应素质教育需要的教师队伍

教师队伍的整体素质和师德师风建设取得明显成效。各级各类学校的教师学历水平基本达到《教师法》规定标准，有条件的地区可进一步提高对教师学历的要求。职业学校“双师型”教师达到一定比例。高等学校专任教师中具有硕士和博士学位教师的比例有较大提高。各级各类学校专任教师的专业结构、职务结构和年龄结构更为合理。专任教师的数量、知识结构基本满足学校的规模发展和课程改革的需求。

7. 办学条件明显改善

各级各类学校的校舍、图书、教学仪器设备、文体卫生设施均基本达到规定的标准，有条件的地方应进一步提高办学条件的标准。高等学校、职业学校具备专业要求的附属实训基地。

努力及时进行中小学危旧校舍的改造、维修工作，加快学校水、电、气及地下管道等基础设施的改造。

8. 健全、完善教育法律体系

建议修改《学位条例》和《义务教育法》，制订《民办教育法》，调研、起草《终身教育法》，使教育法律体系进一步健全、完善。

**（四）2010 年目标**

学前教育较好满足社会需求。特殊教育办学条件和水平显著提高。全国普及九年义务教育的人口覆盖率进一步提高，初中阶段毛入学率超过95%。高中阶段毛入学率有较大提高，在城市和发达地区普及高中阶段教育。各类高等教育在学人数达到2 300万人左右，其中研究生在学人数接近100万人，高等教育毛入学率争取达到20%左右。高等学校创新和服务能力进一步增强。各项教育、教学改革进一步深化。教育信息化达到较高水平。部分地区基本实现教育现代化。全国教育布局结构更加合理。对外教育交流与合作更加广泛深入。全社会终身教育制度基本建立。

**四、“十五”期间教育改革与发展的主要政策措施**

为确保实现“十五”计划和2010年教育发展目标，必须采取切实可行的政策措施，重在深化改革、加强机制创新和法制建设，不断加大教育投入，着力实施六项工程。

1. 依法不断增加教育经费，提高使用效益，保证教育改革发展的基本需求

——把对教育和人力资源开发作为国家基础设施建设的重点领域，切实予以保障。进一步完善以政府投入为主，多渠道筹措教育经费的教育投入保障制度。

——中央本级财政教育经费占本级财政支出比例的增加，建议仍坚持“九五”后三年的做法。2001和2002年每年继续提高一个百分点，同期，省级政府本级财政支出中教育经费的比例也应比照中央的做法不断增长。

——建议研究制定《教育经费保障法》，依法做到教育经费的“三个增长”，到2005年国家财政性教育经费支出占国内生产总值（GDP）的比例达到4%，到2010年应进一步提高。

——确保对农村义务教育的投入。中央和省级人民政府要通过转移支付，加大对贫困地区和少数民族地区义务教育的扶持力度。省级和地（市）级人民政府在安排对下级转移支付资金时，要保证农村义务教育发展的需要。地方各级人民政府要确保原来用于农村教育的投入不能减少，而且应随着教育事业的发展逐年增加，保证教师工资的按时足额发放和中小学危房的及时改造。

——建立健全符合社会主义市场经济体制和政府公共财政体制的教育拨款政策和成本分担机制。地方各级政府要确保义务教育经费的投入并做到专款专用；非义务教育阶段，在坚持政府增加必要投入的同时，根据群众实际收入状况，合理调整学费在培养成本中的比例。

——适当运用财政、金融、信贷手段发展教育事业。合理利用银行贷款，继续争取世界银行贷款项目。积极开展教育储蓄、教育保险工作。建立完善有关教育发展基金制度。

——制定包括纳税率在内的有关法规和优惠政策，对纳税人通过非营利的社会团体和国家机关向农村义务教育的捐赠，在应纳税所得额中全额扣除。对勤工俭学、校办产业和为学校提供教学科研服务及后勤保障的产业，继续实行税收优惠政策。鼓励捐赠遗产用于办学。

——学校要发扬艰苦奋斗、勤俭办学的精神。要科学合理地使用教育经费，经费增量部分主要用在学校发展的关键项目（领域）及其配套项目上；要加强规划，防止结构性浪费，不断提高经费使用效益。

——完善教育经费的各项管理制度，建立、健全监督检查机制，建立各级教育投入的评估制度，加强审计工作。

——进一步完善并全面落实以“奖、贷、助、补、减”为主要内容的资助家庭困难学生的政策与制度。

2. 认真组织实施六项教育工程

——素质教育工程

改进、加强学校的德育和思想政治工作，并将其融入到学校工作的各个环节之中。培养学生树立正确的世界观、人生观和价值观，进一步加强学生的爱国主义、集体主义和社会主义教育，加强中华民族优良传统、革命传统教育和国防教育，加强促进民族团结和维护祖国统一的教育，加强社会公德和职业道德教育，倡导文明健康的生活方式。在加强科学文化基础知识教育的同时，普遍提高学生的思想道德品质、人文素养和科学素质。

端正教育思想，转变教育观念，更新教育模式，采取多种形式培养学生的创新意识、创新能力、创业精神和实践能力，促进学生德智体美等方面全面发展。

改革教学内容，构建面向21世纪的教育课程体系，确立符合素质教育要求的课程、内容、目标与标准，改革教学手段与方法。继续减轻中小学生过重的课业负担，尊重学生人格，遵循学生身心发展规律，保证学生身心健康成长。

按照素质教育的要求，采取各种措施，不断提高教师的思想与专业水平，使教师队伍的整体水平适应素质教育的需要。

改革教育质量评价和监督办法，增强教育质量评价和监督的客观性、公正性和科学性，建立符合素质教育要求的评价和监督机制。

——国家贫困地区义务教育工程

中央政府继续设立专项资金，实施“国家贫困地区义务教育工程”二期计划（2001～2005年）和三期计划（2006～2010年），进一步加大对贫困地区义务教育的扶持力度。

动员全社会以多种形式关心和支持贫困地区义务教育的普及工作，加强并认真组织实施教育对口支援工作，努力实现地区间教育事业的相对均衡发展。

——西部教育开发工程

配合国家西部大开发战略，加强对西部地区教育的规划、指导，在政策和经费方面对西部地区予以倾斜。支持西部地区发展基础教育和中等职业技术教育。在西部地区试办实用性强的二年制高等职业技术教育，培养当地“留得住、用得上”的人才。大力支持西部急需的高层次人才培养工作。中央设立专项经费支持西部每省（自治区、直辖市）重点办好一批中等职业学校和一所较高水平的大学。支持西部地区师范院校建设。

积极开展中央部门和东部地区对西部地区教育的对口支援工作，推动西部地区城市对农村和边远地区教育的对口支援，推动东、西部地区间开展多种形式的教育交流。

采取多种形式加强和扩大对西部教育行政领导干部、校长和教师的培训工作。同时，在西部大力推进现代远程教育，加快扩建中国教育科研网，提高西部地区对发达地区和全国优质教育资源的共享能力。采取措施积极吸引海外和东部地区优秀人才参与西部教育大开发。

——教育信息化工程

要把教育信息化工程列入国家重点建设工程，以信息化带动教育现代化。重点支持并加快以中国教育科研网和卫星视频系统为基础的现代远程教育网络建设。建成一批网络学校。完善高等学校的计算机网络建设，加快数字图书馆等公共服务体系建设，进一步改善高等教育的信息环境。提高初、中等学校的计算机配备水平。2005 年，全部高等学校、高中阶段学校和部分初中、小学均能联接国际互联网。普及九年义务教育的地区，每所中小学都应设立计算机教室，全国农村绝大多数中小学能够收看教育电视节目。

推动各级各类学校普及计算机及网络知识教育。加强各层次计算机软件人才的培养和培训。2005 年，全国初中及以上学校基本上均开设信息技术教育必修课。积极开发、共享教育信息资源，加强中小学信息技术课程与教材建设。加强对师范教育专业学生的信息技术教育，加强对中小学专任教师的计算机基础知识技能培训。建设一支适应教育信息化需要的师资队伍。推进各级各类学校充分利用现代信息技术，改进教学手段和方法，改进教育管理方式，提高教育教学及管理水平。

—— 一流大学及学科建设和 211 工程

实施二期“211 工程”，工程的重点是在原有基础上，主要向高新技术学科倾斜，建设一批知识创新、科技开发基地和人文社会科学研究基地。重点支持若干所大学进入国际先进行列，重点建设一批能够达到国际先进水平的重点学科和人才培养基地，在国家经济发展和高新技术的关键领域，提高自主培养高层次人才的能力，加快造就一批真正能站在世界科学技术前沿的学术带头人和高水平的管理人才。

——高校高新技术产业化工程

加强产学研结合，促进高等学校、科研院所和产业界的合作。重点抓好 15 所大学科技园区的建设试点，发挥科技开发“孵化器”的作用。不断提高高等学校科研成果转化率，加快实用科技成果向市场的转移。继续支持有条件的高等学校，按照现代企业制度，在一些关键的高新技术领域，建立、扶持一批高校企业。

3. 努力深化教育、教学改革，不断增强办学活力

全面完成高等教育管理体制改革和布局结构调整，建立、健全中央和省级人民政府两级管理、以省级人民政府管理为主的新体制。加大中央和省级人民政府对基础教育的支持力度，进一步完善农村义务教育管理体制，实行在国务院领导下，由地方政府负责、分级管理、以县为主的体制。以流入地区政府管理为主，依法保障流动人口子女接受义务教育。进一步理顺学校和政府的关系，依法落实和规范学校的办学自主权。加快校内管理体制改革步伐。完成高校后勤社会化改革。

深化办学体制改革，拓宽办学渠道，增加新的教育资源，以各种形式扩大办学规模。在国家宏观调控下，在保证基本教育质量和办学条件的前提下，根据各地经济社会发展的不同情况，进行多种模式、多种机制的高等教育办学试验。继续办好广播电视教育、函授、夜大教育、自学考试教育，大力推进网络教育，发展现代远程教育。积极鼓励支持各种民办教育尤其是民办高中阶段教育。对民办学校在招生、教师职务评聘、教研活动、表彰奖励等方面与公办学校一视同仁，在办学合法所得中，留足学校发展资金后，报经教育行政部门审核同意，可对学校举办者予以适当奖励。

改革考试评价和招生选拔制度，基本完成毕业生就业制度改革。深化考试内容和考试方式改革，加强对学生能力和素质的考查。放宽入学年龄限制。探索多次机会、双向选择、综合评价的高等学校招生选拔方式。允许学校根据条件实行弹性修业年限和更加灵活的学分制。允许学生分阶段完成学业。允许地方院校自主跨地区招生。尽快在不同类型教育之间，建立起一种能够按照一定条件相互衔接、相互融通的“立交桥”。

遵循教育规律，适当运用市场手段，引入竞争激励机制。学校应主动面向社会，不断改进内部管理，提高教育质量和办学效益，增强为社会服务的能力。

4. 不断加强教师队伍建设，努力提高教师和

学校管理队伍的水平

把教师和校长实施素质教育的能力和水平作为教师和校长培养、培训和考核的重点，不断加强教师和校长培养培训工作。改进并强化教师的思想政治工作和师德建设工作，改革师范教育，全面实施教师资格制度，严把教师入口关，拓宽师资来源渠道，优化教师结构，进一步完善教师职务聘任制度，积极推行教师聘任合同制。加强农村和薄弱学校教师队伍建设。进一步改善教师的住房条件和医疗待遇。

要努力造就适应素质教育需要的学校领导及管理干部队伍。积极试行教育职员制度。继续完善中小学校长任职资格培训和持证上岗制度，改革校长选拔任用制度，推行中小学校长聘任制，积极试行校长职级制。

5. 大力进行人才培养结构调整，深化用人制度改革

调整人才培养的层次、科类和形式结构。面向今后国民经济和社会发展的需要，重点培养适应高新技术产业化的计算机、生物技术、新材料、电子通信技术、医药、自动化等专业技术人才，加快培养加入世界贸易组织急需的、具有国际竞争能力的法律、金融、贸易、工商管理、公共管理等方面的高层次管理人才。高等学校的专业设置与调整，要进一步适应人才市场的需求和国际的竞争与变化，职业教育必须进一步办出特色，增强适应性。基础教育和成人教育要进一步贯彻分类指导、分区规划的原则。

调整各类教育之间的比例结构。适应地区产业结构和就业结构变化的需要，把各种形式的职业教育与培训有机结合起来，切实落实学业证书和职业资格证书并重的制度，建立起职前和在职人员职业培训体系。进一步规范学校的基本学制，义务教育阶段实行“五三”学制的地区，要基本完成向“六三”学制的过渡。在确保“两基”巩固提高的基础上，逐步扩大高中阶段教育和高等教育在整个教育规模中所占的比例，大力发展成人继续教育，努力做到各类教育之间比较协调地发展。继续推进城市教育综合改革，扩大社区教育试点。大力推动农村教育综合改革，继续促进农村地区的农科教结合和基础教育、职业教育、成人教育的“三教统筹”。

调整学校布局结构，使人才在产业、地区的分布更加合理。适应城镇化进程和学龄人口波动的需要，按照小学就近入学、初中相对集中、优化教育资源配置的原则，合理规划和调整中、初等学校布局。依据“共建、调整、合作、合并”的方针，进一步对高等学校的布局结构进行合理调整，使其在服务面向、层次类型、学科分布等方面更加合理。在建设好一批综合性和多科性大学的同时，促进多功能社区性职业技术学院的发展，鼓励有条件的地区和市兴办以职业技术学院为主体的高等教育。

完善人才选拔和任用制度，深化人事制度改革，全面推行聘用制，破除职务终身制和人才单位所有制。加大学校内部分配制度的改革力度。鼓励自主创业，积极引进海外人才，鼓励各类人才参与西部开发。完善人才市场体系，鼓励人才合理流动，促进各级各类人才向国家重点发展的行业、地区、企业和农村转移，并使各类人才均能发挥作用，各尽其才。继续实行“支持留学、鼓励回国、来去自由”的方针，鼓励留学人员回国工作或以适当方式为祖国服务。

6. 努力营造有利于青少年健康成长的社会育人环境

要进一步优化社会育人环境，保证青少年健康成长。社会各方面要为青少年提供优秀的精神文化产品，切实防止不良文化产品对青少年健康成长的影响。加强青少年活动场所等文化设施的投入和建设。制定有关政策，采取切实措施，保证各类文化场所和公益设施向学生免费或优惠开放。科研院所和企业要为学生参加社会实践提供便利条件。学校校园在课余时间和节假日应对学生开放。建立健全学校、社区和家庭相互沟通、协调配合的制度，形成共同促进青少年健康成长的良性机制。切实加强学校安全工作，加强对师生的安全教育，增强防范意识和自我保护能力。各有关部门要对学校周边环境进行经常性治理，杜绝社会不良风气对正常办学工作的干扰和冲击，严厉打击扰乱学校治安的违法犯罪活动，创造良好的校园和校园周边环境。

7. 进一步转变政府职能，完善教育法律体系，全面实施依法治教

转变政府职能。今后政府主要运用立法、拨款、规划、评估、信息服务、政策指导、执法监督和必要的行政手段对教育进行宏观管理。政府部门的主要职责是创造教育健康发展的良好环境，保证国家教育方针的贯彻落实，保证学校正确的办学方向，规范各级各类学校办学条件标准和办学行为，保证教育的公正性和学生平等的受教育权，维护学校、教师和学生的合法权益。

加强教育宏观决策科学研究，提高教育决策的科学化、民主化水平。完善教育行政决策和管理制度，建设一支高素质的教育行政管理队伍，提高管理水平和依法行政水平。

不断加强教育法规建设，进一步健全完善教育法律体系。加强教育普法宣传，加大教育行政执法力度。进一步健全教育督导机构，完善教育督导制度，加强督导检查。

# 全国基础教育工作会议

2001年6月11日～12日，国务院召开了改革开放以来第一次全国基础教育工作会议。会议的主要任务是：以邓小平理论和江泽民同志“三个代表”的重要思想为指导，认真贯彻落实党的十五届五中全会和第三次全国教育工作会议精神，以全面实施素质教育为核心，以调整农村义务教育管理体制为重点，进一步加快基础教育的改革与发展，努力提高基础教育的质量和水平，为改革开放和现代化建设提供强大的人才储备和智力支持。

会议期间，国务院总理朱镕基、副总理李岚清发表了重要讲话，教育部部长陈至立、国家计委主任曾培炎、财政部副部长楼继伟作了工作报告，教育部、财政部、国家计委对“两基”工作先进地区（单位）和先进个人进行了表彰。各省、自治区、直辖市人民政府的主要负责人、分管教育工作的负责人以及教育、财政部门的负责人，中央、国务院有关部门负责人以及计划单列市政府、新疆生产建设兵团的负责人等参加了会议。

朱镕基总理在会上发表了题为《努力开创基础教育改革和发展的新局面》的讲话。强调加强基础教育的一个重要方面，是要完善教育管理体制，确保经费投入，特别是保障义务教育投入。他在讲话中指出，中央最近研究决定，农村义务教育“实行在国务院领导下，由地方政府负责、分级管理、以县为主的体制”，明确划分了从中央到省、地（市）、县的职责，特别是明确了县对本地农村义务教育负有主要责任。这是完全必要的、正确的，必须认真贯彻执行。举办基础教育特别是义务教育，主要是政府的责任。宁可少上几个项目，也一定要千方百计保证基础教育经费。

李岚清副总理在会上作了题为《深化基础教育改革　加快素质教育步伐　为现代化建设提供人才储备和智力支持》的讲话。要求各级党委和政府一定要牢固树立教育要适度超前发展的思想，牢固树立实施科教兴国战略必须首先落实到义务教育上来的思想，牢固树立解决好我国经济和社会发展中的各种问题，最终要靠大力发展教育、提高劳动者整体素质的思想，要继续把搞好基础教育作为教育工作的“重中之重”，抓住当前的有利时机，采取切实措施，推动基础教育跨上新台阶。他在讲话中分析了我国基础教育改革与发展的形势，对完善农村义务教育管理体制、建立健全经费投入机制、调整农村中小学布局、促进贫困地区和少数民族地区义务教育发展、大力实施素质教育等工作提出了明确要求。

全国基础教育工作会议前，国务院作出了《关于基础教育改革与发展的决定》（以下简称《决定》）。《决定》进一步确立了基础教育在社会主义现代化建设中的地位，明确提出：基础教育是科教兴国战略的奠基工程，对提高中华民族素质、培养各级各类人才，促进社会主义现代化建设具有全局性、基础性和先导性作用。保持教育适度超前发展，必须把基础教育摆在优先地位并作为基础设施建设和教育事业发展的重点领域，切实予以保障。《决定》提出了“十五”期间我国基础教育发展的目标和不同地区基础教育事业发展的基本任务，并对完善管理体制、保障经费投入、推动农村义务教育持续健康发展、扎实推进素质教育、深化中小学人事制度改革、加强中小学教师队伍建设等方面问题作出规定。

这次会议和《决定》进一步强调了基础教育在我国现代化建设事业中的重要地位和作用，提出了促进农村义务教育发展的治本之策，对全面推进中小学素质教育进行了部署，绘制了我国“十五”期间基础教育发展的蓝图，是党中央、国务院实施科教兴国战略的又一重大举措，将对我国基础教育的改革和发展产生重要的指导和推动作用，对提高全民族的思想道德和科学文化素质，增强我国的综合国力和21世纪的竞争力，实现中华民族伟大复兴，产生重大而深远的影响。

全国基础教育工作会议以后，各省、自治区、直辖市人民政府召开了本地的基础教育工作会议，并提出了贯彻落实全国基础教育工作会议精神和《决定》的实施意见。

撰稿　王民养
审稿　王建国

# 教育部2001年年度教育工作会议

教育部2001年年度教育工作会议于2000年12月20日在武汉召开。这次会议的主要任务是：深入学习贯彻党的十五届五中全会和第三次全国教育工作会议精神，回顾总结“九五”以来教育改革和发展的成就与经验，分析认识新世纪之初教育面临的形势，明确“十五”期间教育改革和发展的基本思路及主要任务，部署安排2001年的教育工作。出席会议的代表有：各省、自治区、直辖市教育厅（教委）、各计划单列市以及新疆建设兵团教委的主要负责同志，教育部领导、部机关各司局和有关直属单位的主要负责同志。

会议由教育部副部长、党组副书记吕福源主持。教育部部长、党组书记陈至立在会上作了讲话。讲话分三个部分：(1)“九五”期间教育工作取得历史性成就，为新世纪教育发展奠定坚实基础；(2)认真贯彻党的十五届全会精神，努力开创“十五”和2001年教育工作新局面；(3)关于做好2001年教育工作需要把握的几个问题。

陈至立在讲话中就如何做好2001年的教育工作重点强调了以下几个方面的问题：(1)切实把普及义务教育工作放在重中之重的地位；(2)大力发展各种形式的职业教育；(3)高度重视高等教育发展带来的深层次问题和矛盾；(4)进一步巩固高等教育管理体制改革的成果；(5)千方百计地解决好教育投入问题；(6)进一步提高教育的国际竞争力；(7)继续加强新时期高校思想政治工作；(8)坚决纠正行业不正之风。

会上，安徽教育厅厅长陈贤忠、贵州教育厅厅长孔令中分别介绍了本省教育工作的有关情况。会议期间，与会代表还对《教育部2001年工作要点》进行了讨论。会议要求2001年的教育工作要围绕国家现代化建设的战略部署，抓住机遇，坚持教育适度超前发展，走改革创新之路，实现“十五”教育改革和发展的良好开局。

撰稿　张相国
审稿　姜沛民

# 教育部2001年工作要点

2000年是我国教育事业取得显著成绩的一年。教育战线认真落实江泽民同志关于教育问题重要谈话精神，全面推进素质教育，继续深化各项改革，加快教育事业发展，高等教育管理体制改革取得突破性进展，“两基”奋斗目标如期实现，“九五”各项任务顺利完成，我国教育的改革与发展进入了一个新的阶段。

2001年是新世纪的第一年，也是实施“十五”计划的第一年。2001年的教育工作具有承上启下、继往开来的重要意义，总的要求是：以邓小平理论为指导，按照“三个代表”的要求，认真贯彻党的十五大和十五届五中全会精神，继续落实第三次全教会精神和教育振兴行动计划，围绕国家现代化建设的战略部署，抓住机遇，坚持教育适度超前发展；进一步深化教育体制和运行机制的改革；大力调整教育结构，不断提高教育质量；加快教育现代化、信息化进程；在改革与发展中继续保持稳定的政治局面，实现“十五”教育改革和发展的良好开局。

**一、坚持教育适度超前发展，巩固提高“两基”工作成果，大力发展职业教育，加快高中阶段和高等教育发展**

1. 继续把普及九年义务教育工作放在“重中之重”的突出地位。实施第二期“国家贫困地区义务教育工程”，努力提高西部贫困地区、少数民族地区和边远地区义务教育的普及程度，打好“攻坚战”，积极稳步地扩大义务教育人口覆盖范围；已经“两基”验收的广大农村地区，要把重点放在提高教育质量和改善办学条件上，坚持在巩固的基础上提高，在提高的过程中巩固；大中城市和经济发达地区的义务教育要坚持高水平、高质量，率先走向现代化。重视不利人群的义务教育，有效控制初中辍学率，从教材建设入手规范义务教育学制。抓好扫盲工作。发展学前教育。继续完善保障机制，加强督导工作。召开全国“两基”工作会议。

2. 加快高中阶段教育的发展。努力创造条件，积极扩大普通高中规模。因地制宜地发展普通高中和中等职业教育，保持合理比例。把职业教育放在与普通教育同等重要的位置，尤其要加快农村地区中等职业教育的发展。大中城市和经济发达地区要适时普及高中阶段教育，逐步提高教育的设置标准和质量水平，促使我国基础教育迈上新台阶。

3. 继续积极发展高等教育。要根据各地实际，采取更加开放、灵活、多样的发展模式。鼓励发展高等职业教育和社区学院，使高等教育逐步向有条件的地级城市延伸，并与区域经济和社会发展相适应。大力发展远程教育、网络教育和广播电视教育，完善高等教育自学考试制度。继续扩大高等学校招生规模，2001年，普通高等学校计划招生250万人，成人高等学校计划招生167万人。进一步完善研究生和学位教育制度，积极发展专业学位教育，2001年研究生计划招生16万人。

4. 制定并颁布实施《全国教育事业“十五”计划》。各级教育行政部门要紧密结合当地经济社会发展的实际，抓紧做好本地区教育事业的“十五”计划，实事求是地确定发展目标，制定切实可行的措施，推动教育事业的发展。

**二、适应国民经济结构战略性调整的需要，加大教育结构的调整力度，支持西部地区教育的发展**

5. 进一步调整教育结构。在不断推进“两基”工作的基础上，加快非义务教育的发展。大力发展各种职业教育和职业培训。加快建设人才成长立交桥，促进不同类型教育之间的融合和沟通。根据国家现代化建设目标对人才培养的要求，正确处理好新时期基础教育、职业教育、成人教育、高等教育之间的关系。

6. 加大高等教育学科专业和人才培养结构的调整力度。优先发展新兴学科，努力扩大信息技术、生物技术等高新技术类专业的人才培养规模。加大用信息科学提升和改造传统学科的力度。加快培养与世界贸易接轨的高层次经营管理人才。完善政策导向，在新增教育资源、重点学科建设、招生计划安排等方面向结构调整倾斜。面向第一线，加大应用型人才的培养，促使高等职业教育与普通高等教育协调发展。高等学校要增强适应市场经济的能力，根据人才就业市场的需求变化适时调整学科专业结构和人才培养规格。

7. 切实落实支持西部教育发展的政策措施。认真做好教育对口支援工作；以多种方式支持西部地区发展中等职业教育；帮助西部各省区重点建设一所大学。加大对少数民族地区教育的扶持力度，继续对少数民族地区人才培养实行倾斜政策，办好内地西藏班和新疆班。根据国家加快小城镇建设的整体要求，进一步调整城乡教育布局结构，实现城市教育与农村教育的协调发展。

**三、大力推进素质教育，加强教师队伍建设，不断提高教育质量**

8. 进一步加强德育，改进智育和体育、美育，全面贯彻教育方针。将德育融入到学校教育的各个环节，认真研究社会环境变化对青少年成长的影响，切实加强德育工作的针对性、有效性和实践环节。促进教育与生产劳动和科技活动的有机结合，引导学生积极参加各种社会实践活动。发挥全国青少年校外工作联席会议的作用，加强校外活动场所建设和学校周边环境的治理，推动全社会更加关心和支持教育。

9. 加快中小学课程和教材改革的步伐。完成各学科课程计划和标准的制定以及实验教材的编写工作，促进课程的灵活性和适应性，拓宽学生主动学习的空间。继续做好减轻中小学学生过重学业负担的工作。鼓励开展形式多样的教育教学改革实验，激发学生的创新意识，培养学生的科学精神，重视学生分析和解决问题能力的提高。从2001年起，在全国普通高级中学和大中城市的初级中学开设信息技术必修课，在县以上城镇小学的三年级开始逐步开设外语课。加强少数民族地区学校的“双语”教育。

10. 职业教育要进一步优化结构，努力适应社会需求，办出特色。职业教育的学科专业设置、课程教材建设都应面向当地经济社会的实际需要，大力提高学生创业能力和职业技能，加强对学生职业道德和综合素质的培养，不断提高教育质量。加快职业教育教师培养基地的建设。完善劳动准入制度，实行学业证书和职业资格证书并重的制度。

11. 推动高等学校以提高人才培养质量为重点的教育教学改革。做好人才培养战略规划的研究，增强质量意识，加强素质教育，深化教学改革，促进教学设施建设，实施新世纪教改工程。坚持用最新的科学文化成果教育学生，融传授知识、培养能力和提高素质为一体，促使学生广泛参与科研和社会实践，加大对学生创新精神与实践能力的培养力度。切实加强教学管理，确保正常的教学秩序、必要的教学条件和基本的教学要求。以加强本科教育为基础，不断提高研究生的培养水平，促进整个高等教育质量的提高。注重加强对质量的监督和检查评估，探索加强教育宏观管理的有效机制。

12. 进一步深化考试制度改革。坚持小学毕业生就近免试入学。因地制宜地进行中考和高中会考制度改革。继续改革高考内容，在18个省区推行“3＋X”考试。全面实现高校招生网上录取并积极推动网上录取的远程化，继续进行两次入学考试的试点。

13. 努力提高教师实施素质教育的能力。加强师德建设，推动教师转变教育观念。加强和改进师范教育。加大对教师的培训力度，实施中小学教师继续教育工程，完成骨干教师国家培训任务。全面实行教师资格制度，继续推进以人事分配制度改革为主要内容的学校内部管理体制改革。加强中西部地区教师的交流、合作，鼓励并引导在职教师由城市向县镇、农村、条件艰苦的边远地区流动任教，支持大专院校、科研院所等单位的有关专业人员到中小学兼职。进一步改善教师的住房条件和医疗待遇，依法维护教师的合法权益。

**四、加强制度创新，深化体制改革，推进依法治教**

14. 继续推进办学体制改革，不断探索教育发展的新机制。强化政府对义务教育的责任，加大各级财政对公共教育的投入；调动社会各方面积极性，以多种方式参与办学，完善有利于民办教育健康发展的激励政策；进一步转变政府职能，着重创造有利于教育发展的政策环境和体制基础；改变统包统揽过多的管理模式，支持地方根据本地的实际，发展各具特色的地方教育事业。

15. 巩固高等教育管理体制改革成果，加快省级高教管理体制改革和布局结构的调整，建立健全中央、地方两级管理，以地方为主的新体制。加强省级政府的统筹力度，因地制宜地确定本地区的高等教育结构、发展模式和布局规划。新合并组建的高校要抓紧内部管理体制改革，尽快推进实质性融合。进一步理顺政府和学校的关系，重点落实好高等院校的办学自主权。继续深化毕业生就业制度改革，逐步建立与社会主义市场经济体制相适应的毕业生就业制度。

16. 全面推动高校后勤社会化改革进程，为积极发展高等教育提供有力保障。坚持政府对改革的统筹主导作用，及时研究和完善政策机制。按照社会化改革的目标要求，加快推进建立新型的高校后勤保障体系和运行机制的工作，不断提高服务水平。以学生公寓建设为突破口，广泛吸纳社会各方面资源和资金参与高校后勤服务设施的建设。

17. 进一步扩大教育对外开放。坚持支持留学、鼓励回国、来去自由的方针，采取多种措施吸引和聘用海外高层次人才，鼓励留学人员回国工作或以适当方式为祖国服务。坚持以我为主，依法管理对外合作办学，合理利用国外优质教育资源培养我国紧缺人才。认真研究我国加入世界贸易组织对教育的影响和带来的发展机遇，不失时机地制定有关政策，提高我国教育的国际竞争力。

18. 积极推进依法治教。做好新形势下教育法制工作，加大教育普法和执法监督的力度，保障教育优先发展的战略地位。做好行政审批和规章的清理工作，提高依法行政水平。加强教育宏观决策科学研究。

**五、加快教育信息化步伐，构建终身教育体系，提高教育现代化水平**

19. 提高教育信息化水平。大力推进教育信息化基础设施建设，研究改进中国教育科研网的运行机制，建设和完善中国教育科研网高速宽带网和卫星教育传输系统。组织实施西部高校校园网建设工程。通过广播电视、卫星、计算机网络等多种方式，启动“校校通”工程。加强中小学教师的信息技术培训，推进以多媒体技术为重点的现代教育技术的运用。发展网络教育，逐步形成一批有影响的网络教育中心。完成第一批“网上合作研究中心”的建设。积极开发具有自主知识产权的教育软件，丰富网络资源。依法规范教育网站。

20. 积极倡导终身教育,努力构建学习化社会。大力发展继续教育、岗位培训和其他各种形式的成人教育,开辟多样化的人才成长道路,逐步完善终身学习体系。充分利用各种社会教育资源,形成横向联合、纵向沟通的社区教育网络,推进学习化社区的试点。

**六、继续推进高水平大学和一流学科建设，积极参与国家创新体系建设**

21. 加强一流大学、高水平大学和重点学科建设。以重点学科建设为核心，加快建设步伐。开展对重点建设大学建设项目的调研和指导工作，促进一流大学和高水平大学重点建设的健康发展。在检查评估“211”一期工程的基础上，启动二期工程建设项目。做好知识创新、科技开发基地和人文社会科学研究基地的布点，充分发挥重点建设大学和重点学科在人才培养和科技创新中的作用。

22. 加强高等学校基础研究和高水平人才的培养。建设好高校基础研究基地，进一步组织协调高校参与国家重大基础研究发展规划、承担国家“十五”重大科技计划的力量，积极开展前沿性科学研究。大力加强高等学校教学和科研骨干队伍建设，通过实施长江学者奖励计划、重点实验室访问学者制度、跨世纪优秀人才培养计划和骨干教师资助计划，尽快形成一支具有国际竞争力的高水平人才梯队，提高高等学校的教学和科研水平。

23. 大力推动科技成果转化。不断探索产学研结合的新形式，重点办好 15 个大学科技园区。组织实施国家高新技术产业化专项。加强知识产权保护，落实鼓励科技人员以知识和创造等要素参与分配的各项政策。进一步探索高校高新技术企业按现代企业制度规范管理的新路子。

**七、努力增加教育经费，理顺教育投入体制，为加快教育发展提供保障**

24. 提高中央本级财政对教育经费增加的一个百分点的使用效益，推动地方政府比照中央的做法增加教育经费。加大中央财政和省级财政对贫困地区教育的转移支付力度。实施“中小学危房改造工程”。适当运用税收、金融等手段发展教育事业，不断拓宽教育经费来源渠道。要基本稳定 2001 年高校收费标准。继续做好资助经济困难学生的工作。完善国家助学贷款制度。建立、健全监督检查机制，严格内部审计制度。

25. 认真研究解决农村税费改革中的农村教育投入问题。抓紧落实中发［2000］7 号、15 号文件精神，各级政府对义务教育的投入必须真正到位，确保农村义务教育在教师工资和日常管理等方面的基本费用，各级政府通过财政预算安排中小学危房改造资金。中央和省级财政的转移支付要优先保证教育事业特别是义务教育事业的需要。进一步理顺农村教育的财政投入体制，做到原来用于农村教育的经费不减少。

26. 做好财政统一发放教师工资的工作。进一步落实地方政府发放教师工资的责任，县级政府要建立教师工资专户，财政收入和各项补助要首先保证编制内教师工资的如期足额发放，中央和省、地级财政对困难地区适当予以补助，从制度上根本解决拖欠教师工资问题。要适应国家加快小城镇建设的要求，积极调整义务教育的布局结构，重新核定每所学校的教师编制，辞退超编教师和代课教师，清理不合格人员，建立起严格控制教师队伍膨胀的约束机制，不断提高教育效益。

**八、学习贯彻《国家通用语言文字法》，加强语言文字信息管理，提高全社会的语言文字规范化水平**

27. 加强学校语言文字工作以及国家机关推广普通话、社会公共服务行业语言文字规范化工作，组织开展第四次全国推广普通话宣传周活动，组织做好全国语言文字使用情况调查工作。

28. 建立对语言文字信息的有效协调管理机制，组织现代汉语核心语料库的建设，为推进我国信息化进程服务。编制并发布汉语言文字的有关规范标准，加强少数民族语言文字信息的宏观管理。

**九、进一步做好高校党的建设和思想政治工作，狠抓纠正行业不正之风，加强机关建设，树立教育工作良好形象**

29. 按照江泽民同志“三个代表”的要求，切实加强高校党的思想建设、组织建设和作风建设。巩固、扩大高校“三讲”教育的成果，进一步提高领导班子和领导成员的素质，提高领导高校改革和发展的能力。坚持不懈抓好党的基层组织建设，积极做好在优秀知识分子和青年学生中发展党员的工作，增强高校党组织的凝聚力和战斗力。及时化解影响稳定大局的各种矛盾，把握工作的主动权，在不断深化改革中保持高校的发展和稳定。召开第十次全国高校党的建设工作会议。

30. 加强和改进思想政治工作。深入贯彻中央思想政治工作会议精神，把理想信念教育作为思想政治工作和德育工作的核心内容，坚持用马克思主义占领高校的思想文化阵地，高质量地全面实施马克思主义理论课和思想品德课新方案，继续推进邓小平理论“三进”工作。加强制度建设和队伍建设，不断改进形式、方法和手段。加强对高校师生的形势与政策教育。认真抓好高校思想政治教育进网络的工作，充分运用信息网络技术，提高实效性，扩大覆盖面，增强影响力。

31. 狠抓教育系统党风廉政建设，保持和树立教育的良好形象。认真解决群众关心和反映强烈的突出问题，重点纠正招生、考试、收费等领域里的行业不正之风，着重抓好农村中小学教育收费专项治理工作。推行校务公开，严格干部的廉洁自律制度，从源头上预防和治理腐败。坚决查处各种违法违纪案件。加强教育新闻舆论工作，坚持正确的舆论导向，营造良好舆论氛围。

32. 加强机关建设。提高教育工作者特别是机关公务员的思想政治和政策理论水平，加强对机关公务员的理论学习、法律知识和业务能力的培养培训工作。倡导求真务实、真抓实干的工作作风，反对和克服形式主义、官僚主义。进一步转变职能，精简会议，精简文件。振奋精神，扎实工作，反腐倡廉，更好地为基层、学校和人民群众服务。

# 学习贯彻“三个代表”重要思想，推进教育事业改革发展

江泽民同志“七一”重要讲话发表以后，教育战线学习宣传和贯彻“七一”讲话和“三个代表”重要思想的活动全面展开。2001年7月3日，教育部党组发出《关于教育战线学习贯彻江泽民同志在庆祝中国共产党成立80周年大会上重要讲话的通知》，要求教育战线全面深入学习贯彻江泽民总书记“七一”重要讲话精神，各地教育部门和各级各类学校要把学习贯彻《讲话》作为关系全局的一项大事来抓，认真学习，深刻领会，坚决贯彻，努力开创新世纪教育工作新局面。此后，部党组多次召开理论中心组学习会和座谈会，还适时召开了由各省（自治区、直辖市）教育工委书记、高校党委书记参加的学习座谈会。各级教育行政部门和学校开展了各种形式的学习宣讲活动，掀起了学习“三个代表”重要思想的热潮。通过宣传学习，使教育工作者从新的高度加深了对教育战略地位和重要作用的认识，进一步增强了工作责任感和使命感。

在“三个代表”重要思想的指导下，2001年教育改革和发展取得了新的进展。主要表现在：

——认真贯彻全国基础教育工作会议精神。按照《国务院关于基础教育改革与发展的决定》，积极落实各项政策措施，农村义务教育管理体制调整开始起步，实施素质教育取得了重要进展，基础教育投入有较大增加，全面实施教师资格制度，中小学教师队伍建设取得新的成绩。

——高等教育保持良好的发展势头。高等教育事业规模进一步扩大，适应新形势的要求，加大了高校学科专业结构调整力度，重视并采取措施不断提高高等学校的教育教学质量。高等教育管理体制改革进一步深化。高水平大学和重点学科建设取得新的进展。

——积极推动职业教育和成人教育发展。认真研究职业教育面临的形势与任务，深化体制改革，在进一步做好中等职业学校改革与布局结构调整工作的同时，不断培育职业教育和成人教育新的增长点。

——落实教育支持西部大开发的各项政策措施，促进少数民族地区教育发展。继续加大对西部地区教育发展的支持力度，全面开展东西部对口支援工作，重点支持西部地区推进教育信息化，少数民族地区教育发展得到进一步推动。

——研究加入WTO的应对措施，抓紧起草《中外合作办学条例》，全面清理行政审批项目和部门规章。抓住机遇，进一步扩大教育国际交流与合作。

——学习贯彻党的十五届六中全会精神，推进教育系统作风建设，党风廉政建设继续得到加强，同时，高度重视研究和解决全社会关注的教育热点问题。

撰稿　周　为

审稿　姜沛民

# 教育发展统计

## 2001年全国教育事业发展统计公报

教　育　部

（2002年6月13日）

2001年教育系统在党中央、国务院的正确领导下，高举邓小平理论伟大旗帜，认真实践“三个代表”要求，教育改革和发展取得了新的进展。素质教育全面推进，各项改革继续深化。全国基础教育工作会议的召开，有力地推动了基础教育的健康发展，在2000年如期实现“两基”的基础上，“两基”工作又有新的进展；高中阶段教育总规模有所增长，普通高中发展迅速；高等教育继续快速发展；成人培训与扫盲教育稳步发展。

### 义务教育

在全国如期实现“两基”规划目标的基础上，实现“两基”的地区人口覆盖率比上年又有提高。到2001年底，实现“两基”验收的县（市、区）总数达到2 573个（含其他县级行政区划单位164个），比上年增加32个县（市、区）；11个省（直辖市）已按要求实现“两基”。

由于学校布局调整和学龄人口的逐渐减少，小学校数、招生数及在校生数继续减少，但小学适龄儿童入学率和男女入学性别差与上年基本持平。2001年全国共有小学49.13万所，比上年减少6.23万所；招生1 944.21万人，比上年减少2.26万人；在校生1.25亿人，比上年减少469.78万人；小学适龄儿童入学率达到99.05%，其中男女童入学率分别是99.08%和99.01%，小学适龄儿童入学率和男女入学性别差与上年基本持平。小学生辍学率0.27%，比上年下降0.28个百分点。小学五年巩固率为95.30%，其中女童五年巩固率为95.05%，分别比上年提高0.76和0.57个百分点。小学毕业生升学率为95.45%，比上年提高0.56个百分点。

小学教师学历合格率继续提高。全国小学教职工637.97万人，比上年减少7.52万人。其中专任教师579.77万人，比上年减少6.26万人。小学专任教师学历合格率96.81%，与上年基本持平，小学生师比21.64∶1，比上年的22.21∶1有所降低。

由于学校布局结构调整，初中校数略有减少，但随着学龄人口高峰段上移，在校生数有所增加，辍学率降低。全国共有初中学校6.66万所，比上年增加0.27万所。招生2 287.85万人，与上年基本持平；在校生6 514.38万人，比上年增加258.09万人；毕业生1 731.5万人，比上年增加98.05万人。初中阶段毛入学率88.7%，比上年增加0.1个百分点。初中辍学率3.12%，比上年下降0.09个百分点。初中毕业生升学率52.9%，比上年提高1.73个百分点。全国初中专任教师338.57万人，比上年增加9.88万人。初中教师学历合格率88.72%，比上年增长1.72个百分点。生师比19.24∶1，比上年的19.03∶1有所提高。

普通中小学校办学条件进一步改善。全国普通中小学校舍建筑面积10.88亿平方米，比上年减少0.46亿平方米。体育运动场（馆）面积达标校数、音乐器材配备达标校数、美术器材配备达标校数和数学自然实验仪器达标校数的比率，小学分别为47.4%、36.62%、34.51%和48.55%；普通初中分别为69.46%、50.42%、48.84%和68.35%。

## 学前教育与特殊教育

由于适龄幼儿减少，幼儿园及在园幼儿数比上年有所减少；特殊教育继续稳步发展。

2001年全国共有幼儿园11.17万所，比上年减少6.41万所，在园幼儿（包括学前班）2 021.84万人，比上年减少222.34万人。幼儿园园长和教师共63.01万人，比上年减少31.64万人。

全国特殊教育学校1 531所，比上年减少8所；招收残疾儿童5.60万人，比上年增加0.31万人；在校残疾儿童38.64万人，比上年增加0.88万人。其中在盲人学校就读的学生3.41万人，在聋人学校就读的学生10.28万人，在弱智学校及辅读班就读的学生24.95万人。在普通学校随班就读的残疾儿童招生数和在校生数分别占特殊教育招生和在校生总数的67.59%和69.86%。残疾儿童毕业人数4.63万人，比上年增加0.29万人。

## 高中阶段教育

全国高中阶段教育（包括普通高中、职业高中、普通中等专业学校、技工学校、成人高中、成人中等专业学校）共有学校3.43万所，比上年减少0.19万所；招生987.99万人，比上年增加76.68万人；在校学生2 600.93万人，比上年增加83.25万人。

全国普通高中1.49万所，比上年增加343所；招生557.98万人，比上年增加85.29万人，增长18.04%；在校生1 404.97万人，比上年增加203.71万人，增长16.96%；毕业生340.46万人，增加38.95万人，增长12.92%。普通高中专任教师84万人，比上年增加8.31万人。生师比16.73∶1，比上年的15.87∶1有较大提高。普通高中教师学历合格率70.71%，比上年增长2.28个百分点；普通高中体育运动场（馆）面积达标率为74.26%；体育器材配备达标率74.23%；音乐器材配备达标率64.34%；美术器材配备达标率63.46%；数学自然实验仪器达标率80.51%；建立校园网24.93%。

全国职业高中6 737所，比上年减少918所；招生155.05万人，比上年增加4.66万人；在校生383.10万人，比上年减少31.46万人；毕业生141.98万人，比上年减少7.94万人。职业高中专任教师26.86万人，比上年减少1.32万人。职业高中教师学历合格率49.15%，增长4.82个百分点；职业高中体育运动场（馆）面积达标率为53.24%；体育器材配备达标率51.37%；音乐器材配备达标率42.78%；美术器材配备达标率40.86%；数学自然实验仪器达标率53.49%；建立校园网18.42%。

全国普通中等专业学校3 260所，比上年减少386所；招生127.68万人，减少4.91万人；在校生457.98万人，减少31.54万人；毕业生150.29万人，比上年减少0.43万人。教职工42.9万人，比上年减少5.91万人。专任教师23万人，比上年减少2.64万人。专任教师中具有本科以上学历的教师比例达到73.86%，比上年增长1个百分点。生师比由上年的19.09∶1提高到19.91∶1。

全国技工学校3 470所，比上年减少322所；招生数55.1万人，增加4.72万人；在校生134.7万人，减少5.4万人；毕业生47.7万人，减少16.92万人。技工学校教职工21.96万人，减少2万人，其中专任教师13.4万人，减少0.6万人。

全国成人高中1 723所，比上年减少244所；招生30.07万人，减少0.49万人；在校生31.02万人，减少1.57万人；毕业生22万人，减少0.9万人。

全国成人中等专业学校4 113所，比上年减少

521所；招生62.11万人，比上年减少12.83万人；在校生189.16万人，比上年减少51.12万人；毕业生数90.63万人，比上年减少20.77万人。

全国中等教育自学考试报名1.18万人次，取得中专毕业证书0.16万人。

## 高等教育

高等教育管理体制改革和布局结构调整继续推进。2001年全国共有高等学校1 911所，比上年增加98所。普通高等学校1 225所，比上年增加184所，其中中央各部委所属学校111所，比上年减少5所；中央部委所属普通高校占全国普通高校总数的5.8%。成人高等学校686所，比上年减少86所，其中中央各部委所属学校22所，比上年减少5所。全国培养研究生的单位728个，其中高等学校411个，科研机构317个。

高等教育的招生规模继续快速增加。全国招收研究生16.52万人，比上年增加3.67万人；其中博士生3.21万人，硕士生13.31万人。在学研究生39.33万人，比上年增加9.21万人；其中博士生8.59万人，硕士生30.74万人。毕业研究生6.78万人，比上年增加0.9万人；其中博士生1.29万人，硕士生5.49万人。高等教育共招本科、高职（专科）学生464.21万人，比上年增加87.45万人，增长23.21%。其中普通高等教育招生268.28万人，比上年增加47.67万人，增长21.61%；成人高等教育招生195.93万人，比上年增加39.78万人，增长25.48%。高等教育本科、高职（专科）在校生1 175.05万人，比上年增加265.32万人，增长29.16%。其中普通高等教育在校生719.07万人，比上年增加162.98万人，增长29.31%；成人高等教育在校生455.98万人，比上年增加102.34万人，增长28.94%。毕业生196.69万人，比上年增加13.67万人，其中普通高等教育毕业生103.63万人，成人高等教育毕业生93.06万人。全国高等教育自学考试报考1 339.43万人次，取得毕业证书人数64.10万人。普通高等学校校均规模和生师比有较大提高。普通高等学校全日制本专科在校生平均规模由上年的5 289人提高到5 870人；对研究生、留学生、进修生和夜大、函授生、成人脱产班等各类学生，按国家规定折合为本专科学生计算，生师比由上年的16.3∶1提高到18.22∶1。

全国高等学校教职工138.82万人，比上年增加8.84万人。其中普通高等学校121.44万人，比上年增加10.16万人；成人高等学校17.38万人，比上年减少1.32万人。专任教师61.99万人，比上年增加6.37万人。其中普通高校53.19万人，增加6.91万人；成人高校8.80万人，减少0.54万人。

## 成人培训与扫盲教育

成人各类培训教育蓬勃发展。2001年全国高等学校举办的各类成人非学历教育结业生达257.69万人次，比上年增加5.57万人次。全国成人技术培训学校50.79万所，比上年增加2.23万所。其中职工技术培训学校1.15万所，比上年增加0.09万所；农民技术培训学校49.64万所，比上年增加2.15万所。成人技术培训学校共培训结业9 270.44万人次。其中培训结业职工538.13万人次，培训结业农民8 732.31万人次。目前仍有6 757.79万人在校学习，其中职工340.68万人，农民6 417.11万人。成人技术培训学校教职工48.50万人，比上年减少0.9万人，其中职工技术培训学校教职工7.15万人，农民技术培训学校教职工41.35万人。成人技术培训学校专任教师17.47万人，比上年减少1.86万人，其中职工技术培训学校4.05万人，农民技术培训学校13.42万人。目前各类成人技术培训规模较大，但其质量和水平还需进一步提高。

成人初等学校4.96万所；招生243.4万人，增加3.65万人；毕业生227.86万人，减少18.58万人；在校生221.21万人，减少11.04万人。教职工5.12万人，减少0.08万人，其中专任教师1.81万人，增加0.03万人。

2001年全国共扫除文盲220.51万人，仍有201.49万人正在参加扫盲学习。扫盲教育教职工8.98万人，比上年减少1.89万人。其中专任教师2.32万人，减少0.52万人。

# 2001年各类教育发展基本统计

## 全国各级普通学校基本情况

单位：万人

| | 学校数（所） | 毕业生数 | 招生数 | 在校学生数 | 教职工数 合计 | 教职工数 其中：专任教师 |
|---|---|---|---|---|---|---|
| **总　计** | **701 097** | **6 101.38** | **6 812.20** | **24 263.72** | **1 474.55** | **1 177.01** |
| 一、研究生 | 728 | 6.78 | 16.52 | 39.32 | | |
| 1. 高等学校 | 411 | 6.37 | 15.63 | 37.16 | | |
| 2. 科研机构 | 317 | 0.41 | 0.89 | 2.16 | | |
| 二、普通高等学校本专科 | 1 225 | 103.63 | 268.28 | 719.07 | 121.44 | 53.19 |
| 本科院校 | 597 | 75.63 | 178.47 | 521.20 | 95.95 | 40.05 |
| 专科院校 | 628 | 19.34 | 66.56 | 146.79 | 24.12 | 12.42 |
| 分校、大专班 | | 8.66 | 23.25 | 51.08 | 1.37 | 0.72 |
| 三、普通中等学校 | 95 362 | 2 429.25 | 3 179.37 | 8 901.38 | 625.08 | 486.58 |
| 1. 中等专业学校 | 3 260 | 150.29 | 127.68 | 457.98 | 42.90 | 23.00 |
| 中等技术学校 | 2 690 | 122.46 | 108.15 | 391.74 | 35.28 | 18.44 |
| 中等师范学校 | 570 | 27.83 | 19.53 | 66.24 | 7.62 | 4.56 |
| 2. 技工学校 | 3 792 | 64.62 | 50.38 | 140.10 | 23.96 | 14.00 |
| 3. 普通中学 | 80 432 | 2 047.44 | 2 815.86 | 7 836.02 | 514.95 | 418.84 |
| 高中 | 14 907 | 340.46 | 557.98 | 1 404.97 | | 84.00 |
| 初中 | 65 525 | 1 706.98 | 2 257.88 | 6 431.05 | | 334.84 |
| 4. 职业中学 | 7 802 | 166.50 | 185.02 | 466.43 | 43.01 | 30.59 |
| 高中 | 6 737 | 141.98 | 155.05 | 383.10 | | 26.86 |
| 初中 | 1 065 | 24.52 | 29.97 | 83.33 | | 3.73 |
| 5. 工读学校 | 76 | 0.40 | 0.43 | 0.85 | 0.26 | 0.15 |
| 四、小学 | 491 273 | 2 396.90 | 1 944.21 | 12 543.47 | 637.97 | 579.77 |
| 五、特殊教育学校 | 1 531 | 4.63 | 5.60 | 38.64 | 3.89 | 2.85 |
| 六、幼儿园 | 111 706 | 1 160.19 | 1 398.22 | 2 021.84 | 86.17 | 54.62 |

**注：**高等教育本专科中的“分校、大专班及其他”学生数中含：分校、大专班学生、成人高校招收的普通学生和电大普通专科班学生数。

# 全国各级成人学校基本情况

单位：万人

| | 学校数（所） | 毕业生数 | 招生数 | 在校学生数 | 教职工数 | |
|---|---|---|---|---|---|---|
| | | | | | 合计 | 其中：专任教师 |
| **总计** | **652 048** | **9 942.47** | **8 753.42** | **7 876.39** | **100.96** | **42.51** |
| 一、成人高等学校 | 686 | 93.06 | 195.93 | 455.98 | 17.38 | 8.80 |
| 1. 广播电视大学 | 45 | 10.92 | 16.49 | 40.03 | 5.83 | 2.95 |
| 2. 职工高等学校 | 409 | 9.03 | 15.10 | 35.11 | 6.58 | 3.43 |
| 3. 农民高等学校 | 3 | 0.03 | 0.03 | 0.08 | 0.03 | 0.02 |
| 4. 管理干部学院 | 104 | 5.71 | 6.69 | 15.39 | 2.50 | 1.08 |
| 5. 教育学院 | 122 | 5.52 | 13.36 | 30.44 | 2.36 | 1.27 |
| 6. 独立函授学院 | 3 | 0.43 | 0.71 | 1.55 | 0.08 | 0.05 |
| 7. 普通高等学校举办： | | 61.42 | 143.55 | 333.38 | | |
| 函授部 | | 32.80 | 81.64 | 196.16 | | |
| 夜大学 | | 11.49 | 24.46 | 62.00 | | |
| 成人脱产班 | | 17.13 | 37.45 | 75.22 | | |
| 二、成人中等学校 | 515 903 | 9 401.04 | 8 135.18 | 6 997.71 | 69.48 | 29.58 |
| 1. 成人中等专业学校 | 4 113 | 90.63 | 62.11 | 189.16 | 18.21 | 10.51 |
| 广播电视中等专业学校 | 138 | 17.18 | 10.03 | 37.05 | 1.68 | 0.85 |
| 职工中等专业学校 | 1 514 | 24.04 | 17.51 | 51.54 | 6.58 | 3.59 |
| 干部中等专业学校 | 188 | 2.92 | 1.88 | 5.32 | 0.93 | 0.49 |
| 农民中等专业学校 | 342 | 5.24 | 5.28 | 12.66 | 1.39 | 0.91 |
| 函授中等专业学校 | 65 | 4.15 | 2.81 | 7.59 | 0.88 | 0.45 |
| 教师进修学校 | 1 866 | 9.31 | 8.35 | 19.28 | 6.75 | 4.22 |
| 其他类学校举办 | | 27.79 | 16.25 | 55.72 | | |
| 2. 成人中学 | 3 906 | 39.97 | 50.42 | 50.76 | 2.77 | 1.60 |
| 职工中学 | 1 175 | 18.73 | 27.01 | 24.14 | 1.55 | 0.86 |
| 农民中学 | 2 731 | 21.24 | 23.41 | 26.62 | 1.22 | 0.74 |
| 3. 成人技术培训学校 | 507 884 | 9 270.44 | 8 022.65 | 6 757.79 | 48.50 | 17.47 |
| 职工技术培训学校 | 11 500 | 538.13 | 465.11 | 340.68 | 7.15 | 4.05 |
| 农民技术培训学校 | 496 384 | 8 732.31 | 7 557.54 | 6 417.11 | 41.35 | 13.42 |
| 三、成人初等学校 | 135 459 | 448.37 | 422.31 | 422.70 | 14.10 | 4.13 |
| 1. 职工初等学校 | 1 163 | 14.94 | 17.00 | 15.94 | 0.21 | 0.10 |
| 2. 农民初等学校 | 134 296 | 433.43 | 405.31 | 406.76 | 13.89 | 4.03 |
| 其中：扫盲班 | 85 870 | 220.51 | 178.91 | 201.49 | 8.98 | 2.32 |

**注**：成人中等专业学校中“其他类学校举办”是指：在成人高等学校和普通中等专业学校中招收的成人中专学生数。

# 高级中等学校学生数构成

| 年份 | 合计 | 普通高中 | 中等职业技术学校 | | | |
|---|---|---|---|---|---|---|
| | | | 小计 | 中等专业学校 | 技工学校 | 职业高中 |
| 学生数(万人) | | | | | | |
| 1965 | 271.1 | 130.8 | 140.3 | 52.7 | 10.1 | 77.5 |
| 1980 | 1 196.0 | 969.8 | 226.2 | 124.3 | 70.0 | 31.9 |
| 1985 | 1 156.7 | 741.1 | 415.6 | 157.1 | 74.2 | 184.3 |
| 1990 | 1 322.0 | 717.3 | 604.7 | 224.4 | 133.2 | 247.1 |
| 2000 | 2 261.5 | 1 201.3 | 1 060.2 | 489.5 | 156.1 | 414.6 |
| 2001 | 2 386.1 | 1 405.0 | 981.1 | 457.9 | 140.1 | 383.1 |
| 比重(%) | | | | | | |
| 1965 | 100 | 48.2 | 51.8 | 19.5 | 3.7 | 28.6 |
| 1980 | 100 | 81.1 | 18.9 | 10.4 | 5.8 | 2.7 |
| 1985 | 100 | 64.1 | 35.9 | 13.6 | 6.4 | 15.9 |
| 1990 | 100 | 54.3 | 45.7 | 17.0 | 10.0 | 18.7 |
| 2000 | 100 | 53.1 | 46.9 | 21.6 | 6.9 | 18.3 |
| 2001 | 100 | 58.9 | 41.1 | 19.1 | 5.9 | 16.1 |

# 小学学生和初中学生保留率

单位：人

| 年份 | 小学学生保留率 | | | 初中学生保留率 | | |
|---|---|---|---|---|---|---|
| | 五年前小学一年级在校生 | 当年小学五年级在校生 | 保留率（%） | 三年前初中一年级在校生 | 当年初中三年级在校生 | 保留率（%） |
| 1990 | 28 247 300 | 20 175 069 | 71.4 | 14 227 455 | 11 781 554 | 82.8 |
| 2000 | 26 733 307 | 25 274 594 | 94.5 | 19 679 636 | 17 723 599 | 90.1 |
| 2001 | 25 741 978 | 24 532 075 | 95.3 | 21 556 031 | 19 174 832 | 89.0 |

# 各级普通学校毕业生升学率

| 年份 | 小学升初中（%） | 初中升高级中学（%） | 高中升高等教育（%） |
|---|---|---|---|
| 1990 | 74.6 | 40.6 | 27.3 |
| 1991 | 77.7 | 42.6 | 28.7 |
| 1992 | 79.7 | 43.6 | 34.9 |
| 1993 | 81.8 | 44.1 | 43.3 |
| 1994 | 86.6 | 47.8 | 46.7 |
| 1995 | 90.8 | 50.3 | 49.9 |
| 1996 | 92.6 | 49.8 | 51.0 |
| 1997 | 93.7 | 51.5 | 48.6 |
| 1998 | 94.3 | 50.7 | 46.1 |
| 1999 | 94.4 | 50.0 | 63.8 |
| 2000 | 94.9 | 51.2 | 73.2 |
| 2001 | 95.5 | 52.9 | 78.8 |

**注**：1. 计算初中毕业生升学率所用分子数为高级中学招生数，包括：普通高中招生数、职业高中招生数、技工学校招生数、普通中专招收初中毕业生数、普通中专举办的成人中专招收应届初中毕业生数及成人中专招收应届初中毕业生数。

2. 高中升学率为普通高校招生数（含电大普通班）与普通高中毕业生数之比。

# 小学学龄儿童入学率

| 年份 | 全国学龄儿童数（万人） | 已入学学龄儿童数（万人） | 入学率（%） |
|---|---|---|---|
| 1965 | 11 603.2 | 9 829.1 | 84.7 |
| 1980 | 12 219.6 | 11 478.2 | 93.0 |
| 1985 | 10 362.3 | 9 942.8 | 95.9 |
| 1990 | 9 740.7 | 9 529.7 | 97.8 |
| 1999 | 12 991.4 | 12 872.8 | 99.1 |
| 2000 | 12 445.3 | 12 333.9 | 99.1 |
| 2001 | 10 673.5 | 10 572.1 | 99.1 |

**注**：1991 年以前的入学率是按 7～11 周岁统一计算的。从 1991 年起入学率是按各地不同入学年龄和学制分别计算的。

# 各级普通学校女学生和女教职工数

单位：万人

| | 女学生 | | 女教职工 | | 女专任教师 | |
|---|---|---|---|---|---|---|
| | 人 数 | 占学生总数的比重(%) | 人 数 | 占教职工总数的比重(%) | 人 数 | 占专任教师总数的比重(%) |
| 普通高等学校 | 302.30 | 42.04 | 50.35 | 41.46 | 21.05 | 39.57 |
| 中等技术学校 | 216.51 | 55.27 | 15.68 | 44.45 | 8.59 | 46.58 |
| 中等师范学校 | 46.43 | 70.09 | 3.16 | 41.47 | 1.97 | 43.20 |
| 普通中学 | 3 643.33 | 46.49 | 208.90 | 40.57 | 178.45 | 42.60 |
| 职业中学 | 221.65 | 47.52 | 17.85 | 41.51 | 13.42 | 43.87 |
| 工读学校 | 0.06 | 7.18 | 0.08 | 30.19 | 0.04 | 29.08 |
| 小学 | 5 936.80 | 47.33 | 320.83 | 50.29 | 302.39 | 52.16 |
| 特殊教育学校 | 13.05 | 33.77 | 2.57 | 66.02 | 2.05 | 72.10 |
| 幼儿园 | 917.52 | 45.38 | 81.29 | 94.33 | 53.77 | 98.43 |

# 各级普通学校少数民族学生和少数民族教职工数

单位：万人

| | 少数民族学生 | | 少数民族教职工 | | 少数民族专任教师 | |
|---|---|---|---|---|---|---|
| | 人 数 | 占学生总数的比重(%) | 人 数 | 占教职工总数的比重(%) | 人 数 | 占专任教师总数的比重(%) |
| 普通高等学校 | 40.97 | 5.70 | 5.85 | 4.82 | 2.87 | 5.40 |
| 中等技术学校 | 27.60 | 6.03 | 2.05 | 4.78 | 1.16 | 5.04 |
| 中等师范学校 | 8.10 | 1.77 | 0.72 | 1.68 | 0.47 | 2.04 |
| 普通中学 | 567.10 | 7.24 | 36.59 | 7.11 | 30.04 | 7.17 |
| 职业中学 | 25.07 | 5.38 | 2.23 | 5.19 | 1.63 | 5.32 |
| 小学 | 1 172.04 | 9.34 | 62.15 | 9.74 | 56.47 | 9.74 |
| 特殊教育 | 2.25 | 5.83 | 0.17 | 4.50 | 0.13 | 4.61 |
| 幼儿园 | 105.75 | 5.23 | 3.36 | 3.90 | 2.23 | 4.08 |

# 全国研究生基本情况

单位：人

| | 合计 | | | 攻读博士学位研究生 | | | 攻读硕士学位研究生 | | | 研究生班研究生 | | |
|---|---|---|---|---|---|---|---|---|---|---|---|---|
| | 毕业生数 | 招生数 | 在学研究生数 | 毕业生数 | 招生数 | 在学研究生数 | 毕业生数 | 招生数 | 在学研究生数 | 毕业生数 | 招生数 | 在学研究生数 |
| **总计** | **67 809** | **165 197** | **393 256** | **12 867** | **32 093** | **85 885** | **54 700** | **132 762** | **306 479** | **242** | **342** | **892** |
| 其中：女 | 22 758 | 60 969 | 139 035 | 2 896 | 9 240 | 22 304 | 19 813 | 51 638 | 116 528 | 49 | 91 | 203 |
| 委托培养 | 11 268 | 24 921 | 63 781 | 1 672 | 7 444 | 17 475 | 9 427 | 17 379 | 46 000 | 169 | 98 | 306 |
| 哲学 | 904 | 2 022 | 5 111 | 233 | 513 | 1 413 | 671 | 1 509 | 3 698 | | | |
| 经济学 | 3 981 | 8 468 | 20 301 | 675 | 1 884 | 4 751 | 3 306 | 6 584 | 15 550 | | | |
| 法学 | 4 504 | 11 064 | 24 654 | 500 | 1 286 | 3 178 | 4 004 | 9 778 | 21 476 | | | |
| 教育学 | 1 550 | 4 532 | 9 984 | 189 | 479 | 1 171 | 1 361 | 4 053 | 8 813 | | | |
| 其中：体育学 | 328 | 857 | 1 927 | 42 | 93 | 212 | 286 | 764 | 1 715 | | | |
| 文学 | 4 193 | 10 691 | 23 974 | 504 | 1 288 | 3 204 | 3 666 | 9 382 | 20 676 | 23 | 21 | 94 |
| 其中：艺术学 | 540 | 1 859 | 3 870 | 48 | 140 | 346 | 469 | 1 703 | 3 443 | 23 | 16 | 81 |
| 历史学 | 1 179 | 2 503 | 6 212 | 292 | 616 | 1 699 | 887 | 1 887 | 4 513 | | | |
| 理学 | 8 637 | 21 286 | 49 614 | 2 638 | 5 686 | 14 612 | 5 999 | 15 600 | 35 002 | | | |
| 工学 | 24 873 | 62 958 | 154 508 | 5 009 | 12 578 | 36 934 | 19 716 | 50 249 | 117 190 | 148 | 131 | 384 |
| 其中：力学 | 733 | 1 426 | 3 792 | 218 | 422 | 1 327 | 515 | 1 004 | 2 465 | | | |
| 农学 | 2 136 | 5 687 | 13 112 | 510 | 1 187 | 3 090 | 1 626 | 4 500 | 10 022 | | | |
| 其中：林学 | 301 | 716 | 1 615 | 56 | 115 | 283 | 245 | 601 | 1 332 | | | |
| 医学 | 6 992 | 16 800 | 38 837 | 1 774 | 3 965 | 9 546 | 5 188 | 12 805 | 29 231 | 30 | 30 | 60 |
| 军事学 | 17 | 65 | 159 | 3 | 16 | 52 | 14 | 49 | 107 | | | |
| 管理学 | 8 843 | 19 121 | 46 790 | 540 | 2 595 | 6 235 | 8 262 | 16 366 | 40 201 | 41 | 160 | 354 |

# 普通高等学校基本情况

单位：人

| | 学校数(所) | | 本专科学生数 | | | 教职工数 | | | | | | | | | | | | | |
|---|---|---|---|---|---|---|---|---|---|---|---|---|---|---|---|---|---|---|---|
| | | | | | | | 校本部教职工 | | | | | | | | | | | | |
| | | | | | | | | 专任教师 | | | | | | | | | | | |
| | 计 | 其中：中央部门所属 | 毕业生数 | 招生数 | 在校学生数 | 合计 | 计 | 小计 | 教授 | 副教授 | 讲师 | 助教 | 教员 | 教辅人员 | 行政人员 | 工勤人员 | 科研机构人员数 | 校办工厂、农场职工数 | 附设机构人员数 |
| **总计** | **1 225** | **111** | **1 036 323** | **2 682 790** | **7 190 658** | **1 214 429** | **1 026 344** | **531 910** | **50 678** | **161 333** | **187 199** | **101 386** | **31 314** | **149 749** | **196 232** | **148453** | **47 098** | **54 850** | **86 137** |
| 其中：女 | | | 422 550 | 1 145 073 | 3 023 004 | 503 527 | 427 170 | 210 495 | 7 927 | 53 668 | 82 509 | 50 224 | 16 167 | 79 618 | 81 666 | 55 391 | 13 290 | 18 477 | 44 590 |
| 本科院校 | 597 | 100 | 756 306 | 1 784 665 | 5 212 006 | 959 576 | 788 195 | 400 566 | 46 608 | 128 351 | 134 749 | 69 023 | 21 835 | 123 056 | 149 816 | 114 757 | 45 798 | 45 702 | 79 881 |
| 专科院校 | 628 | 11 | 193 355 | 665 599 | 1 467 873 | 241 216 | 225 252 | 124 229 | 3 854 | 31 361 | 49 766 | 30 518 | 8 730 | 25 380 | 43 788 | 31 855 | 1 280 | 8 764 | 5 920 |
| 分校、大专班 | | | 86 662 | 232 526 | 510 779 | 13 637 | 12 897 | 7 115 | 216 | 1 621 | 2 684 | 1 845 | 749 | 1 313 | 2 628 | 1 841 | 20 | 384 | 336 |
| 综合大学 | 91 | 15 | 250 700 | 450 236 | 1 339 605 | 236 616 | 196 518 | 97 691 | 12 581 | 31 961 | 33 209 | 15 394 | 4 546 | 34 706 | 37 332 | 26 789 | 11 536 | 8 445 | 20 117 |
| 理工院校 | 231 | 47 | 308 690 | 782 396 | 2 210 707 | 384 429 | 303 404 | 158 247 | 18 406 | 50 414 | 53 429 | 26 764 | 9 234 | 46 888 | 54 529 | 43 740 | 19 214 | 24 264 | 37 547 |
| 农业院校 | 42 | 4 | 45 980 | 128 818 | 347 461 | 61 260 | 46 514 | 22 939 | 2 475 | 7 079 | 7 571 | 4 318 | 1 496 | 7 142 | 8 459 | 7 974 | 3 111 | 6 261 | 5 374 |
| 林业院校 | 6 | 2 | 5 158 | 18 369 | 47 109 | 7 659 | 6 214 | 3 303 | 413 | 999 | 1 049 | 649 | 193 | 898 | 1 110 | 903 | 238 | 536 | 671 |
| 医药院校 | 96 | 4 | 44 024 | 129 452 | 384 415 | 82 395 | 66 145 | 29 983 | 3 484 | 9 407 | 9 144 | 5 939 | 2 009 | 12 488 | 13 366 | 10 308 | 8 778 | 2 284 | 5 188 |
| 师范院校 | 210 | 6 | 208 767 | 508 161 | 1 350 383 | 191 363 | 174 821 | 95 680 | 6 635 | 27 922 | 33 986 | 20 846 | 6 291 | 22 047 | 32 661 | 24 433 | 2 119 | 4 844 | 9 579 |
| 语文院校 | 15 | 5 | 9 292 | 23 770 | 64 900 | 12 157 | 10 744 | 5 679 | 506 | 1 487 | 2 192 | 1 190 | 304 | 1 224 | 2 137 | 1 704 | 178 | 246 | 989 |
| 财经院校 | 65 | 7 | 63 537 | 182 145 | 461 090 | 51 820 | 48 113 | 24 712 | 1 848 | 7 609 | 9 871 | 4 091 | 1 293 | 5 104 | 10 439 | 7 858 | 531 | 1 237 | 1 939 |
| 政法院校 | 28 | 8 | 17 311 | 44 528 | 110 055 | 16 898 | 16 079 | 6 855 | 411 | 2 010 | 2 814 | 1 310 | 310 | 1 805 | 4 855 | 2 564 | 147 | 97 | 575 |
| 体育院校 | 14 | 1 | 5 766 | 15 135 | 41 707 | 7 116 | 6 678 | 3 237 | 271 | 987 | 1 260 | 576 | 143 | 561 | 1 671 | 1 209 | 61 | 0 | 377 |
| 艺术院校 | 29 | 3 | 5 348 | 20 443 | 49 328 | 12 526 | 11 682 | 6 386 | 712 | 1 865 | 2 162 | 1 253 | 394 | 1 212 | 2 574 | 1 510 | 174 | 151 | 519 |
| 民族院校 | 12 | 6 | 9 146 | 24 413 | 67 031 | 11 041 | 9 800 | 5 361 | 412 | 1 649 | 2 055 | 871 | 374 | 1 322 | 1 911 | 1 206 | 241 | 82 | 918 |
| 职业技术院校 | 386 | 3 | 62 604 | 354 924 | 716 867 | 139 149 | 129 632 | 71 837 | 2 524 | 17 944 | 28 457 | 18 185 | 4 727 | 14 352 | 25 188 | 18 255 | 770 | 6 403 | 2 344 |

# 普通高等学校分科学生数

单位：人

| | 毕业生数 | | | 招生数 | | | 在校学生数 | | | 毕业班学生数 | | |
|---|---|---|---|---|---|---|---|---|---|---|---|---|
| | 合计 | 本科 | 专科 | 合计 | 本科 | 专科 | 合计 | 本科 | 专科 | 合计 | 本科 | 专科 |
| **总计** | **1 036 323** | **567 839** | **468 484** | **2 682 790** | **1 381 835** | **1 300 955** | **7 190 658** | **4 243 744** | **2 946 914** | **1 375 131** | **666 867** | **708 264** |
| 哲学 | 925 | 873 | 52 | 1 805 | 1 600 | 205 | 5 372 | 4 975 | 397 | 892 | 840 | 52 |
| 经济学 | 57 254 | 35 267 | 21 987 | 138 746 | 75 568 | 63 178 | 359 888 | 222 000 | 137 888 | 69 530 | 37 240 | 32 290 |
| 法学 | 61 474 | 30 326 | 31 148 | 146 782 | 68 631 | 78 151 | 387 880 | 213 278 | 174 602 | 80 036 | 36 393 | 43 643 |
| 教育学 | 52 563 | 17 965 | 34 598 | 158 283 | 48 944 | 109 339 | 374 450 | 141 998 | 232 452 | 76 418 | 21 653 | 54 765 |
| 文学 | 157 837 | 62 956 | 94 881 | 417 604 | 196 526 | 221 078 | 1 059 300 | 554 018 | 505 282 | 206 927 | 79 112 | 127 815 |
| 历史学 | 10 220 | 6 101 | 4 119 | 16 082 | 10 495 | 5 587 | 53 368 | 36 504 | 16 864 | 12 160 | 7 104 | 5 056 |
| 理学 | 115 829 | 63 517 | 52 312 | 258 201 | 165 609 | 92 592 | 716 276 | 480 290 | 235 986 | 139 010 | 74 209 | 64 801 |
| 工学 | 349 097 | 219 563 | 129 534 | 892 356 | 498 984 | 393 372 | 2 491 193 | 1 573 665 | 917 528 | 478 984 | 260 689 | 218 295 |
| 农学 | 28 543 | 19 005 | 9 538 | 62 952 | 37 133 | 25 819 | 186 022 | 126 579 | 59 443 | 37 119 | 22 529 | 14 590 |
| 医学 | 62 638 | 41 468 | 21 170 | 174 156 | 97 512 | 76 644 | 529 410 | 361 084 | 168 326 | 80 620 | 47 295 | 33 325 |
| 管理学 | 139 943 | 70 798 | 69 145 | 415 823 | 180 833 | 234 990 | 1 027 499 | 529 353 | 498 146 | 193 435 | 79 803 | 113 632 |

# 中等专业学校分类别情况

单位:人

| | 学校数(所) | 毕业生数 | 招生数 | | | 在校学生数 | 教职工数 | | | | | | | | | | | | 兼任教师 |
|---|---|---|---|---|---|---|---|---|---|---|---|---|---|---|---|---|---|---|---|
| | | | | | | | | 校本部教职工 | | | | | | | | | | | |
| | | | | | | | | | 专任教师 | | | | | | | | | | |
| | | | 合计 | 招高中毕业生数 | 招初中毕业生数 | | 合计 | 小计 | 计 | 高级讲师及以上 | 讲师 | 助理讲师 | 教员 | 教辅人员 | 行政人员 | 工勤人员 | 校办厂、场职工 | 附设机构人员 | |
| **总计** | **3 260** | **1 502 867** | **1 276 754** | **20 327** | **1 256 427** | **4 579 780** | **428 955** | **408 381** | **230 022** | **46 683** | **101 211** | **74 986** | **7 142** | **37 566** | **75 795** | **64 998** | **11 279** | **9 295** | **10 124** |
| 中等技术学校 | 2 690 | 1 224 592 | 1 081 487 | 17 136 | 1 064 351 | 3 917 427 | 352 740 | 333 955 | 184 418 | 38 200 | 82 328 | 58 634 | 5 256 | 31 783 | 64 142 | 53 612 | 10 208 | 8 577 | 9 729 |
| 工业学校 | 862 | 510 756 | 430 630 | 5 201 | 425 429 | 1 637 521 | 132 207 | 124 765 | 68 550 | 14 247 | 30 921 | 21 512 | 1 870 | 12 110 | 23 747 | 20 358 | 5 286 | 2 156 | 4 098 |
| 农业学校 | 273 | 142 521 | 94 340 | 1 503 | 92 837 | 375 513 | 40 508 | 38 458 | 20 624 | 3 888 | 9 049 | 7 185 | 502 | 4 164 | 6 143 | 7 527 | 1 647 | 403 | 673 |
| 林业学校 | 40 | 20 364 | 16 163 | 545 | 15 618 | 61 770 | 6 485 | 6 246 | 3 223 | 782 | 1 430 | 975 | 36 | 584 | 1 015 | 1 424 | 196 | 43 | 48 |
| 医药学校 | 447 | 137 690 | 191 002 | 2 091 | 188 911 | 626 929 | 60 758 | 54 131 | 28 686 | 7 295 | 13 034 | 7 734 | 623 | 6 779 | 10 187 | 8 479 | 1 850 | 4 777 | 1 603 |
| 财经学校 | 488 | 227 675 | 194 751 | 1 962 | 192 789 | 667 510 | 56 325 | 54 941 | 30 745 | 6 279 | 14 282 | 9 482 | 702 | 4 220 | 11 773 | 8 203 | 892 | 492 | 1 259 |
| 政法学校 | 107 | 44 706 | 31 044 | 4 318 | 26 726 | 105 259 | 11 776 | 11 737 | 5 683 | 1 096 | 2 440 | 1 933 | 214 | 1 005 | 3 493 | 1 556 | 15 | 24 | 157 |
| 体育学校 | 173 | 22 853 | 25 472 | 7 | 25 465 | 83 725 | 14 305 | 13 778 | 7 683 | 1 397 | 3 620 | 2 438 | 228 | 840 | 2 804 | 2 451 | 22 | 505 | 167 |
| 艺术学校 | 158 | 29 666 | 34 589 | 452 | 34 137 | 125 565 | 16 102 | 15 969 | 10 574 | 1 880 | 4 095 | 3 934 | 665 | 1 077 | 2 517 | 1 801 | 58 | 75 | 1 128 |
| 其他学校 | 142 | 88 361 | 63 496 | 1 057 | 62 439 | 233 635 | 14 274 | 13 930 | 8 650 | 1 336 | 3 457 | 3 441 | 416 | 1 004 | 2 463 | 1 813 | 242 | 102 | 596 |
| 中等师范学校 | 570 | 278 275 | 195 267 | 3 191 | 192 076 | 662 353 | 76 215 | 74 426 | 45 604 | 8 483 | 18 883 | 16 352 | 1 886 | 5 783 | 11 653 | 11 386 | 1 071 | 718 | 395 |
| 其中:幼儿师范学校 | 56 | 20 048 | 19 714 | 93 | 19 621 | 61 331 | 7 622 | 7 227 | 4 341 | 906 | 1 748 | 1 487 | 200 | 496 | 1 409 | 981 | 75 | 320 | 15 |

# 中等专业学校分科学生数

单位：人

| | 毕业生数 | 招生数 | | | 在校学生数 | 毕业班学生数 |
|---|---|---|---|---|---|---|
| | | 合 计 | 招高中毕业生数 | 招初中毕业生数 | | |
| **总计** | **1 502 867** | **1 276 754** | **20 327** | **1 256 427** | **4 579 780** | **1 464 787** |
| 农林类 | 98 770 | 52 735 | 1 231 | 51 504 | 234 814 | 93 802 |
| 资源与环境类 | 22 147 | 11 056 | 338 | 10 718 | 64 064 | 25 932 |
| 能源类 | 18 568 | 9 358 | 36 | 9 322 | 42 432 | 14 729 |
| 土木水利工程类 | 74 247 | 46 690 | 685 | 46 005 | 219 427 | 72 647 |
| 加工制造类 | 188 581 | 123 151 | 831 | 122 320 | 518 748 | 182 026 |
| 交通运输类 | 24 374 | 23 026 | 195 | 22 831 | 85 973 | 25 246 |
| 信息技术类 | 167 286 | 253 262 | 2 703 | 250 559 | 780 246 | 200 697 |
| 医药卫生类 | 141 989 | 197 565 | 2 315 | 195 250 | 647 800 | 161 645 |
| 商贸与旅游类 | 93 190 | 113 953 | 1 113 | 112 840 | 330 658 | 96 381 |
| 财经类 | 193 170 | 97 379 | 1 784 | 95 595 | 421 398 | 169 951 |
| 文化艺术与体育类 | 97 990 | 98 190 | 902 | 97 288 | 348 411 | 104 436 |
| 社会公共事物类 | 95 482 | 58 437 | 4 810 | 53 627 | 232 511 | 86 981 |
| 其他 | 287 073 | 191 952 | 3 384 | 188 568 | 653 298 | 230 314 |

# 普通中学校数、班数

| | 学 校 数（所） | | | | | 班 数（个） | |
|---|---|---|---|---|---|---|---|
| | 合 计 | 初级中学 | 高级中学 | 完全中学 | 九年一贯制学校 | 初 中 | 高 中 |
| **总计** | **80 432** | **58 662** | **5 183** | **9 724** | **6 863** | **1 153 798** | **253 042** |
| 教育部门和集体办 | 70 622 | 54 541 | 4 237 | 7 360 | 4 484 | 1 070 467 | 221 288 |
| 社会力量办 | 4 571 | 1 915 | 699 | 1 150 | 807 | 32 734 | 16 069 |
| 其他部门办 | 5 239 | 2 206 | 247 | 1 214 | 1 572 | 50 597 | 15 685 |
| 城市 | 14 468 | 6 998 | 1 801 | 3 855 | 1 814 | 211 156 | 95 314 |
| 教育部门和集体办 | 9 471 | 5 274 | 1 202 | 2 442 | 553 | 165 571 | 74 829 |
| 社会力量办 | 2 143 | 616 | 447 | 693 | 387 | 15 414 | 9 755 |
| 其他部门办 | 2 854 | 1 108 | 152 | 720 | 874 | 30 171 | 10 730 |
| 县镇 | 24 926 | 16 641 | 2 672 | 4 267 | 1 346 | 390 913 | 129 306 |
| 教育部门和集体办 | 22 281 | 15 500 | 2 403 | 3 599 | 779 | 369 817 | 120 799 |
| 社会力量办 | 1 561 | 699 | 213 | 376 | 273 | 11 580 | 5 451 |
| 其他部门办 | 1 084 | 442 | 56 | 292 | 294 | 9 516 | 3 056 |
| 农村 | 41 038 | 35 023 | 710 | 1 602 | 3 703 | 551 729 | 28 422 |
| 教育部门和集体办 | 38 870 | 33 767 | 632 | 1 319 | 3 152 | 534 971 | 25 660 |
| 社会力量办 | 867 | 600 | 39 | 81 | 147 | 5 848 | 863 |
| 其他部门办 | 1 301 | 656 | 39 | 202 | 404 | 10 910 | 1 899 |
| 总计中：四年制初中 | | | | | | 85 769 | |
| 其他学校附设初中班 | | | | | | 21 839 | 3 240 |
| 独立设置少数民族学校 | 2247 | | | | | 24 414 | 5 424 |

# 普通中学学生数

单位：人

| | 毕业生数 | | 招生数 | | 在校学生数 | | | | | | | | |
|---|---|---|---|---|---|---|---|---|---|---|---|---|---|
| | | | | | 初中 | | | | | 高中 | | | |
| | 初中 | 高中 | 初中 | 高中 | 合计 | 一年级 | 二年级 | 三年级 | 四年级 | 合计 | 一年级 | 二年级 | 三年级 |
| **总　计** | **17 069 774** | **3 404 570** | **22 578 798** | **5 579 790** | **64 310 539** | **22 669 438** | **21 513 879** | **19 174 832** | **952 390** | **14 049 717** | **5 593 052** | **4 556 088** | **3 900 577** |
| 其中：女 | 8 068 277 | 1 422 312 | 10 681 272 | 2 459 639 | 30 370 712 | 10 719 641 | 10 149 297 | 9 044 482 | 457 292 | 6 062 602 | 2 465 895 | 1 959 312 | 1 637 395 |
| 教育部门和集体办 | 16 271 294 | 3 082 327 | 21 172 814 | 4 965 823 | 60 481 489 | 21 255 057 | 20 270 163 | 18 127 780 | 828 489 | 12 561 770 | 4 976 830 | 4 081 029 | 3 503 911 |
| 社会力量办 | 246 453 | 125 156 | 656 726 | 332 650 | 1 583 552 | 661 043 | 526 541 | 391 032 | 4 936 | 745 146 | 333 785 | 238 103 | 173 258 |
| 其他部门办 | 552 027 | 197 087 | 749 258 | 281 317 | 2 245 498 | 753 338 | 717 175 | 656 020 | 118 965 | 742 801 | 282 437 | 236 956 | 223 408 |
| 城市 | 2 732 509 | 1 270 367 | 3 599 933 | 1 929 572 | 10 641 329 | 3 613 388 | 3 547 469 | 3 233 854 | 246 618 | 5 036 141 | 1 933 797 | 1 645 010 | 1 457 334 |
| 教育部门和集体办 | 2 281 328 | 1 051 876 | 2 873 361 | 1 558 652 | 8 603 571 | 2 883 263 | 2 882 656 | 2 663 243 | 174 409 | 4 097 843 | 1 562 071 | 1 342 631 | 1 193 141 |
| 社会力量办 | 112 592 | 83 341 | 274 832 | 177 417 | 678 436 | 276 709 | 228 079 | 169 869 | 3 779 | 423 504 | 177 516 | 136 578 | 109 410 |
| 其他部门办 | 338 589 | 135 150 | 451 740 | 193 503 | 1 359 322 | 453 416 | 436 734 | 400 742 | 68 430 | 514 794 | 194 210 | 165 801 | 154 783 |
| 县镇 | 6 010 981 | 1 760 160 | 7 797 421 | 2 986 505 | 22 456 184 | 7 827 400 | 7 530 291 | 6 780 618 | 317 875 | 7 433 742 | 2 994 230 | 2 406 157 | 2 033 355 |
| 教育部门和集体办 | 5 822 537 | 1 684 159 | 7 399 821 | 2 795 078 | 21 427 713 | 7 426 667 | 7 194 433 | 6 510 511 | 296 102 | 7 006 643 | 2 801 787 | 2 270 814 | 1 934 042 |
| 社会力量办 | 85 475 | 37 854 | 261 955 | 136 067 | 615 088 | 264 121 | 202 982 | 147 254 | 731 | 282 586 | 136 799 | 89 263 | 56 524 |
| 其他部门办 | 102 969 | 38 147 | 135 645 | 55 360 | 413 383 | 136 612 | 132 876 | 122 853 | 21 042 | 144 513 | 55 644 | 46 080 | 42 789 |
| 农村 | 8 326 284 | 374 043 | 11 181 444 | 663 713 | 31 213 026 | 11 228 650 | 10 436 119 | 9 160 360 | 387 897 | 1 579 834 | 665 025 | 504 921 | 409 888 |
| 教育部门和集体办 | 8 167 089 | 346 292 | 10 899 954 | 612 144 | 30 448 393 | 10 944 420 | 10 192 654 | 8 953 341 | 357 978 | 1 456 904 | 613 068 | 467 340 | 376 496 |
| 社会力量办 | 48 726 | 3 961 | 119 617 | 19 115 | 291 840 | 120 920 | 95 900 | 74 594 | 426 | 39 436 | 19 374 | 12 506 | 7 556 |
| 其他部门办 | 110 469 | 23 790 | 161 873 | 32 454 | 472 793 | 163 310 | 147 565 | 132 425 | 29 493 | 83 494 | 32 583 | 25 075 | 25 836 |
| 总计中：四年制 | | | | | 4 743 583 | 1 282 495 | 1 288 742 | 1 229 891 | 942 455 | | | | |
| 九年一贯制学校 | 513 610 | 15 788 | 840 178 | 30 240 | 2 291 114 | 844 759 | 764 603 | 644 054 | 37 698 | 69 552 | 29 559 | 21 993 | 18 000 |
| 其他学校附设初中班 | 251 496 | 12 969 | 425 952 | 83 096 | 1 106 847 | 433 211 | 377 283 | 293 295 | 3 058 | 157 691 | 83 753 | 51 215 | 22 723 |
| 重读生 | | | | | 89 106 | 37 655 | 20 288 | 30 471 | 692 | 106 795 | 7 449 | 6 008 | 93 338 |
| 重读中女 | | | | | 31 065 | 12 025 | 6 872 | 11 886 | 282 | 38 798 | 2 346 | 2 034 | 34 418 |
| 少数民族学生 | 1 206 937 | 201 761 | 1 763 346 | 365 096 | 4 789 615 | 1 777 076 | 1 574 329 | 1 381 619 | 56 591 | 881 371 | 367 068 | 280 919 | 233 384 |
| 独立设置少数民族学校 | 283 100 | 61 796 | 380 638 | 106 613 | 1 165 258 | 413 793 | 382 923 | 354 453 | 14 089 | 258 434 | 108 215 | 82 249 | 67 970 |

# 普通中学教职工数

单位：人

| | 教职工数 | | | | | | | | 代课教师 | 兼任教师 |
|---|---|---|---|---|---|---|---|---|---|---|
| | 合计 | 专任教师 | | | 行政人员 | 教辅人员 | 工勤人员 | 校办工厂、农场职工 | | |
| | | 计 | 初中 | 高中 | | | | | | |
| **总　计** | **5 149 453** | **4 188 423** | **3 348 396** | **840 027** | **386 899** | **194 712** | **357 423** | **21 996** | **123 773** | **34 421** |
| 其中：女 | 2 088 989 | 1 784 470 | 1 469 833 | 314 637 | 83 887 | 88 830 | 123 866 | 7 936 | 58 377 | 11 574 |
| 少数民族 | 365 928 | 300 400 | | | 26 864 | 10 459 | 27 538 | 667 | 9 775 | 1 336 |
| 教育部门和集体办 | 4 693 873 | 3 862 506 | | | 339 294 | 173 169 | 299 385 | 19 519 | 108 338 | 16 208 |
| 社会力量办 | 176 186 | 117 061 | | | 18 139 | 9 822 | 30 639 | 525 | 10 584 | 15 747 |
| 其他部门办 | 279 394 | 208 856 | | | 29 466 | 11 721 | 27 399 | 1 952 | 4 851 | 2 466 |
| 城市 | 1 260 847 | 952 108 | 638 342 | 313 766 | 135 000 | 66 571 | 94 967 | 12 201 | 23 528 | 18 510 |
| 教育部门和集体办 | 992 937 | 760 088 | | | 104 455 | 52 633 | 65 119 | 10 642 | 15 276 | 6 504 |
| 社会力量办 | 95 959 | 61 574 | | | 11 275 | 6 369 | 16 399 | 342 | 5 643 | 10 214 |
| 其他部门办 | 171 951 | 130 446 | | | 19 270 | 7 569 | 13 449 | 1 217 | 2 609 | 1 792 |
| 县镇 | 1 974 380 | 1 588 777 | 1 157 748 | 431 029 | 136 908 | 85 961 | 155 468 | 7 266 | 35 240 | 9 856 |
| 教育部门和集体办 | 1 860 495 | 1 507 273 | | | 126 434 | 81 220 | 138 746 | 6 822 | 31 228 | 5 283 |
| 社会力量办 | 60 102 | 41 345 | | | 5 197 | 2 539 | 10 898 | 123 | 3 245 | 4 138 |
| 其他部门办 | 53 783 | 40 159 | | | 5 277 | 2 202 | 5 824 | 321 | 767 | 435 |
| 农村 | 1 914 226 | 1 647 538 | 1 552 306 | 95 232 | 114 991 | 42 180 | 106 988 | 2 529 | 65 005 | 6 055 |
| 教育部门和集体办 | 1 840 196 | 1 594 915 | | | 108 405 | 39 306 | 95 515 | 2 055 | 61 824 | 4 421 |
| 社会力量办 | 20 370 | 14 372 | | | 1 667 | 924 | 3 347 | 60 | 1 706 | 1 395 |
| 其他部门办 | 53 660 | 38 251 | | | 4 919 | 1 950 | 8 126 | 414 | 1 475 | 239 |

## 职业中学在校学生数和毕业班学生数

单位:人

| | 在校学生数 | | | | | | | | | | | | | 毕业班学生数 | |
|---|---|---|---|---|---|---|---|---|---|---|---|---|---|---|---|
| | 总计 | 初中 | | | | | | 高中 | | | | | | | |
| | | 合计 | 其中女 | 一年级 | 二年级 | 三年级 | 四年级 | 合计 | 其中女 | 一年级 | 二年级 | 三年级 | 四年级 | 初中 | 高中 |
| **总　计** | **4 664 308** | **833 268** | **381 540** | **300 084** | **270 981** | **245 715** | **16 488** | **3 831 040** | **1 834 942** | **1 552 401** | **1 247 406** | **1 008 879** | **22 354** | **241 724** | **1 165 490** |
| 其中:女 | 2 216 482 | 381 540 | | 139 750 | 123 064 | 110 839 | 7 887 | 1 834 942 | | 728 505 | 592 738 | 500 729 | 12 970 | 107 689 | 560 057 |
| 教育部门和集体办 | 3 927 683 | 807 615 | 371 934 | 289 538 | 261 827 | 239 953 | 16 297 | 3 120 068 | 1 476 732 | 1 271 201 | 1 015 545 | 815 863 | 17 459 | 235 384 | 934 465 |
| 社会力量办 | 377 264 | 20 587 | 7 225 | 8 471 | 7 324 | 4 601 | 191 | 356 677 | 180 649 | 159 820 | 117 856 | 76 411 | 2 590 | 5 271 | 101 740 |
| 其他部门办 | 359 361 | 5 066 | 2 381 | 2 075 | 1 830 | 1 161 | | 354 295 | 177 561 | 121 380 | 114 005 | 116 605 | 2 305 | 1 069 | 129 285 |
| 城市 | 1 853 411 | 33 969 | 15 013 | 12 384 | 9 858 | 9 153 | 2 574 | 1 819 442 | 927 506 | 690 570 | 580 091 | 529 209 | 19 572 | 11 262 | 576 388 |
| 教育部门和集体办 | 1 299 752 | 25 815 | 11 249 | 8 974 | 6 851 | 7 503 | 2 487 | 1 273 937 | 649 172 | 480 301 | 401 913 | 376 478 | 15 245 | 8 970 | 399 820 |
| 社会力量办 | 280 800 | 4 521 | 1 834 | 1 890 | 1 628 | 916 | 87 | 276 279 | 144 277 | 119 769 | 90 461 | 63 495 | 2 554 | 1 650 | 78 131 |
| 其他部门办 | 272 859 | 3 633 | 1 930 | 1 520 | 1 379 | 734 | | 269 226 | 134 057 | 90 500 | 87 717 | 89 236 | 1 773 | 642 | 98 437 |
| 县镇 | 1 844 221 | 284 100 | 131 081 | 96 091 | 91 598 | 90 932 | 5 479 | 1 560 121 | 714 294 | 668 645 | 517 993 | 371 077 | 2 406 | 89 803 | 454 870 |
| 教育部门和集体办 | 1 698 939 | 276 816 | 128 767 | 93 426 | 88 925 | 88 986 | 5 479 | 1 422 123 | 647 650 | 608 649 | 473 855 | 337 752 | 1 867 | 87 857 | 408 896 |
| 社会力量办 | 75 540 | 7 199 | 2 277 | 2 629 | 2 641 | 1 929 | | 68 341 | 30 790 | 34 216 | 23 195 | 10 894 | 36 | 1 929 | 20 322 |
| 其他部门办 | 69 742 | 85 | 37 | 36 | 32 | 17 | | 69 657 | 35 854 | 25 780 | 20 943 | 22 431 | 503 | 17 | 25 652 |
| 农村 | 966 676 | 515 199 | 235 446 | 191 609 | 169 525 | 145 630 | 8 435 | 451 477 | 193 142 | 193 186 | 149 322 | 108 593 | 376 | 140 659 | 134 232 |
| 教育部门和集体办 | 928 992 | 504 984 | 231 918 | 187 138 | 166 051 | 143 464 | 8 331 | 424 008 | 179 910 | 182 251 | 139 777 | 101 633 | 347 | 138 557 | 125 749 |
| 社会力量办 | 20 924 | 8 867 | 3 114 | 3 952 | 3 055 | 1 756 | 104 | 12 057 | 5 582 | 5 835 | 4 200 | 2 022 | | 1 692 | 3 287 |
| 其他部门办 | 16 760 | 1 348 | 414 | 519 | 419 | 410 | | 15 412 | 7 650 | 5 100 | 5 345 | 4 938 | 29 | 410 | 5 196 |
| 总计中:普通中学附设班 | 252 188 | 96 819 | 45 772 | 19 866 | 32 885 | 43 647 | 421 | 155 369 | 70 604 | 60 367 | 49 769 | 44 647 | 586 | 46 189 | 55 605 |
| 其他单位(学校)办班 | 174 048 | 11 393 | 5 707 | 3 003 | 2 288 | 3 642 | 2 460 | 162 655 | 87 784 | 54 322 | 53 139 | 53 846 | 1 348 | 4 932 | 59 763 |
| 重读生 | 3 502 | 1 346 | 428 | 573 | 234 | 517 | 22 | 2 156 | 279 | 1 607 | 152 | 397 | | | |
| 重读中女 | 1 019 | 649 | | 312 | 118 | 215 | 4 | 370 | | 162 | 51 | 157 | | | |
| 少数民族 | 250 737 | 104 049 | 45 317 | 34 925 | 34 585 | 32 659 | 1 880 | 146 688 | 60 741 | 61 341 | 49 463 | 35 017 | 867 | 31 408 | 41 654 |
| 独立设置少数民族 | 42 264 | 18 747 | 8 728 | 7 233 | 5 775 | 5 209 | 530 | 23 517 | 10 734 | 10 360 | 8 334 | 4 823 | | 4 996 | 6 591 |

# 职业中学校数、班数、毕业生数和招生数

单位：人

| | 学校数（所） | | | | 班数（个） | | 毕业生数 | | 招生数 | |
|---|---|---|---|---|---|---|---|---|---|---|
| | 合计 | 初中 | 高中 | 初、高中合设 | 初中 | 高中 | 初中 | 高中 | 初中 | 高中 |
| **总　　计** | **7 802** | **1 065** | **6 262** | **475** | **15 869** | **99 122** | **245 167** | **1 419 763** | **299 673** | **1 550 510** |
| 其中：女 | | | | | | | 114 418 | 695 978 | 139 225 | 728 225 |
| 教育部门和集体办 | 5 839 | 1 019 | 4 427 | 393 | 15 263 | 78 502 | 240 551 | 1 127 167 | 289 211 | 1 270 727 |
| 社会力量办 | 1 040 | 41 | 934 | 65 | 486 | 10 010 | 3 663 | 111 000 | 8 481 | 158 518 |
| 其他部门办 | 923 | 5 | 901 | 17 | 120 | 10 610 | 953 | 181 596 | 1 981 | 121 265 |
| 城市 | 2 962 | 27 | 2 816 | 119 | 814 | 50 095 | 14 946 | 700 127 | 12 302 | 689 932 |
| 教育部门和集体办 | 1 531 | 22 | 1 441 | 68 | 564 | 33 245 | 13 577 | 477 475 | 8 982 | 479 880 |
| 社会力量办 | 778 | 4 | 736 | 38 | 168 | 8 234 | 724 | 84 441 | 1 894 | 119 666 |
| 其他部门办 | 653 | 1 | 639 | 13 | 82 | 8 616 | 645 | 138 211 | 1 426 | 90 386 |
| 县镇 | 3 005 | 234 | 2 506 | 265 | 5 364 | 38 011 | 72 260 | 547 035 | 97 034 | 667 341 |
| 教育部门和集体办 | 2 585 | 221 | 2 120 | 244 | 5 212 | 34 972 | 70 868 | 487 656 | 94 369 | 608 552 |
| 社会力量办 | 199 | 11 | 170 | 18 | 146 | 1 483 | 1 328 | 22 544 | 2 629 | 33 010 |
| 其他部门办 | 221 | 2 | 216 | 3 | 6 | 1 556 | 64 | 36 835 | 36 | 25 779 |
| 农村 | 1 835 | 804 | 940 | 91 | 9 691 | 11 016 | 157 961 | 172 601 | 190 337 | 193 237 |
| 教育部门和集体办 | 1 723 | 776 | 866 | 81 | 9 487 | 10 321 | 156 106 | 162 036 | 185 860 | 182 295 |
| 社会力量办 | 63 | 26 | 28 | 9 | 172 | 293 | 1 611 | 4 015 | 3 958 | 5 842 |
| 其他部门办 | 49 | 2 | 46 | 1 | 32 | 402 | 244 | 6 550 | 519 | 5 100 |
| 总计中：普通中学附设班 | | | | | 2 129 | 4 055 | 34 127 | 74 285 | 19 820 | 60 601 |
| 其他单位(学校)办班 | | | | | 242 | 4 417 | 11 079 | 86 191 | 2 842 | 54 481 |
| 少数民族 | | | | | | | 25 020 | 48 489 | 35 716 | 61 533 |
| 独立设置少数民族 | 117 | | | | 428 | 689 | 5 171 | 7 946 | 7 357 | 10 360 |

# 职业中学教职工数

单位：人

| | 教职工数 | | | | | | | | 代课教师 | 兼任教师 |
|---|---|---|---|---|---|---|---|---|---|---|
| | 合计 | 专任教师 | | | 行政人员 | 教辅人员 | 工勤人员 | 校办工厂、农场职工 | | |
| | | 计 | 初中 | 高中 | | | | | | |
| **总　计** | **430 079** | **305 871** | **37 308** | **268 563** | **51 484** | **20 801** | **43 842** | **8 081** | **11 605** | **17 963** |
| 其中：女 | 178 509 | 134 178 | 13 135 | 121 043 | 15 336 | 10 130 | 15 787 | 3 078 | 4 347 | 6 125 |
| 少数民族 | 22 340 | 16 276 | 3 666 | 12 610 | 2 396 | 1 011 | 2 479 | 178 | 469 | 447 |
| 教育部门和集体办 | 364 123 | 267 435 | | | 40 094 | 16 685 | 34 758 | 5 151 | 7 771 | 6 926 |
| 社会力量办 | 28 431 | 16 845 | | | 5 113 | 1 934 | 4 257 | 282 | 1 914 | 6 744 |
| 其他部门办 | 37 525 | 21 591 | | | 6 277 | 2 182 | 4 827 | 2 648 | 1 920 | 4 293 |
| 城市 | 185 981 | 123 801 | 2 010 | 121 791 | 28 579 | 10 323 | 18 512 | 4 766 | 5 611 | 12 167 |
| 教育部门和集体办 | 136 456 | 95 111 | | | 19 270 | 7 029 | 12 173 | 2 873 | 2 606 | 2 935 |
| 社会力量办 | 21 672 | 12 459 | | | 4 254 | 1 632 | 3 108 | 219 | 1 519 | 5 859 |
| 其他部门办 | 27 853 | 16 231 | | | 5 055 | 1 662 | 3 231 | 1 674 | 1 486 | 3 373 |
| 县镇 | 173 396 | 125 813 | 12 705 | 113 108 | 17 467 | 8 307 | 19 511 | 2 298 | 3 186 | 4 429 |
| 教育部门和集体办 | 161 058 | 118 226 | | | 15 847 | 7 722 | 17 396 | 1 867 | 2 589 | 2 946 |
| 社会力量办 | 5 063 | 3 357 | | | 642 | 179 | 857 | 28 | 206 | 665 |
| 其他部门办 | 7 275 | 4 230 | | | 978 | 406 | 1 258 | 403 | 391 | 818 |
| 农村 | 70 702 | 56 257 | 22 593 | 33 664 | 5 438 | 2 171 | 5 819 | 1 017 | 2 808 | 1 367 |
| 教育部门和集体办 | 66 609 | 54 098 | | | 4 977 | 1 934 | 5 189 | 411 | 2 576 | 1 045 |
| 社会力量办 | 1 696 | 1 029 | | | 217 | 123 | 292 | 35 | 189 | 220 |
| 其他部门办 | 2 397 | 1 130 | | | 244 | 114 | 338 | 571 | 43 | 102 |

# 小学教职工数

单位：人

| | 教职工数 | | | | | | 代课教师 | 兼任教师 |
|---|---|---|---|---|---|---|---|---|
| | 合　计 | 专任教师 | 行政人员 | 教辅人员 | 工勤人员 | 校办工厂、农场职工 | | |
| **总　　计** | **6 379 718** | **5 797 746** | **364 356** | **64 544** | **146 533** | **6 539** | **580 814** | **27 545** |
| 其中：女 | 3 208 319 | 3 023 895 | 86 870 | 29 802 | 65 513 | 2 239 | 341 084 | 15 016 |
| 少数民族 | 621 482 | 564 727 | 34 194 | 3 941 | 18 333 | 287 | 84 917 | 1 550 |
| 教育部门和集体办 | 5 995 176 | 5 487 654 | 336 256 | 54 492 | 111 155 | 5 619 | 563 583 | 22 437 |
| 社会力量办 | 107 441 | 76 122 | 7 874 | 5 207 | 18 034 | 204 | 9 724 | 3 404 |
| 其他部门办 | 277 101 | 233 970 | 20 226 | 4 845 | 17 344 | 716 | 7 507 | 1 704 |
| 城市 | 1 017 089 | 874 957 | 80 934 | 17 957 | 40 553 | 2 688 | 25 705 | 4 384 |
| 教育部门和集体办 | 807 590 | 705 836 | 64 594 | 12 164 | 22 839 | 2 157 | 20 385 | 1 904 |
| 社会力量办 | 56 690 | 38 490 | 4 569 | 3 044 | 10 502 | 85 | 1 791 | 1 441 |
| 其他部门办 | 152 809 | 130 631 | 11 771 | 2 749 | 7 212 | 446 | 3 529 | 1 039 |
| 县镇 | 1 278 078 | 1 129 312 | 82 020 | 21 677 | 43 020 | 2 049 | 39 715 | 3 749 |
| 教育部门和集体办 | 1 202 881 | 1 070 367 | 76 397 | 19 446 | 34 837 | 1 834 | 36 962 | 2 806 |
| 社会力量办 | 26 381 | 18 406 | 1 865 | 1 438 | 4 622 | 50 | 1 841 | 724 |
| 其他部门办 | 48 816 | 40 539 | 3 758 | 793 | 3 561 | 165 | 912 | 219 |
| 农村 | 4 084 551 | 3 793 477 | 201 402 | 24 910 | 62 960 | 1 802 | 515 394 | 19 412 |
| 教育部门和集体办 | 3 984 705 | 3 711 451 | 195 265 | 22 882 | 53 479 | 1 628 | 506 236 | 17 727 |
| 社会力量办 | 24 370 | 19 226 | 1 440 | 725 | 2 910 | 69 | 6 092 | 1 239 |
| 其他部门办 | 75 476 | 62 800 | 4 697 | 1 303 | 6 571 | 105 | 3 066 | 446 |

# 小学校数、班数和学生数

单位：人

| | 学校数(所) | 班数(个) | 毕业生数 | 招生数 | 在校学生数 | | | | | | | | 毕业班学生数 |
|---|---|---|---|---|---|---|---|---|---|---|---|---|---|
| | | | | | 合计 | 其中女 | 一年级 | 二年级 | 三年级 | 四年级 | 五年级 | 六年级 | |
| **总计** | **491 273** | **3 706 563** | **23 968 966** | **19 442 081** | **125 434 667** | **59 368 047** | **19 822 868** | **20 060 824** | **21 231 315** | **22 833 116** | **24 532 075** | **16 954 469** | **23 743 563** |
| 其中:女 | | | 11 488 529 | 9 171 711 | 59 368 047 | | 9 334 404 | 9 483 516 | 10 031 897 | 10 820 705 | 11 656 937 | 8 040 588 | 11 181 053 |
| 教育部门和集体办 | 479 076 | 3 545 578 | 22 970 192 | 18 427 044 | 119 567 064 | 56 666 898 | 18 801 499 | 19 060 163 | 20 230 589 | 21 823 828 | 23 462 203 | 16 188 782 | 22 691 664 |
| 社会力量办 | 4 846 | 51 671 | 214 356 | 335 927 | 1 818 438 | 776 577 | 339 562 | 312 051 | 310 544 | 310 366 | 316 465 | 229 450 | 298 836 |
| 其他部门办 | 7 351 | 109 314 | 784 418 | 679 110 | 4 049 165 | 1 924 572 | 681 807 | 688 610 | 690 182 | 698 922 | 753 407 | 536 237 | 753 063 |
| 城市 | 26 311 | 398 854 | 3 254 837 | 2 762 320 | 16 808 781 | 7 949 935 | 2 768 520 | 2 767 227 | 2 790 173 | 2 821 584 | 3 099 990 | 2 561 287 | 3 176 022 |
| 教育部门和集体办 | 21 942 | 319 411 | 2 693 345 | 2 210 583 | 13 681 893 | 6 497 054 | 2 215 864 | 2 232 384 | 2 262 715 | 2 299 233 | 2 543 342 | 2 128 355 | 2 611 146 |
| 社会力量办 | 1 251 | 21 466 | 92 799 | 154 840 | 777 222 | 332 549 | 155 389 | 136 086 | 129 768 | 124 735 | 123 902 | 107 342 | 123 245 |
| 其他部门办 | 3 118 | 57 977 | 468 693 | 396 897 | 2 349 666 | 1 120 332 | 397 267 | 398 757 | 397 690 | 397 616 | 432 746 | 325 590 | 441 631 |
| 县镇 | 48 764 | 543 458 | 4 490 348 | 3 561 441 | 22 577 859 | 10 638 398 | 3 597 038 | 3 561 946 | 3 742 523 | 3 986 619 | 4 480 893 | 3 208 840 | 4 474 975 |
| 教育部门和集体办 | 46 530 | 513 812 | 4 312 798 | 3 385 926 | 21 533 771 | 10 165 019 | 3 420 945 | 3 386 397 | 3 565 017 | 3 803 621 | 4 282 631 | 3 075 160 | 4 279 288 |
| 社会力量办 | 884 | 10 860 | 47 299 | 63 212 | 378 781 | 153 191 | 63 408 | 60 834 | 63 567 | 67 025 | 73 178 | 50 769 | 71 407 |
| 其他部门办 | 1 350 | 18 786 | 130 251 | 112 303 | 665 307 | 320 188 | 112 685 | 114 715 | 113 939 | 115 973 | 125 084 | 82 911 | 124 280 |
| 农村 | 416 198 | 2 764 251 | 16 223 781 | 13 118 320 | 86 048 027 | 40 779 714 | 13 457 310 | 13 731 651 | 14 698 619 | 16 024 913 | 16 951 192 | 11 184 342 | 16 092 566 |
| 教育部门和集体办 | 410 604 | 2 712 355 | 15 964 091 | 12 830 477 | 84 350 885 | 40 004 691 | 13 164 692 | 13 441 296 | 14 402 777 | 15 720 882 | 16 636 109 | 10 985 129 | 15 801 329 |
| 社会力量办 | 2 711 | 19 345 | 74 248 | 117 875 | 662 435 | 290 735 | 120 775 | 115 121 | 117 209 | 118 606 | 119 385 | 71 339 | 104 184 |
| 其他部门办 | 2 883 | 32 551 | 185 442 | 169 968 | 1 034 707 | 484 288 | 171 843 | 175 234 | 178 633 | 185 425 | 195 698 | 127 874 | 187 053 |
| 总计中:六年制 | | 2 954 241 | 18 524 366 | 15 106 815 | 101 083 623 | 47 723 121 | 15 358 610 | 15 592 393 | 16 444 166 | 17 684 652 | 19 090 555 | 16 913 247 | 18 370 899 |
| 一贯制学校小学部 | | 73 594 | 597 395 | 433 929 | 2 893 873 | 1 343 367 | 438 821 | 430 382 | 448 830 | 488 700 | 581 142 | 505 998 | 616 724 |
| 其他学校附设 | | 11 076 | 171 321 | 47 516 | 415 406 | 189 059 | 47 645 | 47 200 | 49 717 | 54 185 | 65 492 | 151 167 | 169 714 |
| 少数民族 | 14 711 | 90 145 | 1 931 312 | 1 896 528 | 11 720 440 | 5 255 742 | 1 999 346 | 1 921 475 | 1 959 894 | 2 026 675 | 2 082 209 | 1 730 841 | 1 961 436 |
| 重读生 | | | | | 374 503 | 128 642 | 238 283 | 43 201 | 36 980 | 30 966 | 20 736 | 4 337 | |
| 重读中女 | | | | | 142 014 | | 92 575 | 15 779 | 13 279 | 11 305 | 7 690 | 1 386 | |
| 小学教学点 | 114 384 | | 458 459 | 1 190 552 | 4 883 271 | 2 294 407 | 1 232 794 | 1 173 572 | 967 321 | 735 839 | 486 109 | 287 636 | 360 131 |
| 复式班 | | | 84 | 501 910 | 2 351 375 | 1 074 910 | 620 359 | 685 737 | 513 629 | 364 923 | 123 677 | 43 050 | 78 068 |

# 特殊教育基本情况

单位:人

| | 学校数(所) | 班数(个) | 毕业生数 | 招生数 | 在校学生数 | | | | | | | | | | | 教职工数 | |
|---|---|---|---|---|---|---|---|---|---|---|---|---|---|---|---|---|---|
| | | | | | 合计 | 一年级 | 二年级 | 三年级 | 四年级 | 五年级 | 六年级 | 七年级 | 八年级 | 九年级 | 十年级 | 合计 | 其中:专任教师 |
| **总计** | **1 531** | **11 820** | **46 289** | **56 019** | **386 360** | **54 808** | **54 476** | **56 440** | **56 843** | **55 517** | **44 140** | **23 488** | **20 841** | **19 551** | **256** | **38 906** | **28 494** |
| 其中:女 | | | 16 221 | 19 371 | 130 456 | 18 352 | 17 934 | 18 525 | 18 789 | 18 362 | 14 874 | 8 626 | 7 621 | 7 298 | 75 | 25 685 | 20 543 |
| 盲人学校 | | 611 | | | 34 131 | 3 934 | 3 986 | 4 202 | 4 253 | 4 136 | 2 976 | 3 513 | 3 378 | 3 697 | 56 | | |
| 聋人学校 | | 7 577 | | | 102 753 | 16 910 | 14 923 | 14 354 | 13 593 | 12 980 | 10 625 | 7 543 | 5 955 | 5 785 | 85 | | |
| 弱智学校 | | 3 632 | | | 249 476 | 33 964 | 35 567 | 37 884 | 38 997 | 38 401 | 30 539 | 12 432 | 11 508 | 10 069 | 115 | | |
| 特殊教育学校 | 1 097 | 10 974 | 11 466 | 17 224 | 110 165 | 18 837 | 15 748 | 14 261 | 12 998 | 12 441 | 11 302 | 9 108 | 7 414 | 7 989 | 67 | | |
| 盲人学校 | 43 | 605 | | | 5 343 | 916 | 712 | 598 | 618 | 471 | 399 | 517 | 401 | 671 | 40 | | |
| 聋人学校 | 679 | 7 490 | | | 76 554 | 12 749 | 10 738 | 10 060 | 9 423 | 9 284 | 8 222 | 6 282 | 4 828 | 4 947 | 21 | | |
| 弱智学校 | 375 | 2 879 | | | 28 268 | 5 172 | 4 298 | 3 603 | 2 957 | 2 686 | 2 681 | 2 309 | 2 185 | 2 371 | 6 | | |
| 小学附设特教班 | | 826 | 697 | 922 | 6 134 | 1 205 | 1 242 | 1 237 | 892 | 723 | 835 | | | | | | |
| 盲人学校 | | 7 | | | 79 | 17 | 24 | 4 | 14 | 6 | 14 | | | | | | |
| 聋人学校 | | 81 | | | 582 | 212 | 166 | 97 | 51 | 36 | 20 | | | | | | |
| 弱智学校 | | 738 | | | 5 473 | 976 | 1 052 | 1 136 | 827 | 681 | 801 | | | | | | |
| 小学随班就读 | | 6 | 25 949 | 25 175 | 230 503 | 34 766 | 37 486 | 40 942 | 42 953 | 42 353 | 32 003 | | | | | | |
| 盲人学校 | | | | | 19 694 | 3 001 | 3 250 | 3 600 | 3 621 | 3 659 | 2 563 | | | | | | |
| 聋人学校 | | | | | 22 327 | 3 949 | 4 019 | 4 197 | 4 119 | 3 660 | 2 383 | | | | | | |
| 弱智学校 | | | | | 188 482 | 27 816 | 30 217 | 33 145 | 35 213 | 35 034 | 27 057 | | | | | | |
| 普通(职业)初中附设特教班 | | 14 | 21 | 10 | 142 | | | | | | | 41 | 59 | 25 | 17 | | |
| 盲人学校 | | 1 | | | 5 | | | | | | | 5 | | | | | |
| 聋人学校 | | 10 | | | 76 | | | | | | | 20 | 14 | 25 | 17 | | |
| 弱智学校 | | 3 | | | 61 | | | | | | | 16 | 45 | | | | |
| 普通(职业)初中随班就读 | | | 8 156 | 12 688 | 39 416 | | | | | | | 14 339 | 13 368 | 11 537 | 172 | | |
| 盲人学校 | | | | | 9 010 | | | | | | | 2 991 | 2 977 | 3 026 | 16 | | |
| 聋人学校 | | | | | 3 193 | | | | | | | 1 231 | 1 113 | 802 | 47 | | |
| 弱智学校 | | | | | 27 213 | | | | | | | 10 117 | 9 278 | 7 709 | 109 | | |

# 幼儿教育基本情况

单位：人

| | 园数（所） | 班数（个） | 在园（班）幼儿数 | 教职工数 | | | |
|---|---|---|---|---|---|---|---|
| | | | | 合计 | 其中 | | |
| | | | | | 园长 | 专任教师 | 保健员 |
| **总计** | **111 706** | **748 394** | **20 218 371** | **861 726** | **83 864** | **546 203** | **50 810** |
| 其中：女 | | | 9 175 228 | 812 868 | 78 710 | 537 654 | 48 229 |
| 少数民族 | 740 | | 1 057 453 | 33 649 | 3 049 | 22 303 | 1 991 |
| 教育部门和集体办 | 55 682 | 542 681 | 14 726 423 | 398 516 | 34 892 | 282 039 | 16 804 |
| 社会力量办 | 44 526 | 137 083 | 3 419 310 | 256 948 | 34 217 | 155 428 | 20 839 |
| 其他部门办 | 11 498 | 68 630 | 2 072 638 | 206 262 | 14 755 | 108 736 | 13 167 |
| 城市 | 27 848 | 158 866 | 4 640 511 | 422 497 | 35 299 | 237 967 | 26 646 |
| 教育部门和集体办 | 8 468 | 63 769 | 2 040 018 | 145 448 | 10 438 | 89 993 | 7 137 |
| 社会力量办 | 12 159 | 47 696 | 1 139 182 | 114 503 | 13 710 | 64 501 | 9 515 |
| 其他部门办 | 7 221 | 47 401 | 1 461 311 | 162 546 | 11 151 | 83 473 | 9 994 |
| 县镇 | 30 855 | 167 896 | 5 123 337 | 268 625 | 26 696 | 182 760 | 17 373 |
| 教育部门和集体办 | 11 646 | 104 666 | 3 497 126 | 146 868 | 11 077 | 108 872 | 7 088 |
| 社会力量办 | 17 312 | 52 207 | 1 293 607 | 93 098 | 13 252 | 57 607 | 8 139 |
| 其他部门办 | 1 897 | 11 023 | 332 604 | 28 659 | 2 367 | 16 281 | 2 146 |
| 农村 | 53 003 | 421 632 | 10 454 523 | 170 604 | 21 869 | 125 476 | 6 791 |
| 教育部门和集体办 | 35 568 | 374 266 | 9 187 972 | 106 088 | 13 373 | 83 099 | 2 574 |
| 社会力量办 | 15 055 | 37 160 | 987 516 | 49 379 | 7 256 | 33 349 | 3 187 |
| 其他部门办 | 2 380 | 10 206 | 279 035 | 15 137 | 1 240 | 9 028 | 1 030 |

# 成人高等教育分本专科学生数

单位：人

| | 毕业生数 | | | 招生数 | | | 在校学生数 | | |
|---|---|---|---|---|---|---|---|---|---|
| | 合计 | 本科 | 专科 | 合计 | 本科 | 专科 | 合计 | 本科 | 专科 |
| **总计** | **930 610** | **143 984** | **786 626** | **1 959 338** | **497 567** | **1 461 771** | **4 559 809** | **1 109 334** | **3 450 475** |
| 一、成人高等学校 | 316 367 | 21 616 | 294 751 | 523 811 | 54 421 | 469 390 | 1 225 985 | 120 491 | 1 105 494 |
| 其中：全脱产 | 172 359 | 9 351 | 163 008 | 264 579 | 15 384 | 249 195 | 556 419 | 30 327 | 526 092 |
| 广播电视大学 | 109 210 | 711 | 108 499 | 164 924 | 837 | 164 087 | 400 293 | 1 394 | 398 899 |
| 其中：全脱产 | 50 586 | | 50 586 | 80 585 | 120 | 80 465 | 170 412 | 120 | 170 292 |
| 职工高等学校 | 90 266 | 2 224 | 88 042 | 150 993 | 1 890 | 149 103 | 351 125 | 5 898 | 345 227 |
| 其中：全脱产 | 52 095 | 2 150 | 49 945 | 93 276 | 1 855 | 91 421 | 199 729 | 5 782 | 193 947 |
| 农民高等学校 | 327 | | 327 | 332 | | 332 | 807 | | 807 |
| 其中：全脱产 | 327 | | 327 | 332 | | 332 | 807 | | 807 |
| 管理干部学院 | 57 147 | 3 115 | 54 032 | 66 853 | 6 268 | 60 585 | 153 927 | 12 206 | 141 721 |
| 其中：全脱产 | 43 047 | 2 260 | 40 787 | 44 057 | 4 754 | 39 303 | 96 599 | 8 454 | 88 145 |
| 教育学院 | 55 152 | 15 566 | 39 586 | 133 637 | 45 426 | 88 211 | 304 351 | 100 993 | 203 358 |
| 其中：全脱产 | 24 710 | 4 941 | 19 769 | 41 889 | 8 655 | 33 234 | 80 742 | 15 971 | 64 771 |
| 独立函授学院 | 4 265 | | 4 265 | 7 072 | | 7 072 | 15 482 | | 15 482 |
| 二、普通高等学校办 | 614 243 | 122 368 | 491 875 | 1 435 527 | 443 146 | 992 381 | 3 333 824 | 988 843 | 2 344 981 |
| 函授部 | 328 036 | 82 707 | 245 329 | 816 433 | 274 234 | 542 199 | 1 961 665 | 626 992 | 1 334 673 |
| 夜大学 | 114 879 | 24 056 | 90 823 | 244 560 | 78 128 | 166 432 | 619 971 | 179 805 | 440 166 |
| 成人脱产班 | 171 328 | 15 605 | 155 723 | 374 534 | 90 784 | 283 750 | 752 188 | 182 046 | 570 142 |

# 成人高等学校基本情况

单位:人

| | 学校数(所) | | 本专科学生数 | | | 教职工数 | | | | | | | | | | | | | | 兼任教师数 |
|---|---|---|---|---|---|---|---|---|---|---|---|---|---|---|---|---|---|---|---|---|
| | | | | | | | 校本部教职工 | | | | | | | | | | | | | |
| | | | | | | | | 专任教师 | | | | | | | | | | | | |
| | 计 | 其中:中央部门所属 | 毕业生数 | 招生数 | 在校学生数 | 合计 | 计 | 小计 | 教授 | 副教授 | 讲师 | 助教 | 教员 | 教辅人员 | 行政人员 | 工勤人员 | 科研机构人员数 | 校办工厂、农场职工数 | 附设机构人员数 | |
| **总　计** | **686** | **22** | **316 367** | **523 811** | **1 225 985** | **173 778** | **167 123** | **87 978** | **1 699** | **22 170** | **39 556** | **20 405** | **4 148** | **20 568** | **37 568** | **21 009** | **852** | **3 166** | **2 637** | **34 580** |
| 其中:女 | | | 151 722 | 259 195 | 610 810 | 73 857 | 71 284 | 37 990 | 372 | 7 940 | 17 880 | 9 862 | 1 936 | 10 590 | 15 255 | 7 449 | 291 | 1 050 | 1 232 | 10 246 |
| 广播电视大学 | 45 | 1 | 109 210 | 164 924 | 400 293 | 58 289 | 56 771 | 29 474 | 230 | 5 641 | 13 347 | 8 595 | 1 661 | 8 017 | 13 255 | 6 025 | 173 | 472 | 873 | 19 853 |
| 职工高等学校 | 409 | 13 | 90 266 | 150 993 | 351 125 | 65 804 | 62 624 | 34 394 | 720 | 8 982 | 16 302 | 6 892 | 1 498 | 6 956 | 13 075 | 8 199 | 354 | 1 730 | 1 096 | 10 797 |
| 农民高等学校 | 3 | | 327 | 332 | 807 | 263 | 263 | 167 | 1 | 18 | 67 | 75 | 6 | 17 | 49 | 30 | | | | 24 |
| 管理干部学院 | 104 | 7 | 57 147 | 66 853 | 153 927 | 25 057 | 23 777 | 10 787 | 407 | 3 471 | 4 369 | 2 121 | 419 | 2 867 | 6 333 | 3 790 | 174 | 733 | 373 | 2 172 |
| 教育学院 | 122 | 1 | 55 152 | 133 637 | 304 351 | 23 588 | 22 921 | 12 697 | 308 | 3 928 | 5 253 | 2 662 | 546 | 2 585 | 4 718 | 2 921 | 147 | 228 | 292 | 928 |
| 独立函授学院 | 3 | | 4 265 | 7 072 | 15 482 | 777 | 767 | 459 | 33 | 130 | 218 | 60 | 18 | 126 | 138 | 44 | 4 | 3 | 3 | 806 |

# 成人中等专业学校分类别情况(独立设置)

单位:人

| | 学校数(所) | 分校(所) | 工作站(个) | 毕业生数 | 招生数 | | | 在校学生数 | 毕业班学生数 | 教职工数 | | | | | 兼任教师数 |
|---|---|---|---|---|---|---|---|---|---|---|---|---|---|---|---|
| | | | | | 合计 | 招高中毕业生数起点 | 招初中毕业生数起点 | | | 合计 | 专任教师 | 教辅人员 | 行政人员 | 工勤人员 | |
| **总　计** | **4 113** | **1 338** | **2 365** | **628 390** | **458 619** | **149 784** | **308 835** | **1 334 389** | **532 562** | **182 137** | **105 102** | **19 694** | **32 265** | **25 076** | **41 005** |
| 其中:女 | | | | 296 377 | 218 223 | 69 522 | 148 701 | 622 547 | 247 921 | 74 058 | 44 301 | 9 577 | 10 614 | 9 566 | 12 073 |
| 一、按部门分 | | | | | | | | | | | | | | | |
| 中央部门学校 | 119 | 94 | 172 | 20 621 | 12 237 | 4 237 | 8 000 | 48 412 | 19 581 | 5 893 | 2 888 | 722 | 1 262 | 1 021 | 1 442 |
| 地方学校 | 3 994 | 1 244 | 2 193 | 607 769 | 446 382 | 145 547 | 300 835 | 1 285 977 | 512 981 | 176 244 | 102 214 | 18 972 | 31 003 | 24 055 | 39 563 |
| 二、按类别分 | | | | | | | | | | | | | | | |
| 广播电视中专学校 | 138 | 818 | 940 | 171 816 | 100 284 | 29 194 | 71 090 | 370 499 | 166 827 | 16 819 | 8 467 | 3 466 | 3 201 | 1 685 | 17 620 |
| 职工中等专业学校 | 1 514 | 185 | 405 | 240 367 | 175 059 | 24 745 | 150 314 | 515 399 | 191 195 | 65 805 | 35 925 | 6 026 | 13 692 | 10 162 | 13 553 |
| 干部中等专业学校 | 188 | 100 | 31 | 29 179 | 18 809 | 3 491 | 15 318 | 53 228 | 20 907 | 9 323 | 4 875 | 861 | 2 203 | 1 384 | 1 090 |
| 农民中等专业学校 | 342 | 41 | 29 | 52 370 | 52 792 | 9 486 | 43 306 | 126 581 | 43 868 | 13 910 | 9 091 | 999 | 1 667 | 2 153 | 1 312 |
| 函授中等专业学校 | 65 | 146 | 761 | 41 533 | 28 128 | 20 244 | 7 884 | 75 841 | 35 327 | 8 752 | 4 515 | 1 957 | 1 739 | 541 | 5 660 |
| 教师进修学校 | 1 866 | 48 | 199 | 93 125 | 83 547 | 62 624 | 20 923 | 192 841 | 74 438 | 67 528 | 42 229 | 6 385 | 9 763 | 9 151 | 1 770 |

## 成人技术培训学校基本情况

单位：人

| | 学校数（所） | 教学班（点）（个） | 毕业生数 | | | 招生数 | | | 在校学生数 | | | 教职工数 | | 兼任教师 |
|---|---|---|---|---|---|---|---|---|---|---|---|---|---|---|
| | | | 合计 | 其中 | | 合计 | 其中 | | 合计 | 其中 | | 合计 | 其中：专任教师 | |
| | | | | 长班 | 短班 | | 长班 | 短班 | | 长班 | 短班 | | | |
| 成人技术培训学校 | 507 884 | 981 321 | 92 704 427 | 7 251 679 | 85 452 748 | 80 226 487 | 6 749 833 | 73 476 654 | 67 577 869 | 6 223 354 | 61 354 515 | 485 047 | 174 651 | 994 345 |
| 其中：教育部门办 | 442 465 | 805 174 | 78 100 824 | 5 701 716 | 72 399 108 | 67 419 711 | 4 844 373 | 62 575 338 | 56 845 297 | 4 813 798 | 52 031 499 | 390 164 | 131 470 | 826 134 |
| 其他部门办 | 65 419 | 176 147 | 14 603 603 | 1 549 963 | 13 053 640 | 12 806 776 | 1 905 460 | 10 901 316 | 10 732 572 | 1 409 556 | 9 323 016 | 94 883 | 43 181 | 168 211 |
| 一、职工技术培训学校 | 11 500 | 69 455 | 5 381 348 | 1 119 009 | 4 262 339 | 4 651 077 | 1 343 694 | 3 307 383 | 3 406 812 | 960 646 | 2 446 166 | 71 554 | 40 493 | 65 965 |
| 其中：教育部门办 | 4 570 | 19 443 | 1 846 259 | 289 215 | 1 557 044 | 1 266 936 | 264 544 | 1 002 392 | 1 141 135 | 264 234 | 876 901 | 23 924 | 13 098 | 21 965 |
| 其他部门办 | 6 930 | 50 012 | 3 535 089 | 829 794 | 2 705 295 | 3 384 141 | 1 079 150 | 2 304 991 | 2 265 677 | 696 412 | 1 569 265 | 47 630 | 27 395 | 44 000 |
| 二、农民技术培训学校 | 496 384 | 911 866 | 87 323 079 | 6 132 670 | 81 190 409 | 75 575 410 | 5 406 139 | 70 169 271 | 64 171 057 | 5 262 708 | 58 908 349 | 413 493 | 134 158 | 928 380 |
| 其中：教育部门办 | 437 895 | 785 731 | 76 254 565 | 5 412 501 | 70 842 064 | 66 152 775 | 4 579 829 | 61 572 946 | 55 704 162 | 4 549 564 | 51 154 598 | 366 240 | 118 372 | 804 169 |
| 其他部门办 | 58 489 | 126 135 | 11 068 514 | 720 169 | 10 348 345 | 9 422 635 | 826 310 | 8 596 325 | 8 466 895 | 713 144 | 7 753 751 | 47 253 | 15 786 | 124 211 |
| 其中：1. 县办农技培训学校 | 2 539 | 7 894 | 1 111 274 | 246 674 | 864 600 | 841 280 | 229 827 | 611 453 | 855 137 | 234 839 | 620 298 | 13 038 | 8 718 | 12 021 |
| 2. 乡办农技培训学校 | 44 002 | 223 577 | 30 207 408 | 3 321 630 | 26 885 778 | 26 481 326 | 2 979 734 | 23 501 592 | 22 009 447 | 2 934 318 | 19 075 129 | 124 452 | 58 618 | 202 252 |
| 3. 村办农技培训学校 | 449 843 | 680 395 | 56 004 397 | 2 564 366 | 53 440 031 | 48 252 804 | 2 196 578 | 46 056 226 | 41 306 473 | 2 093 551 | 39 212 922 | 276 003 | 66 822 | 714 107 |

## 成人中、小学基本情况

单位：人

| | 学校数（所） | 教学班（个） | 毕业生数 | | 招生数 | | 在校学生数 | | 教职工数 | | 兼任教师 |
|---|---|---|---|---|---|---|---|---|---|---|---|
| | | | 合计 | 其中：女生 | 合计 | 其中：女生 | 合计 | 其中：女生 | 合计 | 其中：专任教师 | |
| 一、成人中学 | 3 906 | 13 389 | 399 726 | 194 388 | 504 179 | 239 828 | 507 581 | 239 433 | 27 731 | 15 981 | 20 800 |
| 1. 职工中学 | 1 175 | 7 000 | 187 356 | 92 222 | 270 074 | 134 354 | 241 354 | 117 567 | 15 518 | 8 580 | 10 994 |
| 高中 | 1 006 | 6 064 | 171 938 | 84 889 | 241 274 | 119 874 | 215 992 | 107 255 | 13 918 | 7 709 | 9 344 |
| 初中 | 169 | 936 | 15 418 | 7 333 | 28 800 | 14 480 | 25 362 | 10 312 | 1 600 | 871 | 1 650 |
| 2. 农民中学 | 2 731 | 6 389 | 212 370 | 102 166 | 234 105 | 105 474 | 266 227 | 121 866 | 12 213 | 7 401 | 9 806 |
| 高中 | 717 | 2 047 | 48 060 | 23 268 | 59 435 | 27 103 | 94 188 | 42 973 | 6 172 | 4 488 | 4 775 |
| 初中 | 2 014 | 4 342 | 164 310 | 78 898 | 174 670 | 78 371 | 172 039 | 78 893 | 6 041 | 2 913 | 5 031 |
| 二、成人初等学校 | 135 459 | 247 525 | 4 483 731 | 2 511 595 | 4 223 098 | 2 231 437 | 4 227 024 | 2 289 059 | 141 002 | 41 322 | 342 463 |
| 1. 职工初等学校 | 1 163 | 3 508 | 149 405 | 66 340 | 169 971 | 64 805 | 159 449 | 55 234 | 2 111 | 993 | 4 437 |
| 2. 农民初等学校 | 134 296 | 244 017 | 4 334 326 | 2 445 255 | 4 053 127 | 2 166 632 | 4 067 575 | 2 233 825 | 138 891 | 40 329 | 338 026 |
| 小学班 | 48 426 | 80 965 | 2 129 199 | 1 148 943 | 2 264 071 | 1 119 642 | 2 052 660 | 1 044 701 | 49 115 | 17 120 | 92 205 |
| 扫盲班 | 85 870 | 163 052 | 2 205 127 | 1 296 312 | 1 789 056 | 1 046 990 | 2 014 915 | 1 189 124 | 89 776 | 23 209 | 245 821 |

# 2000 年教育经费基本统计

## 2000 年全国教育经费总收入

单位：千元

| | 小　计 | 中　央 | 地　方 |
|---|---|---|---|
| **总计** | **384 908 058** | **45 799 836** | **339 108 222** |
| 一、国家财政性教育经费 | 256 260 557 | 27 950 050 | 228 310 507 |
| 1. 预算内教育经费 | 208 567 920 | 21 854 192 | 186 713 728 |
| （1）教育事业费拨款 | 177 137 815 | 14 138 068 | 162 999 747 |
| （2）基建拨款 | 11 447 197 | 3 879 018 | 7 568 179 |
| （3）科研经费拨款 | 4 016 919 | 2 453 912 | 1 563 007 |
| （4）其他经费拨款 | 15 965 989 | 1 383 194 | 14 582 795 |
| 2. 各级政府征收用于教育的税费 | 28 399 644 | 22 886 | 28 376 758 |
| （1）城市教育费附加 | 10 608 601 | 13 176 | 10 595 425 |
| （2）农村教育事业费附加 | 15 197 376 | | 15 197 376 |
| （3）地方教育费附加 | 2 593 667 | 9 710 | 2 583 957 |
| 3. 企业办学校教育经费 | 13 581 523 | 5 029 502 | 8 552 021 |
| 4. 校办产业、勤工俭学和社会服务收入用于教育的经费 | 5 711 470 | 1 043 470 | 4 668 000 |
| 二、社会团体和公民个人办学经费 | 8 585 372 | | 8 585 372 |
| 三、社会捐、集资办学经费 | 11 395 569 | 1 128 420 | 10 267 149 |
| 其中：农村 | 2 641 681 | | 2 641 681 |
| 四、事业收入 | 93 827 167 | 13 627 361 | 80 199 806 |
| 其中：学费、杂费 | 59 483 043 | 5 486 479 | 53 996 564 |
| 五、其他收入 | 14 839 393 | 3 094 005 | 11 745 388 |

# 2000年全国教育经费支出明细

单位：千元

| 学校类别 | 总计 | 事业性经费支出 | | | | | | | | | | | | | | | | 基建支出 | |
|---|---|---|---|---|---|---|---|---|---|---|---|---|---|---|---|---|---|---|---|
| | | 合计 | 个人部分 | | | | | | | | 公用部分 | | | | | | | 合计 | 其中：自筹基建支出 |
| | | | 小计 | 基本工资 | 补助工资 | | 其他工资 | 职工福利费 | 社会保障费 | 奖贷助学金 | 小计 | 公务费 | 业务费 | 设备购置费 | 修缮费 | 业务招待费 | 其他费用 | | |
| | | | | | 计 | 其中：民师补助 | | | | | | | | | | | | | |
| **总计** | **352 419 568** | **315 355 349** | **190 218 748** | **78 676 338** | **40 053 101** | **1 198 605** | **20 600 832** | **8 728 609** | **36 691 855** | **5 468 013** | **125 136 601** | **28 524 624** | **23 351 244** | **25 589 462** | **31 937 156** | **1 453 759** | **14 280 356** | **37 064 219** | **25 617 022** |
| 一、高等学校 | 92 531 706 | 74 908 592 | 36 095 570 | 7 879 046 | 6 847 352 | | 7 492 154 | 1741 731 | 7 981 478 | 4 153 809 | 38 813 022 | 7 016 974 | 10 580 720 | 9 587 961 | 6 150 145 | 308 831 | 5 168 391 | 17 623 114 | 10 355 773 |
| 1. 普通高等学校 | 86 675 975 | 69 535 047 | 33 704 520 | 7 169 954 | 6 319 457 | | 7 065 420 | 1 575 456 | 7 470 188 | 4 104 045 | 35 830 527 | 6 374 983 | 9 695 816 | 8 923 983 | 5 687 667 | 271 809 | 4 876 269 | 17 140 928 | 9 999 969 |
| 2. 成人高等学校 | 5 855 731 | 5 373 545 | 2 391 050 | 709 092 | 527 895 | | 426 734 | 166 275 | 511 290 | 49 764 | 2 982 495 | 641 991 | 884 904 | 663 978 | 462 478 | 37 022 | 292 122 | 482 186 | 355 804 |
| 二、中等专业学校 | 23 641 936 | 21 421 325 | 11 387 170 | 3 878 349 | 2 331 095 | | 1 357 285 | 787 314 | 2 212 512 | 820 615 | 10 034 155 | 2 786 023 | 1 794 494 | 2 169 782 | 2 067 536 | 152 032 | 1 064 288 | 2 220 611 | 1 709 133 |
| 1. 中等技术学校 | 15 972 468 | 14 414 118 | 7 527 703 | 2 432 697 | 1 565 704 | | 980 038 | 554 797 | 1 426 685 | 567 782 | 6 886 415 | 1 904 000 | 1 287 149 | 1 542 879 | 1 346 537 | 100 546 | 705 304 | 1 558 350 | 1 133 566 |
| 2. 中等师范学校 | 4 257 042 | 3 763 325 | 2 059 774 | 697 337 | 404 800 | | 218 198 | 129 705 | 365 625 | 244 109 | 1 703 551 | 478 342 | 189 337 | 363 823 | 487 947 | 22 079 | 162 023 | 493 717 | 434 885 |
| 3. 成人中专学校 | 3 412 426 | 3 243 882 | 1 799 693 | 748 315 | 360 591 | | 159 049 | 102 812 | 420 202 | 8 724 | 1 444 189 | 403 681 | 318 008 | 263 080 | 233 052 | 29 407 | 196 961 | 168 544 | 140 682 |
| 三、技工学校 | 1 996 921 | 1 785 785 | 978 023 | 404 023 | 206 938 | | 108 801 | 69 037 | 146 680 | 42 544 | 807 762 | 234 976 | 167 203 | 171 937 | 126 586 | 15 059 | 92 001 | 211 136 | 161 093 |
| 四、中学 | 100 802 053 | 91 104 612 | 56 926 557 | 26 900 111 | 12 429 886 | 140 987 | 5 220 104 | 2 603 269 | 9 485 027 | 288 160 | 34 178 055 | 8 233 986 | 3 665 293 | 6 861 579 | 11 722 776 | 408 274 | 3 286 147 | 9 697 441 | 7 683 470 |
| 1. 普通中学 | 100 642 654 | 90 951 245 | 56 836 702 | 26 870 297 | 12 409 551 | 140 974 | 5 201 280 | 2 596 176 | 9 471 437 | 287 961 | 34 114 543 | 8 218 334 | 3 649 048 | 6 851 068 | 11 711 588 | 406 488 | 3 278 017 | 9 691 409 | 7 677 438 |
| 高级中学 | 18 749 938 | 15 881 219 | 8 002 085 | 3 218 219 | 1 782 809 | 2 472 | 939 210 | 419 067 | 1 581 990 | 60 790 | 7 879 134 | 1 908 984 | 817 142 | 1 695 052 | 2 648 802 | 76 805 | 732 349 | 2 868 719 | 2 308 433 |
| 完全中学 | 25 736 877 | 22 815 096 | 13 463 791 | 5 342 621 | 2 898 683 | 8 081 | 1 631 100 | 782 829 | 2 705 576 | 102 982 | 9 351 305 | 2 002 205 | 956 498 | 2 052 621 | 3 178 227 | 105 604 | 1 056 150 | 2 921 781 | 2 178 577 |
| 初级中学 | 56 155 839 | 52 254 930 | 35 370 826 | 18 309 457 | 7 728 059 | 130 421 | 2 630 970 | 1 394 280 | 5 183 871 | 124 189 | 16 884 104 | 4 307 145 | 1 875 408 | 3 103 395 | 5 884 559 | 224 079 | 1 489 518 | 3 900 909 | 3 190 428 |
| 其中：农村 | 30 255 089 | 28 628 188 | 19 968 300 | 11 288 392 | 4 349 534 | 109 918 | 1 192 864 | 660 611 | 2 406 652 | 70 247 | 8 659 888 | 2 350 293 | 1 090 921 | 1 381 532 | 3 006 830 | 131 056 | 699 256 | 1 626 901 | 1 410 490 |
| 2. 成人中学 | 159 399 | 153 367 | 89 855 | 29 814 | 20 335 | 13 | 18 824 | 7 093 | 13 590 | 199 | 63 512 | 15 652 | 16 245 | 10 511 | 11 188 | 1 786 | 8 130 | 6 032 | 6 032 |
| 五、职业中学 | 10 862 584 | 9 859 146 | 5 770 336 | 2 400 564 | 1 291 261 | 5 577 | 701 043 | 283 327 | 1 056 303 | 37 838 | 4 088 810 | 1 022 204 | 491 648 | 953 830 | 1 149 454 | 56 289 | 415 385 | 1 003 438 | 803 605 |
| 六、小学 | 100 231 719 | 95 496 056 | 70 554 027 | 33 798 947 | 15 245 542 | 1 040 912 | 4 806 228 | 2 700 816 | 13 883 159 | 119 335 | 24 942 029 | 6 724 669 | 2 966 651 | 4 048 913 | 8 277 106 | 351 835 | 2 572 855 | 4 735 663 | 3 699 363 |
| 1. 普通小学 | 100 169 237 | 95 434 052 | 70 512 154 | 33 771 595 | 15 237 377 | 1 040 820 | 4 803 845 | 2 699 713 | 13 880 355 | 119 269 | 24 921 898 | 6 720 006 | 2 959 322 | 4 047 242 | 8 272 614 | 351 565 | 2 571 149 | 4 735 185 | 3 698 885 |
| 其中：农村 | 60 464 709 | 58 040 027 | 44 181 502 | 22 794 974 | 9 701 623 | 929 877 | 2 394 427 | 1 478 364 | 7 715 589 | 96 525 | 13 858 525 | 3 844 191 | 1 815 247 | 1 846 993 | 4 892 165 | 226 962 | 1 232 967 | 2 424 682 | 2 007 061 |
| 2. 成人小学 | 62 482 | 62 004 | 41 873 | 27 352 | 8 165 | 92 | 2 383 | 1 103 | 2 804 | 66 | 20 131 | 4 663 | 7 329 | 1 671 | 4 492 | 270 | 1 706 | 478 | 478 |
| 七、特殊教育学校 | 1 068 976 | 995 693 | 664 199 | 259 797 | 161 818 | 204 | 71 147 | 28 674 | 137 051 | 5 712 | 331 494 | 90 390 | 26 483 | 57 198 | 124 744 | 3 379 | 29 300 | 73 283 | 49 518 |
| 八、幼儿园 | 5 082 705 | 4 891 930 | 3 210 234 | 1 323 241 | 703 331 | 10 925 | 412 491 | 180 928 | 590 243 | 0 | 1 681 696 | 441 970 | 201 343 | 344 648 | 496 106 | 15 862 | 181 767 | 190 775 | 152 446 |
| 九、其他 | 16 200 968 | 14 892 210 | 4 632 632 | 1 832 260 | 835 878 | 0 | 431 579 | 333 513 | 1 199 402 | 0 | 10 259 578 | 1 973 432 | 3 457 409 | 1 393 614 | 1 822 703 | 142 198 | 1 470 222 | 1 308 758 | 1 002 621 |

补充资料：本年度世界银行用于教育贷款的还本付息、承诺费、手续费支出 517 137 千元。

# 2000年全国各级各类学校教育经费收入情况

单位：千元

| 学校类别 | 总计 | 预算内教育经费拨款 |  |  |  | 教育附加拨款 |  |  |  | 事业收入 |  | 校办产业、勤工俭学和社会服务收入用于教育 | 捐集资收入 |  | 其他收入 | 基建拨款 | 附一：本年实际收取学费 | 附二：上级补助收入 |
|---|---|---|---|---|---|---|---|---|---|---|---|---|---|---|---|---|---|---|
|  |  | 小计 | 教育事业费拨款 | 科研经费拨款 | 其他经费拨款 | 小计 | 城市附加 | 农村附加 | 地方附加 | 计 | 其中：学杂费 |  | 计 | 其中：港澳台 |  |  |  |  |
| **总计** | **362 741 163** | **197 120 723** | **177 137 815** | **4 016 919** | **15 965 989** | **28 399 644** | **10 608 601** | **15 197 376** | **2 593 667** | **93 827 167** | **59 483 043** | **5 711 470** | **11 395 569** | **508 955** | **14 839 393** | **11 447 197** | **62 100 065** | **972 363** |
| 一、高等学校 | 96 662 212 | 45 706 690 | 38 320 692 | 4 016 919 | 3 369 079 | 917 160 |  |  | 917 160 | 34 504 489 | 21 669 368 | 1 736 965 | 1 534 443 | 123 281 | 4 995 124 | 7 267 341 | 22 478 802 | 972 363 |
| 1. 普通高等学校 | 90 442 715 | 43 300 774 | 36 288 121 | 3 940 557 | 3 072 096 | 829 218 |  |  | 829 218 | 31 398 773 | 19 261 089 | 1 614 675 | 1 518 284 | 122 220 | 4 640 032 | 7 140 959 | 19 974 873 | 912 248 |
| 2. 成人高等学校 | 6 219 497 | 2 405 916 | 2 032 571 | 76 362 | 296 983 | 87 942 |  |  | 87 942 | 3 105 716 | 2 408 279 | 122 290 | 16 159 | 1 061 | 355 092 | 126 382 | 2 503 929 | 60 115 |
| 二、中等专业学校 | 24 182 645 | 11 846 609 | 10 428 664 |  | 1 417 945 | 473 922 | 389 579 | 38 342 | 46 001 | 10 236 308 | 8 500 898 | 145 416 | 136 890 | 4 853 | 832 022 | 511 478 | 9 065 663 |  |
| 1. 中等技术学校 | 16 491 439 | 8 016 937 | 7 099 037 |  | 917 900 | 190 137 | 182 563 | 2 594 | 4 980 | 7 193 154 | 6 226 678 | 87 440 | 49 115 | 335 | 529 872 | 424 784 | 6 731 860 |  |
| 2. 中等师范学校 | 4 244 013 | 2 031 212 | 1 879 947 |  | 151 265 | 170 164 | 136 611 | 3 682 | 29 871 | 1 774 050 | 1 375 675 | 21 514 | 58 032 | 3 282 | 130 209 | 58 832 | 1 417 607 |  |
| 3. 成人中专学校 | 3 447 193 | 1 798 460 | 1 449 680 |  | 348 780 | 113 621 | 70 405 | 32 066 | 11 150 | 1 269 104 | 898 545 | 36 462 | 29 743 | 1 236 | 171 941 | 27 862 | 916 196 |  |
| 三、技工学校 | 2 004 083 | 1 084 766 | 897 129 |  | 187 637 | 13 611 | 8 073 | 69 | 5 469 | 740 408 | 597 183 | 23 022 | 14 802 |  | 77 431 | 50 043 | 602 215 |  |
| 四、中学 | 102 769 522 | 54 414 834 | 50 466 303 |  | 3 948 531 | 11 361 758 | 5 067 693 | 5 535 738 | 758 327 | 24 036 303 | 15 240 350 | 1 664 149 | 5 368 573 | 142 778 | 3 909 934 | 2 013 971 | 15 819 581 |  |
| 1. 普通中学 | 102 602 328 | 54 344 448 | 50 400 059 |  | 3 944 389 | 11 337 744 | 5 067 593 | 5 512 277 | 757 874 | 23 977 848 | 15 200 970 | 1 663 362 | 5 367 899 | 142 778 | 3 897 056 | 2 013 971 | 15 779 794 |  |
| 高级中学 | 19 103 193 | 7 392 256 | 6 758 345 |  | 633 911 | 1 650 786 | 1 417 015 | 80 622 | 153 149 | 6 920 179 | 4 438 278 | 230 118 | 1 526 797 | 20 240 | 822 771 | 560 286 | 4 566 684 |  |
| 完全中学 | 26 503 316 | 12 801 917 | 11 588 451 |  | 1 213 466 | 2 258 974 | 1 621 926 | 397 971 | 239 077 | 7 406 121 | 4 448 683 | 423 950 | 1 609 046 | 59 513 | 1 260 104 | 743 204 | 4 609 354 |  |
| 初级中学 | 56 995 819 | 34 150 275 | 32 053 263 |  | 2 097 012 | 7 427 984 | 2 028 652 | 5 033 684 | 365 648 | 9 651 548 | 6 314 009 | 1 009 294 | 2 232 056 | 63 025 | 1 814 181 | 710 481 | 6 603 756 |  |
| 其中：农村 | 30 603 282 | 18 960 980 | 17 970 920 |  | 990 060 | 3 939 485 | 293 559 | 3 542 085 | 103 841 | 5 025 982 | 3 616 677 | 556 508 | 1 205 932 | 37 381 | 697 984 | 216 411 | 3 739 558 |  |
| 2. 成人中学 | 167 194 | 70 386 | 66 244 |  | 4 142 | 24 014 | 100 | 23 461 | 453 | 58 455 | 39 380 | 787 | 674 |  | 12 878 |  | 39 787 |  |
| 五、职业中学 | 10 913 914 | 5 711 489 | 5 191 907 |  | 519 582 | 811 702 | 589 976 | 127 101 | 94 625 | 3 345 388 | 2 604 917 | 191 514 | 219 122 | 6 425 | 434 866 | 199 833 | 2 687 241 |  |
| 六、小学 | 101 827 143 | 66 170 948 | 60 615 423 |  | 5 555 525 | 11 859 059 | 2 322 854 | 9 107 814 | 428 391 | 14 703 623 | 9 940 342 | 1 562 887 | 3 706 264 | 221 940 | 2 788 062 | 1 036 300 | 10 512 164 |  |
| 1. 普通小学 | 101 764 254 | 66 123 252 | 60 569 168 |  | 5 554 084 | 11 849 133 | 2 322 364 | 9 098 507 | 428 262 | 14 700 308 | 9 938 976 | 1 562 467 | 3 705 926 | 221 940 | 2 786 868 | 1 036 300 | 10 510 778 |  |
| 其中：农村 | 61 394 497 | 40 805 064 | 37 630 670 |  | 3 174 394 | 7 590 294 | 387 053 | 7 065 383 | 137 858 | 8 352 695 | 6 408 513 | 857 630 | 2 154 257 | 158 813 | 1 216 936 | 417 621 | 6 893 447 |  |
| 2. 成人小学 | 62 889 | 47 696 | 46 255 |  | 1 441 | 9 926 | 490 | 9 307 | 129 | 3 315 | 1 366 | 420 | 338 |  | 1 194 |  | 1 386 |  |
| 七、特殊教育学校 | 1 097 709 | 794 335 | 736 314 |  | 58 021 | 122 610 | 106 893 | 7 176 | 8 541 | 60 851 | 28 329 | 16 455 | 29 292 | 1 168 | 50 401 | 23 765 | 25 844 |  |
| 八、幼儿园 | 5 163 034 | 2 847 709 | 2 656 926 |  | 190 783 | 191 029 | 108 979 | 64 639 | 17 411 | 1 721 057 | 901 656 | 22 681 | 155 334 | 4 934 | 186 895 | 38 329 | 908 555 |  |
| 九、其他 | 18 120 901 | 8 543 343 | 7 824 457 |  | 718 886 | 2 648 793 | 2 014 554 | 316 497 | 317 742 | 4 478 740 |  | 348 381 | 230 849 | 3 576 | 1 564 658 | 306 137 |  |  |

# 2000年全国各级各类学校办学条件及效益表

| 学校类别 | 年末校舍面积（千平方米） | | 年末固定资产总值（千元） | | | 年末图书册数（千册） | 年末改造危房 | | 本年购置课桌凳（单人套） | | 本年购置图书 | | 本年购置专用设备金额（千元） |
|---|---|---|---|---|---|---|---|---|---|---|---|---|---|
| | 合计 | 其中:危房 | 合计 | 其中 房屋和建筑物 | 其中 专用设备 | | 面积（千平方米） | 金额（千元） | 数量（千套） | 金额（千元） | 数量（千册） | 金额（千元） | |
| **总计** | **1 407 071** | **29 100** | **670 484 732** | **460 156 636** | **93 296 838** | **3 286 697** | **13 002** | **4 692 193** | **15 160** | **1 258 815** | **187 754** | **2 116 182** | **15 762 762** |
| 一、高等学校 | 173 768 | 3 899 | 150 906 066 | 82 718 834 | 39 063 063 | 621 240 | 600 | 1 423 176 | | | 27 247 | 840 706 | 6 785 900 |
| 1. 普通高等学校 | 160 329 | 3 786 | 137 161 713 | 76 013 778 | 36 733 458 | 575 037 | 591 | 916 531 | | | 26 190 | 814 367 | 6 387 880 |
| 2. 成人高等学校 | 13 439 | 113 | 13 744 353 | 6 705 056 | 2 329 605 | 46 203 | 9 | 506 645 | | | 1 057 | 26 339 | 398 020 |
| 二、中等专业学校 | 88 408 | 1 132 | 58 449 644 | 35 588 578 | 9 017 045 | 195 029 | 167 | 43 450 | 562 | 68 472 | 7 613 | 158 324 | 1 387 627 |
| 1. 中等技术学校 | 56 535 | 827 | 40 139 552 | 23 171 031 | 6 254 739 | 129 931 | 106 | 26 605 | 374 | 49 295 | 5 277 | 109 092 | 899 925 |
| 2. 中等师范学校 | 18 352 | 150 | 11 074 198 | 7 701 467 | 1 585 479 | 40 601 | 37 | 9 995 | 120 | 11 834 | 1 430 | 38 553 | 176 369 |
| 3. 成人中专学校 | 13 521 | 155 | 7 235 894 | 4 716 080 | 1 176 827 | 24 497 | 24 | 6 850 | 68 | 7 343 | 906 | 10 679 | 311 333 |
| 三、技工学校 | 7 226 | 71 | 5 023 628 | 3 329 020 | 957 372 | 9 647 | 27 | 3 227 | 37 | 4 537 | 407 | 6 533 | 100 985 |
| 四、中学 | 461 570 | 8 317 | 198 587 814 | 148 716 439 | 20 791 986 | 1 005 676 | 4 055 | 1 084 183 | 7 509 | 631 889 | 68 417 | 546 457 | 4 059 575 |
| 1. 普通中学 | 461 054 | 8 313 | 198 261 423 | 148 491 084 | 20 740 784 | 1 005 211 | 4 054 | 1 084 158 | 7 503 | 631 425 | 68 384 | 546 156 | 4 054 407 |
| 高级中学 | 65 308 | 597 | 35 316 320 | 25 751 666 | 3 906 755 | 107 179 | 351 | 122 598 | 895 | 103 943 | 8 100 | 90 337 | 1 142 512 |
| 完全中学 | 91 977 | 1 445 | 46 340 023 | 32 462 171 | 5 467 689 | 195 559 | 570 | 193 885 | 1 403 | 129 450 | 12 887 | 125 077 | 1 155 506 |
| 初级中学 | 303 769 | 6 271 | 116 605 080 | 90 277 247 | 11 366 340 | 702 473 | 3 133 | 767 675 | 5 205 | 398 032 | 47 397 | 330 742 | 1 756 389 |
| 其中：农村 | 199 077 | 4 726 | 69 572 011 | 54 978 259 | 6 290 322 | 456 656 | 2 447 | 569 478 | 3 218 | 226 810 | 31 175 | 204 540 | 785 037 |
| 2. 成人中学 | 516 | 4 | 326 391 | 225 355 | 51 202 | 465 | 1 | 25 | 6 | 464 | 33 | 301 | 5 168 |
| 五、职业中学 | 45 928 | 739 | 28 631 585 | 17 130 911 | 3 870 734 | 76 301 | 244 | 56 279 | 394 | 35 037 | 4 067 | 43 973 | 565 284 |
| 六、小学 | 595 059 | 14 661 | 200 160 292 | 155 496 976 | 16 168 111 | 1 346 384 | 7 757 | 2 036 980 | 6 463 | 500 093 | 78 146 | 486 812 | 2 406 492 |
| 1. 普通小学 | 594 807 | 14 660 | 200 084 649 | 155 435 009 | 16 161 546 | 1 345 852 | 7 756 | 2 036 633 | 6 462 | 499 986 | 78 122 | 486 678 | 2 406 085 |
| 其中：农村 | 432 588 | 12 012 | 128 730 156 | 101 880 824 | 8 978 309 | 904 354 | 6 397 | 1 601 191 | 4 275 | 303 884 | 53 834 | 313 747 | 906 999 |
| 2. 成人小学 | 252 | 1 | 75 643 | 61 967 | 6 565 | 532 | 1 | 347 | 1 | 107 | 24 | 134 | 407 |
| 七、特殊教育学校 | 3 438 | 37 | 3 163 109 | 1 775 178 | 183 568 | 2 689 | 8 | 2 041 | 13 | 1 398 | 185 | 1 855 | 25 054 |
| 八、幼儿园 | 16 965 | 173 | 9 900 800 | 6 083 064 | 855 755 | 19 786 | 68 | 16 693 | 115 | 9 631 | 1 103 | 20 993 | 129 431 |
| 九、其他 | 14 709 | 71 | 15 661 794 | 9 317 636 | 2 389 204 | 9 945 | 76 | 26 164 | 67 | 7 758 | 569 | 10 529 | 302 414 |

## 2000年各省、自治区、直辖市本级教育经费基本情况

单位：千元

| | 本级拨款总计 | 占本级财政支出百分比（%） | 预算内教育经费拨款 | | | | | | 城市教育费附加 | 中央补助地方的教育专款 | 省本级补助地方的教育专款 |
|---|---|---|---|---|---|---|---|---|---|---|---|
| | | | 计 | 占本级财政支出百分比（%） | 教育事业费拨款 | 教育基建拨款 | 科研经费拨款 | 其他经费拨款 | | | |
| **全　国** | **35 326 569** | **11.97** | **34 610 009** | **11.73** | **27 274 921** | **3 419 684** | **1 517 709** | **2 397 695** | **716 560** | **1 345 154** | **2 851 381** |
| 北京市 | 3 242 296 | 13.13 | 3 052 205 | 12.36 | 2 027 299 | 247 670 | 523 393 | 253 843 | 190 091 | 6 300 | 161 309 |
| 天津市 | 1 135 801 | 9.79 | 1 112 751 | 9.59 | 900 197 | 47 300 | 73 111 | 92 143 | 23 050 | 48 000 | 225 850 |
| 河北省 | 981 970 | 12.94 | 981 970 | 12.94 | 882 310 | 99 660 | | | | 19 300 | 40 400 |
| 山西省 | 703 675 | 7.96 | 703 675 | 7.96 | 608 892 | 60 440 | 31 048 | 3 295 | | 5 400 | 14 050 |
| 内蒙古 | 455 662 | 6.23 | 455 662 | 6.23 | 302 517 | 98 685 | 8 744 | 45 716 | | 120 600 | 23 000 |
| 辽宁省 | 1 743 040 | | 1 743 040 | | 1 490 014 | 90 370 | 21 219 | 141 437 | | 155 200 | 50 000 |
| 吉林省 | 1 048 732 | 9.71 | 1 048 732 | 9.71 | 810 964 | 50 950 | 66 219 | 120 599 | | 85 400 | 14 150 |
| 黑龙江 | 989 311 | 7.84 | 985 915 | 7.81 | 812 909 | 93 575 | 37 279 | 42 152 | 3 396 | 87 750 | 37 306 |
| 上海市 | 4 499 486 | 15.43 | 4 011 946 | 13.75 | 3 089 427 | 447 671 | 296 399 | 178 449 | 487 540 | 2 850 | 309 000 |
| 江苏省 | 2 845 588 | 24.25 | 2 845 588 | 24.25 | 2 446 426 | 229 127 | 41 124 | 128 911 | | 3 450 | 86 750 |
| 浙江省 | 1 130 137 | 17.07 | 1 130 137 | 17.07 | 958 799 | 85 200 | 18 542 | 67 596 | | 7 130 | 65 200 |
| 安徽省 | 696 049 | 6.33 | 696 049 | 6.33 | 545 680 | 64 544 | 7 805 | 78 020 | | 15 100 | 35 000 |
| 福建省 | 881 450 | 11.20 | 878 767 | 11.16 | 634 364 | 70 506 | 38 534 | 135 363 | 2 683 | 31 350 | 41 240 |
| 江西省 | 694 310 | 19.39 | 694 310 | 19.39 | 545 535 | 122 676 | 2 291 | 23 808 | | 28 560 | 80 610 |
| 山东省 | 1 979 272 | 17.63 | 1 979 272 | 17.63 | 1 629 943 | 131 790 | 36 596 | 180 943 | | 26 450 | 38 110 |
| 河南省 | 1 589 697 | 13.36 | 1 589 697 | 13.36 | 1 208 742 | 171 761 | 7 100 | 202 094 | | 14 300 | 69 850 |
| 湖北省 | 1 163 008 | 22.78 | 1 163 008 | 22.78 | 791 814 | 235 643 | 35 954 | 99 597 | | 14 800 | 45 720 |
| 湖南省 | 873 729 | 7.66 | 873 729 | 7.66 | 730 960 | 124 542 | 2 533 | 15 694 | | 16 400 | 69 792 |
| 广东省 | 1 989 221 | 11.48 | 1 989 221 | 11.48 | 1 514 743 | 209 285 | 100 959 | 164 234 | | 2 050 | 219 220 |
| 广　西 | 711 047 | 10.06 | 711 047 | 10.06 | 642 354 | 37 311 | 3 809 | 27 573 | | 179 600 | 145 830 |
| 海南省 | 281 759 | 10.61 | 281 759 | 10.61 | 246 759 | 27 471 | 160 | 7 369 | | 34 050 | 21 130 |
| 重庆市 | 740 594 | 8.35 | 740 594 | 8.35 | 567 847 | 70 618 | 15 481 | 86 648 | | 13 700 | 97 461 |
| 四川省 | 846 960 | 7.89 | 846 960 | 7.89 | 634 883 | 111 622 | 67 800 | 32 655 | | 36 200 | 78 000 |
| 贵州省 | 482 199 | 7.42 | 482 199 | 7.42 | 415 143 | 53 833 | | 13 223 | | 11 740 | 7 900 |
| 云南省 | 1 103 340 | 8.65 | 1 103 190 | 8.65 | 825 440 | 159 001 | 20 369 | 98 380 | 150 | 135 164 | 599 258 |
| 西　藏 | 161 630 | 4.87 | 152 730 | 4.61 | 128 820 | 23 200 | 710 | | 8 900 | 60 800 | |
| 陕西省 | 951 557 | 8.27 | 951 557 | 8.27 | 827 657 | 66 887 | 43 991 | 13 022 | | 10 950 | 40 050 |
| 甘肃省 | 453 737 | 6.00 | 453 437 | 6.00 | 381 966 | 51 906 | 9 478 | 10 087 | 300 | 12 360 | 65 300 |
| 青海省 | 240 127 | 7.18 | 240 127 | 7.18 | 177 326 | 30 840 | | 31 961 | | 58 060 | 26 094 |
| 宁　夏 | 231 166 | 8.68 | 230 716 | 8.66 | 172 736 | 42 701 | 5 506 | 9 773 | 450 | 85 910 | 44 480 |
| 新　疆 | 480 019 | 6.20 | 480 019 | 6.20 | 322 455 | 62 899 | 1 555 | 93 110 | | 16 230 | 99 321 |

# 2000年各级学校生均教育经费支出

单位：元

| | 教育经费支出 | | | | |
|---|---|---|---|---|---|
| | 合计 | 事业性经费支出 | | | 基建支出 |
| | | 小计 | 个人部分 | 公用部分 | |
| **总计** | **1 653.50** | **1 479.60** | **892.48** | **587.12** | **173.90** |
| 一、高等学校 | 13 324.63 | 10 786.89 | 5 197.79 | 5 589.10 | 2 537.74 |
| 1. 普通高等学校 | 15 974.32 | 12 815.26 | 6 211.72 | 6 603.54 | 3 159.06 |
| 2. 成人高等学校 | 3 856.38 | 3 538.83 | 1 574.66 | 1 964.17 | 317.55 |
| 二、中等专业学校 | 4 725.75 | 4 281.87 | 2 276.16 | 2 005.71 | 443.87 |
| 1. 中等技术学校 | 4 805.06 | 4 336.25 | 2 264.59 | 2 071.67 | 468.80 |
| 2. 中等师范学校 | 5 282.82 | 4 670.14 | 2 556.10 | 2 114.04 | 612.68 |
| 3. 成人中专学校 | 3 909.43 | 3 716.34 | 2 061.81 | 1 654.53 | 193.09 |
| 三、技工学校 | 4 111.38 | 3 676.68 | 2 013.61 | 1 663.07 | 434.70 |
| 四、中学 | 1 532.52 | 1 385.09 | 865.47 | 519.62 | 147.43 |
| 1. 普通中学 | 1 531.63 | 1 384.14 | 864.97 | 519.17 | 147.49 |
| 高级中学 | 3 209.38 | 2 774.78 | 1 507.43 | 1 267.35 | 434.61 |
| 初级中学 | 1 211.32 | 1 118.65 | 742.31 | 376.33 | 92.67 |
| 其中：农村 | 884.41 | 836.85 | 583.71 | 253.14 | 47.56 |
| 2. 成人中学 | 2 415.94 | 2 324.52 | 1 361.89 | 962.62 | 91.42 |
| 五、职业中学 | 2 752.78 | 2 498.49 | 1 462.31 | 1 036.18 | 254.29 |
| 六、小学 | 791.39 | 754.00 | 557.07 | 196.93 | 37.39 |
| 1. 普通小学 | 792.63 | 755.16 | 557.96 | 197.20 | 37.47 |
| 其中：农村 | 647.01 | 621.07 | 472.77 | 148.30 | 25.95 |
| 2. 成人小学 | 225.85 | 224.12 | 151.36 | 72.77 | 1.73 |
| 七、特殊教育学校 | 7 770.42 | 7 237.72 | 4 828.08 | 2 409.64 | 532.70 |
| 八、幼儿园 | 1 212.76 | 1 167.24 | 765.98 | 401.26 | 45.52 |
| 九、其他 | | | | | |

# 2000年各级学校生均预算内教育经费支出

单位：元

| | 教育经费支出 | | | | |
|---|---|---|---|---|---|
| | 合计 | 事业性经费支出 | | | 基建支出 |
| | | 小计 | 个人部分 | 公用部分 | |
| **总计** | **915.56** | **861.85** | **694.08** | **167.77** | **53.71** |
| 一、高等学校 | 7 073.73 | 6 027.23 | 3 646.32 | 2 380.91 | 1 046.50 |
| 1. 普通高等学校 | 8 625.65 | 7 309.58 | 4 388.35 | 2 921.23 | 1 316.07 |
| 2. 成人高等学校 | 1 528.17 | 1 444.94 | 994.77 | 450.17 | 83.23 |
| 二、中等专业学校 | 2 289.43 | 2 187.19 | 1 638.41 | 548.79 | 102.24 |
| 1. 中等技术学校 | 2 360.18 | 2 232.39 | 1 605.67 | 626.72 | 127.79 |
| 2. 中等师范学校 | 2 447.18 | 2 374.17 | 1 946.14 | 428.03 | 73.01 |
| 3. 成人中专学校 | 1 874.39 | 1 842.47 | 1 478.97 | 363.50 | 31.92 |
| 三、技工学校 | 2 096.51 | 1 993.48 | 1 448.57 | 544.91 | 103.03 |
| 四、中学 | 812.49 | 781.87 | 685.59 | 96.28 | 30.62 |
| 1. 普通中学 | 812.29 | 781.64 | 685.43 | 96.21 | 30.65 |
| 高级中学 | 1 409.45 | 1 314.99 | 1 102.90 | 212.08 | 94.47 |
| 初级中学 | 698.28 | 679.81 | 605.73 | 74.08 | 18.47 |
| 其中：农村 | 539.87 | 533.54 | 494.87 | 38.67 | 6.33 |
| 2. 成人中学 | 1 010.87 | 1 010.87 | 845.54 | 165.33 | |
| 五、职业中学 | 1 400.09 | 1 349.45 | 1 134.55 | 214.90 | 50.64 |
| 六、小学 | 499.06 | 490.88 | 453.72 | 37.16 | 8.18 |
| 1. 普通小学 | 499.78 | 491.58 | 454.40 | 37.18 | 8.20 |
| 其中：农村 | 417.44 | 412.97 | 388.86 | 24.11 | 4.47 |
| 2. 成人小学 | 169.17 | 169.17 | 140.57 | 28.60 | |
| 七、特殊教育学校 | 5 596.01 | 5 423.26 | 4 168.34 | 1 254.92 | 172.75 |
| 八、幼儿园 | 652.01 | 642.87 | 565.95 | 76.92 | 9.15 |
| 九、其他 | | | | | |

# 2001 年教育基本建设投资完成情况

## 2001 年教育基本建设投资完成情况

| 学校类别 | 投资合计（万元） | 本年完成投资按资金来源分（万元） | | | | | | | | 本年竣工建筑面积（平方米） | |
|---|---|---|---|---|---|---|---|---|---|---|---|
| | | 其中:住宅（万元） | 国家预算内 | | | 自筹资金 | | | 其他 | | |
| | | | 计 | 中央 | 省级 | 计 | 其中:学校自筹 | 其中:个人集资 | | 合计 | 其中:教工住宅 |
| **总计** | **8 244 030** | **998 377** | **1 306 687** | **617 813** | **688 874** | **5 775 055** | **2 842 616** | **703 612** | **1 162 288** | **74 344 943** | **13 002 691** |
| 普通高等学校 | 3 526 291 | 333 453 | 580 768 | 377 724 | 203 044 | 2 331 056 | 1 419 779 | 119 440 | 614 467 | 17 585 029 | 2 777 135 |
| 中等师范学校 | 44 302 | 8 769 | 2 387 | 236 | 2 151 | 37 734 | 24 242 | 7 361 | 4 181 | 513 309 | 153 512 |
| 普通中学 | 2 822 642 | 385 026 | 386 250 | 120 661 | 265 589 | 2 132 523 | 970 434 | 316 872 | 303 869 | 32 938 393 | 6 008 379 |
| 职业中学 | 185 288 | 22 549 | 36 200 | 17 319 | 18 881 | 133 954 | 69 326 | 17 632 | 15 134 | 2 199 880 | 385 471 |
| 小学 | 1 270 031 | 172 557 | 278 366 | 98 781 | 179 585 | 889 353 | 238 679 | 179 012 | 102 312 | 18 195 698 | 2 607 573 |
| 特殊教育学校 | 18 455 | 1 554 | 2 936 | 1 100 | 1 836 | 14 196 | 1 874 | 1 626 | 1 323 | 186 703 | 27 887 |
| 幼儿园 | 58 154 | 3 477 | 4 254 | 449 | 3 805 | 40 617 | 24 122 | 4 375 | 13 283 | 626 029 | 61 251 |
| 其他 | 318 867 | 70 992 | 15 526 | 1 543 | 13 983 | 195 622 | 94 160 | 57 294 | 107 719 | 2 099 902 | 981 483 |

# 2001年地方所属各级学校基本建设投资分省完成情况

| 地区 | 投资合计 | 其中:住宅 | 本年完成投资按资金来源分(万元) | | | | | | | 本年新增固定资产 | 本年竣工建筑面积(平方米) | |
|---|---|---|---|---|---|---|---|---|---|---|---|---|
| | | | 国家预算内 | | | 自筹资金 | | | 其他 | | 合计 | 其中:教工住宅 |
| | | | 计 | 中央 | 省级 | 计 | 其中:学校自筹 | 其中:个人集资 | | | | |
| **合计** | **7 306 644** | **883 514** | **1 061 922** | **373 048** | **688 874** | **5 083 034** | **2 842 616** | **703 612** | **1 161 688** | **5 395 763** | **71 024 542** | **12 142 658** |
| 北京 | 115 050 | 13 449 | 22 082 | 3 497 | 18 585 | 87 871 | 29 104 | 2 351 | 5 097 | 83 305 | 436 334 | 80 598 |
| 天津 | 119 142 | 6 345 | 9 191 | 2 130 | 7 061 | 75 672 | 41 224 | 2 774 | 34 279 | 70 019 | 490 191 | 28 572 |
| 河北 | 320 867 | 105 459 | 38 058 | 13 535 | 24 523 | 267 026 | 168 141 | 53 776 | 15 783 | 260 823 | 3 749 120 | 977 855 |
| 山西 | 97 095 | 27 096 | 11 078 | 3 089 | 7 989 | 70 484 | 35 336 | 22 122 | 15 533 | 71 144 | 845 248 | 368 602 |
| 内蒙古 | 94 226 | 20 767 | 28 073 | 8 125 | 19 948 | 58 016 | 24 205 | 20 006 | 8 137 | 74 762 | 1 104 424 | 248 999 |
| 辽宁 | 299 336 | 31 059 | 37 304 | 10 688 | 26 616 | 192 619 | 130 695 | 31 581 | 69 413 | 211 508 | 2 222 629 | 461 607 |
| 大连 | 28 017 | 193 | 7 973 | 0 | 7 973 | 17 766 | 6 446 | 277 | 2 278 | 26 432 | 280 736 | 0 |
| 吉林 | 213 572 | 38 139 | 20 422 | 9 391 | 11 031 | 135 846 | 60 991 | 38 021 | 57 304 | 128 027 | 2 026 560 | 401 253 |
| 黑龙江 | 181 742 | 24 788 | 12 895 | 6 150 | 6 745 | 148 426 | 77 735 | 34 838 | 20 421 | 103 814 | 1 284 168 | 223 595 |
| 上海 | 441 817 | 5 307 | 21 929 | 7 675 | 14 254 | 265 839 | 164 998 | 2 900 | 154 049 | 303 605 | 1 351 687 | 1 500 |
| 江苏 | 734 816 | 67 474 | 32 077 | 2 179 | 29 898 | 567 776 | 382 077 | 45 240 | 134 963 | 600 361 | 6 361 737 | 832 672 |
| 浙江 | 730 386 | 22 613 | 43 824 | 650 | 43 174 | 488 245 | 282 468 | 18 306 | 198 317 | 434 335 | 4 592 079 | 278 783 |
| 宁波 | 77 547 | 1 135 | 14 400 | 500 | 13 900 | 58 026 | 14 214 | 211 | 5 121 | 41 048 | 597 717 | 12 895 |
| 安徽 | 178 492 | 21 503 | 38 109 | 16 912 | 21 197 | 124 122 | 71 619 | 18 334 | 16 261 | 156 966 | 2 881 200 | 443 590 |
| 福建 | 103 652 | 10 071 | 11 833 | 1 666 | 10 167 | 78 220 | 34 213 | 7 069 | 13 599 | 89 768 | 1 293 191 | 226 589 |
| 厦门 | 15 371 | 0 | 4 506 | 80 | 4 426 | 10 163 | 1 932 | 0 | 702 | 11 965 | 141 542 | 0 |
| 江西 | 136 321 | 15 745 | 26 034 | 19 653 | 6 381 | 88 546 | 44 643 | 13 736 | 21 741 | 103 946 | 2 127 069 | 262 447 |
| 山东 | 458 463 | 81 720 | 36 180 | 3 044 | 33 136 | 389 240 | 275 731 | 62 620 | 33 043 | 322 714 | 4 697 535 | 1 187 419 |
| 青岛 | 37 238 | 1 150 | 5 870 | 100 | 5 770 | 29 418 | 13 289 | 1 951 | 1 950 | 30 054 | 362 495 | 18 030 |
| 河南 | 324 821 | 55 192 | 32 042 | 12 674 | 19 368 | 251 500 | 137 950 | 59 962 | 41 279 | 278 248 | 4 693 095 | 971 902 |
| 湖北 | 228 161 | 40 222 | 21 279 | 10 972 | 10 307 | 184 615 | 120 294 | 29 028 | 22 267 | 168 450 | 2 640 030 | 765 337 |
| 湖南 | 268 560 | 37 479 | 24 082 | 14 178 | 9 904 | 208 811 | 133 105 | 27 466 | 35 667 | 210 835 | 3 853 226 | 603 146 |
| 广东 | 493 080 | 43 684 | 145 269 | 830 | 144 439 | 295 675 | 93 594 | 28 205 | 52 136 | 383 994 | 4 143 107 | 441 147 |
| 深圳 | 65 272 | 2 599 | 61 947 | 400 | 61 547 | 3 325 | 1 275 | 0 | 0 | 58 443 | 295 857 | 20 590 |
| 广西 | 142 756 | 17 381 | 38 994 | 15 023 | 23 971 | 98 078 | 44 717 | 13 111 | 5 684 | 110 730 | 2 044 506 | 393 891 |
| 海南 | 38 353 | 8 581 | 3 623 | 1 702 | 1 921 | 26 500 | 12 687 | 3 230 | 8 230 | 33 814 | 370 561 | 106 730 |
| 重庆 | 181 203 | 24 842 | 26 257 | 17 738 | 8 519 | 119 128 | 81 500 | 17 987 | 35 818 | 138 988 | 2 001 914 | 434 394 |
| 四川 | 288 260 | 38 511 | 39 245 | 20 632 | 18 613 | 199 939 | 99 342 | 28 786 | 49 076 | 210 333 | 3 863 016 | 758 893 |
| 贵州 | 98 410 | 6 565 | 37 478 | 20871 | 16 607 | 44 613 | 10 891 | 6 194 | 16 319 | 86 402 | 1 784 796 | 162 084 |
| 云南 | 153 115 | 19 644 | 49 739 | 23 545 | 26 194 | 87 481 | 24 779 | 15 802 | 15 895 | 145 075 | 1 717 181 | 313 089 |
| 西藏 | 37 894 | 12 118 | 31 320 | 23 812 | 7 508 | 5 383 | 1 055 | 3 556 | 1 191 | 37 219 | 355 712 | 128 382 |
| 陕西 | 269 030 | 29 674 | 25 614 | 14 513 | 11 101 | 211 585 | 130 496 | 48 726 | 31 831 | 175 210 | 3 139 615 | 314 383 |
| 甘肃 | 116 955 | 14 170 | 32 689 | 24 865 | 7 824 | 74 780 | 42 959 | 12 086 | 9 486 | 92 394 | 1 405 704 | 232 970 |
| 青海 | 28 322 | 4 528 | 8 023 | 7 608 | 415 | 11 966 | 4 303 | 3 960 | 8 333 | 22 755 | 265 916 | 55 974 |
| 宁夏 | 35 300 | 4 811 | 13 792 | 12 510 | 1 282 | 12 941 | 3 223 | 4 871 | 8 567 | 20 269 | 273 447 | 47 630 |
| 新疆 | 118 014 | 25 729 | 28 506 | 26 176 | 2 330 | 77 653 | 31 973 | 22 914 | 11 855 | 77 642 | 1 059 701 | 289 193 |
| 新疆生产建设兵团 | 35 988 | 3 771 | 20 185 | 15 935 | 4 250 | 15 740 | 9 412 | 1 615 | 63 | 20 366 | 271 496 | 47 917 |

# 2001 年教学、科研仪器设备分省情况

单位：万元

| 地　区 | 教学科研仪器设备数 | | 十万元以上仪器设备数 | |
|---|---|---|---|---|
| | 台、件 | 金额（万元） | 台、件 | 金额（万元） |
| **合计** | **4 763 734** | **4 124 452** | **43 552** | **1 323 093** |
| 北京 | 434 820 | 572 468 | 7 002 | 230 296 |
| 天津 | 111 038 | 115 050 | 1 287 | 46 883 |
| 河北 | 183 530 | 124 202 | 1 132 | 31 041 |
| 山西 | 82 214 | 59 278 | 589 | 15 529 |
| 内蒙古 | 37 160 | 23 945 | 207 | 5 238 |
| 辽宁 | 232 787 | 183 376 | 1 766 | 51 369 |
| 吉林 | 131 070 | 120 289 | 1 092 | 47 232 |
| 黑龙江 | 143 638 | 135 308 | 2 590 | 42 799 |
| 上海 | 281 272 | 324 205 | 3 474 | 136 955 |
| 江苏 | 417 486 | 356 297 | 3 752 | 113 973 |
| 浙江 | 212 771 | 173 220 | 1 813 | 50 287 |
| 安徽 | 159 397 | 110 515 | 1 850 | 29 727 |
| 福建 | 120 950 | 93 003 | 941 | 28 784 |
| 江西 | 104 397 | 65 009 | 564 | 12 376 |
| 山东 | 243 647 | 197 767 | 1 852 | 61 390 |
| 河南 | 181 141 | 121 621 | 956 | 24 581 |
| 湖北 | 299 098 | 250 137 | 2 358 | 76 041 |
| 湖南 | 204 682 | 143 975 | 1 263 | 33 446 |
| 广东 | 286 277 | 246 261 | 2 307 | 79 077 |
| 广西 | 87 373 | 61 613 | 515 | 16 305 |
| 海南 | 21 428 | 14 634 | 141 | 3 337 |
| 重庆 | 94 078 | 66 328 | 499 | 14 364 |
| 四川 | 190 227 | 171 225 | 1 773 | 56 758 |
| 贵州 | 48 031 | 30 813 | 260 | 7 165 |
| 云南 | 80 582 | 55 799 | 486 | 12 607 |
| 西藏 | 1 362 | 612 | 4 | 72 |
| 陕西 | 245 636 | 220 331 | 2 416 | 76 356 |
| 甘肃 | 65 815 | 47 931 | 403 | 12 272 |
| 青海 | 9 235 | 4 992 | 0 | 0 |
| 宁夏 | 13 785 | 7 962 | 54 | 1 169 |
| 新疆 | 38 807 | 26 286 | 206 | 5 664 |

# 2001 年科研活动基本情况

## 2001 年全国普通高等学校科技经费情况

单位：千元

| | 拨入 | | | | 支出 | | | | |
|---|---|---|---|---|---|---|---|---|---|
| | 合计 | 政府资金 | 企事业单位委托 | 其他 | 合计 | 劳务费 | 业务费 | 转拨外单位经费 | 其他 |
| **合计：** | **17 473 271** | **8 824 015** | **7 086 300** | **1 562 956** | **14 902 805** | **2 656 248** | **9 952 828** | **750 644** | **1 543 085** |
| 按学校规格分 | | | | | | | | | |
| 重点院校 | 12 090 602 | 6 005 760 | 5 117 122 | 967 720 | 10 195 064 | 1 432 008 | 7 120 770 | 598 509 | 1 043 777 |
| 一般院校 | 5 238 058 | 2 737 341 | 1 919 683 | 581 034 | 4 576 228 | 1 158 087 | 2 778 388 | 149 247 | 490 506 |
| 高等专科学校 | 144 611 | 80 914 | 49 495 | 14 202 | 131 513 | 66 153 | 53 670 | 2 888 | 8 802 |
| 按学校隶属分 | | | | | | | | | |
| 部委院校 | 2 483 724 | 1 447 739 | 879 953 | 156 032 | 2 093 744 | 197 956 | 1 368 143 | 163 382 | 364 263 |
| 教育部直属院校 | 9 456 154 | 4 424 374 | 4 259 459 | 772 321 | 7 957 240 | 1 189 021 | 5 643 828 | 416 149 | 708 242 |
| 地方院校 | 5 533 393 | 2 951 902 | 1 946 888 | 634 603 | 4 851 821 | 1 269 271 | 2 940 857 | 171 113 | 470 580 |
| 按学校类型分 | | | | | | | | | |
| 综合大学 | 4 237 904 | 2 153 935 | 1 768 645 | 315 324 | 3 552 868 | 613 893 | 2 535 921 | 105 422 | 297 632 |
| 工科院校 | 10 535 045 | 4 725 291 | 5 024 218 | 785 536 | 9 143 424 | 1 360 965 | 6 137 115 | 524 147 | 1 121 197 |
| 农林院校 | 925 384 | 743 858 | 76 415 | 105 111 | 714 972 | 166 176 | 455 287 | 58 184 | 35 325 |
| 医药院校 | 983 821 | 704 649 | 65 540 | 213 632 | 829 231 | 313 600 | 435 173 | 29 007 | 51 451 |
| 师范院校 | 681 996 | 431 795 | 115 938 | 134 263 | 564 288 | 160 978 | 339 549 | 31 655 | 32 106 |
| 其他院校 | 109 121 | 64 487 | 35 544 | 9 090 | 98 022 | 40 636 | 49 783 | 2 229 | 5 374 |

# 2001年全国普通高等学校科技人力情况

单位：人

| | 教学与科研人员 | | 研究与发展人员 | | 研究与发展全时人员 | | R&D成果应用及科技服务人员 | | R&D成果应用及科技服务全时人员 | |
|---|---|---|---|---|---|---|---|---|---|---|
| | 小计 | 其中：科学家和工程师 | 小计 | 其中：科学家和工程师 | 小计 | 其中：科学家和工程师 | 小计 | 其中：科学家和工程师 | 小计 | 其中：科学家和工程师 |
| **合计：** | **619 957** | **591 473** | **240 654** | **235 598** | **136 491** | **133 333** | **45 103** | **43 548** | **26 998** | **25 918** |
| 按学校规格分 | | | | | | | | | | |
| 重点院校 | 207 122 | 194 674 | 93 885 | 90 679 | 60 844 | 58 673 | 20 778 | 19 786 | 14 000 | 13 223 |
| 一般院校 | 369 822 | 356 325 | 137 876 | 136 125 | 71 934 | 70 980 | 22 756 | 22 247 | 12 288 | 12 006 |
| 高等专科学校 | 43 013 | 40 474 | 8 893 | 8 794 | 3 713 | 3 680 | 1 569 | 1 515 | 710 | 689 |
| 按学校隶属分 | | | | | | | | | | |
| 部委院校 | 29 110 | 26 863 | 12 746 | 12 120 | 8 721 | 8 285 | 4 335 | 4 177 | 2 918 | 2 821 |
| 教育部直属院校 | 177 894 | 167 178 | 76 887 | 74 456 | 49 451 | 47 819 | 16 396 | 15 549 | 11 104 | 10 412 |
| 地方院校 | 412 953 | 397 432 | 151 021 | 149 022 | 78 319 | 77 229 | 24 372 | 23 822 | 12 976 | 12 685 |
| 按学校类型分 | | | | | | | | | | |
| 综合大学 | 144 978 | 138 301 | 57 491 | 55 843 | 33 510 | 32 475 | 9 622 | 9 227 | 5 996 | 5 708 |
| 工科院校 | 202 434 | 192 201 | 86 551 | 84 587 | 53 718 | 52 483 | 25 212 | 24 417 | 15 528 | 14 975 |
| 农林院校 | 34 639 | 31 987 | 17 402 | 16 773 | 10 645 | 10 181 | 3 667 | 3 504 | 2 144 | 2 009 |
| 医药院校 | 168 304 | 163 310 | 54 266 | 53 719 | 26 369 | 26 084 | 3 473 | 3 352 | 1 673 | 1 613 |
| 师范院校 | 56 139 | 53 109 | 20 806 | 20 584 | 10 223 | 10 098 | 2 314 | 2 265 | 1 253 | 1 222 |
| 其他院校 | 13 463 | 12 565 | 4 138 | 4 092 | 2 026 | 2 012 | 815 | 783 | 404 | 391 |

# 2001年全国普通高等学校研究与发展课题、成果情况

单位：千元

| | 科技课题 | | | 出版科技专著（部） | 发表学术论文（篇） | 成果获奖 | | 技术转让 | | 专利授权数 | 专利出售 | |
|---|---|---|---|---|---|---|---|---|---|---|---|---|
| | 课题数（项） | 投入人数 | 实际支出 | | | 合计 | 其中：国家奖 | 合同数 | 收入 | | 项数 | 实现金额 |
| **合计：** | **121 073** | **9 975 853** | **149 182** | **5 534** | **301 977** | **3 233** | **706** | **5 540** | **1 339 596** | **1 850** | **410** | **258 608** |
| 按学校规格分 | | | | | | | | | | | | |
| 重点院校 | 60 681 | 7 446 970 | 70 137 | 2 390 | 128 348 | 1 560 | 523 | 3 449 | 1 087 951 | 1 130 | 339 | 234 682 |
| 一般院校 | 57 733 | 2 462 969 | 75 392 | 3 026 | 154 798 | 1 643 | 174 | 2 063 | 250 687 | 668 | 69 | 23 646 |
| 高等专科学校 | 2 659 | 65 914 | 3 653 | 118 | 18 831 | 30 | 9 | 28 | 958 | 52 | 2 | 280 |
| 按学校隶属分 | | | | | | | | | | | | |
| 部委院校 | 8 407 | 1 568 964 | 10 803 | 291 | 19 050 | 238 | 172 | 629 | 190 568 | 143 | 26 | 21 168 |
| 教育部直属院校 | 50 615 | 5 836 906 | 56 770 | 1 983 | 105 836 | 1 280 | 378 | 2 881 | 920 896 | 965 | 302 | 211 565 |
| 地方院校 | 62 051 | 2 569 983 | 81 609 | 3 260 | 177 091 | 1 715 | 156 | 2 030 | 228 132 | 742 | 82 | 25 875 |
| 按学校类型分 | | | | | | | | | | | | |
| 综合大学 | 30 301 | 2 081 073 | 36 410 | 1 068 | 71 763 | 800 | 127 | 780 | 303 248 | 476 | 81 | 99 917 |
| 工科院校 | 55 481 | 6 585 764 | 64 449 | 2 094 | 122 197 | 1 227 | 444 | 4 111 | 929 842 | 1 112 | 303 | 149 511 |
| 农林院校 | 9 205 | 750 931 | 12 044 | 521 | 16 308 | 289 | 45 | 282 | 21 862 | 75 | 21 | 2 720 |
| 医药院校 | 15 477 | 258 532 | 23 766 | 1 447 | 54 184 | 751 | 55 | 201 | 59 965 | 85 | 2 | 5 200 |
| 师范院校 | 8 999 | 245 582 | 10 383 | 350 | 32 523 | 130 | 16 | 141 | 23 437 | 85 | 3 | 1 260 |
| 其他院校 | 1 610 | 53 971 | 2 130 | 54 | 5 002 | 36 | 19 | 25 | 1 242 | 17 | 0 | 0 |

# 2001年全国普通高等学校人文、社会科学研究与发展经费情况

单位：百元

| | | 学校数（所） | 拨入 | | | | | | | | | | | 支出 | | | | | | | | | 转拨给外单位经费 |
|---|---|---|---|---|---|---|---|---|---|---|---|---|---|---|---|---|---|---|---|---|---|---|---|
| | | | 合计 | 科研事业费 | 科研基金费 | 国家社科规划、基金项目经费 | 中央其他部门社科专项经费 | 省市自治区社科专项经费 | 企事业单位委托项目经费 | 金融机构贷款 | 自筹经费 | 国外资金 | 其他收入 | 合计 | 内部支出 | | | | | | | | |
| | | | | | | | | | | | | | | | 小计 | 科研人员费 | 业务费 | 科研基建费 | 仪器设备费 | 图书资料费 | 管理费 | 其他 | |
| | **合计：** | **740** | **10 715 036** | **5 346 504** | **109 523** | **339 011** | **475 438** | **762 263** | **1 593 226** | **53 577** | **1 029 377** | **268 738** | **733 379** | **9 016 342** | **8 801 856** | **3 248 677** | **2 674 225** | **173 311** | **915 920** | **891 169** | **294 954** | **603 600** | **214 486** |
| 按学校规格分 | 重点院校 | 84 | 4 911 474 | 1 778 074 | 21 600 | 186 463 | 260 431 | 339 595 | 1 151 811 | 2 200 | 381 393 | 205 051 | 580 856 | 3 818 585 | 3 639 737 | 847 271 | 1 319 229 | 72 347 | 402 456 | 459 847 | 203 163 | 335 424 | 178 848 |
| | 一般院校 | 491 | 5 496 765 | 3 344 984 | 86 723 | 150 638 | 212 821 | 402 717 | 435 325 | 51 377 | 597 318 | 63 687 | 151 175 | 4 908 392 | 4 873 054 | 2 218 003 | 1 295 356 | 99 017 | 501 696 | 410 805 | 87 948 | 260 229 | 35 338 |
| | 高等专科学校 | 165 | 306 797 | 223 446 | 1 200 | 1 910 | 2 186 | 19 951 | 6 090 | 0 | 50 666 | 0 | 1 348 | 289 365 | 289 065 | 183 403 | 59 640 | 1 947 | 11 768 | 20 517 | 3 843 | 7 947 | 300 |
| 按学校隶属关系分 | 教育部直属院校 | 71 | 4 923 887 | 1 814 441 | 21 600 | 194 366 | 243 126 | 316 139 | 1 093 655 | 0 | 415 843 | 210 058 | 614 659 | 3 799 749 | 3 624 809 | 809 804 | 1 403 663 | 68 000 | 323 593 | 448 570 | 197 065 | 374 114 | 174 940 |
| | 其他部委院校 | 70 | 948 131 | 600 697 | 13 913 | 37 716 | 77 873 | 58 582 | 87 694 | 400 | 45 745 | 10 078 | 15 433 | 843 928 | 842 249 | 283 389 | 171 649 | 21 237 | 266 117 | 56 472 | 13 704 | 29 681 | 1 679 |
| | 地方院校 | 599 | 4 843 018 | 2 931 366 | 74 010 | 106 929 | 154 439 | 387 542 | 411 877 | 53 177 | 567 789 | 48 602 | 103 287 | 4 372 665 | 4 334 798 | 2 155 484 | 1 098 913 | 84 074 | 326 210 | 386 127 | 84 185 | 199 805 | 37 867 |
| 按学校类型分 | 综合大学 | 75 | 4 208 078 | 1 835 892 | 25 010 | 153 680 | 135 243 | 287 147 | 830 465 | 5 010 | 260 246 | 149 331 | 526 054 | 3 400 559 | 3 307 547 | 987 956 | 1 157 003 | 72 264 | 285 318 | 431 788 | 175 487 | 197 731 | 93 012 |
| | 全国重点理工农医院校 | 302 | 2 196 266 | 952 998 | 9 800 | 43 426 | 175 471 | 205 867 | 485 566 | 0 | 165 820 | 53 399 | 99 919 | 1 930 982 | 1 843 028 | 774 162 | 558 555 | 10 007 | 161 683 | 153 735 | 53 353 | 131 533 | 87 954 |
| | 师范院校 | 211 | 2 213 407 | 1 310 915 | 16 800 | 58 551 | 89 746 | 174 894 | 154 047 | 47 200 | 270 923 | 47 902 | 42 429 | 1 859 624 | 1 832 924 | 783 243 | 457 656 | 19 010 | 190 373 | 194 657 | 39 958 | 148 027 | 26 700 |
| | 语言院校 | 14 | 306 912 | 128 037 | 2 913 | 4 758 | 15 272 | 2 381 | 9 280 | 0 | 124 110 | 0 | 20 161 | 239 099 | 238 969 | 92 347 | 105 248 | 2 913 | 14 139 | 15 876 | 1 755 | 6 691 | 130 |
| | 财经院校 | 61 | 1 149 414 | 741 314 | 45 000 | 45 180 | 26 622 | 60 870 | 90 249 | 0 | 112 774 | 6 260 | 21 145 | 1 058 648 | 1 053 968 | 377 021 | 255 090 | 50 000 | 214 149 | 64 251 | 13 502 | 79 955 | 4 680 |
| | 政法院校 | 23 | 212 471 | 121 556 | 0 | 4 550 | 10 910 | 8 605 | 1 232 | 0 | 47 142 | 1 326 | 17 150 | 179 338 | 179 338 | 96 863 | 41 181 | 600 | 4 037 | 10 751 | 2 925 | 22 981 | 0 |
| | 艺术院校 | 28 | 111 590 | 65 663 | 0 | 2 566 | 2 021 | 7 252 | 12 460 | 967 | 18 499 | 1 320 | 842 | 93 568 | 93 568 | 32 180 | 32 817 | 1 500 | 14 273 | 7 830 | 1 785 | 3 183 | 0 |
| | 民族院校 | 12 | 145 381 | 84 274 | 10 000 | 6 570 | 12 058 | 5 929 | 5 804 | 0 | 7 865 | 9 100 | 3 781 | 122 291 | 121 745 | 41 534 | 40 511 | 13 000 | 11 518 | 7 256 | 1 744 | 6 182 | 546 |
| | 体育院校 | 14 | 171 517 | 105 855 | 0 | 19 730 | 8 095 | 9 318 | 4 123 | 400 | 21 998 | 100 | 1 898 | 132 233 | 130 769 | 63 371 | 26 164 | 4 017 | 20 430 | 5 025 | 4 445 | 7 317 | 1 464 |

# 2001年全国普通高等学校人文、社会科学人力情况

| | | 学校数（所） | 社科活动人员（人） | | | | | 研究与发展人员（人） | | | | | 研究与发展全时人员（人/年） | | | | |
|---|---|---|---|---|---|---|---|---|---|---|---|---|---|---|---|---|---|
| | | | 合计 | 高级 | 中级 | 初级 | 辅助人员 | 合计 | 高级 | 中级 | 初级 | 辅助人员 | 合计 | 高级 | 中级 | 初级 | 辅助人员 |
| | **合计：** | **740** | **261 174** | **83 774** | **100 554** | **67 801** | **9 045** | **80 797** | **41 085** | **29 801** | **9 301** | **610** | **34 602.3** | **19 371.2** | **11 875.4** | **3 082.4** | **273.3** |
| 按学校规格分 | 重点院校 | 84 | 49 752 | 21 035 | 18 135 | 9 220 | 1 362 | 17 618 | 10 935 | 5 337 | 1 250 | 96 | 8 623.2 | 5 591.0 | 2 417.3 | 545.6 | 69.3 |
| | 一般院校 | 491 | 176 512 | 54 888 | 68 029 | 47 059 | 6 536 | 56 131 | 27 420 | 21 239 | 6 987 | 485 | 23 600.6 | 12 734.1 | 8 389.8 | 2 285.1 | 191.6 |
| | 高等专科学校 | 165 | 34 909 | 7 851 | 14 389 | 11 522 | 1 147 | 7 048 | 2 730 | 3 225 | 1 064 | 29 | 2 378.5 | 1 046.1 | 1 068.3 | 251.7 | 12.4 |
| 按学校隶属关系 | 教育部直属院校 | 71 | 49 240 | 21 308 | 17 930 | 8 748 | 1 254 | 17 880 | 11 478 | 5 080 | 1 215 | 107 | 8 455.8 | 5 712.8 | 2 184.2 | 494.5 | 64.3 |
| | 其他部委院校 | 70 | 21 500 | 6 612 | 8 491 | 5 552 | 845 | 7 591 | 3 307 | 3 070 | 1 142 | 72 | 3 035.3 | 1 515.5 | 1 138.4 | 362.9 | 18.5 |
| | 地方院校 | 599 | 190 434 | 55 854 | 74 133 | 53 501 | 6 946 | 55 326 | 26 300 | 21 651 | 6 944 | 431 | 23 111.2 | 12 142.9 | 8 552.8 | 2 225.0 | 190.5 |
| 按学校类型分 | 综合大学 | 75 | 53 930 | 20 593 | 20 018 | 11 509 | 1 810 | 20 529 | 11 708 | 6 808 | 1 817 | 196 | 9 599.5 | 5 853.9 | 2 947.3 | 706.2 | 92.1 |
| | 全国重点理工农医院校 | 302 | 70 435 | 20 759 | 27 493 | 19 663 | 2 520 | 18 030 | 8 581 | 7 006 | 2 333 | 110 | 8 102.0 | 4 096.0 | 3 035.0 | 904.7 | 66.3 |
| | 师范院校 | 211 | 77 337 | 23 044 | 29 867 | 21 703 | 2 723 | 23 581 | 11 648 | 9 097 | 2 682 | 154 | 9 601.8 | 5 416.1 | 3 367.9 | 758.3 | 59.5 |
| | 语言院校 | 14 | 6 599 | 2 063 | 2 433 | 1 812 | 291 | 2 405 | 1 113 | 891 | 385 | 16 | 819.5 | 477.2 | 251.7 | 78.6 | 12.0 |
| | 财经院校 | 61 | 27 445 | 9 174 | 11 094 | 6 497 | 680 | 8 278 | 4 390 | 2 904 | 947 | 37 | 3 158.9 | 1 827.4 | 1 070.6 | 252.0 | 8.9 |
| | 政法院校 | 23 | 7 985 | 2 519 | 3 061 | 2 107 | 298 | 2 603 | 1 133 | 1 009 | 400 | 61 | 1 009.8 | 527.4 | 355.7 | 113.2 | 13.5 |
| | 艺术院校 | 28 | 7 606 | 2 603 | 2 565 | 2 059 | 379 | 1 508 | 856 | 488 | 146 | 18 | 850.3 | 477.8 | 293.0 | 68.5 | 11.0 |
| | 民族院校 | 12 | 5 661 | 1 666 | 2 426 | 1 361 | 208 | 1 805 | 786 | 760 | 244 | 15 | 753.1 | 344.9 | 297.5 | 101.7 | 9.0 |
| | 体育院校 | 14 | 4 176 | 1 353 | 1 597 | 1 090 | 136 | 2 058 | 870 | 838 | 347 | 3 | 707.4 | 350.5 | 256.7 | 99.2 | 1.0 |

# 2001 年全国普通高等学校人文、社会科学研究与发展课题、成果情况

| | | 课题数(项) | 当年投入人数(人/年) | | 当年拨入经费(百元) | 当年支出经费(百元) | 出版专著(部) | 发表论文(篇) | | | | 应用成果(项) | |
|---|---|---|---|---|---|---|---|---|---|---|---|---|---|
| | | | | 其中:研究生 | | | | 合计 | 国内学术刊物 | | 国外学术刊物 | 提交有关部门数 | 鉴定成果数 |
| | | | | | | | | | 国内外公开发行 | 国内公开发行 | | | |
| | **合计:** | **41 037** | **34 634.8** | **5 903.4** | **5 226 353** | **3 462 747** | **9 107** | **175 742** | **110 995** | **63 124** | **1 623** | **8 099** | **1 942** |
| 按学校规格分 | 重点院校 | 13 437 | 10 167.1 | 2 928.4 | 3 132 285 | 1 964 513 | 3 740 | 44 417 | 30 772 | 12 972 | 673 | 4 821 | 783 |
| | 一般院校 | 25 375 | 22 452.6 | 2 885.0 | 2 008 702 | 1 429 761 | 5 037 | 112 187 | 69 521 | 41 740 | 926 | 3 180 | 1 102 |
| | 高等专科学校 | 2 225 | 2 015.1 | 90.0 | 85 366 | 68 473 | 330 | 19 138 | 10 702 | 8 412 | 24 | 98 | 57 |
| 按学校隶属关系分 | 教育部直属院校 | 14 295 | 9 600.7 | 2 363.7 | 3 118 531 | 1 968 347 | 3 992 | 44 889 | 31 738 | 12 445 | 706 | 5 065 | 967 |
| | 其他部委院校 | 2 137 | 2 829.8 | 642.3 | 369 072 | 249 545 | 476 | 12 774 | 6 676 | 5 975 | 123 | 122 | 103 |
| | 地方院校 | 24 605 | 22 204.3 | 2 897.4 | 1 738 750 | 1 244 855 | 4 639 | 118 079 | 72 581 | 44 704 | 794 | 2 912 | 872 |
| 按学校类型分 | 综合大学 | 13 322 | 10 623.3 | 2 134.7 | 2 235 135 | 1 334 768 | 3 352 | 45 690 | 31 711 | 13 422 | 557 | 3 879 | 816 |
| | 全国重点理工农医院校 | 8 265 | 8 191.3 | 1 731.1 | 1 234 233 | 933 058 | 1 479 | 39 069 | 21 052 | 17 614 | 403 | 2 485 | 314 |
| | 师范院校 | 11 865 | 9 457.6 | 1 130.9 | 961 279 | 645 757 | 2 655 | 53 722 | 33 986 | 19 418 | 318 | 727 | 149 |
| | 语言院校 | 1 013 | 571.8 | 68.5 | 168 553 | 118 730 | 168 | 3 351 | 1 885 | 1 379 | 87 | 36 | 38 |
| | 财经院校 | 4 135 | 3 022.7 | 455.4 | 322 019 | 233 479 | 605 | 21 003 | 15 676 | 5 203 | 124 | 817 | 505 |
| | 政法院校 | 863 | 791.5 | 38.5 | 90 513 | 55 797 | 261 | 5 113 | 2 782 | 2 286 | 45 | 23 | 32 |
| | 艺术院校 | 428 | 592.3 | 79.3 | 63 839 | 49 608 | 331 | 2 581 | 797 | 1 766 | 18 | 15 | 6 |
| | 民族院校 | 681 | 724.0 | 158.0 | 57 112 | 42 741 | 194 | 3 279 | 2 341 | 910 | 28 | 47 | 43 |
| | 体育院校 | 465 | 660.3 | 107.0 | 93 670 | 48 809 | 62 | 1 934 | 765 | 1 126 | 43 | 70 | 39 |

# 2001年全国民办教育情况

2001年，全国各级各类民办学校（教育机构）已达56 274所，在校学生923万人。其中：民办幼儿园44 526所，占全国幼儿园总数的39.9%；在园儿童342万人，占总数的16.9%。民办小学4 846所，占全国小学总数的1.0%；在校生182万人，占总数的1.4%。民办普通中学（含初中、高中）4 571所，占全国普通中学总数的5.7%；在校生233万人，占总数的3.0%。民办职业中学1 040所，占全国职业中学总数的13.3%；在校生38万人，占总数的8.1%。民办高等教育机构1 202所，注册学生113万人。其中，进行高等教育学历文凭考试试点的436所，在校学生32万余人。经教育部或教育部授权省（自治区、直辖市）批准的具有颁发学历文凭资格的民办高校89所，在校学生15.11万人。

为促进民办教育健康发展，提高民办教育管理者、办学者的水平，2001年10月教育部在国家高级教育行政学院举办了“全国民办教育培训研讨班”。全国30个省（自治区、直辖市）教育行政部门分管民办教育的负责同志和地（市）级教育行政部门负责民办教育管理的同志，及部分民办高等学校、民办中小学校长160多人参加了培训研讨班。教育部副部长张保庆在开班式上为学员们作了教育事业“十五”规划的专题报告，并就民办教育工作作了指示，强调各地民办教育工作者要围绕“十五”期间我国教育事业发展的重点，从全局考虑民办教育的发展。

为贯彻落实《关于加强社会团体和民办非企业单位管理工作的通知》、《关于进一步加强民间组织管理工作的通知》精神，开展和规范教育类民办非企业单位的登记工作。根据《社会力量办学条例》和《民办非企业单位登记管理暂行条例》有关规定，民政部与教育部于10月19日联合印发了《教育类民办非企业单位登记办法（试行）》（以下简称《试行办法》），《试行办法》明确：国务院教育行政部门社会力量办学工作的统筹规划，综合协调，宏观管理。县级以上各级教育行政部门根据省、自治区、直辖市人民政府规定的职责，负责有关社会力量办学工作。同时规定：“教育类民办非企业单位必须按照《社会力量办学条例》的规定审批设立，由县级以上地方人民政府教育行政部门发给‘社会力量办学许可证’后，到同级民政部门进行登记。”“民政部门对符合登记条件的单位，依法简化登记手续并核准登记。对不符合登记条件的单位，不予登记，并向申请人说明理由。”各省（自治区、直辖市）教育行政部门按照《试行办法》的要求，根据各地民办教育的实际情况，制定具体实施办法后，开展民办学校（教育机构）的登记工作。

为进一步了解当前民办教育发展中出现的新情况、新问题，研究促进民办教育健康发展的思路和政策，教育部组织了调研组，分别赴北京、上海、浙江、江西、广东、四川、陕西、宁夏8省（自治区、直辖市），就上述地区民办教育发展中的有关问题进行调研。

撰稿　金平一　何京华
审稿　瞿延东

# 教育综合管理

## 教育法制建设

〔**教育立法工作**〕 起草《中外合作办学条例（草案）》。2001年，教育部为适应加入WTO的需要，按照《研究部署我国加入世界贸易组织（WTO）涉及的法规修订工作的会议纪要》中关于法规修订工作的部署和要求，起草了《中外合作办学条例（草案）》。10月10日，教育部办公会议对条例草案进行了审议并原则通过。根据部办公会议的讨论意见对条例草案进一步修改后，11月14日，教育部向国务院报送了《教育部关于报送〈中外合作办学条例（草案）〉的报告》，请国务院对该条例草案进行审议。

参与起草《民办教育促进法》。2001年，教育部有关司局参加了全国人大教科文卫委员会组织起草的《民办教育促进法（草案）》的调研起草和修改工作。在该法草案的起草和修改过程中，结合近年来民办教育发展的新形势、新问题，进行了认真的研究和讨论，并对法律草案进行了修改。

制定了一项教育规章。2001年6月1日，部长办公会议讨论通过了《中小学教材编写审定管理暂行办法》（草案）。6月7日，教育部部长陈至立签署了中华人民共和国教育部令第11号，发布了《中小学教材编写审定管理暂行办法》。

起草《学生伤害事故处理办法》。为预防、减少和规范处理学生伤害事故，为素质教育创造良好的法制环境，政策研究与法制建设司组织起草了《学生伤害事故处理办法》，规定了学生伤害事故责任的认定原则、事故处理程序、事故损失的赔偿等内容。2001年就该办法草案向省级教育行政部门广泛征求了意见，召开了由国内知名民法学家等参加的研讨论证会，征求了部内各有关司局的意见，对办法草案进行了研讨和修改。

〔**教育普法工作**〕 2001年是“三五”普法结束“四五”普法开始的一年。对“三五”普法工作进行总结和表彰，积极部署和开展“四五”普法工作，是该年非常重要的一项教育法制工作。

“三五”普法表彰工作。2001年，在司法部召开的“三五”普法总结表彰会上，陕西太原第十一中学被评为全国优秀普法单位，河北省教育厅副厅长韩清林、安徽省教育厅法制处处长查海波被评为全国普法工作先进个人。

制定“四五”教育普法规划。根据《中共中央、国务院关于转发〈中央宣传部、司法部关于在公民中开展法制宣传教育的第四个五年规划〉的通知》和第九届全国人大常委会第21次会议通过的《关于进一步开展法制宣传教育的决议》的要求，为贯彻依法治国基本方略，适应“十五”期间教育改革与发展的需要，进一步切实加强教育领域的普法工作，认真贯彻全国“四五”规划，教育部印发了《全国教育系统法制宣传教育第四个五年规划》，明确了教育“四五”普法工作的指导思想、目标、任务、工作的基本要求和方法以及实施步骤等。“规划”明确教育“四五”普法工作的指导思想是：高举邓小平理论旗帜，深入贯彻党的十五大精神，以江泽民同志关于“三个代表”的重要思想为指导，立足于国民经济和社会发展第十个五年计划确定的宏伟目标，立足于依法治国、建设社会主义法制国家基本方略的总体要求，紧密结合“十五”期间教育事业改革和发展的实践需要，在教育行政部门、各级各类学校中继续深入地开展法制宣传教育，进一步提高教育行政部门公务员、学校管理者以及广大教师、学生的法律素质，全面推进依法治教进程。“规划”规定教育“四五”普法工作的目标是：通过深入开展法制宣传教育，切实增强各级教育行政部门公务员、学校校长及广大教师的法律素质，努力实现由提高法律意识向提高法律素质的转变，实现教育管理和学校办学从主要运用行政手段向主要依靠法律手段方向的转变；使法制教育成为学校教育教学活动的重要内容和有机组成部分，努力培养各种层次的具有相应现代法制观念和法律意识的合格人才。按照教育“规划”的要求，教育“四五”普法的主要任务包括以下几个方面：⑴继续深入学习宣传邓小平民主法制理论和党的依法制国、建设社会主义法制国家的基本方略，学习宣传宪法和国家的基本法律，学习宣传与公民切身利益密切相关的法律法规知识；注重培养青少年学生的权利义务对等的现代法制观念，提高全社会特别是学校、教师对保护学生合法权益的重视程度，增强教育工作者、学生遵纪守法、维护自身合法权益和民主参与、民主监督的意识。注重提高教育系统各级领导干部依法决策、依法行政和依法管理的能力。⑵紧紧围绕党和国家的中心工作，密切联系教育事业改革和发展的需要，积极开展法制宣传教育。要宣传以《教育法》为核心的教育法律法规和其他与教育工作相关的法律法规，宣传依法行政的基本理论和基本的行政法律知识，宣传与加入世界贸易组织相关的法律知识，宣传维护青少年合法权益和预防青少年犯罪的法律知识，为全面推进素质教育，保证21世纪教育改革与发展的顺利进行创造更加良好的法治环境。⑶坚持法制教育与法制实践相结合，全面推进依法治教。各级教育行政部门、各级各类学校要妥善处理学法与用法的关系，以普法工作为基础，以依法行政、依法治校为重点，以全面实现依法治教为目标，进一步加大立法、执法、执法监督等各个环节的工作力度，积极推进依法治教进程。⑷把法制教育和思想道德教育紧密结合起来，把依法治国与以德治国紧密结合起来，高度重视学校的德育工作和教师的师德建设，促进教育系统民主法制建设和精神文明建设。《全国教育系统法制宣传教育第四个五年规划》还规定了教育“四五”普法工作的基本要求、工作方法、实施步骤、组织领导和保障措施等。

成立全国教育系统法制宣传教育领导小组。为全面推进和深入开展教育系统的法制宣传教育工作，贯彻“四五”普法规划规定，教育部成立了全国教育法制宣传教育领导小组，统筹协调、领导部机关及全国教育系统的普法工作。小组组长由教育部部长陈至立担任，教育部副部长吕福源、章新胜担任副组长。小组成员有部长助理、办公厅主任郑树山，部长助理、基础教育司司长李连宁及有关司局的主要负责同志。全国教育系统“四五”普法办公室设在教育部政策研究与法制建设司。全国教育系统法制宣传教育领导小组的成立，有利于促进各地按照“四五”普法规划的要求，为“四五”普法工作提供强有力的领导和组织保障。

教育“四五”普法工作的开展情况。教育系统积极按照《全国教育系统法制宣传教育第四个五年规划》的要求，采取多种措施，有效地开展教育法制宣传工作。⑴为推进普法工作，2001 年 6 月，教育部政策研究与法制建设司在国家高级教育行政学院举办了全国教育法制培训研讨班。培训对象主要是省、自治区、直辖市教育行政部门政策法制机构的同志，以及地、市教育行政部门分管政策法制工作的同志。近 100 人参加了培训。2001 年底和 2002 年初，政策研究与法制建设司两次分片召开了各省教育系统普法工作交流会，交流了各省教育普法工作情况，部署下一步普法工作，推动了教育“四五”普法工作。为迎接加入 WTO 对教育行政管理的挑战，使依法行政、依法治教工作与 WTO 规则和我国对外承诺相一致，结合加入 WTO 的新形势，2002 年初，教育部人事司在对外经贸大学世界贸易组织研究中心举办了“WTO 专题研修班”，对部内司局的主要负责人和有关直属单位的主要负责人进行了 WTO 规则的基本培训。⑵为做好教育“四五”普法工作，各地积极采取有效措施，贯彻落实“四五”普法规划。山东、海南、浙江、北京、广西、河北、安徽、四川、云南、内蒙古等省级教育行政部门制定了本省教育法制宣传教育的“四五”规划。北京、山东、河北、湖北、四川、内蒙古等成立了本省（自治区、直辖市）教育系统“四五”普法领导小组。安徽、河南、贵州、湖北等省召开了“四五”普法工作动员大会。各省教育系统按照“四五”普法规划的要求，有步骤、有计划地开展了“四五”普法活动。贵州省教育厅举办了全省教育系统副科级以上干部法律培训班，编印了《教育法律法规学习手册》，分发给地、州、市、县及学校进行学习宣传。全省各地制定了普法依法治理规划，开展了法律知识竞赛，举行了教育法律法规宣传月或者宣传周、宣传日活动，重点抓了重点中学校长、职业中学校长、小学校长和幼儿园园长的法制培训。各级各类学校以校报、广播站、校有线电视、宣传橱窗、百米版报长廊、阅报栏等进行法律知识宣传。贵州民族学院设立了“青年法学会”和“大学生法律援助中心”，坚持在周末和暑期开展“三下乡”活动，将法律知识送到群众手中。贵州教育学院、贵阳中医学院请法律专家、司法工作人员进行法制讲座。贵州大学、贵州民族学院、贵州师范大学法律专业学生成立了法学研究社团学法、普法，收到了很好的普法效果。湖南省衡阳市制定了《关于在全市中小学中开展以建立“绿色网吧”为主要形式的“四五”普法实践活动实施方案》，针对网吧对青少年成长的负面效应，以中小学生为主体，通过“绿色网吧”普法实践活动，提高青少年的法律素质，为青少年的成长营造良好的环境。

撰稿　夏　娟

审稿　孙宵兵

# 教育纪检监察

〔**全国教育纪检监察工作会议**〕　2001 年 1 月 5 日～6 日，教育部纪检组、监察局召开全国教育纪检监察工作会议，各省、自治区、直辖市教育行政部门和教育部直属高校的纪检监察负责同志出席会议。会议传达贯彻了中央纪委第五次全会精神，学习了江泽民总书记在会上的重要讲话和尉健行同志所作的工作报告。中纪委委员、教育部党组成员、中纪委驻教育部纪检组组长张天保在会上作了题为《突出重点、全面推进、狠抓落实、深入开展教育系统党风廉政建设和反腐败斗争》的工作报告，提出 2001 年党风廉政建设和推进反腐败斗争的工作要求。

会议部署了教育系统党风廉政建设和反腐败斗争工作任务：（一）进一步规范领导干部从政行为，加强廉洁自律。重点抓好 6 项工作：（1）要认真贯彻落实《中共教育部党组关于司（局）级以上领导干部配偶、子女经商办企业的具体规定》，并将这项规定延伸到县处级领导干部中实施。（2）领导干部不准接受直接管理和服务的对象、主管范围内下属单位和个人、其他与行使职权有关系的单位和个人、外商和私营企业主的现金、有价证券。（3）领导干部参加健身活动，一律不准接受与其行使职权有关系的单位和个人以及外商、私营企业主提供的各种奖励和赞助。（4）领导干部出国访问，费用要严格控制在本单位外事经费预算之内，不得接受国内企业及境外中资企业的赞助或邀请出访。（5）县（处）级以上领导干部在离职和退（离）休后三年内，不准接受原任职务管辖的地区和业务范围内的私营企业、外商投资企业和中介机构的聘任，不准个人从事或代理私营企业、外商投资企业从事与原职务管辖业务相关的经商办企业活动。（6）2001 年首先在省（部）级现职领导干部中实行家庭财产报告制度，报告本人、配偶以及由其抚养的子女的家庭财产。（二）进一步加大查办案件的力度。在查办贪污、贿赂、挪用公款等经济案件的同时，要注意查办领导干部严重失职渎职、违反组织人事纪律和社会主义道德的案件，领导干部配偶、子女和亲属利用该领导干部职权职务影响谋取非法利益的案件。特别要认真查处在招生考试中弄虚作假、徇私舞弊的案件，不听招呼顶风上的乱收费案件。加强查办案件的宏观管理和指导，对长期有案不查、瞒案不报、干扰办案的，要追究当事人和有关领导的责任。（三）进一步加大纠正行业不正之风和执法监察力度，规范教育收费、招生考试行为。坚持“标本兼治、综合治理”的方针，坚决遏制农村中小学乱收费、非义务教育阶段择校生收费不规范、招生考试舞弊等不正之风。农村义务教育阶段的杂费、住宿费标准，必须由省级物价、财政部门会同教育部门统一制定，省以下制定的标准一律取消。学校和教职工必须坚决停止一切针对学生的代办项目收费。对地方政府和部门的“搭车”收费、违反规定的集资活动和摊派行为，学校要坚决予以抵制，并向上级纪检监察部门反映。大中城市义务教育阶段的初中和小学应坚持就近入学的原则，不准招收择校生，严禁把捐资助学同录取学生挂钩。非义务教育阶段的高中招收择校生，应遵守“三限”政策，即：限分数，不准违反规定录取低于最低录取分数线的新生；限人数，不准超过国家规定的班额，择校生数量不得超过当地政府规定的比例；限钱数，择校生交费标准，由教育行政部门会同有关部门提出，经省级人民政府批准后向社会公布，学校不得擅自提高标准。招收择校生不准挤压计划内的招生指标，不准再收取赞助费或建校费等。高校要按照国家和省级人民政府规定的项目和标准收费，不准另立收费项目、提高收费标准。

张天保在报告中要求各地各校要进一步贯彻落实《教育部关于从源头上预防和治理腐败的意见》，不断加大治本力度，要把党风廉政建设责任制作为一项政治纪律认真执行，严格执行责任追究的规定，切实纠正形式主义和官僚主义作风，保证反腐败各项任务落到实处。

〔**教育系统党风廉政建设**〕 2001年，教育部党组贯彻“三个代表”的要求，坚持党要管党的原则和从严治党的方针，结合教育系统实际，深入贯彻执行党中央、国务院和中纪委关于加强党风廉政建设和反腐败斗争的一系列重大部署，突出重点，狠抓落实，加大了从源头预防和治理的力度，使教育系统党风廉政建设和反腐败各项工作取得了新成果。（1）领导干部廉洁从政行为进一步规范。驻教育部纪检组、监察局将中纪委关于党员领导干部廉洁自律新的6条规定印发给部机关和直属企事业单位及所有司局级干部，要求认真对照检查，严格自律。同时，在部机关党校和国家高级教育行政学院培训县（处）级以上领导干部，进行廉洁自律的教育。部直属高校围绕纪念建党80周年，普遍开展了以各级领导干部为重点，以党性党风党纪教育为核心的“党风廉政宣传月”活动，使领导干部廉洁自律意识、责任意识普遍得到增强。（2）认真执行和落实中央关于对党员领导干部配偶、子女从业规定延伸至县（处）级干部中实施的要求，在部机关和直属单位范围内进行调查清理。（3）对部机关工作人员和直属单位中层以上的领导干部进行不准接受现金、有价证券和支付凭证的情况进行了调查登记。对部机关和直属单位领导干部持有因私护照、外国居留证以及配偶持有外国居留证的情况进行了调查。同时，对领导干部离职和退（离）休后从业情况按规定进行了调查和清理。（4）强化教育部和各省（自治区、直辖市）教育行政部门、部直属高校落实党风廉政建设责任制，完善和建立了配套制度和措施。在年底前普遍结合年终干部考核进行了党风廉政建设责任制落实情况的检查，并就存在的问题提出了整改意见。

〔**查办案件力度加大**〕 2001年，教育系统各级纪检监察机关严肃查处了一批重要的经济案件和具有教育行业特点的案件。据统计，2001年教育系统纪检监察机关共受理举报8.23万件（次），立案7 594件。其中经济类案件1 898件，占立案总数24.99%；教育乱收费类案件1 540件，占20.27%；道德败坏案件778件，占10.24%；失职渎职案件525件，占6.91%；违反招生考试规定类案件456件，占6%；违反政治纪律类案件304件，占4%；其他案件2 093件，占27.56%。

受到党纪政纪处分6 534人，其中司局级干部7人，县处级干部188人。移送司法机关442人。为国家挽回经济损失1.46亿元。其中，驻教育部纪检组、监察局共受理涉及部机关和直属单位的举报信110件，其中部机关34件；完成初核22件，了结15件，立案4件，为国家挽回经济损失7 200万元。2001年10月，驻教育部纪检组在中央纪委召开的办案经验交流会上，介绍了查处大案要案的经验。

〔**治理乱收费**〕 继续把治理乱收费放在突出位置，治理力度持续加大。2001年，教育部与国家计委、财政部、国务院纠风办连续印发关于治理农村中小学乱收费和规范非义务教育收费等文件，并提出在贫困地区农村中小学实行“一费制”，使教育收费管理进一步得到规范。6月，召开了中西部地区治理中小学乱收费工作研讨会，对治理工作作了进一步的部署。各级地方政府普遍下发文件，提出专项治理目标，或通过人大立法，颁布《乱收费的处罚规定》，从源头上加大了预防和治理的力度。

监督检查力度加强。2001年，教育部与国家计委、财政部等有关部委共组成11个检查组，分两批对全国31个省（自治区、直辖市）的农村中小学和高等学校的收费管理进行了专项检查；与国务院纠风办组成2个检查组，对7省（自治区、直辖市）的收费管理工作进行了重点交叉检查。各地教育行政部门普遍抓住春秋两季入学收费关口，主要负责同志亲自带队，共组成1.64万个检查组，深入基层和中小学校检查治理进展情况，据统计，共检查14.65万所小学、4.55万所初中；查出中小学各种违规收费3.69亿元，清退违规收费金额3.14亿元。

进一步加大查处乱收费案件力度。教育部和有关省（市）教育行政部门对查处有令不行、有禁不止、顶风违纪案件进行督查和指导，据31个省（自治区、直辖市）教育行政部门统计，共查处乱收费案件7 501件，处理有关责任者2 813人，其中受到党纪政纪处分1 016人，163人被行政撤职或留党察看。

〔**招生监察工作**〕 在2001年全国普通高校招生规模继续扩大的情况下，教育部于4月和5月相继召开全国教育考试考风考纪电视电话会议和普通高校招生执法监察工作研讨会，就加强招生考试管理、严肃考风考纪和开展招生执法监察工作作出部署，提出要求。各省（自治区、直辖市）和高等学校纪检监察机关认真贯彻《教育部关于普通高等学校招生监察工作的暂行规定》和《关于进一步做好2001年普通高校招生管理和招生监察工作的通知》的精神，按照“在参与中监督，在监督中服务”的原则，对招生考试的全过程加强了监督检查，查实并清退了一批不符合入学条件或违反招生规定录取的学生。一些省（自治区、直辖市）教育行政部门和高等学校还针对实现网上录取后的新形势，积极探索进一步加强招生监察工作的途径、办法，如提出实施网上录取中的监察事项、举办计算机网上录取培训班等。

〔**从源头预防和治理腐败的新举措**〕 2001年，驻教育部纪检组、监察局会同有关部门重点抓了《教育部关于加强从源头上预防和治理腐败的实施意见》的贯彻落实工作。一是对部机关行政审批项目进行了清理，有的职能保留，有的改变管理方式，有的拟交由地方教育部门实施，并拟取消一批不适应教育改革发展或加入WTO要求的项目，上报国务院统一审查处理。二是对部机关购置的大宗设备物品，全部实行了政府采购。三是积极推进干部人事制度改革，对一些司局级领导岗位面向整个教育系统招聘，副处以上领导干部全部实行了任前公示和试用期制度。四是经教育部党组决定，将部分高等学校的2%招生调剂指标取消，并按照“压缩规模，严格标准，严格管理”的原则，将保送生名额由往年的2万多名压缩到3 408人，并将保送生名单在媒体上公布。五是根据监察部等单位关于银行账户清理整顿工作会议精神，组织对部机关、事业单位银行账户进行了全面清理。

2001年，全国有20多个省（自治区、直辖市）教育行政部门、500余所高校、20多万所中小学实行了“政务公开、校务公开”。7月，教育部与全国总工会教育工会召开了“校务公开”工作研讨会，制定并印发了《在全国教育系统积极推行校务公开工作的实施意见》，加强了对实施校务公开的宏观管理和指导。

〔**调查研究工作**〕 2001年教育纪检调查研究工作进一步加强。(1) 针对在贫困地区和农村中小学实行“一费制”政策试点工作，驻教育部纪检组、监察局对安徽、江西、甘肃、广东、湖南、河南和新疆7省（自治区）实行“一费制”情况进行调研，提出了完善和改进收费政策的意见和建议。(2) 按照中央纪委部署的科研课题，以中小学乱收费为何屡禁不绝、如何防止招生考试中弄虚作假腐败现象等热点问题为课题，开展调查研究，撰写了一些文章和专题报告，提出了专项治理的对策、建议。(3) 对部机关和直属单位的党风廉政建设、领导干部廉洁自律等情况，进行了四次摸底调查，提出了整改的意见和建议。

在调查研究中也看到教育系统反腐败工作依然不容乐观，一是违法违纪案件呈持续上升趋势，重大经济案件和具有行业特点的案件时有发生；二是农村中小学乱收费和非义务教育阶段高中、普通高校违规收费现象仍比较突出；一些县乡政府和社会有关部门违反国家规定，对教育的乱收费、乱摊派、乱集资现象仍然存在；三是社会腐败现象和说情风严重威胁着招生考试的公平、公正，弄虚作假、冒名顶替等舞弊现象在个别地方仍屡禁不止；四是治本的力度还很不够，如精简行政审批项目、预算外资金管理、责任追究制度还需要进一步落实，有关重点部门、重点岗位的监督制约制度也应进一步完善。

撰稿　王新民

审稿　周冬成

# 信访工作

〔**信访反映的主要情况和问题**〕 2001年教育部信访办共处理群众来信（来电）21 000多件；接待群众来访4 100多人，其中接待处理集体访76批590多人。信访数量与上一年大体持平，主要特点是：一些教育热点、难点问题相对集中；涉及群众权益方面的联名信和集体访多；电话信访大幅度增加；有些群众曾反映较突出的问题呈明显下降趋势。信访办全年对重要的信访问题编发信访摘报、简报36期；对重点案件发公函请地方查处120多件；对一些较急迫或属合理要求的申诉问题，及时以便函或电话等形式与地方及高校联系落实3 200多人次；请20多个省市和高校派人来京处理疑难信访问题；许多重要的信访问题得到及时妥善处理。

(1) 有些教育热点、难点问题的信访数量仍较突出。到2001年，大多数省、自治区、直辖市已基本结束民办教师转正工作，一些被辞退的民办、代课教师信访数量增多，全年共1 325件次，占信访总数的5.2%，比较突出的是被辞退后要求解决适当安置或老有所养问题；反映教育集资收费问题1 526件次，占信访总数的6.3%，主要仍是一些中小学名目繁多的集资收费；反映一些地区中小学教师工资拖欠问题1 004件次，占信访总数的4%；检举揭发一些地方和高校教育干部违纪、违规问题2 022件次，占信访总数的8%，比上一年略有减少。

(2) 有些群众曾反映较突出的问题呈明显下降趋势。2001年信访反映高校招生问题961件次，比上年下降12%，随着高招中不正之风问题的减少，群众对许多高校在招生中不录取第二志愿开始反映强烈；随着素质教育的全面、深入实施，反映基础教育问题明显减少，全年共1 105件次，比上年下降54%；反映社会力量办学，职业、成人教育问题488件次，比上年下降20%；反映研究生教育问题340件次，比上年下降25%；反映一些中小学教师严重体罚学生致残致伤问题255件次，比上年下降31%。

此外，群众信访反映教师职称评定、教师住房、大中专毕业生分配、校园校舍建设等问题，比上年也都有所减少。

〔**信访工作情况**〕（1）采取多种办法，加大对群众信访热点、难点问题和反映较强烈问题的排解工作力度。2001年群众反映较突出的民办教师被辞退、教育乱收费、中小学教师工资拖欠、高校招生、举报干部违纪，以及许多高校划归教育部后的遗留问题等，不仅涉及面广，在社会上影响大，也是教育部所关注和重点解决的问题。对此，信访办围绕这些工作常抓不懈，并有针对性地采取多种办法，努力争取办实事、见实效。如：对教师工资拖欠问题，一般都及时发公函请地方查处；对一些地区民办教师被辞退的善后问题，积极向地方反映情况和提出建议；对一些突发性事件和高招期间以及大学生入学后的较急迫问题，及时与地方或高校联系，使问题尽快妥善处理；对有些疑难案件，则请地方来人或信访办派人下去，会同有关部门共同研究处理。特别是近年来信访电话明显增多，平均每天二三十个，内容多种多样，有咨询性的，有反映情况的，有举报的，也有要求解决个人问题的。信访干部从思想上都很重视信访电话，耐心解答，遇到一些紧急事项及时与部内司局或地方有关部门联系落实。由于信访办认真负责，努力为信访群众排忧解难，促进了一些重要信访问题的及时解决。（2）努力做好信访信息工作。办公厅领导很重视信访信息工作，信访办年初为此作了认真部署。在日常工作中，一是定期分析研究一些教育热点、难点问题的趋势和动态；二是及时分析研究信访中的突出问题和新情况；三是认真筛选参考价值较高的批评和建议；四是对一些重大政策出台后的信访进行预测等。信访办的全体同志思想重视，主动抓取重要的信息，认真编发摘报、简报或呈报重要来信，及时反映群众的呼声和意愿。陈至立部长和其他部领导都先后对摘报、简报作出批示，信访办逐一认真落实。（3）认真做好集体上访、异常上访和上访老户工作。信访办全年接待处理集体上访70多批，涉及到20多个省市。集体访大都有一定道理，而且所代表的人数多，情绪激动，容易在京出现不良影响。因此，信访办对每一起集体访都做到及时接待，认真处理，有时几个人共同协助处理。处理有些异常来访和上访老户也是这样。由于大家认真负责地做工作，全年没有出现一起矛盾激化的问题，避免了不稳定因素的发生。

撰稿　郝广钧

审稿　高聚慧

# 全国人大代表、全国政协委员建议、提案的承办工作

2001年3月“两会”期间，教育部共接到全国人大代表建议350件，全国政协委员提案393件。建议、提案涉及到教育工作的主要内容有：减轻中小学生课业负担，大力推进素质教育；发展高等教育，扩大教育规模，扩大教育自主权，进行高校招生制度改革；继续加大教育经费投入；加大教育执法力度；尽快制定校园安全法；鼓励、扶植、规范社会力量办学；支援发展西部教育；加强教师队伍建设，提高教育质量；加强大、中、小学的道德思想教育等。

教育部领导和教育部各司局及直属单位对承办建议、提案工作非常重视，认为建议、提案是人民

代表、政协委员行使民主权利，积极参政、议政的重要形式，是实现社会主义民主的重要渠道，也是帮助教育工作决策科学化、民主化，促进教育改革与发展的重要外部力量，因此，一定要认真办好，让代表、委员满意。

根据教育部党组的部署，教育部各司局及直属单位按照《教育部关于建议、提案工作暂行规定》，结合本单位的工作实际，认真研读建议、提案，把握核心意图，重在落实。在办复中突出针对性，传递教育工作的最新思路和信息，做到严格把关，层层负责，保证办复质量。特别是加强了重点建议、提案的调查研究和办理工作，对改进和进一步做好教育工作发挥了积极作用。

2001 年的建议、提案承办工作由于各级领导重视、组织得力、提高了办复质量，比较圆满地完成了建议、提案的承办工作任务。并组织评选出了 39 件优秀建议、提案，15 个优秀组织单位。从全国人大代表、全国政协委员的反馈意见看：认为教育部的承办工作认真负责，富有实效，普遍表示满意。

撰稿　郝广钧

审稿　高聚慧

# 基础教育

## 管理工作

〔**推进义务教育持续健康发展**〕　《国务院关于基础教育改革与发展的决定》（以下简称《决定》）明确提出了“十五”期间我国义务教育改革与发展的总体目标和基本任务。同时，从调整完善农村义务教育管理体制、确保农村中小学教师工资发放入手，制定了保证农村义务教育发展的治本之策。为认真贯彻落实《决定》精神，推进义务教育持续健康发展，教育部确定从以下几方面加大工作力度：

1. 加大对贫困地区和弱势人群的扶持力度，打好普及义务教育攻坚战。发展贫困地区、民族地区、边境地区义务教育，为家庭经济困难儿童少年、女儿童少年、流动儿童少年和残疾儿童少年提供平等的教育机会，是实现义务教育真正普及的关键一环，是实现社会公正和维系社会稳定发展的重要保证，是政府和社会尊重全体儿童少年都应享有的接受义务教育权利的体现。到2000年，我国还有520多个县和县级行政区划单位未“普九”，其中民族县200多个，未“普小”的县100个。这些县大部分集中在西部地区，“普九”工作进入愈加艰苦的攻坚阶段。因此，必须抓住西部大开发的有利时机，制定特殊政策，提供重点支持，努力缩小地区差距。中央已决定“十五”期间实施第二期“国家贫困地区义务教育工程”和“学校危房改造工程”，设立了“贫困地区义务教育助学金”，开始试行免费提供教科书，并实施了“城市学校对口支援贫困地区学校工程”等。地方各级政府特别是省级政府也要建立健全扶持贫困地区义务教育发展和家庭经济困难学生就学制度，采取提供助学金、免费提供或使用黑白版教科书等办法，减轻家庭经济困难学生的负担。

2. 搞好农村“普九”巩固提高工作。巩固提高是普及义务教育的重要发展阶段，是一项长期而艰巨的任务。目前，不少已初步实现“普九”目标的农村，总体水平还不高，工作基础脆弱，质量水平偏低，初中辍学率居高不下，部分农村实行的是八年义务教育，地区之间义务教育发展水平不平衡，巩固提高任务繁重。初中学龄人口高峰的到来，使教育需求与供给的矛盾更加尖锐。“十五”期间已通过“普九”验收的农村地区要以提高教育质量为核心，以扩大普及程度、建设师资队伍、改善办学条件为重点，搞好巩固提高工作，逐步实现学校布局合理，办学条件均衡，教育管理规范，学校办出特色。同时，要进一步完善“在国务院领导下，由地方政府负责，分级管理，以县为主”的农村义务教育管理体制，明确省、地（市）、县、乡各级政府承担的相应责任。继续实行地方领导任期责任制和党政领导干部义务教育工作考核机制。各级政府要依法保证义务教育经费“三个增长”，建立稳定规范的义务教育经费和教师工资按时足额发放保障机制，不拖欠教师按规定标准发放的工资。生均预算内公用经费达到省级人民政府规定标准并逐年增长。

3. 降低农村初中在校生辍学率。农村初中在校生辍学问题应引起高度重视。辍学的主要原因是家庭经济困难，还有学生厌学，受传统就业观念影响出现新的“读书无用论”，一些地区“普九”验收后产生松懈情绪等。各地要针对学生辍学的不同原因，采取相应措施和办法，常抓不懈，保证学龄儿童少年接受九年义务教育。近年来，一些中小学生随父母由农村流动到城镇。流入地政府要将解决他们的就学问题作为加强流动人口综合管理的重要内容，统筹教育、公安、财政、物价等部门齐抓共管。要从本地实际出发，制定解决流动儿童少年就学的具体办法并加强管理。

4. 因地制宜，调整农村义务教育学校布局。“九五”期间，农村义务教育学校布局调整取得了初步成效。全国农村小学、初中数量分别减少21%和14.5%，校均规模分别提高15.6%和51%，全国小学教学点减少15.6%。“十五”期间，要继续遵循小学就近入学，初中相对集中、适度规模办学，优化教育资源配置的原则，进一步合理调整学校布局。要从实际出发，因地制宜，充分考虑义务教育发展和乡（镇）行政区划调整、逐步推进城镇化的需求，要和初中学龄人口高峰平稳过渡、学校危房改造、规范学制、移民搬迁等有机地结合起来，统筹加以考虑。调整后的学校布局，要有较长时间的适应性，避免出现反复。

5. 大中城市和经济发达地区要高水平、高质量普及九年义务教育。要以全面提高教育质量、教师素质和学校管理水平为重点，推进学校标准建设，在教育质量、师资队伍、办学条件、信息技术教育、教育管理和教育经费等方面实现均衡发展，全面消除薄弱学校；在满足基本学习需求的同时，满足特殊学习需求，使全体儿童少年享有高质量教育。有条件的地方可对家庭经济困难儿童少年和残疾儿童少年逐步实行免费义务教育。到2010年，在教育普及程度、师资水平、教育设施和教育质量等方面接近或达到世界中等发达国家水平。

要继续高度重视并采取有力措施办好义务教育阶段每一所学校，使义务教育整体水平迈上新台阶，努力满足国家和人民群众对教育的需求。要高度关心和重视流动儿童少年就学问题，对流动人口中的弱势群体——外来民工子女就学问题，更要给予特别关注，绝不能让这些孩子成为都市里的新文盲。

撰稿　唐淑芬
审稿　王建国

〔**试行向贫困地区学生免费提供教科书**〕　根据《国务院办公厅转发体改办等部门关于降低中小学教材价格深化教材管理体制改革意见的通知》精神，教育部、财政部制定印发了《关于对全国部分贫困地区农村中小学生试行免费提供教科书的意见》。该意见明确，从2001年秋季开始，在全国部分贫困地区农村中小学，对家庭经济困难学生试行免费提供教科书。免费提供教科书的对象为国家扶贫开发工作重点县中，到2000年底未普及初等教育县的全部农村小学生和未通过国家“两基”验收县的农村初中学生中家庭经济困难的学生，以及特殊教育学校（特教班）的学生。试行免费提供教科书所需经费由中央财政承担。2001年秋季免费提供教科书所需的1亿元经费由中央财政从第二期“国家贫困地区义务教育工程”专款中安排。预计2001年秋季的1亿元经费可使全国19个省（自治区、直辖市）的57个未普及初等教育国家级贫困县131万小学生，273个未实现“两基”国家级贫困县107万初中生和6万特教学生，合计约244万学生领取免费提供的教科书。

2001年秋季的1亿元免费教科书经费下拨后，在贫困地区产生了强烈反响，受到了广大学生的热烈欢迎。对全国部分贫困地区农村中小学生试行免费提供教科书，充分体现了国家对贫困地区儿童少年的关怀，必将促进这些地区适龄儿童少年接受义务教育，也是国家实行真正免费教育的开始。继国家试行免费提供教科书之后，广东、山东、黑龙江等省也都试行了向本省贫困地区农村中小学生试行免费提供教科书。

撰稿　于长学
审稿　朱慕菊

〔**学校对口支援工作**〕　2001年6月13日，

国务院办公厅在北京召开学校对口支援工作经验交流会，总结“两个工程”实施一年来所取得的阶段性成果和积累的成功经验，研究部署下一阶段工作，将“西部大中城市学校对口支援本省（自治区、直辖市）贫困地区学校工程”扩展为“大中城市学校对口支援本省（自治区、直辖市）贫困地区学校工程”，使“两个工程”的实施范围覆盖到全国所有省、自治区、直辖市，同时对职业教育的对口支援工作提出了要求。会后，国务院办公厅印发了《会议纪要》。

在各级党委和政府的重视下，经过各级教育行政部门和广大教育工作者的共同努力，学校对口支援工作实施近两年来取得了很大成果，对于促进受援地区义务教育的发展发挥了重要作用。支援地区不仅向受援地区派出了优秀的支教教师和教育行政管理人员，帮助提高受援学校的教育质量和学校管理水平，而且还进行了大量的物资支援，改善受援学校的办学条件，同时资助受援地区家庭经济困难的学生就学。各地在实施过程中采取了一些行之有效的做法，如各级政府高度重视，狠抓落实，制定相关政策鼓励广大教师积极投身支教，重视检查和宣传工作，创设学校对口支援工作良好的社会氛围等。

据2001年9月东部12个支援市的统计，东部共向西部受援地区派出支教教师973名，援助资金7 863万元，以及大量的图书、计算机、教学仪器设备和学习用具等。与此同时，各省、自治区、直辖市内部的学校对口支援工作也在有条不紊地进行，一些地方还根据实际情况开辟了地（市）内的学校对口支援、省（市）直机关支援贫困地区学校等“第三个工程”。

根据学校对口支援工作的实际情况，不断拓宽和调整对口支援的范围。如增加了职业学校的对口支援、将图书捐赠和计算机捐赠作为专项活动集中开展和经常性开展、推动各地建立经常性的捐赠中心等。这些措施进一步深化了学校对口支援工作，也增强了对口支援工作的实际效果。

撰稿　高学贵
审稿　王建国

**〔中小学信息技术教育〕**　根据推进我国教育信息化的总体部署，结合我国基础教育的实际，教育部决定从2001年起，用5～10年左右时间在全国范围内基本普及中小学信息技术教育，全面实施“校校通”工程，以信息化带动教育的现代化，努力实现基础教育跨越式发展。到2001年9月，全国83.9%的高中、65.3%的初中、10.3%的小学开设了信息技术教育课程，共有1.1万所中小学校建设了校园网，计算机总台数达293.9万台，学生拥有计算机数已经从1999年底的约121人1台发展到约67人1台，中小学信息技术教育的水平有了新的提高。

撰稿　郑增仪
审稿　李天顺

**〔“明天小小科学家”奖励活动〕**　“明天小小科学家”奖励活动（原为“长江小小科学家”奖励活动）是由教育部和香港周凯旋基金会主办、中国科协承办的面向全国中学生的一项科技奖励活动。其宗旨是通过评选和奖励全国中学生独立完成的优秀科技创新和科学研究成果，充分展示我国中学生科技教育所取得的成果，推动中学生科技教育蓬勃开展。奖励活动设一、二、三等奖和提名奖。奖励对象为各省、自治区、直辖市及香港、澳门特别行政区的普通初中、高中和中等师范学校、中等职业学校的学生及其所在学校。

2001年“明天小小科学家”奖励活动共收到全国31个省、自治区、直辖市和新疆生产建设兵团，以及香港、澳门特别行政区选送的中学生科技项目457件，其中个人项目232件，集体项目225件。这些项目涉及植物、动物、生命科学、微生物、药学与健康、环境、化学、物理、数学、地球与空间、计算机和工程技术等14个学科。活动组委会聘请了28位著名科技专家、学者（其中3位中科院院士）组成评审委员会。按照评审程序，评委会对457个申报项目逐项进行了评审，决定将其中的92个项目参加终评展示和接受答辩。经过初审和终评展示，最终确定203个获奖项目。其中，一等奖4人、二等奖29人、三等奖50人、提名奖120人。

教育部要求各地教育行政部门要在此次“明天小小科学家”奖励活动的基础上，认真总结经验，对获奖的学生今后进一步从事科研及发明创造活动要积极予以扶持。同时，要对当地的获奖学校加强指导，保证获奖资金主要用于学校继续开展科技教育和活动。各地将不断探索并形成开展科技教育的有效机制，促进青少年学生科技教育和科技活动深入发展。

〔**青少年学生校外活动场所建设**〕　根据《中共中央办公厅国务院办公厅关于加强青少年学生活动场所建设和管理工作的通知》要求，在财政部、民政部、国家体育总局等部门的共同努力下，2000 年筹集了 6 亿元彩票公益金专项用于青少年学生活动场所建设和维护，并于 2001 年全部拨付使用。2001 年，根据全国青少年校外教育工作联席会议第一次全体成员会议精神，中央财政掌握的 3 亿元重点扶持了中西部地区 160 个青少年校外教育活动场所新建项目。新建项目以青少年学生校外活动中心为主，共计 139 个。其中青少年宫 11 个；妇女儿童活动中心 2 个；青少年科技馆（校外科技活动中心）7 个；青少年文化艺术中心 1 个。返还地方的 3 亿元也全部用于青少年活动场所的建设和维护。

国家扶持新建的青少年活动场所，建筑面积原则上不少于2 000平米，配备 50 台左右的计算机，突出体现科技、体育、文化等多功能、综合性，以学生直接活动为主。每个项目资金为 180 万元，其中，基建经费 120 万元，设备费 60 万元。考虑到西藏的特殊情况，安排西藏地区每个项目资金为 270 万元，其中，210 万元用于基建，60 万元用于购置设备。2001 年国家扶持的 160 个青少年学生校外活动场所建设项目已顺利完成申报、审批及资金拨付工作。南方地区 80 多个项目已大部分开工，北方冻土地区的项目将随着季节的转换陆续开工。全部 160 个项目建成后，将对青少年校外教育工作产生积极的推动作用。

撰稿　王新立
审稿　王建国

〔**高中教育**〕　普通高中教育事业持续快速发展。为实现《国务院关于基础教育改革与发展的决定》提出的“十五”期间“高中阶段入学率达到 60%左右”的发展目标，按照“积极进取、实事求是、分区规划、分类指导”的原则，各地通过挖掘现有学校潜力、学校布局结构调整、初高中分离、支持民办教育等措施，有效地推进了高中教育的发展。2001 年普通高中招生约 557.98 万人；在校生达到1 404.97万人，比上年增加了近 204 万人。上海、北京、天津等大中城市和经济发达地区在加快高中教育发展的同时，重点解决高中优质教育资源不足的矛盾，积极发展优质教育资源，提高高中教育的整体办学水平和教育质量，不断满足人民群众的需求和地方社会经济发展的需要。已经“普九”的农村地区高中教育的发展是“十五”期间高中教育发展的关键。一方面充分调动地方政府发展高中教育的积极性，加大对高中的投入，另一方面中央财政设立了专项资金支持中西部地区特别是农村高中的发展。2001 年，已划拨专项资金近 1 亿元，支持 31 个省（自治区、直辖市）改扩建近百所高中，其中重点支持 66 所县高中的建设。与此同时，积极鼓励民办普通高中的发展，鼓励各地积极进行普通高中教育与中等职业教育相互沟通、渗透的探索，鼓励综合高中的发展。

普通高中课程改革深入开展。2001 年秋季全国 25 个省市选择使用了经修订的高中实验课程方案。在推动高中实验课程方案实施的同时，为适应 21 世纪国际竞争和社会发展的需要，2001 年 7 月正式启动了作为新基础教育课程体系重要组成部分——普通高中新课程方案的研制工作。2001 年，已经初步完成普通高中课程的国际比较、现状研究、普通高中性质、任务和培养目标的研究、课程结构框架构建以及各学科内容结构研究，以及学分制管理的研究，并开始起草课程标准。2003 年秋季该套课程方案将在部分学校或地区进行实验。

撰稿　刘月霞
审稿　朱慕菊

〔**幼儿教育**〕　2001 年 11 月，教育部基础教育司在山东省青岛市召开了全国幼儿教育工作座谈会，各省、自治区、直辖市和计划单列市教育厅（教委）主管幼儿教育的处长和部分省、市教育厅主管厅长参加了会议。会议认真回顾和总结了改革开放20多年来幼儿教育事业发展的成就和经验，对新时期幼儿教育事业改革和发展的重点工作进行了研讨。青岛市教育局、河北省教育厅、天津市教育局、苏州市教育局和广州市教育局在大会上介绍了经验。教育部副部长王湛参加会议并讲话，强调幼儿教育作为基础教育的重要组成部分，其普及程度、教育质量和普及九年义务教育密切相关。发展幼儿教育是整个教育事业发展的需要，对巩固提高“普九”水平，发展各类教育，构筑终身教育体系，具有基础性、全局性和先导性的作用。会议提出“十五”期间幼教事业的发展目标是：到2005年，全国学前三年幼儿受教育率达到55%，学前一年幼儿受教育率达80%；大面积提高3岁以下和3～6岁儿童家长及看护人员的科学育儿能力。大力发展灵活多样的幼儿教育形式，积极探索以社区为依托，以示范性幼儿园为骨干、正规与非正规相结合的区域性2001幼儿教育服务网络，满足0～6岁儿童和家长多样化的需求。

2001年7月2日，教育部颁布了《幼儿园教育指导纲要（试行）》，于2001年9月开始试行，1981年颁布的《幼儿园教育指导纲要（试行草案）》同时废止。《纲要》共分总则、教育内容与要求、组织与实施、教育评价四个部分。《纲要》的颁布是在贯彻实施《幼儿园工作规程》基础上，又一个规范幼儿园教育改革的指导性文件。《纲要》规定了我国幼儿园教育的基本实践规范和要求，既立足于我国幼教改革的现实，同时吸收了世界幼教研究的优秀成果。《纲要》倡导的现代教育理念和教育思想，贯穿了鲜明时代特征的终身教育思想，体现出对儿童权利的尊重、对儿童个性、能力结构与学习特点的尊重、对儿童身心发展规律、教育规律的尊重。教育部在同时下发的《关于印发〈幼儿园教育指导纲要（试行）〉的通知》中要求各级教育行政部门有计划地做好《纲要》的宣传、贯彻和培训工作，使广大幼教工作者、幼儿家长以及社会人士都能了解《纲要》的指导思想和基本要求。各地要认真制定本地贯彻《纲要》的实施方案，可采取先行试点的办法，对不同地区、不同类型、不同条件的幼儿园，分别提出不同的要求，待取得经验后逐步推开。教育部已举办了全国性《纲要》培训班，采取“参与式培训”的形式，收到了很好的效果，全国各省、直辖市、计划单列市教育行政部门、教科所和有关中等和高等师范院校约230人参加了培训。此后，各地陆续开展了不同形式培训和宣传活动。

撰稿　姜　瑾

审稿　朱慕菊

〔**特殊教育**〕　2001年，全国特殊教育事业规模持续扩大，全国盲、聋、弱智学校已有1 531所，在校生（含在特殊教育学校、普通学校特殊教育班和部分随班就读学生）38.64万人。

2001年4月，由教育部、民政部、中国残联联合举办的第三次全国特殊教育工作会议在北京召开。各省、自治区、直辖市教育厅（教委）、民政厅、残联的负责同志共100余人参加了会议。教育部部长陈至立、民政部副部长杨衍银、中国残联主席邓朴方出席会议并讲话；教育部副部长王湛作了题为《振奋精神，扎实工作，努力实现我国特殊教育事业的新发展》的主题报告。报告总结了近年来特殊教育改革和发展的主要成就，提出了“十五”期间特殊教育改革与发展的主要任务和应采取的措施。教育部部长助理、基础教育司司长李连宁作了总结讲话。

2001年11月，教育部、国家计委、民政部、财政部、人事部、劳动保障部、卫生部、税务总局、中国残联9部门制定的《关于“十五”期间进一步推进特殊教育改革和发展的意见》，经国务院同意，由国务院办公厅转发至各省、自治区、直辖市政府和国务院各部委及直属机构。《意见》提出，“十五”期间要大力普及残疾儿童少年义务教育，进一步完善特殊教育体系，努力满足残疾人教育需求的目标，并提出三类经济基础不同的地区残疾儿童义务教育、早期教育、高中阶段及其以上教育特殊教育事业发展的目标和任务，特别强调要将残疾儿童少年义务教育纳入义务教育体系，作为普及九年义务教育和巩固提高普及九年义务教育成果与水平的一项重要任务。《意见》强调“十五”期间要深化教学改革，全面推进素质教育，提高特殊教育的质量；要改革特殊教育学校课程与教学，完成特殊教育学校新的课程方案的制定工作。要加强劳动技能与职业教育；加强随班就读等工作的指导。各地要进一步加强特殊教育师资队伍建设，不断提高教师素质”；重视特殊教育师资培养与培训，并积极改善特殊教育学校教职工的生活。要充分认识发展特殊教育的意义，切实加强领导，将特殊教育的发展纳入经济社会和教育发展规划，并采取增加经费投入、建立残疾儿童少年义务教育目标责任制，加强督导与评估等有效措施，推动特殊教育事业的发展。

2001年12月，教育部、民政部、中国残联颁发特殊教育表彰决定，对在“九五”期间做出显著成就的北京市顺义区等101个县（市、区）和李任炜等203名特殊教育工作者分别授予“全国特殊教育先进县（市、区）和“全国特殊教育先进工作者”光荣称号。

撰稿　王　洙
审稿　李天顺

〔**扫盲教育**〕　2001年，各地继续把扫盲工作作为一项大事来抓。青壮年非文盲率尚未达到95%以上的西部县（区），大力开展扫盲攻坚工作；已经达标的地区，采取多种措施，巩固和扩大扫盲成果，全国扫盲工作取得了新的进展。全年共扫除青壮年文盲220.5万，其中女性为129.6万，一部分县实现了国家规定的基本扫除青壮年文盲的目标。云南、贵州、甘肃、青海、内蒙古、宁夏、四川等省（自治区）都制订了“十五”期间扫盲攻坚规划，启动了新时期扫盲工作。在联合国教科文组织总部开展的2001年度“国际扫盲奖”评奖活动，天水市教委的扫盲工作得到了国际社会的公认和赞扬，被评为“国际扫盲奖”大奖之一“世宗王奖”，荣获了联合国教科文组织总部颁发的证书和1.5万美元奖金。

2001年，我国仍有文盲8 500多万人，其中青壮年文盲近2 000万人。当前扫盲工作的难点是：文盲主要分布在边远贫困农村，特别是西部地区的边远山区、牧区和少数民族地区，扫盲工作的组织和动员难度较大；文盲年龄偏大，女性文盲多，缺乏适当的报刊读物，学后不易巩固；人口流动增加，部分地区义务教育阶段辍学率增加，新文盲还在产生，增加了扫盲的难度。

2001年10月，教育部基础教育司在西南师大扫盲教育研究中心召开了全国扫盲工作研讨会。会议分析了新时期全国扫盲教育面临的形势，强调要坚持把扫盲放在“重中之重”的地位，加强各级政府对扫盲工作的领导，制订工作规划、政策和措施，投入必要的人力、物力和财力；广泛动员社会各方面力量参与扫盲工作，形成齐抓共管的工作格局。要突出重点，多渠道解决扫盲经费；以文盲需求为导向，深化扫盲课程和教学改革，提高扫盲的实用性；要逐渐从扫文字盲向扫文化盲的方向转变，逐步形成基本语文、实用数学、创业知识与技能、家庭生活知识与技能、公民生活知识与技能相结合的扫盲课程体系；要把扫盲教学任务落实到农村中小学和成人学校，鼓励农村普通学校“日校办夜校，一师任两教”；要坚持扫盲工作督导评估制度和建立扫盲复查制度，复查中发现指标下滑的，要限期整改，两年未能合格的，省政府应取消其基本扫除青壮年文盲单位的称号。

撰稿　孙凤歧
审稿　王建国

# 教学与课程改革

〔**基础教育课程改革**〕　为适应科技发展和社会进步对国民素质提出的要求，落实第三次全国教育工作会议精神，教育部自1999年1月启动了国家基础教育课程教材改革工作。2001年6月，经国务院同意，在全国基础教育工作会上，正式印发了《基础教育课程改革纲要》。《纲要》指出基础教育课程改革要以邓小平同志关于“教育要面向现代化，面向世界，面向未来”和江泽民同志“三个代表”的重要思想为指导，全面贯彻党的教育方针，全面推进素质教育。

为适应21世纪国家改革、开放和发展的要求，《纲要》对基础教育的培养目标做了阐述：要使学生具有爱国主义、集体主义精神，热爱社会主义，继承和发扬中华民族的优秀传统和革命传统；具有社会主义民主法制意识，遵守国家法律和社会公德；逐步形成正确的世界观、人生观、价值观；具有社会责任感，努力为人民服务；具有初步的创新精神、实践能力、科学和人文素养以及环境意识；具有适应终身学习的基础知识、基本技能和方法；具有健壮的体魄和良好的心理素质，养成健康的审美情趣和生活方式，成为有理想、有道德、有文化、有纪律的一代新人。

《纲要》提出本次基础教育课程改革的6项具体目标是：(1) 改变课程过于注重知识传授的倾向，强调形成积极主动的学习态度，使获得基础知识与基本技能的过程同时成为学会学习和形成正确价值观的过程。(2) 改变课程结构过于强调学科本位、科目过多和缺乏整合的现状，整体设置九年一贯的课程门类和课时比例，设置综合课程，以适应不同地区和学生发展的需求，体现课程结构的均衡性、综合性和选择性。(3) 改变课程内容繁、难、偏、旧和过于注重书本知识的现状，加强课程内容与学生生活以及现代社会科技发展的联系，关注学生的学习兴趣和经验，精选终身学习必备的基础知识和技能。(4) 改变课程实施过于强调接受学习、死记硬背、机械训练的现状，倡导学生主动参与、乐于探究、勤于动手，培养学生搜集和处理信息的能力、获取新知识的能力、分析和解决问题的能力以及交流与合作的能力。(5) 改变课程评价过分强调甄别与选拔的功能，发挥评价促进学生发展，教师提高和改进教学实践的功能。(6) 改变课程管理过于集中的状况，实行国家、地方、学校三级课程管理，增强课程对地方、学校及学生的适应性。

文件的主要内容还包括基础教育新课程结构、课程标准、教学过程、教材开发与管理、课程评价、课程管理、教师的培养和培训以及课程改革的组织与实施等方面的要求等。《基础教育课程改革纲要》是指导本次基础教育课程改革的基本文件。

〔**义务教育课程改革实验**〕　为落实《国务院关于基础教育改革与发展的决定》，大力推进基础教育课程改革，教育部决定从2001年秋季起，开始进行义务教育新课程实验推广工作，并于2001年7月召开工作会，确定全国28个省、直辖市的41个区县为第一批国家基础教育课程改革实验区，印发了《关于开展基础教育新课程实验推广工作的意见》，全面部署基础教育新课程的实验推广工作。

新课程实验推广工作的主要任务是：围绕课程改革的目标制定和实施实验方案，验证并修订、颁发各学科的课程标准；形成教材编写、审定、选用的有效机制；探索国家、地方和学校三级课程管理的具体工作机制；积极开展教育教学改革，形成与新课程相适应的教学管理制度；构建新的中小学评价和考试的办法；形成一批骨干教师和优秀校长队伍。

义务教育阶段新课程实验工作于2001年启动，2005年完成。2001年在教育部确定的国家实验区开始新课程实验；2002年原则上各省在所属每个地级市确定一个省级实验区，全国实验规模达到同年级学生的10%～15%；2003年达到35%左右。2003年秋季，在两年实验的基础上，修订义务教育阶段课程设置方案、各学科课程标准、《地方课程管理指南》、《学校课程管理指南》和中小学评价与考试的改革方案，2004年进入全面推广阶段，全国起始年级启用新课程的学生数达到同年级学生数的65%～70%。2005年秋季，中小学阶段各起始年级原则上都启用新课程。

各省级教育行政部门按照教育部要求，制订了本省（自治区、直辖市）五年左右实验推广新课程的规划，成立了课程改革实验领导小组和专家工作组，落实课程改革实验工作的组织、培训、经费等有关措施；省级教育行政部门和国家课程改革实验区共同组织了教育行政管理人员、教研员、中小学校长的培训，对实验教师进行全员培训，培训人数达万人次以上；利用各种形式和媒体向全社会宣传，引导全社会参与并支持新课程实验推广工作；制定师资培训规划，以确保师资培训工作与新一轮课程改革的推进同步进行并适当超前；安排必要的基础教育课程改革专项经费，加大实验区在课程设置、选用教材、初中毕业（升学）考试、高中毕业会考等方面的自主权。

实验区建立了实验领导小组和实验工作指导小组，研究实验区政策、实验方案、经费、办学条件和师资选配管理等问题，为学校实施课程改革实验工作提供保障和指导；面向社会广泛开展课程改革宣传，加强与家长的联系与沟通，为课程改革实验营造良好社会氛围；实验区积极改善实验学校办学条件，认真选配实验教师；开展有关课程改革的科学研究工作，各实验学校结合本校的实际选定科研课题，组织校内外力量开展科研活动。

2001年12月，教育部组织5个评估小组，对全国10个国家级课程改革实验区进行了实地考察与评估。结果表明实验工作运行良好，发展健康。广大教师正迸发出极大的改革热情，教育观念的深刻转变已经初见端倪，教师的课堂角色开始发生变化，更加关注学生的学习方式、学习愿望和学习能力的培养，课堂开始出现师生互动、平等参与的生动局面，民主、平等的师生关系正在逐渐形成。同时课程改革赢得了家长和社会各界的理解、支持和参与，他们开始主动积极地为课程改革提供咨询意见和资源支持，一种参与、支持课程改革的社会氛围正在形成。

〔**义务教育课程设置实验方案和课程标准**〕为贯彻落实《国务院关于基础教育改革与发展的决定》和经国务院同意的《基础教育课程改革纲要（试行）》，教育部决定从2001年秋季开始在国家基础教育课程改革实验区进行义务教育课程改革实验工作，为此，印发了供实验区使用的《义务教育课程设置实验方案》和义务教育阶段全日制学校语文、数学、英语、日语、俄语、科学（3～6年级）、科学（7～9年级）、历史、历史与社会（一）、历史与社会（二）、地理、物理、化学、生物、艺术、音乐、美术、体育（体育与健康）等18个学科的课程标准（实验稿）。《义务教育课程设置实验方案》是根据《纲要》提出的培养目标，遵循均衡设置课程、加强课程的综合性和选择性的原则制定的。义务教育阶段九年一贯整体设置课程，课程门类由低年级到高年级逐渐增加，为保证学生和谐、全面发展，各门课程比例适当，并可按照地方、学校实际和学生的不同需求进行适度调整；加强课程的综合性，重视学科知识、社会生活和学生经验的整合，增设综合实践活动，使学生通过亲身实践，发展收集与处理信息的能力、综合运用知识解决问题的能力以及交流与合作的能力，增强社会责任感，并逐步形成创新精神与实践能力；设置供选择的分科或综合课程，提供各门课程课时的弹性比例和地方、学校自主开发或选用课程的空间，增强课程对地方、学校、学生的适应性，鼓励各地发挥创造性，办出有特色的学校。

撰稿　杨秀梅

审稿　朱慕菊

附

## 义务教育课程设置及比例

| 课程门类 | 年级一 | 二 | 三 | 四 | 五 | 六 | 七 | 八 | 九 | 九年课时总计（比例） |
|---|---|---|---|---|---|---|---|---|---|---|
| 课程门类 | 品德与生活 | 品德与生活 | 品德与社会 | 品德与社会 | 品德与社会 | 品德与社会 | 思想品德 | 思想品德 | 思想品德 | 7%～9% |
| | | | | | | | 历史与社会（或选择历史、地理） | | | 3%～4% |
| | | | 科学 | 科学 | 科学 | 科学 | 科学（或选择生物、物理、化学） | | | 7%～9% |
| | 语文 | 语文 | 语文 | 语文 | 语文 | 语文 | 语文 | 语文 | 语文 | 20%～22% |
| | 数学 | 数学 | 数学 | 数学 | 数学 | 数学 | 数学 | 数学 | 数学 | 13%～15% |
| | | | 外语 | 外语 | 外语 | 外语 | 外语 | 外语 | 外语 | 6%～8% |
| | 体育 | 体育 | 体育 | 体育 | 体育 | 体育 | 体育与健康 | 体育与健康 | 体育与健康 | 10%～11% |
| | 艺术（或选择音乐、美术） | | | | | | | | | 9%～11% |
| | | | 综合实践活动 | | | | | | | 16%～20% |
| | 地方与学校课程 | | | | | | | | | |
| 周总课时数（节） | 26 | 26 | 30 | 30 | 30 | 30 | 34 | 34 | 34 | 274 |
| 学年总课时数（节） | 910 | 910 | 1 050 | 1 050 | 1 050 | 1 050 | 1 190 | 1 190 | 1 122 | 9 522 |

注：1．表格内为各门课的周课时数，九年总课时按每学年35周上课时间计算。

2．综合实践活动主要包括：信息技术教育、研究性学习、社区服务与社会实践以及劳动与技术教育。

〔**农村普通初中试行“绿色证书”教育**〕 为使农村普通初中更好地适应农业经济建设和农村社会发展的实际需要，满足大多数农村学生发展的需求，既能为他们升学奠定基础，又为将来从事农业生产、经营创造必要条件，在总结自1994年农业部门实施“绿色证书工程”以来，一些地方的教育部门根据当地实际需要，在农村初中引进“绿色证书”教育经验的基础上，教育部与农业部于2001年6月联合印发了《关于在农村普通初中试行“绿色证书”教育的指导意见》，决定在农村普通初中逐步推广“绿色证书”教育。《意见》提出农村普通初中进行“绿色证书”教育的原则是应在达到九年义务教育要求的前提下，坚持为当地经济和社会发展服务，为学生的发展打好基础；以学生的全面发展为目的，引导和帮助学生树立终身学习的观念，加强通用技能、职业意识、创业精神的培养，避免过早职业化；应根据实施地区的地理条件、农业经济、科技、主导产业等情况并考虑到当地农民的意愿，因地制宜地选择“绿色证书”教育的具体内容；严禁增加学生课业负担和经济负担。要采取有效措施，积极、稳步、扎实地推进。在课时安排上，适当调整现行九年义务教育初中课程，在初中阶段的劳动技术课时和地方安排课时中安排“绿色证书”培训课程，使学生在初中阶段有300课时左右的教学时间，其中60%用于理论课，40%用于生产实习课。县、乡两级教育行政部门与农业行政主管部门可根据当地实际确定2～3门专业课程，使学生比较系统地了解、掌握某种岗位生产、经营管理的基础知识和技能。在教育内容上，为使“绿色证书”教育更适合农村普通初中学生的需要，教育部、农业部将对“绿色证书”教育的有关教育内容和要求进行修订，省、地（市）两级教育行政部门可据此组织、委托有关人员编写有关教学资料，教学资料可以活页形式发行，供不同地区的农村初中学校选择使用。在师资建设上，根据进行“绿色证书”教育的需要，充分利用当地成人教育、职业教育的师资资源，调整教师队伍的结构，可采取内调外聘、专兼结合等形式，逐步解决专业课师资来源和水平提高等问题。同时应大力推进师范教育改革，发展高等职业教育，为农村初中培养“一专多能”的新型教师。《意见》还要求各地明确教育、农业等主管部门的责任，严格执行《绿色证书》的考核发证制度，保证“绿色证书”教育的质量，在推进过程中以点带面，逐步推开，切忌在条件不成熟时，一哄而上，搞“一刀切”。

**〔推进小学开设英语课〕** 为进一步落实“教育要面向现代化，面向世界，面向未来”的战略指导思想，教育部于 2001 年 1 月印发了《关于积极推进小学开设英语课程的指导意见》，决定把小学开设英语课程作为 21 世纪初基础教育课程改革的重要内容。文件要求各地积极推进小学开设英语课程，其基本目标是：2001 年秋季开始，在全国城市和县城小学逐步开设英语课程；2002 年秋季，乡镇所在地小学逐步开设英语课程。小学开设英语课程的起始年级一般为三年级。各省、自治区、直辖市教育行政部门可结合实际，确定本地区小学开设英语课程的工作目标和步骤。文件提出小学开设英语课程的基本要求：小学英语教学要依据《小学英语课程教学基本要求（试行）》，重视激发和培养学生学习英语的兴趣，培养一定的语感和良好的语音、语调基础，把教学重点放在培养学生用英语进行交流的能力和兴趣上；小学开设英语课程应遵循短课时、高频率的原则，学校可通过长短课结合，课内外配合，开展丰富多彩的英语教学活动，要保证每周至少四次教学活动；各地可根据实际情况，确定小学英语的教学方式，充分利用远距离教学手段和英语教学音像资源，为学生创设良好的语言学习环境。加强对小学英语教材的管理，按照《小学英语课程教学基本要求（试行）》组织对现有小学英语教材的审查，审查通过的教材将列入中小学教学用书目录，2002 年秋季开始，未列入中小学教学用书目录的小学英语教材将停止使用。新编小学英语教材须报教育部立项核准，鼓励研制开发高质量的英语教学软件。加强小学英语教师队伍的建设，要重点搞好小学英语骨干教师和辅导教师的培训工作。对具有一定英语基础的在职小学教师，通过培训合格后，可转岗从事英语教学或兼职承担英语教学辅导工作。努力扩大和提高师范院校培养小学师资的规模和能力，继续办好中等外语师范学校，鼓励并支持有条件的中等师范学校举办英语专业班。各地可依据本地区实际，对小学英语教师的配备标准、教学工作量、职务聘任和工资待遇等做出合理规定。文件还要求各地加强对小学开设英语课程的领导，制定可操作的实施方案，讲求实效，稳步推进，有条件的地区要为小学接收英语课程节目提供必要的条件；加强对小学英语课程与教学的科学研究，各级教研部门要配备专职的小学英语教研员，积极组织小学英语教师开展教学研究工作。在积极推进小学开设英语课程的工作中，要保护和支持日语和俄语等其他语种的外语教学。随文件附发了《小学英语课程教学基本要求（试行）》。

撰稿　杨秀梅
审稿　朱慕菊

**〔小学思想品德课和初中思想政治课课程标准〕** 《九年义务教育小学思想品德课和初中思想政治课课程标准（试行）》自 1997 年 4 月颁发试用以来，对于加强小学思想品德课和初中思想政治课的教学和改革，发挥了重要的作用。随着这几年来我国社会生活发生的巨大变化，教育改革特别是基础教育改革形势发展较快，在实践中，不断遇到新情况、新问题，中小学生的思想状况也出现了许多新的特点。形势的发展要求中小学德育工作特别是德育课程的建设要与时俱进，适应新情况，增强时代感。2001 年教育部组织专家对《九年义务教育小学思想品德课和初中思想政治课课程标准（试行）》进行了修订。

新修订的课程标准坚持马列主义、毛泽东思想，坚持社会主义方向，按照素质教育要求和中小学生的身心发展规律，对小学思想品德课和初中思想政治课的课程内容进行了修订，突出创新精神和时代特点，淡化学科理论体系，加强教学实践环节，克服了原课程标准中存在的一些内容、形式成人化，脱离中小学生实际的缺陷，力求进一步增强思想品德教育的针对性、实效性和主动性。

新修订的课程标准主要在以下几个方面进行了调整：一是调整和充实教学内容，优化课程结构。将一些纯知识或偏重理论化的教学内容删除，如对初中一年级纯心理知识介绍的内容进行了删减和调整等。二是着重解决教材“繁、难、偏、旧”等问题，减轻学生负担。主要是在教学内容上突出时代特点，如删减初三社会发展简史中资本主义前的内容，突出当代社会主义的教学内容，尤其是充实了“没有共产党就没有新中国”的内容要求等。三是较大幅度增加了实践活动的要求。在教学时间安排中，规定小学至少有30%的时间、初中至少有20%的时间，用于开展学生课堂活动和相关的实践活动。四是对若干概念的提法进行了规范。如将原“邓小平建设有中国特色社会主义理论”的提法，改为“邓小平理论”；将“义务兵役制为主体”这一过时的、与现行法律不一致的提法进行了删除等。五是统筹安排九年义务教育阶段的教学内容和课时。根据九年义务教育的要求，统筹安排一至九年级小学思想品德课和初中思想政治课的教学内容和要求。同时，考虑到目前中小学还没有完全贯通的现状，就不同学制对课程标准的适用作了说明。

新修订的课程标准是基础教育小学思想品德和初中思想政治课改革的第一步，根据《基础教育课程改革指导纲要（试行)》的要求，教育部正在研究制订小学《品德与生活》、《品德与社会》，初中《思想品德》和高中《思想政治》课的课程标准，将进一步科学建设中小学德育课程。

撰稿　吕同舟

审稿　王建国

# 教 材 建 设

〔**中小学教材管理体制改革**〕　2001年，中小学教材管理体制进行了重大改革。国务院体改办等部门在对中小学教材管理体制进行调研的基础上，制定了《关于降低中小学教材价格深化教材管理体制改革的意见》，并由国务院办公厅转发。同时，经报国务院同意，教育部、国家计委、新闻出版署、国家质量监督检验检疫总局等部门先后印发了《中小学教材编写审定管理暂行办法》《中小学教材价格管理办法》《关于中小学教材印张中准价等有关事项的通知》《中小学教辅材料管理办法》《关于〈中小学教辅材料管理办法〉的实施意见》《关于推广使用中小学经济适用型教材的意见》《关于对全国部分贫困地区农村中小学生试行免费提供教科书的意见》《中小学教科书幅面尺寸及版面通用标准》《中小学教科书用纸、印制质量和检验方法》《中小学教材出版招标投标试点实施办法》《中小学教材发行招标投标试点实施办法》等配套的10个文件。对现行教材的编写、审定、出版、发行、选用体制等方面作出改革。主要有：

**一、教材编写实行立项核准制度。**

1. 中小学教材建设实行在国家基本要求指导下的教材多样化方针。国家鼓励和支持有条件的单位、团体和个人依据国家课程标准组织编写高质量、有特色的教材，特别鼓励编写适合农村地区和少数民族地区使用的教材。

2. 编写的管理由原来的审批制改为立项核准制。审批制是指编写中小学教材要得到教育行政部门的批准，更多强调行政意志，而立项核准制是把教材的编写作为一个项目来管理，强调在专家论证基础上的行政管理。

3. 核准的管理仍采取国家和省级教育行政部门两级管理。但两级管理的内容有所改变。原来两级管理是以编写单位所属级别来区分的。如编写单位是中央所属单位，其编写教材由国家教育行政部门审批，如编写单位是地方所属单位，其编写教材由省级教育行政部门审批。改革后的教材核准权限是以编写教材的所属性确定的。如编写的教材是国家课程教材，则由国家教育行政部门核准，如编写的教材是地方课程教材，则由省级教育行政部门核准。

4. 改革前对国家公务员、行政部门等参与教材的编写没有限制，引起较大负面影响。改革后为建立健康的、有利于公平竞争的教材市场，杜绝利用行政权利垄断教材市场，滋生腐败等，明确了以下单位和个人不能参与中小学教材的编写：(1) 国家公务员不得以任何形式参与教材的编写；(2) 教育行政部门不得以任何形式参与教材的编写；(3) 教材审查人员在被聘期内不得参与教材的编写。

**二、中小学教材实行审定制。国家课程教材由全国中小学教材审定委员会进行审定，地方课程教材由省级中小学教材审定委员会进行审定。**

1. 确定建立中小学审定委员会的委员库，每次负责审定教材的委员按照随机抽取原则，从委员库中选定。这样更有利于做到公平、公正。

2. 增强了审定委员、学科审查委员的广泛性。入库委员除了有学科专家外，还有课程专家、教学法专家、儿童心理学专家和教学第一线的特级教师等。

3. 增加初审环节。原来教材经审批同意编写后，就可以直接进入实验区进行试教。今后，为保证实验的质量，经核准同意编写的教材，在完成编写后，须经过相应的教材审定机构初审通过后，才能进入实验区进行试教。

**三、打破垄断，试行出版发行的竞标。**教材出版发行的改革是打破垄断，引入竞争机制，改革中小学教材指定出版方式和单一渠道发行的体制。实行教材的出版发行由符合教材出版发行资质的出版发行机构（或出版发行联营机构），在价格主管部门制定的价格范围内，在保证“课前到书，人手一册”的前提下，通过竞标（教材的编印质量、价格、出版发行的时间等）进行。目前正按照“积极稳妥”的方针和“先试点，后推开”的原则，在积累试点经验的基础上，逐步推开。已确定 2002 年秋季先在福建、安徽、重庆进行教材出版发行招标的试点；2003 年开始，全国各省都要进行面向本地区的招标试点；2004 年面向全国进行招标。

**四、降低中小学教材价格，保证义务教育的实施。**中小学教材价格从 2000 年度秋春季开始进行调整。本着保本微利的原则，教材出版发行的利润首先降到 9%，然后又降到 5%。2002 年开始，按照保本微利的原则，以租型、出版、发行等环节发生的行业平均成本和 5%的成本利润为基础，核定教材印张绝对金额。国家计委规定的教材印张单价在教材正文印张中准价上下 5%的浮动幅度内核定。经初步了解，2001 年秋季全国中小学教材降价总金额 9.32 亿，降幅 7.64%，2002 年春季降价总金额 7.09 亿，降幅 6.3%。

同时为进一步降低教材价格，针对中小学教材中存在的开本太大和纸张过好的情况，对中小学教材的开本和纸张作了明确的规定：(1) 中小学教科书原则上采用 GB/T788 中的 A5 和 B5，美术等一些特殊学科可采用原 787mm×1092mm 的 16 开本。(2) 中小学教科书彩色印刷使用胶版印刷纸，黑白印刷采用胶印书刊纸。(3) 按不同的年级和学科，教科书的正文用字的字体、字号分为 4 类。小学 1～3 年级以正楷体为主，字号为 2～3 号字；3～4年级由正楷体逐渐过渡到书宋体，字号为 4 号字；小学 5～6 年级、初中和高中教科书以书宋体为主，字号为小 4 号字；高中理科教科书以书宋体为主，字号为 5 号字。教科书中的目录、注释、练习等可参照正文用字字号适当减小，但小学教科书的最小用字不得小于 5 号字，中学教科书的最小用字不得小于小 5 号字。

〔**中小学教材审查**〕 2001 年，为配合课程标准的试验，全国中小学教材审定委员会先后召开了 5 次课程标准实验教材初审会议，对 14 家出版社出版的 49 种新课程标准实验教材的 1～3 册进行了初审。在审查过程中，专家们认为，新课程标准实验教材较好地体现了《基础教育课程改革纲要》的精神，在教材编写中改变过去教材过于重视知识传授、过于强调学科的系统、严谨性的倾向，开始注重引导学生在获得基础知识和基本技能的过程中学会学习和形成正确的价值观；改变过去教材内容“难、繁、偏、旧”和过于注重书本知识的倾向，加强教材内容与学生生活及现代社会和科技发展的联系，精选对学生终身学习必备的基础知识和技能；改变过去教材过于强调接受学习，倡导新的学习方式和教学方式，引导学生主动参与，乐于探究，勤于动手，培养学生搜集和处理信息、分析和解决问题的能力。专家们一致认为，这次审查通过的教材图文并茂，生动活泼，给人耳目一新的感觉，增强了基础教育课程改革的信心。根据课程教材改革的总体安排，实验教材在 2001 年 9 月进入 38 个试验区进行试教。38 个试验区在教材的选用上作了积极的探索。很多试验区采取了组织教师浏览教材、听取专家意见和征求学生家长意见的多种方式来确定试验区的选用教材。

2001 年还对中小学语文、数学、外语、物理、化学、生物、历史、地理、音乐、美术、体育等 13 个学科的 118 套修订教材 22 套小学英语教材和 20 套高中信息技术教材进行了审查。在审查中采取了以原教材审查委员为主，同时特邀部分参与教学大纲修订和新课程标准研制的专家及第一线的特级教师参加审查的方式来进行审查，并采用了主审制和会议审查相结合的方法。在审查过程中，专家坚持以大纲修订稿为依据，用课程教材改革的新思想、新观念审视教材，着重审查教材的编排是否遵循学生学习的心理发展规律，是否注意了教学内容与学生的生活社会实际紧密结合，是否增加了教学的探索性和实践性内容，注意解决原教材中存在的繁、难、多、旧的问题等。

撰稿　臧爱珍
审稿　朱慕菊

〔**中小学教辅材料管理**〕　2001 年 6 月 7 日，新闻出版总署与教育部报请国务院同意，印发了《关于印发〈中小学教辅材料管理办法〉的通知》。要求各地新闻出版和教育行政部门对中小学教辅材料的出版、发行和使用等环节进行清理整顿，规范中小学教辅材料的出版、发行与征订环节的管理工作，达到规范和净化中小学教辅材料市场的目标。

《办法》规定，在中小学教辅材料的出版方面，实行出版总量控制。教辅材料是指供中小学生使用的各种学习辅导、考试辅导等方面的图书，出版单位每年须向国家新闻出版总署提出选题计划，经批准后方可出版。教辅材料的出版坚持专业分工的原则，除出书范围含教辅材料的出版单位外，其他出版单位一律不得出版教辅材料。任何单位和个人不得擅自编印、出版、发行供中小学生有偿使用的教辅材料。教辅材料的印制须由国家或省级书刊定点印刷单位印刷，跨省、自治区、直辖市印刷的教辅材料，出版单位必须到所在地的省级新闻出版行政部门开具出省（自治区、直辖市）印刷证明，并需注明教辅材料的名称、作者、出版者、书号、出版方式、印数、定价及批准文件等，经印刷地省级新闻出版行政部门同意后方可安排印刷。印刷单位在承印教辅材料时，必须事先核查出版单位手续是否齐全有效，否则不得承接。

《办法》还规定，在教育系统中，禁止任何种类的中小学教辅材料进入国家和省级教育行政印发的《普通中小学教学用书目录》。各级教育行政部门和其他有关部门不得以任何形式强行要求中小学校订购，中小学校也不得组织学生购买，发行部门不得向中小学校征订和随中小学教学用书搭售任何形式的教辅材料。同时对学校征订、使用教辅材料作出明确规定和要求，杜绝地方和学校统一组织征订或要求学生统一购买教辅材料的现象。《办法》要求建立社会监督机制，教育部、新闻出版总署和省级教育、新闻出版行政部门设立社会监督电话，接受学生、学生家长、公众和社会各界的监督。对违反《办法》的部门、个人按照有关规定追究有关负责人和当事人的行政责任，对违反《办法》的中小学校给予通报批评。对非法从事教辅材料出版、印刷、发行活动的，新闻出版和有关行政部门按照国家法律、法规坚决予以取缔和打击。

〔**推广使用中小学经济适用型教材**〕　为贯彻落实《国务院办公厅转发体改办等部门关于降低中

小学教材价格深化教材管理体制改革意见的通知》精神，切实减轻中小学生过重的课业负担和学生家庭的经济负担，2001年6月7日，教育部会同新闻出版总署报请国务院同意，印发了《关于推广使用中小学经济适用型教材的意见》。中小学经济适用型教材是指各种内容与彩色版相同的黑白版教材。在经济不发达的农村地区推广使用经济适用型教材，是继2000年3月8日教育部与新闻出版总署联合印发《关于对贫困地区中小学生供应黑白版教科书的通知》之后，为进一步减轻农村和贫困地区学生家庭的经济负担，遏止因此而造成的中小学生辍学现象，巩固和提高普及九年义务教育的成果而采取的新举措。

《意见》的主要内容是：(1) 从2002年春季开始，国家扶贫开发工作重点县以及尚未普及九年义务教育的县，一律使用经济适用型教材（美术、地理教材除外）。其他经济欠发达的城镇和农村地区经济适用型教材的选用，由省级教育行政部门根据本地区的实际情况确定。(2) 从2002年春季开始，国家和省级教育行政部门每年印发的《普通中小学教学用书目录》均应包括经济适用型教材的品种，要认真做好经济适用型教材的选用和推广工作。(3) 教材出版和发行单位要严格按照国家和省级教育行政部门发布的《普通中小学教学用书目录》进行征订，确保经济适用型教材的供应，做到“课前到书，人手一册”。并要求各地教育和新闻出版行政部门，认真做好中小学经济适用型教材的推广使用工作，加强出版、发行、使用等各个环节的监督检查。

继2000年为选用黑白版教科书的中小学生提供数量充足、保质价廉的黑白版教科书后，2001年又加大力度推广使用中小学经济适用型教材，受到国家扶贫开发工作重点县和经济欠发达的广大农村地区中小学生家长的欢迎。《意见》印发后，各地认真贯彻落实《意见》精神，积极采取措施，做好经济适用型教科书的推广和征订工作。据山西、陕西、安徽、甘肃、河北、黑龙江、湖南、四川、重庆、贵州等省市的不完全统计，2002年春季使用经济适用型教科书将比往年节省教科书费用总计3亿元以上。

撰稿　王安华
审稿　朱慕菊

# 技术装备

〔**中小学教学仪器配备**〕　截止2001年底，全国已实现中小学实验教学普及并开展实验操作考核县2 091个，占全国总县数的66.76%。开展中考加试实验操作考核县1 187个，占全国总县数的38%。

**一、中学**

全国有87.04%的中学开展实验教学，其中物理演示实验开出率为89.33%，分组实验开出率88.62%，化学演示实验开出率90.35%，分组实验开出率84.43%，生物演示实验开出率68.11%，分组实验开出率70.63%，计算机开出率85.53%，语言上机课时完成率82.35%。48.91%的中学开展理科实验操作考核。

中学教学仪器配备总达标率为88.37%，其中达Ⅰ类配备标准的占31.43%，达Ⅱ类配备标准的占47.45%，达Ⅲ类配备标准的占21.12%。

中学实验及功能教室39.90万个，其中物理8.41万个，化学7.50万个，生物4.40万个，劳技2.22万个，体艺4.46万个，计算机5.20万个，语言2.33万个，其他5.38万个。装备用房使用面积合计6.17万平方米。中学实验仪器总额283.42亿元。

全国40 893所中学建有计算机教室，5 579所中学建有校园网，拥有计算机213.68万台。

全国54 839所中学建有图书馆（室），使用面积总计1 009万平方米，共有8.10万个阅览室，馆藏图书10.98亿册，电子图书1 424万片，生均图书16.03册。

**二、小学**

全国有74.29%的小学开展实验教学，其中自然演示实验开出率为57.92%，分组实验开出率为68.19%，计算机上机课时完成率为10.85%，语言上机课时完成率为4.71%。10.99%的小学开展理科实验操作考核。

小学教学仪器配备总达标率为72.82%，其中达Ⅰ类配备标准占9.38%，达Ⅱ类配备标准的占32.12%，达Ⅲ类配备标准的占58.49%。

小学实验室及功能教室43.65万个，其中自然19.97万个，劳技4.01万个，体艺7.72万个，计算机4.72万个，语言1.24万个，其他6.00万个。装备用房使用面积11.04亿平方米。小学实验仪器总额200.41亿元。

全国4.54万所小学建有计算机教室，5 108所学校建有校园网，拥有计算机153.33万台。全国20万所小学建有图书馆（室），使用面积总计1 645万平方米，共有14.83万个阅览室，馆藏图书12亿册，电子图书6 329万片，生均图书10.01册。

〔**教学仪器设备行业管理**〕 2001年，全国共有454个工厂承担教学仪器设备生产任务。全部职工年平均人数为39 382人，其中工程技术人员8 541人。固定资产原价为23.06亿元。全行业共完成工业总产值（不变价）104.70亿元，其中教学仪器设备总产值52.51亿元。利润总额完成4.87亿元，税金总额完成4.51亿元。

2001年，工业全员劳动生产率89 655元/人，工业增加值率36.54%，工业产品销售率101.93%，工业成本费用利润率4.78%，工业资金利税率15.66%，流动资产周转率2.36次，工业经济效益综合指标2.55。

2001年完成教学仪器设备产值（不变价）1 500万元以上的省市有：北京市、天津市、河北省、辽宁省、上海市、江苏省、浙江省、安徽省、福建省、江西省、山东省、宁波市、河南省、湖北省、湖南省、广东省、四川省、深圳市、重庆市。

继续加强行业管理：(1)根据《国务院关于基础教育改革与发展的决定》，加大对学具的治理整顿力度。为了从源头上保证学具产品的质量，根据各地上报情况，对42个厂家的学具产品进行了部级鉴定，并公布鉴定结果。共有17个厂家通过3门学科鉴定，8个厂家通过2门鉴定，21个厂家通过1门鉴定。召开全国学具工作研讨会，确定了学具管理工作的基本思路。审查了通过省级学具鉴定报教育部备案的27个厂家的40个产品。学具整顿工作取得初步成效。(2)印发《中小学校园网建设指导意见》。制定二期义教工程仪器设备配备方案，向海关总署报送教学仪器免税范畴。(3)召开会议，研讨中小学图书管理工作，并对《中小学图书馆规程》进行修订，形成了征求意见稿。(4)召开第三届全国教学仪器标准化技术委员会成立暨工作会。审查通过了视频展示台行业标准。(5)开展对视频展示台的补检工作，并公布结果。全国共有40个品牌的的视频展示台参加了补检，15个品牌的视频展示台未参加补检。15个品牌的产品不合格，25个品牌合格。(6)开展2001年教学仪器产品检测工作。对大屏幕数字显示测试仪等8个品种，67件教学仪器产品进行了质量检测，参检产品平均合格率为82.1%。未参检产品33件，占应参检产品33%。另外对41个品种，114件教学仪器产品进行了补检，补检产品平均合格率为86.8%。(7)召开全国中小学教育技术装备综合统计会。印发2000年度中小学教育技术装备综合统计情况通报。(8)通报2000年部级新产品试制计划完成情况及省级新产品鉴定备案情况。印发2001年部级新产品试制计划，对部分新产品进行了部级鉴定。就新产品的管理体制进行了调研，提出教育部对教学仪器设备新产品管理的意见。全年共鉴定了8项部级新产品。(9)监督指导中国教学仪器设备行业协会举办第42、43届全国教学仪器设备展示会，参展展位逾千，成交额约10亿元人民币。对参展厂商资格、参展产品及供货目录进行了审查把关。在展示会期间进行巡回检查，由行业协会通报批评了违规厂家及处罚意见。（10）为加强对中小学生崇尚科学，反对邪教的科普教育及安全教育，委托中国教学仪器设备行业协会开展了科普读物和安全常识读物征集及推荐工作。共收到110家出版社选送的932种图书，推荐了54家出版社的87种图书。

2001年全行业产品销售收入为39.97亿元，出口交货值为43 824万美元，其中教学仪器11 832万美元。按出口大类分有生物标本、模型、语言学习系统、玻璃仪器、教学专用仪器设备等。产品主要出口到沙特、泰国、新加坡、日本、韩国等10多个国家和香港地区。

撰稿　俞伟跃

审稿　李天顺

# 教育督导

〔**全国“两基”进展情况**〕　2000年，全国实现“两基”人口地区达到85%，实现了党的十四大提出的上世纪末“两基”规划目标。2001年是我国实施“十五”计划的第一年，全国继续本着“积极进取、实事求是、分区规划、分类指导”的原则，按照“九五”期间“两基”推进和督导检查、评估验收的工作程序和指标体系，严格标准，扎实推进，“两基”工作取得了新进展。

2001年，经教育部审查，7个省（自治区、直辖市）和新疆生产建设兵团所辖32个县（市、区，含县级行政区划单位）实现了“两基”，宁夏回族自治区所辖1个县实现了“普初”。全国实现“两基”县（市、区，含县级行政区划单位）数累计已经达到2 573个。

2001年“两基”工作的主要特点是：第一，通过验收的33个县级单位全部属于西部地区，其中有17个是国家扶贫开发工作重点县。由于这些地方地广人稀，自然条件差，国民经济和社会发展水平低，县级财力不足，人均收入不高，教育事业投入总量小，加上历史上教育发展的欠账多，给“两基”和“普初”工作的推进带来很大困难。第二，“两基”实施进度明显放慢（如图所示）。2001年实现“两基”的县数不到前七年平均值（363个县）的1/10。

2001年，国务院召开了全国基础教育工作会议，颁布了《国务院关于基础教育改革与发展的决定》，其中明确提出，“十五”期间，地方各级人民政府要坚持将“两基”作为教育工作的“重中之重”，并针对三类不同地区分别提出新的任务，要求占全国人口15%、未实现“两基”的贫困地区要打好“两基”攻坚战。《决定》还提出农村义务教育实行在国务院领导下，由地方政府负责、分级管理、以县为主的体制，以确保农村义务教育健康发展。另外，中央加大了对基础教育的投入，安排50亿元用于专项补助中西部困难地区发放农村中小学教师工资，安排30亿元用于“中小学危房改造工程”，安排50亿元实施第二期“国家贫困地区义务教育工程”，并有1亿元助学金和1亿元免费提供教科书专项经费。各地也相应加大对贫困地区义务教育投入，体制上、投入上困扰义务教育的问题正在得到解决。全国15%左右的人口地区“两基”攻坚工作正逐步走上健康发展的道路。

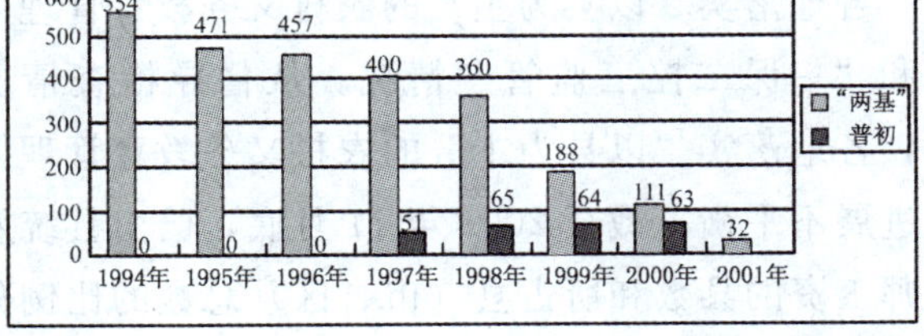


撰稿　陈卫军

**附一**

## 第八批基本普及九年义务教育、基本扫除青壮年文盲县（市、区）名单

**内蒙古自治区 1**

准格尔旗

**重庆市 1**

彭水县

**四川省 2**

屏山县 理县

**贵州省 3**

遵义县 荔波县 镇远县

**云南省 4**

永平县 云龙县 砚山县 江城哈尼族彝族自治县

**西藏自治区 3**

亚东县 洛扎县 乃东县

**陕西省 10**

靖边县 吴旗县 志丹县 永寿县 长武县

安康市汉滨区 岚皋县 麟游县 宜君县 商州市

**新疆生产建设兵团 8**

36团 43团 48团 工程团 52团 西山农牧场

柳树泉农场 221团

**附二**

## 全国第五批基本普及初等义务教育县名单

**宁夏回族自治区 1**

固原县

〔**督导检查情况**〕 全国基础教育工作会议之后，国家教育督导团于2001年9月～12月先后组织40余名国家督学对18省（自治区、直辖市）贯彻落实全国基础教育工作会议精神及《国务院关于基础教育改革与发展的决定》情况进行了督导调研和检查。督导调研和检查的主要内容是：(1) 各地落实“以县为主”农村义务教育管理体制和“一保二控三监管”情况；(2) 农村中小学校危房改造情况；(3) 依法控制初中生辍学情况。同时要求各省都要对贯彻全国基础教育工作会议精神情况加大监督检查力度。这两次督导活动对各省（自治区、直辖市）贯彻落实全国基教会精神产生了积极的推动作用。

各地落实“以县为主”的农村义务教育管理体制和“一保二控三监管”情况。从督导检查情况看，各地落实“以县为主”的农村义务教育管理体制进展不平衡。截至2001年11月底，已由县统发教师工资的县数和所占县（市、区）总数的比例分别为：甘肃28个县，占32.18%；四川143个县，占79.44%；河南14个县，占8.86%；浙江39个县，占42.86%；江苏102个县，占93.58%；海南14个县，占82.35%；吉林38个县，占63.33%；福建58个县，占67.44%。教师工资拖欠情况。2001年7月以后，绝大多数县（市、区）已基本发放国家标准工资。经济发达的省份加大投入力度，已基本上解决拖欠教师工资问题。经济中等发展水平的省份也加大了财政转移支付力度，拖欠工资现象有所好转。可以说2001年下半年是近年来解决教师工资拖欠问题最好的一段时期。在检查中，也反映出各地对“以县为主”的农村义务教育管理体制的认识尚不统一；很多地方省、市、县、乡、村各级发展义务教育的责任不明确；还需要下大力气解决拖欠教师工资问题。

农村中小学校危房改造情况。各省、自治区、直辖市召开的基础教育工作会议，都根据国务院《决定》要求，把改造中小学危房作为一项重要任务。大多数省普遍成立了由省（自治区、直辖市）教育、计划、财政等部门负责人组成的

危房改造领导小组，确定了把危房改造工程和二期“贫困地区义务教育工程”及中小学布局调整结合起来的工作方针，并经过对中小学危房的全面排查，制定了改造规划和投资预算。从目前的情况看，各地危房比例较大，原危房统计数字出入较大；农村中小学基本建设未能列入农村发展规划；中央财政30亿元危房改造资金已下达26亿元，要求省财政按1∶1或1∶0.5配套，但地方危房改造资金不落实。

依法控制初中生辍学情况。各地认真落实教育部控制农村初中生辍学工作电视电话会议。各省（自治区、直辖市）的基础教育工作会议也都把控制辍学作为一项重要内容进行部署。各地通过加强领导，落实责任；采取有效措施，做好扶贫助学工作；采取多种形式，解决流动人口子女入学问题；深化教育教学改革，改进教学内容和方法；加强督导检查，建立保障监督机制等手段，加大了控制辍学工作力度。国家教育督导团经对部分省督导检查认为，经过各级政府、学校和全社会的共同努力，农村初中生辍学问题得到一定控制，但农村初中生辍学问题仍是影响“普九”达标和达标后巩固提高的大问题，需持之以恒、坚持不懈地抓下去。

督导检查结束后，国家教育督导团汇总对各地督导检查情况，形成了《关于各地落实“以县为主”教育管理体制和“一保二控三监管”情况的督导检查报告》、《关于各地中小学危房改造情况的督导检查报告》和《关于控制农村初中生辍学情况的督导检查报告》，报国家科教领导小组办公室。

撰稿　崔立双

〔**加强基础教育督导工作**〕　为贯彻落实全国基础教育工作会议精神和《国务院关于基础教育改革与发展的决定》，指导、督促地方政府、教育行政部门和学校依法治教，扎实推进素质教育，2001年国家教育督导团印发了《关于加强基础教育督导工作的意见》，对“十五”期间基础教育督导工作的目标、任务提出了明确要求。

《意见》提出，教育督导是落实基础教育在社会主义现代化建设中的战略地位，坚持基础教育优先发展，实现基础教育改革与发展目标的保障机制。地方政府及其教育行政部门必须进一步加强教育督导工作。教育督导工作要坚持督政与督学相结合，以促进地方政府及其教育行政部门履行基础教育职责为主线，以推动义务教育的发展、巩固、提高，推动基础教育各项事业发展，保障实施素质教育为重点，以加强教育督导机构、队伍和制度建设为保证，努力开创教育督导工作的新局面。

《意见》要求：(1) 各级教育督导机构要根据《决定》关于基础教育事业发展三类地区的划分和各地具体规划，继续坚持“积极进取、实事求是、分区规划、分类指导”的原则，以督导检查和评估验收为主要手段，促使不同地区基础教育事业持续发展。(2) 教育督导部门要开展专项督导检查，以促进基础教育热点难点问题的解决。要把保障农村义务教育健康发展作为首要任务，重点检查农村义务教育管理体制的落实情况；要开展基础教育经费投入的督导检查，建立“一保二控三监管”的机制，确保教师工资的发放；要开展对教师资格制度、职务制度、聘任制度实施情况的督导检查；要开展对中小学危房改造和师生安全问题的督导检查；要切实抓好对控制农村初中生辍学问题的督导检查。(3) 各地要建立督导评估机制，保障素质教育顺利实施。一是要建立县级教育工作督导评估制度。二是要继续贯彻原国家教委关于《普通中小学校督导评估工作指导纲要（修订稿）》，全面建立对普通中小学校的督导评估制度，有计划、有步骤地对所辖中小学进行全面督导评估。对学校的综合评估要实行归口管理，由教育督导部门组织实施，各有关部门配合。三是健全基础教育督导的激励机制，把对地方政府和学校的督导评估结果，作为考核政绩、评选先进、任免干部等的重要依据。教育部决定在“十五”期间，将对实施素质教育的先进地区、单位和个人进行表彰。(4) 各地要认真贯彻《中共中央、国务院关于深化教育改革全面推进素质教育的决定》，要加强对教育督导工作的领导，不断加强和完善督导制度建设。要建立健全与教育督导职责相适应的教育督导机构，明确其代表本级政府履行督政、督学的职能。要加强督学队伍建设，完善督学聘任制度。要加快教育督导法规建设，促进地方督导法规和行政规章建设。(5)各级教育行政部门在进行教育决策时，要充分听取教育督导部门的意见；在实施教育管理时，要把教育督导作为必要措施；在考核地方各级领导干部时，要把教育督导结果作为重要依据。要努力改善督导工作条件，保障督导工作顺利进行。

撰稿　程锦慧

〔**《义务教育法》颁布15周年**〕　为纪念《中华人民共和国义务教育法》颁布15周年，2001年4月6日全国人大教科文卫委员会、教育部、国务院法制办公室联合在人民大会堂召开了《中华人民共和国义务教育法》颁布15周年座谈会。国务院副总理李岚清出席会议并作了重要讲话。

李岚清副总理指出，1986年4月国家颁布了《义务教育法》，标志着我国义务教育开始走上依法治教的轨道。《义务教育法》颁布15年来，我国的义务教育取得了举世瞩目的成就。政府不断加大义务教育的投入，到2000年底，如期实现了基本普及九年义务教育和基本扫除青壮年文盲的奋斗目标，在85%的人口地区普及了九年义务教育，青壮年文盲率降低到5%以下。实施“两基”使我国基础教育长期落后的面貌有了很大的改变，在我国教育史上谱写了辉煌的篇章。李岚清副总理强调，要按照江泽民同志关于实施“科教兴国”战略必须首先落实到义务教育上来的指示，继续认真实施《义务教育法》，采取切实有效的措施，加快义务教育的改革与发展。要继续把普及九年义务教育作为教育工作的重中之重来抓，抓住当前国家实施西部大开发战略的有利时机，坚持质量和数量、效益和速度、规模和结构的统一，全面提高义务教育的发展水平。要按照素质教育的要求，深化教育改革，全面推进素质教育。加强德育教育，实施课程教材和考试评价制度改革，推进教育信息化建设，营造促进中小学生健康成长的良好环境。各地要根据经济和社会发展的统一规划、综合考虑人口密度、地理环境、交通状况等各方面因素，合理调整中小学的布局。要加强教师队伍建设，优化教师队伍结构。各级政府共同负责，从体制上保证义务教育的健康发展。要高度重视教育对口支援工作，支持各种方式的社会支教和助学活动，这是政府的责任。

全国人大常委会副委员长彭珮云、教育部部长陈至立、财政部部长项怀诚、国务院法制办公室副主任徐玉麟、河北省副省长刘建生、贵州省教育厅厅长孔令中等在会上发了言。全国人大教科文卫委、教育部、国务院法制办、财政部的有关司局负责同志；有关省（自治区、直辖市）政府、教育行政部门及学校代表参加了座谈会。会议由全国人大教科文卫委员会主任委员朱开轩主持。

撰稿　马书义　刘　征

〔**控制农村初中生辍学工作电视电话会**〕　2001年8月27日，教育部在北京召开控制农村初中生辍学工作电视电话会议。教育部副部长、国家教育督导团总督学王湛就贯彻落实全国基础教育工作会议和《国务院关于基础教育改革与发展的决定》精神，巩固提高“普九”成果，控制农村初中生辍学工作发表了讲话。

王湛在讲话中充分肯定了《义务教育法》颁布实施以来，我国依法普及九年义务教育工作取得的成就。同时指出，我国义务教育的基础比较薄弱。在广大农村地区，“普九”工作所取得的成绩带有一定的突击性，地区之间、学校之间发展很不平衡。特别是部分农村地区初中生辍学率偏高，一直是“普九”进程中的难点问题。分析造成部分农村初中生辍学率偏高的原因有经济、社会影响、家庭、学校教育等几个方面。政府、社会、教育部门和学校以及家庭要共同努力，齐抓共管，综合治理。并对下一步控制农村初中生辍学工作提出六点要求：

1. 新学年开学后各地要开展一次《义务教育法》宣传活动，形成全社会关心义务教育、制止义务教育阶段学生辍学的良好环境。要把控制农村初中生辍学的任务落实到县、乡、村，责任到人，从行政、经济、法律上保障适龄儿童少年接受义务教育的权利，并要把控制学生辍学作为考核干部、校长政绩的重要指标。要强化县、乡政府职能，加大义务教育执法力度。对拒不送适龄儿童少年入学、经教育仍不改正的家长或其他监护人，应由司法部门依法强迫其履行义务；对招收适龄儿童少年做工、经商的单位和个人，应由工商、劳动、司法等部门依法处罚。

2. 各地要在2001年年底前建立“一保二控三监管”机制，将农村中小学教师工资收归到县管，确保农村中小学教师工资的按时足额发放。对财力不足、发放教师工资确有困难的县，通过上级财政增加转移支付的办法解决，要坚决制止中小学乱收费现象。在国家和省级扶贫工作重点县农村中小学试行“一费制”。对于不能保证教师工资发放，挪用挤占教育经费的地方，一经查实，严格按照国务院的《决定》，停止中央财政的转移支付，扣回转移支付资金，并追究主要领导人的责任。

3. 教育部门和每一所中小学校都要端正办学思想，面向全体学生，实施素质教育。坚持以防为主、防治结合、综合治理的方针，做好控制辍学工作。因学校或教师原因造成学生辍学的，一经发现，要严肃处理。已经流失的学生要采取措施动员他们返回学校。“十五”期间，各级教育行政部门要在当地政府的领导下，切实解决好初中入学高峰期的校舍和师资条件，以满足学生就学的需求。

4. 积极开展“绿色证书”教育。从2001年新学年开始，各地应选择一至几个点进行“绿色证书”教育的实验，当地政府应协调农业及其他相关部门，帮助学校解决试行“绿色证书”教育所必需的师资、场地、技术等问题。

5. 采取积极措施，帮助处境不利的地区和群体的适龄儿童少年就学。要增加对贫困地区和贫穷家庭的教育资助。注意抓好特困家庭子女、女儿童少年、残疾儿童少年和流动人口子女的辍学问题。

6. 各级教育督导部门要把控制农村初中生辍学作为“普九”巩固提高工作的重点，常抓不懈。新学年开始之后，各地要普遍开展一次控制辍学工作的督导检查，凡是辍学率超过国家规定要求的，教育工作评先选优时可实行一票否决。已通过“两基”验收的县（市、区），辍学率连续两年高于国家限定指标，经整改仍达不到指标要求的，应由省、自治区、直辖市政府撤销其“两基”县（市、区）称号。

撰稿　崔立双

〔**全国推进素质教育实验县（市、区）工作现场交流研讨会**〕　2001年4月，全国推进素质教育实验县（市、区）工作现场交流研讨会在上海市嘉定区召开，全国10个实验联系县的教育局（教委）分管局长（主任）和督导室的负责同志以及这些县所在的省（市）督导部门的负责同志参加了会议。国家教育督导团副总督学、教育部督导团办公室主任郭振有到会并讲话。国家督学、教育部督导团办公室助理巡视员温孝杰作了会议总结。这次会议是以现场交流为主要形式，与会代表听取了上海市嘉定区区域性推进素质教育的经验介绍；参观了嘉定区的部分乡镇、中小学校、幼儿园以及中小学生劳动基地、少儿营地、青少年活动中心；交流了开展素质教育区域实验工作的情况；并就实验工作遇到的问题和今后实验工作的目标、任务等进行了广泛的研讨。

与会代表普遍认为，嘉定推进素质教育的经验非常丰富，主要有以下几个方面：一是嘉定区能认真落实科教兴国战略，把教育放在优先发展的战略地位。历届嘉定区委、区政府在推动经济建设和社会进步中，像抓经济工作那样抓好教育工作，依法保障教育投入，切实解决教育中的各种困难和问题，保障教育的超前发展。区政府主要领导同各职能部门、镇政府层层签订目标责任书，认真履行教育职责。区人大、区政协开展执法检查和各方面的监督，营造了全社会关心支持教育的氛围。二是贯彻“发展是硬道理”的思想，重视区域内各级各类教育的协调发展。嘉定在“两基”达标之后，又及时提出了高水平、高质量“普九”的双高目标，加快义务教育学校标准化建设，努力实现区域内义务教育学校办学条件的均衡化。同时从嘉定经济社会发展实际出发，将外来人口子女的教育问题纳入区教育事业发展总体规划中。把学校教育、家庭教育、社会教育结合起来，构建了一个各类教育协调发展的城郊型区域性终身教育体系，为全面提高嘉定人口的整体素质奠定了坚实的基础。三是以“三个面向”为指针，全面贯彻教育方针，不断深化教育改革，以改革促发展。嘉定区委、区政府主要领导带头转变思想，树立现代教育观念，加大改革力度，努力改革教育体制、教育结构，调整学校布局，开展教育教学改革、评价改革，实行“经、科、教、文”紧密结合，建设学习化社区，构建嘉定区的终身教育机制，都收到良好效果，提高了教育质量和教育效益。四是十分重视和切实加强教育督导工作，把教育督导作为实施素质教育实现教育理想的保障机制。嘉定区实行“督政”、“督学”相结合，建立了一套较为完整的督导评估及其结果应用制度。在“督政”方面，分层次建立了区政府接受上级督导，对区政府有关职能部门履行教育职责情况进行同级督导和对镇政府教育工作督导的机制，促进了区、镇两级政府依法治教行为的落实。在“督学”方面，建立了对各级各类学校的多种形式的“督学”制度，有了一套比较科学可行的指标体系，推动教育教学改革的不断发展和深化，促进学校办出特色。

会上，各实验县介绍的经验，充分反映了实验县的党委、政府越来越重视教育督导工作，把教育督导作为实施“科教兴县”战略的重要抓手；督导观念不断更新；“督政”与“督学”相结合的督导制度不断发展；督导工作范围不断扩大；督导评估指标体系趋于完善；重视了督导结果的运用；重视了督导人员的配备和培训，督导人员素质有了显著提高，实验工作不断取得新进展，督导评估机制和方法不断创新。经过几年的努力工作，实验县创造了丰富的经验，推动了素质教育的实施。

会议认为，经过几年的努力，国家教育督导团联系的10个国家实验县和各省联系的一大批实验县，都有很多创新和创造。要十分珍视这些实验县的工作经验。要坚持不懈地把实验工作抓下去，不断总结和宣传这些县以及其他先进县的经验，使他们在本省和全国真正发挥示范和辐射的作用。

撰稿　马书义　刘　征

〔**教育督导法制、机构、队伍建设情况**〕2001年，全国共有8个省（自治区、直辖市）和5个计划单列市及省会城市颁发了督导法规文件。特别是2001年12月7日经山东省第九届人大常务委员会第24次会议通过的《山东省教育督导条例》，是建国以来我国第一部省级教育督导法规。它的颁布和实施，确立了山东省教育督导在教育事业中的法律地位，为加强教育督导工作，建立和完善山东教育督导制度提供了法律依据和法律保障，标志着山东省教育督导工作步入了法制化轨道。同时对各地教育督导法制建设也起到了积极的推动作用。

2001年《国务院关于基础教育改革与发展的决定》颁发后，各地在督导机构建设方面取得很大进展。2001年，省地两级机构改革已基本完成，全国除四川省外，其余30个省（自治区、直辖市）都成立了人民政府教育督导室（督导团）；98.3%的地（市）建立了教育督导机构，比上年提高0.8个百分点，其中71.8%是人民政府教育督导机构，比上年提高6.8个百分点。全国共有2 689个县（市、区）建立了教育督导机构，其中人民政府名义的督导机构占65.3%，比上年提高5.6个百分点。

督导队伍方面也逐渐年轻化、专业化，年龄结构和人员素质有了很大变化。截至2001年底，全国共有教育督导工作人员34 388人（含教育部督导团办公室9人），其中专职督学8 347人（含教育部专职督学3人），兼职督学19 711人（含国家督学73人）。

撰稿　程锦慧　廖　洁
审稿　于　芳

# 关心下一代工作

〔**研讨社区及家庭教育**〕 教育部关工委2001年10月20日～22日在重庆市召开“全国教育系统关工委社区教育、家庭教育工作会议”，学习和贯彻江泽民同志“七一”讲话和《关于教育问题的谈话》精神，重点研讨教育系统关工委如何在社区教育和家庭教育中进一步发挥作用，促进学校教育、家庭教育和社会教育相结合，全面推进素质教育。各省、自治区、直辖市及计划单列市教育厅（教委）负责同志80余人出席会议。会议共收到经验材料及论文80余份和7本专题论文集。通过研讨，与会代表形成以下共识：各级关工委要在促进学校教育、家庭教育和社会教育三结合工作中发挥作用。要组织广大离退休教育工作者就近深入社区，积极参与社区教育和家庭教育，并在实践中不断摸索，总结规律。要当好社区党政的参谋，参与、支持、指导办好社区学校。运用自身优势和影响帮助创设内容丰富、形式多样的社区及家庭教育，如：“独生子女家教”、“民族或行业性家教”、“失足青少年家教”、“单亲家庭家教”、“隔代育孙家教”等。2001年，教育部关工委在指导家庭教育工作研究中，主要做了三件事：一是联合22个省、自治区、直辖市教育系统关工委编辑出版了《成功家教启示录》和《失误家教警世录》两个读本；二是指导安徽“家庭教育现代化”实验区的实验工作；三是于12月上旬在南京举办了首期“关工委家庭教育培训班”。

〔**开展支教活动**〕 2001年，各地关工委针对基础教育中存在的农村中学辍学率较高、教师整体水平亟待加强等实际问题，充分发挥离退休老教师的优势，开展各类支持教育、扶贫助困活动。（1）开展传、帮、带培训教师。许多老同志和青年教师结成对子，通过研究备课、到课堂听课、课后评议，做示范观摩课，组织专题辅导、讲座等，帮助青年教师提高政治业务水平。哈尔滨市教委关工委教育咨询组8位老教师与道外区松花江小学8名青年教师、干部结成对子，经过几年传、帮、带，有2人成为市、区级骨干教师，3人相继走上领导岗位；青年教师撰写的论文10余篇获国家级奖励，50余篇获省、市级奖励，学校获得市“农村教师基本功百校达标优秀学校”称号。上海市杨浦区教育局关工委开展了以“爱国、成材、奉献”为主题的新老干部结对活动。22位老同志与青年干部结成对子，通过互相学习，平等研讨对青年干部传、帮、带，使他们的政治理论、管理能力和工作水平不断提高，增长了才干。（2）继续开展劝学、捐款、赠书、献爱心活动。海南省教育厅关工委于7月印发《为使辍学儿童重返校园而发挥余热——致全省中小学离退休教师的倡议信》。《倡议信》下发后，全省老教育工作者纷纷响应，仅定安县就有618名老教师参加这项工作，共家访2 122人次，捐资8 160元，动员帮助498名流失学生返校。三亚市海棠湾镇关工委成立了“控制辍学”队伍，做失学孩子和家长的思想工作。广东省教育厅关工委和省关工委联合实施了“朝阳工程”，计划在5年内每年筹集扶贫助学资金100万元，其中：30万元帮助贫困地区新建或扩建、配套完善1所小学，用30万元给贫困地区10所中学赠送图书资料，用30万元帮助100名经济困难品学兼优的大学生完成学业，其余10万元作为计划的配套开支。湖北省当阳市教育局和广东省乐昌市教育局关工委、重庆大学关工委等都建立了扶贫助困专项基金。教育部关工委从“关心下一代工作基金”中拿出10 000元分别捐献给重庆市渝中区七星岗街道社区和安徽省芜湖市静湖区园丁小区等单位。

〔**区域性工作协作与交流**〕 2001年，根据关工委的特点，加强各大行政区域的省际间的工作交流与协作。各地区按照计划，召开了协作会，就“新时期的高校关心下一代工作”“关工委参与家庭教育、社区教育的若干问题”、“在深化教育改革发展和全面实施素质教育中如何拓宽关工委工作领域”以及“加强关工委自身建设”等问题进行了交流。河南省教育厅关工委按地域把高等学校划分为6片、地市划分为4片建立协作关系，经常交流信息，研讨工作。

〔**培训骨干队伍**〕 2001年，根据关工委工作队伍不断发展，教育部关工委于5月在北京举办了第十二期工作培训班。来自22个省、自治区、直辖市的近400人参加培训。培训内容为“面向21世纪的关工委工作”、“青少年心理健康教育”、“中小学德育工作”、“贯彻第三次全教会精神实施素质教育”、“新时期家庭教育工作特点”、“国际形势”等。安徽省芜湖市、天津静海县、重庆涪陵区、深圳罗湖区教委关工委及内蒙建材工业学校关工委分别在大会上介绍了经验；22个单位提供了书面材料。参加培训的同志认为：以办班的形式培训骨干队伍是一种低投入、高收效的好方法。

撰稿 郭春开
审稿 李蒙恩

# 职业教育与成人教育

〔**《职业教育法》颁布实施五周年**〕 为纪念《中华人民共和国职业教育法》颁布实施五周年，2001年9月、10月，全国人大教科文卫委员会对黑龙江、新疆和重庆实施《职教法》情况进行了检查。检查结果表明，五年来，在党中央、国务院正确领导下，在各级党委、人大、政府的重视和支持下，职教法的贯彻落实工作成绩显著，大大推进了我国职业教育事业的改革和发展。主要表现是：

一、各地普遍加强了职业教育的法律法规建设，促进了职业教育体系的形成。《职教法》颁布实施以来，全国各地都掀起了大规模的学习宣传和贯彻落实热潮，截止到2001年底，已有28个省、自治区、直辖市相继制定了实施《职教法》的地方法规或政府文件，初步形成了以《职教法》为核心、地方配套法规为支撑的职业教育法规体系，从法律上确立了具有中国特色的初、中、高等职业教育相衔接，职业学校教育和职业培训并举，又与其他教育相沟通的职业教育体系。2001年底，全国有职业初中1 065所，招生29.97万人，在校生83.33万人；中等职业学校（包括普通中专、成人中专、职业高中和技工学校）1.78万所，招生397.63万人，在校生1 164.23万人。高中阶段教育中，中等职业学校招生和在校生数所占的比例分别为41.58%和45.31%；独立设置的高职院校386所，招生35.49万人，在校生71.69万人。各种形式的成人技术培训学校达49.7万所，接受各类培训的人员达9 642.11万人。

二、职业教育的经费投入逐步增长，职业学校的办学条件有了很大改善。《职教法》颁布实施以来，从中央到地方，各级政府都加大了对职业教育的投入，努力改善职业学校的办学条件。据统计，2000年，全国中等职业教育的经费总额达407.64亿元，比1996年增加143.66亿元。五年来，中央财政为中等职业教育提供专项经费达4.8亿元，地方提供的专项经费达15亿多元。经费投入的增加，有力地促进了职业学校办学条件的改善和办学水平的提高，使职业教育的发展有了良好的物质基础。

三、各级政府按照《职教法》的规定，依法举办了一批骨干示范性职业学校。2001年，共建成国家级重点职业学校1 176所，省级重点职业学校2 000多所。这些学校主动适应经济社会发展对人才的需求，努力提高教育教学质量，重视对学生的全面培养，办的有声有色，真正发挥骨干示范作用。

四、职业教育布局结构和专业设置调整工作成绩显著。根据经济社会发展的需要和产业结构的调整，职业教育近年来加大了布局结构调整工作的力度，切实提高了办学水平和整体效益，校均规模从1996年的592人增加到了2001年的655多人，其中中等专业学校从1 031人增加到1 405人。经过调整，职业教育的专业面得到拓宽，新增了一批面向新兴产业和服务业的专业，如数控技术、计算机应用、电子商务、物业管理等专业，设置的专业数由过去的1 000多个调整为270个左右，进一步适应经济社会发展对职业教育专业结构和内容的需求。

五、劳动预备制度和职业资格证书制度得到推进。根据《职教法》的规定，1999年6月，国务院办公厅发文要求在全国城镇普遍实行劳动预备制度，从事一般职业或工种的人员必须取得相应的职业学校毕业证书或职业培训证书，从事特殊职业或工种的人员还必须取得相应的职业资格证书。作为职教法执法检查的配套工作，2001年，教育部和劳动与社会保障部等有关部委合作，对各地实施就业准入制度和职业资格证书制度的情况进行了检查。由于劳动预备制度和职业资格证书制度工作的开展，各地进一步重视和加强了职业教育与劳动力市场的联系，各职业学校基本都开展了就业指导工作，提高了职业教育的针对性和适应性。

《职教法》的贯彻落实尽管取得了显著成绩，但在新的形势下，也仍有许多亟待解决的困难和问题，如中等职业学校招生下降、行业企业举办职业教育的职责有所弱化、农村和西部地区的职业教育发展困难、劳动准入制度和职业资格制度还未能得到很好实施、职业教育经费投入仍然不足、职业学校的办学条件仍很薄弱、职业学校教学质量和办学效益还不够高等等。为此，必须继续坚持大力发展职业教育的方针，按照市场需要设置专业，不拘一格办职教，努力扩大职业教育的规模，切实提高职业教育的质量和效益，加大依法治教的力度，进一步推动职教法的贯彻落实，全面开创新时期职业教育改革和发展的新局面。

**〔面向农村进城务工人员开展职业教育与培训〕**

为适应经济社会发展的需要，满足农村进城务工人员的学习要求，2001 年 5 月 14 日，教育部印发《教育部关于中等职业学校面向农村进城务工人员开展职业教育与培训的通知》，这是教育战线落实江泽民总书记“三个代表”重要思想、贯彻教育为社会主义现代化建设服务方针、扩大职业教育服务面和拓宽办学渠道、推进终身教育体系建立的重要举措。对于提高我国劳动者整体素质和促进城市经济社会发展具有十分重要的意义。

《通知》要求，各地教育行政部门要把这项工作作为重要责任，按照“实际、实用、实效”的原则，因地制宜地抓紧抓好。在对农村进城务工人员进行职业技能教育和基础文化教育的同时，还要注重加强对他们进行现代生产技术、信息技术、安全生产、环境保护、法制纪律、心理健康和职业道德等方面的教育，努力提高他们的思想道德和文化科技水平。

《通知》提出，面向农村进城务工人员开展职业教育与培训，要贯彻学历教育与非学历教育并举、学历证书和职业资格证书并重的原则，推动国家劳动预备制度和职业资格证书制度的实施。学校要根据务工人员的需要，开设专业和课程，在招生上要取消年龄限制，简化招生入学手续，有条件的学校可实行注册入学制度，允许他们分阶段完成学业。进行学历教育的，以求学者持有的初中毕业证书、普通高中毕（结）业证书为入学依据，可以一年多次招生。要根据求学者的实际情况，从有利于他们完成学习任务的角度，制定切实可行的学籍管理办法。

《通知》指出，农村进城务工人员学习期满、学分修满或培训课程结束并通过考核者，学校应当发给其毕业证书或其他相关的培训结业证书，并积极组织他们参加有关技术等级鉴定，以取得相应的资格证书。要考虑务工人员以前学习和实践中取得的知识和技能，有条件的地方和学校，可通过鉴定方式，认可其已掌握的知识和技能。对于已经取得了普通高中毕业证书且要求接受中等职业学历教育的人员，应主要对他们进行专业教育，学习时间以 1～1.5 年为宜，在补学专业课程并成绩合格后，可发给中等职业学校毕业证书。毕业证书、资格证书和培训结业证书可作为接受高等职业教育、就业、晋级和增加工资的依据。面向农村进城务工人员开展职业教育和培训，在收费上，既要考虑教育或培训的成本，也要考虑务工人员的实际承受能力，按照国家和地方有关文件规定收取学费。对于经济困难的务工人员，可通过设立助学金或酌情减免收费等形式予以资助。收费一般按学期收取，也可在不提高标准的前提下，按课程或学分收取。

《通知》要求各地教育行政部门根据通知精神，结合当地实际，采取切实有效的措施，尽快制定具体的实施办法。要加大宣传力度，努力取得务工者个人和社会各方面对这项工作的支持；要加强对农村进城务工人员开展职业教育与培训工作的管理与指导，切实保证教育教学质量和水平。要通过积极探索和创新，及时总结经验并大力推广，以推动此项工作健康开展。

撰稿　刘建同
审稿　刘占山

**〔中等职业学校招生改革〕**　2001 年 3 月在上海召开由各省、自治区、直辖市教育行政部门、招生部门负责同志参加的全国中等职业学校招生工作会议。会议分析当年中等职业学校招生工作面临的形势和存在的问题，交流各地经验和做法，研究促进措施，并印发了《关于做好 2001 年中等职业学校招生工作的通知》。《通知》全面部署 2001 年招生工作，对入学规定、招生计划、考试和录取办法、招生管理、中、高等职业教育衔接等方面进行一系列重大改革。各地教育行政部门积极贯彻落实教育部《通知》精神，结合当地实际，提出做好 2001 中等职业学校招生工作的意见：采取放宽入学年龄，放开招生计划限制；实行提前招生、学校自主招生、注册入学、多次补录等灵活多样的招生录取办法；扩大五年制高职招生规模；通过各种形式和渠道加大招生宣传力度等措施。这些办法和措施有力地促进当年中等职业学校招生工作。在各级教育行政部门、招生部门和招生学校的共同努力下，2001 年中等职业学校招生工作取得了一定的成绩，普通中专、职业高中、技工学校三类学校的招生总数比 2000 年增加 4 万多人，呈现出稳定、积极的发展态势。招生数量下滑的情况得到控制，在规模趋于稳定的同时，中等职业教育的质量和效益有了进一步提高。

撰稿　安　钢
审稿　刘占山

〔**国家级重点中等职业学校建设**〕为加强骨干示范性中等职业学校建设，教育部曾于 2000 年评审确定了首批国家级重点中等职业学校 960 所，同年发出《关于申报第二批国家级重点中等职业学校有关事项的通知》。各地政府和学校主管部门非常重视此项工作，组织专家认真评估各申报学校，采取措施，加大投入，改善薄弱环节，使这些学校基本达到了国家级重点中等职业学校的标准。教育部组织专家组对 235 所申报学校进行初审、抽查和复审，于 2001 年 3 月印发《教育部关于公布第二批国家级重点中等职业学校名单的通知》，确定北京市交通学校等 216 所中等职业学校为第二批国家级重点中等职业学校。教育部要求各地进一步重视、支持重点中等职业学校的建设、改革和发展；各重点中等职业学校要再接再厉，进一步加强建设，深化改革，全面实施素质教育，不断增强办学活力，提高办学质量和办学效益，充分发挥骨干示范作用，为中等职业教育的改革和发展，为我国的社会主义现代化建设做出更大的贡献。

撰稿　郁　洁
审稿　刘占山

**附**

## 第二批国家级重点中等职业学校名单

### 一、中等专业学校

**北京市：**

北京市交通学校
北京商贸学校

**天津市：**

天津市第一商业学校
天津市国际商务学校
天津市工业学校
天津市体育运动学校

**河北省：**

河北城乡建设学校
张家口市农业机械工程学校
廊坊市卫生学校
石油物探学校

**山西省：**

山西省物资学校
山西省农业机械化学校

**辽宁省：**

大连市轻工业学校
营口市中等专业学校
沈阳市机电工业学校
沈阳市纺织轻工业学校

**吉林省：**

长春市经济贸易学校

长春市财政学校
延边林业学校
吉林市财经学校

黑龙江省：
黑龙江省北安农业学校
哈尔滨机电工程学校

上海市：
上海市戏曲学校
上海市舞蹈学校
上海音乐学院附属中等音乐专科学校

江苏省：
常州铁路机械学校
常州会计学校
淮阴财经学校
盐城商业学校
苏州商业学校
淮阴供销学校
淮阴农业学校
江苏省食品学校

浙江省：
浙江艺术学校
浙江省体育运动学校
杭州市陈经纶体育学校
浙江贸易学校

江西省：
江西省卫生学校
宜春地区卫生学校
南昌铁路卫生学校

山东省：
山东省法律学校
济南纺织工业学校
山东省轻工业学校
山东省对外经济贸易学校
山东省轻工工程学校
山东省青岛商业学校
山东省淄博商业学校
山东省建材工业学校
烟台艺术学校
聊城贸易学校
泰安机电工程学校

河南省：
河南省理工中等专业学校
河南电子工业学校
郑州市卫生学校
郑州市财税学校
郑州市机电学校
河南省农业机械学校
河南省水利水电学校

湖北省：
长江水利水电学校
湖北省宜昌市电子工业学校
湖北省艺术学校
湖北省交通学校
湖北省纺织服装工业学校
湖北省孝感市工业学校
湖北省科技商贸学校
湖北航天工业学校
湖北省城市建设学校
湖北省咸宁财税会计学校
湖北省对外贸易学校
湖北省林业学校
湖北省中医药学校

广东省：
东莞理工学校
新兴中药学校
高州农业学校
湛江财贸学校
广州市建筑工程学校
茂名市建设中专学校
广东省水产学校
广东司法学校
广州市体育运动学校

广西壮族自治区：
广西贸易经济学校
广西银行学校

海南省：
海南省农业学校

海南省工业中等专业学校

**四川省：**

四川航天工业学校
四川省信息工程学校
四川省凉山卫生学校
四川省乐山财贸学校
成都市工业学校
四川省绵阳医药学校
四川省卫生学校
四川省内江经济技术学校
四川省水产学校

**贵州省：**

贵州省财政学校
遵义财贸学校
贵州省第二轻工业学校
贵州省贸易经济学校
铜仁地区农业学校
遵义卫生学校
黔东南州卫生学校
贵州省林业学校

**云南省：**

楚雄民族中等专业学校
红河州卫生学校
云南省贸易经济学校

**陕西省：**

陕西省邮电学校

**甘肃省：**

甘肃省农业机械化学校
平凉地区卫生学校
甘肃省机械工业学校
甘肃省商业学校
定西地区卫生学校
甘肃省煤炭工业学校

**青海省：**

青海省卫生学校

**宁夏回族自治区：**

银川电力工业学校

**新疆维吾尔自治区：**

昌吉卫生学校
新疆水利水电学校

## 二、职业高级中学

**河北省：**

临城县职教中心
乐亭县职教中心

**山西省：**

长治市太行职业中专学校
吕梁地区职业中专学校
霍州市职业中专学校

**内蒙古自治区：**

阿荣旗职业中等专业学校

**辽宁省：**

阜新市第一中等职业技术专业学校

**吉林省：**

中国第一汽车集团公司职业技术学校

**黑龙江省：**

穆棱市职业技术教育中心学校

**江苏省：**

南京中华职业教育中心
江浦县职业教育中心
锡山市职业教育中心
南京市职业教育中心
泰州市职业教育中心
南京市莫愁职业高级中学
铜山县工业职业高级中学
江苏省大丰职业高级中学
江苏省海门职业高级中学

**浙江省：**

杭州中策职业高级中学
杭州市旅游职业学校
余杭市临平职业高级中学
萧山市第一中等职业学校
宁波市职业技术教育中心学校

宁波市镇海区职业教育中心学校
慈溪市职业高级中学
鄞县职业高级中学
余姚市第三职业技术学校
奉化市大桥职业技术学校
宁海县高级职业技术教育中心
温州市职业技术学校
平阳县职业教育中心
苍南县职业中等专业学校
瑞安市职业中等专业学校
绍兴市职业教育中心
绍兴县职业教育中心
诸暨市实验职业中学
上虞市职业中等专业学校
新昌县职业技术教育中心
嘉兴市职业技术教育中心
海宁市职业高级中学
海盐县职业中等专业学校
平湖市职业中等专业学校
嘉善县职业中等专业学校
湖州市交通职业高级中学
湖州市职业技术中心学校
金华市第一职业高级中学
金华县职业中等专业学校
义乌市城镇职业技术学校
东阳市技术学校
临海市中等职业技术学校
缙云县职业中等专业学校

**安徽省：**

贵池市职业教育中心
亳州市第二职业高级中学
蚌埠市职业教育中心

**江西省：**

泰和职业中等专业学校
南丰县职业中等专业学校

**山东省：**

寿光市第二职业中专
沂水县职教中心
兖州市职业中专
新泰市职业中专
莒南县职教中心

**河南省：**

平顶山煤业集团职业中等专业学校
洛阳市第一职业高级中学
濮阳县职业技术学校
荥阳市职业中等专业学校
内乡县职业中等专业学校
潢川县职业中等专业学校
项城市中等职业学校

**湖北省：**

赤壁市职业技术教育中心
襄阳县高级职业中学
湖北省浠水理工中等专业学校
麻城理工中等专业学校
安陆市中等职业技术学校
鄂州市职业中等专业学校
石首市职业高中

**湖南省：**

浏阳市职业中专
岳阳县职业中专

**广东省：**

新会市机电成人中专学校
广州市番禺区成人中等专业技术学校
广州市花都区成人中等专业技术学校
广州市番禺区新造职业中等专业学校
珠海市第三中等职业学校
东莞市厚街专业技术学校
开平市吴汉良理工学校
顺德市容桂镇胡锦超职业中学
清远市清城区职业中学
新兴理工学校

**广西壮族自治区：**

来宾县职业中等专业学校

**四川省：**

四川省邻水县职业中学
四川省南溪县职业中学

**贵州省：**

桐梓县职业教育培训中心

**云南省：**

宣威市第一职业高级中学

思茅市职业教育中心

**陕西省：**

安康职业中等专业学校

**甘肃省：**

西峰市陇东职业中专学校

兰州市文科职业学校

静宁县职教中心学校

成县职业中专学校

庆阳县职业中专学校

**宁夏回族自治区：**

银川市第一职业高级中学

**新疆维吾尔自治区：**

库尔勒市职业中专学校

〔**印发《中等职业学校设置标准（试行）》**〕 2001年7月，教育部印发了《中等职业学校设置标准（试行）》，对中等职业学校领导、办学规模、教师队伍、校园占地、校舍建筑面积及设备、设施等方面提出了明确要求。该设置标准是设置中等职业学校的最低标准，适用于各级政府部门、行业、企业举办的各类中等职业学校。但对于民办中等职业学校和在边远贫困地区设置的中等职业学校，其办学规模和相应的办学条件可适当放宽要求，具体标准由省级教育行政部门依据本设置标准制定。对体育、艺术等特殊类别中等职业学校，教育部会同文化部和国家体育总局已另行公布《中等艺术学校设置标准（试行）》、《中等体育运动学校设置标准（试行）》。《设置标准》开始试行后，此前由教育部制定的有关各类中等职业学校设置标准同时废止。

撰稿　郁　洁

审稿　刘占山

〔**中等职业学校学生学籍管理新规定**〕 随着我国改革开放和现代化建设进入一个新阶段，中等职业教育的改革与发展也面临着新的机遇和挑战。原国家教委颁发的《普通中等专业学校学生学籍管理规定》和《职业高级中学学生学籍管理暂行规定》的一些教育教学管理办法已不能适应中等职业学校教育教学改革的需要。从改革中等职业学校传统的办学模式和教学管理制度，建立弹性学习制度，推动职业教育教学制度创新，促进中等职业教育更好地为社会主义市场经济建设和社会发展对人才培养的需要出发，2001年教育部印发了《关于制定中等职业学校学生学籍管理规定的原则意见》。

《意见》将制定中等职业学校学生学籍管理规定的责任交由地方教育行政部门负责，具体内容的制定、适用范围、办理程序等详细的要求和规定由地方教育行政部门和各中等职业学校自行确定，给地方和学校留有较大的管理空间，有利于发挥地方教育行政部门和各类中等职业学校办学的积极性和自主权。《意见》仅就入学与注册、成绩考核、升级与留级、转学与转专业、休学复学与退学、纪律与考勤、奖励与处分、毕业与结业等几大方面的相关条目中，对招生入学对象、学业成绩考核的一般记分评定方式、升留级所限课程门数、转学与转专业的基本条件、休学复学及毕业的基本要求等学籍管理中的一些最基本的问题提出了一些原则性的意见和管理办法。

《意见》突出强调：(1) 淡化各类中等职业学校的区别，统一其学生学籍管理办法，《意见》适用各类中等职业学校；(2) 考虑到学分制的实施需要有一个过程，今后一个时期内，一些地区和学校将出现学分制与学年制并存的状况，且目前绝大部分学校仍实行学年制的实际，故《意见》涵盖了学分制和学年制两种情况；(3)《意见》一方面允许学生提前或推迟毕业，允许学生在学期间参加社会创业、就业等实践活动，工学交替，分阶段完成学业。另一方面打通了职业教育内部、职业教育和普通教育之间的沟通与衔接。

撰稿　安　钢

审稿　刘占山

〔**中等职业学校德育课课程新方案**〕 2001年

2月，教育部印发《关于中等职业学校德育课程设置与教学安排意见》和《关于印发中等职业学校德育课课程教学大纲（试行）的通知》，各地中等职业学校于当年秋季开始实施新的德育课课程设置方案、教学大纲和新教材。新方案、新大纲和新教材体现了全面推进素质教育的要求，是贯彻落实中共中央办公厅、国务院办公厅《关于适应新形势进一步改进和加强中小学德育工作的意见》的具体措施，是改进和加强中等职业学校德育课教学，提高学生思想政治素质的一项重大举措，符合中等职业学校德育工作实际，受到广泛欢迎。

撰稿　王扬南

审稿　王继平

〔**第三批全国重点建设职教师资培训基地名单**〕　2001年3月，教育部印发《关于公布第三批全国重点建设职业教育师资培训基地名单的通知》，确定北京师范大学、华东师范大学、电子科技大学、内蒙古农业大学、西北师范大学、新疆农业大学、苏州工艺美术职业技术学院和宁夏石嘴山职业技术学院等学校为第三批全国重点建设职教师资培训基地。至此，《面向21世纪教育振兴行动计划》提出的“重点建设50个职教师资培训基地规划”的遴选确定阶段工作宣告完成。

经过三批遴选评审，教育部共确定了52个全国重点建设职教师资培训基地。52个基地由56所学校组成，其中普通高等学校44所，高职高专5所，中等职业学校7所。44所普通高等学校中，综合大学6所、理工科或理工科为主的院校13所、农林院校7所、师范类院校16所（其中职业技术师范学院9所）、财经政法类院校2所。

〔**“十五”期间中等职业学校教师队伍建设规划**〕　2001年11月，教育部印发《关于“十五”期间加强中等职业学校教师队伍建设的意见》。《意见》分析了“九五”期间中等职业学校教师队伍建设的成就和存在的问题，明确了“十五”期间中等职业学校教师队伍建设工作的指导思想、总体目标，重点工作和主要措施。

“十五”期间中等职业学校教师队伍建设的具体目标：一是加强教师管理制度建设，制定和完善《教师法》配套法规，初步形成体现职业教育特点的教师管理制度体系框架。二是建设一支数量上满足中等职业教育发展规模需要的教师队伍。三是完善教师队伍结构，提高整体素质。在学历层次上，到2005年，全国中等职业学校文化课、专业课教师和实习指导教师基本达到规定的合格学历标准，并逐步提高学历层次，“双师型”教师和具有硕士学位的教师达到一定比例。在专业结构和教师职务结构上更趋于合理。专业课教师在教师总量中的比例达到60%左右，每个专业至少应有3～5名专业课教师；兼职教师比例一般应不少于10%。具有高级专业职务专任教师的比例，中等专业学校（含成人中专）达到25%，职业高中达到20%，技工学校达到15%。四是初步建成中等职业教育师资培养培训体系。在全国建立350个左右中等职业教育师资培养培训基地，其中，全国重点建设50个，省、自治区、直辖市建设300个左右。

“十五”期间中等职业学校教师队伍建设的主要任务和措施：一是全面贯彻落实《教师法》和《职业教育法》，推进中等职业学校教师工作的制度建设。二是加强教师队伍的思想政治工作，把教师职业道德建设放在队伍建设的突出位置。三是进一步加强中等职业学校骨干教师建设工作。四是进一步加强中等职业教育师资培养培训基地建设，努力构建中等职业教育师资培养培训体系。五是多渠道解决中等职业学校教师来源问题。六是加强教师继续教育工作，提高教师业务素质。七是改革中等职业学校用人制度，依法完善教师聘任制度。八是采取措施，进一步提高中等职业学校教师社会地位和待遇。

撰稿　王兰英

审稿　王继平

〔**中等职业教育教学改革**〕　制订重点建设专业教学指导新方案。在有关行业职业教育教学指导委员会工作的基础上，教育部制订中等职业学校82个重点建设专业的教学指导新方案（含专业课程设置、主干专业课程教学基本要求和专业设置标准等），其中60个专业的新方案已由高等教育出版社正式出版。

试验综合课程教育。2001年教育部办公厅印发的《关于在部分有条件的中等职业学校做好综合课程教育试验工作的意见》，规定在经济、教育基础较好的地方，选择部分办学方向正确、办学质量高、办学效益好的国家级或省级重点中等职业学校进行试验。在试验阶段，试验学校综合课程教育的招生数量一般不超过本校招生数的30%。综合课程教育的基本学制为3～4年，以3年为主。试验学校可根据需要实行弹性学制和学分制；综合课程教育的专业可参照中等职业学校专业大类设置，要注意设置对文化基础要求较高、技术含量较高和复合性较强的专业，增强学生的适应性；综合课程教育可根据当地高等职业技术院校招生和就业岗位对学生文化素质的要求，既可以按照教育部颁布的中等职业学校文化基础课程教学大纲，也可以参照普通高中相关课程的教学基本要求，开好文化基础课程。同时，要根据专业需要开设培养学生专业知识、职业能力与实践能力、创新精神和创业能力的课程，加强对学生进行职业指导；综合课程教育要突出职业教育特色，注意防止按照普通高中教育的模式来举办综合课程教育的做法，防止把综合课程教育办成升学预备教育。

开展学分制的试点工作。职业学校实行学分制，是进行教育教学制度创新，建立适应经济建设、社会进步和个人发展需要的更加灵活、更加开放的教学组织和管理制度的重要举措。2001年《教育部办公厅关于在职业学校进行学分制试点工作的意见》指出，学分制是以学分作为衡量学生学习份量、学习成效，为学生提供更多选择余地的教学制度。学分是计算学生完成课业的必要时间和成效的单位，是学生获得学业证书的主要依据，也是学校组织教学的依据。明确职业学校计算学分应以课程（含实践课程）在教学计划中的课时数为主要依据，一般课程以16～18个课时为1个学分。公益劳动、军训、毕业教育等，以1周为1个学分。三、四年制专业总学分分别一般不少于170学分、220学分；五年制或“三加二”学制专业总学分一般不少于270学分。该《意见》对试点学校的教学组织和管理均提出了明确的要求，全国多数省、自治区、直辖市选择学校开展学分制试点工作。

撰稿　刘　杰

审稿　黄　尧

〔**中等职业教育教材建设**〕　成立全国中等职业教育教材审定委员会。2001年，教育部成立全国中等职业教育教材审定委员会。审定委员会是教育部领导下的全国中等职业教育教材编写质量认证机构，其主要职责是审定中等职业教育国家规划教材；审查拟在全国范围出版发行的中等职业教育教材和改革试验教材；调查研究教材使用情况，为有关教育主管部门决策提供信息和建议。审定委员会委员由教育部聘任并颁发聘书，每届任期4年，主要由知名教育教学专家、学者、职业学校教师、研究人员、工程技术人员和教育行政管理人员组成。下设的文化基础课程、综合课程等12类教材审查组，具体从事相关学科、专业、工种教材的审查工作。

审定、出版新的国家规划教材。2001年2月和9月，教育部先后对德育课程、文化基础课程和59个重点建设专业的主干课程共517种教材选题进行了评审立项。有20余家出版社参与竞争，共申报教材选题926项。经专家评审，立项751项。2001年4月和9月，组织专家分别审定德育课程、文化基础课程、专业技术基础课程和农业、林业等19个重点建设专业的222种共319本教材书稿，其中273本通过了审定并已正式出版。从2001年秋季起，新的国家规划教材已陆续供应各类中等职业学校选用。

有组织地开展新的国家规划教材使用培训。2001年6月，正式出版首批70种新的国家规划教材。为了推广新的职业教育教学改革成果，帮助广大教师全面了解并把握新教材的编写思想、内容特点及结构体系，提高教材选用与驾驭能力，更好地用好新教材，教育部职业教育与成人教育司与有关出版社共同组织19期新的国家规划教材使用培训班，对4门德育课程、7门文化基础课程和16门专业技术基础课的新教材进行培训，来自30个省、自治区、直辖市的1 300多名教师和教研人员参加了培训班。

撰稿 葛维威
审稿 黄 尧

〔**现代远程职业教育与成人教育资源建设**〕 2001年3月，《教育部关于印发〈现代远程中等职业教育与成人教育资源建设项目开发指南〉的通知》公布“现代远程中等职业教育与成人教育资源建设首批项目目录”。之后，教育部职业教育与成人教育司组织专家对150个申报项目进行终审答辩，确定、公布32个网络课程开发项目。2001年，这些项目已经进入正式开发阶段。11月初，修订的《现代远程中等职业教育与成人教育资源建设项目开发指南》公布“现代远程中等职业教育与成人教育资源建设第二批项目目录”，确定88个网络课程开发项目。这些网络课程涉及农林、建筑、机械、化工、铁路、信息技术、商贸与旅游、财政、管理、师资培训、文化艺术等18个专业门类，可供开展现代远程教育职业教育与成人教育的学校和其他教育机构使用。

3月，现代远程职业教育资源建设委员会组织开展优秀职业教育教学软件及管理软件评选活动，从各地报送的450余份软件中，评选出一、二、三等奖共53个。4月，部分IT企业捐赠总值1 000万元人民币的职业教育软件，全部分送给300所教育软件应用试点的职业学校，并对有关教师和技术人员进行了教育软件的应用培训。5月，教育部职业教育与成人教育司委托教育部职业技术教育中心研究所组织专家，着手中国职业教育与成人教育网站的筹备工作。11月初，组织专家论证并通过了清华同方股份有限公司的网站技术方案和运作模式，12月，初步建成网站（域名：www.cvae.com.cn)，并已进入试运行阶段。

撰稿 刘培俊
审稿 刘占山

〔**社区教育实验工作**〕 全国社区教育实验工作有了新进展。2000年4月教育部印发《关于在部分地区开展社区教育实验工作通知》后，北京、上海、江苏等地率先提出建设学习化城市、构建终身教育体系的发展目标，全国大多数省、自治区、直辖市都采取各种形式，广泛开展社区教育实验工作。据初步统计，全国已建立110个社区教育实验区。各实验区普遍成立社区教育领导机构，建立多种类型的社区教育中心（或学院）达796所，并依托这些中心（学院）开展了大量的教育与培训活动。为了扩大社区教育实验规模，推动社区教育深入开展，教育部于2001年11月印发《关于确定全国社区教育实验区名单的通知》，确定28个全国社区教育实验区。于此同时，在北京召开首次全国社区教育实验工作经验交流会。会议总结了全国社区教育工作，交流了经验，分析了形势，提出今后一个时期推进社区教育实验工作的指导思想、目标任务和政策措施；指出当前要把社区教育作为成人教育新的增长点，把社区教育的侧重点放在社区居民急需的而正规学校教育还覆盖不到或不能很好解决的教育培训上，努力开拓成人教育新的空间。

各地积极贯彻全国社区教育实验工作经验交流会精神，全面推进社区教育实验工作。全国社区教育实验工作经验交流会后，各省（自治区、直辖市）和各实验区采取有力措施，积极行动，社区教育实验工作在全国蓬勃开展。一是许多省市召开专题会议，制定印发关于开展社区教育实验工作的通知、实施意见或“十五”工作规划，明确社区教育工作的目标和具体工作任务，推动社区教育实验工作的全面发展；二是全国社区教育实验区和各省市的社区教育实验区普遍建立了社区教育领导机构，为社区教育实验工作奠定了良好的组织基础；三是各实验区普遍做到经费、人员、机构三落实，把社区教育实验工作落到了实处；四是各实验区面向社区内全体成员的教育与培训活动、学习型组织创建活动蓬勃发展。

**附**

## 全国社区教育实验区名单

北京市朝阳区、西城区
山西省太原市杏花岭区
黑龙江省哈尔滨市南岗区
江苏省苏州市金阊区、南京市玄武区、江阴市
安徽省芜湖市镜湖区
福建省厦门市鼓浪屿区
广东省广州市天河区
四川省成都市青羊区
新疆维吾尔自治区克拉玛依市独山子区
青岛市四方区
深圳市宝安区
天津市河西区、和平区
辽宁省沈阳市和平区
上海市闸北区、嘉定区、浦东新区
浙江省杭州市下城区
山东省济南市历下区
湖北省长沙市雨花区
广西壮族自治区南宁市新城区
重庆市渝中区
大连市甘井子区
宁波市鄞县

撰稿　张志坤　马建斌
审稿　张昭文

〔**城市与企业教育综合改革**〕　2001年，教育部城市与农村教育综合改革办公室印发《关于做好2001年城市和企业教育综合改革有关工作的通知》，要求各地和实验城市从教育、经济和社会发展的实际情况出发，制定好城市教育综合改革“十五”计划，提出促进实现“四个突破、四个率先”的主要措施。浙江、湖北、江苏、河南、海南、陕西等省和海口、沈阳、苏州、南京、自贡、西安、绍兴、宁波、杭州等实验城市制定了城市教育综合改革“十五”计划。11月16日～18日，由全国城市教育综合改革研究会和海口市政府联合在海口市举办《城市教育论坛暨城市教育综合改革研究会第七届年会》，教育部城市与农村教育综合改革办公室和50余个教育综合改革实验城市的政府或教育部门领导、高校和科研机构的有关专家约160人参加会议，会议总结了工作，交流了经验，对今后工作提出了要求。

7月12日，教育部职业教育与成人教育司邀请交通部科教司等13个部门、行业的有关负责同志，召开行业职工教育与培训工作座谈会，研究在政府机构改革、职能转变的进程中，行业职工教育与培训管理体制发生了较大变化的情况下，特别是我国加入WTO以后，对行业职工素质提出更高要求的新形势下，如何发挥行业作用，进一步推动行业职工教育与培训工作。

中国成人教育协会企业教育研究会理事长（扩大）会议于4月10日～12日在河南郑州召开。会议总结了近年来企业教育综合改革工作，交流了经验，对今后工作提出了要求，考察了郑州铁路局和漯河双汇集团的企业教育。教育部城市与农村教育综合改革办公室和研究会的常务副理事长单位、副理事长单位以及相关单位的负责同志共33人参加会议。10月12日～15日，在上海召开研究会三届二次理事会，交流了企业职工教育的经验和情况，并考察了上海港务局的职工教育。

撰稿　李一扬
审稿　张昭文

〔**农村教育综合改革**〕　2001年，全国各地继续贯彻党的十五届三中全会和第三次全国教育工作会议精神，落实《中共中央、国务院关于深化教育改革全面推进素质教育的决定》，进一步推进农村教育综合改革，努力开创教育为农业和农村工作服务的新局面。各地领导重视，措施得力，使农村教育综合改革工作取得了新进展。

湖北、江苏、贵州、黑龙江、安徽等地先后召开农村教育综合改革工作会议，总结经验，部署工作。黑龙江省人民政府于2001年在全省宣传推广呼兰县和佳木斯市开展农村教育综合改革，加强三教统筹和农科教结合，促进教育更好地为“三农”服务的先进经验。贵州省人民政府要求各级党委政府要把推进农村教育综合改革摆在政府工作的重要位置，切实加强领导和统筹，尤其是各级教育行政部门的主要负责同志要切实担负起具体抓农村教育综合改革的责任。

各地继续以工程或项目等形式，推进农村教育综合改革工作，促进教育为“三农”服务。湖北省教育厅与农业厅联合开展“教育兴农示范县（市）”创建活动，省政府教育督导室与教育厅共同制定了《湖北省教育兴农示范县（市）评估标准与细则（试行）》，明确提出了人才培养培训、学校建设、新技术推广与服务等方面的量化指标，将教育兴农工程由项目推进发展到整体推进，由教育部门主动服务发展到几个部门协调配合服务。江苏省教育厅与农业厅、劳动与社会保障厅、科技厅、科协等部门联合实施“5112”教育富民工程，即在“十五”期间，通过职业教育与成人文化技术培训，促进500万农村劳动力转移，培训100万农村致富骨干，重点推广1 000个农业科技致富项目，培训200万下岗（失业）、转岗职工，为富民强省作出应有贡献。浙江省教育厅开展“百万农民培训工程”，要求培养百万农民致富带头人，推广一批农业科技，建立一批示范培训基地。西藏自治区教委在2000年冬和2001年春，结合牧区实际，以全区21个农牧区教育综合改革实验县为主，在全区开展首届“燎原科普之冬”，广泛进行实用科技和文化、法制培训。

撰稿　马建斌
审稿　张昭文

# 高 等 教 育

## 普通高等学校发展改革

〔**2001年高校调整合并情况**〕　2001年，全国调整合并高等学校共计86所。其中，划转地方管理8所，包括国家体育总局所属的5所高校、总后勤部所属的2所高校以及中国石油化工总公司所属1所高校；参与合并的高等学校78所，包括普通高校48所、成人高校30所。这些学校合并调整为37所新的高校，其中普通高校34所、成人高校3所。

撰稿　向明灿

审稿　牟阳春

**附**

### 2001年高等学校调整合并一览表

**一、合并情况**

| | 合并后学校名称 | 学校性质 | 层次 | 参与合并学校名称 | 学校主管部门 |
|---|---|---|---|---|---|
| 1 | 贵州人民警察职业技术学院 | 普通 | 专科 | 贵州公安管理干部学院　贵州政法管理干部学院 | 贵州省 |
| 2 | 江南大学 | 普通 | 本科 | 无锡轻工大学　江南学院　无锡教育学院 | 教育部 |
| 3 | 佛山职业技术学院 | 普通 | 专科 | 佛山煤田职工地质学院　佛山职工大学　佛山机电学校 | 广东省 |
| 4 | 南昌大学 | 普通 | 本科 | 南昌大学　江西医学院 | 江西省 |
| 5 | 湖南师范大学 | 普通 | 本科 | 湖南师范大学　湖南省政法管理干部学院 | 湖南省 |
| 6 | 西南师范大学 | 普通 | 本科 | 西南师范大学　重庆市轻工业职工大学 | 重庆市 |
| 7 | 苏州科技学院 | 普通 | 本科 | 苏州城市建设环境保护学院　苏州铁道师范学院 | 江苏省 |
| 8 | 营口职业技术学院 | 普通 | 专科 | 营口师范高等专科学校　营口高等职业专科学校 | 辽宁省 |
| 9 | 丹东职业技术学院 | 普通 | 专科 | 丹东师范高等专科学校　丹东纺织高等专科学校　大连医科大学丹东分校 | 辽宁省 |
| 10 | 西藏大学 | 普通 | 本科 | 西藏大学　西藏农牧学院 | 西藏自治区 |
| 11 | 西南农业大学 | 普通 | 本科 | 西南农业大学　四川畜牧兽医学院　中国农业科学院柑桔研究所 | 重庆市 |
| 12 | 咸阳师范学院 | 普通 | 本科 | 咸阳师范专科学校　咸阳教育学院 | 陕西省 |
| 13 | 成都理工大学 | 普通 | 本科 | 成都理工学院　四川商业高等专科学校　成都有色地质职工大学 | 四川省 |

续表

| | 合并后学校名称 | 学校性质 | 层次 | 参与合并学校名称 | 学校主管部门 |
|---|---|---|---|---|---|
| 14 | 涪陵师范学院 | 普通 | 本科 | 涪陵师范高等专科学校　涪陵教育学院 | 重庆市 |
| 15 | 昌吉学院 | 普通 | 本科 | 昌吉师范专科学校　昌吉州教育学院 | 新疆维吾尔自治区 |
| 16 | 渝西学院 | 普通 | 本科 | 重庆师范高等专科学校　渝州教育学院 | 重庆市 |
| 17 | 宜宾学院 | 普通 | 本科 | 宜宾师范高等专科学校　宜宾教育学院 | 四川省 |
| 18 | 南京工业大学 | 普通 | 本科 | 南京工业大学　南京建筑工程学院 | 江苏省 |
| 19 | 天津中德职业技术学院 | 普通 | 专科 | 天津职工工业技术学院　天津市职工现代企业管理学院 | 天津市 |
| 20 | 陕西理工学院 | 普通 | 本科 | 汉中师范学院　陕西工学院 | 陕西省 |
| 21 | 西安财经学院 | 普通 | 本科 | 陕西经贸学院　西安统计学院 | 陕西省 |
| 22 | 大理学院 | 普通 | 本科 | 大理医学院　大理师范高等专科学校 | 云南省 |
| 23 | 贵州教育学院 | 成人 | 专科 | 贵州教育学院　贵阳职工大学 | 贵州省 |
| 24 | 江苏大学 | 普通 | 本科 | 江苏理工大学　镇江医学院　镇江师范专科学校 | 江苏省 |
| 25 | 江汉大学 | 普通 | 本科 | 江汉大学　武汉教育学院　武汉市职工医学院<br>华中理工大学汉口分校 | 湖北省 |
| 26 | 中山大学 | 普通 | 本科 | 中山大学　中山医科大学 | 教育部 |
| 27 | 宁夏大学 | 普通 | 本科 | 宁夏大学　宁夏农学院 | 宁夏回族自治区 |
| 28 | 内蒙古师范大学 | 普通 | 本科 | 内蒙古师范大学　内蒙古教育学院 | 内蒙古自治区 |
| 29 | 甘肃联合大学 | 普通 | 专科 | 甘肃联合大学　甘肃教育学院 | 甘肃省 |
| 30 | 兰州商学院 | 普通 | 本科 | 兰州商学院　甘肃省职工财经学院 | 甘肃省 |
| 31 | 西北师范大学 | 普通 | 本科 | 西北师范大学　甘肃省经济管理干部学院 | 甘肃省 |
| 32 | 上海第二工业大学 | 普通 | 专科 | 上海第二工业大学　上海东沪职业技术学院 | 上海市 |
| 33 | 锦州师范高等专科学校 | 普通 | 专科 | 锦州师范高等专科学校　锦州职工大学 | 辽宁省 |
| 34 | 重庆师范学院 | 普通 | 本科 | 重庆师范学院　重庆市纺织工业局职工大学<br>重庆市幼儿师范学校 | 重庆市 |
| 35 | 北京教育学院 | 成人 | 专科 | 北京教育学院　北京市成人教育学院 | 北京市 |
| 36 | 重庆工学院 | 普通 | 本科 | 重庆工学院　重庆经济管理干部学院 | 重庆市 |
| 37 | 北京市西城经济科技大学 | 成人 | 专科 | 北京市西城经济科技大学　北京市西城区职工大学 | 北京市 |

**二、调整情况**

| | 学　校　名　称 | 学校性质 | 层次 | 原主管部门 | 调整后主管部门 |
|---|---|---|---|---|---|
| 1 | 辽阳石油化工高等专科学校 | 普通 | 专科 | 中国石油化工集团总公司 | 辽宁省 |
| 2 | 沈阳体育学院 | 普通 | 本科 | 国家体育总局 | 辽宁省 |
| 3 | 成都体育学院 | 普通 | 本科 | 国家体育总局 | 四川省 |
| 4 | 西安体育学院 | 普通 | 本科 | 国家体育总局 | 陕西省 |
| 5 | 武汉体育学院 | 普通 | 本科 | 国家体育总局 | 湖北省 |
| 6 | 上海体育学院 | 普通 | 本科 | 国家体育总局 | 上海市 |
| 7 | 九江财经高等专科学校 | 普通 | 专科 | 总后勤部 | 江西省 |
| 8 | 邢台职业技术学院 | 普通 | 专科 | 总后勤部 | 河北省 |

〔**2001年高校审批情况**〕 2001年，共批准新设置210所普通高等学校，其中教育部批准设立12所，省、自治区、直辖市人民政府自行审批设立并经教育部备案的高等职业学校198所（详见附一）。

在教育部批准设立的12所普通高校中，包括师范学院4所，非师范本科院校5所，高等专科学校3所（其中民办高校1所）。在省级人民政府审批设立的198所高等职业学校中，公办高校153所，民办高校45所。

此外，2001年教育部批准撤消普通高校1所。批准更名的普通高校11所，其中教育部批准5所，省级人民政府批准6所（详见附二）。

撰稿 王雪涛
审稿 牟阳春

**附一**

## 2001年批准新设置的普通高校名单

| 序号 | 学校名称 | 建校基础名称 | 主管部门 | 备注 |
|---|---|---|---|---|
| 一、教育部批准的普通高校（12所） | | | | |
| 1 | 涪陵师范学院 | 涪陵师范高等专科学校<br>涪陵教育学院 | 重庆市 | |
| 2 | 渝西学院 | 重庆师范高等专科学校<br>渝州教育学院 | 重庆市 | |
| 3 | 攀枝花学院 | 攀枝花大学 | 四川省 | |
| 4 | 宜宾学院 | 宜宾师范高等专科学校<br>宜宾教育学院 | 四川省 | |
| 5 | 遵义师范学院 | 遵义师范高等专科学校 | 贵州省 | |
| 6 | 楚雄师范学院 | 楚雄师范高等专科学校<br>楚雄民族师范学校 | 云南省 | |
| 7 | 咸阳师范学院 | 咸阳师范专科学校<br>咸阳教育学院 | 陕西省 | |
| 8 | 河西学院 | 张掖师范高等专科学校 | 甘肃省 | |
| 9 | 昌吉学院 | 昌吉师范专科学校<br>昌吉州教育学院 | 新疆维吾尔自治区 | |
| 10 | 铁道警官高等专科学校 | 公安部郑州铁路公安管理干部学院<br>公安部郑州铁路人民警察学校 | 公安部 | |
| 11 | 新疆警官高等专科学校 | 新疆公安司法管理干部学院<br>新疆人民警察学校 | 新疆维吾尔自治区 | |
| 12 | 北京科技经营管理学院 | 新设 | 北京市 | 民办高校 |
| 二、省级人民政府批准的高等职业学校（198所） | | | | |
| 13 | 北京农业职业学院 | 北京市农业管理干部学院<br>北京市农业学校 | 北京市 | |
| 14 | 北京吉利大学 | 新建 | 北京市教委 | 民办高校 |
| 15 | 天津渤海职业技术学院 | 天津市职工化工学院<br>天津市化学工业学校 | 天津市 | |
| 16 | 天津电子信息职业技术学院 | 天津电子信息学校 | 天津市 | |

续表

| 序号 | 学 校 名 称 | 建校基础名称 | 主管部门 | 备注 |
|---|---|---|---|---|
| 17 | 天津工程职业技术学院 | 大港油田集团职工大学<br>大港油田集团石油学校 | 天津市 | |
| 18 | 天津公安警官职业学院 | 天津市公安学校<br>天津市人民警察学校 | 天津市 | |
| 19 | 天津机电职业技术学院 | 天津市职工机电学院<br>天津市机电工业学校 | 天津市 | |
| 20 | 天津轻工职业技术学院 | 天津市第二轻工业局职工大学<br>天津市第二轻工业学校 | 天津市 | |
| 21 | 天津现代职业技术学院 | 天津市第一轻工业局职工大学 | 天津市 | |
| 22 | 天津对外经济贸易职业学院 | 天津市国际商务学校 | 天津市 | |
| 23 | 天津青年职业学院 | 天津青年职业技术职工学院 | 天津市 | |
| 24 | 天津中德职业技术学院 | 天津职工工业技术学院<br>天津市职工现代企业管理学院 | 天津市 | |
| 25 | 天津工商职业技术学院 | 天津市国际经济贸易学校 | 天津市 | |
| 26 | 河北工程技术职业学院 | 保定职工大学 | 河北省 | |
| 27 | 河北建材职业技术学院 | 河北建材职工大学 | 河北省 | |
| 28 | 河北石油职业技术学院 | 管道局职工学院 | 河北省 | |
| 29 | 河北政法职业学院 | 河北政法管理干部学院 | 河北省 | |
| 30 | 衡水职业技术学院 | 冀县师范学校 | 河北省 | |
| 31 | 秦皇岛职业技术学院 | 秦皇岛市财经学校<br>河北工业管理学校<br>秦皇岛市高级技工学校 | 河北省 | |
| 32 | 唐山职业技术学院 | 唐山农业学校<br>唐山商业学校<br>唐山卫生学校<br>唐山财贸干部学校 | 河北省 | |
| 33 | 唐山工业职业技术学院 | 唐山市高级技工学校<br>(唐山市职工大学陶瓷分校) | 河北省 | |
| 34 | 邯郸中原外国语职业学院 | 邯郸中原外国语专修学院(资源) | 河北省教育厅 | 民办高校 |
| 35 | 石家庄法商职业学院 | 河北安邦专修学院(资源) | 河北省教育厅 | 民办高校 |
| 36 | 石家庄计算机职业学院 | 河北中山专修学院(资源) | 河北省教育厅 | 民办高校 |
| 37 | 石家庄影视艺术职业学院 | | 河北省教育厅 | 民办高校 |
| 38 | 北岳职业技术学院 | | 山西省 | |
| 39 | 晋城职业技术学院 | 晋城市教育学院<br>晋城师范学校<br>晋城市中等专业学校<br>晋城市文化艺术学校 | 山西省 | |
| 40 | 山西工程职业技术学院 | 山西省太原冶金工业学校 | 山西省 | |
| 41 | 山西建筑工程职业技术学院 | 山西省建筑工程学校 | 山西省 | |
| 42 | 山西交通职业技术学院 | 山西省交通学校 | 山西省 | |

续表

| 序号 | 学校名称 | 建校基础名称 | 主管部门 | 备注 |
|---|---|---|---|---|
| 43 | 山西生物应用职业技术学院 | 山西省中药材学校 | 山西省 | |
| 44 | 山西兴华职业学院 | | 山西省教育厅 | 民办高校 |
| 45 | 内蒙古警察职业学院 | 内蒙古自治区人民警察学校 | 内蒙古自治区 | |
| 46 | 兴安职业技术学院 | 兴安盟教育学院（资源） | 内蒙古自治区 | |
| 47 | 渤海船舶职业学院 | 新设 | 辽宁省 | |
| 48 | 丹东职业技术学院 | 丹东师范高等专科学校<br>丹东纺织高等专科学校<br>大连医科大学丹东分校 | 辽宁省 | |
| 49 | 辽阳职业技术学院 | 辽阳师范高等专科学校 | 辽宁省 | |
| 50 | 营口职业技术学院 | 营口师范高等专科学校<br>营口高等职业专科学校 | 辽宁省 | |
| 51 | 大连商务职业学院 | 新设 | 辽宁省教育厅 | 民办高校 |
| 52 | 大连东软信息技术职业学院 | 大连东方信息技术研修学院（资源） | 辽宁省教育厅 | 民办高校 |
| 53 | 大连艺术职业学院 | 大连艺术专修学院（资源） | 辽宁省教育厅 | 民办高校 |
| 54 | 长春东方职业学院 | 长春东方学院（民办） | 吉林省教育厅 | 民办高校 |
| 55 | 吉林对外经贸职业学院 | 吉林国际语言文化学院（民办） | 吉林省教育厅 | 民办高校 |
| 56 | 大庆职业学院 | 大庆石油管理局职工大学<br>大庆石油学校<br>大庆警察学校<br>大庆艺术学校 | 黑龙江省 | |
| 57 | 黑龙江林业职业技术学院 | 牡丹江林业学校<br>牡丹江林业师范学校<br>东京城林业机电学校<br>牡丹江林业技工学校<br>牡丹江林业干部学校 | 黑龙江省 | |
| 58 | 黑龙江农垦职业学院 | 黑龙江农垦经济学校<br>黑龙江农垦师范学校 | 黑龙江省 | |
| 59 | 黑龙江农业工程职业学院 | 黑龙江省农业机械化学校 | 黑龙江省 | |
| 60 | 黑龙江农业职业技术学院 | 佳木斯农业学校 | 黑龙江省 | |
| 61 | 黑龙江司法警官职业学院 | 黑龙江省司法警官学校 | 黑龙江省 | |
| 62 | 齐齐哈尔职业学院 | 新设 | 黑龙江省教育厅 | 民办高校 |
| 63 | 上海城市管理职业技术学院 | 上海建设职工大学 | 上海市 | |
| 64 | 上海电子信息职业技术学院 | 上海仪表电子工业职工大学 | 上海市 | |
| 65 | 上海海事职业技术学院 | 上海海运职工大学 | 上海市 | |
| 66 | 上海交通职业技术学院 | 上海海港职工大学 | 上海市 | |
| 67 | 上海科学技术职业学院 | | 上海市 | |
| 68 | 上海行健职业学院 | 上海市闸北区业余大学 | 上海市 | |
| 69 | 上海第二工业大学 | 上海第二工业大学<br>上海东沪职业技术学院 | 上海市 | |

续表

| 序号 | 学校名称 | 建校基础名称 | 主管部门 | 备注 |
|---|---|---|---|---|
| 70 | 民办上海济光职业技术学院 | | 上海市教委 | 民办高校 |
| 71 | 民办上海建桥职业技术学院 | | 上海市教委 | 民办高校 |
| 72 | 民办上海工商外国语职业学院 | | 上海市教委 | 民办高校 |
| 73 | 常州纺织服装职业技术学院 | 常州工业学校 | 江苏省 | |
| 74 | 淮安信息职业技术学院 | 淮阴电子工业学校 | 江苏省 | |
| 75 | 江苏畜牧兽医职业技术学院 | 江苏省畜牧兽医学校 | 江苏省 | |
| 76 | 南京交通职业技术学院 | 南京交通学校 | 江苏省 | |
| 77 | 苏州工业园区职业技术学院 | | 江苏省 | |
| 78 | 苏州农业职业技术学院 | 苏州农业学校 | 江苏省 | |
| 79 | 绍兴越秀外国语职业学院 | 绍兴越秀外国语学校 | 浙江省 | |
| 80 | 台州职业技术学院 | | 浙江省 | |
| 81 | 浙江工贸职业技术学院 | 浙江第一高级技工学校 | 浙江省 | |
| 82 | 浙江工商职业技术学院 | 宁波商业学校 | 浙江省 | |
| 83 | 安徽电子信息职业技术学院 | 安徽省电子工业学校<br>蚌埠市工业学校 | 安徽省 | |
| 84 | 安徽工贸职业技术学院 | 安徽工贸学校 | 安徽省 | |
| 85 | 安徽工业经济职业技术学院 | 安徽省工业经济职工大学 | 安徽省 | |
| 86 | 安徽交通职业技术学院 | 安徽大学交通分校<br>安徽省交通学校 | 安徽省 | |
| 87 | 安徽体育运动职业技术学院 | 安徽省体育运动学校<br>安徽省体育运动技术学校 | 安徽省 | |
| 88 | 阜阳职业技术学院 | 阜阳教育学院 | 安徽省 | |
| 89 | 合肥通用职业技术学院 | | 安徽省 | |
| 90 | 六安职业技术学院 | 六安农业学校<br>六安农业机械学校<br>六安市工业学校 | 安徽省 | |
| 91 | 宿州职业技术学院 | 宿州农业学校 | 安徽省 | |
| 92 | 民办安徽文达信息技术职业学院 | | 安徽省教育厅 | 民办高校 |
| 93 | 民办合肥经济技术职业学院 | 合肥经济学校 | 安徽省教育厅 | 民办高校 |
| 94 | 福州英华职业学院 | 新设 | 福建省教育厅 | 民办高校 |
| 95 | 泉州光电信息职业学院 | 新设 | 福建省教育厅 | 民办高校 |
| 96 | 泉州育青职业技术学院 | 新设 | 福建省教育厅 | 民办高校 |
| 97 | 厦门华夏职业学院 | 新设 | 福建省教育厅 | 民办高校 |
| 98 | 江西航天科技职业学院 | 江西航天科技专修学院（资源） | 江西省教育厅 | 民办高校 |
| 99 | 江西渝州科技职业学院 | 江西渝州电子工业专修学院（资源） | 江西省教育厅 | 民办高校 |
| 100 | 东营职业学院 | 东营广播电视大学（资源）<br>东营财经学校<br>东营师范学校<br>东营农业学校 | 山东省 | |

续表

| 序号 | 学 校 名 称 | 建校基础名称 | 主管部门 | 备注 |
|---|---|---|---|---|
| 101 | 济宁职业技术学院 | 济宁职工大学<br>济宁广播电视大学（资源） | 山东省 | |
| 102 | 莱芜职业技术学院 | 莱芜师范学校 | 山东省 | |
| 103 | 聊城职业技术学院 | 聊城卫生学校<br>聊城市畜牧研究所 | 山东省 | |
| 104 | 青岛职业技术学院 | 青岛市职工大学 | 山东省 | |
| 105 | 山东军星职业技术学院 | 山东军星教育专修学院 | 山东省 | |
| 106 | 山东劳动职业技术学院 | 新设 | 山东省 | |
| 107 | 威海职业学院 | 威海市工业学校 | 山东省 | |
| 108 | 滨州职业学院 | 滨州农业学校<br>滨州卫生学校<br>滨州经济学校<br>滨州工业学校<br>滨州市农业科学研究所 | 山东省 | |
| 109 | 山东纺织职业学院 | 山东省纺织工业学校 | 山东省 | |
| 110 | 山东服装职业学院 | 山东服装专修学院（资源） | 山东省 | |
| 111 | 潍坊职业学院 | 昌潍农业学校<br>潍坊市职工大学 | 山东省 | |
| 112 | 烟台职业学院 | 烟台职工大学<br>山东省烟台财政学校<br>山东省轻工经济管理学校 | 山东省 | |
| 113 | 德州科技职业学院 | 山东大禹专修学院（资源）<br>山东德州机电工程学校<br>德州机电职业中专 | 山东省教育厅 | 民办高校 |
| 114 | 曲阜远东职业技术学院 | 中外合作曲阜远东工商外语大学 | 山东省教育厅 | 民办高校 |
| 115 | 山东南山职业技术学院 | 新设 | 山东省教育厅 | 民办高校 |
| 116 | 山东力明科技职业学院 | 山东力明专修学院（资源）<br>中外合作山东中西医结合大学 | 山东省教育厅 | 民办高校 |
| 117 | 潍坊科技职业学院 | 山东经济职业技术进修学院（资源）<br>潍坊化工学校<br>寿光中等专业学校<br>寿光成人中专<br>寿光第一职业中专 | 山东省教育厅 | 民办高校 |
| 118 | 河南工业职业技术学院 | 洛阳兵器工业职工大学<br>中原机械工业学校 | 河南省 | |
| 119 | 河南司法警官职业学院 | 河南省司法警官学校 | 河南省 | |
| 120 | 鹤壁职业技术学院 | 鹤壁教育学院<br>鹤壁中等专业学校<br>鹤壁师范学校<br>鹤壁广播电视大学（资源） | 河南省 | |
| 121 | 济源职业技术学院 | 济源中等工业学校 | 河南省 | |
| 122 | 平顶山工业职业技术学院 | 平顶山煤矿职工大学<br>平顶山煤炭高级技工学校 | 河南省 | |

续表

| 序号 | 学校名称 | 建校基础名称 | 主管部门 | 备注 |
|---|---|---|---|---|
| 123 | 濮阳职业技术学院 | 濮阳教育学院<br>濮阳市工业学校<br>濮阳师范学校<br>濮阳广播电视大学（资源） | 河南省 | |
| 124 | 商丘职业技术学院 | 商丘市财经学校<br>商丘农业学校<br>商丘广播电视大学（资源） | 河南省 | |
| 125 | 许昌职业技术学院 | 许昌教育学院<br>许昌财税学校<br>许昌机电工程学校<br>许昌师范学校 | 河南省 | |
| 126 | 周口职业技术学院 | 周口农业学校<br>沈丘师范学校<br>周口市艺术学校<br>周口广播电视大学（资源） | 河南省 | |
| 127 | 郑州华信职业技术学院 | 郑州华信专修学院（资源） | 河南省教育厅 | 民办高校 |
| 128 | 郑州科技职业学院 | 郑州科技专修学院（资源） | 河南省教育厅 | 民办高校 |
| 129 | 汉口职业技术学院 | 武汉市成人教育学院<br>武汉市经贸科技学校<br>武汉物资储备职工中专学校 | 湖北省 | |
| 130 | 湖北交通职业技术学院 | 湖北交通学校<br>湖北航运学校<br>湖北汽车学校 | 湖北省 | |
| 131 | 湖北轻工职业技术学院 | 湖北省轻工业学校<br>湖北省信息技术学校 | 湖北省 | |
| 132 | 荆州职业技术学院 | 荆州市财政会计学校<br>荆州卫生学校<br>荆州财税会计学校<br>荆州市机电工程学校<br>荆州农业学校 | 湖北省 | |
| 133 | 武汉工程职业技术学院 | 武钢职工大学<br>武汉冶金自动化高级技工学校 | 湖北省 | |
| 134 | 仙桃职业学院 | 仙桃师范学校 | 湖北省 | |
| 135 | 湖南环境生物职业技术学院 | 衡阳职业技术学院 | 湖南省 | |
| 136 | 长沙通信职业技术学院 | 湖南省邮电学校 | 湖南省 | |
| 137 | 郴州职业技术学院 | 郴州商业学校<br>郴州机电工程学校 | 湖南省 | |
| 138 | 湖南交通职业技术学院 | 湖南省交通学校 | 湖南省 | |
| 139 | 湖南科技职业学院 | 湖南省轻工业学校<br>长沙煤矿安全技术培训中心（资源）<br>湖南省轻工业厅职工大学 | 湖南省 | |
| 140 | 湖南商务职业技术学院 | 湖南省商务学校 | 湖南省 | |
| 141 | 湖南生物与机电工程职业技术学院 | 长沙农业学校<br>湖南省机电工程学校 | 湖南省 | |
| 142 | 娄底职业技术学院 | 娄底经贸学校<br>娄底工业学校 | 湖南省 | |

续表

| 序号 | 学 校 名 称 | 建校基础名称 | 主管部门 | 备注 |
|---|---|---|---|---|
| 143 | 湘潭职业技术学院 | 湘潭市职工大学<br>湘潭市机电工业学校 | 湖南省 | |
| 144 | 张家界航空工业职业技术学院 | 张家界航空工业学校 | 湖南省 | |
| 145 | 广东纺织职业技术学院 | 广东省纺织工业学校 | 广东省 | |
| 146 | 广东机电职业技术学院 | 广东省机电学校 | 广东省 | |
| 147 | 广东建设职业技术学院 | 广东省建筑工程学校 | 广东省 | |
| 148 | 广东女子职业技术学院 | 广东省妇女干部学校<br>广东女子中专学校 | 广东省 | |
| 149 | 广东外语职业学院 | 广东外国语师范学校 | 广东省 | |
| 150 | 河源职业技术学院 | 老隆师范学校 | 广东省 | |
| 151 | 罗定职业技术学院 | 罗定师范学校 | 广东省 | |
| 152 | 汕尾职业技术学院 | 汕尾师范学校<br>汕尾中专学校 | 广东省 | |
| 153 | 阳江职业技术学院 | 阳江师范学校<br>阳江中专学校<br>阳江成人中专学校 | 广东省 | |
| 154 | 广东财经职业学院 | 广东财税高等专科学校（资源） | 广东省 | |
| 155 | 广东岭南职业技术学院 | | 广东省教育厅 | 民办高校 |
| 156 | 海口经济职业技术学院 | 海口市业余大学 | 海南省 | |
| 157 | 海南职业技术学院 | 新设 | 海南省 | |
| 158 | 三亚卓达旅游职业学院 | 新设 | 海南省教育厅 | 民办高校 |
| 159 | 海南国科园职业技术学院 | | 海南省教育厅 | 民办高校 |
| 160 | 重庆工程职业技术学院 | 重庆工程技术学校 | 重庆市 | |
| 161 | 重庆警官职业学院 | 重庆市人民警察学校<br>重庆市公安学校 | 重庆市 | |
| 162 | 重庆社会工作职业学院 | 重庆民政学校 | 重庆市 | |
| 163 | 重庆职业技术学院 | 西南工业管理学校 | 重庆市 | |
| 164 | 重庆光彩职业技术学院 | 重庆百年光彩经济技术学校 | 重庆市教委 | 民办高校 |
| 165 | 重庆海联职业技术学院 | 重庆海联专修学院（资源） | 重庆市教委 | 民办高校 |
| 166 | 重庆信息技术职业学院 | 重庆电子工程专修学院（资源） | 重庆市教委 | 民办高校 |
| 167 | 重庆巴渝职业技术学院 | 重庆科技专修学院（资源） | 重庆市教委 | 民办高校 |
| 168 | 达州职业技术学院 | 达县教育学院<br>达州农业学校<br>达州卫生学校<br>达州农业机械化学校 | 四川省 | |
| 169 | 绵阳职业技术学院 | 四川建筑材料工业学校 | 四川省 | |
| 170 | 四川电力职业技术学院 | 成都水力发电学校 | 四川省 | |
| 171 | 四川工程职业技术学院 | 四川省机械工业职工大学<br>四川省工程技术学校 | 四川省 | |

续表

| 序号 | 学校名称 | 建校基础名称 | 主管部门 | 备注 |
|---|---|---|---|---|
| 172 | 四川工商职业技术学院 | 四川省轻工业学校 | 四川省 | |
| 173 | 四川机电职业技术学院 | 攀枝花冶金职工大学<br>攀钢冶金工业学校<br>攀钢技校 | 四川省 | |
| 174 | 四川建筑职业技术学院 | 四川省建筑工程学校<br>四川省城市建设学校<br>四川省建筑职工大学 | 四川省 | |
| 175 | 四川交通职业技术学院 | 四川省交通学校 | 四川省 | |
| 176 | 安顺职业技术学院 | 安顺农业学校<br>安顺财政学校<br>安顺地区卫生学校<br>安顺地区工业学校 | 贵州省 | |
| 177 | 黔东南民族职业技术学院 | 黔东南自治州卫生学校<br>黔东南自治州民族林业学校<br>黔东南自治州民族农业学校<br>黔东南自治州财贸学校 | 贵州省 | |
| 178 | 黔南民族职业技术学院 | 黔南民族行政管理学校<br>黔南自治州民族财政学校<br>黔南自治州民族工业学校<br>黔南民族农业学校 | 贵州省 | |
| 179 | 遵义职业技术学院 | 遵义农业学校<br>遵义财贸学校<br>遵义农业机械化学校<br>遵义商业技工学校<br>遵义农业机械研究所 | 贵州省 | |
| 180 | 贵州鸿源管理工程职业学院 | | 贵州省教育厅 | 民办高校 |
| 181 | 昆明艺术职业学院 | 民办昆明艺术学校 | 云南省教育厅 | 民办高校 |
| 182 | 云南科技信息职业技术学院 | | 云南省教育厅 | 民办高校 |
| 183 | 云南国土资源职业学院 | 云南省地矿局职工大学 | 云南省 | |
| 184 | 云南交通职业技术学院 | 云南省公路局职工大学<br>云南省交通学校<br>云南省交通职工中等专业学校 | 云南省 | |
| 185 | 西双版纳职业技术学院 | 西双版纳州民族师范学校<br>西双版纳教育学院（资源）<br>西双版纳电大分校（资源） | 云南省 | |
| 186 | 陕西财经职业技术学院 | 陕西财经学校 | 陕西省 | |
| 187 | 陕西国防工业职业技术学院 | 西安机电学校 | 陕西省 | |
| 188 | 陕西交通职业技术学院 | 陕西省交通学校 | 陕西省 | |
| 189 | 陕西能源职业技术学院 | 陕西煤炭工业学校<br>陕西煤矿职工医科大学<br>（西安煤炭卫生学校）<br>陕西煤炭职工大学 | 陕西省 | |
| 190 | 陕西职业技术学院 | 陕西省职业教育中心（资源） | 陕西省 | |
| 191 | 西安航空职业技术学院 | 空军西安航空工程学校 | 陕西省 | |

续表

| 序号 | 学 校 名 称 | 建校基础名称 | 主管部门 | 备注 |
|---|---|---|---|---|
| 192 | 西安翻译职业学院 | 新设 | 陕西省教育厅 | 民办高校 |
| 193 | 西安欧亚职业学院 | 新设 | 陕西省教育厅 | 民办高校 |
| 194 | 西安外事职业学院 | 新设 | 陕西省教育厅 | 民办高校 |
| 195 | 西京职业学院 | 新设 | 陕西省教育厅 | 民办高校 |
| 196 | 甘肃工业职业技术学院 | 西北工业学校 | 甘肃省 | |
| 197 | 甘肃建筑职业技术学院 | 甘肃省建筑职工工程学院 | 甘肃省 | |
| 198 | 甘肃警察职业学院 | 甘肃省人民警察学校 | 甘肃省 | |
| 199 | 甘肃林业职业技术学院 | 甘肃省林业学校 | 甘肃省 | |
| 200 | 酒泉职业技术学院 | 酒泉教育学院<br>酒泉地区工业学校 | 甘肃省 | |
| 201 | 兰州职业技术学院 | 兰州职业中专第三学区 | 甘肃省 | |
| 202 | 兰州外语职业学院 | 兰州翻译进修学院（资源） | 甘肃省教育厅 | 民办高校 |
| 203 | 青海警官职业学院 | 青海省人民警察学校<br>青海省司法警官学校 | 青海省 | |
| 204 | 吴忠职业技术学院 | 吴忠师范学校<br>吴忠职教中心<br>吴忠职工中专<br>吴忠电大分校 | 宁夏回族自治区 | |
| 205 | 宁夏工业职业学院 | 宁夏煤炭职工大学 | 宁夏回族自治区 | |
| 206 | 新疆机电职业技术学院 | 新疆机械电子工业厅职工大学 | 新疆维吾尔自治区 | |
| 207 | 新疆农业职业技术学院 | 新疆农业学校 | 新疆维吾尔自治区 | |
| 208 | 新疆轻工职业技术学院 | 新疆轻工业厅职工大学 | 新疆维吾尔自治区 | |
| 209 | 克拉玛依职业技术学院 | 新疆石油学校 | 新疆维吾尔自治区 | |
| 210 | 昌吉职业技术学院 | 昌吉州职工大学<br>昌吉州财贸学校<br>昌吉州职工中专<br>昌吉州农机学校<br>昌吉州商业职工学校<br>昌吉州高级技工学校<br>昌吉州公交企业培训中心（资源） | 新疆维吾尔自治区 | |

**附二**

## 2001 年批准撤销、更名的普通高校名单

| 序号 | 学 校 名 称 | 建校基础名称 | 主 管 部 门 |
|---|---|---|---|
| 一、教育部批准撤销普通高校 1 所 | | | |
| 1 | 撤消建制 | 吉林市联合大学 | 吉林省 |
| 二、教育部批准更名普通高校 5 所 | | | |
| 1 | 南京工业大学 | 南京化工大学 | 江苏省 |

续表

| 序号 | 学 校 名 称 | 建校基础名称 | 主 管 部 门 |
|---|---|---|---|
| 2 | 西安工程科技学院 | 西北纺织工学院 | 陕西省 |
| 3 | 吉林特产高等专科学校 | 吉林农垦特产高等专科学校 | 吉林省 |
| 4 | 西藏藏医学院 | 药王山藏医学院 | 西藏自治区 |
| 5 | 浙江科技学院 | 杭州应用工程技术学院 | 浙江省 |
| 三、省级人民政府批准更名普通高校 6 所 | | | |
| 1 | 湖南环境生物职业技术学院 | 衡阳职业技术学院 | 湖南省 |
| 2 | 广东新安职业技术学院 | 民办新安职业技术学院 | 广东省教育厅 |
| 3 | 湖南托普信息职业技术学院 | 湖南信息职业技术学院 | 湖南省 |
| 4 | 广东白云职业技术学院 | 民办白云职业技术学院 | 广东省教育厅 |
| 5 | 贵州警官职业学院 | 贵州人民警察职业技术学院 | 贵州省 |
| 6 | 潮汕职业技术学院 | 民办潮汕职业技术学院 | 广东教育厅 |

〔**具有颁发学历文凭资格的民办高校情况**〕 截止到 2001 年年底，具有颁发学历文凭资格的民办高校 89 所，其中，民办普通高校 85 所，民办成人高校 4 所。在民办普通高校中，本科院校 2 所，专科层次院校 83 所。

撰稿 王雪涛
审稿 牟阳春

**附**

# 具有颁发学历文凭资格的民办高校名单

| 序号 | 学 校 名 称 | 政府管理部门 | 层次 | 所在省市 | 备注 |
|---|---|---|---|---|---|
| 1 | 北京科技经营管理学院 | 北京市教委 | 专科 | 北京市 | |
| 2 | 海淀走读大学 | 北京市教委 | 专科 | 北京市 | |
| 3 | 北京吉利大学 | 北京市教委 | 专科 | 北京市 | |
| 4 | 民办天狮职业技术学院 | 天津市教委 | 专科 | 天津市 | |
| 5 | 邯郸中原外国语职业学院 | 河北省教育厅 | 专科 | 河北省 | |
| 6 | 石家庄影视艺术职业学院 | 河北省教育厅 | 专科 | 河北省 | |
| 7 | 石家庄法商职业学院 | 河北省教育厅 | 专科 | 河北省 | |
| 8 | 石家庄计算机职业学院 | 河北省教育厅 | 专科 | 河北省 | |
| 9 | 山西兴华职业学院 | 山西省教育厅 | 专科 | 山西省 | |
| 10 | 民办内蒙古丰州学院 | 内蒙古教育厅 | 专科 | 内蒙古自治区 | |
| 11 | 大连商务职业学院 | 辽宁省教育厅 | 专科 | 辽宁省 | |
| 12 | 大连东软信息技术职业学院 | 辽宁省教育厅 | 专科 | 辽宁省 | |
| 13 | 辽宁对外经贸职业学院 | 辽宁省教育厅 | 专科 | 辽宁省 | |
| 14 | 大连艺术职业学院 | 辽宁省教育厅 | 专科 | 辽宁省 | |

续表

| 序号 | 学　校　名　称 | 政府管理部门 | 层次 | 所在省市 | 备注 |
|---|---|---|---|---|---|
| 15 | 长春东方职业学院 | 吉林省教育厅 | 专科 | 吉林省 | |
| 16 | 吉林对外经贸职业学院 | 吉林省教育厅 | 专科 | 吉林省 | |
| 17 | 民办吉林华桥外语职业学院 | 吉林省教育厅 | 专科 | 吉林省 | |
| 18 | 齐齐哈尔职业学院 | 黑龙江省教育厅 | 专科 | 黑龙江 | |
| 19 | 民办黑龙江东方学院 | 黑龙江省教育厅 | 专科 | 黑龙江 | |
| 20 | 民办杉达学院 | 上海市教委 | 专科 | 上海市 | |
| 21 | 民办上海工商外国语职业学院 | 上海市教委 | 专科 | 上海市 | |
| 22 | 民办新侨职业技术学院 | 上海市教委 | 专科 | 上海市 | |
| 23 | 民办东海职业技术学院 | 上海市教委 | 专科 | 上海市 | |
| 24 | 民办上海济光职业技术学院 | 上海市教委 | 专科 | 上海市 | |
| 25 | 民办上海建桥职业技术学院 | 上海市教委 | 专科 | 上海市 | |
| 26 | 民办三江学院 | 江苏省教育厅 | 专科 | 江苏省 | |
| 27 | 民办明达职业技术学院 | 江苏省教育厅 | 专科 | 江苏省 | |
| 28 | 民办浙江树人学院 | 浙江省教育厅 | 专科 | 浙江省 | |
| 29 | 民办金华职业技术学院 | 浙江省教育厅 | 专科 | 浙江省 | |
| 30 | 民办合肥经济技术职业学院 | 安徽省教育厅 | 专科 | 安徽省 | |
| 31 | 民办三联职业技术学院 | 安徽省教育厅 | 专科 | 安徽省 | |
| 32 | 民办安徽文达信息技术职业学院 | 安徽省教育厅 | 专科 | 安徽省 | |
| 33 | 民办万博科技职业学院 | 安徽省教育厅 | 专科 | 安徽省 | |
| 34 | 民办安徽新华职业学院 | 安徽省教育厅 | 专科 | 安徽省 | |
| 35 | 泉州育青职业技术学院 | 福建省教育厅 | 专科 | 福建省 | |
| 36 | 民办福建华南女子职业学院 | 福建省教育厅 | 专科 | 福建省 | |
| 37 | 泉州光电信息职业学院 | 福建省教育厅 | 专科 | 福建省 | |
| 38 | 厦门华夏职业学院 | 福建省教育厅 | 专科 | 福建省 | |
| 39 | 福州英华职业学院 | 福建省教育厅 | 专科 | 福建省 | |
| 40 | 仰恩大学 | 福建省教育厅 | 本科 | 福建省 | |
| 41 | 江西航天科技职业学院 | 江西省教育厅 | 专科 | 江西省 | |
| 42 | 民办蓝天职业技术学院 | 江西省教育厅 | 专科 | 江西省 | |
| 43 | 江西渝州科技职业学院 | 江西省教育厅 | 专科 | 江西省 | |
| 44 | 山东力明科技职业学院 | 山东省教育厅 | 专科 | 山东省 | |
| 45 | 民办山东万杰医学高等专科学校 | 山东省教育厅 | 专科 | 山东省 | |
| 46 | 潍坊科技职业学院 | 山东省教育厅 | 专科 | 山东省 | |
| 47 | 民办青岛滨海职业学院 | 山东省教育厅 | 专科 | 山东省 | |
| 48 | 德州科技职业学院 | 山东省教育厅 | 专科 | 山东省 | |
| 49 | 曲阜远东职业技术学院 | 山东省教育厅 | 专科 | 山东省 | |
| 50 | 山东南山职业技术学院 | 山东省教育厅 | 专科 | 山东省 | |
| 51 | 郑州华信职业技术学院 | 河南省教育厅 | 专科 | 河南省 | |

续表

| 序号 | 学 校 名 称 | 政府管理部门 | 层次 | 所在省市 | 备注 |
|---|---|---|---|---|---|
| 52 | 民办中原职业技术学院 | 河南省教育厅 | 专科 | 河南省 | |
| 53 | 郑州科技职业学院 | 河南省教育厅 | 专科 | 河南省 | |
| 54 | 黄河科技学院 | 河南省教育厅 | 本科 | 河南省 | |
| 55 | 武汉生物工程职业技术学院 | 湖北省教育厅 | 专科 | 湖北省 | |
| 56 | 武汉时代职业学院 | 湖北省教育厅 | 专科 | 湖北省 | |
| 57 | 民办长江职业学院 | 湖北省教育厅 | 专科 | 湖北省 | |
| 58 | 湖南涉外经济职业学院 | 湖南省教育厅 | 专科 | 湖南省 | |
| 59 | 湘南医学高等专科学校 | 湖南省教育厅 | 专科 | 湖南省 | |
| 60 | 潮汕职业技术学院 | 广东省教育厅 | 专科 | 广东省 | |
| 61 | 广东新安职业技术学院 | 广东省教育厅 | 专科 | 广东省 | |
| 62 | 广东白云职业技术学院 | 广东省教育厅 | 专科 | 广东省 | |
| 63 | 私立华联学院 | 广东省教育厅 | 专科 | 广东省 | |
| 64 | 广东岭南职业技术学院 | 广东省教育厅 | 专科 | 广东省 | |
| 65 | 民办南华工商学院 | 广东省教育厅 | 专科 | 广东省 | |
| 66 | 民办培正商学院 | 广东省教育厅 | 专科 | 广东省 | |
| 67 | 邕江大学 | 广西教育厅 | 专科 | 广西壮族自治区 | |
| 68 | 海南国科园职业技术学院 | 海南省教育厅 | 专科 | 海南省 | |
| 69 | 三亚卓达旅游职业学院 | 海南省教育厅 | 专科 | 海南省 | |
| 70 | 重庆巴渝职业技术学院 | 重庆市教委 | 专科 | 重庆市 | |
| 71 | 重庆海联职业技术学院 | 重庆市教委 | 专科 | 重庆市 | |
| 72 | 重庆信息技术职业学院 | 重庆市教委 | 专科 | 重庆市 | |
| 73 | 重庆光彩职业技术学院 | 重庆市教委 | 专科 | 重庆市 | |
| 74 | 凉山大学 | 四川省教育厅 | 专科 | 四川省 | |
| 75 | 民办四川天一学院 | 四川省教育厅 | 专科 | 四川省 | |
| 76 | 贵州鸿源管理工程职业学院 | 贵州省教育厅 | 专科 | 贵州省 | |
| 77 | 昆明艺术职业学院 | 云南教育厅 | 专科 | 云南省 | |
| 78 | 云南科技信息职业技术学院 | 云南教育厅 | 专科 | 云南省 | |
| 79 | 西安翻译职业学院 | 陕西省教育厅 | 专科 | 陕西省 | |
| 80 | 西京职业学院 | 陕西省教育厅 | 专科 | 陕西省 | |
| 81 | 西安培华女子大学 | 陕西省教育厅 | 专科 | 陕西省 | |
| 82 | 西安外事职业学院 | 陕西省教育厅 | 专科 | 陕西省 | |
| 83 | 西安欧亚职业学院 | 陕西省教育厅 | 专科 | 陕西省 | |
| 84 | 兰州外语职业学院 | 甘肃省教育厅 | 专科 | 甘肃省 | |
| 85 | 宁夏石嘴山职业技术学院 | 宁夏教育厅 | 专科 | 宁夏回族自治区 | |
| 86 | 天津联合业余大学 | 天津市教委 | 专科 | 天津市 | 成人 |
| 87 | 上海工商学院 | 上海市教委 | 专科 | 上海市 | 成人 |
| 88 | 湖北函授大学 | 湖北省教育厅 | 专科 | 湖北省 | 成人 |
| 89 | 广东新华教育学院 | 广东省教育厅 | 专科 | 广东省 | 成人 |

〔创建世界一流大学和重点共建高水平大学〕 江泽民同志1998年5月4日在北京大学百年校庆大会上的讲话中指出："为了实现现代化，我国要有若干所具有世界先进水平的一流大学。"根据江泽民同志的讲话精神，教育部开始酝酿制定建设世界一流大学计划。在国务院批准的教育部《面向21世纪教育振兴行动计划》中明确设立该计划，并于1999年9月开始实施，名称最终确定为：创建若干所具有世界先进水平的一流大学和一批一流学科。计划执行中，北京大学和清华大学的建设目标确定为建设世界一流大学，复旦大学等27校为教育部与有关省市、部委重点共建高水平大学。

创建世界一流大学和重点共建高水平大学给学校注入了强大的生机和活力，这些学校的学科建设、科研工作和队伍建设都显示出良好的发展态势，同时也为学校"十五"期间的发展奠定了基础。清华大学抓住学科建设这个核心，以内涵发展为主，完善学科布局；以科研项目驱动，促进优势学科发展；以队伍建设为本，加速理科发展；以多种形式，促进交叉学科发展；加强研究基地建设，增强学科持续发展能力。到2001年已取得若干项具有世界先进水平的科研成果，如：世界上第一座10mW高温气冷实验堆建成临界；在新疆石门子高寒、弱基、多震地质条件下建成世界上最高的碾压混凝土薄拱坝，使我国在此方向从理论到技术处于世界领先。北京大学完成的全球变化与陆地生态系统碳循环项目，通过利用各地不同森林类型样地的材积和生物量实测资料，基于连续生物量换算因子法，建立了不同森林类型的材积——生物量换算关系，即确定了生物量换算因子与林分材积的函数关系。主要成果发表在2001年6月和9月的《科学》（Science）后，即引起了国内外的广泛关注。该成果为国际科技界有重大争议的北半球陆地生态系统可能是工业源二氧化碳之汇的观点提供了直接的科学依据，对全球气候变化及生态系统生态学的研究具有重大意义。该结果表明，中国森林植被净吸收的二氧化碳量可以部分抵消工业排放量，从而可以为中国争得额外的排放额，为我国的有关环境外交谈判提供了令人信服的科学依据。

〔**"211工程"建设**〕 2001年，"211工程""九五"期间建设项目开始验收。截至2001年12月底，在经国家计委批复立项的99校中，已完成79所学校及两个公共服务体系（CERNET、CALIS）建设项目的验收工作。

据统计，已完成验收的79所高校"九五"期间经国家计委批复建设资金总计为150.07亿元，其中中央专项资金24亿元，主管部门资金48.86亿元，地方政府资金32.36亿元，学校自筹资金44.85亿元。这79所高校"九五"期间实际完成建设资金155.03亿元，其中中央专项资金24亿元，主管部门资金39.3亿元，地方政府资金32.07亿元，学校自筹资金59.66亿元。建设资金完成率分别为：103.6%，100%，80.4%，99.1%，133%。

"211工程""九五"期间建设成效显著。办学条件得到一定程度的改善，使"211工程"学校高层次人才培养能力进一步提高；全国高等教育数字化信息平台初步建立，公共教学条件建设初见成效，用于这些方面的建设经费约35亿元，重点学科和公共服务体系方面的投入经费，已接近学校建校以来仪器设备值的总和；"211工程"确立了以重点学科建设为核心的指导思想和学科建设在学校发展中的核心地位，投入经费近70亿元；科研装备水平有了较大幅度提高，明显增强了其开展科学前沿领域研究和解决经济建设重大问题的能力，为稳定和吸引优秀人才创造了一定的工作条件，已产生和正在形成一定数量的标志性研究成果；国家计委、财政部、教育部在"211工程"建设管理方面建立了规范、协调的管理运行机制，从而提高了管理水平和效率，保证了"211工程"建设的顺利进行。

撰稿 赵玉霞

审稿 周其凤 王亚杰 李 军

附

## “九五”期间经国家计委批准立项的“211工程”学校名单

| | | | |
|---|---|---|---|
| 北京大学 | 中国人民大学 | 清华大学 | 北方交通大学 |
| 北京工业大学 | 北京航空航天大学 | 北京理工大学 | 北京科技大学 |
| 北京化工大学 | 北京邮电大学 | 中国农业大学 | 北京林业大学 |
| 北京医科大学 | 北京中医药大学 | 北京师范大学 | 北京外国语大学 |
| 对外经济贸易大学 | 中央民族大学 | 中央音乐学院 | 南开大学 |
| 天津大学 | 天津医科大学 | 河北工业大学 | 太原理工大学 |
| 内蒙古大学 | 辽宁大学 | 大连理工大学 | 东北大学 |
| 大连海事大学 | 吉林大学 | 延边大学 | 吉林工业大学 |
| 东北师范大学 | 哈尔滨工业大学 | 哈尔滨工程大学 | 东北农业大学 |
| 复旦大学 | 同济大学 | 上海交通大学 | 华东理工大学 |
| 东华大学 | 上海医科大学 | 华东师范大学 | 上海外国语大学 |
| 上海财经大学 | 南京大学 | 苏州大学 | 东南大学 |
| 南京航空航天大学 | 南京理工大学 | 中国矿业大学 | 河海大学 |
| 无锡轻工大学 | 南京农业大学 | 中国药科大学 | 南京师范大学 |
| 浙江大学 | 安徽大学 | 中国科学技术大学 | 厦门大学 |
| 福州大学 | 南昌大学 | 山东大学 | 青岛海洋大学 |
| 石油大学 | 山东工业大学 | 郑州大学 | 武汉大学 |
| 华中理工大学 | 中国地质大学 | 武汉水利电力大学 | 武汉工业大学 |
| 武汉测绘科技大学 | 湖南大学 | 中南工业大学 | 湖南师范大学 |
| 中山大学 | 暨南大学 | 华南理工大学 | 华南师范大学 |
| 广西大学 | 四川大学 | 重庆大学 | 西南交通大学 |
| 电子科技大学 | 四川农业大学 | 华西医科大学 | 西南财经大学 |
| 云南大学 | 西北大学 | 西安交通大学 | 西北工业大学 |
| 西安电子科技大学 | 西安公路交通大学 | 兰州大学 | 新疆大学 |
| 第二军医大学 | 第四军医大学 | 国防科学技术大学 | |

〔**高校后勤社会化改革**〕 2001年，各地积极贯彻上海、武汉两次全国高校后勤社会化改革工作会议精神，大力推动本地区高校后勤社会化改革，重点抓了利用社会力量和社会资金建设学生公寓等高校后勤服务设施和深化高校后勤管理体制和运行机制改革的工作。全国高校后勤社会化改革协调办公室根据改革中发现的问题，及时对改革工作提出了相应要求。教育部有关人员深入20多个省、自治区、直辖市进行调研、检查和督促工作，并就学生公寓和食堂的管理，学生公寓等高校后勤服务设施建设资金贷款等问题进行了专题调研，起草了相关文件。高校后勤社会化改革在2000年的基础上，进一步深化，并取得成效：

1. 各地进一步加强了政府对改革的领导统筹，加大了省和省会城市两级政府对改革的推进力度。陕西省坚持“政府统筹规划，社会支持参与，市场带动推进，企业机制运作”的作法，在西安市的积极参与配合之下，后来居上，改革工作进展迅速。上海市继续大胆实践，开拓创新，在保证新组建高校后勤服务实体稳健、持久经营和发展方面创造了新的经验。湖北省继续抓紧学生公寓等高校后勤设施建设，完成新建学生公寓105万平方米，同时新开工100万平方米。四川省层层落实改革目标责任，把各项工作分解到人。在此基础上，省政府成立专门机构，对改革进展情况按月进行督办。黑龙江省政府在武汉会议之后连续召开会议，认真研究落实推动改革的各项措施，牢牢把握改革方向，推动改革健康发展。重庆市委、市政府把高校后勤社会化改革作为实施西部大开发战略和科教兴渝战略的重要内容，进一步理清大学生公寓建设的思路并积极组织实施。湖南省主要领导 2001 年连续八次主持召开会议，专门研究高校后勤社会化改革工作，协调、解决有关重大问题。辽宁省委、省政府及时制订优惠政策，确定相关实施方案，有关部门对学生公寓建设实行特事特办、“一站式”服务，大大加快了学生公寓建设的步伐。还有一些省市政府也根据当地的具体情况，研究制定了一系列加强政府领导统筹，加快高校后勤社会化改革工作的政策和措施。

2. 学生公寓等高校后勤设施的建设步伐进一步加快。2001 年全国新建学生公寓约 1 200 万平方米，改造 220 万平方米。新建学生食堂 160 万平方米，改造 40 万平方米，可解决 120 多万学生的食宿问题，为高校扩招提供了有利条件。

3. 在探索后勤社会化改革方面取得了新鲜经验。全国绝大多数高校已实现了后勤服务系统与学校行政系统的规范分离。在此基础上，各地、各高校在坚持为师生和教学、科研服务方向的前提下，围绕如何运用社会化的机制和产业化的形式、建立新型后勤保障体制这个重要课题，大胆实践，开拓创新，因校因地制宜，积极进行探索。在后勤服务实体的组建、运营，学生公寓和食堂的建设与管理，高校后勤物资的配送和采购，后勤社会化改革的资金筹措等方面进一步积累了经验，为改革的进一步深化创造了良好的条件。

4. 新组建后勤服务实体的运行机制不断规范。各地结合本地实际，重视并认真研究新组建的后勤服务实体的运行和管理问题，及时纠正各种不健康倾向，注意明晰教育行政部门、学校与新组建后勤服务实体的责任与义务，正确处理后勤服务实体与学校的责、权、利关系，努力保证新组建后勤服务实体的稳健经营；高度重视维护学校的稳定和学生的利益，在制度与机制方面不断有所创新。目前，从全国来看，尽管这些新组建的后勤服务实体的运行机制还不够完善，但对于保证后勤社会化改革沿着正确的方向推进，已发挥了重要作用。

5. 高校后勤社会化改革得到社会各界的广泛认同。经过两年的改革实践，各级领导普遍深化了对高校后勤社会化重要性和急迫性的认识。各高等学校和广大师生员工对改革带来的成果和显著效益，经过目睹身受，认同度不断提高，改革的信心大大加强。有关企业投入改革的积极性也进一步提高，社会各界一致认为高校后勤社会化改革是一场成功的改革。同时，一批专家、学者也已经开始从理论上对后勤社会化改革的实践进行研究和总结。改革的大环境变得更为有利。

6. 高校后勤社会化改革在促进经济和社会发展方面发挥了巨大作用。初步解决了扩大高等教育规模的瓶颈制约问题；推动了高等学校办学模式的重大转变，对我国高等教育在新世纪更好更快地可持续发展产生了深远影响；加快改善了高校的教学科研条件和师生的生活条件，增强了高校培养人才、吸引人才、凝聚人才的能力，促进了高校和社会的政治稳定；在加快高校后勤服务产业化的进程中，有效地带动了房地产开发、物业管理、商业零售、餐饮等服务业的发展，拉动了社会需求，促进了经济结构调整和经济增长；为其他部门和单位后勤社会化改革提供了有益的经验，起到了示范带头作用。

高校后勤社会化改革涉及方方面面，是一项复杂的系统工程，改革虽取得了阶段性成果，但进展还很不平衡，一些地方和高校的领导同志认识还不到位，统筹规划、组织、推动力度不够；有些地方对中央制定的有关政策的理解和执行有偏差，落实得不好；有些地方和高校把后勤简单推向社会，支持、投入不够；学生公寓建设贷款渠道不畅通，影响建设进度；有些学校在后勤服务设施的建设标准上，盲目攀比，标准过高，加重了学生负担；食堂卫生监督机制、学生公寓的管理机制和思想政治工作体制还不够健全等等。这些问题，不但阻碍了改革的进一步深化，也影响了学校的稳定，必须及时研究解决。

为总结交流经验，研究高校后勤社会化改革中出现的新情况、新问题，部署、推动 2002 年改革工作，12 月 6 日～8 日，国务院办公厅在西安市召开了第三次全国高等学校后勤社会化改革工作会议。国务院副总理李岚清到会发表了重要讲话，教育部部长陈至立作了工作报告。会议组织了经验交流发言，分组讨论和现场参观。会议代表还对《教育部关于进一步加强高等学校学生公寓管理的若干意见》、《教育部、卫生部、质检总局关于加强高等学校食堂管理工作的通知》、《中国人民银行、教育部关于进一步解决学生公寓等高等学校后勤服务设施建设资金问题的若干意见》3个文件进行了讨论修改。陕西省作为西部贫困地区，高校后勤社会化改革同样取得了巨大成就，并对当地的经济和社会发展产生了重要影响，说明西部贫困地区也有改革的优势条件，只要党政一把手重视，亲自抓，同样可以搞好改革。李岚清副总理在讲话中特别强调了陕西省的这条经验，并要求“各省、自治区、直辖市和省会城市的领导特别是主要领导，一定要抓住重点和难点问题、亲自组织，直接指挥，协调各方、限期解决。党政一把手要亲自抓”。陕西省改革的成绩和经验使代表们很受振动和启发，进一步坚定了改革的信心。

撰稿　朱宝铜
审稿　韩　进

**〔实施对口支援西部地区高等学校计划〕** 为配合党中央、国务院实施西部大开发战略，积极发展西部地区高等教育，加快培养高级专门人才，教育部于2001年6月30日印发了《教育部关于实施“对口支援西部地区高等学校计划”的通知》，确定北京大学与石河子大学、清华大学与青海大学等13对对口支援学校（后增补南开大学与延边大学，共计14对）。7月10日，教育部在北京召开了“对口支援西部地区重点建设高等学校座谈会”，教育部部长陈至立到会并讲话。随后，对口支援的学校分别签署了协议，并经教育部高教司批复。

2001年11月6日，教育部印发了《教育部关于与李嘉诚基金会共同实施“西部地区14所重点建设高校重点课程教师岗位计划”的通知》，共投入资金500万元。2001年底，教育部组织专家组确定2002年度14所受援学校重点课程的岗位计划，并落实19所支援学校（另增加5所支援学校）100多名支援教师。

撰稿　康　凯
审稿　张尧学

**附**

## 实施“对口支援西部地区高等学校计划”学校名单

| 支援高校 | 主管部门 | 受援高校 | 主管部门 |
|---|---|---|---|
| 北京大学 | 教育部 | 石河子大学 | 新疆生产建设兵团 |
| 清华大学 | 教育部 | 青海大学 | 青海省 |
| 中国农业大学 | 教育部 | 内蒙古农业大学 | 内蒙古自治区 |
| 北京师范大学 | 教育部 | 西北师范大学 | 甘肃省 |
| 复旦大学 | 教育部 | 云南大学 | 云南省 |
| 上海交通大学 | 教育部 | 宁夏大学 | 宁夏回族自治区 |
| 南京大学 | 教育部 | 西北大学 | 陕西省 |
| 浙江大学 | 教育部 | 贵州大学 | 贵州省 |
| 中国科学技术大学 | 中国科学院 | 西南科技大学 | 四川省 |
| 华中科技大学 | 教育部 | 重庆医科大学 | 重庆市 |
| 华南理工大学 | 教育部 | 广西大学 | 广西壮族自治区 |
| 西南交通大学 | 教育部 | 西藏大学 | 西藏自治区 |
| 西安交通大学 | 教育部 | 新疆大学 | 新疆维吾尔自治区 |
| 南开大学 | 教育部 | 延边大学 | 吉林省 |

〔调整高校学科专业结构，提高教学质量〕 根据国家经济社会发展和“十五”计划的总要求，教育部把调整普通高等学校学科专业结构，提高高等教育人才培养质量作为今后几年高等教育改革和发展的重要战略任务来抓。2001 年，教育部先后印发了《关于加强高等学校本科教学工作提高教学质量的若干意见》和《关于做好普通高等学校本科学科专业结构调整工作的若干原则意见》两个重要文件，对调整高校学科专业结构，提高教学质量提出了明确的措施和意见，在全国产生了广泛影响。

《关于加强高等学校本科教学工作提高教学质量的若干意见》（以下简称《意见》）在总结近 20 年来我国高等教育发展和改革进程中正反两方面经验和教训的基础上，站在新世纪面向现代化、面向世界和面向未来的高度，着眼于经济全球化和全面提升我国经济、科技和高等教育国际竞争力的需要，切入高等教育发展和改革中最根本、最核心和最关键的环节，特别是近年来全面推进高等教育大众化发展过程中人们普遍关心的高等教育人才培养质量问题，提出 12 条加大改革和建设力度的意见：(1) 充分认识教学工作的重要地位；(2) 进一步加大教学经费投入力度；(3) 大力提倡教授上讲台，加强本科基础课教学；(4) 把教学工作质量作为教师职务聘任的重要标准；(5) 加强高校师德建设；(6) 建设一支适应高质量教学要求的中青年骨干教师队伍；(7) 切实加强学风建设，充分调动和发挥学生学习的积极性；(8) 积极推动使用英语等外语教学；(9) 大力提倡编写、引进和使用先进教材；(10) 应用现代教育技术提升教育水平；(11) 进一步加强实践教学，注重学生创新精神和实践能力的培养；(12) 建立健全教学质量监测和保证体系。《意见》提出“高校领导是教学质量的第一责任人”，要求教授上讲台，鼓励院士和知名专家为本科生开设讲座，大力提倡使用新教材、国外原版教材和用双语进行教学等具体要求，具有极强的针对性、务实性和可操作性。《意见》印发后，全国绝大多数省（自治区、直辖市）教育厅和高等学校召开了贯彻《意见》精神的教学工作会议、座谈会或专题研讨会。一些省市和高校还结合本地或本校实际，及时出台了贯彻落实《意见》的实施细则或办法，制定了具体的行动方案。各地出现了努力改进办学条件，积极促进教学改革，提高教育教学质量的新气象。

《关于做好普通高等学校本科学科专业结构调整工作的若干原则意见》（以下简称《原则意见》）针对近年来我国高等学校学科专业结构存在的主要问题，以主动适应我国经济结构战略性调整、人才市场需求和提高国际竞争能力的需要为出发点，以发展高新技术类学科专业和应用型学科专业为重点，以形成与国家经济、科技和社会发展相适应的高等教育学科专业和人才培养结构、形成与社会主义市场经济体制相适应的学科专业调整机制为目标，提出了 11 条原则意见。主要包括：优先发展信息科学、生命科学学科专业；大力发展与区域经济文化相应的学科专业，积极扶持新兴学科专业、交叉学科专业和边缘学科专业；加速传统学科专业改革和改造力度，用信息科技提升传统专业；重视并加强人文社科类学科专业建设，发展文理结合的专业；扩大高校学科专业设置自主权，加强宏观调控，构建适应经济社会与科技发展需要的学科专业结构调整机制等。在我国高等教育加速发展和进入大众化阶段的新形势下，《原则意见》对于调整学科专业结构，优化人才结构，提高人才培养效益，将起到积极的推动作用。

〔开展教学状况与质量检查〕 2000 年 11 月～2001 年 7 月，教育部高等教育司通过问卷、实地调研、召开专题会议等形式，对全国高等学校扩招后教学工作状况和质量进行调查。

调查结果表明，自 1998 年高等学校扩大招生规模后，各级教育行政部门和高等学校领导重视人才培养工作，“质量是高等教育生命线”已逐渐成为共识。教学经费有较大投入，教学基础设施有所改善，为提高教育教学质量提供了必需的物质基础。师资队伍建设得到普遍重视，各省、自治区、直辖市及高校普遍建立了一系列师资队伍建设制度，师资队伍结构得到优化；以提高人才培养质量、全面推进素质教育为目标的高校教育教学改革步伐明显加快，多样化的人才观和质量观逐步为高校认同，特别是在人才培养基地建设、课程建设、教材建设、利用现代教育教学技术手段建设等方面取得重要进展；高校教学管理水平不断提高，教学管理队伍建设得到强化，初步建立起多层次的高校教学质量监控与反馈系统。

随着高等教育规模的扩大，高校教学工作面临一些新问题：一是大规模扩招基本上是在原有专业结构框架内进行的，未能很好地考虑并及时调整适应未来经济、科技和社会产业结构发展以及人才市场的预期需要，新学科专业数量和品种增长缓慢。二是教师总量不足，特别是外语、数学、计算机等基础课程教师短缺问题比较突出。因教师不足，致使现有教师工作量过大，教学负担过重。同时，长期以来教师教学投入不足现象没有得到根本的扭转，"教授不讲授"现象在一定范围内依然存在。三是教学基础设施满足不了规模迅速增长的教学需要。四是教学内容陈旧，课程结构不合理，人才培养模式落后的状况不同程度地存在。五是教学管理观念和体制滞后，缺乏一整套体现现代教育教学规律、适应现代科技与社会进步和市场经济发展需要的科学有效的管理思想、管理体制、管理方式和管理机制。六是教学管理队伍不稳定，教学工作中心地位有待进一步落实。

为解决以上问题，教育部提出，必须把提高教育质量放在更加突出的重要位置，实现高等教育的可持续发展：首先，要从21世纪经济社会科技发展的要求出发，制定科学规划，全面提高人才培养质量。各级各类高等学校必须重视人才培养和教学工作，突出质量中心意识，加强创新精神、创业能力和实践能力培养。其次，以适应科技发展和国家产业结构调整、技术升级需要为重点，推进高等教育学科专业结构调整与改造，全面优化人才培养结构，提高学科专业整体对社会变革的适应力。第三，改变经费投入结构，实现重心向教学工作倾斜，加强教学基础设施建设，为提高教学质量提供保证。第四，进一步强化高校教学改革，构筑现代教育教学观念体系、内容体系、方法体系及教育技术体系。第五，充实师资队伍数量，优化师资队伍结构，加强师德建设，全面提高师资队伍素质。第六，加强制度创新，加快建立现代教学管理体制和运行机制。第七，广泛参与国际高等教育质量标准的交流与合作，加快高等教育国际化步伐。

撰稿　宋　毅

审稿　林蕙青

〔**高校本科教学水平评估**〕　为了加强对高等教育教学质量的宏观监控和管理，2001年，教育部对黑龙江大学、河北大学、贵州大学、中南民族学院、上海师范大学、山东师范大学、福建师范大学、广西师范大学、北京服装学院、天津轻工业学院、抚顺石油学院、南京邮电学院、洛阳工学院、重庆交通学院、西南石油学院、吉林农业大学、湖南农业大学、云南农业大学、浙江中医学院、江西中医学院、内蒙古医学院、广州医学院、安徽财贸学院、山西财经大学、西北政法学院25所高校开展了本科教学工作随机性水平评估试点。受评估学校都是办学历史较长，并以本科教育为主要任务的普通高校。除中南民族学院属国家民委主管外，其他高校均为有关省、直辖市、自治区主管。

评估方案确定：评估工作按照"以评促改，以评促建，评建结合，重在建设"的原则，促进学校尽快建立健全内部质量保证体系，形成自我约束、自我发展的机制，不断提高教学质量和办学效益，更好地为我国经济建设和社会发展服务。同时积累评估经验，进一步完善有中国特色的高等教育质量宏观调控体系和评估制度。

评估工作分为三个阶段：第一阶段，2001年5月～10月，各校按照教育部的有关要求进行自评；第二阶段，2001年11月～12月，教育部派专家组进校考察；第三阶段，专家组进校考察，主要考察方式是：听取学校主要领导介绍情况，听教师讲课，召开各种人员座谈会；审阅有关资料，考察实验室、图书馆等教学设施；抽查毕业论文、试卷抽测主要基础课和实践环节的教学质量。在考察结束前，向学校宣读评估意见。

评估工作取得了以下成效：(1) 推动了教育部2001年印发的有关教学文件的贯彻落实。(2) 推动了学校主管部门对学校教学工作的重视和投入。据不完全统计，评估期间有30多位省（部）级领导和50多位厅（局）级领导深入到被评学校，帮助学校解决领导班子建设、办学指导思想、经费投入等方面的问题。在评估期间，25所学校增加投入约5.46亿元，平均每校增加投入2 184万元，办学条件得到明显改善。(3)推动了学校进一步明确办学思想，真正确立以本科教学工作的中心地位。各校以此次评估为契机，普遍开展了教育思想、教育观念和高等教育改革、发展等专题讨论。有不少学校在办学指导思想等方面不同程度存在的偏颇之处得到了纠正和调整。学校领导经常深入教学第一线，了解与解决教学工作中的问题。学校教务处的地位和作用大大加强，其他各职能部门协调配合，积极主动为教学服务。人、财、物等资源都能围绕育人加以配置。许多向教学、教师倾斜的政策也得到了进一步的落实。学校的教学工作中心地位和本科教学的基础地位的确立有了措施保证。(4)推动了学校教学基本建设和教学改革的进程。各校普遍调整专业结构，修订教学计划，推动课程体系、教学内容、教学方法和手段的改革；采取措施加强师资队伍和课程、教材、实验实习基地等建设。把教学质量管理纳入学校目标责任制管理范围，重新规范教学管理规章制度和教学档案建设，完善教学质量监控体系。评估还推动了各校的校风和学风建设，增强了学校的凝聚力。

此外，结合评估试点工作，教育部对25所学校的教学工作状况进行了专题调研，对这类高校的教学基本情况和存在的主要的共性问题有了清晰的认识。并征求了这些学校对评估方案和评估方法等方面的意见，为改进和完善评估工作提供了可靠依据。

撰稿　胡秀荣
审稿　刘凤泰

〔**高校学科教学指导委员会成立**〕　为加强对高等学校教学工作的宏观管理和指导，充分发挥各科类专家学者对教育教学改革与建设的研究和指导作用，教育部于2001年4月重组成立了教育部高等学校有关科类教学指导委员会，包括文科、理科、工科、法学和管理类的29个学科教学指导委员会。与此同时，教育部委托国务院有关部委成立了交通、土建、水利、石油、测绘、武器、航空航天、公安技术、安全工程、包装工程、纺织服装等11个学科教学指导委员会。

新组建各科类的教学指导委员会具有以下特点：(1)较好地体现了相关学科的交叉与融合，体现了基础课程与专业课程在教学建设和教学改革上整体优化的思想。委员会还聘请了部分国有大中型企业、高新技术公司、社会团体等企事业单位的代表参加，较好地体现了产学研结合的思想。(2)新一届教学指导委员会总人数大幅度减少，上届委员占1/3左右，委员平均年龄降到45岁。(3)委员具有广泛的代表性和很高的学术造诣。入选的1 356名委员是从31个省、自治区和直辖市的360余所各类高校和有关单位推荐的4 800多名候选人中选聘的。其中有两院院士29人和一批“长江学者奖励计划”特聘教授，正高级职称委员达92%，委员会还特别选拔了一批近几年在教学改革和教学建设中作出突出成绩的优秀教师。

本届教学指导委员会的主要工作是：就高等教育教学改革与发展进行理论与实践研究，为国家教育行政部门和高校提供咨询意见和建议；指导高校的专业、课程、教材、实验室、师资队伍等教学建设；制定专业教学的质量标准，协助国家教育行政部门进行专业教育质量的监督和评估；沟通信息，交流教学改革经验，推广研究成果，为高校的教学建设和教学改革做好服务工作。

撰稿　李志宏
审稿　葛道凯

〔**第四届国家级高等教育教学成果奖励**〕　为鼓励广大教育工作者从事教育教学研究和实践，提高教学水平和教育质量，1989年、1993年和1997年，教育部分别举办了三届高等教育教学成果奖励活动。1994年3月，李鹏总理签署了国务院第151号令，发布了《教学成果奖励条例》，确定教学成果奖为国家级奖励，与科技三大奖并列，每四年评选一次。

2000年5月，教育部印发了《2001年高等教育国家级教学成果奖励办法》和一系列配套文件，启动了第四届评奖活动。与过去相比，这次奖励工作有两个特点：一是依据《教学成果奖励办法》，奖励范围扩大到整个高等教育领域，使教学成果奖励工作更加全面，更具有代表性；二是为适应高等教育管理体制改革的需要，教学成果项目的申报以省、自治区、直辖市为主，解放军总参谋部单独申报军队和武警院校的成果项目。截止到2001年2月中旬，共收到国家级教学成果申报项目1 268项。

2001年2月，教育部成立了以副部长吕福源为组长的教学成果奖励领导小组及教育部有关司局组成的奖励办公室。并组成了以周远清为主任委员，由122位专家组成的国家级教学成果奖评审委员会。

2001年4月20日～26日，在北京召开了2001年高等教育国家级教学成果奖评审会议。评审委员会对申报项目进行了认真、严格的评审，共评审出国家级教学成果奖495项，其中特等奖2项、一等奖59项、二等奖434项。经过3个月公示期，一等奖和二等奖经教育部批准，特等奖报经国务院批准。

2002年5月10日，第四届高等教育国家级教学成果奖暨第三届教育部高校青年教师奖颁奖大会在北京人民大会堂隆重举行。中共中央政治局常委、国务院副总理李岚清出席会议，为获奖者颁奖并发表讲话。全国人大常委会副委员长许嘉璐和中央国家机关有关部门负责同志出席了颁奖会。教育部党组书记、部长陈至立主持颁奖大会。教育部党组副书记、副部长周济宣读了《教育部关于批准2001年高等教育国家级教学成果获奖项目的决定》。北京大学数学科学学院张继平代表获奖者在会上发言。

这次评选出的获奖项目代表了高等教育教学研究和实践的最高水平，概括起来，有以下特点：

1. 获奖项目体现了高等学校认真贯彻执行党和国家的教育方针和政策，特别是第三次全国教育工作会议的精神，加强大学生的素质教育，加强大学生创新能力、实践能力和创业精神的培养。

2. 充分展现了90年代以来，各级教育行政部门和高等学校高度重视教学建设、重视教学改革，重视人才培养工作所取得的成绩，特别是前几年面向21世纪教学内容和课程体系改革计划实施的成果。有许多项目是中央、地方和高校教改计划的立项项目，这些项目已经在教学实践中发挥积极作用，并取得了很好的效果。

3. 体现了高等学校在教学建设和改革过程中，根据国家经济和社会发展对人才培养和学科建设的要求，积极发展新兴学科和交叉学科，努力培养国家急需的高层次人才。

4. 体现了高等学校根据国际上高等教育教学改革和现代教育技术发展的趋势，充分利用以信息技术为代表的现代教育技术手段，改造传统学科，扶植新兴学科，大力发展现代远程教育，实施终身教育，不断提高人才培养的质量。

5. 体现了近年来各级教育行政部门和高等学校高度重视教学管理，积极研究、探索和建立具有中国特色的高等教育质量保障和评估体系，特别是加强国家对高等学校教学工作的质量评估和高等学校自身的教学质量保障和监控机制。

撰稿　查卫平
审稿　刘凤泰

**附**

## 2001年高等教育国家级教学成果特等奖、一等奖获奖名单

### 国家级特等奖（2项）

| 序号 | 项　目　名　称 | 成果主要完成单位 | 获奖人（成果主要完成人） |
|---|---|---|---|
| 1 | 数学基础研究与人才培养基地建设 | 北京大学 | 北京大学数学科学学院 |
| 2 | 构建临床医学专业本科教育新体系 | 解放军第四军医大学 | 苏　博　陈胜秋　马　飞　殷进功　林永超 |

## 国家级一等奖（59 项）

| 序号 | 项 目 名 称 | 成果主要完成单位 | 获奖人（成果主要完成人） |
|---|---|---|---|
| 3 | 中国美学史的课程建设：从专业教育到素质教育 | 北京大学 | 叶　朗 |
| 4 | 精心组织“邓小平理论概论”课，积极推进马克思主义理论课教学改革 | 北京大学 | 陈占安　吴树青　赵存生　孙蚌珠等 |
| 5 | 普通生物学多媒体系列教学软件的研制开发与应用 | 北京大学　四川大学　复旦大学 | 张庭芳　许崇任　王喜忠　乔守怡　方　瑾　杨文博　何　森 |
| 6 | 信息与电子科学专业教学内容和课程体系改革 | 北京大学　南开大学　北京师范大学　兰州大学 | 王　楚　沈泊弘　裴留庆　李维祥　吕振肃　谢柏青　周乐柱等 |
| 7 | 我国高等口腔医学教育课程体系和教学模式改革 | 北京大学　上海第二医科大学　四川大学　武汉大学　吉林大学　同济大学 | 王嘉德　刘宏伟　郭　伟　章锦才　李建平　孙宏晨　潘可风等 |
| 8 | 紧密结合重大水利水电工程建设，培养具有创新能力的高层次人才 | 清华大学 | 张光斗　张楚汉　王兴奎　才君眉　陈永灿 |
| 9 | 结构力学课程新体系的建设与实践 | 清华大学 | 袁　驷　龙驭球　辛克贵　钟宏志　须　寅 |
| 10 | 教学资源信息网络化建设与应用 | 清华大学 | 吴敏生　沈培华　王映雪　李学农　赵　熊 |
| 11 | “大材料”试点班专业人才培养方案及教学内容课程体系改革的研究与实践 | 北京科技大学 | 柯　俊等 |
| 12 | 创建“两段式”培养模式和“三平台”课程体系，培养高素质的农业本科人才 | 中国农业大学 | 江树人　李绍华　杨小燕　刘为民　席　清 |
| 13 | 高等农林院校环境生态类本科培养方案及教学内容和课程体系改革的研究与实践 | 北京林业大学　浙江大学　中国农业大学　内蒙古农业大学 | 王礼先　朱荫湄　张启翔　张洪江　罗　晶　张　从　周世权 |
| 14 | 中国民俗学学科的创建与实践 | 北京师范大学 | 钟敬文　刘铁梁　董晓萍　杨利慧　万建中 |
| 15 | 区域地理课程体系建设与改革 | 北京师范大学 | 赵　济　王静爱　葛岳静　吴殿廷　史培军 |
| 16 | 重点理工大学培养的人才素质要求与人才培养模式的研究与改革实践 | 北京理工大学　清华大学　北京航空航天大学　北京科技大学　北方交通大学　北京化工大学等 | 王越　霍雅玲　江丕权　张彦通　郭景文　许茂祖　王秀平　等 |
| 17 | 中央音乐学院作曲教学成果 | 中央音乐学院 | 吴祖强　杜鸣心　郭文景　叶小纲　唐建平 |
| 18 | 深化邓小平理论教学的思路与实践 | 解放军国防大学 | 许志功　张南征　丁士峰　杨会春　张　彬 |
| 19 | 培养基础性数学人才的实践 | 南开大学 | 顾　沛　周性伟　王公恕　梁　科　胡国定 |
| 20 | 《化学元素周期系》多媒体教科书软件及教学成果 | 南开大学 | 申泮文　车云霞　林少凡 |
| 21 | 化工类专业人才培养方案及教学内容体系改革的研究与实践 | 天津大学　华东理工大学　浙江大学　北京化工大学 | 余国琮　冯亚青　房鼎业　汪大翚　李成岳　赵学明　王保国 |
| 22 | 创新人才培养工程的探索与实践 | 大连理工大学 | 程耿东　沈宏书　徐　循　贺明峰　郝云忱 |
| 23 | 教育学专业“需求导向型”整体教学改革 | 辽宁师范大学 | 傅维利　杨　晓　于永顺　陈大超　常若松 |

续表

| 序号 | 项 目 名 称 | 成果主要完成单位 | 获奖人（成果主要完成人） |
|---|---|---|---|
| 24 | 发电厂及电力系统专业教学改革研究与实践 | 沈阳电力高等专科学校 | 宛 力 刘宝贵 徐晓峰 陈才贤 吕中枢 |
| 25 | 创建“四位一体”育人体系，培养新型海军指挥人才 | 解放军海军大连舰艇学院 | 陈信礼 田少文 杨福渠 杨宝璋 王 伟 |
| 26 | “哲学通论”课程和教材的建设与推广 | 吉林大学 | 孙正聿 |
| 27 | 面向基础教育，实施“优师工程”，全面提高人才培养质量的改革研究与实践 | 东北师范大学 | 赵 毅 唐吉庚 柳海民 刘继生 杨柏林 |
| 28 | 创建教学地位巩固、管理严格规范、环境条件优越的临床教学基地 | 哈尔滨医科大学 | 金连弘 赵士斌 王玉华 李剑峰 王丽娟 |
| 29 | 中医方剂学教学模式——多维博约，因方施教 | 黑龙江中医药大学 | 李 冀 康广盛 段富津 李敬孝 杨天仁 |
| 30 | 文艺学系列教材建设（教材） | 复旦大学 | 吴中杰 朱立元 应必诚 王振复 张德兴 |
| 31 | 复旦大学 MBA 教学管理与创新 | 复旦大学 | 郑绍濂 吴立鹏 郑祖康 苏 勇 吕 巍 |
| 32 | 突出创新能力培养，努力创建有特色的大学物理课程教学体系 | 同济大学 | 顾 牡 吴於人 陈铭南 羊亚平 毛骏健 |
| 33 | 面向21世纪工科化学系列课程改革的研究与实践 | 华东理工大学 天津大学<br>大连理工大学 浙江大学<br>北京化工大学 中南大学 | 胡 英 叶汝强 杨宏秀 迟玉兰<br>徐铸德 张常群 陈启元 |
| 34 | 中文学科人才培养模式研究 | 南京大学 | 赵宪章 姚 松 汪维辉 张建勤 周欣展 |
| 35 | 综合大学高素质创新人才培养的研究与实践 | 南京大学 | 许敖敖 张大良 陈云棠 吕浩雪 邵 进 |
| 36 | 面向21世纪的地质资源与地质工程类专业教学体系改革与实践 | 中国矿业大学 | 曾 勇 隋旺华 刘焕杰 董守华 韩宝平 |
| 37 | 宽基础高素质植物保护本科人才培养的研究与实践 | 南京农业大学 | 郑小波 韩召军 董立尧 吴耀清 郎志飞 |
| 38 | 高等药学教育面向21世纪人才培养模式的研究与实践 | 中国药科大学 | 吴晓明 姚文兵 陈宗珉 钟 森 王士林 等 |
| 39 | 大学物理实验教学的改革与实践 | 中国科学技术大学 | 霍剑青 王晓蒲 熊永红 赵永飞 |
| 40 | 面向国家重大需求，产学研与火灾安全交叉学科建设相结合，培养高层次创新人才 | 中国科学技术大学 | 范维澄 王清安 张和平 袁宏永 胡 源 等 |
| 41 | 金融学专业课程体系和教学内容改革研究与实践 | 厦门大学 复旦大学<br>中国人民大学 中央财经大学 | 张亦春 姜波克 周升业 王广谦 魏华林 戴国强 |
| 42 | 发挥学科优势，培养创新型人才 | 厦门大学 | 万惠霖 王尊本 孙世刚 郭祥群 朱亚先 |
| 43 | 高等教育学学科建设、人才培养与教学改革咨询 | 厦门大学 | 潘懋元 王伟廉 刘海峰 杨广云 林金辉 |
| 44 | 高等农林本科教育实践教学体系改革的研究与实践 | 山东农业大学 东北林业大学<br>四川农业大学 沈阳农业大学 | 孙增良 王汉忠 霍建宇 文心田 刘长江 |
| 45 | 高等农林教育专科人才素质要求和培养模式的研究与实践 | 郑州牧业工程高等专科学校<br>张家口农业高等专科学校<br>广西大学 | 阴天榜 白秀玉 朱复谦 杨炳学 张建华 |

续表

| 序号 | 项 目 名 称 | 成果主要完成单位 | 获奖人（成果主要完成人） |
|---|---|---|---|
| 46 | 中国法学教育的改革与未来——法学专业课程结构和教学内容改革的研究与实践 | 武汉大学 | 李 龙 周叶中 韩大元 徐亚文 汪习根 |
| 47 | 面向21世纪机械工程教学改革 | 华中科技大学 | 杨叔子 周 济 吴昌林 张福润 戴 同 |
| 48 | 面向21世纪高等教育（师范）物理教育模式改革研究和实践 | 华中师范大学 | 刘 武 章慧敏 李玲远 黄光明 韩德培 |
| 49 | 信息作战学科专业创立与实践 | 解放军通信指挥学院 | 沈树章 王应泉 牛 力 谭海涛 赵积梁 |
| 50 | 现代远程教育的研究与实践 | 湖南大学 | 王柯敏 庾建设 杨贯中 胡峰松 王子荣 |
| 51 | “课程与教学论”的学科整合建设 | 湖南师范大学 | 张楚廷 石 鸥 周庆元 马寅初 罗维治 |
| 52 | 社会经济转型期本科教育创新的探索与实践 | 华南理工大学 | 刘焕彬 李元元 林养素 蔡 敏 李伟刚 |
| 53 | 多媒体和网络环境下大学生学习能力培养的理论与实践 | 华南师范大学 | 桑新民 张倩苇 赵纳新 |
| 54 | 高等职业教育人才培养模式的探索与实践 | 深圳职业技术学院 | 俞仲文 沈耀泉 李建求 秦同瞬 侯大年 |
| 55 | 面向21世纪机械类专业人才培养方案的研究与实践 | 重庆大学 | 张济生 刘昌明 梁锡昌 李文贵 刘 英 |
| 56 | 土建类专业人才培养方案及教学内容和课程体系改革的研究与实践 | 西南交通大学 | 强士中 吕和林 孙国瑛 李远富 赵人达 |
| 57 | 构建大基础教育课程体系的研究与实践 | 四川农业大学 | 文心田 罗承德 郑有良 万英平 夏继明 等 |
| 58 | 石油工程专业的改革与建设 | 西南石油学院 | 施太和 杜志敏 刘蜀知 陈 平 肖国民 |
| 59 | 面向21世纪热工系列课程教学内容与课程体系改革的研究与实践 | 西安交通大学 天津大学 吉林大学 | 陶文铨 何雅玲 马一太 陈贵堂 吴存真 |
| 60 | 电工电子教学基地建设及面向21世纪的教学改革 | 西安电子科技大学 | 傅丰林 孙肖子 陈 南 郭万有 王军宁 |
| 61 | 高等地质教育的创新、改革与实践 | 西北大学 | 孙 勇 于在平 张云翔 薛祥煦 崔智林 |

〔**高校试办示范性软件学院**〕 为适应我国经济结构战略性调整的要求和软件产业发展对人才的迫切需要，2001年12月，经教育部与国家计委共同批准35所高等学校试办首批示范性软件学院。

示范性软件学院是大学的二级学院，但它不同于目前各大学的计算机科学与技术系。示范性软件学院在办学定位、培养目标、教学方式和管理运行机制等方面有其自身的特点：(1) 办学定位和培养目标：示范性软件学院的人才培养属于普通高等教育范畴，包括软件工程方向的学士学位、第二学士学位和工程硕士学位。建立示范性软件学院的目的是培养具有国际竞争能力的、有较强实践开发能力的多层次复合型实用性软件人才。(2) 教学方式：借鉴国际软件教育比较先进的成功经验，建立国际水平的教学平台、采用国际上最新的优秀原版教材、强调综合和实用知识的传授，特别要通过参与企业的实际项目开发进行实践能力的培养。(3) 运行机制：示范性软件学院财务运行和人事管理体制有独立性，可以独立进行财务核算和人事聘任。可以按运作企业化、后勤社会化的模式兴办。

对示范性软件学院，将采取措施在以下几方面给予支持：(1) 鼓励国内外机构和个人投资参与示范性软件学院的建设和人才培养。(2) 鼓励并积极推动各示范性软件学院与国外知名高等学校、著名软件研发机构和企业开展合作办学，鼓励示范性软件学院与企业共建实习基地、与国家软件园切实开展产学研结合。(3) 支持示范性软件学院派教师出国研修，支持各示范性软件学院聘请国外专家来华讲学。(4) 示范性软件学院可以从所在学校二年级后在校本科生中招生，可以开展软件方向第二学士学位办学，可以招收软件方向工程硕士研究生，可直接从应届本科毕业生中招收工程硕士研究生。示范性软件学院招生方式和招生规模由所在学校自主确定，国家不安排招生计划数。(5) 示范性软件学院可在国家核定的最高收费限额内自行确定学费标准。

国家计委、财政部、教育部正在共同努力争取利用外方贷款对示范性软件学院的建设给予进一步的支持。

撰稿　李志宏

审稿　葛道凯

**附**

## 首批试办示范性软件学院的高校名单

| | | | |
|---|---|---|---|
| 北京大学 | 浙江大学 | 东北大学 | 华南理工大学 |
| 清华大学 | 中国科学技术大学 | 吉林大学 | 重庆大学 |
| 北京工业大学 | 厦门大学 | 哈尔滨工业大学 | 四川大学 |
| 北京航空航天大学 | 山东大学 | 复旦大学 | 电子科技大学 |
| 北京邮电大学 | 武汉大学 | 同济大学 | 云南大学 |
| 北京理工大学 | 华中科技大学 | 上海交通大学 | 西安交通大学 |
| 南开大学 | 国防科学技术大学 | 华东师范大学 | 西北工业大学 |
| 天津大学 | 湖南大学 | 南京大学 | 西安电子科技大学 |
| 大连理工大学 | 中山大学 | 东南大学 | |

**〔现代远程教育试点工作〕**　自 2000 年 7 月，教育部发布《关于支持若干所高等学校建设网络教育学院开展现代远程教育试点工作的几点意见》以来，到 2001 年底，教育部已经批准 67 所大学开展现代远程教育试点，注册学生累计达到 63.3 万人。有 2 所从 1998 年开展试点的学校有毕业学生 409 人，其中浙江大学本科毕业 255 人，毕业率 83%，获得学士学位比例 39%；湖南大学专科毕业 154 人，毕业率 51%。试点学校通过全国统考和自主考试招生。全国统考招生又分为普通高考招生和成人高考招生。多数试点学校都同时采用全国统考与自主考试两种方式招生。试点学校的办学层次有专科、本科、研究生课程进修班和其他培训，其中，本科层次占 76%。开设专业涉及法学、文学、教育学、理学、工学、农学、医学、经济学、管理学等 9 大学科门类，共 81 个专业。其中，开设计算机和管理类专业的试点高校占 73%。试点学校设置校外学习中心 1 013 个，遍及全国 31 个省、自治区、直辖市。试点学校运用的教学方式有：通过互连网点播课件浏览网页自主学习；通过卫星进行双向或单向适时教学；通过网络视频会议系统进行双向适时教学；通过局域网络或光盘进行课件学习，集中面授学习等。

学费情况。收费标准均报试点学校所在省级物价局批准。各试点学校收费幅度 10 元/学分～350 元/学分，或者 3 000 元/学年～10 000 元/学年。截止到 2001 年底，试点学校累计投资达到 9.7 亿元人民币。

2001 年 11 月，教育部高教司印发了《关于 2001 年度审批现代远程教育试点高校的通知》，规定了高等学校申请现代远程教育试点的审批办法。

2001年12月，教育部办公厅印发了《关于对现代远程教育试点学校网络教育学院开展年报年检工作的通知》，规定了开展现代远程教育的试点学校网络教育学院年报年检的办法，以促进试点高校做好网络教育的管理工作。

撰稿 李茂国
审稿 葛道凯

**附**

## 现代远程教育试点学校名单

| | | |
|---|---|---|
| 北京 | 17所 | 清华大学、北京邮电大学、北京大学、北京师范大学、中国人民大学、北京理工大学、北方交通大学、北京外国语大学、北京中医药大学、北京语言文化大学、北京广播学院、中央广播电视大学、中国农业大学、北京科技大学、对外经济贸易大学、北京航空航天大学、中央音乐学院 |
| 上海 | 8所 | 上海交通大学、复旦大学、同济大学、上海第二医科大学、华东理工大学、东华大学、上海外国语大学、华东师范大学 |
| 天津 | 2所 | 天津大学、南开大学 |
| 重庆 | 2所 | 重庆大学、西南师范大学 |
| 东北 | 7所 | 东北大学、东北农业大学、吉林大学、哈尔滨工业大学、大连理工大学、中国医科大学、东北财经大学 |
| 江苏 | 3所 | 南京大学、东南大学、江南大学 |
| 浙江 | 1所 | 浙江大学 |
| 福建 | 2所 | 厦门大学、福建师范大学 |
| 山东 | 2所 | 山东大学、石油大学 |
| 湖南 | 2所 | 湖南大学、中南大学 |
| 湖北 | 5所 | 华中科技大学、中国地质大学、武汉理工大学、华中师范大学、武汉大学 |
| 广东 | 3所 | 华南理工大学、华南师范大学、中山大学 |
| 陕西 | 4所 | 西安交通大学、西北工业大学、西安电子科技大学、陕西师范大学 |
| 甘肃 | 1所 | 兰州大学 |
| 四川 | 6所 | 四川大学、西南交通大学、电子科技大学、西南科技大学、西南财经大学、四川农业大学 |
| 河南 | 1所 | 郑州大学 |
| 安徽 | 1所 | 中国科学技术大学 |

〔**高职高专教学改革**〕 2001年教育部继续在全国各类高等职业高等专科院校开展了以提高人才培养质量为目的、人才培养模式改革与创新为主题的专业教学改革试点工作。各高职高专院校都把开展试点工作作为推动学校教学改革和办出特色的切入点，组织师生员工进行调查研究，广泛开展教育思想观念的大讨论，与行业、企业专家合作，共同制订符合实际需要的专业教学改革试点方案。全国共有25个省、自治区、直辖市以及2个部委向教育部申报了521个教学改革试点专业。经评审，确定其中346个专业为部级教学改革试点专业。

继续组织实施“新世纪高职高专教育人才培养模式和教学内容体系改革与建设项目计划”（以下简称“项目计划”）。“项目计划”研究项目，一是有关人才培养模式课题的研究；二是有关专业大类人才培养模式与教学内容体系建设与改革的研究；三是有关基础课程教学内容与课程体系建设与改革的研究。“项目计划”的研究本着从教育思想观念的改革入手，坚持理论研究与改革实践相结合，力争经过3～5年的努力，初步形成适应社会主义现代化建设需要的具有中国特色的高职高专教育人才培养模式和教学内容体系。截止2002年3月，共批准立项研究项目104项，拨发研究经费454万元。

撰稿 王 伟

审稿 葛道凯

〔**非通用外语基地建设**〕 为保护和支持非通用语种专业建设，经教育部领导同意，教育部高教司于2000年初发出《关于申报外语非通用语种本科人才培养基地的通知》，决定在部分高校建立非通用语种本科人才培养基地，并纳入教育部“新世纪高等教育教学改革工程”项目中。基地建设经费拟采取学校主管部门投入部分经费与基地所在学校自筹经费相结合的办法。鉴于非通用语种专业“规模小、语种多”，以非通用语种相对集中的部分高等学校为基础，以语种群为基地点，进行重点投入，集中建设。

2001年1月，教育部印发了《关于批准在北京大学等高等学校建立外语非通用语种本科人才培养基地及下达基地建设经费的通知》，批准北京大学的亚非语种专业，北京外国语大学的亚非语种专业、东欧语种专业，上海外国语大学的西欧语种专业，广西民族学院的部分非通用语种专业，作为教育部非通用语种基地进行建设，教育部为部属院校基地建设投入经费100万元。同时，批准北京广播学院、广东外语外贸大学的非通用语种专业为试办基地，由学校投入经费进行建设，一年后，教育部再次组织专家进行评审。

洛阳解放军外国语学院、南京解放军国际关系学院是两所开设非通用语种专业的军队院校，多年来学校为部队培养了大批外语人才，经商解放军总参谋部，由教育部进行评审后，2001年5月教育部和总参谋部军训部联合发文，批准上述两所学校为非通用语种基地。

撰稿 刘向虹

审稿 刘凤泰

〔**高等教育教材建设**〕 2001年2月6日，教育部印发了《关于“十五”期间普通高等教育教材建设与改革的意见》（以下简称《意见》），要求各省、自治区、直辖市教育厅（教委），国务院有关部、委教育司（局），以及高等学校高度重视“十五”教材规划，认真抓好高等学校教材建设工作，使高等教育教材建设更好地适应经济建设、科技进步和社会发展的需要，更好地适应教学与改革的需要，为提高高等教育教学质量做出新贡献。

《意见》提出“十五”期间普通高等教育教材建设的指导方针是：以邓小平理论为指导，全面贯彻国家的教育方针和科教兴国战略，面向现代化、面向世界、面向未来，认真贯彻全国第三次教育工作会议精神，深化教材工作改革，全面推进素质教育。加强组织领导，加大资金投入；实施精品战略，抓好重点规划，注重专业配套，促进推广选用。为建立具有中国特色的适应21世纪人才培养需要的高等教育教材体系而努力。

《意见》提出“十五”期间普通高等教育教材建设的工作任务是：（1）通过国家、省（市）、受委托的有关部门、高等学校等多层次的教材建设，逐步建立起以国家规划教材为重点，门类齐全，适应培养面向21世纪的高素质、创造型人才需要的教材体系，即包括多学科、多类型、多层次、多品种系列配套的教材体系。（2）在调查研究的基础上，通过专家论证与推荐，优化选题，优选编者，加大投入。力争出版一批具有世界先进水平的精品教材，为高教教材质量的全面提高发挥示范和推动作用。（3）从文字教材与电子教材协调发展的原则出发，抓好软件教材的建设（包括适应远程教育和网络教学需要的电子教材建设），积极编制精品课件。在有条件的高校建立若干个多媒体制作中心，逐步实现教学软件的专业化制作，推动教学软件的研制与开发。（4）本着“编”、“选”并重的原则，大力推动高质量教材的选用，各专业（课程）教学指导委员会、各有关出版社要大力开展对新出版的高水平教材的宣传评介工作。各高校要建立教材评介制度和教材选用管理制度，保证高质量教材进入课堂，对省部级以上优秀教材与重点教材要优先选用，提高优质教材的使用效益。（5）要加强国外教材的引进工作。引进的重点是信息科学与技术和生物科学与技术、经济、金融、贸易、管理、法学等学科专业的教材。要根据专业（课程）建设的需要，通过深入调查、专家论证引进国外优秀教材，要注意引进教材的系统配套。加强对引进教材的宣传，促进引进教材的使用和推广。(6) 开展对国外教材的比较研究，扩大高校教材的国际交流。同时要注意把国内已出版的高水平教材推荐到国外，打入国际市场。

《意见》还提出了制订“十五”教材规划的基本要求、原则和主要措施。

〔**引进国外原版优秀教材**〕 为促进中国高等学校教学内容的更新，加快培养具有国际竞争力的高水平人才，教育部决定在信息科学与技术、生命科学与技术、经济、法学等学科专业引进国外优秀的原版教材。

为做好引进工作，在教育部高等教育司的指导下，高等教育出版社、电子工业出版社针对国内和国外一些高校计算机及相关专业的课程设置、教材使用情况进行了调研和统计分析。同时与世界上主要的计算机图书出版公司取得联系，征集他们的书目和样书。2000 年 6 月，由高等教育出版社组织部分计算机专家召开会议，根据调研统计情况并结合计算机及相关专业的课程体系，确定 24 个课程类别和 9 门主干课程。然后对 9 家外国出版商提供的 28 种书目进行了两轮遴选，初步选出 78 种样书。由高等教育出版社向外商征集。10 月，教育部高等教育司召开由全国 14 所高校的计算机专家教授组成的专家组会议，对 50 多种样书进行评审，确定了一批计划引进的原版教材。同时对新一批书目再次进行了样书遴选，进一步选取了 50 余种样书。随后高教社与外商进行了版权谈判。

经过努力，高等教育出版社已经引进并影印出版了 20 余种教育部高等教育司推荐的信息技术教材，这些教材都是国外著名出版商近两年出版的著名作者的优秀著作，如 Wiley 公司 Silberschatz 等著的《实用操作系统概念》，Pearson 公司 William Stallings 著的《计算机组织与结构》(第五版)，以及 MIT 出版社 Thomas Cormen 等著的《算法导论》（第二版）等都是经典的著作。像 Morgan Kaufmann 公司 Jiawei Han 著的《数据挖掘》、Pearson 公司 James Kurose 等著的《计算机网络》、Efraim Turban 等著的《电子商务》等，反映了计算机理论、技术和应用的最新发展。其中《计算机组织与结构》有 261 所学校使用，《软件工程》有 153 所学校使用，《数据结构》有 201 所学校使用。基本覆盖了计算机专业的课程，特别是主干核心课程。

2001 年暑假期间，教育部高教司和高等教育出版社针对 9 门主要课程，已在哈尔滨、武汉和杭州联合举办了引进教材教师培训班，有 650 余名教师参加了培训，高等教育出版社还向全国 200 多所高校赠送了全套样书。

撰稿　董锦岐
审稿　刘凤泰

〔**高校实验室建设**〕 据统计，截止到 2000 年 12 月底，全国（除西藏、港澳台外）30 个省、自治区、直辖市 951 所普通高校中，有实验室25 887 个；使用面积 844.3 万平方米；共有实验室工作人员 10.2 万人；拥有教学、科研仪器设备 390.1 万台件；原值 327.0 亿元。

1999/2000 学年度，开设教学实验 69.60 万个项目，完成 1 131.39 万个学时的工作量，承担科研课题 3.46 万项，完成 2 111.25 万个机时工作量，开展社会服务 2.97 万项，完成 522.30 万个机时的工作量。2000 年，全国高校虽然教学科研仪器设备总值比 1999 年同期增长 65 亿元，但是由于近年来扩大招生，生均拥有教学科研仪器设备值却有所下降。因此必须继续加大对教育的投入，以适应高等教育的发展。

继续进行高校基础课教学实验室评估工作。截止到 2001 年底，全国 30 个省、自治区、直辖市的 796 所高等学校的 5 105 个实验室开展了实验室的自评估工作，30 个省级教育行政部门对 603 所高校的 3 661 个实验室组织了评估验收，合格实验室为 3 555 个。自各地开展评估工作以来，有关部门对基础课教学实验室的经费投入已达 59.4 亿元，其中学校投入37.4亿元；各级教育行政部门投入22.0亿元。评估验收后的实验室面貌有了很大的改观，仪器设备配套齐全，学生分组实验由原来的多人一组改为一人一组（个别二人一组），保证了实验教学的质量；实验室设施环境得到了一定程度的改善，部分学校化学实验室的通风和三废处理系统的改造问题得到了应有的重视；实验室各项管理制度健全。学校通过评估改革了原有的“小而全”的实验室管理体制，合并了同类实验室，扩大了实验室规模，提高了实验室、仪器设备的使用效益。

制定基础课实验教学示范中心建设标准。为落实“新世纪高等教育教改工程”实验室建设和改造方面基础课实验教学示范中心建设标准的制定工作，继2000年年底召开课题启动会和课题初稿讨论会后，2001年3月先后在北京大学、南京大学、复旦大学、清华大学、华中科技大学、东南大学召开物理、化学、生物、力学、机械、电工电子、计算机基础课实验教学示范中心建设标准研讨会，对各科中心的建设标准进行讨论。在此基础上从体制与管理、实验教学、实验教材、实验人员、仪器设备、设施与环境6个方面拟定出《高等学校基础课实验教学示范中心建设标准》（初稿），9月，先后两次印发给各课题组及有关领导征求意见。

高校贵重仪器设备的管理工作。2001年，首次根据《高等学校贵重仪器设备年度效益评价办法》对教育部管理的贵重仪器设备进行了年度效益考核。继续组织高校贵重仪器设备向社会开放服务。据统计，2001年度，由教育部、科技部、中国科学院、北京市科委、国家自然基金委共同建立的北京科学仪器装备协作共用网，对外共承接2 340项课题，提供对外机时6.88万个。北京6所高校的24台仪器对外承接课题501项，测试样品1.06万个，提供机时1.75万个小时。平均每台仪器承接外单位课题21项，提供机时730个小时，测试收入149.7万元。

高校实验室研究会工作。2001年6月6日～7日，全国高等学校实验室工作研究会召开“全国高等学校实验教学手段创新学术研讨会”。会上，清华大学等11所高校介绍了开展实验教学手段创新的经验。

4月16日～18日，全国高等学校实验室工作研究会第四届会员代表大会暨学术研讨会在北京航空航天大学召开，会议修改了章程，产生了新一届的理事会成员，制定了“十五”期间研究会的工作计划，并就21世纪进一步加强高校实验室建设与管理，促进实验室管理体制改革和实验教学改革等进行了交流与研讨。

撰稿　陈小平
审稿　刘凤泰

〔**高等教育文献保障系统建设**〕　2001年7月18日，中国高等教育文献保障系统CALIS“九五”期间的建设项目通过了国家发展计划委员会的验收。

“九五”期间CALIS主要建成两大部分：(1)文献信息服务网络建设。已建立“全国中心——地区中心——高校图书馆”三级文献信息保障模式的服务网络，分别负责全国范围、地区范围和学校范围的资源协调与联合建设、文献信息共享服务、工作人员培养与读者培训、应用系统建设等工作。文献信息服务网络由联机合作编目系统（自行设计开发）、特色文献数据库应用系统（自行设计开发）、联机公共检索系统（自行设计开发）、馆际互借与文献传递系统（自行设计开发）、通用全文数据库应用系统（引进）和通用数据库管理系统（引进）等应用软件共同构成了广域网上的公共服务平台。(2)文献信息资源及数字化建设。采用自建和引进相结合的方式建设了二次文献和一次文献相结合的数据库系统：截止到2001年6月30日，中外文书刊联合目录数据库反映了124个成员馆的中文（包括古籍）、英文、德文、日文图书期刊共收录书目纪录115万条，馆藏纪录260万条，并以每天5 000多条的速度扩充新的数据。

高校现期期刊目次收录进入“211工程”的高校图书馆收藏的国内重要中文学术期刊的篇目，已建有期刊目次（或文摘）137万条。高校学位论文（文摘）数据库收录51个成员馆的7万余篇学位论文的题录和文摘。重点学科专题数据库建成25个专题数据库，总数据量280万条（篇）。重点学科网络资源导航由48个图书馆共建，评估、筛选

213个重点学科的6万多个较重要的学术网站。引进国外数据库或电子文献，由文理中心和工程中心牵头采购引进91个数据库（含电子刊），CALIS成员馆共引进各类数据库300余种。以全国文理中心所在的北京大学为例，现有1.30万种中英文电子期刊、几十个全文和事实数据库、200余个二次文献库。

CALIS“十五”期间将在资源种类、数量以及服务系统等方面向更多、更大、更高的层次发展，并加强与CERNET的合作，努力保证信息资源服务与网络建设的同步配套发展，发挥两大公共服务系统相辅相成的特性，网络延伸到哪里，CALIS服务就推到哪里。

撰稿　李晓明

审稿　刘凤泰

# 教育部直属高校工作

〔**教育部直属高校工作咨询委员会第十一次全体会议**〕　2001年1月9日～12日，教育部在北京召开教育部直属高校工作咨询委员会第十一次全体会议。教育部71所直属高校的党委书记、校长，教育部领导陈至立、吕福源、韦钰、张天保、周远清、章新胜以及部内高教、综合司局的主要负责同志共160余人出席了会议。会议期间，中共中央政治局常委、国务院副总理李岚清与出席会议的全体代表进行了座谈。

本次咨询委员会全体会议是高教管理体制改革和布局结构调整以后的首次会议，同时也是世纪之交高校领导们参加的一次重要会议。会议以党的十五届五中全会精神为指导，围绕“十五”期间我国高等教育和高校的改革与发展这一主题展开咨询，结合国家和教育战线“十五”计划的制订，研讨中国的高等教育和高校如何面向21世纪，深化改革，积极发展，适应国家经济建设和社会发展的需要，迎接以知识经济为主要特征的新经济和网络、信息技术条件下国际竞争的挑战。

会议期间就下列专题进行了分组咨询、讨论：“十五”期间国家和区域高教资源的优化配置；“十五”期间确定高校发展规模的基本思路；学科建设规划，新兴学科、交叉学科的培育及学科的结构调整；校内资源的优化配置、多校区管理；院、系及基层学术组织的设置与运行；教育部管理直属高校的模式与学校的办学自主权；科技成果的产业化与大学科技园区建设。

与会代表认为，教育部直属高校由过去的30多所增加到70余所，数量上、地域上和学科上都有很大增加，面对新的形势，必须深入研究对直属高校的管理问题。应探索一条宏观管理、按类因地分层管理的新思路。直属高校要增强责任感、紧迫感，在服务面向全国的同时，增强为地方经济和社会发展服务的意识。直属高校应成为贯彻党的教育方针、坚持社会主义办学方向的样板田；成为勇于创新探索、不断深化各项改革的试验田；成为服务全国大局、保持稳定的责任田；成为全面提高教学、科研和服务社会水平、提高高层次人才培养质量和办学效益的丰产田。

教育部领导陈至立、吕福源、韦钰、周远清结合“十五”计划和年度工作发表了讲话；有关司局负责同志通报了工作情况。

李岚清在听取咨询委员们的咨询意见后发表了讲话。他在讲话中充分肯定了近几年我国高等教育改革和发展取得的重大进展，指出新世纪高等教育改革和发展要遵循“巩固、深化、提高、发展”的整体思路。巩固，就是要做好高教管理体制改革和布局结构调整的各项后续工作，使高校在新体制的基础上正常运行起来，把资源优化组合的优势发挥出来；深化，就是要在已经取得成绩的基础上，把高校改革的重点由宏观转向微观、由整体布局调整转到学校内部体制改革的完善，使高校内部管理体制与社会主义市场经济体制及高等教育发展的需要更加适应；提高，核心是提高高等教育质量，加强学科建设，优化人才培养结构；发展，就是要在全面推进高校后勤社会化改革，加快改善办学条件的同时，进一步提高高等教育信息化水平。

会议推举北京大学校长许智宏、上海交通大学党委书记王宗光（女）、中山大学党委书记李延保、四川大学党委书记兼校长卢铁城、西安交通大学校长徐通模、大连理工大学党委书记林安西和武汉理工大学校长周祖德同志为咨询委员会新一届执行主席。

撰稿　张爱龙

**〔教育部直属高校工作咨询委员会第十二次全体会议〕**　2001年12月21日～23日，教育部直属高校工作咨询委员会第十二次全体会议在厦门举行。教育部71所直属高校的咨询委员，教育部领导陈至立、吕福源、袁贵仁、章新胜、赵沁平、郑树山及部内有关司局负责同志约180人出席会议。会上，各位咨询委员和全体与会人员以党的十五届六中全会精神和江泽民同志“三个代表”重要思想为指导，围绕直属高校“十五”计划的制定和实施，就当前高校改革发展面临的若干重点和热点问题进行咨询、研讨和交流。具体以高校人才培养模式的改革创新与探索、学科结构调整与学科建设、“十五”期间事业发展规模的确定以及如何处理好数量与质量、结构、条件的关系、人事分配制度改革与队伍建设、合并组建高校的深度融合、加入WTO对我国高等教育的影响及应对等为主题展开咨询，分别以大会交流和分组专题讨论的形式进行了讨论交流，陈至立、吕福源、袁贵仁、章新胜、赵沁平等部领导和有关司局负责同志也向各位咨询委员报告了教育部和有关司局的工作。

陈至立在讲话中充分肯定了近年来我国高等教育改革发展的大好形势后指出，国家“十五”计划把发展作为主题、把经济结构和战略性调整作为主线，以改革和科技发展为动力，对高等教育事业提出了更高的要求，面对社会上对高等教育事业发展改革的赞扬，要头脑清醒，理清思路，进一步深化改革，巩固和发展体制改革的结果，以扎实的工作、实际的贡献，做实践“三个代表”的模范。另外，陈至立还就高校之间加强团结协作，切忌浮躁、狠抓学术腐败提出了明确的要求。

会议期间，中共中央政治局常委、国务院副总理李岚清到会和全体与会人员座谈，并在听取了四川大学党委书记兼校长卢铁城、武汉理工大学校长周祖德、大连理工大学党委书记林安西、上海交通大学党委书记王宗光、北京大学校长许智宏、西安交通大学校长徐通模的发言后发表了讲话。在讲话中，李岚清首先回顾总结了我国高等教育事业近年来改革发展的巨大成绩，全面阐述了国家改革发展的形势对高等学校工作提出的一系列艰巨课题和任务，并围绕着高等学校应如何应对挑战和机遇，完成这一艰巨任务的奋斗目标，就当前工作中有关进一步巩固、扩大改革成果，继续深化改革，以改革促发展等重要问题发表了重要指示。他着重指出：要以创新的思路来培养创新的人才，要敢于跨越，不要只是追赶，要大胆创新，不要只是一味地跟进，要加强协作而不要靠单干，并建议高等学校要对国家的宏观经济管理多做一些研究，要多发表一些见解，对有悖于社会主义市场经济的现象要作出批判，使得我国的经济能走上更加健康发展的道路，进一步加强高等教育和国民经济社会发展的结合，发挥高校的智囊作用。

撰稿　牛燕冰

**〔教育部与有关省市、部门重点共建部分高校〕**　2001年，继1999年教育部与有关省市、部门重点共建南京大学、复旦大学、上海交通大学、中国科技大学、西安交通大学、浙江大学和哈尔滨工业大学7所高水平大学后，为深入贯彻中共十五届五中、六中全会精神，全面实施《面向21世纪教育振兴行动计划》，教育部与有关省市、部门经友好协商，决定继续重点共建部分高水平大学。

重点共建有关高校旨在促进学校各项事业的改革和发展，积极适应21世纪国家经济建设和社会发展的需要，不断提高教育质量和科研水平，努力成为我国特别是所在区域高水平创新人才培养、高新技术研究和成果转化、高层次决策咨询的重要基地，逐步建设成为国内外知名的高水平大学。重点共建后的有关高校原隶属关系不变。教育部支持并鼓励有关高校在坚持面向全国服务的同时，积极参与所在区域经济建设和社会发展，提供强有力的人才支持和知识贡献。除对学校的正常经费安排外，教育部和有关省市、部门承诺在2001年至2003年三年内，分别向有关高校投入重点共建经费若干亿元人民币（详见附表）。2003年后有关各方将根据学校改革和发展的情况，继续给予必要的支持。教育部和有关省市、部门承诺将依据《中华人民共和国高等教育法》，积极创造条件，支持和鼓励有关高校进一步深化校内管理体制改革，建立并完善自我发展、自我约束的运行机制，最终实现面向社会依法自主办学。

重点共建有关高校是落实科教兴国战略的又一新举措，表明了中国高等教育向世界先进水平迈进的雄心壮志和实际行动，也是在我国现有的条件下，通过“共建”这一行之有效的途径，充分调动中央和地方等多方面的积极性，相对集中有限财力，对少数具备条件和基础的高校进行重点支持和建设的又一新的尝试。对于推进我国高等教育的发展，推进有关学校继续向新的更高的水平和目标迈进，使学校在高水平创新人才的培养，高新技术研究和成果转化、高层次决策咨询等方面发挥更加重要的作用等方面具有重要意义。

撰稿　张爱龙

**附**

## 2001年教育部与有关省市、部门重点共建高校情况

1. 教育部和天津市政府分别出资3亿元重点共建南开大学；

2. 教育部和天津市政府分别出资3亿元重点共建天津大学；

另，教育部和天津市政府分别出资1亿元鼓励和支持南开大学和天津大学紧密合作办学；

3. 教育部和山东省政府分别出资3亿元和5亿元重点共建山东大学；

4. 教育部、山东省政府、国家海洋局和青岛市政府分别出资1.05亿元、0.15亿元、0.9亿元和0.9亿元重点共建青岛海洋大学；

5. 教育部和江苏省政府分别出资3亿元重点共建东南大学；

6. 教育部、福建省政府和厦门市政府分别出资3亿元、1.5亿元和1.5亿元重点共建厦门大学；

7. 教育部和湖北省政府分别出资4亿元重点共建武汉大学；

8. 教育部和湖北省政府、武汉市政府分别出资3亿元和3亿元重点共建华中科技大学；

9. 教育部和湖南省政府分别出资2亿元重点共建湖南大学；

10. 教育部和湖南省政府分别出资2亿元重点共建中南大学；

11. 教育部和吉林省政府分别出资4亿元和3亿元重点共建吉林大学；

12. 教育部、辽宁省政府和大连市政府分别出资2亿元、1亿元和1亿元重点共建大连理工大学；

13. 教育部和重庆市政府分别出资3亿元和2.4亿元重点共建重庆大学；

14. 教育部和四川省政府分别出资4亿元和3.2亿元重点共建四川大学；

15. 教育部和四川省政府分别出资2亿元和1.6亿元重点共建电子科技大学；

16. 教育部和广东省政府分别出资3亿元和9亿元重点共建由原中山大学和中山医科大学合并组建的新的中山大学；

17. 教育部和广东省政府分别出资2亿元重点共建华南理工大学；

18. 教育部和甘肃省政府分别出资3亿元和1.5亿元重点共建兰州大学；

19. 教育部、辽宁省政府和沈阳市政府分别出资2亿元、1亿元和1亿元重点共建东北大学；

20. 国防科学技术工业委员会和教育部分别出资3亿元、北京市人民政府提供200公顷土地使用权重点共建北京理工大学；

21. 国防科学技术工业委员会和教育部分别出资3亿元、北京市人民政府提供100公顷土地使用权重点共建北京航空航天大学；

22. 国防科学技术工业委员会和教育部分别出资3亿元、陕西省人民政府和西安市人民政府以多种形式合计投入3亿元重点共建西北工业大学。

〔**清华大学90周年校庆**〕 2001年是清华大学建校90周年。清华大学的前身是始建于1911年的清华学堂，1912年更名为清华学校。1925年设立大学部，开始招收四年制大学生，1928年更名为“国立清华大学”。清华大学在20世纪的风雨中成长壮大，经过几代人的努力，形成了光荣的革命传统和良好的学风、校风，“自强不息、厚德载物”，为国家培养出大批杰出的科学家、文学家、工程师、教授、企业家和优秀人才，取得了大量科研成果，为国家经济建设和社会发展作出了重要贡献，成为一所代表我国高等教育先进水平、在国内外具有广泛影响的著名大学。2001年4月29日，清华大学建校90周年庆典在新落成的清华大学体育中心举行。中共中央总书记、国家主席江泽民，国务院总理朱镕基，中央政治局常委、国家副主席胡锦涛，中央政治局常委、副总理李岚清出席了庆典。出席庆祝大会的领导同志还有：丁关根、吴邦国、贾庆林、温家宝、曾庆红、彭珮云、周光召、丁石孙、成思危、钱伟长、朱光亚、胡启立和王汉斌、费孝通，中央军委委员曹刚川以及中央、国家机关有关部门的负责同志。出席庆典的还有清华大学校友，诺贝尔奖获得者杨振宁先生，两院院士140多人，兄弟院校代表，社会友好人士代表，海内外友人，为清华大学输送人才的300多名中学校长代表，各届校友，学生和教职工代表等共6 000多人。清华大学党委书记贺美英主持庆典。

中共中央总书记、国家主席江泽民在庆祝大会上发表了讲话。他说，清华大学建校90年来，为祖国科学教育事业的发展，为中华民族的解放和振兴作出了重要贡献。他强调，到本世纪中叶，我们要基本实现社会主义现代化，实现中华民族的伟大复兴。离开科学教育事业的发展，离开全民族科学文化水平的提高，这一光荣而艰巨的任务是不可能完成的。大学应该成为科教兴国的强大生力军。要继续提高高等教育的质量，加快高等教育事业的发展，努力在全国建设若干所具有世界先进水平的一流大学。江泽民在讲话中向全国的大学生提出殷切希望：希望他们成为理想远大、热爱祖国的人，成为追求真理、勇于创新的人，成为德才兼备、全面发展的人，成为视野开阔、胸怀宽广的人，成为知行统一、脚踏实地的人。

在清华大学建校90周年前夕，江泽民总书记为清华大学题词：“建设世界一流大学，为实现中华民族的伟大复兴而努力奋斗。”

教育部部长陈至立宣读了教育部的贺信。贺信说，清华大学开创的“古今贯通、中西融会”的学术范式，在中国近现代高等教育和学术文化的发展史上产生了深远的影响。清华大学代表着国家高等教育和科技文化的先进水平，是我国高等教育发展的一个缩影并起着重要的示范作用。希望清华大学继续发扬优良传统，完成在发展祖国教育事业中所肩负的重要历史使命，为国家发展和民族复兴做出新的卓越贡献。

清华大学校长王大中发表讲话，回顾了清华的历史、发展和成就，表达了将清华大学建成世界一流大学的信心和决心。90年来，清华培养了10万多名毕业生。一代代德才兼备的清华人为实现民族独立、推动社会进步和科技发展作出了重要贡献。目前，清华大学有在校全日制学生2万多名，两院院士45人，教授900多人。共有11个学院、44个系，已经初步形成了综合性大学的学科布局，成为我国重要的教育中心、科研中心之一。

北京市市长刘淇宣读了北京市政府的贺信。北京大学校长许智宏院士、牛津大学校长柯林斯·卢卡斯先后在大会上致辞，对清华90年校庆表示祝贺。清华大学教授袁驷、学生代表申跃、校友代表朱凤蓉少将也在大会上发言。

4月29日晚，学校在西大操场举行了主题为“腾飞清华”大型校庆文艺晚会。

作为校庆活动之一，4月27日，在清华大学举行了“清华大学经济管理学院顾问委员会第二次会议”，20余位来自世界各地的著名企业总裁出席会议，国务院总理、清华大学经济管理学院院长朱镕基同志出席开幕式并会见了与会企业家。

撰稿　张爱龙

〔**2001年直属高校增选中国科学院、中国工程院院士**〕　根据中国科学院《关于推荐和初选中国科学院院士候选人的通知》和中国工程院《关于提名和遴选中国工程院院士候选人的通知》精神，教育部对2001年直属高校中国科学院院士增选和中国工程院院士遴选工作进行了部署。直属高校共上报了候选人384名。其中，申报中国科学院院士147人，申报中国工程院院士237人。另有部外院校申报中国工程院工程管理学部院士候选人一名。教育部共邀请了197位院士，按学部分成了13个组，分先后4批对两院共13个学部的候选人进行了评审。

通过部门初选，并报请教育部领导同意，教育部向中国科学院、中国工程院正式提名了127名候选人。其中，中国科学院候选人60人，中国工程院候选人67人。通过两院的评审，最后共有33人当选。其中，中国科学院院士19人，占中国科学院当选院士总数的34%；中国工程院院士14人，占中国工程院当选院士总数的17%。在当选的33人中，有27人是通过教育部部门初选推荐上去的，另外6人是直接通过院士推荐的途径上报的。

至此，教育部直属高校的院士已达355人，占全国院士总数的28%。其中，教育部的中国科学院院士213人，占中国科学院院士总数的32%；教育部直属高校中国工程院院士总数已达142名，占中国工程院院士总数的23%。

撰稿　林晓青

审稿　高文兵

**附一**

## 2001年直属高校新当选中国科学院院士名单

| 学　校 | 学部 | 姓　名 | 年龄 | 专　业 |
|---|---|---|---|---|
| 北方交通大学 | 技术 | 高玉臣 | 63 | 固体力学 |
| 北京大学 | 数理 | 赵光达 | 61 | 理论物理 |
| 北京大学 | 化学 | 曹春辉（女） | 68 | 无机化学 |
| 北京大学 | 地学 | 涂传诒 | 60 | 空间物理 |
| 北京大学 | 技术 | 秦国刚 | 67 | 半导体材料物理 |
| 北京大学、美国麻省理工学院 | 数理 | 田　刚 | 42 | 基础数学 |
| 北京科技大学 | 技术 | 葛昌纯 | 67 | 粉末冶金、先进陶瓷 |
| 北京师范大学 | 地学 | 李小文 | 54 | 地理学 |
| 华南理工大学 | 化学 | 曹　镛 | 59 | 高分子化学与物理 |
| 吉林大学 | 数理 | 邹广田 | 62 | 高压物理 |
| 南京大学 | 化学 | 陈洪渊 | 63 | 分析化学 |
| 南京大学 | 地学 | 王　颖（女） | 66 | 海岸海洋地貌与沉积 |
| 南开大学 | 化学 | 程津培 | 52 | 有机化学 |
| 清华大学 | 技术 | 张楚汉 | 67 | 水利水电工程 |
| 清华大学 | 技术 | 柳百新 | 65 | 材料物理与化学 |
| 同济大学 | 技术 | 郑时龄 | 59 | 建筑学 |
| 厦门大学 | 化学 | 郑兰荪 | 46 | 无机化学 |
| 浙江大学 | 地学 | 徐世浙 | 64 | 地球物理 |
| 中国农业大学 | 生物 | 陈文新（女） | 74 | 土壤微生物学 |

附二

## 2001 年直属高校新当选中国工程院院士名单

| 学　校 | 学部 | 姓　名 | 年龄 | 专　业 |
|---|---|---|---|---|
| 北京大学 | 医药 | 庄　辉 | 66 | 流行病学 |
| 大连理工大学 | 化工 | 杨锦宗 | 68 | 染料 |
| 大连理工大学 | 管理 | 王众托 | 72 | 管理工程 |
| 东南大学 | 信息 | 孙忠良 | 64 | 微波技术 |
| 南京农业大学 | 农业 | 盖钧镒 | 64 | 作物育种与良种繁殖　大豆 |
| 清华大学 | 土木 | 江　亿 | 49 | 土木建筑工程 |
| 山东大学 | 医药 | 张　运 | 48 | 心血管内科学 |
| 上海交通大学 | 机械 | 潘健生 | 66 | 热处理工艺与设备 |
| 石油大学 | 能源 | 沈忠厚 | 73 | 钻井工程 |
| 同济大学 | 土木 | 范立础 | 67 | 结构工程 |
| 厦门大学 | 农业 | 林　鹏 | 69 | 林学 |
| 浙江大学 | 医药 | 郑树森 | 51 | 普通外科学 |
| 中国矿业大学 | 能源 | 谢和平 | 45 | 矿山岩体力学 |
| 中国农业大学 | 农业 | 戴景瑞 | 66 | 作物育种与良种繁育　玉米 |

# 学位工作与研究生教育

**〔首批公共管理硕士（MPA）专业学位招生〕** 2001 年，国务院学位委员会、教育部和人事部批准成立全国公共管理硕士（MPA）专业学位教育指导委员会，人事部副部长尹蔚民出任主任委员，秘书处设在中国人民大学；国务院学位办批准北京大学等 24 所高校为首批 MPA 试点单位，并印发公共管理硕士（MPA）专业学位参考性培养方案。10 月 13、14 日，公共管理硕士（MPA）专业学位首次招生考试顺利进行。考试科目为：政治理论、英语、管理学、行政学、逻辑与数学，其中政治理论考试由各招收院校单独组织面试，其余 4 门全国联考。MPA 的报考条件是：国民教育序列大学本科毕业（一般应有学士学位）、工龄四年以上的政府部门和非政府公共管理机构的在职人员，重点招收政府部门公务员。经推荐，有近 1.10 万人报考。

撰稿　黄宝印

附

## 2001 年举办公共管理硕士（MPA）教育的学校名单

| | |
|---|---|
| 北京大学 | 中国人民大学 |
| 清华大学 | 北京航空航天大学 |
| 北京科技大学 | 中国农业大学 |
| 北京师范大学 | 天津大学 |
| 东北大学 | 吉林大学 |
| 哈尔滨工业大学 | 复旦大学 |
| 同济大学 | 上海交通大学 |
| 华东师范大学 | 南京大学 |
| 浙江大学 | 中国科技大学 |
| 厦门大学 | 武汉大学 |
| 华中科技大学 | 中山大学 |
| 西安交通大学 | 国防科技大学 |

〔**我国举办 MBA 教育 10 年**〕 国务院学位委员会办公室委托全国学位与研究生教育发展中心，于 2000 年和 2001 年，分两次对前三批 54 所工商管理硕士（MBA）培养单位进行教学合格评估。评估结果表明，我国 MBA 教育经过 10 年的发展，已经取得了显著的成绩，初步形成了具有我国特色的 MBA 教育体系。MBA 培养院校总体办学条件较好，在办学思想、基础设施建设、师资和教材建设、教学方法等方面有了根本性的变化，在国际交流与合作方面有了实质性的进展，培养质量基本得到保证，教学水平不断提高。但我国 MBA 教育毕竟开展时间较短，总体水平还不是很高，尚需进一步加强建设，通过各方面的共同努力，促进 MBA 教育的健康、顺利发展。

2001 年，是我国开展 MBA 教育试点 10 周年。在纪念 MBA 教育 10 周年大会上，教育部副部长吕福源宣布，我国 MBA 教育结束试点，转入正式开展阶段。到 2001 年底，我国开展 MBA 教育的培养单位有 62 所学校。

撰稿 黄宝印

**附**

## 2001 年举办工商管理硕士（MBA）教育的学校名单

| | |
|---|---|
| 清华大学 | 中国矿业大学 |
| 北京大学 | 中山大学 |
| 中国人民大学 | 北京航空航天大学 |
| 北京理工大学 | 辽宁大学 |
| 北方交通大学 | 吉林大学 |
| 对外经济贸易大学 | 山东大学 |
| 复旦大学 | 四川大学 |
| 同济大学 | 重庆大学 |
| 上海财经大学 | 西北大学 |
| 上海交通大学 | 电子科技大学 |
| 南开大学 | 东北大学 |
| 天津大学 | 北京邮电大学 |
| 武汉大学 | 中南大学 |
| 中南财经政法大学 | 兰州大学 |
| 华中科技大学 | 东南大学 |
| 南京大学 | 东华大学 |
| 西南财经大学 | 哈尔滨工程大学 |
| 浙江大学 | 西南交通大学 |
| 东北财经大学 | 南京理工大学 |
| 大连理工大学 | 武汉理工大学 |
| 暨南大学 | 西北工业大学 |
| 华南理工大学 | 天津财经学院 |
| 西安交通大学 | 西安理工大学 |
| 哈尔滨工业大学 | 华东理工大学 |
| 厦门大学 | 北京科技大学 |
| 湖南大学 | 江西财经大学 |
| 中国科技大学 | 山西财经大学 |
| 河北工业大学 | 郑州大学 |
| 内蒙古大学 | 云南大学 |
| 广西大学 | 贵州工业大学 |
| 新疆财经大学 | |

〔**在职攻读硕士学位入学考试**〕 为使在职攻读硕士学位工作不断规范化、制度化，促进在职攻读硕士学位工作的顺利发展，从 2001 年始，在职攻读硕士学位入学考试全部实行全国统一联考。全国联考的考务与联考课程命题工作，委托全国学位与研究生教育发展中心负责统一组织，有关省级学位与研究生教育主管部门负责本地区的报名、考试等组织工作。全国联考课程考试时间为 10 月 13 日、14 日。2001 年在职攻读硕士学位的类别包括工商管理硕士（MBA）专业学位、公共管理硕士（MPA）专业学位、法律硕士（JM）专业学位、教育硕士专业学位、高等学校“两课”教师在职攻读硕士学位、中等职业学校教师在职攻读硕士学位、工程硕士专业学位、农业推广硕士专业学位、兽医硕士专业学位。为了体现在职攻读的特点，实现培养和使用相结合，推荐与考试相结合的原则，报考办法要求在职攻读硕士学位人员，必须经本单位人事部门推荐或有关主管部门推荐后方可报名。在有关部门的积极配合、支持下，2001 年在职攻读硕士学位入学考试全国联考工作圆满结束，共有近 10 万人报名参加了考试。

撰稿 黄宝印

〔**公共卫生硕士专业学位试点工作**〕 2001年，我国公共卫生硕士专业学位试点工作正式启动。北京大学、复旦大学、中国预防医学科学研究院等22个单位为首批公共卫生硕士试点单位，计划于2002年进行首次招生考试，参加在职攻读硕士学位全国联考。报考条件是：国民教育序列大学本科毕业后（一般应为医药卫生类专业且获得学士学位）工作满3年，从事公共卫生及相关工作的在职人员。

撰稿 陆 敏

〔**全国专业学位教育工作**〕 专业学位是与学术性学位并行的另一种类型的学位。专业学位教育的任务，是根据特定职业或岗位的需要，培养大批从事实际工作的社会急需的高层次、应用型、复合型人才。国务院学位委员会从1991年开始，先后批准设置了工商管理硕士学位（MBA）、建筑学专业学位（建筑学学士学位和建筑学硕士学位）、法律硕士专业学位、教育硕士专业学位、工程硕士专业学位、临床医学专业学位（临床医学博士和硕士学位）、公共卫生硕士专业学位、口腔医学专业学位（博士、硕士）、公共管理硕士学位（MPA）、农业推广硕士学位、兽医专业学位（兽医博士和硕士学位）11种专业学位。截止到2000年底，攻读专业学位的研究生已累计达到10.60万人。设置专业学位，是我国学位制度的一项重要改革内容，适应了国家经济建设和社会发展的需要，适应了实际用人单位和求学者的需要，改变了我国学位类型、规格单一的状况，推动了复合型、应用型高层次专门人才的培养工作，丰富和发展了我国的高等教育和学位制度。

为总结交流10年来专业学位教育工作的经验，探讨专业学位教育的特色和规律，加强和改进专业学位教育工作，保证和提高专业学位教育的质量，促进专业学位教育的发展，更好地适应国家经济社会发展的人才需求，教育部和国务院学位委员会于2001年11月9日在北京召开了首次全国专业学位教育工作会议。教育部副部长袁贵仁出席会议并讲话。

由于我国专业学位教育起步较晚，相对而言，专业学位人才显得更为短缺。因此，在保证质量的前提下，会议提出要加快专业学位教育发展的速度。要根据经济建设和社会发展的需要，不断研究和探讨新的专业学位种类的设置。有关教育行政部门和学位授予单位要给予政策倾斜，挖掘潜力，改善条件，积极发展专业学位教育。专业学位教育发展的重点主要应放在硕士层次上。要根据不同专业学位教育的特点和要求，逐步让更多有条件的单位承担起专业学位教育的任务，促使有关高校调整办学目标和发展方向，把办出有特色的专业学位教育作为学位与研究生教育工作的主要任务和努力方向。要积极支持西部地区专业学位教育的发展，加大向西部地区倾斜的力度。会议要求有关部门和学校要以适应市场需要为导向，深化专业学位教育制度的改革。要加强质量评估，不断改进评估工作，将用人单位的意见等客观内容列入评估指标，以减少对学校正常教学活动的干扰。评估结果要予以公布，对于不能保证质量的单位要取消专业学位教育的举办资格。会后，国务院学位委员会和教育部印发了《关于加强和改进专业学位教育工作的若干意见》。

撰稿 孙也刚

〔**全国优秀博士学位论文评选**〕 经学位授予单位推荐、省级初选、同行专家通讯评议、专家会复审并对外公布征询异议后，2001年7月16日，教育部和国务院学位委员会批准了2001年100篇全国优秀博士学位论文名单。根据《全国优秀博士学位论文评选办法》和《高等学校全国优秀博士学位论文作者专项资金资助办法》，教育部对优秀论文作者给予了奖励，向优秀论文的指导教师颁发了纪念品，并对在高等学校工作的优秀论文作者给予科研资助。

撰稿 任增林

附

# 2001年全国优秀博士学位论文名单

| 论文题目 | 作者 | 指导教师 | 学位授予单位 |
| --- | --- | --- | --- |
| 面向中文信息处理的现代汉语短语结构规则研究 | 詹卫东 | 陆俭明 | 北京大学 |
| 印度梵文医典《医理精华》研究 | 陈　明 | 王邦维 | 北京大学 |
| 流的稳定性猜测及相关问题 | 甘少波 | 文　兰 | 北京大学 |
| 量子色动力学求和规则的若干应用——同位旋对称性破缺效应等 | 朱世琳 | 杨泽森 | 北京大学 |
| 叠氮甲烷光解动力学、稀土配合物分子内能量传递及储库分子水合物的理论研究 | 应立明 | 赵新生 | 北京大学 |
| 基于结构的药物分子设计方法 | 王任小 | 唐有祺 | 北京大学 |
| 参与大鼠阻力血管收缩和外周血压调节的α1——肾上腺素受体亚型 | 朱卫忠 | 韩启德 | 北京大学 |
| 细胞因子在颞下颌关节紊乱病中的作用 | 方平科 | 马绪臣 | 北京大学 |
| 论科学的人文价值 | 孟建伟 | 刘大椿 | 中国人民大学 |
| 论动态宏观视野下的交易费用分析框架 | 刘元春 | 林　岗 | 中国人民大学 |
| 中国社会转型中的环境问题及其对策研究——环境社会学的一种视角 | 洪大用 | 郑杭生 | 中国人民大学 |
| 人载脂蛋白H与磷脂膜的相互作用及其膜结合态构象的研究 | 王少雄 | 隋森芳 | 清华大学 |
| 铁电陶瓷的电致失效力学 | 朱　廷 | 杨　卫 | 清华大学 |
| 光学子波并行处理技术及应用研究 | 冯文毅 | 金国藩 | 清华大学 |
| 饮用水中可生物降解有机物和消毒副产物特性研究 | 刘文君 | 王占生 | 清华大学 |
| 多属性决策理论方法与应用研究 | 刘树林 | 邱菀华 | 北京航空航天大学 |
| 高速光通信系统及全光波长变换中的若干关键问题的研究 | 余建军 | 管克俭 | 北京邮电大学 |
| 猪肥胖基因（ob）和肥胖受体基因（OB－R）cDNA的克隆与分析 | 戴茹娟 | 吴常信 | 中国农业大学 |
| 杨树种间耐旱性差异的生理生化基础研究 | 陈少良 | 王沙生 | 北京林业大学 |
| 人肝癌Bel7402细胞系天然耐药及5－Fu获得性耐药的机理以及几种天然化合物逆转多药耐药的作用 | 黄　敏 | 刘耕陶 | 中国协和医科大学 |
| 国际科学教育理论研究 | 丁邦平 | 顾明远 | 北京师范大学 |
| 从少体系统到多体系统：动力学和统计力学 | 郑志刚 | 胡　岗 | 北京师范大学 |
| 音乐与其表现的世界——对音乐音响与其表现对象之间关系的心理学与美学研究 | 周海宏 | 张　前 | 中央音乐学院 |
| 行政程序法研究 | 王万华 | 陈光中 | 中国政法大学 |
| 中国对外贸易政策的政治经济分析 | 盛　斌 | 熊性美 | 南开大学 |
| 三种抗癌中草药的活性成分研究 | 胡　柯 | 姚新生 | 沈阳药科大学 |
| 论政治责任 | 张贤明 | 王惠岩 | 吉林大学 |
| 固着磨料超精密高速研磨的理论与实验研究 | 杨建东 | 王立江 | 吉林大学 |
| 晚清西方地理学在中国的传播与影响——以1815至1911年西方地理学译著为中心 | 邹振环 | 周振鹤 | 复旦大学 |
| 半线性分布参数系统的精确能控性及某些相关问题 | 张　旭 | 雍炯敏 | 复旦大学 |
| 用空间电荷谱研究GeSi半导体低维量子结构的电学特性 | 张胜坤 | 王　迅 | 复旦大学 |
| 高分子分相动力学的理论和模拟 | 张红东 | 杨玉良 | 复旦大学 |
| 人凝血因子IX乳腺生物反应器研究 | 张克忠 | 薛京伦 | 复旦大学 |
| 维持肢体正常的运动与感觉功能所需最少神经根数的实验研究 | 陈　亮 | 顾玉东 | 复旦大学 |
| 福建省胃癌高发现场分子流行病学研究 | 蔡　琳 | 俞顺章 | 复旦大学 |
| 针刺的抗脑缺血作用与氨基酸类递质及一氧化氮的关系 | 赵　鹏 | 程介士 | 复旦大学 |
| 南沙海区百余万年来的放射虫组合及古海洋学事件 | 王汝建 | 汪品先 | 同济大学 |
| 数控机床误差综合补偿技术及应用 | 杨建国 | 薛秉源 | 上海交通大学 |
| 结构动力缩聚技术：理论与应用 | 瞿祖清 | 傅志方 | 上海交通大学 |
| 显形问题的理论和数值研究 | 尤云祥 | 缪国平 | 上海交通大学 |
| 多发色团发光材料的合成及其光致、电致发光性能研究 | 朱为宏 | 田　禾 | 华东理工大学 |
| 垂体及垂体瘤组织基因表达谱的建立并从中克隆新基因 | 宋怀东 | 陈家伦 | 上海第二医科大学 |

| | | | |
|---|---|---|---|
| 论反思性教学 | 熊川武 | 瞿葆奎 | 华东师范大学 |
| 高品质聚噻吩的低电位合成及其器件化 | 金　士 | 薛　奇 | 南京大学 |
| 伽玛射线暴与奇异星 | 黄永锋 | 陆　炎 | 南京大学 |
| 硅基低维结构制备与性质 | 刘建林 | 郑有斗 | 南京大学 |
| 成器之道——先秦工艺造物思想研究 | 徐　飚 | 张道一 | 东南大学 |
| 磺化酞菁和卟啉在二氧化钛纳米电极上的自组装及光电转换的研究 | 邓慧华 | 陆祖宏 | 东南大学 |
| 相位场干涉层析的理论和方法研究 | 姚　卫 | 贺安之 | 南京理工大学 |
| 四唑衍生物及其配合物结构和性能的量子化学研究 | 陈兆旭 | 肖鹤鸣 | 南京理工大学 |
| 旋流—静态微泡浮选柱与洁净煤制备研究 | 刘炯天 | 张荣曾 | 中国矿业大学 |
| 技术市场建构论略——一个理论框架及对中国农业技术推广体系的考察 | 常向阳 | 顾焕章 | 南京农业大学 |
| 无机基有机纳米复合发光材料制备与光谱学基础研究 | 钱国栋 | 王民权 | 浙江大学 |
| 亚热带土壤的磁性与氧化铁矿物学及其环境意义 | 卢升高 | 俞劲炎 | 浙江大学 |
| 半导体纳米材料的溶剂热合成、结构与性能研究 | 李亚栋 | 钱逸泰 | 中国科学技术大学 |
| 尖吻蝮蛇毒金属蛋白酶结构、酶失活及蛋白水解机理的研究 | 龚为民 | 牛立文 | 中国科学技术大学 |
| 企业剩余索取权：分享安排与剩余计量 | 谢德仁 | 吴水澎 | 厦门大学 |
| 水稻条纹病毒的病原性质、致病性分化及分子变异 | 林含新 | 谢联辉 | 福建农林大学 |
| 倒向随机微分方程与 g—期望 | 陈增敬 | 彭实戈 | 山东大学 |
| 丝状真菌纤维素酶的结构与功能 | 阎伯旭 | 高培基 | 山东大学 |
| 郭店楚墓竹简思想研究 | 丁四新 | 郭齐勇 | 武汉大学 |
| GPS 辅助空中三角测量及其质量控制 | 袁修孝 | 李德仁 | 武汉大学 |
| 金属注射成形石蜡基粘结剂和油基粘结剂性质的研究 | 李益民 | 黄伯云 | 中南大学 |
| 硫化矿磨矿—浮选体系中的氧化—还原反应与原生电位浮选 | 顾帼华 | 王淀佐 | 中南大学 |
| 基督教新教传教士在华南沿海的早期活动研究（1807～1851） | 吴义雄 | 陈胜粦 | 中山大学 |
| 含氮多齿配体的聚合金属配合物超分子的组装、结构及其性质研究 | 童明良 | 陈小明 | 中山大学 |
| 斜拉索及其系统动力特性在线监测与振动（半）主动控制 | 王代华 | 黄尚廉 | 重庆大学 |
| 刑事庭审制度研究 | 龙宗智 | 徐静村 | 西南政法大学 |
| 非线性动力系统的时间序列分析和随机共振研究 | 龚云帆 | 徐健学 | 西安交通大学 |
| 非保守耦合系统的统计功率流理论及其应用 | 王敏庆 | 孙进才 | 西北工业大学 |
| 鱼雷系统可靠性理论与方法研究 | 宋保维 | 徐德民 | 西北工业大学 |
| 开关电源 DC－DC 变换器研究 | 刘　健 | 陈治明 | 西安理工大学 |
| 广义内插小波和递归内插小波理论及应用的研究 | 水鹏朗 | 保　铮 | 西安电子科技大学 |
| 四元系冶金熔体组元活度解析的高阶亚正规溶液模型及其在钢铁冶金过程热力学预测中的应用 | 张晓兵 | 徐匡迪 | 上海大学 |
| 近场光学和光子晶体中电磁场的研究 | 李志远 | 顾本源 | 中国科学院物理研究所 |
| 可活化富集稳定性同位素示综技术研究铬（III）在大鼠体内的代谢及其赋存状态 | 丰伟悦 | 柴之芳 | 中国科学院高能物理研究所 |
| 大型球载望远镜高精度姿态控制及指向技术研究 | 叶祥明 | 艾国祥 | 中国科学院北京天文台 |
| 抗癌活性皂甙的合成 | 邓绍江 | 惠永正 | 中国科学院上海有机化学研究所 |
| 基因分析及相应的毛细管电泳体系研究 | 韩富天 | 林炳承 | 中国科学院大连化学物理研究所 |
| 生物活性寡糖的全合成及合成方法的研究 | 王　为 | 孔敏祚 | 中国科学院生态环境研究中心 |
| 非绝热加热影响北半球夏季副热带高压形态变异的物理机制 | 刘屹岷 | 吴国雄 | 中国科学院大气物理研究所 |
| 酶的调控机制及动力学 | 吴嘉炜 | 邹承鲁 | 中国科学院生物物理研究所 |

| | | | |
|---|---|---|---|
| 东亚千里光族款东亚族的系统学 | 刘建全 | 路安民 | 中国科学院西北高原生物研究所 |
| 跨感觉通路选择注意的事件相关电位研究 | 罗跃嘉 | 魏景汉 | 中国科学院心理研究所 |
| 红外光学薄膜器件的温度稳定性研究 | 范　滨 | 张凤山 | 中国科学院上海技术物理研究所 |
| 缺陷晶体的熔化研究 | 生红卫 | 胡壮麒 | 中国科学院金属研究所 |
| 视觉捆绑的理论和模型 | 杨智勇 | 马颂德 | 中国科学院自动化研究所 |
| 三维数据场体绘制技术的研究和实现 | 王文成 | 吴恩华 | 中国科学院软件研究所 |
| 晚新生代黄土高原风尘序列的磁性地层与古气候记录 | 孙东怀 | 安芷生 | 中国科学院地球环境研究所 |
| 技术与形而上学——沿着海德格尔的“思路” | 吴国盛 | 叶秀山 | 中国社会科学院研究生院 |
| “九一八”至“七七”事变时期的日本对华政策——以华北政策为中心 | 臧运祜 | 杨天石 | 中国社会科学院研究生院 |
| 小麦抗条锈病新基因的鉴定、定位及分子作图 | 马渐新 | 董玉琛 | 中国农业科学院 |
| 21世纪中国军事人才发展战略构想 | 高建国 | 房忠贤 | 国防大学 |
| 宽带极化信息处理的研究 | 王雪松 | 庄钊文 | 国防科学技术大学 |
| 弹道跟踪数据的自校准方法 | 王正明 | 黄柯棣 | 国防科学技术大学 |
| 面向对象数据库的并行查询处理与事务管理 | 王意洁 | 胡守仁 | 国防科学技术大学 |
| 人树突状细胞cDNA文库大规模测序体系的建立及新型细胞因子CX1的发现与功能研究 | 章卫平 | 曹雪涛 | 第二军医大学 |
| G蛋白在心血管调节及急性肺损伤中的作用研究 | 周元国 | 王正国 | 第三军医大学 |
| 大鼠和家兔脑桥排尿反射通路的组成及其调控的形态学研究 | 丁玉强 | 李继硕 | 第四军医大学 |
| 不可逆过程和循环的有限时间热力学分析 | 陈林根 | 孙丰瑞 | 海军工程大学 |

〔**新批准授予国外和香港特别行政区学位合作办学项目**〕 2001年，国务院学位委员会办公室共批准40个授予国外和香港特别行政区学位的合作办学项目，名单如下：

北京大学与美国国际教育联盟合作培养国际工商管理硕士（第五、第六期项目）

中国人民大学与美国布法罗纽约州立大学合作培养工商管理硕士（第四期项目）

清华大学与香港中文大学合作培养工商管理（金融与财务）硕士（第二期项目）

清华大学与美国天普大学合作培养法律硕士（第一期项目）

北方交通大学与澳大利亚维多利亚理工大学合作培养工商管理硕士（第二、第三、第四期项目）

北京航空航天大学与澳大利亚新南威尔士大学合作培养商学硕士（第三期项目）

北京科技大学与比利时鲁汶工程技术学院合作培养多媒体与虚拟现实硕士（第七期项目）

中国农业大学与美国科罗拉多大学合作举办国际经济、传媒与交流专业学士学位课程（1999年、2000年招生项目）

对外经济贸易大学与美国马里兰大学合作培养工商管理硕士（第一期项目）

对外经济贸易大学与美国堪萨斯富特海斯州立大学合作实施学士学位教育（第四期项目）

南开大学与澳大利亚弗林德斯大学合作培养国际经贸关系硕士（第三、第四、第五期项目）

中国民用航空学院与法国国立民航大学、法国航空工业大学合作培养航空安全管理专业（第一期项目）

天津理工学院与加拿大魁北克大学合作培养项目管理硕士、计算机科学硕士（第一期项目）

天津财经学院与美国俄克拉荷马市大学合作培养工商管理硕士（第十、第十一、第十二期项目）

吉林大学与加拿大莱姆顿应用技术学院、美国诺斯伍德大学等校合作举办学士学位教育（2001、2002年招生项目）

东北电力学院与美国犹他州立大学合作实施商务管理、商务信息系统学士学位教育（第一期项目）

复旦大学与香港大学合作培养工商管理硕士（第四、第五期项目）

同济大学与法国国立路桥大学合作培养国际工商管理硕士（第二、第三、第四期项目）

上海交通大学与美国密西根大学合作培养机械工程学士、硕士和博士

上海交通大学与加拿大不列颠哥伦比亚大学合作培养国际工商管理硕士（第一期项目）

上海交通大学中欧国际工商学院与欧洲管理发展基金会合作举办工商管理教育

华东理工大学与澳大利亚堪培拉大学合作培养工商管理硕士（第二、第三、第四期项目）

上海海运学院与荷兰马斯特里赫特管理学院继续合作培养工商管理硕士（第五期项目）

上海财经大学与美国佩斯大学合作培养会计学硕士（第一期项目）

上海财经大学与美国韦伯斯特大学继续合作培养工商管理硕士（第六、第七期项目）

上海对外贸易学院与澳大利亚皇家墨尔本理工大学合作培养“运输及物流管理”学士（第二期项目）

南京大学与荷兰马斯特里赫特管理学院合作培养国际工商管理硕士（第二期项目）

江南大学与加拿大莱姆顿应用技术学院、纽芬兰纪念大学等校合作实施学士学位教育（第三期项目）

南京师范大学与澳大利亚麦考瑞大学合作培养经济学硕士（第一期项目）

浙江大学与香港理工大学合作培养“品质管理”硕士（第四、第五、第六期项目）

浙江大学与香港理工大学合作培养“酒店及旅游业管理”硕士（第二、第三期项目）

浙江大学与香港理工大学合作培养“护理学”学士（第二期项目）

浙江大学与香港理工大学合作培养国际房地产硕士（第一期项目）

杭州师范学院与澳大利亚堪培拉大学合作培养教育领导硕士（第一期项目）

郑州大学与美国堪萨斯州立大学合作实施学士学位教育（第二、第三、第四期项目）

中南民族学院与美国威斯康星州立大学普莱特维尔分校合作培养英语教学硕士（第一期项目）

重庆大学与香港理工大学合作培养工程项目管理硕士（第四、第五期项目）

广州大学、华南理工大学与澳大利亚新南威尔士大学合作培养国际会计硕士（第三、第四、第五期项目）

南昌大学与英国阿伯泰·邓迪大学合作培养信息技术/软件工程科学硕士（第一期项目）

南昌大学与法国普瓦提埃大学合作培养“企业管理”研究生（第六、第七期项目）

撰稿　卢晓斌

〔**全国高等学校重点学科评选**〕　2001年3月，教育部部署开展高等学校重点学科评选工作。此次评选高等学校重点学科的主要目的是：促进我国高等学校的学科建设，进一步提高我国高等学校教学科研的能力，形成一批立足国内培养高层次专门人才、解决经济建设和社会发展重大问题的基地；根据目前我国经济建设、社会发展、科技进步和国防建设的需要，对高等学校的学科建设方向进行引导和示范，使高等学校学科建设进一步适应现代化建设的需要；优化高等教育资源配置，集中国家和地方有限财力，通过重点建设，逐步在全国范围内形成布局合理、各具特色和优势的重点学科体系，巩固和扩大高等学校在人才培养、科学研究方面的综合优势。此次高等学校重点学科评选工作的指导思想是：“调整结构，合理布局，择优确定，公平竞争”。

此次高等学校重点学科评选，除军事学门类外，全国共有227个单位申报了1 786个学科点，涉及授予博士、硕士学位学科专业中除军事学门类外的所有一级学科和362个二级学科中的331个。经近2 000名同行专家的通讯评议和350名国内知名专家

学者的复审，教育部批准北京大学中国哲学等 964 个学科点（含军事学门类）为高等学校重点学科。

撰稿 唐继卫

〔**研究生院院长联席会**〕 2001 年 7 月 29 日～31 日，“中国研究生院院长联席会 2001 年夏季研讨会”在山东威海市召开。教育部副部长吕福源出席会议并就中国学位与研究生教育发展战略等问题作了讲话。会议邀请几位研究生院院长围绕研究生院的建设、研究生院院长职责以及面对新世纪研究生教育的思考等问题作了主题发言；讨论了《中国学位与研究生教育发展战略报告》；会议还对中国科学院研究生院关于加入研究生院院长联席会的申请进行了讨论，全体正式会员投票决定，同意接收中国科学院研究生院为正式会员。

2001 年 10 月 19 日～22 日，“中国研究生院院长联席会 2001 年年会”在西安市召开。会议讨论了相关工作并就有关问题进行了讨论。

撰稿 赵玉霞

〔**高层次软件人才培养**〕 根据国务院关于《鼓励软件产业和集成电路产业发展的若干政策》的精神，教育部提出了大力改进国内软件业高层次人才培养工作的意见：加强国内高等学校与国外机构培养软件高层次人才的国际合作；依托高等学校作为软件人才培养的“国家基地”；利用国家公派出国经费、政府协议等渠道，每年选送一批中青年教师赴软件强国进行培训；加大对软件人员的培训力度；开展人才需求调研，制定软件行业各级各类人才培训、教育质量评价指标，规范培养工作。

为加快软件高层次人才培养的步伐，在工程硕士专业学位系列中增设软件工程领域，开展以培养高层次实用型、复合型软件工程技术和软件工程管理人才为目标的软件工程硕士教育，并采取如下具体措施：报考攻读软件工程硕士学位考生的基本条件放宽到应届本科毕业生，考生原所修专业和年龄不限。入学考试分全国联考和各培养单位自行组织考试两段进行；录取工作由各培养单位自行组织和确定，录取分数线由各培养单位自行划定，录取人数由各培养单位根据社会需求和本单位的培养力量自主确定。

撰稿 雍翠菊

〔**2000～2001 学年度授予博士、硕士学位人员情况**〕 2000～2001 学年度授予博士、硕士学位情况如下表：

单位：人

| | 博　士 | 硕　士 |
|---|---|---|
| **合　计** | **12 465(277)** | **73 278(15 846)** |
| 哲学 | 218(4) | 982(257) |
| 经济学 | 621(13) | 5 184(1 965) |
| 法学 | 448(3) | 4 381(1 123) |
| 教育学 | 172(2) | 1 743(627) |
| 文学 | 491(5) | 4 997(1 152) |
| 历史学 | 272(2) | 1 012(113) |
| 理学 | 2 655(32) | 7 167(845) |
| 工学 | 4 341(64) | 22 143(2 616) |
| 农学 | 536(34) | 1 766(257) |
| 医学 | 2 100(94) | 7 988(2 211) |
| 军事学 | 61 | 761(36) |
| 管理学 | 481(23) | 5 684(1 526) |
| 专业学位 | 69(1) | 9 470(3 118) |

注：括号中数字为总数中授予同等学力人员博士、硕士学位的人数。

〔**授予名誉博士学位情况**〕 2001年，国务院学位委员会审核批准北京大学授予泰国公主诗琳通名誉博士学位；北京外国语大学授予文莱苏丹哈吉·哈桑纳尔·博尔基亚名誉博士学位；对外经济贸易大学授予委内瑞拉总统乌戈·查韦斯名誉博士学位；华中师范大学授予香港志成国际（集团）有限公司董事长兼总经理计佑铭名誉博士学位；外交学院授予马耳他总统德马科名誉博士学位；清华大学授予菲律宾总统阿罗约名誉博士学位；南京大学授予联合国前秘书长加利名誉博士学位；北京大学授予英国剑桥大学校长布鲁斯名誉博士学位；华中科技大学授予美国学者麦克法登名誉博士学位。

撰稿 王立生 范 玫
审稿 周其凤 王亚杰 李 军

# 高校思想政治工作

〔**第十次全国高校党的建设工作会议**〕 2001年12月28日～30日，中共中央组织部、中共中央宣传部和中共教育部党组联合在京召开了第十次全国高等学校党的建设工作会议。

会议的主要任务是：以马克思列宁主义、毛泽东思想、邓小平理论为指导，贯彻落实江泽民同志"三个代表"重要思想和党的十五届六中全会精神，总结高校党的建设和思想政治工作的基本经验，分析高校党的作风建设的现状，明确工作思路和要求，进一步加强和改进高校党的建设工作，努力把高等教育的改革与发展推向新的阶段。

李岚清、丁关根、曾庆红等中央领导同志出席了会议。李岚清在会上作了讲话。李岚清在讲话中指出，要深入学习江泽民同志"七一"重要讲话，按照"三个代表"的要求，贯彻党的十五届六中全会精神，充分认识加强和改进高校党的作风建设的重大意义，增强责任感和紧迫感，努力开创高校党建工作的新局面。他强调，高等学校要按照"八个坚持、八个反对"的要求，集中解决思想作风、学风、工作作风、领导作风和干部生活作风方面的突出问题，使高校党的作风建设有新的明显进步。要端正思想作风，坚持以科学的态度对待马克思主义；要改进学风，增强解决改革和发展中实际问题的能力；要转变工作作风，实践全心全意为人民服务的宗旨；要改善领导作风，提高决策的科学化、民主化水平；要抓好干部生活作风，保持共产党人的高尚情操和革命气节。他还指出，各地党委要加强对高校党的作风建设的领导，把加强和改进高校党的作风建设摆上重要议事日程，积极探索高校党的作风建设的新路子；高校党委要切实承担起加强和改进党的作风建设的责任，高校的领导班子、领导干部要在作风建设中起表率作用；要继续加强和改进高校思想政治工作，认真开展调查研究，积极探索新形势下高校思想政治工作的形式、方法、手段和机制，增强针对性和说服力；要始终保持清醒的头脑，居安思危，防微杜渐，把一切不稳定因素消灭在萌芽状态，确保高校稳定。

中共教育部党组书记、部长陈至立代表中组部、中宣部和中共教育部党组作了题为《以"三个代表"重要思想为指导，加强和改进高校党的作风建设，努力开创高校党建工作新局面》的会议主报告。报告认为，自1990年第一次全国高校党建工作会议以来，高校党建和思想政治工作呈现出良好的发展态势，高校的改革、发展和稳定工作成绩显著。主要表现在：高度重视思想理论建设，积极推进邓小平理论和江泽民同志"三个代表"重要思想"进教材、进课堂、进学生头脑"工作；明确领导体制，坚持和保证党对高等学校的领导；加强领导班子建设，提高领导干部的素质；加强基层组织建设，壮大党员队伍；采取切实措施，提高党建和思想政治工作队伍水平；建立和完善制度，推进党的作风建设；积极引导，重在建设，保证高校持续稳定；在继承优良传统的基础上，不断探索创新。报告总结了这个时期高校党建和思想政治工作的主要经验：必须始终不渝地坚持党对高校的领导，贯彻党的教育方针，坚持社会主义办学方向，切实加强和改进德育工作，全面推进素质教育，促进学生德智体美等诸方面全面发展；必须始终不渝地坚持马克思主义理论的指导，把思想建设放在首位，自觉地以邓小平理论和江泽民同志“三个代表”重要思想武装头脑，指导工作，牢固树立政治意识、大局意识、责任意识，唱响主旋律，打好主动仗，不断提高思想理论教育的水平；必须始终不渝地坚持解放思想、实事求是的思想路线，适应新形势、研究新情况、解决新问题，以与时俱进的思想观念和奋发有为的精神状态，不断加强和改进高校党建和思想政治工作；必须始终不渝地围绕学校的根本任务和中心工作抓好党的建设，充分发挥党的思想政治工作优势，促进高等教育的改革与发展，推动人才培养、科学研究和服务经济建设中心，促进社会进步等各项工作；必须始终不渝地把维护高校稳定放在压倒一切的位置，旗帜鲜明地坚持党的基本路线，准确把握师生的思想状况，坚持正面教育，及时化解各种矛盾，落实责任制，牢牢掌握工作的主动权；必须始终不渝地坚持党的群众路线，重视发挥广大师生的主动性、积极性和创造性，切实维护师生的合法权益，不断改善他们的学习、工作和生活条件，关心师生的发展和成长，全心全意依靠广大师生员工办好学校。报告指出，在看到成绩和经验的同时，更要清醒地认识到，全面建设小康社会、加快推进社会主义现代化对高校党建和思想政治工作提出了新要求；经济全球化深入发展，特别是我国加入世界贸易组织，对高校党建和思想政治工作带来了新挑战；高等教育的改革与发展对高校党建和思想政治工作提出了新课题。面临新形势、新要求，必须进一步提高加强和改进高校党建和思想政治工作的责任感和紧迫感。报告强调，学习贯彻江泽民同志“七一”讲话精神，用“三个代表”重要思想统一全党的思想，是迎接党的十六大召开的重要思想准备，也是高等教育工作的根本指导思想。要深入学习和领会“三个代表”重要思想的科学内涵和重大意义，用“三个代表”重要思想总揽高等教育工作全局。要坚持“三个代表”重要思想，坚定社会主义办学方向；与时俱进，推进高等教育改革与创新；促进人的全面发展。要充分发挥高校科技人才优势，努力为我们党代表中国先进生产力发展要求作出贡献；发挥高校文化建设重要基地作用，努力为我们党代表中国先进文化的前进方向作出贡献；提高教育质量和教育水平，努力为我们党代表中国最广大人民根本利益作出贡献。报告提出，要以“三个代表”重要思想为指导，加强和改进党的作风建设，把高校党建和思想政治工作提高到新的水平。一是按照“八个坚持、八个反对”的要求，切实解决高校党的作风建设的突出问题。要坚持解放思想、实事求是的思想路线和思想作风，大力发扬求真务实、勇于创新的精神；牢记党的宗旨，坚持党的群众路线；保持艰苦奋斗的作风，加强党风廉政建设。二是坚持民主集中制，加强高校领导班子和干部队伍建设，以作风好的领导班子带动高校党的作风建设。三是加强制度建设，把作风建设的各项措施落到实处。四是坚持解放思想、实事求是，加强和改进高校党的思想理论建设。五是加强载体建设，积极推进以德治教，以党风促校风。六是求真务实，扎实工作，进一步增强基层组织的活力、凝聚力和战斗力，从实践“三个代表”的战略高度，积极做好在青年知识分子中发展党员的工作。七是增强时代感和针对性，不断扩大高校党建和思想政治工作的覆盖面。要加强对计算机网络的利用和管理，不断增强网上思想政治工作的影响力；加强对大学生公寓的管理，积极探索思想政治工作进公寓的思路和措施；认真开展大学生心理健康教育工作；按照“提高素质，优化结构，相对稳定”的要求，建设一支政治强、业务精、作风正的党务和思想政治工作队伍。八是增强政治意识和大局意识，正确处理改革发展与稳定的关系，切实做好高校的稳定工作。

上海、江苏、陕西等省（市）委教育工委和北京大学、清华大学、大连理工大学、中国科技大学、电子科技大学、西安电子科技大学、西南石油学院党委等10个单位在会上介绍了新形势下加强和改进高校党的建设和思想政治工作的经验。国家计委常务副主任王春正作了国内经济形势报告，中央有关部门负责同志通报了与“法轮功”邪教组织斗争的情况，教育部党组成员、副部长袁贵仁在会议闭幕式上作总结讲话。

参加会议的有各省（自治区、直辖市）党委负责同志，党委组织部、宣传部和党政教育工作部门以及中央、国务院有关部门的负责同志，120余所高等学校的党委书记和部分高校校长。部分高等职业技术学院和民办高校党组织负责人也参加了会议。

撰稿　邓传淮

〔**高校“两课”建设**〕　2001年，高校“两课”建设主要开展了以下工作：

1. 贯彻江泽民同志“七一”讲话精神，推动“三个代表”重要思想三进工作。江泽民同志《在庆祝中国共产党成立八十周年大会上的讲话》发表之后，教育部于2001年7月下旬下发了《教育部关于普通高等学校“两课”教育教学中贯彻江泽民同志“七一”重要讲话精神的通知》。《通知》提出，要把贯彻和落实《讲话》精神作为一项重要的工作抓紧、抓实、抓好。《通知》根据中央领导关于“要总结和吸取邓小平理论‘三进’工作的成功经验，积极推动‘三个代表’重要思想进课堂、进教材、进学生头脑”的指示精神，对有关工作进行了部署和安排。教育部社政司于2001年7月至8月间先后组织部分高校就“两课”各门课程贯彻江泽民同志“七一”讲话精神提出了教学建议并编写了《“两课”贯彻江泽民同志“七一”重要讲话教学指导》，供秋季开学后参考使用。9月中旬，社政司又组织部分高校专家、教师在北京科技大学召开《认真学习江泽民同志“七一”讲话，自觉实践“三个代表”重要思想》座谈会。袁贵仁副部长在会上作了讲话。

2. 开展“两课”教材评审工作。为进一步提高马克思主义理论课与思想品德课（以下简称“两课”）教材内容的科学性，增强“两课”教育教学的针对性和实效性，社政司于2001年3月对全国高校“两课”教材进行了首次评审。此次参评的高校“两课”教材为教育部社政司组编的示范教材和省级教育主管部门组编的省编教材，共有7门课程182本。这些教材分别由28个单位组织编写，供高校“两课”教学中选用。评审工作以公平、公正、保密为原则，依据有关评估标准，从“两课”教材体系结构、内容安排、观点分析、语言表述、编校质量等方面进行全面评价。在评审专家匿名通讯评审基础上进行会议评审。经评审，21个单位组编的33本“两课”教材被评为优秀教材，其余149本教材均为合格。本次教材评估结果表明，大多数教材编写质量较高，并涌现出一批优秀的教材。评为优秀等级的教材占全部送审教材的18%，获优秀等级教材的组编单位占全部送审教材组编单位的75%。这说明高校“两课”课程新方案实施以来，在各级教育主管部门的重视下，“两课”教育教学取得了较大成绩，特别是在教材建设方面取得了显著成效。社政司于2001年5月召开了高校“两课”优秀教材表彰暨教材建设研讨会。会后出版了《全国高等学校“两课”教材评优文集》。

3. 推动教学方法改革。为了进一步交流、推广“两课”先进的教学方法和经验，社政司开展了评选和制作马克思主义理论课与思想品德课“精彩一课”教学示范片工作。2000年全国有26个省、自治区、直辖市推荐111部教学片参加评审。经过专家组评定和审议，有12部被评为优秀教学片，2001年由高等教育出版社出版发行，受到使用单位和“两课”教学第一线教师的广泛欢迎。第二批“精彩一课”教学示范片评选工作于2001年11月正式启动。“精彩一课”评选工作，在引导和促进高校“两课”教学方法的研究，增进教学实效方面做了积极有益的探索。

鉴于近年来高校“两课”教师将现代教育技术应用于教学方面进行的诸多探索和试验情况，为进一步提高现代教育技术在教学中的应用水平和实际效果，更好地利用现代教育技术优势为教育教学服务，社政司于2001年6月召开了“现代教育技术与‘两课’教学理论研讨及成果应用演示会”。由专家对报送的50多个“两课”教学多媒体课件进行鉴定和评审，有9家单位申报的“两课”6门课程的多媒体课件通过了研制开发的课题立项，并获得了经费支持。

4. 加强教师队伍建设。经教育部党组和国务院学位委员会批准，由国务院学位委员会办公室组织实施的高校“两课”教师在职攻读硕士学位培养工作于1999年启动，到2001年是第三年。2001年招生报名2 599人（含军队院校106人），录取1 302人，录取率为50.9%。三届招生合计3 783人（三年报名总人数为7 430人），总录取率为50.9%。北京大学、清华大学、中国人民大学等15所培养学校按统一的学位课程及教学大纲精心组织教学。各培养学校第一届学生中的部分成绩优秀者已于2001年底提前进入学位论文答辩。整个培养工作取得较为满意的效果。开展高校“两课”教师在职攻读硕士学位培养工作对提高“两课”教学质量和教师综合素质具有重大意义。

2001年是全面实施“两课”课程新方案的第三年，为帮助任课教师全面准确地把握“两课”课程内容，保证新方案顺利实施，社政司于2001年5月启动了2 000人的高校“两课”骨干教师培训工作，并先后于7月、10月在国家高级教育行政学院举办了第一、二期全国普通高校“毛泽东思想概论”课、“思想道德修养”课骨干教师培训班。来自全国各地高校的500多位“两课”教学第一线教师参加了培训。培训以专家专题讲授为主，同时组织学员就教学中的重点、难点问题进行讨论，再由专家有针对性地答疑，同时还安排每位学员就“两课”教学领域的有关问题撰写一篇研究论文。

为提高高校“形势与政策”课教师素质，社政司于2001年2月、8月在京举办了第八期、第九期全国普通高校“形势与政策”课骨干教师培训班。来自全国29个省、自治区、直辖市的近百所高校从事“形势与政策”课教育教学工作的近200名教师参加了培训。培训工作以专家专题报告为主，并组织适当讨论。参训教师一致认为，这些报告紧密结合形势，内容丰富、信息量大，具有很强的针对性、时效性。通过参加培训，进一步明确了教学要求，沟通了信息，掌握了丰富的素材，为搞好“形势与政策”教育教学工作打下了良好基础。

撰稿　荆　辉

〔**大学生心理健康教育**〕　教育部于2001年3月印发了《关于加强普通高等学校大学生心理健康教育工作的意见》，对大学生心理健康教育工作的主要任务和内容，工作的原则、途径和方法，队伍建设等作出了明确规定。为切实推动高校大学生心理健康教育工作，教育部社政司专门聘请了国内资深专家、学者，认真研制了旨在规范从事大学生心理健康教育工作应该具备的学科知识，提升从事这项工作教师的理论水平和专业知识的培训课程；特邀一批全国知名的专家、学者，根据大学生心理健康教育工作者的实际需要，撰写了“基础心理学”、“变态心理学”、“心理评估”、“咨询心理学”和“心理卫生学”等5门课的教学大纲；在教育部人文社会科学百所重点研究基地之一——天津师范大学心理与行为研究中心举办了两期“全国普通高等学校大学生心理健康教育骨干教师培训班”。来自全国普通高校负责或从事大学生心理健康教育工作，具有一定心理健康教育工作经验和专业水平的中、高级职称的骨干教师120余人参加了培训。

与此同时，教育部社政司还组织专家、学者制订《普通高等学校大学生心理健康教育工作实施纲要（试行），研制具有较高信度、效度的大学生心理健康相关评估工具，编写师资培训使用的正式教材和大学生心理健康教育科普读物。

撰稿　刘贵芹　陈　睿

〔**高校师生思想政治状况调查**〕　2001年是高校师生思想政治状况滚动调查的第十年，调查继续在京、津、沪、鄂、粤、陕、苏、赣八省市进行。本次调查采取问卷调查与座谈、访谈相结合的方式展开，74所高校2.30万名教师、学生参加了调查，4 200余名教师、学生参加了座谈、访谈。调查表明，高校师生思想的主流是好的，呈现出健康、积极向上的良好态势。广大师生拥护和支持党和政府的大政方针，对以江泽民同志为核心的党的第三代领导集体高度信任；理性看待国家改革、发展面临的机遇和困难，对国家保持政治局势稳定和经济的持续发展比较乐观；广大师生极大关注“科教兴国”战略的实施，拥护高等教育改革；广大师生具有强烈的民族自尊心和社会责任感，社会主义的人生观、价值观发挥着主导作用。广大教师职业道德意识有所增强，敬业精神有所提高，爱岗敬业，教书育人。广大学生务实进取，成才、成功愿望和学习自觉性进一步增强。高校师生对腐败现象、解决台湾问题、处理中美关系、“三农”问题等表示极大关注和忧虑，对高教改革尤其是教学改革的呼声强烈。少数教师、学生对中国改革发展过程中的一些深层次理论问题存在模糊认识和困惑。

撰稿 陈 睿
审稿 靳 诺

# 高校学生工作

〔**普通高校招生**〕 2001年，参加普通高等学校招生考试的报名人数是453.5万人，比上年增加65万人，增长幅度为16.7%。录取参加全国统考考生260万人。2001年录取人数最多的学科门类依次为：工学99.1万人，管理学46.1万人，文学43万人，理学23.7万人，医学17.8万人。录取人数排前10位的一级学科（专业类）分别是：电气信息类47.3万人，工商管理类34.7万人，外国语言文学类15.5万人，经济学类15.2万人，机械类12.9万人，艺术类12.5万人，中国语言文学类12.3万人，法学类10.4万人，土建类9.8万人，临床医学与医学技术类9.3万人。2001年在扩大招生规模的同时加大了学科结构调整的力度，高校更加注重国民经济和社会发展所急需的专业人才的培养，特别是新兴学科、信息技术产业所需要的学科人数增长量较大。

2001年是高考改革全面深化的一年。根据1999年教育部关于新一轮高考改革的部署，按照有助于高等学校选拔人才、有助于中学实施素质教育、有助于高等学校扩大办学自主权的原则，在科目设置、考试内容、考试形式、网上录取等方面全面推进。高考“3＋X”科目设置改革，扩展到18个省（自治区、直辖市）。其中，广东、河南、上海3省市试行“3＋综合能力测试＋考生选考1门”，山西、吉林、江苏、浙江、天津、内蒙古、辽宁、黑龙江、安徽、福建、湖北、湖南、海南、四川、陕西15个省（自治区、直辖市）试行“3＋文科综合或理科综合”；考试内容改革按照更加注重对考生能力和素质考查的总要求，操作上稳中求进、稳中求改，进展平稳。各个考试科目的命题质量越来越高，对中学实施素质教育的积极导向作用已初步显现，中学教学观念、教学方式、考核评价标准等正在发生深刻而可喜的变化；网上录取工作取得了显著成绩。全国各省（自治区、直辖市）均实行网上录取，在实行网上录取的1 400多所高校中参加远程网上录取的学校有1 004所，远程网上录取的学生达到131万人，超过全国录取学生总数的一半；北京、上海、安徽、内蒙古继续试行春季高考。

在保送生招生方面，按照压缩规模、严格标准、严格管理的要求，进一步量化选拔标准，改革成效突出。全国实际招收保送生约3 500人，比上年减少60%以上。2001年初，教育部决定取消考生报考普通高校年龄及是否结婚的限制，并在普通高校招生中完全放开中等职业学校应届毕业生参加考试和填报志愿。全国大于25岁的报名者共1.63万人，占报名总数的0.36%，实际录取25岁以上学生1 924人。11月，为缓解高温天气和自然灾害对高考的不利影响，有利于考生身心健康、提高考试质量，经过较长时间的调研论证，经报请国务院同意，决定从2003年开始高考时间提前一个月，从每年6月7日起进行考试。

撰稿 苟人民
审稿 瞿振元

〔**研究生招生**〕　2001年全国共有414所普通高等学校，324所科研机构、中央党校及8所地方党校招收研究生。全国共录取硕士研究生及博士研究生16.21万人，比上年实际录取人数增长34%。

2001年全国报考攻读硕士学位研究生人数为45.1万人，(其中应届本科毕业生考生为23.3万人。报考总数比上年增长19.63%。实际录取硕士生13.00万人，比上年增长35.9%。在录取人员中，应届本科毕业生有6.3万人，占48.5%；在职或其他人员为6.7万人，占51.5%；按学科门类分，哲学1 497人，经济学6 475人，法学9 632人，教育学3 447人，文学9 338人，历史学1 896人，理学15 580人，工学50 050人，农学4 421人，医学12 337人，军事学49人，管理学15 586人。

2001年全国报考攻读博士学位研究生7.1万人，比上年增长44.9%，实际录取3.21万人，比上年增长27.8%。按学科门类分，哲学496人，经济学1 837人，法学1 231人，教育学456人，文学1 259人，历史学603人，理学5 819人，工学12 679人，农学1 202人，医学3 856人，军事学16人，管理学2 601人。

2001年香港、澳门特别行政区及台湾省人士报考内地（祖国大陆）高校研究生共1 068人，同比增长16.6%，录取654人，同比增长50.3%。

2001年研究生招生工作中重点任务完成情况：(1)在大幅度增加招生规模的同时，加大了结构调整的力度。主要体现在三个方面：一是硕士生、博士生层次规模的调整。根据我国目前招生单位的培养力量、生源情况和社会需求，在安排招生计划时，硕士生招生规模增幅较大，同比增长33.98%；博士生招生规模增幅相对较小，同比增长19.03%。二是学科专业结构调整。在安排招生计划时，对与信息产业相关的专业比较集中的高校和科研机构给予了重点支持。在录取阶段，根据国家“十五”规划重点发展高新技术产业的要求，对涉及海洋、生命、材料、信息和环保几个方面的学科，追加了招生名额，其中海洋科学、生物学、材料科学与工程、电子科学与技术、信息与通信工程、控制科学与工程、计算机科学与技术、环境科学与工程、材料学等9个一级学科比上年录取人数增长43%。三是按地域进行招生规模调整，积极支持中西部12个省（自治区、直辖市）的研究生教育发展。安排招生规模2.81万名，同比增长39.24%。(2)进一步完善招生管理工作。修订了有关管理规章和细则，并首次以教育部文件颁布了《关于违反研究生入学考试规定行为的暂行处理办法》，保证了研究生招生工作在招生规模与报考人数大幅度增长中健康有序地进行。(3)努力提高现代化管理手段，推广促进报名时的图像住处采集工作，为维持招生工作纪律，防范不正之风干扰起了重要作用。(4)为2002年硕士生招生增加听力考试，做好准备。

撰稿　张凤有
审稿　韩建华

〔**普通高校毕业生就业**〕　2001年，全国共有普通高等学校毕业生115.02万人，其中，专科毕业生49.20万人，本科毕业生58.80万人；毕业研究生7.02万人。教育部直属高校本科毕业生初次就业率为92.08%，专科生就业率为62.19%，总体就业率比上年提高3个百分点。其他中央部门(单位)所属高校本科生就业率为82.13%，专科生就业率为64.18%，总体就业率比上年提高9个百分点。地方高校本科生初次就业率为75%左右，专科生为40%左右。2001年毕业研究生初次就业率为93.75%。

2001年高校毕业生就业呈现出以下特点：(1)与IT产业相关的专业需求旺盛，计算机、通讯、电子等专业供不应求；(2)经济发达地区和一些中心城市就业信息量增大，供需比明显提高；(3)各省市加大了人才引进力度，一些限制性政策逐步取消或放宽；(4)高等学校对毕业生就业工作重视程度普遍增强，就业秩序逐步好转；(5)需求继续向名牌大学和高学历层次毕业生集中；(6)不平衡现象依然存在，地区之间、学校之间、专业之间、学历之间、用人单位之间的需求差距拉大，中西部地区、地方院校、长线专业、低学历层次的毕业生就业困难，部分传统产业用人单位需求不足；(7)申请不就业、要求考研和出国的毕业生继续增多；(8) 到非公有制企业工作的毕业生、自主创业开办公司的毕业生、在大城市临时务工的毕业生呈上升趋势。

为了做好扩招后的毕业生就业工作，经过了深入、系统的调研，提出了深化改革、解决高校毕业生就业的若干对策措施，主要内容如下：(1) 各级政府要充分重视高校毕业生就业工作，各省市都要在近期开展调研，提出解决当地毕业生就业的具体举措。(2) 进一步理顺高校毕业生就业工作管理体制。在国务院统一领导下，以教育部为主，人事部、国家发展计划委员会、劳动和社会保障部及公安部等要密切配合，共同做好普通高等学校毕业生就业工作。各省级人民政府要成立高校就业工作委员会（或招生与就业委员会），加强相关部门的协调，统筹考虑本地的高校毕业生就业工作。(3) 加快高校学科专业结构和人才培养结构的调整，提高教学质量，使高等学校的人才培养符合社会的实际需求。(4) 打通高校毕业生通向基层之路，毕业生到基层是解决扩招后毕业生就业问题的根本出路。(5) 切实解决非公有制单位聘用毕业生遇到的困难。(6) 取消限制人才合理流动的政策规定。取消企事业等单位招用高校毕业生的指标限制；废除所有对高校毕业生收取城市增容费、出省费、出系统费和其他任何不合理的收费政策；省会及省会以下城市对高校毕业生落户全部放开。(7) 进一步改变由各级政府安置待就业高校毕业生的办法，由各级政府主管部门所属的社会中介机构向高校毕业生提供服务，高校毕业生面向市场自主择业。(8) 进一步规范高校毕业生就业市场。(9) 加强对大学生的世界观、人生观、价值观和择业观教育，以及待业期间的职业技能培训。

撰稿　陈　曦
审稿　瞿振元

**〔在高校在校生中始征自愿参军新兵〕**　国务院、中央军委 2001 年 9 月 5 日修改公布的《征兵工作条例》规定："依法可以缓征的正在全日制高等学校就学的学生，本人自愿应征并且符合条件的，可以批准服现役，原就读学校应当按照有关规定保留其学籍，退伍后准其复学"。教育部、总参谋部、总政治部为落实《征兵工作条例》的规定，根据国务院、中央军委征兵命令精神，确定从 2001 年冬季征兵开始，先在部分高等学校进行试点，通过摸索取得经验后，再全面铺开。并就此工作发出以下通知：

1. 征集的范围和对象。由各省（自治区、直辖市）根据实际情况，研究确定在条件具备的部分高等学校中进行试点，征集的对象为男性学生。为便于征兵政治审查，以征集入学前户口所在地与就读学校同在一个省（自治区、直辖市）的学生为宜。征集在校大学生所需员额，由各省（自治区、直辖市）在征兵任务数内调整解决。

2. 征集的条件和标准。征集全日制高等学校在校学生的条件和标准，按照国务院、中央军委征兵命令执行。征集在校学生的年龄为年满 18 至 22 岁；征集的政治条件，按公安部、总参谋部、总政治部《关于征集公民服现役政治条件的规定》和有关规定执行；体格条件，按国防部颁发的《应征公民体格检查标准》和有关规定执行，其视力标准按国防部征兵办公室 2000 年 8 月下发的《关于调整征兵体检视力检查标准的通知》执行。

3. 征集的程序和办法。征集在校学生的工作，按照本人报名、学校推荐、体检政审、批准入伍的程序进行。高等学校与所在地的县（市、区）人武部门负责组织在校学生入伍的动员、报名和目测摸底工作，研究提出参加征兵体检人员的名单。高等学校所在地的县（市、区）征兵办公室，负责组织应征学生的体格检查工作。对体检合格的在校学生，由省级征兵办公室组织协调有关地区和部门，按规定进行政治审查。对体检政审合格者，由其就读学校所在地的县（市、区）征兵办公室批准入伍。

4. 保留学籍和复学等政策规定。对高等学校自愿应征入伍的在校生，可保留学籍至退出现役后一年内。退出现役后一般应回原学校原专业复学，如确有必要须转换专业的，由所在学校确定。在服现役期间因公伤残的，有学习能力和生活自理能力者，复学后免交学费。退出现役后复学，其家庭经济困难的，由学校酌情适当减免学费。复学后报考研究生的，在同等条件下可优先录取。高等学校在校学生入伍后，部队在选取士官、直接提升军官，以及复学毕业后接收补充军队干部队伍等方面应给予优待。

5. 征集的组织领导。从全日制高等学校在校学生中征集新兵，是征兵工作的组成部分。要在地方政府统一领导下，由政府征兵办公室和教育行政部门分工负责，共同组织实施。教育行政部门的职责，主要是确定征集在校学生的学校，组织宣传发动，进行目测摸底和报名推荐；征集部门的职责，主要是拟制征集计划，组织体格检查和政治审查，负责审批定兵。各级征兵办公室和教育行政部门要认真履行职责，统筹安排，密切协作，共同抓好落实。要广泛宣传发动，深入进行爱国主义教育和国防教育，激发在校大学生的爱国之心和报国之志，调动、支持他们报名应征的积极性。要认真落实在校大学生入伍保留学籍和退出现役后复学等优待政策，并按规定搞好优抚工作，解除他们的后顾之忧。部队对征集入伍的在校大学生，应根据其所学专业，合理安排使用。

当年全国 90 多所高校参加了试点，有 3 万多名学生报名，经体检有 1 066 名大学生应征入伍。

〔**高校学生学历学籍管理**〕　高等学校学生证管理。2001 年 7 月 26 日，教育部办公厅对各省、自治区、直辖市教育厅（教委），部直属高等学校就加强学生证管理发出通知。通知强调，高等学校学生证是高等学校学生表明身份、参加学习和其他活动的重要凭证。近来，发现一些高等学校对学生证管理松懈，补发学生证缺乏必要的手续，出现一人持有多个学生证在学校和社会上使用的情况，造成学校内部管理上的混乱，也给高等学校自身造成不良影响；一些学生对学生证的保管、使用随意，丢失现象严重，一些高等学校对学生证的设计过于简单，印制质量低劣，使不法分子伪造学生证有可乘之机。通知要求，高等学校对学生证的设计要能符合学期注册和购买火车票等的使用需要，制作要有质量，有一定的防伪措施。要健全学生证管理的规章制度，规范学生证的管理。发放、注册、补发、注销等要有严格的程序，按规定操作，杜绝一人多证现象。要规范学生证的使用场合、使用方式；对假期返家需购火车票的，要在学生证中注明乘车区间和本人是否有工资收入；对要求出示、暂扣、抵押学生证等行为要有明确的规定，对暂扣、抵押的应及时退还学生。要对学生进行重视、爱惜学生证的教育，减少污损，避免丢失等现象的发生。通知要求各类高等学校（含民办高等学校）都要按此规范、管理；各省、自治区、直辖市教育厅（教委）要把通知转发至本地区各高等学校并予以督促。

高等学校结业生学历问题。2001 年 5 月 24 日，教育部办公厅对北京师范大学有关结业生学历等问题的请示作出批复。高等学校结业生，是指具有学籍的学生学完教学计划规定的全部课程，但其中有一至二门课程（包括毕业论文、毕业设计）不及格者。结业生由学校发给结业证书，结业后可按学校的规定补考，补考合格由学校换发毕业证书。1980 年民政部、国家劳动总局、财政部、教育部《关于普通高等学校毕业生工资待遇的若干具体问题的处理意见》规定，普通高等学校结业生的工资，按照同期同层次的毕业生低定一级，其见习期临时工资也相应的降低。按当时的工资标准，低定一级即本科结业按专科毕业、专科结业按中专毕业对待。普通高等学校的结业生，就业由学校推荐，单位录用时可同毕业生一样由学校办理就业报到手续。本科结业生具有报考研究生资格，也可以报考专科起点的本科修读第二学历。

高等教育学历证书电子注册。2001 年，教育部开始实施高等教育学历证书电子注册制度，运用现代信息技术，对学历证书实行计算机网络管理。凡实施高等学历教育的高等学校或其他教育机构（经批准承担培养研究生任务的科学研究机构，以下同）按国家招生规定录取的学生，参加高等教育自学考试和高等教育学历文凭考试的学生，所取得的毕（结）业证书予以注册。教育部授权各省、自治区、直辖市教育行政部门实施学历证书注册工作。教育部对经注册的证书进行审核、备案；经审核、备案后国家方予承认和保护。普通、成人高等教育毕（结）业证书注册内容为：（1）姓名、性别、出生日期；（2）专业、层次；（3）学习形式（普通全日制，成人脱产、业余、夜大学、函授、电视教育，网络教育）；（4）毕（结）业、证书注册号（证书编号）。高等教育自学考试和高等教育学历文凭考试毕业证书注册内容为：（1）姓名、性别；（2）身份证号；（3）专业、层次、毕业；（4）证书注册号（证书编号）；（5）省级高等教育自学考试委员会名称，主考学校或就读学校名称。毕（结）业证书编号即为注册号，使用阿拉伯数字，统一规范为17位。高等教育学历证书注册工作实行国家、省（自治区、直辖市）、学校或其他教育机构三级管理。教育部对省（自治区、直辖市）已注册的毕（结）业证书进行审核备案；经审核备案的毕（结）业证书进入全国高等教育学历证书档案库，并上网供社会查询。从2001年起颁发的毕（结）业证书未经注册的，国家不予承认。学历证书经注册后予以承认的时间为证书颁发时间。教育部要求各省（自治区、直辖市）教育行政部门，各高等学校及其他教育机构、高等教育自学考试和高等教育学历文凭考试单位，必须重视学历证书注册工作，加强对学历证书的管理。对违规操作、弄虚作假的，除公布已注册证书作废外，并追究有关人员和单位的责任。2001年共注册各类高等教育各层次学历证书210余万份，并于2001年12月19日在“中国大学生”网站开通“高等教育学历证书查询系统”，经注册的证书已全部上网。

高级中等教育毕业同等学力认定问题。2001年9月5日，教育部办公厅在答复广东省教育厅《关于高级中等教育同等学力认定问题的请示》中明确：“高级中等教育同等学力”是指虽没在高级中学（包括普通高中和中等职业学校）或其他实施高级中等教育的学校接受或完成教学计划安排的课程学习，但通过其他学习途径，具备了与高级中等教育毕业所要求掌握的知识内容、学习能力相当的水平。对这种水平的认定应当采取公正和客观的途径和标准。现阶段，可采取按高级中等教育毕业所要求的水平进行测试，即通过高中会考的成绩来衡量的方式，或由教育行政部门组织专家进行认定。如考生以高级中等教育同等学力报名参加高等教育入学考试，应当出具有证明力的考试成绩或相关材料。具体的方式与程序，由省厅根据实际情况自行决定。

学历文凭、学位证书管理问题。2001年2月5日，教育部向各省、自治区、直辖市教育厅（教委），国务院有关部委教育（科教）司（局），部直属高等学校发出通知，重申保证高等教育质量，加强学历文凭、学位管理工作。通知要求：（1）实施高等学历教育的办学单位，必须按照国家招生规定录取学生。未按当年招生规定被录取入校的学员，不能取得学籍。（2）具有学籍的学生，德、体合格，修完教学计划规定的全部课程，达到毕业要求者，发给毕业证书；符合《中华人民共和国学位条例》规定条件者授予相应学位。（3）高等教育各层次招生，尤其是招收委托培养和自筹经费的攻读硕士、博士学位研究生，要以高等教育质量为重，严禁以“赞助、”“捐资”形式降低要求，确保入学质量和毕业水平。（4）研究生课程进修班是为在职人员提高业务水平、更新知识的一种非学历教育教学形式。高等教育单位举办的研究生课程进修班，必须经其所在省级学位与研究生教育主管部门同意登记备案；对课程学习成绩合格者，只能颁发“研究生课程进修班结业证书”，不得冠以“硕士学位”、“毕业”等名称。（5）具有研究生毕业同等学力的人员申请硕士或博士学位，必须严格按照《国务院学位委员会关于授予具有研究生毕业同等学力人员硕士、博士学位的规定》办理。同等学力人员不得越级申请学位，即申请硕士学位人员必须已获得学士学位，申请博士学位人员必须已获得硕士学位。申请硕士学位者，除必须通过学位授予单位硕士研究生培养方案规定的课程考试外，还必须通过国家组织的外语水平和学科综合水平考试，申请论文答辩通过后，方能授予硕士学位。经国家批准举办的在职申请硕士专业学位教育，参加学习者必须通过国家规定的资格考试，课程学习和通过论文答辩者，方能被授予硕士学位。

对学历、学位复核的有关问题。2001年7月25日，教育部办公厅就福建省教育厅在对学历、学位复核中碰到的有关问题复函中指出，更改学历、学位是一件严肃的事情，对提出更改的情况，要严格按照国家学历教育和学位制度的规章衡量，实事求是地处理。具体意见如下：（1）既无国家招生计划又未经省级招办录取者，属无学籍学生，不能具有毕业资格，对所获得的学历证书或学位证书不予承认。对此类情况，应追究证书颁发单位发证责任并责成收回证书或登报宣布证书作废。(2) 复核时发现有违反国家招生规定的，按原国家教委颁布的《普通高等学校招生管理处罚暂行规定》处理。属于不应录取的，即使已学习结束获得学历、学位证书，也应按无学籍学生对待，按上述第一条处理。(3) 对于以同等学力申请获得的学位，组织部门可通过全国学位与研究生教育发展中心或学位授予单位进行认证，确定属实则应予以承认；以同等学力申请获得的学位虽经认证属实，但其前置学位经认证不实，则所获学位不予承认。无论是现所获学位还是其前置学位，经认证发现不属实，不仅对被复核人员所获得的学位不予承认，还应追究其弄虚作假的责任。

撰稿　张浩明

审稿　瞿振元

# 高校科技工作

〔宏观政策研究与调研〕　2001 年，教育部科技司统筹规划、突出重点，针对若干重大问题进行深入研究，取得了明显进展。在原始性创新、科教形成合力、WTO 对高教的影响、研究型大学的形成以及人才战略等方面完成 9 篇高质量的咨询报告。

## 2001 年《专家建议》情况一览表

| 文　章　名　称 | 作　　者 |
|---|---|
| 加入 WTO 对我国高等教育的影响及对策 | 方惠坚　柏　杰　苏　竣　何晋秋　薛　澜（清华大学 21 世纪发展研究院） |
| 加快建设中国现代大学制度 | 陶爱珠　赵文华　徐祖广　刘念才　董育常（上海交通大学 21 世纪发展研究院） |
| 经济全球化、农业产业化与西部大开发 | 杨秀生（美国康州州立大学教授） |
| 高等院校的合理布局与促进地区协调发展和推进城镇化 | 何晋秋　方惠坚　柏　杰　薛　澜　苏　竣（清华大学 21 世纪发展研究院） |
| 关于在部分全国重点高等学校试办大学研究院的建议 | 胡建雄　王沛民　王绳兮　汪乐宇　孔寒冰　张　平（浙江大学发展研究院可行性研究课题组） |
| 我国大城市人口控制与教育资源配置的协同研究 | 王浣尘　陈成鲜（上海交通大学 21 世纪发展研究院） |
| 提高创新能力，加速建设研究型大学 | 何晋秋　苏　竣　柏　杰　方惠坚　薛　澜（清华大学 21 世纪发展研究院） |
| 加强原创性研究　增强国家综合竞争能力<br>——论我国高教科技改革的深化 | 何晋秋　柏　杰　薛　澜（清华大学 21 世纪发展研究院）<br>胡建雄（浙江大学发展研究院） |
| 我国名牌大学离世界一流有多远<br>——加快建设世界一流大学系列研究之一 | 刘念才　程　莹　刘　莉　赵文华（上海交通大学 21 世纪发展研究院） |

5月，教育部与科技部决定就进一步发挥高校科技优势，促进科技与教育的结合问题，进行联合调研。为此，成立了由两部11个相关司局负责同志组成的联合调研组。6月，两部联合调研组赴北京、上海、天津、南京和杭州等地，就高校在我国科技创新中的作用、地位，影响高校科技创新的主要问题，对13所科研实力较强的高校进行调研，并就如何发挥高校科技力量的作用提出建设性意见。在多方听取意见基础上，两部共同起草了《关于充分发挥高校科技创新作用的调研报告》。调研报告明确指出高校已经成为我国科技创新的主力军，特别是基础研究的主力军，在原始性创新方面具有突出优势，在高新技术研究及其产业化方面已经做出了重要贡献，同时对目前影响高校科技创新的相关因素进行了具体分析，提出要通过制度和机制创新来加以解决。

2001年，教育部会同科技部、国家统计局等7部门联合主持完成了“2000年全社会R&D资源清查”工作。10月11日在北京联合召开新闻发布会，向社会公布了R&D资源清查主要数据结果。这次全社会R&D资源清查是经国务院批准的一次重要的国情国力调查，是建国以来第一次对全国R&D活动进行全面的、具有权威性的调查，系统、准确地获得了反映“九五”期末我国R&D资源的数据。这些数据全面反映了我国R&D资源投入和科研力量在行业、地区和领域的分布状况，为国家科技政策、创新政策的发展提供了重要的基础信息；大大推进了我国科技投入核算体系的改进与完善，实现了我国R&D统计与国际规范的全面接轨。R&D资源清查结果显示：高等学校作为科技创新的主力军，在R&D活动中具有举足轻重的地位。高校R&D投入占全国的8.2%。高校R&D活动人员占全国的12.6%；R&D项目经费占全国的10.1%，其中基础研究经费占全国的43.2%；获得国家科技奖励的成果占全国40%以上。

撰稿　高润生　张建华

〔**高等学校科技工作主要数据**〕　2001年高校科技工作继续保持快速发展的态势，在人力投入、经费筹集、承担科技项目的数量与质量、国际科技交流以及获得的科技成果等方面都有了新的发展。

一、科技人力

全国高校从事科技活动人员28.6万人，其中科学家和工程师27.6万人；研究与发展人员24.1万人，其中科学家和工程师23.3万人；折合全时研究与发展人员13.6万人，其中科学家和工程师13.2万人。

二、科技经费

2001年，全国高校通过各种渠道共获得科技经费174.5亿元，比上年实际增加32.2亿元，增长22.4%；其中政府资金88.2亿元，占50.5%，比上年增长近1个百分点。科技经费支出总额为149亿元，其中业务费支出为73.1亿元。

三、科研活动机构

2001年，科研活动机构有5 090个。全年共有8.92万人在各类研究机构内开展活动，折合全时为6.03万人年，其中博士、硕士毕业人员3.25万人，参与科研活动的研究生8.46万人。

机构内正在使用的固定资产原值达158亿元，其中仪器设备原值为115亿元。

四、科技项目

2001年，全国高校广大科技人员承担各类科技课题研究12.1万项，其中，研究与发展课题10.10万项，科技服务课题2.01万项；投入人力折合全时14.9万人，项目支出经费99.8亿元。

高校承担科技项目的项均和人均经费有了显著提高，R&D项目项均经费10.0万元，比上年增加1.7万元；人均经费4.9万元，增加0.5万元；基础研究项目项均经费5.6万元，比上年增加0.4万元，人均经费2.2万元，增加0.3万元。

从项目来源构成看，国家各类计划项目占17%，经费占21.7%；主管部门和省市计划项目占34.7%，经费占22.9%；企事业委托项目占32.9%，经费占49.4%。

五、国际科技交流

2001年，全国高校共有3.04万人次出席各种国际学术会议，交流学术论文2.47万篇；派遣访问学者8 663人，接受访问学者6 669人；派遣攻读学位研究生1 973人，其中攻读博士学位1 276

人，攻读硕士学位697人。各项指标较上年都有不同程度增长。

六、科技成果及技术转让

2001年，全国高校共出版科技专著5 534部，发表学术论文30.2万篇；被国际三大检索系统收录论文30 260篇（其中：SCI—1.48万篇，EI—1.14万篇，ISTP—4 091篇）；鉴定科技成果6 679项，申请专利4 185项（其中发明专利2 684项），获专利授权1 850项（其中发明专利680项）；签订技术转让合同5 540项，合同金额22.2亿元（比上年增加4亿元），实际收入13.3亿元（比上年增加1.4亿元）。

七、科技奖励

2001年，高校获国家三大奖80项，其中国家自然科学奖9项，占50%；技术发明奖8项，占66.67%；科技进步奖63项，占45.99%。

撰稿　张建华

**〔国家大学科技园建设〕**　自1999年12月2日科技部、教育部印发《关于做好国家大学科技园建设试点工作的通知》，启动了15家国家大学科技园试点工作以来，经过一年多的试点，取得了明显的经济效益和社会效益。在此基础上，为进一步加大引导和扶持力度，充分调动地方和社会的力量建设大学科技园，2001年3月15日～17日，科技部、教育部组织专家评估认定了22个国家大学科技园（不含筹建的西南科技大学国家大学科技园）。2001年5月30日～31日，科技部、教育部联合召开了全国大学科技园工作会议。国务院副总理李岚清与部分会议代表进行座谈，听取了教育部部长陈至立、科技部部长徐冠华所作的工作汇报和代表们的意见，并在讲话中对大学走产学研相结合道路，依托有条件的高等学校的人才和技术优势兴办大学科技园所取得的成绩，以及大学科技园对深化高等学校科技体制改革和教育体制改革，培养创新人才，发展我国高新技术产业、促进经济结构调整做出的重要贡献给予了充分肯定。教育部副部长赵沁平在大会开幕式上作了题为《大胆探索注重创新推动大学科技园建设上新台阶》的工作报告，科技部部长徐冠华在闭幕式上发表了讲话。会上对首批认定的22个国家大学科技园进行了授牌。

2001年6月，科技部、教育部印发了《国家大学科技园"十五"发展规划纲要》。《纲要》明确了"十五"期间国家大学科技园的发展方向、总体目标和重点任务，以指导推动我国大学科技园持续、快速、健康发展。

## 首批22个国家大学科技园名单

| 序号 | 所在地 | 国家大学科技园名称 | 依托高校 |
|---|---|---|---|
| 1 | 北京 | 清华大学国家大学科技园 | 清华大学 |
| 2 | 北京 | 北京大学国家大学科技园 | 北京大学 |
| 3 | 天津 | 天津大学国家大学科技园 | 天津大学 |
| 4 | 沈阳 | 东北大学国家大学科技园 | 东北大学 |
| 5 | 哈尔滨 | 哈尔滨工业大学国家大学科技园 | 哈尔滨工业大学 |
| 6 | 上海 | 上海交通大学国家大学科技园 | 上海交通大学 |
| 7 | 上海 | 复旦大学国家大学科技园 | 复旦大学 |
| 8 | 南京 | 东南大学国家大学科技园 | 东南大学 |
| 9 | 南京 | 南京大学——鼓楼高校国家大学科技园 | 南京大学　河海大学　中国药科大学等 |
| 10 | 杭州 | 浙江大学国家大学科技园 | 浙江大学 |
| 11 | 合肥 | 合肥国家大学科技园 | 中国科技大学　合肥工业大学　安徽大学等 |
| 12 | 济南 | 山东大学国家大学科技园 | 山东大学 |
| 13 | 武汉 | 东湖高新区国家大学科技园 | 华中科技大学　武汉大学　华中农业大学　武汉理工大学等 |
| 14 | 长沙 | 岳麓山国家大学科技园 | 中南大学　湖南大学　国防科技大学 |

| | | | |
|---|---|---|---|
| 15 | 广州 | 华南理工大学国家大学科技园 | 华南理工大学 |
| 16 | 成都 | 四川大学国家大学科技园 | 四川大学 |
| 17 | 成都 | 电子科技大学国家大学科技园 | 电子科技大学 |
| 18 | 重庆 | 重庆大学国家大学科技园 | 重庆大学 |
| 19 | 昆明 | 云南省国家大学科技园 | 云南大学　昆明工业大学　云南农业大学等 |
| 20 | 西安 | 西安交通大学国家大学科技园 | 西安交通大学 |
| 21 | 西安 | 西北工业大学国家大学科技园 | 西北工业大学 |
| 22 | 杨凌 | 西北农林科技大学国家大学科技园 | 西北农林科技大学 |
| | 绵阳 | 西南科技大学国家大学科技园（筹） | 西南科技大学 |

〔**工程研究中心建设**〕

一、教育部工程研究中心建设

为贯彻落实《教育部关于贯彻落实中共中央、国务院〈关于加强技术创新，发展高科技，实现产业化的决定〉的若干意见》中“建设一批教育部工程研究中心”的精神，实施《面向21世纪教育振兴行动计划》中的“高校高新技术产业化工程”，促进产学研紧密结合，加速高校科技成果转化和高新技术产业化，加强高校技术创新体系建设，按照“先进适用、市场需求、公平竞争、多元融资”原则，在2000年专家评议的基础上，教育部确定了44个教育部工程研究中心。

中心批复建设以来，各依托高校分别以股份有限公司或有限责任公司方式进行了中心的组建工作。各中心以市场为导向，以高新技术成果转化为目的，积极发展高新技术产业，促进产业技术进步，对引导社会资源的合理配置，促进高校科技企业创办与发展做出了贡献。同时，在中心建设和发展过程中，培养凝聚了一批具有市场意识、经营管理思想的科技创新人才和高校高科技企业家。

## 教育部工程研究中心名单

| 序号 | 名　称 | 依托单位 |
|---|---|---|
| 1 | 教育部数据库与商务智能工程研究中心 | 中国人民大学 |
| 2 | 教育部计算机网络技术工程研究中心 | 清华大学 |
| 3 | 教育部土木信息技术工程研究中心 | 同济大学 |
| 4 | 教育部计算机仿真和模拟系统工程研究中心 | 四川大学 |
| 5 | 教育部地理信息系统软件及其应用工程研究中心 | 中国地质大学 |
| 6 | 教育部信息网络工程研究中心 | 北京邮电大学 |
| 7 | 教育部数字化纺织服装技术工程研究中心 | 东华大学 |
| 8 | 教育部数字社区工程研究中心 | 北京工业大学 |
| 9 | 教育部快速成型制造技术工程研究中心 | 西安交通大学 |
| 10 | 教育部中药制药与新药开发工程研究中心 | 北京中医药大学 |
| 11 | 教育部基因组药物工程研究中心 | 暨南大学 |
| 12 | 教育部功能食品工程研究中心 | 江南大学 |
| 13 | 教育部南海海洋生物技术工程研究中心 | 中山大学 |
| 14 | 教育部现代中成药工程研究中心 | 广州中医药大学 |
| 15 | 教育部资源药物工程研究中心 | 北京师范大学 |
| 16 | 教育部基因技术工程研究中心 | 复旦大学 |
| 17 | 教育部膜与水处理技术工程研究中心 | 浙江大学 |
| 18 | 教育部铝合金强流变技术与装备工程研究中心 | 中南大学 |
| 19 | 教育部医用生物材料工程研究中心 | 华东理工大学 |
| 20 | 教育部特种工程塑料工程研究中心 | 吉林大学 |
| 21 | 教育部敏感陶瓷工程研究中心 | 华中科技大学 |

| | | |
|---|---|---|
| 22 | 教育部材料先进制备技术工程研究中心 | 东北大学 |
| 23 | 教育部发光材料与器件工程研究中心 | 南昌大学 |
| 24 | 教育部金属电子信息材料工程研究中心 | 北京科技大学 |
| 25 | 教育部先进涂料工程研究中心 | 复旦大学 |
| 26 | 教育部模塑建材制品工程研究中心 | 大连理工大学 |
| 27 | 教育部稀土永磁应用工程研究中心 | 沈阳工业大学 |
| 28 | 教育部生态水泥工程研究中心 | 西安建筑科技大学 |
| 29 | 教育部园林环境工程研究中心 | 北京林业大学 |
| 30 | 教育部玉米育种工程研究中心 | 中国农业大学 |
| 31 | 教育部油菜工程研究中心 | 华中农业大学 |
| 32 | 教育部农业基因工程研究中心 | 东北师范大学 |
| 33 | 教育部超重力工程研究中心 | 北京化工大学 |
| 34 | 教育部油汽加工新技术工程研究中心 | 石油大学 |
| 35 | 教育部有机硅化合物及材料工程研究中心 | 武汉大学 |
| 36 | 教育部化工过程模拟与优化工程研究中心 | 湘潭大学 |
| 37 | 教育部港口物流技术与装备工程研究中心 | 武汉理工大学 |
| 38 | 教育部智能交通运输系统工程研究中心 | 东南大学 |
| 39 | 教育部太阳能发电及制冷工程研究中心 | 上海交通大学 |
| 40 | 教育部水利水电工程安全工程研究中心 | 河海大学 |
| 41 | 教育部中子应用技术工程研究中心 | 兰州大学 |
| 42 | 教育部光伏系统工程研究中心 | 合肥工业大学 |
| 43 | 教育部电能质量工程研究中心 | 安徽大学 |
| 44 | 教育部输变电新技术工程研究中心 | 湖南大学 |

二、国家工程研究中心建设

2001年，依托高校建设的23个国家工程研究中心按照国家计委的要求，进一步加强各中心的转制工作，取得了新的进展。华南理工大学“聚合物新型成型装备国家工程研究中心”等通过了国家组织的验收，实现了中心建设的预期目标。

2001年10月，在深圳高交会期间，依托高校建设的23个国家工程研究中心参加了“国家工程研究中心高技术成果专题展览”，向社会展示和宣传了高校国家工程研究中心建设10年来在科技成果转化与高新技术产业化方面取得的成就，扩大了国家工程研究中心在我国高新技术产业化进程中的影响。深圳高交会期间，国家计委为国家工程研究中心授牌。依托高校建设的23个国家工程研究中心正式挂牌。

## 国家工程研究中心名单

| 序号 | 名　称 | 依　托　单　位 |
|---|---|---|
| 1 | 电力电子应用技术国家工程研究中心 | 浙江大学 |
| 2 | 模具CAD国家工程研究中心 | 上海交通大学 |
| 3 | 电子出版新技术国家工程研究中心 | 北京大学 |
| 4 | 流体机械及压缩机国家工程研究中心 | 西安交通大学 |
| 5 | 造纸与污染控制国家工程研究中心 | 华南理工大学 |
| 6 | 工业自动化国家工程研究中心 | 浙江大学 |
| 7 | 激光加工国家工程研究中心 | 华中科技大学 |
| 8 | 城市污染控制国家工程研究中心 | 同济大学 |
| 9 | 农药国家工程研究中心（天津） | 南开大学 |
| 10 | 软件工程国家工程研究中心 | 北京大学 |
| 11 | 工业锅炉及民用煤清洁燃烧国家工程研究中心 | 清华大学 |

| | | |
|---|---|---|
| 12 | 光盘及其应用国家工程研究中心 | 清华大学 |
| 13 | 超细粉末国家工程研究中心 | 华东理工大学 |
| 14 | 精馏技术国家工程研究中心 | 天津大学 |
| 15 | 聚合物新型成型装备国家工程研究中心 | 华南理工大学 |
| 16 | 微生物农药国家工程研究中心 | 华中农业大学 |
| 17 | 化肥催化剂国家工程研究中心 | 福州大学 |
| 18 | 粉末冶金国家工程研究中心 | 中南大学 |
| 19 | 高效轧制国家工程研究中心 | 北京科技大学 |
| 20 | 计算机软件国家工程研究中心 | 东北大学 |
| 21 | 橡塑模具国家工程研究中心 | 郑州工业大学 |
| 22 | 固体废弃物资源化国家工程研究中心 | 昆明理工大学 |
| 23 | 轻合金精密成型国家工程研究中心 | 上海交通大学 |

〔**国家技术转移中心**〕　为进一步深化产学研联合，推动高等学校的科技、人才、信息等资源与国家重点行业、重点企业结合，加快以企业为主体的技术创新体系建设，探索社会主义市场经济条件下技术转移的新机制，国家经贸委、教育部在全国重点高等学校已建立技术转移机构的基础上，于2001年9月10日确认了首批基础较好、科技力量较强、科研成果较多的6个依托高校建设的技术转移机构为国家技术转移中心，作为高等学校组织与整合科技资源的机构。6个国家技术转移中心是：清华大学国家技术转移中心、上海交通大学国家技术转移中心、西安交通大学国家技术转移中心、华东理工大学国家技术转移中心、华中科技大学国家技术转移中心、四川大学国家技术转移中心。

2001年11月16日，国家经贸委和教育部在清华大学举行了国家技术转移中心授牌仪式。教育部副部长赵沁平出席授牌仪式并讲话，要求有关高校要紧紧围绕中心主要任务开展工作，进一步探索和完善有效的运行机制和管理体制，处理好国家技术转移中心、大学科技园、科技开发中心等方面的关系，充分发挥高校科技潜力，为国家经济建设做出新的贡献。

撰稿　邵忠智　杨雪琴

〔**重点实验室建设**〕

一、国家重点实验室建设

2001年，科技部在农业和化学等领域新组建了9个国家重点实验室，依托高校的5个部门重点实验室升格为国家重点实验室。名单及依托单位如下：

| 国家重点实验室名称 | 依托单位 | 原属性 |
|---|---|---|
| 无机合成与制备化学 | 吉林大学 | 教育部重点实验室 |
| 化学生物传感与计量学 | 湖南大学 | 教育部重点实验室 |
| 作物遗传与种质创新 | 南京农业大学 | 教育部重点实验室 |
| 量子光学与光量子器件 | 山西大学 | 教育部重点实验室 |
| 植物生理学与生物化学 | 中国农业大学 | 农业部重点实验室 |

国家重点实验室重组调整。原依托大连理工大学、复旦大学的“三束材料改性国家重点实验室”分别重组调整为“三束材料改性国家重点实验室”（依托大连理工大学）和“先进光子学材料与器件国家重点实验室”（依托复旦大学）；原依托中山大学的“超快速激光光谱学国家重点实验室”与“显示材料与技术广东省重点实验室”重组调整为“光电材料与技术国家重点实验室”。对依托中国农业大学的“农业生物技术国家重点实验室”、依托兰州大学的“干旱农业生态国家重点实验室”、中山大学的“生物防治国家重点实验室”进行了整改。重组调整及整改方案均得到科技部的正式批复。重组后的国家重点实验室在加强学科交叉与融合，拓展实验室研究方向以及队伍建设等方面的目标及措

施更加明确。

国家网络实验室试点工作。为加强相关学科国家重点实验室的联合与协作，2001 年在科技部的支持下，决定以依托北京大学的“数学与应用数学国家重点实验室”和依托南京大学的“固体微结构国家重点实验室”，联合有关高校和科研院所相关实验室，试点组建“数学与应用数学国家网络实验室”和“固体微结构国家网络实验室”。

重点实验室评估。2001 年共有 17 个依托高校的重点实验室（其中国家重点实验室 13 个，部门重点〈开放〉实验室 4 个）参加了生命科学领域重点实验室的评估，其中有两个实验室被评为 A，有 12 个实验室被评为 B，另有 3 个实验室被评为 C。

二、教育部重点实验室建设

为进一步优化教育部重点实验室学科区域布局，2001 年教育部科技司重点组织了农业、医学等领域的教育部重点实验室申报、论证工作。批准分子病毒学等 25 个研究机构为教育部重点实验室，环境与健康等 9 个研究机构纳入教育部重点实验室建设计划，对 2000 年纳入教育部重点实验室建设计划的 11 个研究机构进行了验收。2001 年新增教育部重点实验室 36 个。

## 2001 年新增教育部重点实验室名单

| 序号 | 实验室名称 | 依 托 单 位 |
|---|---|---|
| 1 | 神经科学 | 北京大学 |
| 2 | 分子心血管学 | 北京大学 |
| 3 | 造山带与地壳演化 | 北京大学 |
| 4 | 生物信息学 | 清华大学 |
| 5 | 植物—土壤相互作用 | 中国农业大学 |
| 6 | 现代精细农业系统集成研究 | 中国农业大学 |
| 7 | 中医内科学 | 北京中医药大学 |
| 8 | 全光网络与现代通讯网 | 北方交通大学 |
| 9 | 水土保持与荒漠化防治 | 北京林业大学 |
| 10 | 信息管理与信息经济学 | 北京邮电大学 |
| 11 | 汽车材料 | 吉林大学 |
| 12 | 植被生态科学 | 东北师范大学 |
| 13 | 森林植物生态学 | 东北林业大学 |
| 14 | 农产品生物化工 | 合肥工业大学 |
| 15 | 实验畸形学 | 山东大学 |
| 16 | 医学分子病毒学 | 复旦大学 |
| 17 | 分子医学 | 复旦大学 |
| 18 | 脑功能基因组学 | 华东师范大学 |
| 19 | 微电子机械系统 | 东南大学 |
| 20 | 水资源开发 | 河海大学 |
| 21 | 器官移植 | 华中科技大学 |
| 22 | 基本物理量测量 | 华中科技大学 |
| 23 | 农业微生物 | 华中农业大学 |
| 24 | 眼科学 | 中山大学 |
| 25 | 肾脏病临床研究 | 中山大学 |
| 26 | 人类疾病生物治疗 | 四川大学 |
| 27 | 口腔生物医学工程 | 四川大学、武汉大学 |
| 28 | 新型传感器 | 电子科技大学 |
| 29 | 计算机网络与信息安全 | 西安电子科技大学 |
| 30 | 特殊地区公路工程 | 长安大学 |

| | | |
|---|---|---|
| 31 | 农业生物资源生物多样性与病害控制 | 云南农业大学 |
| 32 | 食品科学 | 南昌大学 |
| 33 | 仪器科学与动态测试 | 华北工学院 |
| 34 | 蛋白质化学及鱼类发育生物学 | 湖南师范大学 |
| 35 | 微生物与植物遗传工程 | 广西大学 |
| 36 | 智能制造技术 | 汕头大学 |

〔**网上合作研究中心**〕 2001年5月教育部科技司对2000年批复建设的10个网上合作研究中心进行了验收，对通过前期研究的9个网上合作研究中心进行了可行性论证。经过一年的建设运行，各中心已经建立了较为系统的数据库和较好的网上平台，部分中心在“网上合作研究”方面做出了大胆探索，取得显著成绩。

为加强网上合作研究中心建设与管理，教育部科技司在《面向21世纪教育振兴行动计划》“现代远程教育工程”2001年中央财政专项中设立了“高校网上合作研究中心平台建设”项目，用以支持部分高校网上合作研究中心平台建设与合作研究。经过组织专家论证确定了由浙江大学等18个单位分别承担17个平台和数据库的建设任务。

〔**南开大学、天津大学科技合作**〕 根据教育部、天津市政府推动南开大学、天津大学合作办学工作的总体部署，2001年9月24日教育部批复成立了南开大学、天津大学联合研究院及管理机构，并设立两校科技合作基金，以支持两校开展合作科研项目的形式，支持联合研究院的建设和发展。10月15日，南开大学、天津大学科技合作领导小组在天津大学主持召开了两校科技合作项目评审会，决定首批启动基因和蛋白的信息结构和功能研究等13个项目，项目同时吸纳部分天津市地方高校专家参与。12月18日，南开大学、天津大学联合研究院挂牌暨两校首批科技合作项目启动仪式在南开大学举行。教育部原副部长，两校合作办学领导小组组长周远清主持会议，教育部副部长赵沁平，天津市副市长、两校合作办学领导小组副组长俞海潮出席会议并讲话。

〔**基础研究“973”**〕 2001年，高校在国家重大基础研究中的地位和作用得到进一步体现。2001年度，科技部启动“973”项目20项，其中教育部作为依托部门的有7项，作为第一依托部门的有4项，高校专家担任首席科学家的有11项。

## 2001年《国家重点基础研究发展规划》项目高校承担情况统计表

| 序号 | 项目名称 | 项目首席 | 依托单位 |
|---|---|---|---|
| 1 | 农作物杂种优势及其利用的分子生物学研究 | 孙其信 | 中国农业大学 |
| 2 | 高效生物固氮作用机理及其在农业中的应用 | 王忆平 | 北京大学 |
| 3 | 新一代内燃机燃烧理论和石油燃料替代途径的基础研究 | 苏万华 刘志刚 | 天津大学 西安交通大学 |
| 4 | 人胚胎生殖嵴干细胞的分化与组织干细胞的可塑性研究 | 李凌松 | 北京大学 |
| 5 | 复杂自然环境时空定量信息获取与融合处理的理论与应用 | 金亚秋 | 复旦大学 |
| 6 | 人类重大疾病的蛋白质组学研究 | 贺福初 杨芃原 | 军事医学科学院 复旦大学 |
| 7 | 量子通讯与量子信息技术 | 郭光灿 | 中国科技大学 |
| 8 | 人工带隙材料的物理机制、制备及其应用研究 | 资 剑 | 复旦大学 |
| 9 | 纳电子运算器材料的表征与性能基础研究 | 刘忠范 彭练矛 | 北京大学 中科院物理所 |
| 10 | 中国人口出生缺陷的遗传与环境可控性研究 | 郑晓瑛 贺 林 | 北京大学 上海交通大学 |
| 11 | 抗原特异性免疫应答与免疫耐受的分子机制及应用基础研究 | 曹雪涛 | 第二军医大学 |

为加强基础研究工作，科技部从2001年起开始组织实施“基础研究重大项目前期研究专项”计划。“专项”以支持原始创新、孕育重大创新成果、培养和发现优秀人才、培育优秀创新群体为目标。在科技部批复立项的63个项目中，高校牵头承担22项，占34.9%。

## 2001年高校牵头重大基础研究前期研究专项承担项目清单

| 序号 | 项目名称 | 负责人 | 承担单位 |
|---|---|---|---|
| 1 | 阿片成瘾与复吸的神经机制及非药物抗复吸的研究 | 韩济生 | 北京大学 |
| 2 | 构建人工周围神经的基础研究 | 姜保国 | 北京大学 |
| 3 | 无机界矿物环境属性中天然自净化功能研究 | 鲁安怀 | 北京大学 |
| 4 | 功能基因组系统学理论与技术方法前期研究 | 李衍达 | 清华大学 |
| 5 | 针刺、汉语认知脑功能成像的神经信息学研究 | 尹岭　唐一源 | 大连理工大学 |
| 6 | 中国深层油气地球物理勘探问题的基础理论研究 | 王尚旭 | 石油大学 |
| 7 | 利用超分子人工酶将太阳能转换成燃料 | 孙立成 | 大连理工大学 |
| 8 | 新型绿色电池关键材料 | 吴锋　高学平 | 南开大学 |
| 9 | $CO_2$和烃类直接合成烃类氧化物基础研究 | 钟顺和 | 天津大学 |
| 10 | 重要环境污染物致人类重大疾病的作用机理研究和评价模型研究 | 王心如　金洪均 | 南京大学 |
| 11 | 认知光学成像的基础研究 | 骆清铭 | 华中科技大学 |
| 12 | 磁悬浮硬盘光盘转子机电耦合动力学研究 | 周祖德 | 武汉理工大学 |
| 13 | 新一代全光宽带网关键器件开发及应用的基础研究 | 陈良尧 | 复旦大学 |
| 14 | 聚脂用纳米催化剂的制备及其性能研究 | 顾燕芳 | 华东理工大学 |
| 15 | 学习与记忆疾病诱变基因的功能性研究 | 钱卓 | 华东师范大学 |
| 16 | 异种基因同源性的生物学意义及其在医学上的应用 | 魏于全 | 四川大学 |
| 17 | 大熊猫繁殖生物学和保护遗传学研究 | 张志和　岳碧松 | 四川大学 |
| 18 | 在特殊环境下（强电磁场和低温环境等）的力一热一电一磁耦合的基本规律研究 | 周又和 | 兰州大学 |
| 19 | 半干旱黄土植被景观覆盖格局与生态系统功能调控 | 李凤民 | 兰州大学 |
| 20 | 新型齐聚噻吩衍生物及其液晶、电致变色凝胶、液晶凝胶性能的研究 | 刘平 | 华南理工大学 |
| 21 | 大面积冷阴电子发射机理和基本物理过程 | 许宁生 | 中山大学 |
| 22 | 海洋生物多糖的化学与生物学研究——生物细胞膜“天线分子”模拟 | 管华诗 | 青岛海洋大学 |

撰稿　雷忠良　杨雪琴

〔**国家自然科学基金**〕　2001年，高等学校在国家自然科学基金项目中继续保持优势地位，本年度全国高等学校共获国家自然科学基金面上项目3 415项，占总项目数的77.00%，较2000年增长1.77%；项目经费6.1亿元，占75.92%，较2000年增长2.23%。获国家自然科学基金重点项目87项，占总项目数的70.16%，较2000年增长了7.2%；项目经费1.2亿元，占68.27%，较2000年增长7.08%。

2001年，全国高等学校获自由申请项目2 721项，占总项目数的77.19%，项目经费4.8亿元，占75.98%；获青年科学基金项目541项，占总项目数的74.52%，项目经费0.93亿元，占73.72%；获地区科学基金153项，占项目总数的83.15%，项目经费0.27亿元，占83.2%；获杰出青年基金99项，占项目总数的66.89%，项目经费0.77亿元，占66.54%。

撰稿　高润生

〔**西部高等学校高级访问学者专项计划**〕　在试点实施“西部地区高校高级访问学者专项计划”的基础上，教育部联合李嘉诚基金会继续实施“西部高等学校高级访问学者专项计划”，并增加西部5

所高校。2001 年资助西部地区 25 所高校，选派学者到对口支援高校重点实验室进行合作研究、学习或培训，拟资助西部地区高校高级访问学者 100 名。

撰稿　雷忠良　杨雪琴

〔**国家“863”计划**〕　在“十五”“863”计划实施的第一年，高校在生物工程、海洋生物技术、生物信息、环境污染防治、现代农业、结构材料、先进制造等主题承担了近 50%以上的任务，基因操作、海洋监测、计算机软硬件、通信技术、洁净煤技术等主题承担了 1/3 以上的任务。

充分发挥高等教育管理体制改革后高校学科综合的优势，加强组织与协调，积极做好“863”计划各领域和主题专家的推荐工作，加强高校在计划和项目指南制订中的作用，营造良好工作平台。国家“十五”“863”计划（民口）主题组由 250 名专家组成，高校专家 121 名，占 48.4%。在“十五”第一批已确定的“863”计划主题项目中，高校承担 40%以上。

撰稿　邰忠智

〔**“九五”科技工作**〕　“九五”期间，高等学校广大科技工作者和管理人员积极参与承担国家“863”计划、“国家科技攻关计划”和国防预研、军工配套及型号研制等任务，在“公正、献身、创新、求实、协作”精神鼓舞下，开拓创新、顽强拼搏、刻苦攻关，取得了令人瞩目的进展和成就。

在“863”计划实施 15 周年之际，国家对在“863”计划中做出突出贡献的 37 个先进集体、405 名先进个人进行了表彰。华中农业大学、中国高速信息示范网总体组、清华国家 CIMS 工程研究中心、高温气冷实验堆——清华大学核能技术设计研究院、中国第三代移动通信系统研究开发项目总体组 5 个以高校为主体的科研集体受到表彰。受到表彰的 37 个先进集体中，20 多个先进集体中均有高校成员。高校有 111 名科技人员受到表彰，占全国受表彰先进个人的 27.4%。

2001 年 4 月，科技部、财政部、国家计委、国家经贸委 4 部委在“九五”国家科技攻关计划表彰会上，联合对“计算机信息网络关键技术”、“高强度聚焦超声肿瘤治疗系统”等 14 项重大科技成果、“工厂化农业温室及配套设施研制”等 454 项优秀科技成果、褚建、瞿金平等 17 名“突出贡献者”、于建国等 431 名“先进个人”给予表彰。其中：高校有 5 项重大科技成果、101 项优秀成果、7 名突出贡献者、94 名先进个人受到表彰。此外，还有 40 项受表彰的优秀成果均有高校参与完成。

国家经贸委对“九五”技术创新优秀项目给予表彰。清华大学“出口专用太阳能集热管用玻璃生产线改造”和“大型集装箱检测系统”两个项目获得国家经贸委“九五”技术创新优秀项目荣誉称号，同时清华大学教授冯冠平等 3 人获得国家经贸委“九五”技术创新先进工作者称号。

2001 年 4 月，人事部、国防科工委联合表彰了“全国国防科技工业系统劳动模范和先进工作者”，中南大学黄伯云院士以其对国防科技工作的突出贡献获得了“全国国防科技工业系统先进工作者”荣誉称号。

〔**高新技术产业化**〕　经国家计委批准，由北京市计委和教育部科技司共同组织并实施了“‘方舟’CPU 应用于教育网络系统示范工程”国家高技术产业化示范工程项目。其中国家投资 2 000 万元用于该项目的芯片开发、系统及应用软件开发以及支持北京工业大学等大中小学采用“方舟”CPU 的网络计算机开展网络教室和数字图书馆等应用试验。

同时，根据国家计委 2001 年度国家高技术产业化示范项目的工作安排，中国农业大学“旱稻新品种产业化示范工程”项目可行性研究报告已上报国家计委。该示范工程采用的旱稻新品种（系），增产潜力大，品质优，适应性广，抗旱性、抗病性强，在全国大范围的干旱、少雨、渍涝、盐碱、沙荒、坡冈及“望天田”等地上有良好的适应性。

撰稿　邰忠智　杨雪琴

〔**高校参与国防科研**〕　高等学校在培养人才，

为国民经济和社会发展作贡献的同时，积极参与国防科技工作。2001年高等学校承担了35项军工配套项目，总经费为4 402万元，其中2001年安排950万元。中南大学国债技改项目和天津大学等4所高校的研究保障条件项目已经启动。

2001年，完成了总装备部国防专业组高校专家（30人）的换届工作，组织推荐"国家高技术发展计划（军口）"专家87人。

撰稿　郃忠智

〔**教育部科学技术研究重大、重点项目**〕　2001年，共立项支持教育部科学技术研究重大项目15项，其中生命科学领域9项，农业领域6项。最大资助强度为80万元，研究期限为2～3年。医学方面的研究注重理论研究和临床结合；农业领域中注意了理论研究和应用的结合。教育部科学技术研究重点项目侧重基础研究及应用基础研究方面，直属高校170项，其中部分项目为"973"或"863"预研项目；安排地方高校教育部重点项目139项。

## 2001年教育部重大科学技术项目名单

| 学校名称 | 项目名称 | 申请人 |
|---|---|---|
| 复旦大学 | 肝癌转移复发相关的关键分子标志物研究 | 钦伦秀 |
| 华中科技大学（同济医学院） | 从磷酸化系统失衡研究AD发病机制，早期诊断实验模型和防治策略 | 王建枝 |
| 复旦大学 | 创伤后神经肌肉功能恢复的基础研究 | 顾玉东 |
| 北京大学（附属第一医院） | 子宫内膜癌雌、孕激素受体亚型的表达与调控的研究 | 廖秦平 |
| 北京大学（附属人民医院） | 树突状细胞联合细胞因子介导的杀伤细胞治疗肠胃道恶性肿瘤的作用机制研究 | 王　杉 |
| 北京大学（附属第一医院） | 良性前列腺增生症的分子病因学及微创治疗学研究 | 那彦群 |
| 中山大学　青岛海洋大学 | 中国文昌鱼基因组计划启动项目 | 徐安龙　张士璀 |
| 中南大学 | 纳米细菌与硬化性病变、肝胆系结石形成的关系 | 李永国 |
| 浙江大学 | 基因修饰的树突状细胞诱导免疫耐受及其在抗移植排斥中的应用 | 王建莉 |
| 中国农业大学（东校区） | 细沟土壤侵蚀动力过程模型模拟及基本参数的系统研究 | 雷廷武 |
| 浙江大学 | 水稻基因组插入位点序列图谱及重要功能基因克隆 | 吴　平 |
| 中国农业大学（西校区） | 根际生态调控机制与养分资源高效利用 | 张福锁 |
| 华中农业大学 | 猪乙型脑炎与伪狂犬病毒双价基因工程疫苗研究 | 陈焕春 |
| 浙江大学 | 三系杂交棉超高产、高品质育种和产业化准备 | 王学德 |
| 复旦大学 | 抗O型、A型及亚洲I型口蹄疫病毒系列基因工程疫苗 | 郑兆鑫 |

撰稿　张嘉兰

〔**西部大学校园网计算机网络建设**〕　为进一步实施西部大开发战略，实现东西部教育资源共享，加快西部高等教育信息化建设，为西部经济社会发展提供高层次人才支持和知识贡献，2001年由国家计委批准立项开始实施"西部大学校园网计算机网络工程建设项目"，项目总经费9亿元，由教育部负责组织实施。

该项目建设的目标是：利用互联网技术，建设分布在我国西部12个省、自治区、直辖市、新疆建设兵团、湖南湘西土家族苗族自治州、湖北恩施土家族苗族自治州和吉林延边朝鲜族自治州共152所大学的校园网计算机网络，实现这些校园网与中国教育和科研计算机网（CERNET）的高速连网。通过项目的建设，使这些学校的每个师生员工都能使用网络，促进西部大学的教学、科研的管理水平的提高，实现资源共享，开展远程教育，缩短东西部差距，为实现我国西部大开发战略培养高水平人才，为我国的西部信息化建设奠定基础。

撰稿　杨东占　杨雪琴

〔**大学数字博物馆建设**〕 大学博物馆是高等学校文化基础设施的重要组成部分，是收集、研究、保护、展示各种重要文物、标本的场所。目前在我国高等学校已经建立了不同规模、不同层次、具有特色的地质地理类、考古类、人文历史类、航空类、社会生活、生物和自然地理类博物馆或陈列馆。这些博物馆或陈列馆集标本收集、研究、保存、展示于一身，在推动大学生素质教育、教学与科研、培养创新人才和科学普及等方面发挥了重要作用。

2001年启动了“现代远程教育网上公共资源建设——大学数字博物馆建设工程”项目，重点支持部分有特色的大学博物馆数字化工作。

大学数字博物馆的建设内容主要包括：标本展品的信息化；标本信息化所必须的信息处理设备、基础设施和研究条件的改善；数字博物馆系统的网络建设（包括服务器、电路布线、网络的接口设备等）；数字博物馆的标准和公共软件平台的开发与研究工作以及多媒体展示系统等。该项目的实施，极大地丰富网上资源，对于推动现代远程教育、实现资源共享将起重要作用。

## 大学数字博物馆工程项目名单

| 项目名称 | 申报学校 | 项目负责人 |
| --- | --- | --- |
| 清华大学美术学院数字博物馆 | 清华大学 | 李当岐　李卫华 |
| 北京大学地质数字博物馆 | 北京大学 | 郝维城　江大勇 |
| 中国地质大学地学数字博物馆 | 中国地质大学 | 姚书振 |
| 中山大学生物数字博物馆 | 中山大学 | 李鸣光 |
| 四川大学人文数字博物馆 | 四川大学 | 霍　巍 |
| 复旦大学文化人类学数字博物馆 | 复旦大学 | 杨志刚 |
| 上海交通大学船舶数字博物馆 | 上海交通大学 | 沈为平 |
| 南京大学地球科学数字博物馆 | 南京大学 | 徐士进 |
| 北京航空航天大学航空航天数字博物馆 | 北京航空航天大学 | 费斌军　张慧渊　沈旭昆 |
| 湖南大学岳麓书院数字博物馆 | 湖南大学 | 朱汉民　王子荣 |
| 山东大学考古数字博物馆 | 山东大学 | 孟祥旭 |
| 南开大学古代社会生活数字博物馆 | 南开大学 | 李治安 |
| 西北大学考古数字博物馆 | 西北大学 | 朱恪孝 |
| 昆明理工大学矿物数字博物馆 | 昆明理工大学 | 梁永宁　朱杰勇　吴志亮 |
| 成都理工大学恐龙数字博物馆 | 成都理工大学 | 李　奎 |
| 大学数字博物馆软件平台建设 | 武汉大学 | 李卫华 |

〔**现代远程教育标准化与标准化网站建设**〕 现代远程教育以计算机网络和卫星数字通讯技术为支撑，具有时空自由、资源共享、系统开放、便于协作等优点。由于网络教育，特别是基于Internet的远程教育，具有地域广泛性、技术复杂性、文化多样性等特点，各网上教育系统的资源自成体系，无法实现有效交流和共享，形成了一个个信息孤岛，造成大量低水平的重复性开发工作。因此，必须采用标准化办法保障网上学习资源共享和系统互操作，规范现代远程教育的发展。

为加快现代远程教育标准化的研究制订工作，教育部于2000年成立了隶属于国家信息技术标准化技术委员会的现代远程教育标准化委员会。2001年启动了“现代远程教育标准化研究制订与标准化网站建设”项目，该项目的主要目标是，就有关远程教育技术标准加强与国际组织合作，借鉴已经成熟的有关国际标准，实现本地化；研究和颁布一批适合我国教育信息化发展的信息技术标准；推广和普及教育信息技术标准，建立开发交流、共享、科普推广的教育信息技术标准化网站，以加快标准化的研究和颁布工作。

2001年4月教育部印发了《现代远程教育技术规范（教学资源相关部分V1.0版）》。

〔网校网站管理〕 为促进互联网上教育信息服务和现代远程教育健康、有序的发展，规范从事现代远程教育和通过互联网进行教育信息服务的行为，根据国家有关法律法规，教育部于 2000 年 7 月 5 日正式发布了《教育网站和网校暂行管理办法》。该办法明确了教育网站和网校的界定与分类。教育网站是指通过收集、加工、存储教育信息等方式，建立信息库或者同时建立网上教育用平台与信息获取及搜索等工具，通过互联网服务提供单位(ISP)接入互联网或者教育电视台，向上网用户提供教学和其他有关教育公共信息服务的机构。教育网校是指进行各级各类学历学位教育或者通过培训颁发各种证书的教育网站。同时还对开办教育网站和网校的主体、涉及教育的类型和层次等作了具体规定。提出“教育网站和网校可涉及高等教育、基础教育、幼儿教育、师范教育、职业教育、成人教育、继续教育及其他种类教育和教育公共信息服务”。为落实教育部对现代远程教育实行归口管理的有关精神，加强对教育网站和网校的审批和管理，《办法》强调，“凡在中华人民共和国境内申报开办教育网站和网校，必须向主管教育行政部门申请，经审查批准后方可开办。已开办的教育网站和网校，如未经主管教育行政部门批准的，应及时补办申请、批准手续。未经主管教育行政部门批准，不得擅自开办教育网站和网校”。对利用卫星开展远程教学活动的，《办法》特别强调，“教育网站和网校凡利用卫星网络进行教育教学活动的，必须经由中国教育电视台上星”。同时，《办法》还对网站和网校的管理体制、申报办法、申报程序、申报条件，以及网站和网校收费办法等都作了明确的规定。《教育网站和网校暂行管理办法》的发布，大大加强了对网络教育的规范化管理。2001 年各地对教育网站和网校的审批工作正在有序进行。

〔中国教育和科研计算机网高速主干网〕 中国教育和科研计算机网（CERNET）高速传输网和中高速地区网建设，是现代远程教育工程的重要建设内容。经过清华大学和其他项目承担单位的共同努力，到 2001 年底，CERNET 已经建成了近 2 万公里的 DWDM/SDH 高速传输网，主干总容量可达 40Gbps，高速主干网已经升级到 2.5Gbps，155M 的 CERNET 中高速地区网已经连接到全国 35 个重点城市；全国已经有 100 多所高校的校园网以 100～1000Mbps 速率接入 CERNET。CERNET 已建立了 36 个节点，通达全国 160 多个城市。有 900 多家教育科研单位连网，上网人数达 800 万人，联网主机已超过 100 万台，已经成为我国第二大互联网。CERNET 高速主干网建设项目的完成，标志着 CERNET 的传输速率和接入能力已经达到或接近发达国家水平。解决了长期困扰 CERNET 发展的通信线路问题，也为中国教育信息化的发展铺就了基础传输网络。2.5Gbps 的 CERNET 高速主干网大大缓解了主干线路的网络堵塞现象，为我国高校开展跨地区的远程教育、网上招生、网上合作研究以及国际交流等网络应用打下了良好的基础。

该项目还配套初步建成 CERNET 高速网络服务平台。已经提供的网络服务包括网络资源目录服务、CCERT 安全服务、时间服务、网管服务、与国际联网的组播服务等，并为充分发挥 CERNET 高速网络的投资效益、提高网络运行性能、支持大规模的网络教育应用提供了支撑环境。

〔现代远程教育关键技术〕 为进一步加快“现代远程教育工程”的实施步伐，2001 年正式启动了现代远程教育关键技术与支撑服务系统天地网结合项目，成立了项目实施总体专家组。专家组的主要职责是对天地网结合项目中的重点项目和一般项目进行组织协调和系统管理。并具体负责重大项目(示范工程)的集成工作和对项目实施的全过程进行监督、检查、评估和阶段性验收，定期提出项目研究开发进展报告。示范项目的主要目标是以中国教育和科研计算机网与中国教育电视台多媒体传输平台为基础，提出基于天地网开展高校网络教育联合办学和资源共享的解决方案，研究课程互选、学分互认的问题，研制并集成各相关主题关键技术的攻关成果，形成一套自主知识产权的基于天地网的远程教育支持系统。在此基础上，先由 10 所高校开展跨地区、跨城市高校学分互认的网络教育示范应用。

撰稿　杨东占　杨雪琴

〔**2001 年高校十大科技进展**〕

2001 年高校十大科技进展是：

一、IHH 基因的突变导致了 A－1 型短指(趾)（上海交通大学）

二、高温超导磁悬浮实验车（西南交通大学）

三、$C_{60}$ 单分子的高分辨表征和新型二维取向畴（中国科学技术大学）

四、全球二叠系—三叠系界线层型研究（中国地质大学）

五、中国陆地生态系统碳循环及植被生产力的研究（北京大学）

六、中国高速互联研究试验网络（清华大学）

七、光学超晶格紫外—绿、蓝—红双波长小型全固态激光器（南京大学）

八、铝合金超常铸轧技术与设备（中南大学）

九、国际合作西藏高原深剖面探测的大地电磁研究（中国地质大学）

十、高纯粘胶基碳纤维的研制及 300Kg/y 粘胶基碳纤维扩试线（东华大学）

撰稿　毛通双　余朝蓬

〔**表彰科研管理（自然科学类）先进集体和个人**〕　2001 年，为总结经验，鼓励先进，进一步加强高校科研管理队伍建设，提高科研管理水平，增强高校的科技创新能力和综合竞争力，教育部对在“九五”期间做出突出贡献的北京大学科研部等 121 个先进集体和孟根发等 255 名先进个人予以表彰。

## 科研管理先进集体名单

| | | | |
|---|---|---|---|
| **北京** | 北京大学科研部 | 清华大学科技处 | 北京师范大学科技处 |
| | 北京科技大学科技处 | 北京化工大学科技处 | 北京航空航天大学科技处 |
| | 北京理工大学科技处 | 北京邮电大学科技处 | 北方交通大学科技处 |
| | 中国农业大学科研处 | 北京工业大学科技处 | |
| **天津** | 天津大学科技处 | 南开大学科技处 | 天津师范大学科研处 |
| **河北** | 河北工业大学科研处 | 河北农业大学科技处 | 燕山大学科技处 |
| **山西** | 山西大学科技处 | 太原理工大学科研处 | 华北工学院科技处 |
| **内蒙古** | 内蒙古大学科技处 | | |
| **辽宁** | 大连理工大学科技处 | 东北大学科技处 | 沈阳工业大学科技处 |
| | 中国医科大学科研处 | 辽宁师范大学科研处 | |
| **吉林** | 吉林大学科技处 | 东北师范大学科研处 | 延边大学科研处 |
| | 东北电力学院科研处 | | |
| **黑龙江** | 哈尔滨工业大学科技处 | 东北农业大学科技处 | 东北林业大学科技处 |
| | 大庆石油学院科研处 | | |
| **上海** | 上海市教委科技处 | 复旦大学科技处 | 上海交通大学科技处 |
| | 同济大学科技处 | 华东师范大学科研处 | 华东理工大学科技处 |
| | 上海第二医科大学科研处 | 东华大学科研与产业处 | 上海大学科研处 |
| | 第二军医大学科研部 | | |
| **江苏** | 江苏省教育厅科技与产业处 | 南京大学科技与产业处 | 东南大学科技处 |
| | 南京农业大学科技处 | 南京航空航天大学科技部 | 南京理工大学科技处 |
| | 南京工业大学科技处 | 中国矿业大学科技与产业处 | 江南大学科技处 |
| | 江苏大学科技与产业处 | | |
| **浙江** | 浙江大学科技部 | 浙江工业大学科技处 | |
| **安徽** | 安徽省教育厅科技处 | 中国科学技术大学科技处 | 合肥工业大学科研处 |
| | 安徽大学科研处 | 淮南工业学院科技与产业处 | |
| **福建** | 厦门大学科研处 | 福州大学科研处 | 福建师范大学科研处 |
| **江西** | 南昌大学科研处 | | |
| **山东** | 山东大学科技处 | 青岛海洋大学科技处 | 石油大学（华东）科技处 |

| | | | |
|---|---|---|---|
| | 青岛大学科技处 | 山东农业大学科研处 | 山东科技大学科研处 |
| 河南 | 郑州大学科研处 | 河南大学科研处 | 河南农业大学科技处 |
| | 洛阳工学院科技处 | | |
| 湖北 | 湖北省教育厅科技处 | 武汉大学科技部 | 华中科技大学科技处 |
| | 武汉理工大学科技处 | 华中农业大学科研处 | 华中师范大学科技与产业处 |
| | 湖北大学科研处 | | |
| 湖南 | 国防科技大学科研部 | 中南大学科技处 | 湖南大学科技处 |
| | 湖南农业大学科技处 | 湖南师范大学科研处 | |
| 广东 | 广东省教育厅科研处 | 中山大学科技处 | 华南理工大学科技处 |
| | 暨南大学科研处 | 华南农业大学科技处 | 中山大学医学科学处 |
| 广西 | 广西大学科技处 | 广西师范大学科研处 | |
| 海南 | 海南大学科研设备处 | | |
| 重庆 | 第三军医大学科研部 | 重庆大学科研处 | 西南师范大学科技处 |
| | 重庆医科大学科研处 | | |
| 四川 | 四川大学科技处 | 西南交通大学科研处 | 成都理工大学科技与外事处 |
| | 电子科技大学科技处 | 四川农业大学科研处 | 西南石油学院科研处 |
| 云南 | 昆明理工大学科技处 | 云南农业大学科技处 | |
| 贵州 | 贵州大学科技处 | | |
| 陕西 | 陕西省教育厅科研与产业处 | 西安交通大学科技处 | 西北大学科研处 |
| | 西北工业大学科技处 | 西安建筑科技大学科技处 | 西北农林科技大学科研处 |
| | 西安理工大学科技处 | 西安电子科技大学科研处 | |
| 甘肃 | 兰州大学科研处 | 甘肃工业大学科技处 | |
| 宁夏 | 宁夏大学科研处 | | |
| 新疆 | 新疆大学科研处 | | |

## 科研管理先进个人名单

| | | | | |
|---|---|---|---|---|
| 北京 | 北京化工大学 | 孟根发 | 北京科技大学 | 刘月娥 |
| | 北京理工大学 | 赵长禄 | 北方交通大学 | 李学伟 |
| | 北京邮电大学 | 吕　嘉 | 北京石油化工学院 | 董晋曦 |
| | 北京师范大学 | 刘文彦 | 石油大学（北京） | 宁正福 |
| | 北京林业大学 | 吴丽娟 | 北京大学 | 郑英姿 |
| | 中国农业大学 | 吴海芹 | 中国地质大学（北京） | 杜杨松 |
| | 首都师范大学 | 孙　彤 | 北京工业大学 | 林美珍 |
| | 北京服装学院 | 韩福华 | 北京机械工程学院 | 栾忠权 |
| | 北京信息工程学院 | 钟　玲 | 首都医科大学 | 张茂先 |
| | 清华大学 | 吴振宇 | 清华大学 | 秦　竹 |
| | 北京大学 | 吴　锜 | 北京化工大学 | 张晓丰 |
| 天津 | 天津大学 | 古　瑶 | 南开大学 | 杨国凤 |
| | 天津医科大学 | 侯军儒 | 天津师范大学 | 郝泗城 |
| | 天津工业大学 | 管　国 | | |
| 河北 | 河北医科大学 | 张　瑛 | 石家庄铁道学院 | 郭　枫 |
| | 河北师范大学 | 韩来平 | 燕山大学 | 刘成斌 |
| | 河北工业大学 | 余迎新 | 河北农业大学 | 张月辰 |
| | 河北大学 | 雷天亮 | 河北省教育厅 | 董　友 |
| 山西 | 山西农业大学 | 杨万仓 | 山西大学 | 张福增 |
| | 太原理工大学 | 庞建英 | 华北工学院 | 高建华 |

| | | | | |
|---|---|---|---|---|
| 内蒙古 | 内蒙古医学院 | 秦林金 | 包头钢铁学院 | 陈宏杰 |
| | 内蒙古大学 | 李其宏 | 内蒙古农业大学 | 闫　伟 |
| | 内蒙古师范大学 | 马跃东 | | |
| 辽宁 | 沈阳航空工业学院 | 张　敏 | 沈阳建筑工程学院 | 李　伟 |
| | 大连医科大学 | 徐秀美 | 大连海事大学 | 慕泽春 |
| | 沈阳工业大学 | 宫兴祯 | 大连轻工业学院 | 刘贵伟 |
| | 辽宁工学院 | 杨　艳 | 大连理工大学 | 卢中昌 |
| | 大连理工大学 | 康旭东 | 中国医科大学 | 何钦成 |
| | 东北大学 | 安宇宏 | 东北大学 | 厉　英 |
| 吉林 | 东北师范大学 | 姜锡东 | 长春光学精密机械学院 | 李占国 |
| | 吉林工学院 | 韩春雨 | 吉林大学 | 刘勇兵 |
| | 吉林大学 | 张兴洲 | 吉林大学 | 王治强 |
| | 东北电力学院 | 李国庆 | 四平师范学院 | 沈永祥 |
| 黑龙江 | 东北农业大学 | 郑秋鹏 | 大庆石油学院 | 常　瑛 |
| | 哈尔滨理工大学 | 姚秀荣 | 黑龙江省教育厅 | 吴　涛 |
| | 东北林业大学 | 何　旭 | 哈尔滨商业大学 | 孔　琪 |
| 上海 | 复旦大学 | 陆　飞 | 同济大学 | 姜富明 |
| | 上海第二军医大学 | 郑兴东 | 复旦大学 | 殷南根 |
| | 东华大学 | 蔡玉华 | 华东理工大学 | 于建国 |
| | 上海市教委 | 陈　凯 | 同济大学 | 朱晓岚 |
| | 上海师范大学 | 章　敏 | 上海大学 | 严家麟 |
| | 复旦大学 | 孙桂芳 | 上海第二医科大学 | 张廷翔 |
| | 上海水产大学 | 郁美娣 | 上海应用技术学院 | 何瑞铨 |
| | 华东师范大学 | 韩建水 | 上海交通大学 | 陈大跃 |
| | 上海理工大学 | 席与亨 | 同济大学 | 徐迪民 |
| 江苏 | 南京理工大学 | 吴树山 | 南京医科大学 | 吴建国 |
| | 南京大学 | 李　成 | 南京工业大学 | 阮锦强 |
| | 南京农业大学 | 钱宝英 | 南京中医药大学 | 黄奇恩 |
| | 江南大学 | 徐保国 | 扬州大学 | 邬碧鹏 |
| | 东南大学 | 李建清 | 中国矿业大学 | 高国英 |
| | 南京林业大学 | 施季森 | 中国药科大学 | 朱央央 |
| | 江苏大学 | 宋顺林 | 苏州大学 | 崔志明 |
| | 南京师范大学 | 傅康生 | 南京航空航天大学 | 王　萍 |
| | 南京邮电学院 | 张顺颐 | 南京大学 | 刘荣川 |
| 浙江 | 浙江大学 | 葛朝阳 | 浙江省教育厅 | 赵章仁 |
| | 杭州电子工业学院 | 杨永德 | 浙江工程学院 | 虞树荣 |
| | 浙江中医学院 | 陈怀耳 | 宁波大学 | 唐绍祥 |
| 安徽 | 安徽师范大学 | 马三保 | 安徽工业大学 | 王翠宝 |
| | 安徽大学 | 张启兵 | 安徽医科大学 | 卞修凡 |
| | 合肥工业大学 | 叶　敏 | 中国科学技术大学 | 张　玲 |
| | 蚌埠医学院 | 王光育 | 淮南工业学院 | 吕　松 |
| | 安徽农业大学 | 倪　健 | 安徽机电学院 | 朱文藻 |
| 福建 | 厦门大学 | 廖鸿祥 | 福州大学 | 柯瑞英 |
| | 集美大学 | 许　伟 | 福建师范大学 | 张江山 |
| 江西 | 南昌大学 | 夏芳臣 | 南方冶金学院 | 陈米宋 |
| | 江西师范大学 | 蒋凤池 | 华东交通大学 | 洪　汶 |
| 山东 | 山东大学 | 栾维东 | 山东科技大学 | 林　强 |
| | 青岛化工学院 | 刘安祥 | 山东省教育厅 | 王志田 |
| | 青岛海洋大学 | 纵日山 | 山东轻工业学院 | 王　权 |

| | | | | |
|---|---|---|---|---|
| | 山东工程学院 | 巴连良 | 山东大学 | 王振光 |
| | 山东师范大学 | 唐　波 | 烟台师范学院 | 姚淑云 |
| | 山东建筑工程学院 | 蓝　静 | 滨州医学院 | 宋汝峰 |
| **河南** | 郑州大学 | 李利民 | 河南大学 | 宋　伟 |
| | 郑州大学 | 李逊霞 | 河南省教育厅 | 孔繁士 |
| | 新乡医学院 | 马更新 | 河南农业大学 | 傅国泰 |
| | 中原工学院 | 丁淑敏 | 河南职业技术师院 | 丁福虎 |
| | 河南省教育厅 | 杨学勇 | | |
| **湖北** | 华中科技大学 | 陈国清 | 武汉理工大学 | 姜从盛 |
| | 华中农业大学 | 陈东明 | 中国地质大学（武汉） | 秦小玲 |
| | 江汉石油学院 | 王贯中 | 武汉大学 | 沈百舸 |
| | 黄冈师范学院 | 陈中文 | 武汉科技学院 | 向新柱 |
| | 三峡大学 | 孟遂民 | 湖北省教育厅 | 夏杨福 |
| | 武汉化工学院 | 李世荣 | 湖北工学院 | 李厚祥 |
| | 湖北农学院 | 赵　毅 | 湖北汽车工业学院 | 简　炜 |
| | 湖北师范学院 | 刘堂昆 | 襄樊学院 | 潘梅笑 |
| **湖南** | 湖南农业大学 | 符少辉 | 中南大学 | 吴厚平 |
| | 中南大学 | 唐新孝 | 湖南师范大学 | 周蒲荣 |
| | 国防科技大学 | 张海新 | 中南林学院 | 赵　坤 |
| | 湘潭工学院 | 徐丽瑛 | 湖南大学 | 韩绍昌 |
| | 吉首大学 | 傅伟昌 | | |
| **广东** | 中山大学 | 夏亮辉 | 中山大学 | 李子和 |
| | 中山大学 | 袁凯瑜 | 华南理工大学 | 李本祥 |
| | 广东省教育厅 | 吴锡尧 | 暨南大学 | 张素娟 |
| | 华南师范大学 | 安　宁 | 华南农业大学 | 吕建秋 |
| | 华南理工大学 | 吴斯桃 | 广东工业大学 | 刘璇华 |
| | 暨南大学 | 梁　燕 | | |
| **广西** | 广西师范大学 | 查丹明 | 广西教育厅 | 李向红 |
| | 广西大学 | 黄品鲜 | 桂林电子工业学院 | 林燕雄 |
| | 广西医科大学 | 叶　峻 | 广西工学院 | 冯德芬 |
| | 桂林工学院 | 李启培 | | |
| **海南** | 海南大学 | 陈泽林 | | |
| **重庆** | 第三军医大学 | 罗长坤 | 西南师范大学 | 杨　华 |
| | 重庆医科大学 | 秦亚恬 | 重庆大学 | 朱明君 |
| | 重庆工学院 | 万沛霖 | 重庆师范学院 | 何兴宜 |
| | 重庆交通学院 | 吴国雄 | | |
| **四川** | 成都中医药大学 | 杨　明 | 西南交通大学 | 马　跃 |
| | 西南石油学院 | 廖细明 | 四川农业大学 | 罗玲萍 |
| | 泸州医学院 | 曾晓荣 | 电子科技大学 | 张万祥 |
| | 四川大学 | 姬郁林 | 川北医学院 | 鄢佳程 |
| | 四川师范大学 | 万光义 | 四川省教育厅 | 黄　勇 |
| | 四川工业学院 | 张礼达 | 四川农业大学 | 张　健 |
| **贵州** | 贵州大学 | 郭　兰 | 贵州中医学院 | 郑曙光 |
| **云南** | 云南农业大学 | 李文祥 | 昆明理工大学 | 申立中 |
| | 大理医学院 | 陈艳兰 | 昆明医学院 | 刘美芳 |
| | 云南师范大学 | 何　斌 | 昆明理工大学 | 易定芬 |
| | 云南农业大学 | 王海宁 | | |
| **西藏** | 西藏农牧学院 | 郑维列 | | |
| **陕西** | 西北大学 | 朱恪孝 | 陕西师范大学 | 党文昌 |

| | | | | |
|---|---|---|---|---|
| | 西安建筑科技大学 | 叶青峰 | 西安交通大学 | 白小萱 |
| | 西安交通大学 | 郝云峰 | 西安工程科技学院 | 田　伟 |
| | 西安电子科技大学 | 朱红星 | 西北农林科技大学 | 庄世宏 |
| | 西安理工大学 | 张　林 | 西北工业大学 | 刘成河 |
| | 西安工业学院 | 权贵秦 | 西安石油学院 | 王田均 |
| | 陕西中医学院 | 张喜德 | 宝鸡文理学院 | 范　英 |
| | 延安大学 | 郭延飞 | 长安大学 | 郭军杰 |
| **甘肃** | 甘肃农业大学 | 孙光远 | 兰州大学 | 冯博学 |
| | 甘肃省教育厅 | 余学军 | 西北师范大学 | 张喜爱 |
| | 兰州铁道学院 | 李志恒 | | |
| **宁夏** | 宁夏大学 | 孔　斌 | 宁夏医学院 | 李正直 |
| **青海** | 青海省教育厅 | 王国和 | | |
| **新疆** | 新疆大学 | 孔玉洁 | 新疆大学 | 周　蓉 |
| | 石河子大学 | 魏志远 | 新疆医科大学 | 孙跃武 |
| | 新疆师范大学 | 白　瑛 | 新疆农业大学 | 玉山江 |
| | 伊犁师范学院 | 拜　山 | | |

撰稿　杨雪琴

审稿　雷朝滋

〔**高校博士学科点专项科研基金**〕　2001年，理工、农、医62所高校共申报课题1 420项，经形式审查，有1 410项合格。申报总经费8 768.7万元，平均申报强度6.22万元，与2000年申报强度基本持平。其中博士导师申请1 326项，占94%；重点学科、重点实验室申请718项，占50.9%；66岁以上申请者71人，占5%；46岁～65岁808人，占57.3%；45岁以下531人，比2000年增加91人，占37.7%；其中重点学科、重点实验室45岁以下非博士导师申请者83人，占5.9%。在1 410项申请课题中，基础性研究课题1 403项，占99.5%；其他性质研究课题7项，占0.5%。

根据专家通讯评审和会议评审，博士点基金理工、农、医共资助62所高校425项课题，资助率为30.1%；使用经费2 252万元，平均资助强度5.3万元，其中数学、管理、经济平均资助强度为4.5万元。资助课题中，博士导师399人，占资助总数的93.9%；非博士导师26人，占6.1%（均为重点学科、重点实验室中的年轻教师）；重点学科、重点实验室297项，占58.1%。受资助者中66岁以上35人，占8.2%；46～65岁229人，占53.9%；45岁以下161人，占37.9%。基础研究课题170项，占40%；应用基础研究课题254项，占59.8%；其它性质研究课题1项，占0.2%。

〔**高校科技企业管理**〕　2001年，教育部审核批复部直属高校企业改制设立股份有限公司11家，成立企业集团1家。经教育部科技发展中心批复同意部直属高校设立企业或改制设立企业41家。

国务院体改办、教育部关于北京大学、清华大学规范校办企业管理体制试点指导意见，报经国务院同意，北京大学、清华大学两校已开始按照指导意见，组织实施。

教育部科技发展中心于5月和12月先后组织两期香港蒋氏基金中国高校科技企业厂长（经理）培训班。培训的内容主要有企业管理、产品市场拓展、企业质量管理等课程。5月有45人参加培训，12月有21人参加培训。

〔**全国高校科技产业工作座谈会**〕　2001年7月27日～28日，在北京召开了“全国高校科技产业工作座谈会”。教育部副部长吕福源、赵沁平出席座谈会并讲话。国家计委、科技部、国务院体改办等部委的有关领导也在会上作了讲话。他们充分肯定了高校发展科技产业所取得的成绩以及对加快我国高校科技成果转化和推动国家高新技术产业化工作所作的贡献。通过交流和讨论，代表们深刻理解了“规范管理和促进发展”的辩证关系。会后，各有关部门认真贯彻会议精神，结合本地、本校实际情况，进一步做好高校科技成果转化和产业化工作。

〔**中国高校校办产业协会换届**〕 中国高校校办产业协会换届选举暨第三届理事会第一次常务理事会于2001年9月27日～28日在厦门大学召开。会议讨论通过了修订后的《中国高校校办产业协会章程》；讨论通过了新一届协会的工作规划，选举产生了协会新一届理事会领导成员。

〔**科技成果推广**〕 2001年，高校通过实施国家科技开发计划，把一批经济效益好，技术先进、成熟，有良好应用前景的科技成果推向市场，促进了科技成果向现实生产力转化。据统计，2001年全国高校有46项科技成果进入国家重点新产品计划，占其总数的3.37％；56项进入国家重点推广计划，占其总数的17.83％；16项科技成果进入国家级星火计划，占其总数的1.54％。高校在上述各类计划中47项共获得1 390万元的国家财政拨款资助，其中国家重点新产品计划13项获得资助400万元，国家重点推广计划10项获得资助340万元，国家级星火计划11项获得资助650万元，这些资助有力地促进了高校科技成果的推广转化。

2001年高校重大产业化项目共列入国家级火炬计划59项，占总项目数的4.6％。

〔**科技成果管理**〕 2001年，共批准高校科技成果鉴定申请175项，主要集中在攻关项目（38项）、“863”计划项目（15项）和自选项目（64项）等。

根据科技部《科技成果登记办法》，制发了教育部《科技成果登记办法》实施细则。已受理科技成果登记项目1 466项，有170所高校（部属57所）参加登记。

“全国高校科技产业化服务体系”于2001年7月份开始启动建设。建设目标为：以促进高校科技成果转化和产业化为中心，以高校和社会的需求为导向，凝聚政府、社会各方面的资源，为高校提供全方位的专业化和社会化服务。作为服务体系重要组成部分的高校科技产业投资有限公司于7月份成立并开始运营，该公司是“全国高校科技产业化服务体系”资本运作平台的重要机构之一。

〔**专利工作**〕 组织申报2001年度中国专利奖项目3项；组织5所大学申报专利试点单位；购置高校专利情况数据库，建立高校专利管理信息系。截止到2001年11月底，全国高校当年共申请专利3 663件，比上年同期增长45.88％；全国高校当年共获授权专利1 377件。接受“展望计划”捐助，与展望计划办公室联合举办“西部高校青年管理干部知识产权培训班”。

〔**高校科技奖励工作**〕 2001年度中国高校科学技术奖共有153所高校推荐819个项目申请授奖。在两级专家评审的基础上，经中国高校科学技术奖励委员会审核，推荐出授奖项目243项，其中一等奖66项，二等奖177项。在授奖项目中，自然科学奖为114项（一等奖23项，二等奖91项），技术发明奖为23项（一等奖7项，二等奖16项），科技进步奖为106项（一等奖36项，二等奖70项）。

根据专家评审会推荐，并由中国高校科技奖励委员会审核，教育部共推荐2002年度国家自然科学奖17项、国家技术发明奖8项、国家科技进步奖26项，已上报国家科技奖励工作办公室。同时向国家科技奖励工作办公室推荐高校国家级科技奖励评审专家167人。

撰稿　林　烨

审稿　李志民

**附**

# 2001年度中国高校科学技术奖一等奖获奖项目名单

| 编号 | 奖种名称 | 项目名称 | 主要完成人 | 主要完成单位 |
|---|---|---|---|---|
| 001 | 自然科学奖 | KAM理论及非线性振动 | 柳　彬 | 北京大学 |
| 002 | 自然科学奖 | 人类新的促凋亡基因TFAR19的克隆和功能研究 | 马大龙　刘红涛　张颖妹　陈英玉　宋泉声　狄春辉 | 北京大学 |
| 003 | 自然科学奖 | TiA1合金超位错分解宽度、孪晶变形及形变诱导微结构变化 | 陈国良　宋西平　惠希东　林均品　倪晓东　张立春　张卫军　王金国 | 北京科技大学 |
| 004 | 自然科学奖 | 固体催化剂和固体催化剂填充床的机械强度研究 | 李永丹　吴东方　石亚华　王日杰　李玉敏　张　鎏　张继炎 | 天津大学 |
| 005 | 自然科学奖 | 非线性岩石力学系统行为的智能分析与预测研究 | 冯夏庭　王泳嘉　杨成祥　张治强 | 东北大学 |
| 006 | 自然科学奖 | 广义系统分析与综合基础理论研究 | 刘晓平　张庆灵　邢　伟　荆海英　樊治平　徐心和　张嗣瀛 | 东北大学 |
| 007 | 自然科学奖 | 新型有机电致发光材料的基础研究 | 沈家骢　马於光　王　悦　田文晶　吴　英 | 吉林大学 |
| 008 | 自然科学奖 | 高分子链构象及其粘弹性的统计力学理论 | 杨玉良　丁建东　张红东　于同隐 | 复旦大学　教育部聚合物分子工程重点实验室 |
| 009 | 自然科学奖 | 自旋输运和巨磁电阻理论 | 邢定钰　盛　利　刘　楣　董锦明　汪子丹　顾惹愚　郑之明　吕　品　蒋　杰　齐雨农 | 南京大学　东南大学 |
| 010 | 自然科学奖 | 锡与稀有金属花岗岩成岩成矿作用地球化学研究 | 陈　骏　王汝成　尹　林　刘昌实　沈渭洲　徐士进 | 南京大学 |
| 011 | 自然科学奖 | 海洋沉积动力过程及其环境效应 | 高　抒　柯贤坤 | 南京大学 |
| 012 | 自然科学奖 | 随机激励的耗散的哈密顿系统理论 | 朱位秋　黄志龙　雷　鹰　应祖光　杨勇勤 | 浙江大学 |
| 013 | 自然科学奖 | 锅炉受热面管束磨损和防磨措施的数值试验研究 | 樊建人　周　昊　池作和　金　军　岑可法 | 浙江大学 |
| 014 | 自然科学奖 | 过渡金属电极体系的表面增强拉曼光谱研究和应用 | 田中群　任　斌　毛秉伟　吴德印　姚建林 | 厦门大学 |
| 015 | 自然科学奖 | 金属熔体团簇结构及其遗传性研究 | 边秀房　王伟民　李　辉　秦敬玉 | 山东大学 |
| 016 | 自然科学奖 | 风浪破碎研究 | 徐德伦　于定勇　郑桂珍　吕红民 | 青岛海洋大学 |
| 017 | 自然科学奖 | 纤毛虫原生动物的个体及系统发生学 | 宋微波　胡晓钟　王　梅　施心路　马宏伟　陈子桂　朱明壮 | 青岛海洋大学 |
| 018 | 自然科学奖 | 微腔量子电动力学现象及其应用的研究 | 吴　颖　杨晓雪 | 华中科技大学 |
| 019 | 自然科学奖 | 不同地理与生态分布植物类群的分子系统发育研究 | 施苏华　钟　扬　黄椰林 | 中山大学　复旦大学　中国科学院武汉植物研究所 |
| 020 | 自然科学奖 | 制造系统工程的理论框架和技术体系 | 刘　飞　杨　丹　张晓东　张　华　徐宗俊　孙棣华　陈　庄　张旭梅 | 重庆大学 |
| 021 | 自然科学奖 | 复杂结构优化理论与算法 | 夏人伟　黄　海　董　聪 | 北京航空航天大学　清华大学 |

续表

| 编号 | 奖种名称 | 项 目 名 称 | 主要完成人 | 主要完成单位 |
|---|---|---|---|---|
| 022 | 自然科学奖 | 裂隙岩体力学的分形研究 | 谢和平 鞠 杨 周宏伟 高 峰 张瑞新 赵 鹏 冯志刚 孙洪泉 何满潮 彭苏萍 宋彦琦 | 中国矿业大学（北京校区） |
| 023 | 自然科学奖 | 数论与现代密码算法 | 曹珍富 董晓蕾 | 哈尔滨工业大学 |
| 024 | 技术发明奖 | 高放废液全分离流程萃取设备（核用离心萃取器）研究 | 于文东 周嘉贞 刘秉仁 吴秋林 段五华 宋崇立 | 清华大学 |
| 025 | 技术发明奖 | 一种矿物型凝聚剂处理循环水的方法 | 刘炯天 王永田 马力强 胡 军 周晓华 | 中国矿业大学 |
| 026 | 技术发明奖 | 中国水稻农家品种马尾粘败育株的发现与马协CMS研究和利用 | 朱英国 余金洪 周培疆 黄佩霞 朱仁山 | 武汉大学 |
| 027 | 技术发明奖 | 电磁场铸轧设备与工艺研究 | 钟 掘 毛大恒 肖立隆 丁道廉 郭仕安 赵啸林 马继伦 蔡首军 陈际达 陈欠根 张学平 李 铁 廖力清 严珩志 段瑞芬 张友旺 李范坤 贺地求 梅 伟 | 中南大学 西北铝加工厂 |
| 028 | 技术发明奖 | 组织工程肌腱的基础研究及临床应用 | 杨志明 黄富国 秦廷武 项 舟 解慧琪 | 四川大学 |
| 029 | 技术发明奖 | 可用作带有雌激素结构的骨靶向药物的化合物 | 郑 虎 翁玲玲 | 四川大学 |
| 030 | 技术发明奖 | 高锰酸盐复合药剂除污染技术 | 李圭白 马 军 许国仁 陈忠林 | 哈尔滨工业大学 |
| 031 | 科技进步奖 | 含体积型缺陷压力管道极限与安定分析及安全评定方法研究 | 徐秉业 陈 钢 刘应华 陈学东 贾国栋 姚佐权 岑章志 孙 亮 左尚志 徐志锋 杨 彬 白 洁 陈浩峰 | 清华大学 国家质量技术监督局锅炉压力容器检测研究中心 合肥通用机械研究所 |
| 032 | 科技进步奖 | 叶尔羌河平原绿洲四水转化关系研究 | 雷志栋 祝向民 尚松浩 姜全生 杨诗秀 瞿继龙 刘诚明 何长德 沈言俐 毛晓敏 买买提明·依力木 朱卫东 吐尔洪·牙生 依比布拉·克热木拉 周 凯 钟永刚 段新杰 | 清华大学 新疆维吾尔自治区喀什地区叶尔羌河流域管理处 新疆维吾尔自治区水利厅 |
| 033 | 科技进步奖 | 中国复杂区油气地球物理勘探理论与技术 | 牟永光 王尚旭 王润秋 曹思远 狄帮让 陈小宏 魏建新 魏修成 王守东 戴世坤 刘 洋 宋 炜 | 石油大学（北京） |
| 034 | 科技进步奖 | 优良玉米自交系综3和综31的选育与利用 | 戴景瑞 谢友菊 苏胜宝 陈伟程 王守才 宋同明 许启风 刘占先 廖 琴 孙世贤 侯爱民 孙 茂 刘 杭 蔡春泉 杨培珠 | 中国农业大学 |
| 035 | 科技进步奖 | 猪优质高效饲料产业化关键技术研究与推广 | 李德发 谯仕彦 蒋宗勇 刘作华 林映才 宋中山 杨坤明 张 莹 熊本海 张丽英 朴香淑 马永喜 李宇红 吕明斌 邢建军 | 中国农业大学 广东省农业科学院畜牧研究所 湖南正虹饲料股份有限公司 重庆市养猪科学研究院 |
| 036 | 科技进步奖 | 益肾化浊法治疗老年期血管性痴呆的研究 | 王永炎 张伯礼 刘金生 唐启盛 张允岭 朱培纯 李云谷 曹晓岚 赵建军 陈汝兴 王荫华 | 北京中医药大学 天津中医学院 山东中医药大学 长春中医学院 上海中医药大学 北京大学第一医学院 |

续表

| 编号 | 奖种名称 | 项 目 名 称 | 主要完成人 | 主要完成单位 |
|---|---|---|---|---|
| 037 | 科技进步奖 | 天线罩几何厚度及外廓形测量仪 | 郭东明 贾振元 王晓明 王 伟 徐志祥 姚宝国 赵福令 余慧龙 杨连文 马清武 吴宏基 康德纯 | 大连理工大学 中国航天机电集团第二研究院25所 |
| 038 | 科技进步奖 | 中国东部陆缘主要盆地区及邻区区域构造和深层油气目标研究 | 杨宝俊 王璞珺 刘 财 张梅生 焦新华 单玄龙 孙晓猛 郭 华 刘万洙 许文良 刘万崧 刘国兴 彭向东 宋维海 冯 晅 | 吉林大学 |
| 039 | 科技进步奖 | 白桦良种选育技术的研究 | 杨传平 刘桂丰 詹亚光 郭明辉 李 智 刘关君 姜 静 李景云 刘吉春 赵 云 赵博生 刘雪梅 夏德安 庞志慧 王金满 | 东北林业大学 |
| 040 | 科技进步奖 | 建立和完善农村医疗保障制度的政策研究和实践 | 郝 模 罗 力 姜晓明 张 勇 尹受田 姚树坤 宋金良 郑益川 王小宁 马安宁 王志锋 章滨云 李鹏翔 吴延风 华 颖 包江波 陈恩东 傅鸿鹏 邵晶晶 | 复旦大学 |
| 041 | 科技进步奖 | 乙烯生产过程基于神经网络的软测量和智能控制技术 | 钱 锋 张玉明 刘漫丹 杨文化 杜文莉 刘 波 李立新 张明龙 何衍庆 杨 栋 | 华东理工大学 扬子石油化工股份有限公司 |
| 042 | 科技进步奖 | 大型聚酯反应过程和反应器的开发研究—仪化八单元增容30%改造 | 戴干策 戴迎春 张素贞 朱中南 赵 玲 沈瀛坪 季桂南 | 华东理工大学 |
| 043 | 科技进步奖 | 应急管理技术、方法及其应用 | 盛昭瀚 何建敏 赵林度 周 晶 王长君 陆卫东 邹小龙 刘春林 赵卫东 于跃海 李录书 翟晓敏 花长春 李春雨 谈晓洁 | 南京大学 东南大学 |
| 044 | 科技进步奖 | 南京长江第二大桥钢桥面环氧沥青混凝土铺装技术应用 | 黄 卫 戴永宁 李淞泉 杨 军 程 刚 娄学全 王 晓 王建伟 钱振东 孙 斌 | 东南大学 南京长江第二大桥指挥部 |
| 045 | 科技进步奖 | 牡蛎三倍体育苗与养殖技术研究 | 王如才 王昭萍 田传远 于瑞海 李 赟 | 青岛海洋大学 |
| 046 | 科技进步奖 | 高性能PTC陶瓷系列产品研究及产业化 | 周东祥 龚树萍 付 明 姜胜林 张道礼 黎步银 吕文中 | 华中科技大学 |
| 047 | 科技进步奖 | 塑料注射成形过程仿真系统的开发和应用 | 李德群 张宜生 周华民 梁书云 陈 兴 肖景容 崔树标 成学文 | 华中科技大学 |
| 048 | 科技进步奖 | 甘蓝型油菜细胞质雄性不育杂交种“华杂4号”的选育与应用 | 傅廷栋 杨光圣 涂金星 马朝芝 吴江生 李新华 甘 莉 魏泽兰 陈爱武 刘汉珍 涂 勇 段志红 吴和明 皇甫忠良 牛运生 梅方竹 | 华中农业大学 |
| 049 | 科技进步奖 | 冷弯薄壁型钢板组稳定性与极限承载力研究 | 周绪红 林忠钦 张建武 高轩能 周国梁 孙祖龙 莫 涛 | 湖南大学 |
| 050 | 科技进步奖 | 广东凡口铅锌矿狮岭矿（段）区成矿预测研究 | 戴塔根 马国秋 刘瑞弟 周建普 宋亮明 张术根 何未秋 罗永贵 欧阳仕元 杨汉壮 于新业 曹南山 陈秋宏 吴湘滨 胡 斌 | 中南大学 深圳市中金岭南金属股份有限公司凡口铅锌矿 |

续表

| 编号 | 奖种名称 | 项目名称 | 主要完成人 | 主要完成单位 |
|---|---|---|---|---|
| 051 | 科技进步奖 | 强化高纯电容铝箔立方织构的技术及机理研究 | 张新明 肖亚庆 林 林 卢敬华 邓运来 李成利 陈 文 游江海 刘楚明 唐建国 周卓平 黎 勇 高晓玲 王文高 陈志永 冯云祥 | 中南大学 西南铝业（集团）有限责任公司 |
| 052 | 科技进步奖 | SJDD系列塑料电磁动态塑化挤出设备 | 瞿金平 何和智 周南桥 晋 刚 曹贤武 蒋国彪 | 华南理工大学 |
| 053 | 科技进步奖 | 特种通信系统 | 杨士中 孙少凡 吴玉成 赵凤山 冯文江 杨力生 曾孝平 林金朝 余 平 黄 振 黄天聪 陈建中 | 重庆大学 |
| 054 | 科技进步奖 | 城市交通计算机集成管理及控制系统 | 刘卫宁 孙棣华 宋 伟 程代杰 刘 飞 方纪中 赵 明 陈 俭 张 扬 | 重庆大学 重庆金卡路桥信息产业有限公司 |
| 055 | 科技进步奖 | 大型天线结构系统优化设计 | 段宝岩 陈建军 曹鸿钧 罗 鹰 赵玉珍 赵 克 保 宏 仇原鹰 苏玉鑫 | 西安电子科技大学 |
| 056 | 科技进步奖 | 疲劳断裂可靠性工程学 | 熊峻江 高镇同 曾本银 武 哲 王三平 干伟民 蒋新桐 夏千友 | 北京航空航天大学 中国航空工业第602研究所 |
| 057 | 科技进步奖 | 分布式虚拟战场集成环境DVENET | 赵沁平 吴 威 沈旭昆 李思昆 王精业 吴恩华 郝爱民 梁晓辉 姚益平 夏 青 戴树岭 赵 龙 郭齐胜 | 北京航空航天大学 国防科技大学 装甲兵工程学院 中国科学院软件所 解放军信息工程大学 |
| 058 | 科技进步奖 | 压力管道危险源评价与失效原因诊断技术研究 | 钟群鹏 左尚志 张 峥 陈 钢 田永江 武淮生 金 星 秦平彦 陶雪荣 张海英 崔 钢 甘晓东 杜顺学 顾望平 | 北京航空航天大学 国家质量技术监督检验检疫总局锅炉压力容器检测研究中心 |
| 059 | 科技进步奖 | 煤的洁净利用地质技术 | 唐跃刚 代世峰 李宝春 任德贻 马凤学 唐 真 侯慧敏 张建华 艾天杰 刘须强 潘秀梅 郭晓晴 赵 刚 辛泽时 许培树 | 中国矿业大学（北京校区） |
| 060 | 科技进步奖 | 应用胚胎生物技术加快纯（良）种肉牛繁殖技术 | 桑润滋 朱士恩 田树军 王志刚 张志胜 李殿华 宋树森 曾申明 李瑞力 崔亚丽 | 河北农业大学 |
| 061 | 科技进步奖 | 声门上型喉癌的基础与临床治疗研究 | 潘子民 于靖寰 费声重 季文樾 郭 星 曹志伟 关 超 杨怀安 于 刚 | 中国医科大学 |
| 062 | 科技进步奖 | 机器人焊接空间焊缝质量智能控制技术及其系统研究 | 吴 林 陈善本 邱 涛 吕伟新 林 涛 田劲松 赵冬斌 娄亚军 汪云涛 宋月娥 张 勇 高洪明 戴 明 张广军 张 炯 | 哈尔滨工业大学 上海交通大学 |

续表

| 编号 | 奖种名称 | 项目名称 | 主要完成人 | 主要完成单位 |
|---|---|---|---|---|
| 063 | 科技进步奖 | 海洋平台结构检测维修、安全评定与实时监测系统 | 欧进萍 张兴才 员彩芬 肖仪清 程保荣 陈国明 王全增 顾永宁 赵强 黄虎杰 段忠东 刘学东 潘东民 张涛 苗文东 何林 李宏伟 | 哈尔滨工业大学 中海石油(中国)有限公司天津分公司 海洋石油工程股份有限公司维修分公司 清华大学 石油大学(华东) 大连理工大学 上海交通大学 中国科学院力学研究所 |
| 064 | 科技进步奖 | 游梁式抽油机专用高起动转矩节能电机的研制 | 李伟力 张富全 周封 李立毅 沈稼丰 邢永前 陈文彪 梁艳萍 | 哈尔滨理工大学 |
| 065 | 科技进步奖 | 未熟-低熟油生成的化学动力学理论及其在松辽外围盆地的应用研究 | 卢双舫 刘晓艳 付晓泰 王振平 冯亚丽 方立敏 薛海涛 曲佳燕 王雅春 任庆东 王峰 | 大庆石油学院 |
| 066 | 科技进步奖 | 提高婴幼儿危重和复杂先心病外科治疗疗效的实验与临床 | 苏肇伉 丁文祥 曹鼎方 付惟定 刘锦纷 黄惠民 张海波 陈玲 史珍英 徐志伟 陈恩 严勤 朱德明 | 上海第二医科大学 |

# 师范教育

〔**概况**〕 2001年，全国共有各级各类师范院校2 768所，在校学生数251万人。小学、初中、高中教师学历合格率分别为96.81%、88.81%和70.71%，与上年相比，小学教师降低了0.05个百分点，初中和高中教师分别提高了1.73和2.28个百分点。

小学教师中具有专科及以上学历的比例为27.4%，初中教师中具有本科及以上学历的比例为16.96%，高中教师具有研究生学历的比例为0.63%。与上年相比，小学和初中教师分别提高了7.35和2.78个百分点。

| | 学校数(所) | 在校学生数(万人) | 招生数(万人) | 毕业生数(万人) | 专任教师数(万人) |
|---|---|---|---|---|---|
| 高等师范学校 | 210 | 135.04 | 50.82 | 20.88 | 9.57 |
| 中等师范学校 | 570 | 66.24 | 19.53 | 27.83 | 4.56 |
| 教育学院 | 122 | 30.44 | 13.36 | 5.52 | 1.27 |
| 教师进修学校 | 1 866 | 19.28 | 8.35 | 9.31 | 4.22 |

撰稿 于兴国
审稿 马 立

〔**中小学教师继续教育工程**〕 2001年10月，教育部组织国家督导团分5组先后对青海、宁夏、内蒙古、黑龙江、河北、山西、湖北、广东、重庆、贵州等10省（自治区、直辖市）实施“中小学教师继续教育工程”情况进行了督导检查，发布了督导检查公报。自2000年教育部启动“工程”以来，各地各级教育行政部门对此十分重视，不断研究新举措，推进“工程”实施。地方性继续教育政策法规建设逐步得以完善，继续教育制度初步建立，“工程”总体进展顺利。据10省统计，省级骨干教师培训平均完成近40%，地（市）级骨干教师培训已完成51.26%，全员岗位培训、新教师培训、计算机全员培训、培训者培训分别完成70.27%、75.15%、51.33%、78.18%。2001年，各地已开始研究基础教育新课程师资培训工作规划。通过培训，绝大多数中小学教师提高了实施素质教育的认识，在教育观念、师德修养和现代教育技术应用等方面，提高尤为明显。

2001年10月，教育部在重庆市召开了“全国进一步推进中小学教师继续教育工程暨实验区成果交流工作会议”，各省（自治区、直辖市）教育厅师范处长、省级教师培训机构负责人、继续教育中心和继续教育实验区的负责人参加了会议。教育部副部长袁贵仁作了主题报告。会议总结交流了各地实施中小学教师继续教育工程和继续教育实验区的经验成果，重点研究了新形式下进一步推进中小学教师继续教育工程，保证“工程”主要目标实现的具体措施，对做好基础教育新课程师资培训工作提出了明确要求。

为尽快解决中小学教师继续教育资源短缺和不足，教育部继续加强了师资培训资源的建设力度。其中，以招标形式组织开发了第二批中小学教师继续教育教材，共计215种；专项支持开发了75种双语教材；对全国592个国家级贫困县捐赠价值

307 万元最新开发的继续教育教材；组织完成 34 门中小学教师继续教育网络课程的开发工作，并即将在全国确定的 30 多个远程教学试点开展课程试运行工作。

〔**国家级骨干教师培训**〕 2001 年底，由教育部首次举办的万名骨干教师国家级培训集中阶段培训全部结束，其中中小学语文、中小学数学、中小学英语及中学物理、化学、生物、历史、地理、政治 12 个学科，受训的中小学骨干教师共计7 626 名。先后共有北京师范大学、华东师范大学、东北师范大学、华中师范大学、西南师范大学、陕西师范大学等 38 个单位承担了培训任务。各培训单位高度重视此次国家级培训，投入了大量人力和物力。国家投入培训经费7 626万元，各培训单位基础建设投入2 500多万元。任课教师总计约1 300 人，其中聘请院士、国内外专家达数百人次。培训以提高骨干教师实施素质教育实践能力为核心，从教师可持续发展的高度，把现代自然科学和人文社会科学发展的最新成果反映到课程和教学体系中，密切结合基础教育改革发展动态，用现代教育思想、理论、技术和新的学科知识指导教师教育教学实践；同时，充分尊重教师的教学经验和实践基础，重视优秀教师科研成果的总结和课程化，采用理论学习——教育教学实践和考察——教育教学专题研究相结合的培训模式，强调自主学习、自主研究、自主实践，发挥教师的主体意识和创新精神。参训教师普遍感到教育思想观念有了很大转变，对推进素质教育有了较深刻的认识，充实了专业学科知识，开阔了视野，提高了教研的意识与能力。培训期间，为保证培训质量，教育部印发了一系列配套文件，建立了中小学骨干教师国家级培训计算机管理系统和受训教师基本情况数据库，对参加此次国家级培训的所有单位采取了全程跟踪评估，及时总结经验，不断改进工作。培训促进了师范院校的改革和发展，促进了教师教育体系的开放，各培训单位以此为契机，努力把培训过程作为教学改革的探究过程，在切实提高学员实施素质教育能力和水平上取得了一定的成效，形成了一些既体现现代科学特点又结合中小学教学实际的优质课程，开阔了继续教育课程设计思路，各培训单位完成了骨干教师培训的 33 项课题研究，编写教材、讲义1 300余种，学员课题立项7 424项。初步形成了适应时代要求的继续教育观念和模式。

集中培训结束后，各培训单位还将对受培训的教师开展为期 9 个月的跟踪服务（第一、二期学员已经结业），围绕学员集中阶段所立项的课题，提供专业指导、咨询和信息服务。教育部将组织评选各培训单位的优秀课程和学员优秀论文，形成优质资源，为各类培训提供范例。

撰稿 陈 武
审稿 马 立

〔**举办中国师德建设论坛**〕 为贯彻落实中共中央《公民道德建设实施纲要》和中共教育部党组“关于教育战线学习贯彻《公民道德建设实施纲要》的通知”精神，加强大中小学师德建设，促进道德素质的全面提高，根据教育部的统一部署，2001 年 12 月 24 日～25 日，教育部师范教育司联合教育部人事司、高教司、社政司、基教司、民族司、中国教育学会、《中国教育报》、《人民教育》杂志社、中国教育电视台、中央教育科学研究所、教育工会、江苏教育出版社 13 家单位在北京共同举办中国师德建设论坛（2001 北京）。

论坛根据中共中央《公民道德建设实施纲要》提出的公民道德建设的指导思想和基本道德规范要求，确定的主题为：以人为本、敬业奉献。分论题有：（1）“以人为本”的师德内涵；（2）以德治教与师德建设；（3）师德建设的制度保证；（4）通过学科教育渗透道德教育；（5）师德建设与青年教师发展。

教育部副部长袁贵仁在开幕式上作了题为《加强师德建设，大力提高我国教师整体水平》的报告。北京师范大学中文系教授启功，辽宁省副省长赵新良，中国教育学会会长顾明远，中国工程院院士、清华大学建筑学教授关肇邺，江苏省陶行知研究会副会长杨瑞清在开幕式上先后发表了演讲。本次论坛受到了社会各界及教育战线同仁的广泛关注和支持，有关专家学者、大中小学校的教师和教育行政干部共150人出席了论坛。

论坛本着“重在建设，富有成效”的精神，努力使师德建设与道德整体建设相结合，理论研究与经验交流相结合，个人先进事迹与行政工作经验相结合，产生了一批内容丰富和可操作的成果。

撰稿　于兴国
审稿　马　立

〔**基础教育新课程师资培训**〕　为贯彻“基础教育新课程实验推广工作会议”精神，2001年10月，教育部印发了《关于开展基础教育新课程师资培训工作的意见》，正式启动了新课程师资培训工作。《意见》指出，开展新课程师资培训工作是“十五”期间中小学教师继续教育的重要内容，各级教育行政部门和教师教育战线的广大教育工作者要增强搞好新课程培训工作的责任感和使命感，确保新课程师资培训工作各项目标任务的顺利完成。新课程师资培训工作的主要任务是组织教师学习《基础教育课程改革纲要（试行）》，研究相关学科的课程标准，课程目标、具体内容和评估要求等，使教师进一步更新教育观念，完善知识结构，逐步掌握实施新课程的有效教学方法和手段，提高实施素质教育的能力和水平。在培训工作的组织与实施上，要求各省（自治区、直辖市）教育行政部门必须加强领导，省级分管师资培训的部门要精心设计师资培训和实验推广计划，和有关部门密切配合共同推进新课程的师资培训工作。新课程的师资培训工作要分地区、分阶段、滚动式的逐步展开。按照“先培训，后上岗；不培训，不上岗”的原则，各年级教师在实施新课程前都必须接受培训。从小学和初中的起始年级任课教师培训抓起，然后逐步扩展到其他各年级任课教师。2005年秋季中小学开学之前基本完成对中小学各起始年级实施新课程的中小学教师进行上岗培训的任务，2005年以后，还要继续做好对其他各年级中小学教师进行新课程的培训工作。《意见》强调了开展新课程师资培训工作应注意的几个问题，主要包括：第一，切实保障新课程师资培训工作的经费，要防止乱办班，乱收费等现象；第二，培训要求新、求实，按照“边实验、边培训、边总结、边提高”的原则，努力更新培训理念，引导中小学教师从实践中学习，在反思中进步，提高专业化水平；坚持培训、教研、教改相结合，坚持集中培训和分散培训相结合，坚持短期面授与长期跟踪指导相结合，注重发挥校本培训的作用；积极探索利用现代远程教育手段，提高培训效益。第三，在新课程师资培训的过程中，要始终坚持把培训者（主要指教育管理者、师范院校和培训机构教师及教研员等）培训和中小学骨干教师培训摆在突出位置并适当超前，以促进他们带动广大中小学教师积极主动地投身到新课程的改革实践中去。第四，抓紧研究开发新课程师资培训的资源。另外，要切实加强对新课程师资培训的科研，提高科研的针对性，对培训过程和效果等进行评估。

2001年，各省（自治区、直辖市）已陆续将新课程师资培训纳入了2002年的重点工作，并制定了计划。30所本科师范院校、近100所师专以及省级教育学院分别召开了适应基础教育课程改革的专题研讨会。为推进新课程师资培训工作的开展，教育部选择了9所师范大学作为首期培训单位，将在2002年启动新课程省级骨干培训者国家级培训。

〔**教师教育信息化建设**〕　2001年，教育部采取各种措施，大力推进教师教育信息化建设。重点加强了《面向21世纪教育振兴行动计划》中“现代远程教育工程资源建设项目——中小学教师继续教育子项目”的实施力度。至2001年底，已经完成了中小学教师继续教育网络课程第一期34门的开发工作，开办了《中小学教师远程教育》杂志，继续加强了对“中国中小学教师网”（http://www.chinaTDE.net）的建设。在全国设立的中小学教师远程教育试点达到30个。

2001年5月16日～19日，教育部师范司在江苏省无锡市召开了全国中小学教师远程教育试点工作研讨会，有关人员约160多人参加会议。会议交流了各试点地区教育信息化和网络教育进展情况，研究和探讨各试点地区在推动教育信息化和开展网络教育中遇到的困难与问题；启动了试点地区第一期网络教育科研课题；研究和部署了中小学教师远程教育试点的准备工作。会议提出了远程教育试点要配合“现代远程教育工程资源建设项目——中小学教师继续教育子项目”的开展，利用该项目的成果进行试验性教学。力争在1～2年时间内率先在中小学教师远程教育的内容、途径、方式、体制、管理、考评等方面取得一批具有典型意义的成果，为制定和完善中小学教师远程教育的有关政策提供依据，为建立中小学教师远程教育体系打下坚实的基础。远程教育试点采取科研项目的管理办法。试点工作于2002年初启动。试点周期暂定为一年半，从2002年1月至2003年6月。会议对试点工作的管理和主要内容提出了具体要求，强调对试点地区工作要加强指导，试点地区之间要加强沟通与交流，教育部对试点地区将进行定期和不定期的检查。根据远程教育资源的实际情况，会议决定教育部将在全国范围内组织开展中小学教师优秀网络资源的评审活动，调动地方的积极性，使各地在资源建设方面取长补短。

为促进各地探索有效的培训方式，有效提高教师信息素质，教育部与英特尔（中国）有限公司进一步加强合作，共同实施“英特尔未来教育”中小学教师信息技术培训试验项目。该项目在培训内容上将学科课程与计算机技术有机地结合在一起，采取“任务驱动”方式组织教材和教学，教学方法先进，具有示范作用，对于改进教师培养培训的教育理念和教育手段很有启发和借鉴意义。项目合作由英特尔方提供部分人力培训经费及教材等资源技术支持，教育部师范司会同有关省（市）教育行政部门负责培训的组织和管理。2001年，项目已推广到北京、上海、天津、重庆、内蒙古、河北、山西、甘肃、江苏、浙江、吉林长春、山东淄博、新疆、海南海口14个地区。培训人数达3.2万人。12月14日～15日在北京举办了“中小学教师‘英特尔未来教育’培训项目2001年交流研讨会”。会上进行了项目经验交流、学员优秀作品展示及表彰等活动，教育部副部长袁贵仁出席会议。

撰稿　陈　武
审稿　马　立

〔**高等师范教育教学内容和课程体系改革**〕“高等师范教育面向21世纪教学内容和课程体系改革计划”（简称“高师教学改革计划”）是教育部在“九五”期间组织开展的一项重大教育改革和研究项目。项目总数213项，其中重点项目50项，一般项目153项，教育部委托项目10项。全国有50多所高等师范院校承担项目，共有170多个教育、科研部门和大学、中学的2 000多位教师、教育科研人员参与了项目的研究工作，其中副教授以上职称1 000多人。经过三年多的科学研究与教学实践，“高师教学改革计划”213个项目到2001年底已全部结项，并形成一大批优秀改革成果。在2001年教育部组织的全国高校教学成果评奖活动中，高等师范院校获奖的60个项目中，有29项是“高师教学改革计划”项目。“高师教学改革计划”项目所取得的科研成果，在中国师范教育领域中产生了较大的影响，对高等师范教育教学改革起到了推动和指导作用。

为认真总结、展示、提升和推广研究成果，使其在国内外教师教育改革中产生更大影响，2001年11月，教育部师范司在南京举办了“基础教育改革与教师教育国际研讨会”。会上，23个省（自治区、直辖市）的170多位专家学者、教育理论工作者以及来自美国、英国、澳大利亚、日本、新西兰、俄罗斯、泰国及我国香港特别行政区、台湾的教师教育专家，共同探讨了新世纪中国基础教育改革和世界教师教育的发展趋势。分别就《基础教育改革与高等师范教育课程改革》、《高等师范教育学科性课程与师范性课程的关系》、《教师职业技能发展与培养方式及师范生素质教育》、《网络技术发展与教师教育课程改革》、《终身教育与高等师范教育教学改革》、《教师专业化与教师教育开放性》、《国际教师教育教学改革特点及走势》等专题进行了热烈、广泛和深入的研讨。这些改革成果得到一致好评，对我国高等师范教育的改革与发展将产生深远的影响。

撰稿　李桂兰

〔**高等师范学校本科教学工作评估**〕　2001年3月，教育部师范司在浙江省温州市召开了高等师范学校本科教学工作合格评估研讨会。会议对2000年高等师范学校本科教学评估工作进行了总结，同时对2001、2002年的评估工作进行了部署。2001年5月至11月，教育部继续组织对信阳师范学院等8所高等师范学校本科教学工作进行评估。根据专家组的考察意见和普通高等学校本专科教学工作评估专家委员会的审议意见，确定信阳师范学院、烟台师范学院、常州技术师范学院、长春师范学院、牡丹江师范学院、河北职业技术师范学院、阜阳师范学院和杭州师范学院8所学校本科教学工作的评估结论为合格。

这次评估工作主要以《高等师范学校本科教学工作合格评估方案》为依据，按照《关于加强高等学校本科教学工作提高教学质量的若干意见》的要求进行。重点考察高等师范学校扩招后教学质量的状况，以及学校的办学指导思想、教学条件、教学管理、教学建设、教师队伍建设、教学改革与研究、教学效果等。通过评估，促进了教育主管部门和当地政府对学校办学的宏观指导，增加了学校教学经费的投入，改善了学校的办学条件；在高等教育改革与发展中，进一步明确了高等师范学校办学指导思想和办学工作思路；加强了学校教师队伍建设，学科、专业、课程建设，实验室和实习实践基地等教学基本建设；深化了教学内容、课程体系、教学手段、教学方法和教材等教学改革，提高了教学质量和办学水平；使学校更好地面向基础教育，积极研究和推动基础教育改革，为当地经济建设服务，培养学生创新精神和实践能力；加强了教学管理，建立了教学质量保障体系，提高了科学化、规范化管理水平。据统计，2001年接受评估的8所高等师范学校，在评估期间平均每所学校增加经费投入1.16亿元。其中上级主管部门追加经费为0.23亿元；学校自筹经费为0.93亿元。这些经费的投向分别为，基建费占64.1%，教学仪器设备费占18.5%，图书资料费占2.8%。

撰稿　李桂兰

审稿　袁振国

# 民族教育

〔**概况**〕 2001年，全国各级各类普通学校中少数民族在校学生总数为1 948.88万人，比上年增长5.2%。由于继续扩招和对少数民族考生政策的优惠，普通高等学校少数民族在校生由上年的31.73万人增加到40.97万人，增长29.1%；普通中学少数民族在校生为567.1万人，比上年增长13.7%。

到2001年底，民族自治地区699个县级单位中，有358个县已实现了“两基”目标，占总数的51%。但由于中国少数民族地区大多处在高寒山区、牧区，居住分散，构成了民族教育的艰巨性、长期性。民族地区的“两基”工作还处在攻坚阶段，教育投入仍明显不足，改善办学条件进展缓慢，中小学校舍危房面积比例仍高于全国平均比例。

2001年全国各级普通学校少数民族学生和少数民族教职工数

| | 少数民族学生 | | 少数民族教职工 | | 少数民族专任教师 | |
|---|---|---|---|---|---|---|
| | 人数 | 占学生总数的比重（%） | 人数 | 占教职工总数的比重（%） | 人数 | 占专任教师总数的比重（%） |
| 普通高等学校 | 40.97 | 5.7 | 5.85 | 4.82 | 2.87 | 5.4 |
| 中等技术学校 | 27.6 | 6.03 | 2.05 | 4.78 | 1.16 | 5.04 |
| 中等师范学校 | 8.1 | 1.77 | 0.72 | 1.68 | 0.47 | 2.04 |
| 普通中学 | 567.1 | 7.24 | 36.59 | 7.11 | 30.04 | 7.17 |
| 职业中学 | 25.07 | 5.38 | 2.23 | 5.19 | 1.63 | 5.32 |
| 小学 | 1 172.04 | 9.34 | 62.15 | 9.74 | 56.47 | 9.74 |
| 特殊教育 | 2.25 | 5.83 | 0.17 | 4.5 | 0.13 | 4.61 |
| 幼儿园 | 105.75 | 5.23 | 3.36 | 3.9 | 2.23 | 4.08 |

撰稿　李　彬
审稿　夏　铸

〔**中小学民族团结教育**〕 为进一步落实中央有关稳定工作的精神，继续在全国开展民族团结教育活动。按照“点上深化，面上推广”的要求，全国很多省、自治区召开了试点经验交流和教师培训会议，推动了这项工作的深入开展。

在中小学开展民族团结教育活动，一是加强领导，认真组织实施，教育部门明确中小学开展民族团结教育活动工作的牵头负责处、室，并在其综合协调下，相关处、室积极配合，民族（宗教）部门发挥自己的优势，对此项教育活动给予积极指导和协助；二是各级教育行政部门把中小学民族团结教育正式纳入中小学的课外活动课，统一规划，协调安排，使其成为中小学生课外活动的基本内容之一；三是在全国中小学开展民族团结教育活动，是一项长期的政治任务，又是一项政治上严肃、政策性很强的工作。为此，教育活动材料的选用，要充分体现国家的统一意志、统一规范要求，由教育部和国家民委统一确定内容，统一组织编写和审定读本及其教学参考书。到2001年底，开展民族团结教育活动试点的地区有新疆、西藏、广西、内蒙古、黑龙江、河北、山西、江苏、广东、湖南、湖北、上海、重庆、云南、贵州等近30个省（自治区、直辖市）。到2002年全国所有省（自治区、直辖市）的中小学都将开展此项教育活动的试点工作。通过教育，使广大青少年从小接受马克思主义民族理论和党的民族政策的宣传教育，树立正确的民族观，养成自觉维护民族团结的意识和良好的行为习惯。

**〔中南民族学院本科教学评估〕** 根据教育部《关于高等学校本科教学工作随机性水平评估（试点）专家组赴河北大学等学校进行考察的通知》精神，专家组一行9人，于2001年12月24日～28日，对中南民族学院的本科教学工作进行了考察和评价。

考察组进校前制定了《关于对中南民族学院进行本科教学工作随机性水平评估试点工作的实施方案》，阅读了中南民族学院《本科教学工作随机性水平评估（试点）自评报告》和《本科教学工作随机性水平评估（试点）自评结果和依据》；进校后，听取了国家民族事务委员会副主任图道多吉的讲话，以及湖北省教育厅领导的讲话，听取了中南民族学院院长李步海关于办学指导思想、教学工作思路和本科教学工作自评情况的报告，抽听13个专业4个年级的17门课程，考察了图书馆、基础实验室、网络中心和计算机中心、学术会议中心和民族学博物馆等教学基础设施；了解师资队伍建设、教学条件与利用、教学建设与改革、教学管理运作、教风学风建设、教学效果等情况；分别随机访谈28位教师、19位教学管理干部和47名学生，并与创新实验室的学生、学生干部、贫困特困学生进行了座谈；抽查34门主要基础课程的试卷和部分毕业论文或毕业设计，对部分学生进行了写作能力的测试；查阅了本科专业培养方案、教学计划、教学大纲、课程建设规划、教材建设与选用、成绩评定、考务与学籍管理等材料。

专家组根据所获得的信息进行了评议，认为中南民族学院近3年的本科教学工作成绩应予肯定。同时，就学校今后办学中值得重视和研究的几个问题，提出了意见和建议。

撰稿　沙玛加甲
审稿　夏　铸

**〔民族贫困地区中小学教师素质培训〕** 自2000年启动的民族、贫困地区中小学教师综合素质培训工作在2001年又有了新的进展。

综合素质培训工作开展一年多来，工作进展顺利。湖北省成立了以教育厅领导为组长的项目领导小组，在一个自治州和两个自治县进行了项目培训，并制订了教师综合素质培训报告册制度，与教师的晋升、评优直接挂钩。云南省克服困难，选择了两个专题先期在全省73个贫困县全面启动了项目培训，主管部门真抓实干，措施得力，培训工作开展得有声有色。黑龙江省哈尔滨市以提高教师的综合素质和实施素质教育为目标，以普及计算机网络知识及运用为教育教学服务为重点，建立了教师综合素质培训新机制。教育部民族司资助有关民族地区翻译出版了蒙、藏、维、哈、朝、彝6种文字项目培训《自修教程》。据不完全统计，项目实施一年多，全国有十几个省（自治区、直辖市）的近70万教师参加了培训。

综合素质培训由于采取了以岗位培训为主，以自修—反思为主要的培训模式，解决了培训经费过高的矛盾、理论与实践相脱节的矛盾、工作与学习之间的矛盾。项目培训为民族贫困地区基础教育课程改革进行了师资准备，为构建中小学教师终身教育体系奠定了基础。

2001年7月28日～30日，教育部在湖北省长阳土家族自治县召开培训项目工作暨经验交流会，全国近20个省（自治区、直辖市）150余名代表参加了会议。教育部民族教育司司长夏铸到会讲话，对进一步深化民族贫困地区中小学教师综合素质培训工作提出了要求。项目主持人、中央教育科学研究所刘芳教授做了专题报告。湖北、云南、广西、哈尔滨等地介绍了项目进展的情况和经验。

撰稿 张 强

审稿 阿尔宾达莱

**〔修订民族中小学汉语文教学大纲〕** 为适应素质教育的要求，贯彻基础教育课程改革精神，提高少数民族学生的汉语水平，教育部民族教育司于2001年6月始，着手对现行的《全日制民族中小学汉语文教学大纲》进行全面修订。先后到东北三省和新疆等省区进行了调研，并于10月和12月先后在长春和成都召开了两次研讨会，对《大纲》修订初稿和二稿进行了讨论和修改。

《全日制民族中小学汉语文教学大纲》的修订，以邓小平同志“三个面向”为指导，按照全面推行素质教育的要求，总结各地双语教学改革的经验，遵循第二语言教学的规律，体现基础教育课程改革的精神，强调少数民族学生实际运用汉语的能力和创新精神的培养。教育部民族教育司将组织专家对《大纲》进行进一步修改。

**〔研制少数民族汉语水平等级考试标准〕** 为推进少数民族汉语教学改革，提高少数民族学生实际运用汉语的能力，在总结新疆、内蒙古等省区进行“中国汉语水平考试”（HSK）试点经验的基础上，教育部决定研制开发专门测试母语非汉语的少数民族汉语水平国家级标准化考试，即“中国少数民族汉语水平等级考试”（简称“民族汉考”）。教育部民族教育司组织成立了研制开发课题组，并于2001年4月召开工作会议，正式启动了“中国少数民族汉语水平等级考试”研制开发工作。会上讨论修改了《研制开发中国少数民族汉语水平等级考试的初步设想》和《中国少数民族汉语水平等级考试的理论框架》。7月，召开“第二次工作会议”（专家会议），讨论研究“中国少数民族汉语水平等级考试三级考试大纲”。9月，对命题人员进行了培训，并开始三级考试命题工作。

“民族汉考”研制开发，将在第二语言教学理论的指导下，吸收HSK的优点，从中国少数民族学习汉语的实际出发，着重考查学生实际运用汉语的能力。将为各级各类学校少数民族学生的汉语水平和能力提供更加科学的评价标准，对今后少数民族学校的汉语教学产生积极的导向作用。

撰稿 赵 卫

审稿 阿尔宾达莱

**〔教育援藏〕** 2001年8月，教育部民族教育司在四川省成都市召开全国内地西藏班（校）招生会议，落实2001年度全国教育援藏招收培养内地西藏班（校）学生的招生工作。其中，上海等16个省市18所普通中学西藏班（校），共招收1 605名西藏小学毕业生；北京等16个省市所属的20所普通高中、中专、中师和职业高中学校西藏班，共招收1 569名内地西藏初中班毕业生。内地西藏初中班毕业升学率为95%；教育部等3部委和4个省市所属36所普通高等学校和军队高等院校，共招收571名内地西藏高中班毕业生。内地西藏高中班毕业升学率为95%。

2001年6月，教育部民族教育司在江苏省南京市召开全国内地西藏班（校）工作会议。北京等承担西藏班办学任务的全国22个省、直辖市教育厅有关负责同志和23所承办西藏班学校主要负责同志参加了会议。与会代表肯定了教育援藏内地办学工作的成就：(1) 办学规模不断扩大，专业门类不断增加。根据党中央、国务院决定，从1984年起，北京等全国16个省、直辖市筹办了普通中学西藏班（校），1985年，首届1 300名西藏的小学毕业生进入内地普通中学学习。从1989年起，国家又在内地普通中专、中师、职高和普通高中举办了西藏班。1992年，首届内地普通高中西藏班学生毕业，国家继续安排他们在内地普通高等学校本、专科院校深造。到2001年，累计招收初中生22 669名，中专、中师、职业高中和高中生14 471名，高校本、专科生2 602名。已有8 897名毕业生回西藏参加建设。全国各类内地西藏班（校）在校生有12 246名，分布在全国22个省市，形成了全国支援西藏发展教育事业的局面。(2) 学生的综合素质全面提高。学生在内地经过初中、高中和中专以至大学阶段的学习，在政治思想、文化知识各方面得到了全面发展。16年来，已有300余名学生加入了中国共产党，还有大批积极分子参加党课学习。维护祖国统一、增强民族团结、反对分裂已成为全体学生的共识。学习成绩大幅度提高。每年内地西藏班高中毕业生参加全国高校招生统一考试，总成绩比西藏区内藏族考生总成绩平均高出150多分。每年初、高中毕业生升学率分别达到97%和96%以上。已毕业的8 897名内地西藏班学生，绝大多数回到西藏急需人才的县或县以下各基层单位工作。已成为一支建设和促进西藏"两个"文明建设的骨干和西藏基层政权建设的中坚力量。(3)承担办学任务的各省市采取了许多特殊措施：不少省、市建立了专门领导协调小组，负责统筹协调和管理西藏班的工作。增拨专项基建经费，改善办学条件。除国家投资9 300万元一次性基建和设备补助经费外，办班省、市从地方财政已投资1亿多元基建经费，改善了办学条件。财政单列办学专项补贴经费，确保所有学生顺利完成学业。为使学生健康成长，除西藏每年每生提供生活和学杂费1 000元经费外，各省（市）都从地方财政列专项，给予补贴，绝大多数省、市每年每生补贴3 500～4 000元。选派了一批政治思想觉悟高、业务素质好，热爱民族教育事业的干部和教师，保证西藏班的管理与教育工作的顺利进行。

与会代表指出，在教育援藏内地办学工作中还存在着一些值得重视的问题：个别地方的领导对教育援藏内地办学工作的重要性认识还不够，使一些问题得不到及时解决；教育经费投入不足，学校教育教学基础设施急需维修改造，各种试验设备和现代技术教育的设备急需补充。与会代表建议，有关省、市政府要进一步加强政府对教育援藏内地办学工作的统筹协调，明确各部门职责和任务。中央和地方继续采取倾斜政策，加大投入力度，使内地西藏班（校）办学综合条件尽快达到当地同类学校一类标准。

〔**内地支援新疆培养人才**〕 根据内地高校支援新疆第四次协作工作2001～2005年每年培养1 000名新疆少数民族本专科生规划任务，教育部印发了《关于下达2001年内地新疆高中班招生计划的通知》，落实了2001年度内地高校招收1 000名新疆少数民族学生的计划。

继续办好内地新疆高中班。教育部印发的《落实关于下达2001年内地新疆高中班招生计划的通知》落实了北京等内地12个发达城市12所普通高中招收1 000名新疆应届初中毕业生进校学习。2001年6月，教育部民族教育司召开了内地新疆高中班办学工作会议。北京等12个城市教委、教育局的有关负责同志和北京市通州区潞河中学等承办内地新疆高中班的13所普通高中学校的负责同志参加了会议。会议认为，内地新疆高中班办学一年来取得了初步成效。主要是：(1)教育部、国家计委、财政部把智力支援新疆，开办内地新疆高中班工作作为国家实施西部大开发战略，促进新疆经济发展和社会进步的重大举措之一，认真组织落实工作。研究制定了《关于内地有关城市开办新疆高中班的实施意见》，对内地新疆高中班的办学规模、方式、任务、招生、教学、升学、教师配备、管理职责和学生管理以及办学经费等方面作了规定。同时，拨出6 250万元一次性基建、交通工具专项补助经费和2 500万元一次性购置教学设备、图书资料专项补助经费，支持地方办好内地新疆高中班。(2)承担任务的12个城市政府召开专门会议，认真贯彻落实国务院有关文件精神和教育部的规定，成立了办学工作协调领导小组，负责统筹协调和管理新疆高中班的工作。为办好内地新疆高中班奠定了良好的工作基础。(3)制订特殊政策措施。12个城市选择13所省（市）级普通高中学校内附设新疆高中班。各市地方财政共增拨基建经费7 900多万元，用于新建、扩建教学基础设施、学生宿舍和餐厅等；为解决好内地新疆高中班贫困学生的学习、生活费（包括伙食费、装备费、校服费、假期活动费、取暖降温费、公杂费等）和医疗费等，12个城市市财政按每生每年平均8 000元的标准，列专项补助给办班学校；放宽教师编制，按1∶8师生比例配备。到2001年内地新疆高中班学生学习成绩明显进步。如北京潞河中学新疆高中班学生入学测试，五科平均只有260分，优秀率、及格率分别只有2.5%、24%。经过一年预科学习后，经参加北京市通州区初三毕业统一考试，六科平均达到

446分，优秀率、及格率分别提高到11%、90%。

为进一步办好内地新疆高中班，在新疆乌鲁木齐市举办了培训班。培训160名新疆高中班（包括内地西藏班）教育行政管理干部。

**〔普通高校少数民族预科班招生〕** 为加快西部大开发战略步伐，培养和造就西部少数民族地区高级专门人才，2001年，教育部印发《关于下达2001年全国普通高等学校民族预科招生来源计划的通知》，根据《通知》规定，教育部等4部委所属的55所高等学校和辽宁等8个省所属的13所高等学校共招收了少数民族预科生2 600人。

撰稿　次仁多布杰
卢胜华
审稿　阿布都

# 学校体育、卫生与艺术教育

〔**第21届世界大学生运动会**〕 2001年8月22日～9月1日，第21届世界大学生运动会在北京举行。国家主席江泽民、国务院总理朱镕基出席开幕式；教育部部长陈至立、副部长吕福源等担任组委会主任、副主任；教育部、国家体育总局积极配合北京市政府作好大运会的各项筹备工作，使本届大运会办得“隆重、热烈、精彩、成功”。

第21届世界大运会以弘扬奥运精神，促进友谊发展和人类进步为主题，融比赛、交流、科研于一体。从新西兰梅西大学采集的“新世纪之光”火种，传遍中国31个省（自治区、直辖市）和香港、澳门特区，经中国百余所高校100多万大学生的传递，最后在北京点燃。大运会组委会在全国10个省会城市选拔200名优秀礼仪引导员；新建了集住宿、餐饮、商务、娱乐、医疗、文化交流为一体的可居住7 000人规模大运村；举办了“第21届世界大学生运动会大学体育研讨会”和文化节。大运组委会组织了来自50所高校，4万余人的青年志愿者为大运会服务，来自55所高校和14个企业的1.80万人组成180支啦啦队为30个赛场的比赛助威，展示了中华民族热情、中国青少年健康向上、自信自强的素质，为促进世界人民之间的友谊和交往作出了贡献。

本届大运会共有169个国家和地区的6 800名运动员、教练员和官员参加。在168个决赛项目中产生171块金牌，其中游泳、田径项目共有20人3队打破21项大运会纪录。中国代表团由390人组成，其中运动员265人，参加了全部12个大项的比赛。中国代表团以54枚金牌、25枚银牌、24枚铜牌的成绩占据奖牌榜首位。

撰稿　王　龙

审稿　杨贵仁

〔**发布学生体质健康调研结果**〕 教育部、国家体育总局、卫生部、国家民委、科技部于2001年10月25日在北京联合发布2000年全国学生体质健康调研结果。本次调研覆盖31个省（自治区、直辖市）、21个民族、1 947所学校，调查人数达348 768人。调查内容包括身体形态、生理机能、运动素质、健康状况等四个方面的22项指标。本次调研获得了自1985年～2000年中国学生体质健康状况的动态资料，是制定国家“十五”期间学校体育卫生工作发展规划的重要依据。

调研结果表明，2000年与1995年比较，青少年学生的体质健康状况继续得到改善：（1）身高、体重等形态发育指标继续呈增长趋势。7～18岁学生身高的平均增长量为0.35厘米，体重的平均增长量为0.63公斤，胸围的平均增长量为0.58厘米，其中乡村男女学生身高、体重、胸围的平均增长量均大于城市学生。身体发育的匀称度有所改善，以往普遍存在的“豆芽菜”体型继续得到改善。（2）学生营养状况明显改善。7～22岁学生低体重及营养不良检出率降低，7～18岁中小学生的低体重及营养不良检出率下降1.1%～7.6%，19～22岁大学生的低体重及营养不良检出率下降10.5%～31%。（3）龋齿等常见疾病有所下降。以12岁学生为例，城市男生恒牙龋齿患病率由24.74%降至16.24%、城市女生由31.68%降至19.24%、乡村男生由15.37%降至11.15%、乡村女生由17.86%降至15.66%。（4）城市学生口腔卫生保健水平有所改善。龋齿矫治率明显提高，其中7岁、9岁学生的乳龋矫治率从10%～12%上升为15%～20%，12岁、14岁、17岁各类学生的恒牙龋矫治率从15%～20%上升为25～30%。少数民族学生体质健康状况与汉族学生同步改善。

但是在学生体质健康得到继续改善的同时，也存在一些不容忽视的问题，如：体能素质（速度素质、耐力素质、柔韧性素质、爆发力素质、力量素质）下降；肺活量水平继续呈下降趋势；肥胖学生明显增加；学生近视眼患病率居高不下；农村地区学生口腔保健水平仍然较低等。

为此：教育部等五部委（局）呼吁：社会各有关部门要高度重视和支持学校体育卫生工作，共同营造一个全社会都来关心青少年身体健康的大环境。要加强责任意识，重视学校体育教学和学生体育活动的开展，切实保证学生体育锻炼时间、重视体育锻炼的效果。重视学生常见病防治工作，增加必要的健康投入，采取切实有效的措施控制学生常见疾病的发生。各地教育部门和学校在继续落实各项“减负”措施的同时，还应注意合理安排学生的作息时间和学习时间，按照有关规定严格控制家庭作业量，确保学生睡眠时间。全社会都要在减轻学生课业负担方面承担应有的责任，对学生的课业负担进行监督。

〔**加强学校食品卫生安全工作**〕 近几年来由于学校食物中毒事件屡有发生，给学校和学生带来了严重的危害。为了加强学校食品卫生安全工作，确保学校师生员工的身心健康。2001年8月13日，卫生部、教育部、公安部联合印发《关于青海、新疆、广东重大食物中毒事件处理情况的通报》，并对加强学校食品卫生安全管理工作提出了要求。

8月24日，卫生部、教育部、公安部根据国务院领导批示精神，在北京联合召开“加强学校食品卫生安全工作电视电话会议”。卫生部部长张文康、教育部副部长王湛、公安部副部长杨焕宁出席会议并讲话。国务院有关部委的领导，各省卫生、教育、公安等部门负责同志及有关人员在各省分会场收看、收听了会议。教育部副部长王湛在讲话中强调：各地教育行政部门和学校从保护广大师生健康安全、维护学校和社会稳定的高度来认识加强学校食堂与学生集体用餐的卫生安全工作的重要意义和重大责任，把确保学校食品卫生安全摆在学校工作的重要位置；要严格管理，狠抓各项法规制度的执行和落实；并将学校食品卫生工作纳入教育督导评估的范围，进行督导检查。

2001年9月19日～25日，卫生部、教育部、公安部组成联合检查组，分赴北京、上海、天津、安徽、湖南、江西、甘肃、陕西8个省、直辖市对学校食品卫生安全工作进行了专项检查。共抽查大、中、小学和幼儿园食堂及食品加工企业120余所（个）。抽查结果显示：各地政府对学校食品卫生安全工作的重视程度明显加强，地方教育、卫生、公安部门加大了建章立制、检查督导等工作力度。一些学校已注意将食品卫生和安全条款作为食堂承包经营的重要条件，并建立监督管理的机制，促进学校食堂卫生安全管理水平的提高。大多数学校的食堂、学生集体供餐单位以及学生奶（豆奶）加工企业，除少数新开业的小学食堂外，均领取了卫生许可证，食品加工场所的环境卫生较好，食堂工作人员基本能做到定期体检和培训合格后上岗。

但此次抽查也发现许多问题，如：部分学校领导对食品卫生安全责任意识和法律意识淡薄；食品卫生管理的各项制度不完善、不落实，个别学校对学生食堂管理水平低，一切由承包者去做，致使食堂卫生安全存在诸多隐患；部分学校对食堂卫生安全工作缺乏有效的管理和检查，安全保卫措施欠缺，食品安全危险因素增多；从业人员普遍缺乏卫生安全意识和卫生操作习惯等。针对检查中发现的问题，检查组与当地教育、卫生等部门共同研究了进一步加强学校食品卫生安全工作的意见和措施。

〔**贯彻落实《中国遏制与防治艾滋病行动计划》**〕 艾滋病是中国重点控制的重大疾病。1998年国务院印发了《中国预防与控制艾滋病中长期规划（1998～2010年）》（以下简称《中长期规划》）。2001年5月国务院办公厅又印发《中国遏制与防治艾滋病行动计划（2001～2005年）》（以下简称《行动计划》）。

按照《中长期规划》和《行动计划》的统一要求，2001年11月，教育部制定了《关于贯彻落实〈中国遏制与防治艾滋病行动计划〉（2001～2005年）的意见》，对学校预防艾滋病健康教育工作提出了要求：（1）各级教育行政部门和学校领导要提高认识，要增强责任感、使命感，要关心和过问学校预防艾滋病健康教育工作；主管领导要具体负责预防艾滋病健康教育的实施。(2) 各级教育行政部门要按照《中长期规划》及《行动计划》的要求，将预防艾滋病健康教育工作纳入学校整体工作计划，制定具体的实施工作目标，进行统一部署和安排。(3) 各级教育行政部门要加强教育的管理与指导，基层教育行政部门和学校应按照统一部署开展学校预防艾滋病健康教育工作。(4) 普通中学、中等职业学校和普通高等学校要按照《中小学健康教育基本要求》、《大学生健康教育基本要求》，将艾滋病、性病预防知识纳入学校教学计划；初中阶段安排不少于两次以上的专题讲座、高中阶段（普通高中、中等职业学校）安排至少一次以上的专题讲座或专题活动；普通高等学校应开设专题讲座或利用健康教育课（包括必修课或选修课）对学生进行预防艾滋病的教育。(5) 要通过同伴教育、主题班会、绘画、读书活动等多种形式，尤其要利用每年的艾滋病宣传日开展预防艾滋病、性病的宣传教育活动。(6) 各级各类学校应坚持适时、适度、适当的原则，讲解艾滋病的危害、传播途径、如何预防等知识。(7) 学校开展预防艾滋病健康教育要与思想品德教育、禁毒教育、青春期教育等结合起来，把课堂内教学与课堂外教学活动结合起来，把校内教育与校外教育结合起来，发挥综合效应。(8) 要重视预防艾滋病健康教育师资培训，力争在2005年前，对健康教育师资及校医进行一次专业知识的轮训。(9) 要重视预防艾滋病健康教育教学研究工作，加强教学指导，提高教学质量和效果。(10) 加强与卫生、计划生育、共青团、新闻宣传等有关部门的协调配合，发挥多部门合作的优势，共同做好学校预防艾滋病健康教育工作。

撰稿　张　芯
审稿　廖文科

〔**启动中小学生课外文体活动工程**〕　为全面贯彻党的教育方针，加强中小学生课外文体活动，促进学生德、智、体、美全面发展，教育部、国家体育总局、共青团中央和全国少工委于2001年11月15日～16日在河南省郑州市召开“全国中小学生课外文体活动工程”启动工作会议。教育部副部长王湛，国家体育总局副局长张发强，共青团中央书记处书记、全国少工委常务副主任赵勇，河南省副省长贾连朝等领导出席会议并讲话。全国31个省、自治区、直辖市教育行政部门和体育局的有关同志，以及新闻单位的代表160余人参加了会议。王湛同志在讲话中对开展“全国中小学生课外文体活动工程”的重要意义，以及工程的组织实施等问题提出了要求。

“全国中小学生课外文体活动工程”总体规划为10年，分两期进行。第一期工程从2001～2005年，目标是在全国31个省、自治区和直辖市各建立起一个“中小学生课外文体活动示范区”；各省（自治区、直辖市）经常参加课外文体活动的在校中小学生人数达到学生总数的30%；在全国形成以“示范区”为榜样、初步形成特色、全面推进的形势。全国在校中小学生经常参加课外文体活动的人数达到7 000左右。第二期工程从2006～2010年。目标是在继续完善全国中小学生课外文体活动组织体系的基础上，充分发挥各地“示范区”的带头作用，提高工作水平，使在校中小学生经常参加课外文体活动的总数达到85%左右，人数达到1.8亿。

开展全国中小学生课外文体活动的工程应坚持五项原则：即：(1) 教育性、科学性、趣味性的原则。(2) 全面性的原则。(3) 自主自愿与积极引导相结合的原则。(4) 校内校外相结合的原则。(5) 坚持安全第一的原则。

〔**举办大学生艺术歌曲演唱比赛**〕　为了促进艺术歌曲的普及和推广，充分展示跨世纪大学生的精神风貌，2001年，教育部、中宣部、文化部、广电总局、共青团中央联合举办了全国大学生艺术歌曲演唱比赛活动。

本次活动的指导思想是突出育人宗旨，以学校为基础，加强导向，重在普及。通过演唱艺术歌曲，提高大学生的艺术修养，陶冶情操，抵制社会上一些内容不健康的歌曲对大学生的不良影响，推动校园精神文明建设，促进学生全面发展。比赛形式为大合唱、小合唱、重唱、独唱、表演唱等。比赛对象为全日制普通高校（含专业艺术院校）的在校本、专科大学生，分业余组、专业组进行。

比赛从初赛、复赛，到决赛历时10个月，全国31个省（自治区、直辖市）的1 000多所高校上百万大学生投入到演唱艺术歌曲的初赛活动，从班级、系科、院校再到省，层层开展。在各地初赛的基础上，全国大学生艺术歌曲演唱比赛活动组委会于8月在长春举办了复赛活动。来自全国30个省（自治区、直辖市）122所高校的151个节目1 300余名学生经过业余组5场、专业组2场的复赛，有18个省（自治区、直辖市）36所高校的40个节目进入了决赛。9月在北京举行决赛，中央电视台进行了现场直播。通过决赛，共评出优秀节目一等奖15名、二等奖25名、三等奖109名，大合唱优秀节目奖167名，以及观众评选的最喜爱的10名大学生歌手和节目；18个省（自治区、直辖市）获优秀组织奖，157个高校获学校优秀组织奖。

撰稿　万丽君
审稿　杨贵仁

〔**建设体育与艺术师资培养基地**〕　根据《中共中央国务院关于深化教育改革全面推进素质教育的决定》中关于“学校教育要树立健康第一的指导思想，切实加强体育工作”，“要尽快改变学校美育工作薄弱的状况，将美育融入学校教育全过程”的精神，2001年，教育部决定建立“国家体育与艺术师资培养培训基地”（简称基地），提高专业教师素质及教学水平。

基地建设的要求是：目标明确、改革领先、成果突出、师资优化、设备先进、教学优秀、质量一流。经过5年左右的建设，逐步使基地达到以下目标：（1）具有培养培训高水平体育与艺术师资的能力，并注重全面提高师资的综合素质，形成符合21世纪要求的体育与艺术教育人才培养培训模式。（2）建立起具有现代教育思想和观念，能够反映时代要求的教学内容和课程体系。（3）拥有一支德才兼备、学术水平高、教育思想先进、教学经验丰富、结构合理、充满活力的师资队伍。（4）具有设备较齐全、水平较先进、功能较完善、适应培养培训任务的教学、训练（竞赛）场馆、展厅、设施和其他办学条件。（5）教育教学质量达到国内一流水平。

教育部将从补助地方师范教育基建专项投资中安排1 200万元，专项用于补助基地院校的基建项目，包括体育馆（健身房、体操房等）、实验室、教室、琴房等项目的建设。主管部门要保证按不低于中央补助投资1∶1的比例配套投入，学校要保证项目的建成及较好发挥效益。

经审查，教育部确定北京师范大学、华东师范大学、东北师范大学、西南师范大学、福建师范大学、华南师范大学、南京师范大学、哈尔滨师范大学、西北师范大学、湖南师范大学、首都师范大学和河南大学建立“国家体育与艺术师资培养培训基地”。

撰稿　顾美蓉
审稿　杨贵仁

〔**学生军训工作**〕　为贯彻《中共中央国务院关于深化教育改革全面推进素质教育的决定》的精神，落实《中华人民共和国兵役法》关于对学生进行军事训练的规定，使学生军训工作规范化、形成制度化，2001年6月26日国务院办公厅、中央军委办公厅转发教育部、总参谋部、总政治部《关于在普通高等学校和高级中学开展学生军事训练工作的意见》，对学生军训的指导思想和目的，规划和要求，工作机构，军事教师配备，军训保障和组织领导等问题作了规定。要求从2001年起，各地要将未开展学生军训工作的高等学校和高级中学列入军训规划，统筹安排，逐步开展学生军训。军事训练为普通高等学校本、专科学生的必修课，纳入学校教学计划。高等学校军事理论课教学时间为36学时（2学分），军事技能课训练时间为2～3周（2学分）。暂不具备军事技能训练条件的高等学校，要先开设军事理论课，在2005年前应达到按要求开展学生军训。高级中学的学生军训，今后统一纳入社会实践课程进行。

为贯彻落实《意见》精神，教育部、总参谋

部、总政治部于11月9日在天津市联合召开全国学生军训工作会议。中共中央政治局委员、中央军委副主席、国务委员兼国防部长迟浩田到会并作指示。教育部副部长赵沁平做了工作报告，总参谋部副总参谋长钱树根、总政治部副主任唐天标做了讲话，教育部副部长袁贵仁做了会议总结。会议高举邓小平理论旗帜，按照江泽民同志“三个代表”重要思想的要求，全面总结了学生军训试点工作的经验，研究部署了下一步的学生军训工作。会上，教育部、总参谋部、总政治部还首次联合表彰103个学生军训工作先进单位和207个学生军训工作先进个人。

撰稿 卢 逊

审稿 廖文科

# 电 化 教 育

〔**人才培养模式改革和开放教育试点**〕 在2000年人才培养模式改革和开放教育试点工作基础上，2001年中央电大陆续推出适应社会和求学者需求的新专业，逐步扩大招生规模。到年底，新增数学与应用数学（与东北师范大学合作）、汉语言文学（与北京大学合作）、土木工程（与天津大学合作）、机械设计及其自动化（与哈尔滨工业大学合作）、公共事业管理（卫生事业管理）（与北京大学合作）5个专科起点本科专业，药学、护理学2个专科专业，专业设置共计19个（含课程开设，本科11个，专科8个），招生总规模达46.44万人，其中本科23.57万人，专科22.88万人。

2001年5月15日，教育部办公厅印发《关于开展“中央广播电视大学人才培养模式改革和开放教育试点”项目中期评估工作的意见》，决定从2001年到2003年分期分批对该项目进行中期评估。8月20日，教育部高教司从有关高校和单位聘请27位学科专家分9个组，对中央电大试点专业培养目标的确定、专业设置的原则、指导性教学计划、条件保证、教学实施方案的制定、教学文件规程的完备程度等工作进行检查，并通过召开座谈会等形式了解部分试点省级电大教学情况。9月24日～28日，教育部专家组到中央电大进行试点评估。专家组认为，中央电大对教育部确定的试点项目的认识不断深化，思路明确；抓住了“人才培养模式改革”这一重点和难点；近年来教学现代化建设成效显著，力度较大、速度较快，满足了试点工作的需要；多种媒体教学资源数量和质量近一年有大幅度提高，有一批先进的、适合学生自主学习的教材；面向学生的远程教学支持服务不断完善，通过现代信息技术，在直接面向学生提供服务方面做了许多有益的探索；为保证教学质量采取了加强师资培训和试点人员培训、加强教学检查和评价、制定作业抽查和教学检查制度、建设直属教学点，开始直接面向学生进行教学活动等一系列切实有效的措施。

〔**电大在线远程教学平台通过鉴定**〕 2001年3月16日，教育部高等教育司主持召开“电大在线远程教学平台”鉴定会。北京大学等高校6名专家讨论了该平台研究报告、技术报告和测试报告，听取了用户意见，审阅了有关文档，观看了系统演示，并进行了现场质疑。专家认为，该平台符合中央电大的教学需要，为在电大系统开展远程教育提供了便捷的学习、交流环境，对于电大系统开展远程教学的师资培训、教研活动和科研交流提供了方便、实用的功能；方案设计合理，技术先进实用，扩展性能好，符合当前技术发展方向，充分考虑了与中国教育卫星宽带传输平台的对接，并提供了流式多媒体发布、点播功能；既考虑到电大系统教学的统一性，又考虑到不同地方电大对平台使用的不同需求。专家建议尽快使用并在电大系统推广应用。至2001年底，已有44所省级电大、2个直属教学点、200多分校安装平台并投入使用。

〔**中央电大建立示范性实验性直属教学点**〕 根据《教育部办公厅关于同意中央广播电视大学建立直属教学点的批复》，中央电大于2001年4月12日、4月22日和9月先后建立了北京直属教学点和南海、太原两个示范性实验性学习中心，采用计算机网络、卫星电视网络、电信网络有机结合的数字化、多媒体、交互式远程教育平台，进行招生、教学、教学管理和考试组织等工作，开展以人才培养模式改革为中心内容的教学改革实验，探索基于网络环境的远程开放教育的学习模式、教学模式、管理模式及其运行机制，以更好地指导和服务于各省市电大开展人才培养模式改革和开放教育试点项目工作。

2001年开设专科起点本科会计学、金融、法律3个专业，招生800余人。这是中央电大建校22年来首次直接招收学生。在此之前，中央电大的主要职责是面对全国电大系统进行教学指导、管理和服务，直接面向学生的教学服务工作则由各级地方电大完成。

〔**电教单位机构改革**〕 2001年4月12日，教育部印发《关于深化电教单位机构改革的意见》，决定撤销电教办，中央电大与中央电教馆、中国教育电视台各自作为具有独立法人资格的教育部直属事业单位开展工作。文件指出："中央广播电视大学是教育部直属的、运用广播、电视、文字教材、音像教材和计算机课件及网络等多种媒体进行现代远距离开放教育的新型高等学校。中央广播电视大学作为独立的开放式办学主体与各省（自治区、直辖市）广播电视大学逐步形成各自独立、相互合作的关系。中央广播电视大学的主要任务是：全面贯彻党和国家的教育方针，举办以高等专科教育为主的学历教育；开展以各类岗位培训和继续教育为主的非学历教育；充分发挥现代远程教育教学的优势，重点面向基层、面向农村的需求，培养各级各类应用型专门人才。"

〔**全国电大教学工作会议**〕 2001年5月27日～29日，全国电大教学工作会议在广西南宁市召开。教育部高教司和学生司、国家药监局有关人员，中央电大，各省、自治区、直辖市、计划单列市及独立设置的广播电视大学主管教学工作的校长，共160余人参加会议。会议讨论了中央电大提交的《中央广播电视大学关于改进和加强教学工作的若干意见（讨论稿）》、《中央电大2001～2005年教学计划改革方案（草案）》，交流了开放教育试点工作的情况。对注册视听生教育和开放教育课程考核基本情况进行了总结，公布了全国电大1999～2000年度"信得过"考区（考点）评审活动结果，对河北廊坊电大等15个考区和北京电大西城分校等37个考点进行表彰并颁发了奖牌。

〔**"新世纪网络课程建设工程"项目**〕 2001年11月6日和8日，中央电大负责建设的教育部"新世纪网络课程建设工程"第二批项目中的《经济数学基础》和《中国法制史》两个网络课程项目分别参加教育部组织的检查与评审，进行了汇报演示，得到专家的一致认可和好评。其中，教育部项目管理部门欲对《经济数学基础》网络课程安排专门研讨，以推广该课程在充分运用多媒体资源建设理工科网络课程的模式；《中国法制史》被专家点评为网络课程建设的"文科模式"。

〔**"多媒体英语学习创新"项目**〕 中央电大与英国文化委员会经过五年多的努力、磋商与探索，在英语教学项目合作上取得新的进展。2001年11月16日，双方在英国驻华大使馆签署合作协议，正式启动"多媒体英语学习创新"项目。该项目的推出，旨在通过建立一个面向我国公众的英语学习网站，协同其他传媒，为广大英语学习者发送"可为获取的、创新的、有效的英语网上多媒体教学资源"。广大学习者将能通过网络学习的方式，了解多元文化，掌握应用英语语言的能力。网站的建成，将会促进英语教学网上信息的流通，推广新的英语学习课程和新的教学方法；还可以促进师资培训项目，并进行英语教学研讨及直接教学。网站将由中央电大申请域名，中英双方共同拥有。

〔**"现代远程教育关键技术与支撑服务系统天地网结合"项目**〕 根据教育部正式启动"现代远程教育关键技术与支撑服务系统天地网结合项目"通知，中央广播电视大学承担了其中的"基于卫星和CERNET网的网络教育关键技术及其在中央广播电视大学的应用研究"项目。该项目是"现代远程教育关键技术与支撑服务系统天地网结合项目"的子课题之一，其建设内容为研究天地网结合示范工程中，中央和地方电大如何利用天地合一网络平台，推动电大远程教育发展的有关技术问题。

撰稿　张爱平

审稿　于云秀

# 教育考试

## 高考改革

〔**高考试卷形式与命题工作**〕 2001年，普通高等学校招生全国统一考试试卷有5种形式，包括："3＋2"试卷（北京等13省用）、新课程"3＋2"试卷（江西使用）、广东、河南省的"3＋文理综合（6科综合）＋1"试卷（大综合卷）、"3＋X"试卷（浙江等13省使用），新课程"3＋X"试卷（山西、天津使用）。2001年高考内容改革体现了稳中求进，稳中求改的原则。

2001年，高考命题工作进一步贯彻全国第三次教育工作会议精神和教育部《关于进一步深化普通高等学校招生考试制度改革的意见》精神，命题中加强了对创新意识和实践能力的考查。试题体现了素质教育的导向，答案的选择性增强，更加灵活多样，鼓励考生自主创新。各科试题强调理论联系实际，减少记忆性的内容，增加有利于培养创新思维的试题。2001年试卷减少了题量，缩短了长度，给考生更多的分析思考的时间，有利于考查考生掌握知识和运用知识的真实能力和水平。政治学科突出综合性，紧密联系党和国家的路线、方针、政策，突出"三个代表"的重要思想，结合社会重点、热点问题组卷。作文题连续三年都为开放性题目，2001年的题目以"诚信"为题材，紧扣社会热点，重点在于考查价值观，注重培养创新能力，引导学生关注人生，写作空间广阔有度，引起社会的关注和好评。历史学科发挥其爱国主义教育功能，注重历史和现实的有机联系，体现时代感与现实感。数学科为突出考查重点在思考和推理上，减轻考生记忆负担，而将有关公式附于试卷首页，便于考生查用；创设一些相对新颖的情境，考查考生利用已有知识解决实际问题的能力，避免死记硬背内容和繁琐计算。物理科注重考查基础知识，考查学生对基本概念和规律的理解和运用，有利于鉴别考生是否真正懂得试题中所包含的物理学原理，加强了对学生接收新信息和利用新信息解决问题的能力的考查，从而引导学生理论联系实际，去关注生活，关心社会。化学、生物学科大部分试题以生产、生活及高科技问题为情景进行编制，重在考查学生解决实际问题的能力，同时化学试卷还增加了实验内容的考核比例。地理试题突出反映了我国西部开发的战略和实施。

在考查学科能力的同时，试题注意了跨学科能力的综合和学科知识的渗透，更加注重考查考生继续学习的潜能，考查考生的基础文化素质和创新能力，体现了以有关学科知识为材料，考查考生对知识的理解、运用、分析与综合能力的命题思路。

外语考试强调语言测试的交际性原则，试卷加大了语言交际能力考查的力度。2001年全国绝大部分省市采用了含听力部分的高考外语试卷，教师对听力考试给予了较高的评价，认为有利于中学外语教学的改革。

2001年，全国"3＋2"和"3＋X"科目方案的命题依据现行教学大纲命题，没有出现超纲现象。确定了全面考查基础知识，积极支持课程改革的命题指导思想。数学科新课程增加的内容在试卷中都有涉及，其分数比例略高于其在课时中的比例。根据试验教材的安排，在立体几何部分设置了空间向量和传统立体几何两个试题，供考生选择。并注意新旧内容的有机结合，突出新增加内容的数学价值和应用功能。政治科试题的设计和答案的编制等有所创新，不仅渗透了多学科的知识，而且给考生多层面思考、多角度回答问题提供了空间。物理科根据新的课程大纲调整了考试说明，命题严格按照新课程考试说明，体现新课程改革的精神，在光电效应、力矩的平衡、理想气体方程等方面设计了试题，体现了新课程中增加内容的作用和实际应用。

据抽样统计数据显示，大多数科目试题难度在0.55～0.65（得分率）之间，基本符合命题预期设计要求。

〔**综合能力测试各具特点**〕 理科综合能力测试适应高考内容改革的要求，立足基础知识，注重知识应用，与社会生产、现实生活、现代科技有机融合，并突出学科特点，加大实验考查比重，强化了能力和素质的考查，得到了广大师生的认同。

文科综合能力测试在引导学生关注当今人类生存与发展进程中的重大问题，关注社会发展和我国国情，注重运用政治、历史、地理各学科知识分析、阐释、评价、解决实际问题的能力，注意引导、启发辩证和逻辑思维等方面，进行了有效的探索与尝试，并基本达到预期目标。

文理综合能力测试以现实生活中的有关理论问题和实际问题立意命题，要求考生更加真实和全面地反映、模拟现实；试题要求考生的，主要不是对事物的某一局部、某一层面或某一阶段进行描述，而是注重对事物的整体结构、功能和作用的认识，以及对事物变化、发展过程的分析理解；强调知识之间的内在联系，强调学以致用、理论联系实际，突出对学习方法和学习能力的考查。

撰稿　任子朝
审稿　应书增

# 自学考试

〔**自学考试制度创建20周年**〕 2001年2月16日，教育部和北京市政府在人民大会堂联合召开高等教育自学考试制度建立20周年纪念大会。会上对全国自学考试先进集体、先进个人进行了表彰。教育部部长、全国高等教育自学考试指导委员会主任陈至立和北京市政府副市长林文漪在会上讲话。全国人大副委员长许嘉璐等出席纪念大会。陈至立在讲话中指出，高等教育自学考试制度的建立，是我国改革开放以来教育制度的创新，在新世纪，自学考试符合新形势下教育改革与发展的潮流，符合知识经济时代终身教育学习化社会的需要；20年来高等教育自学考试随着国家的改革、发展而不断完善、壮大，取得了辉煌成就，为高等教育的改革与发展做出了重要贡献。陈至立还强调，各级教育行政部门要充分认识自学考试在国家教育事业中的重要地位和作用，切实加强领导。

20年来，高等教育自学考试事业以其“开放、灵活、投资少、效益高”的特点和严格的质量管理，将个人自学、社会助学和国家考试有机结合，为经济建设和社会发展培养、选拔了大批专门人才，赢得了全社会的普遍欢迎，取得了令人瞩目的成果。报考人数从1981年首次在北京市开考的2 686人，到1985年上半年全国报考人数突破100万人，1995年上半年又突破300万人，之后保持快速增长，1998年下半年突破600万人；即使在普通高校大规模扩招的背景下，2000年上半年，报考人数仍在增长，达到689万人。20年来，累计有1亿多人次参加了高等教育自学考试。2000

年上半年，在籍考生达到1 700万人，为国家经济建设培养了本、专科毕业生 290 万人、中专毕业生 40 万人。

在纪念活动期间，为总结自学考试20年来取得的工作成就，听取老领导、老专家对自学考试工作的意见，2001 年 1 月 18 日，全国考委召开了在京自学考试老领导、老专家春节茶话会。何东昌、朱开轩、臧伯平、邹时炎、王明达、白介夫、顾明远等 15 位老同志与会并发言。老同志们充分肯定了自学考试 20 年来所取得的成绩，指出自学考试发展前景广阔，要适应社会发展的需要，不断进行改革和完善，始终坚持质量第一，为我国普及高等教育、发展继续教育和终身教育做出更大的贡献。全国考委还在全国范围内开展了多种形式、广泛深入的主题宣传活动。

撰稿　李　颖
审稿　刘粤平

〔**表彰全国自学考试先进集体和先进个人**〕在纪念高等教育自学考试制度建立 20 年之际，教育部决定，对全国高等教育自学考试工作的先进集体和先进个人予以表彰。获得表彰的有：北京市等全国省级自学考试单项工作优秀奖的单位 38 个次(名单附后)，中国人民大学等全国自学考试先进集体 254 个，周子寿等全国自学考试先进个人 426 名。

## 获全国省级自学考试单项工作优秀奖的单位

一、专业管理工作优秀奖：
山西　辽宁　上海　福建　山东　湖北　重庆　新疆
二、考务考籍工作优秀奖：
北京　天津　浙江　福建　甘肃
三、社会助学工作优秀奖：
天津　河北　浙江　湖北
四、统计与科研工作优秀奖：
吉林　江苏　山东　河南　陕西
五、宣传工作优秀奖：
北京　江苏　江西　甘肃
六、教材媒体建设优秀奖：
河北　上海　浙江　江西　云南
七、命题工作优秀奖：
辽宁　黑龙江　广东　四川
八、自学考试工作创新优秀奖：
天津　江苏　湖北

撰稿　刘江平
审稿　邱建臣

〔**与高校合作开展远程教育**〕　2001 年 3 月，全国高等教育自学考试指导委员会办公室与清华大学继续教育学院达成协议，双方进行合作，自学考试机构为清华大学承担远程教育考试的组织管理工作。2001 年共组织 15 个站点、35 门课程、8 684 人科次的考试实施工作。双方将确定少数非学历课程，面向全国开考，逐步形成有特色的专业培训；双方还将探讨部分高校远程教育课程与高等教育自学考试课程的学分互认，逐步构建高等教育的“立交桥”。此项合作，是为更好地贯彻落实《中共中央国务院关于深化教育改革全面推进素质教育的决定》，构建与社会主义市场经济体制和教育内在规律相适应、不同类型教育相互沟通相互衔接的教育体制，大力发展现代远程教育，完善考试制度；同时也为充分发挥现代远程教育的优势，实现优秀教育资源的合理配置与共享，面向社会提供多层次、多形式的教育内容，逐渐建立终身教育体系，进行有益的探索。

撰稿　李　颖
审稿　刘粤平

〔**自考烛光工程实施情况**〕　2001 年自考烛光工程实施顺利。12 个受援省、自治区、直辖市都拿出了自考烛光工程的实施方案并提供了相应的配套资金；500 个自考烛光工程辅导站的设备已全部备齐，开发学习软件的人员及经费已经落实，正在全力开发；报名工作稳妥有序，首批安排的1 150 名考生已经参加 2001 年 4 月的自学考试，第二期 2 800个名额的指标已经下达各省，地方教育行政部门正在按规定认真组织选拔。由天津市协合商贸学院捐助开设的西部小学教师自考培训班已于9月初开班。为加强管理，全国考办与中华慈善总会联合印发了《关于进一步加强自考烛光工程管理的通知》，并联合成立了“自考烛光工程国家培训基地”，自考烛光工程数据库管理系统正在抓紧开发。

社会各界对自考烛光工程也给予了较高的关注和积极支持。工程已相继收到天津市协合商贸学院折合100万元的资金、设备及项目援助；人民教育出版社180万元的图书资料援助；国际知名出版集团——美国阶梯国际集团所属北京阶梯信息工程有限公司折合500多万元的项目援助；国内著名的电子企业TCL集团为自考烛光工程辅导站捐助彩电和VCD机各200台。

撰稿　孙　明
审稿　刘粤平

〔**表彰优秀自学应考者**〕　由全国高等教育自学考试指导委员会发起，由全国考委办公室及大部分省、自治区、直辖市自学考试办公室自愿捐资设立的，以弘扬中华民族勤奋好学的优良传统，鼓励、支持公民自学成才，推动高等教育自学考试事业的发展为宗旨的全国自学成才奖励基金正式建立。

2001年全国高等教育自学考试指导委员会、全国自学成才奖励基金在全国开展了评选首届优秀自学应考者活动。在自学考试制度实施近20周年之际，在全国范围内首次进行了较大规模的表彰奖励活动。授予王艳升等30名同志“优秀自学应考者标兵”称号，授予佟慧等263名同志“优秀自学应考者”称号。他们在学习中都取得了优异成绩，绝大多数同志在工作岗位上做出了较大贡献。

撰稿　高尚勤
审稿　邱建臣

〔**新开考学前教育、特殊教育专业**〕　为提高幼儿教育工作者和特殊教育教师及其他从事残疾工作人员的素质和专业化水平，2001年新开考《学前教育专业》（独立本科段）和《特殊教育专业》（专科）。各门课程均由全国考委制订课程自学考试大纲、组织编写教材和统一命题考试。

〔**自学考试题库建设**〕　自考题库的“通用题库管理系统”和“考试统计分析系统”两个软件已通过专家鉴定。截至2001年底共征题13万余道，全部审定，可以按照题库工作机制进行管理。

撰稿　沈　漪
审稿　刘　鹏

〔**高等教育学历文凭考试**〕　2001年参加高等学历文凭考试试点的有北京、河北、山西、内蒙古、辽宁、吉林、黑龙江、上海、江苏、浙江、福建、江西、山东、河南、湖南、广东、四川、重庆、陕西19个省（自治区、直辖市）。

据统计（缺吉林、上海），2001年上半年有452所学校共计22.29万人报考全国统考课程，报考33.12万科次，实考30.53万科次，平均通过率为45.06%。

2001年，取得毕业证书的有2.11万人（不含内蒙古、重庆）。

撰稿　马炳勋
审稿　罗　民

〔**中英合作金融管理、商务管理专业考试**〕　该考试是全国高等教育自学考试指导委员会与英国剑桥大学考试委员会合作，在高等教育自学考试中开考的2个专科专业。

2001年开考的有北京、天津、内蒙古、吉林、上海、江苏、浙江、安徽、江西、福建、湖北、广东、广西、重庆、甘肃15个省（自治区、直辖市）。1月，开考会计学、金融法及企业组织与环境等6门课程，报考考生1.14万人，报考课程数为2.67万科次，课程实考率为80.15%，课程合格率为17.55%。7月，开考管理会计、管理信息技术及数量方法等5门课程，报考考生9 421人，报考课程数为2.64万科次，课程实考率为

84.05%，课程合格率为59.33%。10月，在14个省、自治区、直辖市对1月考试的6门课程进行了加考，报考人数6 784，报考课程数为1.21万科次，课程实考率为91.07%，课程通过率为52.04%。

撰稿 马炳勋 王 伟
审稿 罗 民

〔**电大注册视听生必修课程全国统一考试**〕“电大注册视听生”考试自1996年开始实施。该项考试由中央广播电视大学和教育部考试中心共同组织实施，每年举行两次（1月和7月），到2001年已有24个省市参加，累计报考人数204.67万人，报考科次511.15万科次。2001年报考考生54.74万人，报考科次133.23万科次，科次合格率为58.08%。从报考考生的学历背景看，中专和中技考生是主体，占全体考生的65.51%；从职业构成看，教学人员占34.68%，是所有职业中比例最高的。

撰稿 王 伟
审稿 罗 民

# 社会考试

〔**国家公派留学人员外语水平考试**〕 2001年，选拔国家公派留学人员的外语水平考试（WSK）开考五个语种：英语、法语、德语、日语和俄语，报名考生11 891人，实考10 092人，过合格线的考生1 073人。英语50分以上的考生4 205人，基本满足选派需要。

各语种博士学历的考生占16.4%，硕士学历的考生占44.0%，高级和中级职称的分别占25.1%和41.9%，教学和科技工作者仍为主体（占61.2%），党员占43.2%，男性占56.8%，女性占43.2%，女性人数有所增长，40岁以下考生占95.1%。

撰稿 赵宝华
审稿 罗 民

〔**全国公共英语等级考试**〕 全国公共英语等级考试（Public English Test System，简称PETS）一年两次（3月和9月）。考试的命题、成绩认定由教育部考试中心负责，组织实施由省（自治区、直辖市）教育考试机构负责。考试级别由低到高，从PETS 1B到PETS 5共6个级别（其中PETS 5用于国家公派留学人员英语水平考试，由35所高校承担其考试的具体实施）。3月实施的有PETS 1B、PETS 2和PETS 4三个级别。参加该项目的有北京、山东等18个省（自治区、直辖市）。9月实施的考试级别有PETS 1和PETS 3两个级别。参加该项目的有19个省（自治区、直辖市）。

2001年五个级别全国报考人数为18.22万人，其中，PETS 1B—1.87万人，PETS 1—7.37万人，PETS 2—4.22万人，PETS 3—3.26万人，PETS 4—1.48万人。报考考生中，女性考生明显多于男性。年龄在30岁以下的考生占考生总数的94.26%。考生学历背景以中专（中技）、高中（职高）和大专（专科）学历为主，其中中专（中技）考生占50%。考生中除学生占50%以外，其他有职业背景的考生依次为各类技术人员、机关党群组织及企事业负责人和各类办事人员等。

经过考试，2001年全国共有6.92万人合格。各级别合格率分别为：PETS 1B—63.17%；PETS 1—57.51%；PETS 2—30.77%；PETS 3—31.65%；

PETS 4—13.52%。

撰稿　陈景才
审稿　罗　民

〔**全国计算机等级考试**〕　2001年全国计算机考试对原12个考试科目和内容做了较大调整，停考5个内容相对陈旧的科目，新增面向对象的程序设计2科和网络、数据库、信息管理、PC技术共6科，另对1科增加了网络操作和办公自动化流行软件使用等考试内容。调整后的13个考试科目更适应计算机应用技术的新发展和市场需求。2001年该项考试在包括首次开考的西藏在内的31个省（自治区、直辖市）进行，考生172.2万人，54.1万人获得计算机考试等级证书。

撰稿　孙显福
审稿　徐沪生

〔**剑桥少儿英语**〕　为了进一步提高“剑桥少儿英语”的教学质量，克服原引进版教材不能完全适用于中国少年儿童，尤其是英语基础薄弱的学生学习剑桥少儿英语的问题，教育部考试中心中英教育测量学术交流中心组织专家开发了《剑桥少儿英语》的新版教材。新版教材在教学内容上更加贴近“剑桥少儿英语”的培养目标，教学方式更加灵活，符合儿童的心理特点，整个教学过程能够激发儿童学习英语的兴趣，为他们今后继续提高打下坚实的基础。新版教材分为四级，即“预备级”、“第一级”、“第二级”和“第三级”。2001年度由教育部部长陈至立撰写序言、剑桥大学考试委员会总裁审阅致辞的新版剑桥少儿英语配套教材主渠道发行80万套。2001年3月首次考试有4.98万考生报考，9月有8.56万考生报考。到年底，除西藏无承办机构外，中英中心已建立了两级管理体系及专家督查队伍，由各省（自治区、直辖市）委托教育考试部门统管培训点的审批、教学考试的组织管理及教材教辅的发放。各省市教育考试部门选拔经剑桥及中英中心培训的专家小组负责上岗教师培训、考核和教学、考试的业务指导监查。2001年全国持证上岗的教师有2万余人，培训合格的口试考官近3 000人，累计培训学生近300万人次。

撰稿　王　蕾
审稿　潘　阳

# 教育考试科研

〔**升学与就业指导测验**〕　这项测验针对高中毕业生在选报大学志愿时存在的实际困难，采用心理测验的方法，了解高中学生的兴趣爱好、能力倾向及人格特征等，通过专家测评，指导高中学生选报适合自己发展的大学专业，为高中毕业生合理选报大学专业和职业提供科学依据。为了检验这个测验系统的实用性，2001年上半年，在辽宁、陕西、天津、广西、四川省（自治区、直辖市）进行了推广试点，共测试高考学生1.29万名，其中861人在选报大学志愿后填写了问卷调查。从803份有效问卷统计结果显示，70.0%的同学在选报高考志愿时参考了这次测验结果，在回答测验结果是否符合自己的特点时，有82.8%的同学认为符合和比较符合，有61.7%的同学对该测验结果的“帮助作用”持肯定态度，82.9%的同学认为在“填报志愿前对自己的兴趣能力进行探索并获得相关的资料”很有必要。

10月14日，《升学与就业指导测验》（升学版）在北京通过专家鉴定。由来自中国心理学会测量专业委员会、中国教育学会教育统计与测量分会、北京大学、中央教育科学研究所和教育部学生司、基础教育司等单位的专家组成的鉴定委员会认为，该课题研究方法严谨规范，科学性强，简便实用，具有很好的推广应用价值。

撰稿　崔邦成
审稿　马世晔

〔**高考网上阅卷**〕　1999 年于广西首次在高考中对英语科进行网上阅卷试验取得成功后，进行网上阅卷试点的省级考试机构及科目内容逐年扩大，并且得到了社会及广大考生的认可。2001 年有 6 省（自治区、直辖市）考试机构在 8 科/次继续进行了网上阅卷试点工作。其中广西为高考英语科和语文科，云南、天津为高考英语科，湖北为高考文科综合和理科综合科，河南为计算机等级考试，福建为自考哲学科。网上阅卷改变了传统的阅卷方式，较好地解决了主观题评卷误差这一问题，使考务管理流程更合理、更规范，在实际应用中取得了良好的效果。

撰稿　鱼　杰
审稿　马世晔

# 干部管理与教师工作

## 教育行政学院干部培训

〔**概述**〕 2001年，国家高级教育行政学院认真贯彻中共中央《2001～2005年全国干部教育培训规划》和教育部党组《全国教育干部培训“十五”规划》精神，加大培训工作力度，进一步提高培训规模和质量。在培训过程中，突出对江泽民同志提出的“三个代表”重要思想的学习，深入探讨教育管理理论和实践中的热点、难点问题，进一步改进培训组织工作，收到了积极的效果。2001年学院分别举办了第一期教育部直属高校中青年校级领导干部专题研修班、高校领导干部进修班、高校中青年干部培训班、地（市）教委主任专题研修班、全国县教育局长培训班等，较好地完成了教育干部培训任务。据统计，2001年学院共举办各类培训班33个，总培训人数达3 700多人。

〔**教育部直属高校中青年校级领导干部培训**〕 为了贯彻中共中央《2001～2005年全国干部教育培训“十五”规划》和教育部党组《全国教育干部培训“十五”规划》精神，结合高校“三讲”教育实践，针对当前教育部直属高校中青年领导干部队伍实际，教育部党组决定从2001年开始用两年的时间，在国家高级教育行政学院分期分批对部直属高校50岁以下中青年校级领导干部进行培训，主题为坚定理想信念，加强党性修养锻炼，坚持民主集中制，努力提高领导素质。第一期教育部直属高校中青年校级领导干部专题研修班于2001年8月30日～9月28日举办，60位来自直属高校的中青年校级领导参加了学习。教育部党组书记、部长陈至立接见了全体学员，教育部副部长吕福源、张天保、张保庆、袁贵仁、章新胜为学员作了专题报告，部分直属高校的党委书记、校长和一些专家学者也为学员作了辅导报告。

专题研修班把深入学习江泽民“七一”讲话和“三个代表”重要思想贯穿始终，使学员深刻理解“三个代表”重要思想的科学内涵，进一步明确高等学校贯彻落实“三个代表”思想、加强党的建设的重要性，对高等学校坚持社会主义办学方向的必要性也有了更加深刻的认识。通过学习研讨，学员对民主集中制有了更深刻的理解，增强了党性，提高了贯彻执行在高校实行党委领导下的校长负责制的自觉性。进一步明确在高等学校实行党委领导下的校长负责制，是由我国高等学校的性质和特点决定的，是总结历史经验和教训得出的必然结论，是建立有中国特色社会主义高等教育体系的必然要求，是高校坚持正确办学方向的制度保证。能否坚持高校党委领导下的校长负责制，事关党在高校的领导地位，事关全面发挥社会主义大学功能，事关国家的前途命运。因此，作为高校中青年校级领导干部，在高等学校的改革发展中，要正确处理好各种关系，增强领导班子的凝聚力、创造力和战斗力，坚定不移地贯彻执行党委领导下的校长负责制。

通过学习研修，学员对新世纪高等教育的使命有了新的认识，深感责任重大，增强了做好本职工作的信心和决心。作为高校领导干部，要正视新形势下高校面临的问题和自身肩负的使命，要按照江泽民同志“学习、学习、再学习，实践、实践、再实践”和高校领导干部要成为社会主义政治家和教育家的要求，不断学习和实践，不断拓展新视野，不断确立新理念，不断研究新情况，不断提高把握新趋势、解决新问题、驾驭全局的能力，开创高校工作新局面，努力完成高等教育在中华民族伟大复兴事业中的历史使命。

**〔高校领导干部和中青年干部培训〕** 2001 年国家高级教育行政学院举办了第十八、十九期高校领导干部进修班，第十五、十六期高校中青年干部培训班，来自教育部直属高校、全国各省属高校和有关部委所属高校的近 316 名校级领导和中青年后备干部参加了为期 2～3 个月的在职培训学习。

培训期间，学员学习了邓小平理论和“三个代表”思想、高等教育基本理论、高等教育管理理论、高等院校改革发展的理论和实践、党建与党性修养等，听取了 40 多个专题辅导报告，开展了对我国高等教育改革和高校管理工作重大问题的专题研讨。学院组织四期学员分别到北京、黑龙江、广东、山东、湖北、甘肃、青海等省市，对当地高等教育的改革发展和经济社会发展情况进行了实地考察。通过学习、讨论和考察，学员认为，经过几年的改革，我国高等教育管理确立了可持续发展理念、创新理念、解放思想、实事求是理念、终生教育理念和全面发展理念，有力促进了高等教育的发展。在新世纪，面对新时期社会的转型、经济全球化、新科技革命和信息网络化的发展，以及我国加入 WTO 高等教育面临的挑战和机遇，要进行高等教育管理的宏观决策，制定科学的高等教育发展战略，努力推进高校管理的现代化。高等教育管理现代化关键是要建立现代化的高等教育管理制度。一是要实现高等教育管理民主化，坚持群众路线和民主集中制；二是要实现高等教育管理决策科学化，坚持理论联系实际原则，一切从实际出发，按照高等教育发展的基本规律和科学原理，制定合理的高等教育发展战略规划，作出科学的管理决策；三是要实现高等教育管理体制的合理化，坚持解放思想，实事求是，深入调查研究，制定和完善高等教育管理体制；四是要实现高等教育管理法制化，坚持依法治教，加强高等教育立法和执法工作，以保障我国高等教育健康快速发展。

**〔地市教委主任培训〕** 2001 年，来自全国 143 名地市教委主任分两期在国家高级教育行政学院进行了轮训。教育部副部长王湛出席第九期全国地市教委主任研修班开学典礼，作了关于基础教育、中等职业教育的形势和任务的报告，并与第十期全国地市教委主任研修班学员进行了座谈，为学员作了实践“三个代表”重要思想，切实贯彻全国基础教育工作会议精神的报告。在为期 4 周的培训过程中，学员紧紧围绕学习贯彻第三次全教会精神、“十五”教育规划和全国基础教育工作会议精神，深入了解当前基础教育改革发展的理论和实践，进一步统一了思想，明确了工作思路，增强了做好本地区教育工作，开拓教育工作新局面的信心。

通过学习和研讨，学员进一步明确了我国“十五”教育规划的总体工作思路和目标，对教育发展战略、教育法制建设、建立现代教育督导制度、职业教育发展以及高考制度改革趋势等教育改革发展中的重要问题有了全面深入的了解。学员一致认为，要继续深入贯彻落实《中共中央国务院关于深化教育改革全面推进素质教育的决定》和《国务院关于基础教育改革与发展的决定》，开创“十五”期间教育工作新局面，必须进一步转变教育观念，树立新的教育价值观、质量观和人才观，改进教育教学方式，要彻底摈弃“学而优则仕”的陈腐观念，面向现代化建设的需要，面向发展社会主义市场经济的需要，培养大批具有科学创造精神和创业能力的各行各业人才。要抓住实施素质教育的重点，努力排除一切不利因素，创造良好的有利于实施素质教育的环境，开拓新思路和新举措，着力培养学生的创新精神和实践能力，全面推进素质教育。在研讨过程中，学员针对基础教育改革发展中存在的问题，特别是对实施素质教育和发展职业教育中存在的问题，向教育行政部门提出了改进和解决问题的有关建议。

**〔县教育局长培训〕** 为了进一步转变基层教

育领导干部的教育观念，端正教育思想，明确教育方向，拓宽教育思路，提高领导决策水平和管理能力，促进素质教育的区域推进和全面实施，教育部党组关于《全国教育干部培训“十五”规划》中要求，在“十五”期间，对全国县（市、区、旗）教育局长进行普遍轮训。因此，2001年，国家高级教育行政学院分上下半年分别举办了第一、二期全国县教育局长培训班，来自全国各省、自治区、直辖市共335名县教育局长参加了为期20天的集中培训。培训班的主题是以“三个代表”重要思想为指导，贯彻落实第三次全国教育工作会议和第一次全国基础教育工作会议精神，深化基础教育改革，全面推进素质教育。

在培训期间，学院把学习原湖南省桂东县教育局长胡昭程生前先进事迹作为培训第一课，组织学员观看录像，进行座谈和讨论。学员一致认为，要学习胡昭程同志为教育事业献身精神，勤奋工作，无私奉献，为开创本地区基础教育新局面作出更大贡献。

通过听取专家报告、分组研讨、大会交流以及实地考察等形式，学员进一步加深了对全国基础教育工作会议精神的理解，增强了深化教育改革，全面推进素质教育的信心和紧迫感，为更好地贯彻实施《国务院关于基础教育改革与发展的决定》精神奠定了基础。同时对素质教育推进过程中的实践经验、当前的重点以及存在的问题和困惑等方面也有了进一步的认识。学员认为，全国基础教育工作会议及《国务院关于基础教育改革与发展的决定》，着眼于国际国内发展的形势，特别是结合国内外教育发展的要求和趋势，对新世纪我国基础教育的发展作出了全面部署，在政策上重点解决了一些长期困扰基础教育发展的重点、难点问题，对进一步推进素质教育提出了更高的要求，为全国基础教育的健康、稳定和快速发展指明了方向，也为素质教育的全面推进注入了生机与活力。作为县级教育管理干部和县域推进素质教育的第一责任人，学员们深感责任重大，表示要以对教育工作强烈的责任感和使命感，认真学习和贯彻党的教育方针和政策，以积极推进、实践素质教育为荣，努力工作，为推进区域素质教育和提高我国基础教育发展水平作出更大的贡献。

撰稿　王治军
审稿　俞家庆

# 干部管理

**〔印发《全国教育干部培训“十五”规划》〕** 2001年2月，教育部党组印发了《全国教育干部培训“十五”规划》（以下简称《规划》）。《规划》提出，“十五”期间，教育干部培训工作的指导思想是：以邓小平理论为指导，认真落实江泽民同志“三个代表”的重要思想，以建设高素质、专业化教育干部队伍和为深化教育改革全面推进素质教育服务为目标，以改革创新为动力，以健全培训制度和提高培训质量为主线，以教育行政机关和各级各类学校主要领导干部为培训重点，逐步形成与教育事业发展相适应、符合干部成长规律的分层次、分类别、多形式、重实效、充满活力的教育干部培训新格局和新机制，努力培养造就一支具有较高政治理论素养和开拓创新精神，掌握现代科学文化和管理知识，懂教育、善管理，作风优良的高素质、专业化的教育干部队伍。

《规划》指出，教育干部培训的工作原则是：(1) 统筹规划，突出重点，分类指导。对教育干部培训工作进行整体规划，统筹协调。在全面推进教育干部培训的基础上，着重抓好县级及其以上教育行政机关主要领导干部、高等学校领导及其后备干部、中小学校长和中等职业学校校长的培训工作。

根据各级各类干部的不同情况和需求，分别制定有针对性的培训计划，实施分类指导。(2) 理论联系实际，按需施教，注重实效。根据经济和社会发展以及教育事业发展的需要，按照不同类别和层次岗位的要求，进行有针对性的培训。特别要围绕教育改革和发展面临的新情况、新问题，把理论学习、总结经验、研讨问题与改进工作紧密结合起来，不断增强工作的原则性、系统性、预见性和创造性，切实提高干部分析、解决实际问题的能力。(3) 培训和使用结合。逐步建立干部任职资格培训制度和在职定期进修的制度。干部参加培训、学习和运用理论指导实践的情况，要作为干部选拔和使用的重要依据。(4) 坚持改革创新。以“教育要面向现代化、面向世界、面向未来”为指导，按照新时期干部成长规律和培训工作的特点，改革干部培训模式、内容、方法，加强培训的针对性和实效性。充分利用现代远程教育手段，努力提高干部培训的现代化、信息化水平。

《规划》规定，教育干部培训工作的主要目标是：按照不同工作岗位对干部在思想政治、职业道德、领导素质、业务能力等方面的要求，采取灵活多样的方式，分类分层施训，提高各级各类教育干部的政治、业务素质、道德修养和组织实施素质教育的能力，建设布局合理、分工协作、开放高效的教育干部培训网络，编制符合需要、内容规范实用的教育干部培训教材，逐步建立和完善灵活有效的干部培训制度。

《规划》提出，教育干部培训工作的主要任务是：加强教育行政领导干部的培训；坚持和落实高校领导干部进修制度；加大对高校中青年干部的培训力度；积极开展高校管理干部分岗专题培训；巩固和完善中小学校长、中等职业学校校长培训和持证上岗制度；大力支持西部地区教育干部培训。

《规划》还提出了加强和改革教育干部培训工作的十条保障措施。一是加强对教育干部培训工作的领导；二是建立教育领导干部脱产培训考核制度；三是抓好教育干部培训基地建设和改革工作；四是加强教育干部培训课程与教材建设；五是建设高素质干训教师队伍；六是推进干部培训信息化和教学手段现代化建设；七是建立干部培训质量评估体系；八是保证干部培训经费投入；九是强化激励和约束机制；十是教育干部培训工作实行分类分级管理。

〔**印发中小学校长培训指导性教学计划**〕 为贯彻《中小学校长培训规定》和《全国教育干部培训“十五”规划》，推进中小学校长培训教学改革，提高培训质量，教育部于 2001 年 5 月印发了《全国中小学校长任职资格培训指导性教学计划》和《全国中小学校长提高培训指导性教学计划》(以下简称《教学计划》)。两个教学计划体现了国家对中小学校长培训教学的基本要求。《教学计划》分为培训对象、培训目标、培训时间与方式、课程设置、课程说明、教学要求、考核与结业七个部分。

《教学计划》规定，中小学校长任职资格培训以掌握履行岗位职责必备基本知识和技能为主要内容，以“应知”“应会”为重点。采用“宽基础＋活模块”和“统一性＋灵活性”的课程设置模式，形成基本课程、选修课程、综合实践课程相结合的课程结构。每类课程在达到基本要求的基础上，各地可因地制宜地选择培训内容或增设地方特色课程。培训时间不少于 300 学时。可采取全脱产方式培训，也可视本地实际情况，采用分散自学、短期集中面授、累计学时或学分的方式进行。

《教学计划》规定，中小学校长提高培训对象为已经取得“任职资格培训合格证书”的中小学校长，以学习新知识，交流新经验，研究新问题为主要内容，帮助校长形成办学新思路，进一步提高组织实施素质教育的能力。采用专题为主、动态发展的课程设置模式，形成灵活多样、具有较强选择性的课程结构。在达到基本要求的基础上，各地应因地、因人制宜，灵活增加专题。培训时间为每 5 年累计不少于 240 学时。采取灵活多样的方式进行。在一个培训周期，可分年度、分阶段、分专题施教，累计学时。有条件的地区，可采用学分制。

〔**“21 世纪中小学校长培训课程开发”项目**〕 为贯彻《中共中央国务院关于深化教育改革全面推进素质教育的决定》和《面向 21 世纪教育振兴行动计划》，落实“全国中小学教师继续教育和校长培训工作会议”的要求，教育部设立了“21世纪中小学校长培训课程开发”项目。“21世纪中小学校长培训课程开发”项目的设立，旨在组织全国有关力量，编写多样化、系列化、新颖的中小学校长任职资格培训和提高培训课程专题教材，逐步建立符合实施素质教育要求的中小学校长培训课程教材体系，更好地适应21世纪对高素质中小学校长队伍的需要。

教育部人事司根据《中小学校长培训规定》和教育部颁发的《全国中小学校长任职资格培训指导性教学计划》《全国中小学校长提高培训指导性教学计划》，在总结“八五”“九五”教材编写工作经验的基础上，采取“公开招标、专家评审、行政认定、向全国推荐”的办法，组织全国中小学校长培训专家委员会实施了该项目，并于2001年12月出版了供“十五”期间中小学校长培训使用的基本课程教材。中小学校长任职资格培训教材有：《教育法制基础》《学校管理理论与实践》《当代教育理论专题》《中小学教育科研与应用》《现代教育技术基础》《中国传统文化与教育》《中外教育简史》《比较教育专题》等。中小学校长提高培训教材有：《中小学德育专题》《课程与课堂教学》《学校管理专题》《中小学生心理健康教育》《现代教育评价》《教育研究专题》等。

撰稿　宋永刚
审稿　管培俊

〔**制定中小学教职工编制标准**〕　2001年，教育部会同中编办、财政部向国务院办公厅报送了《关于制定中小学教职工编制标准的意见》。2001年10月11日，国务院办公厅印发了《国务院办公厅转发中央编办、教育部、财政部关于制定中小学教职工编制标准意见的通知》（以下简称《编制标准》）。这是建国以来第一个由编制主管部门、教育主管部门和财政主管部门关于中小学教职工编制工作的文件，对中小学教师队伍建设和基础教育的改革和发展具有深远而重大的意义。

《编制标准》是在国家进行产业结构调整、加强农业和农村工作、解决农民负担过重、市县乡进行机构改革的背景下形成的。《编制标准》充分考虑了国家财力紧张和地区间社会和经济发展的不平衡这一客观现实，符合中国的国情和当前以及今后一个时期的需要。贯彻和落实《编制标准》，必将进一步促进中小学教师队伍建设和基础教育事业的改革与发展。

《编制标准》主要包括以下三个方面的内容。

一、确定了中小学教职工编制工作的原则。《编制标准》提出，中小学教职工编制是我国事业编制的重要组成部分，制定科学的中小学教职工编制标准和实施办法，合理核定中小学教职工编制，直接关系到我国基础教育的改革和发展。做好这项工作，应遵循以下原则：保证基础教育发展的基本需要；与经济发展水平和财政承受能力相适应；力求精简和高效；因地制宜，区别对待。

二、规定了中小学教职工编制的指导标准。中小学教职工编制根据高中、初中、小学等不同教育层次和城市、县镇、农村等不同地域，按照学生数的一定比例核定。中小学校的管理工作尽可能由教师兼职，后勤服务工作应逐步实现社会化。特殊教育学校、职业中学、小学附设幼儿班和工读学校教职工编制标准可参照中小学教职工编制标准，由各地根据实际情况具体确定。成人初、中等学校的编制由各地根据实际情况具体确定。

三、提出了对做好中小学教职工编制工作的要求。要求省级机构编制部门会同同级教育、财政部门按照通知精神，结合当地实际情况制定具体实施办法，报当地党委和政府批准。市（地）级人民政府要加强统筹规划，搞好组织协调。县级教育行政部门根据教育事业发展规划，提出本地区中小学人员编制方案；机构编制部门按照国家规定的编制标准和本省（自治区、直辖市）的实施办法，会同财政部门核定本地区中小学人员编制，报省级人民政府批准；教育部门在核定的编制总额内，按照班额、生源等情况具体分配各校人员编制，并报同级机构编制部门备案。各级财政部门依据编制主管部门核定的人员编制，核拨中小学人员经费。

《编制标准》要求，要清理各种形式占用的中小学人员编制，今后任何部门和单位一律不得以任何理由占用或变相占用中小学人员编制。省、市

(地)、县应在核定编制过程中做好中小学教职工的总量控制和结构调整工作，引导教职工从城镇学校和超编学校向农村学校和缺编学校合理流动。要根据条件逐步进行中小学布局结构调整，精简压缩教师队伍，辞退代课教师和不合格教师，压缩非教学人员，清退临时工勤人员。要稳妥地做好中小学人员分流工作，中小学教职工分流可参照机关工作人员的分流政策执行。

撰稿　张总明　赵丹龄
审稿　李志军

# 教师工作

〔**教师资格制度全面实施**〕　我国自1993年之后相继颁布了《教师法》《教师资格条例》《〈教师资格条例〉实施办法》，逐步形成了教师资格制度的法律法规体系。1996年，按照《教师法》的授权，原国家教委颁布《教师资格认定的过渡办法》，1997年开始实施教师资格过渡工作。1998年，教育部在6个省（自治区、直辖市）的部分地市进行了教师资格认定试点工作。2000年，教育部颁发《〈教师资格条例〉实施办法》。从2001年开始，国家正式启动全面实施教师资格制度工作。

2001年1月，教育部在北京召开全国教师资格制度实施工作会议。教育部副部长王湛主持会议，教育部部长陈至立作了题为《全面实施教师资格制度，建设一支高水平的教师队伍》的讲话，指出全面实施教师资格制度是新时期教师队伍建设的重大举措和制度创新，对于教师队伍建设和教育事业的发展具有十分重要而深远的意义。全面实施教师资格制度总的指导思想是：以邓小平理论为指导，认真贯彻十五届五中全会和全教会精神，坚持严格执法、依法治教、依法管理，促进教师管理走上法制化轨道；严格把住教师队伍入口关，形成高质量的教师预备队伍；多渠道培养和聘任教师，拓宽吸引优秀人才从教的途径；从教师队伍整体建设规划出发，抓住契机，优化教师队伍，以适应实施素质教育的需要。要求各级教育行政部门要着眼于教师队伍的总体规划和长远建设的目标，充分认识实施教师资格制度的导向作用，机制效应和它对全局工作的重要影响，加强领导，认真实施；实施教师资格制度，要与各项改革措施特别是当前学校人事制度改革相结合，与教师聘任制相衔接，整体设计，统筹规划，综合治理；要加强政策导向，注意在实施过程中的思想动态，研究解决带有倾向性的问题。必须严格执行法律法规，依法实施教师资格制度。

为保证教师资格制度的稳步、规范、顺利实施，依据全国教师资格制度实施工作会议精神，5月中旬，教育部印发了《关于首次认定教师资格工作若干问题的意见》，对实施教师资格制度的法律和政策依据、教师资格的性质、认定范围、资格申请、认定程序、学历条件、教育教学能力考察、资格条件的特许条款、早期退（离）休教师认定教师资格问题、教师资格的丧失与撤销、证书管理、收费问题等首次认定教师资格的有关政策作了进一步的明确规定和细化。8月中旬，教育部颁发了《教师资格证书管理规定》，对教师资格证书的法律效用、主要内容、证书格式、丧失或撤销教师资格后的证书收缴、证书补发或换发、证书编号与填写方法、管理责任等事项作了明确规定。

为了检查督促各地教师资格制度实施工作，6月上旬和12月下旬，教育部人事司分别在河南和四川组织召开教师资格制度实施工作汇报会。会议期间，各地汇报交流了教师资格制度实施工作的进展情况，就工作中存在的重点和难点问题进行了深入细致的研究讨论，对教师资格制度实施工作中的若干具体政策问题达成共识。

为了加强对实施教师资格制度的组织领导，按照国家的统一部署，全国所有省（自治区、直辖市）教育厅（教委）陆续成立了“教师资格制度实施工作领导小组”及其办公室，为教师资格制度的顺利实施提供了组织保证。根据法律或教育部授权，在调查研究的基础上，各省级教育行政部门积极研究制定有关具体政策和实施细则，为科学、规范、有序地实施教师资格制度创造了良好的政策环境。各级教育行政部门都召开专题工作会议，对当地的教师资格制度实施工作进行动员部署，使有关部门和学校进一步提高认识，加深对实施教师资格制度的意义、指导思想的理解，统一思想，明确任务和要求。各地都举办教师资格制度实施工作培训班，提高教师资格认定工作人员的思想认识水平、政策水平和工作能力。同时，各地利用多种渠道、采取多种形式，向社会广泛宣传实施教师资格制度的意义、作用、法律和政策规定、教师资格认定工作的具体计划和时间安排等。同时，通过设立查询电话、宣传栏等形式，为教师资格申请人提供良好的服务。通过宣传，使这一制度深入人心，为教师资格制度实施工作营造了良好的工作氛围。截止2001年底，全国多数省（自治区、直辖市）已开始全面实施教师资格制度的工作。

撰稿　朱保江　程剑平
审稿　管培俊

**〔印发《中小学教师队伍建设“十五”计划》〕**

2001年12月，教育部制订印发了《中小学教师队伍建设“十五”计划》（以下简称《计划》）。《计划》研究分析了中小学教师队伍建设面临的形势，总结了“九五”期间中小学教师队伍建设的成就，分析了当前中小学教师队伍建设中存在的问题和困难，明确提出了“十五”期间中小学教师队伍建设的指导思想、基本原则、主要目标以及实现目标的政策措施和工作重点，是“十五”期间全国中小学教师队伍建设的指导性文件。

《计划》指出，“九五”期间，教师队伍整体规模在总量意义上初步适应“九五”期间教育事业发展的基本需求；教师队伍的职务、年龄、学科结构得到改善；教师队伍的整体素质进一步提高，教师的职业道德水平、教育教学能力和综合素质得到普遍提高，全国高中、初中、小学教师的学历合格率分别由1995年的55.2%、69.1%、88.9%提高到2000年的68.4%、87.1%、96.9%；教师地位和待遇有所提高，民办教师问题得到基本解决，教师住房紧张的状况明显改善，全国城镇教师家庭人均住房面积超过城镇居民平均水平；中小学校长培训工作制度化，初步建立了中小学校长培训和持证上岗制度；教师工作的法制建设取得新的进展，教师队伍建设逐步走上法制化轨道。《计划》同时指出，当前我国中小学教师队伍建设还存在一些不容忽视的问题和困难。教师队伍整体素质与实施素质教育以及教育现代化的要求不相适应，教师队伍的学历水平总体上偏低，专业化程度不高；教师队伍结构性矛盾突出；骨干教师队伍建设亟待加强；教师和校长管理体制尚待理顺；教师待遇仍然相对偏低，部分地区拖欠中小学教师工资的问题尚未得到解决，侵犯教师权益的事件时有发生，教师队伍的法制建设任务艰巨。

《计划》提出，“十五”期间中小学教师队伍建设总的指导思想是：坚持以邓小平理论和江泽民同志“三个代表”重要思想为指导，以《教师法》为依据，贯彻落实全国基础教育工作会议精神，适应全面推进素质教育的需要，以提高教师队伍整体素质为中心，以调整优化教师队伍为主线，以骨干教师队伍和农村中小学教师队伍建设为重点，以中小学人事制度改革为动力，努力创设有利于教师队伍建设的制度环境，建设一支数量适当、分布合理、结构优化、富有活力的高素质、专业化的中小学教师队伍。中小学教师队伍建设要遵循的基本原则是：坚持满足需求与提高效益相结合的原则，正确处理改革与发展、数量与质量、规模与效益的关系；坚持开放性与均衡性并重的原则，优化教师资源配置；坚持开放、流动、竞争、有序的原则，正确处理流动与稳定的关系；坚持依法治教的方针，依法保障教师的合法权益，依法管理和建设教师队伍；坚持分类指导、分区规划、分步实施的原则，稳步推进中小学教师队伍的建设。“十五”期间中小学教师队伍建设的主要目标是：教师数量基本满足基础教育事业发展和全面推进素质教育的要求。教师队伍整体素质明显提高，全面实施教师资格制度，所有中小学教师具备相应的教师资格，达到国家规定学历，全国小学、初中教师的学历层次提升到一个新水平。教师队伍的学科、职务结构进一步调整优化，教师队伍城乡分布趋向合理，教师职务岗位设置实现结构比例控制。骨干教师队伍建设取得突破性进展。校长队伍建设进一步加强，中小学校长公开选拔竞争上岗制度和校长聘任制全面推行，中小学校长培训和持证上岗制度得到巩固和完善。中小学人事制度改革在更大的广度和深度上进行，全面推行中小学教师聘任制，依法理顺教师和校长管理体制，努力形成适应基础教育改革和发展要求的中小学师资和人事管理新模式。

《计划》同时提出了实现目标的政策措施和工作重点，主要包括：加强师德建设，提高教师职业道德水平。依法全面实施教师资格制度，广开渠道吸引优秀人才从教。加强中小学编制管理，通过辞退不合格人员、逐步清退代课人员、精简压缩非教学人员、清理各类“在编不在岗”人员等方式，积极稳妥地调整优化中小学教师队伍。建立教师交流制度，根据各地实际情况建立农村艰苦边远地区中小学教师津贴制度，促进教师资源合理配置。推进教师教育改革和结构调整，逐步实现“三级师范”向“二级师范”的过渡，完善以独立设置的师范院校为主体、综合性高等学校共同参与、培养培训相衔接的开放的教师教育体系。启动新一轮师范教育教学改革工程。加强教师继续教育，促进教师树立终身学习理念，掌握现代教育理论，转变教育教学观念，更新专业知识结构，提高广大教师运用现代教育技术和开展创新教育实践的自觉性和能力水平。实施西部教师培训计划，提高西部地区中小学教师的素质。加强骨干教师队伍建设，改革和完善特级教师评选和管理办法，进一步完善特级教师制度。大力推进中小学人事制度改革，推行中小学教师聘任制，依法实施教师职务制度，建立人员流动服务体系。完善与聘任制度相适应的激励机制。建立和完善教师考核、督察制度，提高教师工作管理水平。贯彻执行《教师法》和《国务院关于基础教育改革与发展的决定》的有关规定，依法理顺中小学教师的管理体制，落实关于县级以上教育行政部门对中小学教师的管理职责，改革和完善中小学教师管理制度。改革中小学校长选拔任用制度，建设高素质的中小学管理队伍。加强教师工作法制建设，制定和完善《教师法》配套法规，提高依法治教、依法管理、依法执教水平。

教育部要求各地根据《计划》的精神，结合当地基础教育改革与发展的实际情况，按照分区规划、统筹协调、分类指导、分步实施的原则，研究制订实施意见和本地区中小学教师队伍建设的计划，并采取有效措施，调整优化教师队伍结构，切实提高教师队伍的整体素质，使教师队伍建设的目标、任务落到实处，将中小学教师队伍建设推向新的发展阶段，以适应巩固扩大“两基”成果和全面推进素质教育的需求。

撰稿 朱保江 程剑平
审稿 管培俊

**〔长江学者奖励计划实施工作〕** “长江学者奖励计划”实施工作继续取得进展。2001 年，继前三批共 302 位特聘教授、讲座教授受聘和第一、二届“长江学者奖励计划”获奖者产生后，又有 136 位第四批特聘教授、7 位第四批讲座教授受聘，南开大学首批特聘教授张卫平、北京师范大学第二批特聘教授李小文荣获第三届“长江学者成就奖”一等奖。

2001 年 10 月 18 日，教育部和香港李嘉诚基金会在人民大会堂隆重举行“长江学者奖励计划”第四批特聘教授、讲座教授受聘暨第三届“长江学者成就奖”颁奖典礼。中共中央政治局常委、国务院副总理李岚清接见了与会代表并讲话。教育部部长陈至立在典礼上发表讲话，要求各高等学校把“长江学者奖励计划”作为学校“一把手工程”，为他们提供和创造良好的工作条件，营造宽松的学术环境；学校领导要与特聘教授、讲座教授建立联系制度，及时为他们排忧解难；要把高层次人才的培养使用和重点学科建设紧密结合起来，集合经费、设备、团队和人才资源的优势，更多地让特聘教授在国家重大科技项目中担重任、挑大梁。“长江学者奖励计划”的事业和工作要再接再厉，要进一步开阔视野，采取有效措施，放眼全球广纳贤才，吸引更多的优秀拔尖人才为国家现代化建设贡献力量。

从三年来的实践看，“长江学者奖励计划”的实施取得了积极成效，达到了预期效果。

首先，通过“长江学者奖励计划”的实施，吸引、培养和造就一批具有国际领先水平的学科带头人和学术大师已初见成效。经过世界范围的公开招聘和严格遴选，“长江学者奖励计划”有效吸引、稳定了一批高层次人才到高校从事科研、教学工作，特别是吸引了一批学术上卓有建树的海外学者回国工作。2001 年，已完成了四批特聘教授、讲座教授的推荐、评审、聘任工作，前四批共有 69 所高等学校的 389 个学科聘任了 412 位特聘教授、33 位讲座教授，其中，男性 430 位，女性 15 位；中国籍 404 位，外国籍 41 位；平均年龄 41 岁，最小的 30 岁；具有博士学位的 436 位。先后有 6 位优秀学者荣获“长江学者成就奖”。

其次，“长江学者奖励计划”特聘教授在各自的岗位上努力工作，尽心竭力履行岗位职责，在科研创新、学科建设等方面发挥了重要的作用。相当数量的特聘教授已经得到学术界的高度认可，特聘教授作为学术领导人和领军人物得到了高度重视。继 1999 年有 2 位长江学者当选为两院院士后，2001 年又有 4 位长江学者当选为中科院院士或工程院院士。据初步统计，共有 20 位特聘教授被科技部聘任为“国家重点基础研究发展规划”（“973”计划）首席科学家，占全部 106 个项目的 18.9%；有 12 个以特聘教授为学术带头人的科研团队受到了国家自然科学基金委员会“创新研究群体科学基金”项目资助，占资助总数的 35%；有 5 位特聘教授担任了“十五”“863”计划领域专家委员会主任或委员职务，有 29 位特聘教授担任了“十五”“863”计划主题专家组组长或成员职务。有一些特聘教授在岗位上取得了突破性成果。1998～2001 年间，共有 11 位“长江学者奖励计划”特聘教授的 12 项重大突破性科技成果分别入选“中国十大科技进展新闻”、“中国基础研究十大新闻”、“中国高校十大科技进展”等。如西北大学第二批特聘教授舒德干，上岗后在著名国际期刊《Nature》上连续发表了 3 篇论文，1999 年、2001 年两次入选“中国十大科技进展新闻”。

第三，通过“长江学者奖励计划”的实施，带动了高校人事分配制度的改革，促进了观念的转变和机制的创新，并进一步推动了高等学校高层次人才及骨干教师队伍建设逐步在高校形成了良好的人才聚集和成长的环境。各地方、各高校也都实施了类似的人才计划。继“长江学者奖励计划”之后，广东、福建、四川、湖南、湖北、河北等省分别在省内高校实施了“珠江学者计划”、“闽江学者计划”、“天府学者计划”、“芙蓉学者计划”、“楚天学者计划”、“燕赵学者计划”等，建立了省内特聘教授制度，通过设置关键岗位，加大支持强度，在当地高等学校吸引和培养一批高层次人才和骨干教师。同时，许多高校都建立了校内特聘教授制度，并制定实施了一系列高层次人才选拔和引进的办法，如清华大学的“百名人才引进计划”、上海交通大学的“辉煌工程”、复旦大学的“世纪之星计划”、西安交通大学的“腾飞人才计划”、华东师范大学的“紫江学者计划”、华南理工大学的“兴华人才工程”等等。这些人才计划和改革措施对于高等学校建设一支高层次人才队伍以及高素质的骨干教师队伍起到了十分重要的作用。

撰稿　姚发明　王　磊

审稿　管培俊

**附一**

## “长江学者奖励计划”第四批特聘教授名单

根据《高等学校特聘教授岗位制度实施办法》规定，经“长江学者奖励计划”专家评审委员会审定，确定“长江学者奖励计划”第四批特聘教授136位。名单如下（排名不分先后）：

| | | |
|---|---|---|
| 北京大学 | 固体地球物理 | 陈永顺 |
| | 化学生物学 | 来鲁华 |
| | 基础数学 | 王诗宬 |
| | 理论化学 | 刘文剑 |
| | 理论物理 | 马伯强 |
| | 免疫学 | 杨逢春 |
| | 内科心血管（分子生物学） | 李凌松 |
| | 内科心血管（分子生物学） | 刘国庆 |
| | 内科学（肾脏病） | 汪涛 |
| | 生物化学及分子生物学 | 夏斌 |
| | 无线电物理 | 金长文 |
| | 一般力学与力学基础 | 王龙 |
| | 遗传学及发育生物学 | 朱玉贤 |
| | 有机化学 | 席振峰 |
| | 有机化学 | 杨震 |
| 北京航空航天大学 | 导航、制导与控制 | 任章 |
| | 固体力学 | 杨嘉陵 |
| | 流体力学 | 高以天 |
| 北京化工大学 | 高分子材料 | 杨万泰 |
| | 化学工程 | 谭天伟 |
| 北京科技大学 | 材料加工工程 | 谢建新 |
| 北京理工大学 | 光学工程 | 王涌天 |
| | 工程力学 | 黄风雷 |
| 北京师范大学 | 环境科学 | 齐晔 |
| | 基础数学 | 惠昌常 |
| | 自然地理学 | 戴永久 |
| 北京邮电大学 | 通信与信息系统 | 孟洛明 |
| 大连理工大学 | 等离子体物理 | 王友年 |
| | 港口、海岸及近海工程 | 滕斌 |
| | 生物化工 | 孙立成 |
| | 水工结构工程 | 李宏男 |
| 第四军医大学 | 人体解剖与组织胚胎学 | 陈军 |
| 东华大学 | 纺织化学与染整工程 | 卿凤翎 |
| 东南大学 | 电磁场与微波技术 | 崔铁军 |
| | 建筑设计及其理论 | 王建国 |
| | 精密仪器及机械 | 赵正旭 |
| | 控制理论与控制工程 | 田玉平 |
| | 遗传学 | 谢维 |
| 复旦大学 | 理论物理 | 资剑 |
| | 神经生物学 | 李葆明 |
| | 神经外科 | 朱剑虹 |
| | 无机化学 | 金国新 |
| 国防科学技术大学 | 通信与信息系统 | 刘云辉 |
| 哈尔滨工业大学 | 航天材料学 | 阿布拉依莫夫 |
| | 环境工程 | 任南琪 |
| 合肥工业大学 | 精密仪器及机械 | 范光照 |
| 湖南大学 | 环境工程 | 黄国和 |
| | 机械制造及其自动化 | 张璧 |
| | 结构工程 | 肖岩 |
| 湖南师范大学 | 生物化学与分子生物学 | 邓红文 |
| 华东理工大学 | 化工过程机械 | 涂善东 |
| 华中科技大学 | 激光技术 | 吴颖 |
| | 理论物理 | 罗俊 |
| 华中农业大学 | 果树学 | 邓秀新 |
| | 微生物学 | 张承才 |
| 吉林大学 | 基础数学 | 尹景学 |
| | 计算数学 | 包刚 |
| | 材料物理与化学 | 蒋青 |
| 南京大学 | 矿物学、岩石学、矿床学 | 王汝成 |
| | 软物质物理 | 马余强 |
| | 生物技术 | 高翔 |
| | 声学 | 李太宝 |
| | 声学 | 王新龙 |
| | 无机化学 | 郭子建 |
| | 药理学 | 徐强 |
| | 应用数学 | 尤建功 |
| 南京农业大学 | 作物遗传育种 | 马正强 |
| 南开大学 | 农药学 | 席真 |
| 青岛海洋大学 | 海洋遥感 | 陈戈 |
| | 水产养殖 | 麦康森 |
| 清华大学 | 材料化学与纳米材料 | 李亚栋 |
| | 计算机应用技术 | 应明生 |
| | 结构工程 | 聂建国 |
| | 理论物理 | 翁征宇 |
| | 流体力学 | 吴子牛 |
| | 生物化学与分子生物学 | 罗永章 |
| | 水工结构 | 赵崇斌 |
| | 水力学及河流动力学 | 余锡平 |
| | 细胞生物学 | 陈晔光 |
| | 细胞生物学 | 孟安明 |
| 汕头大学 | 病理学与病理生理学 | 何韶衡 |
| 上海大学 | 钢铁冶金 | 任忠鸣 |
| | 通信与信息系统 | 陈翼强 |
| 上海第二医科大学 | 发育生物学 | 盛慧珍 |
| 上海交通大学 | 材料学 | 张荻 |
| | 机械设计及理论 | 孟光 |

| | | | | | |
|---|---|---|---|---|---|
| | 机械制造及其自动化 | 丁　汉 | 厦门大学 | 动物学 | 林圣彩 |
| | 凝聚态物理 | 姚　忻 | | 物理化学 | 田中群 |
| | 汽车工程 | 林忠钦 | 燕山大学 | 材料学 | 田永君 |
| | 生物医学工程 | 贺　林 | 浙江大学 | 电力系统自动化 | 曹一家 |
| | 微米纳米技术 | 张亚非 | | 化学工程 | 李伯耿 |
| 石油大学 | 油气井工程 | 高德利 | | 基础数学 | 周向宇 |
| 四川大学 | 水力学及河流动力学 | 许唯临 | | 计算机应用技术 | 叶修梓 |
| | 外科学 | 周总光 | | 计算数学 | 郑　耀 |
| 天津大学 | 动力机械工程 | 赵　华 | | 理论物理 | 郑　波 |
| | 固体力学 | 秦庆华 | | 凝聚态物理 | 李有泉 |
| | 流体力学 | 吴雪松 | | 农业昆虫与害虫防治 | 冯明光 |
| | 物理电子学 | 王瑞康 | | 肿瘤学 | 胡　讯 |
| | 应用化学 | 赵　康 | 中国地质大学 | 矿物学岩石学矿床学 | 毛景文 |
| 天津医科大学 | 肿瘤学 | 张　微 | 中国科学技术大学 | 物理化学（含化学物理） | 杨金龙 |
| 同济大学 | 防灾减灾工程及防护工程 | 吕西林 | 中国矿业大学 | 矿产普查与勘探 | 彭苏萍 |
| | 海洋地质 | 郑洪波 | | 矿物加工工程 | 赵跃民 |
| 武汉大学 | 基础数学 | 范爱华 | 中国农业大学 | 动物生理生化 | 夏国良 |
| | 计算机软件与理论 | 贾小华 | | 植物营养学 | 张福锁 |
| | 凝聚态物理 | 刘正猷 | 中国协和医科大学 | 分子生物学 | 沈　岩 |
| 西安交通大学 | 电力系统及其自动化 | 宋永华 | | 内科血液病学 | 赵春华 |
| | 制冷及低温工程 | 李连生 | | 微生物药学 | 邵荣光 |
| 西北工业大学 | 材料加工工程 | 黄卫东 | 中南大学 | 遗传学 | 张灼华 |
| | 飞行器设计 | 宋笔锋 | 中山大学 | 基础数学 | 朱熹平 |
| | 固体力学 | 岳珠峰 | | 生物化学与分子生物学 | 庄诗美 |
| 西北农林科技大学 | 农业水土工程 | 康绍忠 | | 植物学 | 谢　旗 |

**附二**

## “长江学者奖励计划”第四批讲座教授名单

根据《高等学校讲座教授岗位制度实施办法》规定，经“长江学者奖励计划”专家评审委员会审定，确定“长江学者奖励计划”第四批讲座教授7位。名单如下（排名不分先后）：

| | | | | | |
|---|---|---|---|---|---|
| 北京大学 | 概率论与数理统计 | 刘　军 | | 理论物理 | 李东海 |
| 青岛海洋大学 | 物理海洋学 | 刘征宇 | | 生物物理学 | 钟　毅 |
| 清华大学 | 材料物理与化学 | 王中林 | 天津大学 | 工业催化 | 林跃生 |
| | 计算数学 | 金　石 | | | |

**附三**

## “长江学者奖励计划”第三届“长江学者成就奖”获奖者名单

根据《“长江学者成就奖”实施办法》规定，经“长江学者奖励计划”专家评审委员会审定，第三届“长江学者成就奖”获奖者名单如下：

一等奖 2 名：

南开大学　　　张伟平

北京师范大学　　李小文

二等奖：空缺

〔第二届“高校青年教师奖”颁奖〕 2001 年 5 月 29 日，教育部第二届“高校青年教师奖”颁奖大会在人民大会堂举行，67 所高校的 100 名教师获奖。教育部部长陈至立、教育部副部长吕福源、赵沁平等出席颁奖大会。陈至立在颁奖大会上发表讲话，强调要充分认识培养优秀拔尖人才和中青年骨干教师的重大意义。要采取有力措施提高青年教师的总体素质；要从学习、工作、体制、政策、环境等方面创造条件，努力营造有利于优秀人才健康成长、施展才干的良好氛围，使大批优秀人才脱颖而出，培养造就一批具有知识创新和科技攻坚能力、能够参与国际竞争的学科带头人和攻坚骨干。

为了更加突出教学导向，教育部 2001 年组织力量对“高校青年教师奖”评审指标体系做了进一步的修改和完善，主要体现在以下几个方面：“高校青年教师奖”总体上坚持教学、科研“双高”标准，重点考察候选人的教学和科研能力、水平和业绩，将候选人近三年年均授课不低于 54 学时作为申报的基本条件；在教学要求中增加对教学内容先进性的评价指标。对教学业绩特别优异，科研工作一般的候选人，主要评价其教学水平和成果；对科研业绩特别优异，教学工作量达到基本要求的候选人，主要评价其科研水平和成果。注重考察候选人的发展潜质和工作环境。

第二届教育部“高校青年教师奖”自然科学的申报领域主要为信息科学、生命科学、地球科学、环境科学；人文、社会科学的申报学科主要为马克思主义、经济学、法学、社会学、民族学、新闻与传播学、教育学、心理学。第二届共受理 320 人的申报材料。经过专家通讯评审，共遴选出 202 位候选人提交会议评审专家讨论。经专家会议评审、领导小组审定和公示，共有 100 人获得第二届教育部“高校青年教师奖”，其中男性 93 人，女性 7 人；教授 93 人，副教授 7 人；博士 91 人，硕士 9 人；自然科学 75 人，人文、社会科学 25 人；教育部直属高校 71 人，其他部委高校 11 人，地方高校 18 人。

撰稿　姚发明　唐　筠

审稿　管培俊

附

## 第二届教育部“高校青年教师奖”获奖者名单

| 序号 | 姓名 | 单位 | 专业 |
|---|---|---|---|
| 1 | 常彦勋 | 北方交通大学 | 组合数学 |
| 2 | 高自友 | 北方交通大学 | 交通运输规划与管理 |
| 3 | 赵秀海 | 北华大学 | 林学 |
| 4 | 张　兴 | 北京大学 | 微电子技术 |
| 5 | 瞿礼嘉 | 北京大学 | 植物学 |
| 6 | 王　韵 | 北京大学 | 分子神经生物学 |
| 7 | 王学军 | 北京大学 | 环境地学 |
| 8 | 陈兴良 | 北京大学 | 刑法学 |
| 9 | 张　军 | 北京航空航天大学 | 电子工程系 |
| 10 | 怀进鹏 | 北京航空航天大学 | 计算机软件与理论 |
| 11 | 谭天伟 | 北京化工大学 | 化学工程 |
| 12 | 陶　然 | 北京理工大学 | 通信与信息系统 |
| 13 | 陈　杰 | 北京理工大学 | 模式识别与智能系统 |
| 14 | 赵春明 | 北京师范大学 | 世界经济 |
| 15 | 田　野 | 北京体育大学 | 运动性疲劳研究 |
| 16 | 陈家旭 | 北京中医药大学 | 中医学 |
| 17 | 于　戈 | 东北大学 | 计算机软件与理论 |
| 18 | 迟德富 | 东北林业大学 | 森林保护 |
| 19 | 谢　维 | 东南大学 | 分子生物学与遗传学 |
| 20 | 袁勇麟 | 福建师范大学 | 中国现当代文学 |
| 21 | 李万同 | 甘肃工业大学 | 信息与计算科学 |

| | | | |
|---|---|---|---|
| 22 | 于水利 | 哈尔滨工业大学 | 环境工程 |
| 23 | 傅松滨 | 哈尔滨医科大学 | 医学遗传学 |
| 24 | 马伟明 | 海军工程大学 | 电力系统、电磁兼容 |
| 25 | 祝淑钗 | 河北医科大学 | 肿瘤治疗学 |
| 26 | 鞠　平 | 河海大学 | 电力系统及其自动化 |
| 27 | 曾光明 | 湖南大学 | 环境科学与工程 |
| 28 | 赖明勇 | 湖南大学 | 国际贸易 |
| 29 | 崔　翔 | 华北电力大学 | 电工理论与新技术 |
| 30 | 张　凌 | 华南理工大学 | 通信与信息系统 |
| 31 | 罗必良 | 华南农业大学 | 农业经济管理 |
| 32 | 邬堂春 | 华中科技大学 | 劳动卫生学 |
| 33 | 曹一家 | 华中科技大学 | 电力系统及其自动化 |
| 34 | 吴　珊 | 吉林大学 | 病理学 |
| 35 | 周云轩 | 吉林大学 | 应用地球物理 |
| 36 | 陈　坚 | 江南大学 | 发酵工程 |
| 37 | 王永良 | 空军雷达学院 | 信号处理 |
| 38 | 王　锐 | 兰州大学 | 生物化学 |
| 39 | 张　镭 | 兰州大学 | 大气物理与大气环境 |
| 40 | 李满春 | 南京大学 | 地理信息系统 |
| 41 | 毕树平 | 南京大学 | 环境分析化学 |
| 42 | 范从来 | 南京大学 | 经济学 |
| 43 | 周晓虹 | 南京大学 | 社会心理学 |
| 44 | 张天真 | 南京农业大学 | 作物遗传育种 |
| 45 | 周光宏 | 南京农业大学 | 动物营养生理 |
| 46 | 王　建 | 南京师范大学 | 地理 |
| 47 | 佟家栋 | 南开大学 | 国际贸易 |
| 48 | 李　毅 | 南开大学 | 马克思主义理论 |
| 49 | 姚爱兴 | 宁夏农学院 | 草业科学 |
| 50 | 罗德海 | 青岛海洋大学 | 大气科学 |
| 51 | 旦　正 | 青海民族学院 | 藏族文化 |
| 52 | 孟安明 | 清华大学 | 发育生物学 |
| 53 | 邓志东 | 清华大学 | 人工智能与智能控制 |
| 54 | 陈永灿 | 清华大学 | 水利学及河流动力学 |
| 55 | 崔建远 | 清华大学 | 民商法 |
| 56 | 黄少安 | 山东大学 | 政治经济学 |
| 57 | 孟祥旭 | 山东大学 | 计算机 |
| 58 | 郜江瑞 | 山西大学 | 量子光学 |
| 59 | 孙　铮 | 上海财经大学 | 会计学 |
| 60 | 李友梅 | 上海大学 | 文化人类学与民俗学 |
| 61 | 彭颖红 | 上海交通大学 | 塑性成形 |
| 62 | 林承焰 | 石油大学 | 矿产普查与勘探 |
| 63 | 李国英 | 四川大学 | 毛皮与制革工程 |
| 64 | 任　平 | 苏州大学 | 马克思主义哲学 |
| 65 | 周　革 | 天津大学 | 光学技术与仪器 |
| 66 | 王成山 | 天津大学 | 电力系统及其自动化 |
| 67 | 蒋昌俊 | 同济大学 | 计算机软件与理论 |
| 68 | 江瑞平 | 外交学院 | 世界经济学 |
| 69 | 黄　进 | 武汉大学 | 国际法 |
| 70 | 万明钢 | 西北师范大学 | 心理学 |
| 71 | 陈　光 | 西南交通大学 | 哲学 |
| 72 | 江云宝 | 厦门大学 | 分析化学 |
| 73 | 邬大光 | 厦门大学 | 高等教育学 |
| 74 | 贾殿赠 | 新疆大学 | 化学 |
| 75 | 焦新安 | 扬州大学 | 预防兽医学 |
| 76 | 龚　明 | 云南师范大学 | 植物生理 |
| 77 | 潘志庚 | 浙江大学 | 计算机应用 |
| 78 | 陈汉林 | 浙江大学 | 构造地质学 |
| 79 | 喻景权 | 浙江大学 | 蔬菜学 |
| 80 | 俞　立 | 浙江工业大学 | 工业自动化 |
| 81 | 樊太亮 | 中国地质大学 | 石油与天然气地质学 |
| 82 | 王焰新 | 中国地质大学 | 水文地质 |
| 83 | 陈发来 | 中国科学技术大学 | 计算数学 |
| 84 | 刘钦甫 | 中国矿业大学 | 地质与勘探 |
| 85 | 韩振海 | 中国农业大学 | 果树学 |
| 86 | 刘庆昌 | 中国农业大学 | 作物遗传育种 |
| 87 | 李保明 | 中国农业大学 | 环境工程 |
| 88 | 杨瑞龙 | 中国人民大学 | 政治经济学 |
| 89 | 吴晓求 | 中国人民大学 | 现代宏观经济理论 |
| 90 | 陈卫东 | 中国人民大学 | 刑事诉讼法学 |
| 91 | 孔令义 | 中国药科大学 | 中药化学 |
| 92 | 朱　勇 | 中国政法大学 | 中国法制史 |
| 93 | 谷克鉴 | 中南财经政法大学 | 国际贸易学 |
| 94 | 肖　波 | 中南大学 | 神经病学 |
| 95 | 汤井田 | 中南大学 | 勘探地球物理 |
| 96 | 陈晓红 | 中南大学 | 管理科学与工程 |
| 97 | 秦家银 | 中山大学 | 微波亚毫米波技术 |
| 98 | 王　珺 | 中山大学 | 经济学 |
| 99 | 尹光志 | 重庆大学 | 采矿工程 |

注：1人因学术道德问题被取消奖励资格。

〔**表彰奖励全国优秀教师和教育工作者**〕 20世纪80年代以来，国家逐步建立了优秀教师和教育工作者的定期表彰奖励制度。自1986年以来，国务院教育行政部门会同人事部以及全国教育工会、中国中小学幼儿教师奖励基金会分别于1986年、1989年、1991年、1993年、1995年和1998年先后共开展了六次全国性的优秀教师和优秀教育工作者表彰奖励活动。据统计，全国有40 471名教师和教育工作者受到表彰奖励。其中4 249人被评为“全国教育系统劳动模范”，713人被评为“全国模范教师”，84人被评为“全国教育系统先进工作者”，并享受省部级劳动模范待遇。2001年进行了第七次优秀教师和教育工作者表彰奖励活动。

2001年3月，教育部和人事部联合印发了《关于做好2001年“全国模范教师”“全国教育系统先进工作者”评选表彰工作的通知》，教育部印发了《关于认真做好2001年“全国优秀教师”“全国优秀教育工作者”评选表彰工作的通知》，对2001年度表彰奖励工作进行了安排部署。2001年计划表彰奖励全国优秀教师和教育工作者2 800名，奖励面约万分之二，其中800名由教育部、人事部联合表彰，授予“全国模范教师”、“全国教育系统先进工作者”称号，享受省部级劳动模范和先进工作者待遇；2 000名由教育部表彰，授予“全国优秀教师”、“全国优秀教育工作者”称号。奖励推荐人选名额的下达，按照2000年底各地教职工总数的0.2‰的比例，根据属地化原则下达给各省（自治区、直辖市）及解放军总政治部。

为加强对奖励工作的领导，成立了教育系统奖励工作领导小组，教育部部长陈至立任组长、人事部副部长尹蔚民和教育部副部长王湛任副组长，组成人员有全国教育工会、中国中小学幼儿教师奖励基金会等各方面的代表。领导小组下设办公室，负责具体工作。各省（自治区、直辖市）也相应成立了以教育行政部门主要领导为组长的领导小组。

在各地认真推荐和专家严格审核的基础上，经教育系统奖励工作领导小组审定，2001年共表彰优秀教师和教育工作者2 766人，其中，全国模范教师710人，全国教育系统先进工作者79人，全国优秀教师1 770人，全国优秀教育工作者207人。受表彰人选中，女性944人，占34.2%；少数民族207人，占7.5%；中共党员2 063人，占74.6%；民主党派103人，占3.7%；群众600人，占21.7%。受表彰人选的分布情况为：中学1 401人，占50.7%；小学541人，占19.6%；幼儿园64人，占2.3%；高等学校391人，占14.1%；职业教育170人，占6.1%；成人教育31人，占1.1%；特殊教育14人，占0.5%；教研室等教育机构人员71人，占2.6%；教育行政部门83人，占3%。受表彰人选的年龄结构为：30岁以下73人，占2.6%；31岁～40岁1 126人，占40.7%；41岁～50岁851人，占30.8%；51岁～60岁601人，占21.7%；60岁以上115人，占4.2%。

2001年优秀教师和教育工作者表彰奖励工作具有以下特点：(1)统筹兼顾，突出重点。表彰人选统筹考虑不同类型、不同层次的学校和教育机构人员所占比重。注意向教学第一线的教师倾斜，向中小学幼儿教师倾斜，向条件艰苦的地区、学校倾斜。(2)注重实绩，正确导向。各地根据表彰工作文件的要求，特别强调教师和教育工作者在实施素质教育、深化教育教学改革、提高教育质量方面的实际贡献，推荐评选出一大批在推进素质教育和探索教育教学改革方面做出突出贡献的先进模范人物。(3)首次公示，严格把关。各地按照表彰工作文件要求，民主评选，严格评审，择优推荐，根据不同情况进行了全省范围或县市范围的公示，保证了奖励工作的公正性，并有效发挥其教育和激励作用。

2001年9月10日，教育部、人事部、北京市政府、全国教育工会、中国中小学幼儿教师奖励基金会在人民大会堂联合举行了庆祝2001年教师节暨优秀教师表彰大会。国务院副总理李岚清，全国人大常委会副委员长丁石孙，全国政协副主席钱正英等党和国家领导人及有关部门负责同志和应邀进京的66名模范教师代表出席了大会。会前，李岚清等领导同志接见了模范教师代表并与代表们合影留念。李岚清在表彰大会上代表党中央、国务院向全国广大教师和教育工作者表示节日的祝贺，并就教育改革和教师队伍建设等问题发表了重要讲话，强调教育战线的同志们要深入学习江泽民同志“七一”重要讲话，努力实践“三个代表”的重要思想，进一步推动教育改革和发展。表彰大会由教育部部长陈至立主持，人事部副部长尹蔚民宣读了《人事部、教育部关于表彰全国模范教师和全国教育系统先进工作者的决定》，教育部副部长吕福源宣读了《教育部关于表彰全国优秀教师和全国优秀教育工作者的决定》，李岚清等领导同志为模范教师代表颁发了荣誉证书和奖章。西北大学教授舒德干、内蒙古乌海市海勃湾区第五小学教师郭彩霞代表全国模范教师在大会上发言，湖北省宜昌市第一中学教师田爱华在大会上宣读了《致全国教师和教育工作者的倡议书》。

撰稿　宋永刚　范贤睿
审稿　管培俊

**附一**

## 2001 年全国模范教师名单

| | |
|---|---|
| **北京市** | |
| 陶　澍 | 北京大学 |
| 徐元辉 | 清华大学 |
| 黄嘉树 | 中国人民大学 |
| 王昆扬 | 北京师范大学 |
| 沈光地 | 北京工业大学 |
| 邹法瑜 | 北京第二十二中学 |
| 任炜东 | 朝阳区日坛中学 |
| 李遗萍（女） | 丰台区东铁营第一小学 |
| 于淑云（女） | 门头沟区大峪第一小学 |
| 高玉军（女） | 房山区良乡中学 |
| 祁京生 | 通州区潞河中学 |
| 郭志江 | 顺义区牛栏山第一中学 |
| 陈长泉 | 密云县教研中心 |
| 薛营顺 | 平谷中学 |
| 李文义 | 北京市化工学校 |
| 芦德琴（女） | 朝阳区劲松第一幼儿园 |
| **天津市** | |
| 张国雄 | 天津大学 |
| 沈德立 | 天津师范大学 |
| 袁滨渤（女） | 天津市第四十二中学 |
| 王春易（女） | 天津市第五十七中学 |
| 徐　青 | 天津市第二十五中学 |
| 马丽莉（女） | 和平区第十一幼儿园 |
| 朱兆林（女） | 天津市新华中学 |
| 张　良 | 天津市司法警官学校 |
| 罗宗强 | 南开大学 |
| **河北省** | |
| 郑青梅（女） | 涞源县第二中学 |
| 肖荣学 | 雄县中学 |
| 刘玉梅（女） | 保定市第三中学分校 |
| 张洪池 | 高碑店市第一中学 |
| 邓大翠（女） | 任丘市实验小学 |
| 刘玉敏（女） | 黄骅市第二中学 |
| 于贵勤（女，满族） | 承德县三家乡孤山小学 |
| 杨德文 | 武安市贺进小学 |
| 孟　进 | 邯郸市第一中学 |
| 袁庆禄 | 邯郸师范专科学校 |
| 王和义 | 永年县第二中学 |
| 靳义恒 | 枣强县第二中学 |
| 梁国顺 | 冀州中学 |
| 张艳丽（女） | 衡水师范专科学校 |
| 齐书亭 | 廊坊市安次区码头镇北响口小学 |
| 李泽学 | 霸州市第一中学 |
| 边德满 | 昌黎县第一中学 |
| 李延瑞（女） | 石家庄外国语师范学校 |
| 王嘉励（女） | 石家庄市特殊教育学校 |
| 郭景茹（女） | 元氏县第一中学 |
| 徐淑娟（女） | 玉田县第一幼儿园 |
| 孙兆平（女） | 唐海县第一中学 |
| 王敬丽（女） | 遵化市第二实验小学 |
| 宁　成 | 迁安市第一高级中学 |
| 崔　静（女） | 邢台市聋哑学校 |
| 王培生 | 邢台市第一中学 |
| 蔡建明 | 蔚县西合营中学 |
| 张海英（女） | 沽源县实验小学 |
| 何海琴（女） | 宣化县第二中学 |
| 王文魁 | 燕山大学 |
| 贺国庆（白族） | 河北大学 |

| | |
|---|---|
| 杨绍普 | 石家庄铁道学院 |

山西省

| | |
|---|---|
| 盛爱玲（女） | 太原市第五中学 |
| 侯国英（女） | 太原市第三十七中学 |
| 王玉荣（女） | 大同市实验小学 |
| 史广淑（女） | 阳泉市第二中学 |
| 秦宛钟 | 潞城市第一中学 |
| 成华英（女） | 武乡县城关小学 |
| 王文凤（女） | 陵川县实验小学 |
| 温　平 | 山阴县第一中学 |
| 郭彦君（女） | 忻州市七一路小学 |
| 贾文军 | 宁武县高级中学 |
| 张凤年 | 孝义市中学 |
| 李文娥（女） | 吕梁聋哑学校 |
| 张桂香（女） | 晋中市榆次第二中学 |
| 岳丽华（女） | 介休市实验小学 |
| 卢金荣 | 临汾市第三中学 |
| 周春棠（女） | 襄汾县城关镇第二小学 |
| 武彩霞（女） | 运城市幼儿师范学校 |
| 张生万 | 山西大学 |
| 邓延满 | 山西省特殊教育中等专业学校 |
| 于若昕（女） | 山西省实验中学 |

内蒙古自治区

| | |
|---|---|
| 王秀瑛（女） | 呼和浩特市土默特中学 |
| 陈光临（女） | 呼和浩特市第二中学 |
| 马桂梅（女，回族） | 包头市回民中学 |
| 郭彩霞（女） | 乌海市海渤湾区第五小学 |
| 于振洋（蒙古族） | 喀喇沁旗锦山第三中学 |
| 袁　志 | 赤峰市松山区职业教育中心 |
| 孙明俊 | 呼盟扎赉诺尔煤业公司第七中学 |
| 迎　春（女，蒙古族） | 扎赉特旗巴达尔胡中心学校 |
| 纪凤国 | 库伦旗六家子镇中心学校 |
| 曲秀杰（女） | 通辽市科尔沁区南门小学 |
| 黄嘉祥 | 锡盟职业教育中心 |
| 吴林太 | 察右前旗第一中学 |
| 张月霞（女） | 东胜市第二中学 |
| 刘瑜英（女） | 巴彦淖尔盟中学 |
| 万发金 | 阿拉善左旗第四中学 |
| 李忠秀（女） | 内蒙古一机（集团）教育处第二中学 |
| 丛艾宁（女） | 内蒙古自治区党委幼儿园 |
| 罗辽复 | 内蒙古大学 |
| 高炳德 | 内蒙古农业大学 |

辽宁省

| | |
|---|---|
| 荆铁军 | 沈阳市第三十中学 |
| 丛立芝（女） | 沈阳市第七十二中学 |
| 叶晶晶（女） | 沈阳市和平区南宁幼儿园 |
| 刘广纯 | 沈阳大学 |
| 徐爱慧（女） | 大连市第六十五中学 |
| 董大方（女） | 大连市第四十六中学 |
| 王素兰（女） | 鞍山市立山区深南小学 |
| 李素芹（女） | 鞍山市华育学校 |
| 张宝兰（女） | 抚顺市第十三中学 |
| 车顺梅（女，满族） | 桓仁县实验小学 |
| 卢盛莽（满族） | 凤城市第一中学 |
| 邵树宽 | 丹东市第一中学 |
| 李献吾 | 锦州师范高等专科学校 |
| 肖志一（回族） | 锦州市第二高级中学 |
| 张凤艳（女） | 阜新市实验中学 |
| 张敬泽 | 彰武县高级中学 |
| 栗荣华（女） | 辽阳市白塔区实验小学 |
| 李晓红（女） | 辽阳市辽化第一中学 |
| 赵仕君（女） | 昌图县实验小学 |
| 李玉英（女） | 开原市城效乡瓜台村小学 |
| 王海斌 | 盘锦市高级中学 |
| 池军华 | 盘锦市第二完全中学 |
| 邢文哲 | 北票市龙潭乡初级中学 |
| 刘学廷 | 凌源市第二中学 |
| 王继山 | 葫芦岛市第一高级中学 |
| 朱志田 | 建昌县药王庙镇初级中学 |
| 钟万勰 | 大连理工大学 |
| 吴剑华 | 沈阳化工学院 |
| 陆钟武 | 东北大学 |

吉林省

| | |
|---|---|
| 李国荣（女） | 长春市第二实验中学 |
| 隋　影（女） | 长春市第一实验小学 |
| 徐　敏（女） | 长春市计算机学校 |
| 林占春 | 永吉县黄榆乡中心小学 |
| 陈晓梅（女） | 吉林市第一实验小学 |
| 高淑贤（女） | 四平市第十七中学 |
| 荆绍武 | 四平市第一中学 |
| 孙　成 | 辽源市第五中学 |
| 丁晓凤（女） | 通化市第五中学 |
| 刘俊兰（女） | 通化市二道江区鸭园镇 |

| | | |
|---|---|---|
| | 西热小学 | |
| | 马再跃（女） | 白山市实验小学 |
| | 陈世海 | 镇赉县第一中学 |
| | 于中保 | 大安市第一中学 |
| | 尹惠玉（女，朝鲜族） | 龙井市第五中学 |
| | 张世发 | 敦化市黄泥河林业局子弟第二小学 |
| | 王云普 | 松原市第一高级中学 |
| | 颜凡平（女） | 长岭县东六号乡中心小学 |
| | 杨兆升 | 吉林大学 |
| | 刘益春 | 东北师范大学 |
| | 梁　柱 | 长春光学精密机械学院 |
| | 陈　伟 | 吉林省实验中学 |
| 黑龙江省 | | |
| | 雷清泉 | 哈尔滨理工大学 |
| | 杜善义 | 哈尔滨工业大学 |
| | 傅松滨 | 哈尔滨医科大学 |
| | 高德峰 | 黑龙江省艺术学校 |
| | 姜英丽（女） | 哈尔滨市第十四中学 |
| | 曹永鸣（女） | 哈尔滨市花园小学 |
| | 张景花（女） | 哈尔滨市第一四六中学 |
| | 周慧清（女） | 尚志市一曼中学 |
| | 王丽萍（女） | 哈尔滨市第三中学 |
| | 王宝杰（女） | 克东县宝泉镇永平村小学 |
| | 沈　杰（女） | 齐齐哈尔市第一中学 |
| | 马常礼 | 宁安市江南乡福兴小学 |
| | 余　红（女） | 佳木斯市第一中学 |
| | 吕一平（女） | 大兴安岭林业局育才中学 |
| | 张文岚（女） | 海伦市实验小学 |
| | 郭　颖（女） | 绥化市北林区第四中学 |
| | 张雪菲（女） | 肇东市三友小学 |
| | 苏广田 | 北安市赵光镇北乐学校 |
| | 曲安钧 | 大庆铁人中学 |
| | 刘本新（女） | 虎林市东方红镇先锋小学 |
| | 张友梅（女） | 勃利县第一中学 |
| | 崔国胜 | 海林林业局第一中学 |
| | 张百合（女） | 双鸭山市第一中学 |
| | 赵　伟 | 齐齐哈尔铁路运输职工大学 |
| | 朱　莉（女） | 黑龙江省农垦总局北安分局高级中学 |
| | 刘力华（女） | 伊春市第一中学 |
| | 郭明生 | 鹤岗市第三中学 |
| 上海市 | | |
| | 姜波克 | 复旦大学 |
| | 沈祖炎 | 同济大学 |
| | 金利通 | 华东师范大学 |
| | 房鼎业 | 华东理工大学 |
| | 何友声 | 上海交通大学 |
| | 俞丽拿（女） | 上海音乐学院 |
| | 华泽钊 | 上海理工大学 |
| | 谢慧萍（女） | 黄浦区第一中心小学 |
| | 张主方 | 卢湾区教师进修学院 |
| | 奚天敬 | 南洋中学 |
| | 胡芝娟（女） | 育才中学 |
| | 周　逢（女） | 宜川中学 |
| | 秦若于（女） | 虹口区第三中心幼儿园 |
| | 章国蓓（女） | 青浦高级中学 |
| 江苏省 | | |
| | 欧阳平凯 | 南京工业大学 |
| | 吴梧桐 | 中国药科大学 |
| | 俞启香 | 中国矿业大学 |
| | 吕志涛 | 东南大学 |
| | 吴康宁 | 南京师范大学 |
| | 闵乃本 | 南京大学 |
| | 程淮中 | 淮阴财经学校 |
| | 王　生（女） | 苏州市城建技工学校 |
| | 顾维平（女） | 南京市游府西街小学 |
| | 周伟忠 | 溧水县第二中学 |
| | 薛法根 | 吴江市第二实验小学 |
| | 王海赳 | 苏州市木渎高级中学 |
| | 夏　炎 | 苏州中学 |
| | 陆云泉 | 无锡市第一中学 |
| | 王菊娣（女） | 无锡市梅村高级中学 |
| | 周敏泽 | 常州高级中学 |
| | 彭伟平 | 溧阳市光华中学 |
| | 李玉荣 | 句容市第二中学 |
| | 张　淳 | 通州高级中学 |
| | 肖荣圣 | 海安高级中学 |
| | 马　蔚 | 如东高级中学 |
| | 许桂华（女） | 扬州大学附属中学 |
| | 韩吉民 | 江都市第一中学 |
| | 沈凤生 | 兴化县合陈镇初级中学 |
| | 田　骕 | 姜堰市溱潼中学 |
| | 程广海 | 铜山县郑集中学 |
| | 许西林（女） | 徐州矿务集团中心小学 |
| | 徐继田 | 沛县张寨中学 |
| | 李增祥 | 新沂市第一中学 |

| | | | | |
|---|---|---|---|---|
| | 刘树田 | 灌南县中学 | 韩承赐 | 全椒县慈济中学 |
| | 及秀琴（女） | 连云港职业技术学院 | 安福全 | 六安市第二中学 |
| | 臧殿高 | 大丰高级中学 | 汪　迅 | 霍山中学 |
| | 蔡廷林 | 建湖高级中学 | 辛珠远（女） | 马鞍山十七冶中学 |
| | 杨　军 | 阜宁中学 | 陈　珑（女） | 芜湖县第一中学 |
| | 马乃清 | 淮阴县中学 | 李胜江 | 广德中学 |
| | 黄艳梅（女） | 淮安市人民小学 | 叶雪祥 | 铜陵县第一中学 |
| | 张涛涛 | 泗洪县第二中学 | 吴　玲（女） | 枞阳县横埠镇雨亭小学 |
| | 袁　龙 | 宿迁市实验小学 | 陶红佩（女） | 宿松中学 |
| 浙江省 | | | 洪正树 | 祁门县第二中学 |
| | 任继长 | 杭州市学军中学 | 景保红（女） | 天长市釜山小学 |
| | 计　翔 | 杭州师范学院 | 程　周 | 安徽省轻工业学校 |
| | 刘永宽 | 宁海县城关镇城中小学 | 付玉兰（女） | 安徽农业大学 |
| | 周国民 | 镇海中学 | 马忠贤 | 淮北煤炭师范学院 |
| | 何静波（女） | 鄞县古林职业中学 | 李　涛 | 淮南师范学院 |
| | 白莉莉（女） | 温州市广场路小学 | 陈明华 | 皖西学院 |
| | 余自强 | 温州市教育委员会教研室 | 金家恒 | 黄山高等专科学校 |
| | 潘守理 | 上虞市春晖中学 | 徐善驾 | 中国科技大学 |
| | 王嗣振 | 嘉兴市第一中学 | 福建省 | |
| | 吴烈强 | 安吉高级中学 | 吴辉煌 | 厦门大学 |
| | 徐锦生 | 兰溪实验小学 | 李必成 | 福州市第一中学 |
| | 吕光峻 | 永康第一中学 | 魏丽真（女） | 福州市第三中学 |
| | 姜荣根 | 衢州师范学校附属小学 | 曾国寿 | 厦门市第一中学 |
| | 谷慎之 | 天台中学 | 陈碧珠（女） | 云霄县元光中学 |
| | 徐月新 | 缙云中学 | 颜古城 | 安溪县俊民中学 |
| | 张敦国 | 舟山市定海区盐仓中心小学 | 陈宜聪 | 莆田市第一中学 |
| | | | 严业安 | 三明市第一中学 |
| | 胡　萃 | 浙江大学 | 王维建 | 武夷山第一中学 |
| | 王绍民 | 浙江大学 | 张　金 | 龙岩第一中学 |
| | 瞿　佳 | 温州医学院 | 陈泽龙 | 福安第一中学 |
| 安徽省 | | | 林裕嵩 | 华安县马坑学区中心学校 |
| | 朱家芳（女） | 合肥市第三十八中学 | 李惠珍（女） | 泉州市晋光小学 |
| | 陈　岩（女） | 合肥市第十七中学 | 杨琼英（女） | 仙游县度尾学区下洲小学 |
| | 李　勇 | 濉溪县任集初级中学 | 郑洛政 | 顺昌县实验小学 |
| | 张家营 | 亳州市第二中学 | 李奕银 | 上杭县实验小学 |
| | 唐军捷 | 蒙城县第二中学 | 吕必强 | 福鼎市教师进修学校 |
| | 刘心海 | 宿州市埇桥区浍南初级中学 | 赖承栋 | 宁化师范学校附属小学 |
| | | | 郑　琼（女） | 福州市蓓蕾幼儿园 |
| | 袁会林（女） | 萧县实验小学 | 江西省 | |
| | 李良文 | 固镇县实验初级中学 | 叶　柯 | 南昌铁路第一中学 |
| | 张灿明 | 阜阳市临泉第二中学 | 刘琍琍（女） | 南昌市西湖区上河街小学 |
| | 姜法周 | 颍上县小张庄中学 | 钱茶花（女） | 星子县隘口小学 |
| | 解玉嘉 | 淮南市第六中学 | 沈建豪 | 贵溪市第一中学 |
| | 罗　新 | 滁州中学 | 李玉珍（女） | 新余市渝水区纱笼小学 |

| | |
|---|---|
| 胡扬朋 | 赣州市龙南中学 |
| 钟子金 | 于都县实验小学 |
| 康　坚（女） | 遂川县茨屏小学 |
| 左仲华 | 永新县任弼时中学 |
| 周鸿生 | 江西省余干中学 |
| 边慧英（女） | 玉山县第一中学 |
| 郑玉珍（女） | 上饶市第六中学 |
| 张幼秋（女） | 丰城市泉港镇中心小学 |
| 华小明 | 抚州市临川第二中学 |
| 曹端荣 | 江西省樟树农业学校 |
| 杨柏云 | 南昌大学 |
| 陈宗煊 | 江西师范大学 |
| 蔡建秀（女） | 景德镇市教研所 |
| 胡千香（女） | 奉新县冯川镇第一小学 |
| 薛方森 | 江西农业大学 |
| 黄佩英（女） | 九江市浔阳区柴桑小学 |
| 陈祥生 | 南康职业中等专业学校 |

山东省

| | |
|---|---|
| 朱　地 | 济南市第三中学 |
| 张怡明 | 山东省实验中学 |
| 任尚玲（女） | 平阴县实验小学 |
| 杨冠夏 | 青岛市第二中学 |
| 杨　屹（女） | 青岛市实验小学 |
| 吕宗瑞 | 莱西市第一中学 |
| 于会祥 | 淄博市第十八中学 |
| 赵仁里 | 高青市第一中学 |
| 侯同运 | 滕州市第一中学 |
| 胡秀峰 | 枣庄市第十八中学 |
| 燕兰奎 | 广饶县第一中学 |
| 于兰河 | 利津县第一中学 |
| 沈渭明 | 烟台市教育科学研究院 |
| 俞守能（女） | 烟台农业学校 |
| 王书臻 | 莱州市实验中学 |
| 刘振华 | 安丘市第四中学 |
| 李进芳 | 诸城市繁华中学 |
| 王　敏（女） | 潍坊市机关幼儿园 |
| 申　霞（女） | 济宁市霍家街小学 |
| 狄振山 | 兖州市第一中学 |
| 相龙虎 | 邹城市第三中学 |
| 秦祥军 | 泰安市第一中学 |
| 张相平 | 新泰市第一中学 |
| 于星华 | 乳山市第二中学 |
| 杨　彦 | 威海市第二中学 |
| 辛本卫 | 日照市实验高级中学 |
| 郑培军 | 五莲县第二中学 |
| 王敦语 | 莱芜市第一中学 |
| 周奎齐 | 博兴县实验中学 |
| 杨树海 | 邹平县第一中学 |
| 丁志辉 | 禹城市第一中学 |
| 宋兆海 | 武城县第二中学 |
| 岳纪平 | 莘县第一中学 |
| 李秀莲（女） | 聊城市第三中学 |
| 张则桥 | 郯城县第一中学 |
| 李兆美（女） | 莒南县第一实验小学 |
| 姜开营 | 费县第一中学 |
| 崔玉宝 | 沂南县沂汶乡初级中学 |
| 李传宇 | 菏泽市牡丹区教研室 |
| 祝宗义 | 单县第一中学 |
| 葛　昕（女） | 胜利油田第一中学 |
| 高培基 | 山东大学 |
| 孙　孚 | 青岛海洋大学 |
| 周雪松 | 青岛大学 |
| 刘立山 | 曲阜师范大学 |

河南省

| | |
|---|---|
| 乔　健（女） | 郑州市中原区建设路第二小学 |
| 赵玉珍（女） | 荥阳市峡窝镇中学 |
| 孟繁玲（女） | 郑州市盲聋哑学校 |
| 乔国颖 | 开封市高级中学 |
| 任志聪（女） | 开封市马市街小学 |
| 卢建超 | 偃师市高级中学 |
| 马素芳（女） | 孟津县县直中学 |
| 王立社 | 宜阳县第一高级中学 |
| 初红云（女） | 洛阳市第三中学 |
| 刘中惠（女） | 平顶山市第一中学 |
| 靳永军 | 汤阴县第一实验小学 |
| 翟春城 | 鹤壁市高级中学 |
| 牛荫泰 | 新乡市育才小学 |
| 王桂芝（女） | 孟州市实验中学 |
| 尹丽春（女） | 濮阳市第一中学 |
| 乔丽萍（女） | 三门峡市第一中学 |
| 杨翠英（女） | 永城市实验中学 |
| 刘　彬 | 虞城县高级中学 |
| 陈书安 | 许昌市实验小学 |
| 张付英（女） | 长葛市第一小学 |
| 吕俊梅（女） | 漯河市第九中学 |
| 郭会民 | 商水县第一高级中学 |
| 戎法堂 | 扶沟县白潭高级中学 |

| | |
|---|---|
| 王永奎 | 西华县第一高级中学 |
| 王书言 | 项城市第一高级中学 |
| 柏成刚 | 新蔡县第一高级中学 |
| 张　志 | 泌阳县花园乡第二初级中学 |
| 戴　新（女） | 驻马店市高级中学 |
| 酒明衍 | 南阳市第一中学 |
| 金世坤 | 南阳市第八中学 |
| 冀保生 | 郑州市第一小学 |
| 陈　涛 | 社旗县第一高级中学 |
| 谭素莲（女） | 潢川县高级中学 |
| 陈华锋 | 固始县高级中学 |
| 黄晓东 | 信阳市第二职业高级中学 |
| 李梦如 | 郑州大学 |
| 徐盛桓 | 河南大学 |
| 崔光照 | 郑州轻工业学院 |
| 王广国 | 郑州工程学院 |
| 谭金芳 | 河南农业大学 |
| 陈广文 | 河南师范大学 |
| 茹振钢 | 河南职业技术师范学院 |
| 王爱民 | 安阳师范学院 |
| 陈建国 | 南阳师范学院 |
| 李可亭 | 商丘师范学院 |

湖北省

| | |
|---|---|
| 易　帆 | 武汉大学 |
| 熊有伦 | 华中科技大学 |
| 刘尊明 | 湖北大学 |
| 薛　进（女） | 湖北省科技商贸学校 |
| 龚庆树 | 仙桃中学 |
| 刘行功 | 天门中学 |
| 杨建明 | 郧县第一中学 |
| 田爱华（女） | 宜昌市第一中学 |
| 朱智慧（女） | 宜昌县实验小学 |
| 许明秀（女） | 钟祥市张集镇初级中学 |
| 田代祥 | 荆门市龙泉中学 |
| 彭树德 | 潜江中学 |
| 何文浩 | 武汉外国语学校 |
| 徐丽萍（女） | 武汉市武昌区中华路小学 |
| 戚文正 | 武汉市第一职业教育中心 |
| 詹　薇（女） | 武汉市实验学校幼儿园 |
| 陈昌林 | 浠水县闻一多中学 |
| 曾祥友 | 麻城市第一中学 |
| 邢新山 | 黄冈中学 |
| 熊幼芳 | 孝感市高级中学 |
| 吴祖华 | 汉川市实验中学 |
| 卢万云 | 安陆市第一高级中学 |
| 张大英 | 咸宁市咸安区青龙山高级中学 |
| 徐鸿钧 | 荆州中学 |
| 胡成权 | 沙市中学 |
| 冉　红（女） | 江陵县郝穴中学 |
| 汪文超 | 襄樊市第五中学 |
| 王桂荣（女） | 谷城县第一中学 |
| 陶仕富 | 襄樊市第四中学 |
| 童以刚 | 随州市第二中学 |
| 朱圣明 | 广水市第三中学 |
| 谭　斌 | 恩施自治州高级中学 |
| 冉崇高（土族） | 利川市民族中等职业技术学校 |
| 王月娥（女） | 阳新县王英希望小学 |
| 王　桃（女） | 葛洲坝外国语学校 |

湖南省

| | |
|---|---|
| 何继善 | 中南大学 |
| 梅　炽 | 中南大学 |
| 朱　翔 | 湖南师范大学 |
| 官春云（蒙古族） | 湖南农业大学 |
| 潘留仙 | 益阳师范高等专科学校 |
| 王文明 | 怀化师范高等专科学校 |
| 高建军 | 长沙市第一中学 |
| 唐晓云（女） | 长沙市明德中学 |
| 袁正一 | 长沙市岳麓区教师进修学校 |
| 成　珊（女） | 长沙市麓山国际实验学校 |
| 戴弼贤 | 宁乡县第一中学 |
| 焦功成 | 浏阳市第一中学 |
| 庞碧良（女） | 韶山市韶山学校 |
| 潘淑云（女） | 湘乡市泉塘镇学区新泉中学 |
| 王建军（女） | 醴陵市教育局教研室 |
| 张群明 | 炎陵县第一中学 |
| 阳冬玉（女） | 常宁市蒲竹瑶族乡松塔小学 |
| 万和森 | 衡阳市第一中学 |
| 贺传贤 | 祁东县职业中等专业学校 |
| 林　炜 | 武冈市第二中学 |
| 游庆福 | 岳阳市第一中学 |
| 龚雄飞 | 汨罗市第一中学 |
| 刘金龙（土家族） | 石门县壶瓶山镇夹马小学 |

| | |
|---|---|
| 胡卫民 | 安乡县城关镇城北中学 |
| 邹金浓（女，土家族） | 慈利县江垭镇中学 |
| 喻次如 | 安化县职业中等专业学校 |
| 王兆虹（女） | 沅江市第一中学 |
| 李友云（女） | 涟源市第一中学 |
| 杨劭良（女） | 新化县第十四中学 |
| 王治政 | 江永县源口瑶族乡学校 |
| 唐小萍（女，侗族） | 怀化市舞水小学 |
| 翟祖福 | 辰溪县黄溪口镇双龙村小学 |
| 段长生 | 资兴县团结瑶族乡中心完全小学 |
| 张导成 | 湖南工业职业技术学院 |

广东省

| | |
|---|---|
| 张进修 | 中山大学 |
| 杨培增 | 中山医科大学 |
| 庞雄飞 | 华南农业大学 |
| 黄玉山（女） | 华南师范大学 |
| 陈　新 | 广东工业大学 |
| 潘蜀健 | 广州大学 |
| 张宪民 | 汕头大学 |
| 施铁如 | 广东教育学院 |
| 李子松 | 广州市广雅中学 |
| 游彩云（女） | 广州市天河区体育东路小学 |
| 朱广亮 | 广州市番禺区石基中学 |
| 芮利文（女） | 深圳中学 |
| 杨玉莲（女） | 斗门县第一中学 |
| 王永青 | 汕头市华侨中学 |
| 郑绍昌 | 汕头市林百欣中学 |
| 丘志明 | 韶关市北江中学 |
| 陈守仁 | 乐昌市第一中学 |
| 廖其焕 | 龙川县第一中学 |
| 黄永辉 | 紫金中学 |
| 陈昭亮 | 梅州市梅江区人民小学 |
| 黄奇贤 | 兴宁市田家炳中学 |
| 郭瑞民 | 博罗县龙溪中学 |
| 刘智昂 | 中山市实验小学 |
| 梁卫东 | 新会市第一中学 |
| 全疆发 | 佛山市第一中学 |
| 郑荣彪 | 阳江市第一职业高级中学 |
| 刘滨章 | 湛江市第一中学 |
| 黄钜光 | 高州市新垌第一中学 |
| 彭美娣（女） | 四会市四会中学 |
| 陈育红（女） | 清远市第一中学 |
| 罗少锋 | 阳山县黎埠中心小学 |
| 陈宗焕 | 阳春市第一中学 |
| 黄立治 | 丰顺中学 |
| 盘日伟 | 顺德市李兆基中学 |

广西壮族自治区

| | |
|---|---|
| 曾爱群（女） | 南宁市第八中学 |
| 刘春妮（女） | 南宁市第十四中学 |
| 丁　钢 | 柳州高级中学 |
| 吴任辉 | 灌阳县黄关镇猫儿石两田凹小学 |
| 李和平 | 全州县全州高级中学 |
| 陈凤燕（女） | 梧州市蝶山区教育局教研室 |
| 杨肇华 | 合浦县闸口中学 |
| 吴永生 | 防城港市防城实验高级中学 |
| 刘成惠（女） | 博白县博白镇第一小学 |
| 谭树泉 | 陆川县中学 |
| 侯琼凤（女） | 桂平市桂平镇中心小学 |
| 许家雄 | 贵港市江南中学 |
| 李小薇（女） | 钦州市合浦师范学校 |
| 农秀华（女） | 钦州市钦北区平吉镇中心小学 |
| 韦成荣（壮族） | 马山中学 |
| 黄祖应（壮族） | 柳州地区民族高级中学 |
| 韦　韧（壮族） | 百色高级中学 |
| 刘清新（女） | 南丹县中学 |
| 吴言明 | 河池地区巴马民族师范学校 |
| 王双飞 | 广西大学 |
| 唐　凌 | 广西师范大学 |
| 罗星凯 | 广西师范大学 |
| 唐安洲 | 广西医科大学 |
| 廖安平 | 广西民族学院 |
| 崔林凤（女） | 柳州铁路第一中学 |

海南省

| | |
|---|---|
| 吴素秋（女） | 海口市第九小学 |
| 龚玮丹（女） | 三亚市第五中学 |
| 黄广源 | 琼山市琼山中学 |
| 陈国华 | 海南中学 |
| 林　强 | 海南大学 |

重庆市

| | |
|---|---|
| 陈　苇（女） | 西南政法大学 |

庞友贤（女）　黔江区联合镇第一小学
曾　艳（女）　重庆市巴蜀幼儿园
刘芳平　云阳县双江镇东风村校
何遗昌　南岸区教师进修学校
张大均　西南师范大学
罗祖才　铜梁中学
毛克宽　长寿中学
张文琼（女）　江津中学
何光勇　重庆市第一师范学校
钱小苹（女）　重庆市第七中学
张素华（女）　重庆医科大学附属第一医院
龙宗元　梁平中学
李兴兰（女）　涪陵实验中学
樊向蓉（女）　万州第三中学
冉建蓉（女）　武隆县巷口小学

四川省

林蕃昆　彭山县第一中学
王削凌　仁寿县文宫中学
周秀华（女，羌族）　汶川县威州中学
文正才（藏族）　金川县东方红小学
龚定文　广汉中学
何文杰　什邡市云西中学
胡　博　华蓥中学
冯春梅（女）　邻水县九龙中学
刘映剑　广元市剑阁中学
李发武　苍溪中学
陈　平　乐山市第一中学
娄万强　峨眉第二中学
阎践中　资中县第二中学
尹团结　内江市第六中学
林登富　仪陇县大风乡小学校
何正柱　南充市阆中中学
黎永生　攀枝花市第三高级中学
李晓瑜　蓬溪中学
刘先万　射洪中学
黄　鹏（女）　雅安中学
竹艳芳（女）　芦山县幼儿园
张　林（女）　南溪县第一中学
陈开地　宜宾县第一中学
周步俊　安岳中学
贺光辉　简阳中学
张维雄　自贡市蜀光中学
祝秀娟（女）　荣县正紫镇学校
陈川平（女，瑶族）　康定县第三中学
王充翁（女，藏族）　康定中学
赵晓林　泸州市第六中学
胡学刚　泸州教育学院
拉马日尔（彝族）　普格县东山乡中心学校
冯泽辉　绵阳中学
周扬文　绵阳市南山中学
张　超　达州市高级中学
陈日忠　大竹中学
刘兆嘉　巴中中学
杨廷茂　巴中市平昌中学
刘　娟（女）　成都市天涯石小学
雷家端（女）　成都市第七中学
魏诗国　成都市礼仪职业中学
张新全　四川农业大学
彭启琮　电子科技大学
王家素　西南交通大学
欧阳钦　四川大学

贵州省

赵　逵　遵义医学院
文　方　贵州工业大学
唐　好　贵州省交通职业技术学院
盛元明（女）　贵阳市第六中学
舒盛刚（彝族）　息烽县河坎小学
潘用敏（女）　遵义师范专科学校附属实验学校
张祖顺　绥阳县坪乐乡解放小学
李升科　六盘水市六枝特区第一中学
张永林　关岭县永宁中学
魏顺勇　松桃县第三中学
黎　明　毕节市第二中学
史洪仙（女，白族）　黔西县雨朵雨化小学
潘安华（苗族）　凯里市第一中学
徐明琼（女，侗族）　剑河县南明小学
唐汉林（苗族）　惠水县摆榜小学
杨来雄（回族）　福泉县第一中学
钟远达　安龙县第一中学

云南省

李正芳（女，壮族）　广南县八宝中心校
罗　刚　勐海县职业高级中学
杨宝华（回族）　开远市第十一中学
侯丙生　龙陵县象达中学
陶建生（藏族）　中甸县第七中学

陈正艮（彝族） 临沧师范学校
李明辉 怒江州民族中学
法兆云（彝族） 玉溪市第一中学
许新书（女） 陇川县第二中学
杨淑珍（女，彝族） 楚雄州幼儿园
陆鸿魁 巧家县第一中学
亚　非（女） 昆明市第八中学
刘国杰 昆明市第十二中学
李舜荣 富源县第一中学
朱有勇 云南农业大学
林文勋 云南大学

西藏自治区

郑维列 西藏农牧学院
周畅根 拉萨北京中学
扎　巴（珞巴族） 米林县丹娘乡鲁霞小学

陕西省

舒德干 西北大学
杨银堂 西安电子科技大学
冯博琴 西安交通大学
高立荣 榆林农业学校
路　玮（女） 西安市新城区后宰门小学
高雅锦（女） 西安市西航公司第二中学
金姝婷（女，朝鲜族） 长安县第三中学
边团结 陕西师范大学附属中学
程　弘（女） 西安小学
贾秀梅（女） 岐山县城关小学
曹有凡（女） 彬县实验小学
杨军政 武功县普集高级中学
李荣强 礼泉县第一中学
姜信周 渭南市瑞泉中学
李小金 澄城县城关第一小学
吉锡民 韩城市象山中学
王　斌 铜川市第一中学
房建波 勉县第一中学
向志舫 安康师范学校附属小学
杨守国 商州师范学校
赵忠民 延安中学
李艳芳（女） 清涧县逸夫小学
王守文 绥德中学
李智锋 杨陵中学
李振东 西安中学

甘肃省

张　文（女） 兰州市城关区酒泉路小学
李美喜（女） 天水市第五中学
曹德中 白银市实验中学
闫　艳（女） 嘉峪关市逸夫学校
马武元 金塔县中学
刘世俭 山丹县第二中学
韩文俊 武威市第一中学
张怀德 通渭县第一中学
芦顺民 成县红川小学
文　涛 庄浪县第一中学
杨小明 平凉地区师范学校
张学成 镇原县李园子小学
张守权 临夏中学
尕藏加措（藏族） 卓尼县藏族中学
李　唯 甘肃农业大学
周祥椿 兰州农业学校

青海省

何　波 青海师范大学
吴登文 平安县平安中学
高　青（女） 格尔木市实验小学
阎文华 湟源畜牧学校
贺延珠 门源县第二中学

宁夏回族自治区

杨建菊（女） 固原地区幼儿园
高　苗（女） 陶乐县县城小学
段梅英（女，回族） 银川郊区燕鸽小学
徐文祥 石嘴山市第三中学
田宁江 彭阳县第二中学
沈　岚（女） 银川市第九中学
贺答汉 宁夏农学院

新疆维吾尔自治区

谢玉华（女） 乌鲁木齐市第十三中学
吐尔逊·肉孜（维吾尔族） 乌鲁木齐市第十四中学
刘晋扬 克拉玛依第十中学
汪海峰 库车县第二中学
高　兰（女） 阿合奇县团结小学
阿不都热合曼·扎力（塔吉克族） 塔什库尔干县瓦恰乡小学
阿不都克由木·赛买提（维吾尔族） 疏勒县第二中学
买提玉苏甫·买提沙迪克（维吾尔族） 于田县阿羌乡小学
潘玉梅（女） 和田市第一小学
朱马热提·阿合来提（哈萨克族） 新源县哈拉布拉乡第一中学

雪克来提（维吾尔族）　伊宁市第五中学
巴亭·乌哈斯（女，哈萨克族）　吉木乃县吉木乃镇别拉尔克中学
陆苏新　建设兵团农六师新湖农场第一中学
雷晓红（女）　石河子市第二中学
熊黑钢　新疆大学
王雪薇（女）　新疆农业大学

解放军

金小娟（女）　总参谋部兵种部机关第三幼儿园
王芳芝（女）　解放军62201部队幼儿园
罗德茂　解放军63600部队东风中学
陈正辉（女）　解放军92910部队幼儿园
焦天平　空军工程大学工程学院子弟学校
杨依军（女）　第二炮兵工程学院附属中学

## 附二

# 2001年全国教育系统先进工作者名单

北京市

刘彭芝（女）　中国人民大学附属中学

天津市

廖　群　天津市机电高级技术学校

河北省

宁家一（满族）　承德市教育委员会
徐英杰　石家庄市教育委员会
张宝富　三河教育局
赵智敏（女）　沧州卫生学校

山西省

陈昌乐　芮城县教育局
宁雪清（女）　临汾市教育委员会

内蒙古自治区

萧圣赞　赤峰市第二中学
安如林　内蒙古轻工业学校

辽宁省

刘贵元　庄河市实验小学
李洪吉　鞍山市教师进修学院
张桂芬（女）　盖州市榜式堡镇学校

吉林省

刘树杰　吉林市教育委员会
朱彤顺　长春市二道区教育局

黑龙江省

赵翠娟（女）　哈尔滨市南马路小学
刘云川　牡丹江市第二中学
辛　超　齐齐哈尔市职业教育中心

上海市

冯容士　风华中学

江苏省

董　正　南京外国语学校
金乐荪　南通市芦泾中学
朱浩熙　徐州市教育委员会
方　洛　盐城市教育局

浙江省

柯梧野　温岭师范学校
徐松泉　富阳中学
陈志超　苍南县教育委员会

安徽省

方奇生　池州市教育局
施一飞　黟县渔亭初级中学

福建省

陈景松　福州师范学校附属第二小学

江西省

袁祥林　高安市灰埠中学
龙小萍（女）　萍乡市职业中等专业学校
全苍怀　南城县第二中学
徐国荣　江西财经大学

山东省

于肇庆　青岛市第五十八中学
张文南　寿光市教育委员会
于崇津　济宁市第一中学
刘新春　临沂市教育委员会

河南省

程万治　偃师市教育委员会
史广群　新乡市教育委员会
谢世山　濮阳市子路小学
魏桂云（女）　驻马店市第二中学

郭正让 郑州大学

湖北省

王莉娅（女） 湖北省实验幼儿师范学校

谭家政 秭归县教育局

李汉发 武汉市砺志中学

庞代文 武汉大学

湖南省

曾祥富 祁阳县第一中学

何昌亮 桂阳县教育局

尹活生 吉首市教育局

李振民 邵东县第三中学

广东省

林惠生 汕尾市教育局教研室

陈育庭 江门市教育局教研室

成江华 潮州市金山中学

吴谋超 揭西县棉湖中学

黎明达 云浮市邓发纪念中学

谭润光 广东省机械学校

周润标 东莞市望牛墩中学

广西壮族自治区

田景章 河池地区教育局

李尚平 广西大学

海南省

王恩周 琼海师范学校

重庆市

傅唯泉 巴蜀中学

四川省

刘盛华 西昌市第一中学

侯源发 宜宾市第一中学

陈三元 绵阳市游仙区教文体委员会

洪 涛 郫县教育委员会

朱齐庄 成都市列五中学

贵州省

秦 楠（女） 遵义市文化小学

龙从芬（女，青族） 毕节地区盲聋哑学校

云南省

和克政（纳西族） 丽江地区教育委员会

李映春（女，白族） 大理州教育委员会

西藏自治区

珠 杰（藏族） 错那县教育局

陕西省

余光雅 宝鸡市教育委员会

李大廷 西乡县文化教育体育局

甘肃省

王生云 永登县教育局

夏永盛 酒泉卫生学校

青海省

田才旦（藏族） 贵南县教育科技文化局

新疆维吾尔自治区

阿不都外力·买买提（维吾尔族） 麦盖提县第一小学

段咸钧 塔城地区师范学校

解放军

狄晓莉（女） 武警青海省总队幼儿园

**附三**

## 2001年全国优秀教师名单

北京市

刘淑慧（女） 首都体育学院

李科杰 北京理工大学

顾畹仪（女） 北京邮电大学

牟钟鉴 中央民族大学

李成岳 北京化工大学

韩振海 中国农业大学

吕国蔚 首都医科大学

高自友 北方交通大学

秦亚青 外交学院

林永和 北京工商大学

吴思敬 首都师范大学

崔生祥 中国工运学院

武 强 中国矿业大学（北京）

徐春明 石油大学（北京）

项 红（女） 东城区史家胡同小学

张 毅（女） 北京市第五中学

生 烁（女） 西城区育翔小学

张立军 西城区三里河第三小学

马复华 汇文中学

陈再萍（女） 北京工业大学附属中学
孙京红（女） 海淀区五一小学
张思明 北京大学附属中学
李 镗 北京教育学院丰台分院
徐 懿 石景山教师进修学校
陈文明 昌平实验中学
孙满红 门头沟区潭柘寺中学
王 宁 大兴区黄村第一中学
王丽军（女） 房山区北京师范大学良乡附属中学
戴金全（回族） 通州区张湾中心小学
姜淑琴（女） 怀柔县第三中学
王保东 密云县第二中学
王兰芬（女） 平谷县第三中学
王志云（女） 延庆县第二中学
李淑芳（女） 延庆县第一小学
吴建环 北京西藏中学
李 度 北京化工职业技术学校
姬立中 北京铁路电气化学校
侯元聪 首钢技工学校
吕广田 昌平区南邵镇中心幼儿园
黄 珊（女） 北京师范大学实验幼儿园
柳 茹（女） 西城区北海幼儿园

天津市

李春林 天津市农业广播电视学校武清分校
王素英（女） 天津商学院
肖照岑（女） 天津中医学院
田 心（女） 天津医科大学
姚志英（女） 天津市艺术学校
陈汝栋 天津工业大学
杜永关 天津市劳动和社会保障局高级技校
姜 若（女） 天津市第二十一中学
李卫东 南开区艺术小学
周永福 天津市第五十四中学
王秀文 天津市汽车职业中等专业学校
蔡锡第 天津市第一〇〇中学
李志琦（女） 杨柳青第一中学
孙德珍（女） 津南区实验小学
刘 颖（女） 塘沽区实验学校
刘功海 汉沽区第一中学
边俊海 大港区第一中学
朱志华 静海县实验小学
孟庆香（女） 武清区王庆坨镇大范口小学
史学忠 武清区杨村第一中学
刘葆中 宝坻区第四中学
霍丽娜（女） 宁河县芦台第一小学
王树青（女） 蓟县白塔子乡白塔子中学
张 晓 蓟县城关第四中学
张玉敏（女） 蓟县桑梓乡马坊中心幼儿园
蒋敦斌 天津职业大学

河北省

李 美 望都县第一中学
杨永恩（女） 曲阳县第一高级中学
杨正仓 顺平中学
刘增良 安新县实验中学
柴艳萍（女，满族） 定兴县第二中学
刘玛莲（女） 顺平县实验学校
乔 立 涿州市中学
刘建德 博野县博野中学
王海英 安国市南王买中学
王文韫（女） 易县大龙华乡中学
张炳文 望都中学
刘海军 保定职业技术学院
王金河 沧县实验学校
李艳丽（女） 肃宁县第一中学
李桂敏（女） 沧州市新华区文化教育局教研室
陈秀丽（女） 盐山中学
张素芹（女） 献县第二中学
李庆禄 泊头市第二中学
赵文波 河间市第一中学
金宝龙（回族） 河间市教师进修学校
李志香（女） 滦平县第一中学
郝 增 承德县教师进修学校
冼国军 丰宁县第一中学
潘桂云（女，满族） 承德旅游学校
赵 国（满族） 宽城县第一中学
陈金杰 邯郸县第一中学
赵建兵 鸡泽县第一中学
刘桂菊（女） 邯郸市第二中学
李 萍（女） 邯郸市第二十五中学
刘晓玲（女） 邯郸师范专科学校
郭向东 曲周县第一中学

王学军　峰峰矿区春光中学
王瑞岭　广平县第一中学
王顺生　邯郸市第四中学
郑永信　成安县第一中学
蔡桂兰（女）　武邑县李石店中心学校
贾广臣　阜城县营盘中学
鲁珩继　冀州中学
纪铁岭　饶阳中学
马志同　永清县第二中学
闻志龙（回族）　大厂县大厂中心小学
许维国　抚宁县第一中学
刘淑娟（女）　秦皇岛市北戴河区第四中学
胡文和（满族）　青龙县双山子中学
赵　峰（女）　石家庄市桥东平安南大街小学
史素坤（女）　藁城市第一中学
王丽华（女）　石家庄市机场路小学
王立彬　行唐县北河中学
王运峰　辛集市第三中学
张国林　石家庄市井陉矿区贾庄中学
王文凤（女）　新乐市中山中学
李彦缺（女）　赵县中学
臧丽娟（女）　藁城市兴安镇兴安小学
王俊歧　石家庄市第十二中学
周雅会（女）　丰润县医院路小学
杨　杰　丰润县车轴山中学
李绍光　滦南县第一中学
张印春　遵化市第一中学
熊跃红　唐山市第十六中学
李颖新（女）　迁安市杨各庄镇教育办公室
刘素芸（女）　唐山市第四十九中学
贝焕平（女）　巨鹿县第五中学
梁延芬（女）　广宗县冯寨中学
程精棉（女）　邢台师范高等专科学校
王进良　邢台市第七中学
张文涛　南宫市高村中学
韩培泽　新河县教育文化体育局教研室
甄德江　邢台市卫生学校
江银昌　临西县第一中学
田书才　临城中学
樊桂英（女）　崇礼县希望小学
吕海茹（女）　张北县第二中学
李凤莲（女）　阳原县北关中心学校
李润秀（女）　康保县职业教育中心
陈喜平　张家口市第一中学
武建奇　河北经贸大学
薄爱华（女）　张家口医学院
刘开第　河北建筑科技学院
梁英华（女）　河北理工学院
贾春华　承德医学院
郑学明（满族）　河北科技大学
赵文华　河北工艺美术学校
陈建国　河北交通学校
陈会福　张家口市煤矿机械制造技工学校
张秀华（女）　邢台市第一劳动技工学校

山西省

侯文良　夏县实验中学
杨淑霞（女）　垣曲县七一小学
胡丽珍（女）　晋城市健健幼儿园长治园
秦菊芳（女）　晋城市城区钟家庄乡中学
赵买旦　泽州县李寨中学
支刚华（女）　临汾第一中学
关跃兰（女）　运城市盐湖区北城东留学校
毛吉虎　襄汾县汾城中学
张金翠（女）　永济市卿头教办白坊小学
贾王广　霍州市第一中学
段昌鹏　平陆县西街中学
段芳玲（女）　永和县城关小学
杨英虎　稷山中学
闫晓丽（女）　朔州市平鲁区第五小学
王迎兰（女）　大同煤矿集团和平街小学
张晓燕（女）　大同市城区第六小学
冯日明　大同市浑源中学
李海燕（女）　大同市城区第十七小学
席守仁　左云县第二中学
范沙浪　万荣县技工学校
贾长庚　稷山县西社联区小河学校
张迎萍（女）　平定县实验小学
樊瑞英（女）　河曲县黄河路小学
韩爱荣（女）　阳曲县南郇利学校
李　杰　太原市小店区第一中学
李志宏　清徐县清徐中学

李秀英（女） 太原市杏花岭小学
白秀茹（女） 太原市成成中学
李秀瑜（女） 太原市杏花岭区西羊市幼儿园
王爱生 长治县第一中学
赵荷花（女） 潞安矿业公司中学
郭丽娟（女） 长治市城区东街小学
刘香萍（女） 乡宁县西街小学
荆淑萍（女） 阳煤集团第一中学
安顺利 代县第四中学
徐格宁 太原重型机械学院
任 福 右玉县第一中学
苏 平 长治师范学校
汪彦民 长治市教育学院
郭翠娥（女） 离石市高级中学
秦太娥（女） 方山县城内小学
于拴俊 静乐县杜家村中学
谢克明 太原理工大学
程秀娥（女） 榆社第三中学
张年喜 交口县中学
耿计明 岚县岚城中学
杨永青 祁县中学
王雪琴（女） 和顺县北关小学
赵永义 灵石教育委员会
于德熙 朔州市第一中学
林 娟（女） 大同铁路职工子弟第二中学
王会俭（女） 临猗县西张吴小学

内蒙古自治区

李银枝（女） 土左旗第二中学
张椿梅（女） 呼和浩特市赛罕区锡林南路小学
陈 宇（女） 呼和浩特市新城区实验中学
云秀春（女，蒙族） 呼和浩特市玉泉区百什户民族小学
丁秀英（女） 包头市第四十中学
田丽华（女） 包头市东河区教育局教研室
宫智君（女） 包头市昆都仑区钢铁大街第三小学
李秀花（女） 包头市石拐区新石拐小学
李少华 乌海市第一中学
张素芝（女，蒙族） 巴林左旗林东第三中学
刘建华 敖汉旗新惠中学
郑宪文 翁牛特旗五分地总校
朱春月（蒙族） 宁城县教研室
陈姝姊（女） 阿鲁科尔沁旗直属幼儿园
达布希拉图（蒙族） 克什克腾旗达里实验小学
邹欣荣 海拉尔市第二中学
黎洪珍（女） 海拉尔市第七中学
德丽娟（女，达斡尔族） 莫旗尼尔基第一中学
乌云格日乐（女，鄂温克族） 鄂温克旗伊敏苏木中心学校
乌 兰（女，蒙族） 新巴尔虎右旗第一完全小学
赵宏香（女） 突泉县三街小学
常光伟（女，蒙族） 科右前旗哈拉黑小学
额尔敦哈斯（蒙族） 科右中旗第一中学
巴 图（蒙族） 扎鲁特旗蒙古族第一中学
鲁坤强 奈曼旗八仙筒中学
常 刚 开鲁县和平中学
单鲁明 科左中旗教研室
宋晓曦（女，蒙族） 霍林郭勒市实验小学
宋亚琴（女） 阿巴嘎旗第一中学
葛素梅（女） 太仆寺旗第三小学
乌兰格日乐（女，蒙族） 四子王旗蒙古族中学
刑树森 丰镇市教育委员会教研室
姚维新 乌盟旗下营中学
吉仁太（蒙族） 乌审旗陶利小学
呼良怀 鄂托克旗棋盘井第二小学
苏满喜 五原县第一中学
安兰伟 杭锦后旗奋斗中学
王 珍（女） 临河市逸夫小学
佟立华（女，蒙族） 内蒙一机（集团）教育处第四小学
杨志刚 包钢第一中学
吴志军 内蒙北方重工集团第二中学
嘎日迪（蒙族） 内蒙古师范大学
巴根那（蒙族） 内蒙古民族大学
梁文心（女） 内蒙古工业大学
郭子荣（女） 包头铁路工程学校
刘桂芬（女） 赤峰农牧学校
白图雅（女，蒙族） 科右前旗第一中学

辽宁省

张福钧 康平县东关屯镇初级中学
王宜春（女） 新民市实验中学

李艳玲（女） 沈阳市新城子区第三小学
王远杰（女，蒙族） 法库县第三初级中学
李爱军（女） 沈阳市皇姑区育智学校
宋 明 沈阳市大东区辽沈街第一小学
武裕民 沈阳市第一六〇中学
张希臻（女） 沈阳市实验学校
王艳青 沈阳市计算机学校
隋 鑫（女） 大连理工大学附属学校
衣春霞（女） 长海县广鹿乡中心小学
刘士寅 普兰店市第一中学
罗 利（女，满族） 瓦房店市教师进修学校
付金凤（女） 庄河市明星小学
公秀华（女） 大连市青少年宫
李志霞（女） 解放军92538部队机关幼儿园
史爱华（女） 鞍山师范学院
海 鸿（女，回族） 鞍山市第十五中学
刘 名（女） 海城市第二中学
王桂红（女） 台安县实验小学
李 建（满族） 岫岩县三家子中学
关品卿（满族） 抚顺市农业特产学校
付 然（女） 抚顺师范高等专科学校分校
吴绍林（女） 抚顺市第十中学
曹 丽（女） 抚顺市望花区演武学校
王金魁（女） 本溪县高级中学
曾桂云（女） 本溪市财贸学校
周军莉（女） 丹东市六纬路小学
王忠平（满族） 宽甸县第二中学
王传梅（女） 丹东市第十九中学
赵民生（女） 黑山北关实验学校
孙丽娟（女，满族） 北宁市广宁镇中心小学
郭凤林 凌海市中等职业技术专业学校
娄远程 义县高级中学
李淑华（女） 盖州市第一初级中学
曲岩玉（女） 大石桥市第一初级中学
于克明 营口职业技术学院
马德春 彰武县章古台镇中心小学
张 劲（女） 阜新市海州区民族街小学
冯秀娥（女） 阜新市第十八中学
于全玲（女） 辽阳县首山镇第二初级中学
赵丽华（女） 辽阳市第三高级中学
张庆华 西丰县高级中学
孔丽君（女，蒙族） 铁法市第二高级中学
张明祥 铁岭市教师进修学院
郑 君（女） 铁岭市第三中学
李庆达 盘山县大荒中学
丁万一 大洼县新兴中学
王学智 朝阳县大平房高级中学
杨秀琴（女） 建平县叶柏寿第一中学
陈 红（女） 朝阳市双塔区光明小学
陈景富（蒙族） 喀左县蒙古族高级中学
崔景立 朝阳市第二中学
朱万英（女） 葫芦岛市第七初级中学
金 雪（女，满族） 兴城市第二中学
齐玉民 绥中县前卫镇中心小学
李雪梅（女） 辽河油田实验中学
金 艳（女） 沈阳铁路实验中学
赫国胜 辽宁大学
汪 琦 鞍山钢铁学院
李兰芬（女） 辽宁省实验学校
康廷国 辽宁中医学院
柏树令（满族） 中国医科大学
陈宝东 抚顺石油学院
陈金玉（女，朝鲜族） 沈阳师范学院
孙 明 鲁迅美术学院
李晓梅（女） 本溪冶金高等专科学校
贾传荧 大连海事大学

吉林省

邵红月（女） 长春市第二中学
崔 红（女，朝鲜族） 长春市朝阳区解放大路小学
李红云（女） 长春市宽城区天津路小学
张春芬（女） 长春市宽城区育新小学
刘继家 长春市实验中学
张 晶（女） 长春市第四十五中学
路明泉 长春市第一五〇中学
顾辰钧 长春市广播电视大学
黄 锐（女） 长春市第二实验小学
刘艳杰（女） 榆树市第五中学
王忠敏（女） 德惠市第六小学
张忠杰（女） 九台市实验小学
臧耀民 农安县教师进修学校
王翠花（女） 桦甸市第二中学
谭雨书 舒兰市第十九中学

林伟娟（女） 吉林市毓文中学
白　芳（女） 吉林市昌邑区河湾子中学
钟国馨（女） 吉林市龙潭区艺术实验小学
程艳荣（女） 吉林市丰满区第一小学
刘增才 吉林市第一中学
林秀娟（女） 吉林市第三十一中学
王林声（女） 四平市第二中学
高　立（女） 双辽市幼儿园
赵凤江 梨树县第二中学
王晓超（女） 四平市实验中学
庞云靖 公主岭市怀德镇中心小学
钟鸣琪（女） 辽源市龙山区实验小学
陶　英（女） 辽源市实验中学
王秀芹（女） 柳河县驼腰岭镇中学
金英林（女，朝鲜族）集安市朝鲜族中学
王晓平 通化市第二中学
于雅卿（女） 通化市东昌区佟江小学
孙秀兰（女） 临江市光华中学
王丽莺（女） 白山市第九中学
袁昌云（女） 白城市第一中学
石　军 镇赉县到保镇中心小学
李爱光（女） 白城市第二中学
王永华（女） 洮南市第四中学
李龙日（朝鲜族） 延边第一中学
王　艳（女） 敦化市第一中学
张世荣（朝鲜族） 珲春市第一实验小学
李凤花（女） 安图县第一中学
杨　影（女） 前郭尔罗斯蒙古族自治县幼儿园
王彩云（女） 松源市宁江区回族小学
林作臣 松原市实验高级中学
孙跃军 东北师范大学附属小学
付延力（女） 长春外国语学校
吴通好 吉林大学
何昭阳 吉林农业大学
李永生 东北电力学院
刘国权 四平师范学院
盛时竹（女） 长春金融高等专科学校
崔羲秀（朝鲜族） 延边大学

黑龙江省

吴明江 克山师范专科学校
王宝辉 大庆石油学院
单安山 东北农业大学
赵春晖 哈尔滨工程大学
王喜军 黑龙江中医药大学
徐晓风 哈尔滨师范大学
顾立志 佳木斯大学
邵淑丽（女） 齐齐哈尔大学
何士平（女） 哈尔滨市第十八中学
李永健 双城市兆麟中学
于广森 哈尔滨市第六十九中学
刘丽波（女） 哈尔滨市香坊进修学校
李秀华（女） 哈尔滨市王兆新村小学
袁　静（女） 阿城市双丰镇新民小学
李英顺（女，朝鲜族）呼兰市萧红小学
肖俊祥 宾县第一中学
包　贵 五常市小山子镇双利小学
王淑梅（女） 巴彦县育新小学
关　嵘 哈尔滨市第六中学
陈建华（女，蒙族） 龙江县实验小学
王静华（女） 齐齐哈尔市第二十中学
姜翠兰（女） 齐齐哈尔市第三中学
郝治范（女） 齐齐哈尔市第六中学
耿　海 依安县第二小学
李　杰（女） 讷河市第七小学
刘长波 克山县第一中学
吕芳君 穆棱市第一中学
王新婷（女） 绥芬河市第二小学
王　丹（女） 牡丹江市中华路小学
陆　华（女） 牡丹江市第十六中学
孟庆洁（女） 汤原县高级中学
雷晓红（女） 佳木斯市第五中学
夏淑颖（女） 加格达奇区第四中学
叶　静（女） 黑河市实验小学
姚秀英（女） 逊克县逊河镇双河小学
孙淑立（女） 孙吴县第二中学
孙宪杰（女） 同江市第三小学
张晓娟（女） 绥棱县第一中学
孙桂贤（女） 安达市高级中学
刁首凤（女） 兰西县燎原乡中心小学
王　胜 青冈县第五中学
綦若波（女） 庆安县第一中学
王蕊艳（女） 望奎县第二中学
白云霞（女） 绥化市第一中学
胡志华（女） 伊春市桃山林业局第一中学
王世慧（女） 宝清县第二中学

| | |
|---|---|
| 王凤霞（女） | 集贤县福利镇小学 |
| 王淑婷（女） | 七台河市铁山中心小学 |
| 陈　萍（女） | 黑龙江省农垦总局九三分局第一中学 |
| 张献春 | 黑龙江省红兴隆分局二九一农场场直小学 |
| 王红香（女） | 黑龙江省农垦总局建三江分局第一中学 |
| 贾　明 | 黑龙江省农垦总局庆丰农场子弟学校 |
| 程秀芳（女） | 密山市三人班小学 |
| 赵春静（女） | 鸡东县第四中学 |
| 李桂梅（女） | 鹤岗市大跃进小学 |
| 侯庆龙 | 鹤岗矿务局高级中学 |
| 王文军 | 大庆市大庆中学 |
| 玄　键 | 大庆实验中学 |
| 宋振菊（女） | 杜尔伯特蒙古族自治县烟筒屯镇中心小学 |
| 徐　亮 | 大庆第一中学 |
| 李健男 | 黑龙江省财贸学校 |
| 赵　明 | 黑龙江省供销学校 |
| 刘新生 | 哈尔滨师范大学附属中学 |
| 刘素兰（女） | 鸡西市第十九中学 |
| 刘贵彦 | 方正林业局第一中学 |

上海市

| | |
|---|---|
| 郭幕依 | 复旦大学 |
| 卢大儒 | 复旦大学 |
| 李　杰 | 同济大学 |
| 李征帆 | 上海交通大学 |
| 王继成 | 东华大学 |
| 宓为建 | 上海海运学院 |
| 汤雪明 | 上海第二医科大学 |
| 王则民 | 上海师范大学 |
| 龚　敏（女） | 徐汇区宛南幼儿园 |
| 施志红（女） | 建青实验学校 |
| 王志强 | 上海市第一师范学校附属小学 |
| 余慧敏（女） | 上海市童的梦艺术幼儿园 |
| 齐珊云（女） | 市北中学 |
| 李　莉（女） | 闸北区实验小学 |
| 吴萃芳（女） | 复兴高级中学 |
| 施履冰 | 杨浦区教师进修学院 |
| 周宝良 | 罗店中学 |
| 黄　绣（女） | 宝山区实验小学 |
| 顾　荣 | 七宝中学 |
| 朱新亚（女） | 闵行区中心小学 |
| 厉光明 | 嘉定区娄塘中学 |
| 朱　云（女） | 建平中学 |
| 吴根才 | 三林中学 |
| 王慧璟（女） | 浦东新区城厢小学 |
| 王金耀（蒙古族） | 华东师范大学第三附属中学 |
| 高吉全 | 松江区第四中学 |
| 陆书朝 | 南汇县老港中学 |
| 陈　琳（女） | 奉贤县实验中学 |
| 孙松青（女） | 上海市音乐学院附属中专学校 |
| 李春明 | 上海市高级技工学校 |
| 周稼超（女） | 上海市总工会幼儿园 |

江苏省

| | |
|---|---|
| 张兆松 | 南京医科大学 |
| 戴　华 | 南京航空航天大学 |
| 曹卫星 | 南京农业大学 |
| 王宗平 | 南京理工大学 |
| 华毓坤 | 南京林业大学 |
| 赵振兴 | 河海大学 |
| 潘立群 | 南京中医药大学第一临床医学院 |
| 曾文火 | 华东船舶工业学院 |
| 陈　峻 | 扬州大学 |
| 任　平 | 苏州大学 |
| 陈　坚 | 江南大学 |
| 程大鸣 | 淮阴供销学校 |
| 李玉华 | 盐城卫生学校 |
| 张　涛 | 常州轻工业学校 |
| 顾力平 | 南通技术师范学院（南通市高级技工学校） |
| 熊义希（女） | 盐城市高级技工学校 |
| 葛　军 | 南京金陵职业大学 |
| 吴邵萍（女） | 南京市北京东路小学附属幼儿园 |
| 腾　云 | 江浦县实验小学 |
| 张双玲（女） | 南京市第二十七中学 |
| 袁新兵 | 南京市长芦中学 |
| 齐月忠 | 六合县程桥中学 |
| 黄　迅（女） | 张家港市云盘小学 |
| 顾　泳（女） | 常熟市实验小学 |
| 钱玉英（女） | 常熟外国语学校 |

| | |
|---|---|
| 陈静怡（女） | 太仓市实验小学幼儿园 |
| 金　琪（女） | 昆山中学 |
| 刘　红（女） | 苏州市苏州新区实验小学 |
| 张勤益（女） | 宜兴中学 |
| 范　良 | 锡山高级中学 |
| 金军华 | 无锡市梅里中学 |
| 王铭波（女） | 无锡市新开河小学 |
| 顾晓华（女） | 无锡市五爱小学 |
| 尤明华（女） | 常州市局前街小学 |
| 李璐璐（女） | 常州永红中心小学 |
| 赵建华 | 金坛市金城镇中心小学 |
| 朱晓承 | 前黄高级中学 |
| 王克苏 | 丹阳高级中学 |
| 蔡才福 | 丹徒县大港中学 |
| 李　烽（女） | 镇江市中山路小学 |
| 凌秀云（女） | 如皋师范学校附属小学 |
| 顾助东 | 海门中学 |
| 陈仲刘 | 启东中学 |
| 张桂明 | 南通市虹桥小学 |
| 石永娟（女） | 南通市第一棉纺织厂第三工人子弟小学 |
| 张静秋（女） | 南通师范学校 |
| 周　度 | 南通中学 |
| 王备战 | 如东县成人中等专业学校 |
| 陈正沛 | 宝应县泾河乡东红小学 |
| 董玉海 | 高邮市中学 |
| 吴长明 | 仪征市谢集中心小学 |
| 许晓宁 | 扬州市广播电视大学 |
| 严侠华（女） | 靖江高级中学 |
| 周桂海 | 泰兴大生镇洋思初级中学 |
| 许承法 | 泰州第四中学 |
| 袁荣熙 | 泰州高港区职业教育中心 |
| 陈建华 | 泰州师范专科学校（筹） |
| 王万军 | 睢宁县中学 |
| 张同军 | 新沂市第二中学 |
| 谢丽光 | 丰县华山中心中学 |
| 师以标 | 丰县欢口中学 |
| 贾理兴 | 沛县实验小学 |
| 孙建锋 | 徐州市铜山县实验小学 |
| 宋志超 | 睢宁县魏集中学 |
| 吕春侠 | 徐州市第二十一中学 |
| 金文晖 | 徐州师范学校 |
| 刘兆刚 | 邳州市邢楼中学 |
| 张登勤 | 徐州市广播电视大学 |
| 李修平 | 邳州市邳城镇艾山小学 |
| 倪　玲（女） | 东海县实验小学 |
| 王海军 | 灌云县高级中学 |
| 杜成芳（女） | 连云港西苑中学 |
| 张　锋 | 新海中学 |
| 徐　华 | 连云港振云高级中学 |
| 尚宇林 | 响水县第二中学 |
| 蒋强健 | 滨海县陈涛中学 |
| 杜官恩 | 阜宁中学 |
| 李步霄 | 建湖县上冈中学 |
| 唐从仁 | 射阳中学 |
| 申晓军（女） | 盐城小学 |
| 王益东 | 盐都县伍佑中学 |
| 奚建平 | 大丰市职业高级中学 |
| 汪宏伟 | 东台市安丰中学 |
| 王明秋（女） | 盐城市中小学教研室 |
| 周以宏 | 盱眙县中学 |
| 李万龙 | 洪泽县第二中学 |
| 杨维风 | 金湖县中学 |
| 赵杏华（女） | 淮安市范集中学 |
| 叶顺亚 | 涟水中学 |
| 曾张胤 | 泗阳中学 |
| 陈新民 | 宿迁市宿城区第一中学 |
| 张　军 | 沭阳县建陵中学 |
| 陈月梅（女） | 泗阳县众兴镇中心小学 |
| 张同晏 | 宿迁市教师进修学校 |
| 陈晓白（女） | 宿迁市实验学校 |

浙江省

| | |
|---|---|
| 邱　锋（女） | 杭州市第十四中学 |
| 朱建明 | 淳安县千岛湖镇第一小学 |
| 马春风（女） | 浙江大学附属中学 |
| 康　奇 | 杭州旅游职业学校 |
| 黄建明 | 杭州市求是小学 |
| 黄孟轲 | 慈溪中学 |
| 金晓润（女） | 宁波市江东实验小学 |
| 陈萍萍（女） | 宁波市第七中学 |
| 邓　颇 | 宁波万里国际学校 |
| 许金娥（女） | 宁波市海曙区中心小学 |
| 戴益华（女） | 瑞安市安阳镇中心小学 |
| 倪桂松 | 温州市职业中等专业学校 |
| 郑今贵 | 温州市第九中学 |
| 何融融（女） | 温州市第十二中学 |
| 费锡如 | 绍兴市第一中学 |
| 王松泉 | 绍兴文理学院 |

| | |
|---|---|
| 董建奋（女） | 绍兴市北海小学 |
| 周　瑛（女） | 嵊州市剡山小学 |
| 沈永政 | 嘉兴市秀洲区教育局教研室 |
| 沈佳宝（女） | 海盐县百尺中学 |
| 吴婷婷（女） | 嘉兴市秀城实验小学 |
| 程　民 | 湖州师范学院 |
| 宋　萱（女） | 湖州市第二中学 |
| 李次刚 | 长兴中学 |
| 丁　元 | 金华市第五中学 |
| 方立德 | 金华市第一中学 |
| 楼朝辉 | 金华市浦江实验小学 |
| 卢雁红（女） | 东阳市实验小学 |
| 屠承安 | 衢州市第一中学 |
| 周亦平 | 衢州市柯城区教育文化体育委员会教研室 |
| 吴蔚萍 | 龙游中学 |
| 沈江天 | 仙居中学 |
| 曾志旺 | 玉环县楚门中学 |
| 徐鸿斌 | 台州市路桥中学 |
| 陈月梅（女） | 松阳县第三中学 |
| 蒋海瓯 | 青田中学 |
| 张永蕾（女） | 丽水市莲都区中山小学 |
| 钱银星 | 舟山市普陀区沈家门小学 |
| 潘雪芳（女） | 嵊泗中学 |
| 汪忠民 | 杭州外国语学校 |
| 仇佩亮 | 浙江大学 |
| 吴训威 | 宁波大学 |
| 裘忠平 | 中国计量学院 |
| 王海舜 | 浙江中医学院 |
| 谭劲松 | 浙江工程学院 |
| 高　禹 | 浙江海洋学院 |
| 俞岑源 | 嘉兴学院 |
| 姚昱晨（女） | 浙江建设职业技术学院（筹） |
| 唐　颖（女） | 浙江树人学院 |
| 邹亚萍（女） | 杭州市萧山区高桥幼儿园 |
| 茅伟江 | 余姚中学 |

安徽省

| | |
|---|---|
| 刘昌如 | 肥东县第二中学 |
| 吴传明 | 肥西县朱桥小学 |
| 方业玲（女） | 长丰县下塘中学 |
| 张家璞（女） | 合肥市育英学校 |
| 张云波 | 濉溪县临涣中学 |
| 朱成新 | 淮北市第十二中学 |
| 高　琼 | 涡阳县第一中学 |
| 李璐峰 | 蒙城县小涧吴圩职业中学 |
| 苏君臣 | 利辛县启明中学 |
| 王　琼（女） | 亳州市幼儿园 |
| 许兴民 | 亳州市第一中学 |
| 陈修敬 | 宿州市第一职业高级中学 |
| 唐卫东 | 宿州市宿城第一中学 |
| 朱奇勇 | 砀山中学 |
| 李兴美（女） | 泗县第一中学 |
| 马维芬（女） | 蚌埠市第五中学 |
| 计筱红（女） | 固镇县希望小学 |
| 张殿科 | 怀远县第一中学 |
| 王文朝 | 五河县第一中学 |
| 武丽春（女） | 阜阳市红旗中学 |
| 张锡江 | 阜阳市第一中学 |
| 刘　敏（女） | 太和县特殊教育学校 |
| 张永明 | 临泉县第一中学 |
| 孟　铁 | 阜南县第二中学 |
| 张　侠（女） | 界首师范学校附属小学 |
| 余洪礼 | 淮南师范学校附属小学 |
| 童廷业 | 凤台县古店初级中学 |
| 刘家振 | 来安中学 |
| 杨大成 | 凤阳县枣巷乡观音堂小学 |
| 王文亭 | 明光市第三中学 |
| 沈南山 | 六安市张店中学 |
| 宋　洁（女） | 六安市裕安区九公冲小学 |
| 孙　立（女） | 寿县寿春幼儿园 |
| 潘竹天 | 舒城县第二中学 |
| 余述清 | 金寨县双河职业高级中学 |
| 朱厚恒 | 霍山县白莲岩初级中学 |
| 谢　宏 | 马鞍山市第二中学 |
| 程海林 | 巢湖市炯炀中学 |
| 束义福 | 庐江县第二中学 |
| 庆　晓 | 和县第二中学 |
| 艾启双 | 芜湖市育红小学 |
| 许　军 | 芜湖市第二十五中学 |
| 陶华云（女） | 宣城市宣州区水东镇中心幼儿园 |
| 邓　彤 | 宣城中学 |
| 余永康 | 泾县汀溪初级中学 |
| 齐华君（女） | 池州市贵池区实验小学 |
| 吉淑平（女） | 太湖县小池镇中心小学 |
| 曹跃峰 | 望江县金堤小学 |

| | |
|---|---|
| 涂雅萍（女） | 潜山县舒州逸夫小学 |
| 储鹏举 | 岳西县南岳中学 |
| 闻白羽 | 安庆市郊区杨桥初级中学 |
| 陈晓宁 | 安庆市第二中学 |
| 江学勤 | 黄山市歙县中学 |
| 王　琨（女） | 合肥铁路工程学校 |
| 郭光灿 | 中国科技大学 |
| 高明伦 | 合肥工业大学 |
| 杜先能 | 安徽大学 |
| 程　明 | 安徽工业大学 |
| 陆　林 | 安徽师范大学 |
| 杨桂元 | 安徽财贸学院 |
| 颜事龙 | 淮南工业学院 |
| 张国升 | 安徽中医学院 |
| 陈贵孚 | 皖南医学院 |
| 祝晓光（女） | 蚌埠医学院 |
| 张　霖 | 安徽建筑工业学院 |
| 刘　进（女） | 安徽机电学院 |
| 张子学 | 安徽技术师范学院 |
| 杨世国 | 安徽教育学院 |
| 顾志良 | 蚌埠高等专科学校 |
| 蒋兆阳 | 蚌埠职工大学 |

福建省

| | |
|---|---|
| 刘世雄 | 福州大学 |
| 黄汉升 | 福建师范大学 |
| 林　瑜 | 福建师范大学附属中学 |
| 段秀明（女） | 福州格致中学 |
| 陈丽娟（女） | 长乐市第一中学 |
| 徐建平 | 福州财政金融职业中等专业学校 |
| 谢志强 | 厦门市双十中学 |
| 黄剑锋 | 漳州市芗城中学 |
| 曾忠民 | 惠安县第一中学 |
| 黄飞跃 | 南安市国光中学 |
| 卢士豪 | 莆田第二中学 |
| 林国华 | 莆田东庄中学 |
| 郑兆炯 | 尤溪县第一中学 |
| 薛卫平 | 永安市第一中学 |
| 邓代进 | 漳平市第一中学 |
| 熊学文 | 周宁县第一中学 |
| 彭铁辉 | 南平市第一中学 |
| 陈君恩 | 福州市盲人学校 |
| 姚俊蓉（女） | 福清市实验小学 |
| 张亚南 | 厦门市开元区园南小学 |
| 赵　璟（女） | 漳州市龙溪师范学校附属小学 |
| 赵燕娜（女） | 诏安县大梧小学 |
| 郑跃鹏（女） | 德化县实验小学 |
| 林文狮 | 泉州南埔中心小学 |
| 江群斌（女） | 莆田市城厢区沟头小学 |
| 廖满芬（女） | 将乐县实验小学 |
| 许赛珍（女） | 建瓯市东游中心小学 |
| 吴惠琴（女） | 松溪县实验小学 |
| 吴翠红（女） | 漳平市象湖中心小学 |
| 李兰英（女） | 龙岩师范学校附属小学 |
| 蓝文玉（畲族） | 霞浦县沙江学区 |
| 刘细雁（女） | 宁德市蕉城区第一中心小学 |
| 夏　青（女） | 福州实验小学 |
| 石爱琴（女） | 福州市台江实验幼儿园 |
| 周若冰（女） | 厦门市第一幼儿园 |
| 蔡雯娴（女） | 平和县第二实验幼儿园 |
| 陈　珊（女） | 莆田市涵江区实验幼儿园 |
| 张桂玲（女） | 三明实验幼儿园 |
| 王　婷（女） | 建阳市实验幼儿园 |
| 李红梅（女） | 上杭县实验幼儿园 |
| 刘文开 | 福建林业学校 |
| 张迅捷（女） | 民办福建华南女子职业学院 |
| 刘力平 | 福建闽东中等技术学校 |
| 王　勇 | 福建公安高等专科学校 |
| 蔡伟然 | 龙海市第二中学 |
| 周　策（女） | 福建省卫生干部培训中心 |
| 张余丰 | 福州文教职业中等专业学校 |

江西省

| | |
|---|---|
| 陈宇春（女） | 南昌市第二十八中学 |
| 周曼翠（女） | 南昌市湾里第一中学 |
| 徐剑兰（女） | 南昌市东湖区邮政路小学 |
| 魏依云（女） | 南昌市八一学校 |
| 李军洪 | 永修县第一中学 |
| 李恂生 | 九江市第一中学 |
| 胡朝春 | 瑞昌市第一中学 |
| 彭福寿 | 都昌县第一中学 |
| 鲁小宁 | 九江市第二中学 |
| 袁慧玲（女） | 萍乡市第二中学 |
| 谢和平（女） | 萍乡市湘东区白竺小学 |
| 邓庆生 | 新余市新钢公司第二中学 |

席建中 乐平中学
廖华生 宁都中学
唐立新 兴国县平川中学
郭晨光 信丰县大阿中心小学
张九明 瑞金市第一中学
凌发浪 寻乌县江澄镇文化技术学校
严由洲 上犹中学
王丽华（女） 吉安市第五中学
黄秀明 吉安县永和中学
朱文汉 峡江县水边中学
钟海林 新干县三湖中学
王乐云 万安中学
徐安俭 宜春中学
陈庆林 上高县南港中学
丁民良 清江中学
杜贵芳 宜春师范学校
谢天麟 宜春卫生学校
龚小藩 金溪县第一中学
章慧媛（女） 南丰县第一中学
张建国 南城县浔溪乡李家巷小学
杨 青（女） 抚州市临川区第十小学
扈志强 宜黄县兰水乡中心小学
万振红（女） 黎川县实验小学
程时友 德兴市第一中学
姚兴佳 上饶县第二中学
江宗义 广丰县实验学校
余曙辉 波阳县第一中学
汪连红 婺源县段莘中学
江晓华 铅山县鹅湖中心小学
吕全发 弋阳县葛溪中学
王芙蓉（女） 江西省信息工程学校
余 晖（女） 江西省建筑工程学校
刘小生 南方冶金学院
王 健 南昌职业技术学院
王显槐 井冈山师范学院
王国炎 江西师范大学
陈 奇 江西中医学院
郭启慰 南昌市东湖区豫章路小学
叶树开 景德镇市第一中学
赵家菊（女） 靖安县教师进修学校
汪保祥 九江师范附属小学
刘更生 余江县第一小学
周益华（女） 赣州市文清路小学
陈德晶 丰城市剑光中学
钱细秀（女） 新余市长青小学

山东省

王艳凤（女） 济南市制锦市街小学
田康中 商河县实验中学
张伊凡（女） 济南市第三十五中学
王廷芬（女） 济南市历城第二中学
乞週勤（女） 济南市黑虎泉西路小学
王进军 济南市职工科技大学
管延祥 胶州市实验小学
姜进辉 平度市第一中学
李险峰 城阳第一中学
张相文 即墨市第二中学
法元贵 胶南市第五中学
刘 青（女） 青岛市四方实验小学
马志平 青岛高科技工业园第二中学
王明生 青岛市市北区少年宫
臧思选 青岛师范学校
宁 征（女） 青岛实验幼儿园
张宏伟 淄博市第十七中学
贾爱华（女） 淄博市第一中学
王志启 淄博市第七中学
任悦欣 淄博卫生学校
张 萍（女） 枣庄市第四十一中学
周脉先 枣庄市第八中学
吴传统 枣庄市第一中学
李居涛 枣庄市三十九中学
刘其靖（女） 东营市河口区实验小学
李 玲（女） 东营市海河小学
陈玉梅（女） 烟台市芝罘区实验学校
于深春（女） 烟台市福山区东华小学
原硕波 莱山市第一中学
于元凯 牟平市第一中学
王精西 栖霞市第一中学
王广文 招远市第一中学
于景东 龙口市第一中学
司志生 青州市昭德办事处回民中学
戴国章 高密市第一中学
陈 静（女） 潍坊市第十四中学
王忠臣 潍坊市第七中学
王科全 潍坊市第四中学
赵开强 昌乐市第三中学

郑树平 益都卫生学校
王继林 寿光市第一中学
李志军 昌邑市第一中学
白兴安 临朐县第一中学
高　斌 潍坊市寒亭区第一中学
戚其祝（女） 潍坊市第二中学
路敦志 济宁市育才中学
孟德强 济宁市实验中学
牛成银 曲阜市第一中学
李庆玉 泗水县第一中学
张德运 微山县第三中学
闫海涛 鱼台县第三中学
徐思新 金乡县第一中学
李炳侠 嘉祥县职业中专
李　军 汶上县第一中学
林宪良 梁山县第一中学
华　伟 泰安市第三中学
曹丙娟（女） 新泰市青云街道办事处中心小学
杜君河 肥城市泰西中学
吕运法 宁阳第四中学
王延国 东平高级中学
宋文欣（女） 泰安市南关中学
阎丽娜（女） 荣成市第一中学
邹桂荣（女） 威海火炬高技术产业开发区第一中学
王新乾 莒县第一中学
刘俊山 日照市新营小学
张俊锋 莱芜市第二中学
董风华（女） 滨州市滨城区第四中学
高连营 阳信县第一高级中学
王桂芳（女） 滨州市农业学校
尹秀霞（女） 德州市德城区第五中学
徐俊海 陵县第一中学
张祖茂 夏津县第一中学
李连城 临邑县第一中学
王维刚 德州市第一中学
崔吉会 冠县武训高级中学
史晓慧（女） 阳谷县实验小学
胡香芝 高唐县第一中学
孙凌云（女） 聊城广播电视大学
贾天成 聊城市第一中学
伊永贵 临沂市第三中学
陈丙伟 临沂市罗庄区第一中学
薄玉玲（女） 临沂市河东区第二中学
宋远鹏 苍山县第一中学
郑汉玲（女） 苍山县车辋节庄小学
张西华 莒南县第一中学
相佃国 沂水县第一中学
王　艳（女） 沂水县实验幼儿园
公衍录 蒙阴县第一中学
唐义航 平邑县第一中学
谢印莲（女） 临沭县临沭镇小学
刘述省 定陶县第一中学
陈传春 成武县第一中学
王凤芹（女） 鄄城县第一中学
张建国 东明县第一中学
杨继坡 巨野县第一中学
李玉卓 菏泽市第二中学
刘忠仁 菏泽市第一中学
郝润生 郓城县第一中学
宋文铭 胜利油田第二中学
孙松尧 胜利石油管理局胜利石油学校
张文圣 德州学院
高允生 泰山医学院
刘玉霞（女） 山东艺术学院
王瑞功 临沂师范学院
吴其晔 青岛化工学院
卢洪友 山东财政学院
刘持年 山东中医药大学
刘晨光 石油大学（华东）
管英俊（女） 潍坊医学院
曹永林 淄博学院
司传平 济宁医学院
王广成 中国煤炭经济学院
孙玉洁（女） 青岛建工学院
李友生 山东工艺美术学院
鹿晓阳 山东建工学院
姜宗俊 山东经济学院
郑　陆（女） 山东体育学院
梁中实 烟台师范学院
杨　波 济南大学
常易康 山东轻工学院
王新华 山东科技大学
顾慰中（女） 潍坊学院
张庆广 滨州医学院

河南省

| | | | |
|---|---|---|---|
| 丁保先（女） | 郑州市金水区黄河路第三小学 | 杨艳芬（女） | 博爱县第一中学 |
| 陈明强 | 郑州市二七区刘胡垌中学 | 马理民 | 濮阳市第一高级中学 |
| 孙仁政 | 登封市第一高级中学 | 孙广文 | 濮阳县第一中学 |
| 牛文化 | 新密市实验高级中学 | 张广聚 | 清丰县城关镇中学 |
| 周四选 | 中牟县第四高级中学 | 邵国强 | 南乐第一中学 |
| 职永吉 | 郑州市第一中学 | 范宝峰 | 渑池县陈村乡中心学校 |
| 张来友 | 郑州市教育学院 | 张富军 | 陕县张汴乡小学 |
| 袁　林 | 兰考县第一中学 | 金　涛（回族） | 商丘市梁园区基础教育教研室 |
| 杨淑琴（女） | 开封市第八中学 | 贾光金 | 永城市高级中学 |
| 谢　岚（女） | 开封市迎宾小学 | 郭爱礼 | 夏邑县完全中学 |
| 孙永杰（女） | 开封市第二师范学校附属小学 | 付永清 | 柘城县第二高级中学 |
| | | 史宏宽 | 宁陵县高级中学 |
| 董桂梅（女） | 通许县育英小学 | 齐仁甫 | 睢县高级中学 |
| 杨圣杰 | 伊川县第一高级中学 | 赵传江 | 商丘师范学校 |
| 王松柯 | 洛宁县第三高级中学 | 冯金科 | 鄢陵县坡冯学校 |
| 韩新学 | 嵩县第一高级中学 | 孙凤兰（女） | 许昌市第十中学 |
| 李志忠 | 栾川县城关中学 | 汤金拴 | 襄城县第一高级中学 |
| 曾　洁（女） | 洛阳市西工区凯旋路小学 | 赵月琴（女） | 许昌县实验中学 |
| 张静波 | 洛阳市第三师范学校 | 卜志勋 | 临颍县第一高级中学 |
| 王保民 | 新安县第一高级中学 | 王耀权 | 沈丘县第三高级中学 |
| 彭善友 | 平顶山师范学校 | 黄翠荣（女） | 周口市第二初级中学 |
| 丁克明 | 平顶山市第六中学 | 张秀芝（女） | 扶沟县城关镇第一中学 |
| 刘善杰 | 汝州市第一高级中学 | 关红霞（女） | 西华县实验小学 |
| 姚殿钦 | 鲁山县第一高级中学 | 陈希峰 | 周口市第三中学 |
| 尚明胜 | 叶县高级中学 | 王　君（女） | 周口市实验幼儿园 |
| 冯淑军（女） | 平顶山煤业集团公司第一小学 | 郝广春 | 鹿邑县老君台中学 |
| | | 赵丽宾（女） | 驻马店师范学校 |
| 李素玲（女） | 安阳市第七中学 | 高建中 | 遂平县第一高级中学 |
| 黄青梅（女） | 安阳市第八中学 | 刘文秀 | 上蔡县杨集镇第二初级中学 |
| 苏连琴（女） | 滑县道口镇第一初级中学 | | |
| 桑昌德 | 内黄县第一中学 | 罗凤鸣 | 汝南县第三初级中学 |
| 孟庆玲（女） | 安阳市东南营小学 | 王立华 | 平舆县第二初级中学 |
| 李秀花（女） | 安阳市梅东路小学 | 谢书修 | 正阳县第二高级中学 |
| 季　华（女） | 鹤壁市鹤翔小学 | 鲍艳霞（女） | 确山县石滚河乡初级中学 |
| 朱明仁 | 新乡市第十中学 | 田丰昌 | 邓州市第一高级中学 |
| 王俊仁 | 封丘县第一中学 | 张　会 | 南召县第一高级中学 |
| 关玉芬（女） | 新乡市北站区五陵小学 | 杨文学 | 西峡县第一高级中学 |
| 宁　卓 | 长垣县第一中学 | 谢海汇 | 南阳市内乡初级中学 |
| 张元庆 | 新乡市第一师范学校 | 李晓辉 | 淅川县第二高级中学 |
| 胡广印 | 新乡县第一中学 | 刘　林（女） | 唐河县县直机关幼儿园 |
| 田同文 | 沁阳市第一中学 | 李万举 | 新野县教育委员会教研室 |
| 朱瑞晨 | 温县第一高级中学 | 严黎明 | 信阳市第二高级中学 |
| 王咏红（女） | 修武县第一实验小学 | 尚　霞（女） | 光山县实验小学 |

| | |
|---|---|
| 张忠良 | 新县八里畈乡初级中学 |
| 赵中华 | 商城县高级中学 |
| 王　忠 | 淮滨县高级中学 |
| 李　勇 | 息县第一高级中学 |
| 查新月（女） | 信阳师范学校 |
| 崔丙高 | 济源市第一中学 |
| 章　茜（女） | 郑州大学 |
| 李蕴才 | 河南大学 |
| 余爱菊（女） | 郑州轻工业学院 |
| 王有安 | 郑州工程学院 |
| 付小莉（女） | 中原工学院 |
| 卓德保（土家族） | 郑州航空工业管理学院 |
| 周林森 | 华北水利水电学院 |
| 曾宪桃 | 焦作工学院 |
| 康布熙 | 洛阳工学院 |
| 王春阳 | 河南城建高等专科学校 |
| 吕德彬 | 河南农业大学 |
| 樊　静（女） | 河南师范大学 |
| 石恒真 | 周口师范高等专科学校 |
| 郛长安 | 信阳师范学院 |
| 查洪德 | 安阳师范学院 |
| 晁召行 | 许昌师范高等专科学校 |
| 窦玉玺 | 新乡师范高等专科学校 |
| 李小平（女） | 河南财经学院 |
| 蔡泽敏（女） | 河南省实验中学 |
| 祝光义 | 中原石油勘探局第一中学 |

湖北省

| | |
|---|---|
| 莫洪宪（女） | 武汉大学 |
| 龚非力 | 华中科技大学 |
| 姜德生 | 武汉理工大学 |
| 吴冲龙 | 中国地质大学 |
| 谢季坚 | 华中农业大学 |
| 朱　英 | 华中师范大学 |
| 万后芬（女） | 中南财经政法大学 |
| 陈奎生 | 武汉科技大学 |
| 曹诗图 | 三峡大学 |
| 石定乐（女） | 武汉职业技术学院 |
| 柯昌胜 | 长江水利水电学校 |
| 刘仁钊 | 湖北省国土资源工程学校 |
| 叶火炎 | 湖北省水利水电学校 |
| 陈生年 | 襄樊市第二十四中学 |
| 彭祥英（女） | 仙桃实验初级中学 |
| 谢先慧（女） | 仙桃市沔城回民小学 |
| 郭慧芳（女） | 天门市竟陵幼儿园 |
| 赵良合 | 丹江口市第一中学 |
| 张万州 | 郧西县第三中学 |
| 周宝太 | 竹山县潘口乡中学 |
| 何伟宏 | 房县第一中学 |
| 段心玮（女） | 宜都市实验小学 |
| 王德元 | 兴山县第一中学 |
| 李学军 | 当阳市高级中学 |
| 曾凤菊（女，土家族） | 长阳县龙舟坪镇花坪小学 |
| 陈　琼（女） | 宜昌市北正街小学 |
| 皇甫积庆 | 江汉大学 |
| 李作芳（女） | 荆门市东宝区象山小学 |
| 杨立杰 | 沙洋县五里高级中学 |
| 喻　玮 | 京山县坪坝镇晏店中心小学 |
| 李振忠 | 潜江市田家炳实验小学 |
| 杜　琼（女） | 武汉市江汉区红领巾学校 |
| 孙　玮（女） | 武汉市硚口区东方红小学 |
| 刘箭飞（满族） | 武汉市七一中学 |
| 肖少斌 | 武汉市第三中学 |
| 虞京蕾（女） | 武昌实验中学 |
| 刘忠山 | 武汉市第四十九中学 |
| 胡小翠（女） | 武汉市吴家山第三中学 |
| 程良焱 | 武汉市江夏区第一中学 |
| 姜桂平 | 竹溪县第一中学 |
| 邱祥生 | 武汉市新洲区第一中学 |
| 胡良琼（女） | 武汉市广播电视大学 |
| 张格华（女） | 武汉私立光华学校 |
| 张基广 | 武穴市实验小学 |
| 王秀凤（女） | 黄冈黄州区宝塔中学 |
| 赵　刚 | 罗田县大河岸中学 |
| 赵云峰 | 黄冈市团风中学 |
| 刘中帅 | 红安县第一中学 |
| 杨松林 | 黄梅县第一中学 |
| 张胜宗 | 黄冈工业学校 |
| 肖永如 | 英山县草盘职业中学 |
| 李开启 | 孝感市第一中学 |
| 龙　冰 | 应城市第一高级中学 |
| 聂金桥 | 云梦县第一中学 |
| 付本俊 | 大悟县第一中学 |
| 何波明 | 孝昌县第一中学 |
| 董来国 | 蕲春县第一高级中学 |
| 汪为群 | 鄂州市第一中学 |
| 陈园香（女） | 崇阳县第一中学 |
| 王恒德 | 赤壁市赤马港中学 |

| | |
|---|---|
| 蔡妙中（女） | 监利县第一中学 |
| 邓永亮 | 沙市第一中学 |
| 万成明 | 荆州市江陵中学 |
| 卢海平 | 沙市第四中学 |
| 邓林全 | 松滋市贺炳炎中学 |
| 陈才林 | 公安县第一中学 |
| 胡　明 | 石首市实验小学 |
| 李长海 | 监利县监利中学 |
| 陈胜林 | 襄阳县第二中学 |
| 高　峰 | 枣阳市第一中学 |
| 王传平 | 宜城市第一中学 |
| 胡映林 | 老河口市第一中学 |
| 林昌杰（苗族） | 武汉水运工业学校 |
| 刘大华 | 保康县第二中学 |
| 胡明刚 | 广水市长岭镇第二中学 |
| 杨世云 | 随州市曾都区第一中学 |
| 周宗江 | 随州曾都区尚市第二中学 |
| 邱　农 | 建始县第一中学 |
| 侯祚奎 | 恩施市第一中学 |
| 向宏茂（土家族） | 巴东县第二高级中学 |
| 吴永俊 | 大冶市第一中学 |
| 沈凯星（女） | 黄石市民主街小学 |
| 夏桂英（女） | 黄石市广场路小学 |
| 袁木林 | 荆门石化总厂第一中学 |
| 王积勤 | 通山县第一中学 |
| 卢黎明 | 东风汽车公司第一中学 |
| 余　静（女） | 武汉钢铁公司艺术幼儿园 |
| 雷松青 | 天门师范学校 |

湖南省

| | |
|---|---|
| 易著文 | 中南大学 |
| 陈晓红（女） | 中南大学 |
| 杨胜刚 | 湖南大学 |
| 钟志华 | 湖南大学 |
| 谢青季 | 湖南师范大学 |
| 郭汉民 | 湖南师范大学 |
| 屈林岩 | 湖南农业大学 |
| 杜方麓 | 湖南中医学院 |
| 张铁夫 | 湘潭大学 |
| 陈仲沪 | 湘潭大学 |
| 田大伦（女） | 中南林学院 |
| 王振芳（女） | 湖南广播电视大学 |
| 苏　琦 | 南华大学 |
| 王剑彬 | 南华大学 |
| 丁畅松 | 吉首大学 |
| 胡星航 | 岳阳师范学院 |
| 刘初生 | 株州师范高等专科学校 |
| 姚志钢 | 邵阳高等专科学校 |
| 李文健 | 常德师范学院 |
| 汪训贤 | 湖南师范大学附属中学 |
| 李庆妹（女） | 湖南长沙机电职业中等专业学校 |
| 匡治成 | 长沙市长郡中学 |
| 齐　艳（女） | 长沙市芙蓉区育英学校 |
| 黄泽成（苗族） | 长沙市天心区仰天湖小学 |
| 肖万祥 | 望城县第一中学 |
| 宁剑发 | 浏阳市枨冲镇中心小学 |
| 章　帆 | 株洲市第四中学 |
| 刘漫华（女） | 株洲市南方中学 |
| 刘　容（女） | 茶陵县解放学校 |
| 张淑娥（女） | 株洲县育红小学 |
| 侯玉娇（女） | 株洲市聋哑学校 |
| 左全定 | 湘潭电机厂子弟中学 |
| 邓新辉（女） | 湘潭县花石镇中心小学 |
| 彭桂芝（女） | 湘潭市岳塘区育才学校 |
| 熊程敏（女） | 华容县幸福中学 |
| 周理爱 | 临湘市龙源乡中心小学 |
| 叶　平 | 平江县第一中学 |
| 万华政 | 岳阳市岳阳楼区站前学校 |
| 樊芬芳（女） | 衡阳市第二中学 |
| 唐崇明 | 耒阳市第二中学 |
| 袁谋发 | 衡南县第二中学 |
| 何素芳（女） | 衡阳市城南区雁城小学 |
| 杨振祥 | 衡山县岳云中学 |
| 肖美平 | 衡东县第二中学 |
| 梁小平 | 耒阳师范学校附属小学 |
| 孙　欣（女） | 郴州第一中学 |
| 周福祥 | 郴州市第一职业中学 |
| 吕日新 | 临武县第一中学 |
| 谢万生 | 安仁县第一中学 |
| 马春才 | 永兴县第一中学 |
| 欧素娥（女） | 会同县第二中学 |
| 邓国祥 | 新晃县城镇第三完全小学 |
| 黄淑珍（女） | 溆浦县警予学校 |
| 刘华情 | 沅陵县第二中学 |
| 杨安洪（侗族） | 芷江县民族职业中等专业学校 |
| 邹丽萍（女） | 邵阳市第五中学 |
| 袁军荣（女，侗族） | 绥宁县第一中学 |

李世藩　隆回县第二中学
何伟姣（女）　邵阳县第一实验小学
赵俊杰　邵东县两市镇第一小学
朱美玲（女）　常德市鼎城区长矛岭中心小学
朱金生　常德芷兰实验学校
杜德梅（女）　津市市李家铺乡中心小学
刘淑英（女）　桃源县第一中学
章业树　澧县第一完全小学
钟广清（女）　常德市武陵区工农小学
谌建成　益阳市工业职业中等专业学校
曹世南　益阳市大通湖第一中学
陈雪辉（女）　益阳市第六中学
胡牧虹　桃江县三堂街中心小学
胡国华　南县浪拔湖乡联合学校
杨端保　道县第一中学
李若冰　永州市工商职业中等专业学校
吴中雄　东安县第一中学
邓志国　蓝山县第二中学
张少云　双牌县第二中学
侯万家（土家族）　桑植县瑞塔铺乡芦斗溪小学
麻求生（苗族）　凤凰县禾库学区雀儿小学
王　斌（土家族）　湘西自治州民族中学
樊竹筠（女，土家族）　湘西自治州州幼儿园
罗长秋　双峰第三中学
邓蒲英（女）　娄底市娄星区第五小学

广东省

周天鸿　暨南大学
仲伟合　广东外语外贸大学
廖永岩（苗族）　湛江海洋大学
禤国维　广州中医药大学
李　俊　广东商学院
吕树庭　广州体育学院
何　平　星海音乐学院
任道纹（女）　广东职业技术师范学院
梁仲培　广州医学院
胡葆善（女）　深圳大学
戎海武　佛山科学技术学院
乐茂华　湛江师范学院
林木生　广东医学院
卢　勇　肇庆学院
钟瑞敏　韶关学院
谢祥云　五邑大学
贺桂英（女）　广东广播电视大学
刘爱平　佛山市卫生学校
周伟锋　广州市第四中学
杨　瑜（女）　广州市第六十五中学
陈照麟　广州市花都区秀全中学
黄　玲（女）　广州市东山区东风东路小学
黄利容（女）　从化市良口镇善施学校
许　逊　广州开发区中学
林咏瑜（女）　广州市幼儿师范学校附属天河幼儿园
唐苏黎（女）　深圳市翠园中学
王希珍（女）　深圳市高级中学
林善芬（女）　珠海市香洲区景园小学
李赛娥（女）　潮阳市第一中学
陈文玲（女）　汕头市澄海师范学校
冯玉銮（女）　汕头市外马路第三小学
卢镇豪　汕头市金山中学
郑　萍（女）　汕头市实验学校
梁耀新　韶关市第一中学
黄小红（女）　韶关市韶州师范学校
陈　青（女）　韶关市浈江区执信小学
雷美初　翁源县翁源中学
何宗防　曲江县第三小学
刘炳坤　连平县连平中学
黄振发　东源县叶潭中学
叶运娥（女）　源城区城南小学
叶祖繁（女）　和平县和平中学
潘朝芳　梅县东山中学
谢坤炬　梅县高级中学
钟森炎　蕉岭县蕉岭中学
文玉英（女）　惠州市惠阳高级中学
周瑞彬　惠州市第一中学
梁俊英（女）　汕尾市城区新城中学
张爱革（女）　陆丰市林启恩纪念中学
刘洁仪（女）　东莞中学
尹凤葵（女）　东莞市莞城中心小学
胡松华　中山市东凤镇第二中学
邹倦生　中山市中山纪念中学
曾少玲（女）　江门市江海区礼乐一中
吕文英（女）　鹤山市第一中学
梁艳凡（女）　恩平市恩平镇第一小学

钱丽瑶（女） 台山市台城镇第二小学
梁子源 开平市第一中学
苏永善 南海市松岗镇桃园中学
何淑群（女） 三水市华侨中学
谭　琳（女） 高明市第一中学
张军健（女） 佛山市第九小学
刘广亮 阳江县东平中学
唐　腾 阳江市第一中学
黄京城 徐闻县第一中学
莫华生 湛江教育学院
涂杰棠（女） 遂溪县第一中学
杨土胡 吴川市梅岭小学
徐红英（女） 湛江市坡头区第一中学
张　英（女） 湛江师范学院附属中学
陈伟玲（女） 湛江市第四中学
刘大芳 信宜市平塘第三中学
张小舟 化州市平定镇中心小学
林子江 电白县第一中学
辛燕华 茂名市第十中学
张汉省 高州师范学校
梁为栋 肇庆中学
李炳秋 封开县江口中学
林国坚 肇庆市鼎湖区莲花镇真光中心小学
郭学森 清远市飞来峡区升平中学
朱活强 清远市清城区第一中学
欧杏爱（女） 清新县太和中学
马忠初 英德市第一中学
黄永强 连州市连州中学
赖建军 饶平县第二中学
吴燕芝（女） 揭东县第一小学
刘钧沛 揭阳市第一中学
胡海金 惠来县第一中学
童文强 新兴理工学校
林水平 郁南县西江中学
杜小穗（女） 华南师范大学附属中学
雷玉莲（女） 湛江农垦湖光农场第一小学
戴桓标 五华师范学校附属小学

广西壮族自治区

饶桂芳（女） 南宁市第四中学
朱寿康 南宁市第三中学
李祥军（壮族） 南宁市人民路东段小学
覃美华（女） 南宁市壮志路小学
黎加权（壮族） 南宁市郊区三塘镇成人文化技术学校
胡春萍（女） 柳州市第十二中学
覃振元（壮族） 柳江中学
陈星明（女） 柳州市第十五中学
韦红革（女，壮族） 柳州市第二职业中等专业学校
杨　玲（女） 桂林市教育科学研究所
许光英（女） 桂林市逸仙中学
林　湘（女） 桂林市秀峰区教育局教研室
王万茂 资源县资源中学
莫远婷（女） 阳朔县阳朔镇小学
李庭斌 恭城瑶族自治县恭城中学
吕嘉健 梧州师范学校
龚素芳（女） 苍梧县龙圩中学
何建欢（女） 梧州市振兴小学
李　幸（女） 梧州市城建幼儿园
孙传云 合浦县廉州镇廉州小学
劳素红（女） 合浦县廉州镇初级中学
李云鹏 玉林高级中学
甘静芳（女） 容县容城镇第一小学
罗　芸（女） 陆川县温泉镇万丈中心小学
程恒球 博白县职业中等专业学校
朱懿君（女） 玉林市福绵高级中学
卢业芬（女） 玉林市福绵管理区成均镇中心学校
赵国泉 平南县镇隆镇教育委员会
韦珍兰（女，壮族） 贵港市覃塘管理区蒙公乡古山小学
黄文生（女，壮族） 桂平市西山镇中心小学
欧卓才 桂平市浔州高级中学
徐旺都 钦州市第三中学
陈基汉 灵山县武利中学
马玉莲（女，壮族） 崇左县江南第一小学
蒙建平 横县中学
马国珍（壮族） 扶绥县扶绥中学
梁　芳（女） 鹿寨县鹿寨小学
王成晖（苗族） 三江县老堡乡老巴小学
冯　华 昭平县中学
潘　澜（壮族） 田阳县高级中学
苏雪美（女，壮族） 德保县足荣中学
何永红（壮族） 那坡中学

王育青（女，壮族） 西林县八达镇第二小学
谢雪梅（女） 宜州市庆远镇第一小学
韦美玉（女，瑶族） 东兰县特殊教育学校
梁丽清（女，壮族） 都安瑶族自治县安阳镇第三小学
范宏贵 广西民族学院
邹传云 桂林电子工业学院
高中庸 广西工学院
燕柳斌 广西大学
陈保善（壮族） 广西大学
易 忠 广西师范大学
谭少健 广西医科大学
张冬峰 广西艺术学院
黄 勇（壮族） 广西右江民族师范高等专科学校
文鸿雁 桂林工学院
罗建华 柳州师范高等专科学校
岑 春（女） 广西交通学校
王国珍（女） 柳州铁路运输学校

海南省

张清梅（女） 万宁市万城小学
刘晓朝 琼海市嘉积中学
邓有才 海口市龙峰实验小学
林师波 文昌市文昌中学
林小容（女） 琼山市第三小学
何京应 临高县临城中学
陈文冰 定安县南海农场小学
梁振成 屯昌县屯昌小学
陈家英 昌江县第一小学
吴壮佑 儋州市那大第三中学
林凤花（女） 保亭县第二小学
赵 君 东方市第一小学
吴景清 洋浦实验学校
钟 阜 乐东县黄流中学
薛贵涛 临高师范学校
陈跃强（女） 海南省师范学院附属中学

重庆市

罗家海 重庆光彩职业技术学院
李 勇 重庆教育管理学校
睢 芳（女） 重庆市万州区电报路幼儿园
赵心宪 重庆教育学院
罗登云 重庆市第四十二中学
宋奇成 重庆工学院
冉茂梧 酉阳第一中学
刘朝珍（女） 荣昌县安富镇中心小学
颜 强 重庆市渝北实验小学
黄光辉 秀山土家族苗族自治县东风路小学
曾富勇（女） 璧山县城关幼儿园
王国胤 重庆邮电学院
陈洪凯 重庆交通学院
刘卫东 合川市行知职业中学
叶 萍（女） 重庆市女子职业高级中学
汪芝荣 城口县实验小学
王文宇 綦江县石壕镇万隆中心小学
丁小彦（女） 巫山县南峰小学
杨 林（土家族） 石柱第一职业中学
邓正琦（女） 重庆师范学院
杨传雄 南川市南川中学
黎光书（女） 重庆市旅游学校
谭正素（女） 双桥区通桥镇小学
梁文萃（女） 大足县龙岗镇第一小学
谢庆娟（女） 重庆市药剂学校
何龙兴 丰都县社坛镇中心小学
肖天成 永川市永荣镇初级中学
张洪塔 彭水苗族土家族自治县中学
彭辉鳌 巫溪县尖山镇中心小学
许小林（女） 重庆市南开中学
郑凤琼（女） 潼南县小渡镇小学
龚剑秋 重庆第一中学
谭双庆 开县临江中学
王永红（女） 重庆市清华中学
蒲 斌 万盛区和平小学
张仕维 兼善中学
卢卫平 垫江中学
宋仲容（女） 重庆师范高等专科学校
付祥钊 重庆大学

四川省

丁协平 四川师范大学
傅之屏 绵阳师范专科学校
何泽荣 西南财经大学
王 杰 西南民族学院
罗志田 四川大学
周乾英（女） 成都市成华小学
周恬恬（女） 都江堰中学

| | |
|---|---|
| 李正华（女） | 成都市第三幼儿园 |
| 曾素英（女） | 成都市龙泉驿区茶店镇小学 |
| 刘应荣 | 彭州中学 |
| 龙云东 | 郫县合作第一小学 |
| 蒋小凡（女） | 成都市青白江区人和中心小学 |
| 马德玉（女） | 成都市人民北路小学 |
| 刁荣普（女） | 成都市科华中路小学 |
| 刘明崇（藏族） | 阿坝州教育科学研究所 |
| 张绍强（藏族） | 马尔康师范学校附属小学 |
| 韩世荣 | 红原县中学 |
| 何明良（藏族） | 小金县中学 |
| 黄　勇 | 德阳市罗江中学 |
| 刘学军 | 中江县城北中学 |
| 谢　颖（女） | 德阳中学 |
| 王　琴（女） | 绵竹市回龙街小学 |
| 王华本 | 康定民族师范学校 |
| 嘎　嘎（藏族） | 炉霍县中学 |
| 徐光辉 | 色达县城区小学 |
| 魏　云 | 乡城县中学 |
| 郑学平 | 岳池县中学 |
| 唐昌礼 | 广安友谊中学 |
| 杨华云 | 武胜县三溪初级中学 |
| 张世毅 | 广安区桂兴镇天才小学 |
| 贺仕明 | 青川县乐园村小学 |
| 王　勇 | 旺苍中学 |
| 雷　莉（女） | 广元市市中区北街小学 |
| 张晓蓉（女） | 广元师范学校附属小学 |
| 吴克勤（女） | 四川省直属机关实验婴儿园 |
| 尹光琳（女） | 西昌市第二中学 |
| 沈华安 | 昭觉县竹核片区尔古乡中心学校 |
| 俄木伍各（女，彝族） | 喜德县城关第二小学 |
| 张志富 | 凉山民族中学 |
| 刘蜀忠 | 合江中学 |
| 吴远玲（女） | 泸州市叙永师范学校附属小学 |
| 丁念初 | 泸州市长江中学 |
| 王自强 | 古蔺县土城乡建设小学 |
| 甘红宇（女） | 内江市实验小学 |
| 刘　罡 | 内江市第三中学 |
| 苟长久 | 威远中学 |
| 张建鸣 | 隆昌县第一中学 |
| 吴明贵 | 南部县南部中学 |
| 游思前 | 南充教育学院 |
| 何正国 | 南充市嘉陵区八角小学 |
| 潘顺联 | 蓬安县周口中学 |
| 张晓初 | 营山中学 |
| 周思言 | 简阳市阳安中学 |
| 杨乐生 | 乐至县城东小学 |
| 胡加平 | 资阳中学 |
| 陈振飞 | 自贡市釜溪职业高级中学 |
| 罗世俊 | 富顺县第一中学 |
| 许美玉（女） | 自贡市第一中学 |
| 张国庆 | 荣县中学 |
| 周　琴 | 眉山市东坡区苏南小学 |
| 朱位中 | 丹棱中学 |
| 宿小群（女） | 洪雅中学 |
| 王莉茹（女） | 青神中学 |
| 蒋　红（女） | 宜宾市第三中学 |
| 刘端铭 | 宜宾市第四中学 |
| 丁代宽 | 江安县中学 |
| 陈能中 | 长宁县中学 |
| 罗小君 | 高县中学 |
| 冯明琴 | 攀枝花大学 |
| 黄伯清 | 攀枝花市大河中学 |
| 张石山 | 攀钢第一中学 |
| 李开友 | 攀钢职业教育中心 |
| 阳卓越 | 遂宁拦江中学 |
| 汪隆锡 | 遂宁中学 |
| 唐坤华 | 大英县教研室 |
| 陈清华（女） | 射洪县太和第一小学 |
| 杨本涛 | 宝兴中学 |
| 赵永清 | 名山县第一中学 |
| 黄小佩（女） | 雅安市雨城第二中学 |
| 张吉耀 | 石棉县长征路联合小学 |
| 邹光伟 | 绵阳实验高级中学 |
| 杨德胜 | 绵阳市第一中学 |
| 王三平（女） | 绵阳市普明中学 |
| 彭昌凤（女） | 江油市第一中学 |
| 梁春艳（女） | 绵阳市富乐中学 |
| 付国昌 | 绵阳市实验中学 |
| 陈东军 | 达县中学 |
| 李义刚 | 开江县新太乡翰林小学 |
| 赵文祥 | 宣汉中学 |
| 向　峰 | 万源市中学 |

王　海　渠县三汇中学
李晋川（女）　乐山市草堂中学
邓才进　夹江中学
李朝春　井研县马踏中学
罗永祥　犍为县罗城中学
杨仲琼（女）　乐山市五通桥中学
陈东立　四川省林业学校
蒋尊蓉（女）　平昌师范学校附属小学
刘文鼎　南江中学
向仕波　通江县第二中学
赵惠君（女）　巴中市巴州区第一小学

贵州省

刘　桥　贵州大学
张笑一（女）　贵州师范大学
吴　俊　贵州教育学院
张爱华（女）　贵阳医学院
喻莉娟（女）　贵州省人民警察职业技术学院
廖　红（女）　贵阳市师范学校
周洪波（女）　贵阳市第八中学
蒋兴兴（女）　贵阳市南明小学
李晓红（女）　贵阳市清镇红枫第四小学
雷中富　开阳县第一中学
雷昌蛟（土家族）　遵义师范高等专科学校
詹忠贤　遵义市第四中学
丁贵普　遵义市第五中学
唐德远　遵义县第一中学
李宗学　正安县第一中学
王超华　赤水市第一中学
胡　军（仡佬族）　道真县玉溪镇教学辅导站
陈桂芝（女）　六盘水市卫生学校
孔祥文　水城县第二中学
喻德梅（女）　安顺实验学校
廖兴贵（布依族）　安顺市镇宁民族中学
贾庆印　铜仁师范高等专科学校
刘　辉　铜仁第一中学
沈加强（土家族）　铜仁地区思南中学
邓序凡（侗族）　玉屏县大龙中学
卢凤礼（青族）　毕节师范高等专科学校
胡高志　毕节地区第一中学
姚智海　威宁县民族中学
曾亚平　金沙县第一中学
王家勋　大方县第一中学
雷　鸿　织金县第二中学
蔡保发　纳雍县第二中学
王启珍（女）　黄平县新州第一小学
刘昌德（仫佬族）　凯里市大风洞乡都蓬村小学
段　浩　从江县宰便中学
杨　劼（侗族）　天柱县第二中学
魏万兴　施秉县第一中学
马顺媛（女，回族）　黎平县城关第二小学
金大立　都匀第二中学
吴隆永（水族）　独山县甲定民族小学
刘乾武　都匀第一中学
金　焱　黔南州民族财政学校
张凤飞（女，壮族）　黔南州机关幼儿园
梁光武　兴义市第八中学
安登全　贞丰县第一中学
高　安（女，布依族）　兴义市第五中学
刘光书（布依族）　安龙县龙广中学

云南省

胡家华（彝族）　邱北县第一中学
玉涛罕（女，傣族）　景洪市景洪镇中心小学
黄晓晶（女）　昭通市第二中学
张佐才　威信县教育委员会教研室
冯振平　个旧市第一中学
张常福（哈尼族）　绿春县第二中学
芮茂福　永胜程海镇东湖小学
杨红兵（藏族）　迪庆州民族中学
王子青（女）　临沧地区农业学校
王朝良　临沧县第一中学
杜光花（女，布朗族）　云县漫湾镇中心完全小学
杨　梅（女，白族）　怒江州六库中学
屈希善　泸水县第一中学
王振林（白族）　兰坪县营盘中学
刀永寿（傣族）　景谷县第一中学
李濛葳（彝族）　墨江县泗南江乡大沙坝小学
李祯溥　孟连县第一中学
张向明　通海县第一中学
陈志良　玉溪农业学校
余雪峰（女）　漾濞县上街完全小学
石芮珍（女）　弥渡县弥城第二小学
杨树才　施甸县银川小学
张　弘　德宏州民族第一中学
杨恩权　梁河县小松树小学
初美华（女）　楚雄市北城小学

| | | | |
|---|---|---|---|
| 杨永康（彝族） | 禄丰县第三中学 | 黄养丽 | 蓝田县张家坪乡小学 |
| 李仁林 | 楚雄州第一中学 | 胡顺奇 | 户县第一中学 |
| 李明坤 | 富民县散旦中学 | 马凤琴（女） | 周至县第七中学 |
| 秦　香（女） | 宜良县耿家营乡土官村小学 | 刘　珺（女） | 西安市西北电建四公司子弟学校 |
| 马寿兰（女） | 安宁市第一中学 | 付新彦 | 西安市临潼区教研室 |
| 张永寿 | 呈贡县城内小学 | 邵宝军 | 高陵县第一中学 |
| 王元安 | 云南省旅游学校 | 王　蓓（女） | 西安市西电公司第三中学 |
| 张云辉 | 黎明农工商联合公司中学 | 房　喻 | 陕西师范大学 |
| 钱晓蕾（女） | 云南艺术学院 | 冯麦全 | 宜君县第一中学 |
| 郭　震 | 云南师范大学 | 张惠霞（女） | 凤翔县西街中学 |
| 周　音 | 云南师范大学附属中学 | 李重阳（女） | 宝鸡市渭滨区相家庄中学 |
| 张云生 | 昆明理工大学 | 张来生 | 宝鸡县虢镇小学 |
| 束洪春 | 昆明理工大学 | 韦小波 | 陇县城关镇南道巷小学 |
| 赵德志 | 云南财贸学院 | 马波荣 | 麟游县麟游中学 |
| 黄大荣 | 昆明医学院 | 张忠栓 | 咸阳市秦都区育才中学 |
| 杜官本 | 西南林学院 | 陈淑芹（女） | 咸阳市渭城区第二初级中学 |
| 方　慧（女） | 云南大学 | | |
| 西藏自治区 | | 刘丽君（女） | 兴平市西关小学 |
| 娄源冰 | 西藏大学 | 毛民辉 | 泾阳县云阳中学 |
| 李甫成 | 拉萨中学 | 郭建碧 | 乾县第一中学 |
| 中边次（藏族） | 江孜县第一中学 | 李效宏 | 咸阳市风轮中学 |
| 达瓦次仁（藏族） | 南木林县中学 | 张茜芝（女） | 薄城县尧山中学 |
| 索朗曲达（藏族） | 林周县中学 | 席有志 | 潼关县潼关中学 |
| 赵雪梅（女） | 拉萨市实验小学 | 刘　虔 | 华县咸林中学 |
| 林凤秋（女） | 拉萨市第一小学 | 李小春（女） | 渭南市北塘实验小学 |
| 王纪军（女） | 昌都地区第一小学 | 刘　宁（女） | 白水县东风小学 |
| 格桑卓玛(女，藏族) | 那曲县完全小学 | 陈亚琴（女） | 陕西省艺术师范学校 |
| 德吉卓玛(女，藏族) | 那曲尼玛县申亚乡完全小学 | 侯春华（女） | 汉中市第七中学 |
| | | 陈国菊（女） | 镇巴县城关小学 |
| 宋　岚（女） | 林芝地区第二小学 | 邓天保 | 南郑县牟家坝镇神仙沟初级小学 |
| 陕西省 | | | |
| 张美云（女） | 西北轻工业学院 | 高爱萍（女） | 略阳县第一中学 |
| 李建平 | 西安工业学院 | 陈建设 | 城固师范学校 |
| 孙进才 | 西北工业大学 | 吴自成 | 旬阳县蜀河中学 |
| 孙　军（回族） | 西安交通大学 | 卫扬国 | 白河县第一中学 |
| 刘宝盈 | 商洛师范专科学校 | 尹学金 | 宁陕县中学 |
| 韩俊岗 | 西安邮电学院 | 李均亚 | 镇坪县中学 |
| 张改生 | 西北农林科技大学 | 张普礼 | 陕西工业职业技术学院 |
| 王晓昌 | 西安建筑科技大学 | 刘清荣（女） | 商州城关小学 |
| 冉崇善 | 渭南铁路工程学校 | 周范政 | 洛南县中学 |
| 辛　华（女） | 陕西省交通学校 | 张俊生 | 甘泉县中学 |
| 高红健（女） | 陕西师范大学附属小学 | 张新社 | 富县沙梁初级中学 |
| 张本利 | 西安市阎良区关山中学 | 刘向峰 | 延安市第四中学 |

吴玉英（女） 神木县第六小学
王洁萍（女） 米脂县南关小学
张爱秀（女） 榆林市榆阳区星元小学
刘继和 横山县武镇中学
吕　颖（女） 定边县民族小学

甘肃省

马忠林（回族） 兰州市第十八中学
陈希良 榆中县第一中学
沈伟平 兰州铁路第一中学
李景山 兰州市第三十三中学
刘贵珍 秦安第一中学
王保平 甘谷县第六中学
杨西英（女） 清水县西关小学
陈宗英 白银市第一中学
王　继 会宁县第一中学
张大玲 景泰县第二中学
杜兴娟（女） 金川市金川公司第二中学
王淑英（女） 敦煌市东街小学
徐德军 临泽县第一中学
许多玲（女） 民勤县东关小学
丁得贵 天祝县第一中学
闫照强 武威市会馆巷小学
杨　斌 陇西县第一中学
姚志忠 岷县第一中学
曹国强 临洮县第二中学
马书强 西和县第二中学
尤玉祥 文县第一中学
张海平 武都县旧城山中学
付　坚 静宁县仁大乡中心小学
吕拉合 泾川县第一中学
于学军 灵台县第一中学
苏永平 正宁第三中学
封世勇 华池县第一中学
张久善 环县第一中学
杨澍清 永靖县永靖中学
马国统（回族） 广河县城关第二小学
南　美（藏族） 玛曲县齐哈玛乡中心小学
靳建设 兰州市第一中学
焉晋芳（女） 西北师范大学附属中学
刘　喆 甘肃中医学院
于洪志（女） 西北民族学院
秦晓民 兰州医学院
杨继红（女） 陇西师范学校附属小学

青海省

蔡文杰（女） 西宁市玉井巷小学
罗春玲（女） 西宁市五四大街小学
王爱萍（女） 西宁市第五中学
蒲永录 乐都县第一中学
董会玲（女） 民和县第一中学
桑杰看卓（藏族） 贵德县民族中学
王世军（土家族） 海南藏族自治州中学
黄金措（女，藏族） 德令哈市实验小学
索南多杰（藏族） 同仁县瓜什则学区
蔡映霞（女） 玛沁县第一民族小学
王瑞先 玉树藏族自治州民族综合职业学校
黄梓平 青海大学
王永珍（女） 青海省卫生学校

宁夏回族自治区

董金枝（女） 石嘴山市幼儿园
樊永光 隆德县城关第一小学
孔祥祯 石嘴山市第二小学
张志俊（回族） 海原县关桥中学
李有民（回族） 固原县第一中学
邓树栋 固原县第二中学
曹　本（女） 同心县第四中学
章朝阳 银川市唐徕回民中学
马　丽（女） 贺兰县第一中学
赵　忠 永宁县中学
何忠诚（回族） 石嘴山市第六中学
武晋青 宁夏建筑工程学校
霍维洮 宁夏大学
李秀萍（女） 宁夏医学院

新疆维吾尔自治区

王　君 乌鲁木齐市第一中学
沈永筑 乌鲁木齐市第六中学
居来拉·达吾提（维吾尔族） 克拉玛依市独山子第一中学
刘淑丽（女） 石河子市第五中学
热依汗·司马义（女，维吾尔族） 吐鲁番地区职业教育中心
海力且木·吾甫尔（女，维吾尔族） 哈密市陶家宫乡中心小学
马有连（回族） 昌吉州回民中学
龚蔚兰（女） 吉木萨尔县第一中学
张万军 昌吉州第二中学
阿地力·阿布拉（维吾尔族） 博乐市第七中学

| | |
|---|---|
| 热依汗古丽·艾合买提（女，维吾尔族） | 巴州若羌县铁干里乡中心学校 |
| 阿衣古丽·那曼（女，维吾尔族） | 新和县第一小学 |
| 陈万富 | 阿克苏地区第二中学 |
| 阿布都热衣木·阿布都热合曼（维吾尔族） | 阿瓦提县唐木托拉克乡中学 |
| 阿吉·热合曼（维吾尔族） | 阿图什市上阿图什乡卡尔湖小学 |
| 张卫红（女） | 泽普县第二小学 |
| 古力巴哈尔（女，维吾尔族） | 喀什成人学院 |
| 张亚兰（女） | 伊宁市第八中学 |
| 夏月盛 | 霍城县第三中学 |
| 茹合娅(女,哈萨克族) | 特克斯县第一小学 |
| 艾尔肯·苏里坦（维吾尔族） | 伊宁县第一中学 |
| 曹文新 | 沙湾县第一中学 |
| 吾坦哈力·木汗（哈萨克族） | 额敏县第二中学 |
| 丁效菊（女） | 青河县城镇第一小学 |
| 牟光华 | 新疆生产建设兵团农一师中学 |
| 阮树澄 | 新疆生产建设兵团农二师八一中学 |
| 徐福宾 | 新疆生产建设兵团农七师123团中学 |
| 韩俊玲（女） | 新疆生产建设兵团农九师161团二营小学 |
| 徐金生 | 新疆生产建设兵团农十师北屯中学 |
| 何贵新 | 新疆生产建设兵团第二中学 |
| 康贤书（女） | 乌鲁木齐铁路局第二中学 |
| 赵学信 | 新疆医科大学 |
| 刘焕芳 | 石河子大学水利建筑工程学院 |

解放军

| | |
|---|---|
| 马开诚 | 石家庄陆军指挥学院 |
| 端木义万 | 解放军国际关系学院 |
| 俞正山 | 西安政治学院 |
| 骆抗先 | 第一军医大学 |
| 何　友 | 海军航空工程学院 |
| 王永良 | 空军雷达学院 |
| 许化龙 | 第二炮兵工程学院 |
| 谢芳桂 | 南昌陆军学院 |
| 张启忠 | 解放军62201部队八一中学 |
| 张远红 | 解放军63820部队八一中学 |
| 沈菊香（女） | 解放军91458部队八一小学 |
| 张玉霞（女） | 解放军86004部队幼儿园 |
| 李翠英（女） | 沈阳军区大连医学高等专科学校幼儿园 |
| 张维新（女） | 河北省军区机关第一幼儿园 |
| 张婉丽（女） | 宁夏军区机关幼儿园 |
| 王慧君（女） | 解放军71521部队幼儿园 |
| 黄子玲（女） | 广州军区政治部幼儿园 |

**附四**

# 2001年全国优秀教育工作者名单

北京市

| | |
|---|---|
| 蔡　雯（女） | 宣武区培智中心学校 |
| 陶升平 | 海淀区海淀中心学区 |
| 王振如 | 北京市农业学校 |

天津市

| | |
|---|---|
| 宋淑香（女） | 汉沽区中等专业学校 |
| 杨宗明 | 河西区微山路中学 |
| 时儒山（回族） | 北辰区民族职业中等专业学校 |

河北省

| | |
|---|---|
| 孙秀英（女） | 徐水县教育局 |
| 刘宝华 | 青县实验小学 |
| 沈丙旭 | 故城县郑口中学 |
| 齐智勇 | 秦皇岛职业教育中心 |

胡成元　正定中学
周绍华　唐山市第一中学
刘启功　开滦第二中学
刘　贵　张家口市农业机械工程学校
韩晓甦（女）　廊坊市第一中学
李永志　蠡县教育局

山西省

李富荣　晋城市职业第一中学
张小立　大同市第二中学
甘明英（女）　太原市第十五中学
车驾麟　太谷中学
杨素珍（女）　山西大学附属中学
彭义轩　吕梁地区交城县大陵庄乡小学

内蒙古自治区

郭小明　呼和浩特市第一中学
乔子荣　内蒙古石油化工学校
周新海　新惠艺术师范学校
乔文斌　准格尔旗教师进修学校
黄志远　额济纳旗职业中学

辽宁省

袁淑琴（女）　抚顺市第五十中学
庞鸣嵘　本溪市高级中学
宋承石　东港市第二中学
高宝东（女）　锦州市古塔区保安第二小学
高光远　营口市第一中等职业技术专业学校
塔玉香（女，蒙古族）　阜新县蒙古族小学
胡居平（女）　辽阳石油化纤公司高级中学
赵清堂　盘锦市经济技术学校

吉林省

张洪文　辽源市教育委员会
张秀琴（女）　通化市教育委员会
吴明惠　白山市实验职业高级中学
金洪国（朝鲜族）　延边大学
李　颖（女）　东北师范大学附属中学

黑龙江省

李铁良　哈尔滨市教研院
刘英贤（女）　哈尔滨市道里区教育委员会
谌大业　哈尔滨市南岗区教育委员会
张静敏（女）　佳木斯旅游职业学校
王立杰　大庆石油高级中学
徐志民　铁力市第一中学
陶永勤（女）　明水县第四小学
石淑云（女，满族）　双鸭山市第五中学
鲍文广　黑龙江省农垦总局宝泉岭分局局直中学

上海市

康士凯　杨浦高级中学
董耀棠　崇明中学
徐志雄　大同中学
林振汉　上海大学

江苏省

王振崧　连云港财经学校
纪国顺　南京市鼓楼区教育委员会
王　依（女）　苏州市金阊区实验小学
毛建东　武进高级中学
吴　辰（女）　江阴市华士实验学校
王长明　镇江市第一中学
何成华　扬州市郊区文化教育局
徐金才　邗江中学
王加珍　泰州中学
王其珊　赣榆县中学
韩海建（女）　清江中学

浙江省

贾献国　肖山中学
陈建平　宁波中学
卢臣贤　温州市瓯海区教育委员会
徐林德　台州中学

安徽省

娄彦联　合肥市城建学校
王善民　宿州市灵璧中学
蔡　勇　颍上县教育委员会
施益能　定远县建设小学
乐家俊　巢湖市含山中学
王晓燕（女）　铜陵市师范学校附属幼儿园
张可君（女）　安徽省贸易学校

福建省

邱奕谈　晋江市教育委员会
马春延　龙岩市教育委员会
郑立兴　浦城县实验小学
陈开福　古田县教育委员会

林文兴　福州幼儿师范学校

江西省

毛和圣　永丰县第二中学
邓　敏　宜丰中学
胡木森　南昌县莲塘第一中学
何国涛　大余县池江中学
邹海昌　崇仁县职业中学
齐用生　万年县职业技术学校

山东省

张秀萍（女）　济南实验初级中学
于庆臣　淄博市教育局
李华中　枣庄市教育局
张义泉　东营市教育局
修玉德　海阳市教育委员会
梁　冰　泰安市教育局
苑胜本　文登市教育委员会
胡桂莲（女）　日照市教育局
王凤军　莱芜市莱城区凤城高级中学
李敬贵　无棣县教育委员会
张荣忠　平原县教育委员会
崔秀山　聊城市第一中学
刘奎强　烟台第一职业中等专业学校
梁中四　胜利油田第一中学
李　浩　菏泽市实验小学

河南省

吴学军　郑州市金水区教育文化体育委员会
陈凤山　郑州市第四十七中学
胡立志　开封市第五中学
薛占荣　洛阳市教育委员会
冯　军　平顶山市工业学校
乔建平　安阳市第一中学
田发礼　卫辉市汲水镇教育办公室
申文波　焦作市第一中学
韩岐章　许昌市教育委员会
江　松　信阳市教学研究室
宋明武　解放军信息工程大学
冯建业　河南职业技术师范学院

湖北省

翟玉枝（女）　襄樊市第七中学
高孝洪　武汉理工大学
欧阳建平　中国地质大学
盛明耀　孝昌县教育委员会
陈安民　华中科技大学
王建华　十堰市第二中学
卢　琼　武汉市黄陂区第一中学
童芳勉　黄冈市教育委员会
李茂荣　嘉鱼县教育委员会
周维发　洪湖市第一中学
罗兴才　襄樊市教育委员会

湖南省

孙国良　长沙县双江乡农职校
卢正川　洞口县成人中等专业学校
彭世华　湖南省教育科学研究院
胡德长　常德师范学校
周静华（女）　长沙市开福区教育局
李谟高　冷水江市教育局
曾顺美　衡阳县教育局
何春香（女）　新邵县潭府乡学区
黎时俊　岳阳市第八中学

广东省

叶联任　梅州市曾宪梓中学
陈力平　龙门县龙江镇中心小学
许彦夫　海丰县彭湃中学
梁永增　广宁县广宁中学
梁广治　肇庆市端州中学
朱东海　云浮市云浮中学
何锐连　顺德市梁銶琚中学
黄积权　化州市茂名农垦建设农场小学
刘策名　江门市高级技校
罗盛忠　廉江中学
林光华　茂名市电白师范学校

广西壮族自治区

石德顺　广西大学
赵湘娜（女）　南宁市民乐路小学
王春秋　柳州市第一职业中等专业学校
沈并昇（壮族）　贵港市高级中学
李扬超　罗城仫佬族自治县教育局
甘剑锋（女）　广西医科大学
熊云新　柳州卫生学校

海南省

吴　军　海南省教育科学研究所
符日喜　儋州市那大第四中学
裴学尧　琼中县黎母山中学

重庆市

| | |
|---|---|
| 卢　秀（女） | 九龙坡区谢家湾小学 |
| 邱永碧 | 奉节县教育委员会 |
| 陈定凡 | 忠县中学 |
| 刘宗兰（女） | 重庆市盲人学校 |

四川省

| | |
|---|---|
| 彭　成 | 成都中医药大学 |
| 江茂泽 | 西南石油学院 |
| 李世安 | 渠县中学 |
| 冯大图 | 盐亭县教育文化体育委员会 |
| 卿德基 | 乐山市五通桥中学 |
| 陈明伦 | 广元市利州中等专业学校 |
| 黄　忠 | 内江市教育委员会 |
| 喻小广 | 南充高级中学 |
| 鲁夔兴 | 资阳市雁江区教育委员会 |
| 王远怀 | 富顺县城关初级中学 |

贵州省

| | |
|---|---|
| 陈长华 | 贵阳市女子职业学校 |
| 项定基 | 贵阳市第十八中学 |
| 欧晓东 | 贵州省电力学校 |
| 徐正坤 | 盘县断江镇中心小学 |
| 姜大海（苗族） | 锦屏县民族中学 |
| 杨秀玲（女，苗族） | 铜仁地区思南师范学校 |
| 娄毓满（土家族） | 安顺市第五中学 |

云南省

| | |
|---|---|
| 吕荣祥 | 建水县教育委员会 |
| 胡志海（彝族） | 宁蒗县教育局 |
| 鲁　茸（藏族） | 德钦县教育委员会 |
| 柴连惠 | 玉溪市红塔区教育委员会 |
| 青会良 | 江城县教育委员会 |

西藏自治区

| | |
|---|---|
| 朱　赟 | 山南师范学校 |
| 格巨坚赞（藏族） | 阿里地区教育体育委员会 |

陕西省

| | |
|---|---|
| 王春生 | 华阴市教育局 |
| 吴志宏 | 三原县教育局 |
| 刘进辉 | 杨陵区教育文化体育局 |
| 王永智 | 西北工业大学附属中学 |
| 曹柏林 | 延安师范学校 |
| 贺加虎 | 延安财经学校 |

甘肃省

| | |
|---|---|
| 陈永清 | 天水市第一中学 |
| 刘玉关 | 嘉峪关市教育委员会 |
| 贾天杰 | 张掖地区行署教育处 |
| 任耀宗 | 宕昌县教育科学技术局 |

青海省

| | |
|---|---|
| 韩永东（撒拉族） | 循化县教育局 |
| 久　美（藏族） | 果洛藏族自治州教育局 |

宁夏回族自治区

| | |
|---|---|
| 马玉芳（女，回族） | 吴忠市利通区教育委员会 |
| 马彦平 | 灵武市教育委员会 |

新疆维吾尔自治区

| | |
|---|---|
| 刘茂林 | 喀什卫生学校 |
| 谢林冬 | 喀什第二中学 |
| 张　欢 | 新疆师范大学 |
| 乃吉米丁·阿帕尔（维吾尔族） | 墨玉县奎牙乡小学 |
| 朱耀发 | 哈密地区第二中学 |
| 沈恒发 | 尉犁县琼库勒牧场小学 |
| 公　再（蒙古族） | 博湖县本布图乡那音托勒盖村蒙古族小学 |
| 赵贤林 | 奇台县第一中学 |
| 阿不力提甫·吾买尔（维吾尔族） | 鄯善县吐峪沟乡学区办公室 |

解放军

| | |
|---|---|
| 韩黎云（女） | 南京军区南京实验幼儿园 |
| 阴清华 | 西藏军区拉萨八一学校 |

# 教育财务与审计

## 教育财务

### 教育部、国家统计局、财政部关于2000年全国教育经费执行情况统计公告

（2001年12月26日）

**一、全国教育经费情况**

2000年，全国教育经费为3 849.08亿元，比上年的3 349.04亿元增长14.93%。其中，国家财政性教育经费（包括各级财政对教育的拨款、城乡教育费附加、企业办中小学支出以及校办产业减免税等项）为2 562.61亿元，比上年的2 287.18亿元增长12.04%。

**二、落实《教育法》规定的“三个增长”情况**

1. 中央和地方各级政府预算内教育拨款（不包括城市教育费附加）为2 085.68亿元，比上年的1 815.76亿元增长14.87%，其中，教育事业费为1 764.64亿元，比上年的1 522.61亿元增长15.9%。同年，全国财政收入为13 395亿元（2001年《中国统计年鉴》公布数），比上年增长17.05%，全国预算内教育拨款增长速度低于财政收入的增长速度2.18个百分点。

按扣除居民储蓄存款利息所得税、教育费附加等有专项用途收入的口径计算，2000年全国财政收入为13 052.39亿元，比上年同口径的11 350.08亿元增长15%。按上述口径计算，全国预算内教育拨款增长速度低于财政收入的增长速度0.13个百分点，其中教育事业费增长速度高于财政收入的增长速度0.9个百分点。

2. 各级教育生均预算内教育事业费支出增长情况

2000年全国普通小学、普通初中、普通高中、职业中学、普通高等学校生均预算内教育事业费支出情况是：

（1）全国普通小学生均预算内事业费支出为491.58元，比上年的414.78元增长18.52%，其中，农村普通小学生均预算内事业费支出为412.97元，比上年的345.77元增长19.43%。普通小学生均预算内事业费支出增长最快的是山东省（33.05%）。

（2）全国普通初中生均预算内事业费支出为679.81元，比上年的639.63元增长6.28%，其中，农村普通初中生均预算内事业费支出为533.54元，比上年的508.58元增长4.91%。普通初中生均预算内事业费支出增长最快的是天津市（15.94%）。

（3）全国普通高中生均预算内事业费支出为1 314.99元，比上年的1 269.31元增长3.60%。普

通高中生均预算内事业费支出增长最快的是天津市(19.39%)。

(4) 全国职业中学生均预算内事业费支出为1 349.45元，比上年的1 204.10元增长 12.07%。职业中学生均预算内事业费支出增长最快的是西藏自治区(127.72%)。

(5) 全国普通高等学校生均预算内事业费支出为7 309.58元，比上年的7 201.24元增长 1.50%。普通高等学校生均预算内事业费支出增长最快的是重庆市(27.85%)。

3. 各级教育生均预算内公用经费支出增长情况

2000 年全国普通小学、普通初中、普通高中、职业中学和普通高等学校生均预算内公用经费支出情况是：

(1) 全国普通小学生均预算内公用经费支出为37.18 元，比上年的 35.72 元增长 4.09%，其中，农村普通小学生均预算内公用经费支出为 24.11元，比上年的 24.01 元增长 0.42%。普通小学生均预算内公用经费支出增长最快的是新疆维吾尔自治区(36.62%)。

(2) 全国普通初中生均预算内公用经费支出为74.08 元，比上年的 76.97 元下降 3.75%，其中，农村普通初中生均预算内公用经费支出为 38.67元，比上年的 44.15 元下降 12.41%。普通初中生均预算内公用经费支出增长最快的是浙江省(22.80%)。

(3) 全国普通高中生均预算内公用经费支出为212.08 元，比上年的 227.22 元下降 6.66%。普通高中生均预算内公用经费支出增长最快的是黑龙江省(37.69%)。

(4) 全国职业中学生均预算内公用经费支出为214.90 元，比上年的 228.58 元下降 5.98%。职业中学生均预算内公用经费支出增长最快的是海南省(76.96%)。

(5) 全国普通高等学校生均预算内公用经费支出为 2 921.23 元，比上年的 2 962.37 元下降1.39%。普通高等学校生均预算内公用经费支出增长最快的是江西省(39.81%)。

**三、预算内教育经费占财政支出比例情况**

按财政支出扣除国内外债务还本付息支出，预算内教育经费包含城市教育费附加的口径计算，2000 年全国预算内教育经费占财政支出15 887亿元(2001 年《中国统计年鉴》公布数)的比例为13.80%，比上年的 14.49%减少了 0.69 个百分点。从全国情况看，有 15 个省、自治区、直辖市预算内教育经费占财政支出比例比上年有不同程度的下降。

按财政支出扣除国债投资支出和国债利息支出，预算内教育经费包含城市教育费附加的口径计算，2000 年全国预算内教育经费占财政支出的比例为 15.48%，比上年的 15.43%增长了 0.05 个百分点。

**四、国家财政性教育经费占国内生产总值比例情况**

据统计，2000 年全国国内生产总值为89 404亿元，国家财政性教育经费占国内生产总值比例为2.87%，比上年的 2.79%增加了 0.08 个百分点。

2000 年全国教育经费执行情况监测结果表明，各级政府通过贯彻《教育法》，落实教育优先发展的战略地位，政府教育投入总量继续增加，但预算内教育经费占财政支出比例比上年有所下降，一些省、自治区已连续几年没有达到《教育法》规定的教育投入增长要求。

注：1. 公告中所列教育经费数据以教育经费统计口径为准，包括国民教育序列学校所支出的经费，不包括党政工团的教育经费、职工培训费、党政群干训费和军事院校的经费。
2. 公告中所涉及的全国性统计数据，均不包括台湾省、香港特别行政区、澳门特别行政区。
3. 公告中的 2000 年全国国内生产总值89 404亿元、全国财政收入13 395亿元和财政支出15 887亿元等数据来源于 2001 年《中国统计年鉴》。

# 附

## 2000年全国教育经费执行情况统计表

### 表一 2000年预算内教育拨款增长与财政经常性收入增长比较

| 地　区 | 预算内教育拨款本年比上年增长（%） | 财政经常性收入本年比上年增长（%） | 增长幅度比较（%） |
|---|---|---|---|
| **总　计** | **14.87** | **17.05** | **−2.18** |
| 北京市 | 31.02 | 17.47 | 13.55 |
| 天津市 | 13.93 | 10.13 | 3.80 |
| 河北省 | 18.25 | 6.35 | 11.90 |
| 山西省 | 17.62 | 5.22 | 12.40 |
| 内蒙古自治区 | 10.92 | 9.73 | 1.19 |
| 辽宁省 | 12.75 | 5.67 | 7.08 |
| 吉林省 | 16.32 | 2.51 | 13.81 |
| 黑龙江省 | 12.63 | 8.74 | 3.89 |
| 上海市 | 21.12 | 15.31 | 5.81 |
| 江苏省 | 11.84 | 30.57 | −18.73 |
| 浙江省 | 18.84 | 13.20 | 5.64 |
| 安徽省 | 12.10 | 0.19 | 11.91 |
| 福建省 | 15.57 | 9.50 | 6.07 |
| 江西省 | 19.20 | 11.01 | 8.19 |
| 山东省 | 17.90 | 8.94 | 8.96 |
| 河南省 | 15.60 | 8.10 | 7.50 |
| 湖北省 | 16.09 | 5.30 | 10.79 |
| 湖南省 | 12.93 | 8.04 | 4.89 |
| 广东省 | 16.62 | 17.85 | −1.23 |
| 广西壮族自治区 | 14.85 | 8.83 | 6.02 |
| 海南省 | 2.50 | 6.76 | −4.26 |
| 重庆市 | 24.58 | 13.70 | 10.88 |
| 四川省 | 19.65 | 7.24 | 12.41 |
| 贵州省 | 14.91 | 11.79 | 3.12 |
| 云南省 | 11.12 | 4.68 | 6.44 |
| 西藏自治区 | 11.29 | 11.28 | 0.01 |
| 陕西省 | 15.80 | 14.63 | 1.17 |
| 甘肃省 | 13.74 | 5.64 | 8.10 |
| 青海省 | 20.02 | 11.46 | 8.56 |
| 宁夏回族自治区 | 17.95 | 10.51 | 7.44 |
| 新疆维吾尔自治区 | 16.12 | 10.88 | 5.24 |

注：预算内教育拨款包括教育事业费、科研经费、基建经费和其他经费。

表二　2000年预算内教育经费占财政支出比例情况

| 地　　区 | 预算内教育经费（亿元） | | | 预算内教育经费占财政支出比例（%） | | |
|---|---|---|---|---|---|---|
| | 1999年 | 2000年 | 增长百分点 | 1999年 | 2000年 | 增减百分点 |
| **总　　计** | **1 911.37** | **2 191.77** | **14.67** | **14.49** | **13.80** | **−0.69** |
| 北京市 | 63.67 | 82.90 | 30.20 | 17.93 | 18.71 | 0.78 |
| 天津市 | 29.53 | 33.83 | 14.56 | 18.76 | 18.09 | −0.67 |
| 河北省 | 73.36 | 86.41 | 17.79 | 20.91 | 20.79 | −0.12 |
| 山西省 | 38.15 | 44.69 | 17.14 | 20.58 | 19.86 | −0.72 |
| 内蒙古自治区 | 33.44 | 37.07 | 10.86 | 16.74 | 14.99 | −1.75 |
| 辽宁省 | 70.59 | 85.71 | 21.42 | 15.42 | 16.54 | 1.12 |
| 吉林省 | 42.07 | 48.76 | 15.90 | 17.93 | 18.70 | 0.77 |
| 黑龙江省 | 49.61 | 56.23 | 13.34 | 14.63 | 14.72 | 0.09 |
| 上海市 | 94.45 | 113.01 | 19.65 | 17.70 | 18.57 | 0.87 |
| 江苏省 | 122.52 | 136.56 | 11.46 | 25.28 | 23.10 | −2.18 |
| 浙江省 | 77.21 | 91.25 | 18.18 | 22.44 | 21.16 | −1.28 |
| 安徽省 | 54.71 | 61.25 | 11.95 | 18.96 | 18.93 | −0.03 |
| 福建省 | 64.32 | 74.78 | 16.26 | 23.03 | 23.07 | 0.04 |
| 江西省 | 35.54 | 42.21 | 18.77 | 17.10 | 18.89 | 1.79 |
| 山东省 | 115.05 | 135.51 | 17.78 | 20.92 | 22.10 | 1.18 |
| 河南省 | 82.95 | 96.31 | 16.11 | 21.58 | 21.62 | 0.04 |
| 湖北省 | 53.16 | 62.72 | 17.98 | 15.80 | 17.01 | 1.21 |
| 湖南省 | 55.87 | 62.56 | 11.97 | 17.84 | 17.98 | 0.14 |
| 广东省 | 161.62 | 186.49 | 15.39 | 16.73 | 17.26 | 0.53 |
| 广西壮族自治区 | 45.45 | 52.31 | 15.09 | 20.20 | 20.24 | 0.04 |
| 海南省 | 10.86 | 11.23 | 3.41 | 19.13 | 17.52 | −1.61 |
| 重庆市 | 27.87 | 34.65 | 24.33 | 18.55 | 18.47 | −0.08 |
| 四川省 | 67.80 | 80.60 | 18.88 | 18.65 | 17.83 | −0.82 |
| 贵州省 | 30.00 | 36.09 | 20.30 | 17.57 | 17.90 | 0.33 |
| 云南省 | 68.87 | 76.50 | 11.08 | 18.22 | 18.47 | 0.25 |
| 西藏自治区 | 7.40 | 7.59 | 2.57 | 13.90 | 12.66 | −1.24 |
| 陕西省 | 39.37 | 42.90 | 8.97 | 19.06 | 15.79 | −3.27 |
| 甘肃省 | 28.33 | 32.33 | 14.12 | 19.17 | 17.17 | −2.00 |
| 青海省 | 8.48 | 10.03 | 18.28 | 15.22 | 14.70 | −0.52 |
| 宁夏回族自治区 | 8.55 | 10.05 | 17.54 | 17.26 | 16.53 | −0.73 |
| 新疆维吾尔自治区 | 35.06 | 40.56 | 15.69 | 21.08 | 21.24 | 0.16 |

注：表中预算内教育经费含城市教育费附加。

**表三（1）2000年各级教育生均预算内教育事业费增长情况**

单位：元

| 地区 | 普通小学 | | | 普通高中 | | | 普通初中 | | |
|---|---|---|---|---|---|---|---|---|---|
| | 1999年 | 2000年 | 增长率（%） | 1999年 | 2000年 | 增长率（%） | 1999年 | 2000年 | 增长率（%） |
| **全国** | **414.78** | **491.58** | **18.52** | **1 269.31** | **1 314.99** | **3.60** | **639.63** | **679.81** | **6.28** |
| 北京市 | 1 493.80 | 1 915.41 | 28.22 | 2 976.94 | 3 524.18 | 18.38 | 2 155.98 | 2 416.06 | 12.06 |
| 天津市 | 1 027.75 | 1 256.77 | 22.28 | 2 604.05 | 3 108.98 | 19.39 | 1 445.74 | 1 676.14 | 15.94 |
| 河北省 | 303.73 | 387.36 | 27.53 | 1 152.04 | 1 150.64 | —0.12 | 495.20 | 550.42 | 11.15 |
| 山西省 | 360.13 | 446.20 | 20.88 | 1 072.33 | 1 053.79 | —1.73 | 559.58 | 625.23 | 11.73 |
| 内蒙古自治区 | 536.54 | 593.99 | 10.71 | 992.13 | 1 001.65 | 0.96 | 655.86 | 669.39 | 2.06 |
| 辽宁省 | 513.97 | 583.24 | 13.48 | 1 246.28 | 1 318.45 | 5.79 | 897.74 | 909.04 | 1.26 |
| 吉林省 | 474.41 | 566.21 | 19.35 | 1 095.81 | 1 033.79 | —5.66 | 753.99 | 782.20 | 3.74 |
| 黑龙江省 | 657.03 | 852.29 | 29.72 | 1 291.12 | 1 408.44 | 9.09 | 666.63 | 737.88 | 10.69 |
| 上海市 | 2 346.25 | 2 755.79 | 17.46 | 4 484.54 | 4 043.85 | —9.83 | 2 616.57 | 2 788.07 | 6.55 |
| 江苏省 | 555.74 | 617.50 | 11.11 | 1 508.96 | 1 651.88 | 9.47 | 897.61 | 928.05 | 3.39 |
| 浙江省 | 677.31 | 786.34 | 16.10 | 1 505.75 | 1 753.84 | 16.48 | 867.28 | 996.27 | 14.87 |
| 安徽省 | 324.83 | 376.60 | 15.94 | 951.17 | 986.55 | 3.72 | 447.06 | 448.98 | 0.43 |
| 福建省 | 600.94 | 694.27 | 15.53 | 1 314.91 | 1 425.02 | 8.37 | 723.24 | 804.35 | 11.21 |
| 江西省 | 327.48 | 400.37 | 22.26 | 760.55 | 864.68 | 13.69 | 424.59 | 463.71 | 9.21 |
| 山东省 | 370.21 | 492.57 | 33.05 | 1 056.29 | 1 161.04 | 9.92 | 575.17 | 638.17 | 10.95 |
| 河南省 | 218.54 | 260.77 | 19.32 | 874.12 | 879.73 | 0.64 | 418.88 | 419.70 | 0.20 |
| 湖北省 | 246.56 | 292.92 | 18.80 | 796.68 | 830.05 | 4.19 | 508.83 | 551.53 | 8.39 |
| 湖南省 | 283.30 | 351.48 | 24.07 | 902.33 | 865.85 | —4.04 | 443.42 | 466.90 | 5.30 |
| 广东省 | 557.19 | 644.34 | 15.64 | 1 833.42 | 1 892.32 | 3.21 | 795.52 | 881.28 | 10.78 |
| 广西壮族自治区 | 336.41 | 410.59 | 22.05 | 806.73 | 848.37 | 5.16 | 422.20 | 483.69 | 14.56 |
| 海南省 | 443.20 | 491.79 | 10.96 | 1 238.03 | 1 229.28 | —0.71 | 679.88 | 695.79 | 2.34 |
| 重庆市 | 374.55 | 368.63 | —1.58 | 1 035.16 | 939.92 | —9.20 | 578.41 | 523.74 | —9.45 |
| 四川省 | 304.68 | 370.16 | 21.49 | 964.02 | 983.45 | 2.02 | 499.52 | 509.02 | 1.90 |
| 贵州省 | 264.96 | 311.72 | 17.65 | 879.84 | 842.88 | —4.20 | 398.53 | 440.86 | 10.62 |
| 云南省 | 565.56 | 653.20 | 15.50 | 1 646.52 | 1 644.12 | —0.15 | 898.87 | 908.48 | 1.07 |
| 西藏自治区 | 971.10 | 1 110.09 | 14.31 | 5 353.80 | 3 229.98 | —39.67 | 3 409.61 | 2 391.26 | —29.87 |
| 陕西省 | 265.19 | 322.52 | 21.62 | 856.63 | 832.77 | —2.79 | 494.18 | 509.93 | 3.19 |
| 甘肃省 | 375.72 | 421.69 | 12.24 | 972.15 | 1 084.54 | 11.56 | 583.76 | 595.98 | 2.09 |
| 青海省 | 674.94 | 732.95 | 8.59 | 1 666.82 | 1 658.92 | —0.47 | 1 038.53 | 1 079.83 | 3.98 |
| 宁夏回族自治区 | 514.03 | 581.48 | 13.12 | 931.90 | 1 033.85 | 10.94 | 690.20 | 765.47 | 10.91 |
| 新疆维吾尔自治区 | 614.81 | 733.13 | 19.24 | 1 348.51 | 1 560.55 | 15.72 | 828.92 | 923.38 | 11.40 |

**表三（1） 2000年各级教育生均预算内教育事业费增长情况（续）**

单位：元

| 地 区 | 职业中学 | | | 普通高等学校 | | |
|---|---|---|---|---|---|---|
| | 1999年 | 2000年 | 增长率（%） | 1999年 | 2000年 | 增长率（%） |
| **全 国** | **1 204.10** | **1 349.45** | **12.07** | **7 201.24** | **7 309.58** | **1.50** |
| 北京市 | 2 814.79 | 3 021.37 | 7.34 | 10 966.96 | 11 151.23 | 1.68 |
| 天津市 | 1 650.03 | 1 861.63 | 12.82 | 7 639.02 | 8 198.59 | 7.33 |
| 河北省 | 807.96 | 968.95 | 19.93 | 5 342.17 | 4 867.77 | −8.88 |
| 山西省 | 941.08 | 1 060.41 | 12.68 | 5 851.00 | 5 085.40 | −13.08 |
| 内蒙古自治区 | 795.49 | 891.76 | 12.10 | 5 044.37 | 3 981.93 | −21.06 |
| 辽宁省 | 1 399.38 | 1 562.30 | 11.64 | 6 061.37 | 5 099.99 | −15.86 |
| 吉林省 | 1 053.80 | 1 245.01 | 18.14 | 6 743.07 | 5 177.18 | −23.22 |
| 黑龙江省 | 1 288.12 | 1 547.62 | 20.15 | 5 342.13 | 4 783.69 | −10.45 |
| 上海市 | 2 661.76 | 3 066.87 | 15.22 | 5 126.22 | 13 313.68 | −11.98 |
| 江苏省 | 1 456.07 | 1 748.56 | 20.09 | 5 368.42 | 6 838.60 | 27.39 |
| 浙江省 | 1 416.92 | 1 607.01 | 13.42 | 6 496.40 | 6 651.44 | 2.39 |
| 安徽省 | 551.28 | 528.06 | −4.21 | 4 960.88 | 4 003.46 | −19.30 |
| 福建省 | 1 344.90 | 1 329.97 | −1.11 | 4 927.71 | 5 252.67 | 6.59 |
| 江西省 | 793.60 | 935.65 | 17.90 | 3 892.48 | 3 881.49 | −0.28 |
| 山东省 | 1 386.88 | 1 680.67 | 21.18 | 6 274.25 | 6 046.39 | −3.63 |
| 河南省 | 644.01 | 835.91 | 29.80 | 6 538.14 | 4 477.28 | −31.52 |
| 湖北省 | 851.42 | 1 027.18 | 20.64 | 4 345.09 | 3 634.92 | −16.34 |
| 湖南省 | 1 133.06 | 1 293.37 | 14.15 | 3 984.09 | 3 498.83 | −12.18 |
| 广东省 | 2 519.98 | 2 469.33 | −2.01 | 7 742.85 | 7 886.55 | 1.86 |
| 广西壮族自治区 | 1 146.97 | 1 245.45 | 8.59 | 3 995.22 | 4 333.52 | 8.47 |
| 海南省 | 1 782.70 | 2 120.70 | 18.96 | 7 035.28 | 7 971.12 | 13.30 |
| 重庆市 | 1 273.17 | 1 333.58 | 4.74 | 4 833.77 | 6 179.91 | 27.85 |
| 四川省 | 1 120.89 | 1 292.73 | 15.33 | 3 580.64 | 3 680.11 | 2.78 |
| 贵州省 | 969.71 | 1 041.45 | 7.40 | 5 232.19 | 3 634.61 | −30.53 |
| 云南省 | 1 456.52 | 1 639.90 | 12.59 | 7 198.13 | 7 975.74 | 10.80 |
| 西藏自治区 | 1 899.87 | 4 326.32 | 127.72 | 15 535.42 | 14 057.90 | −9.51 |
| 陕西省 | 883.60 | 856.42 | −3.08 | 5 409.54 | 5 370.94 | −0.71 |
| 甘肃省 | 1 366.72 | 1 533.19 | 12.18 | 6 285.25 | 6 059.83 | −3.59 |
| 青海省 | 1 549.05 | 996.61 | −35.66 | 5 868.47 | 4 885.98 | −16.74 |
| 宁夏回族自治区 | 1 254.73 | 1 391.73 | 10.92 | 6 237.82 | 6 798.41 | 8.99 |
| 新疆维吾尔自治区 | 1 831.84 | 1 753.56 | −4.27 | 3 152.87 | 2 154.43 | −31.67 |

**表三（2） 2000年各级教育生均预算内公用经费增长情况**

单位：元

| 地区 | 普通小学 | | | 普通高中 | | | 普通初中 | | |
|---|---|---|---|---|---|---|---|---|---|
| | 1999年 | 2000年 | 增长率（%） | 1999年 | 2000年 | 增长率（%） | 1999年 | 2000年 | 增长率（%） |
| **全国** | **35.72** | **37.18** | **4.09** | **227.22** | **212.08** | **-6.66** | **76.97** | **74.08** | **-3.75** |
| 北京市 | 365.63 | 432.52 | 18.29 | 1 019.81 | 1 208.99 | 18.55 | 664.29 | 722.44 | 8.75 |
| 天津市 | 131.61 | 140.50 | 6.75 | 779.73 | 906.22 | 16.22 | 353.08 | 413.83 | 17.21 |
| 河北省 | 18.17 | 17.44 | -4.02 | 208.82 | 153.24 | -26.62 | 43.13 | 41.63 | -3.48 |
| 山西省 | 20.13 | 17.71 | -12.02 | 170.87 | 108.35 | -36.59 | 53.56 | 43.95 | -17.94 |
| 内蒙古自治区 | 90.27 | 76.15 | -15.64 | 188.77 | 168.15 | -10.92 | 134.12 | 93.02 | -30.64 |
| 辽宁省 | 43.67 | 46.41 | 6.27 | 250.62 | 267.71 | 6.82 | 103.90 | 98.15 | -5.53 |
| 吉林省 | 54.21 | 38.76 | -28.50 | 186.24 | 134.18 | -27.95 | 121.51 | 79.46 | -34.61 |
| 黑龙江省 | 46.09 | 53.51 | 16.10 | 112.03 | 154.25 | 37.69 | 61.72 | 60.07 | -2.67 |
| 上海市 | 433.75 | 448.20 | 3.33 | 1 750.17 | 1 111.43 | -36.50 | 724.23 | 754.12 | 4.13 |
| 江苏省 | 26.24 | 27.23 | 3.77 | 150.26 | 191.17 | 27.23 | 66.62 | 71.57 | 7.43 |
| 浙江省 | 69.01 | 72.26 | 4.71 | 364.25 | 486.11 | 33.46 | 121.47 | 149.17 | 22.80 |
| 安徽省 | 13.06 | 15.00 | 14.85 | 84.35 | 90.21 | 6.95 | 31.99 | 31.19 | -2.50 |
| 福建省 | 44.58 | 47.08 | 5.61 | 216.01 | 247.63 | 14.64 | 107.69 | 117.48 | 9.09 |
| 江西省 | 11.76 | 9.55 | -18.79 | 45.91 | 40.92 | -10.87 | 23.33 | 17.89 | -23.32 |
| 山东省 | 14.27 | 15.21 | 6.59 | 104.32 | 111.19 | 6.59 | 28.65 | 26.58 | -7.23 |
| 河南省 | 10.67 | 11.45 | 7.31 | 78.64 | 91.05 | 15.78 | 28.62 | 32.27 | 12.75 |
| 湖北省 | 13.00 | 9.49 | -27.00 | 77.15 | 57.21 | -25.85 | 28.09 | 23.20 | -17.41 |
| 湖南省 | 12.08 | 11.08 | -8.28 | 110.43 | 65.50 | -40.69 | 31.23 | 27.36 | -12.39 |
| 广东省 | 67.69 | 82.17 | 21.39 | 463.42 | 443.13 | -4.38 | 136.21 | 140.21 | 2.94 |
| 广西壮族自治区 | 29.57 | 29.42 | -0.51 | 74.48 | 66.90 | -10.18 | 35.11 | 38.76 | 10.40 |
| 海南省 | 28.06 | 35.71 | 27.26 | 260.07 | 167.30 | -35.67 | 87.44 | 71.07 | -18.72 |
| 重庆市 | 23.28 | 20.47 | -12.07 | 127.54 | 146.23 | 14.65 | 58.31 | 56.95 | -2.33 |
| 四川省 | 15.08 | 17.22 | 14.19 | 138.07 | 106.39 | -22.94 | 36.78 | 29.79 | -19.00 |
| 贵州省 | 18.48 | 17.98 | -2.71 | 82.98 | 63.32 | -23.69 | 27.64 | 22.74 | -17.73 |
| 云南省 | 75.99 | 82.71 | 8.84 | 356.02 | 321.83 | -9.60 | 176.42 | 161.64 | -8.38 |
| 西藏自治区 | 325.92 | 251.70 | -22.77 | 1 914.57 | 655.15 | -65.78 | 1 253.48 | 393.32 | -68.62 |
| 陕西省 | 10.49 | 8.77 | -16.40 | 84.37 | 55.78 | -33.89 | 42.01 | 21.80 | -48.11 |
| 甘肃省 | 37.99 | 31.58 | -16.87 | 77.22 | 82.40 | 6.71 | 53.55 | 43.85 | -18.11 |
| 青海省 | 105.25 | 100.67 | -4.35 | 299.68 | 225.18 | -24.86 | 172.97 | 136.47 | -21.10 |
| 宁夏回族自治区 | 110.10 | 67.10 | -39.06 | 126.01 | 118.51 | -5.95 | 110.94 | 96.54 | -12.98 |
| 新疆维吾尔自治区 | 71.96 | 98.31 | 36.62 | 203.48 | 217.87 | 7.07 | 110.34 | 120.08 | 8.83 |

**表三（2） 2000年各级教育生均预算内公用经费增长情况（续）**

单位：元

| 地区 | 职业中学 | | | 普通高等学校 | | |
|---|---|---|---|---|---|---|
| | 1999年 | 2000年 | 增长率（%） | 1999年 | 2000年 | 增长率（%） |
| **全国** | **228.58** | **214.90** | **−5.98** | **2 962.37** | **2 921.23** | **−1.39** |
| 北京市 | 1 166.64 | 1 016.65 | −12.86 | 5 314.43 | 5 580.61 | 5.01 |
| 天津市 | 368.64 | 389.50 | 5.66 | 2 717.34 | 3 205.29 | 17.96 |
| 河北省 | 99.84 | 105.33 | 5.50 | 1 639.14 | 1 256.67 | −23.33 |
| 山西省 | 200.06 | 195.72 | −2.17 | 2 041.54 | 1 153.56 | −43.50 |
| 内蒙古自治区 | 128.24 | 106.74 | −16.77 | 1 700.40 | 963.26 | −43.35 |
| 辽宁省 | 235.18 | 241.78 | 2.81 | 2 203.04 | 1 839.82 | −16.49 |
| 吉林省 | 164.50 | 170.82 | 3.84 | 3 276.05 | 1 543.21 | −52.89 |
| 黑龙江省 | 152.72 | 147.13 | −3.66 | 1 566.23 | 1 102.31 | −29.62 |
| 上海市 | 953.37 | 878.95 | −7.81 | 8 295.25 | 6 441.52 | −22.35 |
| 江苏省 | 147.62 | 145.62 | −1.35 | 2 638.46 | 1 850.90 | −29.85 |
| 浙江省 | 364.28 | 433.93 | 19.12 | 2 078.61 | 2 509.17 | 20.71 |
| 安徽省 | 45.91 | 40.48 | −11.83 | 1 798.97 | 884.49 | −50.83 |
| 福建省 | 239.60 | 212.52 | −11.30 | 1 695.14 | 1 643.38 | −3.05 |
| 江西省 | 68.50 | 80.90 | 18.10 | 873.19 | 1 220.80 | 39.81 |
| 山东省 | 128.02 | 129.00 | 0.77 | 2 195.31 | 2 124.85 | −3.21 |
| 河南省 | 54.93 | 92.35 | 68.12 | 2 748.91 | 1 519.65 | −44.72 |
| 湖北省 | 51.04 | 60.90 | 19.32 | 1 703.99 | 1 723.91 | 1.17 |
| 湖南省 | 149.31 | 138.95 | −6.94 | 1 434.62 | 1 055.98 | −26.39 |
| 广东省 | 872.09 | 636.61 | −27.00 | 3 457.65 | 2 927.75 | −15.33 |
| 广西壮族自治区 | 227.22 | 180.78 | −20.44 | 1 487.72 | 1 727.65 | 16.13 |
| 海南省 | 257.12 | 455.01 | 76.96 | 2 241.58 | 2 023.69 | −9.72 |
| 重庆市 | 227.20 | 260.57 | 14.69 | 2 423.26 | 3 201.79 | 32.13 |
| 四川省 | 107.16 | 129.50 | 20.85 | 1 530.05 | 1 487.51 | −2.78 |
| 贵州省 | 238.12 | 181.71 | −23.69 | 1 383.45 | 514.77 | −62.79 |
| 云南省 | 334.41 | 331.60 | −0.84 | 3 388.48 | 3 641.01 | 7.45 |
| 西藏自治区 | 1 242.80 | 1 726.32 | 38.91 | 3 727.72 | 5 193.97 | 39.33 |
| 陕西省 | 137.61 | 55.65 | −59.56 | 1 699.67 | 1 506.12 | −11.39 |
| 甘肃省 | 168.52 | 162.58 | −3.52 | 2 118.11 | 1 417.02 | −33.10 |
| 青海省 | 370.30 | 137.73 | −62.81 | 1 281.24 | 932.60 | −27.21 |
| 宁夏回族自治区 | 197.07 | 225.15 | 14.25 | 2 094.94 | 1 720.43 | −17.88 |
| 新疆维吾尔自治区 | 183.86 | 109.44 | −40.48 | 573.94 | 124.34 | −78.34 |

〔**实施第二期“国家贫困地区义务教育工程”**〕2000年12月，教育部与财政部共同商定了第二期“国家贫困地区义务教育工程”实施方案，确定了“工程”实施范围：即2000年底前未通过省级“两基”验收的522个县（旗、团场）。522个项目县（旗、团场）主要分布在中、西部19个省份及新疆生产建设兵团，其中西部开发地区县（旗、团场）462个，占项目单位总数的90%，国贫、省贫县（旗）458个，占项目单位总数的88%。522个项目县（旗、团场）共覆盖人口1.24亿，其中少数民族人口0.49亿，占40%。

“工程”中央专款总计50亿元，其中，5亿元用于试行向未“普九”的国家扶贫开发工作重点县贫困学生免费发放教科书（每年1亿元），5亿元留作机动，实际预分资金40亿元。“工程”中央专款的分配向西部地区予以了重点倾斜，在预分的40亿元资金中，西部开发地区项目县（旗、团场）就达36.7亿元，占预分资金总额的91.8%。原则上，中部省份按与中央专款1∶1、西部省份按与中央专款0.5∶1比例安排配套资金，确有困难的省份可以不配套。配套资金由省（自治区、直辖市）本级财政安排。各省（自治区、直辖市）承诺安排配套资金22.45亿元（不含西藏）。

二期“义教工程”建设，坚持强调“分类指导、分步实施、建一所成一所”的原则。未“普六”县（旗、团场）以小学建设为重点，已“普六”未“普九”县（旗、团场）以初级中学建设为重点。同时，将二期“义教工程”与“中小学危房改造工程”配合进行。即各地要将项目学校土建总体规划和分年度土建计划纳入当地中小学危房改造总体规划。为配合实施“中小学危房改造工程”，2001～2002年两年二期“义教工程”项目县（旗、团场）的资金将集中用于所在县（旗、团场）农村小学和农村初中危房改造。为防止“工程”资金被挤占、挪用，确保资金及时拨付到位，二期“义教工程”的资金管理，仍参照一期“义教工程”的做法，实行专户管理。此外，对土建工程招标，图书和设备采购管理也做出了规定。

2001年3月组织项目省份制定“工程”实施规划，并于7月将中央专款控制数下达到项目省份。在各地按中央专款控制数对所报规划进行调整并经专家审定后，将《批复》下达到项目省份。在项目省份按《批复》要求对项目进行调整后，教育部、财政部于2001年11月下达了当年度10亿元“工程”中央专款（含免费提供教科书1亿元）。项目省份已按要求将“工程”资金下拨到项目单位，并全面组织“工程”的实施。

撰稿　华成刚
审稿　陈伟光

〔**全国中小学危房改造工程全面实施**〕长期以来，党中央、国务院和地方各级政府十分重视基础教育的发展，加大了对基础教育的投入力度，使中小学办学条件不断得到改善。但是，由于各种原因，全国中小学的危房问题没有得到彻底解决，且有上升趋势。大量危房，不仅严重威胁着广大师生的生命安全，而且也制约着我国基础教育事业的长远健康发展，引起了党中央、国务院和社会各界的密切关注。为保证广大师生的人身安全，切实改善基础教育办学条件，国务院决定由教育部、国家计委和财政部各安排10亿元，共30亿元，从2001年起在全国实施中小学危房改造工程（以下简称“工程”），以基本消除现存中小学危房。

“工程”的组织实施。（1）成立各级“工程”管理机构。教育部、国家计委和财政部联合组成了由教育部副部长张保庆任组长的“工程”部际协调小组，下设办公室（以下简称“全国危改办”），负责“工程”的实施管理和监督检查。“工程”工作在部际协调小组的统一领导下实施。明确要求全国县级以上都要成立“工程”组织管理机构，特别强调了县级人民政府在“工程”实施中的责任。“工程”实施过程中，针对个别地方工作在协调中出现的问题，全国危改办印发了《关于全国中小学危房改造工程实施管理有关问题的通知》，进一步明确了市、县两级教育部门在“工程”实施中的主要责任，要求教育部门牵头负责“工程”的组织实施工作。（2）全面开展危房普查和鉴定工作。为彻底摸清中小学危房底数，在全国范围内组织开展了中小学危房普查、核实和鉴定工作。这是建国以来第一次由国家组织的专门针对中小学危房的普查工作。中小学危房数据资料普查、上报、汇总工作结束后，对2000年底以前全国的中小学危房现状、分布特点、形成原因及时进行了深入分析，撰写了《全国中小学危房现状分析报告》。(3) 确定"工程"实施的原则：一是与中小学布局调整相结合；二是与国家第二期贫困地区义务教育工程相结合；三是坚持分类规划、分步实施；四是质量与效益相统一；五是实行项目管理。(4) 研究制定规范"工程"管理的制度办法。为保证"工程"顺利实施，提高"工程"专项资金的使用效益，在调查研究的基础上，制定并印发了《全国中小学危房改造工程实施管理办法》《关于印发中小学危房改造工程项目申请表的通知》《关于印发全国中小学危房改造工程项目管理系统和情况汇总表及有关问题的通知》《全国中小学危房改造工程专项资金管理办法》等一系列制度、规定。(5) 实行"资金总量控制与项目管理相结合"的管理办法。"工程"管理中注意调动中央和地方两个积极性，既要体现中央"工程"专款的引导和促进作用，又要增强地方的责任感。具体做法是，一方面，为保证中央"工程"专款分配的公平性、科学性，合理控制各地上报"工程"项目的数量和范围，实行了中央"工程"专款在根据因素法计算分配并下达分省控制数。另一方面，对"工程"实行项目管理，对"工程"项目的审核确定实行分级负责。即由各地按中央"工程"专款分省控制数初步确定"工程"项目和补助额度，全国危改办对具体项目学校进行审核，有效地控制了专款投向，保证了资金使用效益。(6) 实行资金专户管理。县级财政部门都设立了"工程"资金专户，所有用于"工程"的资金（包括中央"工程"专款、省级配套资金等）都必须纳入财政专户、集中在县级管理，实行封闭运行，并明确要求各地"工程"资金均不得层层转拨至乡镇及项目学校。(7) 开展"工程"项目审核工作。为确保"工程"项目审核质量和进度，建立了审核工作责任制，明确分工和工作要求，将责任落实到人；规范了审核工作程序，对审核中遇到的疑难问题，及时组织进行集体研究确定；积极与地方搞好沟通、协调，加强对审核工作进度情况的督察。整个"工程"项目审核工作分三批进行，并于2001年11月全部结束。(8) 强化监督检查工作。"工程"实施中，积极开展"工程"实施情况的监督检查工作。

中央"工程"专款安排。(1) 安排原则及办法。中央"工程"专款优先用于解决现存农村中小学危房中最危险的房屋；中央"工程"专款的重点补助范围是，中西部25个省（自治区、直辖市）和新疆生产建设兵团，尤其是国务院确定的纳入西部开发的12个省（自治区、直辖市）。对民族地区，特别是小少民族集中居住的地区给予倾斜；中央"工程"专款补助的地区，省级财政应安排必要的配套资金。纳入西部开发的12个省（自治区、直辖市），原则上按与中央专款0.5∶1的比例安排配套资金，确有困难的，可少配套或不配套。其他省份按照与中央"工程"专款不低于1∶1的比例安排配套资金；根据"工程"实施原则，综合考虑各地农村中小学危房现状、学生规模和地方财力情况等因素进行测算，采用因素法制定中央"工程"专项补助资金分配方案。(2) 资金总投入。中央"工程"专款30亿元，分两年安排，由国家计委、教育部、财政部各安排10亿元。2001年已分三批审核下达了26亿元中央"工程"专款。地方相应配套资金26.3亿元，资金总投入为52.3亿元。在2001年当年已下达的中央"工程"专款26亿元中，用于小学13.72亿元，占52.77%；用于初中11.43亿元，占43.95%；用于九年制学校7 577万元，占2.91%；用于特教学校952万元，占0.37%。

"工程"进展情况。自2001年2月"工程"启动以来，县及县级以上人民政府都成立了"工程"协调小组并设立了办公室，全面负责"工程"实施的组织管理工作。"工程"正在按规划顺利实施。截止2001年底，中央"工程"专款26亿元全部下拨到项目省。所有纳入中央"工程"专款补助范围的省份都已开工建设，部分项目已竣工并交付使用；预计到2002年秋季开学前，大部分"工程"项目将交付使用。

为强化项目管理、保证"工程"进度和项目建设质量，全国危改办先后4次组织开展了对贵州、甘肃、安徽、新疆、陕西、宁夏、黑龙江、吉林、辽宁、内蒙古、四川、云南、湖南和广西等14个省、自治区"工程"实施情况的监督检查和调研工作。从检查情况看，在中央"工程"专款使用方面，大部分省份的资金投向较为合理，用在了经济发展落后、危房集中、危险程度高的地区和学校。在地方危改配套资金筹措方面，中东部地区省级配套资金落实情况较好。绝大部分省份通过调动各方面的积极性，加大了中小学危房改造工作的力度。在"工程"组织管理方面，各地通过加强机构建设、健全管理制度、严格管理程序等措施，强化了对"工程"的组织管理。全国危改办针对检查中发现的个别地区在资金使用上脱离实际，"工程"资金拨付不及时，进度不够理想等问题，及时进行了分类指导和纠正。

全国中小学危房改造任务非常艰巨。根据全国危改办审定和统计，纳入中央"工程"专款补助范围的26个省份，将有14 853所中小学的危房得到改造，加上地方配套资金，"工程"总投资为52.73亿元，预计可改造1 700万平方米校舍。

如将第二期"国家贫困地区义务教育工程"和地方自筹资金开工的项目统计在内，共有27 909所学校进行危房改造，施工总面积达2 403.12万平方米，其中，已竣工项目学校20 623所，已竣工面积1 512.36万平方米，完成投资67.59亿元。然而，从全国危改办掌握的各地上报中小学危房面积数看，现有"工程"资金只能解决其中的一部分危房，由于危房的产生是一个动态过程，因此全国尤其是农村地区危房改造的任务依然繁重。

撰稿　宋家乐

审稿　陈伟光

〔**全面推进"国家助学贷款"工作**〕　党和政府一贯高度重视和关心解决好高校中家庭经济困难学生的正常入学和顺利完成学业的问题，采取了设立奖学金、减免学费、勤工助学和困难补助等多种政策与措施。近两年，中国人民银行、教育部、财政部等部门共同研究实施了国家助学贷款制度。国家助学贷款是一种无需经济担保、由政府贴息一半、面向高校经济困难学生的银行贷款，是我国高等教育改革中的新事物。实施国家助学贷款制度的主要目的，在于是为经济困难学生提供一条与社会主义市场经济体制相适应的、长期稳定的筹措学习经费的新渠道。

为了不断推进国家助学贷款工作，在不到两年的时间里，国务院办公厅已转发了三个文件。朱镕基总理、李岚清副总理等中央、国务院领导先后多次就国家助学贷款工作作出了重要批示。成立了由教育部、财政部、中国人民银行组成的全国国家助学贷款部际协调小组，教育部成立了全国学生贷款管理中心。经过各方面的共同努力，一个比较系统的开展国家助学贷款的组织机构和管理体制已在全国建立起来。

截止到2001年5月底，全国实际发放的国家助学贷款金额比2000年全年增长51%。但工作的总体状况离预期的目标还有较大差距。6月22日，教育部、中国人民银行、财政部在京召开全国国家助学贷款工作会议，学习领会江泽民总书记"三个代表"的重要思想和党中央、国务院领导的批示精神，研究进一步落实国务院关于国家助学贷款政策，部署全面推动国家助学贷款工作。李岚清副总理对全国国家助学贷款工作会议作出了重要批示："开展国家助学贷款工作，扶困助学，体现了江泽民总书记'三个代表'的重要思想，是实施'科教兴国'战略，加速人才培养的一项重要政策，是在社会主义市场经济体制下，帮助经济困难青年完成学业的有效措施。此项工作开展两年来，已取得了初步成绩。希望各地政府、金融、教育、财政部门和各高等学校密切配合，继续大力推进。同时，还要及时研究解决工作中出现的新问题，不断完善办法，加强教育，防范风险，方便贷款，使这项工作健康、持续开展下去。"

2001年7月27日，中国人民银行、财政部、教育部、国家税务总局发出《关于进一步推进国家助学贷款业务发展的通知》。该通知对进一步简化学生贷款手续，对商业银行国家助学贷款呆坏账核销和免征利息收入营业税以及各级财政要足额安排国家助学贷款贴息资金等方面，均作出明确规定。要求各银行、教育、财政、地方政府各部门和高等学校统一思想，提高认识，进一步全面落实已出台的相关政策，努力使国家助学贷款工作取得决定性进展。

教育部积极采取措施，落实李岚清副总理批示精神，大力推进国家助学贷款工作。建立了国家助学贷款情况定期报告制度。加大了对国家助学贷款的宣传力度，重新修订再版印发了《高等学校学生资助政策问答》10 万册。要求各高等学校在印发《招生简章》、发放高考录取通知书时，均要写上包括国家助学贷款在内的高等学校资助经济困难学生的政策和措施。教育部副部长张保庆多次在新闻媒体上以专题访谈、答记者问等方式对国家助学贷款政策进行宣传。教育部还采取措施加大了对地方教育行政部门和高等学校国家助学贷款工作的督查。加强了与财政部、中国人民银行等部门联系，就国家助学贷款工作建立了相互之间的协商、通报制度。

12 月 27 日，国务院总理、国家科技教育领导小组组长朱镕基主持召开了国家科技教育领导小组第十次会议，听取了教育部关于开展经常性社会助学活动、关于设立“国家助学金制度”、关于进一步推动国家助学贷款工作等有关助学工作的汇报，朱镕基总理作了重要讲话。会议审议并原则同意教育部关于助学工作的意见。

经过银行、财政、教育等部门的共同努力，2001 年国家助学贷款工作有了明显进展。据全国学生贷款管理中心统计，截止 2001 年 12 月底，全国高等学校中申请国家助学贷款学生数 85.9 万人，已签订贷款合同学生数 27.2 万人；申请贷款金额 68.8 亿元，已签订贷款合同金额 24.3 亿元。财政安排贴息经费 2.66 亿元，已支付贴息经费1 395万元。

撰稿　魏养根

审稿　崔邦焱

**〔治理农村中小学乱收费〕**　2001 年，在国务院的领导下，教育部、国家计委、财政部和地方各级人民政府十分重视农村中小学乱收费治理工作，继续采取措施，加大农村中小学收费管理力度。2001 年 2 月 13 日，经国务院批准，教育部、国家计委、财政部联合发出《关于坚决治理农村中小学乱收费问题的通知》。《通知》明确规定：(1) 2001 年农村中小学收费标准一律稳定在 2000 年的水平，不得提高。各省、自治区、直辖市人民政府也不再出台新的农村中小学收费项目。(2) 从 2001 年起，各省、自治区、直辖市要结合农村中小学实际，在贫困地区试行“一费制”收费办法。即在全面清理农村中小学乱收费，严格核定杂费、课本费标准的基础上，综合考虑两项收费，核定一个最高收费标准，只向学生收取一项费用，不再向学生收取任何其他费用。2001 年“一费制”最高标准为：农村小学每学年每生 120 元、农村初中每学年每生 230 元。试行范围是：国家级贫困县和省级贫困县。同时，对于贫困家庭的学生，各地应因地制宜地设立专项资助资金，并实行减、免收费制度。为落实《通知》规定，国务院纠风办、教育部又先后印发了《关于进一步做好治理教育乱收费工作的意见》《关于认真落实贫困地区农村义务教育阶段试行“一费制”收费制度的通知》。

在制度上进行规范的同时，教育部还加大了对教育乱收费的监督检查力度。2001 年，教育部会同国家计委、财政部等部门，抽调专人组成联合检查组，在各省全面自查的基础上，对农村中小学乱收费治理情况进行了两次较大规模的专项检查。

为加强社会监督，督促各地对乱收费行为进行查处，2001 年 9 月 12 日，教育部还开通了教育乱收费举报专线并向社会公布了举报电话。

撰稿　刘　景

审稿　郑富芝

**〔规范高校招生收费工作〕**　高等学校招生收费工作，事关高等教育事业的持续、健康发展，事关高等学校乃至全社会的稳定，事关广大人民群众的切身利益。党中央、国务院高度重视高等学校招生收费工作。近年来，教育部始终把规范高等学校收费管理，治理乱收费作为一项重点工作，下大力气来抓。2001 年 2 月，经国务院批准，教育部、国家计委、财政部发出《关于 2001 年高等学校招生收费工作有关问题的通知》，要求 2001 年高等学校招生收费的总体工作，继续执行《教育部、国家计委、财政部关于 2000 年高等学校招生收费工作若干意见的通知》的各项规定，并进一步加强收费管理。2001年的学费、住宿费标准一律稳定在2000年的水平，不得提高。各地区、各有关部门不再审批出台任何新的高等学校收费项目。各地区、各有关部门和各高等学校不得以任何理由、任何名义搞“双轨”收费。坚决纠正以各种名义向学生收取“赞助费”、“扩容费”、“定向费”、“一次性建校费”、“跨地区建设费”、“转专业费”或捐款等乱收费行为。严禁向学生强制服务、强制收费。对各种违规收费行为，各地价格主管部门要进一步加强监督检查，一经发现要依法查处，决不姑息。

同时，教育部还加大了对教育乱收费的监督检查力度。2001年，在秋季开学前后，教育部会同国家计委、财政部、监察部等有关部门进行了两次大规模的专项检查，对检查中发现的各种乱收费问题，进行了查处。

在国务院的统一领导下，经过有关部门、地方各级人民政府和高等学校的共同努力，我国高等学校的招生收费管理已逐步走上了规范化、制度化的轨道。

撰稿　胡延品　何光彩

审稿　郑富芝

〔**教育利用外资贷款工作**〕　为进一步落实党中央国务院提出的“科教兴国”和“西部大开发”战略，教育部决定利用世界银行贷款和英国政府赠款（贴息）实施“西部地区基础教育发展”项目。项目贷款总额为1亿美元，英国政府贴息后的贷款利率约为2%，还款期为20年（含5年宽限期）。该项目覆盖四川、云南、广西、宁夏和甘肃5个省（自治区）。项目目标为，加快项目省（自治区）普及高质量的九年义务教育的步伐，提高九年义务教育质量和教育管理水平。项目建设内容为，改善小学、初中的办学条件，加强信息技术教育，培训教师、校长和各级教育行政管理人员，建立教育管理信息系统等。根据世界银行贷款项目准备工作程序，预计2002年完成项目准备与论证工作，2003年开始实施，项目执行期为五年。

撰稿　周　坚

审稿　郑富芝

〔**中、初等学校校办产业**〕　2001年全国中初等学校校办产业（勤工俭学）基本情况是：

一、校办产业基地情况。2001年，全国共有49.4万所中、初等学校开展了各种形式的勤工俭学和兴办了校办产业，接纳学生参加劳动3.26亿人次；有34.41%的中、初等学校办有不同类型的校办企业。全国中、初等学校共有各类校办产业基地52.97万个，比2000年减少12万个，其中，校办农业（农林牧渔）基地33.36万个；工业企业3.29万个；第三产业网点15.89万个。

二、校办产业规模及效益。2001年，全国中、初等学校校办产业资产总额665.7亿元，比2000年减少69.47亿元，下降9.58%，其中，固定资产净值215.4亿元；流动资产年末占用数为438.6亿元。校办产业负债359.6亿元，资产负债率54.0%；所有者权益306.1亿元，其中，实收资本147.4亿元。全国从事校办产业的职工98.0万人，其中教职工16.9万人。2001年，全国中、初等学校校办产业总产值及营业额达941.8亿元，比2000年减少230.87亿元，下降19.69%。其中农业总产值43.8亿元，工业总产值608.6亿元，工业产销率为93.4%；第三产业营业额及其他勤工俭学收入289.4亿元。2001年，校办产业实现利税172.0亿元，其中总收益132.0亿元比2000年减少21.12亿元，下降13.79%。

三、校办产业收益分配情况。2001年，全国中、初等学校校办产业纯收入用于补充教育经费的部分为74.5亿元（包括校办产业向学校提供的劳务和部分物品等），占校办产业纯收入的56.4%，比2000年减少11.89亿元，下降13.76%。其中用于改善办学条件（修建教学用房、购置教学设备、补助公用经费等）的资金达47.9亿元，比2000年减少11.14亿元，下降18.87%。上缴国家税金40.0亿元，比2000年减少1.0亿元，增长3.01%。2001年内返还的税金为27.45亿元。

撰稿　关　毅

审稿　崔邦焱

# 教育审计

〔**教育部指导内审工作情况**〕 为加强管理，提高资金的使用效益，《教育部2001年工作要点》中明确提出："严格内部审计制度"。

印发教育审计工作要点。年初教育部办公厅印发了《2001年教育审计工作要点》，要求各部门充分认识依法治教、加强内审工作的重要性。同时，还就加强对审计工作的领导；加大内审工作力度，提高资金使用效益；进一步提高审计工作质量和审计人员素质；采取有效措施，建立健全内审制度等方面的工作进行了部署，并提出具体要求。各部门、各单位根据《工作要点》，结合本部门、本单位的实际，制定了年度教育审计工作计划，并在工作中认真进行实施。

召开教育审计工作会议。3月，教育部财务司分别在长春、广州召开了全国教育系统审计工作会和教育部直属高校审计工作会。各省、自治区、直辖市教育部门和部直属高校审计机构的负责人参加了会议。会议就2000年教育审计工作的经验、遇到的问题和困难进行了交流和讨论，明确了2001年的工作目标。

对工程审计、经济责任审计开展情况进行检查。3月，教育部财务司组织人员对贯彻落实教育部《关于切实做好责任审计工作的通知》和《关于进一步加强建设工程、修缮工程项目审计的通知》的情况，进行了全面检查。检查中了解到，部直属各高校结合本校实际，制定了任期经济责任审计制度。许多高校建立了"经济责任审计工作联系会议制度"，成立由纪检、监察、组织、人事、审计等部门组成的"经济责任审计工作领导小组"，保证经济责任审计工作顺利开展。同时，各高校都对工程审计作了规定，要求建设工程、修缮工程项目未经审计不得办理结算手续。各内审机构认真开展工程审计工作。通过审计，降低工程造价，节约工程投资；维护教育单位的合法权益；同时促进基建、修缮管理部门加强管理，堵塞漏洞。通过检查，促进了经济责任审计和工程审计工作规范、有效、深入地开展。

组织对直属事业单位负责人离任经济责任审计。为贯彻中共中央办公厅和国务院办公厅关于开展经济责任审计工作的通知精神，教育部印发了《教育部关于对直属事业单位领导干部经济责任审计有关事项的通知》。根据年度审计工作计划，2001年，委托会计师事务所完成了对科技发展中心、国家高级教育行政学院和高等教育出版社3个单位的领导干部的离任经济责任审计，取得了一定经验，产生了较好的效果。

加强审计人员培训与理论研讨工作。7月举办了教育系统审计处长学习班。邀请有关专家和教授讲授了"国家预算制度改革"、"内部控制理论"和"中国内审准则及业务公告（草案）"等。并组织高校审计人员编印了《高校经济活动案例选编》一书。该书选择近年来国家审计机关、教育内审机构和社会审计组织对高校审计的典型案例，并针对案例中的违纪、违规或违法事实进行了具体评析，对加强高校财务管理和会计核算以及内部审计工作具有一定的指导作用。开展审计理论与实务课题研讨。组织内审人员对"内控制度审计"、"预算执行和决算审计"、"经济责任审计"和"基建工程审计"等专项审计课题和审计基本理论开展研究，共收到各地和各校推荐的论文97篇，评选出优秀论文15篇。

〔**部直属高校审计工作情况**〕 2001年，部直属高校均设置了内部审计机构，其中独立设置机构的学校有51所。内部审计人员有545名，其中专职审计人员有505名。2001年，部直属高校共完成审计任务21 687项，其中：财务收支审计390项、预算执行与决算审计22项、基本建设审计

1 707项、修缮项目审计11 339项、经济责任审计491项、经济效益审计25项、专项资金审计468项、其他项目审计5 157项、委托社会审计2 088项，审计金额约625亿多元；审计发现的各种有问题资金约17亿元，其中：账务处理不当约9.30亿元、损失浪费约0.93亿元、违纪违规约7.43亿元；已纠正违纪金额约1.93亿元；各种罚款约0.42万元；增收节支约1.51亿元。审计过程中涉及的经济案件105件，受处理人数29人，其中：移送司法机关处理7人、受党纪政纪处分22人。

加强经济责任审计。一年来，各高校积极开展经济责任审计，取得了成效，积累了经验。浙江大学审计部总结了一套行之有效的审计方法和步骤：一是向被审计人及所在单位宣传开展经济责任审计的必要性，取得理解和支持；二是以多种形式了解被审计单位的基本情况和被审计人履行职责的情况，确定审计重点；三是以财务收支审计为基础；四是客观公正地提出审计意见；五是向有关部门报告审计结果，提供详实、客观的审计信息；六是做好后续审计工作、确保审计意见和建议的落实。2001年，浙江大学共对15名校办企业负责人任期经济责任进行了审计，取得了很好的效果。复旦大学审计处2001年完成了多项处级干部的经济责任审计。在审计过程中讲原则、重事实，讲证据、客观公正地作出审计评价。审计结论得到被审计单位和被审计人的认同。

深入开展基建、修缮工程审计。随着教育事业的发展，高校基本建设的投资不断加大，工程审计直接涉及高校基建投资的使用效益，是高校审计工作的重要内容。2001年，高校基建、修缮送审额约为64.93亿元，审减额约为4.98亿元，审减率为7.67%（其中：自审项目送审额约为22.52亿元，审减额约为1.35亿元，审减率为5.99%；委托项目送审额约为42.41亿元，审减额约为3.63亿元，审减率为8.56%）。南开大学在工程审计的基础上制定了《南开大学基建工程、修缮工程和物资仪器设备采购招标管理暂行办法》，使审计关口前移，同时也加强了各职能部门之间积极配合，使得工程造价更加合理、工程质量不断提高。

加强专项审计和审计调查。为确保高校经费使用的合理、合法，发挥最大的经济效益，各高校加强对专项资金的审计和审计调查。大连理工大学开展了对教育经费投入、管理和使用情况的审计和审计调查及对预算执行情况和决算的审计。在实施审计过程中，大胆尝试、开拓思路，总结了一套行之有效的审计程序和办法——四个“相结合”：一是审计学校预算制度的实施与落实各分项管理制度相结合。二是上审、下查相结合。上审，是对学校财务预算执行情况与决算审计；下查，是对学校各项责任部门开展专项审计调查。三是预算执行情况和决算审计与审查银行账户相结合。四是预算执行情况期中审计和期末审计相结合。通过审计，既对学校预算执行情况进行监督，又对学校财务状况、发展潜力、资金使用效益进行分析评价，提出加强财务管理与学校宏观调控的建议。清华大学加强对“211工程”、“行动计划”等专项经费审计，保证了资金管理和使用的规范性，提高了资金的使用效益。

建立、健全各项规章制度，使审计工作逐步制度化。2001年，部直属高校共制定各种内审制度262项。四川大学在原有16个文件的基础上，针对学校发展的需要与审计业务拓展的需要，又新出台了12个制度文件，在建章立制方面取得了成绩。北京林业大学作为一所新归属教育部的学校，认真贯彻教育部《关于进一步加强建设、修缮工程项目审计的通知》的要求，积极制定有关制度4项。

**〔教育战线审计工作情况〕**　截止2001年底，据不完全统计，全国各级教育部门设置审计机构4 968个，其中独立设置机构1 034个。内审人员18 116人（其中专职审计人员3 360人）。一年来，共开展审计项目108 399个（其中：财务收支审计30 445个，预算执行与决算审计5 689个，基本建设审计12 131个，修缮项目审计26 181个，经济责任审计7 484个，经济效益审计4 121个，专项资金审计3 064个，其他项目审计7 288个），审计资金总额1 431亿多元，有问题资金约28亿元，已纠正违纪金额10.84亿元，罚款1 758.46万元，促进增收节支1.77亿元。发现经济案件线索391件，移送司法机关64件，涉案金额1.90亿元。移送司法机关处理人数69人，受党纪政纪处分321人。在基建、修缮38 312个项目中，送审额147.7亿多元，审减额13.7亿多元，审减率达10.29%，取得了较好的经济效益。

**一、教育审计工作得到各级领导的重视，内审制度不断健全。**

通过审计实践，许多领导认识到，内审工作对提高教育经费使用效益，加强内部管理起着十分重要的作用。为此，各级领导为内审工作的开展积极创造条件，在内审机构设置、人员的配备等方面给予大力支持。北京、上海、江苏、甘肃等省市教育部门都成立了独立的审计机构。北京市教委分管委领导带头深入实际调查研究，具体指导有关业务工作，市教委主任办公会还不定期地召开专题会议，研究审计工作。湖南省、青岛市等部门的各级教育部门领导，把内审工作列入重要的议事日程，在机构改革中，内审机构不但保留，人员还得到了加强。安徽省教育厅领导一贯重视内审工作，“一把手”分管审计，厅领导班子定期听取审计工作汇报，并在经费、办公场所方面给予大力支持。

湖南省耒阳市教育局建立了三级审计网络，即耒阳市教育局审计股负责审计中心学区和直属学校，中心学区负责审计学区和乡镇直属学校，学区负责审计村小，审计面达100%。四川省县级教育三级内审模式也另具特色。县教委（教育局）一级的审计机构负责组织审计，乡（镇）教办或县区一级审计机构负责汇总审计，学校一级的审计、财务人员具体参与审计工作。集中审计和交叉审计相结合，即解决了审计力量不足，又解决了不便于同级审计的矛盾，从而拓宽了审计领域。

各省市教育部门在抓机构设置的同时，积极搞好制度建设工作。据不完全统计，2001年，全国教育部门制定各种内审制度6 982个。上海市教育部门在2001年制定各种内审制度57个；成都市修订制度79个；陕西省教育部门推行了审计目标管理责任制，审计质量双向承诺和复核制度，以健全内部监督机制，控制和防范审计风险，确保审计质量和效果；安徽省则于年底整理汇编了《教育审计法规汇编》一书，印发全省教育系统。

各省市教育审计机构采取多种方式、多种途径，追求审计效益的最大化，并将在审计过程中发现的带有普遍性的问题，通过审计调查和对审计结果的分析研究，及时汇总上报领导，以引起各部门的重视。2001年间，各级教审部门提交审计调查报告6 552篇。此外，各级教育审计部门为确保审计意见和审计决定的落实也做出了不懈的努力。湖南省各级内审机构紧紧依靠单位领导的支持和帮助，采取了跟踪检查、定期反馈信息、上门听取被审单位的意见，帮助被审单位协调外部关系等种种措施和手段，确保审计意见和审计决定得到落实。

**二、围绕中心任务，积极开展审计工作。**

2001年，各省市教育审计机构积极参与本部门经济决策和管理工作，并主动配合教育中心任务，组织开展了一系列审计活动，为规范教育部门的经济秩序、维护教育部门的经济利益，更好地发挥教育经费使用效益做出了积极的努力，并取得了良好的经济效益和社会效益。四川省教育厅审计处开展了自成立以来规模最大的经济责任审计和财务收支审计工作。河北省教育厅审计处组织了高校互审工作，通过对10所高校和厅直属10个事业单位的审计，共查出各项违纪资金3 051万元，促进了“收支两条线”工作的落实。山东省教育厅组织人员对高校2000年度收费和“三项基金”进行了审计和审计调查，及时纠正收支中发生的问题。甘肃省针对农村教育费附加征收率偏低、挤占挪用现象较严重等问题，加大审计力度，同时重视宣传工作，对提高征收率、加强管理起到了十分重要的作用。江苏省教育厅审计处组织完成了对49所省属高校、20所厅直管中专校经费收支情况的审计和审计调查，在审计和审计调查中对资金往来、大额存款及专项资金进行了认真审查，纠正并处理了作假帐、造假表、帐外设帐及“小金库”等问题。浙江省金华市教委在“阳光工程”中全面推行经济责任审计，增强干部依法履行职责的自觉性。

一些省市教育审计机构在规范审计工作程序，创新内审工作方法进行了一些有益的探索。浙江省绍兴县教委审计室在广泛摸底和征求意见的基础上，结合内控评审的理论，制定了切合实际的《绍兴县教育系统内控制度评审细则及评分标准》，通过采用定性分析和定量考核相结合的办法，2001

年审计了50所学校，审计资金1.87亿元，发现并纠正了部分学校在财务管理和资金使用中存在的问题。

**三、加强队伍建设，积极开展理论研讨。**

各省市教育部门之所以能取得较好的审计工作成绩，一个重要的因素就是加强队伍建设，培养一支高素质的人员队伍。江西省创造各种条件提高审计人员的素质，使审计人员成为一专多能、掌握现代化审计手段的审计人员。全省330余名教育内审人员中，有254人参加了各种培训。山西省把教育内审机构改革及队伍建设当成一件大事来抓，聘用一些业务素质高，思想品德好的同志充实到审计队伍中，一定程度上减缓了审计人员少、任务多的矛盾。同时，进一步优化了审计人员的专业知识结构、年龄结构，使之逐步趋于合理。上海市松江区教育局聘请40多位兼职内审人员，通过市审计局培训中心培训后，持证上岗，从而解决了审计任务重、人手少的矛盾。2001年，全国教育系统共举办审计培训班1 127期，培训审计人员2.36万人，参加其他培训班0.74万人，促进了内审人员政治素质和业务水平的提高。

在抓好队伍建设的同时，各级教育审计机构还组织广大审计人员积极开展审计理论研讨。截止2001年底，全国教育系统审计机构科研立项35项，撰写论文1 301篇，已公共发表385篇，在内审理论的探索方面做出了有益的努力。

目前，教育系统审计工作发展不平衡，仍有许多不尽人意之处，如领导重视程度不够、审计实效不理想、审计规章滞后、人少任务重等，但这些都是发展中的问题。随着社会主义市场经济的逐步完善和教育事业的不断发展，内审工作必将引起全社会的重视。

撰稿　刘　宜

审稿　杨周复

# 国际及与港、澳、台合作交流

## 外事管理与对外宣传

〔**教育外事管理**〕 2001年，教育外事管理继续转变政府职能，加强宏观管理，加大依法行政、指导监督的力度，进一步完善法规和规章建设。(1) 与人事部、科技部、公安部和财政部联合印发《关于鼓励海外留学人员以多种形式为国服务的若干意见》的通知；推动、配合外交部和公安部出台一系列便利出国留学人员出入境的政策。(2) 对我国“入世”后教育服务贸易的立法问题进行调研，参与完成《中外合作办学条例（草案）》的起草工作，并上报国务院。(3) 颁发《关于改革外国留学生学历证书管理办法的通知》，修订了《中国政府奖学金生招生指南》。(4) 与外交部和公安部联合发布《关于在校学生短期出国持用因私普通护照的通知》。(5) 与公安部联合发布《关于同意澳门4所大学在内地14个省、自治区、直辖市招收自费生的通知》。(6) 根据国务院进一步清理和整顿出入境中介活动的决定以及规范市场经济秩序的要求，贯彻“三部一局”电视电话会议精神，加大对自费出国留学中介服务机构的监管力度，会同有关部门，查处450多家非法自费出国留学中介服务机构，责令限期整改400多家机构，依法取缔140家“三无”组织；召开工作调研会议，就加强自费出国留学中介服务机构的管理，提出原则意见和工作思路。(7) 根据国务院统一部署，清理教育外事行政审批项目，按时向部行政审批制度改革工作领导小组办公室报送40个教育外事行政审批项目。

撰稿　戴继强

审稿　李东翔

〔**对外宣传**〕 2001年组织编印《中国教育督导制度》对外宣传小册子4 000本，发往驻外使（领）馆教育处（组）；为驻外使（领）馆教育处（组）订送2002年度国内报刊以及制作和发运年历和贺卡，提供11部电影（490个拷贝）、32部（集）电视剧以及共计19 588个小时的专题片和文艺晚会节目；为配合驻外使（领）馆教育处（组）举行国庆、中国文化周等活动，提供了特需纪念品；为改进《神州学人》电子版的发送速度和质量，决定在欧洲（德国）、美洲（美国）、亚洲（日本）和大洋洲（澳大利亚）设立镜像站。

撰稿　杨长春　戴继强

审稿　李东翔

# 留学工作

〔**出国留学**〕 2001年度各类出国留学人员总数83 973人，其中：国家公派3 495人，单位公派4 426人，自费留学76 052人。留学回国人员总数12 243人，其中：国家公派2 528人，单位公派3 016人，自费留学6 699人。

2001年，进一步贯彻党中央“支持留学，鼓励回国，来去自由”的留学方针，积极推进国家公费出国留学选派工作改革，继续支持和鼓励在外留学人员以多种形式为国服务，充分发挥“春晖计划”支持在外留学人员为国服务的作用。

2001年，调整了在俄罗斯等国家的国家公派出国留学人员的奖学金资助标准，经过近两年的努力共对38个国家的奖学金资助标准进行了调整。认真落实《面向21世纪教育振兴行动计划》重点高校系主任和研究所、实验室骨干出国合作研究项目，根据国家科技发展和经济建设的需要，请专家评审，确立了117个优先选派学科、选拔范围和入选条件，经专家通讯评审和会议评审，确定录取687人，当年实际派出130人。完善和继续实施“博士生导师出国合作研究项目”，共审批15名博士生导师利用开国际会议的机会出国开展合作研究。启动了“基础课教师出国进修项目”，该项目将执行五年，每年选拔150名从事基础课教学的教师赴国外进修，以适应双语教学的需要。完成了“公派出国效益评估”重大研究课题，该课题就公派留学的成本、收益（个人收益、社会收益、经济收益和非经济收益、公派留学归国人员所产生的收益和在外留学人员为国服务的收益）和国家公派留学政策等方面展开评估，充分肯定了国家留学政策的效益。

2001年“春晖计划”更进一步资助海外留学人员回国参加国家的经济建设。完成了“春晖计划海外学人学术休假回国工作项目”的立项工作，已有18人利用学术休假回国开展合作研究，为创建一流大学和学科，培养高层次人才服务。组织“留英学者高新技术回国服务团”，“硅谷、西雅图留美博士企业家合作团”，两个团共有61位博士带着155个项目回国，分别访问了北京、上海、苏州、浙江、辽宁等地，受到了当地政府和用人单位的好评。组织“北京科技周”活动，利用“春晖计划”通过我驻外使（领）馆教育处（组）推荐和组织了一批学有所成的留学人员携带专利、科研项目回国参加活动，为高新技术和人才的引进起到了积极的推动作用。组织“2001年中国海外学子回国创业活动周”活动，由教育部、科技部、人事部、辽宁省主办的“2001中国海外学子回国创业活动周”于6月29日在辽宁大连开幕，参加活动周的海外留学人员达1 000多名。由教育部、科技部、人事部和广州市政府共同举办了第四届中国留学人员广州科技交流会，近2 000名海外留学人员携科技成果和项目与会，取得了成功。

2001年，为鼓励海外留学人员回国工作和为国服务，与人事部、科技部、公安部、财政部共同印发了《关于鼓励海外留学人员以多种形式为国服务的若干意见》的通知。推动和配合外交部、公安部为留学人员出入境便利出台了一系列政策和实施办法。

2001年，教育部在吸引和组织在外留学人员以多种方式为国服务的同时，认真做好留学回国人员的工作。2001年度共受理了两批科研启动基金资助的申请，经过专家的严格评审，共批准资助1 041人，资助总经费3 692.1万元，平均资助强度3.55万元，还有5人获得重点启动基金资助，金额共计225万元。同时完成了“留学回国人员科研启动基金”重点课题的效益评估。积极做好留学人员创业园工作，为海外学子回国服务创造良好创业环境。教育部、科技部、人事部、国家外专局对申报的留学人员创业示范园进行评估，确定了21家创业园作为首批挂牌示范单位。

撰稿 卿人韦 潘晓景
审稿 关 键

〔**来华留学**〕 据统计，截至2001年12月31日，2001年全年共有来自169个国家的61 869名各类来华留学生在我国31个省、自治区、直辖市（不含台湾省和香港、澳门特别行政区）的363所高等学校学习。其中长期留学生41226名，占留学生总数的66.63%；短期留学生（留学时间在6个月以内）20 643名，占留学生总数的33.37%。

按洲别统计，亚洲的留学生人数仍排名第一，计46 142名，占全年来华留学生总数的74.58%；欧洲为6 717名，占10.86%；美洲为6 411名，占10.36%；非洲为1 526名，占2.47%；大洋洲为1 073名，占1.73%。按国别统计，来自韩国、日本、美国、印度尼西亚和德国的留学生人数仍名列前5位，分别为22 116名、14 692名、5 413名、1 697名和1 321名。来华留学生超过500名的国家依次还有：越南1 170名、法国1 057名、俄罗斯1 056名、澳大利亚971名、泰国860名、尼泊尔752名、英国699名、蒙古664名、马来西亚632名、加拿大570名、朝鲜565名和意大利502名。

从留学生层次上看，2001年来华接受学历教育的留学生人数为16 650名，占长期留学生的40.39%。其中，专科生1 282名，大学本科生11 797名，硕士研究生2 377名，博士研究生1 194名。另有普通进修生24 040名，高级进修生（已获硕士以上学位者）536名。

按学科划分，以文科类专业学生居多，计53 750名，其中学习汉语专业的学生为44 149名，学习经济、管理、法学专业的学生为3 978名；其次是医学类专业5 512名（中医专业3 886名，西医专业1 626名），工科类专业1 888名，理科类专业494名，农学类专业225名。

根据我国与有关国家之间的教育交流协议和交流计划，2001年教育部向157个国家提供了中国政府奖学金名额。2001年9月共有来自141个国家的1 827名获得我政府奖学金的新生进入我国高等学校学习，另有166名外国留学生和外国学者获得教育部“长城奖学金”（通过联合国教科文组织提供）、“优秀生奖学金”、“外国汉语教师短期研修奖学金”、“HSK优胜者奖学金”和“中华文化研究奖学金”等专项奖学金来华学习或从事研究，加上已在校学习的学生，2001年共有来自155个国家的5 841名留学生享受中国政府奖学金在华学习，占全年留学生总数的9.44%。其中来自亚洲的奖学金生2 946名，占奖学金生总数的50.44%；欧洲1 371名，占23.47%；非洲1 224名，占20.96%；美洲256名，占4.38%；大洋洲44名，占0.75%。接受学历教育的奖学金生共有3 368名，占奖学金生总数的57.66%。其中博士研究生459名，比2000年增长15.91%；硕士研究生1 048名，增长15.93%；大学本科生1 861名，增长6.71%。此外，享受中国政府奖学金的高级进修生有406名，增长15.34%；普通进修生2 067名，增长5.14%。

2001年我国高等学校通过各种国际交流渠道接受了来自153个国家的56 028名自费留学生，比2000年增长19.75%，占全年留学生总数的90.56%。其中，长期留学生35 492名，短期留学生20 536名。长期生中接受学历教育的有13 282名，比2000年增长24.61%。其中博士研究生735名，比2000年增长10.86%；硕士研究生1 329名，增长3.18%；大学本科生9 936名，增长17.17%；专科生1 282名，增长462.28%。此外还有高级进修生130名，普通进修生22 080名。

从地区分布来看，接受留学生人数超过1 000名的省（自治区、直辖市）有北京23 166名、上海9 117名、江苏4 165名、天津3 938名、辽宁3 230名、山东2 468名、广东1 891名、吉林1 697名、浙江1 634名、黑龙江1 439名、陕西1 196名、广西1 126名、福建1 121名、河南1 036名。上述14个省（自治区、直辖市）留学生人数共计57 224名，占全国总数的92.49%。

此外，2001年中国留学服务中心继续组织国内的高校分别在韩国和日本举办了中国留学说明会，并首次组织在泰国曼谷举办了留学中国教育展。

根据教育部《高等教育学历证书电子注册管理暂行规定》，自2001年起，由高等学校自行印制、颁发外国留学生本科、专科毕业证书。高等学校颁发的毕业证书须按规定履行注册手续，并经国家教育行政部门审核、备案后，才能得到国家的承认。尚无条件自行印制毕业证书的学校仍可继续使用教育部印制的毕业证书。

撰稿　胡志平　单丽洁
审稿　张秀琴

〔**国家留学基金委工作**〕　一、出国留学。2001年完成国家留学基金出国留学人员申报、评审、录取工作。根据选派计划和专家评审意见，录取1 672人，按与有关国家政府教育交流协议录取398人。录取人员的基本情况是：按类别统计，中、高级访问学者480人，占23.2%，普通访问学者/进修人员1 590人，占76.8%；按学科统计，理科267人，占12.9%，工科596人，占28.8%，医科319人，占15.4%，农科199人，占9.6%，经济、管理205人，占9.9%，文科379人，占18.3%，非通用语种105人，占5.1%。选派的国别包括美国、加拿大、澳大利亚、英国、日本、德国、法国等42个国家。录取人员涉及中央和地方的主管部门103个。同时，在录取中适当体现了满足国家的特殊需要及对西部地区的政策倾斜。

为保证留学人员按期回归，留学基金委认真做好留学人员信息统计、补充等工作，进一步完善了留学人员国外管理数据库。加强与留学服务中心、驻外使（领）馆教育处（组）的联系，派工作组赴美、加、荷、意、英、德、奥、日、韩等国考察、调研，加强留学人员的境外管理，提高了跟踪管理工作的效率和水平。截止12月底，公派留学人员到期应回国2 514人，实际回国2 427人，回归率为96.54%。同时采取多种方式加大违约追偿力度，保证留学经费不流失。

2001年，留学基金委一方面积极组织实施政府委托的各种项目，如《面向21世纪教育振兴行动计划》国际合作项目、中外政府间互换奖学金项目、与地方政府合作项目等；另一方面不断开拓新项目，积极探索新形式，加强国际国内交流与合作。

在做好具有较大影响的传统项目，如美国富布莱特项目、加拿大中加学者交换项目、德意志学术交流中心（DAAD）博士生项目的同时，留学基金委在2001年还承担了中德学者交换项目的具体实施工作；加大与辽宁、河北、湖南、青海等省开展地方合作项目的工作力度，进一步带动地方公派留学工作的开展；重点继续做好2000年设立的《行动计划》中“重点高校系主任和实验室、研究所骨干出国研修项目”，该项目2001年共立项162项，涵盖17个大学科，录取687人，（其中自然科学类503人，社会科学类184人），该项目由于资助力度高、派出目的明确，有力地支持了学校的学科建设和人才培养，得到了学校、学者等各方面的好评。

留学基金委还十分重视开辟新项目的工作。在大量调研的基础上，经教育部批准，2001年正式设立了“西部地区人才培养特别项目”。规模为每年300人，选派工作强调密切结合西部各地实际情况，突出地区特色和重点需求，设立不同形式的子项目，按照定向培养的原则派出。由留学人员、地方政府（或派出单位）、基金委三方共同签定协议书，明确各自的权利和义务，以保证留学人员学成后回到原单位，为西部大开发做贡献。此项目配合我国西部大开发的宏伟战略，将有力地推动西部地区的人才培养，受到西部省区的欢迎。为提高理工科基础课教师的外语水平，实现在理工科基础课教学基地用双语授课，并使用外文原版教材的目的，2001年留学基金委开始组织实施“高校基础课教学基地教师出国研修项目”。前期工作已经完成，第一批人员将于2002年6月派出。

2001年，在教育部国际司和财务司的支持下，留学基金委积极推动与国内外高等院校、国际教育交流机构和组织建立新的合作关系，开辟合作新途径，取得了新进展。先后与包括德国DAAD、韩国国际教育振兴学院、美国哈佛大学、英国伦敦大学学院、荷兰莱顿大学等知名大学在内的十余个机构和院校正式签署了实质性合作协议；与国家基础教育实验中心外语教育研究中心联合设立的中小学优秀外语教师出国留学奖学金项目，与中央广播电视大学合作组织的电大远程教育研修项目和英语教师暑期研修项目均进展顺利，2001 年度已有 67 名中小学优秀英语教研人员分两批派往英国研修。

同时，基金委还不断拓宽有组织自费出国留学的渠道，努力使自费出国留学项目覆盖美国、加拿大、澳大利亚、新西兰、英国、法国、荷兰等主要留学国家。

二、来华留学。2001～2002 学年度全国来华留学生计划招生名额为2 588名，共录取2 145名，录取率为 82.88%。其中，根据政府间有关教育交流协议，录取1 917 名，占录取总数的 89.37%；专项奖计划录取 180 名，占录取总数的 8.39%；自费生录取 48 名，占录取总数的 2.24%。

在 2001 年录取的2 145名学生中，硕士、博士研究生、高级进修生、访问学者四类高层次学生共计 763 名，占录取总数的 35.57%，比上一学年度提高 4.37 个百分点。

2001 年加大了对来华留学生用英语授课的规模。鼓励支持有条件的院校接受留学生进行英语授课，并重点在两所院校开设了计算机专业英语授课硕士研究生班，一所院校开设了针灸专业英语授课进修班。2001 年，共录取 38 个国家 125 名学生来华直接用英语授课进行专业学习，占录取总数的 5.8%。

为保证奖学金评审制工作继续积极稳妥推进，2001 年 4 月留学基金委向有关高校专门印发了《关于组织实施 2001 年中国政府奖学金年度评审工作的通知》，通报了 2000 年的评审结果，对 2001 年工作提出了具体要求。2001 年共有 77 所院校的2 451名学生参加了年度评审。2 427名学生评审合格，占参评总数的 99%，其中 7 名 2000 年评审不合格的学生恢复了奖学金；13 所高校的 24 名学生评审不合格，占参评总数的 1%。

据统计，2001 年，中国 31 个省、自治区、直辖市（不含台湾省、香港特别行政区和澳门特别行政区）的 363 所高等院校和其他教学机构共接受来自 169 个国家的各类来华留学人员共计61 869人，比 2000 年增加了 18.6%。

三、国家留学基金管理委员会第六次全体委员会议。2001 年 12 月 19 日，国家留学基金管理委员会第六次全体委员会议在京召开。教育部副部长兼国家留学基金管理委员会主任章新胜出席会议并做了总结讲话。

会议充分肯定了留学基金委自成立以来在出国留学和来华留学工作等方面所取得的成绩，提出在坚决贯彻中央“支持留学，鼓励回国，来去自由”的出国留学工作方针、“深化改革，完善管理，保证质量，积极稳妥发展”的来华留学方针的基础上，积极配合国家“十五”规划和西部大开发战略，使国家公派出国留学工作更侧重于新兴学科和高新技术及我国加入 WTO 后经济、管理、法律等方面人才的培养，同时进一步加大对西部地区的支持力度；在来华留学工作方面，按照扩大规模、提高层次、发挥效益的思路，做好中国政府奖学金来华留学生的招生录取、培养教育工作。会议指出，今后的工作重点要站在战略的高度，远近兼顾、长短兼顾，深入认识留学工作的重要意义，工作务求实效并实现跨越式发展。要不断开拓新思路，探索新方法，在改革中求发展。要继续在提高质量和按照国际通行惯例方面做好工作。

撰稿 张 健 刘智勇
审稿 李旺荣 沈 阳

# 教育合作与交流

〔**教育高层互访**〕 2001年，根据我国教育改革和发展的实际需要以及我国外交工作的总体布局，通过教育高层互访，签署教育合作与交流协议，发展双边和多边的教育合作与交流，推动“强强合作”，促成重要合作项目的实施。

陈至立部长率中国教育代表团访问芬兰、欧盟和奥地利，实现我教育部长对欧盟的首次访问；作为政府特使出访秘鲁，并顺访哥伦比亚和阿根廷。

吕福源副部长率团访问美国，考察美大学信息技术、生物工程技术教育的发展趋势、科技成果转化以及经济、科技和社会发展对大学及课程设置的影响。

韦钰副部长作为中国政府代表团副团长出席APEC人力资源能力建设高峰会议；出席在瑞士举办的国际红十字会例会。

张保庆副部长率中国教育代表团访问阿根廷和古巴，与古方就为古巴培养人才、援建汉语教学中心、中古开展高校合作交换意见，并签署《中古2001—2003年教育交流合作协议》；还率团出访了韩国、新加坡和马来西亚，签署了《中韩2001—2003年教育交流合作协议》。

王湛副部长访问香港，出席邵逸夫基金会向内地教育第十四批赠款仪式，还率团访问德国和俄罗斯。

章新胜副部长出席联合国教科文组织第31届大会之际，出访了法国、意大利、瑞典、爱尔兰等国；同时，对驻上述国家使馆教育处、组的内部工作进行考察，并召开留学人员座谈会。

张天保同志率团出访英国和葡萄牙，对两国职业教育的发展及现状进行了深入的考察。

接待外国副部长级以上的教育代表团39个，其中正部长级教育代表团17个（接待外国部长级访华团的总数比2000年增加70%）。

〔**双边教育合作与交流**〕 2001年，章新胜副部长在与专程来访的美教育部长特别助理会谈中，对美方提出的加强中美师资培训、网上英语教学、师生交流等项目予以积极回应，并提出初步方案；国际合作与交流司领导率团出访奥地利和斯洛伐克，与斯洛伐克签署了双边教育合作协议。

履行中俄教文卫体合作委员会秘书处职能，召开中俄教文卫体合作委员会教育合作分委会第一次会议，完成了中俄教文卫体合作委员会秘书处的日常工作和各项工作任务。

拟订及商签双边政府间教育合作协议、纪要、谅解备忘录或执行计划20项（《中华人民共和国政府和爱尔兰政府教育合作协议》《中俄教、文、卫、体合作委员会教育合作分委会第一次会议纪要》《中华人民共和国政府与摩尔多瓦共和国政府教育合作协议》《中华人民共和国与西班牙王国文化教育交流执行计划》《中荷两国教育部长会谈纪要》《中华人民共和国教育部与格鲁吉亚教育部教育合作协议》《中华人民共和国教育部与吉尔吉斯共和国教育文化部教育合作协议》《中、法两国教育部关于教育合作的联合声明》《中、奥两国教育部长关于教育合作的联合声明》《中国教育部和德国赛德尔基金会关于西部教育发展合作项目的会谈纪要》与德国下萨克森州政府关于“汉诺威汉语中心”的《框架协议》《中华人民共和国教育部与斯洛伐克共和国教育部2001—2004年教育合作计划》《中、法教育部长合作意向书》《中华人民共和国政府与德意志联邦共和国政府关于高等教育等值问题的协定》《中华人民共和国教育部与蒙古人民共和国2001—2004年教育交流与合作协议》《中华人民共和国教育部与韩国2001—2003年教育交流与合作协议》《中华人民共和国教育部与新加坡共和国教育部关于中国初三毕业生赴新加坡学习项目的谅解备忘录》《中华人民共和国教育部与文莱达鲁萨兰国教育部关于高等教育合作的谅解备忘录》《中国与加拿大学者交换协议书》《中古2001—2003年教育交流合作协议》，其中《中华人民共和国政府与德意志联邦共和国政府关于高等教育等值问题的协定》（获国务院批准），是我国与西方发达国家签署的第一个同类协定；中、英双方就网络教育合作达成一致，商定在2002年签署《合作备忘录》。

与欧洲及亚洲等国家建立了教育合作机制：中俄政府教育文化卫生体育合作委员会教育合作分委员会、中英远程教育合作协调小组、中德高教合作项目指导小组、中德（赛德尔基金会）职业教育合作协调会议、中奥教育合作协调小组和中法教育合作协调小组（筹建）；中新（加坡）教育合作混合工作小组、中马（来西亚）教育合作协调小组、中泰教育合作联合工作小组。

“强强合作”取得实质性成果：召开中加大学校长研讨会和中英高等教育政策研讨会；第一批清华大学学生于2001年9月抵德，学习双方共同制订的研究生课程；积极争取德国克卢伯基金会从2001年起延续“博士后奖学金”项目，在5年内提供经费约100万欧元，每年接受我国10名高校优秀科研人员赴德从事科学研究。

为实施西部大开发战略和西部教育发展服务：IBM、SUN、英特尔、思科、摩托罗拉和朗迅等跨国公司捐赠设备、软件、现金等，为我西部高校培训计算机和网络专业教师2 000多人；争取到加拿大5年期援款1 200万加元，用于《中加西部地区远程基础教育项目》，支持四川、宁夏和新疆6个项目县利用远程教育手段提高基础教育质量；争取到澳大利亚援款1 900万澳元，用于《中澳（重庆）职业教育项目》，重点资助重庆市5所职业技术教育学校的创新做法，促进中国职业技术教育的改革；促成德国赛德尔基金会参与发展我西部教育事业的具体合作项目。

落实“中非部长级论坛”的后续工作：为非洲11个法语国家举办“食品加工培训班”和“药用植物培训班”，以及为非洲11个英语国家举办“计算机运用培训班”；选派22名职业技术教师赴埃塞俄比亚；为加蓬和喀麦隆分别提供小额援款40万元和20万元。

撰稿　戴继强
审稿　李东翔

〔**对外汉语教学**〕　2001年，中国加入WTO，北京申奥成功，给对外汉语教学事业带来新的发展机遇和挑战。国外对汉语的需求进一步增加，汉语教学在全世界领域内呈现蓬勃发展的良好势头。2001年2月8日召开的国家对外汉语教学领导小组年度例会，首次确定设立“国家汉办项目经费”，大幅度增加对对外汉语教学事业的投入，为发展对外汉语教学事业提供了财政支持和经费保障。

**一、全国对外汉语教学基本概况**

2001年，全国开展对外汉语教学工作的机构共281家。共有对外汉语教师4 808人，其中专职教师1 986人，专职教师持证人数1 212人，持证率61%；兼职教师2 822人，兼职教师持证人数580人，持证率约21%。

2001年，全国来华以学习汉语为目的的外国留学生数为41 512人，占来华留学生总数的79.6%；其中学历生4 103人；非学历生37 409人；另有远程教育生1 943人，其中函授生1 328人，网络学生数615人。

2001年教育部批准黑龙江大学、延边大学、山东大学、厦门大学、福建师范大学、暨南大学、广西民族学院、云南师范大学、云南大学、兰州大学10所学校为“支持周边国家汉语教学重点学校”。根据第二次全国对外汉语教学工作会议精神和2000～2004年对外汉语教学工作计划，2001年就建立“国家对外汉语教学基地”进行了调研，并最终确定了“基地”的建设标准。

2001年，有关对外汉语教学机构共派出汉语教师317人到国外任教，分布在53个国家。合作编写教材32种，出国参加学术会议28人次，其他合作研究项目12项。

**二、教师工作**

为加强对海外汉语教师的培训，尤其是周边国家汉语教师的培训，教育部设立了“海外汉语教师来华培训资助项目”，2001年共资助、培训韩国53

人、印尼40人、泰国40人。同时，根据国外需求，还设立“派遣专家赴海外短期讲学、培训汉语教师项目”。2001年第一次派出专家小组分赴加拿大多伦多市和美国新泽西州、波士顿和纽约市，培训教师近300人，受到各方的欢迎和好评。应泰国曼谷市政府邀请，还组织了专家小组赴泰培训了40名汉语教师，指导并资助广东国际教育交流协会派遣8名教师赴印度尼西亚培训该国汉语教师1 039人次。

2001年，国内对外汉语教师队伍的建设进一步加强。有156名对外汉语教师获得了“对外汉语教师资格证书”，至此全国持证者已达2 203人（包括已退休人员）。

**三、教材工作**

2001年，重点启动了与加拿大合作编写汉语教材项目，为英语地区国家中文系本科汉语、公共汉语和高中汉语编写3套教材。财政部为该项目共投入1 000万元，是迄今为止投资编写教材最大的项目。培训东南亚地区中小学汉语教师系列教材已通过专家审定并将出版使用。用于越南大学中文系本科汉语专业的系列教材，部分已交河内和胡志明市有关大学试用；用于印度尼西亚汉语学校的综合汉语读本，已全面开始实质性的编写工作，同日本御茶之水大学合作编写的综合汉语教材已经完成，将正式出版。同韩国釜山大学共同编写的汉语教材已完成，正在进行韩文注释的审校工作。

**四、汉语水平考试工作**

2001年，汉语水平考试（HSK）在海外进一步扩大，新增加了缅甸、印尼（泗水、雅加达、棉兰、万隆）、韩国釜山、匈牙利、丹麦、瑞典等6个国家9个考点。海外HSK考点共有55个，分布在24个国家和地区。国内共有44个考点，分布在27个省、市、自治区。国内全年考生达23 951人（不包括少数民族参加人数），比2000年增加31%；国外考生12 829人，比2000年增长47%。

**五、国际合作与交流**

2001年，对外汉语教学与研究的国际合作与交流进一步加强，共有9名教师享受中华文化研究奖学金来华学习，77名教师享受暑期来华奖学金，23名HSK优胜者获得优胜者奖学金来华学习。

2001年，教育部共向27个国家的57个大学和有关汉语教学机构赠送中文图书50 000册。还邀请了各国汉语教授和汉学家共31人次来华访问。增进了国内国外的相互了解，为我国对外汉语教师跟上国际第二语言教学的发展步伐，了解国外最新学术动态、扩大学术事业提供了机会。

2001年，教育部向25个国家的33所学校派遣了37名中文教师。国家公派在外汉语教师共计84人，分布在43个国家和地区的72个单位。继2000年国家汉办首次为新加坡中小学推荐汉语教师后，2001年国家汉办又为新加坡推荐了中文教师44人，至此已推荐96人。

2001年，部分国家对外汉语教学领导小组成员单位联合组团，分别考察了日本和韩国以及英国、法国和德国，对上述地区的汉语教学情况作了比较详细的调查研究，提出了加强对上述地区汉语教学支持的具体措施。

电视汉语教学方面，2001年，在美国SCOLA电视网播出的节目更加丰富，节目的影响得到扩大。向泰国皇家远程教育电视台增派了1名汉语教师，完成为该电视台编写的教材，并已在电视台播讲。

**六、中国对外汉语教学学会和世界汉语教学学会**

中国对外汉语教学学会第七次年会于2001年7月在成都举行。会议交流了教学科研、学科建设等各方面的成果及学术经验。截止到2001年年底，中国对外汉语教学学会会员有1 257人；世界汉语教学学会会员1 023人，比2000年增加170人。

撰稿　席　茹
审稿　田小刚

**〔与国际组织合作〕** 一、与联合国儿童基金会（UNICEF）的合作项目。2001年，教育部与联合国儿童基金会落实了第五期教育合作项目，为期五年（2001年—2005年），儿基会将提供1 400万美元的无偿援助，用于发展西部地区的教育事业。具体有下列四个合作项目：

1. 加强贫困地区基础教育项目；

2. 加强早期幼儿教育与发展项目；

3. 加强贫困地区教育规划、管理和监测项目；

4. 加强贫困地区远距离教育项目。

二、与联合国发展计划署（UNDP）的合作。2001年，教育部争取并落实了联合国发展计划署（UNDP）远程师资培训项目，UNDP将为贫困地区提供约650万美元的无偿援助，主要用于甘肃、四川、云南三省利用远程教育手段来提高教师的教学技能和业务水平。

〔国际学术会议〕 2001年，教育部共资助了54名高校学者出国参加国际学术会议，这些学者均是院校学科带头人、留学回国优秀人才和科学院院士等。为21所院校在华举办的44个国际会议提供了资助。

撰稿 刘万生

审稿 田小刚

# 与香港、澳门地区和台湾省的教育交流

〔与香港的交流〕 2001年内地与香港的教育交流继续深入、扩大发展。4月中旬，香港教育统筹局局长罗范椒芬率团应邀访问了北京，在京期间，章新胜副部长与罗范椒芬局长举行了工作会谈，双方回顾了近年来开展的教育交流情况，并就进一步促进两地大学间的科研合作与学术交流、基础教育领域的课程改革及互换教育资料等事宜达成共识，为此，双方互换了教育交流备忘录。

2001年由教育部邀请或参与接待来访的香港教育界代表团组46个，来访人员达2 192人次。教育部直属高校、直属单位及部内人员赴港访问交流达170人次。两地教育交流的主要内容包括访问考察、讲学、合作科研、联合培养研究生及共同举办学术会议等。应香港教育界的要求，教育部委托有关高校举办了香港教师普通话培训班、高校行政管理人员交流研讨班和第5期中学校长培训班；2000年、2001年分别开办了香港小学校长培训班和幼儿园院长培训班，反响良好。继连续7年在北京举办了京港学生交流夏令营之后，2001年第一次在南京举办了宁港学生交流夏令营活动，200名香港和内地青年学生欢聚一堂，活动取得了圆满成功。

2001年香港的8所大学分别委托内地的11所大学在内地共计代招了150名本科生，在内地培训完毕后已陆续赴港就读。据不完全统计，2001年度内地高校共招收793名香港学生，其中大学生672名，研究生121名，（不包括华侨大学和暨南大学的招生数），总计招生人数比上年略有增加。

2001年，香港邵逸夫基金会第14次向内地教育赠款2亿港元，用以重点支持西部教育事业发展，捐款与各地方政府配套资金共兴建了大、中、小学校舍333所。另，邵先生还慷慨捐款3 630万港元资助遭受严重雪灾的内蒙古、新疆地区，重建了182所中小学校，这些项目均已全部竣工并交付使用。

2001年，李嘉诚基金会捐款2.66亿元，与教育部合作设立了“西部教育、医疗计划”，支持西部中小学远程教育“校校通工程”、高校教学科研设施建设、科技信息人才培养、医学教育等39个项目，这些项目正在顺利实施；年初李嘉诚先生捐款1 000万元，救助遭受严重雪灾的新疆、内蒙古地区，重建了30所小学，均全部完工交付使用。李嘉诚先生与教育部合作的“长江学者奖励计划”亦进展顺利，并取得了积极成果。

2001年，霍英东教育基金会、曾宪梓教育基金会、华夏基金会、王宽诚教育基金会、田家炳基金会、方树福堂基金会及周凯旋基金会等继续支持内地教育事业发展，上述基金会的捐赠主要用于资助和奖励优秀青年学者和优秀大学生或女大学生、资助高等院校举办国际会议及实施职业技术教育和课程改革等项目。据不完全统计，截止2001年底，教育部接受的来自香港的教育基金会和爱国人士的教育捐款共计53 843万多港元，各项教育捐款极大地促进了内地，特别是西部教育事业的发展。

〔**与澳门的交流**〕 2001年是澳门回归祖国的第二年，两地教育交流深入发展。2001年教育部共接待了5个澳门教育团组。访问内地的澳门教育界人士达2 100人次。教育部直属高校及其直属单位和教育部人员赴澳门参加学术研讨会、任教、讲学及进行访问交流活动的人员达1 340人次。为加强两地高校师生间的教育交流、弘扬爱国主义精神，有关高校组织了形式多样的交流活动。如：同济大学首次成功地举办了沪澳学生夏令营活动，澳门和内地160名大中学生参加，增加了澳门学生对祖国内地的向心力和凝聚力，增强了对“一国两制”、“澳人治澳”方针的信心。应澳门方面邀请，内地有40余名教师在澳门的高校及中学任教。

据不完全统计，2001年内地高校招收澳门学生1 175名，其中本科生1 017名，研究生158名（不含华侨大学、暨南大学录取的学生）。2001年，经国务院港澳办、公安部批准，澳门大学、澳门理工学院、澳门旅游学院、澳门科技大学，首次在内地14个省、自治区、直辖市招收了357名自费本科生和预科生。据不完全统计，2001年在澳门学习的内地学生共计500余名。两地的学生和教师交流进一步推动和促进了相互间的教育交流与合作。

〔**与台湾的交流**〕 2001年海峡两岸的教育交流稳步开展。应台湾有关大学、团体的邀请，祖国大陆高校派出18个团组，出访人数达300多人次；大学教师、科研人员赴台进行学术交流、考察访问、讲学、合作科研的人员达2 700人次。交流的主要特点是：赴台出席学术会议，专业性强；校际和学者之间交流活跃，表达了海峡两岸人民之间加强往来，增进了解的迫切愿望。其中大学生，研究生的交流项目20个，两岸高校教师的交流项目5个，两岸学术研讨会15个。如：广州中医药大学举办的云南风光夏令营，中山大学举办的海峡两岸青年学生追寻孙中山足迹夏令营，厦门大学举办的海峡两岸闽南文化研习营，山东大学举办的第二届两岸师生孔孟故里寻根夏令营，四川大学举办的新世纪海峡两岸青年学生祖国西部地区生态与人文学术考察夏令营，中南大学举办的湘台学子2001年友好夏令营，武汉大学举办的第七届海峡两岸环境保护学术研讨会，浙江大学举办的第二届海峡两岸微系统科技研讨会等。形式多样的交流活动，密切了两岸师生的联系，增进了相互了解和友谊。

教育部直属单位及高校共举办两岸学术会议或其他交流活动68项，邀请参加上述活动的台湾人士约2 100余人次。台湾大中学生来祖国大陆开展学习和体育交流及联欢联谊活动也取得了良好的成果。2001年祖国大陆高校招收台湾学生1 054名，其中研究生364名，本专科、预科生、旁听生等690名（不包括华侨大学和暨南大学的招生数）。台湾学生来祖国大陆学习的人数逐年增加。2001年批准设立了“华东台商子弟学校”，新校舍已于年底落成。为在内地的台商子弟提供了广泛的教育机会。

撰稿 闫 丽 张 栋 纪建军

审稿 丁雨秋

# 民间交流

〔综述〕 2001年中国教育国际交流协会在承办政府委托项目、举办高层次国际学术会议、开拓新的合作项目、组织境外考察和培训、接待来华团组及宣传出版等方面都做出了成绩，使非官方教育国际交流事业有了新的发展。

2001年中国教育国际交流协会秘书处制定了协会《2001—2005年事业发展规划》，它包括主要目标、指导思想、主要任务、具体目标、工作措施等几个方面。《2001—2005年事业发展规划》的制定，是协会自建立以来第一次比较系统地规划协会事业发展的蓝图，对于协会充分抓住新世纪的发展机遇，迎接新世纪的挑战具有重要的现实意义。

2001年4月7日～8日，中国教育国际交流协会在苏州召开了2001年度地方秘书长会议，来自26个省、自治区、直辖市教育国际交流协会秘书长、部分省市教育厅（教委）外事处处长和会员高等学校外事处处长等48人，参加了会议。第一副会长郝克明出席会议并讲话。地方秘书长会议的召开，加强了协会同地方协会的联系，为努力开创21世纪我国非政府组织和民间教育国际交流与合作做了准备工作。

〔建立交流新模式〕 2001年，国际交流协会大胆创新，建立了以年会为框架，融学术论坛、信息交流、项目洽谈、展览展示相结合的新的交流模式，为协会事业在新世纪的进一步发展进行了新的尝试，提供了新的经验。

中国教育国际交流协会年会暨2001（第2届）中国教育国际论坛。2001年10月16日～22日在北京举办了以协会年会为框架的大型系列交流活动。此次为首次协会年会，又正值中国教育国际交流协会成立20周年。在年会期间，分别召开了协会第四届理事会第二次常务理事会和理事会会议；召开了中国教育国际交流协会成立20周年纪念大会；举办了以“为了中国和世界更美好的明天——基础教育的改革与发展”为主题的“2001中国教育国际论坛”、（第二届）高层学术论坛；举办了第一届中国大型国际教育综合展示会。另外，举办了首届国际教育项目洽谈说明会，效果良好。

2001首届职业教育国际周。为加强中外职教界的国际交流与合作，借鉴国外发展职教的经验，研究和探讨发展我国职教的措施，中国教育国际交流协会于2001年5月17日～20日在北京长城饭店举办了“2001职业教育国际周”大型活动。这次活动融职教发展模式展示、学术研讨和项目洽谈等相结合，为我国职教院校提供了一次重要的国际交流合作机会，活动受到职教界的充分肯定，认为这是一次创造性的国际交流活动。全国政协副主席罗豪才、教育部副部长王湛、章新胜分别出席有关活动。中国教育国际交流协会会长柳斌致词，第一副会长郝克明主持学术讨论会并致开幕词。

中国和荷兰高校合作交流研讨会。2001年2月19日在北京长城饭店举办了“中荷高校合作交流研讨会”，这次研讨会是中荷首次举办的大型高校交流活动。中方有清华大学、北京大学、中国人民大学、上海交通大学、南开大学等40多所大学参与，荷方有莱顿大学、戴尔福特大学、格罗宁根大学等高校参加。研讨会采用了主题演讲方式和分组讨论及项目洽谈等形式，通过研讨会中荷双方初步达成合作意向。研讨会受到中荷高校的好评。教育部领导张天保和荷兰教育部部长赫尔曼出席有关活动。

俄罗斯高等教育展暨中俄高校合作交流会议。2001年5月18日～19日，在教育部国际司的大力支持下，中国教育国际交流协会与俄罗斯联邦驻华大使馆联合举办了“俄罗斯高等教育展暨中俄高校合作交流会议”。教育部部长陈至立和俄罗斯教育部部长菲利波夫出席开幕式并致词。柳斌会长致欢迎词。这是中俄双方首次举办的大型教育交流活动，来自北京大学、清华大学、中国人民大学、南开大学、武汉大学和兰州大学等20余所中方院校与来自俄罗斯莫斯科国立大学、莫斯科鲍曼理工大学、莫斯科建工学院等30多所著名高校的校长及代表共120余人参加了合作交流会议和教育展。研讨会上，双方就教育合作及发展趋势、最新的科技研究、远程教育及非公立大学等做了专题演讲。教育展上，俄方院校提供了较丰富的资料，从图片、文字材料及多媒体等多方面宣传介绍了俄罗斯联邦高等教育的现状及院校情况，使参观者较全面地了解了俄罗斯的高等教育。通过这次合作交流会议，增进了中俄两国高等院校间的校际联系，为促进中俄两国的教育学术交流与合作打下了良好的基础。

中澳高等教育论坛。2001年9月，由中国教育国际交流协会和AVCC（澳大利亚大学校长委员会）在上海大学共同主办了"中澳高等教育论坛"。中澳两国大学校长、副校长60余人出席了会议。双方就中澳两国目前高校科研的发展方向、政策与对策进行了研讨。此次论坛取得了圆满成功，对中澳两国高校间的教育交流与合作起到了积极的推动作用。全国政协副主席钱伟长教授、柳斌会长、上海市副市长周幕尧等出席有关活动。

**〔国际项目合作工作〕** 2001年，协会秘书处制定了以发展地区业务为导向，进一步拓展亚洲、大洋洲项目，重点开发欧洲项目的工作计划。在继续认真承办政府委托项目和实施其他原有项目的基础上，探讨和开拓了新的国际合作项目。

原有合作项目。（1）"美中友好志愿者项目"是中美两国政府合作项目。2001年第八批美中友好志愿者共有44名来华任教（其中环保项目16人）。3月在四川成都召开了项目省市评估会。会上颁布了新修订的管理手册。通过志愿者与项目院校师生的交流，对于提高我国项目院校英语教学水平和教学质量起了积极的作用，同时增进了双方间的相互了解，增进了中美两国人民间的友谊。（2）"艾森豪威尔基金会访问学者项目"是协会承担的政府委托项目之一。2001年在协会派人赴美进行了为期三个月的考察，取得了很好的效果。（3）"AFS项目"是协会与美国国际文化交流组织多年的多边合作师生交流项目。2001年派出学生70人，分赴15个国家学习；教师19人赴美国进修学习。并首次接待年度来华学生10人，接待短期美国、澳大利亚、日本等国和香港地区国际学生教师近70人。（4）"暑期英语教师培训项目"是协会与美国英语学会合作的英语师资培训项目。2001年北美教师137人来华进行暑期英语教师培训，近2 000名中国教师参加培训。同时，美国英语学会北美辅导员245人来华，在我国30所中学开展"中华营"项目。第二批13名接受英语学会奖学金项目的中方教师赴美接受4周的教学法培训。此项目对促进民间国际教育交流起到了积极作用。"中美中学教师交换项目"是协会与美国人文理事会合作的项目。2001年中方24名教师赴美国中小学任教，美方15名教师来华赴北京、洛阳、苏州、常州、扬州、南京的中学从事英语教学。各项目学校为正在推进的双语教学进行了新的尝试。（5）"中澳音乐教育实验项目"和"中澳高校合作项目"是协会与澳大利亚合作的教育交流项目。2001年，项目工作进展顺利。"中澳音乐教育实验项目"的开展基本保持前一年的项目规模。据统计，2001年有10个省市的近160所项目学校，近10万小学生在学习此实验课程。2001年共派出项目学校有关人员培训团2个，共56人。"中澳高校合作项目"在上年稳步发展的基础上，2001年又有新的发展。2月，澳方派出了4位大学副校长及AVCC（澳大利亚大学校长委员会）官员来华出席大学校长跟班项目培训会，与中方副校长共同制定了出访考察计划。5月，派出了第二批以清华大学副校长、中国科学院院士顾秉林为团长的"中国大学校长赴澳进行跟班项目团"（8人）。协会领导在出访前期集训时对该团提出了十分具体的建议与要求。此项目受到了两国教育部的充分肯定和清华大学等参训单位的好评。（6）日本项目是协会传统项目。2001年霞山会访问学者、静冈县亚洲之桥项目、广岛县日语教师和技术人员进修项目等，均按计划执行。

新建和开发的合作项目。（1）"中美青年交流项目"是美国国务院发起并部分资助的旨在支持跨学科、跨文化的教育交流项目。项目的第一阶段是中美双方各选 7 所中学作为项目合作伙伴。合作伙伴学校推荐高中生参与网上和住家培训与交流，为期一年。（2）中美大学领导者培训项目是协会同美国州立大学协会商谈达成的旨在加强中美大学和高等教育领导者培训的双边合作项目。(3) 与韩国韩中文化协会签订了合作协议；与韩国大学教育协议会恢复了交流关系。(4) 与菲律宾中学校长联合会建立了交流关系并于 5 月接待了该会现任会长及 2 位前任会长带队的菲律宾中学校长访华团。实现了中菲建交以来，菲律宾方面第一次组派教育团访华。(5) 先后派出 3 个赴欧洲考察小组，积极与有关团体商讨合作的可能性。其中，同英国文化委员会正在商谈中英大学校长培训项目；同欧洲国际教育协会、欧洲大学校长协会建立了交流与合作关系。同欧盟驻华代表团、荷兰国际教育交流机构驻华办事处、德国技术交流协会驻华机构、法国国际教育协作总局等都加强了接触和交流。为今后全面开展欧洲工作打下了基础。

〔**组派出国团组**〕 2001 年协会计划组派境外考察、访问、培训团组 36 个，因美国“9.11”事件，实际派出 33 个团组，其中工作团组 8 个、协议出访团组 12 个、出国培训团组 13 个，约 410 人次。协会组派的出国团组，主要针对目前我国教育发展中面临的热点、难点问题，与国外的教育工作者进行交流，了解所在国的教育发展方向，以推动我国的教育改革与发展。团组考察培训效果基本达到了目的。

2001 年，国家外专局重新核定协会为教育系统唯一有资格组织团组赴国（境）外培训的单位。培训资格有效期为 5 年。

〔**接待来华团组**〕 2001 年，协会邀请并接待了 30 多个代表团，其中主要包括澳大利亚大学校长代表团、加拿大社区学院协会会长代表团、爱尔兰中学校长代表团、美国耶鲁大学代表团、菲律宾中等学校校长联合会代表团、日中教育交流恳谈会代表团、日本静冈县友好之桥学生交流团、孟加拉国基础教育团、美国公民教育中心主任代表团、美国 Louisville 大学文理学院访华小组、美伊利诺大学做中学习公司总裁代表团、美国黑鹰学院院长及副院长访华团、美国 DePaul 大学校长代表团、美国罗斯福大学校长代表团和国际文化交流组织董事会主席代表团等。

撰稿　袁　媛

审稿　尤少忠

# 中国教科文组织活动

〔**举办九个人口大国全民教育部长级会议**〕 2001 年 8 月 21 日～23 日，中国与联合国教科文组织合作在北京召开了“第四届九个人口大国全民教育部长级会议”。这是我国自 1971 年恢复在教科文组织的合法席位后，首次在教育领域与教科文组织合作并承办的部长级会议。来自孟加拉、巴基斯坦、印度、印度尼西亚、中国、巴西、墨西哥、埃及和尼日利亚的教育部长或部长率领的政府代表团出席了会议；俄罗斯、伊朗和日本首次派出高级别代表团作为观察员参加了会议；此外，教科文组织总干事、教科文组织执行局主席、教科文组织教育助理总干事及其教科文组织驻有关地区办事处和九国办事处主任、有关国际组织驻华机构代表也出席了会议。与会代表共 210 人，超过了往届会议的规模。

此次会议得到了党中央和国务院的关心和重

视。8月22日，江泽民主席在中南海会见了出席会议的各位部长、教科文组织总干事和执行局主席。江主席说，九个人口大国都是发展中国家，面临共同的问题。面对经济全球化速度加快，科学技术日新月异，发展中国家面临着机遇和挑战。九个国家人口众多，把人口负担变为宝贵的人力资源，是我们的共同责任。教育在实现这一转化过程中，起着至关重要的作用。同时，江主席也强调了文化在各国发展中的重要性。

国务院副总理李岚清出席开幕式并致词。教育部部长陈至立作为会议主席主持会议，并在会上作了题为《满足人民基本学习需要　开创全民教育新局面》的讲话。教育部副部长章新胜当选为专家会议主席主持并参加了会议。教育部副部长王湛也出席了会议。

会议以“利用远距离教育和新的信息与传播技术促进全民教育发展”为主题，讨论了九个人口大国在全民教育领域取得的进展和存在的问题；协商一致通过了进一步推进九国全民教育的《北京宣言》。《北京宣言》提出了推进全民教育发展的16项措施；重申了九个人口大国政府在全民教育发展方面向国际社会的承诺，并保证在2002年之前确定各国的全民教育行动计划；保证为全民教育计划的实施提供人力、基础设施和资金等方面所需的资源。会议期间，还成功举办了题为“中国基础教育成就”的大型展览。

〔**出席第四十六届世界教育大会**〕　9月5日～8日，联合国教科文组织第46届国际教育大会在日内瓦召开，教育部副部长兼中国联合国教科文组织全委会主任章新胜率团出席了会议。出席本届会议的有来自127个国家的代表团以及9个国际组织的600多名代表，章新胜当选为大会副主席。

本次大会的主题是：全民教育和学会共处。会议的主要目的是在教育领域的较高层面增进各国代表的广泛交流，探讨在全球化进程加速的背景下，通过促进不同国家、不同文化和不同宗教的人民之间的和睦共处，提高全民教育的质量。会议认为，全球化趋势使世界上国与国之间的相互依存日益增强，国与国之间、种族之间、民族之间如何共处存在着复杂而多样的问题。未来公民应具备共处能力是将来生活中必不可少的条件，因此，“学会共处”已成为面对全球化的一种基本学习需要。教育的重要性不单纯表现在国家的发展规划方面，而且还表现在推动国际政治、经济、社会与文化的整体战略方面。教育不但是促进本国发展的重要途径，而且还是维护和促进持久和平的重要手段。

在全会上，章新胜团长就“世界、未来：教育与全球化挑战”这一专题做了大会发言，正面阐述了中国政府对全球化所持的基本立场，介绍了中国对外开放和教育改革的成就，宣传了中国政府一直强调的尊重多元文化的主张，以及中国传统文化重视求同存异的思想。

本次教育大会的议题来自于联合国教科文组织1996年发表的国际21世纪教育委员会的报告（简称：德洛尔报告）。该报告提出了未来教育的四大支柱，即：学会学习、学会做事、学会共处和学会生存。会议突出“学会共处”的主题，是面对当今世界诸多极其复杂的问题、特别是全球化趋势及其影响而提出的需为各国所认真思考的一个世界性课题。

〔**出席教科文组织第三十一届大会**〕　10月15日～11月3日，联合国教科文组织第三十一届大会在巴黎总部召开。本届会议是在美国遭受恐怖主义袭击、国际形势复杂多变的背景下召开的一次大型部长级多边国际会议。189个会员国派团出席了本届大会（121个国家由部长率团）。与会代表达3 000余人。法国、尼日利亚、立陶宛等三国的元首和另外6个国家的副总理到会发表讲话。章新胜率中国代表团出席了会议。

大会审议并通过了教科文组织《2002—2007年中期战略》和《2002—2003年计划与预算》；改选了执行局和若干政府间理事机构的部分成员；审议了该组织主管领域有关重大政府间计划和国际公约的实施；审议并通过了酝酿已久的《保护水下遗产公约》《文化多样性宣言》等重要国际公约和文件。

〔**接待联合国教科文组织总干事和执行局主席访华**〕　8月21日～25日，应教育部部长陈至立的邀请，联合国教科文组织总干事松浦晃一郎对中国进行了第二次正式友好访问。总干事访华期间，分别与陈至立、章新胜举行了工作会谈。其间还会见了外交部部长唐家璇、水利部部长汪恕诚和文化部部长孙家正；出席了“九国全民教育部长级会议”并讲话；出席了北京市教科文俱乐部与教科文组织在京共同举办的“东亚五国儿童艺术节”；出席了教科文组织在中国人民大学设立“教科文组织版权教席”计划的签署仪式，并接受了中国人民大学授予他的“名誉教授”的称号。

教科文组织执行局主席德·巴达鲁女士（洪都拉斯人）也应陈至立部长邀请，出席了九个人口大国全民教育部长级会议并访华。

**〔教育、科学、文化和信息传播领域的主要活动〕** 应教科文组织总干事邀请，中国社会科学院前副院长汝信教授先后出席了教科文组织在立陶宛和日本举行的“国际文明间对话年”会议，就文明间对话在当今国际社会的实际意义和东西方交融对中华文明发展的影响发表了讲话。与会代表一再强调文明间对话的重要性，并建议把加强文明间对话作为教科文组织今后六年计划的优先战略重点。

教育部副部长、中国联合国教科文组织全委会主任韦钰应意大利教科文全委会主席的邀请，于4月访问了意大利。在意期间，韦钰主任访问了总部设在都灵的国际劳工组织国际培训中心、意大利联合国教科文组织中心、地中海妇女论坛、联合国职员学院、意大利国际组织协会，会见了都灵省省长和都灵大学部分教授，并发表了讲演。

文化部副部长孟晓驷6月率中国政府文化代表团出席了由古巴文化部和联合国教科文组织在古巴共同举办的“第二届文化与发展国际大会”。来自48个国家的600余名代表与会，20多个国家的文化部长或副部长出席了会议。孟晓驷在大会上作了题为《致力于中国和世界文化的共同发展——我们的政策与主张》的专题报告，全面阐述了中国文化政策和对于世界文化发展的基本观点。

科技部副部长程津培10月出席了联合国教科文组织大会期间举办的“科学伦理：全球化时代的科学及其应用方面的伦理挑战”的科学论坛圆桌会议。来自部分会员国的50多位主管科学的部长或副部长参加了论坛的辩论。程津培介绍了中国政府在生物伦理方面的立场和态度以及江泽民主席提出的“共有、共为、共享”原则。会议一致通过一项公报，重申生物和基因研究的成果只能用于和平目的，建议联合国教科文组织与各成员国合作，共同规范全世界生物领域的研究和应用。

中国科学院院长路甬祥教授应联合国教科文组织社会科学与人文科学部门助理总干事的邀请，继续担任“世界科学知识与技术伦理委员会”（COMEST）委员，任期至2005年。

在北京等5个省、市实施了联合国教科文组织教育促进环境、人口和发展项目。举办了多期讲习班、培训班和巡回展览等活动。受到试验地区学生和教师的欢迎，对促进素质教育的实施起到了积极作用。

在北京和杭州等大城市开展的流动人口子女教育试验项目取得了积极成果。外国专家对中国一些中心城市帮助流动人口子女入学方面所采取的具体措施给予很高评价。该试验项目为教育管理部门进一步改进工作提供了有价值的参考。

在联合国教科文组织高等教育教席项下，中国人民大学建立了“版权法教席”，中山大学建立了“科学与技术政策研究教席”，南开大学建立了“环境管理教席”，华东师范大学建立了“师资教育教席”，浙江大学建立了亚太地区大学教育革新网络秘书处。

中国联合国教科文组织全委会与西北工业大学合作，于12月在西安召开了“新经济结构与产学研结合”国际会议。来自法国、日本和泰国的代表共计80余人参加了会议。

内蒙古的赛罕乌拉、河南宝天曼自然保护区被联合国教科文组织认定为世界生物圈保护区。至此，中国的世界生物圈保护区已达21个。中国国家级生物圈保护区网络已有93个成员。

科技部中国科技信息研究所与联合国教科文组织合作，举办了“数字图书馆暨网络信息服务国际研讨会”，创建了科技信息资源共享系统。中国当选为联合国教科文组织新成立的全民信息计划政府间理事会成员，任期4年。

国家海洋局第二海洋研究所名誉所长、中国科学院院士苏纪兰教授在7月联合国教科文组织政府间海洋委员会第二十一届大会上再次当选为海委会主席。中国派出政府代表团出席了上述会议。

在联合国教科文组织世界遗产委员会第25届会议上，中国山西云岗石窟、西藏拉萨罗布林卡（扩充）列入教科文组织《世界遗产名录》。至2001年底，中国被列入《名录》的世界遗产已达28处。

中国传统剧种昆曲被联合国教科文组织列为第一批“人类口头和非物质遗产代表作”，全世界共有19个申报项目入选。

〔**翻译出版教科文组织出版物**〕 中国社会科学院与联合国教科文组织合作，翻译出版了《世界社会科学报告》。对外翻译出版公司翻译出版了《中亚文明史》第Ⅰ、Ⅱ卷中文版。水利部中国水文计划国家委员会编辑出版了《亚太地区河流目录》第四卷（中国部分），出版了《泥沙研究》第十六卷。

〔**教科文组织奖项**〕 甘肃省天水市教育委员会荣获2001年度联合国教科文组织国际扫盲大奖——世宗国王奖。

著名阿拉伯语教育家、阿拉伯历史学家、北京外国语大学教授纳忠荣获联合国教科文组织首届沙迦阿拉伯文化奖。

〔**教科文组织俱乐部活动**〕 8月21日～23日，中国联合国教科文组织俱乐部协会联合会与联合国教科文组织合作，在北京举办了东亚五国儿童艺术节。来自韩国、朝鲜、日本、蒙古和中国（包括香港和澳门特别行政区）的近300名儿童带着各自的民族音乐与歌舞参加了这次艺术盛会。联合国教科文组织总干事、来华出席九国全民教育部长级会议的代表团团长和驻华使节应邀观看了儿童们的演出。

撰稿 董建红

审稿 师淑云

# 语言文字工作

**〔宣传和贯彻实施《国家通用语言文字法》〕**《国家通用语言文字法》颁布后，中共中央宣传部、全国人大教科文卫委员会、教育部、司法部和国家语言文字工作委员会联合印发了《关于学习宣传和贯彻实施〈中华人民共和国国家通用语言文字法〉的通知》，各地按照《通知》要求，召开座谈会、编写宣传材料，利用广播、电视、报刊和网络等形式集中开展各种活动，大力宣传《国家通用语言文字法》，取得了较好的社会效果。

2001 年，教育部语言文字应用管理司与全国人大教科文卫委员会教育室联合编写了《〈国家通用语言文字法〉学习读本》，对《国家通用语言文字法》进行了深入浅出的讲解。教育部语言文字应用管理司举办了地方语委干部培训班，对地方语委办干部进行了法制和工作培训。

4 月下旬，全国人大教科文卫委员会和教育部语言文字应用管理司联合对陕西、甘肃、湖北、湖南 4 省进行了《国家通用语言文字法》宣传贯彻情况调研。调研组在上述 4 省召开了有关部门负责人参加的座谈会，听取了《国家通用语言文字法》宣传贯彻情况的汇报，考察了党政机关、学校、电台、电视台、出版社宣传贯彻《国家通用语言文字法》的情况，研究讨论了宣传贯彻中存在的问题。从考察情况看，《国家通用语言文字法》在社会上反映良好，一致认为这部法律的颁布实施对于保障和推动国家通用语言文字的普及应用，对于提高全民族文化素质和为社会主义现代化建设服务，具有十分重要的作用。通过考察了解到，有的省非常重视《国家通用语言文字法》的宣传贯彻工作，颁布后立即召开座谈会，对全省学习宣传和贯彻落实工作进行动员和部署。并充分调动和运用各种传媒手段，对《国家通用语言文字法》进行了大量宣传报道。各地、市也都召开会议，研究布置本地区、本单位的贯彻工作。但是，在实施过程中也存在一些问题：主要是《国家通用语言文字法》的宣传贯彻力度不够，有的省对如何贯彻做了初步规划，但在全社会范围内的宣传贯彻还缺乏有效行动；《国家通用语言文字法》在全社会的认知度不高，对其重要意义的认识还不到位；有的省没有独立的语言文字工作机构，没有专职干部，工作局面没有打开；有的省没有语言文字工作的专项经费，影响了工作的进展。

7 月，教育部语言文字应用管理司印发了《关于报送语言文字法制建设进展情况的通知》，为指导地方语言文字法制建设做准备。已有 25 个省、自治区、直辖市准备制定当地的《〈国家通用语言文字法〉实施办法》或修改完善已有的语言文字地方法规、规章。11 月，教育部语言文字应用管理司印发了《关于进一步加强宣传贯彻〈国家通用语言文字法〉的通知》，在《国家通用语言文字法》颁布一周年之际，组织全国各地和有关行业系统，开展宣传贯彻《国家通用语言文字法》的活动。

撰稿　魏　丹

**〔召开地方语委办主任会暨普通话水平测试工作汇报会〕**　2001 年 3 月 17 日，教育部语言文字应用管理司在桂林召开了 2001 年度地方语委办主任会暨普通话水平测试工作汇报会。会议回顾和总结了“九五”期间语言文字工作的成绩和经验，分析和认识“十五”期间语言文字工作面临的形势，明确“十五”期间语言文字工作的目标和主要任务；交流2000年工作经验，部署2001年工作；对城市语言文字工作评估和普通话水平测试等工作进行了研究。

教育部副部长、国家语委主任王湛在会上作了题为《认清形势，真抓实干，开创语言文字工作新局面》的报告。指出“九五”期间语言文字工作取得显著进展，主要体现在以下几个方面：确定了面向新世纪的工作目标，适应新形势的工作思路进一步明确，工作格局基本形成；法制建设取得历史性进展；规范、标准研制和基础工程建设进一步加强，取得了新成果；管理工作向纵深发展，社会语言文字规范化水平显著提高；工作机构和队伍建设在总体上得到加强。强调要认清形势，明确任务，突出重点，落实措施，努力开创“十五”期间工作新局面。要求“十五”期间，语言文字工作必须力争在三个方面取得重大进展，即：提高全社会语言文字应用水平工作有重大进展；语言文字基础建设工作有重大进展；依法加强管理监督工作有重大进展。提出“十五”期间工作总的指导思想是：高举邓小平理论伟大旗帜，贯彻党的十五大和十五届五中全会精神，依据《国家通用语言文字法》，贯彻落实国家语言文字方针政策，解放思想，实事求是，尊重规律，重在建设，统揽全局，把握重点，积极、稳妥、逐步地推进工作，使语言文字工作更好地为社会主义现代化建设服务。报告还就“十五”期间工作的几个主要方面提出了以下意见：(1)突出重点，狠抓落实，全面提高社会用语用字规范化水平。学校语言文字规范化工作要持之以恒，常抓不懈。社会重点领域的工作要明确要求，落实措施，逐步拓展和深化。(2)加快语言文字规范标准研制和基础工程建设步伐。(3)大力宣传贯彻《国家通用语言文字法》，加大社会动员力度，形成依法管理机制。(4)健全语言文字工作机构，造就一支适应新形势需要、精干高效的工作队伍。

撰稿　杜永道

〔**国家语委咨询委第二次会议**〕　2002年1月7日，国家语委咨询委员会第二次会议在北京召开。会议由全国人大常委会副委员长、国家语委咨询委员会主任许嘉璐主持，教育部副部长、国家语委主任袁贵仁，咨询委员会委员及教育部有关司局、事业单位的负责人出席会议。会议听取了教育部语言文字应用管理司、语言文字信息管理司关于2001年工作和2002年工作要点的通报，委员们对新世纪特别是新一年的语言文字工作提出了许多建设性的意见和建议。

许嘉璐在讲话中强调，在今后一个较长的时期内，要紧紧围绕宣传贯彻《国家通用语言文字法》开展各项工作，真正做到依法行政、依法管理，履行好政府职责。目前，信息技术、信息产业的发展及我国加入世界贸易组织以后的形势对语言文字规范化、标准化工作提出了严峻的挑战。因此，在“十五”期间，要把语言文字的规范化、标准化工作与信息技术的发展紧密结合，通过调查研究，摸清情况，探索语言文字规范标准建设的工作思路，制定工作规划，争取用5年左右的时间，建立起规范标准的框架体系。

袁贵仁也在讲话中要求语言文字工作者对当前形势保持清醒的头脑，进一步明确现阶段的工作任务。要解放思想、实事求是，转变观念、与时俱进；进一步转变职能，加强宏观管理，探索新的工作思路、工作措施和工作方式；突出重点，突出急需，区分轻重缓急，加强分类指导。要加强语言文字方针政策、法律法规和规范标准的宣传工作，把宣传贯彻《国家通用语言文字法》作为一项长期任务坚持不懈地开展下去。要善于发现、推广在实际工作中涌现出来的好典型、好经验；要加强调查研究和学术研究，采取多种形式和有效手段，把各项工作落到实处。

撰稿　周道娟

〔**城市语言文字工作评估观摩研讨会**〕　为了推动各地贯彻教育部、国家语委印发的《关于开展城市语言文字工作评估的通知》精神，全面启动城市语言文字工作评估，2001年9月18日～20日，教育部语言文字应用管理司在哈尔滨市召开了城市语言文字工作观摩研讨会。各省、自治区、直辖市和省会、自治区首府、计划单列市语言文字工作部门办公室负责同志，以及教育部、黑龙江省、哈尔滨市有关方面人员近百人出席了会议。

会议以“三个代表”重要思想为指导，深入分析了语言文字工作面临的形势和任务，进一步提高了对开展城市评估工作重要性的认识。教育部副部长、国家语委主任袁贵仁发表了题为《做好城市评估工作，为实现新世纪语言文字工作目标而努力》的书面讲话。指出对城市语言文字工作进行评估，是贯彻落实《国家通用语言文字法》的一项基本措施，有利于推动城市如期实现新世纪初叶语言文字工作目标，对于提高市民素质，创设与城市“两个文明”建设相适应的语言文字应用环境具有积极意义。通过评估实现“两个提高”：一是提高管理水平——逐步建立健全语言文字工作机构和相关法规制度，完善执法机制，营造良好的社会舆论氛围。二是切实提高全社会的语言文字规范意识和应用能力——学校、党政机关、新闻媒体、主要公共服务行业要遵照《国家通用语言文字法》，以普通话和规范汉字为基本的教育教学、公务活动、宣传以及服务的用语用字；相关岗位人员普通话达到规定等级；受过中等或中等以上教育的公民要普遍具备普通话和规范汉字的应用能力。要求把评估工作的着眼点放在扎实做好日常工作上，重在建设、注重实效。

会上，与会人员交流了各地评估工作的进展情况，实地观摩了黑龙江省语委组织的对哈尔滨市的检查评估，就有关问题进行了探讨。会议代表一致反映，哈尔滨市语言文字工作起步早，基础扎实，在工作网络建设、法规制度建设、社会宣传动员、提高整个城市用语用字规范化水平等方面取得了突出的成绩，基本达到了新世纪初叶语言文字工作目标要求，为全国城市做出了榜样。黑龙江省在推动城市评估工作方面发挥了积极的指导、组织协调作用，走在了全国的前列。大家表示要把城市评估工作作为“十五”及今后一个时期的一项重要任务，抓紧落实，坚定信心，保持良好的精神面貌，以开拓创新精神做好这项工作。

撰稿 于 虹

〔**加强行业系统语言文字规范化工作**〕 2001年，文化部与教育部、国家语委联合发出了《关于在文化系统贯彻实施〈中华人民共和国国家通用语言文字法〉的通知》，进一步加强了文化系统的语言文字规范化工作。文件要求各级文化行政部门和有关单位开展多种形式的学习宣传《国家通用语言文字法》的活动；把普通话作为各级文化行政部门的工作用语；面向公众服务的文化单位应以普通话为基本的服务用语，直接面向公众服务的工作人员应当具备使用普通话的能力，其中解说员、广播员经培训后普通话应当达到二级甲等以上，1954年1月1日以后出生的话剧演员和话剧表演专业毕业生应接受普通话水平测试，达到普通话一级水平，并逐步实行持证上岗制度；把规范汉字作为文化系统的公务和服务用字。各级文化行政部门在学习宣传和贯彻实施《国家通用语言文字法》的过程中要把握好国家的语言文字政策，加强对贯彻实施《国家通用语言文字法》工作的领导，并与文化事业、企业单位共同积极支持和参与推普周宣传活动。

信息产业部、教育部和国家语委联合发出了《关于认真做好信息产业系统语言文字规范化工作的通知》，确定了在信息产业系统实现所有员工以普通话为工作用语，以规范汉字为公务用字的目标。对信息产业系统用语用字作出了具体要求，并制定了相应的措施步骤：（1）各级管理部门应将普通话水平达标列入有关岗位技术标准，将在公务中使用普通话列入服务规范；（2）2001年内，各单位要对所有的公务用字、汉语拼音和计算机中文字库进行一次普查，并在年底前完成对不符合国家规范的汉字、汉语拼音和计算机软件的改正和更换工作，制定普通话培训计划，直接面向用户服务的职工普通话水平应当达标；（3）从2002年起，把推广普通话和语言文字规范化的内容列入评选表彰创建国家级文明行业、文明单位、青年文明号、服务标兵等称号的评比条件；（4）在推普周期间积极开展语言文字规范化的宣传活动。

撰稿 周道娟

**〔第四届全国推广普通话宣传周〕** 2001年9月9日～15日为第四届全国推广普通话宣传周。这是新世纪的第一个宣传周，也是《国家通用语言文字法》施行后的第一个宣传周。本届推普周的活动主题为“宣传贯彻《中华人民共和国国家通用语言文字法》，大力推广普通话，促进语言文字规范化”。推普周期间，《人民日报》发表了《依法推广普通话，促进语言文字规范化》的评论员文章，中央电视台、中国教育电视台播出了推普公益广告，中国教育电视台和北京人民广播电台制作播出了专题节目。推普周领导小组办公室举办了全国性的《国家通用语言文字法》及语言文字规范知识竞赛和推普周宣传品的征集活动，向全国推荐推普宣传歌曲5首，发放宣传画21万张。各地把动员和组织当地学校师生和广大群众参加知识竞赛和征集活动当作宣传贯彻《国家通用语言文字法》和普及语言文字规范知识的良好契机，广泛发动，积极配合，使知识竞赛和征集活动进展顺利，产生了良好的社会影响。内地31个省、自治区、直辖市的各级学校师生和其他各条战线的从业人员近7万人参赛。同时，收到应征作品446件。

各地语言文字工作部门努力创新，认真策划、精心组织了一些颇有新意的活动。如上海市的语言文字工作专业网站开通仪式，河北省的普通话水平模拟测试，广东省的推普宣传画创作比赛和展览，重庆市的三峡库区移民普通话培训班，四川省的少数民族双语竞赛，青海省召开的少数民族地区贯彻《国家通用语言文字法》开展推普工作的会议等。这些活动使语言文字工作与现代化高科技手段、与当地社会经济发展更加贴近，并以较强的新闻性、较高的艺术性和深刻的文化内涵吸引了媒体的报道视线，得到了各界群众的好评。重庆、广州和上海作为本届推普周重点城市，对推普周活动给予了高度重视，在省市政府的领导下，各有关部门积极参与，密切配合，分别组织了推普周开幕式暨大型群众咨询活动、推普周知识竞赛和征集活动颁奖仪式暨《可爱的中国》音乐朗诵会以及邮政系统普通话大赛、朗诵艺术欣赏会等，进一步提高了当地群众的语言规范意识和参与热情，为促进语言文字工作向纵深发展奠定了良好的基础。

撰稿　郝阿庆

**〔全国语言文字使用情况调查〕** 2001年，全国各省、自治区、直辖市语言文字使用情况的入户调查和专项调查工作均已完成，数据录入工作也已结束并上报到了全国调查办公室。经办公室核查，已通知部分有少量数据缺失的省市进行了补充。至此，这项调查中各地应当承担的工作已经圆满结束。

全国调查办组织专家讨论确定了此次调查应当发布的主要项目，即数据分析统计的目标量，并已着手编制统计分析的程序。与此同时，确定了调查报告的框架（初稿），部分报告稿已开始撰写。

撰稿　佟乐泉
审稿　张世平

**〔印发《科研项目管理办法》，成立科研规划领导小组〕** 2001年8月，教育部、国家语委印发了《国家语言文字工作委员会科研项目管理办法》。规定国家语委的语言文字科学研究工作，由国家语委科研规划领导小组统一领导、规划、部署；科研规划领导小组根据国家语言文字工作规划，组织专家进行科研项目指南和课题立项的论证，决定课题的立项；对国家语委立项的科研项目进行阶段性检查、评估；制定科研基金管理办法和科研成果奖励办法。

国家语委科研规划领导小组组长由国家语委主任担任，副组长由教育部语言文字信息管理司司长、语言文字应用管理司司长担任，委员由国家语委各单位推荐一名成员及其他单位有关专家担任。另聘国家语委咨询委员会成员若干名为顾问。根据《国家语言文字工作委员会科研规划领导小组职责与构成》，成立了国家语委第一届科研规划领导小组。许嘉璐、朱新均、江蓝生、陈章太任顾问，袁贵仁任组长，李宇明、杨光任副组长。

撰稿　陈　敏　王丹卉

〔**印发《语言文字规范（标准）管理办法》**〕 2001年，教育部、国家语委制定、印发了《国家语言文字工作委员会语言文字规范（标准）管理办法》。《办法》包括总则，规范（标准）的研制计划、研制、审定、审批及发布、复审、实施、建档及档案管理，附则，共九个部分。教育部、国家语委关于语言文字规范标准建设的总体思路是：政府宏观指导，社会科研支撑，严格审定结项，及时维护更新。具体操作办法是：国家职能部门建立语言文字规范标准体系，并根据实际情况分别轻重缓急，制定规范标准的研制计划，形成科研项目指南；面向社会通过招标和委托等方式立项研究；研究项目经立项部门聘请专家组鉴定后，提交审委会审定；最后由国家职能部门发布。社会上成熟的自然研究成果，也可直接报审委会审定，转为规范标准。

根据《国家语言文字工作委员会语言文字规范（标准）管理办法》，教育部、国家语委制定、印发了《国家语言文字工作委员会语言文字规范（标准）审定委员会章程》。《章程》规定，教育部（国家语委）负责组建国家语言文字工作委员会语言文字规范（标准）审定委员会。其职责是：根据国家语委和国家标准主管部门的语言文字规范（标准）制定计划，负责语言文字规范（标准）送审稿的审定工作；负责已发布的语言文字规范（标准）的维护性复审工作。

〔**第一届语言文字规范（标准）审定委员会成立**〕 2001年11月22日，国家语委第一届语言文字规范（标准）审定委员会成立会在京召开。教育部副部长、国家语委主任、国家语委语言文字规范（标准）审定委员会主任袁贵仁出席会议并讲话。本届审委会副主任由教育部语言文字信息管理司司长李宇明担任，委员有曹先擢、曹右琦、戴庆厦、冯志伟、傅永和、李行健、刘炳森、刘连元、陆俭明、王宁、王铁琨、张振兴。

袁贵仁在讲话中指出，语言文字规范标准建设，是语言文字核心性、基础性的工作，在信息技术及其应用飞速发展的今天，这项工作尤显重要。为顺利应对我国入世的挑战，适应信息时代国家标准化、国际标准化形势发展的需要，必须采取有效措施加快语言文字规范标准建设的步伐，尽快提高我国语言文字的规范化、标准化水平。他希望审委会委员严把规范标准审定关，在国家语委和学术界之间起到桥梁作用，加强双方的联系和沟通，并多为语言文字规范化、标准化工作献计献策。

成立会后，审委会审定并原则通过了《第一批异形词整理表》和《GB13000.1字符集汉字折笔规范》。

〔**发布《汉语拼音方案的通用键盘表示规范》等三项语言文字规范**〕 经国家语委语言文字规范（标准）审定委员会审定，教育部、国家语委2001年发布了三项语言文字规范：

1.《汉语拼音方案的通用键盘表示规范》。2001年2月23日由国家语委发布，于2001年6月1日起实施。

《汉语拼音方案》是给国家通用语言文字拼写和注音的工具，自1958年公布后，在许多领域得到了广泛应用。在中文信息处理领域，利用汉语拼音实现汉字输入的汉语拼音输入法，以其没有繁琐的编码规则、与国民教育背景一致、符合语言思维习惯等优点受到使用者的欢迎。《汉语拼音方案》采用国际间比较通用的拉丁字母符号，为在通用键盘上直接输入汉语拼音提供了方便，绝大部分声母、韵母都可以由相同的字母键直接表示。但是《汉语拼音方案》中"ü"类韵母和"ê"、声调符号，隔音符号（'），在通用键盘上却没有相应的键位表示。各种汉语拼音输入方法对此都采用了各自的替代表示方法。由于各种输入法替代表示方法的不同，给用户使用带来了不便，也影响了中文信息处理的发展。为此，国家语委于1999年开始组织制定《汉语拼音方案的通用键盘表示规范》。该规范对《汉语拼音方案》的字母表、声母表、韵母表、声调符号以及隔音符号在通用键盘上的表示进行了科学规定。该规范发布后，将逐步消除目前汉语拼音通用键盘输入中汉语拼音ü类韵母和ê、声调符号、隔音符号等在通用键盘上替代表示的混乱状况。

2.《第一批异形词整理表》。2001年12月19

日由教育部发布，自2002年3月31日起试行。

现代汉语书面语中异形词的存在，给现代汉语书面语的使用增加了负担，给汉语教学、新闻出版、辞书编纂和中文信息处理等带来了困难，影响了语言交际功能的发挥。为此，教育部、国家语委于1999年开始组织异形词整理工作。规范研制组经过两年多的工作，收集研究了1 500多组异形词，根据“积极稳妥、循序渐进、区别对待、分批整理”的工作方针，选取了普通话书面语中经常使用、公众的取舍倾向比较明显的338组异形词（指完全同音、同义而书写形式不同的词语），作为第一批进行整理，制定了《第一批异形词整理表》。该规范根据通用性、系统性等整理原则，给出了338组异形词的推荐使用词形。同时还对目前社会上流行的一批含有非规范字（即国家早已废止的异体字或已简化的繁体字）的异形词，选取一些影响较大的列为附录，明确废除其非规范词形。发布试行此规范对提高国民语言文字素质，促进现代汉语书面语使用规范化，方便社会交际，适应国家信息化建设等都有重要意义。

3．《GB13000．1字符集汉字折笔规范》。2001年12月19日由教育部发布，自2002年3月31日起实施。

1965年文化部和中国文字改革委员会发布《印刷通用汉字字形表》，规定了汉字的五种基本笔形及排列次序为横、竖、撇、点、折。由于该规范对折笔包含的各种笔形的分类、排序和名称没有进一步规定，在中文信息处理、排序检索、辞书编纂、汉字教学等领域应用中仍会遇到一定的困难。为此，教育部、国家语委于1999年开始组织制定《GB13000．1字符集汉字折笔规范》。该规范规定了汉字折笔笔形的分类、排序、命名的原则以及具体的分类、排序和名称，给出了《GB13000．1字符集汉字折笔笔形表》。该规范发布后，将给汉字形码输入，人名、地名排序，辞书编纂等带来很大的方便，同时也有利于识字教学的规范化。

撰稿　王　奇

〔**语言文字应用研究“十五”科研规划论证会**〕2001年5月，国家语言文字应用研究“十五”科研规划论证会在江苏无锡召开。会议回顾了“九五”期间的语言文字应用研究工作，分析了当前面临的形势，提出并明确了“十五”期间语言文字应用研究的主要任务。教育部副部长、国家语委主任袁贵仁，江苏省副省长王珉出席会议并讲话。语言学界和中文信息处理学界的专家学者代表及部分省市语言文字工作者共50余人参加了会议。袁贵仁在讲话中指出：“十五”期间语言文字应用研究要力争在语言文字本身的规范标准建设、面向信息处理的语言文字应用研究、应用语言学学科体系建设、社会语言生活跟踪调查和对策研究以及研究手段和信息服务手段的现代化等五个方面取得较大的进展，适时推出一批具有较高学术水平和较强实用价值的语言文字应用研究成果，推动“十五”语言文字应用研究向更高层次发展；要建立科学的运作机制，保证国家职能部门的主导作用，同时也调动社会方方面面的积极性；既使规范标准的研制有序化，又保证规范标准研制的学术民主程序，使所颁布的规范标准具有科学性、可行性和权威性。袁贵仁还指出，当前应用语言学专业人才依然短缺，要着力培养综合性人才，两栖型、多栖型人才；要研究综合性人才培养基地问题；特别要鼓励人才培养和使用上的体制创新和机制创新。

与会代表围绕《语言文字应用研究“十五”科研规划及项目指南（征求意见稿）》进行了深入讨论，提出了许多建设性的意见。代表们还就新世纪我国语言文字应用研究和规范标准建设工作如何为国民经济信息化、科技教育和产业发展等服务的问题进行了研讨。

〔**《信息处理用现代汉语词汇研究》结题**〕　由全国人大常务委员会副委员长、原国家语委主任许嘉璐教授和原国家语委副主任傅永和研究员承担并主持的国家社科基金语言学科“九五”重大项目《信息处理用现代汉语词汇研究》，于2001年3月25日在北京通过专家鉴定。

《信息处理用现代汉语词汇研究》是面向中文信息处理的现代汉语词汇学的应用基础研究，它直接关系到大规模真实文本的自动处理、机器翻译等目标的早日实现，具有重要的战略意义和学术价值。该课题共分 9 个子课题：(1) 信息处理用现代汉语分词词表；(2) 信息处理用歧义切分与专有名词识别软件；(3) 信息处理用词的构造研究；(4) 信息处理用汉语词类标记集规范；(5) 信息处理用汉语词类研究；(6) 信息处理用词的语法属性研究；(7) 信息处理用现代汉语述语动词机器词典的扩充和槽关系研究；(8) 信息处理用现代汉语词义体系研究；(9) 信息处理用汉语文本短语结构的人工标注。清华大学、北京大学、山西大学，上海师范大学、教育部语言文字应用研究所、中国人民大学等 10 多个单位联合攻关，完成了课题任务。

〔**编制《规范汉字表》**〕 建国以来，国务院及语言文字主管部门陆续发布了《简化字总表》《现代汉语通用字表》等一系列规范字表。但由于这些字表发布时间跨度大，且各有侧重，体例不一，检索不便；对一些字各表的处理不一致，内部有矛盾；各表的收字量普遍较小，字序排列较乱，不能很好地适应社会有关领域汉字应用的需要。信息技术主管部门为了解决汉字信息处理之急需，也制定了若干汉字编码字符集、点阵字模集及数据集等标准。这些标准与上述规范字表之间相互不统一，并存在着收字不合理、字形不规范等问题，致使国内外汉字库厂家制作的各种汉字库字形规范性不强。另外，随着科技、社会的飞速发展，用语用字变化很快，新词术语不断涌现，而且随着时代的前进，文字应用在某些领域的重要性也愈显突出（比如人名、地名和科技名词术语用字的规范化问题就比以往显得重要）。因此，根据社会语文生活的变化，对原有的规范标准进行调整是十分必要的。

国家语委于 2001 年 4 月立项进行《规范汉字表》的研制，做了大量的调查研究和学术准备工作。并在北京、上海等地召开学术研讨会，充分听取语言教学与研究、中文信息处理、书法和辞书学界的意见。《规范汉字表》的主要内容是确定规范汉字的总字量，并对每个字定形、定音、定序。字表内拟分为常用字、通用字、专门用字和罕用字等不同层级。为便于应用，该字表还计划列出与规范字头相对应的繁体字、异体字和旧印刷字形等，以备查检使用。国家语委还将召开系列学术研讨会。该项目的学术研究和字表编制工作，计划用两年半时间完成。

〔**语言文字信息处理基础工程建设**〕 国家“十五”计划提出“加速发展信息产业，大力推进信息化”，“以信息化带动工业化”。语言文字是信息的最主要的载体，语言文字的信息化是国家信息化的关键。2001 年，教育部加快了语言文字信息处理基础工程建设步伐。

1. 现代汉语语料库建设。建成现代汉语语料库一期工程——7 000万字的生语料库（含现代汉语核心语料库）；1993～1995 年的新语料1 000万字完成录入及校对工作；1996～2001 年的新语料1 800万字将于 2002 年 4 月完成录入及校对工作。

2. 语言文字工作专家库建设。初步建成语言文字工作专家库。将语言文字学界、中文信息处理界和其他有关学术领域的专家分级、分类建库。

3. 中国语言文字网建设。中国语言文字网初步建成。该网主要具备下列功能：第一，宣传国家语言文字工作的方针、政策；第二，向社会及海内外提供咨询和信息服务；第三，实现网上语言文字远程教育，包括普通话的培训、测试及文字应用水平测试等；第四，实现全国语言文字工作和科研管理的网络化；第五，作为语言文字规范标准发布的平台和征求意见、讨论语言文字问题的渠道；第六，连接海内外语言文字学术研究的桥梁。目标是逐步实现全国语言文字工作的数字化、网络化，其中一部分职能是“数字化政府”的职能。

〔**少数民族语言文字工作**〕 为了做好少数民族语言文字规范标准建设和信息处理工作，教育部语言文字信息管理司与有关部委和单位多方沟通协调，理顺关系，开展了以下工作：(1) 2001 年 10 月经部领导批准，成立“民族语言文字信息管理办公室”。主要职责是：少数民族语言文字信息处理工作的宏观协调与管理；研究国内外少数民族语言文字信息处理的状况，制定少数民族语言文字信息处理的规划；参与少数民族语言文字规范标准的制定、审定工作，组织、指导相关科研及科研成果的开发应用。（2）全国术语标准化技术委员会少数民族特别分技术委员会由国家民族事务委员会转入教育部后，为筹备该委员会换届工作，语言文字信息管理司于2001年10月29日召开了咨询组会议。会议审议了特别分会的章程（草案）、机构组成和工作计划，专家们还就如何推动少数民族语言文字现代化进程，提出了许多宝贵意见。我国西部大开发战略的实施，为推动少数民族语言文字现代化进程提供了难得的工作机遇。一些专家呼吁，为了更好地推动少数民族语言文字工作，在积极参加全国术语标准化委员会工作的同时，还应在其他技术委员会（如信息技术标准化委员会、文献工作标准化委员会）中设立民族语言文字特别分会。还有专家提出，少数民族语言文字工作，应该继承和发扬民族文化，并以信息化为主导，为少数民族地区的发展，为民族地区人文科学提供信息化支持。（3）就《少数民族人名汉字音译转写规范》的制定，向社会各界广泛征求意见。根据征集到的意见，教育部语言文字信息管理司已将《少数民族人名汉字音译转写规范》列入“十五”研制计划。

撰稿　陈　敏　王丹卉

审稿　王铁琨

# 教材建设、出版管理与教学仪器研究

## 人民教育出版社

〔**人教版义务教育新课程标准实验教材**〕 2001年上半年，教育部颁发了义务教育各个学科新课程标准（实验稿），并组织人员编写符合新课程标准、具有21世纪教育新理念的实验教材。根据教育部的安排，课程教材研究所各学科课程教材研究开发中心组织力量研究编写一套包括小学和初中各个学科的全套教材，由人民教育出版社出版。第一年共有一年级和七年级语文、一年级数学、三年级英语、七年级生物、七年级历史、七年级地理、八年级物理、九年级化学、一年级和七年级美术、一年级和七年级音乐、七～九年级体育与健康和一～二年级体育与健康教师教学用书共15个学科的教材（教师教学用书）经过全国中小学教材审查委员会审查获得通过，在教育部指定的38个国家级实验区中，有29个实验区不同学科、不同数量、不同程度地进行了人教版新课标教材的实验。这套实验教材的特点是：注重教材内容的现代化和开放性，重视综合素质和创新精神、实践能力的培养，着力探索学科体系的创新和教材组织方式的优化，重视教材综合性和学科之间的整合，以学生为主体并引导学生积极主动地参与教学活动，为教师提供新的教学策略和教学方法。在编写过程中，作为教育部直属单位的人民教育出版社、课程教材研究所，同对待以往各套教材一样，以对我国教育事业负责、对广大师生负责的态度投入新一轮教材的编写和出版工作。这套教材，时间较紧，观念较新，工作量大，人教社、课研所在人力、物力、财力上做了充分的准备，还聘请了一大批社外专家、优秀教师担任作者，在很短的时间内编出了送审样书，绝大部分学科一举通过。为更好地进行实验，人教社采取了很多措施，组织多种形式的对教师、教研人员的培训活动，到实验点听课、座谈、征求意见，配合试教工作编印并无偿赠送《试教通讯》，与实验点共同确定科研课题等。人教版的实验教材及教材实验工作，已博得实验地区的好评。

〔**完成所承担的“全国教育科学规划‘九五’重点课题”**〕 人民教育出版社、课程教材研究所承担的“全国教育科学规划‘九五’重点课题”《面向21世纪中小学教材建设现代化的研究》完成了预期研究任务，获得大量有价值的研究成果。2001年6月18日，全国教育科学规划办组织专家鉴定组对课题成果进行了鉴定，认为该项研究成果丰硕，在理论和实践的结合上有新的突破，为教育决策部门提供了依据，是我国“九五”期间基础教育科学研究所取得的一项优秀成果。

课题根据21世纪我国基础教育改革发展的客观需要，从历史与现实、国内与国际比较的角度对义务教育阶段、普通高中阶段的课程教材建设及教材史问题进行了系统深入的研究，对于推进我国中小学教材建设，深化基础教育改革，具有重大的理论意义和实践价值。课题系统、全面的比较研究在国内属首次，具有开创性。

课题研究多种方法并举，特别在研究过程中将理念、编写、实验、评价、修订和推广紧密结合起来，提供了课程教材建设的一种有效范式，具有重要的实践借鉴意义。课题完整收集整理了20世纪我国各个历史阶段的课程计划、课程标准和教学大纲等教材建设的文件资料，为研究新世纪中小学课程标准提供了历史借鉴，也为下一步研究打下了基础。

课题就我国基础教育课程教材建设提出和探讨了7个主要观点：（1）教材建设要放到我国基础教育改革的大背景中加以整体的考虑；（2）新一轮教材建设的重点是体现创新精神和实践能力的培养；（3）教材建设和发展迫切需要建构相应的大德育观；（4）教材建设迫切需要建立动态的基础发展观；（5）教材建设必须正确处理知识、儿童和社会的关系；（6）教材建设必须正确处理继承和创新的关系；（7）教材建设要适应现代信息技术发展的需要。上述观点，抓住了当前课程教材改革中急需解决和认清的主要问题，突破了传统课程教材观的局限，对树立现代课程教材观具有积极的作用。

课题对义务教育的培养目标、课程发展目标、课程设置及其结构以及学科课程教材的发展方向和基本思路进行深入探索，突出了义务教育阶段课程教材的综合化问题，同时又对修订现行义务教育教材的方式和策略做具体的研究，并把这些研究成果及时转化到21世纪新一轮教材编制和建设的实践之中。普通高中新教材的研究和实验，全方位地对教材建设进行研究，特别在对学科教材发展的走向、教材评价的标准和模型的研究、教材实验的组织和管理、教师培训等方面取得了明显的成果，新教材推广范围逐年扩大，取得了推动素质教育的良好实际效果。

〔**人教版中等职业学校国家规划教材**〕 根据教育部2000年颁布的中等职业学校文化基础课教学大纲，人民教育出版社组织编写了《法律基础知识》《语文（基础版）》《语文（提高版）》《数学（基础版）》《数学（提高版）》《物理（提高版）》《化学（基础版）》等7种教材，经全国中等职业教育教材审定委员会审定通过，正式列为中等职业教育国家规划教材，已于2001年秋季出版发行，供全国各地中等职业学校使用。其他品种，将陆续出版。

人教版中等职业教育国家规划教材的编写队伍由全国知名的学科专家、教学大纲的拟订者和教研、教学第一线的优秀教师组成，高水平的编写队伍保证了新教材的高质量。

这套新教材具有以下特点：1. 教材很好地体现了教学大纲的要求，符合中等职业教育的实际需要，同时又有自己的特色。2. 教材整体设计及具体内容安排合理，较好地体现了教科书的科学性和规范性。教材与初中课程衔接很好，过渡十分自然。3. 教材注重时代性，时代特点突出。4. 教材有弹性，能够适应职业学校专业多样、教学内容不同的要求。5. 教材的文字流畅、语言比较亲切活泼，可读性强。

〔**藏族地区汉语教科书出版**〕 本套教科书包括九年义务教育六年制小学和三年制初级中学《汉语》教科书，共18册。小学和初中同时起步，由课程教材研究所组织编写，人民教育出版社2001年开始出版。这套教科书是应西藏、青海、四川、甘肃、云南五省区藏族教育协作领导小组的请求，由教育部委托人民教育出版社（课程教材研究所）牵头，在西藏和青海有关编译部门的配合下共同编写的。该教科书主要根据教育部颁发的《中国少数民族中小学汉语课程标准》，并参照《全日制民族中小学汉语文教学大纲》编制而成，供以藏语授课为主，单科加授汉语的藏族中小学生使用。编写这套教科书的指导思想是：适应素质教育的总要求，从第二语言教学的基本特点出发，坚持功能、结构、文化相结合的原则，逐步培养学生正确理解和运用汉语言文字的能力，养成学习汉语的良好习惯，使学生具有一定的创新精神和实践能力。这套教科书要达到的学习目标是：掌握2500～3000个常用汉字，5000～6000个常用词语和一些基本的语法句式；能进行日常的会话和交流，能听懂一般性的广播和报告，能进行一般性的辩论和演讲，能阅读有一定难度的文章，能写五六百字的记叙文和比较简单的说明文，具备一定程度的听、说、读、写能力。教材编写力求既抓住汉语自身的特点，又照顾到汉语和藏语的区别，体现教材的科学性和实用性；既反映整个社会的生活和文化，又体现藏族的生产和生活实际，使教材具有针对性；既照顾大面积使用的需要，又考虑偏远地区的学生差异，增加教材的弹性；既设计出整套教材的总体风格，又照顾到不同年龄段的特点，增强教材的趣味性。目前，小学和初中的前两册均已在广大藏族地区开始使用，并受到有关部门领导和师生的好评。

〔**《课程·教材·教法》杂志进入“中国期刊方阵双百期刊”行列**〕　《课程·教材·教法》杂志，由教育部主管，人民教育出版社、课程教材研究所主办，1981年创刊，是我国第一家以反映基础教育课程教材建设为主要内容的学术性刊物。创办初期为季刊，后改为双月刊，现为月刊。2001年，《课程·教材·教法》杂志被新闻出版署正式列为“中国期刊方阵双百期刊”。此次进入“中国期刊方阵”的“双百”期刊（全国百种重点社会科学期刊、百种重点科技期刊）共192种。这些期刊，都是由中央和各地新闻出版管理部门和期刊主管部门认真评选，经中宣部和新闻出版署审核，确定拟入选名单，又经过《中国新闻出版报》一个月的社会公示和中国期刊展的集中展示，接受读者监督，新闻出版署在广泛听取读者和各级新闻出版部门意见的基础上最后确定的。创刊以来，该刊先后被评为全国教育类核心期刊，并在基础教育类名列前茅；1995年被评为全国首届优秀社会科学期刊；1999年被评为全国百种重点社会科学期刊；被誉为“教师的挚友，教研的助手，教改的参谋”。

〔**2001年主要获奖图书**〕　2001年，人民教育出版社又有一批教育图书获得国家级、省部级和其他各种奖项。获国家级奖的有：

**第五届国家图书奖、新闻出版署第二届全国教育图书一等奖**

《应用心理学书系》（12卷）林崇德主编

**第十二届中国图书奖**

《当今世界教育思潮》毕淑芝 王义高主编

**新闻出版署第二届全国教育图书一等奖**

《当代大教育论丛书》（10卷）张 健总主编

撰稿　李　慧　张廷凯　石鸥弢　王本华　顾国麟　邢克斌

审稿　韩绍祥　魏国栋　吕　达　朱明光

# 高等教育出版社

〔**出版面向21世纪课程教材情况**〕　为贯彻落实《中国教育改革和发展纲要》的精神，1994年，原国家教委高等教育司针对当时我国高等教育人才培养工作中存在的“专业口径过窄、人文教育薄弱、教学模式单一、教学内容偏旧、教学方法过死”等突出问题，开始制订并实施“高等教育面向21世纪教学内容和课程体系改革计划”（以下简称“面向21世纪教改计划”）。

“面向21世纪教改计划”是在广泛听取专家意见的基础上，采取全国立项研究的办法启动实施的。共有300多所高校的1万多名教师、教学管理人员和教学研究人员参加了项目的研究和改革实践。“面向21世纪教改计划”涉及内容广泛，主要研究和改革高校基础课程、主干课程的教学内容和课程体系。

作为我国高等教育教材建设的重要基地，高等教育出版社从“面向21世纪教改计划”立项之初，就投入大量人力和财力，全面跟踪和参与千余个子项目的研究和实施，并依靠多年来在高等教育教材建设方面积累的经验、水平、实力和信誉，成为面向21世纪系列课程教材的主要出版单位。

1995年6月，高等教育出版社出版了北京大学物理系赵凯华教授所著的第一本面向21世纪课程教材《新概念物理教程—力学》。截止2002年年初，全国已出版面向21世纪课程教材800本左右。其中，高等教育出版社出版了600本左右。这些教材涵盖了普通高等学校专业目录中的哲学、经济学、法学、教育学、文学、历史学、理学、工学、农学、医学、管理学等各学科门类。

面向21世纪课程教材具有以下三个鲜明的特点：一是这些教材均是“面向21世纪教改计划”项目的研究成果，均是教学研究、教学改革和教学实践的产物；二是这些教材在体系创新、内容更新和教法革新等方面的力度大，具有显著的创新性、先进性、导向性和适用性，有些精品教材的质量处于国际领先的水平；三是出版审批程序严格，编、校、印、装质量优良，设计有统一的专用标志性图案。

比如，北京大学赵凯华教授的《新概念物理教程—力学》，在教材编写的指导思想上，充分体现了对当今高等教育教学思想和教学观念的新思考、新探索，这些思考和探索在全国物理学乃至理工学科教学改革和教材建设工作中，引起了强烈的共鸣；南京大学卢德馨教授的《普通物理学》，大幅度更新了大学基础物理课程中许多17世纪、19世纪的传统内容，以20世纪现代物理知识为主导，贯穿以科学研究的思想、方法和语言，注重培养学生的科研意识和创新能力，使全书充满时代气息，成为我国高校教材建设史上具有里程碑意义的教改成果；清华大学肖树铁教授主编的《一元微积分》《多元微积分》《数学实验》《代数与几何》《随机数学》等系列“大学数学”教材，对我国高校非数学专业的大学数学基础课教学改革产生了重大影响并得到广泛的认同，成功构建了新的大学数学基础课教学内容和课程体系；清华大学范钦珊教授主编的《工程力学教程》，采用渗透融合的方法，创新性地整合了“理论力学”与“材料力学”两门课程，采用多媒体技术，将大量的工程实例搬上课堂，压缩了30多个课时，增强了教学效果；北京大学袁行霈教授主编的《中国文学史》，采用“守正出新”的编写方针，以文学本身的历史为线索，用新观点、新成果、新材料组织文学史构架，该套教材荣获2001年国家图书奖。

目前，面向21世纪课程教材已在全国高校广泛使用。其中，一大批精品教材已成为高校各专业的首选教材，但也有部分教材由于试用的时间还比较短，存在着一些缺点和不足。高教出版社将对面向21世纪课程教材不断修订、配套和升华，努力把这套新型教材建设成为代表和反映我国新世纪初高校教学改革和教材建设水平的精品教材体系，为我国高等教育人才培养工作做出更大的贡献。

〔**精品出版物获奖**〕 北京大学袁行霈教授主编的《中国文学史》（共四卷）采用“守正出新”的编写方针，以文学本身的历史为线索，用新观点和新材料组织起中国文学史的新构架，荣获我国图书最高奖项国家图书奖；《思想理论教育导刊》刊载的《面向新世纪，开创高校思想政治教育新局面》荣获第八届国家精神文明建设“五个一工程”入选作品奖。

〔**引进国外优秀教材工作**〕 为缩短我国在计算机教学上与国际先进水平的差距，加快培养具有国际竞争力的高水平信息技术人才。高等教育出版社承担了系统引进国外优秀信息科学技术类教材的任务。这批引进的20种信息科学技术系列影印教材，具有权威性、系统性、先进性和经济性的特点。是由国内信息科学技术领域的专家、教授广泛参与，在对大量国外教材进行多次遴选的基础上，参考了国内和国外著名大学相关专业的课程设置进行系统引进的，基本上代表了目前世界信息科学技术教育的一流水平。这批引进教材的价格与国内同类自编教材相当。教育部高等教育司和高等教育出版社先后在哈尔滨、武汉和杭州就这批影印教材开展了教师培训，有700多名教师参加了培训。经过试用和推广，这批引进教材已在高校相关专业广泛使用，受到师生的普遍欢迎。

撰稿 刘 超

审稿 张增顺

# 出 版 管 理

〔第五次全国高校出版社工作会议〕 2001年11月26日～28日，教育部、新闻出版总署在北京联合召开第五次全国高等学校出版社工作会议。参加会议的代表共有217人，其中高校出版社的主管校长87人，高校出版社社长94人，高校音像出版社社长8人；同时还邀请教育部直属的高等教育出版社、人民教育出版社、语文出版社和教育科学出版社的社长等出席会议。

“九五”期间高校出版社获得了较大发展。到2001年底，高校出版社已有94家，占全国567家出版社的17%。有4家高校出版社被评为全国优秀出版社，有20家高校出版社2000年被评为全国良好出版社。部分高校出版社已跻身全国强社行列，其出版理念、创新精神和发展业绩受到业内外人士的瞩目。2000年出版图书21 514种（含重版），比1995年的17 377种增长23%；销售码洋45.98亿元，比1995年的16.07亿元增长了1.86倍。

教育部副部长袁贵仁、新闻出版总署副署长杨牧之、中宣部出版局局长邬书林到会并作了讲话。邬书林局长作了题为《总结经验，深化改革，推动新世纪高校出版工作的新局面》的讲话。他对改革开放20多年来高校出版社取得的成绩给予了充分的肯定，并对高校出版社的发展提出四点建议：认清形势，心系大局，牢牢把握出版工作的正确导向；深化改革，做大做强，全面提高出版业的竞争力；大胆创新，锐意进取，努力开拓出版工作的新局面；志存高远，放眼世界，下大力气创办几个有国际影响的大学出版社。袁贵仁副部长作了题为《贯彻“三个代表”重要思想，开创新世纪高校出版社工作的新局面》的主报告。他指出，“九五”期间是高校出版社健康、持续发展的重要时期。高校出版社规模不断扩大，特色更加鲜明，办社水平、出版能力、经营能力都有明显提高，社会效益和经济效益有了较大幅度增长，出版队伍不断壮大。高校出版社已成为我国出版战线迅速崛起的重要力量，成为出版业的重要方面军。“十五”期间高校出版社的发展要与国家出版业的发展和教育事业的发展相适应，要抓住机遇、深化改革、开拓创新，保持整体持续、健康、快速的发展。高校出版社的发展必须走质量效益型的发展道路，以出版物的高质量取得社会效益和经济效益，使各出版社的实力和高校出版社的整体竞争力有较大的提高。要求“十五”期间高校出版社要形成比较完善的、适应社会主义市场经济体制和精神文明建设需要，符合高校出版社自身发展规律的管理体制和运行机制。要满足各级各类教育教学改革的需求，满足人民群众对精神和文化产品不断增长和日益多样化的需求，不断提高出版各级各类教材的比例，树立起高层次、高品位的教育出版社的良好社会形象。要不断增强和提高自身的经济实力、经济效益和市场竞争能力，提高高校出版社在我国出版业中的整体地位。要不断推进科技进步，使出版物的科技含量和出版过程及其管理的科学化程度在全国出版业中处于领先地位。要不断提高本社多种媒体出版物的比例和市场占有率，积极有效地发展音像出版、电子出版和网络出版，推动多种载体互动，构建多种媒体出版物立体发展的格局。要开展多种形式的横向和纵向的合作与联合。要进一步扩大对外开放，加强与国际出版界的联系与交往。从“十五”期间开始，经过一段时间的努力，将10%左右的高校出版社建成国内一流、国际知名的出版社或出版集团；将40%左右的高校出版社建成具有较强经济实力，出版特色鲜明，具有一定竞争力的中等规模的出版社；还要建设一批规模虽小但专业特色较强、学术水平较高，在同行业中影响较大的高校专业出版社，使高校出版社以合理的结构布局、很强的整体实力为我国出版业的发展作出贡献。杨牧之副署长就高校出版社的主要成绩和值得重视的问题、新闻出版业面临的形势、抓改革抓管理促进新闻出版业的繁荣三个方面作了讲话。

清华大学副校长顾秉林、南京大学校长助理张异宾、广西师范大学副校长刘健斌、复旦大学出版社社长贺圣遂等13位同志在会上分别从不同角度介绍了出版社如何与时俱进，深化改革，不断创新，提高综合实力，开拓进取的作法和经验。与会代表还对《高等学校出版社管理办法（讨论稿）》《高等学校出版社“十五”发展规划要点（讨论稿）》进行了讨论修改。

撰稿 初 班

审稿 靳 诺

# 教学仪器研究

〔**教学仪器标准化**〕 第三届全国教学仪器标准化技术委员会（以下简称“标委会”）成立暨工作会于2001年12月5日～6日在北京召开，对《教学仪器标准制、修订“十五”规划（讨论稿）》等文件进行了审议。标委会主任李连宁在讲话中肯定了前两届标委会的工作成绩：先后制订114个行业标准、清理297个原部级标准，对提高教学仪器产品质量、规范市场、保障师生安全健康和提高教学质量起了积极作用。新一届标委会将在拓宽领域、调整结构、加快速度、提高水平、保证重点和加强标准的宣传贯彻实施等方面做出努力，使订标重点与教育改革及提高素质教育相适应，要加强关系到学校师生安全、卫生、健康和环境保护等强制性通用基础标准的制订，加强工作人员有关标准化基础知识的学习和培训，提高标准化工作人员自身素质，切实保证教学仪器标准化工作质量，为教学仪器行业发展做出新贡献。会议还审定通过了《视频展示台》行业标准，已报送教育部审批发布。

〔**教学仪器产品质量检测**〕 根据教育部基础教育司《关于安排2001年教学仪器产品检测的通知》安排，教育部教学仪器研究所检测室对“大屏幕数字显示测试仪”等8个品种、67件教学仪器产品进行了质量检测。参检产品平均合格率为82.1%，未参检产品33件，占应参检产品33%。另外，对“教学电源”等41个品种、114件教学仪器产品进行了补检，补检产品平均合格率为86.8%。

从检测结果看，参检产品的质量逐年有所提高，产品从技术性能、外观到外包装都逐步趋向规范化。但仍有部分产品存在着不同程度的质量问题，生产厂需进一步改进管理和提高技术水平，促进产品质量提高。

〔**与联合国儿童基金会合作项目**〕 为执行中国政府与联合国儿童基金会2001～2005年周期基础教育合作方案，教育部教学仪器研究所继续承担“改进贫困地区基础教育”有关廉价教具的开发与培训子项目，向四川、广西、内蒙古、青海等4省、自治区的不完全小学和教学点提供844个教具包，并开展了相应的培训，改善了贫困地区教学点的办学条件。同时，为配合新颁布的九年义务教育课程标准，在甘肃举办了使用教具促进教学方法改革研讨班，推动贫困地区实施素质教育、培养学生的创新精神与实践能力。

〔**教学仪器研究成果**〕 2001年，由教学仪器研究所多教技术开发中心研制的“多教2000校园网教学管理系统”通过了专家鉴定。该系统是适用于大、中、小学校教学管理的网络化教学软件，其特点是：（1）该系统软件基于IE（internet explore）浏览器使用，只需将系统软件安装在任何一个局域网的 NT 服务器即可使用；(2) 系统对用户进行用户/密码认证，可以设置不同的权限，可在异地通过互联网远程使用；(3) 只需在服务器上升级，即可提升所有用户的功能，还可支持网上升级。

教学仪器研究所和北京航空航天大学联合研制的“物理实验微机接口及辅助教学系统”于 2001 年通过专家鉴定。该系统是应用现代信息技术改造传统物理实验的新一代智能化教学仪器，它是以微机为中心，将微机实时测量技术引入教学实验，通过接口电路、传感器和常规仪器完成物理量的测量，提高物理教学实验测量精度和实验效果。该系统的数据采样速率为 12.5 KHz～100 KHz，输入可在 1～8 通道中任选，程控增益为 1～800 倍，有 2 048 位 FIFO 存储器，接口为 Epp 增强型并口，软件采用全中文图形界面及单文档的切分窗口多视图结构。该系统中还成功运用超声运动传感器电路，实现了等时间发射和接收脉冲信号，脉冲信号经 PC 机接口电路采集，数据处理，能完成中学运动学方面的演示实验。

2001 年，教学仪器研究所获得了《DNA 双螺旋结构模型组件》和《牛顿第二定律演示仪》两项实用新型专利。

撰稿　顾　敏
审稿　冯振家

# 教育科研、学术活动

## 国家教育发展研究中心

〔WTO对我国教育的影响与对策分析〕 一、中国加入WTO所做出的教育承诺

根据日内瓦WTO统计和信息系统局按服务的部门（行业）划分，把全世界的服务分为12大类143个服务项目。教育服务属于12类服务贸易中的第五类，在项目上又分为初等教育服务、中等教育服务、高等教育服务、成人教育服务及其他教育服务五类。据WTO服务贸易总协定第13条规定，除了由各国政府彻底资助的教学活动之外，凡收取学费、带有商业性质的教学活动均属于教育贸易服务范畴。“服务贸易”主要有如下四种提供方式：

跨境交付、境外消费、在服务消费国的商业存在和自然人的流动。跨境交付具体到教育上说，是通过远程教育和函授等方式实现服务贸易。境外消费对教育来讲，指某国学生到国外去求学和培训。商业存在是指在该国设立办学机构，或与该国的机构合作办学，以机构身份进驻该国。自然人的流动指外国教师到另一国任教，以个人身份参与教育服务。

服务贸易把教育视为一种服务贸易产品，同其他类服务贸易一样在进行服务贸易磋商谈判时，各国在市场准入和国民待遇方面，要按照不同的服务行业（教育类别）分门别类地作出具体承诺，并列入各国的服务贸易减让表，同时允许各国依据国内立法对有关服务的开放做出限制和保留。

我国加入WTO对教育服务的承诺是部分承诺，有条件、有步骤地开放服务贸易领域和进行管理、审批。承诺的具体内容如下：

——义务教育和特殊教育服务（如军事、警察、政治和党校教育等）不包括在教育服务中；

——对跨境交付方式下的市场准入和国民待遇均未作承诺；

——对境外消费方式下的市场准入和国民待遇没有限制，即不采取任何限制我国公民出境留学或者接受培训的措施；我国对出国留学一贯采取“支持留学、鼓励回国、来去自由”的方针，这次减让表再次重申了我国的一贯立场；

——允许中外合作办学，允许外方获得多数所有权，但没有承诺给予外方国民待遇；

——不允许外国机构单独在华设立学校及其他教育机构；

——在教师（自然人流动）的国民待遇上，有以下资历要求：外籍教师来华任教要具有学士或者学士以上学位，具有相应的资格证书或者专业职称、从事教育教学工作2年以上（见下表）。

——对中外合作办学实行政府定价。

服务提供方式：（1）跨境交付；（2）境外消费；（3）商业存在；（4）自然人流动。

| 部门或分部门 | 市场准入限制 | 国民待遇限制 | 其他承诺 |
|---|---|---|---|
| 5. 教育服务（不包括特殊教育服务，如：军事、警察、政治和党校教育）<br>A. 初等教育服务<br>（CPC921，不包括 CPC92190 中的国家义务教育）<br>B. 中等教育服务<br>（CPC922，不包括 CPC92210 中的国家义务教育）<br>C. 高等教育服务<br>（CPC923）<br>D. 成人教育服务<br>（CPC924）<br>E. 其他教育服务<br>（CPC929，包括英语语言培训） | （1）不作承诺。<br>（2）没有限制。<br>（3）将允许中外合作办学，外方可获得多数拥有权。<br>（4）除水平承诺中内容和下列内容外，不作承诺：外国个人教育服务提供者受中国学校和其他教育机构邀请或雇佣，可入境提供教育服务。 | （1）不作承诺。<br>（2）没有限制。<br>（3）不作承诺。<br>（4）资格如下：<br>具有学士或以上学位；且具有相应的专业职称或证书，具有 2 年专业工作经验。 | |

来源：对外经济贸易合作部世界组织贸易司译《中国加入世界贸易组织法律文件》，第 127 页，法律出版社 2002 年 1 月。

**二、加入 WTO 带来的机遇与挑战**

教育是一项全局性，战略性和基础性工程。首先，我们必须从经济建设全局的高度来分析加入 WTO 对教育所提出的挑战，而不应仅局限于合作办学的范围来认识这个问题。加入世贸组织将使我国教育面临新的情况，对我国教育即带来挑战，也带来机遇，全面科学地分析机遇与挑战，及时制定正确的对策，才能抓住机遇，变挑战为动力，取得主动权，使利大于弊。

*1. 加入 WTO 有利于引进国外优质教育资源，加快教育改革开放进程，缩小我国教育与发达国家的差距。*合理地引进国外优质的教育资源，如品牌、课程体系、教师、教学方法、教学手段、管理模式、评估体系等和借助国外的教育经验，都是提高我国教育水准的有效途径。

*2. 加入 WTO 有利于促进教育管理体制改革和制度创新。*入世后政府的行政职能和行政程序要加以调整。政府对学校的管理要更多地体现服务功能，要调整和完善拨款机制、质量认证机制、评估机制。我国的办学体制也将进一步面向市场，办学主体更加多元化，通过有序竞争，不断提高教育服务的水平和质量。

*3. 有利于新型人才的培养。*入世后高质量人才的需求是多层次的，全方位的，高素质人才资源的竞争压力将进一步增大。目前我们在人才培养上突出问题表现在：一是专业结构不合理。二是行业，产业布局不均。三是分布失衡，全国专业技术人员总量 85%集中在东中部地区。四是产学研脱节严重。未来人才需具备多种能力，劳动力资源也需在国内外市场上重新配置。国内外劳动力市场需要的是复合型人才，是有国际交往能力和懂国际准则的人才。这种人才的培养，靠我们关起门来培养是难以做到的。即使农业、建筑业等劳动密集型行业，随着产业结构升级和外向型劳动力输出的增加，在劳动力素质和人才培养模式上也要发生大的变化。在开放我国部分教育市场的同时，通过合作办学，可以培养出一批与国际紧密联系的实用型人才，起到不出国留学的效果。

*4. 有利于构建终身教育体系。*加入 WTO 后，国有企业和民营企业面临的外部环境发生了很大变化，市场的约束力越来越明显。我国企业家、技术人员亟须更新知识，建立与之相适应的继续教育、终身教育新体系势在必行。非学历的职业教育和培训必然会大幅度增加，相当多的人要自觉“充电”。外国教育资源的进入，客观上可以满足我国社会经济发展和人民群众不断增长的教育多样化和多层次的需求。特别是国外大企业参与培训市场，将会促进中国教育与培训市场的发展与成熟，有利于我国终身教育体系的形成。

加入世贸组织对教育的挑战主要有以下几个

方面：

1. 维护教育主权的任务提上日程。教育主权涉及国家基本的政治文化经济利益，是每一个主权国家都必须坚决维护的基本权益。学校是培养社会主义建设者和接班人的摇篮，必须坚持党和国家的教育方针，成为推动中国先进生产力和先进文化发展重要阵地。随着加入世贸组织后教育开放度的加大，将有更多的西方教育机构进入我国，并带来其思想和文化影响。教育领域维护社会主义意识形态，反对西化、分化的任务将更加艰巨。此外，在更加开放的条件下，在吸收国外先进文明成果的同时，保持和弘扬中华民族优秀文化传统也是我们的神圣职责。

2. 教育市场面临入世冲击。加入 WTO 将放宽国外机构进入我国合作办学的条件，并允许其在资金投入上获得多数所有权。这些高等教育机构具有较强吸引力，并在我国境内直接与我国现有学校竞争，将对我国高校形成挑战。其次，国外在职业培训和继续教育方面经验丰富，具有明显优势。这块教育市场的竞争也将加剧。

3. 思想观念需进一步转变。从某种意义上说，WTO 就意味着规则，只有具备强烈的规则意识，才能从思想上真正“入世”。WTO 规则的核心是要尊重市场经济规律，各成员方按统一的规则办事，即依法办事，需要我们在立法、执法、司法、监督等方面更加严格，更加规范。规则意识强否是我们“入世”的关键。单位和公民守法意识并不能自发形成，它需要长期的培养和强化，从而也凸显出教育的重要性。

4. 有可能加大教育发展的地区不平衡性。入世将使人才需求更加旺盛，境外教育资源的介入也有利于加快人才的培养。但是，境外教育机构必定会考虑其利益回报，他们办学的重点将放在经济较发达的地区，教育方面原已存在的东西部地区的不平衡性将加大。

5. 人才竞争加剧。人才价格差异拉大，人工成本大幅提高、紧缺人才价格水涨船高，按市场规则进行调整，将产生国营企业人才进一步向三资企业、民营企业流动的现象。

6. 就业的结构性矛盾加大。入世总体上有利于增加就业机会，但就业的结构性矛盾将加大。从短期（3～5 年）看考虑到入世对我国传统行业和原有就业格局的冲击，就业机会不仅难以增加，反而可能减少。为抵御外部冲击，国内有关行业、企业必须加大结构调整力度，这一过程必然带来大量的裁员。外资的进入和货物、服务进口的转移效应将会大于出口的创造效应，使国内就业机会减少。中西部地区传统工业及农业受到冲击，也会减少就业岗位。入世后，从国外进口的优质低价的大宗农产品，可能使我国粮食和棉花价格在国际市场的压力下走低，影响农民收入，进而影响农村就业。也将促使农村剩余劳动力更大规模的向城市流动。

## 三、对策研究

1. 改进政府职能，坚持依法行政，提高依法治教水平。

我国的教育体制是在长期的计划经济体制下形成的。十多年来，教育体制改革虽有了突破性发展，但教育观念，运行机制，管理体制，教学内容和方法等仍比较陈旧。加入 WTO 后，要在教育领域引入新的竞争机制，促使一批学校提高质量和效益。要借鉴海外先进教育体制和机制，推动我国教育改革的深化，使我国教育更适应社会主义市场经济的要求，顺应教育发展的世界潮流。

要修改完善教育法律法规，认真研究我国加入 WTO 后，教育开放和国际合作的政策界限，以更加积极的态度参与国际教育合作与交流。新的法规一定要把握“扩大开放，依法办学，规范管理，促进发展”的准则，其核心是坚持国家法律在规范中外合作办学行为中的应有地位，促进我国教育的双向开放，对中外合作办学按照法定程序实行审批、实施监管和评估。

2. 调整人才培养结构和教育结构，积极发展新兴和抓短缺学科，适应经济结构调整的需要。

入世后人才的结构性矛盾是一个突出问题。因此，调整人才培养结构是当务之急。必须采取超常规办法培养急需的高新技术人才和高层次金融、贸易、会计、管理、法律等方面的人才。在结构调整上，要积极发展新兴学科教育。如我们业已批准 45 所高校开展现代远程教育试点，要积极探索，及时总结经验，快速发展。再如我们已经确定建立

35所示范性软件学院，大幅度增加信息社会所需要软件人才培养数量。

当前要着重发展与新型服务业相适应的新型职业教育，培养高素质的劳动力和实际工作第一线的专业人才，满足提高企业竞争力的需求和外资企业大量进入对人才的需求。职业教育要以适应市场需求为导向，瞄准市场设立专业，突出特色办专业，拓宽专业服务面向，加强实习基地建设。改变办学模式，把职业学校办成面向社会的、开放的教育和培训中心，使学生能够根据社会需要和个人兴趣、条件选择课程和学习方式。

3. 加强职业培训，建立终身教育体系。

入世后高新技术产业的发展和传统产业的改造要求不断提高职工的素质，行业转移，职业流动的加快要求对下岗人员再就业进行及时的培训。要大力发展社区教育，开展灵活多样的职前，职后和转岗培训。利用现代信息技术手段，发展远程教育。未来社会将是一个学习化社会，因此，必须建立不同类型及层次教育互相衔接，贯通的教育体制和更为开放灵活的学校制度。形成完善的社会化教育网络，满足人民群众多层次，多样化的教育和学习需要。

4. 加大教育开放力度，积极开拓国际教育市场。

加入WTO并作出有关教育服务承诺，将使我国教育开放的程度进一步加大。要继续坚持“支持留学，鼓励回国，来去自由”的留学政策，提高公派留学的针对性和实效性。采取切实措施，吸引海外优秀专家学者以各种方式为国服务。要抓住入世后知识流动和知识共享障碍减少的契机，发挥我国在中国语言文化，中国传统医学和某些学科方面的优势，利用我国学费较低，基础教育和本科教育扎实的特点，更大规模地吸引境外学生来华学习。适应入世后各国和地区对汉语教学的需求巨大增长的需要，积极提供教育服务，开拓国际教育市场。

5. 加大对西部教育支持的力度，促进地区相对均衡发展。

劳动力素质和人才问题是西部大开发的最大制约因素之一。西部的职业教育，尤其西部的农村职业教育是中国职业教育工作的重点和新的增长点。西部贫困家庭只要一家有一个人学习了职业技术，找到工作就可能脱贫。要通过加强学校建设、培训师资、资助家庭困难学生上学等措施，促进西部地区教育，尤其职业教育有大的发展。国家要进一步加大投入力度，继续实施“贫困地区义务教育工程”，完善东西部地区和学校对口支援制度。采取由国家和地方共同投入，国家重点院校对口支援的方式，支持西部地区尽快提高高等教育水平。培养当地留得住，用得上的人才。加快教育信息化特别是西部地区的教育信息化建设，大力利用现代远程教育手段提高西部教育的水平和质量。

6. 对以非设立方式进入我国的教育服务贸易要给以高度重视。

当前值得我们关注和需要加以研究的一个重要领域是网络教育和远程教育对教育服务贸易的影响。它所带来的利弊要给以充分的重视。

7. 及时建立教育预警机制。

要警惕某些大国对国际规则采用双重标准，惟本国利益是从。在国际交往中也要保持清醒，不可太天真，要“趋利弊害，以我为主，为我所用”。教育开放必须着眼于全球化大背景下认识，及时建立预警机制。要避免突然出现争端，政府和教育部门措手不及的状况。提高教育部门的自我保护意识及运用争端解决机制的能力。

撰稿　周满生

〔**我国不同地区教育现代化的理论与实践研究**〕　教育现代化是社会现代化的一个重要组成部分和基本前提，同时又是实现人的现代化的重要手段。自1983年邓小平同志提出“教育要面向现代化，面向世界，面向未来”后，教育现代化的研究日益成为我国教育科学研究重点领域之一。由国家教育发展研究中心谈松华研究员主持的“九五”国家哲学社会科学重点课题“不同地区教育现代化的理论与实践研究”，经过几年来的协作研究和区域实验，逐步形成了比较系统的理论框架和模式选择。总结该课题的理论与实践研究成果，比较突出的主要有以下几个方面：

**一、用区域现代化的理论和视角丰富和深化教育发展问题的研究，为宏观教育研究开辟了一个新的领域**

20世纪90年代以来，我国的教育理论工作者和发达地区率先开始了关于我国教育现代化问题的理论研究和实践探索。具体地说，一是关于传统文化与教育现代化的关系研究；二是以教育目的、价值观、功能观等为主题的教育现代化研究；三是关于教育现代化的历史研究；四是部分地区推进教育现代化工程的实践等等。这些研究和实践的特点是：一是借用社会学的现代化研究模式，但这种模式对教育现代化的特殊性重视不够，缺乏对教育现代化本质的深入探讨，没有形成成熟的分析教育现代化问题的分析框架；二是多数侧重于教育史，特别是教育发展史研究，有些成为变相的教育问题史研究；三是理论研究侧重于范畴的注释和历史发展的研究，实践探索则主要进行教育现代化工程的实施，两者都有所进展，但由于未能相互结合，理论研究过分地集中在术语、定义和形式的辩识上而缺乏实际意义，缺少对中国时代背景的总体认识与把握，应用上对于教育现代化进程的动态特征和路径预测没有重大的突破。鉴于这种分析，“九五”国家重点研究课题“不同地区教育现代化的理论和实践研究”，综合运用现代化理论和区域科学的理论成果，从教育发展整体的角度研究教育内部和外部诸多因素的相互关系及其发展变化的进程与条件，揭示教育现代化的区域发展规律，选择适应区域未来发展与变革需要的教育模式，以推进中国区域教育现代化进程。教育发展战略研究逐步转向教育现代化研究发展，有助于丰富与深化教育发展问题的研究，为宏观教育研究开辟一个新的领域。

**二、区域教育现代化的理论分析框架及主要研究方法**

1. 分析框架。本课题进行的区域教育现代化研究，是在区域教育发展研究和教育现代化研究的基础上进行的，力图从新的视角揭示教育发展的过程、因素和实现条件，以此形成分析区域教育现代化的理论框架。

（1）在时间维度上：廓理现代化理论和教育现代化的内涵，研究教育现代化的发展进程与相关因素，以及中国教育现代化的宏观背景和现实基础，再从教育系统全面进步的角度，分析教育技术、教育思想、教师队伍、教育制度与管理、教育体系等要素现代化的历史发展、现状、目标与实现途径，为区域推进教育现代化提供历史的、现实的和理论的依据。

（2）在空间维度上：利用区域科学和区域教育发展的理论，分析我国不同地区教育现代化的区域特征、目标、任务与实现条件，在此基础上提出中国教育现代化区域协调发展的战略与推进策略。

2. 主要研究方法。本研究除运用历史法、比较法等综合的研究方法外，还采用了以下主要研究方法：

（1）关键因素法。选取构成教育系统主体框架的若干重要因素如教育技术、教育思想、教师队伍、教育体系、教育制度与管理等以及影响教育现代化的若干社会因素如经济、政治、人口等宏观背景条件和基础进行分析，从总体上把握教育形态的演进情况和教育现代性的增长状况。

（2）实证调研方法。在全国6省12个县（市），对401个企业31 376名职工，进行教育培训与工作岗位的调查，研究不同技术装备、组织规模和产品的企业，教育培训的特点以及对于职工素质和企业发展的影响；同时，对85所学校5 252名教师和24 787名学生进行教育观念与教育行为现代性的问卷调查，研究不同地区和学校教育现代性的共性与个性，教育观念与教育行为的关系。

（3）类型学方法（聚类分析）。为揭示发达、中等发达和欠发达地区在社会经济现代化与教育现代化上所表现出的不同特征，以及各区域内部现代化的基本水准和协调程度，从而为区域教育现代化研究提供一种框架性的坐标参照系，课题在对中国31个省、直辖市、自治区进行聚类分析的基础上，粗略划分出我国不同教育现代化进程的区域。

（4）选点实验方法。在苏南地区、珠江三角洲地区以及黑龙江省的100多所学校进行教育现代化建设的实验，深入研究区域教育现代化的理论与实践问题。

**三、区域教育现代化研究的主要理论创新及其实践意义**

课题组在研究过程中，通过对教育现代化的内涵、进程、实现条件和相关因素的探讨形成了一些新的理论观点，特别是在总结各地开展教育现代化实验的基础上得出的一些研究结论和政策建议，对于推动我国教育改革与发展和教育现代化进程，具有十分重要的指导意义。

1. 在理论上比较全面地廓清了现代化理论与教育现代化的基本内涵。

（1）从现代化进程的演进探讨教育现代化的时点与范围。根据经典现代化和新现代化的理论观点，把现代化区分为以工业化为主和以信息化为主的不同阶段。把信息化纳入现代化的范畴，把握住21世纪人类现代化的发展总趋势，确定不同阶段教育在社会现代化中的地位、作用和特征，进而确立教育在中国现代化建设中的基础性、战略性和先导性地位，以及中国的教育现代化所肩负的工业化与信息化的双重使命。

（2）从教育系统全面进步的角度，探讨教育现代化的基本内涵与特征。教育现代化是教育系统的全面进步的过程，也可以说是一种新质的教育代替旧质的转变即教育形态的演变。教育生产力、教育制度体系和教育思想观念是构成教育形态的主要因素，因此教育现代化可以界定为这些因素的变化与逐步现代化的过程，教育生产力、教育制度体系、教育思想观念这些因素成为教育现代化的基本内涵。

（3）从教育现代化和区域科学的角度，全面探讨区域教育现代化的内涵。区域教育现代化就是在国家教育发展总目标指导下，结合本区域经济和社会发展、人口结构、人文传统等特点，将区域内各级各类教育的改革和发展，围绕现代化目标进行整合和整体推进，以利于在区域范围内经济社会与教育的协调发展。

2. 实践上提出了教育现代化的区域协调发展战略与策略。

（1）不同地区经济发展与教育发展的区域性特征及其协调发展的模式选择。为揭示发达、中等发达和欠发达地区在社会经济现代化与教育现代化上表现出的不同特征，揭示各区域内部现代化基本水准和协调程度，从而为区域教育现代化战略研究提供一种框架性的坐标参照系，本研究以衡量现代化水平若干指标为基础，建立起“S—E（社会—教育）”二维指标体系，通过聚类分析粗略地划分出处于不同教育现代化进程的区域，即发达地区（东部沿海地区）、中等发展程度地区（中部地区）和欠发达地区（西部地区），并分析各区域经济发展与教育发展的区域性特征及其协调发展的模式选择。

发达地区的教育现代化发展，可能会包含三位一体的内容：建设高质量的基础教育；发展高层次、高水平的教育，普及高中阶段教育和高等教育大众化；构建城乡一体化的社区教育体系，以适应城市化发展和社区成员终身教育的需要。

中等发展程度地区教育发展的现实课题是，构建具有区域特色的教育结构体系，探索符合当地实际的教育与经济社会之间协调良性发展的模式，形成区域人才的合理结构，尤其是为当地的支柱产业和优势产业提供足够的人才支撑。

欠发达地区从教育适度超前发展的要求看，也要着眼于为启动现代化做好智力准备，实现普及教育的目标，提高全体居民的知识水平，为接受现代文明打好基础。大力发展以农科教结合为主要内容的农村社区教育，采取非均衡发展策略即注意充分发挥城市和示范学校的影响和扩散作用，通过点、线、面的扩散作用，逐步扩大现代化教育的辐射面，提高教育现代化的水平。

（2）中国教育现代化的区域协调发展战略与区域教育现代化的推进策略。加快发展教育信息化，带动教育其他因素的现代化，应该成为区域教育现代化协调发展的重要的战略选择。教育信息化将成为带动教育现代化的关键性因素，它将会是发达地区提高教育水准，推进教育现代化的动力，也将成为中西部地区实现超常规、跨越式发展，加快实现教育现代化的依靠和保证。

区域教育现代化的核心是人的素质现代化与人的全面发展，不同地区的教育现代化应该“以人为本”，以提高人的现代素质和全面发展程度为出发点和归宿，实现教育形态的全面进步和现代化程度的不断提高。

按照不同地区经济发展和市场发育的水平，发挥政府与市场的协同作用，是推进区域教育现代化的必要保证。政府与市场在教育现代化中的作用，对于不同地区和不同层次、类别的教育是有区别的。在市场经济比较发达、市场机制比较成熟的地区，教育，主要是非义务教育的供求关系，可以较多地发挥市场机制的调节作用，政府的主要职能摆到规范市场秩序和市场行为，帮助处境不利的地区和人群获得公平的教育机会。而在经济欠发达、市场经济发育程度较低的地区，政府对于教育发展负有更多的责任，要尽可能扩大教育资源供给，合理配置有限的教育资源，在保证基本教育需求的前提下，最大限度满足社会教育需求，同时，要利用一切可能利用的条件，促进市场经济的发展，逐步增强市场机制对于教育发展的调节作用。从全国范围说，要发挥中央政府的宏观调控，在现阶段需要应用财政转移支付、实施扶贫工程、组织对口支援等方式，加强对于贫困地区的支持，增强贫困地区政府的财政实力和调控能力，帮助贫困地区加快发展教育事业，促进这些地区的经济发展和市场发育，逐步实现政府与市场、教育与经济以及地区之间的协调运作，实现区域教育现代化的协调发展。

撰稿　管西亮　王　建　王　蕊
审稿　周满生

〔**“基础教育热点问题研究”进展情况**〕　基础教育热点问题，是指在基础教育改革和发展过程中出现的某些为社会和广大群众所关注的教育现象或与教育密切相关的其他现象。基础教育热点问题，是教育改革和发展中多种矛盾的集中反映，是教育工作中新情况、新问题的积累和沉淀。热点问题的出现实质上与我国所处的社会转型、体制转轨、多重社会结构急剧变动的宏观背景相关，面对社会环境的变化，教育集中表现出三个方面的矛盾：一是社会日益增长的教育需求与现有教育能力的矛盾；二是多样化的教育需求与原有单一的教育体制的矛盾；三是确定的教育目标与客观条件产生的矛盾。热点问题的产生实质上就是这三个矛盾尖锐化的结果。其中一些问题既涉及教育内部政策调整，又涉及社会多方面的复杂关系，影响着学校、社会、教师、家长等诸多方面的利益，从而引起教育界和社会各界的广泛关注。

基础教育领域所涉及的热点问题，都是教育实践中的棘手问题，对这些问题展开深入细致的调查分析研究，一方面在于为教育行政主管部门解决教育热点问题提供科学依据，以便能够对症下药；另一方面也是为了与社会及时沟通，加强引导，增进共识，形成探讨解决教育热点问题的良好氛围，这既是深化教育改革，促进教育发展的需要，也是维护社会稳定，推进社会主义现代化建设的需要。总之，通过课题研究，有助于从全局上、从根本上充分认识解决基础教育热点问题的重要性和迫切性，有助于深刻分析基础教育热点问题产生的原因，有助于各级教育行政主管部门适时作出相应的政策调整。随着课题研究工作的不断推进，一些教育热点问题逐步得以化解，这些问题的解决，对于深化教育改革，促进教育发展产生了积极而深远的影响。

**一、基础教育热点问题研究的范围与重点**

“基础教育热点问题研究”是由国家教育发展研究中心和教育部有关司局共同参与组织的研究项目，课题研究选取了基础教育中的五个热点问题进行系统研究，本课题选定的五个热点问题，既关系着义务教育普及与提高的根本性问题，又涉及到基础教育整体改革的重大问题。

1. 关于民办中小学教育发展问题。

改革开放以来，我国社会力量办学成就显著，其中民办中小学教育发展速度很快、社会效益显著，为世纪末中国基础教育的普及与提高发挥了重要的作用，已经成为我国基础教育事业的重要组成部分。“基础教育热点问题研究”课题组自1996年开始，两次面向全国民办中小学校发放调查问卷，进行数据分析，同时结合资料分析、专题研讨、现场调查和案例调查等方法，就我国民办中小学教育的发展问题，进行长期的追踪研究。旨在了解目前中国民办中小学的实际情况，并针对实际中的问题提供政策咨询建议，促进民办中小学的健康发展。

1996年初，“基础教育热点问题研究”课题组进行了第一次全国民办中小学校的现状问卷调查，发放问卷3 000余份。回收问卷数量约占民办中小学总数的10%，覆盖了全国87%的地区。2001年初，为深入了解全国民办中小学的发展现状，综合分析民办中小学发展过程中的现实问题，以推动我国民办教育法规和制度建设的进一步完善，“基础教育热点问题研究”课题组再一次开展了“民办中小学发展状况”的问卷调查。问卷调查仍以全国范围内民办中小学校为具体调查对象，参照2000年全国民办中小学共计7 657所的数目，此次调查共发问卷5 500份，实际回收有效问卷768份，回收问卷数同样约占全国民办中小学总数的10%。问卷覆盖全国27个省、自治区、直辖市，包含了城市、县镇和农村三类民办中小学校。

在全国范围内实施问卷调查的同时，“基础教育热点问题研究”课题组深入全国各地的民办中小学校，通过实地调查、访问，掌握了民办中小学校的第一手材料，为专题研究提供了坚实的基础。课题组从1996年起，连续5年主持召开了分别由地方教育行政主管部门、民办中小学校创办人、民办中小学校长及教师参加的教育教学改革、学校管理等专题研讨会。课题组通过定性分析与定量研究相结合，对我国民办中小学的发展状况有了比较全面、整体的把握。

2. 关于解决“择校”与改造“薄弱学校”问题。

“基础教育热点问题研究”课题组在理论探讨、背景研究的基础上，围绕解决“择校问题”的主线，于1996年专程赴上海市、广州市、哈尔滨市、长春市做专题调查。通过主持召开一系列座谈会、实地考察有关学校、系统收集地方有关的政策文件资料，使课题组对于“择校与改造薄弱学校”的实践性问题有了比较全面、深入、具体的了解。

随着经济体制改革进一步深化，教育领域的热点问题很可能随着变换形式和内容。那些已经引起各方面关注、并且不断升温的问题，例如部分地方在办学体制改革方面实施的“公办民助”、“民办公助”、“国有民办”、“校长承办”等改革动向，以及这些探索对于解决择校问题的实际效果，也纳入课题研究的范围。课题组于1997年11月、12月和1998年3月，对天津、北京和沈阳三市的“民办学校”、“转制学校”、“薄弱学校”的情况进行调查。特别是对天津市解决“择校问题”和基本政策、促进民办学校规范化办学的重要措施和加强薄弱学校建设的主要经验有了比较系统的了解。

3. 关于流动人口子女教育问题。

90年代以来，随着工业化、城镇化、现代化进程的加快，我国出现了大量的流动人口，流动人口子女就学问题也随之产生。在我们制定种种防止农村地区学生辍学，引导流失学生返校政策的同时，不得不面对新出现的城镇流动人口子女辍学、流失问题。为确保流动人口子女接受义务教育，防止“普九”进程中出现新的漏洞，“基础教育热点问题研究”课题组积极配合教育部基础教育司，深入开展了“流动人口子女就学问题”的政策研究。通过背景研究、现状研究、问题研究、对策研究，对《城镇流动人口中适龄儿童少年就学办法（试行）》的修改提出了政策咨询意见。在此基础上，课题组直接参与《城镇流动人口中适龄儿童少年就学办法（试行）》的修改、补充和完善工作。1998年3月，原国家教委、公安部联合颁布了《流动儿童少年就学暂行办法》（以下简称《暂行办法》）。

《暂行办法》颁布以后，为促进地方、尤其是流动人口子女就学问题比较突出的大城市、特大城市认真贯彻实施，并结合地方实际尽快制定配套政策，切实保障流动人口子女接受义务教育，“基础教育热点问题研究”课题组配合教育部基础教育司，于1998年开展了“促进地方流动人口子女就学政策的制定与实施”工作，并选取北京市丰台区、上海市浦东新区、广州市海珠区、天河区作为《暂行办法》的试点地区。经过两年多的努力，这一工作不仅在试点地区，而且在各地都取得了很大进展。

为总结推广试点地区解决流动人口子女就学的经验，“基础教育热点问题研究”课题组会同教育部基础教育司，于1998年11月在上海召开了“解决流动儿童少年就学工作总结及经验推广会议”。通过推广试点地区经验，促进了各地流动人口子女就学制度的建立。全国许多地方，如厦门、株州、武汉、青岛等地也已制定出适合当地实际的《流动儿童少年就学暂行办法》。1999年，“基础教育热点问题研究”课题组和教育部基础教育司在上海市浦东新区、广州市天河区深入开展“促进地方流动人口子女就学政策的制定与实施”工作，两个试点地区分别举办了流动人口子女就学政策的“宣传周”、“宣传月”活动，积累了落实有关政策的经验。解决流动人口子女就学的工作在全国各地稳步展开，并已取得积极效果。

4. 关于基础教育观念转变问题。

中共中央国务院《关于深化教育改革全面推进素质教育的决定》，和江泽民总书记《关于教育问题的谈话》，都从不同角度指出了更新教育思想观念的重要性。如何学习、领会、贯彻第三次全国教育工作会议和江总书记《谈话》的指示精神，切实转变教育思想观念，促进教育改革与发展取得实质性的突破，让21世纪的中国教育真正焕发出前所未有的生机与活力，成为摆在我们面前的一项重要任务。

“基础教育热点问题研究”课题组，受教育部基础教育司的委托，紧紧围绕“在深化教育改革、全面推进素质教育的进程中，究竟应当树立哪些新的教育思想、应当转变哪些旧的教育观念”这一主题，会同中国教育学会、中央教科所、上海市教科院普教所、北京师范大学教育系、华东师范大学教育系、山东高密市教委、北京市朝阳区教委的部分同志，连续召开了一系列座谈会、讨论会，分别听取了国内知名的基础教育专家学者、在京部分市区（县）教育局长、基层教育行政干部、教研系统教研组长、中小学校长、中小学骨干教师们的意见。在此基础上，就推进素质教育应当树立的教育思想、应当转变的教育观念达成了许多共识，对教育实践中涌现出来的新思想、新观念进行了初步的总结和概括，并由此形成了《素质教育观念学习提要》。全文分三部分，共30条。第一部分主要强调：教育工作应当从大处着眼，讲述关系素质教育核心思想的基本观念；第二部分主要阐述：实施素质教育要从教育教学改革的具体问题着手，讲述教育教学实践中的观念问题；第三部分主要说明：教育是一项社会系统工程，教育领域各个利益群体和有关方面，在转变教育观念问题上都有具体内容。

**二、基础教育热点问题研究的步骤与方法**

“基础教育热点问题研究”是一项系列研究，因而每一个子课题的研究，都紧紧围绕“背景研究”、“现状研究”、“对策研究”、“制度与思想研究”等几个阶段逐步展开。

1. 关于问题现状的调查研究。

由于教育热点问题本身比较复杂，因而在课题研究过程中，课题组始终本着实事求是的科学研究态度，通过深入地分析、揭示问题背后所蕴含的多重矛盾，从而寻求到解决矛盾和问题的办法。

教育热点问题的产生既有教育系统内部的原因，又有教育系统外部的原因。课题组牢牢树立改革和创新意识，通过分析教育热点问题的成因，从而科学界定出教育内部应当着力解决的问题，以及需要协调社会各个部门的关系加以解决的问题。

由于不同经济发展区域的经济实力和财政收入不同，教育热点问题的表现形式和特征有所不同。课题组特别注重分析教育热点问题在不同地区的表现特征、形成原因和规律，同时，针对同一区域内城市、县镇和农村三类不同的社会环境分别进行研究。

由于教育热点问题往往已持续一段时间，在此之前已有一定研究基础。为此，课题组充分立足于已有研究基础之上，通过大量文献研究，准确把握专题研究的进展状况，同时特别注重调查研究，做到文献研究与实际调查相结合，定性分析与定量分析相结合，使研究结论具有普遍意义。

2. 关于基本对策的分析研究。

政策是对现实关系的选择，对策研究必须要突破公众的思维模式，而不能只是对现有政策的注释、说明。为此，课题组在进行对策研究时，充分考虑解决问题的近期目标和长远目标：一方面牢牢把握现实条件；另一方面密切关注将来条件变化对政策调整提出的要求。由于教育热点问题是社会转型时期出现的问题，因而必须充分考虑社会主义市场经济体制建立之后的远期目标。

在对策研究过程中，注重运用综合研究的方法。充分考虑每一个价值主体的利益，即对多重价值主体与共同准则之间关系的把握。通过深入分析诸多政策方案的利与弊，真正做到兴利除弊，扬长避短。

3. 关于制度建设的总体研究。

开展“基础教育热点问题研究”，通过现状调查和对策分析，最终要为制度建设服务。由于“民办中小学教育发展问题”涉及到基础教育办学体制改革问题，“流动人口子女教育问题”关系到基础教育地方负责的管理体制进一步完善的问题，“解决择校与改造薄弱学校问题”关系到义务教育普及与提高的战略目标、政策取向和制度框架。因此，课题组始终将“制度建设研究”贯穿到各个子课题的研究之中，力求在制度建设的研究上有所建树。

4. 关于教育思想和理论研究。

教育热点问题往往是教育思想冲突和交锋最激烈的领域，因而，教育热点问题研究虽然是一项政策研究，但其背后蕴含着深层次的教育思想和教育理论问题。课题组在研究工作中，并不仅仅局限在对策、制度研究的层面上，而是立足于现代教育理论的高度，着眼于构建社会主义初级阶段的基础教育理论框架，注意从教育思想和教育理论上对教育热点问题加以阐述、概括和总结，从而使研究工作具有普遍的实践指导意义。事实上，在现状研究、对策研究、制度研究等阶段都始终贯穿着教育思想和教育理论的探讨。

**三、基础教育热点问题研究的主要成果**

“基础教育热点问题研究”课题组，坚持以马克思主义为指导，注重理论联系实际，不断开拓了教育热点问题的研究领域，先后对“民办中小学教育发展问题”、“解决择校与改造薄弱学校问题”、“流动人口子女教育问题”、“转变教育思想更新教育观念问题”等一系列教育热点问题进行了深入的研究。这些着眼于教育现实问题的研究，获得了教育领域及国务院有关部门的著名专家学者、各级教育行政部门领导同志、高校及地方教育机构科研人员的大力支持，并通过连续三年争取国际组织项目经费，确保了各项研究的调查工作深入扎实、资料分析系统全面，在此基础上撰写的调研报告和综合性研究论文，有质量、有见地、有较强的现实针对性，研究成果在《人民日报》《光明日报》《教育研究》等报刊杂志发表后，引起了广泛关注，并为国内大量报刊杂志所转载，受到全国人大教科文卫委员会、教育部有关部门的高度重视和肯定。很多成果被快速提供给有关部门，直接成为国家宏观教育决策的重要政策依据和咨询意见。

教育发展研究中心基础教育研究室供稿

# 高等学校社会科学发展研究中心

〔**教育部邓小平理论研究中心工作**〕 2001年，教育部邓小平理论研究中心开展的主要工作有：

纪念中国共产党成立80周年的学术理论活动。理论中心承办了教育部6月14日～16日在京召开的“全国高校纪念中国共产党成立80周年理论研讨会”。研讨会共收到294篇论文，经评审，其中84篇入选，会后，编辑完成会议论文集《光荣属于伟大的党》。理论中心组织开展了为全国纪念建党80周年理论研讨会撰写、评选和推荐论文的工作。共有7篇论文入选全国会议。理论中心与中国史学会、北京市历史学会于6月联合召开了“中共党史研究的理论和方法”研讨会，着重讨论了坚持以马克思主义为指导开展党史研究的问题，剖析了否定党的历史的历史虚无主义倾向。

“七一”讲话和“三个代表”重要思想的学习、研究和宣传工作。理论中心组织有关专家学者组成课题组，按照中宣部下达的选题，撰写了一批研究、宣传“三个代表”重要思想和江泽民同志“七一”讲话的文章。由理论中心署名发表于中央主要报刊的文章有：《社会主义在曲折中前进》（《经济日报》2001年4月16日）、《马克思主义基本原理与中国具体实际相结合的典范》（《人民日报》2001年8月23日）、《人的全面发展学说的新境界》（《求是》2001年第18期）、《党要始终成为中国工人阶级、中国人民和中华民族的先锋队》（《光明日报》2001年10月9日)、《积极推进人的全面发展》(《经济日报》2001年10月9日)、《理论和纲领:一个政党是否先进的主要标志》(《求是》2001年第20期)。组织撰写的文章有6篇被收入中宣部理论局选编的《学习江泽民同志“七一”讲话20个重大课题成果汇编》,还有一批文章在《中国教育报》和《高校理论战线》上发表。

《公民道德建设实施纲要》的学习、研究和宣传工作。理论中心和教育部社政司于10月联合召开“学习《公民道德建设实施纲要》理论座谈会”,邀请部分高校和地方教育行政部门的领导和专家,对《公民道德建设实施纲要》的重要意义、指导思想、基本内容等问题进行认真学习和深入研讨。袁贵仁副部长出席会议并讲话。

“发展中的邓小平理论研究丛书”编写工作。本套丛书是理论中心编写的“有中国特色社会主义论丛”的续集,着重研究党的第三代领导集体对邓小平理论的继承、发展和创新,全套丛书13册,选题包括“三个代表”、“四个如何认识”、依法治国、以德治国、最高纲领与最低纲领的统一、人的全面发展等。已组织成立编委会,完成了对各书提纲的初审。理论中心受中宣部委托开展了关于价值观、通俗读物编写、繁荣社会科学推进理论创新等问题的三次调研工作,提交了调研报告,召开了“加入世贸组织对意识形态领域带来的影响”理论座谈会。理论中心编写的《邓小平理论青少年读本》(北京师范大学出版社,2000年版)荣获2001年中宣部“五个一”工程奖。

**〔哲学社会科学各学科学术研究工作〕** 开展哲学社会科学各学科的课题研究、组织各种形式的学术研讨活动,是社科中心的经常性工作。2001年,社科中心开展的学术研究工作主要有以下方面:

劳动和劳动价值理论的研究。社科中心于2001年3月成立“中青年理论经济学研究课题组”,与原有的“西方经济学与我国经济体制改革研究课题组”一道,在2001年度围绕劳动和劳动价值理论开展了深入研究。主要研究内容包括:对待劳动价值理论的科学态度和立场,马克思劳动价值理论的本来含义,劳动范畴的拓展,价值来源,价值创造和价值分配,劳动价值理论与剩余价值、剥削、阶级的关系,社会主义初级阶段和社会主义市场经济条件下的剥削问题,私营企业主的劳动和收入等。“中青年理论经济学研究课题组”于3月30日～31日召开劳动价值理论学术研讨会,来自全国高校和科研机构的30多位学者参加了研讨,研讨成果《深化对劳动和劳动价值理论的认识》于10月由经济科学出版社出版。12月5日～6日,“中青年理论经济研究课题组”和“西方经济学与我国经济体制改革研究课题组”联合召开“深化认识劳动和劳动价值理论学术研讨会”,来自全国高校和科研机构的60多位学者参加研讨。

“美国军事战略调整与我国国家安全”研讨。5月15日召开“美国军事战略调整与我国国家安全”研讨会,北京部分高校和军队科研部门的20多位专家学者参加会议。10月10日召开专题研讨会,就“9.11”事件以及美国对塔利班的军事打击对国际政治、经济和我国国家安全的影响等问题进行了研讨。

苏联演变过程中的意识形态问题研究。国家社科基金“九五”委托项目“苏联演变过程中的意识形态研究”课题召开了多次大型学术研讨会,研讨主题包括:西方对苏联的意识形态渗透与苏联演变,苏联文学的发展演变与苏联的意识形态,苏联改革年代对苏联历史发展道路的评价与苏联意识形态的演变,赫鲁晓夫以后特别是戈尔巴乔夫以来苏联和俄罗斯的经济理论和经济改革与苏联、俄罗斯的意识形态,苏共党的建设、苏联政治体制及发展道路的探索与苏联演变,意识形态在苏联演变中的作用及其经验教训等。课题于11月结项,完成了综合研究报告《意识形态在苏联演变过程中的作用》。

学校艺术教育实践的课题研究。该课题系全国教育科学“九五”规划重点项目,于2001年度结项,5月通过由全国教育科学规划领导小组组织的鉴定,课题研究成果“学校艺术教育实践研究丛书”正陆续出版,已出版《美术教育与人的发展》(人民美术出版社)。课题研究和总结了建国以来特别是改革开放以来学校美育和艺术教育的实践经验，采用多种研究方法，深入探讨了学校教育中的民族艺术传承、高师艺术教育改革、艺术教育评估和素质教育与艺术教育等理论问题。课题研究内容丰富，涉及教学法研究、区域性研究、高师艺术教育研究、美育与艺术教育理论研究等，为学校艺术教育实践提供了可资借鉴的多项理论成果，为建立有中国特色的、体现时代精神的、科学的社会主义艺术教育体系作出了努力。

社科中心还以多种形式开展了党的领导与民主监督，经济全球化，中国加入 WTO，辩证唯物主义与历史唯物主义的坚持与发展等课题的研究工作。

遵照党中央和教育部关于深入揭批“法轮功”邪教组织的精神，社科中心积极收集资料，在1月天安门广场发生“法轮功”痴迷者自焚事件后，迅速组织编写了《校园拒绝邪教（主题教育读本）》，1月由语文出版社出版。

社科中心组织编写的《中国古代灿烂文化》和《社会主义与新中国五十年》也于 2001 年度出版。

〔**《高校理论战线》办刊工作**〕 《高校理论战线》杂志 2001 年共发表 200 多篇文章，计 120 余万字。《高校理论战线》立足高校，面向全国，紧密联系当代世界现实和建设有中国特色社会主义的实践，反映高校理论研究和教学的最新动向，致力于哲学社会科学的繁荣和发展，为高校理论教学和科研服务，于 2001 年年末被新闻出版署评为“双效”期刊。

2001 年，围绕重大理论问题，开辟了“纪念中国共产党成立 80 周年”“学习贯彻江泽民同志‘七一’讲话精神”“学习贯彻六中全会精神”“学习贯彻《公民道德建设实施纲要》”等专栏，组织撰写、发表了系列文章。继续开设“理论新视角”“学习研究邓小平理论”“讲学习、讲政治、讲正气”“高校工作研究”“高校德育建设”“两课教学与改革”“哲学理论研讨”“经济理论研讨”“文化理论研究”“改革开放与人生价值观”“国际论坛”“人权论坛”“马克思主义经典著作研读”“传统文化与现代化”“读书与评论”“文艺理论”“探索与争鸣”“社科动态”等栏目。

为纪念中国共产党成立 80 周年，《高校理论战线》与《思想理论导刊》杂志、河北师范大学、西柏坡纪念馆于 6 月 22 日～25 日联合举行理论研讨会，来自北京、河北等地的 50 多位专家学者参加了会议。会议研讨的主要问题有：中国共产党光辉的奋斗历程和历史贡献；贯彻“三个代表”重要思想，加强党的建设，迎接新的挑战；不断创新是中国共产党的生命力所在；西柏坡时期中国共产党在理论与实践探索中的成果。

为加强与读者、作者的联系，1 月 15 日，《高校理论战线》编辑部在广西师范大学召开读者作者座谈会，分析高校和思想领域的形势，讨论如何贯彻中央思想政治工作会议精神和第九次全国高校党建会议的精神，进一步做好办刊工作。4 月 24 日～26日，编辑部在淮北市与淮北煤炭师范学院联合召开“以德治国”理论研讨会暨读者作者座谈会，围绕“以德治国”的理论意义与现实意义、“以德治国”与加强和改进高校德育工作等问题进行了讨论，就如何进一步办好、办活刊物进行了广泛深入的交流。

撰稿 冯 琳
审稿 田心铭

# 中国高等教育学会

〔**学术研讨活动**〕 2001 年，中国高等教育学会坚持正确的政治方向和学术导向，围绕高等教育改革与发展进程中的热点、难点问题，集中力量，加强科学研究，开展了一系列有影响、有创新、有价值、有特色的学术研讨活动，为促进高等教育的改革与发展起到了积极的推动作用，为繁荣教育科学的发展做出了贡献。

2001年5月20日～23日，中国高等教育学会、全国人大教科文卫委员会在杭州联合举办了全国民办高等教育学术研讨会。参加会议的有来自教育部有关部门和民办高校集中的省级教育行政部门的领导，民办高校的校院长及高等教育研究机构的专家和研究人员共180余人。中国高等教育学会会长周远清致开幕词并做总结报告，教育部副部长吕福源在会上讲话，全国人大教科文卫委员会副主任汪家镠也就民办教育的立法问题讲话。会议期间，汪家镠和吕福源先后与部分专家和民办高校代表进行了座谈。代表们集中反映了民办高等教育在办学过程中遇到的困难和问题，并就民办高等教育的法律地位、审批条件、产权关系、营利和税收、权益保障以及民办高等教育的管理等问题进行了探讨。与会代表认为，近年来我国民办教育发展迅速，出现了一些好的典型，为国家培养了人才。民办高等教育作为高等教育事业的重要组成部分，已得到社会的广泛认可。但是民办高等教育在其发展过程中也遇到了一些问题，需要政府的扶持，需要通过法律的手段进行调节规范。此次研讨会规模大、层次高、研讨内容深入，对推动民办教育立法，促进民办高等教育的健康发展，探索一条具有中国特色的民办高等教育建设和管理的新路具有积极的意义。同时，它也是中国高等教育学会首次与全国立法机构联合举办的学术研讨活动。这次研讨会不仅为立法机构提供立法的前期调研、论证，而且也是教育决策走向民主化与法制化的一次重要尝试，还是探索新时期教育科学研究如何为教育改革发展服务的一次成功试验。根据中国高等教育学会的总体部署，江苏、浙江、辽宁、河北等省的高教学会也分别从本省民办高等教育的实际出发，进行立法调研，并形成调查报告，被政府部门采纳。

2001年10月21日～26日，中国高等教育学会与湖南省教育厅在长沙市联合举办“2001年高等教育国际论坛”。来自北京大学、清华大学、人民大学、北京师范大学、中国科技大学等高校和美国、加拿大、澳大利亚等国家的200多位中外学者围绕经济全球化与高等教育这一主题，分析了21世纪初国际国内高等教育面临的形势和挑战，预测高等教育发展趋势。周远清会长、湖南省代省长张云川、副省长唐之享等出席了论坛开幕式。北京大学校长许智宏、中国人民大学校长纪宝成、北京师范大学校长钟秉林、中国科技大学党委书记汤洪高、美国犹他大学副校长弗雷德、英国鲁顿大学副校长蒂姆以及湖南省省长助理许云昭、教育厅厅长蒋作斌等30余位代表作了大会发言。

在为期4天的论坛中，与会专家学者们提出：在经济全球化的新形势下，高等教育的发展要放眼世界，着眼于国际大市场的供需状况培养人才；要置身于经济全球化的大背景下进行改革和创新；要不断加强国际间的合作与交流，学习、借鉴各国高等教育的成功经验，充分利用国际教育资源。与会的专家学者还就经济全球化与高等教育发展的其他方面问题发表了看法，如人才培养的综合化、教学方法手段的网络化、现代化等，同时也提出了许多在理论与实践上需要进一步探讨的问题。

6月22日，中国高等教育学会与高校思想政治教育研究会在京召开座谈会，纪念中国共产党建党80周年。各分会也以不同的形式举行了纪念活动。

上海市高教学会分别于5月22日～24日，11月8日～9日，召开了“全球化背景下的现代大学制度”和“第三届海峡两岸暨香港大学通识教育学术研讨会”。江苏省高教学会抓住扩招后如何保证教育质量这个热点问题，进行深入的研讨，并于7月19日～21日，在全省高校召开学术研讨会。化工高教学会7月28日在哈尔滨召开教学改革工作会议，围绕入世后我国化工人才所面临的机遇与挑战，探索人才培养模式、课程改革、教学方法改革的新路，为教学改革一线服务。高等教育管理研究会12月5日～8日，在海南省举办了“新世纪的高等教育管理”学术研讨会。会议围绕“加入WTO对中国高等教育的影响和对策”“高等教育质量保证”“高校内部管理体制改革新进展”“高等教育发展战略”“划转与合并高校目标定位、关系调整与资源整合问题”5个主题进行了较为深入的探讨，在许多方面达成共识。黑龙江高教学会12

月14日～15日以“转变教育思想观念，深化教育改革，提高教育质量”为主题召开了学术年会，会议收到学术论文256篇。

〔**高教课题研究**〕 在广泛开展群众性学术理论研讨活动，推动高等教育科学研究向纵深化发展的基础上，2001年，中国高等教育学会发挥人才荟萃、知识密集、覆盖面广、组织健全的特点，积极承担国家和省市哲学社会科学或教育科学研究及“十五”规划课题的立项研究任务。

3月8日，中国高等教育学会启动《20世纪的中国高等教育》的编撰工作。集中全国高等教育界德高望重的著名专家学者及参与教育方针政策制订的教育行政部门的管理者编撰这部巨著，其目的在于全面总结中国百年高等教育的发展进程，为当前的中国高等教育的改革和发展提供历史资料和经验借鉴。该书分《高等教育体制》《本、专科教育》《学位制度和研究生教育》《科技和科技产业》《国际合作与交流》《高等学校德育》《高等教育研究》等7个分卷。该课题已被列入“十五”全国教育科学规划重点课题。

3月29日，在中国高等教育学会学术委员会成立大会上，讨论并通过了中国高等教育学会“‘十五’高等教育科学研究”课题指南，该课题以《21世纪初叶高等教育重大理论与实践问题》为主题，下分“三代领导集体关于教育论述的研究”、“21世纪初叶高等教育面临的机遇、挑战与研究对策”等14个子课题。

中国高等教育学会高等教育信息研究中心参与并承担了教育部“九五”规划重点课题《教育信息资源的优化配置与高教开发》的研究并通过鉴定。

广东省高教学会积极调动各专业委员会的力量，组织专家为《广东省教育事业“十五”计划》《广东省人力资源开发“十五”计划》《广东省大学园区规划与建设的意见》《广东省教育科学“十五”规划课题指南》等教育决策方案提供前期研究咨询意见，并吸收部分专家共同起草方案。内蒙古高教学会承担了“人才培养模式改革与开放教育试点项目”的课题研究。黑龙江省高教学会承担了本省教育厅的重点课题“全省普通高等学校教师队伍建设研究”“全省高等教育毛入学率及实现高等教育大众化研究”。陕西省高教学会承担并完成了省教育厅“实施西部大开发对教育的需求与展望”“陕西省高等教育与西部大开发”的课题研究。浙江省高教学会承担了省教育厅“高等教育强省”的课题研究。湖北省高教学会承担了“湖北省属高校发展规模及其相关问题研究”的课题，其阶段性研究成果已被省委、省政府、省教育厅制定本省“十五”教育发展规划时采纳。辽宁省高教学会参与了全省“十五”教育规划的课题制定及“辽宁省教育绿皮书”的综合研究。中医药教育研究会承担了教育部和国家中医药管理局关于《面向21世纪中医药课程质量控制方法与实施方案》的课题研究并已结题。

〔**加强队伍建设**〕 2001年中国高等教育学会大力加强高等教育科学研究机构和高水平的高教科研队伍的建设，特别是在如何加强全国高等教育科学研究机构之间的多层次、多学科、多形式的交流与协作，发挥教育科学研究机构的整体优势，拓展教育科学研究为教育决策科学化、民主化服务，为教育改革和发展的实践服务的新途径等方面，努力探索与实践，并取得了一定的实效。

3月29日，中国高等教育学会成立了以周远清为主任，曲钦岳、喻岳青为副主任的学术委员会。来自全国各地高等教育研究机构的著名专家、学者30余人出席了会议。中国高等教育学会学术委员会是指导本学会学术活动的审议、咨询机构。

12月25日～26日，中国高等教育学会在北京召开了全国教育科学研究机构座谈会。参加会议的有来自全国26个省、自治区、直辖市130个高等教育研究机构的153位代表。周远清会长做了报告。与会代表在讨论中分析了我国高等教育面临的国际、国内形势和任务，在加强高等教育科学研究机构的建设和研究工作，加强交流和协作方面取得了共识，在建立“全国高等教育科学研究机构协作组”的问题上取得了一致意见并宣告其正式成立。

中国高等教育学会学术委员会及全国高等教育科学研究协作组的成立，对于团结、组织、调动、发挥各个教育科学机构的研究力量，克服长期存在的，由于区域发展的不平衡性，由于各地领导重视程度的不同，由于各高校研究力量不同等因素造成的，对科研投入不足，科研力量分散、各自为战，缺乏有效整合，缺乏交流等问题，使教育科研工作上台阶、科研成果上水平，形成全国高等教育科研力量优势互补、资源共享的局面，必将起到积极的促进作用。

**〔突出特色，提高办刊质量〕** 2001年中国高等教育学会及单位会员普遍重视加强期刊建设工作，不断提高办刊质量，一些刊物以特色强、水平高、信息快受到读者的好评。《中国高教研究》杂志紧密围绕全党全国的中心工作，围绕教育部的中心工作，围绕教育改革与发展中的重大理论问题和现实问题，牢牢把握正确的办刊方向，学习和体现“三个代表”的要求，发挥刊物的政治导向、政策导向、学术导向、文风导向，注重反映高等教育研究前沿的学术动态，做到每期有重点选题。如《纪念建党80周年》《学习“七一”讲话 实践“三个代表”》《新世纪高等教育论坛》《高等教育国际论坛》《高等教育改革与发展》《民办高等教育论坛》等栏目，发表了一批理论水平高、应用价值强、有创新意识的好文章，受到普遍赞誉。在连续多年被评为全国中文核心期刊的基础上，12月又成为新闻出版署主持的“中国期刊方阵”的入选期刊。《教育科学参考》注重发挥其出刊快、信息量大、重要资料齐全的特色，2001年出版24期。

上海市高教学会的《教育发展研究》、广东省高教学会的《高教探索》、辽宁省高教学会的《辽宁教育研究》、电力教育协会的《中国电力教育》、高校思想政治教育研究会的《思想教育研究》等刊物也都办出了各自特色，在各自领域为推动高等教育的改革和发展服务。

2001年，中国高等教育学会及单位会员积极组织撰写和编辑出版了一批有价值的学术著作及宣传介绍我国高等教育事业改革发展进程中重要成就的图书资料，如《发展中的中国高等教育》等。秘书处恢复了学会工作简讯，2001年出版6期。

**〔发挥咨教、服务、中介功能〕** 2001年中国高等教育学会及一些单位会员开展了优秀教育科研成果的评选、表彰工作。中国高等教育学会于7月23日～25日在各单位会员评选推荐的基础上，举行了第五届优秀教育科研成果评选活动。共收到优秀论文290篇。

2001年中国高等教育学会及单位会员充分发挥咨教、服务、中介等功能，参与了部分教育法规、政策、文件的前期调查、草拟、论证等工作，并紧密配合教育行政部门的工作，举办形式多样的培训班。

1月13日～17日中国高等教育学会举办了“新世纪高等教育”论坛，与会代表200余人。大会结合高等学校的实际，分析了新世纪初叶我国高等教育面临的机遇与挑战，探讨了如何主动适应改革开放和社会主义现代化建设的需要，培养具有创新精神和实践能力的高素质人才等问题。7月30日～8月3日，中国高等教育学会与教育部社会科学与思想政治工作司联合举办了“新世纪的德育与思想政治工作”高级研讨班。参加研讨班的有来自全国高校的170余名代表。9月23日，中国高等教育学会举办了高等教育信息研究检索系统培训班。受教育部高等教育司委托，中国高教学会12月12日～16日举办了高等院校骨干教学管理人员培训班。参加培训的有来自全国20多个省、自治区、直辖市280多所高校的骨干教学管理人员。

经教育部批准，10月19日～28日，中国高等教育学会与中国国际教育交流协会、中国教育学会在北京和上海联合举办了“2001年国际高等教育巡回展”。

高校技术物资中心先后于5月13日～17日和11月12日～16日，在青岛市和上海市举办了春季和秋季全国高教仪器设备展示订货会。大会参展规模、成交额均有新突破。

撰稿 王小梅
审稿 张晋峰

# 教育报刊

## 中国教育报

〔概述〕 2001年，《中国教育报》坚持以邓小平理论和“三个代表”重要思想为指导，大力宣传第三次全教会和江泽民同志关于教育问题的重要谈话精神，全面、及时、准确地报道教育改革和发展的经验和典型，始终把握正确的政治方向和舆论导向，为全党全国工作大局服务，为教育改革和发展服务，为广大师生服务。2001年《中国教育报》实施扩版，全年扩版量达200余版、临时增版88版，使新闻报道容量大大增加。全年刊发稿件总数量约2 280万字。《中国教育报》网络版已正式运行，为快速传播教育新闻发挥了重要作用。

〔宣传工作重点〕 《中国教育报》2001年的宣传工作围绕两条主线进行：

一条主线是宣传报道国内外大事。如庆祝新世纪到来，庆祝中国共产党成立80周年，庆祝北京“申奥”成功，庆祝我国加入世贸组织，宣传党的十五届六中全会精神和中央颁布的《公民道德教育实施纲要》等。并着力加强和改进了对人大、政协“两会”的报道，对涉及全党全国工作大局的重大会议的报道以及与“法轮功”斗争等的新闻报道，充分体现了专业报为全党全国工作大局服务的办报宗旨。

另一条主线就是为教育改革和发展服务，为广大师生服务。及时、准确地报道党中央、国务院关于教育工作的指示，报道教育部的工作指导方针和具体部署。全国基础教育工作会议是2001年教育战线的一件大事，《中国教育报》精心策划了会议报道。充分宣传党中央、国务院领导同志讲话精神以及会议的主题，会后全力推动落实。《国务院关于基础教育改革与发展的决定》发表后，中国教育报配发了社论“全面开创基础教育工作的新局面”，并开设了学习贯彻《决定》精神的专栏，发表各类文章30余篇。同时，对基础教育课程改革，高等教育在扩招后如何提高教学质量，资助贫困生，西部开发助学工程，第四次九个人口大国全民教育部长级会议等进行了报道。

〔改革创新，提高新闻报道水平〕 2001年，《中国教育报》改革创新，努力提高报道水平，克服报道一般化问题，重要典型报道有较大增加。例如，《中国教育报》率先报道了湖南省桂东县原教育局局长胡昭程的先进事迹，发表了题为“焦裕禄式的教育局长——胡昭程”的文章，在教育战线引起轰动。报道发表的当天，教育部党组扩大会上即组织学习，并决定号召全国广大教师、教育工作者向胡昭程学习。此后，《中国教育报》又作了连续报道，使这一典型在全国产生了重大影响。在教育战线掀起了学习胡昭程精神的热潮，中央宣传部也将胡昭程确定为纪念建党80周年、实践三个代表的典型在全国推出。

《中国教育报》在不断挖掘有重要宣传价值的典型的同时，改进教育新闻报道方式，鼓励创新，大力增强教育新闻的可读性、感染力。先后发表了“中国民办教师备忘录”“永远的马背小学”“厉以宁直言教育必须超前”“乡村教师：其实我不想走”

等文章，想教师之所想，言教师之所言，受到读者的欢迎。

2001年，《中国教育报》还推出了大型报道："丰宁之路——河北丰宁县实行教育'以县为主'的管理体制改革经验"；"绿色的希望——山东寿光市教育为经济建设服务的经验"；"拥抱大地——黑龙江呼兰县农村教育综合改革的经验"；"黑土地的呼唤——辽宁省清原满族自治县农村教育综合改革纪实"。在教师节期间，还推出了长篇通讯"抒写一部壮美的教育诗篇——记拉萨市实验小学校长叶静"等源于教师生活、总结教育教学经验的好文章。这些重要典型报道，受到中央有关部门和教育部领导的肯定，在广大读者中引起了强烈反响。

2001年，《中国教育报》还着力增加舆论监督的报道力度，采取措施增加批评性报道的数量。先后刊发了"罢郭局长的官""拖欠教师工资的财政局长，先进要拿掉""谁说没钱改造中小学危房，把手机卖掉""别老拿孩子当炒作的材料""陵园讲解员也要博士生?"等。并不断总结经验，推动问题报道进一步扩展和深入。

2001年，《中国教育报》摄影部策划组织了"世纪初年看教育"大型新闻摄影采访活动，用图片形式报道世纪之初各地教育改革与发展的大好形势、存在的问题等，发表了"'超级'大班：挤，挤，挤!""灾区学校开学了"等作品。这种新形式的典型报道，受到读者的广泛欢迎。

〔**突出特色，提高质量**〕 2001年，《中国教育报》紧紧围绕教育、教学、教师、学生做文章，努力突出报纸特色。除重点抓好教育新闻报道外，努力提高理论宣传、专刊、副刊质量，使之与新闻报道互为补充，相互配合。

理论版（包括"思想者"、"学园"、"教育科学"等专刊）全力配合党中央和教育部党组的中心工作，大力宣传邓小平理论和江泽民"三个代表"的重要思想，坚持用正确的理论武装人。如在建党80周年和十五届六中全会前后开辟专栏，全面宣传江泽民同志"七一"讲话等，做到了旗帜鲜明，观点正确，配合紧密，服务大局。

各专刊紧紧抓住教育难点、热点问题，扬专刊所长，采用专版集纳或系列报道等形式，受到读者的肯定。如结合"公民道德建设实施纲要"的贯彻，结合学校德育与思想政治工作的典型经验，结合推动民办教育健康发展，结合高校提高教育教学质量等，组织了多种形式生动的新闻、文章等。

各周刊也结合广大教育工作者密切关注的国内外重点问题、热点难点问题，改革开放中各种社会、文化现象等做了大量深入报道，进行正确的舆论引导，为师生提供高品位的思想和知识作品，提供多方面的信息服务。如配合建党80周年，有关部门组织采写了反映学校革命历史传统的系列文章；配合西部大开发战略的实施，组织采写了西部开发中的文化教育建设、文物保护、环境保护系列报道；配合揭批"法轮功"的斗争，组织了揭露"法轮功"与邪教历史及本质的文章；配合素质教育和教师队伍建设，组织了上海、西安、长沙、厦门四城市4 000名中小学教师阅读情况调查，并刊发了系列调查分析文章，组织采写了中学生课外阅读调查文章，还对当前语文教学中阅读问题开展了讨论。此外，还重点宣传报道了日本右翼分子篡改历史教科书，互联网、电子游戏等对青少年健康成长的影响等。

撰稿　张怀志
审稿　赵书生

# 附　2001年《中国教育报》文章篇目摘录

## 高等教育

2001－02－16　21世纪：建设一个什么样的高等教育

2001－02－17　高等教育自学考试20年成就辉煌

2001－03－02　超前发展的重点应是高等教育

2001－04－03　国际教育私有改革趋势与中国民办高等教

育发展

2001—04—19　新世纪高教变革与创新的先导

2001—04—20　教学不是被遗忘的角落

2001—05—24　从法律上解决民办教育问题

2001—06—02　高校应成为"科教兴国"强大生力军

2001—06—05　指导高等教育改革发展的思想武器和行动指南

2001—08—10　扩招不忘"生命线"

2001—09—19　落实"三个代表"促进高等教育改革与发展

2001—09—28　必须突出教学工作中心地位

2001—11—14　高校体制改革要做好三项工作

2001—11—29　探培养人才理念　寻高等教育共识

2001—12—05　高等教育冲破"瓶颈"走向大众化

2001—12—05　我国高校后勤社会化改革取得突破性进展

2001—12—06　高校必须有新的教学质量观

2001—12—07　中国教育前沿观察　自考成为高等教育新亮点

2001—12—14　迅速适应经济全球化　加快高教改革和发展

2001—12—24　2001 亮点　高等教育：以质量求生存

## 基础教育

2001—03—03　师范教育要为基础教育改革护航

2001—03—04　基础教育课程改革对教师提出新要求

2001—04—23　推进基础教育改革发展迈上新台阶

2001—06—08　教育不能选择学生　学生有权享有最好的教育

2001—06—11　高中课改　为素质教育助力

2001—06—12　中国基础教育概览

2001—06—12　我国基础教育取得辉煌成就

2001—06—12　基础教育：让历史告诉未来！

2001—06—14　社论：全面开创基础教育工作的新局面

2001—06—15　大力推进基础教育改革与发展

2001—06—16　认真学习贯彻《决定》精神　开创基础教育工作新局面

2001—06—19　发挥财政职能作用　促进基础教育发展

2001—06—22　认清形势　抓住机遇　把基础教育摆在重要战略位置

2001—07—12　信息时代基础教育如何发展？

2001—07—13　明确基础教育"重中之重"的指导思想

2001—07—19　突破普高"瓶颈"

2001—07—21　全球视野中的基础教育

2001—07—28　本报评论员：构建基础教育课程新体系

2001—07—28　本报评论员：以县为主我国农村基础教育发展的必由之路

2001—08—07　切实保证基础教育投入　认真贯彻"一保二控三监管"

2001—08—17　深化招生考试改革　促进素质教育发展

2001—09—06　中国基础教育改革的文化使命

2001—09—08　努力开创民族地区基础教育新局面

2001—09—22　基础教育课程应体现普及性、基础性、发展性

2001—09—26　新课程结构应体现均衡性、综合性、选择性

2001—09—29　培养学生综合能力——专家谈基础教育课程改革

2001—10—06　知识转型与基础教育改革

2001—10—09　以"三个代表"重要思想为指导 加快基础教育改革与发展

2001—10—09　课程资源如何开发利用

2001—10—10　研究性学习挑战传统教学方式

2001—10—11　课堂教学改革是课程改革的重头戏

2001—10—17　以劳树德　以劳增智　以劳益美　以劳促创新

2001—10—24　2001～2010 年，全国基础教育课程改革的目标

2001—10—24　国家基础教育课程改革项目概览

2001—11—14　美育与基础教育改革

2001—11—17　构建新世纪的基础教育

2001—11—22　加大教育投入　鼓励办学改革

2001—11—29　构建基础教育新课程教材体系

2001—12—20　关注教师的职业生命质量

2001—12—27　努力开创特殊教育新局面

2001—12—29　2001 亮点　基础教育：奏响新世纪进行曲

## 职业教育与成人教育

2001—02—06　民办教育发展的重点

2001—02—09　发展高职：高教结构调整的必然

2001—02—12　职成时评：中等职业教育缘何下滑

2001—02—19　中职教育面临的困境与希望

2001－02－20 从高教改革看中职发展
2001－03－29 前瞻新世纪职教
2001－04－21 为新世纪职业教育献计献策：激活高职高专教育市场
2001－04－28 探索“多学制多层次”中职教育模式
2001－04－30 职成时评：知识经济与职教发展
2001－05－04 职成时评：高职期待的不仅是喝彩
2001－05－08 发展职业教育的首要责任在政府
2001－05－09 开创教育为“农”服务新局面
2001－05－14 高职之路应当怎样走
2001－05－21 职成时评：大文章，就要“做大、做强、做优”
2001－06－07 职业教育与社会发展的理论
2001－07－23 落实“十五”计划目标 树立新的职业教育发展观
2001－08－01 中专办学如何走出困境
2001－08－07 投资民办教育：天时 地利 人和
2001－08－24 21世纪初中国全民教育发展的基本策略
2001－09－01 加快完善多层次互通式职教体系
2001－09－04 加快民办教育法制建设
2001－09－05 企业需要高质量的职业教育
2001－09－15 开展企业职业教育的法制保障
2001－09－18 五年制高职何以“一枝独秀”？
2001－10－01 高职的发展：任重道远
2001－10－08 中国成人教育：展望与选择
2001－11－03 积极发展职业教育 不断提高教育质量和办学效益
2001－11－06 社区教育：一路阳光洒满
2001－11－12 职业教育面临三大机遇和挑战
2001－11－17 职业教育实施“名牌”战略
2001－12－03 “入世”之后，职业教育要尽早做好准备
2001－12－03 靠观念＋能力开展创业教育
2001－12－06 中国教育前沿观察 民间资本激活了教育
2001－12－10 城市青少年遭遇新问题 择业，青少年陷入烦恼
2001－12－24 入世后 职业教育怎样持续发展
2001－12－25 本报评论员：农村教育改革的成功实践

# 《人民教育》杂志

〔**概述**〕 2001年，《人民教育》编辑部宣传报道的指导思想是：以邓小平理论为指导，贯彻党的十五大和十五届五中全会精神，坚持“政治家办报”，坚持“以质量求发展”的方针，改革创新办刊理念和宣传方式。根据教育部2001年工作总体要求，为继续深入贯彻江泽民总书记《关于教育问题的谈话》和国务院召开全国基础教育工作会议，加快基础教育改革的步伐，全面推进素质教育，为实现“十五”期间基础教育跨越式发展，发挥舆论的正确导向和服务作用。

〔**强化刊物的指导性和权威性**〕 围绕教育部有关基础教育的中心工作，及时刊发和组织权威的指导性文章。如刊发了教育部部长陈至立在2001年基础教育工作会议上的讲话；结合新世纪开局第一年，发表教育部副部长王湛《认真学习贯彻〈决定〉精神，推进基础教育改革与发展》和教育部基础司李连宁《为实现基础教育的新跨越开好局》等文章；结合国务院召开全国基础教育工作会议，在教师节发表教育部副部长袁贵仁《加强和改革教师教育大力提高我国教师专业水平》的文章；结合课程教材建设，约请刘兼同志撰写《国家课程标准的框架和特点分析》并派记者深入基层，发表《西部课程改革采访手记》一组经验文章；每期“卷首语”发表本刊评论员文章，用言论指导基础教育战线工作。

同时，增强刊物的思想性。2001年，《人民教育》特别关注教育界最前沿的动向，刊发一批具有思想性、前瞻性的文章，比如在“知识经济与教育改革”栏目，组织刊登了桑新民、劳凯声等专家撰写的《探索信息时代人类文化与教育发展的新规律》《WTO与中国教育》，刊发了原国家总督学柳

斌《科教兴国战略首先落实在义务教育上》《再谈人生识字聪明始》，朱世和（《人民教育》杂志原总编辑）《转变教育观念 全面实施素质教育》《素质：在学生的感受与思考中提升》，教育部国家副总督学郭振有《观念更新和角色转变—提高教师素质的几点随想》，王厥轩《关于基础教育的几点思考》等文章。

〔**典型报道**〕 在宣传教育教学改革典型经验和先进人物时力求写出新意、写出深度、写得具体生动的思想指导下，2001年，《人民教育》在“本刊特别报道”栏目，刊登《教育局的好榜样—胡昭程》《让阳光洒满心田—河北省石家庄市心理健康教育点击》《拥抱大地—黑龙江省呼兰县农村教育综合改革纪实》《绿色长城从这里垒起—杭州学军中学环境教育纪实》等长篇通讯以及配合德育工作，推出了《东临谒石有新篇—山东省招远市中小学中华传统美德教育纪实》《永不褪色的红飘带—赣南革命传统教育扫描》和《“以德治校”的成功实践—来自湖南省桃源县一中的报道》等一些德育工作的实践经验，结合建党80周年，报道了西部教育界优秀共产党员风采录。

〔**关注基础教育重点、难点问题**〕 针对当前基础教育面临的新问题，2001年，《人民教育》在“本刊视点”栏目，先后刊发了《为每个学生积蓄成才的力量》《当前农村义务教育面临的新问题》《做新世纪的合格教师—准备好了吗?》《新技术引发的教育变革》《教育：关注人类生存环境》等文章，引导每一位教育工作者更新教育观念，正视当前基础教育面临的新问题，树立新的人才观、知识观和教育观。

〔**突出信息时代教育创新的宣传**〕 为推进教育信息化，配合全面启动中小学“校校通”工程，《人民教育》2001年除开设“教育与计算机”专栏外，还在第8期推出“中小学信息技术教育专辑”，刊登了教育部副部长韦钰撰写的《教育以跨越式的发展迎接挑战》和专家们《基础教育如何迎接数字化生存的挑战》《网络为城乡教育协调发展提速》等一组既有理论性、导向性又具有较强操作性的文章。

〔**加大中小学教师继续教育宣传**〕 为继续总结和宣传中小学骨干教师和校长国家级培训的经验，重点报道基层骨干教师培训的成功做法，加大教育科研和教学研究的宣传，更新中小学教师观念、开阔视野、借鉴交流提供广阔的继续教育平台。2001年，《人民教育》通过“中小学教师继续教育视窗”“师范教育”“新星舞台”“世纪导行·今天怎样当教师”等栏目，推出《骨干教师国家级培训扫描》《21世纪教师教育改革展望》《教育的灵魂：培养学生的创新精神》《让教学生命永远焕发青春》等大量备受广大教师欢迎的文章。

〔**改进栏目设置，增强服务意识**〕 2001年，《人民教育》增设了一些富有时代气息的栏目，如“新世纪演讲台”“世纪导行·今天怎样当教师”“教学平台”等，“新世纪演讲台”组织校长、教育行政部门领导和知名人士，宣讲新的教育思想和教育观念；“教学平台”栏目下设“聚焦”“研究”“偶拾”等子栏目，适时地对广大教师普遍关注的问题进行研讨，受到教师的欢迎。同时，《人民教育》2001年还开展了“创新学习”征文活动。

为及时调研学校和教师思想、工作和生活多方面的需求，《人民教育》在开设的“校长治校”“班主任”“心理健康教育”“生活时空”“红烛”等栏目从不同角度、不同侧面努力贴近教师和学校实际，选择刊登有思想、有品味、有生活气息的文章；竭诚为广大教师服务。推出的《浅谈校长在实施素质教育中的创造性职责》《心理活动课要抓住一个“情”字》《心灵写诗》《又回母校》等文章，走进读者，走进教师，为读者所喜闻乐见。

撰稿 张新洲

审稿 傅国亮 翟福英

# 《中国高等教育》杂志

〔**概述**〕 2001年，《中国高等教育》杂志认真学习江泽民总书记“七一”重要讲话，进一步明确和强化办刊宗旨和目标，在内容、栏目以至在文风上不断改进、调整，在宣传报道中强调报道大事、关注大局，提高权威性和指导性，在报道内容上进一步贴近高校工作实际和高校干部教师的思想、生活实际，增强服务意识。2001年对高等教育改革作了系统、深刻的反映，对改革和发展中的大事和阶段性的中心工作做了及时、深刻的报道，对一些热点问题作了前瞻性的、深入的反映和分析。2001年，《中国高等教育》有12篇文章被《新华文摘》全文转载或论点摘编。在抓报道质量工作的同时，2001年，杂志的封面和版式也做了较大的改进和调整。

〔**学习贯彻“七一”讲话**〕 2001年，根据杂志特点，在对“三个代表”的宣传中，强调做到以下两点：一是通盘考虑，不断深入；二是突出重点、联系实际。从7月到12月，开辟专栏《学习“七一”讲话 实践“三个代表”》，同时在有关专栏上也予以配合。宣传分为两个阶段：从7月开始到10月下旬，结合高校实际，宣传“七一”讲话的重要意义、精神实质，丰富内涵和深远影响；10月下旬到年底，结合中央加强党的作风建设决议和全民道德教育纲要的发表及年底召开的全国高校党建会议的精神，主要反映高校党组织如何加强作风建设和学校道德建设。邀请了袁贵仁、任彦申、徐锡安等领导和20多位高校校长、书记、著名专家教授撰写文章，结合新形势下高校改革发展和思想政治工作的实际，阐述如何理解贯彻“三个代表”重要思想。

〔**报道教育教学改革和提高教育教学质量**〕 从年初开始，就高等学校强化质量生命线意识，确保正常的教学秩序、必要的教学条件、基本教学质量组织专题报道；下半年，教育部又结合高校如何贯彻《关于加强高等学校本科教学工作提高教学质量的若干意见》，各高校抓教学质量的经验、措施、思路，教授上本科讲台等话题，组织了言论和专题报道。全年有4期“本期话题”是围绕着如何提高教育教学质量来展开的，本刊记者两次访问教育部高教司司长，并约请了部分省市的教育厅厅长就教育教学质量问题为本刊撰写稿件。“教改纵横”栏目刊登教育教学改革和提高教育教学质量方面的文章50余篇。

〔**加强对人文社会科学的报道**〕 2001年有关人文社会科学的宣传方面主要围绕充分认识发展人文社会科学的意义，加强人文社会科学的建设和发展，杜绝社科研究中的不良风气和泡沫学问等问题进行了宣传报道，在11期刊登了教育部副部长袁贵仁的文章《用科学态度对待人文社会科学》，还在第5期刊登了教育部社政司司长顾海良的文章《树立一流意识 提升社科研究水平》等。

〔**报道高校深化办学和管理体制改革**〕 重视高校管理体制改革方面的宣传报道，2001年第1期，刊登了教育部副部长周远清的文章《高等教育体制的重大改革与创新》，同时还约请了北京市教委主任徐锡安撰写了《以结构调整为主线 提升首都高等教育整体水平》，并陆续刊登了一些高校领导和专家、教授就此问题的论述。在宣传高校深化办学和管理体制改革的报道中，还对民办教育、高职高专教育、社区教育、远程教育发展的新趋势、新问题、新对策进行了反映。

同时，2001年，还就大家关心的高校师资培训、推动国家助学贷款、深化人事分配制度改革等方面进行了深入报道。全年共编发稿件33篇。尤其是分三期刊登的管培俊等同志撰写的新时期中国高等学校教师培训方面的文章，对半个多世纪以来中国高校教师培训工作进行了回顾和总结，分析了高校教师队伍建设与发展的主要趋势，提出了新时期高校教师培训工作的思考和展望。

〔**报道学位与研究生教育**〕　在学位与研究生教育宣传报道方面，2001 年，开设了“学位与研究生教育”专栏，着重报道了 MBA、MPA、EDM 等专业学位发展和提高研究生培养质量的有关政策、思路、做法。在 2001 年第 10 期刊登了教育部副部长周远清的《重视专业学位教育　搞好 MPA 教育试点工作》一文和人事部副部长、全国 MPA 教育指导委员会主任委员尹蔚民的文章《开办 MPA 教育　培养高素质专业化的公务员》，并约请全国教育硕士专业学位教育指导委员会主任、北师大教育管理学院院长顾明远、全国 EDM 教育指导委员会副主任何艳茹教授、卫生部科教司司长祁国民、同济大学常务副校长、研究生院院长吴世明、大连理工大学校长程耿东、非全日制研究生教育课题组和部分教育科研机构、高校专家教授及研究生院的同志为刊物撰写了稿件。

〔**报道高校科技与产业工作**〕　2001 年，继续开设“科技与产业”栏目，在科技与产业的报道方面，主要抓了高校深化科技体制改革，探索产学研结合的新形式和新的运行机制，加强高校科技园建设，创建有特色的产业化之路等方面的报道。约请教育部科技司、教育部科技发展中心的有关同志为刊物撰写稿件，刊登“高校 R&D 资源清查课题组”的文章，对高校科技活动机构的现状与前景、高校承担科技项目的现状与发展趋势、从科技经费投入看高校科技的发展等问题进行了分析和探讨，并刊登了几个国家大学科技园的建设经验和部分大学在科技产业方面的一些做法和探索。

〔**报道高校党建和思想政治工作**〕　2001 年开辟“热烈庆祝中国共产党成立 80 周年”专栏，刊登了教育部部长陈至立《贯彻“三个代表”思想　推进 21 世纪教育发展》一文，并约请北京大学党委撰写了《在党的旗帜下改革创新一路前行》、中共吉林省委副书记林炎志撰写了《努力造就青年马克思主义者》、中国科学技术大学党委书记汤洪高撰写了《中国共产党科技创新 80 年的历史启示》。根据新形势下出现的新问题，2001 年，主要就构建网络思想政治教育新体系，以师德建设为重点、全面推进高校教师思想政治工作，加强两课教学和科研，做好“三个代表”思想进课堂等问题，进行了专题报道和重点报道。全年共编发稿件 30 余篇。

撰稿　李石纯
审稿　刘仁镜

# 《神州学人》杂志及《神州学人》网站

〔**概述**〕　2001 年，《神州学人》杂志和《神州学人》网站在继续坚持以对在外留学人员进行爱国主义教育和中华民族传统文化教育，吸引和鼓励留学人员回国工作或以适当方式为祖国服务为办刊宗旨的基础上，以大胆开拓的精神，注重内容及形式的变化，突出了办刊特点，通过两刊的全面改版，网站支撑环境跃上先进水平等一系列举措，使两刊对外影响不断扩大，受到海内外留学人员的好评。

2001 年 1 月，《神州学人》杂志正式改版，由过去的标准 16 开黑白印刷，改为国际流行大 16 开，并实现全彩色印刷。2001 年 11 月，《神州学人·电子版》经国务院新闻办批准为《神州学人》网站。

〔《神州学人》杂志重点选题策划与报道〕 2001年《神州学人》杂志坚持执行中央和教育部的宣传要求，兼顾本刊相对特殊的读者对象与办刊特点相结合，因地制宜地搞好中宣部确定的重点选题的宣传报道，注重本刊特色选题，对主要栏目设置和涉及内容进行了调整，划分为“留学视野”“走近中国”“学人园地”“留学服务”四大版块，并实行了版块主持人制。

2001年《神州学人》杂志着重抓了以下重点选题：江泽民、朱镕基等党和国家领导人、及有关领导和知名人士对留学和留学工作的看法（“卷首语”）；“长江学者奖励计划”的系列报道（“长江学者”），留学工作在新世纪的新机遇和新挑战、留法学者回国和为国服务全景实录、留学人员回国创业现状分析、留学人员在西部（云南篇、重庆篇、四川篇）、留学低龄化现象透视、留学生与中共的创建和发展、中共三代领导核心与留学、加拿大西部留学人员调查报告、海外学人国庆感怀、透视在澳中国小留学生、国家留学基金委的工作特别报道、2001“春晖计划”综述、互联网推进中国全民教育等。

〔《神州学人》网站全面改版〕 2001年2月1日新版《神州学人》网站正式对外发布。由原来的每周二、五发刊，改为日日更新，其主要内容包括：中文报刊阅览室、CHISA（神州学人）周刊、《神州学人》月刊，以及若干资料库。

“中文报刊阅览室”内容设计为《人民日报》《光明日报》《经济日报》《科技日报》《中国青年报》《中国体育报》《北京晚报》《新民晚报》《羊城晚报》《深圳特区报》10报，分类频道为时政、经济、科技、教育、社会、文化、体育、生活。

“CHISA周刊”每周一更新。内容设计为6个栏目，即：留学新闻、学人萍踪、学者论坛、留学生文学、服务资讯、教育国际交流。

“《神州学人》月刊”为《神州学人》网络版，每月底在网上更新。这部分内容与《神州学人》月刊栏目设置一致，即：留学视野、走近中国、学人园地、留学服务。

《神州学人》网站资料库内容适时更新。“资料库”包括留学政策、资助项目、人才档案、站点导航、综合服务等，提供有关留学及服务信息；特别专题设有实践“三个代表”、《公民道德建设实施纲要》、中国加入WTO、北京主办2008年奥运会、美国连遭恐怖主义袭击、美国军事反击恐怖主义、留学人员在西部、教育部“春晖计划”、长江学者奖励计划等，根据留学动向适时更新；“留学服务”提供教育部、国家留学基金委、中国留学服务中心、中国教育国际交流协会、中国教育和科研计算机网、中国留学人才信息网、国家自然科学基金委、中国留学人员创业网站、留学服务机构、中国驻外使（领）馆及教育处、外国驻华使（领）馆、科研机构、学术刊物、中外图书馆、中国大学、外国大学等有关留学、服务信息及相关网站链接。“资料库”包含大量静态信息及上万个网站链接。

中文报刊阅览室、CHISA（神州学人）周刊、《神州学人》月刊三大版块内容，在一年间，无论是正常工作日还是节假日，都保证了按每日、每周、每月正常发刊。其中“CHISA周刊”，逐渐办出了“留学、服务”特色，并经常被知名媒体网站转载。“中文报刊阅览室”一年来编发了大量国内各方面的信息，成为留学人员了解祖国的一个方便快捷的渠道。主页资料库内容始终适时更新，完成了上万个网站链接，以及数据库、静态页面的图文制作，提供了大量可供查讯的资料信息，完成了网站的基本建设。10月，《神州学人》网站被中国教育和科研计算机网评为“优秀站点”。

2001年，《神州学人》与中国教育科研网、新浪等国内知名网站建立了合作关系，还与成都留学人员创业园签约，合办“中国留学人员创业网”，大大提高了《神州学人》在国内的影响及《神州学人》网站的访问量。

撰稿　安燕琪

审稿　张双鼓

# 北京市教育

## 概　况

〔基本情况〕

**2001年各级普通学校基本情况**

单位：人

| 学校类别 | 学校数（所） | 毕业生数 | 招生数 | 在校生数 | 教职工数 | |
|---|---|---|---|---|---|---|
| | | | | | 合　计 | 其中：专任教师 |
| **总　计** | **4 732** | **509 088** | **621 071** | **2 224 864** | **296 948** | **164 785** |
| 一、研究生 | （171） | 14 972 | 31 137 | 77 384 | | |
| 1. 高等学校 | （47） | 12 695 | 26 699 | 66 411 | | |
| 2. 科研机构 | （124） | 2 277 | 4 438 | 10 973 | | |
| 二、普通高等学校本专科 | 61 | 56 221 | 115 379 | 336 484 | 104 707 | 35 520 |
| 本科院校 | 53 | 52 488 | 102 330 | 307 638 | 100 758 | 33 465 |
| 专科院校 | 8 | 1 913 | 8 000 | 18 136 | 3 495 | 1 861 |
| 分校、大专班 | | 1 820 | 5 049 | 10 710 | 454 | 194 |
| 三、普通中等学校 | 970 | 269 635 | 294 739 | 922 638 | 96 449 | 61 373 |
| 1. 中等专业学校 | 67 | 32 053 | 30 515 | 117 771 | 8 911 | 4 098 |
| 中等技术学校 | 65 | 31 693 | 30 317 | 117 049 | 8 679 | 3 996 |
| 中等师范学校 | 2 | 360 | 198 | 722 | 232 | 102 |
| 2. 技工学校 | | | | | | |
| 3. 普通中学 | 791 | 200 705 | 235 369 | 720 127 | 75 936 | 50 507 |
| 高中 | 289 | 51 263 | 69 195 | 194 283 | | 14 219 |
| 初中 | 502 | 149 442 | 166 174 | 525 844 | | 36 288 |
| 4. 职业中学 | 106 | 36 310 | 28 345 | 83 736 | 11 248 | 6 580 |
| 高中 | 106 | 36 307 | 28 281 | 83 494 | | 6 547 |
| 初中 | 0 | 3 | 64 | 242 | | 33 |
| 5. 工读学校 | 6 | 567 | 510 | 1 004 | 354 | 188 |
| 四、小学 | 1 960 | 167 076 | 91 230 | 664 443 | 68 798 | 54 772 |
| 五、特殊教育学校 | 22 | 1 184 | 694 | 6 394 | 888 | 641 |
| 六、幼儿园 | 1 719 | | 87 892 | 217 521 | 26 106 | 12 479 |

## 2001 年各级成人学校基本情况

单位：人

| 学校类别 | 学校数（所） | 毕业生数 | 招生数 | 在校学生数 | 教职工数 合计 | 教职工数 其中：专任教师 |
|---|---|---|---|---|---|---|
| **总　计** | **3 165** | **1 089 847** | **1 050 631** | **608 464** | **23 224** | **9 610** |
| 一、成人高等学校 | 41 | 72 479 | 130 844 | 319 322 | 13 341 | 5 902 |
| 1. 广播电视大学 | 2 | 1 453 | 1 326 | 4 616 | 1 104 | 364 |
| 2. 职工高等学校 | 27 | 8 756 | 8 558 | 21 083 | 8 556 | 4 139 |
| 3. 农民高等学校 | | | | | | |
| 4. 管理干部学院 | 10 | 6 309 | 6 109 | 15 539 | 3 026 | 1 144 |
| 5. 教育学院 | 1 | 2 664 | 5 312 | 13 064 | 655 | 255 |
| 6. 独立函授学院 | 1 | 130 | | | | |
| 7. 普通高等学校举办： | (61) | 53 167 | 109 539 | 265 020 | | |
| 函授部 | | 29 067 | 57 980 | 147 457 | | |
| 夜大学 | | 14 823 | 26 082 | 69 985 | | |
| 成人脱产班 | | 9 277 | 25 477 | 47 578 | | |
| 二、成人中等学校 | 3 063 | 1 017 368 | 919 787 | 289 142 | 9 883 | 3 708 |
| 1. 成人中等专业学校 | 125 | 16 262 | 9 010 | 33 352 | 864 | 342 |
| 广播电视中等专业学校 | 1 | 4 396 | 1 316 | 6 874 | 33 | 3 |
| 职工中等专业学校 | 13 | 3 980 | 2 274 | 8 684 | 450 | 182 |
| 干部中等专业学校 | 1 | 37 | 231 | 491 | 99 | 19 |
| 农民中等专业学校 | 1 | 203 | 8 | 96 | 79 | 24 |
| 函授中等专业学校 | 1 | 55 | 588 | 1 090 | 203 | 114 |
| 教师进修学校 | | | | | | |
| 其他类学校举办 | 108 | 7 591 | 4 593 | 16 117 | | |
| 2. 成人中学 | 25 | 3 324 | 904 | 5 139 | 368 | 156 |
| 职工中学 | 25 | 3 324 | 904 | 5 139 | 368 | 156 |
| 农民中学 | | | | | | |
| 3. 成人技术培训学校 | 2 913 | 997 782 | 909 873 | 250 651 | 8 651 | 3 210 |
| 职工技术培训学校 | 416 | 425 169 | 397 261 | 108 005 | 6 013 | 2 901 |
| 农民技术培训学校 | 2 497 | 572 613 | 512 612 | 142 646 | 2 638 | 309 |
| 三、成人初等学校 | | | | | | |
| 1. 职工初等学校 | | | | | | |
| 2. 农民初等学校 | | | | | | |
| 其中：扫盲班 | | | | | | |

〔**制定“十五”教育规划**〕 2001年6月21日，北京市制订“十五”时期教育发展规划。《规划》到2005年教师学历层次，幼儿教师20%达到大专学历，初任小学教师应具有本科以上学历，小学教师60%达到专科学历，初中教师80%达到本科学历，高中教师和中等职业学校教师全部达到本科学历，并使职业学校专业教师中的60%成为既是教师又是该专业行家的“双师型”教师；教学科研型的高校教师80%应具有研究生学历（其中有博士学位的达到30%以上），教学为主的本科高校60%以上的教师、职业技术学院和高等专科学校30%以上的教师应具有研究生学历。

依照《规划》，北京将加快教育布局结构调整。到2005年，普通小学、初中做适当调减，普通高中新建、改建示范高中60所，中等职业学校从300余所调整到150所左右。高等学校总量调整到100所左右，成人高校和职业技术学院为40所左右，有学历教育资格的民办高校为10所左右。

在“十五”期间，北京将开辟2～3个占地面积为533公顷～666公顷的高教发展新区，组建综合性大学区，使其成为北京高教新的增长点和改革实验区；新建、扩建大学生公寓300万平方米，到2003年，基本实现大学生住宿“421”，即本科生4人1间，硕士生2人1间，博士生1人1间。重点建设30所高级示范性幼儿园，30所九年一贯制学校，约100所高级中等学校，1所特教学校，1所市属综合性大学和1个北京市青少年活动中心。

〔**教育经费**〕 经市督导室检查12个区县和市政府1个局的结果显示：2000年全市教育经费实现“三个增长”，财政支出总额中教育经费所占比例比1999年提高0.79个百分点；教育投入渠道拓宽，教育经费管理加强。建立市教育财政咨询委员会，提高预算的科学性，预算执行情况明显好于往年。推动“银校合作”，银行向13个高校贷款2.6亿元，向区县贷款5亿元。以企业无息垫资方式推动中小学“校校通”工程，新建220个校园网。

〔**教师队伍建设**〕 2001年，建立教师职业道德培训制度。支持北京工业大学、首都师范大学以多种形式引进20名院士。在北京工业大学等6所高校22个专业设立特聘教授岗位。选派50名中小学校长或后备干部赴美培训，完成中小学教师第二轮继续教育工程。重新核定市属（市管）高校编制，修订中小学编制标准。召开教师资格制度实施工作会，提出教师必须持证上岗的要求。根据《教师法》《教师资格条例》《〈教师资格条例〉实施办法》研究制定了贯彻实施意见。先针对在职职工实行，后向全社会推行。教师资格认定机构将对申请人从中国公民身份、思想品德条件、学历条件和教育教学能力条件几个方面进行考察。经教师资格认定机构进行初步审查，通过面试、试讲考试考核等方式考察申请人的教育教学能力，提出专家审查意见，教师资格认定机构作出是否认定的决定。

〔**学校后勤社会化**〕 稳步推进校际区域联合、行业联办，引进社会企业为学校提供专业后勤服务。大学生公寓竣工52.8万平方米，新开工50.9万平方米。由市区两级营养餐生产单位配供学生营养餐达32万份，提前实现了市政府年初承诺30万名中小学生吃上营养餐的目标。全市已有市级学生营养餐定点生产单位49家，日供餐量达17万份。另15万份则由区级生产单位提供，有100多家条件符合标准的学校食堂，按营养、卫生标准为本校学生供应营养午餐。11月22日，由北京各高校自愿组建的伙食联合采购中心在北京大学成立，49所高校统一招标购买伙食原材料，发挥规模优势。中心首次购大米需求量就超过250万公斤。中心成立后不设实体，不设财务，根据成员单位对伙食原材料的需求，定期组织联合采购，采购物资一般是有较大需求量的伙食原材料。此外，中心将邀请质量监督及卫生检验部门介入大宗购买，保证为高校师生员工提供优质、卫生、安全的伙食原材料。中心成员达到北京高校总数的70%。

撰稿 何劲松

# 基础教育

〔**综述**〕 2001年，市教委落实“十五”教育计划，推进义务教育高标准、高质量地均衡发展，满足首都社会对高中教育和学前教育的需求。指导全市中小学信息技术课程建设，初、高中的开课率达到100%，中心小学和农村完全小学的开课率分别达到70%和40%；召开素质教育报告会，开展素质教育典型经验研讨推广活动；对小学小班化教育、以人为本管理学校模式、学科教学与信息技术整合、双主体教育、活动课教学、全面提高初中教育质量等专题进行了深入研讨；重申“减负”工作硬性要求，对学生上学时间提出了指导性意见，强化了对中小学教学用书的管理，严格执行课程计划，严格控制学生作业量，不允许违规上课、补课等。积极推进中小学教育信息化建设，全年新建成校园网近300个，全市中小学校园网总数达到500个。开通19个区域性中小学信息技术教育传播中心。每个中心配备4个网络教室和1个电子阅览室，为周边学校开设信息技术课和培训教师提供网络化教学条件，并为中小学生和社区居民课余上网提供健康场所。市教委安排专款共4 500万元，采取政府采购方式，为全市315所初中配备了计算机7 500台，全年新建计算机房300多个，实现了农村中心小学以上中小学“校校有计算机房”，1/10以上的中学达到平均10名学生拥有1台计算机。山区中小学建设工程和1 000所完全小学建设工程全面完成，20所学校参加了第三批示范高中学校建设方案评审论证。采取多种方式扩大热点小学的服务范围；拓宽小学升初中学生的选择范围，规范特长生招生，规范普通高中择校收费，同时开展了收费检查，纠正了一些违规行为。继续完善招生考试改革，全市19个区县级单位中有17个区县实行两考分离，强化了区县招生考试工作的具体管理责任，不断完善题库建设，试行多样化招生办法。全面调整会考政策，使高中会考向中等职业学校和社会公民开放。

〔**学前教育**〕 2001年，北京市小学附设学前班856个。全市学龄前3～6周岁儿童有23.79万人，入园儿童19.58万人，入园率为82.3%。全市幼儿园园长和教师中，大专以上学历的有5 488人，占38.7%；中等专业学历的有7 955人，占56.1%。

年内，《北京市学前教育条例》正式实行，学前教育事业的发展进入了法制化阶段。学前教育机构依据成本测算收费标准，已有74所幼儿园获准执行新的收费政策试点；举办学前教育机构以社会力量办学为主体，与政府举办的学前教育机构在具体政策上一视同仁；倡导和支持开展周岁以下婴幼儿的早期教育，突破了以往3～6岁接受学前教育的年龄范围。市教委重点指导企事业单位自办园体制改革试点，共有84所幼儿园办理了体制改革证书。年内，北京市许多幼儿园降低收托儿童年龄，至9月统计，全市幼儿园中收托3岁以下儿童2.2万人。

规范幼儿教育管理，召开了北京市幼儿素质教育研讨会，总结推广6所试点幼儿园实施素质教育的经验。在全市评选出10所市级“示范幼儿园”。贯彻执行《北京市托幼园所分级分类验收标准及细则》，组织区县验收组成员和园长参加的学习培训班，依据新《标准》对已评定了级类的幼儿园进行了年度考核。截止年底，全市共有623所幼儿园获得等级证书，其中一级或一类园共计274所，占全市幼儿园总量的15.9%。

〔**小学教育**〕 2001年，北京市小学比上年减少209所，在校学生减少7.87万人。教职工减少2 903人，其中专任教师减少3 230人。继续推进小学小班化教育实验研究。全市有289所学校，

1 985个教学班的5.07万名学生参加实验。年内，市教委召开小学小班化教育实验工作研讨会，交流、展示各区县推进小班化教育实验经验；179所完全小学通过市教委建设达标验收，全面完成1997年市教委提出的建设任务。印发《北京市教育委员会转发教育部关于积极推进小学开设英语课程指导意见的通知》，要求从2001年秋季开学起，全市城市小学和远郊区县县城小学要从三年级起开设英语课，有条件的区县和学校可将开课的起始年级提前。

〔**中学教育**〕　2001年，北京市普通中学791所中有九年一贯制学校53所，比上年增加31所。其中，高级中学比上年增加10所；完全中学比上年减少23所；初级中学比上年减少9所。初中在校生比上年增加1.35万人；全市45%以上的初中毕业的学生可以进入普通高中就读。普通高中在校生比上年增加1.5万人，教职工比上年增加2 400人，专任教师比上年增加1 600人，专任教师占教职工总人数的66.5%。生师比为14∶1。年内，北京市推进普通高中与职业类学校融通，将信息技术等学科的全市统一会考和考查项目管理权限下放到区县；同时，允许各职业类学校在校生及所有公民报考；取消普通高中各年级学生报考科目的限定，全市不再单独组织会考补考；对9个区县（包括燕山地区）申报的61所学校进行了达标验收；对北京市汇文中学等10所学校进行了首批示范高中学校建设正式评估，对2000年进行试评估的6所学校进行了复评。

〔**特殊教育**〕　2001年，北京市有公办特殊教育学校25所，其中基础教育段包括盲人学校、聋人学校、培智学校共24所，另有1所残疾人高等教育学院——北京联合大学特殊教育学院。残疾儿童的入学率达到97%以上，宣武、顺义等区县的残疾儿童入学率达到100%。全市已基本形成了较为完整的特殊教育体系，残疾人受教育的质量和程度都有了很大提高。年内，召开了北京市第三次特殊教育工作会议，总结了“九五”期间特殊教育发展的经验、表彰60名特殊教育先进个人、部署了“十五”特殊教育工作。

〔**21世纪课程改革实验**〕　2001年秋季开学后，在崇文、石景山、顺义、大兴、燕山等5个区的所有小学和东城、西城、朝阳、丰台、门头沟、房山等6个区的部分小学起始年级开始实验北京市基础教育21世纪课程教材体系。新课程的特点：一是减少时空占领，给学生更多的自主发展的时间和空间；二是增加课程的弹性，给学校和学生更多的选择余地；三是设置科学和社会等综合课程，以更好地适应现代社会发展对人才培养的需求；四是此次课程改革是建立在现代信息技术平台上要加强现代信息技术与各学科的整合。市教委对此次课程教材改革实验的目的、原则、范围、内容、步骤和工作要求等做了具体说明。年内，11个区县，200多所学校，2万多名学生参加了实验。

〔**农村与山区中小学建设**〕　2001年，全市农村完全小学总数从“八五”末期的1 016所减少到753所，各级用于完小建设的总投资为5.53亿元，迁址新建农村完小111所，改扩建244所，有429所学校具有200米操场。各完小按标准设立专用教室，365所完小达到《北京市中小学办学条件标准》中规定的一般标准，57所达到较高标准，完全小学干部教师的年龄、职称结构趋于合理，教育教学能力和教学水平有了较大幅度的提高。专任教师中具有大专学历已占40%，并拥有了市、区县、乡镇级骨干教师。推进小学开设英语课程。

山区中小学建设在近3年里，市、区县共投入专项经费2.5亿元，比原计划多投入4 000万元。49个边远山区乡镇原有的493所中小学，按规划撤并215所，保留下来的278所中小学办学条件全部达到了市颁标准。近几年山区生源逐年递减，但中小学校生均规模却由1998年不足200人增加到2001年的316人，共完成基建和修缮面积18万平方米，添置教学仪器设备近20万件（套），添置办公和寄宿生活设施设备5万余件（套），添置图书资料130万册。学校公用经费由1998年的中学年生均344元、小学年生均168元，增加到2000年的中学年生均601元、小学年生均 289 元。中小学教师年人均收入由 1998 年的中学 10 579 元增加到 2000 年的14 217元、小学由 1998 年的 10 536 元增加到 2000 年的 14 126元。三年共计发放助学金和寄宿生伙食补助 1 230 万元，有近 4 万人次的家庭经济困难生和寄宿学生享受到专项补助。连续三年，全市边远山区中小学入学率、巩固率、毕业合格率均达到高标准实施九年义务教育的要求。

撰稿　熊　红

# 职业教育与成人教育

〔**综述**〕 2001 年，北京市中等专业学校比上年减少 41 所，在校生比上年减少 1.39%，毕业生比上年增加 14.01%，招生比上年增加 9.7%。技工学校 141 所，在校生 6.63 万人，比上年减少 6.36%；毕业生 2.30 万人，比上年增加 31.49%；招生 1.85 万人，比上年减少 27.42%；教职工 5 846人，比上年减少 57.64%；专任教师 3 160 人，比上年减少 14.69%。职业高中比上年减少 38 所，在校生比上年减少 7.53%，毕业生比上年增加 1.86%。全市各类成人中等学校在校生比上年增加 5.43%，毕业生比上年减少 18.13%，招生比上年减少 5.40%。年内，北京市制定中等职业学校现代化专业、骨干特色专业评估指标体系，并开展了大规模的专业评估工作，评选出第一批 26 个骨干特色专业及一批现代化标志性专业。中等职业学校与国外的合作已发展到 20 个国家，开展了各种短期培训和学历教育合作项目共 30 多个。建立多渠道的教育融资体系，解决教育投入不足问题。通过引进外资贷款，加快了教学设备现代化。基本完成了第二期职教贷款项目的收尾工作，“九五”期间，北京职业教育共引进世行贷款 475 万美元，国内配套资金 3 940 万元，共装备 11 所学校，11 个专业。争取在北京经济技术开发区职教集团建成之际，引进外资贷款 3 000 万美元，全部用于建设学校的现代化实验实习设备。

成人教育工作取得新的进展，举办了大量的有针对性的岗位资格培训、转岗培训、项目培训以及科技人员的继续教育。全市各行业、企业开展岗位技术培训达 263 万人次，继续教育达 57 万人次。农村成人教育有了新发展，以项目开发为纽带，新一轮科技推广培训正在全面展开。

〔**布局结构调整**〕 2001 年，坚持首都职业教育“一盘棋”的思想，统筹规划各类职业教育资源，坚持以内涵发展为主的方针，充分发挥现有资源的作用，使首都职业教育进一步符合时代发展、科技进步、特别是首都经济发展的要求，进一步完善和增强了首都文化中心、教育中心的功能。按照 2000 年北京市政府转发的《关于中等职业学校结构布局调整的意见》，共撤销、合并中等职业学校 166 所。全市中等职业学校平均在校生规模已由调整前的 680 人上升到 1 120 人。在调整的同时，重点抓了原市经委所属市仪器仪表工业学校等 6 所中等职业学校的重组和资产置换，在北京经济技术开发区建设新型现代化职业教育园区（职教集团）。该项目建成后将是北京市规模最大、现代化程度最高的集中职和高职于一体的职业教育基地。除此之外，北京部分城近郊区也根据本区的实际情况，建设高标准的现代化职业学校，2001 年调整规划已开始实施。部分行业的普通中专和技工学校实现了强弱联合，优势互补，提高了办学效益。市教委制定了现代化标志性学校标准，创建现代化标志性学校的工程业已启动。市农业学校、市商贸学校及市交通学校已率先建成了现代化标志性学校。

〔**教育教学改革**〕 在加强骨干特色专业建设

的同时，及时调整设置重复、市场需求疲软的传统专业，优先发展适应北京市支柱产业和新兴第三产业需要的专业。在专业设置上着力体现宽窄并举、以宽为主的原则；在课程结构上体现综合化，形成宽基础、多方向的课程结构；加强外语、计算机等基础课的教学，改善基础理论教学体系，注重学生的个性培养，提倡教育模式、教学内容及教学方法的多样化、个性化，通过因材施教，从根本上提高了教育质量。职业教育围绕以下四个方面深化了教育教学改革：一是加快了专业建设步伐，启动现代化标志专业及骨干特色专业建设计划。已评出24个特色专业及5个现代化标志性专业。二是加强了基础文化课教学，推动了中等职业学校的教材建设。统一制定了中等职业教育文化基础课课程教学要求，统一编写了基础课数学、语文、英语、计算机4门课程教材，继续完善其他部分专业课的教材建设。中等职业学校文化基础课实行全市统一水平考试制度。三是积极推进了中等职业教育课程体系和教学内容改革，指导实施各有关中等职业学校面向21世纪课程体系和教学内容改革项目计划的全面实施，全部改革专业将与国际认可的职业资格证书接轨。四是全面推进学分制等教学制度改革。在部分中等职业学校学分制等弹性教学制度改革试点的基础上，2001年前已在全市范围内普遍推广。

〔**招生和学籍管理改革**〕 扩大学校面向社会的办学自主权，进行了各类中等职业学校的招生改革，各类中等职业学校招收全日制学生74 282人，招收业余（成人）学员5 000人。与此同时，允许学校根据自身条件确定招生数量，允许学校在统一考试录取招生、提前单独考试录取招生和登记入学三种招生形式中自主选择。统一了职高、职业中专、成人中专三种证书的式样，进一步扩大了学校在学籍管理方面的自主权，将毕业证书发放和学籍管理权下放给学校。取消了毕业证书的验印程序，实行毕业证书发放的备案制度。

〔**构建终身教育体系**〕 市教委与市人事局、市劳动局、市经委等9个委局联合印发《2001～2005年北京市实施成人教育培训工程的意见》，提出了实施“紧缺人才培训工程”“社区教育工程”“现代企业教育工程”及“农业现代化培训工程”4项工程的目标、任务。各区县、各行业据此制定具体实施计划，并开始落实。2001年全市各类成人培训总数达到560万人次。市教委制定了《关于大力发展社区教育促进学习化社区建设先进区县评估指标体系》《关于加快发展社区教育的意见》等，朝阳、西城、石景山、丰台、海淀区等已先后成立了社区学院。宣武、东城、海淀、石景山等区以及部分街道社区教育委员会制订了《社区教育工作条例》和《社区教育委员会章程》，有的还制订了社区教育评价方案，建立社区教育督导评价制度。市教委印发了《发展企业教育，创建学习型企业先进单位评估指标体系》，并已组织专家开展了试评估工作，2001年已评选出北京西单集团等第一批创建学习型企业先进单位。进一步加强了农村地区县、乡（镇）、村三级办学网络建设，把在农村中推广先进技术、普及科技知识，提高农业科技含量作为培训的重点。市教委与市科委、市农委共同印发了《2001～2005年在本市开展农业科技推广培训示范项目的通知》，35个市级科技推广示范培训项目业已启动。全市紧缺人才培养力度进一步加大，特别加强了加入世贸组织基本知识的培训。把高级工商管理培训作为重点，已开展培训近万人次。

撰稿　吴晓川

# 高 等 教 育

〔**综述**〕 2001年，北京地区高校研究生招生比上年增长19%；普通高校本专科招生比上年增长17%，高校招生录取比例达75%。2001年北京高校共毕业7万人，初次就业率达到86.3%，比上年同期提高近6个百分点。年内，新审批备案本科专业32个，成人高校各类专业89个，全日制高职专业79个。市教委继续开展教学检查、评估工作，重点进行了高校本科专业毕业环节检查，艺术、体育类高校外语教学检查和高校实验室评估，共对21个学校的42个基础实验室进行了评估。2001年组织推荐国家级优秀教学成果奖申报工作，北京市上报项目共有91项获国家级奖，占全国获奖总数的20%，其中国家级特等奖1项，一等奖15项，二等奖75项。同时在北京市教师节大会上，对北京市级359项市级教学成果进行了表彰。在北京地区的高等职业学校、高等专科学校、成人高等学校以及本科院校的职业技术学院中开展了专业教学改革试点工作。2001年第一批推荐部级教学改革试点专业点14个，第二批推荐4个，经教育部专家评审，正式批准共16个部级教学改革试点专业。北京地区普通高校参加全国大学英语四、六级考试。1月，考试通过四级1.90万人、六级1.11万人；6月，考试通过英语四级3.15万人，六级1.04万人。5月，北京地区有1 842名考生报名参加了大学英语口语考试，共有1 771人通过，其中获得A级及A⁺级的考生有118名。

〔**教学工作**〕 2001年，实施北京高校重点教材建设计划，推进“精品教材工程”建设，设立专项经费。各高校共申报792项教材建设项目，经专家评审，确定分两期支持367项教材建设项目。实施教学内容与教学方法改革立项工作，共有61所高校上报教学内容与教学方法改革立项项目166项，经专家评审，共批准99个项目为北京市2001年度教学内容与教学方法改革立项项目，拨付项目经费176万元。继续推进学院路教学共同体建设，投入并推进了共同体网络管理平台的建设，已在学院路部分学校试点网上报名选课，2001年学院路教学共同体共开设公共选修课123门，辅修专业3个，选课学生达到2.51万人。中关村地区和东方大学城地区高校教学合作项目开始运行，中关村12所高校启动27门公共选修课供学生选修，2001～2002年第一学期共有1 274名学生选修课程。东方大学城4所高校也已启动5门课程作为公共选修课。组织市属市管高校共申报教改项目50项，经市教委专家组初审后，向教育部推荐14项，经教育部专家论证，承担了第一批的4项项目，第二批2项项目，另有7项项目为参加单位。

〔**“110工程”建设**〕 11月，市教委召开了北京地区普通高校“110工程”(科技成果转化工程)项目总结研讨会。会议对“110工程”项目执行情况和主要成果进行了总结和交流。“九五”以来共批准“110工程”项目29项，累计支持资金5 980万元。通过对项目的资金支持，在节水节能、减少污染促进环保、提供就业、替代进口(节汇)、促进科技成果转化和人才培养等方面为首都经济、社会的发展作出了应有的贡献。2001年，共有13所北京地区的14项高新技术成果申请“110工程”周转金支持，按照“110工程”项目实施办法规定和有关程序，“110工程”办公室组织对所申报项目进行了严密考察和论证，认为首都医科大学等6所学校的6个项目符合有关要求和规定，所在学校积极支持，实施条件比较成熟。这些项目涉及生物医药、新材料、环境保护、精密测控及电子技术等高科技领域，与北京区域经济和“首都二、四、八重大创新工程”结合紧密。

〔**基础课教学实验室建设**〕 2001年底，北京地区高校基础课教学实验室评估工作基本结束。此项工作自1997年4月开始，五年来，共有41所院校227个基础课教学实验室通过了合格评估，占应评实验室总数的78.8%。从1997年至今，基础课评估实验室共投入资金3亿多元，其中学校投入1.9亿元，政府部门投入1.1亿元。通过评估，各高校加强了实验室体制改革和实验教学改革，并使实验室的管理走向规范化、制度化。许多学校在基础课教学实验室建设方面创造了很好的经验。有力地推动了学校实验实践教学改革，保证了教学质量的提高。

〔**高等职业教育**〕 2001年，北京地区高等职业教育迅速发展。据统计，2001年北京地区普通高等职业教育在校生达到6.52万人，比上年增长27%。已有近30所普通高校，5所独立设置高等职业教育学院，3所民办高校，6所大学郊区分校（或大学高职学院）及7所成人高等学校举办普通高等职业教育。市政府新批准设置2所高等职业教育学院，即：北京农业职业学院、北京艺术设计学院。2001年，北京高等职业教育新增普通高等职业教育专业点96个，使专业总数达到337个。开展专业教学改革试点工作，建设30个市级教学改革试点专业，16个教育部国家级教学改革试点专业。制定了《北京市高等职业教育实训基地验收标准（试行稿）》和《北京市高等职业教育实训基地管理规程（试行稿）》，规范高等职业教育实训基地建设和管理工作。实施《新世纪高职高专教育人才培养模式和教学内容体系改革与建设项目计划》，6项项目已正式批准为教育部国家级课题主持单位，另有11所学校为7项项目的参加单位。北京普通高职、高专招生全部实行并轨，共招生2.85万人，比上年增长19.2%。

〔**成人高等教育**〕 2001年，北京共有成人高等学校102所，其中独立设置成人高校41所，普通高等学校举办的函授、夜大学、继续教育学院61所。成人高校招生13.03万人。北京地区已有13所普通高等学校建立了（远程）网络教育学院，注册在校生8.7万人。北京市重点对成人高校本科教育毕业设计（论文）的管理状况和质量展开调研工作，聘请45名专家分为机电、计算机、经管等5个组，制定了“毕业设计（论文）质量评价方案”，按选题质量，能力水平、设计质量三个评价基元，14个评价要素，分别评价了不同类别的31所高校的2001届355篇本科毕业设计（论文评审）。通过评审，加强教学质量监控，推动毕业设计（论文）规范化，促进成人本科教学质量的提高。

〔**大学科技园建设**〕 2001年，市科委、市教委共同组织了“北京市大学科技园”评审认定工作。经学校申请、专家评审、市政府大学科技园建设领导小组批准，确定北京化工大学科技园、北京师范大学—北京中医药大学—中国协和医科大学三校联合科技园、北京航空航天大学科技园、北京理工大学科技园、北京科技大学科技园和北京工业大学科技园6个大学科技园为“北京市大学科技园”。12月3日，市科委、市教委又补充认定北京邮电大学、北方交通大学两所大学科技园为“北京市大学科技园”。至此，北京市共有北京大学、清华大学2个国家级大学科技园和8个“北京市大学科技园”。12月13日，召开了“北京市大学科技园”建设经验座谈会。

撰稿 李同铮

审稿 杜松彭

# 天津市教育

## 概　况

〔基本情况〕

**2001 年各级普通学校基本情况**

单位：人

| 学校类别 | 学校数（所） | 毕业生数 | 招生数 | 在校生数 | 教职工数 | |
|---|---|---|---|---|---|---|
| | | | | | 合　计 | 其中：专任教师 |
| **总　计** | **4 338** | **385 314** | **488 474** | **1 774 904** | **168 820** | **114 715** |
| 一、研究生 | (17) | 2 130 | 5 443 | 12 377 | | |
| 1. 高等学校 | (17) | 2 130 | 5 443 | 12 377 | | |
| 2. 科研机构 | | | | | | |
| 二、普通高等学校本专科 | 33 | 19 103 | 56 066 | 153 998 | 29 953 | 12 552 |
| 本科院校 | 18 | 18 022 | 43 318 | 130 298 | 24 938 | 9 943 |
| 专科院校 | 15 | 1 081 | 11 200 | 19 970 | 5 015 | 2 609 |
| 分校、大专班 | | | 1 548 | 3 730 | | |
| 三、普通中等学校 | 908 | 215 906 | 235 091 | 743 075 | 70 477 | 49 031 |
| 1. 中等专业学校 | 80 | 25 953 | 17 787 | 81 060 | 8 791 | 4 672 |
| 中等技术学校 | 70 | 22 575 | 16 392 | 75 535 | 7 517 | 4 028 |
| 中等师范学校 | 10 | 3 378 | 1 395 | 5 525 | 1 274 | 644 |
| 2. 技工学校 | | | | | | |
| 3. 普通中学 | 708 | 166 639 | 197 874 | 592 393 | 54 405 | 39 922 |
| 高中 | 217 | 36 831 | 54 138 | 141 455 | | 9 875 |
| 初中 | 491 | 129 808 | 143 736 | 450 938 | | 30 047 |
| 4. 职业中学 | 117 | 23 154 | 19 312 | 69 432 | 7 160 | 4 399 |
| 高中 | 117 | 23 144 | 19 312 | 69 432 | | 4 399 |
| 初中 | | 10 | | | | |
| 5. 工读学校 | 3 | 160 | 118 | 190 | 121 | 38 |
| 四、小学 | 1 307 | 147 639 | 95 492 | 665 495 | 55 311 | 45 651 |
| 五、特殊教育学校 | 22 | 536 | 325 | 3 737 | 640 | 446 |
| 六、幼儿园 | 2 068 | | 96 057 | 196 222 | 12 439 | 7 035 |

**2001年各级成人学校基本情况**

单位：人

| 学校类别 | 学校数（所） | 毕业生数 | 招生数 | 在校学生数 | 教职工数 | |
|---|---|---|---|---|---|---|
| | | | | | 合计 | 其中：专任教师 |
| **总计** | **3 636** | **732 927** | **688 674** | **219 184** | **11 624** | **6 529** |
| 一、成人高等学校 | 26 | 21 496 | 35 621 | 83 262 | 5 109 | 2 556 |
| 1. 广播电视大学 | 1 | 3 738 | 4 111 | 10 253 | 1 722 | 779 |
| 2. 职工高等学校 | 20 | 4 226 | 7 922 | 16 320 | 2 456 | 1 377 |
| 3. 农民高等学校 | | | | | | |
| 4. 管理干部学院 | 5 | 2 016 | 2 109 | 5 171 | 931 | 400 |
| 5. 教育学院 | | | | | | |
| 6. 独立函授学院 | | | | | | |
| 7. 普通高等学校举办： | (33) | 11 516 | 21 479 | 51 518 | | |
| 函授部 | | 3 332 | 6 081 | 15 450 | | |
| 夜大学 | | 5 565 | 11 644 | 27 170 | | |
| 成人脱产班 | | 2 619 | 3 754 | 8 898 | | |
| 二、成人中等学校 | 3 534 | 706 089 | 648 600 | 135 609 | 6 415 | 3 903 |
| 1. 成人中等专业学校 | 181 | 24 834 | 14 707 | 43 290 | 3 316 | 1 805 |
| 广播电视中等专业学校 | 2 | 2 661 | 1 267 | 2 750 | 167 | 83 |
| 职工中等专业学校 | 44 | 10 581 | 6 775 | 22 955 | 2 009 | 1 116 |
| 干部中等专业学校 | 9 | 3 942 | 1 476 | 5 566 | 340 | 144 |
| 农民中等专业学校 | 6 | 397 | 411 | 922 | 45 | 31 |
| 函授中等专业学校 | | | | | | |
| 教师进修学校 | 14 | 150 | | 805 | 755 | 431 |
| 其他类学校举办 | 106 | 7 103 | 4 778 | 10 292 | | |
| 2. 成人中学 | 25 | 1 772 | 2 011 | 4 691 | 481 | 210 |
| 职工中学 | 25 | 1 772 | 2 011 | 4 691 | 481 | 210 |
| 农民中学 | | | | | | |
| 3. 成人技术培训学校 | 3 328 | 679 483 | 631 882 | 87 628 | 2 618 | 1 888 |
| 职工技术培训学校 | 100 | 74 226 | 64 874 | 19 517 | 593 | 510 |
| 农民技术培训学校 | 3 228 | 605 257 | 567 008 | 68 111 | 2 025 | 1 378 |
| 三、成人初等学校 | 76 | 5 342 | 4 453 | 313 | 100 | 70 |
| 1. 职工初等学校 | 9 | | | | 30 | 17 |
| 2. 农民初等学校 | 67 | 5 342 | 4 453 | 313 | 70 | 53 |
| 其中：扫盲班 | | | | | | |

〔**年度工作方针**〕 2001年,天津市教委主要工作思路是:加快各级各类教育,特别是高等教育和高中阶段教育的发展,推进教育改革;重点是抓好教育布局结构战略性调整,加强教育创新,扩大教育的对内对外开放,使办学体制、学校内部管理体制、后勤社会化和招生考试制度改革取得新的突破,力争提前完成示范性高中、高标准职教体系、高水平大学建设和高层次创新人才培养四项重点工程的阶段性目标;正确处理改革、发展和稳定的关系,维护安定团结的政治局面;坚持依法治教,推进素质教育,抢抓机遇,跨越式发展;要争上游,创一流,最大可能地满足人民群众和经济社会发展对教育的新需求。

〔**学校布局调整**〕 2001年,示范性高中建设取得进展,至年底全市完成15所学校的建设任务。10月,启动模范小学和第二批示范性高中建设工作,确定用3年左右时间完成第一轮19所模范小学和第二批20所示范性高中的建设。年内完成19所中学、29所小学的规范校建设任务,投资达2亿元,改扩建22万平方米。高水平特殊教育学校建设同步推进,聋哑学校完成规划方案,盲人学校由红桥区置换到河西区原经济管理学校,新校址艺术体育楼和综合教学楼等配套建设工程年底完工。市政府批准组建天津工程职业技术学院等11所独立设置高等职业学校,纳入普通高校序列。高校校区布局的总体规划已经确定,实现教育控规发展用地733公顷,新征土地97.6公顷。师范大学、理工学院的校区规划已初步完成,校均占地达到133.3公顷以上。轻工业学院升格为天津科技大学、天津职工医学院转制为天津高等医学专科学校已通过教育部专家组考察。

〔**推进高层次创新人才工程**〕 2001年,天津市有8人入选教育部长江学者奖励计划,截至年底,有18位长江学者特聘教授和3位天津市特聘教授进入岗位。全市高校共有两院院士18人(含双聘院士3人),国家杰出青年基金获得者12人,入选国家"百千万人才工程"资助计划教师20人,教育部跨世纪人才基金获得者31人,另有天津市授衔专家65人,天津市"131人才"第一层次入选50人。经国家人事部批准,13名教师成为2000年度享受政府特殊津贴专家,至此,全市教育系统已有近1 200名享受政府特殊津贴专家,国家级有突出贡献的中青年专家45人。继续实施高校中青年骨干教师出国研修计划,完成第三批53名教师的外语培训和考核工作,继续组织各高校推荐骨干教师参加在职攻读硕士学位和高级访问学者等高层次培训,32人参加"以同等学力申请硕士学位"教师进修班,742人参加教育技术培训,337人参加教育理论培训,469人参加各类外语培训。各高校重视高层次人才的培养和引进工作,天津轻工业学院的"海河学者计划"、天津理工学院的"百名博士计划"、天津财经学院的"首席特聘教授制度"正在实施,天津师范大学从2001年起安排专项经费用于人才引进。各高校对引进人才在职称评定、住房分配等方面实行政策倾斜,对配偶安排、子女入学等问题采取特殊政策妥善解决。

撰稿 李 霞

〔**教育信息化建设**〕 天津教育科研宽带骨干网一期工程于2001年11月通过专家验收。该网一期工程下设8个二级结点,接入38个单位,通过天津大学、天津商学院、天津工业大学3个汇接点,可实现主干网上1千兆的快速数据传输与交换。"北方教育"网站建设继续加强,自主开发多套网络发布系统,建成和完善各类教育栏目80余个,并建成"网络学院"、"在线题库"、"数字图书馆"等精品栏目,其中"数字图书馆"藏书20万册,收录期刊1万余种。"北方教育"网站总信息量达30余万条,日访问量稳定在5万次,最高突破8万次。年内,天津市实施学校思想政治教育网站建设工程,总投资226万元。各高校发挥网络开放性、及时性、交互性的特点,开辟学生思想政治教育阵地。如南开大学的"觉悟"网站、天津大学的"天外天"网站、天津工业大学的"e缘"网站、天津商学院的"阳光"网站、天津职业技术师范学院的"北斗星"网站等均获得师生好评。

撰稿 左 卫

〔**教育对口支援**〕 2001年7月，以副市长俞海潮为团长，由市经济技术协作办公室、财政局等单位组成天津市慰问支援甘肃教师代表团，赴甘肃省对口支援贫困县、学校慰问105名支甘教师。暑假期间，市教委组织11位名校长、名教师巡回讲学团赴甘肃4个地区义务巡回讲学320场次，听众达1.8万人次。国务院副总理李岚清在此次活动的简报上批示："这种做法很好，值得提倡。"市长李盛霖批示："以此为动力，坚持下去，越搞越好。"4月，天津市教委与甘肃省教育厅签订《关于2001年学校对口支援工作实施项目协议书》，年内，为甘肃对口地区援建教学楼4座、小学1所、计算机100台以及其他教学仪器，合计500万元。6月，副市长俞海潮在国务院办公厅召开的学校对口支援工作会议上，介绍了天津市学校对口支援工作经验。

撰稿 董 宇

〔**举办中外大学校长论坛**〕 6月14日～15日，天津医科大学主办的中外大学校长论坛在津举行，来自美国密执安大学、托马斯·杰佛逊大学、加州大学欧文分校，法国南锡大学，澳大利亚昆士兰大学，日本久留米大学，世界卫生组织神户中心等6个国家14所大学和国内20所大学的校长、医学院院长及医学专家，共同探讨新世纪高等医学教育发展趋势和对策。全国人大常委会副委员长吴阶平在开幕式上讲话说：新千年的医学教育要注重培养能适应并促进21世纪医学发展的高素质医生，培养和提高他们的社会责任感、历史使命感和职业道德。在全面掌握专业知识的基础上，在临床工作中把病人的利益放在第一位，努力为人民健康服务。市长李盛霖在开幕式上致辞时说，国内外大学校长来津共同探讨办学和提高人民卫生健康之道，共同应对新世纪面临的机遇和挑战，为大学提供了一次相互交流与学习的好机会，这次论坛必将促进各国办学和卫生健康水平的进一步提高与发展，天津也将从中学到有益的知识和宝贵的经验。

撰稿 谢燕凤

# 基础教育

〔**综述**〕 全市普通中学708所，其中有完全中学139所、高级中学78所、初级中学473所、九年一贯制学校18所；幼儿园（含社会力量和其他部门办园）入园人数9.61万人，其中有学前班1.54万人（本年学前班人数仅含学前一年班人数，其他归入小学附设幼儿园人数）；在园人数19.62万人，其中有学前班1.99万人；离园人数9.82万人，其中学前班1.34万人。

义务教育水平得到进一步提高，全市基本实现小学6周岁入学，小学、初中入学率均为100%，残疾少年儿童义务教育入学率达到95%以上，3～6岁儿童入园率达84%，比上年提高3个百分点，城区基本满足学前儿童入园要求，农村学前两年教育达到93%。高中阶段教育入学率为91%，比上年提高2.2个百分点，普通中学与职业中学招生比接近5∶5。首次实现在外省市招收高中生，发挥了大城市的对外辐射作用。年内，批准建立18所民办、民办公助高级中学，以政府办学为主体，公办学校和民办学校共同发展的格局初步形成。普及高标准信息技术教育，全市36%的小学五年级和92%的初中开设信息技术课，高中在全部开设信息技术课的基础上，在全国率先实现5万高中考生信息技术课在线考试。继续进行普通高中新课程试验，开展研究性学习活动，培养学生创新精神和实践能力。应届高中毕业生首次参加3＋X新科目组高考。全市1/3小学推行小班化教育，小学三年级全部开设英语课。

撰稿 李 霞

〔**基础教育工作会议**〕 2001年11月16日，市委、市政府召开基础教育工作会议。市委书记张立昌在会前会见本市获得全国表彰的“两基”工作先进单位代表和先进个人。市长李盛霖，市委副书记刘胜玉出席会议并讲话。市委常委、市委教卫工委书记邢元敏主持会议。副市长俞海潮在会上作题为《加快发展，深化改革，全面推进基础教育现代化》的工作报告。会议确定天津市“十五”期间基础教育主要目标是：要在全国率先接近或达到世界中等发达国家水平，到2010年，基本实现现代化，总体水平超过世界中等发达国家水平，若干领域达到世界发达国家水平，综合实力继续保持全国前列。“十五”期间基础教育的主要任务是：高水平、高质量普及九年义务教育，高标准普及高中阶段教育，大力发展学前教育，继续重视特殊教育，推进社会力量办学健康发展，加快发展农村基础教育，加强基础教育科学研究，加强基础教育教学和发展研究，充分发挥高等教育对基础教育的带动作用，积极扩大基础教育对内对外开放。会议明确实施素质教育的重点是：切实加强和改进德育工作，增强德育工作的针对性、实效性和主动性；加大课程教材改革力度；改革考试评价和招生选拔制度；加强中小学外语教育；加快中小学教育信息化建设；全面完成中小学布局调整。会议提出，大力加强教师队伍建设，建设数量适当、结构优化、政治业务素质优良、有全国知名学科带头人、知名校长和骨干教师群体的中小学教师队伍，建立和完善高水平教师教育体系，继续深化中小学人事制度改革，加强教师编制管理，全面实施教师资格制度。会议要求各级人民政府及有关部门要把基础教育事业的发展作为基础设施建设和教育事业发展的重点领域纳入本地区国民经济和社会发展计划，加大对基础教育的投入力度，坚持依法治教与以德治教紧密结合，加强和完善教育督导制度，坚持学校、家庭与社会教育的紧密结合。

撰稿 狄建明

〔**素质教育**〕 2001年，继续把推进素质教育作为中心工作，全面深化教育教学改革，促进素质教育扎实深入发展。邓小平理论“三进”工作向高中阶段延伸，爱国主义、集体主义、社会主义教育更加深入，思想品德教育、行为规范教育收到实效。学生劳动、军训基地建设得到巩固和加强，完成了高中生军训任务；完成第三批“天津市素质教育3A学校”评审命名工作。3月，在河西区第二师范学校附属小学召开小学素质教育成果展示会，200余名小学校长、教师观摩二师附小的大课间活动、教师论坛、学生论坛、课堂教学展示活动。10月，分别在天津市实验小学、和平区岳阳道小学、河西区上海道小学、河东区靶当村小学、南开区咸阳路小学、蓟县城关第六小学举办小学教育教学改革展示活动，近4 000名小学校长、教师到现场观摩。举办全市高中校“研究性学习”系列交流活动，交流20所中学的经验，收集了大量论文和课案，选派天津市第二中学和第四中学参加全国普通高中“研究性学习”研讨会，向全国展示实践经验和成果；组织全市“双优课”评选活动；召开天津市基础教育新课程改革工作会议，具体部署基础教育课程改革工作任务；召开初、高中毕业班工作会议，加强“3＋X”高考科目改革研究，举办专题报告会；举办市级重点中学校长论坛；市教委、团市委、市科协联合举办天津市第六届“中环杯”青少年儿童计算机应用能力竞赛，全市21个区县40万中小学生参加竞赛。2001年，高考高分数段考生人数大幅度增加，清华大学、北京大学等28所重点高校在津增投招生计划，35所一般本科院校也增投了招生计划。各区县在实施素质教育过程中，重视以课堂教学为主渠道，开展课堂教学改革实验，在教学中体现新观念、新方法、新手段。高中新课程计划体育课程实验取得成效，在全市高中体育教学中逐步推广。中小学生大课间体育活动进一步开展，每天开展两次大课间体育活动的学校达到78.29%，每天安排学生1小时体育锻炼的学校达56.8%。中小学课余体育训练布局调整已见成效，128所体育传统项目学校和47所培养体育后备人才学校形成体育人才培养梯队。

撰稿 李 霞

〔**小学新课程改革实验**〕 2001年，教育部确定天津市大港区为全国基础教育新课程改革实验区。市教委成立课程改革领导小组，制订实施方案和工作计划，从抓教师的教育思想入手，落实改革措施，保证实验工作健康发展。新学年，大港区在全区32所小学、96个教学班、3 045名一年级学生中进行小学新课程改革实验。11月，副市长俞海潮到大港区调研，要求全体教师积极投入课程改革实验，争取实验工作达到一流水平，以课程改革为契机，在实施素质教育上有新突破，为全市积累经验。大港区课程改革实验工作已取得阶段性成果，教师的教育观念发生明显转变，课程改革的新理念开始被教师接受；教师的工作干劲和改革热情被充分调动起来，开动脑筋，集思广益，研究解决改革实验中的问题；课堂教学面貌发生变化，学生的参与意识和学习热情明显提高，初步探索出问题情境—共同探究—多项交流—实践应用的新的课堂教学模式；支持课程改革的社会氛围已经形成。

撰稿 高学渊

〔**高中示范校建设**〕 2001年，示范性高中建设取得重要进展，暑期建成和平区第二南开中学、河西区北师大天津附中、西青区杨柳青一中、蓟县一中、市直属天津中学、市直属盲人学校6所学校，年底前基本建成河东区七中、红桥区三中、塘沽区一中、大港区一中、津南区咸水沽一中、宁河县芦台一中、武清区杨村一中、市直属实验中学8所，累计全市示范性高中达到15所，已招生5 473人，占全市普通高中招生总数的10.3%。首批其他16所示范性高中正在建设中，同时，启动第二轮20所左右的示范性高中建设。

撰稿 狄建明

# 职业教育

〔**职业学校调整**〕 2001年，有7所普通中专学校通过调整、合并升为独立设置的高等职业技术学院，至年底，全市有15所独立设置的高等职业学校，18所普通高校设置的职业技术学院，在校生5.20万人；天津第一商业学校与天津建材职工中专、建材电大工作站实质性合并，实现跨行业联合；28所职业高中（职业中专）停止招生。加强骨干示范学校建设，天健职业中等专业学校等11所中职学校被确定为省部级重点中等职业学校。

2001年，市政府批准组建天津工程职业技术学院、天津电子信息职业技术学院、天津渤海职业技术学院、天津公安警官职业学院、天津轻工职业技术学院、天津机电职业技术学院、天津现代职业技术学院、天津中德职业技术学院、天津青年职业学院、天津对外经济贸易职业学院、天津工商职业技术学院11所独立设置高等职业学校，纳入普通高校序列。

撰稿 李 霞

〔**师资培训基地建设**〕 2001年，教育部批准天津市为全国高职高专教育师资培训基地（天津），并确定天津大学、南开大学、天津工业大学、天津财经学院、天津职业技术师范学院、天津中德职业技术学院为全国高职高专教育师资培训基地校。基地面向全国高职院校和成人高校开展不同类型的教师培训，主要包括：研究生层次和大学本科层次的学历教育，校长和管理干部培训，专业课教师以知识更新、专业技能培训为主的继续教育，高等职业教育和高等成人教育的理论研究以及教育部交办的其他任务。年内，全市师资培训基地共培训各层次教师1 200余人。

撰稿 徐 铸

〔**调整专业结构**〕 2001年上半年，市教委根据教育部《中等职业学校专业目录》和《专业设置管理的原则意见》，开展中职学校专业设置的调整优化和专业名称规范工作，对全市60所普通中专、101所职业高中，以及9个区县的中师学校的专业设置、专业名称进行调整，实现了规范和优化。调整后，全市中职学校设置13大门类271个专业，其中专业名称118个、专门化144个、《目录》以外新专业（学前教育、平版制版、拍卖典当、经济信息管理、商业自动化、安全工程技术、舞台技术、劳动监察与仲裁事物、锅炉压力容器安全技术管理）9个。通过调整专业结构，避免专业重复设置，提高了专业教育资源的利用率和整体效益。从2001年开始，全市中职学校全部按规范专业名称招生。

撰稿 刘景连

# 高等教育

〔**重点大学建设**〕 由市政府与教育部重点共建的南开大学、天津大学，按照“各自独立办学，相互紧密合作”的新机制，在合作办学方面制定了有关的规章制度，确定了本科教学紧密合作办学的具体内容。南开大学、天津大学刘徽应用数学中心于4月14日挂牌成立。9月24日，教育部批复成立了两校联合研究院及管理机构，教育部副部长周远清主持召开联合研究院首批入选项目评审会，听取南开大学、天津大学13个科技合作项目汇报，对各项目提出建设性意见。两校在共建学科专业以及统一实施基建和后勤社会化改革等方面达成共识。南开大学、天津大学“211工程”“九五”期间建设项目分别于5月下旬和6月中旬通过教育部专家组验收。通过“九五”期间建设，天津医科大学“211工程”建设取得一批标志性成果，其中获得国家科技进步二等奖3项、国家科技进步三等奖3项，9个子项目（即6项重点学科建设项目、2个公共服务体系建设项目、1个基础设施建设项目）均通过专家组验收，筹备迎接“211工程”“九五”期间整体建设项目验收。上述3校通过“九五”的重点建设，已逐步跻身于国内高水平、国际知名高校的行列。

南开大学是教育部直属重点综合性大学，2000年12月25日，教育部和天津市政府决定重点共建南开大学。南开大学建有17个专业学院（系）及研究生院、成人教育学院、职业技术学院、现代远程教育学院、泰达学院等；有55个本科专业，115个硕士点，75个博士点，10个一级学科博士学位授权点，13个博士后科研流动站，18个国家重点学科，13个省市级重点学科，2个国家重点实验室，4个省部级重点实验室，1个国家工程中心，7个国家基础学科人才培养和科学研究基地，1个文化素质教育基地，4个教育部人文社会科学重点研究基地；在1 465名专任教师中有博士生指导教师265人，两院院士7人，国务院学位委员会学科评议组成员9人，国家级有突出贡献的专家14人，“长江学者奖励计划”特聘教授9人，天津市特聘教授1人，国家杰出青年基金获得者10人，入选国家“百千万人才工程”资助计划教师9人，教育部跨世纪人才基金获得者22人，优秀青年教师基金获得者4人；各类学生2.37万人；“九五”以来承担国家社科项目数、承担教育部社科项目数、

SCI论文数均居全国高校前列。南开大学与国际知名的100多所大学和国际学术机构建立了合作与交流关系。

天津大学是教育部直属国家重点大学，是中国近代教育史上的第一所大学，2000年12月25日，教育部与天津市政府决定重点共建天津大学。天津大学占地面积137万平方米，建筑面积97万余平方米，固定资产6.66亿元。学校有实体学院13个，有博士学位授予权的一级学科12个，博士点49个，硕士点87个，本科专业43个，2001年，增设了生物医学工程、电子科学与技术、信息与通讯工程3个博士后流动站，使博士后流动站总数达15个；国家级重点学科13个，省部级重点学科17个，国家级重点实验室5个，部委级工程技术研究开发中心和开放实验室7个，国家级工程研究中心1个，国家科技成果重点推广中心2个，省部级重点实验室2个、工程研究中心5个。学校1 679名专任教师中，有教授391人，副教授708人；两院院士9人；博士生导师257人，“长江学者”特聘教授9人；各类在校生2.49万人，各类成人教育学生7 351人。2001年6月，学校通过“211工程”专家组验收，全面、高质量地完成“211工程”建设任务。

天津医科大学是中华人民共和国成立后政务院批准建立的第一所高等医学院校，1996年通过国家“211工程”预审，1999年正式立项。该大学有10个学院、5个学系；12个本科以上专业；2个博士后流动站，24个博士学位授权点，43个硕士学位授权点；7所直属医院。学校有正高级职称人员339人、副高级职称人员834人，中国工程院院士1人，国家级有突出贡献的中青年专家6人，天津市授衔专家25人，享受政府津贴专家136人；国家级重点学科3个，市级重点学科10个，国家“211工程”重点建设学科6个，教育部“长江学者奖励计划”特聘教授岗位学科2个，天津市特聘教授岗位学科2个；研究所11个，国家卫生部重点实验室1个，天津市重点实验室1个，国家药品临床研究基地2个，专业基地11个；全日制在校生6 605人（含留学生226人），其中博士生154人、硕士生529人、本科生4 650人、专科生1 272人，成人教育学生1.10万人。

撰稿　谢燕凤　徐卫红　聂大群　于　海　梁春早

〔**高校招生制度改革**〕　2001年，天津市普通高校招生考试实施“3＋X”科目设置改革，即“3＋文科综合”和“3＋理科综合”，全市普通高中按照高考科目改革调整课程计划，在天津市就读的往届生和应届高中毕业的4.08万名考生使用“3＋X”科目的天津卷。2001年，天津市首次实行“高职毕业生升普通高校本科”的招生试点工作。试点分春、秋两次分别在天津师范大学、天津财经学院、天津理工学院、天津外国语学院、天津职业技术师范学院的部分专业面向2000届、2001届高职高专毕业生进行，计划招收1 000名新生，考生参加招生院校组织的专业考核合格后，参加市招办统一组织的文化考试，科目为外语、计算机应用基础；继续进行天津市春季高考改革，招生科类由2000年的十几个调减为应用理科、应用文科、艺术、体育4个科类，考试科目分语文、数学、外语、计算机基础4科文化考试，专业能力考核由招生院校根据招生专业确定安排，25所院校计划招生5 662人，往届中职毕业生、普通高中毕业生及具有同等学力者1.06万人报考，录取新生6 782人；2001年，近350所在津招生的院校实现了计算机网上录取，有310所院校实现网上远程录取，通过网上远程录取的新生人数达3.23万余人，占录取新生总数的98.1%。

撰稿　孔　超　余永玲　古光启

〔**学位与研究生教育**〕　2001年，全市普通高校有博士学位授予单位8个，硕士学位授予单位23个，博士学位授权一级学科25个，博士点152个，硕士点367个；在学研究生中有博士生2 788人，硕士生9 397人，招收博士生1 173人，硕士生4 181人，毕业生中有博士生484人，硕士生1 616人。

2001年，天津市研究生教育办学形式多样化，规模持续扩大。2000—2001学年全市授予博士学位442人，硕士学位2 367人，学士学位1.38万人。全市有8所高校经国务院学位办审批开展研究生专业学位教育，全年8种专业学位和高校两课教师、中等职业教师攻读硕士学位招生近千人，批准举办研究生课程进修班69个，其中本地班43个，异地班26个。国务院学位办批准天津市4所高校的5个中外合作举办硕士学位教育项目，涉及美国、加拿大、澳大利亚、香港等国家和地区。学位授予质量进一步提高，学位与研究生教育管理工作得到加强。市学位委员会换届，成立第二届委员会，修改了学位委员会工作章程。市学位委员会办公室网页建立，网址为：http：//www. tjxwb. bfjy. edu. cn.

撰稿　李　霞　秦贤宝

〔**高校基础设施建设**〕　2001年，17所高等院校有基本建设施工项目29个，施工建筑面积63.7万平方米，竣工项目13个，竣工建筑面积17.78万平方米。医科大学学生公寓、轻工业学院学生公寓二期工程等一批2000年跨转项目建成交付使用。纳入市政府城乡人民生活20件实事的轻工业学院教学主楼、天津财经学院东部和理工学院南部大学生公寓如期竣工。市属高校基础设施建设项目继续得到国债资金支持，资金总额为4 200万元，总建筑面积16.7万平方米，天津理工学院实验楼、天津财经学院“十五”一期扩建、天津理工学院南部大学生公寓、天津职业技术师范学院图书馆均得到国债资金支持。市教委、市财政局在总结“九五”实验室建设经验基础上，以高等学校学科建设、教育信息化建设、高职学院实验实训基地建设为主要内容的“十五”高校综合投资规划开始启动。

撰稿　李　霞

〔**高校科研与科技产业**〕　2000年，全市高校列入校级科学研究年度计划的各类自然科学研究与发展课题3 121项，人文、社会科学研究课题1 046项，科研经费4.5亿元；鉴定科研成果241项，其中国际水平73项，国内首创85项，国内先进68项，其他15项；出版自然科学类著作183部，发表学术论文7 608篇，三大检索收录论文数分别为：SCI收录542篇、EI收录299篇、ISTP收录119篇；出版人文、社科类著作470部，发表学术论文3 184篇；获得理、工、农、医类奖励104项，其中国家发明奖2项，国家科技进步奖4项，国务院各部门奖14项，省、市科技进步奖84项。全年高等院校认定登记各类技术合同670项，成交金额1.12亿元。高校继续围绕国家、地方科技发展规划开展科学研究，在全市29项重大高新技术产业化项目中，高校承担9项，占31%。理工产业集团依托高校科研优势，创建流动式、开放型科研所，重点研究开发适应市场需求的高新技术产品，两年完成定向新课题34项，其中11种产品实现产业化，8种产品完成中试，15项通过小试。南开大学津科公司生产的“阅读不耗电电子书”（便于携带的手持电子阅读设备），在2001年全国高新技术交易会上创单项供货合同最高记录。天津中医学院一附属医院石天药业集团研制的“丹芪偏瘫胶囊”，经国家药品监督管理局批准，获高科技含量的国家三类新药证书。6月，天津大学科技园通过科技部、教育部专家组评估，被授予国家级大学科技园称号。截至年底，天津大学科技园建成孵化场地11万平方米，吸纳资金6亿元，入园企业30个，拥有自主知识产权和专利技术90项，注册总资本2.9亿元，学校移入园区研发机构17个，进驻园区中介服务机构7个。南开大学鑫茂民营科技园在华苑科技产业园区落成开园。南开大学科技园设有环境与资源科技园、生物信息科技园、新型材料与防伪技术园等。天津大学在静海县经济技术开发区投资1亿元建设占地8.6万平方米的高新技术产业园区，南开大学与静海县共同创建占地66.67万平方米的生物医药产业基地。

撰稿　李英霞　王秀敏

# 成人教育

〔综述〕 2001年，全市成人中专招生中，招收高中毕业起点850人，招收初中毕业起点9 028人（含应届初中毕业生5 323人）。人才培养模式改革和开放教育试点工作进一步深入，有8个本科专业、3个专科专业，在校生1.21万人。成人高等教育学历证书首次实行电子注册和网上查询，10所成人高校的10个专业被评选为天津市高职高专示范专业，其中天津市职工医学院高级护理专业和天津市医药职工大学制药专业被遴选为国家级高职高专示范专业。在市内6所区办职工大学开展利用现代远程教育技术进行教学模式改革的探索，实现教育资源共享与优势互补。市教委制订《天津市成人（职工）中专学校布局结构调整方案》《天津市“十五”期间城市教育综合改革方案》《关于进一步加强我市农村成人教育三级办学建设的意见》《天津市社区学院设置暂行办法》。天津市和平区、河西区被确定为全国社区教育实验区并授牌。2001年有1所乡镇成人教育中心学校通过市级示范校验收，5所乡镇成人教育中心学校通过市级一类校验收。2001年，市教委表彰“九五”期间企业教育先进单位178个、先进个人208名。

撰稿 李霞 叶庆

〔老年教育〕 2001年，市委书记张立昌、市长李盛霖等市领导5次深入老年大学视察指导工作，为全市老年教育和市老年大学的发展和建设作出决策。市老龄委、市政府办公厅先后召开天津市老年教育经验交流会、天津市老年教育工作汇报会，对全市老年教育事业发展提出明确要求。老年教育向规模化、规范化发展，和平区建设区示范性老年大学，招生突破800人，汉沽、南开、河北等区也开办了示范性老年大学。3月9日，市老年大学迁入河西区友谊路西园道1号的固定校舍办公。该校舍由市政府投资800万元置换、修缮。和平区、汉沽区利用少年宫白天空闲的教育资源，南开区、河北区利用区职工大学的教育资源，较好地解决了校舍和教学设备。据不完全统计，全市各老年大学比上年增加办学面积1.20万平方米，增加学员1 800人。红桥区、塘沽区有半数街道办起比较规范的老年学校。老年教育宣传力度加大，“天津老年教育网站”建立。

撰稿 阎春林
审稿 林炎生

# 河北省教育

## 概　　况

〔基本情况〕

**2001 年各级普通学校基本情况**

单位：人

| 学校类别 | 学校数（所） | 毕业生数 | 招生数 | 在校生数 | 教职工数 | |
|---|---|---|---|---|---|---|
| | | | | | 合计 | 其中：专任教师 |
| **总　计** | **38 560** | **3 175 422** | **3 699 559** | **14 184 749** | **810 095** | **674 799** |
| 一、研究生 | （16） | 863 | 2 735 | 6 201 | | |
| 1. 高等学校 | （14） | 852 | 2 717 | 6 161 | | |
| 2. 科研机构 | （2） | 11 | 18 | 40 | | |
| 二、普通高等学校本专科 | 63 | 45 871 | 148 260 | 350 518 | 52 914 | 23 707 |
| 本科院校 | 22 | 27 851 | 73 093 | 196 748 | 33 347 | 14 046 |
| 专科院校 | 41 | 16 285 | 60 854 | 126 927 | 18 503 | 9 056 |
| 分校、大专班 | | 1 735 | 14 313 | 26 843 | 1 064 | 605 |
| 三、普通中等学校 | 5 571 | 1 589 868 | 2 008 680 | 5 598 200 | 379 368 | 304 588 |
| 1. 中等专业学校 | 111 | 71 286 | 61 150 | 226 930 | 25 420 | 13 522 |
| 中等技术学校 | 102 | 51 307 | 49 351 | 189 376 | 20 752 | 10 845 |
| 中等师范学校 | 9 | 19 979 | 11 799 | 37 554 | 4 668 | 2 677 |
| 2. 技工学校 | | | | | | |
| 3. 普通中学 | 5 098 | 1 370 760 | 1 810 205 | 5 017 618 | 323 236 | 269 242 |
| 高中 | 752 | 212 753 | 312 003 | 803 932 | | 48 246 |
| 初中 | 4 346 | 1 158 007 | 1 498 202 | 4 213 686 | | 220 996 |
| 4. 职业中学 | 362 | 147 822 | 137 325 | 353 652 | 30 712 | 21 824 |
| 高中 | 319 | 137 416 | 115 537 | 305 143 | | 19 199 |
| 初中 | 43 | 10 406 | 21 788 | 48 509 | | 2 625 |
| 5. 工读学校 | | | | | | |
| 四、小学 | 31 529 | 1 537 841 | 933 439 | 7 476 512 | 356 426 | 332 795 |
| 五、特殊教育学校 | 90 | 979 | 1 487 | 10 133 | 1 929 | 1 459 |
| 六、幼儿园 | 1 307 | | 604 958 | 743 185 | 19 458 | 12 250 |

## 2001年各级成人学校基本情况

单位：人

| 学校类别 | 学校数（所） | 毕业生数 | 招生数 | 在校学生数 | 教职工数 | |
|---|---|---|---|---|---|---|
| | | | | | 合计 | 其中：专任教师 |
| **总计** | **55 820** | **7 873 455** | **6 718 341** | **5 197 576** | **51 323** | **24 069** |
| 一、成人高等学校 | 22 | 44 345 | 98 920 | 227 472 | 5 192 | 2 466 |
| 1. 广播电视大学 | 1 | 3 124 | 11 622 | 26 138 | 1 633 | 684 |
| 2. 职工高等学校 | 9 | 4 751 | 6 120 | 14 310 | 1 987 | 969 |
| 3. 农民高等学校 | | | | | | |
| 4. 管理干部学院 | 5 | 3 237 | 2 617 | 7 289 | 952 | 447 |
| 5. 教育学院 | 7 | 591 | 487 | 1 580 | 620 | 366 |
| 6. 独立函授学院 | | | | | | |
| 7. 普通高等学校举办： | | 32 642 | 78 074 | 178 155 | | |
| 函授部 | | 19 934 | 45 546 | 109 915 | | |
| 夜大学 | | 6 031 | 14 540 | 34 413 | | |
| 成人脱产班 | | 6 677 | 17 988 | 33 827 | | |
| 二、成人中等学校 | 46 111 | 7 475 802 | 6 282 972 | 4 828 562 | 38 827 | 19 136 |
| 1. 成人中等专业学校 | 351 | 59 276 | 36 612 | 128 497 | 9 571 | 5 543 |
| 广播电视中等专业学校 | 4 | 14 444 | 3 714 | 25 514 | 1 510 | 800 |
| 职工中等专业学校 | 47 | 9 300 | 6 732 | 21 979 | 2 725 | 1 493 |
| 干部中等专业学校 | 7 | 1 114 | 821 | 2 921 | 488 | 267 |
| 农民中等专业学校 | 6 | 557 | 588 | 1 536 | 151 | 86 |
| 函授中等专业学校 | | | | | | |
| 教师进修学校 | 154 | 12 975 | 10 222 | 32 664 | 4 697 | 2 897 |
| 其他类学校举办 | 133 | 20 886 | 14 535 | 43 883 | | |
| 2. 成人中学 | 111 | 7 901 | 7 923 | 14 416 | 1 066 | 733 |
| 职工中学 | 56 | 3 973 | 3 242 | 6 667 | 488 | 272 |
| 农民中学 | 55 | 3 928 | 4 681 | 7 749 | 578 | 461 |
| 3. 成人技术培训学校 | 45 649 | 7 408 625 | 6 238 437 | 4 685 649 | 28 190 | 12 860 |
| 职工技术培训学校 | 1 561 | 499 007 | 356 165 | 305 352 | 5 276 | 2 666 |
| 农民技术培训学校 | 44 088 | 6 909 618 | 5 882 272 | 4 380 297 | 22 914 | 10 194 |
| 三、成人初等学校 | 9 687 | 353 308 | 336 449 | 141 542 | 7 304 | 2 467 |
| 1. 职工初等学校 | 73 | 4 361 | 4 675 | 3 435 | 352 | 147 |
| 2. 农民初等学校 | 9 614 | 348 947 | 331 774 | 138 107 | 6 952 | 2 320 |
| 其中：扫盲班 | 6 108 | 41 603 | 34 234 | 44 191 | 4 489 | 1 326 |

〔**年度工作指导思想**〕 2001年，河北省教育厅印发《2001年工作要点》，明确年度教育工作的指导思想是：以邓小平理论和“三个代表”重要思想为指导，贯彻党的十五大、十五届五中全会和全国、全省教育工作会议精神，紧紧围绕建设经济强省和现代化河北的目标，总揽全局，把握重点，依据国家教育法律法规，全面推进教育改革与发展；巩固提高“两基”成果，加快高中段教育，大力发展职业教育和成人教育，努力推进高等教育大众化，推进知识和技术创新，最大限度地满足人民群众对教育的需求；全面提高教育教学质量，培养适应社会主义现代化建设的全新人才。

〔**教育投入与支出**〕 2001年，全省全口径教育经费总收入达到177.94亿元，其中中央为6.09亿元，地方为171.85亿元。全省国家财政性教育经费投入为121.22亿元，比上年的106.94亿元，增加14.28亿元，增长13.35%。

2001年全省地方财政性教育经费投入为116.63亿元，占当年国内生产总值的2.09%，比2000年的2.04%提高0.05个百分点。

2001年全省各级各类学校改造危、旧校舍88.4万平方米，投入资金2.80亿元；购置学生课桌凳68万单人套，投入资金0.51亿元；购置教学仪器设备投入资金7.10亿元；购置图书资料1 485万册，投入资金0.95亿元。

撰稿 冯荣光

# 基础教育

〔**发展高中教育**〕 围绕实现河北省普及高中段教育的目标，省教育厅决定抓好“六个一批”工程：即择优扩建100所以上重点高中、职教中心、普通中专和技工学校，将其建成骨干学校；将现有重点完全中学全部调整为普通高中，扩大重点高中招生规模；改造100所以上高中段相对薄弱学校；积极吸引社会资金联办改制50所“公办民助”学校，改善办学条件，扩大招生规模；积极引导和支持社会力量兴办20所以上普通高中和职业高中；将20所职业中学或普通高中改建为综合高中；多渠道筹措资金，建设50所现代化程度较高的高中段学校。

为此，省政府印发《关于加快普及高中阶段教育的意见》，要求全省到2005年，高中段教育在校生规模达到260万人（其中学历教育在校生达到230万人），高中段入学率达到60%左右；到2010年，全省高中段教育在校生规模达到280万人，高中段毛入学率达到85%。

〔**调整中小学布局**〕 为适应中小学教育的改革与发展，省政府决定用3～5年时间，基本完成中小学布局调整工作。在2003年前，全省小学校数减少到2.50万所以下，校均规模达到300人以上；2005年底前，全省初中学校数减少到3 800所以下，校均规模达到1 200人以上，高中阶段学校布局调整也要取得明显进展。

中小学布局调整坚持“统筹规划、分步实施、相对集中、扩大规模、确保入学、提高效益”的基本原则，以农村小学布局调整为重点，突出乡镇中心学校的规模效益和示范幅射作用，逐步形成规模办学的格局。以调整促发展，积极推进中小学标准化、特色化、现代化建设。

省政府要求各市、县（市、区）要根据辖区内学龄人口现状及发展变化趋势、经济状况等制定中小学布局调整规划。规划要一步到位，集中投入，建成一批使用一批。要因地制宜，采用多种办学模式，距离相近的乡村可以联合办学、交叉办学；人口稀少地区，或交通不便、居住分散的地区、坝上高原地区提倡建寄宿制学校，也可办九年制学校；农村完全中学要积极创造条件，逐步实行初、高中分离。

〔**规范“乡办民助”学校办学行为**〕　省教育厅发出通知，要求规范义务教育阶段“乡办民助”学校办学行为。规定未经省教育厅批准，不得以任何理由擅自批办“公办民助”改制学校；严禁依托办学水平较高的学校办“校中校”、“校中民办班”或实行“一校两制”等办学行为；义务教育阶段改制学校，必需严格依照招生程序、招生范围和招生数量组织好招生工作；学校收费必须按收费项目和标准进行收费，严禁搞计划外的“高收费班”；学校不得以办特长班、实验班的名义组织选拔性招生考试。对出现乱招生、乱收费、擅自组织选拔性考试，一经查实，吊销其《河北省乡办民助学校办学许可证》，并追究有关人员的责任。各地区批准的初中阶段改制学校，未经省教育厅批准，一律不得招收小学各年级的学生，不得举办小学部。改制学校要进一步规范收费行为，严格财会、审计制度，做到健全制度，规范收费，合理使用，加强管理。

〔**中小学危房改造**〕　河北省从2001年开始在全省范围内实施危房改造工程。成立了由副省长任组长，省政府办公厅、省教育厅、省计委、省财政厅有关领导组成的“工程”协调小组及工程管理办公室。省教育厅、省计委、省财政厅联合印发了《河北省中小学危房改造工程实施管理办法》《河北省中小学危房改造工程专项资金管理办法》等文件，对中小学危房改造工程的组织管理、目标职责、资金使用等做了规定。中小学危房改造工程实行以县为主，省、市、县分级管理，分级负责的体制，由县级人民政府负责对中小学危房进行排查、核定和鉴定，在此基础上，结合本地中小学布局调整规划，编制“工程”规划方案，并负责组织项目设计、招（议）标、土建施工、委托监理、质量检查、竣工验收等全过程的组织和管理。“工程”项目本着“牢固、实用、够用、方便学生”的原则进行建设，并确保新建校舍最低使用寿命在50年以上。

〔**中小学校长培训**〕　河北省从2001年起，开始实施中小学校长“一一二”培训工程。“一一二”工程的内容为培养选拔100名专家型校长、1 000名优秀校长、2 000名骨干校长，通过培训造就一支坚持社会主义办学方向，有较高的理论素养和管理水平，树立现代化教育观念，有敬业精神并勇于开拓创新，适应全面实施素质教育需要的高素质的校长队伍。新任或拟任校长要接受300学时以上的岗位知识技能培训；在职校长要接受240学时以上的新知识、新技能培训，以提高其管理能力；专家型校长、优秀校长还需要接受研究生教育，并获得“研究生课程进修班结业证书”·“研究生班毕业证书”、“硕士学位证书”或“博士学位证书”。“工程”从2001年起，由省、市两级培训。从2002年开始，每两年评选一次骨干校长。从2004年开始，每两年从骨干校长中评选一次优秀校长。从2006年开始，每两年从优秀校长中评选一次专家型校长。到2010年，完成选拔任务。

〔**培训骨干教师**〕　继续推进从2000年启动的“跨世纪园丁工程”的实施。2001年度分学科培训的任务由河北师范大学、唐山师范学院等7所院校承担，参加培训的中小学幼儿园骨干教师共1 102名，脱产学习时间为7周左右。分散研修和跟踪指导的时间为8个月～9个月。培训内容有理论与技能学习、实践与考察、教育科学课题研究三个部分。各承办培训的院校选聘校内外学科教学专家组成省级培训专家组，对培训工作督促检查并全程评估。骨干教师省级培训实行“流动式”管理，不能完成学习任务的培训对象将被淘汰。参加培训的教师综合考核合格者，由省教育厅颁发《中小学幼儿园骨干教师省级培训合格证书》。

〔**农村初中试行“绿色证书”教育**〕　“绿色证书”教育是对全体农村初中学生试行“农民技术资格证书”教育。省教育厅规定，将现行普通初中课程计划中每周2节的劳技课、1节地方课，调整合并为每周3节“绿色证书”教育课程。初中一至三年级六个学期约300学时，学校可统一安排使用。

县、乡两级教育行政部门与农业行政主管部门要依据当地农村经济开发、农业产业化、农业结构战略性调整和乡镇主导产业的发展需要，确定2～3门“绿色证书”教育专业课程；省教育厅组织人员编写有关教学资料，供全省农村普通初中学校选用。各学校也可根据本校所开设的“绿色证书”专业课教学的要求，自编补充教材。“绿色证书”教育课程师资的解决方式：一是举办“绿色证书”教育课程师资培训班，培养一批专职教师；二是对有一定农业技术基础的现任文化课教师进行转岗培训，改任“绿色证书”教育课程教师；三是聘请农业科技人员、专业大户、科技示范户为指导教师；四是请社会上有专业特长人员到校授课。

**〔普及小学英语教育〕** 根据教育部关于把小学开设英语课程作为21世纪初基础教育课程改革的重要内容和要求，省教育厅决定，按照“及早启动，区域规划，稳步推进，滚动发展”的方针，从2001年秋季开始，全省省辖市市区、县城小学及每个县（市）1～3个乡镇的所有小学从三年级起开设英语课程；2002年秋季，所有乡镇所在地小学开设英语课程。到2008年，除部分贫困地区外，全省基本普及小学阶段英语教育，使85%以上的小学毕业生及在校学生接受3～4年的英语教育。

**〔治理农村初中生辍学〕** 为确保农村适龄儿童都能入学并能受九年制义务教育，达到初中毕业或结业的目标，省教育厅把依法治理农村初中生辍学作为“两基”巩固提高工作的重点，并推行5项措施：落实责任制，县、乡、校和校长、班主任层层签定责任状，落实奖惩政策；强化依法回收辍学生，强化行政处罚，提高在校生巩固率；深化教学改革，积极推进“初二后”分流教育；实施“扶助计划”，省财政每年拨出不低于130万元的专款用于扶助义务教育阶段家庭困难的学生，市、县、乡各级财政和学校、社会各方面亦同时实施“扶助计划”；加强学籍管理，对初中一年级学生在2001年3月底前完成电子注册工作。

**〔中小学信息技术教育〕** 省教育厅决定从2001年开始，用8年左右的时间，在全省中小学普及信息技术教育。从2001年开始，全面实施“校校通”工程，以河北省教育科研网和河北省运转教育网为依托，建设河北省基础教育信息网，使之成为全省基础教育网络、信息的资源中心；到2005年，建成覆盖省、市、县三级的基础教育网络，实现中小学教育、教学管理数字化和网络化。到2008年前后，使全省90%以上独立建制的中小学实现与互联网联通，使中小学师生都能共享网上教育资源，以信息化带动基础教育现代化。

撰稿　李经普　冯荣光

# 职业教育

**〔普通中专招生改革〕** 2001年4月10日召开全省中专中师招生工作会议。确定从本年起放开招生计划限制，省市属中专实行由学校根据社会需求和培养能力自主确定招生规模。继续扩大普通中专学校招收初中毕业生“3+2”高职班招生范围和招生规模。在部分中专学校实行“注册招生”改革，春季“注册招生”4月开始，秋季“注册招生”在8月以后进行。考生可凭初中毕业证或学校出具的毕业考试成绩或学历证明，直接到有关中专学校报名并办理有关手续。2001年省部属和市属跨市招收体育、艺术学校（专业）学生的文化课考试改为考核，专业测试由学校分别或联合组织实施。在有条件的中专学校实行按专业大类招生，生源好的学校和招收“3+2”高职班的中专学校，按志愿从高分到低分择优录取。2001 年继续允许往届初中毕业生报考普通中专学校，但不准报考中师学校。

〔**面向市场办职教**〕 河北省职业教育注重面向市场办学，促进社会经济与教育的共同发展，扩大了学生的就业途径。廊坊市职教中心以信息搜集为中心，以就业推荐为重点，并在学生就业后进行跟踪服务。通过把握市场上各单位的用人信息，学校先后建立了廊坊市区、北京、天津、青岛、深圳等地的 50 多个实习基地、100 多个稳定的合作单位，使学校招生规模由 1.5 万人增加到 2 万人，应届毕业生就业率达 87.5%，其中餐旅、电子专业学生供不应求。各校通过与本县（市）的事业单位和企业联合办学，解决了师资、实习场所和资金不足等问题。通过与高等院校联合举办函授大专班和五年制直通大专班，实现了中等职业教育与高等职业教育的对接。紧密结合当地支柱产业开设特色专业。大厂县职教中心围绕畜牧业这一全县经济的支柱产业，将牧医专业确定为特色专业。三河市职教中心在砍掉过时的化工专业之后，又开设了园林、会计电算化、建筑、汽修等专业，并把汽车修理、餐旅和电子电器作为特色专业，学校投入资金 400 多万元，建成 14 个实训室及模拟餐厅、客房、形体训练场、车间等。学校还投入资金 60 多万元培训教师，使全校 90 多名教师全部达到本科以上学历，30 多名专业教师取得了中级以上技术等级证书。大厂县职教中心面向市场设专业，以专业优势办厂，先后开办了畜禽设备厂、饲料加工厂、动物保健医院、鸵鸟养殖场和电器销售维修公司等 9 个校办产业，固定资产总值 835 万元，年创利润百余万元。经过努力，学校的畜牧兽医专业服务覆盖了全县及辐射到香河、三河等县市。

〔**中职学生英语定级考试**〕 河北省于 2000 年首次进行了中等职业学校学生英语定级考试，有 1 万多名在校生参加了考试。2001 年省教育厅决定，中等职业学校学生英语定级考试每年 5 月举办一次。考试对象是普通中专、成人中专、职业中专、职业高中、职教中心的在籍学生，其中，中等职业学校英语类、法律类、旅游外事类、计算机类、医药卫生类、通讯类、文秘类、财经类专业必须参加考试。

撰稿 冯荣光

# 高 等 教 育

〔**新增高校省级重点学科**〕 为切实加强高校省级重点学科建设，省教育厅 2000 年开展了高校省级重点学科的新增遴选工作。本次遴选工作共有 19 所高校的 65 个学科专业申报。经过专家实地核查和评审，2001 年 5 月，确定新增河北师范大学凝聚物理等 19 个学科专业为省级重点学科专业，新增燕山大学等 3 所划转院校的 10 个原部级重点学科专业为省级重点学科专业，同时，评选承德医学院中药学等 5 个专业为省级重点发展学科。至此，全省省级重点学科专业已达 75 个。新增省级重点学科统一纳入全省省级重点学科建设序列，从当年起进行重点建设。

〔**评选首批“燕赵学者”**〕 2001 年 4 月，河北省评选首批有学术造诣，起学科带头人作用的“燕赵学者”，根据专家组评审并经省教育厅批准，王文魁、李春岩、傅广生和孙大业 4 位教授当选为首批“燕赵学者”。燕山大学材料化工学院王文魁教授是中国空间材料科学的创始人之一和学术带头人，长期从事空间微重力条件下金属合金的过冷、形核与凝固问题研究，曾获得国家科技进步二等奖。河北医科大学附属第二医院神经科李春岩教授对格林—巴利综合症研究深入而且系统，1996年获国家科技进步二等奖，1998年获省长特别奖，还曾两次被推荐为河北省医药卫生学部的中国工程院院士候选人。河北大学副校长傅广生教授，兼任该校光学与材料物理实验室主任，主持了多项国家和河北省的自然科学基金研究项目，在“激光等离子体动力学及其在材料科学中的应用”等项目的研究中取得了突出的成就，曾获国家“作出突出贡献的中国硕士学位获得者”、“霍英东教育基金奖”等荣誉。河北师范大学孙大业教授在细胞信号转导及生长发育调节领域的研究成果显著，特别是在钙调素作用机制方面的研究有明显的创新性，在国内外同行有广泛的影响，受到很高评价，曾获国家科技进步二等奖。“燕赵学者”的聘期一般为3年，省教育厅每年向“燕赵学者”提供30万元人民币的资助，其中个人生活补贴5万元，其余经费用于科学研究、学术交流等，所在学校要按不少于50%的比例匹配经费，用于改善研究条件。

〔**高校实行政治导师制**〕 从2001年5月开始，在全省高校推行“政治导师制”，这是加强和改进高校党建工作的一项新举措。“政治导师制”即由一位政治导师带一名或几名有进步要求的中青年知识分子，在政治上进行传、帮、带，尽快提高其政治素质。高校党员领导干部，特别是党委书记、党员校长将带头担任政治导师，同时选拔一批政治素质好、党性强、专业水平高的专家教授作为政治导师。为充实思想政治工作队伍，河北省还提出高校专职思想政治工作人员要按与学生总数1∶120～1∶150的比例配备。为此，倡导和鼓励从哲学、政教等社会科学类学科专业生中选留专职思想政治工作人员，德育教师一般都要兼任学生辅导员，实行“双肩挑”。鼓励研究生从事学生辅导员工作，本科生的辅导员要逐步达到硕士研究生学历。思想工作人员的培训要纳入全校师资培训的整体规划，与专职教师同等待遇。专职思想政治工作人员要纳入教师队伍管理，单独列编，享受教师待遇。担负一定教学工作量的政工人员，在评定职称时凡符合相应任职条件的，可纳入教师系列，评定相应的教师职称，并适当放宽政工人员的职称评定条件或单列出评定指标。

〔**高考制度改革**〕 经省政府批准，6月，省教育厅印发《推进普通高校招生考试制度改革若干实施意见》，要求高校招生考试工作拓宽思路，有利于高中段教育教学改革，有利于扩大高校办学自主权，有利于扩大招生规模，加速推进高等教育大众化。2001年，全省将在确保各普通高校按计划完成招生任务、进一步增加走读生招生数量的基础上，继续实行专接本连读招生。同时，将依托部分省属重点大学的热门骨干专业，利用社会资金试办民办公助二级学院，其招生计划以国家下达的本科指标为主，不足部分通过专本连读的方式解决。允许省部属重点普通中专学校和国家级重点技工学校采取“3＋2”培养模式与高等院校联合办学，将符合条件的应届毕业生直接升入高等职业技术学校学习。积极发展民办高校普通全日制学历教育。将选择3所有条件的院校改建为民办普通高校，其招生指标列入当年普通专科（高职）招生计划，统一参加普通高校招生录取；如生源不足，允许在专科线以下适当降分录取。民办高等专科院校按普通专科计划所招的学生，在校期间享受普通高校专科（高职）学生同等待遇，毕业后与其他普通高校专科毕业生实行统一的就业政策。同时，鼓励部委属和外省院校带本科招生计划同河北省合作办学，面向河北招生。从2001年开始，在高校自愿的基础上，选择一两所本科院校的若干院系，开展“宽专业、厚基础”招生培养模式试点工作，新生入学后，前两年不分专业，全部开设基础课，升入三年级时，再根据社会需求和学生意愿划分专业。

〔**推进助学贷款工作**〕 河北省国家助学贷款工作始于2000年9月。截止2001年，河北省内的中央部委所属高校申请贷款学生为1 700人，申贷金额1 002.7万元，已签订贷款合同1 061人，贷款合同金额671.09万元，商业银行累计发放贷款575.88万元；省属高校申请贷款学生为1.01万人，申贷金额7 104.86万元，已签订贷款合同人数985人，贷款合同金额539.02万元，商业银行累计发放贷款328.11万元；市属高校申请贷款学生为1 860人，申贷金额290.5万元，已签订贷款合同人数116人，贷款合同金额48.25万元，商业银行累计发放贷款23.45万元。2001年8月16日，河北省召开全省国家助学贷款工作电视电话会议，明确只要学生持有本人入学通知书、有效居民身份证及《高校国家助学贷款申请表》，并符合有关文件规定，都应对其发放国家助学贷款。

〔**修订博士基金管理办法**〕 2001年11月，省教育厅对1994年制定的《河北省省属普通高等学校博士科研资助基金管理办法》进行了修订，新的管理办法将更有利于促进学术骨干和学科带头人的成长。博士基金的资助对象是具有博士研究生学历或博士学位的省属普通高等学校的教师和科研人员。资助原则是以人为本，支持人和支持项目有机地结合；注重对承担重点科研任务的骨干教师的支持。博士基金的立项原则是学校统一申报、专家评审、择优支持。经审查后，根据专家评审结果和省财政的实际情况，由省博士基金领导小组择优确定支持项目和经费。博士基金项目的日常管理由学校科研管理部门负责。研究经费下达后，由学校财务部门统一进行管理，主要用于增添相关的仪器设备、实验用原材料、试剂等消耗品及实验室改善，测试费、计算费、检索费、购买图书资料等。

〔**省属高校毕业生就业工作**〕 2001年，全省共有大中专毕业生和毕业研究生12.94万人，其中，非师范类毕业生9.27万人，师范类毕业生3.67万人。大学生就业继续以市场为导向，实行用人单位与毕业生双向选择的办法。进一步放宽毕业生面向全省择业的时限。非师范类毕业生2001年7月1日办理第一批就业手续，未列入首批就业方案的，其档案由学校毕业生就业指导中心代管，在2001年12月31日前落实就业单位的，报毕业生调配部门办理就业手续。截止2001年12月31日仍未落实就业单位的，外省生源毕业生回生源地报到，其档案及户、粮关系等一并转出；本省生源毕业生到2002年12月31日前落实就业单位的，按管理权限分别由省或市毕业生调配部门办理就业手续；未落实就业单位的，毕业生档案移交县以上人事部门所属的人才交流机构。鼓励部分毕业研究生到国家产业政策确定优先发展的非公有制单位就业。对于省属院校综合测评为前100名的本科生，省毕业生分配办公室和学校共同颁发德、智、体综合表现特优学生证书，并对其“优生优荐”、“优生优用”。省内院校张家口、承德两市生源的毕业生，所学专业是当地急需的，原则上回本市就业。

〔**高校后勤社会化改革**〕 7月，全省普通高校已有43所实现了后勤服务项目与学校分离，其中33所高校组建了后勤服务集团，10所高校实行了“小机关，多实体”的管理方式。在此基础上，全省利用社会资金和银行贷款6.4亿元建设高校学生公寓，2001年新生入学前投入使用面积达到44.2万平方米，下半年预计开工建设65.6万平方米。7月17日～18日，全省高校后勤社会化改革工作调度会在保定召开，会议印发了《河北省高校学生公寓建设管理办法》，会议强调，要正确处理好后勤管理部门和后勤服务实体之间的责权利关系，促使改革向正确方向发展。各高校要增强学生公寓建设的主动性，打好建设的攻坚战，并注意学生公寓的管理问题。

〔**高等职业教育**〕 2001年3月，成立河北省保定职业技术学院，9月，成立河北艺术职业学院。

河北省许多高职院校以改革求发展，在教学基本建设方面做了成功尝试。承德石油高等专科学校在教学计划中，大幅度增加实践教学的时间和内容，实践教学环节占教学活动总周数的比例达到40%以上。邢台职业技术学院根据所在地区经济发展形势设置专业，做到市场需要与学校客观要求相统一。从1998～1999年新设了鞋类设计与工艺、市场营销专业，2000年开设了网络技术与信息处理、数控技术及应用等专业后，2001年又开设了电子商务、涉外会计、环境工程等专业。石家庄计算机职业学院采用专职、兼职、聘用离退休专职教师相结合的办法加强教师队伍建设，具有高级职称者已占到教师总数的44%。河北石油职业技术学院加大基本建设投资力度，5年内计划筹资1 500

万元更新部分教学仪器设备及新建、修缮部分教学设施，到2001年10月份已投资100万元改善教学设备。

撰稿　刘良业

# 成 人 教 育

〔**开展“读书兴农”活动**〕　为普及科技、法律、经济等基本常识，河北省各地逐步开展“读书兴农”活动，提高农民的思想道德素质和科学文化素质。张家口市委宣传部在教育部门参与下，从2000年12月开始，在全市农民中开展“读书兴农”知识竞赛活动，为每个村发放了《中国农民基本常识读本》。市、县、乡（镇）都成立了竞赛活动领导小组，制定了学习培训计划和制度及竞赛办法。通过组织学习、自学、答卷、办培训班等多种形式调动农民的学习积极性。进入2001年，全市有50多万农民参与“读书兴农”活动。易县在“读书兴农”活动中组织县直部门及企事业单位帮助农村建立图书室。2001年，建成图书室233个，捐赠农业及科普读本11万册。易县管头镇、独乐乡、西山北乡等偏远乡镇，依托图书室建立起“科技夜校”、“科技小组”、“读书交流会”，全县已有农民读书活动小组60多个，参与读书活动的农民达15万人，6 000多人通过读书学科技走上致富路。定州市从1999年开始在广大农民群众中开展“读书兴农”活动，重点抓了图书网点建设，在农村设立52个图书销售点，据统计，3年来已销售各类图书40余万册，无偿支持乡镇、村街建图书室30多个，帮助科技示范户20余家。同时，还通过组织读书、用书经验交流会等形式提高农民读书、用书的积极性。到2001年，全市505个村都建起了图书室，村村农民有书读。定州市还积极引导农民到电大、夜大、农业广播学校“充电”，3 000多名农民已经毕业。随着读书活动的深入开展，村民读书内容从最初单纯的农业科技类图书，逐渐向政治理论、法律、文学艺术、历史和工业等领域拓展。

〔**开展农业科技服务工作**〕　河北省各地教育部门在成人教育中发挥优势，为农村和农业开展科技服务活动。满城县教育局为充分发挥职业成人教育的优势，积极推动农村产业结构调整，加快“科教兴县”步伐，于2001年成立了农业技术服务中心，无偿为农民提供技术培训和技术指导，负责农技人员的调配、管理等活动。中心成员为来自全县教育系统的100多名涉农专业教师。这些教师都具有大中专以上学历，涉及农作物栽培与管理、林果、畜牧、种植、养殖等多种学科。他们利用自己的技术，无偿为农民提供项目、技术培训、致富信息等方面的服务。各乡镇均开通了服务热线电话和“科技110”。农技服务中心自成立以来，共组织科技下乡300余人次，引进新品种、新项目20多个。

撰稿　冯荣光

审稿　刘永瑞　霍炳泉

# 山西省教育

## 概　况

〔基本情况〕

**2001 年各级普通学校基本情况**

单位：人

| 学校类别 | 学校数（所） | 毕业生数 | 招生数 | 在校生数 | 教职工数 合计 | 教职工数 其中：专任教师 |
|---|---|---|---|---|---|---|
| **总　计** | **43 862** | **1 368 499** | **2 104 705** | **6 927 593** | **446 896** | **363 630** |
| 一、研究生 | （12） | 569 | 1 575 | 3 622 | | |
| 1. 高等学校 | （8） | 533 | 1 490 | 3 421 | | |
| 2. 科研机构 | （4） | 36 | 85 | 201 | | |
| 二、普通高等学校本专科 | 33 | 21 938 | 59 975 | 165 034 | 29 000 | 13 122 |
| 本科院校 | 13 | 15 684 | 42 056 | 119 485 | 21 061 | 9 176 |
| 专科院校 | 20 | 4 962 | 12 895 | 34 891 | 7 681 | 3 827 |
| 分校、大专班 | | 1 292 | 5 024 | 10 658 | 258 | 119 |
| 三、普通中等学校 | 3 782 | 679 587 | 875 882 | 2 471 231 | 195 490 | 152 214 |
| 1. 中等专业学校 | 109 | 42 283 | 54 825 | 205 296 | 15 985 | 8 786 |
| 中等技术学校 | 90 | 31 357 | 36 860 | 148 999 | 13 029 | 7 074 |
| 中等师范学校 | 19 | 10 926 | 17 965 | 56 297 | 2 956 | 1 712 |
| 2. 技工学校 | | | | | | |
| 3. 普通中学 | 3 385 | 591 089 | 774 084 | 2 143 065 | 166 097 | 133 529 |
| 高中 | 469 | 90 175 | 152 288 | 402 547 | | 25 603 |
| 初中 | 2 916 | 500 914 | 621 796 | 1 740 518 | | 107 926 |
| 4. 职业中学 | 286 | 46 206 | 46 953 | 122 836 | 13 323 | 9 853 |
| 高中 | 214 | 35 738 | 32 221 | 82 376 | | 7 397 |
| 初中 | 72 | 10 468 | 14 732 | 40 460 | | 2 456 |
| 5. 工读学校 | 2 | 9 | 20 | 34 | 85 | 46 |
| 四、小学 | 34 740 | 665 867 | 638 310 | 3 389 408 | 192 394 | 178 122 |
| 五、特殊教育学校 | 33 | 538 | 973 | 5 640 | 1 008 | 762 |
| 六、幼儿园 | 5 274 | | 527 990 | 892 658 | 29 004 | 19 410 |

## 2001年各级成人学校基本情况

单位：人

| 学校类别 | 学校数（所） | 毕业生数 | 招生数 | 在校学生数 | 教职工数 | |
|---|---|---|---|---|---|---|
| | | | | | 合计 | 其中：专任教师 |
| **总计** | **73 488** | **4 940 832** | **4 256 702** | **4 488 885** | **106 948** | **22 133** |
| 一、成人高等学校 | 21 | 18 580 | 52 998 | 117 742 | 4 669 | 2 174 |
| 1. 广播电视大学 | 1 | 1 498 | 1 535 | 4 608 | 806 | 304 |
| 2. 职工高等学校 | 9 | 2 051 | 4 705 | 9 843 | 2 099 | 998 |
| 3. 农民高等学校 | | | | | | |
| 4. 管理干部学院 | 6 | 2 158 | 4 217 | 9 457 | 1 192 | 576 |
| 5. 教育学院 | 5 | 224 | 2 255 | 2 987 | 572 | 296 |
| 6. 独立函授学院 | | | | | | |
| 7. 普通高等学校举办： | (33) | 12 649 | 40 286 | 90 847 | | |
| 函授部 | | 7 004 | 25 630 | 58 463 | | |
| 夜大学 | | 2 822 | 6 863 | 19 542 | | |
| 成人脱产班 | | 2 823 | 7 793 | 12 842 | | |
| 二、成人中等学校 | 56 749 | 4 624 415 | 3 923 962 | 4 053 840 | 82 801 | 17 438 |
| 1. 成人中等专业学校 | 317 | 12 860 | 20 472 | 41 286 | 4 527 | 2 491 |
| 广播电视中等专业学校 | 3 | 141 | 54 | 174 | 90 | 40 |
| 职工中等专业学校 | 54 | 2 038 | 1 714 | 5 180 | 1 448 | 650 |
| 干部中等专业学校 | 4 | 106 | 119 | 315 | 25 | 10 |
| 农民中等专业学校 | 2 | | | | | |
| 函授中等专业学校 | 6 | 1 260 | 538 | 3 226 | 200 | 35 |
| 教师进修学校 | 118 | 5 856 | 15 914 | 21 951 | 2 764 | 1 756 |
| 其他类学校举办 | 130 | 3 459 | 2 133 | 10 440 | | |
| 2. 成人中学 | 779 | 44 144 | 50 319 | 51 041 | 1 427 | 290 |
| 职工中学 | 60 | 5 404 | 5 467 | 5 903 | 314 | 117 |
| 农民中学 | 719 | 38 740 | 44 852 | 45 138 | 1 113 | 173 |
| 3. 成人技术培训学校 | 55 653 | 4 567 411 | 3 853 171 | 3 961 513 | 76 847 | 14 657 |
| 职工技术培训学校 | 693 | 89 245 | 83 820 | 92 491 | 2 718 | 1 056 |
| 农民技术培训学校 | 54 960 | 4 478 166 | 3 769 351 | 3 869 022 | 74 129 | 13 601 |
| 三、成人初等学校 | 16 718 | 297 837 | 279 742 | 317 303 | 19 478 | 2 521 |
| 1. 职工初等学校 | 63 | 2 405 | 2444 | 3 668 | 148 | 2 |
| 2. 农民初等学校 | 16 655 | 295 432 | 277 298 | 313 635 | 19 330 | 2 519 |
| 其中：扫盲班 | 8 237 | 42 862 | 47 278 | 65 840 | 9 343 | 956 |

〔**全省教育工作方针**〕　山西省2001年教育工作方针是高举邓小平理论旗帜，贯彻江泽民总书记“三个代表”的重要思想，坚持“三个面向”的战略指导方针，大力实施“科教兴晋”战略，认真执行党的教育方针，依法治教，强化管理，深化改革，扩大开放，实施适度超前和跨越式发展，努力构建一个能够适应和满足全省经济和社会发展需要的，各级各类教育相互沟通、衔接，布局结构相对合理，服务功能比较完善，质量效益较高，持续协调健康发展，充满生机和活力，具有时代特色的社会主义现代化教育体系。

〔**教育投入与支出**〕　2001年教育经费总收入94.82亿元，较上年的76.02亿元增长24.7%。具体来源渠道为：预算内教育经费拨款56.93亿元，各级政府征收用于教育的税费收入达5.38亿元，企业办学教育经费3.21亿元，校办产业、勤工俭学和社会服务收入用于教育的经费0.68亿元，社会团体和公民个人办学经费2.83亿元，社会捐资办学经费2.88亿元，事业收入21.71亿元（其中：学杂费收入15.13亿元），其他收入1.2亿元。教育经费总支出情况为：全省地方教育经费总支出93.93亿元，其中，教育部门教育经费总支出83.38亿元，其他部门教育经费总支出4.97亿元，企业办学教育经费总支出3.07亿元，社会团体、公民个人办学教育经费总支出2.51亿元。2001年教育部门事业性经费总支出77.04亿元（其中：个人部分支出51.27亿元，公用部分支出25.77亿元）。其中，2001年度教育部门财政预算内教育事业费支出50.01亿元。

全省各级政府预算内教育拨款增长速度与财政收入的增长速度：2001年全省各级政府预算内教育拨款（不包括城市教育费附加）为54.17亿元。同年全省财政收入为229.1亿元，比上年的194.47亿元增长17.81%，全省预算内教育拨款增长速度高于财政收入的增长速度19.76个百分点，其中事业性经费支出高于财政收入增长21.34个百分点（教育部门教育事业费支出增长高于财政收入增长17.39个百分点）。

2001年，全省各类教育生均预算内教育事业费支出情况为：普通小学生均613.25元（其中农村小学生均597.29元），普通初中生均804.21元（其中农村普通初中生均757.23元）；普通高中生均1 239.16元；职业中学生均1 364.11元；中等师范学校生均2 652.97元；普通高等学校生均5 179.06元。

2001年各类教育生均预算内公用经费支出情况是：普通小学为23.25元（其中农村普通小学为18.16元），普通初中为51.63元（其中农村普通初中为32.25元），普通高中为121.3元，职业中学为205.19元，中等师范学校为548.93元，普通高校为1 152.25元。

国家财政性教育经费支出占国民生产总值的比例：2001年全省国民生产总值为1 774.6亿元，国家财政性教育经费支出66.19亿元，占国民生产总值比例为3.73%，与上年国家财政性教育经费支出占国民生产总值比例3.13%相比，国家财政性教育经费支出占国民生产总值比例提高0.6个百分点。

预算内教育经费占财政支出的比例：2001年全省预算内教育经费支出53.94亿元，其中事业性经费支出52.41亿元（教育部门教育事业费支出50.01亿元）。财政支出288.49亿元，预算内教育经费占财政支出比例为18.7%，比上年的18.12%提高0.58个百分点。

2001年用于改善办学条件的资金共投入9.72亿元，其中：各级财政投入4.17亿元，群众捐资助学、勤工俭学及其他资金5.55亿元。共新建改建校舍88.05万平方米，维修校舍94万平方米，购置教学仪器17.28万套，文体器材10.38万件，购置图书资料192.99万册。

2001年教育系统基建投资1.76亿元。其中：中央补助省属高校6 800万元，省下达省属高校8 407万元；中央补助地方普通教育基建投资450万元，省补助地市普通教育基建投资1 990万元。竣工建筑面积84.87万平方米，其中：教工住宅竣工建筑面积23.81万平方米。

〔**体育、卫生与艺术教育**〕　4～6月，开展全省学生艺术节活动。结合庆祝建党80周年各级各类学校广泛开展了歌颂党歌颂祖国活动，举办了全省大学生艺术歌曲比赛。经选拔山西大学、山西农业大学、山西师范大学和大同职业技术学院的节目参加了全国比赛。组织全省中小学音乐、美术教师进行“优质课”评选活动，共有232节课参加评选。12月，召开了贯彻教育部《高校交响音乐》赏析进入课堂的现场工作会议。5月和7月，分别召开了山西省中学生运动会和大学生运动会，并首次把体育科学论文报告的分值计入团体总分。开展了贯彻《学校体育工作条例》先进学校和个人的评选活动，全省评选出48所先进学校和48名先进个人。举办了“三人”篮球裁判法和软式排球、中小学《体育与健康教学大纲》培训班。

省教育厅与卫生厅联合对全省11个市（地）的中专学校进行了“食品卫生”大检查，并将检查情况进行了通报。制定了全省高校《大学生肝炎、肺结核等传染病的管理条例》，与红十字会联合举办了青少年“我心中的红十字”征文竞赛活动。11月，召开了学生心理健康工作会议，成立了山西省学生心理健康指导委员会。配合世界艾滋病日的宣传活动，与卫生厅组织省城13所高校，1 500名师生开展了“预防艾滋病，你我同参与”的活动。

〔**教师队伍管理**〕 启动了教师资格认定工作。在深入调查研究的基础上，制定了《山西省实施教师资格制度细则》《首次认定教师资格若干问题处理意见》《教育教学能力测试办法与标准》，召开了全省实施教师资格制度工作会议，举办了县级以上教育行政部门和高等学校认定教师资格工作人员培训班。组织了全省2 800多名民办教师的文化课考试，基本完成了合格民办教师转招工作。教师节期间，评选表彰645名全国全省模范教师、优秀教师和教育系统先进工作者、优秀教育工作者。举办两期中小学校长岗位培训和提高培训班，100余名中小学校长参加了培训。完成了全省教育系统5 000余人的专业技术职务评聘工作。

〔**社会力量办学**〕 2001年，又新审批了一批社会力量举办的非学历高等教育培训机构和助学机构，使全省总数达到94所，在校生达到1.5万余人。截止2001年底，全省各级各类社会力量举办的教育机构有1 700余所，在校生人数达到18万余人。

进一步规范对社会力量办学的管理，对《山西省社会力量办学管理细则》进行了重新修订，以山西省政府第148号令重新发布，制订出台了《山西省社会力量办学非学历高等教育助学机构评估指标体系》和《山西省社会力量办学非学历教育机构评估检查评分标准》。同时，对招生广告进行了统一审批，对招生市场进行了检查整顿，有效制止了乱招生、乱广告、乱办学的现象，净化了社会力量办学的环境。

〔**语言文字工作**〕 年初，省人大教科文卫委、教育厅、语委召开座谈会，学习宣传《国家通用语言文字法》。9月，组织了推广普通话宣传周活动。组织了通用语言文字法基础知识竞赛，报名参赛师生达15万人。制定出台了《山西省普通话水平测试收费标准》，培训并健全了测试员队伍，全省拥有国测员110名，省测员1 200名。

〔**依法治教**〕 年初召开了全省教育系统法制工作会议，制定印发了《关于全面加强教育法制建设的意见》和《关于加强全省学校法制教育的意见》。加强教育行政执法队伍建设，对全省地（市）、县、乡三级教育行政执法干部进行了法制培训，共举办10期培训班，受训干部1 300余名。编辑出版了《依法治教工作手册》。对《山西省社会力量办学管理细则》进行了修订，由省政府重新发布。

〔**对外交流与合作**〕 2001年，全省教育系统共审核批准派出11个教育考察团，其中教育厅组织5个考察团，考察人员48人；有8所各级各类学校与国外相关的院校建立了校际交流关系，约有165名专家、学者、教授出国（境）参加国际学术会议、合作交流与访问。6月，筹备召开了由72名中美代表出席的“第九次中美教育交流会”。7～8月组织了省实验中学、山西师立发展学校的“中华营”英语夏令营活动，共有16名北美大学生、近200名中方中学生参加。与江苏省委统战部所属的爱德基金会合作，由该基金会派遣2名外籍教师在运城市开展了在职英语培训项目，培训教师110名，项目合作期限2年。经省政府批准，10月在山西师范大学召开了“算子代数理论国际学术会议”，来自美国、日本、法国、加拿大等9个国家的17名国外代表和全国各地50余名代表参加了会议。

2001年，山西省审核受理国家公费出国留学人员28人；审核、受理省筹资金出国留学人员35人；审核批准单位公派出国留学人员67人，自费出国留学人员245人。全省高校留学人员学成回国工作40人。有40余名在外留学的人员短期回国讲学和开展科研合作活动。全年共聘请外专外教205人，其中长期外专外教85人，短期外专外教120人。全省具有接收外专外教资格的学校达到44所。全省高校招收长短期自费来华留学生80余名。

# 基础教育

〔**基础教育工作会议**〕　8月29日，山西省政府召开全省基础教育工作会议，传达贯彻全国基础教育工作会议精神，安排部署全省基础教育工作。省长刘振华出席会议并作了题为《实施教育优先发展战略，努力加强基础教育工作》的讲话，强调要完善基础教育投入的政府责任制，加强教育费附加的征收和管理，政府投入要向基础教育倾斜。要把基础教育工作的情况纳入领导干部政绩的考核范围，尤其是一把手要切实负起第一责任，并责成政府办公厅、省人事厅、教育厅尽快制定具体考核办法。副省长王昕在会上作了题为《强化政府责任，加快改革步伐，努力开创基础教育改革和发展新局面》的讲话。会上，省政府制定了《山西省人民政府贯彻国务院关于基础教育改革与发展的决定的实施意见》，明确了当前和今后一段时期山西基础教育改革发展的指导思想、总体规划和主要目标任务，决定实施优先发展基础教育的战略，强化县级政府领导和管理农村教育的主要责任，保证基础教育的投入到位，开创山西基础教育工作的新局面。《实施意见》要求：在“十五”期间，全省119个县（市、区）全部达到普及九年义务教育基本要求，初中毛入学率达到97%以上，初中辍学率控制在3%以内，残疾儿童入学率达到90%，青壮年复盲率控制在2.5%以内，高中阶段毛入学率达到60%左右，幼儿入园率达到60%以上，大中城市和经济条件较好的县（市、区）达到85%以上。

〔**义务教育**〕　8月，省政府召开全省基础教育工作会议，确立了地方政府负责、分级管理、以县为主的体制，强化了县级政府对义务教育的统筹管理责任。10月，配合省人大进行了全省《义务教育法》执法检查，推动了义务教育发展。确定了太原市迎泽区、临汾市曲沃县为国家级基础教育课程改革实验区，组织了两次全省性课程改革培训。从2001新学年起，全省城市和部分县城所在地的小学三年级已开设了英语课。

继续抓好“两基”的巩固提高工作，4月召开了全省“两基”工作巩固提高泽州现场会，组织了对54个县（市、区）的“两基”复查工作。全省达到普及九年义务教育要求的县（市、区）有108个，占全省县（市、区）总数的90.76%，“普九”人口覆盖率达到92.2%，对“普九”未达标的11个县，启动了国家贫困地区第二期义务教育工程，拨专款予以资助。全省小学学龄儿童入学率98.08%（其中女童入学率98.02%），小学毕业生升学率95.59%。初中阶段学龄人口入学率97.6%，初中毕业生升学率达到50.39%。

〔**普通高中教育**〕 进一步强化对普通高中的管理，重新审核了全省各地普通高中的发展规模。起草了建设示范高中的评估方案。全省普通高中学校比上年增加26所，在校生比上年增加6.54万人，其中社会力量举办的普通高中学校93所，在校生3.52万人，分别占普通高中总校数和在校生数的19.83%和8.75%。

〔**特殊教育**〕 年初，在全省大中小学学生中开展了“节约一元零花钱，资助残疾小伙伴”的活动，用于资助贫困残疾儿童少年入学接受义务教育。各市、地和部分大中专院校积极响应，全省共收到捐款235万元及部分学习物品，大部分捐款和物资也下拨到各级特殊教育学校。9月，组织进行了第二批特殊教育示范学校的检查评选工作，太原市聋哑学校、晋中盲聋人学校、晋城市聋哑学校，成为第二批山西省特殊教育示范学校。12月，教育部、民政部和中残联在北京召开会议，山西省汾阳市和曲沃县被评为全国特殊教育先进县，马世豹、李变花、郭宏计、付文香被评为全国特殊教育先进工作者。截止年底，全省特殊教育学校比上年减少6所，在校学生比上年增加1 394人，专任教师比上年减少94人。

〔**幼儿教育**〕 年初，制定了全省幼儿教育“十五”发展规划。修订了基本满足学前三年教育县（市、区）评估方案和省级示范幼儿园验收标准。10月，按新的方案和标准进行了评估验收，有5个县、28所示范幼儿园合格。全省幼儿园5 274所中有社会力量举办的幼儿园206所。全省在园幼儿比上年减少13.33万人，其中社会力量举办的在园幼儿数为4.43人。幼儿园教师1.94万人。幼儿园校舍建筑总面积190.52万平方米，比上年增加6.72万平方米。

〔**中小学德育工作**〕 年初召开了全省高校党建暨中小学德育工作会议，省委、省政府办公厅印发了《关于进一步加强和改进新时期中小学德育工作的若干意见》和《关于加强青少年学生活动场所建设和管理工作的实施意见》，对“十五”期间全省中小学德育工作和青少年活动场所建设作出了规划和部署。举办了全省骨干班主任培训班，360多名中小学班主任参加了培训。为了推动德育示范校、示范县和示范基地建设，制定印发了《关于德育工程滚动建设和有关复查工作的通知》，按计划对首批5个德育示范县、8个德育示范校和12个德育示范基地进行了复查。

〔**中小学教师继续教育**〕 全年有33万中小学教师参加了全员培训。全员培训的重点是信息技术培训和教育科研方法学习。共培训中小学教师信息技术培训员624名，考核员210名，审批培训点86个，考核点21个，已有2万名中小学教师初级培训考核合格，3 000名教师高级培训考核合格；全省有32.50万名教师参加了教育科研方法理论考核。另外，组织1.88万名幼儿教师参加《幼儿教师课程理论》和《现代幼儿园教育》的培训和考核。对中学教师后续本科1.20万人进行了自考前培训，使高师后续本科三年成绩合格率达75%，已有近1万名初、高中教师后续本科毕业。继续招收小教大专函授生，为保证各校的教学质量，组织1999级学生进行全省统考。到年底，全省小学教师学历合格率为98%，其中大专学历达23%；初中教师学历合格率为88%，其中本科及本科以上为15%；高中教师学历合格率为72%，高中教师中的研究生有100人，研究生主要课程进修班结业的达1 000人。召开了全省教师进修学校建设工作会议，继续对不合格的进修校进行评估验收，有37所验收合格。组织1 900名2000年省级中小学学科带头人、骨干教师进行跟踪培训，对588名1998年省级学科带头人进行考评，委托市（地）对585名1998年省级骨干教师进行了考评。

# 职业教育

〔综述〕 2001年，全省职业高中比上年减少33所，招生减少4 311人，在校生减少1.37万人。职业高中专任教师比上年减少327人；专任教师学历合格率为44.23%。2001年普通中专学校中有中央部委所属1所，地方所属108所。中专学校招生比上年减少1.32万人，在校生增加8 802人，毕业生减少73人。普通中专学校专任教师比上年减少1 037人。专任教师中具有副高以上职称的1 655人，占专任教师总数的18.84%，具有中级职称的3 663人，占专任教师总数的41.69%；具有本科及以上学历的6 235人，占专任教师总数的70.97%。普通中专专任教师与在校生之比为1∶23.37。

〔中等职业教育〕 重点学校建设取得新进展。又有山西省建筑材料工业学校、山西省电子工业学校等12所学校通过省部级重点中专评估。同时，进一步调整中等职业学校的布局结构，对同一地市几所同类学校通过合并、联办、共建等形式进行了重组，优化了教育资源的配置。2001年，全省省属中专学校共有毕业生1.80万人，到年底，已分配7 871人，升学21人。

推进职教教学改革。在进一步明确培养目标和学制的前提下，根据产业结构的调整，对全省中专学校的专业设置进行了初步的调整。在调整专业的同时，重点推进了全省中专学校教学内容、教材建设、教学方法及考试考核手段等现代教育技术应用的教学改革。

中等职业教育加强与高职教育的衔接与沟通，通过扩大对口升学，拉动中等职业教育发展。2001年安排对口招生计划6 500人，实际招收7 000人，(其中本科生700人)。在高职专科中，90%为应届职高毕业生，由此拉动了年内县区职业高中的招生工作。

〔高等职业教育〕 加强了高职高专教学工作。针对近年来由中专学校改制成立的高职高专学校中存在的办学水平参差不齐、教学管理工作缺乏规范等问题，在多次调研的基础上，出台了《关于加强五年制高等职业教育管理工作的意见》。年底，又召开了全省高职高专教育人才培养工作会议，成立了山西省高职高专教育人才培养工作委员会，制定了《关于加强高职高专教育人才培养工作的意见》等一系列文件，推进了高职高专教育教学工作的制度化、规范化建设。

# 高等教育

〔综述〕 2001年，全省普通高校专任教师具有高级职称的占总数的32.50%，具有研究生及以上学历的教师占总数的26.76%。全省普通高校占地面积1 043.91万平方米，校舍建筑面积562.92万平方米，生均校舍建筑面积34.11平方米；学生宿舍面积105.43万平方米，生均学生宿舍6.39平方米；教学科研仪器设备资产值6.68亿元，学校藏书1404.38万册，生均85.10册。由于连续三年扩大招生，办学条件绝对值虽然逐年有较大增加，但生均占有的平均值却呈逐年下降趋势。

〔**管理体制改革**〕 2001年，经省政府批准，新成立了长治职业技术学院、山西艺术职业学院、山西工程职业技术学院、山西建筑工程职业技术学院、山西交通职业技术学院、山西生物应用职业技术学院、晋城职业技术学院、北岳职业技术学院、山西兴华职业学院（民办）等9所高等职业技术学院。并联合举办13所二级学院。通过布局结构调整，全省普通高校由上年的24所增加到33所，高校布局结构整体优化，教育资源得到合理配置。

〔**重点大学和重点学科建设**〕 重点大学建设取得实效。山西大学于9月11日通过了省政府重点建设工程“九五”项目验收，太原理工大学于9月16日通过了国家“211工程”第一期建设项目验收。

重点实验室建设取得突破性进展。山西大学“量子光学与光量子器件”实验室成为国家重点实验室；太原理工大学成为“一碳化学与化工国家重点实验室”的依托单位之一；华北工学院“仪器科学与动态测试”通过了教育部重点实验室论证。

重点学科建设进一步加强。山西大学科学技术哲学、光学，太原理工大学化学工艺、材料加工工程，山西医科大学的生理学5个学科已进入国家重点学科第2轮评审。加强了对重点学科建设的管理与扶持工作，召开了高校重点学科、重点实验室建设工作研讨会，制定了《山西省高等学校重点学科评审办法》《山西省高等学校重点建设学科评审办法》《山西省高等学校重点扶持学科评审办法》《山西省重点大学和重点学科建设工程实施意见》《山西省高校人文社科“十五”规划纲要》等文件，把重点学科建设方向和学科带头人的注意力引导到瞄准争取国家“863”、“973”、自然科学基金等重大国家项目，或者瞄准解决山西产业结构调整、技术进步、产品升级换代的项目，加强科技成果转化，促进高新技术产业化的项目上来，充分调动了高校抓好学科建设的积极性和主动性。

〔**产学研工作**〕 2001年，全省高校又有129项科研成果通过鉴定。81项成果获省部级以上奖励，其中国家科技进步二等奖2项，省科技进步一等奖9项。太原理工大学谢克昌等完成的“依据煤化规律优化脱硫净化技术及产品开发”，熊诗波等完成的“跳汰机多参数自动寻优模糊控制系统”通过了国家科技进步奖初评。积极探索社会各界参与高校加快科技成果转化的模式，组织高校与省内外大中型企业共同开发、转化应用性技术成果，解决关键性技术难题；推动高校企业进行股份制改造。支持华北工学院与山西科泰纳米技术有限公司共同组建规范的股份制公司，学校以科技成果、货币资金入股723万元，占总股份的16.51%，并在学校投资建立了研发基地。

省委、省政府领导高度重视高校科技创新工作。11月15日，省委书记田成平在全省高校学习“三个代表”重要思想座谈会上指出，要通过产学研的结合和发展，对经济发展发挥导向作用；高校及科研院所要通过科研开发，对高新科技的应用推广起领头雁作用，对高新技术产业的发展起孵化器的作用。11月16日，省长刘振华在华北工学院调研时强调，要对产学研进行认真研究，总结好的经验，充分调动起科研人员、科研单位和投资方三个方面的积极性，实现科研成果的多出、快出、多转、快转。

〔**大学科技园建设**〕 7月24日，山西省委常委会议对科技创新工作进行了专题研究，会议决定建立山西省大学科技园并成立了科技园建设领导小组，由省委副书记纪馨芳担任组长，太原市委书记侯伍杰、副省长杜五安、王昕任副组长，负责协调落实有关事宜。8月13日，山西省委就大学科技园建设工作召开专题会议，研究了山西省大学科技园选址等有关事宜。会议决定：结合太原市城市建设总体规划和省城高校的布局情况，园址选定在太原市高新技术开发区占地面积约为2.18平方公里（218公顷）。该区域土地由省政府征用后划拨山西大学科技园使用。从即日起，太原市要对上述区域实行控制性规划，不再审批任何建设项目。园区首期建设占地面积约80公顷。大学科技园建设已开始启动。

〔**高校党建和思想政治工作**〕　2001年，各高校和各地认真贯彻落实全省高校党建工作会议精神，按照省委《关于加强和改进高校思想政治工作的实施意见》，把学校思想政治工作和德育工作摆在首要位置，实现教书育人、管理育人、服务育人和环境育人的有机统一。许多高校开始探索“三个代表”的“三进”工作。对高校领导班子进行了补充调整，一批年富力强，高职称、高学历、政治业务素质好的中青年干部走上了领导岗位。通过优化，全省高校校级干部平均年龄下降到50.1岁，具有博士学位的占6.7%，具有硕士学位的占16.3%，具有正高级专业技术职务的占35.6%，具有副高级专业技术职务的占53.4%。通过开展丰富多彩、形式多样的纪念建党80周年活动，使广大师生更加坚定了对建设具有中国特色社会主义的信念，高校政治局势继续保持稳定，“崇尚科学、反对迷信、抵制邪教”系列活动取得明显成效。

〔**毕业生就业工作**〕　2001年，山西省普通高校共有毕业本科生1.15万人，专科生9 836人，毕业研究生483人。从7月1日起开始办理毕业生派遣手续，至7月底共派遣高校毕业生1.49万人（本科生8 545人，专科生6 307人）；缓办326人；待就业4 695人（本科生1 283人，专科生3 412人）。本科毕业生考研1 448人；专科毕业生升本科32人，自然减员7人。省属本专科毕业生出省824人（其中新疆14人，西藏5人，青海3人），参军260人；毕业研究生中考取博士109人，已派遣276人，待就业97人。全省普通高校毕业生一次就业率达到79.06%。10月，“山西毕业生就业信息网站”开通。

〔**高校后勤改革**〕　2001年7月，召开了全省第二次高校后勤社会化改革工作会议，总结交流了改革经验，明确了任务和步骤。到年底，全省各高校基本完成了后勤实体人员和学校行政系统的分离工作，共分离后勤正式职工2 000多人。多数学校组建了后勤集团或后勤公司，分离出来的实体按企业化的方式进行管理和运作，初步实现了小机关、大实体或多实体的运行模式，后勤服务水平和质量得到了提高。新组建的集团或公司均实行岗位目标管理，按照工作量重新设岗定编、以岗择人、竞争上岗，打破了过去单位工资级别的等级限制，优化了后勤职工队伍。

进一步加快学校后勤基础设施建设步伐。各高校结合学校发展目标和办学规模，制定了多年度的规划方案，并以学生公寓建设为突破口，引进社会力量、社会资金，加快了后勤设施建设。全年共新建学生公寓29万平方米，学生食堂6.3万平方米，两年共建学生公寓为40万平方米，学生食堂8万平方米。

# 成 人 教 育

〔**扫盲与农村成人教育**〕　2001年脱盲人数达到2万余人。根据全国第五次人口普查数据显示，山西成人文盲率由“四普”时的8.2%下降为5.63%，青壮年非文盲率达到99%以上。继续狠抓农村实用技术培训，巩固扫盲成果。充分利用县乡村三级办学网络，重点依托乡镇成人文化技术学校开展培训，完成培训人数达130余万人次，全省脱盲巩固提高率达到98%以上。进一步加强农村教育综合改革工作，继续实行“燎原计划”、“绿色证书”教育，在总结推广100个“科教兴村”先进典型的基础上，又涌现100个“科教兴乡”的先进典型。

〔**全民终身教育**〕 2001年，实施全民终身教育工程，在太原市杏花岭区、迎泽区、万柏林区、尖草坪区、小店区、晋源区6个区启动了社区教育实验工作，并将杏花岭区列入国家社区教育实验区，取得阶段性成果。继续开展计算机应用能力考核。组织力量修订了初级教材，开发了初、中级和办公自动化考核软件，考核系统全部实现了无纸化考试和随机抽题考试。这项考试已被许多地市、行业、部门作为评职称、竞争上岗、使用干部的必备条件之一。2001年，全年参加计算机应用能力考核的人数已达6万余人次，合格取证率为75%左右。

撰稿 刘月琴 侯文一

审稿 赵劲夫

# 内蒙古自治区教育

## 概　　况

〔基本情况〕

**2001 年各级普通学校基本情况**

单位：人

| 学校类别 | 学校数（所） | 毕业生数 | 招生数 | 在校生数 | 教职工数 | |
|---|---|---|---|---|---|---|
| | | | | | 合　计 | 其中：专任教师 |
| **总　计** | **12 665** | **858 752** | **1 207 440** | **3 999 126** | **325 627** | **252 927** |
| 一、研究生 | （10） | 417 | 947 | 2 145 | | |
| 1. 高等学校 | （9） | 417 | 945 | 2 140 | | |
| 2. 科研机构 | （1） | | 2 | 5 | | |
| 二、普通高等学校本专科 | 20 | 12 317 | 40 511 | 99 613 | 19 766 | 9 340 |
| 本科院校 | 10 | 9 578 | 26 247 | 71 574 | 15 128 | 6 765 |
| 专科院校 | 10 | 2 210 | 11 740 | 23 118 | 4 493 | 2 505 |
| 分校、大专班 | | 529 | 2 524 | 4 921 | 145 | 70 |
| 三、普通中等学校 | 2 254 | 420 171 | 584 374 | 1 669 945 | 141 675 | 103 466 |
| 1. 中等专业学校 | 79 | 28 982 | 22 687 | 97 650 | 10 770 | 5 901 |
| 中等技术学校 | 74 | 23 195 | 20 066 | 84 650 | 10 144 | 5 514 |
| 中等师范学校 | 5 | 5 787 | 2 621 | 13 000 | 626 | 387 |
| 2. 技工学校 | | | | | | |
| 3. 普通中学 | 1 809 | 341 068 | 496 965 | 1 393 826 | 112 956 | 84 076 |
| 高中 | 377 | 69 582 | 122 246 | 308 794 | | 18 813 |
| 初中 | 1 432 | 271 486 | 374 719 | 1 085 032 | | 65 263 |
| 4. 职业中学 | 365 | 50 121 | 64 722 | 178 419 | 17 886 | 13 450 |
| 高中 | 133 | 20 740 | 26 743 | 65 031 | | 5 943 |
| 初中 | 232 | 29 381 | 37 979 | 113 388 | | 7 507 |
| 5. 工读学校 | 1 | | | 50 | 63 | 39 |
| 四、小学 | 9 312 | 425 603 | 321 488 | 1 893 508 | 148 491 | 130 310 |
| 五、特殊教育学校 | 26 | 244 | 418 | 3 018 | 676 | 512 |
| 六、幼儿园 | 1 053 | | 259 702 | 330 897 | 15 019 | 9 299 |

**2001 年各级成人学校基本情况**

单位：人

| 学校类别 | 学校数（所） | 毕业生数 | 招生数 | 在校学生数 | 教职工数 合计 | 其中：专任教师 |
|---|---|---|---|---|---|---|
| **总　计** | **14 214** | **1 224 304** | **1 101 367** | **1 072 458** | **22 694** | **10 879** |
| 一、成人高等学校 | 14 | 11 767 | 35 972 | 73 564 | 3 622 | 1 799 |
| 1. 广播电视大学 | 1 | 2 297 | 3 044 | 8 110 | 1 279 | 554 |
| 2. 职工高等学校 | 5 | 943 | 3 701 | 6 506 | 546 | 291 |
| 3. 农民高等学校 | | | | | | |
| 4. 管理干部学院 | 2 | 341 | 702 | 1 335 | 99 | 44 |
| 5. 教育学院 | 6 | 973 | 2 156 | 4 978 | 1 698 | 910 |
| 6. 独立函授学院 | | | | | | |
| 7. 普通高等学校举办： | (20) | 7 213 | 26 369 | 52 635 | | |
| 函授部 | | 3 159 | 16 448 | 33 911 | | |
| 夜大学 | | 1 287 | 1 411 | 4 222 | | |
| 成人脱产班 | | 2 767 | 8 510 | 14 502 | | |
| 二、成人中等学校 | 8 870 | 1 140 730 | 965 118 | 891 144 | 13 072 | 6 135 |
| 1. 成人中等专业学校 | 215 | 26 631 | 13 173 | 40 945 | 5 079 | 2 860 |
| 广播电视中等专业学校 | 3 | 2 046 | 1 303 | 5 047 | 42 | 33 |
| 职工中等专业学校 | 50 | 5 752 | 5 050 | 12 490 | 2 370 | 1 131 |
| 干部中等专业学校 | 2 | 239 | 159 | 408 | 95 | 47 |
| 农民中等专业学校 | 3 | 76 | 90 | 130 | 52 | 32 |
| 函授中等专业学校 | 1 | 917 | 471 | 491 | 13 | 7 |
| 教师进修学校 | 63 | 9 050 | 3 208 | 8 560 | 2 507 | 1 610 |
| 其他类学校举办 | 93 | 8 551 | 2 892 | 13 819 | | |
| 2. 成人中学 | 2 | 64 | 72 | 72 | 8 | 8 |
| 职工中学 | 2 | 64 | 72 | 72 | 8 | 8 |
| 农民中学 | | | | | | |
| 3. 成人技术培训学校 | 8 653 | 1 114 035 | 951 873 | 850 127 | 7 985 | 3 267 |
| 职工技术培训学校 | 400 | 30 433 | 27 861 | 26 551 | 710 | 470 |
| 农民技术培训学校 | 8 253 | 1 083 602 | 924 012 | 823 576 | 7 275 | 2 797 |
| 三、成人初等学校 | 5 330 | 71 807 | 100 277 | 107 750 | 6 000 | 2 945 |
| 1. 职工初等学校 | 2 | 920 | 1 747 | 1 727 | 106 | 58 |
| 2. 农民初等学校 | 5 328 | 70 887 | 98 530 | 106 023 | 5 894 | 2 887 |
| 其中：扫盲班 | 3 881 | 48 694 | 36 473 | 48 190 | 4 768 | 2 151 |

〔**年度工作方针**〕 2001年，全区教育工作以邓小平理论为指导，按照江泽民同志“三个代表”的重要思想和关于教育问题的谈话精神，紧紧抓住实施西部大开发战略的良好机遇，进一步落实教育优先发展的战略地位；认真贯彻全国基础教育工作会议精神和《国务院关于基础教育改革与发展的决定》，进一步完善农村牧区义务教育管理体制，多渠道筹措经费，大力改善办学条件，加快教育现代化、信息化进程；全面落实《中共中央国务院关于深化教育改革全面推进素质教育的决定》和自治区的《贯彻意见》，大力调整教育体系结构，深化教育教学改革，全面推进素质教育。主要目标是：

——完成1个旗的“两基”达标任务，使“普九”人口覆盖率以旗县为单位计算达到68%以上。达标旗县初中生辍学率控制在3%以内。制定扫盲工作“十五”计划，扫除青壮年文盲2万人，使青壮年非文盲率稳定在96%以上。

——创造条件，继续扩大高校招生规模，完成扩招1万人以上的任务，使高校在校生较上年增长39%以上。完成5个重点实验室和部分重点学科的年度建设任务和第二批重点实验室的遴选论证工作。完成190项以上各级各类科技项目的立项工作。

——采取积极措施，继续扩大高中阶段教育规模，初中毕业生升学率较上年提高3个百分点。进一步加快中等专业学校布局结构调整步伐，指导各地初步完成布局调整任务。积极推进旗县综合性职业高中（职教中心）建设，重点完成15所学校的建设任务。

——启动中小学教师继续教育工程，加强教师培养和培训，使全区中小学教师合格率稳步提高。小学教师学历合格率稳定在95%以上，初中教师学历合格率较上年提高1个百分点以上，达到84%以上。高中教师学历合格率较上年提高2个百分点以上，达到60%以上。

——采取多种形式，对下岗、在岗、转岗职工进行职业培训，完成80万人次的培训任务。开展多种形式的农牧民科技培训，完成350万人的培训任务。

〔**教育对口支援**〕 为贯彻落实北京市、内蒙古自治区实施西部大开发战略座谈会精神，进一步加强北京市和内蒙古自治区教育对口支援工作，5月16日～18日在北京市召开了京蒙教育对口支援工作领导小组会议，两地教育行政部门的主要领导、分管对口支援工作的领导及有关处室的负责同志，北京市12所高校招生办公室负责人共40多人出席了会议。会议回顾总结了京蒙两地开展教育对口支援工作所取得的成绩，明确了今后工作的努力方向，进一步研究确定了教育对口支援工作的重点范围和项目。

一年多来，在两地区各级教育行政部门的协调组织下，双方本着“对口支援、加强合作、优势互补、共同发展”的原则，广泛深入地开展了支援与协作。北京市在帮扶自治区贫困旗县新建学校、改善现有办学条件、派出讲师团、培养培训师资、高等学校对口招生、救灾扶贫、扶助特困生等方面，做了大量卓有成效的工作。据初步统计，一年来北京市总计投入资金达200多万元，捐赠教学仪器设备1万余件，图书资料近30多万册，学习、生活及办公用品2.4万多件，救助失学儿童和贫困学生1 000多人次，培训教师和管理人员1 300多人次，派出支教教师260多人。实行春季招生后，北京市高校又为自治区对口招收了1 600多名学生。特别是2001年自治区东部盟市遭受严重雪灾后，北京市发动教育系统广大干部和师生员工，捐赠了100多万元的救灾物资和学习用具，解决了70多所学校的冬季取暖问题。

〔**教育信息化建设**〕 制定了《内蒙古自治区现代远程教育网络工程实施方案》，提出力争用5年的时间，建成满足全区各级各类教育实际需要的现代远程教育网络体系，初步实现自治区教育现代化、信息化。具体目标是：(1) 建设贯通全区的现代远程教育计算机地面光纤网络系统，实现12个盟市所在地城市、50%以上旗县所在地城镇的180所普通高中、20所普通高校以光纤方式接入中国教育和科研计算机网。(2) 建设覆盖全区的卫星教育信息单收系统，实现农村牧区中小学（含高中、职高）8 000所学校和城市、城镇初中以下1 150所学校“校校通”卫星教育电视的目标。(3)建设自治区现代远程教育网络中心，为全区远程教育提供交互式、多媒体视频点播、教学软件制作和传输技术平台；与中国教育和科研计算机网实现155Mbps以上专线联接，并实施对网络的运行管理。(4)开发各类教育教学资源软件和网络管理软件；建设教育资源、科技化、人才信息、电子图书、事业统计数据库，全方位服务于全区教育事业。

2001年度，组织实施了高校校园网二期建设工程，拟定了“西部高校校园网”建设方案，经教育部专家组实地考察，确定了国家资助建设的自治区10所普通本科院校校园网建设项目计划。启动实施了“现代远程教育扶贫示范工程”和“校校通工程”，完成了申报项目、制定实施方案、培训技术骨干等工作，开展了项目实施有关方面的实验研究。编写出版了中小学信息技术教材，列入自治区2001年秋季中小学用书目录。开展了“现代教育技术优秀学校”评估认定工作，教育部命名了17所“全国现代教育技术实验学校”，自治区认定了453所“现代教育技术优秀学校”。

〔**教育法制和依法治理工作**〕　完成了《内蒙古自治区实施〈高等教育法〉办法》的起草和修改工作，经自治区人大常委会第24次会议审议通过。配合自治区人大开展了《职业教育法》执法检查，向自治区人大提交了《实施〈职业教育法〉办法》的立法立项报告。按照国务院和自治区的要求，对原有的32项行政审批事项进行清理，精简下放14项，精简比例达43.8%。对保留的审批项目进行了进一步清理。配合自治区政府法制办开展了政府教育规章的清理工作。配合自治区人大，对照WTO规则，对自治区3部地方性教育法规进行了清理。制定印发了《全区教育系统“四五”普法和依法治理规划》，教育系统有10个单位和3名同志分别被评为全区“三五”普法和依法治理工作先进集体和先进个人。12月中下旬，会同自治区党委组织部举办了全区教育法制和理论培训班，30多个旗县(市区)分管教育工作的党政领导、12个盟市以及各大厂矿企业教育行政部门的负责人共50多人参加了培训学习。

〔**党建和思想政治工作**〕　按照自治区党委的部署，会同自治区党委组织部组成联合考核评估组，于4月下旬，对自治区直属高校领导班子和领导干部1999～2000年工作实绩及1998～2001年党建和思想政治工作进行了考核和评估。评选出工作实绩突出的学校4所，比较突出的学校12所；党建和思想政治工作先进学校6所，工作进步明显学校2所；优秀领导班子成员16名。

认真贯彻执行《党政领导干部选拔任用工作暂行条例》，年内，按要求对《条例》的贯彻执行情况进行了自查，向自治区党委组织部报送了自查报告；在认真考核的基础上，组建了内蒙古商业学校领导班子；对部分直属事业单位试用期满的处级干部经考核后予以任职；对内蒙古工业学校领导班子进行了考核；按照自治区党委组织部的要求，充实调整了教育厅后备干部，并进行了公示。

〔**党风廉政建设**〕　认真贯彻执行党风廉政建设责任制的规定，成立了由教育厅厅长、高校工委书记为第一责任人的党风廉政建设领导小组。重新修订了教育系统党风廉政建设责任制，坚持“谁主管，谁负责”的原则，强化了责任追究制度；全面推行政务、校务公开制度，制定了教育系统政务、校务公开实施方案。7月，召开全区教育系统政务、校务公开经验交流现场会。制定印发《党风廉政建设责任制考核和责任制追究暂行办法》，认真开展监察督办工作，严肃查处管理权限内的违法违纪案件。年内教育厅受理群众举报95件，查结89件，完成上级交办28件；全区教育系统共受理群众举报421件，查处违纪案件130件，查结110件，处理直接责任人36人，起到了以儆效尤的作用，受到自治区纪委的好评。

〔**纠正行业不正之风**〕　组织开展中小学收费专项治理，加大对招生考试工作的监督力度，社会满意度较上年有所提高。2001年，在盟市自查的基础上，会同自治区有关部门组成联合检查组，深入6个盟市就中小学乱收费和实行“一费制”情况进行专项检查，从检查情况看，社会满意度明显提高。同时，加大查处工作力度。2001 年，共查出违规收费金额880.66万元，处理违纪金额432.9万元，使中小学乱收费现象得到遏制。

加大对招生考试工作的监督力度。进一步建立并完善教育招生考试考风考纪领导责任制，成立了由高校纪工委和招考中心领导牵头的监察机构，坚持对各类考试的巡视和执法监察制度，严肃查处违规违纪考生。2001 年共查处普通高考、成人高考、自学考试违纪考生2 866人，考风考纪明显好转，受到教育部和自治区纪委的好评。

〔**教师队伍建设**〕　制定了中小学教师继续教育工程实施方案，完成 800 名自治区级骨干教师的培训任务。年内，启动“中小学教师继续教育工程”，举办两期自治区级中小学骨干教师培训班，共培训中小学语文和数学骨干教师 899 名。举办三期中小学教师继续教育培训者培训班，培训教师 260 名。

部署高校教师培训教育工作，组织开展高校中青年骨干教师综合运用外语能力培训。举办两期全区高校“两课”教师培训班，完成对“两课”教师全部轮训一遍的任务。评选出 55 名全国和全区高校“两课”骨干教师。

实施了《内蒙古自治区全日制中小学机构编制管理暂行办法》，开始推行教师全员聘任制。制定了《推行教师资格制度实施方案》及相关配套文件，开展了精简中小学教师队伍工作。

# 基础教育

〔**“普九”工作**〕　对 2001 年内拟实现“两基”达标的旗县作了调整并组织了前期考察指导。准格尔旗通过了自治区“两基”验收，全区达标旗县累计达到 72 个，“普九”人口覆盖率达到 68.71%。

启动二期“义教工程”和“中小学危房改造工程”，结合两项工程的实施，完成了薄弱学校改造和中小学校布局调整年度任务。

积极开展教育救灾工作，协调各级政府并争取中央财政补助、社会各界援助，共投入救灾专款3 000万元，用于灾区学校重建和救助特困学生；采取减、免、缓交学杂费、书本费和对口支援、结对帮扶措施，基本保证了灾区学校的正常教学活动，使学生辍学率得到有效控制。到 11 月底，全区中小学辍学人数下降到 2.63 万人，比 3 月初减少 45%，“普九”达标旗县中小学生辍学率控制在 2.23%以内。

按照巩固提高以硬件建设、改善办学条件为主向以提高管理水平为重点、着力提高教育质量和办学效益转变的指导思想，对托克托县等 10 个旗县（市区）的“两基”巩固提高工作进行了督导复查。重点复查了 10 个旗县（市区）的“普及程度”、“办学条件”、“教育经费”三项重要指标。督导复查工作的开展，推动了政府行为的落实，进一步调动了县、乡两级政府和教育行政部门的积极性。

〔**素质教育**〕　在部分旗县、学校建立了教育科学实验基地，开展了与素质教育要求相适应的教学改革、课题研究、论文评选、课堂教学基本功比赛、优质课评选以及教学能手评选等活动。启动了中小学课程改革工作。

制定了体育、卫生、艺术教育“33211 工程”(3 课：体育、健康教育、艺术教育课；3 操：早操、课间操、眼保健操；2 活动：体育锻炼、科技文体活动；1 会：田径运动会；1 节：艺术节）实施方案并部署实施。完成了学生体质状况调研工作。举办了第九届全区中学生运动会。成立了青少年学生校外教育工作领导小组及其办事机构，按照规划启动了“青少年学生校外活动场所建设工程”，首期12个旗县的建设项目已顺利实施。

〔**基础教育调研**〕 为贯彻全国基础教育工作会议精神，筹备开好全区基础教育工作会议，在自治区政府办公厅的协调指导下，组成5个调研组，分赴9个盟市、25个旗县，就基础教育情况进行了专题调研。调研以听取教育部门汇报、召开座谈会和实地考察为主，先后同盟市、旗县政府领导及有关部门、学校校长和教师代表座谈48次，考察中小学校75所和2个德育基地。在各有关盟市、旗县党委、政府的重视及各级教育行政部门、学校的支持配合下，完成了调研任务，基本上摸清了全区基础教育的发展现状、存在问题和困难，为开好全区基础教育工作会议，制定相关政策措施提供了依据。

# 职业教育与成人教育

〔**中等职业教育**〕 制定了旗县职教中心建设标准，国家和自治区共投入3 140万元用于改善旗县职教中心办学条件，完成15所自治区级重点职业高中和职教中心的配套建设任务。重新向自治区政府上报《关于全区中等专业学校管理体制改革和布局结构调整的意见》。完成了内蒙古商业学校和内蒙古粮食学校的实质性合并，组建了新的内蒙古商业学校。

〔**高等职业教育**〕 完成了内蒙古银行学校和广播电视大学合并工作。3所中专学校改制，组建了内蒙古警察职业学院、内蒙古体育职业学院和兴安职业学院。经专家组评审通过，内蒙古农业大学职业技术学院进入国家支持建设的第二批示范性职业技术学院。

〔**成人教育**〕 指导行业和部门开展了以岗位培训为重点的职业培训。下达扫盲专项经费158万元，印发扫盲教材5万册，编制实用技术录像资料1 241套（每乡1套），农牧民实用技术培训105.74万人次，评选出自治区示范性乡级农牧民文化技术学校29所；扫除青壮年文盲2.01万人，使青壮年非文盲率达到96.8%。

# 高 等 教 育

〔**重点学校与重点学科建设**〕 加强重点高校建设。内蒙古大学“211工程”一期工程建设顺利通过国家评估验收，制定了二期工程建设项目规划。确定内蒙古农业大学为实施西部大开发重点建设院校，制定了分期建设规划。按照农业大学重点建设“十五”规划，2001年校舍建设计划开工5项，建设面积7.06万平方米，实际开工5项，建设面积7.13万平方米，完成了年度建设任务。2001年，形成了内蒙古农业大学发展目标和重点建设项目规划方案，共落实中央和自治区投资8 900万元。

重点学科和专业建设取得了新成绩。组织制定了全区高等学校学科建设发展“十五”计划。少数民族语言文学等10个学科申报了全国高等学校重点学科。新增37个本科专业、18个专科专业，进一步优化了专业结构。完成了5个重点实验室年度建设任务。

〔**人才培养与教学成果评选**〕 实施高等教育人才培养“111工程”，审定一层次人选12名、二层次人选100名。加大了研究生培养力度，2001年招收研究生845人，较上年增长40.37%。

评选出自治区优秀教学成果75项，推荐其中的10项参加国家级教学成果奖评选。向教育部申报了10项重大科技项目和27项人文社科规划项目。

〔**招生工作**〕 全面实行了“3+X”高考科目设置方案和网上录取工作。圆满完成了春、秋两季普通高校招生工作，区内外高校共录取6万名新生，录取率为50.4%，比上年提高10个百分点。进一步规范了以学校为基础的毕业生就业市场，使高校毕业生一次就业率达到44.68%，比上年提高近10个百分点。

〔**管理体制改革与后勤改革**〕 推进高等教育管理体制改革，完成了包头3所高校合并组建包头大学、赤峰3校合并组建赤峰师范学院、呼和浩特市3所成人高校合并组建高等职业学院的考察、论证工作。

高校后勤改革和内部管理体制改革稳步推进，按照自治区政府和教育厅的统一部署，各高等院校因校制宜、整体规划，稳步推进后勤社会化改革。全区直属高校中有13所学校组建了后勤集团，有2所学校实行“小机关、多实体”的模式。后勤集团正式挂牌成立，标志着学校后勤与行政管理系统初步实现了规范分离。制定了全区大学生公寓建设三年规划，启动了呼市地区高校大学生公寓建设工程。高校人事、分配制度改革在试点的基础上全面铺开。2001年，内蒙古大学、内蒙古师范大学、内蒙古农业大学、内蒙古民族大学、包头师范学院等院校相继制定了干部、专业技术人员聘任制方案和岗位津贴发放标准及办法等，绝大多数高校干部聘任工作已经完成，部分高校分配制度改革也已实施。全区已有14所高校出台了人事或分配制度改革的意见，其他院校也都制定了人事制度和分配制度改革方案。

# 民族教育

〔**综述**〕 实施“民族教育发展工程”，开展了“民族教育办学效益”、“双语、三语教学”和“民族贫困地区教师队伍建设”等课题研究。民族初中由原来的三年制改为四年制，所有民族中学都按新教学计划开设了外语课。扩大了民族中学外语教师培养规模，教育部所属6所师范大学从自治区蒙语授课高中毕业生中招收了107名英语专业新生。

〔**示范性民族中小学与民族高中建设**〕 开展了示范性民族中小学校管理评估活动。2001年，对部分申报学校进行了现场检查和指导，并于10月下旬至11月上旬，对全区申报学校进行了统一的评估验收。20所民族中小学被评为自治区级示范性民族中小学。投入专项资金200万元与地方和学校匹配，分期为53所民族高中建设校园计算机网，装备卫星地面接收站。2001年，已完成14所学校的设备装备任务。

〔**教材建设**〕 组织了两次全国蒙文教材审查活动，共审查教材100种。编译出版了民族贫困地区中小学教师综合素质培训自修教程，在60所民族高中安排了首轮校本培训项目。向教育部报送了78所高校蒙文教材立项申请。

撰稿 张 波

审稿 郭明伦 秦政奇

# 辽宁省教育

## 概　况

〔基本情况〕

**2001 年各级普通学校基本情况**

单位：人

| 学校类别 | 学校数（所） | 毕业生数 | 招生数 | 在校生数 | 教职工数 | |
|---|---|---|---|---|---|---|
| | | | | | 合　计 | 其中：专任教师 |
| **总　计** | **22 629** | **1 435 528** | **1 970 067** | **6 979 869** | **530 317** | **399 389** |
| 一、研究生 | (43) | 3 143 | 8 371 | 19 616 | | |
| 1. 高等学校 | (31) | 2 971 | 7 898 | 18 446 | | |
| 2. 科研机构 | (12) | 172 | 473 | 1 170 | | |
| 二、普通高等学校本专科 | 66 | 60 271 | 127 577 | 372 336 | 65 237 | 30 364 |
| 本科院校 | 36 | 43 343 | 94 921 | 286 177 | 51 898 | 23 345 |
| 专科院校 | 30 | 12 853 | 25 799 | 65 636 | 13 339 | 7 019 |
| 分校、大专班 | | 4 075 | 6 857 | 20 523 | | |
| 三、普通中等学校 | 2 838 | 691 379 | 908 246 | 2 622 176 | 211 750 | 163 037 |
| 1. 中等专业学校 | 119 | 42 499 | 37 222 | 143 044 | 16 211 | 8 441 |
| 中等技术学校 | 114 | 37 674 | 34 919 | 135 095 | 15 492 | 8 050 |
| 中等师范学校 | 5 | 4 825 | 2 303 | 7 949 | 719 | 391 |
| 2. 技工学校 | | | | | | |
| 3. 普通中学 | 2 376 | 581 476 | 817 663 | 2 323 395 | 178 162 | 142 503 |
| 高中 | 450 | 133 682 | 168 435 | 463 490 | | 28 953 |
| 初中 | 1 926 | 447 794 | 649 228 | 1 859 905 | | 113 550 |
| 4. 职业中学 | 333 | 66 852 | 52 691 | 154 398 | 16 974 | 11 875 |
| 高中 | 304 | 65 657 | 51 895 | 152 130 | | 11 784 |
| 初中 | 29 | 1 195 | 796 | 2 268 | | 91 |
| 5. 工读学校 | 10 | 552 | 670 | 1 339 | 403 | 218 |
| 四、小学 | 12 739 | 679 852 | 484 661 | 3 230 517 | 211 684 | 181 444 |
| 五、特殊教育学校 | 73 | 883 | 913 | 8 590 | 2 375 | 1 743 |
| 六、幼儿园 | 6 913 | | 440 299 | 726 634 | 39 271 | 22 801 |

**2001 年各级成人学校基本情况**

单位：人

| 学校类别 | 学校数（所） | 毕业生数 | 招生数 | 在校学生数 | 教职工数 合计 | 教职工数 其中：专任教师 |
|---|---|---|---|---|---|---|
| **总　计** | **11 128** | **3 115 260** | **2 801 020** | **2 478 214** | **35 279** | **18 003** |
| 一、成人高等学校 | 48 | 44 198 | 68 019 | 176 227 | 8 917 | 4 379 |
| 1. 广播电视大学 | 3 | 4 217 | 3 681 | 10 552 | 2 216 | 1 112 |
| 2. 职工高等学校 | 38 | 5 830 | 8 928 | 21 314 | 5 510 | 2 712 |
| 3. 农民高等学校 | | | | | | |
| 4. 管理干部学院 | 5 | 1 638 | 668 | 1 863 | 834 | 410 |
| 5. 教育学院 | 2 | 404 | 836 | 2 039 | 357 | 145 |
| 6. 独立函授学院 | | | | | | |
| 7. 普通高等学校举办： | (66) | 32 109 | 53 906 | 140 459 | | |
| 函授部 | | 15 102 | 23 456 | 65 235 | | |
| 夜大学 | | 7 203 | 9 921 | 31 122 | | |
| 成人脱产班 | | 9 804 | 20 529 | 44 102 | | |
| 二、成人中等学校 | 10 372 | 3 047 057 | 2 710 720 | 2 288 216 | 25 652 | 13 316 |
| 1. 成人中等专业学校 | 368 | 26 521 | 16 065 | 52 942 | 12 063 | 7 802 |
| 广播电视中等专业学校 | 6 | 10 852 | 6 888 | 20 883 | 1 013 | 562 |
| 职工中等专业学校 | 75 | 11 021 | 6 241 | 23 218 | 3 917 | 2 047 |
| 干部中等专业学校 | 1 | | | | 67 | 15 |
| 农民中等专业学校 | 27 | 4 425 | 2 736 | 8 447 | 1 026 | 681 |
| 函授中等专业学校 | | | 115 | 115 | 96 | 53 |
| 教师进修学校 | 92 | 223 | 85 | 279 | 5 944 | 4 444 |
| 其他类学校举办 | 167 | | | | | |
| 2. 成人中学 | 111 | 6 005 | 7 586 | 9 141 | 735 | 648 |
| 职工中学 | 29 | 2 607 | 2 673 | 2 974 | 270 | 210 |
| 农民中学 | 82 | 3 398 | 4 913 | 6 167 | 465 | 438 |
| 3. 成人技术培训学校 | 9 893 | 3 014 531 | 2 687 069 | 2 226 133 | 12 854 | 4 866 |
| 职工技术培训学校 | 263 | 235 190 | 221 101 | 131 703 | 2 678 | 1 702 |
| 农民技术培训学校 | 9 630 | 2 779 341 | 2 465 968 | 2 094 430 | 10 176 | 3 164 |
| 三、成人初等学校 | 708 | 24 005 | 22 281 | 13 771 | 710 | 308 |
| 1. 职工初等学校 | 22 | 973 | 451 | 567 | 122 | 83 |
| 2. 农民初等学校 | 686 | 23 032 | 21 830 | 13 204 | 588 | 225 |
| 其中：扫盲班 | 84 | 3 995 | 3 680 | 3 134 | 358 | 56 |

〔**年度工作方针**〕　以邓小平理论为指导，按照“三个代表”的要求，贯彻落实江总书记关于教育问题的重要谈话精神和全国第三次教育工作会议、全省教育工作会议精神，坚持改革、调整、创新、提高的方针，深化教育改革，加大教育布局结构调整力度，启动实施农村教育振兴计划，着力加强高等学校师资队伍建设，全面推进素质教育，为实施全省教育事业“十五”计划开好头、起好步，以崭新的面貌进入新世纪。(1) 推进两项调整。一是大力推进中小学布局结构调整，优化基础教育资源配置。积极推广抚顺、营口等市进行教育布局结构调整的经验，以农村为重点，在全省全面铺开中小学布局结构调整工作；二是积极推进高等教育资源的调整配置。支持和鼓励沈阳建筑工程学院、沈阳工业学院、辽宁大学、沈阳电力高等专科学校、沈阳医学院等高校通过异地置换的方式，盘活教育资源存量，增强办学能力，争取更大发展空间。推进大连理工大学、东北财经大学和大连医科大学的合并进程，加强高校强校建设。(2) 强化四项工作。一是巩固“两基”成果，积极推进素质教育。继续落实“两基”在教育工作中“重中之重”的地位，一保普及，二抓巩固，三促发展；创造各种有利条件，巩固“减负”成果，构建素质教育评估机制，推进素质教育。二是加强高校师资队伍建设，全面提高教师的政治思想素质和教学科研能力。加大人才引进工作力度，落实对现职教师的培养培训规划，强化竞争激励机制，努力形成有利于人才脱颖而出和充分发挥作用的制度环境。三是强化高校教学工作，提高教育质量和水平。全面推进教学内容和课程体系改革；加强专业建设；开展跨校辅修课程工作，推进教育资源共享；继续开展学分制改革试点；继续加强学风建设。四是强化学校思想政治工作和德育工作，增强主动性、针对性和实效性。强化政工队伍建设，强化思想政治工作督导评估制度建设。(3) 抓好五件大事。一是筹备召开全省农村教育工作会议，启动实施农村教育振兴计划。二是筹备召开全省教育信息化工作会议。制定实施《辽宁省普及中小学信息技术教育规划》，启动“校校通”工程，实施全省教育信息化工程。三是筹备召开全省师范教育工作会议，全面提高新师资的培养水平和质量。四是巩固高校“三讲”教育成果，认真检查“三讲”教育整改情况，加强高校党的建设和思想政治工作。五是筹备召开全省中小学党建工作会议。针对中小学党建工作中存在的问题，提出相应的对策措施。(4) 进行两项调研。一是对全省社会力量办学情况进行调研。二是对全省中等职业教育情况进行调研。(5) 继续深化高等教育管理体制改革、学校内部人事分配制度改革、办学体制改革、高校后勤社会化改革和高校科技体制改革，总结推广典型经验，提高教育综合实力和水平。

〔**教育对外交流**〕　(1) 举办“2001辽宁（沈阳、大连）国际教育展览会”。来自19个国家的66所海外院校分别参加了在沈阳、大连两个阶段的展览，观众达5万多人次。展览期间，在沈阳、大连分别举办了中外大学交流洽谈会，为全省大中型企业技术改造、产业和产品调整牵线搭桥，组织海外优秀留学人员和企业家回国创业。与省科技厅、经贸委等部门密切配合，举办“海外学子创业周活动”。组建辽宁“春晖计划”活动组委会，接待和组织“2001美国硅谷、西雅图留美博士企业家合作团”来辽宁进行项目洽谈对接活动，促成了瓦房店市与美国瓦特卡县结为友好城市；共签订项目合作合同4项，合作意向协议29项。(2) 加强公派出国留学工作。全年共录取137人，突出省内优势产业、支柱产业、新兴产业、与WTO紧密相关的学科领域及入选全省各级“百千万人才工程”的人才选拔。加大公派留学回归管理力度，开发设计出“公派留学回国光盘管理系统”。(3) 加强对外国文教专家的指导和管理，提高聘请专家效益。制定了《辽宁省外国文教专家“十五”聘请计划》，起草了《辽宁省高等学校“聘请外国知名专家学者”资助项目实施办法》，鼓励高校在能够代表辽宁高等教育和现代生产力发展方向的学科内，聘请海内外知名专家、学者，特别是世界一流大学的教授来辽宁讲学或合作研究，提高省内高校在国内外的学术地位和竞争实力。会同省外办、省公安厅审批了12所学校和办学机构的聘请外国文教专家资格。到年底，全省具有聘请外国文教专家资格的学校和办学机构达到124所。(4)会同省公安厅、省工商局等部门对全省自费出国留学中介服务行业进行全面清理整顿。通过建立中介机构的国外合作单位资料档案和季度工作统计报表制度，加强对经教育部、公安部批准的全省20家自费出国留学中介机构的规范管理，发挥他们在自费出国留学中介服务市场中的主渠道作用；依据国务院有关规定分别劝退、取消67家未获《资格认可证书》的中介机构，查封5家违法经营的留学中介机构，做到"修明渠，堵暗道"，保证公民自费出国留学的合法权益。2001年全省共输送留学生5 600多人，同世界22个国家和地区的90余所院校及教育机构建立了合作关系。(5)不断提高来华留学生的教育和管理水平，努力扩大来华留学生规模。会同省外办、省公安厅批准了大连商务职业学院、丹东高等职业专科学校、大连枫叶国际学校等3所学校接受外国学生资格，同时简化了省内高校接受来华留学生的审批手续，受到高校欢迎。(6)积极推进多层次、多形式的中外合作办学。促进沈阳工业大学等5所高校与英国鲁顿大学的合作项目，东北大学等5所高校与澳大利亚伍伦贡大学的合作项目，东北大学、辽宁省实验中学与加拿大西安大略大学的合作项目，沈阳师范学院与比利时鲁汶大学的合作项目。批准了东北财经大学、辽宁师范大学、沈阳电力高等专科学校等高校与国外高校的合作项目。(7)继续加强对外友好交流，扩大交流合作领域。对加拿大、新西兰、英国、德国、法国、比利时、日本等10多个国家以及台湾进行了友好访问；接待了澳大利亚南澳洲培训与继续教育部代表团、英国鲁顿大学代表团、英国伦敦大学玛丽女王学院代表团等10多个来访团组。

〔**教育信息化**〕 (1)省政府于7月召开教育信息化工作座谈会，研究确定了全省五年教育信息工作目标。2001年教育厅共审批教育网站和网校13所，其中中小学网站网校3所，大学远程教育网站网校7所。并对校校通工程进展情况、教育卫星宽带网的使用情况、教育信息主干网和教育系统办公自动化建设推进情况进行了调研，促进工程实施。(2)在巩固完善普通高中开设信息技术教育课的基础上，狠抓了县城以上初中开设信息技术课的工作。普通高中开课率达到100%，县城以上初中达到88%。全省中小学计算机总台数增加到10万台，人机比达到56∶1，建设校园网的学校发展到621所。落实了开设信息技术课的师资培训、配备设备的工作，制发了《辽宁省中小学普及信息技术教育实施意见》《辽宁省中小学信息技术教育实验县(市、区)评定标准》和《辽宁省现代教育技术实验学校评估标准》。(3)落实省委、省政府"要举全省之力，将辽宁省发展成软件大省"的战略目标和"以信息化带动工业化，以信息技术改造传统产业，实现辽宁经济腾飞"的战略规划，起草了《辽宁省关于试办示范性软件学院、加速软件人才培养的决定》《软件人才培养委员会章程》，建成国家级示范性软件学院2个、省级示范性软件学院2个。

〔**干部、教师队伍建设**〕 (1)加强教育厅机关干部思想政治建设。借鉴沈阳市发生的领导干部巨贪案，组织干部观看反贪警示教育片、参加全省警示教育大会、学习警示教育有关文件，通过各种形式进行反腐倡廉教育，提高全厅干部廉洁自律的自觉性。制定了厅机关领导干部党风廉政建设责任状，推进政务公开，为全省教育战线和广大人民群众做好服务。(2)加强学校领导班子建设。调整充实了省属高校和中专学校的领导班子；实施中小学骨干校长高级研修计划，推荐200名中小学骨干校长作为省本级培训人选，并完成了首期省本级培训；举办全省县区教师进修学校校长研讨班。(3)加强教师队伍建设。启动中小学骨干教师省级培训。按中小学教师1%的比例组织推荐省本级培训人选，建立骨干教师信息档案，确定辽宁师范大学、沈阳师范学院等6所院校为培训基地，完成首批700人为期一个月的集中培训。委托省教育学院完成对400名中学信息技术课教师和135名小学英语教研员的集中培训。全省小学英语3 800多名新任课教师和1 300多名新任信息技术课教师在任课前均轮训一遍，8万余名中小学教师通过了中小学教师信息技术一级考核。组织高等师范院校首次试办小学教育本科专业。制定了《五年制小学教育专业检查评估指标体系》，组织对12所院校举办的小学教育专业进行评估，促进了培养水平提高。开辟职高—高职—高师本科培养学前教育教师渠道。首次组织高师本科举办学前教育高职本科师资班，招收职高、高职学前教育专业毕业生。采取特殊措施，扶持朝阳、阜新地区培养初中教师。批准朝阳师范高等专科学校、阜新高等专科学校与沈阳师范学院对接，定向培养本科层次初中教师。2001年从朝阳师专毕业生中单独考试选拔90人升入沈阳师范学院本科师范专业。

〔**教育法制建设**〕 修订了五年立法计划。开展对教育厅和招考办行政执法人员的培训、考核，对合格者换发行政执法证，提高行政执法人员的素质。健全行政执法责任制，贯彻2000年召开的全省首次教育法制工作会议精神，在大连、鞍山、朝阳等市启动依法治校试点工作。根据国家和省政府的部署，开展了对政策、法规、规章的清理工作，建立了规范性文件备案制度。

〔**纠正行业不正之风**〕 (1) 进一步完善中小学收费目标管理责任制。年初，省教育厅与省政府签订“教育系统纠正行业不正之风责任状”，与各市教育局也签订了责任状。要求层层落实纠风工作责任制，确保治理中小学乱收费措施落实到位。(2) 深入开展推进校务公开工作，不断扩大普及面和提高公开质量。全省中小学校务公开面已提高到90%以上。公开内容更具体，形式更规范。强化了学校民主监督、民主管理和依法治校，有效制约了不正之风和违纪现象的发生。(3) 加大推行“一次收费两公开”收费办法力度。重点规范城市中小学对“择校生”收费行为，深入贯彻《关于减轻中小学生过重负担的若干规定》精神，促进中小学收费行为进一步规范化、合理化。

〔**语言文字工作**〕 以语言文字宣传、管理及规章建设为主导，加强语言文字规范化建设工作。制定了《辽宁省语言文字工作“十五”规划》。恢复了辽宁省语言文字工作委员会，加强了对全省语言文字工作的领导和管理。制定学习宣传和贯彻实施《国家通用语言文字法》的活动方案，举办学习宣传和贯彻实施《国家通用语言文字法》干部培训班。对全省各级各类学校教师开展普通话水平测试工作，促进广大教师提高普通话水平。大力推广第四届普通话宣传周活动和语言文字示范学校、先进区命名挂牌活动，加强语言文字科研指导和管理工作，促进语言文字工作进一步规范化。

〔**体育、卫生与艺术教育**〕 2001年组织省内学校体育专家、教研员和第一线骨干教师编写适合本省实际的中学新教材《体育与健康》，并举办了新教材教学培训班，推进体育课程改革。召开全省中小学体育教学改革现场观摩研讨会，探讨体育教学思路，推进快乐体育教学方案，将快乐体育融入课堂教学，充分发挥体育教学在全面实施素质教育中的重要作用。沈阳、鞍山、抚顺、本溪、丹东、锦州、营口、辽阳、铁岭等9个城市实行新的“初中毕业生升学体育考试办法”。制定省级骨干体育教师培训计划，审定培训纲要和各科教学计划，聘请专家、学者等就学校体育教学改革的热点问题进行讲学。组织省内、国内及国际学校体育赛事，促进全省学生体育运动技术水平的提高。2001年在国内外体育竞赛中取得优异成绩：沈阳市回民中学足球队获第17届世界中学生足球锦标赛冠军；东北财经大学足球队获全国大学生足球联赛冠军；在2000～2001年“华晨杯”全国中学生足球联赛总决赛中，大连八中获第一名，沈阳回民中学获第三名；在2001年全国中学生田径锦标赛中，沈阳市中学生田径代表队获第三名。召开了全省普通高校艺术欣赏课教学经验交流及教师培训会，推广东北大学艺术欣赏课教学及课余艺术活动的经验。大力组织各种文艺演出活动，举办辽宁省大学生庆祝建党80周年文艺汇演及“祖国，您好”和“红烛颂”文艺晚会，完成筹备辽宁省艺术节开幕式团体操表演任务。加强学生体质健康监测工作，联合省卫生厅召开了关于加强学生营养与安全工作的专题会议，并对全省各地学生营养和食品卫生以及食堂、配餐中心等进行抽查与督导；同时对全省实施“豆奶计划”情况进行了监测。

# 基础教育

〔**中小学布局结构调整**〕 (1) 加强组织领导。各市、县都成立了领导小组,统一协调落实相关工作。(2) 科学规划。制定了3年布局调整目标和《辽宁省“十五”期间农村中小学教育结构布局调整工作实施方案》,保证布局调整工作按计划合理进行。(3) 计划公开。制作全省中小学教育结构布局调整规划地图,按地域把3年内计划调整的学校张榜公布(全国首创),便于监督和调整。并通过编辑《教育结构布局调整简报》,及时把有关方针政策和好的经验做法以及存在的问题向各市、县通报。(4) 确保学生正常上学。采取各种措施、着力解决学生上学的交通问题,不因为布局调整而出现新的辍学。既坚持了布局调整的大方向,又解决了群众的实际困难。截止年底,全省(大连除外)共撤并初中82所、小学1 289所、教学点320个,撤消6 152个平行教学班,减少行政管理人员1 159名,清退民办和代课教师561名,重新安置民办教师639名,9 026名教师转入新的学校或处于待岗状态,停止使用85万平方米的危、旧校舍,近13万名学生转入新的学校上学。使全省农村中小学总体布局趋于合理,教学条件得到极大改善,为农村中小学全面提高教育教学质量奠定良好基础。

〔**控制农村中小学生辍学**〕 深入贯彻“依法治教,以防为主,防治结合,综合治理”的控辍方针,采取以法治辍、以情劝学、以资助学以及转变教育观念、改革教学方法、改善师生关系等措施,在全省初步形成政府、社会、家庭和学校齐抓共管、常抓不懈的控辍保学良好局面。(1) 强化政府行为、实行目标考核是控辍保学的有效机制。省政府2001年初在对各市政府工作考核指标及数量评价规则中,把农村初中辍学率列入25项经济和社会发展指标,并确定了各市的控辍目标。省政府与各市政府签订控辍保学工作目标责任状,建立了目标量化管理机制,并层层把控辍目标量化到县(区)、乡(镇)、村和学校。省教育厅和省政府教育督导团制定了控辍保学考核办法及督导检查工作方案,于5月、12月对全省14个市控辍保学工作进行了两次专项督导检查,并向市政府通报了督导检查情况,督促各市完成省政府下达的控辍目标。(2) 加强法制宣传、坚持依法治教是控辍保学的重要手段。每年3月、9月是全省“控辍保学活动月”,各级政府利用电视台、电台、报纸等新闻媒体,加大对义务教育法的宣传力度。通过设专题专栏、出动宣传车等形式,宣传义务教育法,转变农民接受教育的观念,真正让家长和学生认识到“富不学习,富不长远;穷不学习,穷根不断”的道理。省内一些地方乡(镇)政府与县(区)司法部门共同研究控辍法律程序,明确政府、教育行政部门、学校和司法检察机关在控辍中的责任,通过法律诉讼,严格执法程序,对那些法律意识淡薄经反复宣传教育劝说无效的学生家长、监护人进行依法处罚,在全省各地引起强烈反响。(3) 深化教育改革、提高教学质量是控辍保学的根本措施。各地注重抓好小学教学管理和质量监控,坚持小学毕业升学对口直升制度,实施小学毕业生整体移交给初中,并再“送一程”的有效做法。初中普遍建立学生户籍卡、学籍卡和学生转出、转入手续,特别是学生辍学逐级报告、定期公报公示制度,随时掌握学生辍学动态。进行课程教材改革,解决教材繁、难、偏、旧问题。文化课教材内容适当减少,要求降低。编写职业技术教材,开设职业技术课程,实行全员职业教育、全程职业教育、初三分流等形式,并与“绿色证书”教育相沟通,使学生留得住、学得进。(4) 以学校为主阵地、建立新型师生关系是控辍保学的主要途径。农村初中把控辍保学工作重点放在“学困生”和“易辍生”的教育上，坚持“转化一个后进生与向上输送一个优秀生同等重要”，“保证一个‘学困生’完成初中学业与向上输送一个合格生同等重要”的教育价值观、人才观和质量观。省政府教育督导团对各市近百所学校的抽查结果表明，全省农村辍学现象得到了初步遏制。2001 年全省农村初中学生辍学率为 3.49%，比 2000 年的 4.56%降低 1.07 个百分点。

〔**减轻中小学生过重负担**〕 (1) 建章立制，规范办学行为。省教育厅制发了《关于减轻中小学生过重负担的若干规定》，从严格管理教学用书，严格执行课程计划，禁止集体有偿性补课、按考试成绩排名次、擅自举办各种竞赛等方面做出 10 条规定，进一步规范办学行为。各市教委也都结合当地实际，制定了减轻中小学生过重负担的相关政策。(2) 抓住突破口，规范学生用书。首先，省教育厅协调出版发行部门，按照教育部的要求，彻底清理中小学阶段的学生用书和学具。其次是树立国家目录和省目录的权威性，任何人不得以任何形式组织征订目录以外的学生用书和学具。(3) 抓住导向，深化招生考试评价制度改革。采取的办法是小学取消百分制，实行等级制、改革初中招生办法、改革高中招生制度、坚持正确的中考命题原则等。(4) 进行课程教材改革。启动了课程教材改革工程，在国家课程改革的总体框架下，制定出辽宁省义务教育阶段课程方案，特点是：九年一贯、统筹安排、适时施教；精简内容、减中有增、减轻负担；重视基础、强调实践、能力为本；三级课程，增加弹性；坚持综合、注重创新。省教育厅还组织编写了农村初中的文化和职业技术分流教材。大连瓦房店市的农村小学课程整合改革也扩大了试点，鞍山市还进行了调整小学课程计划的尝试等。目的都在有效解决现行中小学课程设置过多、教材偏深、要求偏难造成中小学生课业重的问题。

〔**推进素质教育**〕 (1) 积极贯彻落实全国基础教育工作会议精神和国家新课程方案，起草了《辽宁省普通高中 2001～2005 年发展规划及对策》，明确提出普通高中达到“城市普及高中阶段教育、农村接受高中阶段教育和初中后职业培训率达到 70%以上”的目标，必须每年实现 9%的扩招率，农村地区按校均1 200人的规模需新建 62 所高中，大力发展名校优质教育资源的有序扩张等政策和措施。(2) 制发《辽宁省关于积极推进小学开设英语课程的实施意见》，实现在县城以上小学三年级开设外语课的目标。(3) 加强学前教育，抓教育观念的转变。在幼儿园中广泛开展教育思想大讨论，使保教人员树立正确的儿童观、发展观和教育观。制发《辽宁省幼儿园课程标准》，建立以素质教育为核心的课程体系，提高幼儿园保育教育质量。

〔**教师“双聘”工作**〕 丹东、盘锦等地转发了省政府相关文件，其余 12 个市，市政府专门下发了深化中小学人事制度改革文件。2001 年在 100 个县（市区）中有 81 个县（市区）完成首次“双聘”工作，转岗分流 4.17 万人。全省中小学经过“双聘”，精简教职工 2.83 万人，约占全省中小学教职工总数的 6.9%，其中提前离岗 1.92 万人，待聘5 576人，辞退不合格民办教师2 064人，调出教育系统、自动离职和因出国长期未归等除名1 530人。同时清退临时代课人员5 133人，交流转岗8 233人，减少校级领导职数2 056个，精减中层干部职数3 304个。“双聘”工作有效地控制了中小学教师的总量，优化了教职工队伍的结构，调动了广大教职工的积极性，中小学教师队伍的整体素质不断提高。

〔**中小学危房改造**〕 2001 年加大中小学危房改造工作力度。(1) 加强组织领导。会同省财政厅、省计委在主管省长的领导下，成立“中小学危房改造领导小组”，具体负责向中央申报资金、确定项目并指导、检查全省危房改造工作。(2) 根据省政府要求，制发了《关于辽宁省中小学危房改造工程的实施意见》，对中小学危房改造工作的组织领导、原则及资金筹措等都做了明确规定。要求各地在本着“坚固、实用、够用”的前提下，新建校舍使用年限要保证在 50 年以上。(3) 建立责任制，严把危房改造工程质量关。明确要求各市、县所有危改项目，必须先设计，后施工；施工队伍的选择必须实行公开招标制，施工过程要设质量监理，建立工程质量终身责任制。并会同财政等部门对全省所有危改项目进行3次检查指导工作。(4) 实行项目管理。所有危改项目的建筑面积、资金分配均按校核定，有效防止了资金被挪用、挤占现象的发生，保证了危改工作的顺利进行。截止年底，中央和省安排补助项目480所，已开工371个（其中竣工218个），完成投资1.77亿元，建筑面积31.2万平方米；各市、县自筹项目投资1.98亿元，改造面积38.7万平方米。

# 职业教育与成人教育

〔**标准化职业教育中心建设**〕 在2000年10月召开全省职业教育中心办学经验交流会的基础上，根据农村教育发展实际，制发了《辽宁省标准化职业教育中心条件》，全面启动标准化职业教育中心建设“1122工程”。即：职业教育中心校园占地要达到6.67公顷，实验实习基地要达到6.67公顷，学校建筑面积不低于2.00万平方米，在校生要达到2 000人以上。计划到“十五”末期，70%以上的职业教育中心达到标准化职业教育中心条件。组织专家组对首批申报标准化职业教育中心的学校进行了检查，确定桓仁县、阜新县、盖州市、宽甸县、义县、昌图县等6所职业教育中心为首批标准化职业教育中心。

〔**职业学校教学改革**〕 2001年推进上年印发的《中等职业学校制定实施性教学计划的原则意见》《中等职业学校专业目录》和《中等职业学校专业设置管理暂行办法》等文件以及中等职业学校23门共同课教学大纲的实施。制订了《中等职业教育教学改革的原则意见》（草案）和《中等职业学校试行弹性学制和学分制的办法》（草案）。重新修订了《中等职业学校教学管理常规》和《中等职业学校学籍管理暂行规定》，进一步提高中等职业学校的管理水平和教学质量。

〔**职业学校招生制度改革**〕 2001年继续进行中等职业学校招生制度改革。中等职业学校招生计划由招生学校根据其办学条件和有关规定自主确定；放宽中等职业学校入学限制，不分年龄，不分应往届，凭初中毕业证书免试录取；实行春、秋两季招生；按专业大类招生；国家级重点中等职业学校可跨省、市招生，其他有条件的中等职业学校经批准也可跨省、市招生；试行学分制和弹性学制，允许学生分阶段完成学业等，有效控制了招生数量下滑的局面。2001年全省中等职业学校（不含技工学校）的招生总数比上年增长9 718人，增长率为10.2%。

〔**职业学校教师队伍建设**〕 (1) 在调查基础上，草拟了《辽宁省“十五”期间中等职业学校教师培养培训规划》。(2) 组织优秀在职教师攻读硕士学位，以提高教师的学历层次和专业教学水平。近70名教师参加了全国联考。(3) 充分利用国家职教师资培训基地，对专业课骨干教师进行培训。全年共选送10人分别到天津大学、东北财经大学学习。(4) 继续选拔中等职业学校优秀毕业生到高校学习，定向培养职教专业课师资。有13人被天津大学录取，6人被西安交通大学录取。同时确定东北财经大学等5所高校的8个专业设置师资班，招生450人。

〔**职业学校教材建设**〕 (1) 制定《关于中等职业学校使用国家规划教材有关问题的通知》，明确规定：从2001年秋季新生起，全省一律使用国家规划教材；该教材将作为教育行政部门检查学校教学质量，高等职业教育学院对口招收中等职业学校毕业生进行文化基础课程及相关的技术基础课程教育的重要依据。(2) 在国家教材使用目录的基础上重新制发了全省 2001 年中等职业学校教材用书目录，明确教材选用要求，使新老教材衔接工作有条不紊。(3) 理顺发行渠道。由原来省级两家发行改为省书刊发行公司一家发行，并对其软、硬件设施进行评估，提高服务水平。(4) 为做好教育部新颁发的 23 门共同课教学大纲的实施和新采用的部分全国统编职教教材的使用工作，组织全省职教骨干师资进行培训，聘请大纲和教材的主要编写人员讲辅导课。共培训英语、语文、数学、德育课骨干教师近 480 人。

〔**成人教育**〕 利用乡村成人文化技术学校，积极开展“绿色证书”培训和实施“燎原”教育，2001 年全省共培训青壮年农民 650 万人次。从省财政争取农业科技开发经费 80 万元，编印农业综合开发科技推广系列丛书 11 种 3.3 万册，赠送给农民和农村初、中等职业学校学生，受到欢迎。积极开展社区教育工作，沈阳市和平区和大连市甘井子区被确定为全国社区教育实验区。

# 高等教育

〔**普通高等教育**〕 (1) 适应区域发展，调整专业结构，使高校的专业结构和人才培养为区域经济发展做好人才储备。根据省委、省政府的战略部署和辽宁经济发展和社会需求，制定了适合辽宁高校发展和地区经济发展的专业设置原则，加大了对传统专业的改造和新兴专业的扶植力度，优先发展与辽宁经济发展相适应的信息科学、生命科学、新材料科学等新兴学科和专业，带动了辽宁区域发展。在专业设置审批中，共同意设置新增专业及专业方向 95 个，并更强调了学校专业办学的特色。(2) 加强横向联合，实施强强合作。把校所间的随机合作行为变为有组织的规范行为。为提升辽宁高校培养高级专门人才的办学水平，与清华大学、北京大学、中国科学院沈阳分院分别签订了全面合作协议，进一步发挥为经济建设服务的整体优势。(3) 加强专业建设，进行新增专业评估。完成对 1998 和 1999 年度省教育厅审批的普通高校的新增本科专业和 1996 年度～1999 年度审批的新增艺术类本科专业等 28 个专业评估工作，加快了高等学校自我发展、自我约束、面向社会依法自主办学的运行机制的建设进程。

〔**高等职业教育**〕 (1) 进一步明确高等职业教育发展思路，转变高等职业教育思想、理念和办学模式。树立以培养学生全面素质为基础、能力为本位的新观念，以提高学生创新精神、实践能力和适应职业变化能力为突破口，大力提高职业教育教学质量。积极推进职业教育体制和运行机制改革，扩大高校办学自主权，增强办学活力，通过布局结构调整、加强骨干示范院校建设，进一步提高教育质量和办学效益。(2) 全方位加强和规范宏观管理、提高高职整体教育管理水平。制订了《关于加强全省高等职业教育人才培养工作的若干意见》《辽宁省高等职业学校教学管理实施细则》《关于加强高等职业教育教材建设与改革的若干意见》《关于加强高等职业教育实践教学基地改革与建设的意见》等一系列高职改革、建设和发展的规章制度。(3) 以专业教改为突破口，全面推进高职教育教学改革。上半年，教育部批准辽宁省 13 个学校的 13 个专业为第一批国家级高职高专专业教改试点专业。组织有关专家对全省 24 所学校进行了评审和实地考察，并向教育部推荐了第二批 12 个试点专业。(4) 组织有关专家对全省 54 所学校、63 个办学点进行了高等职业教育人才培养工作基本情况的全面调研，并深入32所学校进行了实地考察，总结分析了成绩与存在的问题，提出了关于完善职业教育体系、加强示范建设、改革教师职称评聘办法等10个方面的建议。

〔**成人高等教育**〕 (1) 不断强化教学工作，努力提高人才培养质量。组织专家组对全省42所普通高校成人教育学院和28所独立设置的成人高校进行了检查验收。(2) 规范成人高等教育办学网络，从体制上规范成人高等教育办学行为。规范了广播电视大学开放教育的办学网络。加强函授站管理，对全省函授站进行备案。(3) 对全省成人高等教育进行综合调查，形成了《关于全省成人高等教育的调查报告》和《成人高等教育专业结构调整的优化方案》。(4) 加大成人高等教育专业结构调整力度，对成人高等教育专业进行了核查备案，优化了成人高等教育的科类结构，引导普通本科院校的成人高等教育提升办学层次，促使它们将办学重心移到成人本科特别是专科起点本科，形成科学合理的层次结构。(5) 引导成人高等教育的人才培养向高职化方向改造，有步骤地引导部分成人高校从修订教学计划入手，实现部分成人高等教育专业的高职化改造。

〔**科技工作**〕 2001年全省高校在推动科技工作面向经济建设主战场、发展基础研究、应用研究、高新技术及其产业化等方面取得了显著成绩，为经济建设和社会发展的服务水平和贡献率不断提高，成为推动全省科技发展的重要方面军。(1) 基本情况。全省高校理工农医类学科领域共投入1.48万人从事科技研究、发展、应用及服务工作。同时，5 200多名研究生参与了科技项目的研发和推广工作。2001年拨入科技活动经费8.85亿元，比2000年的7.6亿元增长16%。承担科技项目5 500多项，其中，国家“973”项目28项，国家科技攻关项目51项，国家“863”项目36项，国家自然科学基金项目403项；技术转让154项，成交金额0.73亿元；申请专利184项，授权68项；获得科技成果奖190项，其中国家科技进步奖4项。(2) 大力发展校办企业。继东北大学阿尔派软件公司崛起之后，全省又涌现25家年收入在500万元以上的高科技企业。全省校办企业达到570余家，其中科技型企业占30%。省教育厅大力支持高科技企业发展，制定《辽宁省高等学校骨干科技企业遴选及管理办法》，决定在“十五”期间，从全省高校企业中遴选出50个骨干科技企业并给予重点扶持，已与省科技厅、省经贸委联合确定东北大学自动化工程技术开发公司等28家首批重点扶持的高校科技企业。(3) 全面规划大学科技园建设。制定了全省大学科技园发展规划，明确全省在“十五”期间重点建设10个服务功能齐全、管理运行规范、具有一定规模（每个园区年产值达2亿元以上）的省级大学科技园，使其中3个以上成为具有示范作用的国家级大学科技园。年初，会同省科技厅联合制定了《辽宁省省级大学科技园认定及管理办法（试行）》，并建立了“辽宁省省级大学科技园评估指标体系”。2001年全省共有在建大学科技园20所，主要分布在沈阳、大连、鞍山和锦州地区，入园高新技术企业达300多家。东北大学科技园获首批国家级大学科技园。2001年，全省大学科技园资产总额达到45亿元，实现产值30亿元，实现利润4亿元。(4) 产学研合作。2001年组织省内26所高校参加省第九届产学研洽谈会，签订技术转让合同139项。单项合同金额超过2 000万元的高校由2000年的5所增加到7所。合同金额总计1.83亿元，比2000年增长53%。在锦州市产学结合示范市科技成果洽谈会上，组织省内科技力量较强的13所高校与锦州市企业签订技术转让合同23项，成交金额500万元。辽宁农业职业技术学院的推广日光温室等10项科技成果为大石桥市建设特色现代化农业作出了贡献。2001年省教育厅积极推进高等学校科技体制改革和大学生科研能力等级评定试点工作。制定了《辽宁省大学生科研能力等级评定试行办法》，在全国首次开展大学生科研能力等级评定试点工作，形成了有助于大学生创新、创业能力培养的支持系统。

〔**高校布局结构调整**〕 (1) 积极扩建新校园，盘活资源存量。2001年涌现出大连大学、沈阳师范学院、沈阳医学院、鞍山钢铁学院、沈阳建筑工程学院、辽宁大学、沈阳工业学院、沈阳电力高等专科学校、沈阳化工学院、沈阳工业大学、抚顺石油学院、锦州师范学院、辽宁工学院等13所不等不靠，通过资产置换或征地形式，盘活资源存量，扩大学校建设规模和提高学校建设水平的典型。全年全省普通高校共增加建设用地703万平方米，增加校舍201万平方米。新校园开工建设55万平方米，竣工23万平方米，其中社会化完成4.6万平方米；完成投资4.9亿元，其中置换投资1.26亿元，社会化投资7 060万元，学校贷款投资2.6亿元，政府投入3 500万元。大力加强大学园区建设。全省筹划建设4个大学园区：沈阳南北两大园区，旅顺大学园区和葫芦岛大学园区。其中沈阳南北两个大学园区2001年已开始建设。(2) 深化成人高校布局结构调整。将锦州职工大学并入锦州高等师范专科学校、朝阳职工大学并入朝阳高等师范专科学校；鞍钢职工工学院与鞍山冶金管理干部学院合并成立鞍钢职工大学；北票矿务局煤矿专科学校由于矿务局破产由北票市政府接管，更名为朝阳职工工学院。到年底，通过转制、调整、合并，共调整成人高校21所。

〔**高校人事制度改革**〕 (1) 召开全省高校2001年度人事工作会议暨高校人事师资管理研究年会，交流经验，研讨人事制度改革中的难点、热点问题，提出深化人事、分配制度改革的工作目标。(2) 会同省人事厅核定省属高校的岗位结构比例。已有32所省属高校完成岗位设置方案的制订工作。(3) 高校用人制度改革取得新成果。省属普通高校当量生师比达到15∶1。省属高校除两所较特殊外，都进行了党政机构改革和人员的精简；32所学校进行了教师职务聘任的改革。对新进人员实行聘用合同制的高校也在逐渐增加，个别学校已经进行了全员聘用合同制的试点。对高校用人实行简政放权，支持辽宁工程技术大学等6所学校向教育部申报教授、副教授职务评审权；对省属高校聘任专业技术人员职务取消审核、审批手续。(4) 高校分配制度改革取得新进展。与省人事厅共同制发了《关于深化高等学校分配制度改革若干问题的意见》。在工资总额包干的基础上，本着“存量保留，增量拉开，效率优先，兼顾公平”的原则，省属28所高校不同程度实行了分配制度改革，建立了与岗位聘任制相配套的，以“岗位定薪”模式、“岗位津贴＋奖金”模式、“二次分配”模式以及“业绩定薪”模式为主的形式多样的校内津贴分配制度，充分体现重实绩，重贡献，向优秀人才和关键岗位倾斜的激励机制。

〔**招生、考试、就业制度改革**〕 普通高校招生首次实施并顺利完成了“3＋X”高考科目设置改革，高考外语听力考试工作进展迅速，全省高校全部实现了远程网上录取。2001年普通高校录取12.76万人，录取率比上年提高1.4个百分点，达到78.6%。其中省属普通高校招生总量达到11.38万人，比上年增长13.8%。继续深化考试评价制度改革，规范了普通高校招收保送生工作。继续深化毕业生“不包分配，竞争上岗，择优录取”就业机制改革，加强宏观管理和指导，积极拓宽毕业生就业渠道，完善毕业生就业信息网络建设，建立公示制度，使毕业生就业工作顺利进行。

〔**高校后勤改革**〕 省政府于7月召开了全省高校后勤社会化改革座谈会，促进改革进展。2001年已建成学生生活用房72万平方米（其中改造7万平方米），生均宿舍、食堂面积均比上年略有增加。省教育厅出台《辽宁省高等学校学生公寓建设管理暂行办法》等配套管理措施，使后勤服务管理科学化、规范化。全省55所国办高校中，有17所组建了后勤集团，占总数的30%；28所实行“小机关、多实体”的管理模式，占总数的50%，法人实体达到100个，后勤职工减少41%。与社会主义市场经济相适应的，具有辽宁特色的高校后勤服务新体系逐步形成。

〔**学科建设**〕 (1) 按照“调整学科结构，注重特色发展；突出自身优势，立足实际需要；区分不同类型，实施重点建设”的原则，对全省重点学科进行重新遴选，经省内预审向国家申报64个国家级重点学科，另有224个申报省级重点学科，已接受省外专家的通讯评审。(2) 组织专家首次在全省进行学士学位管理水平评估，明确了学位管理的程序和要求，召开了全省学士学位管理水平评估总结大会，交流经验，规范学位管理程序，加强了学士学位工作的基础建设。（3）组织125位专家对14所普通高校的25个新设专业的学位授权资格进行评审。（4）召开全省MBA（工商管理）和MPA（公共管理）专业硕士学位培养工作会议，交流经验，进一步明确了办好专业学位必须与用人单位和实际工作相结合，要建立相对稳定的实践实习基地，为辽宁的经济建设与社会发展培养更多更适应需要的管理人才。（5）加强对研究生课程进修班的管理，实行限期申报，集中审核，按章管理，统一发布，社会监督。（6）参与国家对辽宁大学、大连理工大学、大连海事大学、东北大学“211工程”“九五”建设验收工作。

〔**思想政治工作**〕（1）全省高校结合庆祝中国共产党建党80周年，广泛开展了“三讲”、“三个想一想”等教育活动，深入学习“三个代表”重要思想，学习江泽民总书记“七一”重要讲话，省教育厅及时编写出全省高校师生学习“七一”讲话读本及“两课”教学贯彻“七一”讲话教学指导意见。组织十余次不同形式的学习“七一”讲话报告会、研讨会，组织学习“七一”讲话宣讲团，全省高校逾千名政工干部、“两课”教师参加了报告会、研讨会。（2）结合建党80周年、“入世”、申奥成功、APEC会议在上海成功举办等一系列国际国内大事，开展了形式多样、内容丰富的宣传教育活动，把高校师生的思想统一到党的路线、方针、政策上来，统一到国家和学校改革、发展、稳定大局上来。（3）大力推进高校社会主义精神文明建设，开展科学精神教育。全省高校继续围绕安全文明校园建设、校园文化建设、校风教风班风建设开展了一系列活动，举办大学生文化节、艺术节、科技节，评选优秀高校思想政治工作者、优秀“两课”教师、优秀“两课”教研室，创建教育系统“巾帼文明示范岗”、“巾帼文明建功立业标兵”，表彰全国三好学生、优秀学生干部、先进班集体，表彰全省高校优秀团员、优秀团干部、优秀团支部，表彰高校宣传思想工作先进集体、先进个人。（4）积极推进马克思主义理论课、思想品德课教学内容和教学方法的改革，增强理论教学和思想政治教育的时代感、针对性和实效性。全面实施国家“两课”课程新方案，完成课程设置，保证教学时数。启动面向21世纪“两课”教材建设、高等职业专科学校“两课”教学内容体系、高校优秀“两课”教研室评估指标体系和高校“两课”教学质量评价指标体系。（5）完善高校德育工作体系，加强了对研究生政治理论课和大学生心理健康教育的指导和管理，深入开展国防教育活动。编辑出版了高校思想政治工作文件汇编，加强工作指导和交流。（6）坚持对大中小学及其周边治安秩序的综合治理，优化育人环境。与省公安厅联合，历时3个月对14个市的学校周边治安秩序进行了排查摸底，清理整顿。全省教育系统共破获刑事案件1 238起、治安案件1 312起；打掉犯罪团伙75个；清理网吧180家，取缔382家；清理三厅一社359家，取缔937家；清除违规场所8 365家；清查外来人口6 463人；收缴非法书刊3.69万册，整改学校不安全隐患100余处，签订警校责任状1 517份。（7）组织全省教育系统深入开展同“法轮功”邪教组织的斗争，统一组织了全省大中小学校崇尚科学，校园拒绝邪教宣传教育月活动，组织编写了大中小学《崇尚科学拒绝邪教》读本，开展了教育系统“科学精神与当代社会”讲习班。加强对“法轮功”练习者的帮教转化工作。

撰稿　褚　辉
审稿　李树森

# 大连市教育

〔基本情况〕

**2001 年各级普通学校基本情况**

单位：人

| 学校类别 | 学校数（所） | 毕业生数 | 招生数 | 在校学生数 | 教职工数 | |
|---|---|---|---|---|---|---|
| | | | | | 合　计 | 其中：专任教师 |
| **总　计** | **3 519** | **269 252** | **290 370** | **1 055 181** | **75 618** | **59 091** |
| 一、研究生 | （9） | 1 488 | 3 612 | 8 289 | | |
| 1. 高等学校 | （9） | 1 488 | 3 612 | 8 289 | | |
| 2. 科研机构 | | | | | | |
| 二、普通高等学校本专科 | 18 | 15 505 | 33 034 | 997 553 | 15 488 | 8 161 |
| 三、普通中等学校 | 400 | 100 123 | 143 696 | 402 383 | 31 202 | 23 918 |
| 1. 中等专业学校 | 19 | 5 556 | 5 596 | 22 411 | 1 742 | 933 |
| 中等技术学校 | 18 | 5 556 | 5 397 | 22 212 | 1 556 | 837 |
| 中等师范学校 | 1 | | 199 | 199 | 186 | 96 |
| 2. 技工学校 | 56 | 4 456 | 5 408 | 11 283 | 2 344 | 1 365 |
| 3. 普通中学 | 268 | 77 047 | 122 397 | 337 667 | 24 263 | 19 695 |
| 高中 | 74 | 20 180 | 26 436 | 73 547 | | 4 820 |
| 初中 | 194 | 56 867 | 95 961 | 264 120 | | 14 875 |
| 4. 职业学校（中专） | 56 | 12 967 | 10 197 | 30 904 | 2 803 | 1 898 |
| 高中 | 56 | 12 967 | 10 197 | 30 904 | 2 803 | 1 898 |
| 初中 | | | | | | |
| 5. 工读学校 | 1 | 97 | 98 | 118 | 50 | 27 |
| 四、小学 | 1 300 | 95 612 | 62 717 | 424 822 | 25 718 | 21 817 |
| 五、特殊教育学校 | 9 | 89 | 216 | 1 514 | 317 | 263 |
| 六、幼儿园 | 1 792 | 56 435 | 47 095 | 120 620 | 2 893 | 4 932 |

**2001 年各级成人学校基本情况**

单位：人

| 学校类别 | 学校数（所） | 毕业生数 | 招生数 | 在校学生数 | 教职工数 | |
|---|---|---|---|---|---|---|
| | | | | | 合计 | 其中：专任教师 |
| **总计** | **817** | **601 792** | **415 309** | **444 495** | **5 232** | **2 820** |
| 一、成人高等学校 | 6 | 12 133 | 24 406 | 54 805 | 1 436 | 785 |
| 1. 广播电视大学 | 1 | 729 | 1 642 | 3 366 | 491 | 295 |
| 2. 职工高等学校 | 4 | 1 485 | 3 674 | 7 180 | 650 | 345 |
| 3. 管理干部学院 | | 365 | | | | |
| 4. 教育学院 | 1 | 404 | 836 | 2 039 | 295 | 145 |
| 5. 普通高等学校举办： | (14) | 9 150 | 18 254 | 42 220 | | |
| 函授部 | | | | | | |
| 夜大学 | | | | | | |
| 成人脱产班 | | | | | | |
| 二、成人中等学校 | 811 | 589 659 | 390 903 | 389 690 | 3 796 | 2 035 |
| 1. 成人中等专业学校 | 35 | 4 576 | 4 087 | 10 978 | 1 760 | 1 054 |
| 广播电视中等专业学校 | 3 | 2 194 | 1 948 | 4 682 | 138 | 66 |
| 职工中等专业学校 | 17 | 1 579 | 1 158 | 3 441 | 654 | 337 |
| 农民中等专业学校 | 5 | 803 | 981 | 2 855 | 207 | 142 |
| 教师进修学校 | 10 | | | | 761 | 509 |
| 2. 成人中学 | 2 | | | | 23 | 23 |
| 3. 成人技术培训学校 | 774 | 585 083 | 386 816 | 378 712 | 2 013 | 958 |

2001 年，全市各级各类教育继续健康发展。在园幼儿比上年减少6 291人，减幅为 5%。幼儿入园率为 85.9%，比上年提高 0.8 个百分点。适龄儿童少年入学率，小学为 99.8%，初中为 99.8%，残疾儿童少年为 95%。农村初中辍学率为 3.94%；三年辍学率为 8.5%，比上年降低 0.5 个百分点。初中应届毕业生升入高中阶段学校（不含成人中专）升学率达 79.3%，比上年提高 4.6 个百分点。其中升入普通高中的达 45.8%。（市内四区升入普通高中的达 57.4%，比上年提高 5.2 个百分点）。普通高中继续扩大招生规模。招生数比上年增加1 520人，增幅为 6.1%。应届高中毕业生升入普通高等学校 1.71 万人，升学率为 84.7%，比上年提高 3.5 个百分点。

在全国中等职业教育普遍滑坡的情况下，全市普通中专、职业高中和技工学校仍保持稳步发展的态势，招生数比上年增长 5.7%。各类中等职业学校（含成人中专）招生数、在校学生数与普通高中招生数、在校学生数之比大体上均为 5∶5。全年有 20 所中等职业学校合并或撤消，布局结构更趋合理。三校生报考高等职业学院1 982人，被录取1 764人，录取率为 89%。

普通高等教育办学规模进一步扩大。研究生招生数比上年增长 40.3%，在校生数比上年增长 33.1%。普通高校本专科招生数比上年增长 16.2%，在校生数比上年增长 22.6%。2001 年，大连师范学校与大连工业学校并入大连职业技术学院，又新增 3 所民办职业学院，高等职业教育招生数比上年增长 41.6%，在校生数比上年增长 114.5%。专任教师中，正副高级专任教师的比例已达49%。

独立设置的成人高校招生数比上年增长28.9%，在校生数比上年增长20.9%，创历史最高水平。高等教育自学考试开考科次达40.6万，2001年有6 900人获得本专科毕业证书，创历史之最。成人中等专业学校招生数比上年增长14.5%，在校生数比上年减少5.8%。

全市全年教育经费收入共22.77亿元，比上年增加4.05亿元，增幅为21.6%。教育经费支出22.58亿元，其中国家财政性教育经费支出15.58亿元。预算内教育事业费支出9.59亿元。全年改造危旧校舍建筑面积10万平方米、维修中小学校舍建筑面积2万平方米。结合开发北部三市，市政府投资近2 000万元，改扩建3个县级市职业教育中心，新建6所市重点乡镇职业技术学校和10处农村成人学校示范基地。

撰稿　汤启贤

〔**基础教育**〕　自2001年9月1日起，大连市作为教育部确定的国家基础教育课程改革实验区，在中山、西岗等6个区和大连经济技术开发区，开始进行小学数学、音乐、科学、艺术、美术、体育与健康等8个学科，初中历史、地理、生物、科学、化学、历史与社会等6个学科的课程改革实验。还在全市范围进行小学一至二年级语文、品德与生活、一年级与三年级英语学科教学实验。至此，全市共有1 500所中小学、5 000个教学班、5 000名教师、16万名学生参与课程改革实验。年内，在全市范围扩大从上年开始的小学低年级语文集中识字教学实验。从秋季开始，城区小学从一年级、农村小学从三年级全面开设了外语课。全市普通高中和初中，普遍开设了以计算机和网络技术为主要内容的信息技术必修课，部分城区小学和农村经济发达地区的小学开设了信息技术选修课。

全市普通高中开始实施教育部新颁的课程计划和各科教学大纲。加大了对以研究性学习为主要内容的综合实践活动课的开发力度。根据各门课程特点，强化了现代信息技术的渗透。各校以课堂教学为突破口，深化教学改革。在课堂教学中，努力拓宽学生主动学习的空间。

中小学教育信息网络建设有了突破性的进展。9月1日，大连教育网开通，并以千兆光纤与大连电信宽带网相连、以百兆光纤与因特网相连。至年底，各区市县（含开发区）陆续建成网络分站，全市实现中心站与11个分站及市教委的连接。城区31所中小学建起校园网，城区1/3的中小学实现计算机上网。各区市县增配计算机1.03万台，使全市中小学计算机拥有量达2.46万台，平均中学每22名（市内每10名）学生、小学每47名（市内每25名）学生拥有1台。

教育教学质量稳步提高。小学一、二年级使用市编识字新教材，二年级学生识字量达3 000字，比以往同年级学生多识2 000个。应届初中毕业生考试全科及格率达63.3%，比上年提高1.3个百分点。应届高中毕业生在高考中，理工类考生总分平均分为464.9分，比全省平均分高23.31分，比上年提高1.32分；文史类考生总分平均分为434.81分，比全省平均分高24.8分，比上年提高0.43分。

撰稿　汤启贤　李浩田

〔**职业教育**〕　2001年继续调整中等职业学校布局结构，进一步提高办学效益。至年底，已将1998年底的107所中等职业学校（不含技工学校）调整为75所，校均在校生777人，比1998年的536人增长40%。有25所学校办学规模达千人以上，其中7所在2 000人以上。各区市县已基本形成以职教中心为重点，以1～2所职业学校为骨干的农村职业教育格局。

继续改善办学条件。2001年，普通中专和职业中专（高中）累计投入资金7 000余万元，改善校舍和教学设备。新增和更新计算机800多台，计算机总量达1万余台，平均5.2名学生1台。瓦房店、普兰店、庄河3市加强职教中心建设，新建校舍2万平方米，新征学农基地6.7公顷，分别建起了高标准的温室大棚6～10个。

市教委制发了《关于在中等职业学校试行学分制和改革学籍管理办法的意见》，并选定4所学校为首批实行学分制试点学校。为解决学生文化基础知识程度差异大的问题，在前两年试点的基础上全面推广分层次教学的经验。重点在数学和外语两个学科实行分A、B、C三个层次教学，采取在课程表中，将同年级各班分层次教学的学科排在同一时间上课，每个学生到适合自己程度的层次班上课。

2001年，全市50余所中等职业学校毕业生有1 764人被各类高校录取，占报考人数的89%，占全市中等职业学校毕业生总数8%。市教委召开中等职业学校高考工作总结会，强调向高校输送人才是当前中等职业学校一项重要任务，但中等职业教育总目标仍然要以培养合格劳动者为主，要做到升学和就业教育并重，促进中等职业教育健康发展。

2001年，全市各类中等职业学校共招2.2万余人，比上年增加3 600余人，占高中阶段招生数的47%。几年来，中等职业学校招生数量减少的势头得到了遏制。

〔**高等教育**〕 2001年，大连地区高等学校招生数比上年增长18.2%。教育部、辽宁省、大连市签订了共建大连理工大学协议，市政府当年投入3 000万元经费。

2001年一些学校通过挖掘潜力和吸引社会力量等办法，新建大学生公寓16.7万平方米，解决了当年净增2.4万名大学生的住宿需求。

市委高校工委对高校学生思想动态进行了连续三年的滚动调查，累计有5 500人次接受问卷、座谈和访谈调查。根据调查结果，提出了改进学生思想政治工作的对策。

大连理工大学响应市委、市政府号召，组织干部、教授、专家代表团，深入瓦房店、普兰店、庄河三市考察，举行科技成果发布会，开展科技支援活动。该校已与10余个单位和企业签订了项目合作协议。

撰稿　谢谷林

〔**成人教育**〕 2001年全市成人高校已发展到315个专业，其中理工类90个，经济和文史类210个，艺术类15个。招生数和在校生数分别比上年增长28.9%和20.9%。各校围绕培养应用型人才的目标，积极探索课程体系、教学内容和教学方法的改革。大连职业技术学院的“CBE”模块教学计划，大连职工大学的“拉动式”教学计划和大连工人大学的“双证制”教学等改革，增加了教学内容的岗位适应性，学生的创新精神和动手实践能力也有进一步提高。在教育部对全国成人高校的评估检查中，辽宁师范大学成人教育学院被评为优秀院校，大连理工大学成人教育学院、大连外国语学院成人教育学院、大连海事大学成人教育学院、大连工人大学被评为省级优秀院校。

高等教育自学考试考生学历层次进一步提高，具有专科以上学历者占报考总人数的34.5%；年龄呈低龄趋势，25岁以下考生占报考总人数的82%。报考本科人数占报考总人数的33.6%。经济、法律、计算机、外语等专业仍是争相报考的热门专业。2001年首次开考的电子商务、信息管理与服务等专业，报考也很踊跃。

根据市政府开发普兰店、瓦房店、庄河3市的部署，市教委推出《北三市职教中心及乡镇职校建设方案》，并与市财政联合投入2 000万元建设资金。到年底，北三市职教中心建设已初具规模，有108所乡镇职业学校达到国家规定的建制标准，农村成人教育示范基地达到20个。“燎原计划”示范乡镇数已达57个，推广项目1 300多项次。全市农村从业人员接受职业技术培训人数达到90万人次。

社会力量办学机构增加到812个。全年培训43万人次，比上年增加4万人次。2001年，市教委举办社会力量办学机构法人代表，校长及管理人员培训活动30余次，共培训1 000余人次。还召开社会力量办学工作经验交流暨先进集体、先进个人表彰会，共表彰先进办学机构60个、先进教育工作者80人。

撰稿　李　赤
审稿　刘文健

# 吉林省教育

## 概　　况

〔基本情况〕

**2001年各级普通学校基本情况**

单位：人

| 学校类别 | 学校数（所） | 毕业生数 | 招生数 | 在校生数 | 教职工数 合计 | 其中：专任教师 |
|---|---|---|---|---|---|---|
| **总　计** | **13 318** | **1 009 575** | **1 191 754** | **4 436 696** | **370 410** | **276 515** |
| 一、研究生 | (17) | 2 753 | 6 182 | 13 903 | | |
| 1. 高等学校 | (12) | 2 604 | 5 828 | 13 030 | | |
| 2. 科研机构 | (5) | 149 | 354 | 873 | | |
| 二、普通高等学校本专科 | 35 | 34 808 | 73 646 | 217 849 | 42 914 | 18 194 |
| 本科院校 | 20 | 27 466 | 62 429 | 184 533 | 37 818 | 15 647 |
| 专科院校 | 15 | 4 805 | 10 068 | 27 031 | 5 096 | 2 547 |
| 分校、大专班 | | 2 537 | 1 149 | 6 285 | | |
| 三、普通中等学校 | 2 061 | 502 910 | 598 586 | 1 692 038 | 142 032 | 103 710 |
| 1. 中等专业学校 | 97 | 37 534 | 21 393 | 95 969 | 13 653 | 7 297 |
| 中等技术学校 | 80 | 31 841 | 18 274 | 79 727 | 10 685 | 5 614 |
| 中等师范学校 | 17 | 5 693 | 3 119 | 16 242 | 2 968 | 1 683 |
| 2. 技工学校 | | | | | | |
| 3. 普通中学 | 1 744 | 419 795 | 534 695 | 1 488 101 | 116 823 | 88 921 |
| 高中 | 292 | 82 639 | 107 563 | 286 206 | | 18 037 |
| 初中 | 1 452 | 337 156 | 427 132 | 1 201 895 | | 70 884 |
| 4. 职业中学 | 216 | 45 532 | 42 454 | 107 718 | 11 429 | 7 413 |
| 高中 | 176 | 32 892 | 23 717 | 61 004 | | 5 631 |
| 初中 | 40 | 12 640 | 18 737 | 46 714 | | 1 782 |
| 5. 工读学校 | 4 | 49 | 44 | 250 | 127 | 79 |
| 四、小学 | 9 025 | 468 258 | 290 099 | 2 210 103 | 169 891 | 145 092 |
| 五、特殊教育学校 | 48 | 846 | 990 | 6 449 | 1 803 | 1 258 |
| 六、幼儿园 | 2 149 | | 222 251 | 296 354 | 13 770 | 8 261 |

## 2001年各级成人学校基本情况

单位：人

| 学校类别 | 学校数（所） | 毕业生数 | 招生数 | 在校学生数 | 教职工数 合计 | 教职工数 其中：专任教师 |
|---|---|---|---|---|---|---|
| **总计** | **4 040** | **1 050 007** | **1 164 603** | **881 562** | **18 664** | **9 494** |
| 一、成人高等学校 | 27 | 32 435 | 48 564 | 126 737 | 5 545 | 2 680 |
| 1. 广播电视大学 | 2 | 5 484 | 4 524 | 11 254 | 1 569 | 783 |
| 2. 职工高等学校 | 16 | 2 949 | 3 474 | 10 081 | 2 102 | 1 094 |
| 3. 农民高等学校 | 3 | 327 | 332 | 807 | 263 | 167 |
| 4. 管理干部学院 | 4 | 1 401 | 946 | 2 240 | 1 017 | 255 |
| 5. 教育学院 | 2 | 688 | 2 563 | 5 580 | 594 | 381 |
| 6. 独立函授学院 | 0 | 0 | 0 | 0 | 0 | 0 |
| 7. 普通高等学校举办： | (35) | 21 586 | 36 725 | 96 775 | | |
| 函授部 | | 16 155 | 25 299 | 70 818 | | |
| 夜大学 | | 1 828 | 2 840 | 8 092 | | |
| 成人脱产班 | | 3 603 | 8 586 | 17 865 | | |
| 二、成人中等学校 | 3 486 | 1 010 719 | 1 107 695 | 750 792 | 12 552 | 6 695 |
| 1. 成人中等专业学校 | 250 | 18 460 | 5 581 | 31 848 | 8 148 | 5 177 |
| 广播电视中等专业学校 | 3 | 7 136 | 1 850 | 13 020 | 869 | 600 |
| 职工中等专业学校 | 47 | 5 550 | 892 | 6 744 | 2 387 | 1 333 |
| 干部中等专业学校 | 0 | 0 | 0 | 0 | 0 | 0 |
| 农民中等专业学校 | 12 | 1 585 | 747 | 3 646 | 444 | 271 |
| 函授中等专业学校 | 1 | 359 | 0 | 665 | 429 | 232 |
| 教师进修学校 | 63 | 0 | 0 | 0 | 4 019 | 2 741 |
| 其他类学校举办 | 124 | 3 830 | 2 092 | 7 773 | 0 | 0 |
| 2. 成人中学 | 25 | 1 253 | 1 400 | 1 555 | 180 | 98 |
| 职工中学 | 25 | 1 253 | 1 400 | 1 555 | 180 | 98 |
| 农民中学 | 0 | 0 | 0 | 0 | 0 | 0 |
| 3. 成人技术培训学校 | 3 211 | 991 006 | 1 100 714 | 717 389 | 4 224 | 1 420 |
| 职工技术培训学校 | 65 | 51 477 | 52 010 | 46 104 | 1 026 | 573 |
| 农民技术培训学校 | 3 146 | 939 529 | 1 048 704 | 671 285 | 3 198 | 847 |
| 三、成人初等学校 | 527 | 6 853 | 8 344 | 4 033 | 567 | 119 |
| 1. 职工初等学校 | 23 | 1 220 | 310 | 410 | 42 | 27 |
| 2. 农民初等学校 | 504 | 5 633 | 8 034 | 3 623 | 525 | 92 |
| 其中：扫盲班 | 169 | 1 403 | 1 914 | 1 483 | 471 | 69 |

〔**年度工作方针**〕 2001年全省教育工作总的思路是：以党的十五届五中全会精神为指导，深入贯彻落实全国第三次教育工作会议、省委七届五次全会和省九届人大四次会议精神，结合全省教育实际，科学制定《吉林省教育事业“十五”计划》，进一步树立“大教育”观念，努力拓宽社会、企业同教育结合的途径，构建多元化教育投资体系。深入进行调查研究，认真解决教育改革发展进程中的新情况、新问题，实现重点工作的新突破。以“三个代表”思想为指导，切实抓好教师队伍、学校领导班子、机关思想作风和行业作风建设，努力提高教育质量、办学效率和依法行政水平。高度重视学校安全工作，确保教育系统的基本稳定。

〔**全省教育工作会议**〕 2001年2月21日在长春召开了全省教育工作会议。各市（州）政府分管教育工作的市（州）长、教委主任、大企业教育处长；各高校校长或党委书记等参加会议。会议邀请省委宣传部、省人大教科文卫委员会、省政协文教委员会负责同志参加。会上副省长全哲洙做了讲话，省教育厅长蒋力华做了工作报告，同时签署了2001年教育工作目标管理责任书。全哲洙在讲话中强调了三个问题，一是适应形势，全面提高教育教学质量；二是解放思想，推进教育投资主体多元化；三是提高认识，积极推动职业教育的改革和发展。

〔**教育事业“十五”发展计划**〕 根据全省经济社会发展“十五”规划要求，经过深入调查研究，反复论证，制定了吉林省教育事业“十五”发展计划。提出进一步扩大教育供给总量，优化各级各类教育结构，努力提高办学质量和效益，强化教育服务经济社会的功能，由教育大省向教育强省迈进。“十五”期间，实现教育发展规模基本满足经济社会发展和人民群众对教育的需求；基本建成各类教育协调发展和相互融通、开放的现代教育体系；基本形成与市场经济体制相适应的教育体制，使教育对全省经济社会发展的贡献率进一步提高。明确在“十五”期间各类教育的发展目标和任务。坚持把教育质量作为重要的基础性工程来抓，提升吉林教育的总体水平；坚持以体制改革和机制创新为动力，在改革中促进教育加快发展；坚持用现代技术改进传统教育，实现教育思想、手段和内容的革命性变化。教育事业“十五”发展计划的制定，将有力推进全省教育改革与发展。

〔**教育投入与支出**〕 2001年，吉林省教育经费各项指标均比上年有所增长，全省教育经费总支出（含部属院校）89亿元，比上年增长13亿元，增长17 %。来源构成如下：财政性支出59.6亿元；社会团体和公民个人办学经费1.3亿元；社会捐集资办学经费3.4亿元；事业收入17.4亿元；其他收入7.3亿元。

2001年全省财政收入121亿元，同期全省地方财政预算内教育事业费支出55亿元，高于财政收入的增长。各级学校生均事业费支出的情况是，小学比上年增长35.5%；中学比上年增长4.58%。

2001年，全省中小学和高等学校的办学条件得到进一步改善，新建校舍面积37.5万平方米。

〔**教育交流与合作**〕 2001年共接受来华留学生1 608人，组织500名来华留学生汉语水平测试及200名外教教师资格考试。加强了公派出国留学申报、初审环节，全省公派出国留学人数达268人。短期出访团332个，共计666人次；短期出访、夏令营等42个团组，近1 000人次。

加强与国外的教育联系与合作。接待来自新加坡、新西兰、韩国、澳大利亚、美国、俄罗斯、加拿大、日本、德国等国短期来访团组48个，近200人次。洽谈了双边教育交流与合作等事项，共接受国外友人捐赠的教学仪器、设备及各类用品折合人民币近3 120万元。进一步促进教育国际交流与合作，审批6个中外合作办学项目。与长春市政府密切配合，举办了2001年中国长春国际教育展，共签订教育与交流项目54项。

加强自费出国留学中介管理。制定了《关于加强自费出国留学中介服务管理工作的若干意见》，截止9月末，全省自费出国留学近6 000人，比上年同期增长28%。

〔**教育法制建设与督导**〕　教育法制建设进一步加强。深入贯彻《教育法》《教师法》《高等教育法》等法律法规，制定《关于加强吉林省教育法制建设的意见》，对教育工作全面实行法制化管理，并确定了全省地方教育立法项目，制定《吉林省教育系统“四五”普法规划》，认真组织实施。召开全省教育法制工作会议。为迎接入世对现行地方性法规、政府规章及规范性文件和审批项目进行了清理，共清理由省教育厅执行的地方性法规 4 部、政府规章 2 部，对近 20 个审批项目重新进行了审定。制定《吉林省各级各类学校普及 WTO 知识方案》。建立了教育行政执法案件报告制度，总结了学校章程制定工作，参加了“吉林省第一届村官法律知识大赛”的组织工作。

进一步加强教育督导工作。制定了 2001 年教育工作目标管理责任书文本和督导评估体系，制定和完善了学校章程和规章制度。启动了“两基”年检，建立和完善了随机督导制度。为促进教育工作难点、重点问题的解决，开展了“减负”、义务教育经费、学校安全工作等专项督导检查，接受了教育部全国基础教育工作会议精神贯彻落实情况的专项督导检查。

〔**教师队伍建设与管理**〕　积极实施人才战略。会同有关部门组织调研组，开展高校教师待遇状况调查，配合省人事厅开展重点课题调研，形成了人才工作调研报告，并代省政府起草了《关于实施人才战略，促进经济跨越式发展的意见》。通过评议，向省委推荐了 120 名省管优秀专家人选，向省人事厅推荐了 24 名享受国务院政府特殊津贴人员人选。

加强师范教育管理工作。组织长春师范学院、吉林职业技术学院、通化师范学院迎接国家教学合格评估，指导长春师范学院通过国家预评。加强培养本、专科学历小学教师专业建设。研制五年制专科小学教育专业课计划、课程标准试行意见，在 3 所高师本科院校建立了本科层次小学教师专业并为培养高层次高素质的小学骨干教师进行了实践探索。认真组织各高师分院的招生工作和中师对口招生工作。制定《吉林省中小学教师继续教育规定》《2001～2002 年中学教师继续教育学科培训方案》，建设省、市、县三级骨干教师队伍，选拔 260 名中小学骨干教师参加国家级培训。

开展教师资格认定、职称评定、评优、工资发放工作。制定《〈教师资格条例〉实施细则》和配套的工作方案，开展各级各类学校教师资格认定和面向社会认定教师资格工作。评选表彰省级优秀教师和优秀教育工作者 600 名，省特级教师 180 名；全国模范教师和全国教育系统先进工作者 23 名，全国优秀教师和全国优秀教育工作者 58 名。深化教育系统职称改革，侧重提高专业技术资格考试质量，科学设岗，加强结构比例管理，理顺评聘关系，进行了 6 个系列共1 400余人次的职称评审工作。按照省政府下发的文件和专题会议精神，切实加强领导，积极采取措施，落实工作责任，督促各地解决教师工资拖欠问题。争取国家对教师工资的转移支付，落实“一保、二控、三监管”办法，2001 年底农村中小学教职工工资全部由县统一管理和发放。

〔**学校体育、卫生与艺术教育**〕　2001 年，组织全省高校大学生艺术歌曲演唱比赛；与省委宣传部、省文化厅和省妇联等部门联合举办吉林省中小学纪念建党 80 周年文艺演出；举办“全省校园歌曲电视大赛”和全省青少年电子琴电视大赛。积极开展各项体育、卫生和国防教育竞赛活动，组织承办了 2000～2001 年飞利浦中国大学生足球联赛吉林赛区的比赛和 2001 年全国中学生“华晨杯”足球赛，组织第 21 届世界大学生运动会火炬传递活动和第三届全国 CUBA 大学生篮球联赛。

# 基础教育

〔**全省基础教育工作会议**〕 2001年11月20至21日，省政府在长春召开了全省基础教育工作会议。会上洪虎省长做了重要讲话，全哲洙副省长做了报告，蒋力华、马季春、于子游分别代表省教育厅、计委、财政厅作了发言，并对“两基”工作先进单位和个人进行了表彰。会议出台了《吉林省人民政府贯彻国务院〈关于基础教育改革与发展决定〉的意见》，理顺了基础教育管理体制和农村义务教育投入体制，建立多项专项资金，保障义务教育投入，扶持贫困地区基础教育。对大力推进素质教育，建设高素质教师队伍工作作出了部署。明确了我省基础教育改革与发展的思路和工作任务。从政策和措施上加强完善了对基础教育的管理与投入，为全省基础教育改革与发展绘就了蓝图。

〔**坚持“两基”“重中之重”的地位不动摇**〕 2001年，突出抓了教育教学质量的提高和控制农村初中学生流失工作。总结、推广了“控流”工作经验，依法控流、改革控流、扶贫控流和管理控流工作收到一定效果。加大改善办学条件力度，与有关部门共同从国家争取1.4亿元，用于危房改造和中小学布局调整，改造危房17万平方米，撤并594所小学，93所初中。通过布局调整，进一步优化了教育资源的合理配置，提高了办学规模效益和教育质量。小学适龄儿童入学率达到99.78%，初中入学率达到98.82%。

〔**启动全省信息技术教育工程**〕 制定了《吉林省中小学信息技术教育“十五”发展规划》，召开全省中小学信息技术教育工作会议，总结推广了长春市宽城区整体推进信息技术教育的典型经验。2001年全省普通高中90%以上、初中50%以上、小学33%以上的学校开设了信息技术课，702所中小学建立了校园网。从2001年起，省里每年投入1 000万元用于信息技术教育。

〔**民族教育**〕 印发《关于贯彻落实〈少数民族教育条例〉进一步促进民族教育事业发展的意见》，专题调研民族教育面临的主要问题，召开省民族团结教育活动总结表彰暨现场会议。积极开展“兴边富民”活动，安排边境市县2名教育行政干部和8名朝鲜族中学校级后备干部到长春、吉林两市重点中学挂职锻炼。拨180万元经费支持边境地区安图县松江一小和图门二小校舍建设。启动内地城市与20所重点中小学对口支援边境地区中小学工作，召开项目对接会议，有力地推动了教育支边工作。

〔**普通高中建设**〕 组织对申请纳入省重点高中管理序列的普通高中的督导评估工作，通过论证、评估和广泛听取有关方面的意见和建议，批准长春市第二实验中学等33所学校纳入省重点高中管理序列。出台了《吉林省普通高中新课程实施方案》，课程改革工作运行平稳，39所样本校已取得多项改革成果。举办了高中校长培训班，出台了《关于大力推进我省普通高中实施素质教育的若干意见》。

〔**幼儿教育与特殊教育**〕 召开全省幼儿教育工作电话会议，全面部署新世纪幼儿教育工作，印发了《吉林省示范幼儿园评估指标体系及评估办法》。参加省政府“九五”妇女儿童规划实施情况的检查评估。制定了《吉林省特殊教育“十五”发展规划》。在2001年特教评先创优活动中，吉林省2县和4人获得国家表彰，长春特教学校校长获“江民”特教园丁奖。

〔**素质教育**〕 素质教育扎实推进。全面贯彻教育方针，进一步加强德育工作的责任感、针对性和实效性，提出了以培养学生创新精神和实践能力为重点，深化教学内容、教学方法、教学模式和教学手段的改革，广泛开展教学研究活动。加强了学校、家庭和社会三结合教育，恢复组建由省直30多个厅局参加的吉林省中小学德育和校外教育联席会议制度，向教育部争取了三项总投资540万元的青少年活动中心建设项目。出台《关于加强全省青少年学生活动场所建设和管理工作意见》《吉林省"十五"期间青少年学生活动场所建设规划》。举办了全省家庭教育学习培训班，选评出100个家庭教育先进集体和先进个人。全面启动新一轮基础教育课程改革，确定吉林市和辽源市龙山区为国家级课改实验区；召开全省小学语文教学改革现场观摩与培训会议，展示交流了一批课改成果。

〔**整治中小学乱收费**〕 认真开展专项治理工作，纠正行业不正之风。成立治理中小学乱收费协调组，把治理中小学乱收费作为行风建设的重点工作，纳入全年教育目标责任考核重点内容，层层落实工作责任制。多次召开协调组会议，在四平市召开了中小学校务公开现场会，狠抓源头，强化监督，大力推行校务公开，有效遏制了中小学乱收费。全省共查出违规金额457.2万元，处理违规收费金额377.2万元，其中370.7万元已退还学生家长，6.5万元被没收，查出积压书款41万元，全部清退。清理强制学生购买复习资料1.35万册，减少学生交费15.2万元。全省共组成271个检查组，检查小学2 175所，初中1 438所，受理群众举报1 595件，查处违纪案件293件，处理责任人145人，其中给予党政纪处分99人、通报批评46人。免去校长职务3人，通过以上措施，有效规范了收费行为，促进了行风建设，为教育改革和发展创造了良好环境。

〔**高考、中考制度改革**〕 加大中小学招生考试制度改革力度。打通初中毕业生学生兼报高中阶段的各类学校的渠道。重点中专和职业高中可向职业技术学院或相关院校推荐一定比例的保送生。在考试制度改革方面，取消小学期中考试；中学除会考、中考外，取消任何形式的统考统测；普通高中招生录取数有较大增加，首次突破10万人。实行重点高中招收"双特生"制度，2001年全省重点高中共有1 126名学习特优、家庭特困的学生免费入学，共减免费用300万元。实行了毕业考试和升学考试两考分离的重大改革。

# 职业教育与成人教育

〔**综述**〕 2001年，以市场为导向，深化职业与成人教育改革。深化中等职业学校布局结构调整。长春市9所中等职业学校合并成立长春高级职业技术学校，扩大了职业教育规模，提高了办学效益。

进一步促进中等职教与高等职教的沟通与衔接，即采取"直通车"方式，初中毕业生直接考入五年制高等职业学校，中等职业学校与高校联合实行"3+2"学制，实行对口招生和中职生直接保送入高职的办法，2001年招生数量比上年增加4%。其中，对口招生比上年有较大幅度增长，由上年的2 000人增至2001年的4 500人。

抓好中等职业学校招生工作。加大宣传力度，从2001年起，中等职业学校实行免试入学，做到学者有其校。一些地区招生数量取得突破性进展。吉林市中等职业学校2001年比上年招生增加40%以上，长春市增加50%以上。

积极进行教育教学领域改革。制定了《吉林省中等职业学校实施学分制细则》，专业设置进一步适应市场，正在进行学分制、弹性学制、模块化教学试点。

〔“两改”工作〕 认真抓了“两改”工作。在农村教育综合改革方面，确定桦甸市、长春市朝阳区东山乡为试点改革单位。在城市教育综合改革方面，确定长春市朝阳区为社区教育试点实验区，试点工作已经启动。

# 高等教育

〔**高等教育教学改革**〕 召开实施“新世纪吉林省高校学科（专业）建设工程”大会，出台《新世纪吉林省高等学校学科（专业）建设工程实施方案》《吉林省普通高等学校重点学科建设计划和人才培养计划》等文件；遴选了首批特聘教授、首席教授、主讲教授和中青年骨干教师102人，并举行了隆重的聘任仪式，产生了积极影响，一些海外学者纷纷到吉林省高校应聘。开展高校优秀教学成果评奖活动。通过评选，吉林省共获得国家教学成果奖17项，其中一等奖2项，二等奖15项。进行高职高专专业教学改革试点，确定省级专业教学改革试点单位28个，保证各高职高专在最短时间内形成具有社会竞争力的“拳头”专业或特色专业。组织新一轮高校教学改革立项，选出427个课题为省级教学研究课题。扩大学位点与研究生教育规模，提高高校办学层次，增强高校竞争能力和发展潜力。建立省内第一个高校教师现代教育技术培训基地，组织全省高校教育技术成果展评活动，省广播电视大学被确定为远程开放教育试点。推进省校教育合作，2001年又与天津大学和北京航空航天大学实行省校合作，共同进行科技开发、建设重点学科、进行研究培养等。加强示范性职业技术学院建设。组织专家对吉林交通职业技术学院进行论证，通过了教育部组织的遴选评估，成为国家级示范职业技术学院，并得到教育部357万元经费资助。

同时，拓宽人才培养渠道，加强创新人才和学生实践能力培养。组织高校学生参加课外科技活动和应用能力竞赛，吉林赛区获优秀组织奖并在全国大学教学建模竞赛表彰会上介绍经验，3个队获得国家级一等奖，10个队获电子设计竞赛国家级奖；4人获英语竞赛国家级特等奖，12人获国家级一等奖。

〔**高校后勤社会化改革**〕 2001年召开第二次全省高校后勤社会化改革工作会议，省教育厅与各高校签订后勤社会化重点建设项目和后勤实体剥离工作目标责任书，初步完成了高校后勤人员和相应资源与学校行政系统的剥离工作，2001年年底，全省高校实现企业化经营的后勤企业实体达到85个，模拟企业化运营的实体92个。进一步加大后勤基础设施的改造投入，全年投入资金达1.7亿元。吸引社会资金，加快建设学生公寓、食堂等服务设施。2001年，全省高校学生公寓开工建设面积65万平方米，总投资6.1亿元，其中吸纳社会资金4.4亿元。学生食堂开工建设面积9.8万平方米，总投资1.2亿元，其中吸纳社会投资8 666万元。

〔**高等教育投资体制改革**〕 将市场经济多元化的投入与产出机制运用于高等教育发展和建设中，建立起适应市场经济和高等教育可持续发展需要的多元化投资体制。2001年批准设立了2所新制二级学院，发展新制高等教育已成为全省高等教育发展的新增长点。印发《关于加强普通高校与社会力量合作举办新制二级学院的意见》，进一步加强了对社会力量办学的规范化管理。

〔**高校招生**〕 调整高考有关政策规定，扩大高考报名范围，取消定向指标生的招生办法，将部分省属普通高校招生计划中的定额指标，分配给

10个国家级和省级贫困县。全部实行网上录取，继续实行第二次向社会公开录取。切实加强高校招生管理工作，出台了《吉林省高等学校招生统一考试违纪处罚暂行规定》，录取工作严格、平稳、有序。2001年吉林省高考录取率达到71.2%，毛入学率已达到16%，进入了高等教育大众化阶段。

**〔启动专升本教育〕**　面向2001年与试点专业相同及相近专业的专科、高职毕业生，实施专科升入本科的教育，共确定22个试点专业。经过统一考试，吉林省共有1 000余名学生（占全省专科、高职毕业生8%）升入本科教育。启动专升本教育，不仅促进了专科和高职教育的发展，也调动了专科、高职学生的学习热情，同时也缓解了专科毕业生的就业压力。专升本教育试点工作受到了学生、家长和社会的充分肯定。

**〔高校助学贷款工作〕**　成立了省级学校助学贷款工作领导小组，印发《吉林省高校国家助学贷款试行办法》，出台了若干配套政策，多次召开有关会议，做到了组织机构落实，政策落实，贷款额度、贴息经费落实和高校对国家助学贷款发放工作与银行落实。全省已有15所高校启动了贷款业务，资金额度4 500万元，受益学生7 925人。

**〔加大高校为经济建设服务力度〕**　实行产学研结合，为县域经济服务。积极开展"科教兴县"试点工作，实行高校与县（市）科技对接，年底创产值10.6亿元，实现利税3.1亿元。积极组织实力较强的高校进入长春高新技术开发区，创办"多校一园"的吉林省高等教育科技产业园，2001年6月吉林大学科技园正式挂牌成立。高校校办产业有了较大发展。完成了《吉林省高校校办企业发展状况调研报告》，组织全省高校科技企业工作研讨会。组织有关高校参加东西部合作与贸易洽谈会，高校参展项目52项，达成意向性协议24项。全年高校校办产业总产值突破13亿元；一批具有较高科技含量的产品得到开发，为高校和地方经济发展做出了贡献。强化高校科技成果转化工作，一大批科技成果投入高新技术领域并实现产业化。吉林省高校松和高科技股份有限公司、长春银彤激光股份有限公司等五家高校高新技术产业集团相继组建，正在积极运作"科技板块"上市工作。扩大学位点与研究生教育规模，提高了高校办学层次，增强了竞争能力和发展潜力。

**〔高校党建与思想政治工作〕**　进一步加强高校领导班子建设。认真做好高校领导班子的调整充实工作，2001年共调整和充实5所高校领导班子，进一步优化了高校领导班子的整体结构。认真组织全省高校"三讲"教育回头看活动，使高校领导班子的凝聚力、战斗力明显增强，领导干部的思想政治素质明显提高。加强了高校干部教育培训，完成了高校参加全省公开选拔副厅级后备干部152人的考核及音像资料采集工作。

强化高校党风廉政建设。印发了高校党风廉政建设责任制的实施办法，开展高校领导干部党风廉政建设和工作考核；重点抓了高校反腐败三项工作，加强了党风党纪教育和党内监督；加大了查办案件和专项治理工作的力度，共查处万元以上案件14件，挽回经济损失51万多元。认真清理乱收费，重点抓好基建工程审计工作，减少高校基建工程费用1 567万元。

加强和改进高校思想政治工作。认真部署高校学习贯彻江泽民同志"七一"讲话精神，加强了高校马克思主义理论课和思想品德课建设，开展了"两课"教学评估工作。继续认真做好高校"法轮功"练习者的思想教育和转化工作，截止2001年底，全省高校原有931名"法轮功"练习者已有844人彻底转化。

抓好全省高校安全保卫工作。下发《关于切实做好高校安全稳定工作的通知》，对全省高校安全进行大检查，共检查出火险、治安等隐患346处，现大都得到及时处理和整改。特别注意抓好敏感期和国际国内重大事件前后的动态信息工作，把问题解决在萌芽状态，高校保持持续稳定。

审稿　陈凤君
撰稿　王青逯

# 黑龙江省教育

## 概　　况

〔基本情况〕

2001年各级普通学校基本情况

单位：人

| 学校类别 | 学校数（所） | 毕业生数 | 招生数 | 在校生数 | 教职工数 合计 | 教职工数 其中：专任教师 |
|---|---|---|---|---|---|---|
| **总　计** | **17 872** | **1 389 686** | **1 611 058** | **5 997 710** | **488 893** | **375 956** |
| 一、研究生 | (22) | 2 455 | 5 741 | 13 861 | | |
| 1. 高等学校 | (14) | 2 408 | 5 670 | 13 664 | | |
| 2. 科研机构 | (8) | 47 | 71 | 197 | | |
| 二、普通高等学校本专科 | 41 | 37 359 | 98 162 | 271 435 | 46 359 | 18 238 |
| 本科院校 | 21 | 28 403 | 73 820 | 218 750 | 38 685 | 14 554 |
| 专科院校 | 20 | 5 578 | 17 803 | 36 832 | 7 674 | 3 684 |
| 分校、大专班 | | 3 378 | 6 539 | 15 853 | | |
| 三、普通中等学校 | 3 035 | 710 583 | 810 752 | 2 717 569 | 210 073 | 161 157 |
| 1. 中等专业学校 | 96 | 30 327 | 31 566 | 116 315 | 13 433 | 6 193 |
| 中等技术学校 | 74 | 23 054 | 26 573 | 99 280 | 10 352 | 4 389 |
| 中等师范学校 | 22 | 7 273 | 4 993 | 17 035 | 3 081 | 1 804 |
| 2. 技工学校 | | | | | | |
| 3. 普通中学 | 2 775 | 630 624 | 751 164 | 2 520 588 | 185 718 | 147 323 |
| 高中 | 462 | 102 784 | 141 132 | 362 410 | | 25 502 |
| 初中 | 2 313 | 527 840 | 610 032 | 2 158 178 | | 121 821 |
| 4. 职业中学 | 163 | 49 615 | 28 007 | 80 619 | 10 895 | 7 617 |
| 高中 | 148 | 27 072 | 24 622 | 64 208 | | 6 917 |
| 初中 | 15 | 22 543 | 3 385 | 16 411 | | 700 |
| 5. 工读学校 | 1 | 17 | 15 | 47 | 27 | 24 |
| 四、小学 | 12 635 | 638 339 | 414 318 | 2 587 506 | 209 888 | 182 929 |
| 五、特殊教育学校 | 72 | 950 | 884 | 7 518 | 2 598 | 1 899 |
| 六、幼儿园 | 2 089 | | 281 201 | 369 821 | 19 975 | 11 733 |

**2001年各级成人学校基本情况**

单位：人

| 学校类别 | 学校数（所） | 毕业生数 | 招生数 | 在校学生数 | 教职工数 | |
|---|---|---|---|---|---|---|
| | | | | | 合计 | 其中：专任教师 |
| **总计** | **15 763** | **3 549 881** | **3 196 041** | **2 968 535** | **46 374** | **26 282** |
| 一、成人高等学校 | 47 | 39 764 | 63 011 | 154 770 | 11 323 | 5 788 |
| 1. 广播电视大学 | 2 | 3 984 | 4 925 | 11 868 | 3 584 | 1 673 |
| 2. 职工高等学校 | 33 | 7 904 | 11 442 | 27 752 | 5 129 | 2 714 |
| 3. 农民高等学校 | | | | | | |
| 4. 管理干部学院 | 5 | 2 781 | 1 954 | 4 427 | 1 553 | 663 |
| 5. 教育学院 | 7 | 2 696 | 4 962 | 13 825 | 1 057 | 738 |
| 6. 独立函授学院 | | | | | | |
| 7. 普通高等学校举办： | (41) | 22 399 | 39 728 | 96 898 | | |
| 函授部 | | 10 990 | 19 471 | 51 658 | | |
| 夜大学 | | 2 753 | 4 101 | 12 534 | | |
| 成人脱产班 | | 8 656 | 16 156 | 32 706 | | |
| 二、成人中等学校 | 11 189 | 3 446 780 | 3 067 623 | 2 748 207 | 28 933 | 16 748 |
| 1. 成人中等专业学校 | 405 | 37 048 | 21 246 | 62 741 | 11 731 | 7 121 |
| 广播电视中等专业学校 | 14 | 2 963 | 185 | 1 415 | 454 | 252 |
| 职工中等专业学校 | 107 | 11 098 | 7 962 | 25 362 | 5 257 | 2 718 |
| 干部中等专业学校 | | | | | | |
| 农民中等专业学校 | 40 | 10 662 | 10 177 | 22 060 | 1 514 | 985 |
| 函授中等专业学校 | 1 | 46 | 102 | 299 | 17 | 10 |
| 教师进修学校 | 100 | 485 | 813 | 1 670 | 4 489 | 3 156 |
| 其他类学校举办 | 143 | 11 794 | 2 007 | 11 935 | | |
| 2. 成人中学 | 90 | 5 894 | 8 729 | 10 703 | 877 | 652 |
| 职工中学 | 46 | 1 276 | 4 626 | 4 758 | 684 | 504 |
| 农民中学 | 44 | 4 618 | 4 103 | 5 945 | 193 | 148 |
| 3. 成人技术培训学校 | 10 694 | 3 403 838 | 3 037 648 | 2 674 763 | 16 325 | 8 975 |
| 职工技术培训学校 | 437 | 358 631 | 304 287 | 133 204 | 2 893 | 1 412 |
| 农民技术培训学校 | 10 257 | 3 045 207 | 2 733 361 | 2 541 559 | 13 432 | 7 563 |
| 三、成人初等学校 | 4 527 | 63 337 | 65 407 | 65 558 | 6 118 | 3 746 |
| 1. 职工初等学校 | 18 | 542 | 160 | 217 | 104 | 30 |
| 2. 农民初等学校 | 4 509 | 62 795 | 65 247 | 65 341 | 6 014 | 3 716 |
| 其中：扫盲班 | 2 167 | 9 381 | 7 575 | 10 058 | 2 990 | 1 716 |

〔**全省教育工作会议**〕 2001年2月27日～28日，全省教育工作会议在哈尔滨市召开。会议由省教育厅厅长董浩主持，副省长王佐书出席会议，并在讲话中提出2001年和“十五”期间全省教育发展的总体思路是：以发展为主题，以调整为主线，以全面贯彻党的教育方针为目标，以改革为动力，竭力提高办学效益，以信息化带动现代化，实现各级各类教育的跨越式发展。具体工作措施：一是坚持“两基”重中之重地位不动摇，切实抓好“两基”巩固提高工作；二是要加快高中阶段教育的发展；三是要认真贯彻江泽民同志《关于教育问题的谈话》和全国教育工作会议精神，全面推进素质教育的实施；四是要加强教师队伍建设，全面提高教师队伍素质；五是要切实加强和改进德育工作；六是要加快职业教育发展，为当地经济和社会发展服务；七是采取有效措施切实加大教育投入；八是加快普及教育信息化步伐，以信息化带动教育的现代化，实现教育的跨越式发展；九是要全力做好学校安全稳定工作；十是要进一步发挥教育督导的职能作用。

董浩在会议总结时强调：各市（地）要围绕省委、省政府的工作要点，抓好重点工作的推进落实；结合撤乡并村工作，搞好农村中小学网点布局调整；加强农村税费改革的研究，理顺教育投入体制，依法保障农村教育经费的投入；加快高中阶段和高等教育发展，调整人才培养结构；改革职业教育培养模式，以市场需求为导向，改革专业设置；构建普职融通“立交桥”，扩大“三校生”比例；加强对教育信息化的指导，推进教育信息化的进程；创建教育改革和发展的宽松环境，在全省教育系统开展文明行业建设活动。

〔**全省教育科研“十五”规划工作会议**〕 2001年4月25日～27日，省教育厅、省教育科学规划领导小组召开“全省教育科学研究‘十五’规划工作会议”。副省长王佐书到会并讲话，省教育厅厅长董浩做工作报告。

会议贯彻落实第三次全国教育工作会议精神，实施《黑龙江省教育事业“十五”计划和2010年规划草案》确定的奋斗目标和各项任务，总结“九五”期间全省教育科研工作，讨论研究《黑龙江省教育科学研究“十五”规划》，安排部署“十五”期间的教育科学研究工作。要求重视和加强教育科学研究工作，形成全省狠抓教育科研的氛围和局面，通过实施“科研兴教”、“科研兴校”战略，促进全省教育改革与发展。会上，省教育厅、省教育科学规划领导小组对全省“九五”期间教育科研100个先进集体、300名先进个人、100项优秀教育科研成果进行了表彰奖励。

〔**教师队伍建设**〕 2001年，省教育厅制订了《“十五”期间黑龙江省普通高等学校教师队伍建设的意见》《“十五”期间中等职业教育师资队伍建设的意见》《关于2001年全省普通高等学校专业技术职务评聘工作的意见》《黑龙江省中专（中师）学校教师职务岗位设置和结构比例控制的意见》《黑龙江省中小学教师职务岗位设置和结构比例控制意见》等，完善了教师队伍建设及职务评聘制度。

通过调整教师队伍结构渐趋合理。高等院校教师队伍高级职务教师老龄化问题得到进一步缓解，一批优秀的中青年骨干教师被晋升为正、副高级职称，教师的积极性得到充分发挥。中小学通过采取“三个倾斜”（向第一线教师倾斜、向中青年骨干教师倾斜、向农村及师资薄弱学科倾斜）政策，教师队伍结构渐趋合理。据统计，2001年中小学高级教师职务占专任教师总数比例达到3.27％，其中高中为16.99％、初中为4.36％、小学为0.34％；中级职务结构比例为35.98％，其中高中为44.43％、初中为36.51％、小学为34.26％。

2001年，省教育厅以建设高素质的教师队伍为宗旨，精心组织、稳步实施、确保质量，有计划、按步骤，积极稳妥地开展教师资格制度的实施工作。省教育厅成立了全省教师资格工作领导小组。根据《黑龙江省首次认定教师资格工作实施办法》等有关文件精神，2001年底前完成对各级各类学校的退休教师和师范教育类毕业的在职教师的认定工作，2002年6月底前完成对非师范类专业毕业的在职教师和2002年应届毕业生的认定工作。

2001年，省教育厅出台了《中小学教师继续教育课程计划》《中小学教师继续教育基地评估标准》《中小学教师继续教育省本级培训方案》《黑龙江省中小学教师继续教育评估方案》《黑龙江省中小学教师信息技术方案》等文件。为了保证中小学教师的培训质量，重点抓了提高教育学院、教师进修学校教师整体素质工作。先后举办培训班，培训教师进修学校校长、教育学院主管院长及培训部门的人员、高师本科院校的相关学科教师等。为推动高中课程改革工作，对3 500多名高中教师进行了培训。根据教育部关于教师信息技术培训的要求，省教育厅对市（地）、县（区）的信息技术任课教师进行了培训，开展了50周岁以下的非计算机专业教师的培训、考核工作。全省共有3.6万名教师参加培训。同时，全省有近10万人次的教师参加了岗位培训，有8.5万名左右的教师已取得《继续教育证书》。

# 基础教育

〔**综述**〕 2001年，黑龙江省“两基”人口覆盖率已达到全省总人口的95%以上。基础教育的投入有所增加，“中小学危房改造工程”、“布局调整工程”和“二期义务教育工程”取得进展。农村义务教育管理体制的调整开始起步，基础教育实行省政府宏观调控，各级政府负责，分级办学，以县为主，乡镇参与的管理体制。农村中小学教师工资管理权限上收到县级政府，农村教师工资发放力度加大。农村中学的课程改革不断深化，逐步建立起适应农村经济发展的教育模式。黑龙江省基础教育以课程改革为重点，大力实施素质教育，全面提高了教育质量和办学效益。普通高中课程改革稳步推进，新的教学模式开始构建，课程资源得到不断开发和利用，研究性学习普遍开展。特殊教育深入贯彻落实《义务教育法》《残疾人保障法》《残疾人教育条例》，以三残儿童少年“普九”为重点，继续大力推进残疾儿童少年普及九年义务教育工作，保证适龄三残儿童不因家庭经济困难而失学。

2001年，省政府制定印发了《关于贯彻落实国务院关于基础教育改革与发展决定的实施意见》，确立了全省基础教育改革与发展目标：中小学到2010年办学水平和教育质量达到或接近全国先进省份的水平。《实施意见》还就基础教育管理体制、投资体制、办学体制；加快教育信息化进程、推动基础教育跨越式发展以及深化人事制度改革、完善教师教育体系；加强依法治教，强化教育督导工作等提出了具体实施办法。

〔**全省基础教育工作会议**〕 2001年11月19日～20日，全省基础教育工作会议在哈尔滨召开。省委书记徐有芳向大会致信，省长宋法棠到会讲话，副省长王佐书做工作报告。省教育厅、省财政厅、省发展计划委员会有关领导分别在大会讲话。哈尔滨等5市、县介绍了经验。全省各市（地）政府主要领导、全省基础教育先进单位和先进个人共230人参加了会议。

这次会议是改革开放以来，省委、省政府召开的第一次专题研究基础教育工作的会议。会议以邓小平理论和江泽民“三个代表”的重要思想为指导，贯彻落实全国基础教育工作会议精神，回顾总结了“九五”期间全省基础教育工作的成绩和经验，研究分析了基础教育工作面临的新形势，明确了“十五”期间全省基础教育改革与发展的思路、目标和任务，并对新世纪初全省基础教育工作进行了全面的部署。会上，省政府表彰了哈尔滨市政府等200个全省“两基”先进单位和石永明等230名先进个人。并举行了建立黑龙江省助学金及捐赠仪式。2001年度助学金省政府投入350万元、中国联通公司黑龙江分公司捐赠200万元、莫斯科太阳公司捐赠50万元。

〔**“绿色证书”教育**〕　省教育厅、省农委联合印发了《关于在全省农村普通初中试行“绿色证书”教育的指导意见》。《指导意见》要求用5～6年时间，分阶段逐步推广“绿色证书”教育。试行“绿色证书”教育总课时为300课时左右，其中60%课时用于理论课，40%课时用于实践课。在现行九年义务教育初中课程中，每周安排2课时；实行新课程计划的地区，每周2课时可在综合实践活动课程和地方课程中安排。为保证“绿色证书”教育工作的正常进行，县、乡两级政府要设“绿色证书”教育专项经费，拨给学校专款专用，不足部分学校自筹解决。已试行“一费制”的学校，“绿色证书”教育所用教材，学生可自愿购买。“绿色证书”教育的考试、考核，由县级农业行政主管部门，县级教育行政部门和学校共同确定。经考试合格后，颁发统一印制的加盖县（市、区）人民政府印章的“绿色证书”。

〔**中小学布局调整**〕　为进一步改善中小学，特别是农村中小学的办学条件，巩固与提高“普九”成果，黑龙江省教育和财政、计划部门2001年完成了“十五”期间黑龙江省中小学布局调整规划的编制工作。《规划》要求中小学布局调整要与农村乡镇行政区划调整和小城镇建设、农村中小学危房、薄弱学校改造和规范化学校建设、农村中小学人事制度改革结合进行。在布局调整过程中，要确实保证投入，搞好布局调整后的学校建设，严防教育资产流失，严格控制学生辍学，确保规模效益，提高教育教学质量。《规划》确定，2001年～2003年，全省1.76万所中小学校中，计划撤并5 615所，其中：2001年撤并3 468所，2002年撤并1 265所，2003年撤并882所。

〔**德育工作**〕　2001年6月5日～6日，省委宣传部、省教育厅联合召开全省中小学德育工作会议，会议要求各地要将中小学德育工作摆到精神文明和素质教育的首要位置，建立健全组织机构，加大资金支持力度，动员社会各方面力量，形成有效的中小学德育保障机制。

省政府建立了由副省长王佐书任组长的“黑龙江省青少年校外教育联席会议”制度，制定了《黑龙江省青少年活动场所建设与管理的“十五”规划》《黑龙江省加强中小学教师职业道德建设的意见（试行）》《黑龙江省中小学心理健康教育指导意见（试行）》等，构建了学校、家庭、社会三结合的育人网络，使德育工作范围更加拓宽，取得良好效果。

2001年，省地方政府投入700万元，加之国家返还黑龙江省的“体彩”、“福彩”资金700万元，共投入资金1 400万元，在全省新建7个青少年活动综合基地，并为部分市、县、区的青少年活动场所增添了设施，促进了青少年校外教育场所的建设与发展。

〔**课程改革**〕　2001年11月2日，省教育厅制定印发了《关于开展基础教育新课程实验推广工作的意见》。按照国家课改实验区的任务与要求，黑龙江省课改实验区的主要实验任务包括：新课程标准验证性实验，试用新教材实验，新教学模式的构建，学科课程评价研究与实施，构建师资队伍培训的途径与机制，学校管理机制的改革与创新，学校、家庭和社会三结合的德育网络的建立，三级课程管理的运行机制、评价制度的研究与实施。

黑龙江省选定大庆市、宁安市为国家级义务教育阶段课程改革实验区。两个实验区192所小学和26所初中的一年级学生全部使用新课程标准和新教材。为指导实验区开展工作，省教育厅印发了《关于开展基础教育新课程实验推广工作意见》《黑龙江省义务教育课程设置实验方案（试行）》和《黑龙江省义务教育课程改革实验工作评估方案（试行）》，确保了实验区教育教学改革的顺利开展。

为了更好地发挥高中课程改革样本校的示范作用，6月，在大庆东风中学召开了全省“普通高中课程改革样本校及部分非样本校研讨会”，总结了高中课程改革经验，对落实新课程计划，特别是研究性学习的实施做了重点部署，制定了《普通高中课程改革样本校实验工作要求》。

〔**信息技术教育**〕　2001年，省教育厅对全省中小学信息技术教育情况进行了全面调研，印发了

《初中、小学信息技术教育指导意见》，提出中小学信息技术教育的目标、任务。同时，黑龙江省与上海科技教育出版社合作编写了高中信息技术教材。

2001年，全省大中城市和县以上初中基本开设了信息技术必修课。据统计：全省已有413所高中、554所初中、1 068所小学开设了信息技术课程，分别占高中、初中、小学的89%、46%、9%。通过实施“校校通”工程，校园网络建设逐步加强。全省已有429所学校建成校园网，能与宽带网联接的学校有上千所，实现了教育资源的共享。

〔**评价与考试制度改革**〕 2001年，根据教育部《中小学考试评价和招生制度改革的指导意见》（讨论稿），省教育厅制定了中小学评价与考试制度改革的指导意见，提出中小学评价与考试制度改革的指导思想和原则、综合评价体系，并提出了促进教师、学生发展的评价要求。

为了指导中学搞好“3＋X”高考方案的教学工作，省教育厅制定印发了《黑龙江省2001年“3＋X”教学指导意见》，对教学工作提出明确要求。继续改革和完善高中毕业会考制度，会考向社会开放，政治和历史学科实行开卷考试，信息技术课实行无纸化考试，增加外语听力考试分值，加大理、化、生实验考察力度。

加大了中考考试内容和形式的改革力度，设立了哈尔滨市中考改革实验区，开展了教学过程性评价、外语交际能力、理科实验操作、文科开卷考试等实验。提出了综合试卷考试方案。

〔**高中教育**〕 2001年，全省高中教育继续发展，高中规模不断扩大；布局日趋合理，校均学生数由2000年的685人增加到753人。优质高中数量和规模有所增长，广大人民群众子女接受优质高中教育的愿望得到一定满足。

同时，加强了示范性高中建设，通过示范性高中建设，提升了普通高中的综合办学实力，拉动了基础教育发展。示范性高中建设始终遵循“重在过程、重在建设、重在发展、重在提高”的原则，开创了普通高中层级建设、进档达标、共同提高、全面发展的局面。省教育厅制定印发了《黑龙江省普通高中学科基地建设标准》和方案，先期验收建立了数学、物理、化学、生物等五个学科基地。融普通教育与职业教育相结合的综合高中教育稳步发展，进行综合高中教育改革试验的学校达到20多所。

〔**教育扶贫**〕 根据国家和省的有关政策，全省教育扶贫工作主要采取如下措施：(1)根据《教育部、财政部关于下达第二期“国家贫困地区义务教育工程”中央专款控制数的通知》要求，黑龙江省向中央争取“义教二期工程”专款5 000万元，地方配套5 000万元，用于改造省内尚未完成“普九”任务的富裕、绥滨、林甸、杜蒙、拜泉、松花江林管局等县（局）的农村中小学办学条件及师资培训工作。(2)制定《黑龙江省中小学危房改造工程规划实施方案》。黑龙江省争取到危房改造工程中央补助专款1.3亿元，地方配套1.3亿元。重点解决贫困、边远地区农村中小学的D级危房改造工程，第一期计划改造学校约370所。(3)根据《教育部、国家计委、财政部关于坚决治理农村中小学乱收费的通知》精神，省教育厅决定从2001年春季开始，在延寿、泰来、甘南、克东、依安、拜泉、桦南、同江、扶远、汤原、青冈、明水、饶河、绥滨、林甸、杜尔伯特等16个国家级贫困县农村的中小学试行“一费制”收费办法。试行“一费制”的县，对已经开设信息和英语教育课的中小学最高收费限额标准为：小学120元/生·学年，初中230元/生·学年；未开以上两课的为：小学100元/生·学年，初中200元/生·学年。(4)向国家申请初中免费教科书1.55万套，特殊教育教科书84套，用于解决林甸和杜蒙两县的农村初中及特教学生的免费教科书问题。

2001年10月23日，省教育厅、财政厅出台了《黑龙江省资助特困中小学生暂行办法》，《办法》规定，资助经济困难中小学生资金来源应按城市教育费附加3%、农村教育费附加2%的比例提取资助专项经费，主要用于经济困难学生的学杂费、书本费、宿费及生活补助费，用于优秀困难学生的奖励等。

〔**农村教育经费管理**〕 2001年10月15日，省教育厅转发了教育部、财政部、农业部《关于继续做好农村教育费附加征收管理工作的通知》，要求未实行农村税费改革试点的县（市）乡（镇），要按照《黑龙江省义务教育投入条例》《黑龙江省农村教育费附加和使用暂行办法》《关于征收农村教育费附加有关问题的通知》的规定，作好农村教育费附加的征收和使用管理工作，保证农村义务教育投入。已经实行农村税费改革试点的县，农村义务教育管理体制实行由地方政府负责、分级管理、以县为主的体制。建立健全以县级政府财政投入为主的经费保障机制。本着“适度超前、优先发展”的原则，实行教师工资由县级政府财政部门统一、按时足额发放，保证办学正常公用经费、保证中小学危房改造和急需的新校舍建设。对因税费改革而减少的乡（镇）、村教育经费，县级人民政府要在改革后的财政预算中优先安排，确有困难的，市地以上人民政府应当在转移支付资金中，优先给予安排，确保税费改革后农村义务教育投入不低于改革前的水平。

〔**控制农村初中生辍学**〕 2001年11月7日，省政府办公厅转发省教育厅《关于解决农村初中生辍学问题的若干意见》，要求各级政府加强“普九”巩固提高工作的领导，把控制辍学纳入政府工作目标考核体系，每年逐级对基础教育工作进行严格考核，把控制学生辍学纳入干部政绩考核体系，与干部奖励、任用挂钩，年终兑现奖惩；宣传和贯彻执行《中华人民共和国义务教育法》，确保适龄儿童少年接受义务教育。组织动员有关人员对辍学学生及有辍学意向的学生进行家庭走访，及时做好预防工作，对已经辍学的学生要动员他们返校复学。对拒不送适龄儿童少年入学的家长或监护人，司法部门应依法强制其履行义务。对招收适龄儿童少年做工、经商的单位应依法处罚；并加强对农村初中辍学问题的督导检查。

# 职业教育与成人教育

〔**综述**〕 2001年，全省职业中等教育和成人中等教育以服务经济与社会发展为目标，农科教结合和三教统筹为农服务工作进一步推进。中等职业学校管理体制改革与布局结构调整前的各项准备工作已经基本就绪，原部委所属的12所学校的管理权顺利下放到地方。中等职业教育招生数量达到7万多人。

2001年10月19日，黑龙江省第九届人民代表大会常务委员会第二十五次会议通过了《黑龙江省职业教育条例》，于2002年1月1日起施行。

〔**调查中等职业教育状况**〕 2000年12月5日～2001年1月10日，省教育厅组成3个工作组，分赴全省13个市（地）和大庆石油管理局，对16所普通中专、28所职教中心（含2所职业高中）、18所成人中专和9所农民文化技术学校进行调查研究。通过调查了解到：(1) 全省职业教育初步形成初、中、高层次齐全，结构较为合理，专业设置初步适应全省经济结构需要的职业教育体系框架。特别是近两年全省高等职业教育发展较快，基本上打通了中职教育通往高等职业教育和普通高等教育的渠道。(2) 中等职业教育已经形成规模效益，年度招生在10万人次左右，在校生总数在30万人左右。已建成国家级重点示范性普通中专学校20所，国家级重点示范性职教中心学校21所，省部级重点中专学校22所。(3) 职业学校在实施农科教结合方面取得了进展，教学改革成效显著。(4) 在内部管理体制改革方面进行了探索。据统计，有73所中专实行了校长负责制，占中专校的89%；有53所中专实行了干部聘任制，占学校总数的64.6%；有51所中专实行了教师聘任制，占学校总数的62.3%，有74所学校进行了后勤社会化改革，占学校总数的89.2%。

存在的问题主要表现在：(1) 对发展职业教育的重要性认识不足，没有把发展职业教育同当地经济建设结合起来，各级领导对职教的摆位有些偏差，没有相应的目标和配套措施。(2) 职业教育管理体制不顺、职业学校条块分割，区域分布不平衡；专业结构不合理，热门专业比重偏大；学校和专业设置与全省各地支柱产业结合不够。(3) 农村职业教育总体落后，办学条件差。(4) 招生陷入困境，制约职业教育发展。(5) 经费不足使职业教育的发展受到严重影响。(6) 办学体制单一，内部管理改革不到位，职教特色不突出是制约职业教育发展的重要因素。

〔**调整职业学校布局与专业设置**〕　2001年，省教育厅制订了《黑龙江省中等职业学校管理体制改革和布局结构调整的意见》。按照《意见》规定，调整涉及的学校有国家部委划转给黑龙江省管理及省直有关厅（局）和市（行署）政府所辖的普通中专、成人中专、职业高中、职教中心，技工学校、电视中专、农（林）广播电视学校等各类中等职业学校。通过2～3年的管理体制改革和布局结构调整，将逐步建立起由省、市两级管理，以市（行署）政府管理为主的新体制。学校数量将从845所调整到300所左右，其中，要建成100所骨干示范学校。在学校和专业布局上，各市（行署）政府要根据区域经济发展的需要进行调整和重新设置，总体上形成中等职业教育与普通高中教育协调发展的格局。

为规范全省中等职业学校专业建设，2001年，省教育厅依据教育部《中等职业学校设置标准（试行)》精神，制定并印发了《黑龙江省中等职业学校专业设置与管理暂行规定》《关于对全省中等职业学校进行学校设置和专业设置评估的通知》，对全省中等职业学校的办学条件、改革教学方法与内容、实验实习基地、专业与教材建设等各个方面，按照A、B、C、D四个等级作出评价。

〔**中等师范教育**〕　2001年，省教育厅印发了《关于深化中等师范教育教学改革　全面推进素质教育的意见》。同时修订了《黑龙江省中等师范学校学生学籍管理规定》，印发了《黑龙江省中等师范学校素质教育决定》《黑龙江省中等师范学校五年制专科班课程计划》等文件，规范了中师学校的教学、管理、德育、教师队伍建设等问题。

调整中师布局结构。2001年，全省实行“三级师范向两级师范过渡”。牡丹江师范学校、牡丹江幼儿师范学校、牡丹江林业师范学校、农垦师范学校已进行合并，哈尔滨市、齐齐哈尔市的部分中师学校的调整工作也在运行之中。全省中等师范学校小学教育专科班的招生计划继续扩大，2001年，中师学校已有90%以上的新生为专科学生，有条件的学校专科新生的比例占100%。为加快过渡步伐，采取了多种措施。如：变保送中师生升学为考试升学；缩短学制，把原中师的四年制调整为三年制，毕业生可参加升高师考试等。

〔**教师培训**〕　2001年，根据教育部实施“园丁工程”计划要求，全省23名中等职业学校教师接受了系统培训。通过培训，拓宽了教师的专业知识面，提高了教师的专业技能水平。为改变全省中等职业学校教师动手能力不强、技能水平不高、专业知识面较窄的现状，省教育厅印发了《黑龙江省中等职业学校专业教师培训基地设置标准》。该《标准》就专业教师应该具备何种学历水平、达到何种技能水平，实验与实习具备什么样的规模与能力，完成何种培训目标，能力体系所涵盖的评价指标等方面做出了规定与说明。

〔**专业技能考试**〕　2001年，黑龙江省教育厅与省劳动和社会保障厅联合印发了《关于做好中等职业学校学生专业技能考试工作的通知》。《通知》规定，“2001年，各类中职学校毕业生（含往届生）对口升高职考试实行“3＋2＋证书考试”，即文化基础课（语文、数学、英语或俄语）3科各100分；专业课（专业基础课和专业课）2张试卷各150分；专业技能考试60分，满分为660分。”为贯彻《通知》精神，自5月28日～6月23日，对全省参考中职学生专业技能进行了评定。

〔**调整职业学校收费标准**〕 2001年，省教育厅、省物价局、省财政厅联合制定了《关于调整中等职业学校（不含中等师范）收费标准的通知》。《通知》规定：接受非义务教育的中等职业学校的学生，依据国家有关法规缴纳学费。学费根据生均教育培养成本确定，并逐渐达到按培养成本收费。学校为学生提供公寓化住宿的收费标准，每生每年不超过300元（不包括备品）。未实行公寓化管理的学校，其住宿费的标准每生每年不超过200元。省级重点专业、省部级重点校、国家级重点校的学费标准，可分别上调10%、15%和20%。学费收取按学年或学期进行，不得跨学年预收。

# 高等教育

〔**综述**〕 2001年，全省高等学校总数中有中央部委所属院校3所，地方所属院校38所（含地方办高等职业学校11所）。2001年新增本科专业58个。东北农业大学和哈尔滨医科大学“211工程”二期工程项目开始启动，“十五”计划立项取得初步进展。在新一轮国家级重点学科评审中，3所部委属院校的26个学科被评为国家级重点学科，省属5所高校8个学科被评为国家级重点学科；获得2亿元资金支持的112个省级“十五”期间重点学科建设工作全面展开。2001年，全省高等学校招生规模继续扩大，省属普通高等学校招生8.37万人，比上年增长29.6%。到2001年底，全省高等学校已有国家设立的全部11种专业学位。研究生在校人数中（不含科研单位培养数），攻读博士学位研究生3 158人，攻读硕士学位研究生1.05万人。全省高等学校专任教师中有教授1 944人，副教授5 957人；有博士学位的教师1 198人，有硕士学位的教师4 150人。

到2001年底，全省高等学校完成后勤基础设施投资6亿元，新建成学生公寓、食堂、锅炉房及其他用房37.9万平方米；大学生公寓学府小区二期建设11万平方米全部交付使用。全省高等学校校舍建筑总面积达到881.1万平方米，当年新增面积117.1万平方米。藏书1 803.56万册。教学科研仪器设备资产值15.8亿元。

2001年，新组建7所高等职业学院，2所成人高等学校合并办学。成立了黑龙江大学晶博学院、同庆学院，佳木斯大学晶博学院、司法警官职业学院，牡丹江师范学院康佳学院等5所二级学院。全省成人高等学校专任教师中有副教授以上职称的专任教师有2 173人。校舍建筑总面积153.5万平方米；教学仪器设备资产总值2.33亿元；藏书521.64万册。

中外合作办学与教育、科技交流进一步扩大。哈尔滨师范大学等13所普通高等学校有107个专业与国外高等学校联合培养学生。

〔**全省高等教育工作会议**〕 2001年4月19日～20日，黑龙江省召开高等教育工作会议。副省长王佐书作了题为《加快发展，努力提高教育质量，开创高等教育工作的新局面》的工作报告。他指出，“十五”期间，黑龙江省高等教育发展的目标为“1115”工程，即重点支持1所高校搞好省部共建工作，实现世界知名高水平大学的建设目标；重点建设省内10所大学，使其达到国内同类院校先进水平；重点建设100个左右省级重点骨干学科；重点建设好5个省级独立设置的示范性高等职业技术学院。为实现上述目标，“十五”期间应坚持高等教育适度超前发展，以实现在2005年全省普通高等学校在校生达到32万人的规模；继续调整人才培养结构、办学层次结构、办学区域结构；加强教师队伍建设，提高教师队伍的整体素质；推进高校科技创新体系建设，加快大学科技园建设和科技成果转化；深化高校内部管理体制改革，推进高校后勤社会化进程；加强教育国际交流，进一步提高教育的国际竞争力。

〔**实施教学改革工程**〕 为贯彻落实第三次全国高等教育工作会议精神和《面向21世纪教育振兴行动计划》，根据教育部《关于实施新世纪高等教育教学改革工程的通知》和省教育厅《关于实施“黑龙江省新世纪高等教育教学改革工程”的通知》精神，全省有关高等学校积极申报“新世纪教改工程”项目。“新世纪教改工程”经费总额为240万元人民币，入选省级立项的高等学校将获得相应的资金支持，学校对每个项目按1：1的比例安排配套资金以保证立项项目按期高质量完成。“新世纪教改工程”将在5年内完成。到2001年底，已经下达的“工程”任务书有580项。

〔**高等学历证书管理**〕 2001年，按照教育部《关于重申保证高等教育质量，加强学历文凭、学位证书管理的通知》有关精神，全省各高等学校加强了学历证书工作管理，对录取的新生详细注册登记。举办研究生课程进修班的高等学校严格执行省教育厅的规定，即开设课程不少于10门，其中必修课不少于5门，总学时不少于468个学时，对课程学习不合格者只颁发“研究生课程进修班结业证书；对于同等学力人员申请硕士学位的申请人严格审核。

按照教育部《高等教育学历证书电子注册管理暂行规定》和《教育部关于做好2001年高等教育学历证书管理工作的通知》有关要求，省教育厅和各有关高等学校组成由主管领导参加的负责电子注册工作的专门机构，派专人负责此项工作并配备了相应的设备，严格执行学历证书电子注册的有关程序，在7月20日完成了注册内容的录入并于8月20日上报到教育部。

〔**设置特聘教授岗位**〕 2001年，省教育厅印发《关于在省属高校设置第一批特聘教授岗位的通知》，按照要求，省属11所高等学校的78个学科参评，哈尔滨医科大学、东北农业大学、黑龙江中医药大学等7所学校的遗传学等16个学科获准设置特聘教授岗位。特聘教授的条件为，年龄在45岁以下、具有博士学位、胜任核心课程讲授任务、学术造诣高并已经取得科研的重要成就、对本学科建设和学术研究方面有创新构想并具有带领本学科保持国内先进水平或赶超国际先进水平的能力、具有组织管理能力和领导能力。受聘人员在聘期内享受特聘教授奖金（每人每年人民币10万元），同时享受工资、福利等其他有关待遇。到2001年底，哈尔滨工业大学招聘2名特聘教授。

〔**研究生教育与学位工作**〕 2000年12月28日，经国务院学位委员会批准，黑龙江大学、东北农业大学、哈尔滨医科大学的中国哲学、蔬菜学、内科学、外科学、肿瘤学，大庆石油学院、东北农业大学、哈尔滨医科大学、哈尔滨中医药大学的石油与天然气工程、农业工程、畜牧学、基础医学、公共卫生与预防医学、中药学成为博士、硕士学位授权一级学科，哈尔滨师范大学的应用心理学学科，哈尔滨工业大学、哈尔滨工程大学、哈尔滨理工大学、东北林业大学等17所高校的63个学科分别获得硕士学位授权。2001年2月，黑龙江大学、哈尔滨医科大学、黑龙江中医药大学、东北农业大学4所高等学校的7个二级学科获得黑龙江省博士点资金专项资助，资金数额从5万元到16万元不等，该项资金总额为200万元人民币，按照《黑龙江省博士点基金管理办法》的规定，获得资助的单位也要按照1：1的比例投入配套资金。2001年，黑龙江省高等学校中有博士、硕士学位授权一级学科26个，有博士学位授权学科50个，硕士学位授权学科294个。专业学位设置共有MBA、MPA、法律硕士、建筑学学士与硕士、教育硕士、工程硕士等11种，2001年招生2 000余人。为提高研究生培养质量，黑龙江省学位办举办了首届优秀研究生论文评奖活动，评选出优秀研究生论文50余篇。

〔**民办高等学校管理**〕 2001年，全省民办高等学校共有建筑面积57万平方米，其中自有校舍23.5万平方米，租用校舍33.6万平方米。教学仪器设备总值9 146万元。专职教职工268人，其中专职教师1 785人。现有各类在校生4.32万人，其中高等教育自学考试学生3万人，国家学历文凭考试学生5 000人，与其他高等学校联合办学的学生近3 000人，各类短期培训班的学生近5 000人。按照国务院《社会力量办学条例》和省教育厅《黑龙江省社会力量举办的非学历高等教育机构管理暂行规定》的有关要求，省教育厅会同有关地（市）教育行政部门于2001年4月1日～5月12日对全省民办高等学校进行2000年度工作检查。受检的学校有87所，其中有14所兼有学历文凭办学资格。有51所民办高等学校符合国家和省的规定，17所民办高等学校被限令整改，19所不合格的民办高等学校被停办。

〔**招生与毕业生就业工作**〕 2001年，普通高等学校招生遵循的原则是，以人才培养结构调整为主线，以保证教育质量为根本，以体制创新增强发展为动力，以规范管理促进办学秩序和高等学校大局稳定为保障，做到“宽知识、厚基础、强能力、高素质”。从2001年起，黑龙江省高等学校扩大了新兴学科和重点专业的招生数量，重点培养软件类、先进技术制造类、生物技术制药类等技术人才，减少了社会需求量明显缩小的长线专业招生的数量，对哲学类、历史学类、文学类（部分专业）、天文、地理、海洋等基础理论类专业实行了隔年招生和限量招生。2001年，普通高等学校的哲学类专业本、专科招生比上年减少41.67%；历史学专业本、专科招生比上年减少42.86%；经济学类本、专科招生比上年减少57.96%；工学类专业本、专科招生比上年减少23.28%。2001年，成人高等教育实际招生数量比招生计划增加了31.4%，其中本科增加46%，专科增加26.2%。

根据省政府有关文件精神，自2001年开始，黑龙江省高等学校毕业生全部实行“国家宏观调控、各级政府和学校推荐、毕业生和用人单位双向选择的就业模式”和“不包分配、竞争上岗、择优录用”的就业机制，对于黑龙江省短缺专业和急需并有需求单位的本科以上毕业生（含部委院校留成和外省院校毕业生）原则上在省内就业，允许长线专业和在省内就业较难的专科以上毕业生到省外自主择业。定向毕业生、委托毕业生、边境保送生、在职毕业生、医学院定向毕业生原则上不允许改变毕业去向。2001年本科毕业生当年一次就业率达到81.8%，专科毕业生达49.5%。

〔**高校后勤社会化改革**〕 按照教育部、省委和省政府对于高等学校后勤社会化改革的有关要求，到2001年6月，黑龙江省35所普通高等学校中有10所学校进入了单项分离的模拟运行，另外5所学校正在作模拟运作。为此，省教育厅于2001年7月要求各高等学校选择适当的后勤服务项目，进行跨学校服务、社会化管理的模拟运作，以此来加快实现高等学校后勤与学校分离的步伐。模拟运作的项目本着先易后难、由浅入深的原则，首先选择属于高校后勤服务中的空白或者是高校后勤体系尚未大面积介入的项目；其次选择虽属高校后勤服务的传统项目，但易于操作的项目。同时要求加强监督和制约机制以提高服务质量。

〔**科研工作**〕 2001年，全省从事科学研究的教师和科技人员近1.5万人，承担科学研究项目4 985项，当年投入科研经费8.4亿元人民币。课题来源包括国家“973”项目，国家科技攻关项目，国家“863”项目，国家自然科学基金项目，国家部委其他科技项目，主管部门科技项目，省、自治区、直辖市科技项目，企事业单位委托项目、国家社会科学规划、基金项目，国家教委人文、社会科学项目，省、自治区、直辖市社科项目、国际合作项目。2001年，全省高等学校教师与科研人员出版专著452部，出版科普著作124部，编著教科书932部；发表论文1.68万篇，被SCI、EI、ISTP三大检索目录收录的论文分别为304篇、469篇、312篇。自然科学研究成果获得国家发明奖1项，国家科技进步奖3项，国务院各部门科技奖40项，省、自治区、直辖市科技奖146项；人文、社会科学成果获得省部级奖励2项。在399项自然科学成果中，有75项已经达到国际水平，82项达到国内首创水平。当年签定技术转让合同75项，合同金额1 151.5万元，当年实现收入955.4万元。

各高等学校在科研工作中，加大对农业结构调整、绿色食品、北药开发、生物技术及信息技术等方面的研究力度，一批重大科技项目如新型饲料添加剂、草地肉牛、牧草干燥机、绿色优质大豆、油豆角保鲜剂、绿色农药、中草药广谱抗炎粉针剂、二类新药西降糖、转海藻基因植物多糖、大豆异黄酮等正在研究实施中，有望转化为现实生产力，服务于黑龙江省的经济建设。

〔**高校产业与科技园建设**〕　2001年全省高等学校校办产业有157个，注册总资金13.92亿元，资产总额39.1亿元，职工人数1.24万人；当年实现销售收入25.23亿元，比上年增加25%，利润总额为1.71亿元，上缴税金7 370.2万元。

2001年，大学科技园建设发展迅速。3月，哈尔滨工业大学国家大学科技园顺利通过验收。哈尔滨工业大学科技园已经自建和共建5.5万平方米的孵化基地，建立了技术产权交易中心和3亿元的风险投资基金，100多个高新技术企业和项目已经入园，一批高新技术企业和项目被列为国家和省、市重点示范工程。

黑龙江大学软件园经过几年的工作也已经初具规模，入园在孵企业10家，企业在园孵化的项目18项，其中有5项已经获得黑龙江省发展高新技术产业专项基金和黑龙江省发展信息产业专项基金支持，获得资助370万元。2001年，黑龙江大学软件园又新组建了伊思特软件有限公司和博宇软件有限公司。

哈尔滨工程大学科技园建设也在分期分批进行，预计2003年9月全部竣工。第一个入园的企业海泰专用技术研究所已经正式挂牌营业，相继入园的企业如CAD、CAM等软件公司已经具有了良好的市场前景。

撰稿　单雪丽　朱　红　赵　滨
崔多立
审稿　姜广福　李君明　赵　广

# 上海市教育

## 概　　况

〔**基本情况**〕

**2001 年各级普通学校基本情况**

单位：人

| 学 校 类 别 | 学校数（所） | 毕业生数 | 招生数 | 在校生数 | 教职工数 | |
|---|---|---|---|---|---|---|
| | | | | | 合　计 | 其中：专任教师 |
| **总　计** | **2 990** | **542 885** | **636 934** | **2 308 407** | **244 009** | **140 491** |
| 一、研究生 | （51） | 6 817 | 15 826 | 39 043 | | |
| 1. 高等学校 | （20） | 6 380 | 14 751 | 36 528 | | |
| 2. 科研机构 | （31） | 437 | 1 075 | 2 515 | | |
| 二、普通高等学校本专科 | 45 | 42 842 | 98 579 | 279 966 | 61 693 | 21 695 |
| 本科院校 | 23 | 36 915 | 67 093 | 218 791 | 55 159 | 18 716 |
| 专科院校 | 22 | 5 456 | 25 074 | 51 033 | 6 126 | 2 837 |
| 分校、大专班 | | 471 | 6 412 | 101 42 | 408 | 142 |
| 三、普通中等学校 | 1 028 | 315 537 | 328 350 | 1 010 185 | 96 640 | 60 268 |
| 1. 中等专业学校 | 82 | 29 392 | 34 848 | 121 242 | 12 297 | 5 140 |
| 中等技术学校 | 81 | 29 107 | 34 848 | 120 653 | 12 189 | 5 078 |
| 中等师范学校 | 1 | 285 | 0 | 589 | 108 | 62 |
| 2. 技工学校 | | | | | | |
| 3. 普通中学 | 879 | 251 485 | 266 660 | 810 794 | 77 405 | 51 065 |
| 高中 | 334 | 79 896 | 92 382 | 252 846 | | 15 191 |
| 初中 | 545 | 171 589 | 174 278 | 557 948 | | 35 874 |
| 4. 职业中学 | 54 | 33 642 | 25 785 | 75 212 | 6 280 | 3 722 |
| 高中 | 53 | 33 570 | 25 444 | 74 670 | | 3 669 |
| 初中 | 1 | 72 | 341 | 542 | | 53 |
| 5. 工读学校 | 13 | 1 018 | 1 057 | 2 937 | 658 | 341 |
| 四、小学 | 864 | 176 216 | 103 955 | 730 450 | 59 477 | 42 952 |
| 五、特殊教育学校 | 32 | 1 473 | 1 510 | 12 236 | 1 599 | 946 |
| 六、幼儿园 | 1 021 | | 88 714 | 236 527 | 24 600 | 14 630 |

注：统计数据另含上海辖区后方基地数据。

**2001 年各级成人学校基本情况**

单位：人

| 学校类别 | 学校数（所） | 毕业生数 | 招生数 | 在校学生数 | 教职工数 | |
|---|---|---|---|---|---|---|
| | | | | | 合　计 | 其中：专任教师 |
| **总　计** | **1 415** | **889 682** | **1 251 276** | **705 204** | **20 975** | **11 119** |
| 一、成人高等学校 | 31 | 27 619 | 53 827 | 138 302 | 5 311 | 2 407 |
| 1. 广播电视大学 | 1 | 956 | 570 | 2 869 | 356 | 93 |
| 2. 职工高等学校 | 25 | 3 315 | 5 686 | 15 942 | 4 148 | 2 008 |
| 3. 农民高等学校 | | | | | | |
| 4. 管理干部学院 | 5 | 793 | 1 249 | 3 315 | 807 | 306 |
| 5. 教育学院 | | | | | | |
| 6. 独立函授学院 | | | | | | |
| 7. 普通高等学校举办： | (45) | 22 555 | 46 322 | 116 176 | | |
| 函授部 | | 6 854 | 10 548 | 31 275 | | |
| 夜大学 | | 13 593 | 31 803 | 77 312 | | |
| 成人脱产班 | | 2 108 | 3 971 | 7 589 | | |
| 二、成人中等学校 | 1 374 | 860 801 | 1 174 450 | 545 267 | 15 515 | 8 592 |
| 1. 成人中等专业学校 | 181 | 21 809 | 10 563 | 45 975 | 3 187 | 1 594 |
| 广播电视中等专业学校 | 2 | 9 751 | 3 536 | 19 211 | 67 | 26 |
| 职工中等专业学校 | 58 | 9 713 | 6 082 | 22 338 | 2 212 | 1 040 |
| 干部中等专业学校 | | | | | | |
| 农民中等专业学校 | 1 | 122 | | 143 | 70 | 27 |
| 函授中等专业学校 | | | | | | |
| 教师进修学校 | 7 | | 76 | 76 | 838 | 501 |
| 其他类学校举办 | 113 | 2 223 | 869 | 4 207 | | |
| 2. 成人中学 | 371 | 120 757 | 198 136 | 131 589 | 5 260 | 2 863 |
| 职工中学 | 307 | 114 550 | 192 061 | 124 330 | 4 491 | 2 246 |
| 农民中学 | 64 | 6 207 | 6 075 | 7 259 | 769 | 617 |
| 3. 成人技术培训学校 | 822 | 718 235 | 965 751 | 367 703 | 7 068 | 4 135 |
| 职工技术培训学校 | 646 | 578 320 | 812 461 | 328 724 | 6 427 | 3 658 |
| 农民技术培训学校 | 176 | 139 915 | 153 290 | 38 979 | 641 | 477 |
| 三、成人初等学校 | 10 | 1 262 | 22 999 | 21 635 | 149 | 120 |
| 1. 职工初等学校 | 6 | 1 036 | 22 813 | 21 459 | 126 | 103 |
| 2. 农民初等学校 | 4 | 226 | 186 | 176 | 23 | 17 |
| 其中：扫盲班 | 2 | 104 | 104 | 74 | | |

〔**年度工作方针**〕 2001年上海教育工作的指导思想是：以邓小平理论为指导，按照"三个代表"的要求，继续落实第三次全国教育工作会议精神和1999年上海市教育工作会议精神。坚持以建设"一流教育"为目标，把上海教育事业"十五"计划落到实处；坚持依法治教、依法行政，积极推进教育法律、法规的实施；坚持开创性、坚韧性和操作性相统一，以改革促发展；坚持以人为本，进一步满足广大人民群众的教育需求；坚持全面推进素质教育，努力提高教育质量；坚持教育和科研与经济和社会的结合，为经济和社会发展提供知识和技术支撑。总的要求是：紧紧围绕"一流城市、一流教育"的战略目标，加快教育基础设施建设；转变职能，进一步深化以"体制、机制、投资"三位一体为核心的各项改革。加速推进教师的信息技术、外语、中国文化基础和法制观念的培训与提高；加速推进重点学科建设；加速推进教育质量的提高，全面实施素质教育。积极探索和实施研究生教育、教育管理体系、教育财务管理、非义务教育新机制和学校人事分配五个方面的改革。实现"十五"上海教育改革与发展的良好开局。

〔**教育投入与支出**〕 2001年，全市教育部门财政预算内教育经费拨款85.64亿元。其中：市财政拨款14.07亿元，比上年增加1.97亿元，增长16.25%；区县财政拨款71.57亿元，比上年增加10.33亿元，增长16.86%。

2001年全市教育部门教育事业费总支出123.65亿元，比上年增加18.59亿元，增长17.69%。完成当年财政拨款的144.39%。城市教育费附加支出10.83亿元，农村教育费附加支出1.13亿元，社会事业建设费支出1.02亿元。

2001年全市教育部门共收到城市教育费附加11.04亿元，比上年增加2.19亿元，增长24.59%。农村教育费附加1.08亿元，比上年减少0.47亿元，减少30.18%。多渠道投入47.06亿元，其中学杂费收入24.75亿元，校办企业支持教育2.39亿元，社会和群众捐资助学2.93亿元，其他投入16.99亿元。

〔**教育法制建设**〕 2001年，上海市人民代表大会常务委员会通过《上海市中小学校学生伤害事故处理条例》，于9月1日开始施行。组织修改《上海市青少年保护条例》和《上海市海外机构和个人在沪合作办学管理办法》。对《上海市实施〈中华人民共和国职业教育法〉办法》、《上海市实施〈国家通用语言文字法〉办法》和《上海市社会力量办学管理若干规定》的立法，进行前期调研工作。制订并由市政府颁发了《关于本市中小学校房屋土地资源保护管理的暂行规定》《关于本市高等学校房屋土地资源保护管理的暂行规定》和《关于本市中等职业教育房屋土地资源保护管理的暂行规定》等规章。制订《上海市高等学校经费使用管理暂行办法》和《上海市教育系统领导干部经济责任审计主要内容和评价指标》，进一步规范学校经费使用和干部的经济行为。为加强依法行政和应对中国加入WTO的形势，市教委对180余项教育行政审批事项进行清理，其中，属于教育行政审批事项的有61项，经市政府审改办确认，拟保留43项、取消14项、调整4项。同时，清理文件627件，其中，继续有效执行的396件、需修改的4件、失效的227件。此外，对市、区县教育行政部门的行政执法干部开展以《行政处罚法律文书制作规范》《听证制度》为内容的培训。

〔**师资工作会议**〕 2001年12月，市教委党委、市教委召开师资工作会议。会议制订《上海市师资队伍建设第十个五年规划纲要》，提出了"十五"期间全市加强队伍建设的指导思想、规划目标、主要政策和重大举措。会议确定了近期9项重点工作：(1)从"三个代表"的高度抓好教师的职业道德建设；(2)实行岗位聘任制；(3)加快完善校长职级制的配套政策；(4)尽快推进高校劳酬改革；(5)加快教育人事信息系统化管理，实现人力资源最优化的配置；(6)建立科学的培训机制；(7)重视青年教师队伍的建设；(8)加快农村和市区一些相对比较差的学校的教师队伍建设；(9)立足于面向世界，抓紧引进国外专家和留学人才。会议制订了《关于加强上海市教师队伍建设的若干意见》《上海市教师队伍建设第十个五年规划纲要》

等一系列文件，以推进师德教育建设、人事制度改革、中青年学科带头人和骨干教师培养等各方面工作，全面提高各级各类教师以师德为核心的整体素质，建设一支师德高尚、业务精湛、结构优化、富有创新活力和参与国际竞争的教师队伍，使上海的教育事业在“十五”期间能具有“中国特色、时代特征、上海特点”。

〔**语言文字工作**〕 贯彻市政府《关于本市宣传贯彻〈国家通用语言文字法〉的意见》。2001年，全市语言文字工作开始走上依法管理的轨道。开展上海市城市语言文字工作评估试点，完成对金山区、浦东新区、静安区和市建设系统、文化广播系统进行的试点评估，在推进试点地区进一步完善机构、健全机制、落实整改，提高语言文字应用规范化水平方面取得预期效果。组织开展“第四届全国推广普通话宣传周”活动。广泛深入开展迎APEC语言文字规范化宣传教育活动和检查整治工作。开展了全市精神文明创建单位语言文字使用状况调查。

〔**教育科研网建设**〕 上海教育科研网在2000年完成高速城域网主干网建设的基础上，2001年开始实施上海教育科研网各支信道宽带接入工程。实现了与上海宽带信息交互中心高速互联。上海教科网网络图书馆已有31所高校图书馆简介、19所高校图书馆整合书目查询数据库、31所高校图书馆重点学科期刊查询数据库、网上图书资源导航等内容，有19所高校实现网上借阅图书。全市多所高校网络教育学院开设的计算机科学技术、工业外贸、城市交通等本科专业开始授课。上海电视大学约5万名注册视听生利用网络授课学习。全市5所医科院校远程医学管理中心及示范站开始运作，远程医学服务对象遍布全国各省区，其服务内容从原有的远程医疗会诊咨询，扩展到远程医学教育、医学资源共享在内的多种远程医学服务。开通“职成教育在线”网站，为上海市职业教育与成人教育院校和社会各界提供信息、学习、培训、咨询、招聘、求职、宣传、资源、物流及电子商务服务。启动中等职业学校“百校通”工程建设。根据教育部关于推进中小学网络信息“校校通”的要求，新建网络教室1 047个，其中中学522个，小学525个。

〔**教育国际交流**〕 落实高校因公出国简化审批程序的有关规定，提高办事效率。召开中外合作办学工作会议，制订《关于做好中外合作办学工作的试行意见》。实施合作办学审批制与承诺制结合制度、许可证制度和中外合作办学机构广告发布审核制度。建立网上中外合作办学专页，介绍有关法规和申请程序等相关信息，增强为办学者与求学者服务的功能。与英国互派中学语言教师赴异地教学交流。引进由市科委与美国应用材料公司共同设立的“上海应用发展研究基金的研究生奖学金”项目，全市有32名电子科学与技术、材料科学与工程等领域在校硕士、博士生获奖。制订“十五”期间全市高校聘请外国文教专家的总体计划。对聘请外国文教专家单位进行年检注册。完成新增外国文教专家接受单位的资格认可，完成全市高校引智项目的审定。全市有长期外国留学在校生4 712人，分别来自113个国家，分布在23所高校；短期外国留学在校生2 000人。全市有71所中小学被批准有资格接受外国学生入学学习。

〔**参与西部地区教育发展**〕 贯彻国务院办公厅《关于推进西部地区学校对口支援工作的通知》精神，通过捐赠各类教学仪器、图书、衣物、文具用品、培训教师、捐助贫困学生等推进沪滇学校的对口帮扶工程的实施。完成第二批100名赴滇支教教师选派工作。运用白玉兰远程教育网对西部地区实施师资、环保、卫生、计划生育等培训项目。开展对云南中等职业技术教育的师资培训工作。完成第二批三峡库区移民子女618人入学安置工作。实施对新疆阿克苏地区中小学校长培训。启动了对西藏日喀则职业教育培训中心改造援建项目的前期准备工作。2001年，全市用于教育对口支援协作的资金投入总计3 229.45万元，其中援建西部地区希望学校19所，改建学校3所；捐赠教育经费105.1万元，捐赠教育仪器设备598台，捐赠图书资料47.61万册，资助贫困学生6 544人，接受西部地区干部教师来沪培训1 075人，组织教师、学者、专家赴西部地区支教、讲学357人。此外，上海市行政管理学校、七宝中学、共康中学招收新疆、西藏学生共314人。

# 基础教育

〔**综述**〕 2001年，上海市基础教育工作进一步解放思想，深化改革，开拓进取，推进上海基础教育的跨越式发展。全面推进依法治教，依法行政，完善分级管理，依法推进学校自主办学，把素质教育落到实处；进一步加强和改进学校德育工作，加强师资队伍建设；继续开展普教系统行风建设，巩固行风建设成果；积极推进教育信息化和二期课改工作；努力提高教育教学质量和办学效益，为实施“十五”计划开好局，为进入新世纪发展起好步。

全市共有中小学、幼儿园2 765所，其中中学865所、小学852所、幼儿园1 003所、特殊教育学校32所、工读学校13所。共有学生176.75万人，其中：普通高中25.08万人，比上年增长4.76%；普通初中55.15万人，比上年减少0.81%；小学72.28万人，比上年减少8.34%；幼儿园23.40万人，比上年减少2.99%；特殊教育学生0.55万人，比上年增长1.85%；工读学校学生0.29万人，比上年增长16%。普及九年义务教育的各项指标均达到或超过国家标准。

〔**基础教育工作会议**〕 2001年8月，市政府召开了上海市基础教育工作会议。会议确定了上海基础教育改革和发展的10项重点工作：建设现代化基础教育体系、加快推进中小学标准化建设、切实提高郊区基础教育水平、深化招生考试制度改革、推进课程教材和教学改革、加强师资队伍建设、加快基础教育信息化步伐、深化办学体制改革、强化教育督导在依法治教中的地位和作用、积极探索基础教育的对外交流与国际合作。

〔**素质教育**〕 中小学全面实施素质教育，是上海基础教育跨世纪改革与发展的主题。为了探索素质教育的运行机制，总结实施素质教育的经验，1999年，市教委决定在全市初中和小学中建设一批上海市素质教育实验学校；2000年，市教委组织专家组对申报“上海市素质教育实验学校”的学校进行了初审；2001年，市教委又一次组织专家组对申报学校进行复审。2001年共完成102所“上海市素质教育实验学校”的复审工作，使这些学校出思想、出经验、出人才、出成效，起到示范和辐射作用，形成了上海市素质教育实验性示范性群体，全面推进了中小学的素质教育。

〔**中小学校标准化建设**〕 (1)列入2001年上海市政府实事工程的90所中小学校舍达标项目全部竣工，按期完成任务。其中：小学53所，初中31所，九年一贯制学校6所；共征地46万平方米，扩建校舍38万平方米，各级政府共投入资金7.2亿元。(2)将原计划2002年改造建设的74所中小学（小学31所、初中43所）提前到2001年进行改造建设。已竣工学校12所，其余学校已全部开工。74所学校进行改造建设项目计划征地56万平方米，扩建校舍33万平方米，计划投入资金6.14亿元。(3)特殊教育学校和工读学校达标建设任务基本完成。列入2001年达标建设的5所特殊教育学校和6所工读学校中，有9所已竣工，1所已结构封顶，1所已开工建设。建设项目共征地9万平方米，扩建校舍5.6万平方米，投入资金近亿元。在推进硬件标准化建设的同时，市、区县教育行政部门加强了对达标学校在师资队伍和学校管理等方面的建设，以促进学校办学水平和教育质量的改善。

〔**实验性示范性高中建设**〕 上海市实验性示范性普通高中建设于1999年启动，2001年，在完成规划评审工作的基础上，开始对各校“实验性示范性普通高中建设”规划的实施情况进行中期检查。年内，全市共有55所学校申报创建“实验性示范性普通高中建设”。经评审，有49所学校通过了市教委组织的专家评审，其中市重点和新建寄宿制高中32所，区（县）重点高中16所，普通完全中学1所。

根据上海市教育工作会议的精神和上海市基础教育发展“十五”规划，上海市19所寄宿制高级中学面向全国试招外省市优秀初中毕业生，使上海高中的优质教育资源辐射全国、服务全国。2001年，全市19所寄宿制高级中学共招收外省市优秀初中毕业生1 155名；学生来自全国29个省、自治区、直辖市，其中云南、甘肃、贵州、内蒙古、河南等中西部不发达地区的学生占一定比例。

〔**办学体制改革**〕 2001年，上海市批准设立民办中小学33所，公办转制学校9所。同时，一批办学水平和教育质量相对低下的民办中小学停止招生或者关闭。至此，全市共有民办中小学140所，其中十二年制学校4所，高中41所，完全中学38所，初中22所，九年制学校15所，小学20所；公办转制学校74所，其中十二年制学校1所，高中20所，完全中学19所，初中11所，九年制学校3所，小学20所。民办和公办转制中小学共有在校学生15.69万名，其中高中学生5.41万人，占全市高中学生数的21.6%；初中学生5.30万人，占全市初中学生数的9.6%；小学生4.98万人，占全市小学生数的6.9%。结构相对合理，以政府办学为主体，社会各界参与办学的基础教育格局已基本形成。

〔**课程教材改革**〕 一是制订了上海市中小学新课程方案。二是完成并推出3门学科新教材，至此共有10门学科、21种版本、54个品种的新教材在150所课程改革基地学校进行试点。三是研究型课程编辑出版取得较大进展。编制和出版了高中、初中和小学研究型（探究型）课程、幼儿园探索性主题活动4种《实施案例选编》以及《高中研究型课程指导手册》；制订了《高中研究型课程实施指南》和《九年义务教育阶段探索型课程实施指南》。双语教学正在部分中小学进行试点。

〔**信息科技教育**〕 2001年，市、区（县）两级政府共投入2.44亿元，为中小学校配备教学用计算机2.74万台，其中中学0.90万台，小学1.84万台；新建计算机房680个，其中中学115个，小学565个。新建网络教室1 047个，其中中学522个，小学525个。至此，上海在中小学全面开设了信息科技必修课。

2001年，召开了信息技术与课程整合现场会，全面推动信息技术在教学改革中的应用。举办了“第三届上海市中小学学生电脑设计与制作成果展”，参展作品共2.3万余件，覆盖全市19个区县1 000余所学校，作品内容涉及人文科学、自然科学各个方面。

2001年，举办了主题为“生物技术——为了新世纪人类的幸福”的上海市第四届青少年科技节，组织了上海市科技教育论坛、上海市第二届青少年机器人大赛、生物和环境探索活动成果展、小学生创意竞赛、金钥匙科技竞赛活动。在教育部主办的“明天小小科学家”奖励活动中，上海有18个项目参赛，共获各类奖项14个；在第六届全国青少年生物和环境科学实践中，上海有10个项目参赛，其中获一等奖6个，二等奖4个。

〔**中小学校长与教师队伍建设**〕 2001年，上海市在总结7个试点区推行中小学校长职级制经验的基础上，启动了其他12个区县推行校长职级制的改革工作。通过推行中小学校长职级制度的改革，引入竞争机制，健全和完善校长选拔任用制度，研究探索中小学校长职级制的有效期制度，规范校长民主推荐、公开招聘、竞聘选拔的程序办法，健全和完善中小学校长聘任、选任、委任和考任等多种管理制度，实现中小学校长与国家机关行政级别脱钩的改革，促使校长由“官本位”向专家、学者角色的转变。

根据“全面开放、按需施教、分级负责、科学管理、讲究实效”的工作方针，上海市第二轮中小学、幼儿园干部、骨干教师培养培训工作进入深入发展阶段。据统计，市级骨干教师培养率为127%，区县级骨干教师培养率为459%，校级骨干教师培养率为105.84%；校（园）长培训、学校后备干部培训、新教师见习培训、教师职务培训的完成率均在99%以上。

〔**第一所免费学校开学**〕 由政府投资1 200万元兴建，占地1.19万平方米、总建筑面积8 590平方米的上海市第一所免费学校——上海市久隆模范中学正式开学。358名家境困难而品学兼优的适龄学生成为这项“民心工程”的首期受益者。

〔**纠正行业不正之风**〕 2001年，开展了对普教系统的行风评议“回头看”工作，取得了新的成效。(1) 公办高中招收择校生“限人数、限分数、限钱数”的规定执行情况总体较好。(2) 学校代办费除了教科书和卫生保健费外，其他一律不准统一收费的规定在中小学普遍得到较好执行。(3) 加强了对学校收费的管理和监控，部分区县分别建立了财务结算中心、管理中心或实行会计（出纳）委派制度。(4) 强化监督和查处，有6名校长因乱收费等原因被免去校长职务。

〔**特殊教育**〕 受教育部委托，由国际视障教育学会东亚区委员会、上海市教育委员会、中国教育学会特殊教育分会联合主办的国际视障教育学会东亚区会议于7月25日～27日在上海召开。国际视障教育学会主席莱利·甘保先生，秘书长南蒂尼·若娃女士和国际视障教育学会东亚区主席陈梁悦女士出席会议。国际视障教育学会主席莱利·甘保先生、国家教育部基础教育司和上海市教育委员会基础教育处的有关领导分别作主题报告。来自美国、英国以及东亚区10多个国家及港澳台地区的75名代表和中国内地29个省、自治区、直辖市的196名代表，围绕《21世纪视障人士教育——全球展望》这一主题，进行学术交流和研讨，并参观了上海市盲童学校，观看了盲童学校学生的表演。会议增进了与会国家及地区在视障教育方面的交流，展示了中国上海在特殊教育与康复事业上的发展成就，对国际视障教育的发展起到了积极的促进作用。

〔**“小班化教育”**〕 2001年，上海市推行“小班化教育”试点取得新的进展。全市已有279所小学从起始年级开始进行“小班化教育”，占全市小学总数的32.7%，比2000年上升7.7个百分点。开展“小班化教育”工作的主要做法是：在试点研究的基础上，采取多种措施，逐步向全市推广、辐射；采用举办讲座、举办培训班、建立带教制度等多种形式，开展教师业务培训工作；加大对试点学校的政策支持，在经费、编制、资源配置等方面采取相应配套措施，保证“小班化教育”工作顺利进行。11月，市教委召开了上海市区域推进小班化教育现场交流会，加大从政策、教育教学、管理、评价等方面对“小班化教育”的研究和推进力度。

〔**青少年校外活动营地建设**〕 上海市青少年校外活动营地——东方绿洲一期建设工程已完成。活动营地位于青浦朱家角地区，占地240公顷，由勇敢智慧区、知识大道区、国防教育区、生存挑战区、创新活动区、水上活动区、生活实践区、运动训练区等8大园区组成，旨在培养学生的创新思维、顽强意志、良好体能、健康心理、合作精神和环保意识，融示范性、实践性、创造性为一体的实施素质教育的大型工程。

# 职 业 教 育

〔**综述**〕　2001年，上海职业技术教育紧紧围绕上海经济建设和社会发展的需要，坚持以建设一流职业技术教育为目标，以结构调整为核心，以体制创新和机制搞活为动力，全面推进上海市的职业技术教育事业，为实施“十五”职业技术教育改革与发展计划开好局，为新世纪的职业技术教育奠定基础。

全市共有中等职业技术学校221所，其中：职业中学54所，中等专业学校82所，中等技工学校85所。共有学生25.04万人，其中：职业高中学生7.47万人，比上年减少11.6%；职业初中学生0.05万人，比上年增长66.7%；中等专业学校学生12.12万人，比上年增长1.9%；中等技工学校学生5.4万人，比上年减少5.9%。

〔**中等职业学校建设**〕　从2001年起，上海市将用2～3年的时间，把全市中等专业学校、职业高中、技工学校及成人中等专业学校逐步调整到100所以内，形成由10所现代化标志性学校、30所国家级重点学校、60所市级重点学校或达到A级办学水平，构成中等职业教育的新格局，满足社会经济发展和市民对优质教育的需要。年内，该项建设已取得阶段性成果，共有97所学校申报，已确定65所学校列入市经费资助范围。

〔**教育教学改革**〕　2001年，上海市中等学校继续进行综合高中试点工作，参加试点的中等职业学校已扩大到34所，在校生0.92万人，开设51个专业。组织对全市中等职业学校共400多个专业进行核对调整和归并；审批76个新设专业。启动了对50个重点专业的评估验收工作。印发了《上海市中等职业学校试行学分制的实施意见》。

〔**“百校通”工程建设**〕　2001年，全市中等职业学校“百校通”工程已启动，“职成教育在线”网站已建成开通。“网站”根据“政府主导、市场运作”的原则，面向职业教育和成人教育市场，为上海市职业教育和成人教育院校和社会各界提供信息、学习、培训、咨询、招聘、求职、宣传、资源、物流及电子商务服务。同时，制订了《关于在本市中等职业学校实施“百校通”工程的通知》，把中等职业学校校园网的建设正式纳入上海市100所中等职业学校重点建设工程的轨道。

〔**编辑《上海市职业技术教育志》**〕《上海市职业技术教育志》由上海市教委组织编写，经过5年的工作，完成了篇目布局、资料收集、文稿编写、听取意见、反复修改、总纂统稿等，于2001年8月17日经上海市地方志办公室评审会通过评审并基本定稿。该志共计80万字，图片100幅，记述了上海开埠以来，从1843年～2000年历经157年的上海职业教育发展概貌、规律及时代特征和地方特色。主要内容有：职业教育、实业教育、中等师范教育、中等专业教育、半工（农）半读教育、职业高中教育、高等职业教育、技工教育、教育行政、教育科学研究、教育人物、大事记等，具有较高的资料和学术价值。该志由上海市地方志办公室安排出版。

〔**培训云南职校校长教师**〕　上海市教委、云南省教育厅与德国汉斯·赛德尔基金会合作，上海职教师资培训基地及有关学校投入经费，为云南中等职业学校管理人员及教师提供管理、专业、教学方法等方面的培训，支持云南省构建与发展职业教育体系。2001年，共组织8批相关培训，有50多名云南职校校长、近100名专业教师接受了有关培训。

# 高 等 教 育

〔**综述**〕 2001 年，上海市普通高等学校本、专科在校生比上年增加 5.32 万人，增长 23.5%。普通高校招生 8.17 万人，比上年增招 1.67 万人。生源总录取率为 75.94%，比上年提高 8.52 个百分点。全市高等教育毛入学率达 43%（18 至 22 周岁同龄人口接受各类高等教育的比例）。普通高校与科研机构招收研究生中，博士生 0.33 万人，硕士生 1.15 万人。全市在学研究生比上年增加 0.84 万人，增长 27.5%。

上海高教管理制度改革继续推进，布局结构调整带动学校新发展，进一步探索教育教学资源共享的办学机制和模式；招生考试制度继续推进，招生规模继续扩大，毕业生就业服务体系进一步发展完善；多形式举办高等职业教育学校，继续探索中外合作办学，办学体制改革促进了高等教育的新发展；研究生教育整体改革积极推进，教育教学工作取得成效，教育教学质量有了新的提升；重点学科建设取得新进展，科研水平取得新成果；协调各方，加大社会力量参与力度，初步完成高校后勤转制；教师职务和专业技术职务聘任制度改革步伐加快，优秀人才不断涌现。

〔**管理体制改革**〕 经国务院同意，上海体育学院实行国家体育总局与上海市共建，以上海市管理为主的管理体制。至此，除上海海关高等专科学校仍属国家海关总署主管外，其余原中央部委所属高校均实行由原主管部门与上海市共建。上海东沪职业技术学院与上海第二工业大学合并组建新的上海第二工业大学。至此，上海普通高校为 45 所，其中本科院校 23 所、高职高专类学校 22 所（其中民办高校 6 所）。

〔**高校园区建设**〕 2001 年，上海市实行高校布局调整，有计划地建设新的高校园区。松江大学园区按照“一次规划、分期实施”原则，完成一期工程，园区占地面积 165 公顷，竣工建筑面积 20.91 万平方米，其中生活区 6.75 万平方米。10 月，上海外国语大学、上海对外贸易学院、立信会计高等专科学校等 0.55 万名新生入住松江大学园区就学。在南汇区建设的科教园区，已有上海水产大学、上海电力学院、上海工商外国语职业学院、上海托普信息技术学院（筹）0.66 万名学生入住就学。在浦东金桥、张江高科技园区等地区，开始建设上海第二工业大学、上海金融高等专科学校和民办杉达学院的新校区。

松江大学园区实行教育资源共享。2001 年，松江大学园区建立管理委员会和教学管理协作组，园区内各高校在保持自主办学的前提下，根据“自愿结合、平等协商、优势互补、互惠互利、协商发展”的原则，探索教育资源共享的办学机制。主要有：建立学分制教学管理制度，允许学生跨校选课；开设跨校辅修专业，扩大学生学习空间；跨校互聘教师，相互提供优秀师资；开设高水平的学术讲座，活跃园区学术交流；构建信息平台，开通虚拟图书馆，实现网络化管理等。

〔**高校教学工作会议**〕 2001 年 12 月，市教委召开高校教学工作会议暨高等教育上海市级教学成果奖颁奖大会。会议提出：全面推进教育教学改革，切实提高教学质量；建立社会监督机制，加强教学质量监控。会议要求：各高校要以教育部的优秀教学评估为契机，建立完备的教学管理、评价、反馈、促进的控制系统；为使教学工作有明显成效，最核心、最紧迫的是抓好教师队伍建设；教育行政管理，要以提高教学质量为主要评价、考核标准，依法治教。会议印发《关于加强和改进上海市研究生教学工作的意见》《强化质量意识，构建现代化、信息化、国际化，更具创造力的上海高等教育质量体系——上海市教育委员会贯彻落实教育部教高〔2001〕4号文件的若干意见》《关于加强上海高职高专教学工作提高教学质量的若干意见》等文件的征求意见稿。会议颁发了高等教育上海市级教学成果奖共324个。

〔**招生与就业制度改革**〕 2001年，为构建高等教育“立交桥”，继续在7所高校开展招收插班生试点，在16所高校开展专科毕业生选升本科就学试点。积极做好春季招生工作，扩大招收应届中等学校、职业学校、技工学校毕业生；继续执行鼓励考生报考外地院校的政策；全市集中录取阶段各批招生院校全部实行计算机网上录取；在部分民办院校实行招生放开，探索扩大高校招生自主权的改革；实施高考“3＋X”科目设置改革，积极推进综合能力测试；推进并进一步完善英语口试电脑多媒体考试模式。

高校毕业生就业制度改革是根据社会主义市场经济的要求和毕业生自我发展的需求，调整政府、学校、用人单位和毕业生本人在就业过程中的关系，构筑主体交叉、多方协作的工作体系。2001年，高校毕业生就业服务体系进一步发展完善。毕业生就业指导工作的软硬件建设得到较大改善，市和各高校就业指导机构普遍加大了对就业信息的搜集和发布工作的力度，毕业生获取就业信息的渠道增多，方式多样化。全市举办的各类高校毕业生就业市场活动多、规模大，举办主题趋于多样化。用人信息登记制度更为完善，为高校毕业生就业提供了有效的服务。据统计，2001年，上海高校毕业生总体就业率为86.70%，其中：毕业研究生就业率达97.13%。本科毕业生就业率为92.58%，专科毕业生就业率为81.59%。此外，引进非上海生源高校毕业生2.20万人，其中博士、硕士研究生5 540人，双学士毕业生107人，本科毕业生1.57万人。

〔**高等职业教育**〕 根据《国务院办公厅关于国务院授权省、自治区、直辖市人民政府审批设立高等职业学校有关问题的通知》和教育部有关文件的精神，经市政府批准，同意建立上海科学技术职业学院、民办上海建桥职业技术学院、民办济光职业技术学院和民办上海工商外国语职业学院；同意成人高等学校转型为高等职业学校的有上海海事职业技术学院（原上海海运职工大学）、上海电子信息职业技术学院（原上海仪表电子工业职工大学）、上海城市管理职业技术学院（原上海建设职工大学）、上海交通职业技术学院（原上海交运职工大学与上海海港职工大学合并）和上海行健职业技术学院（原上海闸北区业余大学）；以上9所高等职业学校从2001年起列入本市普通高校招生计划内招生。同意新筹建高等职业学校有民办上海托普信息技术学院（筹）和民办上海树人职业技术学院（筹）。

〔**重点学科建设与科研工作**〕 2001年，对同济大学“桥梁工程”、“海洋地质”，上海第二医科大学“医学基因组学”等10个上海市“重中之重”学科共投入建设经费1.5亿元，各学科发挥各自的优势和实力，积极承担各级各类重大科研项目，多渠道筹集建设资金共2亿多元，形成重点学科建设的良性循环和可持续发展的态势。根据《关于建设上海市重点学科的实施办法》，组织评选出同济大学“环境工程”、华东师范大学“教育学”等39个上海市重点学科（理工医类学科26个、人文社会科学学科13个），其中，基础研究类学科和人文社会科学学科之和占学科总数的50%左右。39个学科中有两院院士15位，国家杰出青年基金获得者8位，“长江计划”学者12位；原国家级重点学科10个，国家级重点实验室6个和工程研究中心3个，教育部“长江计划”特聘教授岗位20个，教育部重点实验室4个，教育部文科研究基地7个，原部级重点学科10个，上海市重点实验室3个和工程研究中心3个。2001年，上海大学“材料学”等26个学科被评审为“第四期上海市教育委员会重点学科（面向市属高校）”，上海电力学院“电厂热能动力与环境工程”等6个学科评为“上海市教育委员会重点培育学科”，并下达首批建设经费2 000万元。

在重点学科研究基地建设的同时，以重大项目研究为载体，带动学科的全面建设和发展，取得阶段性成果。其中：同济大学“桥梁工程”学科带头人项海帆院士当选为当前土木工程领域最高地位的国际学术组织——国际桥梁与结构工程学会副主席，这是中国科学家首次担任该职务，标志着我国在土木工程领域国际地位的跃升。“海洋地质”学科汪品先院士争取到国家重点基础研究发展规划项目（即“937”项目）“地球圈层相互作用中的深海过程和深海纪录”，并担任首席科学家。“药学”学科重点研究项目“抗肿瘤新药LFY”临床前期研究已经结束，已向企业转让，协议金额3 000万元，其中600万元为科研经费，900万元作一期临床试验。

〔**研究生教育制度改革**〕 2001年12月，上海市学位委员会召开第11次全体会议，通报了有关研究生教育的招生、培养模式、收费及综合改革等问题。

为进一步提高上海市研究生教育办学质量和效益，落实高校“面向社会，依法自主办学，实行民主管理”的办学自主权，促进社会和经济发展，组织制定并实施了研究生教育改革计划，着力推进上海市研究生教育结构调整，在研究生招生与考试制度、培养模式及教育收费制度三方面进行改革探索。第一期改革已经实行。这项改革旨在建立一定的先导性的、结构合理的，有利于高层次创新人才脱颖而出、全面提高研究生素质和培养质量的教育体系。

〔**专业与课程教材建设**〕 2001年，全市高校设置本科专业580个，高职高专专业430个左右。580个本科专业分属61个二级科类的164种专业（目录内专业158种，目录外专业6种），二级学科覆盖率达86%。在68种理工科本科专业的253个专业中，高新技术专业有34种、161个专业教学点，除航空航天类专业外，其他专业在上海高校中基本都已设置。

2001年，市教委核准资助220项课程建设项目，投资470.5万元，吸引学校配套经费407.55万元。为贯彻教育部《关于“十五”期间普通高等教育教材建设与改革的意见》精神，市教委投入教材建设资金357.5万元、学校投入250.75万元，资助上海大学等14所高校教材187本立项。根据《关于做好2001年度上海市研究生教学用书建设项目申报工作的通知》，各研究生培养单位结合实际情况，申报207本研究生教学用书，分布在除“军事学”之外的11个学科门类。经对申报教学用书的学术水平、同类教学用书的现状、教学大纲的合理性、预计可适用的年限、作者完成的可信度、资助编写的意义、预计编写所需的经费等评审，结合教学用书的收益面和经费的使用效益等因素，最后确定资助编写69本研究生教学用书。

〔**中外合作办学**〕 2001年，全市高校有中外合作办学项目87项，其中学历教育30项，非学历教育57项。在学历教育中，研究生教育5项，本科教育10项，专科教育12项，高职教育3项，涉及专业70余个；在非学历教育中，主要为各类层次的课程班，涉及专业150余个。

〔**高校后勤制度改革**〕 认真落实市政府《关于上海高等学校后勤社会化三年规划》，除上海海关高等专科学校、上海公安高等专科学校按系统实现后勤社会化外，普通高校均实现了后勤转制，并以不同方式进入市后勤中心。转制后的高校后勤实体通过加强竞争、减员增效提高了劳动生产率，学校用于后勤运营经费平均下降5%～9.8%，后勤服务的主动性和服务质量明显提高。为推进区校合作开展高校后勤社会化，联合杨浦地区的高校，成立“杨浦区域高校后勤社会化改革委员会”，以高校后勤服务项目社会化为抓手，逐步推进地区政府支持高校后勤社会化改革工作。“条块结合、共同推进”的高校后勤社会化改革局面正在形成。此外，启动高校“破墙透绿”工程，有11所高校基本完成主干道围墙“破墙透绿”任务。

〔**体育、卫生、艺术工作**〕 开展第21届世界大学生运动会“新世纪新长征”火炬在上海传递活动，开展“迎奥运、盼喜讯”为主题的火炬传递长跑，吸引32所高校的4 000名大学生参与。启动“十万学生预防艾滋病健康教育工程”，上海大学生对艾滋病基本知识的知晓率已从4年前的50%上升到95%。组织大学生参加建党80周年歌会、国际上海艺术节表演、APEC迎宾表演，参与学生共计7 000余人次。举办上海市大学生艺术歌曲演唱会，组织参加全国大学生艺术歌曲比赛获得圆满成功。在第七届“挑战杯”全国大学生课外学术科技作品竞赛中，复旦大学第三次夺得“挑战杯”。组织开展5万名大学生暑期军事训练。首次在在校大学生中征集新兵，同济大学、华东理工大学、东华大学和上海财经大学被确定为试点校。

# 成人教育

〔**综述**〕 2001年，全市成人高校招生5.38万人，比上年增长27.49%。参加高中文化联考和自学考试147万人次。参加国家高等学历文凭资格考试的注册在校生达1.99万人，招生0.93万人，毕业生0.26万人。参加上海电视大学“注册视听生”教育的1.85万人，其中2001年招收约0.83万人。高等教育自学考试开设本、专科专业57个，开考课程516门，参加考试47.63万人次，比上年增加5.4%。有0.91万人获得专科毕业证书，0.12万人获得本科毕业证书。全年接受各级各类成人教育总数280万人次。全市已形成多层次、多功能、多规格的成人教育网络和终身教育体系。

〔**社区教育**〕 2001年，贯彻《关于加强本市社区教育工作的意见》文件精神，全市有175个街道、镇有计划有步骤地进行社区教育工作，开展了学习化社区、学习型家庭、学习型楼组的建设。闸北区、嘉定区、浦东新区被教育部命名为全国社区教育试验区。制订了《上海市社区学校设置暂行规定》。以创建学习型家庭为主题，举办了“第三届上海市家庭教育宣传周”活动。

〔**社会化培训**〕 2001年，围绕APEC会议在沪召开，“学百句英语，迎APEC会议，当文明市民”的宣传教育系列活动掀起社会化培训新高潮，组织5次全市性通用英语100句口试，参加测试的市民达12万人次；组织4次全市性行业英语竞赛活动；开展了《国家公务员英语300句》培训，培训逾3万人次。上海市通用外语水平等级考试和上海市计算机应用能力考核，以及全市性电子商务系列考核、信息技术认证考核、英语高级口译考试等社会化培训健康发展。

〔**开展学习型企业试点**〕 2001年，贯彻《关于本市开展现代企业教育制度试点和现代企业教育培训中心试点的通知》精神，确定28家企业为上海市现代企业教育制度建设试点单位，32个教育培训中心为上海市现代企业教育培训中心试点单位。企业教育培训特点表现为：对象全员化、选择个体化、内容高新化、模式多样化、途径社会化、手段现代化、运作市场化、管理科学化。各行业、系统重视职工的岗位培训和专业技术人员的继续教育，加强了高级技术工人、技师、高级技师的培养，发挥了普通高校在职工教育中的作用，提升了职工教育的水平。

〔**农村成人教育**〕 2001年，制定了“十五”农村从业人员的培训规划和《关于在本市郊区深入实施“燎原计划”的通知》。在全市郊区实施“都市农业”、“农村经济管理”、“机电”专业的中等学历教育与相关农业技术培训相衔接并实行学分制教学管理制度。经培训考核，共有5 388人获得种植、养殖、农机、农村经济管理等“绿色证书”。

撰稿 徐钦福 宣念蜀 杨友庆
审稿 张伟江

# 江苏省教育

## 概　况

〔基本情况〕

**2001年各级普通学校基本情况**

单位：人

| 学校类别 | 学校数（所） | 毕业生数 | 招生数 | 在校生数 | 教职工数 合计 | 教职工数 其中：专任教师 |
|---|---|---|---|---|---|---|
| **总　计** | **28 933** | **2 598 868** | **3 599 098** | **13 555 121** | **804 716** | **633 878** |
| 一、研究生 | (39) | 5 150 | 13 497 | 31 266 | | |
| 1. 高等学校 | (26) | 5 070 | 13 315 | 30 817 | | |
| 2. 科研机构 | (13) | 80 | 182 | 449 | | |
| 二、普通高等学校本专科 | 73 | 79 838 | 215 734 | 585 528 | 85 433 | 37 987 |
| 本科院校 | 40 | 62 468 | 147 596 | 444 313 | 72 534 | 30 722 |
| 专科院校 | 33 | 10 905 | 41 726 | 82 076 | 11 627 | 6 506 |
| 分校、大专班 | | 6 465 | 26 412 | 59 139 | 1 272 | 759 |
| 三、普通中等学校 | 4 142 | 1 266 175 | 1 769 444 | 4 730 205 | 335 519 | 259 664 |
| 1. 中等专业学校 | 173 | 139 861 | 124 340 | 416 043 | 23 535 | 13 263 |
| 中等技术学校 | 147 | 124 394 | 116 101 | 380 867 | 19 224 | 10 826 |
| 中等师范学校 | 26 | 15 467 | 8 239 | 35 176 | 4 311 | 2 437 |
| 2. 技工学校 | | | | | | |
| 3. 普通中学 | 3 622 | 1 060 952 | 1 576 241 | 4 151 077 | 287 314 | 227 905 |
| 高中 | 865 | 249 318 | 358 715 | 904 913 | | 58 630 |
| 初中 | 2 757 | 811 634 | 1 217 526 | 3 246 164 | | 169 275 |
| 4. 职业中学 | 343 | 65 187 | 68 672 | 162 775 | 24 558 | 18 412 |
| 高中 | 342 | 65 000 | 68 579 | 162 293 | | 18 379 |
| 初中 | 1 | 187 | 93 | 482 | | 33 |
| 5. 工读学校 | 4 | 175 | 191 | 310 | 112 | 84 |
| 四、小学 | 15 754 | 1 243 676 | 917 515 | 6 864 985 | 319 045 | 288 409 |
| 五、特殊教育学校 | 117 | 4 029 | 4 125 | 36 065 | 3 039 | 2 202 |
| 六、幼儿园 | 8 886 | | 678 783 | 1 307 072 | 61 680 | 45 616 |

**2001 年各级成人学校基本情况**

单位：人

| 学校类别 | 学校数（所） | 毕业生数 | 招生数 | 在校学生数 | 教职工数 合计 | 其中：专任教师 |
|---|---|---|---|---|---|---|
| **总　计** | **28 346** | **7 413 873** | **7 094 844** | **5 816 142** | **51 880** | **30 164** |
| 一、成人高等学校 | 31 | 59 435 | 114 090 | 269 747 | 10 903 | 6 356 |
| 1. 广播电视大学 | 2 | 4 327 | 2 538 | 8 823 | 5 953 | 3 442 |
| 2. 职工高等学校 | 19 | 3 764 | 6 188 | 17 582 | 2 558 | 1 616 |
| 3. 农民高等学校 | | | | | | |
| 4. 管理干部学院 | 6 | 2 322 | 1 932 | 5 376 | 1 206 | 658 |
| 5. 教育学院 | 4 | 2 158 | 5 339 | 10 735 | 1 186 | 640 |
| 6. 独立函授学院 | | | | | | |
| 7. 普通高等学校举办： | （73） | 46 864 | 98 093 | 227 231 | | |
| 函授部 | | 27 042 | 50 453 | 125 460 | | |
| 夜大学 | | 8 763 | 18 496 | 48 024 | | |
| 成人脱产班 | | 11 059 | 29 144 | 53 747 | | |
| 二、成人中等学校 | 23 686 | 7 219 499 | 6 850 904 | 5 416 565 | 36 283 | 21 983 |
| 1. 成人中等专业学校 | 417 | 55 328 | 22 084 | 85 397 | 11 641 | 6 157 |
| 广播电视中等专业学校 | 3 | 8 186 | 1 256 | 11 202 | 1 099 | 440 |
| 职工中等专业学校 | 127 | 22 603 | 5 676 | 27 638 | 5 285 | 2 953 |
| 干部中等专业学校 | 6 | 1 784 | 450 | 2 073 | 541 | 246 |
| 农民中等专业学校 | | | | | | |
| 函授中等专业学校 | 2 | 7 538 | 5 895 | 13 221 | 628 | 250 |
| 教师进修学校 | 75 | 5 396 | 2 377 | 7 111 | 4 088 | 2 268 |
| 其他类学校举办 | 204 | 9 821 | 6 430 | 24 152 | | |
| 2. 成人中学 | 488 | 44 895 | 47 460 | 56 381 | 4 450 | 2 878 |
| 职工中学 | 168 | 14 417 | 13 042 | 16 082 | 2 031 | 1 269 |
| 农民中学 | 320 | 30 478 | 34 418 | 40 299 | 2 419 | 1 609 |
| 3. 成人技术培训学校 | 22 781 | 7 119 276 | 6 781 360 | 5 274 787 | 20 192 | 12 948 |
| 职工技术培训学校 | 1 125 | 871 945 | 725 252 | 715 235 | 8 203 | 5 487 |
| 农民技术培训学校 | 21 656 | 6 247 331 | 6 056 108 | 4 559 552 | 11 989 | 7 461 |
| 三、成人初等学校 | 4 629 | 134 939 | 129 850 | 129 830 | 4 694 | 1 825 |
| 1. 职工初等学校 | 164 | 24 404 | 27 014 | 27 671 | 345 | 205 |
| 2. 农民初等学校 | 4 465 | 110 535 | 102 836 | 102 159 | 4 349 | 1 620 |
| 其中：扫盲班 | 663 | 12 846 | 6 384 | 6 973 | 758 | 401 |

〔**学校党建工作**〕 2001年，江苏省部署全省教育系统积极开展纪念建党80周年系列活动。召开建党80周年表彰大会，表彰高等学校先进基层党组织85个、优秀共产党员151名、优秀党务工作者96名；召开纪念中国共产党成立80周年理论研讨会；举办江苏高等学校党建工作成绩展；会同省有关部门联合开展纪念中国共产党成立80周年读书活动；邀请中国科学院院士、西安卫星测控中心总工程师李济生为在宁高校师生作先进事迹报告。

动员和部署全省教育系统认真学习宣传江泽民同志“三个代表”重要思想。召开全省高校学习贯彻江泽民同志“三个代表”重要思想和“七一”讲话精神座谈会，省委副书记任彦申出席会议并讲话；举办理论骨干培训班；在全国率先成立江苏高校学习江泽民同志“七一”重要讲话宣讲团暨高校理论教育报告团，分赴全省40多所高校，向广大干部师生宣讲60多场次；加强高校“两课”建设，在全省高等学校“两课”教学中积极开展“三个代表”重要思想进课堂、进教材、进学生头脑工作。

深入开展以贯彻落实江泽民同志“七一”重要讲话和十五届六中全会精神为主要内容的教育活动，组织引导广大党员干部学习、把握和实践“三个代表”重要思想；指导高校认真贯彻落实《关于进一步完善高等学校党委领导下的校长负责制的若干规定（试行）》，重点加强党委民主集中制建设，完善内部领导体制，切实加强学校党委工作的规范化建设；贯彻落实《江苏省高等学校院（系）党组织工作暂行规定》，系统研究高校院（系）党总支（党委）工作理论，努力加强高校院（系）党组织建设，积极开展民主评议党员和“最佳党日活动”评比。

贯彻落实党的十五届六中全会精神，就江苏省高校党的作风建设进行专题调研，并向教育部提交《江苏高校党的作风建设的调研报告》。组织省高校党建研究会，对一些重点、难点问题进行调研，拟定《江苏省民办高校党组织工作暂行规定》《江苏省高等学校党校工作暂行规定》《江苏省普通高校院（系）党建工作基本标准》等规范性文件，并着手修订《江苏省普通高等学校党委工作评估体系》，初步形成一套比较完备的制度，促进了高校党建工作科学化、民主化、规范化建设。

贯彻落实《中国共产党江苏省中小学校基层组织工作暂行规定》，会同省委组织部，组织力量对全省13个市、13个县（市、区）的教育行政部门和60多所中小学进行调研，全面了解基础教育系统党建工作情况。认真贯彻中组部和教育部党组《关于加强社会力量举办学校党的建设工作的意见》，强化对社会力量所办学校党组织的设置和监督指导，促进民办学校党建工作尽快走上规范之路。

〔**教育现代化建设**〕 2001年，继续实施教育现代工程，以区域推进为抓手，加快苏南县（市）、市辖区的教育现代化建设。把全省的教育现代化建设由物质层面提升到制度层面，提高教育现代化建设的层次和水平。依据《江苏省教育现代化建设实施纲要》《江苏省县（市）教育基本实现现代化建设标准（试行）》《江苏省县（市）教育基本实现现代化评估意见（试行）》，开展苏南区域教育现代化建设调研活动，对苏南地区的300个乡镇、2 500多所学校进行实地考察，300多名教育行政干部、3 500多名校长和教师参与书面调研。通过调研活动，对苏南各县（市、区）的教育现代化建设情况及教育服务本地经济建设的情况有了全面了解，在此基础上制定出《江苏省市辖区教育基本实现现代化建设标准》。

〔**教育综合改革**〕 2001年，江苏省召开以“用教育信息化推动教育现代化，促进教育为经济服务”为主题的全省农村教育综合改革实验县第19次工作协作会议，研究和学习如何通过教育生产力的革命提升地方经济的服务水平。贯彻落实省委、省政府苏北区域发展座谈会和全国、全省基础教育工作会议精神，召开全省调动教育力量促进苏北发展工作会议，研究讨论如何适应农村税费改革要求，实现苏北教育的可持续发展，推动苏北经济和社会的发展。召开全省31家教育综合改革试点企业理论和实践研讨会，指导各试点企业适应入世新形势，促进构建学习型企业。

〔**教育法制建设**〕 2001年，江苏省认真贯彻执行全国、全省教育法制工作会议精神，根据教育部和江苏省“四五”普法工作要求，制定《全省教育系统“四五”普法的规划》。适应加入WTO后的新形势，对江苏省15件地方性教育法规和规章进行全部清理，审核提出具体清理意见。研究制订《关于进一步加强学校法制工作的意见》和《县（市）教育法制工作目标》。制定印发《关于对全省大中小学生进行毒品预防教育的通知》。切实加强教育立法工作，起草修改《江苏省教育督导规定》，调研起草《江苏省实施高等教育法办法》《江苏省民办教育管理办法》，报送省政府作为2002年省立法项目。建立全省高校法制工作联络员网络，举办培训班，积极推进高校依法治校工作。认真受理行政复议案件，协助处理行政申诉和行政诉讼案件，制定厅机关内部行政诉讼案件的处理办法。全年共处理行政诉讼案件6起，行政申诉7起和行政复议案件6起。

〔**教师队伍建设**〕 2001年，江苏省加快全省学校人事制度改革，省教育厅会同省编办、省财政厅制定农村中小学教职工编制标准，清理整顿农村中小学代课教师和其他各类临时人员近3万人，规范教师录用办法，积极推进中小学校后勤社会化改革。2001年省属高校和厅直管中专校从省内外高校、科研院所等单位引进专业人员986人，其中副教授以上334人，研究生以上学历382人；引进本科以上毕业生2 400多人，其中硕士、博士毕业生1 300多人。举办2001年报考研究生上线落榜生源师资招聘会，从参加研究生全国统一考试上线未录取人员中招聘近400名条件优秀考生作为高校基础课教师，参加研究生课程学习。

2001年积极组织省“333工程”、高校“青蓝工程”培养对象的选拔推荐，加强对人选的培养、考核和管理。组织专家对第一批共400余名省“333工程”培养人选和97名“青蓝工程”培养人选进行考核，并根据考核结果提出调整意见。完成省“333二期工程”培养对象候选人评审推荐工作，推荐人选113人。选拔“青蓝工程”新世纪学术带头人107名，并制定了相应的培养目标和培养措施。评审推荐2001年享受国务院政府特殊津贴专家候选人16名、教育部优秀青年教师资助计划省属高校人选5名、教育部优秀青年教师教学科研奖励计划省属高校推荐人选3名。2001年评审推荐人事部、教育部表彰的全国模范教师、全国教育系统先进工作者42名，教育部表彰的全国优秀教师、全国优秀教育工作者106名。评选表彰江苏省优秀教育工作者298名，江苏省中小学优秀指导教师、青年教师新秀100对。

2001年，改革高校、中专校职称评审计算机考核办法。成立新一届高校人文社会科学、理学、工学、农医学4个教师高级专业技术职务评审委员会，新一届中专校人文社会科学、理学、工农医学3个教师高级专业技术职务评审委员会。全省共有1 233名高校教师晋升为教授、副教授等高级职务。262名教师从原中专校职务同级转评为高校教师高级职务，549名中专校教师晋升为高级讲师等中专校系列高级职务。

〔**教育交流**〕 2001年，江苏省积极利用国（境）外优质教育资源，中外合作办学机构62家，合作项目68个，聘请外籍教师2 010人。外国留学生总数明显增加，在校外国留学生人数达4 202人，比上年增加26.3%。2001年新审核自费留学中介机构10个，至此，全省共有自费留学中介机构15个，各类出国留学人数达2 362人。短期因公出国团组484批，计1 235人次。赴港澳台团组246批，计405人次。全省中小学生赴国（境）外参加夏（冬）令营61批，计3 049人次。

〔**语言文字工作**〕 2001年，经省政府同意，对语委成员单位和语委委员作了调整，进一步明确各成员单位工作职责。44所高校建立普通话培训测试工作机构。举办5期省级测试员资格考核培训班。2001年全省共有普通话培训测试站126个，国家级普通话水平测试员198人，省级普通话水平测试员2 352人，有46.08万人通过普通话水平测试并获得等级证书。召开全省学校语言文字工作会议，制定《关于加强“十五”期间学校语言文字工作的意见》和《关于在全省高校、中等职业学校开展普通话水平测试的通知》，明确“十五”期间全省学校语言文字工作的指导思想、基本思路和工作目标。启动公务员普通话培训测试工作，举办江苏省语言文字工作干部培训班和江苏省第三届语言文字工作优秀论文评选，研制普通话水平测试管理软件，成功举办第四届全国推广普通话宣传周江苏省系列宣传活动。

撰稿 程光熙 许正亚 许李军 王 伟
许小梅 佴永锦 王红蕾 王 兵

# 基础教育

〔**综述**〕 2001年，全省进一步强化两基“重中之重”地位，基础教育稳步发展。省政府召开了全省基础教育工作会议，制定印发《关于加快基础教育改革与发展的意见》，明确了新世纪初江苏省基础教育改革和发展的目标措施。全省义务教育实施水平不断巩固提高，小学适龄儿童入学率99.8%，在校生巩固率99.3%；初中阶段毛入学率99.2%，在校生巩固率96.2%；特殊教育同步发展，7～15周岁残疾儿童接受九年义务教育的入学率达90%以上。高中阶段教育发展迅速，在校生141万人，在初中毕业生大幅度增加的情况下保持高中阶段入学率73%。对苏北和苏中20个县(市、区)、40个乡镇和250所学校的“两基”工作进行省级年审抽查和随机抽查，强化“两基”年审制度和机制，促进了义务教育水平的巩固提高。

在基础教育规模发展的同时，优质教育资源不断扩大，教育发展水平进一步提高。2001年新增国家级示范高中23所，创建省级重点高中42所、示范初中137所、实验小学71所、示范性实验幼儿园63所、特殊教育示范学校9所。2001年全省共有国家级示范高中75所，省级重点高中287所，示范初中364所，省实验学校263所，省特殊教育现代化示范学校22所。

全面推进素质教育，促进人才培养模式创新。2001年建立全省青少年校外工作联席会议制度，召开全省中小学德育工作会议，表彰省德育先进学校和德育先进工作者。积极推进以课程改革为核心、以研究性学习为重点的素质教育，制定《江苏省基础教育课程改革实施意见》；深化中考制度改革，组织实施有关课程实验操作统一考查；研究制定适应基础教育课程改革需要的中小学教师培养培训方案。

2001年，农村基础教育“以县为主”的管理体制初步形成。制定《江苏省财政统一发放中小学教师工资暂行办法》；强化县级政府基础教育统筹权，基本落实农村基础教育“以县为主”的管理体制。中小学布局调整和危房改造工作进展顺利。制定全省中小学布局调整方案，设立中小学布局调整和危房改造专项经费。全年共完成改造中小学危房458.6万平方米，其中D级危房155.2万平方米，超额完成年初确定的改危工作目标。

〔**九年义务教育**〕 2001年，全省小学比上年减少3 356所；班级16.40万个，在校学生比上年减少32万人，小学适龄儿童入学率99.8%，在校生年巩固率99.3%。全省初中比上年减少59所；班级5.60万个，在校学生比上年增加31.2万人。初中阶段毛入学率99.2%，在校生年巩固率96.2%，初中毕业生升入高中升学率73%。教师学历达到国家规定合格学历的比例，小学为97.39%，初中为90.75%，分别比上年提高0.72个百分点和1.82个百分点。制定《关于进一步做好控制农村初中生辍学工作的意见》，加强组织领导，落实双线承包责任制，深化课程和考试评价制度改革，严格查处违规行为，加强学籍管理，积极扶助贫困家庭学生，建立健全督查制度，针对苏中、苏北地区初中生辍学率较高问题，专门召开会议部署控制初中生辍学的具体措施。举办第二批省级示范初中校长培训班，审核批准省级实施教育现代化工程示范初中137所，2001年全省共有省级示范初中364所。

〔**普通高中教育**〕　2001年，全省普通高中与上年相比，学校数增加6所，招生数增加5.94万人，校平均学生数增加113人。进一步改革高中教学，注意加强学科内外知识联系，理论联系实际，渗透德育内容，注重培养学生运用基础知识分析问题、解决问题的能力，加强理科和劳技实验教学和实践环节，培养学生动手能力和实践能力。增设选修课程和新设课程，满足学生多方面、多层次发展需要。积极创造条件开设信息技术、综合实践活动、地方和学校选修课等新设课程。积极探索评价管理办法，加强对学分制的研究和推广，用学分制评价管理学校课程和新设课程。举办全省重点高中校长研究性学习培训班，进一步明确开展研究性学习的具体要求。积极适应全省普通高中全面施行新课程计划需要，2002年高考实行“3＋文理综合”方案。评估验收国家级示范性普通高中23所，全省通过省级评估验收符合国家标准的省示范高中已达到75所。审核批准南通西藏民族中学等43所学校为省级重点高中，全省省级重点中学达到287所。进一步挖掘高中教育资源，鼓励有条件的重点高中跨地区招生，重点面向苏北地区，加快高中事业发展，促进经济发达地区为经济欠发达地区发展高中教育提供支持和帮助。

〔**幼儿教育**〕　2001年，全省幼儿园办园规模进一步调整，优质幼儿教育资源不断扩大，评估确认省示范性实验幼儿园64所，全省共有省级示范性实验幼儿园266所，现代化幼儿园865所，一类幼儿园987所，幼儿教育的质量和效益得到明显提高。深入贯彻执行《江苏省幼儿教师职业素质基本要求》，开展幼儿教师职业技能训练活动，举办首届全省幼儿园青年教师专业技能比赛，全省13个市选拔了80名幼儿园青年教师参加本次比赛，吕娟等16位老师获得比赛一等奖。

〔**特殊教育**〕　2001年，审核批准武进市特殊教育学校、吴江市特殊教育学校、苏州市吴中区聋哑学校、大丰市聋哑学校、邳州市聋哑学校为江苏省特殊教育现代化示范学校。积极贯彻全国第三次特殊教育工作会议精神，落实《特殊教育学校规程》要求，举办《特殊教育学校规程》研修班，进一步提高全省特殊教育学校校长的管理水平，全省90所特殊教育学校校长参加研讨；举办盲校大教研活动，来自全省9所盲聋哑学校共60名教师代表参加这次活动，观摩课堂教学，听取学术讲座，进行论文评比，交流教育教学经验；举办江苏省聋哑学生篮球比赛，来自南京等地8个代表队100多名运动员参加比赛，南京市代表队获团体冠军。

〔**少数民族教育**〕　江苏省共有少数民族人口约26万人。2001年有以招收本省回族学生为主的民族学校27所，其中幼儿园4所、小学19所、中学4所，在校生总人数1.20万人。另有专门招收西藏学生的西藏民族中学2所，举办新疆班的省重点高中3所。为加强对内地西藏班（校）的领导和指导，省教育厅对省级西藏班工作领导小组人员作了调整和充实。审核批准南通西藏民族中学为江苏省重点高中。并决定从2001年起，江苏的少数民族学生在普通高校招生中照顾5分录取。6月，教育部民族教育司在南京召开全国内地西藏班（校）工作会议，代表们参观了常州西藏民族中学和南通西藏民族中学。

〔**民办中小学教育**〕　2001年，江苏省民办中小学、幼儿园发展迅速，学校数、招生数和在校学生数均有较大幅度增长。全省共有各类民办中小学（幼儿园）2 459所，比上年的1 941所增加518所。其中高中83所、初中136所、小学102所、幼儿园2 138所，分别比上年增加11所、50所、5所和452所。民办学校在校生数、招生数分别为40.70万人、19.45万人，比上年增加16.77万人、7.74万人。

〔**课程建设**〕　2001年，江苏省全面贯彻《国务院关于基础教育改革与发展的决定》精神，落实教育部《基础教育课程改革纲要（试行）》，加快全省基础教育课程改革步伐，制定《江苏省基础教育课程改革实施意见》，切实转变课程功能，调整课程结构，更新课程内容，促进信息技术在课程中的普遍应用，建设适合学生发展的课程资源，倡导自主、合作、探究的学习方式，建立促进学生发展、教师提高、学校课程实施的评价体系和区域性教育质量评价体系，增强教育行政部门和学校的课程管理能力，改进教师培养、培训工作，增强教师教育对课程改革的促进作用。确定52个省级课程改革实验区，拟制江苏省新课程教师培训计划，筹备召开全省基础教育课程改革实验区启动工作会议。

全省所有实施新课程方案的小学，一、二年级设置“品德与生活”课程，三至六年级设置“品德与社会”和“科学”课程。各市、县教育行政部门根据本地实际，决定是否统一设置小学“艺术”和初中“艺术”、“科学”、“历史与社会”等综合课程。鼓励学校从实际出发，选择设置综合课程，努力提高义务教育课程的综合性。鼓励有条件的学校实行九年一贯制，增强义务教育课程的整体性。综合实践活动包括信息技术教育、研究性学习、社区服务与社会实践、劳动与技术教育。全省小学三年级以上年级要将综合实践活动作为必修课程。把研究性学习作为当前实施综合实践活动课程的重点，引导学生进行自主、合作和探究的学习。加快实施“校校通”工程，以学校和区域性网络的发展为基础，充分利用互联网的现有条件，实现校内外教育资源的共同开发和利用。初中阶段增加职业技术教育内容，积极试行“绿色证书”等职业技术证书教育。贯彻执行《幼儿教育指导纲要（试行）》，认真组织培训、学习和交流，用3年左右的时间完成课程改革的试验和推广工作。

〔**中小学德育工作**〕 2001年，江苏省召开全省中小学德育工作会议，贯彻全国中小学德育工作会议和全国基础教育工作会议精神，部署“十五”期间全省中小学德育工作，表彰321名江苏省德育先进工作者和121所江苏省德育先进学校。研究制定《江苏省中小学心理健康教育实施意见》《关于教师职业道德建设的实施意见》和《江苏省关于加强校外教育的意见》，全面规划和部署新形势下中小学德育工作，切实提高中小学德育工作的针对性和实效性。

〔**教师队伍建设**〕 2001年，制订《江苏省中小学校长培训“十五”计划》《江苏省中小学校长任职资格培训教学计划》和《江苏省中小学校长提高培训教学计划》；根据教育部《关于开展基础教育新课程师资培训工作的意见》精神，召开全省中小学教师继续教育和校长培训工作座谈会，研究部署“十五”期间全省中小学教师继续教育和校长培训工作，制定中小学教师培训规划。

2001年，举办6个学科的中小学骨干教师省级培训试点班，培训教师240名；聘请18名外籍教师对中小学英语骨干教师进行短期集中培训，共培训教师400多人；选送224名中小学骨干教师参加教育部培训；依托14个省级培训基地，全面启动骨干教师省级培训工作，完成首批840名骨干教师的培训。启动信息技术培训，有近2万名教师通过考核。举办全省实验幼儿园园长培训班、实验小学校长培训班和全省教师进修学校校长培训班。

与Inter公司、南京师范大学合作开展Inter未来教育培训项目江苏地区培训工作，计划培训10 407人。其中列入Inter公司培训计划4 407人，各地安排地方培训计划6 000人，均由Inter公司提供培训教材和部分费用。2001年全省共完成6 500人的培训任务。培训内容包括现代教育思想观念、信息技术及在教学过程中的应用等，注重在课堂教学中有效地利用信息技术，强调动手学习，鼓励参训教师进行合作，结对交流，共同解决问题。培训结束后，按照Inter未来教育培训项目规定的考核标准进行三级考核，并颁发培训合格证书。

召开全省教师教育改革发展研讨会，提出“十五”时期全省教师教育改革发展的主要目标、工作思路和工作重点。根据基础教育课程改革的目标与内容，加强师范生素质教育，调整培养目标、培养规格、专业设置和课程结构，推进教学领域的各项改革和建设。成立基础教育课程改革与小学教师培养、基础教育课程改革与初中教师培养课题组，组织课题组成员对锡山区新课程实验工作进行调研，研究制定小学教师和初中教师新的培养方案。

〔**中小学布局调整**〕 为进一步提高基础教育办学效益和办学水平、适应城镇化发展需要和农村税费改革，全省从2001年开始进行新的中小学布局调整。按照完全小学施教服务人口1万人左右，交通不便地区可适当设立低年级办学点；每所初中施教服务人口3万～5万人，原则上每个乡镇办1所初中，人口较多的乡镇可增设1所的要求，规划“十五”期间（主要是前三年）全省通过布局调整减少1万所小学和初中（包括完全小学改为办学点）。2001年，全省调减中小学超过4 000所，超额完成了年度任务。为推进全省的中小学布局调整工作，省财政从2001年开始，将连续3年每年拿出2.5亿元专项经费用于补助各地。

〔**大中城市薄弱学校建设**〕 在基本完成全省农村小学和初中义务教育阶段薄弱学校改造任务后，从2001年起在全省实施加强大中城市薄弱学校建设计划，进一步提高大中城市中小学办学水平和办学质量，制定《关于进一步加强大中城市薄弱学校建设 办好每一所中小学的意见》从科学规划、队伍建设、教育改革、对口支援、经费投入、招生评价制度和薄弱学校改造七个方面提出明确要求。规划2001年到2005年大中城市薄弱学校建设中小学406所，其中小学275所、初中108所、高中23所。到2005年，大中城市（市区及县城）所有中小学布局调整基本到位。2001年全省建设大中城市薄弱学校214所，其中小学169所、初中45所，超额完成106所的年度任务。

撰稿 鞠 勤 殷天然 林 放 徐泰来 郁建文 傅祝余

# 职业教育与成人教育

〔**综述**〕 2001年全省中等职业学校招生、在校生分别占高中阶段招生和在校生总数的39.02%和42.58%。2001年，全省职业教育与成人教育贯彻落实江泽民同志“三个代表”重要思想，围绕富民强省、率先基本实现现代化的奋斗目标，确立了以实施“5112”教育富民工程统领“十五”职业教育与成人教育工作全局的思想。一方面坚持发展职业教育方针不动摇，努力扩大招生规模，不断深化教育教学改革；另一方面以建立终身教育制度和学习化社会为目标，加强农村成人教育，扩大社区教育试点，规范社会力量办学，通过多门类、多层次、多形式的培训，为农村劳动力转移和农民致富服务，为下岗（失业）职工转岗和再就业服务，为城市和农村的精神文明建设服务。

〔**“5112”教育富民工程**〕 2001年，根据《中共江苏省委、江苏省人民政府关于加快农业和农村经济结构调整，促进农民增收的若干政策意见》及有关文件精神，省教育厅、农林厅、劳动和社会保障厅、科技厅、科协等五部门提出“十五”期间联合实施“5112”教育富民工程。其主要目标是，通过职业教育与成人文化技术培训，转移500万农村劳动力，培养100万农村致富骨干，重点推广1000个农村科技致富项目，培训200万下岗（失业）转岗职工，全面提高城乡劳动者科学文化技术素质，为富民强省作出应有贡献。

2001年江苏省启动实施教育富民工程，一是宣传发动，提高全社会对教育富民的认识。二是组织协调，形成教育富民合力。省教育厅把教育富民工程列入“十五”期间全省教育改革与发展的八大工程，并安排400万元专项经费。省有关部门建立联席会议制度，研究解决实施过程中的具体问题。

三是基地建设，加强农科教结合示范基地、农村劳动力转移培训基地和再就业培训基地的建设，构筑教育富民平台。四是狠抓教育培训，培养教育富民骨干。扩大各类职业学校在农村的招生规模，抓好普通学校初、高中毕业生职业技术培训，毕业生参培率达95％，突出农村致富带头人的教育培训等。五是推进社区教育，丰富教育富民内涵。六是构建服务体系，增强教育富民效能。推进职业教育与成人教育学校产学研结合、构建农业信息服务网站和推广农业技术等。一年来，通过实施教育富民工程，开展农村劳动力转移培训256万人次，境外劳务输出5.5万人；农村党员干部培训112万人，农民科技致富骨干培训143万人；下岗（失业）转岗职工培训66万人，培训再就业率48.8％；创建省级乡镇农科教结合示范基地21个，建成农村劳动力转移培训基地200个，建立农业信息服务网站20个，引进县级科技示范项目200多个，推广新品种、新技术4 922个，辐射农户124万多户，产生直接经济效益约3.8亿元。

〔**创建省级乡镇农科教结合示范基地**〕 2001年，作为实施教育富民工程的配套措施，省教育厅提出“十五”期间创建50个省级乡镇农科教结合示范基地。示范基地主要依托农业类职业学校和乡镇成人教育中心校，吸收乡镇农业技术推广机构参与，通过政府投入、社会参与、股份合作等途径，采取对原有实验（实习）基地改造、功能拓展以及新建、共建等多种方式，切实提高基地的管理和运作水平，促进示范基地与农业科研、教育单位和产业部门的联系与合作，增强其为“三农”服务的能力。在巩固“九五”期间建立的50个农科教结合示范基地的基础上，2001年省五部门审核批准南京市浦口区等21个农科教结合示范基地为首批省级示范基地。举办全省乡镇农科教结合示范基地建设培训班，同时举办农业科技教育成果展示暨项目洽谈会，展示了包括农林牧副渔等方面200多个新品种、新技术，有40多个单位在60多个项目上达成合作意向。

〔**职业学校技术培训和劳务输出**〕 贯彻落实全省农村劳动力转移工作会议精神，大力推进职业学校开展技术培训和劳务输出工作。一是毕业生通过中介机构直接输送到国外；二是与国内的境外劳务输出公司合作，面向社会招生，强化职业技能培训和其他培训，经雇方考试合格后进行输出，主要专业包括建筑、航运、烹饪、旅游、家政服务等；三是派遣尚未毕业的学生到国外研修。在总结、推广劳务输出经验的同时，省教育厅动员全省职业学校积极开展技术培训。2001年全省职业学校开展各类培训13.37万人。其中面向农村劳动力进行实用技术培训1.79万人，面向农村基层干部培训5.70万人，面向城镇下岗、转岗、失业职工培训3.94万人，其他培训1.94万人。

〔**骨干学校建设**〕 经教育部评估和专家审核，2001年江苏省新增第二批国家级重点中等职业学校17所，全省共有国家级重点中等职业学校106所（普通中专44所，职业高中62所）。省教育厅要求，为迎接“十五”期间初中毕业生升学高峰，普及高中阶段教育，重点学校校均规模要有较大的提高，到2005年，国家级重点中等职业学校的校均规模应达到3 000人以上。此外，新增第八批省级重点职业高级中学4所，全省共有省级重点职高160所。新增省级重点乡镇成人教育中心校22所，全省共有省级重点乡镇成人教育中心校219所。根据教育部《中等职业学校设置标准》，加大布局结构调整力度，从2002年起，对凡达不到规定标准的中等职业学校，原则上不再安排学历教育招生计划，并将学校纳入布局结构调整规划中，以加快各地中等职业学校合理布局和优化结构。

〔**中等职业教育教学改革**〕 2001年，一是由点及面，全面推进专业现代化建设。在“九五”期间专业现代化建设试点取得显著成效的基础上，引导广大职业学校由外延发展转向内涵发展，调研、起草《中等职业学校重点专业和五年制高职示范专业建设和评估标准》。二是重点推进文化基础课程改革和教材建设。根据教育部教学大纲的要求，总结江苏省文化基础课程教学改革的实践经验，组织编写文化基础课程教材和富有创新特色的综合文科与综合理科2门综合课程教材。三是继续推进学分制和弹性学制试点。5月，全国中等职业学校试行学分制研讨会在南京召开，南通中专、南京无线电工业学校等校分别作大会经验介绍。

〔**信息化建设**〕 2001年制定《关于进一步加强职业教育与成人教育信息化建设工作的意见》，提出到2005年，全省200所以上职业教育与成人教育学校建成覆盖全校的校园网，并高速接入国际互联网；400所以上学校建成校园网络环境，以较高速率接入国际互联网；所有职业教育与成人教育学校建成一定规模的网络学习室，并接入互联网。全省建成由1个省级职业教育与成人教育信息资源中心、13个市级信息资源中心和所有重点职业教育与成人教育学校组成的江苏职业教育与成人教育信息资源网络，开发和使用职业教育与成人教育管理信息系统，建立省级信息资源库，初步构建职业教育与成人教育远程教育系统。

加快信息资源中心和职业教育与成人教育网站建设，组织开发网络课程。2001年全省共有9个省辖市建成信息资源中心和职业教育与成人教育网站并通过省网上验收。江苏农林学校《农业病虫害防治技术》等10项网络课程获教育部现代远程中等职业教育与成人教育资源建设工程首批立项（全国首批立项31项网络课程）。积极构建农业信息服务体系，依托骨干农业职业学校和省级乡镇农科教结合示范基地，自建农业信息服务网站、绿色网吧22个，为农民提供各种信息服务，解答生产、销售环节中的疑难问题，帮助农民在网上进行农产品交易，形成农民致富的“绿色通道”。

〔**职教教师队伍建设**〕 2001年8月，省教育厅为使广大教师和教研人员及时了解新大纲、新教材的内容和要求，使用好新大纲、新教材，在苏州举办中等职业学校德育课和文化基础课骨干教师培训班，全省近千名骨干教师分5批参加培训。此外，省教育厅在全省9个职教师资培训基地落实了300名专业教师的省级“园丁工程”骨干教师培训计划，并已组织培训。从12所重点职业学校选拔12名专业教师参加教育部“园丁工程”国家级骨干教师培训，组织国家级重点中等职业学校的80位教师报名参加专业硕士学位考试。

〔**高等职业教育**〕 2001年继续扩大对口招生规模，全省共有60所高校招生2.08万人，其中本科4 275人。进一步完善招生办法，统一全省旅游管理专业面试的时间、地点和标准，统一进行艺术类专业加试。继续扩大五年制高职招生规模，全省高等职业技术学院和省级以上重点中专共60多所学校招生2万人；省合格职教中心和国家级重点职高与省电大联合举办五年制高职，共有23所学校招生1 200人。加强对五年制高职的管理和新增专业的论证，制定《江苏省五年制高等职业教育学生学籍管理规定》。

〔**首届“职教之星”艺术节**〕 2001年，为全面推进素质教育，切实加强职业学校的精神文明建设，省教育厅与省劳动和社会保障厅联合举办了江苏省首届“职教之星”艺术节。艺术节包括青春歌手、室内装饰设计、书画、摄影、计算机网页主页设计、数控车床操作技能等七项比赛，获奖作品展览和一台颁奖仪式暨文艺汇演。艺术节历时半年，各市教育局、劳动局和职业学校共选送青年歌手162名；书画、计算机网页主页设计、摄影、室内装饰设计作品564件；数控车床操作选手42名参加全省的评比和决赛。10月20日“职教之星”艺术节在南京闭幕，副省长王珉参观了江苏省首届“职教之星”艺术节获奖作品展。

〔**社区教育**〕 2001年，召开了全省社区教育研讨会，提出“十五”期间社区教育工作目标，即全省要有90%的市、50%的县和30%的乡镇开展社区教育实验，力争建立500个社区教育学习中心，并建设一批学习化社区、学习型企业和学习型家庭，形成学校教育、社会教育和家庭教育相协调的教育体制，逐步向学习化社会迈进。根据“启动实验、扩大试点，以点带面，全面发展”的社区教育实验工作方针，通过自愿申报和审核考察，2001年确定第二批18个省级社区教育实验区。经教育部评审，新增江阴市和南京市玄武区为国家级社区教育实验区。全省共有国家级实验区 3 个，省级实验区 20 个，市级实验区 60 个，各类社区教育（学习）中心 200 多个。各实验区积极探索社区教育的管理模式，整合、利用各类教育资源，推进学习型组织的创建，并根据全省南北经济基础差异、城乡文化需求不同的实际，广泛开展“全员、全程、全面”的教育培训和活动，不断满足社区成员对教育培训的需求。

〔**社会力量办学**〕 2001 年全省共有社会力量办学单位 2000 余所。一是组织省属社会力量办学年度检查并通报检查情况。确定江苏省国土管理进修学院等 49 个单位为合格单位；责令江苏逸仙进修学院等 3 个单位暂停招生，限期整顿；撤消江苏省教育工会培训中心等 3 个单位，收回办学许可证。二是认真实施高等教育学历文凭考试试点工作。印发《关于进一步推进高等教育学历文凭考试试点工作的意见》，从培养高等职业技术、技能型应用人才的目标出发，组织修订试点专业的教学计划。组织专家对首届试点院校毕业生工作进行检查，重点检查校考课程和实践性教学环节以及毕业实践（实习）工作；积极组织试点学校做好招生录取工作，2001 年招收 14 个专业5 100名新生，全省试点院校在校生规模已达 1.30 万人。

〔**对口支援西部职业教育**〕 2001 年制定《关于对口支援陕西省职业教育工作的意见》，确定海安农业工程学校等 17 所学校对口支援陕西省 12 所学校，要求各市、各校本着相互学习、加强交流的原则，发挥江苏省职业学校优势，为对口学校进行师资、管理干部培训或派遣教师到对口学校任教，帮助对口学校进行专业建设并给予一定的物质支持和技术援助，结合对口学校实际进行教学、生产、科研项目合作和提供信息服务。

撰稿 杨向群 眭 平 徐 萍 马成荣

# 高 等 教 育

〔**综述**〕 2001 年，全省普通高校有博士、硕士授权一级学科 72 个，博士学位授权点 200 个，硕士学位授权点 823 个，高校整体办学水平进一步提升。在国家级高等教育教学成果奖评选中，南京大学、南京农业大学、中国药科大学获一等奖 4 项，东南大学、南京航空航天大学等高校获二等奖 29 项。创造型、创新型人才培养水平提高。第七届全国“挑战杯”大学生课外科技作品竞赛，南京大学、苏州大学、南京理工大学等校成绩突出，东南大学荣登榜首。举办“康缘杯”第三届全省大学生创造成果展，展示 376 项科技含量较高的学生创造成果，其中有 12 项成果获得国家专利项目。全国大学生数学建模比赛，江苏省高校荣获一等奖 13 个，二等奖 27 个。全省获得全国大学生电子设计竞赛奖一等奖 5 个，二等奖 4 个。参加全国大学生艺术歌曲比赛总决赛，南京艺术学院获一等奖，南京大学、东南大学、南京师范大学获二等奖，南京理工大学等 6 所高校获三等奖。南京师范大学被列为全国 8 个体育与艺术师资培训基地之一。南京大学、东南大学、南京航空航天大学、南京理工大学、河海大学、南京农业大学、南京师范大学、江南大学、苏州大学等 9 所高校接受教育部“211”一期工程验收，结果均为优秀。

〔**高校思想政治工作**〕 2001 年，研究制定《关于加强对高校意识形态工作领导的意见》，对新时期高校意识形态工作、教师思想政治工作、学生思想政治教育、思想政治工作队伍建设、思想政治教育进网络和大学生心理健康教育等提出明确要求和工作目标。印发《关于加强高校思想政治教育进网络工作的意见》，召开全省高校思想政治教育进网络工作研讨会，积极推进思想政治教育进网络工作。南京大学、东南大学、南京师范大学、扬州大学等校均建立了思想政治教育专题网站。

〔**招生考试制度改革**〕 2001 年，江苏招生考试制度改革体现在以下六个方面：一是全部实行网上录取，并在部分院校和专业中试行远程录取，远程录取新生 3 万人，基本实现了招生录取模式从纸质档案流通到电子信息运转的飞跃。二是在全国率先试行“高校自主录取”的招生办法，扩大高校招生自主权，对东南大学、南京理工大学、南京航空航天大学 3 所高校，实行在同批最低省控线上，不受投档比例限制的自主录取试点，引起社会的广泛关注。三是分两次填报志愿和录取，增加考生志愿的有效性。四是对民办普通高校招生政策作较大调整，支持民办高等教育快速发展。突破考生只能填报两个专业或系科限制，专科二批考生可同时选报 4 所学校、4 个专业；突破投档限制，所有达到省控线的一志愿考生档案全部发给所报学校，由学校自主择优录取；突破招生计划限制，招生院校在条件允许、保证教学质量的前提下，可临时追加招生计划。五是调整高水平运动员和艺术类考生的招生政策，在省规定的范围内，由院校自主决定录取与否。六是加快构建高等教育“立交桥”，允许职业学校、中专校毕业生报考普通高校；调整普通高校“专转本”政策，扩大招生规模，有3 615名优秀专科生经过选拔，转入有关高校本科段学习；制定应届专科毕业生报考成人教育本科段的“专升本”政策，全省 1.22 万名应届专科生积极报名，促进了成人教育的快速发展。

〔**就业制度改革**〕 2001 年，在全国率先成立江苏省大学生创业指导服务中心，为大学生就业、创业提供指导与服务。制定新的毕业生就业政策。制定《江苏省大中专学校毕业生就业管理若干规定》，简化毕业生户口迁移和就业办理手续，取消各种录（聘）用人员的审批手续，实行《报到证》一证制度，毕业生凭《报到证》和《户口迁移证》即可登记户口。加强需求信息收集，实行需求信息申报登记制度，及时掌握人才需求动态。建立待业毕业生求职登记制度，为待业毕业生提供全面服务。调整师范毕业生就业政策，突破师范生不能出省、不能出教育系统的就业限制，准许报考国家公务员，准许师范类大专毕业生进入市场自主择业，全省师范生就业逐步与市场接轨。开展毕业生就业工作评估，分学校、分专业向社会公布毕业生就业情况，促进高校加强毕业生就业工作，提高办学质量。

毕业生就业市场建设取得新进展，就业市场的规模、层次、类别丰富多样。2001 年，有针对性地设计举办不同层次、专业和行业的大规模毕业生系列专场招聘活动，全省 80%的毕业生通过上述活动落实就业单位。2002 年毕业生供需洽谈会进场学生达 6.1 万人，师资专场招聘会进场学生 2 万人。开通江苏省毕业生网上就业市场，发布需求信息 10 万多条。顺利完成全省 13.9 万名大中专毕业生就业派遣和 3.4 万名师范生的分配就业工作，全年办理毕业生就业手续 19 万人次。

〔**管理体制改革和布局调整**〕 2001 年，制定、实施《江苏省高等教育管理体制改革和布局调整总体方案》，成立江苏省高等学校设置评议委员会。教育部正式批准原无锡轻工大学、江南学院、无锡教育学院合并组建江南大学，原苏州城市建设环境保护学院与原苏州铁道师范学院合并组建苏州科技学院，原南京化工大学与原南京建筑工程学院合并组建南京工业大学，原江苏理工大学、镇江医学院、镇江师范专科学校合并组建江苏大学，原南京金融高等专科学校并入南京审计学院，原连云港化工高等专科学校并入淮海工学院，民办三江学院升格为本科层次的民办高校，定名为三江学院，原江苏公安专科学校升格为本科层次的普通高校，定名为江苏警官学院；在原泰州师范学校和原泰兴师范学校合并的基础上成立泰州师范高等专科学校。

民办高等教育稳步发展，办学活力增强。全年新批准民办普通高校正式建校 5 所，批准设立筹建民办普通高校 1 所。全省独立设置的民办高校已达 15 所，其中 7 所已批准正式建校，初步形成了民办普通高校群体，民办高等教育在校生超过 6 万人，占全省普通高校在校生的10%以上。

〔**教育教学改革**〕 2001年，开展全省高等学校教学状况大型专题调研，深入了解和掌握全省高校教学工作现状和主要问题。召开全省学校教学工作会议，启动“江苏省新世纪高等教育教学改革工程”。加快建立现代教学制度，促进高等学校教育教学改革，制定《关于深化高等学校教学管理改革等若干问题的意见》和《关于进一步加强高等学校专业建设与管理的意见》，确定各高校自主设置本科专业的学科门类，下放高校专科专业设置权，评审批准省属高校新增设155个本科专业。积极改革人才培养模式和课程体系，更新教学内容，改进教学方法和手段，改善教学条件。设立创新成果奖励学分，鼓励学生跨系、跨学校选修课程，逐步取消因学习成绩不合格而退学的办法，允许成绩不合格而未能取得学分的学生重修相关课程。建立健全教学、管理、用人部门和社会有关方面参与的人才培养质量保障体系，严格坚持人才培养目标和规格，严格坚持课程考核标准、学位授予标准和毕业标准。建立经常性的毕业生质量跟踪调查反馈制度，密切关注毕业生状况及其变化趋势。通过制定教育教学质量标准、专业评估、教学工作的评估、公布教学质量检查结果、高校办学条件、学校毕业生就业率等手段加强对学校教育教学质量的管理和监督。

积极推进高职高专专业教学改革试点，遴选24个省级教改试点专业，其中17个专业被教育部批准为国家级教改试点专业，安排专项资金260万元资助建设。在教育部第二批高职高专教改项目中，获准主持6项。围绕高等学校教育教学改革急需解决的重大问题，提出研究课题，从全省申报的730个教改项目中，评审确定重点项目和省级立项500个，安排专项资金300万元。在2001年国家级教学成果申报评选中，共获一等奖5项，二等奖31项。安排160万元专项资金，资助开发300多门多媒体教学课程。

〔**后勤社会化改革**〕 2001年，江苏省在坚持加大政府投入的前提下，拓宽投资渠道，通过学校自筹、银行贷款和社会捐资等多种投入渠道，筹措建设资金，高校办学条件进一步改善，建成校舍面积达217万平方米。学生公寓建筑面积113万平方米，已完成在建面积67万平方米。其中1/3为社会建设资金。教育超市由上年的40个发展到68个。制定《关于高校后勤社会化改革的若干政策措施》，召开全省高校后勤社会化改革工作会议，按照政府规划、社会参与、市场推进、企业运作总体思路，进行全面部署。全省有32所高校正式实施后勤社会化改革方案，分离人数6 390人，约占后勤职工总数的42%。逐步明晰教育行政部门、学校与新组建后勤服务实体的责任与义务，在后勤服务实体的组建、运营，学生公寓和食堂的建设与管理、高校后勤物资配送和采购及后勤社会化改革的资金筹措等领域，初步实现了多样化的格局，丰富了后勤社会化改革的经验，为改革的进一步深化创造了良好条件。

〔**重点学科和重点实验室建设**〕 2001年继续加大对重点高校、重点学科、重点实验室的建设力度，落实重点高校建设资金1.8亿元，重点学科建设专项经费1 200万元，重点实验室建设经费1 000万元。根据部省共建协议，落实安排南京大学、东南大学共建经费2.75亿元。高校重点实验室建设取得新进展，全省已有国家级重点实验室19个，省级重点实验室35个，国家级工程（技术）研究中心4个，省级工程（技术）研究中心27个。根据省政府颁发的《江苏省“十五”期间高等学校重点学科建设实施办法》，按照整体规划、分批推进、讲求实效、优胜劣汰的原则，形成滚动竞争机制，全面启动10个“重中之重”学科和100个省重点学科的评选与建设工作，评选新一轮国家重点学科89个、省重点学科112个。建立“学科特区”和“学科带头人负责制”等学科建设管理新体制，允许从国内外聘请学科带头人，注重学科梯队整体实力，拓展投资渠道，多渠道吸纳建设资金，集中优质资源，重点支持与江苏经济社会发展密切相关的应用型学科，注重创新与实效，努力形成江苏新世纪科技创新、机制创新的人才高地。

〔**学位工作与研究生教育**〕 积极扩大全日制统招研究生规模，2001年全省共招收硕士研究生1.08万名，博士研究生2 777名。大力发展专业学位教育，新增南京大学和南京邮电学院为工程硕士授予单位，全省工程硕士授予单位已达13个。共有专业学位试点高校17所，能够培养工商管理、行政管理、工程、法律、教育等全部9种专业学位。专业学位招生4 300名。有5 009人参加同等学力申请硕士学位全国联考。加快"产学研"研究生培养基地建设，省教育厅、省农林厅、省农科院与南京农业大学，南京理工大学与江苏同创集团，苏州大学与新加坡工业园，南京邮电学院与江苏联通，扬州大学与中国农科院水稻所，南京航空航天大学与省电力自动化研究院，东南大学与南京电力自动化研究院等单位，均建立了研究生联合培养基地。根据国务院学位委员会有关文件精神和江苏省《关于开展2001年增列学士学位授权单位和授权专业工作的通知》要求，组织2001年申请学士学位授权单位与授权专业评审。经专家实地考察，增列淮阴师范学院为学士学位授权单位，43个专业为学士学位授权专业。

〔**高校科技产业**〕 2001年江苏召开全省高校科技与产业工作会议，提出"十五"期间跨越式发展的总体目标和措施。南京大学苏富特软件股份有限公司在香港成功上市，实现江苏省高校上市公司零的突破。以建立现代企业制度为目标，对隶属后勤的产业实行社会化改造，贯彻效益优先的分配原则，建立多元化投资体制，推动科技成果转化，推进高校科技与产业工作管理体制和机制改革。设立高校科技产业发展基金，弥补社会资金对高校科技成果转化的不足，投入1 000万元资金启动首批86个项目。举办江苏高校科技成果展示及投资洽谈会，1 000多个项目参展，签订合同254项，正式签约合同项目总投资达10亿元。加快大学科技园建设，南京大学、东南大学科技园被国家科技部和教育部批准为国家级大学科技园，建立无锡大学科技园和江苏高校科技工业园。

全年通过各种渠道争取科技经费18.11亿元。共承担科技课题1.21万项，其中基础研究课题2 382项，应用研究课题5 629项，实验发展课题1 688项，R&D成果应用课题631项，科技服务课题1 841项。共投入人力1.29万人，其中科学家和工程师1.12万人，当年拨入经费12.95亿元，当年支出经费9.56亿元。共承担国家"973"项目125项（含子项），投入经费0.23亿元；国家科技攻关项目101项（含子项），投入经费0.2亿元；"863"项目61项（含子项），投入经费0.13亿元；国家自然科学基金项目999项，投入经费0.72亿元。

2001年，全省高校拥有教学与科研人员5.82万人（包括人文、社会科学人员1.33万人），其中教师3.09万人，其他技术职务系列人员2.52万人，辅助人员2 182人。鉴定科技成果592项，216项达到国际水平，143项为国内首创，202项达到国内先进水平。共有299项科技成果获得部省级以上科技成果奖，其中国家级科技成果奖10项，分别是国家自然科学奖1项，国家发明奖1项，国家科技进步奖8项。国务院各部门科技奖97项，省科技进步奖192项。出版科技专著459部，大专院校教科书565部，科普著作111部。发表学术论文2.57万篇，其中在国外学术刊物上发表2 697篇，在全国性学术刊物上发表1.84万篇，在地方学术刊物上发表4 573篇。SCI收录论文1 645篇，EI收录957篇，ISTP收录305篇。申请专利365项（其中发明专利243项，实用新型119项，外观设计3项），授权155项（其中发明专利55项，实用新型97项，外观设计3项）。全省高校共转让科技成果500项，合同金额1.83亿元，当年实际收入1.24亿元。在500项转让的成果中，专利出售30项，向国有大中型企业转让192项，向国有小型企业转让102项，向集体企业转让82项，向私营企业转让43项，向外资企业转让8项，向其他企业转让73项。

〔**高校人文社会科学研究**〕 2001年制定江苏高校人文社会科学研究"十五"规划，做好教育部和省高校人文社会科学研究项目申报、评审和立项工作。省属高校累计申报教育部人文社科规划项目42项。省教育厅人文社科第一批项目全省高校累计申报222项，实际立项资助89项；第二批项目累计申报92项，实际立项资助46项；指导性计划项目实际立项118项。会同省委宣传部等有关部门，组织开展江苏省优秀哲学社会科学先进工作者评选工作，南京大学柳士镇等36位高校代表受到表彰。

〔**成人高等教育**〕　成人高等教育事业进一步发展，2001年江苏省成人高校在校生达26.97万人，比上年增长23%，远程开放教育包括广播电视大学的开放教育和普通高校网络学院注册人数超过10万人，专业证书班招生4.5万余人，参加专业证书后教育的学员达3.5万余人。成人高等教育的教学管理和质量监控得到进一步加强，对成人高等教育在校生的公共基础课程英语和计算机基础进行统考，共有15万人次参加了考试；开发专业证书后教育和成人高等教育统考管理软件系统，并对成人教育管理人员进行培训，促进成人高等教育管理现代化，提高成人教育管理效率；加强成人高等教育教学基本建设，组织编写计算机科学与技术专业成人教育系列示范性教学计划，编写计算机基础、应用写作等成人教育统考和专业证书后教育统考100多门课程的考试大纲，建立了600多套试卷库，组织编写出版成人教育计算机应用基础和英语教材；成人高等教育的管理职能进一步转变。制订现代远程教育校外学习中心（点）和高等学校函授站点备案、年审等管理办法，委托市教育局加强对校外学习中心（点）的管理。向社会公布同意备案的函授站465个、现代远程教育校外学习中心（点）67个。

〔**现代远程教育**〕　经教育部同意，江苏省从1999年起启动“江苏高校网上远程教育试点工程”。2001年普通高校网络学院招生2 800多人，网络学院注册人数近4 000人；广播电视大学“人才培养模式改革和开放教育试点”2001年招生4.40万多人，注册人数近12万人。制订《高等学校远程教育校外教学站点登记备案制度》，凡教育部批准开展远程教育的高校，均可以到江苏来开展远程教育，鼓励平等竞争。对符合条件的部分高校在江苏省范围内设立的40多个远程教育校外教学站点上网向社会公布。同时，向社会公布同意备案的函授站、网络教育校外教学站点。加快网络课程建设，积极探索网络环境下学生自主学习模式、教学模式、管理模式，探索网络化环境下高等教育的教学规律。实行课程上网向全省高校开课，资源共享、学分互认。2001年遴选第二批7门课程上网，并启动第三批20门左右上网课程。注重以现代远程教育推动函授教育和广播电视教育的改造，推进远程教育工程，推进终身教育体系构建的进程，推动学习化社会的形成。

撰稿　王　芳　张竹繁　晏仲超　戚跃芳
黄晓曦　经贵宝　傅祝余　王　兵
审稿　王斌泰

# 浙江省教育

## 概　况

〔基本情况〕

**2001 年各级普通学校基本情况**

单位：人

| 学校类别 | 学校数(所) | 毕业生数 | 招生数 | 在校学生数 | 教职工数 合计 | 教职工数 其中：专任教师 |
|---|---|---|---|---|---|---|
| **总　计** | **26 082** | **1 559 324** | **2 338 309** | **8 036 275** | **501 138** | **399 264** |
| 一、研究生 | (11) | 1 789 | 5 330 | 12 712 | | |
| 1. 高等学校 | (7) | 1 777 | 5 302 | 12 645 | | |
| 2. 科研机构 | (4) | 12 | 28 | 67 | | |
| 二、普通高等学校本专科 | 39 | 37 230 | 120 195 | 293 078 | 44 347 | 22 168 |
| 本科院校 | 20 | 26 944 | 67 355 | 181 204 | 30850 | 14 326 |
| 专科院校 | 19 | 6 101 | 27 282 | 61 180 | 7 931 | 4 571 |
| 分校、大专班 | | 4 185 | 25 558 | 50 694 | 5 566 | 3 271 |
| 三、普通中等学校 | 3 460 | 850 905 | 1 074 274 | 3 097 063 | 206 385 | 167 968 |
| 1. 中等专业学校 | 82 | 47 687 | 31 002 | 129 261 | 5 688 | 3 113 |
| 中等技术学校 | 81 | 44 676 | 27 695 | 118 862 | 5 478 | 3 024 |
| 中等师范学校 | 1 | 3 011 | 3 307 | 10 399 | 210 | 89 |
| 2. 技工学校 | | | | | | |
| 3. 普通中学 | 2 900 | 715 671 | 893 404 | 2 629 996 | 176 990 | 147 304 |
| 高中 | 622 | 164 372 | 223 728 | 601 765 | | 38 670 |
| 初中 | 2 278 | 551 299 | 669 676 | 2 028 231 | | 108 634 |
| 4. 职业中学 | 476 | 87 492 | 149 807 | 337 693 | 23 660 | 17 514 |
| 高中 | 476 | 87 364 | 149 477 | 336 546 | | 17 432 |
| 初中 | 0 | 128 | 330 | 1 147 | | 82 |
| 5. 工读学校 | 2 | 55 | 61 | 113 | 47 | 37 |
| 四、小学 | 10 018 | 666 617 | 584 485 | 3 462 761 | 176 428 | 159 865 |
| 五、特殊教育学校 | 64 | 2 783 | 2 593 | 19 358 | 1 385 | 1 068 |
| 六、幼儿园 | 12 501 | | 551 432 | 1 151 303 | 72 593 | 48 195 |

## 2001年各级成人学校基本情况

单位：人

| 学校类别 | 学校数（所） | 毕业生数 | 招生数 | 在校学生数 | 教职工数 合计 | 其中：专任教师 |
|---|---|---|---|---|---|---|
| **总　计** | **24 367** | **4 725 437** | **5 259 544** | **4 122 686** | **37 199** | **19 717** |
| 一、成人高等学校 | 22 | 34 894 | 97 556 | 223 599 | 6 667 | 3 891 |
| 1. 广播电视大学 | 2 | 5 274 | 6 195 | 17 060 | 3 866 | 2 261 |
| 2. 职工高等学校 | 14 | 1 588 | 7 988 | 13 532 | 1 973 | 1 166 |
| 3. 农民高等学校 | | | | | | |
| 4. 管理干部学院 | 1 | | | | | |
| 5. 教育学院 | 5 | 2 518 | 8 890 | 23 858 | 828 | 464 |
| 6. 独立函授学院 | | | | | | |
| 7. 普通高等学校举办： | (39) | 25 514 | 74 483 | 169 149 | | |
| 函授部 | | 14 472 | 54 562 | 119 073 | | |
| 夜大学 | | 4 778 | 8 663 | 25 193 | | |
| 成人脱产班 | | 6 264 | 11 258 | 24 883 | | |
| 二、成人中等学校 | 21 786 | 4 612 114 | 4 890 710 | 3 618 404 | 28 479 | 14 987 |
| 1. 成人中等专业学校 | 241 | 39 203 | 27 505 | 90 186 | 4 132 | 2 338 |
| 广播电视中等专业学校 | 15 | 7 595 | 5 517 | 16 798 | 606 | 340 |
| 职工中等专业学校 | 63 | 14 628 | 10 464 | 31 109 | 1 663 | 887 |
| 干部中等专业学校 | | | | | | |
| 农民中等专业学校 | 4 | 410 | 32 | 263 | 161 | 89 |
| 函授中等专业学校 | 4 | 2 686 | 5 149 | 11 424 | 36 | 13 |
| 教师进修学校 | 51 | 1 171 | 1 377 | 3 916 | 1 666 | 1 009 |
| 其他类学校举办 | 104 | 12 713 | 4 966 | 26 676 | | |
| 2. 成人中学 | 372 | 23 963 | 34 407 | 58 098 | 3 380 | 2 434 |
| 职工中学 | 125 | 10 214 | 13 706 | 23 364 | 1 576 | 1 067 |
| 农民中学 | 247 | 13 749 | 20 701 | 34 734 | 1 804 | 1 367 |
| 3. 成人技术培训学校 | 21 173 | 4 548 948 | 4 828 798 | 3 470 120 | 20 967 | 10 215 |
| 职工技术培训学校 | 914 | 374 560 | 568 438 | 404 304 | 7 945 | 5 148 |
| 农民技术培训学校 | 20 259 | 4 174 388 | 4 260 360 | 3 065 816 | 13 022 | 5 067 |
| 三、成人初等学校 | 2 559 | 78 429 | 271 278 | 280 683 | 2 053 | 839 |
| 1. 职工初等学校 | 50 | 5 992 | 4 674 | 4 243 | 73 | 14 |
| 2. 农民初等学校 | 2 509 | 72 437 | 266 604 | 276 440 | 1 980 | 825 |
| 其中：扫盲班 | 1 594 | 24 632 | 20 533 | 22 797 | 1 074 | 517 |

〔**年度工作计划**〕 2001年全省教育工作的总体思路是：高举邓小平理论旗帜，按照江泽民总书记“三个代表”的要求，全面贯彻党的十五大、十五届五中全会和浙江省委十届五次全会精神，抓住机遇，开拓进取，以建设教育强省和全面实施素质教育为总纲，以加快发展为主题，以深化改革为动力，加强和改进学校党建和思想政治工作，巩固提高“两基”成果，大力普及高中段教育，大力发展高等教育，加快教育现代化、信息化进程，确保教育质量，为把浙江建成教育强省打下坚实基础。

加强改进学校党建和思想政治工作，为建设教育强省提供坚强的思想和组织保证。进一步巩固高校“三讲”教育成果，提高领导班子驾驭学校改革和发展的能力；在省属高校全面推行行政班子整体任期制，优化领导班子结构；坚持不懈地抓好党的基层组织建设，做好在青年学生和优秀知识分子中发展党员工作，增强高校党组织的凝聚力和战斗力；加强和改进思想政治工作，加强高校“两课”教育，认真抓好思想政治教育进网络工作；提出加强民办高校和高等职业学校党建和思想政治工作，将德育融入学校教育的各个环节，认真研究社会环境变化对青少年成长的影响；继续保持和维护教育系统的稳定。

积极推进依法治教，加强党风廉政建设，维护教育的良好形象。加大教育普法和执法监督力度，建立和完善行政处罚、行政复议、申诉受理等制度；加大纠正不正之风力度，规范教育收费、招生考试行为，重点治理中小学乱收费；进一步推行校务公开和政务公开。

以创建教育强县活动为载体，努力提高全省教育现代化水平。修订完善《浙江省教育强县评审认定操作标准》，组织第二批省教育强县的评估验收工作；巩固提高“两基”成果，继续加大中小学布局调整的力度，基本完成义务教育学制统一工作，理顺幼儿园办园体制，大力发展幼儿教育；加快发展特殊教育，最大限度地满足残疾少年儿童入学的需求；启动“百万农民培训工程”，提高农民素质和农业现代化进程。通过集中建设一批示范性窗口学校、扩大重点高中招生规模、加快发展中等职业教育等措施，大力普及高中段教育。调整中等职业学校布局，积极支持各地组建职教集团，扩大中等职业教育资源。建设一批国家级、省级重点中等职业学校和重点专业，带动全省职教事业的发展，争取中等职业教育招生数占高中段教育的比例不低于50%。

以加快高教园区建设为切入口，促进高等教育事业快速发展。要继续争创优势，积极推进高教园区建设，确保取得阶段性成果，为高等教育快速发展拓展新的空间。大力发展高等职业教育，大力发展现代远程教育、网络教育和广播电视教育，健全高等教育自学考试制度。

加强制度创新，积极深化教育教学改革。不断深化办学体制改革，继续鼓励社会力量参与办学，努力走出一条加快浙江教育发展的新路子；全面推进高校后勤服务社会化改革，实现后勤与高校母体的剥离，后勤实体按企业化、市场化方式运作；进一步改革学籍管理制度，探索弹性学制、学分制，在部分高校试行优秀专科毕业生进入本科学习的基础上，进行高职高专毕业生经过一定选拔程序进入本科阶段学习的试点；深化招生和毕业生就业制度的改革；高校推行教师聘用制，中小学进一步完善教师聘任制。

坚持以人为本，全面实施素质教育。大力加强中小学信息技术教育，制定并实施《浙江省普及中小学信息技术教育规划》；坚持积极创造条件、实行分步分类、区域推进、逐步扩大、加快普及的方针，积极推进小学英语教学；大力推进区域性素质教育，认真总结推广一批先进典型，发挥实验县在素质教育中的示范带头作用；以培养学生创新精神和实践能力为重点，认真组织实施高中新课程方案。

以提高教育质量为中心，推动教育教学工作上新台阶。要把提高教育质量摆在教育工作的突出位置，继续深入开展“高等教育质量年”活动，并一抓数年、常抓不懈；切实加强高等职业学校的建设，制定《浙江省高等职业学校设置暂行规定》；加强学科、专业建设和科研工作，对114个重点学科和重点扶持学科进行检查，启动建设50个高职高专重点专业，建设国家级、省级实验教学示范中心；切实加强师资队伍建设，提高教师素质。

多渠道筹措教育经费，提高经费使用效益。

〔**建设科教强省**〕 2月10日，浙江省省长柴松岳在省九届人大四次会议开幕式上作了《关于浙江省国民经济和社会发展第十个五年计划纲要的报告》。柴松岳在报告中强调，“十五”期间浙江省要进一步实施科教兴省战略，建设科教强省。

柴松岳指出，要建设经济强省，首先必须建设科教强省。今后五年，要进一步实施科教兴省战略，加快构筑适应我省现代化建设需要的区域科技创新体系、现代教育体系和人才支持体系。要面向现代化、面向世界、面向未来，进一步深化教育改革，加快教育发展，全面推进素质教育。高标准普及九年义务教育，基本普及高中段教育，初步实现高等教育大众化，积极发展各类职业教育和培训机构，建立终身教育体系。在扩大教育规模的同时，把提高办学质量和水平放在突出位置，转变教育观念，改进教学方法，改革考试制度，加强学科建设，着力培养学生的创新精神和实践能力。多渠道增加教育投入，改善办学条件和教育设施。积极支持浙江大学建设，基本建成杭州下沙、滨江、小和山和宁波、温州等高教园区，基本形成10所万人大学。全面加强教师队伍建设，提高教师的思想政治素质和业务素质。完善教育管理体制、办学体制和学校内部管理制度。不断探索社会力量参与办学的有效形式，在坚持以政府办学为主体的基础上，实现公办学校和民办学校的共同发展。加快实现学校后勤服务社会化。

柴松岳在谈到为实现“十五”计划起好步、开好局，2001年要突出抓好的几项工作时说，要进一步加强高等院校建设，扶持中等职业技术教育发展，继续调整中小学布局，加强薄弱学校尤其是欠发达地区学校的建设，积极在小学推行英语和计算机教学。鼓励和支持社会力量以多种形式参与办学，加强规范和引导，努力提高办学质量。深化学校内部管理体制改革，全面推行教师聘任制和全员聘用合同制，完善校长选拔和任用制度。加强对教师的培训，重点培养骨干教师和学科带头人。建立素质教育督导评价制度，完善素质教育评价体系，防止学生过重课业负担的反弹。

〔**社会力量办学**〕 做好社会力量办学年检工作，进行了民办学校非企业法人登记工作，社会力量办学继续保持良好的发展态势。全省有民办中小学476所，较上年增加53所，在校生29.14万人，增长33.7%。民办普通高校5所，以民办机制运作的本科二级学院19所。民办普通高校招生4.12万人，在校生7.9万人，分别比上年增长30.4%、78.7%。其中本科二级学院招生1.95万人，在校生达3.45万人。

# 基础教育

〔**综述**〕 九年义务教育继续得到巩固和提高。小学毕业升学比例达99.94%，初中入学率、巩固率分别为97.67%、99.68%，均比上年有所提高。小学学制改制工作基本完成，小学六年制招生比重达到99.4%。初中招生数比上年减少4.78万人，初中入学高峰开始回落。高中段教育得到快速发展。高中段各类教育招生44.04万人（含技工学校招生数），比上年增加4.34万人，增长10.9%；初中毕业升高中段比例为79.85%，比上年提高4.8个百分点，高中段教育不断向普及化目标迈进。普通高中招生数比上年增加1.6万人。普通高中招生与中职招生基本保持1∶1的比例，总体上保持协调发展。幼儿教育得到较快发展。通过“名园”效应，兼并小规模幼儿园，扩大办学规模。全省有幼儿园1.25万所，在园幼儿达到115.1万人，增长2.4%。其中社会力量办幼儿园9 537所，增加483所，在园幼儿62.98万人，增长37.4%。对少数民族学生继续实行优先优惠的教育政策，有少数民族在校学生3.55万人。杭州萧山区、温岭、诸暨、桐乡、富阳等5县（市、区）被教育部评为全国特殊教育先进县（市、区），洪佳琳等11位被评为全国特殊教育先进工作者。

中小学布局调整取得成效，初中减少42所、小学减少1 823所，校均规模初中、小学分别为890人、346人，在上年基础上又有提高。办学条件日益改善，教师总体水平得到加强，教育质量不断提高。中小学专任教师达到32.47万人，比上年增加近万人。全省小学、初中、普通高中教师学历合格率分别达到96.7%、94.1%、81.9%，分别比上年提高1.1个、1.8个、5.8个百分点。小学专科及以上，初中本科及以上学历比例分别达到25.2%和25.3%，比上年提高7.6个和6.9个百分点。

注重示范性学校建设。完成了21所省一级重点普通高中的复查，新审批安吉高级中学、新昌中学两所学校为省一级重点中学，至此，全省共有66所省一级重点中学；新核准省二级重点普通高中4所、省三级重点中学10所，至此，全省共有27所省二级重点中学、48所省三级重点中学。

〔**全省基础教育工作会议**〕 6月27日，省政府在杭州召开贯彻全国基础教育工作会议座谈会。副省长鲁松庭对贯彻落实全国基础教育工作会议精神提出了明确要求。各市分管教育的副市长、教委主任参加了会议，并就如何贯彻落实提出了建议。此后浙江省政府组织了教育、农业、财政、物价等部门组成的调研小组，赴各地调研，为召开全省基础教育工作会议做准备。

11月8日～9日，省政府召开了改革开放以来的第一次全省基础教育工作会议。会议提出了“十五”期间浙江省基础教育发展思路和奋斗目标，会上，省政府印发了《关于加快基础教育改革和发展的决定》。省长柴松岳在会上作了讲话。副省长鲁松庭作了题为《加快基础教育改革与发展，为提前基本实现现代化奠基》的报告。省人大常委会副主任徐志纯，省政协副主席陈文韶、王务迪出席会议。省政府副秘书长蒋泰维主持开幕式。省委教育工委书记、省教育厅厅长侯靖方，省财政厅厅长翁礼华，省农业厅副厅长朱志泉，省物价局局长黄家晖在会上作专题发言。

柴松岳要求全省牢固确立基础教育的战略地位，确保全省基础教育适度超前发展。要深化教育体制改革，增强基础教育发展的动力和活力。各级政府要加大对基础教育的财政投入，要千方百计保证基础教育特别是义务教育经费。各级党委和政府要自觉关心、重视基础教育，经常深入学校调查研究，及时帮助解决学校遇到的困难和问题，为基础教育发展创造良好条件。省科教领导小组已决定，将教育投入和教育发展的情况纳入市、县党政领导科技进步目标责任制考核内容。党政领导抓教育，一是抓投入，二是抓导向，三是抓环境。柴松岳希望发达地区与25个欠发达县结成对子，开展教育对口支援工程，重点帮助欠发达地区改造危房和破旧校舍、培训师资、添置必要的教学设备，扶持欠发达地区发展基础教育。

鲁松庭在报告中回顾了全省基础教育所取得的成就后，提出了“十五”期间全省基础教育改革和发展的基本思路是，高举邓小平理论伟大旗帜，以江泽民总书记“三个代表”重要思想为指导，面向世界、面向未来、面向现代化，坚持以普及为主题，以提高质量为根本，以改革创新为动力，全面贯彻教育方针，全面推进素质教育，高标准、高质量“普九”，大力发展高中阶段教育和学前三年教育，重视发展儿童早期教育和特殊教育，到2005年基本普及学前三年教育到高中阶段教育的15年教育，到2 010年，基础教育总体水平接近或达到世界中等发达国家水平，为浙江提前基本实现现代化提供强有力的智力支持和人才保障。

宁波、台州、衢州、丽水、诸暨等地区在会上作了交流发言。会议还表彰了杭州市、宁波市、绍兴市和省财政厅、省教育厅、省发展计划委员会等10个全国“两基”工作先进地区（单位）。

〔**出台基础教育改革和发展新政策**〕 省政府《关于加快基础教育改革与发展的决定》提出了浙江“十五”期间要高标准、高质量普及九年义务教育和基本普及从学前3年教育到高中阶段教育的15年教育奋斗目标，并制订了有关政策措施。

基础教育投入上有突破。提高省本级财政支出中教育经费支出所占比例每年不低于1.2个百分点的政策，延续到2005年，各市、县财政支出中教育经费支出所占比例也要逐年提高；依法征足、管好、用好城乡教育费附加；要根据当地群众的经济承受能力，合理确定和调整中小学杂费、代管费标准，适当提高高中阶段教育、幼儿教育收费占培养成本的比例；对纳税人通过非营利的社会团体和国家机关向农村中小学和城乡青少年学生校外活动场所的捐赠，在应纳税所得额中全额扣除；探索引入市场机制，盘活存量资产，利用银行贷款，加快学校建设；旧城改造和新区建设中，优先安排学校建设用地，有关规费除上缴中央外，予以减免；城市建设土地的有偿使用收入，提取一定比例用于学校建设；城市房地产成片开发的，必须按照城市建设和学校布局规划，同步建好配套的中小学和幼儿园；布局调整后闲置的土地等校产，全部用于学校建设；对学校置换的土地，减免缴纳出让金等。

办学体制改革上有突破。鼓励社会力量参与办学，在留足学校运转成本和发展资金后，可适当安排经费奖励学校举办者；公办重点高中可利用社会力量和银行贷款，新办按民办机制运行的学校；鼓励以优秀学校为龙头，组建跨地区、跨类别学校的教育集团；在进一步办好公办学校，保证国有资产不流失的前提下，薄弱学校、国有企业所属中小学和政府新建的学校，可进行按民办学校机制运行的改革试验。

全面推进素质教育上有突破。要求各地面向每一个学生，办好每一所学校；重视解决流动人口子女接受义务教育的问题；鼓励有特殊才能的学生免试进入高一级学校学习；其他有一定特长的学生，可在升学考试中加分；鼓励有条件的高中探索试行学分制。

对欠发达地区基础教育的扶持上有突破。到2005年，省安排1亿元专项资金用于补助欠发达地区中小学危房改造和布局调整；2002年至2005年，省每年安排两个1 000万元，并鼓励海内外各界人士捐资，作为扶困助学专项资金和欠发达地区名教师、名校长培养专项资金；组织实施教育对口支援工程。

加强对教育工作领导上有突破。首次提出实行教育发展领导责任制，把财政总支出中教育支出所占比例逐年增长情况纳入市、县党政领导科技进步目标责任制考核内容。

〔**实施素质教育**〕 2001年，省教育厅组织力量对全省实施素质教育的情况进行调研，形成了调研报告。6月，在温州召开全省素质教育经验交流会，对31个素质教育实验县的工作进行总结交流，表彰了成绩突出的萧山、北仑、鹿城、上虞、义乌、普陀6个县（市、区），部署了下阶段全省全面推进素质教育工作。

为进一步加强德育工作、劳技教育、心理健康教育、英语教育，先后制定了《关于适应新形势进一步加强和改进我省中小学德育工作的意见》、省劳动实践基地建设标准、《关于认真贯彻教育部文件精神进一步加强我省中小学心理健康教育的意见》，成立了省中小学心理健康教育指导中心，制定《浙江省教育厅关于积极推进我省小学开设英语课程的指导意见》。

体育教育中在全国率先引入智、体合一的“定向运动”并作为学校体育的重点竞赛内容予以普及和推广。全省学生参与数已达20万人。在卫生工作方面，与世界卫生组织、联合国粮农组织首次合作，在杭州、温州6所学校开展了以营养为重点的健康促进学校试点工作，已通过中期评估。

〔**创建教育强县**〕 每两年评选一次的浙江省教育强县，引起各地高度重视。全省有29个县（市、区）提出了创建教育强县的工作目标。省教育厅在总结1999年首批创建教育强县工作的基础上，先后组织省督学分赴25个县（市、区），深入调查了解，摸清情况，指导工作。对《浙江省教育强县评审认定操作标准》做了修订，使指标体系更体现阶段性、合理性、操作性和导向性。6月，在上虞市进行试评后，将《标准》印发各地。年底，又组织力量对22个县（市、区）进行了教育强县的评估验收，并将结果报省委、省政府审批。

在开展教育强县活动的同时，继续推动各地开展创建教育强镇活动。分两批核准省教育强镇156个。至此，全省教育强镇总数达到461个。

〔**教育信息化建设**〕 6月，省教育厅发出通知，要求各市、县（市、区）教委（局）加强中小学教育网络建设。提出教育（校园）网络建设要以为教育教学服务，推进教育现代化为宗旨，紧密结合教育教学的需要和经济能力，坚持高效、适度超前的原则，有计划，有重点，分地区、分层次，积极稳妥地推进这项工作。开展信息技术教育不仅要培养学生收集、处理和应用信息的能力，利用计算机进行自主学习、探讨的能力，更要注重学生在现代信息环境良莠不齐状况下的价值观、道德观和法律意识。“浙江教育网站”已初具规模，实现了信息发布、查询、资源浏览等功能。一年来网站的点击人次超过20万。已有9个市和53个县（市、区）建立了城域教育网络或开设教育网站。

全省所有高中（含职业学校）开设了信息技术教育课程；县城以上95%以上的初中开设了信息技术教育课程；50%的乡中心以上小学开设了信息技术教育课程或信息技术教育选修课。其中杭州、绍兴、湖州、舟山等市乡中心以上学校开设信息技术教育必修课程的达85%左右。全年举办现代教育技术运用、管理、CAI工具学习培训班17期，共培训中小学教育骨干450人次。引入英特尔“未来教育”培训项目，举办培训班143期，共有现代教育技术实验学校的特级教师、骨干教师和学科教师3 912人参加了培训。组织了全省中小学生电脑作品评选活动、全省大中小学教师进行自制多媒体教育软件评选活动等，省教育厅选送30件中小学生电脑作品参加全国评比，获二等奖2个、三等奖9个、优秀奖8个，省教育厅获最佳组织奖。全省有现代教育技术实验学校361所，其中教育部确认的53所。建立了杭州、舟山、宁波江东区、义乌市4个全国教育信息化示范区。在教育部举行的全国现代教育技术实验校工作评比中，有5所学校被评为成果突出学校，其余20多所学校分别获论文、课件单项一、二、三等奖。

〔**教师队伍建设**〕 教师节前，省政府授予张天孝、祝国强、张茂松、刘美英、潘国权等16位优秀教师为第二届“浙江省功勋教师”荣誉称号，至此浙江省共有功勋教师31人（1998年曾首次表彰了15位教师）。“浙江省功勋教师”享受省部级劳动模范和先进工作者待遇，省政府还设立专项奖金，对获奖教师给予奖励。

9月6日，浙江省举行“5522”名师工程（两年内在全省范围培训500名中学名教师、500名小学名教师、200名中学名校长和200名小学名校长）培训班开班仪式。通过集中培训，使他们在政治思想、职业道德、教育理论、知识结构、学术水平、教书育人与科研创新等方面的综合素质得到全面提高和可持续发展，在省内外形成一定影响力与知名度，为逐步成为全面发展而又个性鲜明、务真求实而又开拓创新的中小学名师奠定坚实的基础。有245名中小学教师和校长参加了国家级培训，300名教师和121名校长参加了省级培训。委托国家高级教育行政学院和华东师范大学，为浙江省举办了2期师资培训班，120名培训机构教师接受培训。

9月10日，浙江省举行了庆祝教师节暨优秀教师表彰大会。省委副书记李金明在会上讲话，副省长鲁松庭主持会议。省人大常委会副主任徐志纯，省政协副主席阙端麟等出席大会。大会表彰了16名第二届“浙江省功勋教师”、22名“全国模范教师和教育系统先进工作者”、55名“全国优秀教师和优秀教育工作者”、35名“浙江省中小学师德楷模”、299名“浙江省第十四届‘春蚕奖’”获得者和102名“浙江省第十二届‘绿叶奖’”获得者。

加强特级教师工作，建立了特级教师数据库和业务档案，进一步完善了年度考核评价制度；成立了省特级教师协会，充分发挥特级教师在教学、科研、培养年轻骨干教师和加快薄弱学校师资队伍建设中的重要作用。向教育部推荐6项特级教师科研课题，10名特级教师文库候选人。

〔**高中教育**〕 秋季开学，全省11个市的20余万普通高中的高一新生全部使用了由人民教育出版社出版的新教材。教材涵盖了语文、思想政治、数学、历史、地理、物理、化学等7门学科。

为配合新教材的实施，省教育厅在年初制定了关于《全日制普通高中课程计划》的实施意见，要求各地和学校从2001年秋季起严格实行新的课时计划，不得随意增减课程和课时；并首次将信息技术课和综合实践课作为必修课纳入课程计划，7月编制了《综合实践活动教学指导纲要（试行）》供各地参照实施。上半年起至8月间，对各学科高一年级的全部任课教师进行了省、市两级培训。

〔**学校安全工作**〕 全省各地各校狠抓学校安全工作，取得明显成效。年初，省教育厅与各市教育行政部门签定《2001年度中小学安全工作管理目标责任书》，对各市的安全工作进行考核。3月13日～14日，省教育厅召开全省中小学安全工作会议，19日发出了《关于确保学生春游活动安全的紧急通知》。3月26日～4月1日，省教育厅在全省范围内组织开展第6个“安全教育周”活动，主题是“校园安全”。4月4日，省政府召开全省学校安全保卫工作电视电话会议，省政府办公厅发出《关于进一步加强学校安全保卫工作的紧急通知》，要求各地进一步统一认识、健全制度、全面落实学校安全保卫工作领导责任制和责任追究制；建立健全专群结合、人员防范与技术防范相结合的治安防范体系，确保学校的安全与稳定；坚持安全第一、预防为主的方针，切实加强防范措施，消除事故隐患；进一步加强安全教育和宣传，增强师生的自我保护意识和防范能力。6月11日，省教育厅召开中小学校舍安全工作会议。6月至7月，全省各级教育行政部门和建设部门联合对中小学校舍进行拉网式检查。6月18日～22日，省政府抽调了近100名同志，组成11个检查组分赴全省11个市，对学校（包括幼儿园）的安全保卫工作进行了全面检查。

# 职业教育

〔**综述**〕 浙江省在加快发展普通高中教育的同时，坚持“两条腿”走路，做好发展中等职业教育这篇大文章。2001年是浙江省职业教育改革和调整力度较大的一年。针对中职招生滑坡现状，5月省政府召开了全省职业教育工作会议，6月印发了《关于加快中等职业教育发展的意见》，出台23条扶持中等职业教育发展的政策措施。全省各地狠抓落实，使中等职业教育形势出现明显好转，共招收中职新生22.2万人（含技工学校招生数），比上年增加3.84万人，是全国招生数增加最多的一个省，增幅达20.6%，五年来增幅首次超过普通高中。各地加大了对中职的投入力度，骨干示范学校建设再度升温。全省在建的中职基建项目有89个，总投资额达6.4亿元。大力扶持欠发达县的中等职业教育，投入1 140万元用于这些地区的骨干中等职业学校建设。大力推进综合高中建设，制定了完善和推广综合高中教育模式的意见，审核省综合高中72所，积极探索普通中等教育与中等职业教育相互沟通、相互衔接、相互渗透的新途径和新方法。为加快职业教育师资队伍建设，从2001年起，全省职业高中专业课教师的高级职务由省统一评审，全省职业高中本科学历的专任教师比上年增加2 069人，专任教师学历合格率由上年的45.8%提高到54%；具有高级职称的教师增至1 033人，占教师总数的比例由上年的5.2%提高到5.9%；省职教师资培训基地全年共举办各类培训班12期，受训教师达1 123人；有750名专业课教师通过成人高考参加“专升本”学历进修，有27名专业课教师通过教育部组织的考试，在职攻读硕士学位。中职毕业生就业情况普遍好转，据2001年8月统计，全省112所省级以上重点职业学校的4.3万余名毕业生，不含升学，一次性就业率高达92.5%，其中27所职业学校的毕业生100%就业。

〔**全省职业教育工作会议**〕 5月17日～18日，省政府在杭州召开全省职业教育工作会议。会议在总结前一时期全省职业教育工作经验的基础上，进一步明确了今后一个时期，特别是“十五”期间全省发展职业教育的目标、任务和措施。

副省长鲁松庭在讲话中提出要逐步建立基本适应社会需求、布局结构合理、充满活力的现代职业教育规模体系。中等职业教育与普通高中教育要协调发展，中职招生规模占高中段招生规模的比重保持在50%以上，到2005年各类中职学校在校生数达75万人以上。高等职业教育要扩大规模，形成特色，提高质量，到2005年基本建成50所职业技术学院，在校生规模达20万人。

会上，鲁松庭向通过正式验收的浙江工商职业技术学院、浙江工贸职业技术学院、绍兴越秀外国语职业学院、台州职业技术学院授牌。侯靖方宣读了经教育部批准的浙江省第二批国家级重点中等职业学校的名单。宁波市政府、湖州市政府、杭州市教委等10余个单位在会上作了经验交流。

会议前后，省教育厅先后制发了《关于改进我省中等职业学校招生工作的意见》、《关于中等专业学校管理工作的意见》、《关于调整中等职业学校布局结构的意见》、《关于浙江省中等职业学校普及信息技术教育的补充意见》、《在杭州市中策职高等20所学校进行学分制试点的通知》、《关于中等职业学校示范专业建设的意见》等文件。

〔**出台职教发展新政策**〕 为促进中等职业教育的持续健康发展，省政府印发了《关于加快中等职业教育发展的意见》。《意见》提出：

加强宏观调控，大力推进中等职业学校布局结构调整。各地必须加强对初中后分流的宏观调控，确保中等职业教育年招生数占高中段招生总数的50%以上。到2005年，全省中等职业学校的校均规模要达到1 200人以上，每个县（市）要集中力量办好1～2所省级重点中等职业学校，全省建成省一级重点中等职业学校100所。各类中等职业学校的土地、房产等教育资源转换的收入，必须全额用于中等职业学校建设。

深化办学体制改革，扩大学校办学自主权。各地可选择部分公办中等职业学校进行办学体制改革试点，吸引社会力量参与对中等职业学校的投资和管理。鼓励以大带小、以强带弱，组建以省级重点职校为龙头、有关学校和企业参与的职教集团，扩大优质教育资源。中等职业学校年度招生计划由学校根据办学条件和社会需求自主确定；可按生均培养成本收费，自主确定校内不同专业的收费标准，按学校隶属关系报市、县（市）物价、财政、教育、劳动保障部门备案。

多渠道筹措办学经费，加大对中等职业教育的投入。各地用于中等职业教育的财政性专项经费应逐年增加，并确保其占同级教育经费中的比例逐步提高。城市教育附加费应安排不低于20%的比例用于发展中等职业教育。各地应按企事业单位职工工资总额的2%提取职工教育经费，其中的50%由市、县两级政府统筹，主要用于中等职业教育重点项目建设、现代教育技术装备和实验实训设备的添置。

严格执行就业准入制度，营造中职毕业生良好的就业环境。对从事一般职业（工种）的，必须取得相应的职业学校毕业证书或职业技能培训结业证书，对从事有特殊要求职业（工种）的，还必须取得相应的职业资格证书。没有取得相应证书的，企业不得录用，不得进入人才、劳动力市场。允许学生根据自己的能力选择初级或中级起考等级，在符合条件的中等职业学校设立职业技能鉴定所（站），开展职业技能鉴定工作。中职毕业生在城镇有固定工作和固定住所的，允许随迁户籍关系。

推进中等职业教育的办学模式多样化，构建人才成长立交桥。“十五”期间，全省面向中职毕业生的高职对口招生数占高职招生总数的比例提高到60%以上。鼓励有条件的中等职业学校举办综合改革实验班。

加强师资队伍建设，提高中等职业教育质量。“十五”期间要集中力量建好100个省级示范专业，实现中等职业学校“校校通”，大力推进中等职业教育的现代化建设。

〔**加强综合高中建设**〕 10月，省教育厅发出《关于进一步完善和推广综合高中教育模式的意见》，要求各地在试点的基础上，进一步完善并推广综合高中这一新型的教育模式，使之与普通高中和中等职校形成三足鼎立的新格局，促使高中段教育在保持合理的结构比例的基础上加快发展。

综合高中的培养目标是在为高等院校尤其是高等职业技术学院输送合格生源的同时，兼顾部分毕业生直接就业的需求，使所有毕业生均达到普通高中的文化水平，其中升高校和直接就业的毕业生兼有一技之长。

综合高中的基本组织形式为：第一学年开设与普通高中相同的文化课，并采用普通高中教材；第二学年开始实行文理分班教学，各增设1～2门职业技术的专业基础课；第三学年开始按学生意愿再次分流，分别编成高职预备班、普通高校预备班和就业预备班，对应开设和加强与升学或就业相关的课程。

按照条件，经由学校申报，市、县教委审核同意，重新确认72所学校为综合高中试点学校。这批新确认的综合高中具有三个特点：一是起点较高，规模较大，师资力量较强；二是以普通高中改办为主，约占3/4；三是民办占一定比例，共有12所。此外，办在职业高中内的综合班规模也在迅速扩大，达200个班以上。

〔**示范专业建设**〕 12月，经省教育厅组建的省中等职业学校示范专业评审委员会评审，重新确认原示范专业点23个，新增省级示范专业点33个，共计56个，落实省财政专项补助经费780万元。

在全省中等职业学校开展示范专业建设，旨在探索一条在新形势下中等职业学校能更好地适应经济社会发展需要的新路子，创造一些专业建设的新模式，树立中等职业学校的良好形象，提高职业教育的竞争力。从省级示范专业评选情况看，具有四个特点：一是中等职业学校示范专业建设普遍得到市、县教育行政部门的重视，特别是学校领导，把此作为提高学校办学水平、强化办学特色的抓手，精心组织，积极申报；二是申报专业建设思路清晰，与当地支柱产业结合紧密；三是一些学校比较重视专业建设经费投入，注重办学条件的改善；四是部分申报专业具有一支结构合理的专业教师梯队，师资力量较强。但从全省中等职业学校专业建设看，地区差距还比较大，杭州、宁波、绍兴等地申报专业整体水平比较高。

省教育厅要求各地要加大对省级示范专业的业务指导和支持力度，加强示范专业建设的经验交流，不断提高示范专业建设水平，并发挥其示范和辐射作用，进一步推动全省中等职业学校专业建设，促进全省中等职业教育持续健康发展。

〔**教育教学改革**〕 为使中等职业教育更好地适应经济建设、社会进步和个性发展需要，省教育厅决定先在部分中等职业学校进行学分制试点。在学校申报，市教育行政部门推荐的基础上，确定杭州中策职业高级中学等20所中等职业学校为第一批学分制试点学校。允许试点学校自主选择是否参加当地的各种会考、统考和联考，让学校在宽松的环境下集中精力搞好试点工作。

改进中等职业学校招生工作。各级教育行政部门加强宏观调控，促进普职教育协调发展，在安排高中段招生计划时，适当向中等职业教育倾斜，确保中等职业教育实际招生比例不低于50%。中等职业学校招生实行分批按序录取，扩大中等职业学校招生自主权，允许一些办学条件好、社会需求旺盛的学校根据自己的办学条件和社会需求等情况，自主增加招生计划和调整招生专业；分批招生结束后，允许尚未完成招生计划的学校自主进行补招。放宽中等职业学校入学限制，允许愿意接受高中段职业教育而未参加当年统一升学考试的应届、往届初中毕业生及具有同等学力的人员入学。各地可积极稳妥地进行中职提前招生的试点。

为强化职业学校的职业技能教学，浙江省决定从2002年起，对省劳动部门和其他省级部门还没有开考的专业，由省教育厅统一组织职业技能水平等级测试。

〔**中高职衔接**〕 经省政府同意，决定在部分学校开展五年制职业教育试点工作。五年制职业教育包括“3+2”职业教育和“五年一贯制”职业教育。五年制职业教育原则上由独立设置的高等职业学校举办。其中，“五年一贯制”职业教育主要由中专升格的高职学校承担，学生5年学习均安排在校本部，不得校外办学；“3+2”职业教育主要由各市属高职学校和国家级、省级重点中等职业学校（含职业高中、技工学校、中等专业学校）共同承担，前3年在中职学校，后2年在高职学校。2001年，全省高职院的对口招生数由上年的1.1万名增加到2.1万名，使升入高职院的中职毕业生约占中职毕业生总数的12%。招收初中毕业生的“3+2”五年制高职班试点扩大到65所省一级重点职业学校和12所技工学校，当年招生总数增加到6 000多人。29所独立设置的高等职业学院首次举办五年一贯制高职班，共招生5 000多人。自学考试首次开考11个高职类专业，全年共吸纳考生5 000多人。

〔**布局调整**〕 7月，省教育厅印发了《关于调整中等职业学校布局结构的意见》。《意见》阐述了中等职业学校布局结构调整的重要性和紧迫性，提出了中等职业学校布局结构调整的指导思想和工作目标及措施。

以《中共中央国务院关于深化教育改革全面推进素质教育的决定》、《浙江省教育现代化建设纲要(2000～2020年)》和《浙江省人民政府关于加快中等职业教育发展的意见》为指导，遵循“调大、调强”的原则，通过调整中等职业学校布局，扩大规模，优化结构，提高质量和效益，更好地为地方经济建设和社会发展服务，促进中等职业教育的健康协调发展。

《意见》提出，到“十五”期末，全省中等职业学校整体办学规模和效益得到较大提高，集中力量建设好100所规模在2 000人以上、办学条件现代化、管理和师资一流的省一级重点中等职业学校，建设好100个在全省同类专业中处于领先地位的省级示范专业，公办职校校均规模达到1 200人以上，设备设施达到国家和省规定的设置标准。初步建立起布局结构合理，办学质量和整体效益好，适应浙江两个文明建设所需要的中等职业教育体系。

《意见》提出，要集中力量建设好一批规模大、水平高、有特色的骨干示范性中等职业学校。各地要加大对辖区内各类中等职业教育资源的统筹力度，制定中等职业学校布局调整规划，通过合并、联合、资产置换、注入资金等形式盘活并优化中等职业教育资源。各市、县要集中财力建设好1～2所骨干示范性学校和1～2个示范专业，通过重点扶持，建设好一批规模大、水平高、有特色的骨干示范性中等职业学校，增强中等职业教育的市场竞争力。

〔**民办职业学校建设**〕 民办职业学校规模迅速扩大。台州、慈溪、长兴等市、县加大对民办职业学校的扶持力度，促进了民办职业教育的健康发展。全省有民办职业学校161所，在校生6.3万人，占职高在校生总数的18.7%，其中温州市高达46%；全省民办职业高中招生2.9万人，比上年增加1.1万人。民办高等职业技术学院7所，在校生达6 580人，民办专修学院27所，在校生增至2.1万人。

# 高 等 教 育

〔**综述**〕 2001年浙江省通过政府投入、土地置换、盘活存量资产、利用银行贷款、鼓励社会力量办学、进行社会引资等多种渠道筹措资金，建设高教园区，扩充教育资源，依托本科院校创办相对独立的二级学院，积极筹建高等职业学校，使高等教育规模得到扩大。全省普通高校本专科招生数达到12.02万人，在校学生数29.31万人。其中地方属高校本专科招生11.05万人，在校学生数25.79万人。在学研究生中，博士生3 346人，比上年增加738人。成人高等学历教育招生9.8万人，在校生22.4万人。普通高校录取率达到68.3%，比上年提高5.3个百分点，高等教育毛入学率达15%，比上年提高2个百分点，提前一年实现了规划目标，高等教育开始进入大众化阶段。

8月，经教育部批准，杭州应用工程技术学院更名为浙江科技学院；浙江万里学院(筹)正式建校和台州师范专科学校升格为本科院校，经教育部专家组评审，并由省政府报教育部审批；省政府批准正式成立了台州职业技术学院、绍兴越秀外国语职业学院、浙江工贸职业技术学院、浙江工商职业技术学院等4所高等职业技术学院，筹建了嘉兴南洋职业技术学院、宁波大红鹰职业技术学院、浙江广厦建设职业技术学院等3所高等职业技术学院。5月，浙江政法管理干部学院并入杭州商学院；杭州医学高等专科学校、杭州教育学院等校并入杭州师范学院。

进一步完善国家助学贷款政策，确保不让一个学生因贫困而辍学。省教育厅会同省级有关厅局制定《浙江省生源地财政贴息助学贷款管理规定》，在全国率先推行生源地国家助学贷款。全省有1.5万余名学生签订贷款合同，银行实际发放贷款金额8 380万元。

〔**教学工作**〕 继续深入开展“高等教育质量年”活动。以评估为手段，抓规范、促建设、保质量。有63所高校新增本科专业121个，高职高专专业191个；遴选出50个高职重点专业；审定了100本重点教材；有26所普通高校117个基础课实验室通过了合格评估，首批确定了9个省级基础课实验教学示范中心；开展了高职实训基地示范中心建设工作；召开了高校教学工作经验交流会；向省政府报送了《浙江省新世纪高等教育教学改革工程实施方案》；首次确定浙江工业大学等三校为省大学生文化素质教育基地；组织全省高校参加全国大学生数学建模和电子设计竞赛活动，有23所高校163个队参加数学建模赛，获国家级奖项21项，有21所高校128个队参加电子设计竞赛，获国家级奖项11项，获奖比例高于全国平均水平，浙江省继上年数学建模竞赛工作获全国组织奖后，又获全国电子设计竞赛工作组织奖；完成了年度省级教学成果奖的评审和国家级奖的推荐工作，有15项省级教改项目获国家教学成果奖，27项获省级一等奖、85项获省二等奖，有13个专业列入全国教学改革试点专业；在杭州电子工业学院成立了软件学院，在浙江工业大学开展了公共事业管理分段培养改革工作；鼓励浙江师范大学等一批本科高校开展第二专业、第二学位、学分制和弹性学制等改革试点工作，允许本科学制放宽到8年，专科学制放宽到6年，推动杭州电子工业学院等8校学生跨校选课，学分互认工作，共有16门优秀课程近2 500名学生选学；在浙江工业大学等4校开展了面向全省选拔优秀高职高专毕业生进入本科学习的试点工作。

〔**改善办学条件**〕 2001年，全省高校完成基本建设总投资70亿元，竣工面积300.37万平方米，一年竣工面积是新中国成立43年的总和。

浙江由于历史的原因，高等教育资源匮乏。1999年，省委、省政府作出了大力发展高等教育的战略决策，并提出了2020年高等教育毛入学率达到40%、接近中等发达国家水平、把浙江大学建成世界一流大学的宏伟目标。作出了在杭州的下沙、小和山、滨江建设高教园区的决定，宁波、温州两地的党委、政府也作出了建设高教园区的决定。浙江5大高教园区总占地2 400公顷，安排37所高校(校区)，设计校舍建筑面积1 000多万平方米，在校生规模30万人。2001年完成或正在施工建设的高校有19所，秋季有156万平方米建设竣工并投入使用，完成投资40多亿元，5万余名大学生进入园区学习。

〔**毕业生就业**〕 进一步深化毕业生就业制度改革，扩大双向选择比例。省属普通高校非师范类毕业生面向全省双向选择的比例不作限制，由各高校自主决定；省属普通高校师范类毕业生面向全省教育系统双向选择的比例扩大到40%(丽水、舟山为20%)，市地属高师院校可在本地区范围内按一定比例双向选择；对教育系统难以安排的部分职教类毕业生允许走出教育系统就业，拓宽了毕业生就业渠道。

组织、完善毕业生就业市场。2001年举办了全省高校毕业生就业招聘会，共有900家单位到场设摊招聘，提供就业岗位2万多个，近3万名毕业生到场应聘。组织开发了“浙江省高校毕业生就业信息网”网络平台，并经试运行后于12月18日正式开通，向社会公布就业政策和就业信息。

明确把毕业生就业状况作为评价一所高校教育、

教学质量、办学水平的重要指标和结构调整的重要依据。首次向社会公布各高校分专业毕业生初次就业率，以推进高校就业工作及其他各项工作的提高。

全年全省共派遣普通高校毕业生 3.7 万余人，比上年增加 6%，实际接收 4.3 万余人，增加 1%。截止 6 月，全省普通高校本专科毕业生初次就业率达到 77%（其中本科为 94%，专科为 59%，毕业研究生在 95%以上）。

〔**思想政治工作**〕　抓好邓小平理论和江总书记“三个代表”重要思想“进头脑”工作：（1）宣传“七一”讲话，抽调 9 名专家组成宣讲团，在 30 所高校对 3 万余名师生进行了 37 场宣讲。各高校也组织了 200 多场报告会，有 15 万师生接受教育。（2）先后召开“三个代表”重要思想进课堂专题工作会、现场经验交流会，明确“三进”要求，培训骨干，开展教学检查。所有高校的“两课”课程中，都能有机结合了“三个代表”重要思想的内容。（3）组织了全省大学生学习邓小平理论座谈会。有 6 万多名学生参加了邓小平理论学习小组。（4）推进思想政治工作进网络、进公寓、进学生社团。通过调查、召开现场会、典型引路、培训骨干等办法，对思想政治工作进行创新。先后制定了思想政治工作进网络、进学生公寓、进学生社团 3 个文件，要求各校建好 1～2 个思政主题网站，辅导员进驻校外学生公寓，把党团组织建到学生公寓、学生社团。有 30 余所高校建立了思政网站（网页），涌现了浙江大学“求是”、杭州电子工业学院“红色家园”等一批强势网站。

〔**后勤改革**〕　通过后勤社会化改革，全年完成学生宿舍、食堂等后勤设施投资 16.1 亿元，竣工面积近 16 万平方米，生均宿舍回升到 8.6 平方米。各高等学校普遍成立了后勤实体，建立了新的后勤体制和运行体制，原行政性的后勤管理工作逐步转变为经营行为，福利型的供给逐步转变为收费性服务。选择了浙江工业大学、杭州电子工业学院、浙江师范大学等校对后勤占用的人、财、物进行实质性剥离，做强做大后勤企业。这项工作取得经验后全面推开。

〔**对外交流**〕　为规范管理，加强计划性，制定了全省高等院校聘请外国文教专家“十五”规划和 2001 年工作计划；建立了外国文教专家数据库，与省外事办公室、省公安厅一起举办了首次外国文教专家新聘请院校管理干部培训班；印发了《关于加强中小学生赴境外开展夏（冬）令营等活动管理工作的通知》。

2001 年，共审批具有聘请外国文教专家资格的院校 23 所，使全省具有聘请外国文教专家资格的院校达 103 所，在浙文教专家 560 人，分别来自美国、日本等 22 个国家。在以往 22 对合作办学院校基础上，又完成审批、注册浙江师范大学等 10 所学校的中外合作办学。新核准校际交流院校 8 对，至此全省高等院校与国（境）外正式建立校际关系的共有 227 对。有接受外国留学生资格院校 13 所，2001 年获准来浙学习外国留学生 932 名，共有在校留学生 1 634名，分别来自美国等 33 个国家和地区。接待来自英国、日本、美国、加拿大、澳大利亚、德国等 15 个国家和地区访问团组 26 批 232 人。作为华东地区协调省，组织举办了英国 GAP 项目 10 周年庆典，审核赴美国、日本、英国、法国、加拿大、澳大利亚等国家和地区进行学术研究、进修学习、任教讲学和业务培训人员 33 人。

# 成人教育

〔**综述**〕　2001 年是浙江省成人教育深化改革、加快发展的一年。浙江成人教育全面贯彻全国职业教育与成人教育工作会议精神，以促进农村实用科技的普及推广、推动社区教育的开展为突破口，以实施“百万农民培训工程”、开展社区教育实验为重点，推进成人教育工作。与省委、省政府农村工作办公室联合印发了关于“百万农民培训工程”实施意见，并通过多种途径宣传、布置“培训工程”，与新农村杂志社共同举办了培训干部、师资培训班 15 期，培训骨干人员近千人；积极推动各地示范培训基地建设。农村成教基地建设再度升温，通过多年坚持不懈的努力，全省已建成省三级以上乡镇成校1 366所，其中占地 1 公顷以上、校舍面积2 500平方米以上的省级示范成校 123 所。社区教育试点工作逐步推进，组织召开全省部分市及社区教育实验点社区教育研讨会，交流了社区教育工作经验，贯彻部署开展社区教育实验的有关工作。杭州市下城区、宁波市鄞县被教育部确定为国家级社区教育实验区。对 36 所专修学院进行了教学工作大检查。通过检查，停止了 7 所学校当年招生资格。

〔**自学考试**〕 全省自学考试项目达 13 个，其中中外合作项目 3 项；全年累计接纳考生 88 万余人次，比上年增长 14%。

学历教育考试共 76 万余人次，比上年增长 7.13%。高等教育自学考试开设专业 87 个，4 月、10 月考试报考人数分别达到 32.08 万、33.62 万，为历史之最，全年不计重复达 46 万人，比上年增加 1 万多人，毕业生 2.01 万人，比上年增加 0.7 万人；国家学历文凭考试 2.7 万人次，比上年增加 1 万人次，有首届毕业生1 268人；电大注册视听生考试 3.1 万人次；首次承担清华大学远程教育考试，近 700 人参加考试。

非学历教育证书考试共 12 万余人，比上年增长 71%。增长较快的项目有少儿计算机 881 人、比上年增长 418.24%；剑桥少儿英语培训考试 8 679人、增长 131.87%；全国公共英语等级考试 4 473人、增长 73.1%；全国计算机等级考试 46 452人、增长 26.32%；中英合作金融管理、商务管理证书考试1 455人；心理健康教育有1 419人获基础知识培训合格证书。

自学考试助学培训机构 342 家，比上年增长 28%。其中学历教育助学机构 187 家，比上年增长 14%；非学历培训机构 155 家，比上年增长 50%。

出台新举措：(1) 积极开拓高职自考，增辟中职后教育新途径。(2) 重点推进县、乡助学基地建设。已建县级助学中心 31 个，占县市总数的 42%；乡镇联络（工作）站1 252个，占乡镇总数 82.7%，其中设自考生学习活动室 907 个，占联络（工作）站总数的 72.4%。(3) 改革学习媒体供应体制，确保自考生提前 5 个月拿到学习用书。(4) 增设 1 月、7 月考试。(5) 实行考试管理目标管理责任制，省、市、县教育行政部门分管领导与自考机构负责人逐级签订责任书。(6) 推行数码摄像自考管理系统，扩大银行报名服务系统试点。

为拓宽中职学生接受高等教育的成才立交桥，实现中、高职教育的衔接，浙江省高等教育自学考试从 10 月起首次在学历教育领域开设了与中职衔接的高职类专业。这一新形式首次开考就吸引了近 5 000人报考，各地中职学校申办高职类试点专业助学的热情高涨，省内申办高职自考试点的中职学校达 49 所。

开考的高职自考专业已有饭店管理、烹饪工艺、药学、电算会计、机电一体化工程、计算机技术与应用等 10 个专业。决定 2002 年下半年增设工商企业管理专业。在这些高职类自学考试专业中，经省自学考试指导委员会认可，省级教育、劳动、行业等部门统一组织的技能、职业考核的等级证书、资格证书，可作为免考相应专业技能课和取得学分的依据。

撰稿 钱晓芳
审稿 阮忠训

# 宁波市教育

〔基本情况〕

**2001 年各级普通学校基本情况**

单位：人

| | 学校数（所） | 毕业生数 | 招生数 | 在校学生数 | 教职工数 | |
|---|---|---|---|---|---|---|
| | | | | | 合 计 | 其中：专任教师 |
| **总　计** | **3 038** | **244 528** | **281 084** | **1 004 000** | **64 536** | **48 216** |
| 一、研究生 | | | 30 | 58 | | |
| 高等学校 | | | 30 | 58 | | |
| 二、普通高等学校本专科 | 11 | 4 172 | 19 277 | 43 417 | 4 881 | 2 758 |
| 本科院校 | 3 | 2 399 | 10 439 | 25 271 | 3 002 | 1 644 |
| 专科院校 | 8 | 1 773 | 8 838 | 18 146 | 1 879 | 1 114 |
| 三、普通中等学校 | 438 | 103 414 | 124 499 | 372 288 | 27 299 | 20 814 |
| 1. 中等专业学校 | 11 | 7 432 | 5 616 | 22 656 | 1 245 | 742 |
| 中等技术学校 | 11 | 6 733 | 5 182 | 20 909 | 1 245 | 742 |
| 中等师范学校 | | 699 | 434 | 1 747 | | |
| 2. 技工学校 | 14 | 2 908 | 2 825 | 8 510 | 898 | 713 |
| 3. 普通中学 | 321 | 78 516 | 98 468 | 295 971 | 21 286 | 16 622 |
| 高中 | 79 | 210 50 | 23 537 | 67 527 | 21 286 | 4 687 |
| 初中 | 242 | 57 466 | 74 931 | 228 444 | | 11 935 |
| 4. 职业中学 | 92 | 14 558 | 17 590 | 45 151 | 3 870 | 2 737 |
| 高中 | 92 | 14 514 | 17 577 | 45 068 | 3 870 | 2 735 |
| 初中 | | 44 | 13 | 83 | | 2 |
| 四、小学 | 964 | 73 891 | 68 698 | 422 357 | 20 586 | 17 800 |
| 五、特殊教育学校 | 7 | 67 | 78 | 695 | 227 | 166 |
| 六、幼儿园 | 1 618 | 62 984 | 68 502 | 165 185 | 11 543 | 6 678 |

注：年底省教育厅又批准新筹建 1 所职业技术学院。

**2001年各级成人学校基本情况**

单位：人

| | 学校数（所） | 毕业生数 | 招生数 | 在校学生数 | 教职工数 | |
|---|---|---|---|---|---|---|
| | | | | | 合　计 | 其中：专任教师 |
| **总　计** | **2 968** | **458 590** | **611 715** | **469 962** | **4 085** | **2 507** |
| 一、成人高等学校 | 2 | 3 032 | 12 120 | 27 650 | 555 | 357 |
| 1. 广播电视大学 | 1 | 591 | 1 114 | 2 604 | 441 | 298 |
| 2. 职工高等学校 | | | | | | |
| 3. 教育学院 | 1 | 552 | 2 494 | 5 769 | 114 | 59 |
| 4. 普通高等学校举办： | (5) | 1 889 | 8 512 | 19 277 | | |
| 函授部 | | 395 | 5 240 | 11 895 | | |
| 夜大学 | | 926 | 2 240 | 4 994 | | |
| 成人脱产班 | | 568 | 1 032 | 2 388 | | |
| 二、成人中等学校 | 2 807 | 452 366 | 596 106 | 439 663 | 3 386 | 2 097 |
| 1. 成人中等专业学校 | 20 | 5 391 | 2 357 | 9 138 | 588 | 297 |
| 广播电视中等专业学校 | 1 | 1 900 | 963 | 3 392 | | |
| 职工中等专业学校 | 10 | 2 131 | 694 | 3 626 | 302 | 162 |
| 农民中等专业学校 | 1 | 58 | | 86 | 18 | 10 |
| 函授中等专业学校 | 1 | 399 | 437 | 724 | 13 | 5 |
| 教师进修学校 | 7 | | | | 255 | 120 |
| 其他类学校举办 | | 903 | 263 | 1 310 | | |
| 2. 成人中学 | 67 | 5 685 | 5 846 | 8 641 | 552 | 434 |
| 职工中学 | 25 | 2 472 | 2 372 | 3 003 | 220 | 133 |
| 农民中学 | 42 | 3 213 | 3 474 | 5 638 | 332 | 301 |
| 3. 成人技术培训学校 | 2 720 | 441 290 | 587 903 | 421 884 | 2 246 | 1 366 |
| 职工技术培训学校 | 407 | 121 185 | 190 374 | 124 168 | 707 | 422 |
| 农民技术培训学校 | 2 313 | 320 105 | 397 529 | 297 716 | 1 539 | 944 |
| 三、成人初等学校 | 159 | 3 192 | 3 489 | 2 649 | 144 | 53 |
| 1. 职工初等学校 | 28 | 1 696 | 1 529 | 1 529 | 16 | |
| 2. 农民初等学校 | 131 | 1 496 | 1 960 | 1 120 | 128 | 53 |
| 其中：扫盲班 | 91 | 1 335 | 1 769 | 834 | 108 | 48 |

制表　娄逢良

2001年，全市九年义务教育人口覆盖率为100%，义务教育的入学率、巩固率和完成率继续处于全省领先地位；幼儿学前三年入园率95.46%，盲、聋及弱智儿童入学率95.14%。在国务院召开的全国基础教育工作会议上，宁波市被评为全国“两基”工作先进集体。2001年，全市基本普及了高中段教育，高中段招收新生4.9万人，其中中职招生2.6万人，初中毕业生升入高中段的比例达到85.23%，比上年提高约3个百分点，其中市本级达到98.27%。高中毕业生升入高校的人数取得新的突破，报考普通高校21 751人，共录取17 353人，文理科上线率达到90.6%，高考录取率达到79.7%。分别高于全省平均水平8个和11个百分点。此外，单考单招中职毕业生升入高等职业学校4 831人，成人高校招生12 120人，使全市高等教育毛入学率从去年的14.3%提升到17.2%，初步实现了高等教育大众化。

高等教育实力增强。2001年，全市共有全日制普通高校11所，在校生4.34万人；成人高校2所，在校生2.77万人。为加快建成全省高等教育副中心城市，宁波大学积极向教学科研并重型的大学发展；市政府与浙江大学合作创办的浙大宁波理工学院于6月正式成立，并招收新生近1 500名；为进一步整合高等教育资源，宁波高等专科学校与宁波交通职业技术学院（筹）顺利实现了合并办学；宁波工商职业技术学院更名为浙江工商职业技术学院；浙江纺织职业技术学院等4所高职“摘筹”工作进展顺利。

成人教育快速发展。启动实施市民学习英语计划，制订实施方案，组织编写《宁波市民通用英语100句》试用教材，确定财办系统、旅游培训学校等8个单位为培训试点单位，组织了近1 000名学员进行培训。积极开展社区教育实验工作，确定10个乡镇、5个城区街道为社区教育实验点；在鄞县邱隘镇等地建立了农村社区教育学院。重视发展现代远程教育，已有复旦大学、同济大学等全国7所名牌大学的远程教育站落户宁波；发展电大远程教育，在8个乡镇建立了电大学习中心，完善了电大教学网络，促进了高等教育向农村的延伸。新确定10个燎原项目，实施“百万农民培训工程”，强化农村实用技术培训，建立了奉化等7个市级培训基地。

深化教育体制改革。贯彻落实全国和全省基础教育工作会议精神，认真探索“分级管理、以县为主”的教育管理新体制。积极鼓励支持社会力量办学，落实各项扶持政策，规范办学行为，出台了《关于规范社会力量办学机构举办中小学生培训班的若干意见》，整顿撤并了一些条件较差的民办学校与幼儿园。与上年相比，全市社会力量办学机构从1 999所调整为1 659所，全日制民办教育机构从78所增加到82所。投入体制改革逐步深化，政府对教育的投入进一步加大，全市全年教育经费总收入40.57亿元，其中国家财政性教育经费26.83亿元，比上年分别增加8.18亿和5.67亿元；全市财政预算内教育经费支出17.55亿元，比上年增加5.25亿元；全年征收城乡教育费附加7.40亿元；高教园区“政府投、学校筹、社会助”的资金筹措模式成效显著。

优化学校布局。确立了“高等学校发展园区化、县（市）区社区学院建设一体化、乡镇中心学校建设集约化”的总体思路。宁波高教园区南区的各项建设进展顺利，至年底，已落户4所院校，在校生达1.5万人，预计2002年底可基本建成；高教园区北区的框架也基本确定。县（市）区社区学院建设进程加快。完成了从三级师范向二级师范的过渡，宁波师范学校和邵逸夫艺术幼儿师范学校两校合并成为宁波大学师范学院初等教育学院。结合城市化、城镇化进程，按“十五”规划确定了全市中小学布局调整目标和年度实施计划。较之2000年，全市小学和初中分别从1 066所、250所调整为964所和242所，校均规模分别从398人、856人增加到438人和944人。

素质教育扎实推进。强化学校德育工作，推进校园周边环境综合治理和学生法制教育、心理健康教育等工作，在13个学生课外活动基地、4个学生科普基地的基础上，启动建设1个综合性、大规模的学生农科实践基地。改革招生考试制度，加快教育创新，努力减轻学生负担，全面实行中等职业学校学历文凭与职业资格证书并举的双证制度。深化课程改革，落实小学、初中信息技术课实施计划，城区小学英语教学从五年级提前到三年级，探索实践高中研究性学习课程。

强化教师队伍建设。全面推行教职工聘任制，全市各类学校共聘任教职工44 004人，缓聘、试聘、转岗、流动756人，待聘102人，高职低聘159人，离岗退养440人，认真清理了在编不在岗的人员。为打破平均分配的现象，积极鼓励学校将分配与实绩、贡献挂钩，制发了《宁波市教委直属学校（单位）分配制度改革意见》，并在4所学校试点，取得初步成效。启动实施教育“引凤计划”，简化审批手续，全市共引进中小学特级教师10人，市直属学校引进了15位“双师型”人才，高校引进副教授和教授223人、博士35人、硕士129人，在甬高校教授和副教授总数达到930人。积极培养名师和骨干教师，推荐确定省第二批名师培训对象中学32人、小学28人。至年底，全市共有102位教师列入“省中小学名师计划”培养人选。加大对高层次人才的奖励力度，从9月起，对在职在岗且每年考核合格以上的特级教师新增岗位津贴每月300元。通过多种形式的继续教育和培训，提高了教师学历层次，小学和初中教师的专科和本科学历分别从上年的31.8%、32.8%提高到40.1%和40.5%。

撰稿　徐祥贤

〔**基础教育**〕　2001年，全市高标准普及了九年义务教育，基本普及了高中段教育。普职高招生比例保持在47∶53。聋生初中升高中的比例达到51.1%。通过公办学校吸纳、镇乡（街道）举办及允许个人举办等多种途径，解决了3万多名民工子女的入学问题。

强化德育工作。认真贯彻、落实全国中小学德育工作会议和全市第十次中小学德育工作会议精神，加强中小学法制教育，全市农村中心小学以上学校和城镇中小学均成立了法制学校。学生心理健康教育得到加强，成立宁波市教育学会心理健康分会和心理健康教育师资培训中心，办好“中小学生心理咨询热线、信箱”。将学生社会实践列入学校教学计划。

推进考试招生制度改革。小学毕业生升初中继续实行相对就近、校校对口，小学毕业考增加了外语学科考试。“中考”继续实行毕业考和升学考两考合一，增加了自然学科实验操作、音乐、美术、英语口语和计算机等“5选2”加试，体育考试尝试了“1+5选2”的模式。扩大了普通高中跨区域招生范围和优质高中招生规模。推进普通高中办学模式多样化，在部分学校举办了美术、体育特长班和播音、媒体编导等特色班，在效实中学、镇海中学举办省、市创新教育理科实验班。城区高中招生扩大了省一级重点中学定向保送生名额。

加快教学创新。认真贯彻落实教育部普通高中新的课程标准和省义务教育新教学计划，把“主动学习、探索研究”作为课堂教学模式改革的突破口，积极探索实践高中研究性学习课程。落实小学、初中信息技术课实施计划，编制修订小学、初中的信息技术课教材。召开全市推进素质教育现场会，评选市第二届基础教育教学成果奖，积极宣传、推广教科研成果。制订并实施《教育创新计划》，组织特级教师和名教师编写《走向创新教育》系列丛书。加强学生科技教育和艺术、体育活动，组织开展了以“崇尚科学、探索创新、挑战新科技”为主题的科技教育宣传月等活动，取得了明显的成效。

撰稿　张力鸣

〔**职业教育**〕　2001年，全市有中等职业学校117所，在校生7.55万人。

示范学校和现代化专业建设成效明显。2001年，全市共有省级以上重点中等职业学校23所，包括省一级重点职业中学10所，省二级重点职业中学5所，省三级重点职业中学5所，国家级重点技校2所，省部级重点普通中专1所。其中宁波职教中心等9所学校为国家级重点职业学校。县（市）区社区学院（集职教中心、成教中心、实训指导中心、教研中心为一体的“四中心学校”）建设取得较大进展，鄞县、象山、余姚等地也已动工兴建。至年底，全市中等职业学校共开设20多类80多个专业，建成35个与宁波经济建设密切相关的市级重点专业，其中10个为省示范性专业。服装、机电、计算机等10大类现代化试点专业建设水平进一步提高。

提高教育质量。为鼓励学生获得“一张文凭、多张证书”，市教委与市劳动局联合印发了《关于进一步规范各类职业学校毕业生职业资格鉴定工作的通知》，全面实行中等职业教育学历文凭与职业资格证书并举的双证制度，中职毕业生职业资格鉴定的起考等级提高到中级。中等职业教育推出了“三种教学目标、五种教学类型”的教学模式。全市“3＋2”五年制职业教育试点班招生935人，五年一贯制班招生600多人。6所中职学校经省教育厅批准为综合高中，全市职教综合高中试点班共招收新生2 115名。为探索更为灵活的职业教育制度，市教委出台了《关于在宁波市职业学校试行学分制和弹性学制的通知》。

深化体制改革。2001年，全市社会力量办中等职业学校共35所，在校生数占中职学生总数的20.4％，办学资产合计8 960万元，占中等职业学校资产总数的17.4％。鄞县职高、宁海第三职业中学等5所学校相继实行国有民办改制。教育投入进一步加大，根据1994年通过的《宁波市中等职业教育条例》实行的职教经费统筹办法，2001年市本级共统筹2 800万元，促进了骨干学校和专业建设，调动了行业、企业的办学积极性。

职校师资队伍建设明显加强。职业中学专任教师学历合格率达到61.7％，中高级职称专任教师比例达到40.5％，“双师型”专业教师比例达到28％。

毕业生就业保持良好态势。全市中等职业学校毕业生就业率达到90％以上，宁波中泰职校、奉化大桥职校等学校连续多年实现就业率100％。1980年以来，累计有20余万名中职毕业生走出校门，成为全市经济建设和社会发展的生力军。2001年，中等职业学校毕业生20 402人，其中对口升入高等职业院校近5 000人，报考录取率为82％，占中职毕业生总数的24.5％。

撰稿　王旭峰

〔**高等教育**〕　2001年，全市高等教育快速发展，初步实现了高等教育大众化，提前两年实现了市第九次党代会提出的目标。

高等教育资源继续扩大。按照“创新体制，激活机制”的要求，2001年，经过2年多的建设，浙江万里学院升格本科院校的工作取得较大进展。为进一步优化高等教育资源，宁波高等专科学校与宁波交通职业技术学院（筹）实行合并办学。新建1所完全由社会力量举办的大红鹰职业技术学院。宁波服装职业技术学院、浙江医药职业技术学院通过了教育部的院校设置评议委员会的“摘筹”评审。全市高等教育逐步形成高职专科、本科到研究生的比较合理的结构。

高教园区建设进展顺利。到年底，宁波高教园区南区已经完成投资20亿元，建成各类建筑80余万平方米，已有浙大宁波理工学院、浙江万里学院、宁波服装职业技术学院（筹）、浙江医药职业技术学院（筹）等4所院校落户园区。为了加强高教园区（大学城）的建设与管理的研究，我市发起并举办了首届全国高教园区建设与管理研讨会，引起了较大的反响。

学科和专业建设取得新进展。全市高校有8个专业被省教育厅、教育部确定为重点建设或示范性专业。结合全市产业结构调整，坚持以评促建，开展了第二批重点学科和首次重点建设专业评审，评审出10个重点学科、5个重点扶植学科、10个本科类重点建设专业和7个高职类重点建设专业，促进了高校建设，增强了高校实力。

强化教育科研，提高高校服务地方经济的能力。2001年，全市高校纵、横向科研项目达600余项，科研经费超过3 000万元。发表在国家核心刊物上的各类论文达600余篇；其中被SCI、EI等收录的论文达65篇；9项研究成果获得省级以上奖项。举办首次宁波高校产学研工作交流会，促进高校与经济产业部门的结合，一些产学研结合项目成效显著。

师资队伍建设得到加强。全年在甬高校引进各类教师427名，高校教授数突破了200名，硕士以上学历的教师达到340名。教师的数量得到充实，结构得到改善，师资队伍整体素质明显提高。

深化高校体制改革。高校内部管理体制改革初步完成，借鉴宁波大学、浙江万里学院的成功经验，其他高校按照精简高效、公开、公平、竞争、择优的原则，开展机关机构改革和人事分配制度改革，办学活力不断增强。高校后勤改革取得阶段性成果。浙江万里学院、浙大宁波理工学院、宁波服装职业技术学院（筹）等校的后勤全部由企业进行投资建设和管理，完全实现社会化。宁波大学、宁波高专、宁波职业技术学院等后勤改革阶段性工作基本完成。

撰稿　黄贤宏

〔**成人教育**〕　2001年，全市农村劳动力参加学习和培训的总人数为118.46万人，占农村劳动力总人数的44.70%，其中参加长训的人数为21.45万人，占农村劳动力总数的8.1%；乡镇成校举办全日制学历教育班263班，在校学生9 441人；全市全民大集体企业职工参加学习培训14.73万人，全员培训率为38.1%。

强化社区教育实验工作。市教委、市委宣传部、市文明办联合印发了《关于开展社区教育实验工作的通知》，成立了市社区教育专业指导组；实验区中有7个乡镇、2个街道成立了社区教育学院。11月，鄞县被教育部批准为全国社区教育实验区。

积极开展农民教育培训。确定慈溪长河镇等7个镇（乡）为市级百万农民培训工程示范培训基地。

加快乡镇成校布局调整步伐。结合农村乡镇区域调整，调整乡镇成校布局。乡镇成校从2000年的149所减少到138所，其中省示范性成校22所，省一级成校28所，省二级成校57所，省三级成校31所。

加强教育支援工作。认真做好东西部地区学校结对帮扶工作，全年选派2批共48名教师赴贵州对口县支教，并选送13位学科优秀教师组成暑期讲师团赴黔东南州、黔西南州进行为期二周的巡回讲学，共有4 000余名教师参加了培训。2001年，全市已与贵州结对50余所学校，全年共支援资金99.36万元，以及计算机、教学仪器、图书、衣物等，资助292名特困生，接受了黔东南州、黔西南州和广西柳州市的36位校长为期3个月的挂职培训。全市的对口扶贫工作得到了省“双对口”领导小组的表彰，被评为全省教育系统中唯一的省级扶贫先进集体。在对市17个贫困乡镇、2个片进行的扶贫工作中，共安排教育扶贫经费250万元。市教委被市委、市政府评为市扶贫先进集体。

撰稿　黄明杰

审稿　华长慧　沈剑光

# 安徽省教育

## 概　况

〔基本情况〕

**2001 年各级普通学校基本情况**

单位：人

| 学校类别 | 学校数（所） | 毕业生数 | 招生数 | 在校生数 | 教职工数 | |
|---|---|---|---|---|---|---|
| | | | | | 合　计 | 其中：专任教师 |
| **总　计** | **30 019** | **2 529 180** | **3 817 128** | **12 430 484** | **583 595** | **503 001** |
| 一、研究生 | (17) | 1 184 | 3 254 | 7 669 | | |
| 1. 高等学校 | (12) | 1 068 | 3 016 | 7 104 | | |
| 2. 科研机构 | (5) | 116 | 238 | 565 | | |
| 二、普通高等学校本专科 | 52 | 34 388 | 97 859 | 252 226 | 35 859 | 17 914 |
| 本科院校 | 20 | 22 186 | 59 623 | 168 720 | 25 353 | 11 784 |
| 专科院校 | 32 | 8 265 | 30 073 | 65 946 | 10 136 | 5 943 |
| 分校、大专班 | | 3 937 | 8 163 | 17 560 | 370 | 187 |
| 三、普通中等学校 | 4 581 | 1 262 534 | 1 580 916 | 4 319 157 | 235 716 | 194 012 |
| 1. 中等专业学校 | 120 | 64 990 | 33 247 | 156 214 | 13 810 | 7 730 |
| 中等技术学校 | 91 | 51 691 | 27 701 | 138 490 | 10 688 | 5 821 |
| 中等师范学校 | 29 | 13 299 | 5 546 | 17 724 | 3 122 | 1 909 |
| 2. 技工学校 | | | | | | |
| 3. 普通中学 | 3 787 | 1 050 579 | 1 375 753 | 3 726 556 | 197 721 | 166 699 |
| 高中 | 711 | 149 221 | 257 233 | 643 276 | | 33 171 |
| 初中 | 3 076 | 901 358 | 1 118 520 | 3 083 280 | | 133 528 |
| 4. 职业中学 | 671 | 146 957 | 171 894 | 436 356 | 24 099 | 19 534 |
| 高中 | 320 | 56 932 | 60 107 | 147 463 | | 8 372 |
| 初中 | 351 | 90 025 | 111 787 | 288 893 | | 11 162 |
| 5. 工读学校 | 3 | 8 | 22 | 31 | 86 | 49 |
| 四、小学 | 22 970 | 1 229 275 | 1 370 783 | 6 918 509 | 291 648 | 276 103 |
| 五、特殊教育学校 | 67 | 1 799 | 2 756 | 17 254 | 1 257 | 939 |
| 六、幼儿园 | 2 349 | | 761 760 | 915 669 | 19 115 | 14 033 |

## 2001年各级成人学校基本情况

单位：人

| 学校类别 | 学校数（所） | 毕业生数 | 招生数 | 在校学生数 | 教职工数 | |
|---|---|---|---|---|---|---|
| | | | | | 合计 | 其中：专任教师 |
| **总计** | **17 090** | **3 545 466** | **3 604 324** | **3 493 824** | **20 947** | **6 291** |
| 一、成人高等学校 | 16 | 27 094 | 62 538 | 149 607 | 4 242 | 2 155 |
| 1. 广播电视大学 | 1 | 648 | 504 | 1 748 | 1 276 | 610 |
| 2. 职工高等学校 | 7 | 1 801 | 3 272 | 8 305 | 1 106 | 638 |
| 3. 农民高等学校 | | | | | | |
| 4. 管理干部学院 | 2 | 1 247 | 890 | 2 426 | 569 | 236 |
| 5. 教育学院 | 6 | 3 927 | 6 762 | 16 013 | 1 291 | 671 |
| 6. 独立函授学院 | | | | | | |
| 7. 普通高等学校举办： | (52) | 19 471 | 51 110 | 121 115 | | |
| 函授部 | | 10 260 | 26 541 | 67 598 | | |
| 夜大学 | | 2 896 | 9 549 | 21 294 | | |
| 成人脱产班 | | 6 315 | 15 020 | 32 223 | | |
| 二、成人中等学校 | 12 786 | 3 338 079 | 3 358 716 | 3 146 245 | 14 876 | 3 583 |
| 1. 成人中等专业学校 | 275 | 21 126 | 17 437 | 41 919 | 3 958 | 2 054 |
| 广播电视中等专业学校 | 11 | 1 589 | 1 195 | 3 281 | 208 | 88 |
| 职工中等专业学校 | 67 | 7 772 | 8 051 | 17 395 | 1 898 | 1 047 |
| 干部中等专业学校 | 17 | 4 205 | 625 | 4 107 | 868 | 403 |
| 农民中等专业学校 | 1 | 100 | 71 | 289 | 41 | 34 |
| 函授中等专业学校 | 9 | 1 561 | 837 | 3 501 | 252 | 124 |
| 教师进修学校 | 34 | 3 605 | 2 837 | 4 850 | 691 | 358 |
| 其他类学校举办 | 136 | 2 294 | 3 821 | 8 496 | | |
| 2. 成人中学 | 33 | 1 335 | 2 363 | 3 995 | 233 | 191 |
| 职工中学 | 23 | 904 | 2 149 | 3 602 | 202 | 161 |
| 农民中学 | 10 | 431 | 214 | 393 | 31 | 30 |
| 3. 成人技术培训学校 | 12 478 | 3 315 618 | 3 338 916 | 3 100 331 | 10 685 | 1 338 |
| 职工技术培训学校 | 64 | 54 860 | 8 717 | 9 239 | 511 | 273 |
| 农民技术培训学校 | 12 414 | 3 260 758 | 3 330 199 | 3 091 092 | 10 174 | 1 065 |
| 三、成人初等学校 | 4 288 | 180 293 | 183 070 | 197 972 | 1 829 | 553 |
| 1. 职工初等学校 | 19 | 2 272 | 1 541 | 3 550 | 47 | 11 |
| 2. 农民初等学校 | 4 269 | 178 021 | 181 529 | 194 422 | 1 782 | 542 |
| 其中：扫盲班 | 2 570 | 138 309 | 130 427 | 139 934 | 1 606 | 465 |

〔**年度教育工作方针**〕　2001年，安徽省教育贯彻党的十五大精神，以“三个代表”重要思想为指导，以发展为主题，以结构调整为主线，以改革创新为动力，努力实现教育规模、教育技术和教育质量的新突破，把全省教育推向快速、健康、持续发展的新阶段。

年度教育工作主要思路是：(1) 以“两基”巩固提高和“两高”（高中、高等教育）强势扩容为重点，加快各类教育事业发展。(2) 大力实施教育结构调整，主动适应经济结构的战略性调整。(3) 不断深化各项改革，大力推进素质教育。(4) 加快普及信息技术教育步伐，推进教育现代化。(5) 加强教师队伍建设，努力改善办学条件。(6) 加强高校党建工作、教育系统思想政治工作和党风、政风、行风建设，确保教育系统的稳定局面。

〔**教育投入与支出**〕　2001年，全省教育经费收入134.21亿元，其中财政预算内拨款80.6亿元，占60.0%；各级政府征收用于教育的税费3.44亿元，占2.6%；校办产业、勤工俭学、社会服务收入中用于教育的经费3.5亿元，占2.6%；企业、社会团体、公民个人办学经费1.65亿元，占1.2%；社会捐集资1.83亿元，占1.4%；事业收入40.14亿元，占29.9%；其他收入3.10亿元，占2.3%。2001年，全省全口径教育经费支出总额为135.36亿元，比上年增加25.79亿元，增长23.59%。按隶属关系分：中央部委所属在皖院校教育经费支出11.18亿元，占8.3%；安徽地方各级各类学校经费支出124.17亿元，占91.7%。按部门划分：教育部门教育经费支出117.25亿元，占86.69%；其他部门、企业及社会团体、个人办学教育经费支出18.10亿元，占13.4%。

2001年，全省地方教育部门教育经费收入114.39亿元，地方教育部门支出为114.23亿元。预算内教育经费支出占财政总支出的比重为27.08%。2001年全省国家财政性教育经费支出79.86亿元，占当年国民生产总值的2.43%，较上年提高0.28个百分点。

2001年各级各类学校生均预算内教育经费及生均预算内公用经费情况：普通高中为1 041.27元和80.89元，分别增加144.97元和下降9.50元；普通初中为557.83元和38.00元，分别增加132.43元和6.80元；普通小学为470.44元和19.61元，分别增加119.54元和4.61元；职业中学为631.83元和36.16元，分别增加151.73元和下降4.34元；中等师范学校为2 166.01元和233.05元，分别增加386.21元和1.18元。

2001年教育基建情况。省属高校基建完成总投资43 306.6万元（其中省统筹3 000万元，省、市财政专项安排2 067万元，中央专项补助4 254万元，学校自筹33 985.6万元）。当年下达建设计划总面积101.42万平方米，竣工42.65万平方米。全省普通中学、职业中学、小学校舍总面积比上年分别增加81.25万、28.32万和2.35万平方米。全省教职工住房建设城镇中小学完成投资27 019万元，完成建筑面积42.57万平方米，建成住房4 629套；省属高校完成投资4 776万元，建成住房建筑面积7.8万平方米，建成住房976套。

〔**教育法制建设**〕　开展“四五”普法宣传教育活动。省教育厅于2001年召开了全省教育法制建设暨“四五”普法动员大会，全面启动全省教育系统“四五”普法工作。省教育厅制定了《全省教育系统第四个五年普法规划》。全省从省、市、县教育部门到绝大多数学校，普遍成立了“四五”普法领导小组，形成了党政一把手负总责，一级抓一级，层层抓落实的工作局面。在普法宣传中，采取请领导撰写署名文章，请专家作法制报告，举办法制讲座，组织法制文艺演出，开展法律知识竞赛，利用宣传栏、黑板报、展板等形式营造宣传声势等，增强普法效果。对青少年学生的法制教育常抓不懈。全省大中小学结合有关课程的教学渗透法制教育，或开设法律基础课讲授法律知识。在公安、司法等部门的支持下，全省多数省辖市市区和县城镇中小学聘请了法制副校长或法制辅导员。

为进一步推进依法行政，省教育厅对教育系统公务员学法用法培训、依法行政、从严治政进行了部署。在县和县级以上教育行政机关公务员中开展了学法用法培训和考试工作；对全省教育系统教育执法证件的发放、管理、使用情况进行了认真清理；面向基层和学校，依法受理行政复议案件，查处了违规办学事件，处理了多起涉及企业办学分离纠纷、教师职称纠纷等上访和群众来信案件；开展了教育行政执法和执法监督。依法整治中小学乱收费行为，依法加强对学校招生、考试工作的管理。

〔**学校人事制度改革**〕 2001 年 5 月，省教育厅会同省委组织部、省人事厅、省编办联合印发《关于深化高等学校人事制度改革的意见》。省教育厅暑期分南、北两片召开了高校人事制度改革座谈会，研究提出了进一步推进改革的对策措施。各高校按照要求，以逐步建立起“能进能出、能上能下、能高能低”的用人和分配机制，推进人事制度改革不断深化。到年底，20 所省属本科院校中已有 16 所开展了以聘用制为核心的人事制度改革，其中 8 所高校出台了分配制度改革方案。

中小学人事制度改革全面推开。2001 年初，省教育厅会同省人事厅、省财政厅、省编办制定了《关于深化中小学人事制度改革的若干意见》，由省政府办公厅转发各地执行。《意见》进一步明确了中小学人事制度改革的指导思想、目标和任务。此外，省教育厅还拟制了《安徽省教师队伍管理暂行办法》，制定印发了《安徽省教师资格制度实施细则》和《安徽省首次认定教师资格工作实施办法》等 14 个政策文件。下半年召开了全省教师资格制度实施工作电视电话会，进行部署。在此基础上，全面启动了首次认定教师资格工作，全省有近 30 万人申请认定资格，近 4 万名教师参加了全省首次认定教师资格教育学、心理学课程考试。

撰稿　吴金辉

〔**语言文字工作**〕 开展了第四届推广普通话宣传周活动，加大城市语言文字工作力度。年初印发了《关于进一步加强语言文字工作机构建设的通知》，到年底，全省 17 个省辖市都建立了语言文字工作机构。9 月 22 日～28 日，对合肥市的城市语言文字工作开展了调研，了解语言文字工作的现状，总结经验，找出存在的问题，为全省开展城市语言文字达标评估工作打下基础。做好教师普通话水平测试工作，制定了实施方案，全省中小学幼儿园教师共有 11.82 万人次参加了普通话水平测试，有 54 所师范院校22 857名师生参加了普通话水平测试。还举办 3 期省级普通话水平测试员培训班，366 人参加培训，254 人取得省级测试员资格。6 月 22 日省教育厅组织召开了全省普通话水平测试工作研讨会，下半年举办了首届全省普通话水平测试论文评选活动，共评出一等奖 5 篇，二等奖 10 篇，三等奖 30 篇，优秀奖 50 篇。

〔**体育、卫生与艺术教育**〕 继续抓好全国农村学校艺术教育实验县砀山县的实验工作，在芜湖市开展的中小学大课间操试点工作和在部分中学开展了预防艾滋病健康教育试点工作。同时，选择部分地区和学校试行《体育与健康》、音乐和美术课程新的课程标准及教材。组织专家对 17 所中等专业学校贯彻实施两个“条例”情况进行了检查评估验收。举办了全省艺术教育教研员和骨干教师研讨班及现场教学观摩活动、健康教育教师研讨班和国防教育教师研讨班，全年有 600 人次参加省一级骨干教师培训。召开了全省中小学艺术教育经验交流会，部署了今后一个时期中小学艺术教育工作。组织开展了全省大学生艺术歌曲演唱比赛、首届省级示范高中田径运动会、全省中专学校篮球赛、全国大学生篮球联赛（CUBA）安徽省比赛、全省首届大学生足球联赛、全省大中小学生健美操比赛、全省中学生软式排球比赛以及全省体育传统项目学校田径、游泳、球类等比赛，促进了各级各类学校课外文体活动和课余训练的普遍开展。

撰稿　郇平川

〔**社会力量办学**〕 省教育厅起草了《关于鼓励支持社会力量办学的若干意见》，提出鼓励和支持政策，已报请省政府印发。为加强对社会力量办学机构的规范性管理，省教育厅印发了《安徽省审批社会力量办学机构暂行办法》、《安徽省民办普通中小学、幼儿园设置基本标准》、《安徽省民办中等职业学校设置基本标准》。经省政府批准，2001 年设立 3 所民办高校，筹建 3 所民办高校；审批 15

所民办普通高级中学、1所非学历高等教育机构及7个自学考试助学辅导中心。省教育厅协同省民政厅在全省开展了教育类民办非企业单位登记工作，印发了《关于对社会力量举办的教育机构进行民办非企业单位登记的通知》，对全省2 300余所教育机构换发了教育部印制的社会力量办学许可证。

撰稿　吕　萍

# 基础教育

〔**综述**〕　2001年，全省基础教育继续保持良好的发展势头。全省小学适龄儿童入学率和毕业生升学率分别达到98.55%和100 %；初中适龄儿童少年入学率为86.6%（当年小学五年制改六年制约有25.5万学生未毕业，而升入六年级）。全省残疾儿童入学率超过65%。小学辍学率为0.28%，普通初中辍学率为5.71%。全省扫除青壮年文盲13.8万人，青壮年文盲率继续控制在5%以内。安徽省被教育部、财政部、国家计委授予“推进‘两基’成就奖”。全省3～6岁幼儿学前三年受教育率和幼儿学前一年入园率继续提高。

10月12日，全省基础教育工作会议在合肥市召开，省长许仲林、副省长蒋作君到会讲话，省教育厅、省财政厅和省计委负责同志在会上发言。会议就我省贯彻全国基础教育工作会议以及《国务院关于基础教育改革与发展的决定》精神进行了全面部署。省政府制订了《关于实施〈国务院关于基础教育改革与发展的决定〉的意见》等文件，进一步明确了地方负责、分级管理、以县为主的农村义务教育管理体制。

〔**中小学素质教育**〕　启动新一轮基础教育课程改革。省教育厅成立了省课程改革领导小组，提出了全省实施新一轮课程改革的规划、实验方案和具体措施；指导国家级实验区芜湖市制定了课程改革实施方案、教师培训方案和成果推广方案，对参加实验工作的教师和学校领导共2 200人进行了培训。秋季，芜湖市有31所初中的8 843名学生、98所小学的7 000余名学生开始进行课程改革实验。部署在全省城市和有条件的县城镇以上小学三年级开设英语课，少数有条件的乡镇中心小学也开设了英语课。加强了德育工作，成立了全省青少年校外教育工作联席会议，向教育部申报了六安市、岳西县、泾县3个校外活动场所建设项目。进一步推进中小学考试和升学制度改革。全省已有102个县（市、区）占98%的小学试行小学生素质教育报告单制度。全省104个县（市、区）实行了小学毕业生免试就近升学的办法，占小学毕业生的96%以上。积极推进农村普通初中试行“绿色证书”教育。9月，在灵璧县召开了农村教育综合改革现场会，并在各市确定了一批“绿色证书”教育试点学校或地区。加强学校管理，开展特色示范学校建设。印发了《安徽省特色示范小学基本标准》，指导各地开展创建工作，并对全省特教学校（班）进行全面调研、检查，推动特教学校（班）提高教学质量。

〔**信息技术教育**〕　全省中小学普及信息技术教育和“校校通”工作得到进一步加强。省教育厅制定了“十五”期间全省中小学普及信息技术教育规划，印发了《安徽省中小学普及信息技术教育“十五”计划实施意见》，合肥市西市区、芜湖市、马鞍山市、蚌埠市被教育部确定为全国中小学信息技术教育实验区。到年底，全省开展计算机教育的中小学达2 000所左右。建成计算机教室2 246个（中学1 520个，小学726个），计算机网络教室966个，多媒体教室506个，建成校园网和教育教学管理网78个，教育城（区）域网1个，其他信息技术专用功能教室1 000多个；全省中小学已装备计算机52 000多台，其中中学36 000多台，小学16 000多台。全省已有市级教育电视台8个，县级教育电视台20个，闭路电视系统300多套，卫星地面接收站1 200多座，电教达标学校5 000多所，其中一类达标学校960多所。举办了全省中学生计算机竞赛，组队参加了全国第十八届计算机竞赛获团体总分第二名，组织学生参加了全国第二届电脑制作活动，有18人获奖。

〔**中小学危房改造**〕　2001年，全省启动了中小学危房改造工程。省成立了以蒋作君副省长为组长，教育、财政、计划等部门负责同志参加的危房改造领导小组，各地也相应成立了机构，以加强领导。省政府决定，“十五”期间，省、市、县共同投入20亿元，其中省级财政5年投入10亿元，市、县配套10亿元，并集中于前3年使用，消除现有的438万平方米D类危房。2001年，国家和省共投入4.3亿元，其中中央下达危改专款1.3亿元，省级安排3亿元。全省共完成投资6 359万元，改造危房面积216万平方米，其中改造D类危房53万平方米。

〔**中小学教育科研**〕　2001年，完成国家“九五”重点课题《面向21世纪中国基础教育课程教材改革研究》一级子课题《面向21世纪安徽农村义务教育课程教材改革的实验和研究》的结题工作。完成国家重点课题《中国教育史》一级子课题《安徽教育史》、国家课题《创新教育研究与实践》、《农村职业教学模式和课程结构改革研究》等课题的年度研究工作；完成国家重点项目《基础教育物理课程标准的研制》的年度工作；继续完成《安徽教育志》续修工作。继续加强教育科研课题的管理，制定《安徽省“十五”教育科研课题指南》，完成2001年全省教育科研课题评审立项工作，共立项省级教育科研课题240项。举办全省普通高中新课程方案试验新教材省级培训和小学、初中义务教育修订大纲及新教材省级培训，共培训14个学科的骨干教师、教研员4 000余人。各市、县开展二级、三级培训，全省接受暑期培训的教师有10余万人。继续组织好华东版初中数学教材的编写和初中物理教材的修订工作；启动并参与编写安徽省九年义务教育小学英语教材。组织全省第二届“教坛新星”省级评审工作，全省共推荐600余名中小学、职业中学和幼儿园教师作为第二届省级“教坛新星”的评选对象。从中推荐中小学教师参加全国各相应学术团体的教育、教学评比，获全国一等奖46人次，二等奖52人次，三等奖61人次，优秀奖5人次。

〔**治理中小学乱收费**〕　继续把治理中小学乱收费作为事关教育改革发展和维护社会稳定的大事来抓。一是以治理农村中小学乱收费为重点，进一步规范中小学收费行为。认真贯彻省政府《关于加强农村义务教育收费管理坚决制止乱收费的通知》精神，严格控制收费项目和收费标准，进一步加强收费管理。二是进一步加强监督检查。在全省部署开展中小学收费检查工作，多次派出检查组深入农村中小学，对收费问题进行明察暗访。三是进一步加大查处违规收费的力度。据统计，2001年全省共查出违规收费7 949.12万元，处理违规收费7 269.63万元，其中清退7 171.35万元；清理违规收费补习班减少学生负担73.79万元；清理强制学生购买学习资料等减少学生负担48.87万元；受理群众举报1 333件；查处违纪案件359件；处理责任人170人，其中通报批评96人，给予党纪政纪处分74人。

撰稿　邬平川

# 职业教育

〔**综述**〕 2001年，针对中等职业教育面临的生源减少、就业困难的形势，省委、省政府再次把职业教育作为全年的重点工作之一，要求各地、各部门像抓经济工作一样抓职业教育；组织了职教专题调研，召开了全省职业教育工作座谈会，出台了促进职业教育发展的具体措施。省教育厅提出了“五个狠抓”的工作思路和措施，即：狠抓调整，优化专业结构和服务面向，突出优势，提高质量，增强职业教育的适应性和吸引力；狠抓沟通，打通职业教育和普通教育的界限，增强职业类学校的办学活力；狠抓农村职教，针对农业大省的特点，进一步推进农村教育综合改革，拓展职业教育发展空间；狠抓高等职业教育，拉动中等职业教育发展；狠抓服务，建立和完善毕业生就业指导服务体系和劳动准入制度。通过以上措施，职业高中招生大幅反弹，增长16.4%；普通中专继续下滑；技工学校招生与上年持平。全省各类中等职业教育招生总体上遏制了下滑势头。

职业教育的重心继续提升，年内有11所中专学校并入高等学校，部分师范学校转停。普通中专学校比上年减少18所。成人中专学校比上年减少9所；职业高中比上年减少48所，但校均规模增加38.2人。

〔**全省职教工作座谈会**〕 5月，省委、省政府分管教育工作的领导带领有关厅局负责人，深入合肥、六安、宿州等地开展了职业教育专题调研，针对存在的问题和发展的需要，协调相关厅局研究支持职教发展的政策和措施。省委、省政府于8月召开了全省职业教育工作座谈会。省委副书记方兆祥、副省长蒋作君发表讲话，就发展职业教育作了指示，对各部门支持职教发展的政策措施提出了具体要求。会议对全省职业教育发展的方向、重点和步骤作了全面部署。根据会议精神，省政府办公厅印发了《关于加强职业教育工作的意见》（以下简称《意见》）。《意见》规定：各级政府和有关部门用于职业教育的财政拨款要保证做到“三个增长”，职业学校生均拨款要高于同级普通中学；“十五”期间，省级职教专项经费在原有每年500万元的基础上，每年再增加300万元，并纳入省级教育事业经费年度预算。

会后，各市、县教育部门及时传达、学习、落实会议和文件精神。宣城、六安、池州、铜陵、芜湖、滁州、宿州、淮北、阜阳、黄山等市党委、政府研究并明确了职教发展的思路和政策措施。芜湖、马鞍山、淮北、宣城等市制定了贯彻落实文件的实施意见。合肥、芜湖、宣城、淮北、马鞍山等市还决定从城镇教育费附加中划出一定比例用于职业教育，并提出了推进劳动准入制度具体措施。

〔**中专管理体制调整**〕 为了构建适应社会主义市场经济需要的中等职业教育管理体制，实施了中专管理体制调整工作。2月，省教育厅、省计委、省财政厅、省人事厅、省审计厅、省编办联合发出《关于部属和省属中专学校管理体制调整工作的实施意见》。4月，首批划转的安徽省轻工业学校、合肥铁路工程学校、芜湖机械学校、合肥商业学校等10所中专学校划转省教育厅管理，合肥物价学校划转省发展计划委员会管理，蚌埠工艺美术学校划转蚌埠市管理。

〔**中等师范教育**〕 为提升全省师范教育层次，省教育厅草拟了关于进一步推进“三级师范”向“二级师范”过渡的实施方案。各中等师范学校通过与高等院校合作办学，共招收五年制小教专科教育学生3 713人，比上年增长32.6%。省教育厅对五年制小教专科教育的教学情况加强了指导，规范了办学行为。

〔**教育教学工作**〕 组织中等职业学校开展了学分制试点工作，拟订了安徽省开展学分制试点及举办综合课程教育试点工作的实施意见。开展了关于职业高中教学管理、学生管理、后勤管理3个规范文件的落实和检查。省教育厅引导各地职业中学树立市场意识、竞争意识和“质量、特色、就业”一体化的质量观；指导职业类学校根据自身优势，瞄准当地支柱产业，瞄准国内外、省内外就业市场设置专业，安排课程，深化教学领域改革，构建人才培养新模式。

撰稿　朱乃韬

# 高 等 教 育

〔**综述**〕 2001年，全省省属普通高校比上年增加12所；招生增长22.5%；在校生增长34.1%；全省高等教育毛入学率达10.5%。省属高校分别设有本、专科专业142种和450种（新增5种和96种），专业点432个和871个（新增97个和241个）。部属中国科技大学和省属安徽大学的“211工程”一期工程建设顺利通过国家验收。

经教育部批准安徽省在10个市设置35个成人高等教育现代远程教学站（点），同时对普通高校和成人高校举办的高等教育函授站（点）进行了清理，对检查不合格的予以撤消，保留225个继续举办。

〔**高校党建和思想政治工作**〕 省委教育工委部署高校广泛开展了江泽民总书记“七一”重要讲话学习活动。分别举办了高校宣传部长、“两课”教学部主任培训班和委厅机关事业单位党支部书记培训班。全省各高校按照省委教育工委确定的5个专题，组织党委中心组、处以上干部和“两课”教师进行了学习。

开展了“加快发展、富民强省”宣传教育活动，各高校成立了活动领导小组，开展了丰富多彩、扎实有效的活动。中央颁发《公民道德建设实施纲要》后，省委教育工委、省教育厅及时作出学习安排。开展了建党80周年纪念活动，省委教育工委组织高校专家学者参加纪念建党80周年理论研讨会，省委组织部、省委宣传部联合表彰了一批党建和思想政治工作先进高校，并开展全体党员参加的党建党史知识竞赛活动。

加强高校“两课”教学，推进“三个代表”思想进课堂、进教材、进学生头脑的教学工作。组编7种“两课”教材参加教育部组织的专家评审，其中1种被评为优秀，6种合格。组织专家对首批申报评估的15所高校“两课”教学工作进行了检查评估。召开全省民办高校和高职院校“两课”教学工作会议，推动了“两课”教育教学工作。

〔**学位工作与重点学科专业建设**〕 2001年，审批了合肥工业大学、安徽大学等13所高校的19个本科专业为新增学士学位授予专业。批准备案10所高校97个研究生课程进修班。

组织有关高校申报国家级重点学科的初审及推荐工作，省属高校有2个学科通过教育部评审，确定为全国高等学校重点学科。印发了《关于开展首批省级重点学科评估验收工作的通知》，开展首批省级重点学科评估验收，安徽师范大学的中国古代文学等11个首批省级重点学科评为“优秀”学科；组织专家对学校申报的166个学科进行了评审，评选出88个第二批省级重点学科和11个省级重点扶持学科。

根据全省经济结构调整和社会发展的需要，省教育厅制定了全省高校专业设置和评审工作办法，引导高校加强市场调查和科学预测，超前、主动调整学科内涵和专业结构。从高校申报的118个本科专业和297个专科专业中，遴选增设97个本科和241个专科专业。并对37个省级重点建设专业进行了中期检查。

〔**教学基本建设与教学改革**〕 开展了全省高校基础课教学实验室的评估工作。制定印发了《安徽高等学校省级基础课实验室评估办法》、《安徽高等学校省级基础课实验室评估实施细则》和《安徽高等学校省级基础课实验室评估参评实验室目录》，建立了评估专家库，启动了"省级基础课实验教学示范中心"遴选工作和"高校图书文献信息保障系统"建设，起草了《安徽省高等学校文献信息保障系统项目建设可行性研究报告》。制定了《安徽普通高校省级重点建设课程中期检查和验收评估办法》，对首批62门省级重点建设课程进行中期检查。组织开展了第二批重点建设课程的申报和评审工作，从36所普通高校申报的157门课程中，遴选76门作为省级第二批重点建设课程。

召开高校教学工作座谈会，制定了贯彻教育部《关于加强高等学校本科教学工作提高教学质量的若干意见》的实施意见，在深化教学改革、增加教学投入、加强教师队伍建设、强化教学管理等方面，提出24条对策和措施。

开展高职高专学校专业教学改革的试点工作。参加了教育部"新世纪高职高专教育人才培养模式和教学内容体系改革与建设项目计划"。教育部专家组对安徽省9所高职院校11个教学改革试点专业进行考察后，批准9所院校11个专业列入国家教学改革试点专业，芜湖职业技术学院被教育部确定为高等职业教学示范校。

〔**教师队伍建设**〕 组织对高校跨世纪学术技术带头人、学科带头人培养对象和中青年骨干教师的培养考核工作，经考核合格的，给予专项生活津贴和科研启动资金。组织了全省高校35周岁以下具有硕士学位的青年教师申报省高等学校青年教师科研资助计划，共230多项。遴选推荐2名高校青年教师申报教育部优秀青年教师资格奖励计划，6名青年教师申报援助非洲教育计划。

制定印发了《关于加强高校师资培训工作的若干意见》，成立了培训工作领导小组，进一步理顺师资培训管理体制，强化协调职能。组织高校教师参加了"以毕业研究生同等学力申请硕士学位教师进修班"入学联考，遴选550余名教师参加进修班学习。组织新进入高校的1 600多名青年教师参加了高等教育学、心理学及师德教育的系统岗前培训。制定了《关于引进在京皖籍高层次人才实施办法》，成立了引进领导小组，构建了高校引进在京皖籍高层人才专门网页。

〔**高校毕业生就业工作**〕 贯彻省委、省政府《关于加强人才工作若干问题的决定》，积极调整毕业生就业政策，举办毕业生就业市场，加强毕业生就业指导。截止7月2日，非师范本科毕业生初次就业率为89.3%，非师范专科毕业生初次就业率为25.2%，分别比上年同期高5.27和0.75个百分点。师范类毕业生2001年仍由教育部门在教育系统内安排就业。截止年底师范本科生已全部安排到位，师范专科毕业生也基本到位。

〔**科研工作**〕 2001年，全省各高校共获国家自然科学基金项目138项，占全省自然科学基金项目的立项中的60%以上。全年高校科技总经费达到4.5亿元，比上年增长10%。省教育厅设立了高等学校高新技术成果产业化贴息项目。合肥大学科技园通过国家评审正式授牌，总建筑面积达2万多平方米的孵化中心即将完成土建工作。安徽工业大学在马鞍山市建立了科技工业园。全省科技型企业的总产值达到2.5亿元。

高校科技工作注重面向经济建设主战场，实行产学研结合。安徽大学电能质量工程研究中心、合肥工业大学光伏系统工程研究中心被教育部评为部级工程研究中心。高等学校在实践中探索出产学研"省校合作"的新路子：即高校带项目参与，全省企事业单位均可与高校合作，共同实施高新技术产业化项目。8所高校118个项目参加"省校合作"项目已开始实施。

〔**高校后勤社会化改革**〕 2001年，全省74%的高校完成了后勤工作与行政管理系统的规范分离。29 所高校已组建后勤服务实体，后勤经营服务人员及相应资源从学校行政系统中分离出来，实行企业化经营、社会化运作。41 所高校后勤职工工资全部或部分剥离，其中 3 所高校后勤职工工资全部由后勤集团自理。

以社会化大学生公寓小区建设为高校后勤改革的突破口，合肥、芜湖、淮南等地大学生公寓小区建设取得重要进展。合肥大学生公寓小区占地 8.36 公顷，总建筑面积 13.3 万平方米，一期工程已经完成建筑面积 4.8 万平方米；淮南大学生公寓小区占地 6.7 公顷，总建筑面积 12.6 万平方米，一期工程已经完成 4.6 万平方米；芜湖大学生公寓小区占地 1.8 公顷，一期工程已完成建筑面积 1.9 万平方米。全省高校新增学生住宿面积 46 万平方米。

撰稿　檀　俊

# 成人教育

〔**自学考试**〕　全年共开考 82 个专业，报考科次 150 万，毕业近 3 万人。根据新、旧计划课程过渡方案，进行了自考专业调整和改造工作。成立了自学考试教育咨询服务中心，为全省自考生及社会提供各种自考教材、学习软件和咨询服务。省考委、省教育厅于 5 月在合肥召开了庆祝全国高等教育自学考试制度建立 20 周年大会，省委副书记、省政协主席方兆祥在会上讲话。省自考办被省直文明委命名为“2000 年度省直三优文明单位”。

〔**成人中专教育**〕　改革成人中等学历教育招生政策，实行宽进严出，免试入学，拓宽初中后受教育渠道。2001 年，规范成人中专办学行为，完善成人中专毕业验考制度，夏、冬两季共验考 2.2 万人。全年审核、验印、发放成人中专毕业证书 2.7 万份。认真贯彻《教育部关于在中职学校开展学分制试点工作的通知》精神，在成人中专部分专业开展了学分制的试点工作。推进社区教育实验工作，在 4 个试点市开展了不同形式的活动。合肥市出台了《开展社区教育实验的几点意见》，芜湖市镜湖区被确定为国家级实验区。

〔**扫盲工作**〕　2001 年，省教育厅起草了“十五”扫盲工作实施意见。在扫盲工作中，坚持以农民文化技术教育为依托，将扫盲工作与农业实用技术培训紧密结合；同时依靠当地职业教育和农村中小学校的有效教育资源，拓宽教育渠道，改进教育方法和手段，使扫盲质量进一步提高。全年共扫除青壮年文盲 13.8 万人，青壮年文盲率控制在 5% 以内。

撰稿　吕　萍
审稿　陈贤忠

# 福建省教育

## 概　　况

〔**基本情况**〕

**2001 年各级普通学校基本情况**

单位：人

| 学 校 类 别 | 学校数（所） | 毕业生数 | 招生数 | 在校学生数 | 教职工数 | |
|---|---|---|---|---|---|---|
| | | | | | 合　计 | 其中：专任教师 |
| **总　计** | **23 552** | **1 491 566** | **1 929 775** | **7 197 662** | **431 417** | **363 055** |
| 一、研究生 | (9) | 1 119 | 2 877 | 6 828 | | |
| 1. 高等学校 | (7) | 1 104 | 2 830 | 6 738 | | |
| 2. 科研机构 | (2) | 15 | 47 | 90 | | |
| 二、普通高等学校本专科 | 32 | 28 449 | 59 459 | 167 377 | 23 262 | 10 716 |
| 本科院校 | 11 | 15 626 | 35 299 | 104 242 | 17 107 | 7 463 |
| 专科院校 | 21 | 9 602 | 16 405 | 46 176 | 5 770 | 3 046 |
| 分校、大专班 | | 3 221 | 7 755 | 16 959 | 385 | 207 |
| 三、普通中等学校 | 2 383 | 779 703 | 932 573 | 2 701 672 | 176 830 | 142 652 |
| 1. 中等专业学校 | 109 | 26 000 | 32 831 | 134 026 | 11 711 | 6 798 |
| 中等技术学校 | 86 | 25 465 | 31 158 | 122 971 | 9 539 | 5 483 |
| 中等师范学校 | 23 | 535 | 1 673 | 11 055 | 2 172 | 1 315 |
| 2. 技工学校 | | | | | | |
| 3. 普通中学 | 1 988 | 696 456 | 825 215 | 2 383 000 | 151 797 | 125 866 |
| 高中 | 523 | 93 703 | 171 422 | 440 431 | | 27 411 |
| 初中 | 1 465 | 602 753 | 653 793 | 1 942 569 | | 98 455 |
| 4. 职业中学 | 286 | 57 247 | 74 527 | 184 646 | 13 322 | 9 988 |
| 高中 | 281 | 56 183 | 73 745 | 181 933 | | 9 756 |
| 初中 | 5 | 1 064 | 782 | 2 713 | | 232 |
| 5. 工读学校 | | | | | | |
| 四、小学 | 13 664 | 674 439 | 506 230 | 3 546 212 | 193 967 | 181 816 |
| 五、特殊教育学校 | 75 | 7 856 | 6 420 | 41 563 | 1 457 | 1 224 |
| 六、幼儿园 | 7 398 | | 422 216 | 734 010 | 35 901 | 26 647 |

## 2001 年各级成人学校基本情况

单位：人

| 学校类别 | 学校数（所） | 毕业生数 | 招生数 | 在校学生数 | 教职工数 合计 | 教职工数 其中：专任教师 |
|---|---|---|---|---|---|---|
| **总　计** | **14 628** | **2 756 789** | **2 454 219** | **2 327 109** | **18 002** | **9 224** |
| 一、成人高等学校 | 17 | 15 824 | 32 374 | 71 712 | 2 880 | 1 477 |
| 1. 广播电视大学 | 2 | 2 883 | 2 990 | 8 889 | 944 | 395 |
| 2. 职工高等学校 | 7 | 1 220 | 2 720 | 5 715 | 437 | 278 |
| 3. 农民高等学校 | | | | | | |
| 4. 管理干部学院 | 4 | 2 142 | 2 511 | 6 175 | 840 | 477 |
| 5. 教育学院 | 4 | 1 516 | 3 832 | 9 369 | 659 | 327 |
| 6. 独立函授学院 | | | | | | |
| 7. 普通高等学校举办： | (32) | 8 063 | 20 321 | 41 564 | | |
| 函授部 | | 4 403 | 12 609 | 26 971 | | |
| 夜大学 | | 1 559 | 2 764 | 6 157 | | |
| 成人脱产班 | | 2 101 | 4 948 | 8 436 | | |
| 二、成人中等学校 | 10 784 | 2 673 889 | 2 364 847 | 2 196 267 | 14 076 | 7 415 |
| 1. 成人中等专业学校 | 335 | 23 422 | 27 836 | 75 872 | 7 685 | 4 674 |
| 广播电视中等专业学校 | 8 | 4 101 | 4 434 | 14 877 | 878 | 393 |
| 职工中等专业学校 | 77 | 5 808 | 7 416 | 19 912 | 2 455 | 1 429 |
| 干部中等专业学校 | 33 | 2 760 | 3 711 | 8 359 | 787 | 482 |
| 农民中等专业学校 | 19 | 1 913 | 3 139 | 6 265 | 575 | 391 |
| 函授中等专业学校 | 4 | 1 728 | 1 270 | 5 567 | 385 | 189 |
| 教师进修学校 | 67 | 414 | 2 561 | 6 126 | 2 605 | 1 790 |
| 其他类学校举办 | 127 | 6 698 | 5 305 | 14 766 | | |
| 2. 成人中学 | 45 | 3 272 | 3 775 | 2 695 | 216 | 179 |
| 职工中学 | 12 | 283 | 551 | 985 | 108 | 90 |
| 农民中学 | 33 | 2 989 | 3 224 | 1 710 | 108 | 89 |
| 3. 成人技术培训学校 | 10 404 | 2 647 195 | 2 333 236 | 2 117 700 | 6 175 | 2 562 |
| 职工技术培训学校 | 762 | 103 228 | 66 747 | 83 114 | 2 331 | 982 |
| 农民技术培训学校 | 9 642 | 2 543 967 | 2 266 489 | 2 034 586 | 3 844 | 1 580 |
| 三、成人初等学校 | 3 827 | 67 076 | 56 998 | 59 130 | 1 046 | 332 |
| 1. 职工初等学校 | 29 | 747 | 529 | 634 | 11 | |
| 2. 农民初等学校 | 3 798 | 66 329 | 56 469 | 58 496 | 1 035 | 332 |
| 其中：扫盲班 | 2 056 | 29 825 | 21 313 | 23 153 | 363 | 120 |

〔**年度工作方针**〕 2001年教育工作的指导思想和工作要求是：以邓小平理论为指导，按照"三个代表"的要求，认真贯彻党的十五届五中全会和省委六届十二次全会精神，继续落实《中共中央国务院关于深化教育改革全面推进素质教育的决定》和《省委省政府关于加快实施科教兴省战略的决定》，抓住机遇，坚持以发展为主题，推动各级各类教育适度超前发展；适应全省经济结构战略性调整的需要，加大教育结构的调整力度；坚持以改革为动力，大力推进教育体制、机制和制度创新；全面推进素质教育，全面提高教育质量；大力加强教师队伍建设，提高教师实施素质教育的能力和水平；以教育信息化为先导，加快教育现代化建设步伐；实施"211工程"和重点学科二期建设，提高高等学校知识技术创新能力；全面推进依法治教，建立保障教育发展的新机制；加强学校党的建设和思想政治工作，营造有利于教育发展的良好环境；在改革与发展中继续保持教育系统的安定稳定局面，为"十五"教育改革和发展奠定坚实的基础。

〔**编制教育事业发展"十五"计划**〕 2001年，省教育厅成立了全省教育"十五"计划编制工作领导小组，集中力量、精心组织，深入开展调查研究和政策协调，经过反复论证、征求意见和修订，形成了《福建省教育事业第十个五年计划》及与之配套的基础教育、中等职业与成人教育、高等教育、教师队伍建设、高等学校学科建设、教育信息化建设6个专项计划。经省科教领导小组审议并原则通过。福建省教育事业"十五"计划由省政府印发实施。在全省教育事业"十五"计划的编制过程中，省教育厅紧紧把握全省经济建设与社会发展的要求，把握经济结构战略性调整和科技进步的态势，把握加入WTO后教育面临的挑战和机遇，突出以加快发展为主题，以结构调整为主线，以改革创新为动力，以信息化建设为契机，力求使教育更好地适应经济建设和社会发展要求，更好地满足人民群众日益增长的教育需求，推进教育以新的步伐迈入全面发展的新阶段。"十五"计划确定"十五"期间全省教育发展总的任务是：确保教育"两基"重中之重的地位，重视发展儿童早期教育和学前教育，大力发展高中阶段教育和高等教育，积极发展职业教育和职业培训、成人教育及其他形式的教育，大力推进教育信息化、现代化、法治化、终身化，努力构建具有海峡西岸繁荣带特色的现代教育体系。力争幼儿教育毛入园率达82%以上，并逐步提高城市婴儿入托率；小学毛入学率达99%以上，小学升学率保持在97%以上；初中学龄人口入学率达92%，高中阶段入学率达60%以上，高中阶段在校生数达120万人以上；高等教育毛入学率达15%，达到全国平均水平，使各类高等教育在校生增加到49万人，其中高校本专科在校生达28.5万人，研究生教育规模达2万人以上。

〔**李岚清副总理在厦门发表重要讲话**〕 2001年12月21日～22日，教育部在厦门市举行部直属高校工作咨询委员会第十二次全体会议，71所部直属高校党委书记、校院长参加了会议。中共中央政治局常委、国务院副总理李岚清到会并作了重要讲话。李岚清副总理在讲话中指出：当今世界已经进入了以知识经济为主要特征的新时代，新技术、新知识的创造、传播和应用已成为经济和社会发展最重要的源泉。以综合国力为核心的国际竞争非常激烈，各种形式的竞争归根到底是人才的竞争，特别是随着我国加入WTO，人才竞争将更加激烈。我国人口众多，自然资源相对不足，物质资本也不雄厚，惟有人才是可以不断挖掘。必须抓住当前有利时机，充分利用各种资源，加快科技教育发展，推动"科教兴国"战略的实施。高等学校要进一步解放思想，破除各种陈旧观念，大胆改革，培养高素质创造性人才；要坚持高标准、高水平，努力实现某些学科或领域的跨越式发展；要加强协作，协同攻关，争取快出成果、多出成果；要实现优秀人才的合理流动，最大限度地发挥人才的作用；要大力培养和大胆起用年轻的优秀人才，支持鼓励青年科技教育人才承担重大科研课题。要坚定不移地坚持教育与经济和社会发展相结合的方针，充分发挥人才集中的优势，针对经济和社会发展的一些重大问题进行深入研究，为政府科学决策提供咨询、当好参谋助手。要把思想政治工作放在突出位置，准确把握客观形势的新变化和师生思想状况的新特点，增强思想政治工作的针对性和实效性，确保高校稳定。会议期间，李岚清副总理、陈至立部长等考察了厦门大学、集美大学等。

〔**教师队伍建设**〕 2001年，省教育厅加强教师队伍建设，教师培养渠道进一步拓宽，教师队伍得到充实。在加大省属高校本科师范专业培养规模的同时，积极支持厦门大学、北京师范大学等国家重点大学为福建省培养师资，使师范类本科招生规模首次突破5 000人。采取中等师范学校与高等学校联合办学的形式，培养五年制专科小学、幼儿园教师。适应高等教育和高中阶段教育加快发展的需要，全省普通高中专任教师增加了4 241人，省属普通高校专任教师增加了820人。为提高中小学教师实施素质教育的能力和水平，省教育厅大力实施以骨干教师培训为重点的“中小学教师继续教育工程”。全年累计培训1.4万名骨干教师，其中有258名骨干教师接受国家级培训，有1 783名骨干教师接受省级培训。全省各地广泛开展了中小学教师信息技术全员培训。中小学教师提高学历培训力度进一步加大，累计有10多万名教师参加了各类学历教育。全省小学、初中、高中教师学历达标率分别提高到97.07%、95.85%、64.5%，其中小学专任教师中具有专科学历的比例上升到17.71%。2001年在全省首次开展了在职教师的资格认定。

〔**教育投入**〕 2001年，全省各级政府和有关部门坚持把增加教育投入作为落实“科教兴省”战略的根本措施，坚持多渠道筹措教育经费，全省财政投入教育的经费继续增长。同时，认真落实中央和省出台的教育投入政策，结合实际，制定了《福建省农村义务教育集资管理暂行规定》、《福建省农村教育费附加征收管理暂行规定》，规范了教育费附加的征收和教育集资的管理。积极向国家有关部委争取中小学危房改造专项资金7 000万元，向地市下达专项资金2亿多元用于中小学布局结构调整、危房改造和加快高中阶段教育发展。进一步完善贫困学生助学体系，全面推行了国家助学贷款，实行学生贷款利息50%由财政贴息。在努力增加教育投入的同时，省教育厅加强对经费投入情况的监测，与省财政、统计等部门对县级教育经费投入、中小学生均教育事业费支出以及中学生均预算内教育费支出情况进行了通报。制定了《福建省中小学校财务管理若干意见》，加强农村小学财务管理，推行“集中管理，分校核算”管理体制。加强对教育投入的督导检查，重点开展了中小学预算外资金实行收支两条线管理后及时足额返还情况的督促检查。加强对教师工资发放的监管，与省财政厅联合印发了《关于做好中小学教师工资县级财政国库统一发放工作的意见》，全省有58个县（市、区）实行了中小学教师工资县级国库统发。

〔**党建与思想政治工作**〕 2001年，全省进一步把学校党建与思想政治工作摆在突出位置。一方面，大力加强基层党组织建设。积极开展创先争优活动，稳步推进在大学生和青年教师中发展党员的工作，壮大党员队伍，增强党组织的凝聚力、号召力和战斗力，为高校的改革与发展提供坚强的政治保证。另一方面，高度重视思想理论建设。深化“两课”教育教学改革，推进邓小平理论和“三个代表”重要思想的“进教材、进课堂、进学生头脑”工作。积极运用现代信息技术手段，拓宽思想政治工作领域，建立高校思想政治教育网站，推进思想政治工作进网络，扩大思想政治教育的覆盖面和影响力。同时，认真落实稳定工作责任制，建立健全定期分析高校稳定形势的制度；畅通稳定信息传输渠道，保证了高校的持续稳定。全省教育系统还广泛开展了丰富多彩的纪念建党80周年系列活动，使广大师生受到深刻的理想信念教育，进一步坚定对马克思主义的信仰、坚定对社会主义的信念、增强对改革开放和现代化建设的信心、增强对党和政府的信任。充分利用申奥成功、成功举办APEC会议和加入WTO等重大事件，加大时事政策教育力度，进一步激发广大师生的爱国主义热情和为现代化建设努力工作、发奋学习的积极性。

〔**教育交流**〕 2001年全省共有23人获得国家公费出国留学资格；选派24名中青年骨干教师以单位公派身份在外进修、研究；为1 060人办理自费出国留学学历审核工作；启动实施“中国初三学生赴新加坡学习项目”，选拔16名初中毕业生赴新加坡学习。全年吸引70多名在外留学人员学成回国工作。全省高校接收长短期外国留学生800多人。获教育部批准，厦门大学和福建师范大学成为国家对外汉语教学基地，福建师范大学定点为菲律宾培训汉语教师。选派9名教师出国开展短期师资培训，11名教师赴菲律宾任教，12名中学语文教师赴新加坡从事中小学汉语教学工作。全省有30多所院校共聘请长期外国文教专家与教师140多人，短期外国专家和学者200多人。全年共接待10多个国家和地区的代表团组或个人共30多批、100多人次，全省教育系统有265人次出国参加学术会议、讲学或考察。加大对台单独招生的宣传力度，全年招收台湾学生174人，招收香港、澳门的学生485人，在校台生数、港澳生数分别达429人、1 494人。华侨大学、福建中医学院等院校重视建立健全各项规章制度，对台生采用学分制办法管理，严把教学质量关；并注重中华民族优秀传统文化的教育，通过开展丰富多彩的校园文化活动，增进台生对中华民族的了解、认识和热爱。

〔**社会力量办学**〕　2001年6月，省政府在福州召开全省社会力量办学工作座谈会，总结交流社会力量办学的经验，研究部署推进社会力量办学健康发展的新举措，加强对全省民办学校的宏观管理和业务指导。省政府转发了省教育厅等11个部门联合制订的《福建省关于鼓励社会力量举办民办学校的若干意见》。还出台了《民办中等职业学校设置暂行办法》，将中等职业学校的审批权下放给各设区市教育行政部门。以高等职业教育为重点，鼓励支持社会力量创造条件申办普通高等学校。经省政府批准，组建泉州育青职业技术学院、泉州光电信息职业学院、厦门华夏职业学院、福州英华职业学院等4所专科层次高等职业学校；批准筹建泉州中营职业学院、福州科技职业学院、厦门南洋专修学院等3所院校，组建了福建师范大学闽南科技学院、福州大学阳光学院等2所民办二级学院。

# 基础教育

〔**综述**〕　2001年，全省小学比上年减少271所，招生增加1.28万人，在校生减少14.48万人，每万人口小学在校生1 021.67人；适龄儿童入学率99.96%。普通中学比上年增加67所。初中招生减少1.25万人，在校生减少2万人，每万人口初中在校生559.66人。高中招生增加1.96万人，在校生增加6.8万人，每万人口高中在校生126.89人。特殊教育学校比上年减少1所，在校生增加0.09万人。幼儿园比上年减少448所，在园幼儿减少5.24万人；3至未满7周岁幼儿入园率80%，比上年提高3.52个百分点，每万人口在园幼儿211.47人。

〔**全省基础教育工作会议**〕　2001年1月22日～23日，省政府召开全省基础教育工作会议，对贯彻落实全国基础教育工作会议精神和国务院《关于基础教育改革与发展的决定》，推进全省基础教育改革与发展作了全面部署。省委、省人大、省政府、省政协领导，省直有关部门负责人以及各市、县（区）政府分管领导，教育、计划、财政等部门负责人近300人出席了会议。会前，省政府作出了《关于基础教育改革与发展的决定》。会议出台了有关基础教育工作的16个配套文件，表彰了“两基”工作先进地区、先进单位和先进个人。会上，习近平省长作了重要讲话，潘心城副省长作了书面发言，省教育厅厅长朱之文、财政厅厅长马潞生、省计委副主任刘群心分别作了专题报告。省长习近平在讲话中指出：教育是科技的基础，基础教育是教育事业的基石。加强基础教育工作，对于提高国民素质、培养各级各类人才，对于实施“科教兴省”战略、加速现代化进程，都具有基础性、先导性和全局性的重要作用。各地各部门必须从贯彻落实江总书记“三个代表”重要思想的高度，站在民族兴衰和现代化事业成败的高度，充分认识搞好基础教育的重大意义，采取有效措施，推进基础教育的改革和发展。当前要重点抓好“四个落实”：即切实落实县级政府对本地农村义务教育负有主要责任；切实落实“一保、二控、三监管”措施；切实落实以政府为主、多渠道发展基础教育的政策；切实落实全面推进素质教育的要求。要把基础教育工作纳入各级政府的议事日程，切实将基础教育作为基础设施和教育事业发展的重点领域，保证基础教育的优先发展。要坚持依法治教，完善基础教育法制建设，保证教育方针、政策的贯彻执行和教育目标的实现。要加强各部门的紧密协作，各司其职，努力形成全社会关心支持基础教育改革和发展的良好氛围。

〔**义务教育**〕 2001年，全省义务教育认真抓了学额巩固、学制改革和学校布局调整工作。为解决农村初中生辍学率偏高问题，省教育厅督促各地抓好初中校建设，改善办学条件，同时重新修订并印发了《关于进一步做好控制中小学生辍学工作的通知》，就加强学校内部管理、落实教学常规、减轻学生负担、健全学籍管理制度、加强政府行为、依法控制中小学生辍学等方面作了严格规定，进一步明确了县、乡、村分级管理义务教育的责任。全国基础教育工作会议后，又印发了《关于贯彻全国基础教育工作会议精神，切实控制农村初中在校生辍学的意见》，从加强控辍宣传、强化教育行为，加强教育教学管理，提高教育质量等方面提出了进一步的要求。通过上下共同努力，全省初中生的辍学率得到有效控制。针对小学入学高峰期已过，初中入学高峰期来临的新情况，省教育厅在抓好学额巩固和毕业率的基础上，积极进行学制改革，要求各地五年制小学逐步向六年制过渡，以期实现完全意义上的九年义务教育。从2001年秋季开始，全省原实行小学五年制的地区，一、二年级全部统一为六年制，三、四、五年级分别按50%、40%、30%的比例改为六年制。学制改革的实施有效缓解了初中高峰期校舍不足的矛盾，为初中入学高峰期的平稳过渡创造了有利条件。为提高办学效益，全省积极稳妥地进行了中小学布局调整。省教育厅要求各地以保证不降低普及程度为前提，以提高办学效益为重点，统筹考虑教育资源的综合利用，结合城镇化建设进程，从实际出发，制定中小学布局调整规划。经过调整，全省小学比上年减少271所，初中增加21所。在调整的同时，多方筹措经费，加大中小学危房改造力度，建设了一批高质量的农村初中和农村寄宿制小学。

〔**高中教育**〕 2001年，全省普通高中按照“大力发展、注意质量和效益”的方针，克服办学容量不足的矛盾，努力扩大事业规模，通过安排省级专项补助经费、注册登记和定级达标等政策措施，促进各地在扩建现有普通高中校，实施完全中学初高中分离，扩大公办高中办学容量的基础上，加快发展民办普通高中，新建高水平的高中校，建设一批优质高中，以增加招生数量。经过努力，2001年全省普通高中比上年增加46所，招生增加近2万人。

〔**幼儿教育**〕 2001年，省教育厅印发了《福建省农村幼教改革试点工作的通知》和《福建省农村幼教改革试点方案》，组织有关人员赴省外考察农村幼教管理经验，确定闽清县作为农村幼教改革省级试点县。各设区市也确定了农村试点县。通过试点，为全面开展农村幼教改革提供经验。

〔**课程改革**〕 2001年，全省普通高中起始年级全面实施教育部制订的新课程计划。省教育厅先后组织41期中小学新大纲、新教材及高中研究性学习培训班，共培训中小学教师4 500多名，举办了普通高中新课程计划培训会，邀请有关专家来闽讲学。通过培训，使各级教育行政部门、教研部门的领导和中小学校长、骨干教师充分认识基础教育课程改革的目的、意义和任务，学习了解了新课程计划相关的教育理论，提高了执行新课程计划的自觉性。全省根据普通高中实施新课程计划要求，增设了“研究性学习”课程，并确定50所“研究性学习”省级联系校，进行跟踪调查、重点取样，指导面上工作的开展。全省普通高中已开始按新课程计划和新大纲组织教学活动，基本上都开展了“研究性学习”活动，不少学校还编印了研究性学习成果汇编。省教育厅制定了《基础教育新课程实验推广的实施意见》，按照“先立后破，先实验后推广”的方针，采取“辐射推广，滚动发展”的方式，在原已确定为国家基础教育课程改革实验区的同时，全省8个设区市也确定了21个省级课改实验区，制定了课改实验方案。

为培养学生的创新精神和实践能力，省教育厅要求各地加强活动类课程教学，重点抓好小学常规科技活动课和中学常规的综合实践活动等课程，组织开展各种形式的中小学科技制作活动，重视培养学生的科技意识和观察、动手能力。2001年，在参加全国生物与环境科学实践活动中全省共有20个项目获奖；参加全国“明天小科学家”评选活动，福建师范大学附中获一等奖（全国仅5名），还获得2个二等奖；参加国际奥林匹克学科竞赛，获金牌2枚、铜牌1枚。

〔**信息技术教育**〕　2001年4月，省教育厅召开全省中小学信息技术教育工作会议，对推进信息技术教育做了全面部署；随后举办了6期中小学信息技术教育师资培训班，培训了350名骨干教师。各地也采取有力措施加快信息技术教育的步伐。截至2001年底，全省中小学已装备计算机18.4万台，比上年增加6万多台，在校生人机比达到34∶1，校园网达到514个，比上年扩大4倍，建成多媒体电化教室1 400多间、电子阅览室350多间、远程教育接收点81个。全省共有3 101所中小学开设了信息技术教育课程。高中信息技术列入会考科目，实现了真正意义上的“普及”；初中信息技术课开课面66%，比上年提高20个百分点；小学普及面也有一定的扩大。

〔**中小学标准化建设**〕　2001年，全省各地积极创造条件，按照中小学达标、示范学校、优质（示范）幼儿园标准，加快了中小学、幼儿园的标准化建设。一年中，全省共组织复查验收6所一级达标中学，审批6所二级达标中学、16所三级达标中学，使全省达标中学达到182所，其中一级达标中学41所，二级达标中学69所，三级达标中学72所；复查验收了16所省级示范小学，评估验收了6所省级优质幼儿园，使全省省级示范小学达到66所、优质幼儿园达到50所。为保证达标中学的质量，2001年4月，在各设区市教委复查的基础上，省教育厅组织4个小组，对1997年以前评定的达标中学进行分片复查，对其中11所学校提出了限期整改的意见。省教育厅印发了《福建省国家级示范性普通高中评估验收办法及评估细则（试行）》，对9所省一级达标中学开展了创建国家级示范高中的调研，为2002年正式启动省级试评估工作打下基础。

〔**教学管理**〕　2001年，省教育厅结合开学初检查和下乡调研，督促各地严格执行省颁课程教学计划，开齐开足课程；督促学校落实教学常规，抓好备课、上课等各个环节，以研究问题为出发点，开展学校教研活动；落实课堂教学主渠道，广泛进行学科领域的教学改革，开展中小学、幼儿园开放周、开放日活动；以教研、公开课等为载体，组织省级示范小学优秀青年教师送课下乡活动，提高边远山区教师的教学教研能力；组织教学用书检查，规范教学用书管理，严格按省颁中小学教学用书目录征订和使用教学用书，严禁其他教辅和教具进校。

〔**治理中小学乱收费**〕　2001年，各级教育行政部门与学校层层签订行风建设责任状，做到一级对一级负责，层层抓落实。省教育厅还专门聘请12位民主评议行风代表，进行明察暗访和综合评议。同时，明确将治理中小学乱收费特别是治理农村中小学乱收费作为全省教育系统纠正行业不正之风的重点工作。省教育厅还会同省有关部门，并邀请省人大代表、省政协委员对9个设区市农村中小学收费情况随机抽查。据不完全统计，2001年全省共查处乱收费案件247件，处理52人，清退各种违规收费469.674万元，清理违规补习班304个，减少学生交费195.48万元，清理课外复习资料30.89万册，减少学生交费233.50万元。

# 职 业 教 育

〔**综述**〕 2001年，全省普通中专比上年减少9所（其中技术中专减少7所），招生减少1 988人（其中技术中专减少3 021人），在校生增加4 985人（其中技术中专增加4 296人），毕业生减少7 130人（其中技术中专增加1 022人）；职业中专（高中）比上年增加23所，招生增加82人，在校生增加509人，毕业生减少24人。

〔**招生改革**〕 2001年省教育厅制定《福建省中等职业学校招生改革意见》，将职业中专招生计划审批权和普通中专招生录取审批权下放各设区市。允许学校自主确定招生专业、招生人数，调整招生指标。中招期间向9个设区市派遣招生联络员，负责中职招生中的联络、协调工作，并及时发出《关于进一步做好2001年中等职业学校招生工作的通知》，有效做好中职招生的补招工作，促进了中等职业教育事业的平稳发展。全年共完成中职（含成人中专）招生14.8万人，与上年持平。

〔**管理体制改革**〕 2001年省教育厅制发了《福建省中等职业学校学籍管理和成绩考核的办法》，按学校隶属关系改革中等职业学校的教育教学管理体制。明确除省属学校学籍由省教育厅管理外，其他学校学籍根据属地管理原则由各设区市教委管理。职业中专毕业证书验印工作也下放给各设区市。还印发了《福建省中等职业学校进行学分制试点工作的原则意见》，厅属和福州市属学校的学分制试点已进入实质性操作阶段。制定《福建省中等职业学校联合办学（全日制）的若干规定（试行）》，鼓励和规范中职学校之间的联合办学，以重点带动一般，发挥重点中等职业学校在师资、设备、教学管理方面的优势。

〔**教学管理**〕 2001年调整了中等职业学校教材审查委员会，召开工作会议，审查、确定全省中等职业学校秋季使用的语文、数学、英语、计算机应用基础、德育5门课程的教材，并举行了省、市级德育、语文、数学、英语教师使用新教材的培训。省教育厅编制了《福建省全日制中等职业学校教学计划》，从2001年秋季起，全省各类中等职业学校开始执行统一的教学计划。

为突出中等职业教育的特色，推动劳动预备制的实施，省教育厅与省劳动和保障厅联合印发了《关于在福建省中等职业学校全面推行“双证书”制度的通知》，要求中等职业学校按照国家职业分类和职业等级标准的要求组织教学。有条件的学校设立职业技能鉴定站，逐步使所有毕业生都能达到所学专业（工种）技能的“应会”要求，凡实行就业准入控制的专业都要获得职业技能资格证书。为加强学生的文化和专业基础知识教育，省教育厅印发了《关于在全省中等职业学校实行会考的通知》，决定从2002年开始，对全省中职学生进行语文、数学、英语、计算机应用基础和部分专业基础课程会考。

〔**布局结构调整**〕 针对全省中职学校存在布点多、规模小、办学效益低、专业结构不合理、工科类专业少的情况，2001年在对全省中等职业学校重新摸底登记的基础上，制定中等职业学校布局结构调整方案。印发了《福建省中等职业学校设置标准及管理办法》，对未达到必备办学条件设置标准的学校，予以登记并要求其整改，整改期为三年。整改期内仍承认其招生资格权，按独立建制的学校运作。整改期满后仍未达到必备办学条件设置标准的学校，将作为中职学校教学点或联合办学点。

# 高等教育

〔综述〕 2001年，全省32所普通高等学校中，省属高校30所；21所专科院校中，有高等职业技术学院7所、职业大学5所。高等学校在校研究生比上年增加1 694人，本专科在校生比上年增加36 028人，本专科在校生比例为1∶0.90（省属1∶0.75）。高校专任教师中，有正高级职务教师1 055人，占10.11%，副高级职务教师3 215人，占30.81%；有博士、硕士学位3 155人，占专任教师总数的26.49%。

〔**福州地区大学城建设**〕 2001年，省委、省政府将福州地区大学城建设列入为民办实事项目。经过努力，完成了大学城总体规划和学科建设规划方案的编制和论证工作，进行了校园总体规划的发标，正式展开了基础设施建设。福州地区大学城主要依托福州大学、福建师范大学、福建医科大学和福建中医学院4所本科院校，采用新的体制、新的模式、新的运行机制，实行开放式办学，力争到2005年大学城在校生达3万人，2010年达7万～10万人，逐步成为全省高层次创新人才和急需人才的培养基地，成为知识创新和高新技术孵化的园区，成为引进人才和对外科技教育合作交流的窗口，建立起以理工科为主的本科教育可持续发展基地。省委、省政府高度重视大学城建设。一年来，习近平省长两次召开省长办公会议，研究大学城建设工作。黄小晶、潘心城副省长多次召开省政府专题会议，对大学城建设工作作出部署。省教育厅根据省长办公会议精神，始终把大学城建设作为一项重点工作，与省直有关部门、福州市紧密配合，建立了大学城建设联席会议制度，确定了大学城建设规划原则，开展了大学城总体规划方案的论证和评选。大学城总体建设规划于2001年10月经省长办公会议审定通过。

〔**高等教育布局结构调整**〕 2001年，福建工程学院、闽江学院、莆田学院经全国高校设置评议委员会评议通过，宣告成立。至此，全省本科高校总数由11所增加到14所。福建工程学院由福建建筑高等专科学校与福建职业技术学院合并组建；闽江学院由福州高等师范专科学校与闽江职业大学合并组建；莆田学院由莆田高等专科学校与福建医大莆田分校合并，且吸收莆田华侨师范学校资源组建。

2001年2月22日，省政府及厦门市政府与教育部在厦门正式签署共建厦门大学协议。根据协议，厦门大学仍为教育部直属高校，福建省和厦门市将厦大的改革和发展纳入福建省和厦门市的经济建设和社会发展总体规划，给予相应的政策支持。教育部支持并鼓励厦大在坚持面向全国服务的同时，积极参与东南部地区，尤其是福建省、厦门市的经济建设和社会发展，提供强有力的人才支持和知识贡献。教育部和福建省还将积极推进厦大参与全省高校布局结构调整，优化教育资源配置，为提高全省高等教育的整体水平和办学效益发挥龙头及示范作用。在经费方面，协议规定，除学校的正常经费安排外，在2001年至2003年的3年内，教育部和福建省、厦门市将分别向厦大投入建设经费3亿元、1.5亿元和1.5亿元。2003年后，三方将根据学校改革和发展的情况，继续给予支持。

〔**教学改革**〕 2001年10月，省教育厅在厦门召开2001年度高等学校教学工作会议，研究部署新世纪高等教育教学改革思路、规划以及教学工作重点。启动实施了“福建省新世纪高等教育教学改革工程”。采取重点资助、一般资助、学校自费的办法，组织高等学校对高等教育人才培养模式、教学内容、课程体系、教学方法等进行综合改革研究与实践，建立符合素质教育要求的新的人才培养体系，建设一批富有时代特色的系列课程、教材和教学软件，建立一批具有良好示范辐射作用的教学基地，建立一批基础课实验教学示范中心，形成若干套经过实践并各具特色的多样化教学管理与运行机制。对27所高校申报的360项课题进行评审，评定了省级立项100个课题，其中省级重点项目20项、一般项目50项、自费项目30项，下达了项目任务书和本年度150万元分校分项目投资计划。

在总结面向中等职业学校招收三年制高职生经验的基础上，2001年省教育厅制定了《关于我省开展五年高等职业教育工作的若干意见》，首次组织高校招收应届初中毕业生，举办五年制高等职业教育试点；面向中等职业学校招收高职专科生，组织完成了高等职业学校单独命题考试；出台了《关于选拔高职高专毕业生进入本科高等学校继续学习的试行办法》，从2002年开始，全省普通高职高专毕业生（含师范生）按教学计划修完全部课程完成学业，取得毕业资格后，可参加进入本科高校接受本科教育的选拔考试，初步建立了中职、高职、本科教育相互衔接的人才成长立交桥。

〔**科技工作**〕 2001年，全省本科高校科研经费达2.15亿元，比上年增幅140%。高校承接国家级重大科研项目能力增强，新增国家级科研项目83项，其中“863”计划项目10项。高校64个项目获省科技进步奖，占全省获奖项目的33.5%，其中一等奖2项，二等奖12项，三等奖50项。积极开展与闽籍院士的交流活动和海外优秀科技人才、项目引进工作。参与组织闽籍院士“八闽行”活动，在全省高校召开三十多场学术报告会和座谈会，加强闽籍院士与省高校之间在学科建设、科研开发等方面的合作。

# 成人教育

〔**综述**〕 2001年，全省成人初等教育在校生比上年减少3.33万人。参加成人技术培训学习的人数增加7.3万人次。成人中学比上年增加9所，招生增加1 960人，在校生减少729人。成人中专减少11所，招生（不含其他类学校举办，下同）增加1 230人，在校生增加423人。成人高校比上年减少1所，招生增加6 745人，在校生增加8 049人，毕业生减少918人。

〔**扫盲工作**〕 2001年，省教育厅把扫盲工作的重点放在扫除青壮年妇女文盲上，同时改革更新扫盲教育内容，把扫盲与学文化、学习实用技术和思想道德教育、法制教育等相结合，使扫盲对象掌握生产、生活最基本的技术、技能，提高扫盲工作的针对性和实效性。全省成人初等学校共举办3 365班，其中扫盲班1 719个，提高班1 646个，脱盲28 788人，提高3 549人；举办成人技术培训班9 830期，253万多人次接受了各类实用技术培训。

〔**社区教育**〕 2001年，省教育厅按照实事求是，因地制宜，分区规划，分步实施的原则，积极推进社区教育试点工作。在总结厦门市鼓浪屿区等全国社区教育实验区试点经验的基础上，制定印发了《关于开展社区教育试点工作的意见》，提出了“十五”期间全省社区教育发展的基本目标和主要任务。确定2003年前，厦门、福州、泉州各选拔1～2个城区，10个经济、教育发展较快的县（市）各选拔1个街道开展试点工作，争取到2005年，在各设区市的城区和17个县级市所在地的街道办事处开展社区教育工作。

〔**成人文化技术学校建设**〕 为推动乡（镇）成人文化技术学校逐步向标准化、规范化方向发展，更好地为农村、农业、农民服务，在学校自评和各地教育行政部门联合复评的基础上，省教育厅组织了第二批省示范性乡（镇）成人文化技术学校的评估。经评估认定，10 所学校为福建省示范性乡（镇）成人文化技术学校，并予以公布，使全省省级示范性文化技术学校达到 18 所。

〔**自学考试与社会考试**〕 2001 年，全省高等教育自学考试（含中专自考）开考专业数 73 个、报考人数 60.7 万、报考科次达 138 万。自学考试发展迅速，省教育、自考部门也及时加强了自学考试管理。2001 年主要抓了五项工作：一是及时调整和加强专业建设，使专业管理日趋规范，共对 13 个原开考专业考试计划进行了调整，完成了开考专业调整过渡工作和新旧专业计划课程衔接工作，停考了 2 个专业、开考 19 个新专业；二是规范考务、考籍管理，进一步加强了考风考纪建设，结合全省实际，积极采取有力措施，规范考点和评卷点管理，严肃考风考纪，全年共查处违纪舞弊近 2 000人次；三是逐步完善个人自学指导工作，积极推进农村乡镇自学考试服务体系的建设，全省已建立乡镇自考服务站 220 个，覆盖 260 个乡镇；四是拓展考试项目，积极开展非学历考试，培植事业发展的新增长点，完善各项考试项目的管理制度，加强了与部门行业的合作，拓展了已有考试项目的服务面；五是积极推进自学考试管理信息化试点，试行合格试卷电子存档办法和开展无纸化考试，开展网上阅卷试点工作，积极进行自学考试报名方式的改革，尝试多元化(电话、网上和现场报名)的报名方式。

2001 年，国家学历文凭考试的民办高校有 8 所、设置专业数为 45 个、报考人数5 466人；电大注册视听生考试报考人数 2 万多人；中英合作商务管理、金融管理专业自学考试报考 0.94 万科次。全国计算机等级考试（含全省青年干部计算机考试）报考人数为 16.7 万人；全国公共英语等级考试报考人数为 0.7 万人；全国计算机应用技术证书考试和全国剑桥少儿计算机考试报考人数为 0.33 万人；全国剑桥少儿英语考试报考人数为1 000多人；全省音乐水平等级考试报考人数为6 000多人。

撰稿 张 路 肖 铮 张学强
林 菁
审稿 朱之文

# 厦门市教育

〔**基本情况**〕

**2001 年各级普通学校基本情况**

单位：人

| 学校类别 | 学校数（所） | 毕业生数 | 招生数 | 在校学生数 | 教职工数 合计 | 教职工数 其中：专任教师 |
|---|---|---|---|---|---|---|
| **总 计** | **921** | **88 454** | **88 454** | **333 962** | **27 016** | **19 405** |
| 一、研究生 | (1) | 616 | 1 484 | 3 556 | | |
| 1. 高等学校 | (1) | 616 | 1 484 | 3 556 | | |
| 2. 科研机构 | | | | | | |
| 二、普通高等学校本专科 | 4 | 5 325 | 8 815 | 27 996 | 5 827 | 2 506 |

续表

| 学校类别 | 学校数（所） | 毕业生数 | 招生数 | 在校学生数 | 教职工数 | |
|---|---|---|---|---|---|---|
| | | | | | 合计 | 其中：专任教师 |
| 本科院校 | 2 | 3 856 | 6 453 | 21 390 | 5 476 | 2 333 |
| 专科院校 | 2 | 1 317 | 2 232 | 6 292 | 351 | 173 |
| 分校、大专班 | | 152 | 130 | 314 | | |
| 三、普通中等学校 | 92 | 34 376 | 42 001 | 119 949 | 10 146 | 7 468 |
| 1.中等专业学校 | 12 | 2 467 | 3 908 | 13 768 | 1 394 | 726 |
| 中等技术学校 | 11 | 2 467 | 3 908 | 13 611 | 1 345 | 696 |
| 中等师范学校 | 1 | | | 157 | 49 | 30 |
| 2.技工学校 | 3 | 755 | 1 018 | 2 816 | 222 | 159 |
| 3.普通中学 | 64 | 27 974 | 33 518 | 94 585 | 7 603 | 5 945 |
| 高中 | 29 | 6 401 | 9 808 | 27 500 | | 1 761 |
| 初中 | 35 | 21 573 | 23 710 | 67 085 | | 4 184 |
| 4.职业中学 | 13 | 3 180 | 3 557 | 8 780 | 927 | 638 |
| 高中 | 13 | 3 180 | 3 557 | 8 780 | 927 | 638 |
| 初中 | | | | | | |
| 5.工读学校 | | | | | | |
| 四、小学 | 376 | 24 050 | 19 354 | 145 179 | 8 076 | 7387 |
| 五、特殊教育学校 | 5 | 28 | 37 | 403 | 109 | 92 |
| 六、幼儿园 | 444 | 16 241 | 16 763 | 36 879 | 2 858 | 1 952 |

**2001 年各级成人学校基本情况**

单位：人

| 学校类别 | 学校数（所） | 毕业生数 | 招生数 | 在校学生数 | 教职工数 | |
|---|---|---|---|---|---|---|
| | | | | | 合计 | 其中：专任教师 |
| **总计** | **406** | **88 958** | **83 054** | **67 039** | **1 540** | **754** |
| 一、成人高等学校 | 3 | 2 914 | 5 476 | 11 992 | 338 | 187 |
| 1. 广播电视大学 | 1 | 248 | 417 | 935 | 135 | 46 |
| 2. 职工高等学校 | 1 | 265 | 604 | 1 153 | 57 | 41 |
| 3. 农民高等学校 | | | | | | |
| 4. 管理干部学院 | | | | | | |
| 5. 教育学院 | 1 | 13 | 373 | 866 | 146 | 100 |
| 6. 独立函授学院 | | | | | | |
| 7. 普通高等学校举办 | | 2 388 | 4 082 | 9 038 | | |
| 函授部 | | 1 206 | 1 678 | 4 236 | | |
| 夜大学 | | 463 | 1 198 | 2 384 | | |
| 成人脱产班 | | 719 | 1 206 | 2 418 | | |

续表

| 学校类别 | 学校数（所） | 毕业生数 | 招生数 | 在校学生数 | 教职工数 | |
|---|---|---|---|---|---|---|
| | | | | | 合计 | 其中：专任教师 |
| 二、成人中等学校 | 369 | 85 335 | 76 742 | 54 211 | 1 168 | 567 |
| 1. 成人中等专业学校 | 16 | 1 239 | 2 653 | 4 962 | 321 | 224 |
| 广播电视中等专业学校 | | | | | | |
| 职工中等专业学校 | 7 | 595 | 920 | 1 905 | 119 | 81 |
| 干部中等专业学校 | 3 | 319 | 141 | 609 | 9 | 4 |
| 农民中等专业学校 | 2 | 208 | 1 255 | 1990 | 104 | 71 |
| 函授中等专业学校 | 1 | 93 | 337 | 228 | 6 | |
| 教师进修学校 | 3 | 24 | | 230 | 83 | 68 |
| 其他类学校举办 | | | | | | |
| 2. 成人中学 | 5 | 107 | 234 | 270 | 16 | 6 |
| 职工中学 | 5 | 107 | 234 | 270 | 16 | 6 |
| 农民中学 | | | | | | |
| 3. 成人技术培训学校 | 348 | 83 989 | 73 855 | 48 979 | 831 | 337 |
| 职工技术培训学校 | 43 | 12 380 | 14 166 | 7 947 | 726 | 311 |
| 农民技术培训学校 | 305 | 71 609 | 59 689 | 41 032 | 105 | 26 |
| 三、成人初等学校 | 34 | 709 | 836 | 836 | 34 | |
| 1. 职工初等学校 | 1 | | 23 | 23 | | |
| 2. 农民初等学校 | 33 | 709 | 813 | 813 | 34 | |
| 其中：扫盲班 | | | | | | |

全市教育系统把21世纪的第一年定为办学质量年。市教委出台了《关于提高办学质量的若干意见》,教委领导、有关处室人员深入学校调研、听课,与专家、校领导、教师共同探索提高办学质量的有效途径和办法以及质量评价机制。2001年对小学教学质量监控取得成效。组织有关部门对全市小学进行为期10天的教学质量调研,有效地营造了狠抓教学质量的氛围,促进了各区、校质量监控工作的深入开展。初中招生改革和扶持一般校的措施初见成效,形成了重点中学继续领先,一般学校迎头赶上的良好局面。高中会考各科成绩均在全省属领先地位。参加国际中学生化学和生物奥赛分获1枚金牌,1枚铜牌,参加国际科技与环保竞赛获两项大奖。市属鹭江大学、电视大学等继续深化教育教学改革。如鹭江大学开展了"教育质量月"活动,进行公开教学并评奖,还开展了专业教学改革试点。

2001年，召开了全市学校德育工作会议。出台了《加强和改进中小学德育工作意见》和《"十五"期间加强教师思想道德建设工作意见》。各级各类学校广泛开展普法教育活动，开展以遵纪守法，崇尚科学，抵制邪教为主要内容的"校园拒绝邪教"活动；围绕建党80周年和特区成立20周年，开展爱国主义系列教育活动；在教师中广泛开展"讲师德，树形象"活动，组织师德报告团进行巡回演讲，产生了良好的社会影响。2001年获国家级优秀教师4人，省级32人，市级547人。

2001年还召开全市教育科研工作会议。先后出台了《厦门市"十五"教育科研成果奖励办法》、《厦门市教育科研管理条例》、《厦门市教育科研专著出版奖励办法》等文件。全市各区、大中小学、幼儿园申报"十五"课题168项,批准立项107项。

教育信息化步伐进一步加快。2001年，全市各级各类学校共配计算机3万多台，平均15名学生1台计算机，其中，城区平均8名学生1台计算机。全市共建有计算机网络机房300多间，部分学校教室配备了多媒体计算机、实物展台和液晶投影机，大多数学校建有教师电子备课室、电子阅览室。按照“宽带网络＋数据中心＋应用系统”的建设思路，建设全市教育信息网，在教育部召开的全国会议上，被誉为“厦门校校通模式”。

在学校管理体制改革方面引入竞争机制，鼓励干部竞争上岗，在工业学校进行了校级干部竞争上岗试点，选拔了副校长和校长助理。实施名校长计划，选送16位校长和后备干部到上海中小学挂职。加强校长培训工作，全市中小学校长岗位培训率达99.3%，提高培训达96.2%，并选送10位校长参加国家级骨干培训班。市教委所属35所学校已普遍实行教师职务聘任制、工资总额包干制和校内结构工资制，市政府为此增加人员经费1 600万元。各区属学校也正分步推进学校内部管理体制改革，开元、思明、集美、鼓浪屿4个区已开始实行公开招考教师的办法，根据市政府关于《厦门市事业单位聘用制暂行规定》，市教委制订了《厦门市教育系统教职工聘用制试行方案》，在教师职务聘任制的基础上推行教师聘用合同制，即对2001年7月10日以后调入教育系统的教职工实行了聘用合同制。此项改革已在部分学校实行。2001年12月底前完成了在职教师资格认定工作，2002年上半年开始向社会人员认定教师资格。

广泛宣传贯彻《语言文字法》，增强师生正确运用祖国语言文字的法制意识。全面启动教师普通话水平测试，全市各级各类学校已有13 000名教师接受培训和测试，合格率83%左右。

〔**基础教育**〕 2001年继续把“两基”工作摆在重中之重的地位，狠抓“两基”投入、外来人口子弟入学、控制初中流生等关键环节。厦门市被评为“全国‘两基’工作先进地区”。

2001年，全市小学适龄人口入学人数19 354人，初中入学人数23 710人。这是在克服了校舍紧缺、生额爆涨的困难，化解了比较尖锐的社会矛盾的情况下完成的。高中阶段各类学校招生19 215人，升学率为85.8%，提前一年达到普及高中阶段教育的目标。全市高中阶段新生普职比为5∶5（岛内5.9∶4.1）。岛内初中毕业生升学率为97.1%。全市除同安区外，其余各区初中毕业生升学率都在90%以上。2001年全市普通高中招生为历史上最多。与1997年比较，全市每万人口普通高中在校生从92.97人增加到209.6人，增长了125.4%，普通高中在校生数从11 436增加到27 513人，增长140.6%。

2001年全面启动实施国家基础教育课程改革。教育部确定厦门市为全国首批38个实验单位之一。厦门市制定了课程改革实验方案，出台了《课程改革实验校工作指导意见》等9个文件，建立实验基地学校，广泛开展宣传、学习和调研活动，并进行实验教材的组织征订及教材培训，首期培训9 000人次。

创新教育实验区工作得到落实。在科技中学、英才学校分别举行了全市创新教育观摩研讨活动，展示各实验校开展创新教育的成果；观摩创新教育的课堂教学和高中研究性学习成果；进行经验交流，聘请专家讲学，推动了创新教育在面上的进展。

2001年继续落实《中小学教师继续教育工程方案》。首先抓计算机全员培训，设立了培训网站，通过网络开展计算机继续教育，并完善考试考核办法。其次抓教师职务培训，在市教育学院、区进修学校开设十几个专业的教师职业培训班，至年底，已有3 200多位教师接受培训。第三抓骨干教师培训，继续在市教育学院、集美大学师院、集美和同安区教师进修学校开设骨干教师培训班，有900多位教师参加了培训。第四抓提高学历培训，鼓励教师参加各类研究生、专升本、中专升专科的函授教育、成人教育等，使全市教师的学历层次不断提高，特别是初中和小学教师的本科和大专学历，分别由2000年的29.14%和31.75%，提高到2001年的35.65%和42.36%。此外，还开设了“名师讲坛”，定期或不定期组织特级教师和学科带头人举办学术讲座；组织特级教师开展科研和调研，编写出版了《厦门名师系列丛书》。

全市社会力量办学高中阶段学校7所，初中阶段学校3所，小学30所，幼儿园134所。外来员工子弟学校建设有新的推进，全市该类学校共招生

15 378人，其中小学生14 319人，初中生 795 人，高中生 264 人。市委市政府还将支持外来员工子弟学校办学列入 2001 年办实事项目，拨专款 300 万元，改善了这些学校的办学条件。

2001年开展了对全系统校舍的安全检查工作。通过检查,对存在的2.4万平方米C级危险校舍提出改造计划,同时积极争取改造资金。2001年的扶持农村薄弱学校4 000万元专项资金首先保证用于岛外农村学校的危险校舍改造,其次,用于保证义务教育阶段学校布局调整以及普及高中阶段教育的校舍建设。

〔**职业教育**〕 2001 年全市各职业学校加强实践教学，提高学生的职业技能，并积极与市内企事业单位联系，做好毕业生的推荐工作。2001 年全市职专、职高毕业生就业率为 84%，其中对口就业率为 81.1%。职校毕业生参加高职和成人高考录取比例占报考人数的 51%，比上年提高 2 个百分点。开办了五年制高等职教试点班。中等职校布局结构调整加快，组建厦门交通职教集团，吸引韩国的跨国公司 SK 集团加盟。在 8 所职教中进行学分制试点，确定跨校选修课程 24 门，学校间相互承认学分，培训中心也相互开放。厦门旅游职业中专学校职业技能鉴定站和厦门市女子职业学校职业技能鉴定站相继获准挂牌。教材建设成果突出，《就业、择业、创业指导》一书出版，《电子技术基础》被选定为中等职业教育国家规划教材。

〔**高等教育**〕 2001 年厦门市政府再次与教育部、福建省签定重点共建厦门大学协议，决定在 2001 年至 2003 年三年内增加对厦门大学投入 6 亿元，其中教育部 3 亿元，省市政府各 1.5 亿元。厦门大学已通过国家“211 工程”的预审和立项。

集美大学通过实质性合并和省、市共建，大大改善了学校办学条件，提高了办学质量和办学效益，顺利通过了教育部本科教学合格评估。

2001 年 12 月 22 日举行了 3 所成人高校（电大、教育学院、职工大学）合并后的新校区奠基仪式。新校区已完成总体设计，进入单体设计。

本着大胆改革和先试先行的精神，市教委与有关部门配合，积极做好财团法人长庚护理技术学院（台资）的论证申报工作。

2001 年民办华厦职业学校取得颁发国家承认的学历文凭资格，首次通过国家高考招生。民办南洋专修学院获得高等学历文凭考试资格。

2001 年全市报考普通高校考生7 024人，比上年增加2 029人，增幅为 40.62%，录取率为 79.8%。

撰稿 赵家明

审稿 李中坚

# 江西省教育

## 概　况

〔基本情况〕

**2001年各级普通学校基本情况**

单位：人

| 学校类别 | 学校数（所） | 毕业生数 | 招生数 | 在校生数 | 教职工数 合计 | 教职工数 其中：专任教师 |
|---|---|---|---|---|---|---|
| **总　计** | **24 515** | **1 720 619** | **2 294 421** | **7 755 850** | **460 157** | **398 489** |
| 一、研究生 | (10) | 489 | 1 350 | 2 972 | | |
| 1. 高等学校 | (10) | 489 | 1 350 | 2 972 | | |
| 2. 科研机构 | | | | | | |
| 二、普通高等学校本专科 | 33 | 27 602 | 76 037 | 196 455 | 27 609 | 12 176 |
| 本科院校 | 16 | 19 513 | 51 368 | 144 919 | 21 233 | 8 879 |
| 专科院校 | 17 | 5 809 | 18 867 | 38 449 | 6 318 | 3 263 |
| 分校、大专班 | | 2 280 | 5 802 | 13 087 | 58 | 34 |
| 三、普通中等学校 | 3 204 | 836 567 | 1 097 241 | 3 000 066 | 189 231 | 159 163 |
| 1. 中等专业学校 | 96 | 44 761 | 37 506 | 151 036 | 13 072 | 7 095 |
| 中等技术学校 | 76 | 32 497 | 29 935 | 125 946 | 10 369 | 5 363 |
| 中等师范学校 | 20 | 12 264 | 7 571 | 25 090 | 2 703 | 1 732 |
| 2. 技工学校 | | | | | | |
| 3. 普通中学 | 2 868 | 748 124 | 1 008 780 | 2 732 769 | 166 531 | 145 508 |
| 高中 | 532 | 97 363 | 203 708 | 486 611 | | 28 793 |
| 初中 | 2 336 | 650 761 | 805 072 | 2 246 158 | | 116 715 |
| 4. 职业中学 | 239 | 43 682 | 50 955 | 116 261 | 9 619 | 6 558 |
| 高中 | 210 | 39 525 | 46 041 | 103 072 | | 5 915 |
| 初中 | 29 | 4 157 | 4 914 | 13 189 | | 643 |
| 5. 工读学校 | 1 | | | | 9 | 2 |
| 四、小学 | 18 341 | 854 679 | 689 659 | 4 055 035 | 224 318 | 214 392 |
| 五、特殊教育学校 | 43 | 1 282 | 2 061 | 12 942 | 480 | 423 |
| 六、幼儿园 | 2 894 | | 428 073 | 488 380 | 18 519 | 12 335 |

**2001 年各级成人学校基本情况**

单位：人

| 学校类别 | 学校数（所） | 毕业生数 | 招生数 | 在校学生数 | 教职工数 | |
|---|---|---|---|---|---|---|
| | | | | | 合 计 | 其中：专任教师 |
| **总 计** | **16 557** | **1 608 902** | **1 499 456** | **1 654 842** | **15 157** | **5 940** |
| 一、成人高等学校 | 18 | 19 018 | 46 747 | 106 358 | 4256 | 1946 |
| 1. 广播电视大学 | 1 | 2 968 | 4 612 | 12 772 | 881 | 451 |
| 2. 职工高等学校 | 11 | 2 336 | 4 688 | 11 197 | 1 485 | 941 |
| 3. 农民高等学校 | | | | | | |
| 4. 管理干部学院 | 2 | 1 131 | 1 112 | 2 214 | 1 239 | 214 |
| 5. 教育学院 | 4 | 1 999 | 3 915 | 9 592 | 651 | 340 |
| 6. 独立函授学院 | | | | | | |
| 7. 普通高等学校举办： | | 10 584 | 32 420 | 70 583 | | |
| 函授部 | | 5 964 | 19 634 | 42 868 | | |
| 夜大学 | | 2 444 | 7 467 | 17 442 | | |
| 成人脱产班 | | 2 176 | 5319 | 10 273 | | |
| 二、成人中等学校 | 10 520 | 1 402 118 | 1 350 753 | 1 423 822 | 7 338 | 2 928 |
| 1. 成人中等专业学校 | 239 | 11 815 | 5 695 | 24 140 | 3 264 | 2 006 |
| 广播电视中等专业学校 | 2 | 1 148 | 84 | 2 336 | 9 | 8 |
| 职工中等专业学校 | 27 | 4 016 | 1 874 | 7 018 | 1 168 | 586 |
| 干部中等专业学校 | 5 | 606 | 751 | 1 511 | 175 | 89 |
| 农民中等专业学校 | 2 | | | | | |
| 函授中等专业学校 | 1 | 1 716 | | 1 284 | 9 | |
| 教师进修学校 | 88 | | | | 1 903 | 1 323 |
| 其他类学校举办 | 114 | 4 329 | 2 986 | 11 991 | | |
| 2. 成人中学 | 54 | 4 637 | 3 834 | 6 108 | 263 | 215 |
| 职工中学 | 29 | 2 821 | 2 520 | 4 794 | 260 | 212 |
| 农民中学 | 25 | 1 816 | 1 314 | 1 314 | 3 | 3 |
| 3. 成人技术培训学校 | 10 227 | 1 385 666 | 1 341 224 | 1 393 574 | 3 811 | 707 |
| 职工技术培训学校 | 14 | 2 292 | 1 610 | 1 778 | 101 | 61 |
| 农民技术培训学校 | 10 213 | 1 383 374 | 1 339 614 | 1 391 796 | 3 710 | 646 |
| 三、成人初等学校 | 6 019 | 187 766 | 101 956 | 124 662 | 3 563 | 1 066 |
| 1. 职工初等学校 | 4 | 400 | 420 | 420 | 4 | |
| 2. 农民初等学校 | 6 015 | 187 366 | 101 536 | 124 242 | 3 559 | 1 066 |
| 其中：扫盲班 | 4 710 | 157 279 | 72 039 | 87 555 | 2 228 | 542 |

〔**年度教育工作方针**〕 2001年，全省教育工作总的指导思想是：以邓小平理论和党的十五大精神为指导，按照“三个代表”的要求，贯彻省委十届十二次全会和省九届人大四次会议精神，落实教育部2001年度工作会议和全省教育工作会议精神，围绕江西现代化建设的总体部署，坚持教育适度超前发展；进一步深化教育体制和运行机制的改革；调整教育结构，全面推进素质教育；不断提高教育质量和效益；加快教育现代化、信息化进程；在改革与发展中继续保持稳定的政治局面，努力实现“十五”教育改革和发展的良好开局。根据上述指导思想，全省教育工作的总体思路是：按照《江西省高等学校布局调整规划》，积极推进新一轮高教管理体制改革和布局结构调整工作。抓好以调整农村中小学网点布局为重点的中小学布局调整工作。大力推进高校后勤社会化改革。进一步深化考试制度改革。

2月24日，省教育厅召开全省2001年度教育工作会议，印发了《江西省教育厅2001年工作要点》。副省长胡振鹏出席会议并讲话。省教育厅厅长漆权作了主题报告。会议要求紧紧围绕省第十一次党代会确立的实现江西在中部地区崛起的战略目标和部署，全面实施“科教兴赣”战略。坚持发展主题，调整教育结构；深化教育改革，创新体制机制；运用市场机制，扩大教育供给；发展教育产业，搞好科技创新；优化教育环境，激活发展活力；推进素质教育，提高教育质量，努力为江西在中部地区的崛起提供人才保证和智力支持。

〔**教育经费管理**〕 围绕教育事业发展的总体目标，着力推进教育经费管理体制改革。进一步理顺教育经费管理体制。认真贯彻修改后的《江西省义务教育经费筹措和使用管理办法》，依法落实教育事权与财权相统一，全面实行“教育经费县级统筹”、“教师工资统一发放”，全省已有37个县实行“教育经费县级统筹”，56个县实行“教师工资统一发放”。改革教育专项经费的使用管理办法。按照省长黄智权提出的“各行业重大专项经费使用要实行报告制度”的要求，在安排各种教育专项经费时都经过省教育厅办公会议讨论通过后下达，重大教育专项经费安排报经省政府领导审定后下达，并建立了专项资金管理办法和专项经费跟踪审计制度，纠正了一些地方挤占、挪用、浪费教育经费行为。合理调整教育支出结构。教育经费安排和使用体现“重心下移”的原则，保工资、保运转、保安全，优先保证义务教育，重点投向中小学危房改造，同时适应素质教育发展的需求，对青少年校外活动场所建设和信息技术教育进行了扶持。进行了部门预算试点，并取得明显成效。

〔**教育投入与支出**〕 2001年，全省教育经费总投入为95.54亿元。其中财政性教育经费投入为59.92亿元，占全省教育经费的比例为62.72%。全省财政性教育经费支出为60.54亿元，占当年国内生产总值2 176亿元的2.78%，比上年有一定增长。其中，预算内教育经费支出为53.27亿元，占当年财政支出的18.80%。2001年全省预算内教育经费拨款为51.78亿元。2001年省本级财政用于教育的预算在比上年基数增长7%的基础上又增加专款2 000万元，争取中央专项补助5.43亿元，全省多渠道筹措教育经费8.77亿元（其中农村教育费附加3.13亿元），对各类教育收费增收3.8亿元。

2001年，继续改善各级各类学校办学条件。实施“国家贫困地区义务教育工程”的项目县6个，项目总投资1.6亿元，新建校舍6.82万平方米，改扩建19.3万平方米；购置仪器设备347套（件、台）、图书92 .77万册、课桌椅5.46万套；购置信息技术教育硬件设备1 226台（套）、辅助设备653件（套）、软件525套；培训校长和教师17 217人次，资助中小学贫困学生12.6万人次。2001年，除“义教工程”6个项目县外，全省有93个县（市、区）纳入中小学“危改工程”实施范围。总投资3亿元，其中中央专项补助1.5亿元，省内配套1.5亿元。在两年的项目执行期间，力争消除全省中小学最危险校舍。2001年安排危改项目学校679所，共改造危房面积182.8万平方米。2001年，完成了邵逸夫先生第十四批教育赠款10个项目工程建设任务，建设校舍18 670平方米；组织实施了邵氏第十五批赠款18个项目的启动工作，工程进展良好。进一步加快了高校基本建设步伐，积极推进高校新园区的规划和建设。全年共完成高校基建投资 5.61 亿元，竣工校舍面积 58.9 万平方米。校舍总面积达 575 万平方米，普通高校教职工人均住房达到 10.38 平方米。

〔**各类学校布局调整**〕 (1) 高校布局调整。实行南昌大学、江西医学院联合办学，增加博士点，扩大博士生培养规模。将江西国防科技工业学校并入华东地质学院；将九江财政金融专科学校、九江师范专科学校、九江医学专科学校、九江教育学院合并组建九江科技学院；办好 11 所“三独立”（校区、财务、法人独立）二级学院。2001 年底，33 所学校申报设置高等职业学校，通过 13 所，待省政府批准。(2) 中专布局调整。将一部分办学条件好、主管部门办学积极性高、符合高职设置条件的国家级、省部级重点中专独立升格或合并组建为高等职业学院。能够与高校互补教育资源的中专可撤销建制，就近或按行业性质并入高校。通过撤、停、并、转等形式调整卫生学校、农业学校布局。(3) 中师布局调整，逐步实现“三级师范”向“二级师范”过渡。达到师专设置标准的中师，可单独申请设置师专，报教育部批准；不具备师专办学条件的中师，并入所在区市的高师院校或其他本专科院校，成为师范分校（院）或师范部，安排普通专科学校招生计划，培养专科学历小学教师。一个区市原则上举办一所师专或师范分校（院），中师较多的区市，可将中师改为中小学教师继续教育基地，主要承担教师和校长培训任务，或改为高中阶段教育学校。(4) 中小学校布局调整。打破村村办学“小而全”方式，撤并一些教学点。对办学规模偏小的村小学，实行与邻村并校；对距离较远或交通不便的村小学，尽可能扩大规模，并启动寄宿制小学试点。大力发展乡镇示范中心小学，平原地区有条件的乡镇示范中心小学达到每个年级 4 个班级以上，其他完全小学达到每个年级 2 个班级以上，每班学额达到 45 人左右。重点办好乡镇初中，人口总数在 3 万人左右的乡镇办 1 所初中；人口总数超过 4 万人的乡镇，办 2 所初中或办 1 所单设初中，同时在乡镇中心小学基础上建立 1 所九年一贯制学校；人口不足 1 万人的乡镇，提倡与邻近乡镇联合办初中或在乡镇中心小学建立九年一贯制学校。通过一年的努力，全省小学由21 082所调减为18 341所，教学点由5 932个调减为3 243个，初中由2 286所调整为2 336所。

〔**社会力量办学**〕 到 2001 年底，全省各级各类民办学校4 150所，在校生 36.2 万人，其中，幼儿园3 697所、小学 94 所、普通初中 88 所、普通高中 160 所、中等职业学校 66 所（共有在校生 27.5 万人），高等学校 45 所（包括 3 所高等职业学院、35 所学历文凭考试试点学校，在校生共 8.7 万人）。全省从事民办教育的教职工有 2.83 万人，民办学校共占地3 926公顷（含租用 821 公顷）、校舍建筑面积4 201.9万平方米（含自建1 699.1万平方米）、净资产 15.99 亿元（含国有 1.12 亿元、办学者投入 10.89 亿元、学校办学积累 3.98 亿元）、仪器设备 3.49 亿元、图书 387.1 万册。

省教育厅设立了社会力量办学管理处，起草并按立法程序上报了《江西省社会力量办学若干规定》。组织有关处室分赴 10 个区（市）的 29 个县（市、区）以及 70 余所民办学校进行民办基础教育调研，向省政府提出了发展以民办高中阶段教育为重点的鼓励政策。

省教育厅重新修订《江西省社会力量举办高等教育机构暂行规定》、并按新的设置标准，批准建立 3 所学校和 5 所学历文凭考试试点学校。经省政府批准，江西航天科技专修学院和江西渝州电子工业专修学院举办高等职业学院。出台了《江西省社会力量举办普通高中暂行规定》，全年中等及中等以下民办学校新增1 000余所。民办学校的教师首次参加了职称评定。

办学管理工作。省教育厅与省财政厅制发《江西省社会力量举办学校财务管理暂行办法》，对各级各类民办学校的财产财务管理作出明确规定。省教育厅修订《江西省社会力量举办高校学生退学退费暂行规定》，印发了《关于加强社会力量举办高校收费管理的通知》和《关于江西省社会力量举办高校财务整改情况的通报》，《关于进一步加强社会力量办学教育机构招生工作管理的通知》，《关于做好2001年南昌地区大中专院校迎新生接站工作的通知》，《加强全省社会力量举办学校暑期安全工作的通知》等，以规范民办教育办学行为。

# 基础教育

〔**义务教育**〕 2001年，全省99个县（市、区）有93个通过了“普九”评估验收，“普九”人口覆盖率达91.79%。全省小学适龄儿童入学率达99.58%，小学辍学率下降到0.29%，小学留级率为1.11%，小学毕业生升普通初中的比例达94.11%。初中阶段适龄人口入学率达93.09%，初中阶段毛入学率达102.09%，初中辍学率控制在3.65%，初中留级率为0.15%。

积极推进学制改革。省教育厅制订印发了《关于我省义务教育学制由“五三”制过渡到“六三”制的指导意见》，提出义务教育阶段学制改革要与中小学布局结构调整和解决初中入学高峰问题结合起来，统一规划，分类指导。据统计，全省小学2001年秋季从一年级改制（实行小学六年制）的学校共10 231所，约占全省小学总数（不含教学点）的53.7%。此外，为了度过初中入学高峰，全省有3 907所小学将33.82万人的五年级学生改为六年制。2001年，全省小学已开设外语课的有1 686所，学生达42.44万人，其中小学3年级开外语课的有1 306所，学生达15.71万人。

采取积极措施，降低农村初中辍学率。省教育厅印发了《关于控制农村初中辍学率，进一步巩固提高“普九”成果的意见》，要求各地强化“两基”的政府行为，完善“控流”机制。从2001年6月全省“两基”复查年检对18个县（市、区）的抽查情况看，农村初中辍学率控制在3%以内的有6个县，控制在3%～4%的有5个县，控制在4%～6%的有2个县，超过6%的有5个县。8月27日，教育部召开控制农村初中生辍学工作电视电话会议后，省政府教育督导室又重点抽查了79所中学的初中学生流失情况，辍学率控制在3%以内的有13所，控制在3%～5%的有35所，控制在5%～8%的有23所，超过8%的有8所。

〔**“一费制”试点改革**〕 根据教育部、国家计委、财政部实行“一费制”改革的有关精神，江西省制定了《农村贫困地区实行“一费制”试点的实施办法》，从2001年秋季开学起选择遂川县碧洲镇、杨芬乡和上犹县陡水镇、五指峰乡进行中小学“一费制”改革试点。从试点情况看，一是降低了收费标准。即农村小学每学年每生120元，初中每学年每生230元，均比原收费标准有一定幅度的降低。二是减轻了农民负担。四乡（镇）中小学合计比上学期少收80.81万元。三是提高了中小学生入学率，上犹县陡水镇中小学入学率达到100%，其他试点乡镇入学率也达到98%以上。四是规范了学校收费秩序，有效地堵住了部门搭车收费和学校代收费。

〔**高中教育**〕 积极扩大高中阶段教育招生规模，在广泛征求意见的基础上，起草了《关于扩大我省高中阶段教育规模的意见》（征求意见稿）。加强了对普通高中基本信息的监控，制定了《江西省普通高中基本信息调查表》、《2001年普通高中（含民办高中）计划安排情况调查表》。

为进一步规范高中毕业证书的管理，省教育厅印发了《关于加强全省普通高中毕业证书管理的通知》、《关于启用“江西省教育厅普通高中毕业证书验印章”的通知》，决定从2001年起，普通高中毕业证书由省教育厅授权各区（市）教育行政部门负责验核、发放，并加盖省教育厅的证书专用章。

继续做好高中理科试验班招生的推荐工作。根据教育部确定继续举办三年制高中理科试验班的通知精神，经审查江西省有13名学生报名参加考试。

〔**信息技术教育**〕 将信息技术课程列入中小学必修课。按照教育部的要求，2001年计划在全省普通高中和城市初中（约700所）开设信息技术必修课。由于各地加大了工作力度，到年底，全省已有1 596所中学开设了信息技术必修课，授课人数达161.06万人，约占全省中学生总数的60%。此外，一些有条件的城区小学也开设了信息技术课。

省教育厅于2001年2月成立了“江西省教育信息化建设领导小组”，负责审定全省信息技术教育的方针、政策并作出工作部署。6月，与北京师范大学现代化教育技术研究所合作，制定了《省级基础教育信息网建设规划及实施方案》、《设区市级、县级基础教育信息网建设规划》、《校园网建设规划》、《省级教育行政管理信息系统解决方案》、《中小学远程教学系统解决方案》、《分布式基础教育网络资源库系统建设规划及实施方案》、《中小学教师培训方案》。同时，启动江西省教育信息网络中心一期工程建设。

引入市场机制，加速全省普及信息技术教育的步伐。省教育厅与香港国际文化教育基金会签订了《关于在江西省中小学投资建设多媒体网络电脑教室的合作备忘录》，在全省有条件的城镇中小学（含职业中学）建设多媒体网络电脑教室。同江西电信集团协商，由省电信公司负责省、市、县、校四级平台教育教学多媒体信息资源互联并至桌面的电路传输工作，并免费建设100所示范校园网。

积极开展中小学生电脑制作活动。根据《教育部办公厅关于组织第二届“全国中小学生电脑制作活动”的通知》要求，全省组织了相应活动，遴选出36件作品赴京参赛（小学组18件，初中组4件，高中组14件），其中18件获奖。

加强对教育行政管理干部和中小学管理人员的信息技术培训。从2001年5月开始先后举办9期培训班，参培人数达378人。

〔**中小学安全工作**〕 省教育厅始终将中小学安全工作摆在突出位置，切实抓紧抓好，常抓不懈。省教育厅印发了《关于切实做好2001年中小学安全工作，开展“校园安全”主题教育活动的紧急通知》，要求各地重点抓好校内安全工作，增强师生安全意识和防范能力。同时先后召开全省中小学、幼儿园安全工作会议。省教育厅先后两次组织中小学安全检查，重点对学校安全工作责任制、安全工作规章制度的建立及落实情况、安全教育情况、学校危房排查和处理情况、容易造成群死群伤的重大安全隐患情况、学校周边环境情况等进行检查。共检查99个县（市、区）、478个乡镇、986所中小学和幼儿园，并向其中存有安全隐患的学校下达了“中小学安全隐患整改通知书”。同时，建立并执行重大安全事故报告制度。对涉及中小学生的重大安全事故，及时报告，并协助当地和有关部门及时调查，分析原因，查清责任，依法妥善处理。

〔**中小学德育工作**〕 继续开展省级三好学生、优秀学生干部的评选工作。全省共评出省级三好学生908名（初中523名，高中385名）、优秀学生干部223名（初中126名，高中97名）。其中，按照全省普通高中毕业生总数万分之一的比例，评选出10名省级优秀学生。

团省委、省教育厅、省少工委于2001年5月开展评选第五届“全省十佳少先队员”、第三届“全省十佳少先队辅导员”、首届“全省十佳少先队志愿辅导员”活动。评选出付丹雅等10人为第五届“全省十佳少先队员”、王震宇等10人为第三届“全省十佳少先队辅导员”、王建群等10人为首届“全省十佳少先队志愿辅导员”。

努力加强青少年学生校外活动场所建设。成立省青少年校外教育工作联席会议，由31个厅（局）作为成员单位，联席会议主席由省教育厅厅长漆权担任，联席会议办公室挂靠省教育厅。经过努力争取，九江市浔阳区、瑞金市、上饶市信州区青少年校外活动中心已列入国家资助的青少年校外活动场所建设项目，每个项目可得基建费120万元及设备费60万元的资助。

〔**幼儿教育**〕 2001年，省教育厅对原印发的《江西省示范幼儿园评估细则（试行）》进行修订。根据《幼儿园工作规程》、《幼儿园管理条例》和《幼儿园教育指导纲要》等精神，印发了《关于继续开展省级示范幼儿园评估工作的通知》，引导幼儿园端正办园思想，树立正确、科学的教育观、儿童观，引导幼儿园积极、深入推行素质教育，为幼儿身心健康发展服务。全省有10所幼儿园申报省级示范幼儿园，省教育厅于6月24日～7月3日组织4个专家评估组，对申报的幼儿园进行了评估。

# 职业教育与成人教育

〔**中等职业教育招生工作**〕 2001年，省教育厅进一步改革了中等职业学校招生办法，普通中专延长招生录取时间，成人中专、职业高中实行一年多次招生并取消各种入学限制。省教育厅还与省中招委联合印发了《关于进一步加强高中阶段教育招生管理的通知》，进一步规范中职招生市场，维护学生自主选择学校的权益。为了推动中等职业教育发展，省教育厅还出台了几项政策措施：一是在办学条件好、教育教学质量高的国家级重点普通中专学校和两所开办特殊专业的中专学校试办“3＋2”分段学制高职班；二是扩大高职院校对口招收中职毕业生的比例，当年报名参加专业考试的中职毕业生达8 000人，专业考试合格后参加全省文化统考的有7 000人。三是组织中等职业学校优秀应届毕业生参加同济大学、厦门大学、北京第二外国语学院职教师资本科班的招生考试，择优录取16名中职毕业生进入上述3所普通高校学习。2001年，全省中职招生滑坡局势得到控制，并有一定回升。

〔**骨干示范性学校建设**〕 经过评估、申报、教育部于3月5日批准江西省卫生学校、南昌铁路卫生学校、宜春卫生学校3所普通中专和泰和县职业中专、南丰县职业中专为国家级重点中等职业学校；省政府办公厅于3月21日批准江西省机械工业学校等10所中专为江西省省级重点普通中等专业学校。省教育厅认真落实《江西省人民政府关于加快职业教育改革与发展的决定》，指导各区（市）教委制订了所辖县（区）职业中学分年度达到“省示范”校的规划。下半年，省教育厅评估验收了崇仁县职教中心和瑞金市职业学校为省级示范性职业学校。

〔**《职业教育法》执法检查**〕 2001年是《职业教育法》颁布实施五周年。江西省人大组织首次《职业教育法》执法检查。省教育厅在年度职教工作会议上，布置了《职业教育法》执法检查自查工作，并进行了调研。10月31日～11月6日，配合并参加了省人大教科文卫委执法检查组，分别在省直有关厅局、南昌地区大中专院校和宜春市、新余市开展《职业教育法》执法检查工作。

〔**师资培训**〕 加强职业中学师资培训的管理，省教育厅建立了职业中学专业教师培训登记制度，并印发了《关于建立江西省职业中学专业教师培训登记制度的通知》，规定凡职业中学专业教师均须填写“专业教师培训登记卡”。依托江西农业大学和南昌职业技术师范学院两个国家重点建设职教师资培训基地，进行全省职教师资培训与职业中学校长培训工作，已培训专业教师280人，职中校长26人。

〔**农村成人教育**〕 为了抓好农村成人教育工作，2001年2月底在赣州南康市召开全省各设区市教委职成教科长会议，要求各设区市通过大力发展乡村成人文化技术学校，为农村成人脱盲后的继续教育和农村实用技术培训积极创造条件。在具体工作中，要分类指导，抓点带面，发现典型，总结推广经验。要求每个乡（镇）都要建立成人文化技术学校，每个县（区）至少应建立一所有独立校舍的示范性乡（镇）成人文化技术学校，成人文化技术学校做到有校舍、有校长、有教师、有教学设备、有经费、有培训活动。按照“实际、实用、实效”的原则，全省乡村两级成人文化技术学校结合农村农事季节，广泛开展了形式多样的文化教育与农技培训活动。据统计，2001 年，全省6 019所成人初等学校和10 227所成人技术培训学校共培训青壮年农民 140 余万人次。

# 高等教育

〔**综述**〕 2001 年，按照“把握发展主题，调整教育结构，狠抓教育质量，推进素质教育”的指导思想和工作思路，各高等学校贯彻落实教育部《关于加强高等学校本科教学工作提高教学质量的若干意见》，在继续扩大高教规模的同时，狠抓教学质量。2001 年，全省普通高校招生录取率 62%，高等教育毛入学率 12%。在校大学生中，本科生达 11.2 万人，首次超过高专和高职的规模。学历重心上移。

“211 工程”建设。2001 年 4 月 24 日，南昌大学以全优的评议结果通过“211 工程”子项目验收，6 月 19 日，通过国家计委的整体验收。至此，南昌大学“211 工程”一期建设项目完成预定的目标，进入二期建设。

2001 年省教育厅与省委宣传部、省公安厅联合对高校进行了安全大检查，组织进行了全省大学生安全知识竞赛。做好重大事件和敏感时期工作，落实工作责任制、工作预案制和信息报告制。全省共受理高校安全事件 31 起，各类影响稳定事件 41 起。

〔**教学改革和管理**〕 2001 年，省教育厅出台“高等学校工作状态数据公示制度”，由省教育厅公布高校师资队伍建设，新生报到率，四、六级英语通过率，一次就业率，教学设备和条件，科研成果，发表论文情况等 10 多项数据，促进高校加强教学建设，确保教学质量和办学水平。

2001 年，成立了“江西省高等教育评估事务所”，负责开展对高等教育的评估工作。已经开展的评估有：(1) 4 月～6 月，对全省普通高等学校教师队伍建设开展了评估。各高校填写《高校教师队伍基本状态统计表》，省教育厅组成专家组，进行远程通讯评估，帮助高校诊断师资队伍建设的问题，提出改进建议。(2) 从 8 月开始，省教育厅对南昌、新余、萍乡、景德镇的 4 所高等专科学校进行教学工作合格评估，通过评估，进一步明确高专办学指导思想，推动高专教育的改革和建设。(3) 根据教育部要求，对电大“人才培养模式改革和开放教育试点”项目开展评估工作。(4) 开展了专科学校基础课实验室评估工作。景德镇高等专科学校、井冈山医学专科学校、萍乡高等专科学校 3 所高校、4 个实验室通过了合格评估。

建立高校学分互认、学生跨校选课制度，进行教学管理的探索与创新。省教育厅制订了《江西省高等学校学分互认、学生跨校选课的若干意见》。学分制改革的核心内容是在本科院校建立学分制的基础上，逐步实行相邻院校相互承认学分，学生跨专业、跨校选课，教师跨校授课，教学资源共享的新型教学管理制度。

改革高校学历学籍管理。对 8 名博士研究生、416 名硕士研究生、34 名 MBA 研究生，以及51 000多名本专科学生（含普通高校、成人高校、自学考试学生）进行了学历证书电子注册。

组织新世纪教学改革研究，开展教学成果奖励。2001年，全省高校教师共申报321项研究课题。经过专家评审，确定10个招标项目和20个重点项目。2001年全省共有18项教学成果申报国家级奖。南昌大学、江西财经大学、江西农业大学和江西中医学院的4项成果获得二等奖。

开展高职高专教育专业教学改革试点工作。按照教育部《关于在高职高专教育中开展专业教学改革试点工作的通知》的规定，江西省共推荐4所院校5个专业。报教育部批准进行部级高职高专专业教学改革试点。

加强对基础课教学质量的管理。成立“江西省高等职业教育外语教学协作组”，研究协调高职院校外语教学工作；组织普通高校大学生外语考试工作，有14万高校学生参加了全国大学英语四、六级考试；对成人高校学生进行抽考、统考，促进高校教学质量的提高。

推进成人高等教育的健康发展。2001年4月，召开了全省成人高等教育工作座谈会，布置加强教学管理工作，提高教学质量。全省经登记备案的普通高校函授站有46个，现代远程教育站22个，对其教育教学质量、办学条件进行了有效的监管。

〔**教师队伍建设**〕 召开了全省高校师资队伍建设工作会议，研究部署高校师资队伍建设特别是中青年教师、基础课教师队伍建设工作。省高师培训中心举办了全省高校中青年骨干教师“现代教育技术培训班”，共计培训202人。据不完全统计，2001年全省高校共选派出国留学16人，攻读硕士学位192人，攻读博士学位76人，做国内访问学者37人。研究生水平培训（包括助教进修班、以研究生毕业同等学力申请硕士学位教师进修班）675人，岗前培训894人，其他培训形式培训约2 300多次。开展全省高校中青年学科带头人和骨干教师第四轮的选拔工作，初选出263名中青年学科带头人、448名骨干教师。

〔**学科与实验室建设**〕 组织高校申报国家级重点学科、教育部重点实验室、工程研究中心。南昌大学的食品科学、材料物理与化学成为国家级重点学科；南昌大学食品科学、发光材料及器件分别进入教育部重点实验室、工程研究中心行列，发光材料与器件工作中心已获得教育部100万元专项支持，该中心开发的蓝光发光材料达到国际先进水平，并初步形成产业化规模。

根据《江西省国民经济和社会发展第十个五年计划教育发展重点专项规划》，开展了“十五”期间江西省高校重点学科遴选。14所高校共申报102个学科，共审定72个学科为“十五”省级重点学科。此外，还支持申请新增硕士学位授予单位的赣南师范学院、赣南医学院、南昌职业技术学院各申请一个重点学科。

组织高校申报省级重点实验室、省级工程研究中心。新增省级重点实验室2个，工作研究中心2个。累计全省高校有省级重点实验室7个。

〔**科技工作**〕 2001年，省教育厅制订下达年度科技计划96个。全省高校获得国家自然科学基金项目经费300多万元。教育部首次将江西高校11个科研项目列为教育部重点科研项目。全省高校争取各类科技项目经费为4 800万元。南昌大学的“焊接机器人”列入国家“863”高技术计划。由江西省教育厅和科技厅共同批准建设的“南昌大学科技园”顺利奠基。

〔**学位与研究生教育**〕 江西省新增南方冶金学院、景德镇陶瓷学院两个工程硕士专业为学位授权单位；新增景德镇陶瓷学院为有权开展授予同等学力硕士学位工作单位。

开展优秀硕士学位论文评选。在52篇论文中共评选出20篇优秀硕士学位论文，优秀率（85分及以上）达38.46%，优良率（75分及以上）达96.15%。

开展了研究生教育工作表彰活动。共评出有突出贡献的博士、硕士学位获得者60人，优秀研究生指导教师45人，学位与研究生教育优秀管理干部15人。

〔**高校后勤社会化改革**〕 制定了《江西省高校后勤与高校规范分离实施细则》、《江西省高等学校学生宿舍（公寓）标准化建设与管理指标体系》、《江西省高等学校学生食堂标准化建设与管理指标体系》；组织4个检查组赴全省32所高校进行检查，推进全省高校后勤社会化改革工作进程。到2001年底，全省32所高校中有26所高校已分离后勤人员1 892人，占全省高校后勤在编人员的66.7%；组建校内后勤服务集团（中心）42个；20所高校后勤系统实现与学校行政管理系统分离；6所高校饮食、水电等生活服务项目部分分离。全省高校已开工建设学生公寓建筑面积30.29万平方米，开工建设食堂建筑面积3.47万平方米。

〔**社会科学研究**〕 开展了全省高校第七届人文社会科学优秀成果评选，在223项申报成果中评选出优秀成果57项。全省高校获准全国社科基金项目7项，占全省8项的88%；有5个项目获准教育部人文社科“十五”第一批项目，获准省社科基金招标项目3项，占全省总数的50%。大型古籍《豫章丛书》的整理，史部已全部完成。成立了“江西省高校人文社科科研管理研究会”。

〔**高等教育对外交流**〕 全省新增12所高校具有外专聘请资格。共有36所院校聘请了长期专家、外教77人，短期专家35人。全省有来华留学资格学校13所。共招收长、短期来华留学生30名（硕士研究生3名）。南昌大学获得国家来华留学定点招生计划单位。国务院学位办委派专家组考察后，批准南昌大学与法国普互提埃大学继续合作开设的“企业管理”研究生班，2002年、2003年各招生50人，学制两年，授予法方文凭（DESS—CAAE)；批准南昌大学与英国阿伯泰邓迪大学合作培养“信息技术”、“软件工程”科学硕士，招收50人，学制两年，授予英方学位。

2001年，全省获得批准国家公派留学24人，单位公派留学30余人。自费留学人员160余人。

撰稿 杜 侦 傅小军 曹伴好 熊庆任 黄周村 刘静俭

审稿 漆 权 郑守华 李国祥 刘雪萍

# 山东省教育

## 概　　况

〔基本情况〕

**2001年各级普通学校基本情况**

单位：人

| 学校类别 | 学校数（所） | 毕业生数 | 招生数 | 在校生数 | 教职工数 | |
|---|---|---|---|---|---|---|
| | | | | | 合　计 | 其中：专任教师 |
| **总　计** | **43 660** | **3 998 691** | **4 460 634** | **16 560 389** | **1 084 672** | **879 805** |
| 一、研究生 | (26) | 1 789 | 5 371 | 11 877 | | |
| 1. 高等学校 | (23) | 1 726 | 5 231 | 11 514 | | |
| 2. 科研机构 | (3) | 63 | 140 | 363 | | |
| 二、普通高等学校本专科 | 65 | 69 583 | 183 553 | 449 360 | 64 362 | 30 902 |
| 本科院校 | 32 | 46 138 | 117 360 | 321 110 | 48 858 | 22 910 |
| 专科院校 | 33 | 8 118 | 36 094 | 68 177 | 14 502 | 7 638 |
| 分校、大专班 | | 15 327 | 30 099 | 60 073 | 1 002 | 354 |
| 三、普通中等学校 | 5 338 | 2 163 728 | 2 443 620 | 7 714 557 | 520 418 | 403 247 |
| 1. 中等专业学校 | 200 | 110 827 | 92 215 | 310 508 | 28 002 | 15 607 |
| 中等技术学校 | 147 | 94 769 | 77 553 | 269 849 | 22 380 | 12 306 |
| 中等师范学校 | 53 | 16 058 | 14 662 | 40 659 | 5 622 | 3 301 |
| 2. 技工学校 | | | | | | |
| 3. 普通中学 | 4 684 | 1 885 864 | 2 209 376 | 7 021 844 | 451 014 | 359 665 |
| 高中 | 774 | 318 220 | 477 687 | 1 241 179 | | 71 038 |
| 初中 | 3 910 | 1 567 644 | 1 731 689 | 5 780 665 | | 288 627 |
| 4. 职业中学 | 454 | 167 037 | 142 029 | 382 205 | 41 402 | 27 975 |
| 高中 | 448 | 164 467 | 138 976 | 373 951 | | 27 115 |
| 初中 | 6 | 2 570 | 3 053 | 8 254 | | 860 |
| 5. 工读学校 | | | | | | |
| 四、小学 | 21 342 | 1 761 653 | 1 013 586 | 6 991 932 | 422 905 | 390 374 |
| 五、特殊教育学校 | 140 | 1 938 | 2 313 | 17 064 | 5 088 | 3 464 |
| 六、幼儿园 | 16 775 | | 812 191 | 1 375 599 | 71 899 | 51 818 |

**2001年各级成人学校基本情况**

单位：人

| 学校类别 | 学校数（所） | 毕业生数 | 招生数 | 在校学生数 | 教职工数 | |
|---|---|---|---|---|---|---|
| | | | | | 合计 | 其中：专任教师 |
| **总计** | **69 571** | **8 044 504** | **6 976 293** | **6 015 271** | **101 889** | **48 143** |
| 一、成人高等学校 | 34 | 57 373 | 103 165 | 255 775 | 13 911 | 6 841 |
| 1. 广播电视大学 | 2 | 4 424 | 4 373 | 14 108 | 6 923 | 3 710 |
| 2. 职工高等学校 | 17 | 4 216 | 2 802 | 9 592 | 3 790 | 1 649 |
| 3. 农民高等学校 | | | | | | |
| 4. 管理干部学院 | 5 | 6 278 | 8 554 | 17 005 | 1 433 | 607 |
| 5. 教育学院 | 10 | 5 214 | 10 636 | 24 834 | 1 765 | 875 |
| 6. 独立函授学院 | | | | | | |
| 7. 普通高等学校举办： | (65) | 37 241 | 76 800 | 190 236 | | |
| 函授部 | | 25 201 | 55 039 | 135 917 | | |
| 夜大学 | | 8 303 | 17 577 | 44 214 | | |
| 成人脱产班 | | 3 737 | 4 184 | 10 105 | | |
| 二、成人中等学校 | 55 934 | 7 483 847 | 6 363 656 | 5 267 879 | 71 672 | 35 265 |
| 1. 成人中等专业学校 | 511 | 68 454 | 55 313 | 130 576 | 14 029 | 8 098 |
| 广播电视中等专业学校 | 10 | 4 737 | 6 832 | 11 923 | 612 | 370 |
| 职工中等专业学校 | 130 | 27 846 | 22 788 | 50 215 | 6 279 | 3 513 |
| 干部中等专业学校 | 18 | 2 053 | 2 119 | 3 566 | 666 | 363 |
| 农民中等专业学校 | 27 | 6 493 | 7 188 | 15 493 | 1 543 | 1 011 |
| 函授中等专业学校 | 3 | 733 | 699 | 1 765 | 122 | 86 |
| 教师进修学校 | 89 | 9 231 | 6 925 | 22 604 | 4 807 | 2 755 |
| 其他类学校举办 | 234 | 17 361 | 8 762 | 25 010 | | |
| 2. 成人中学 | 456 | 22 881 | 21 402 | 31 042 | 1 811 | 683 |
| 职工中学 | 41 | 9 544 | 9 843 | 6 699 | 843 | 253 |
| 农民中学 | 415 | 13 337 | 11 559 | 24 343 | 968 | 430 |
| 3. 成人技术培训学校 | 54 967 | 7 392 512 | 6 286 941 | 5 106 261 | 55 832 | 26 484 |
| 职工技术培训学校 | 288 | 590 654 | 37 474 | 41 985 | 5 189 | 1 854 |
| 农民技术培训学校 | 54 679 | 6 801 858 | 6 249 467 | 5 064 276 | 50 643 | 24 630 |
| 三、成人初等学校 | 13 603 | 503 284 | 509 472 | 491 617 | 16 306 | 6 037 |
| 1. 职工初等学校 | 17 | 33 260 | 37 830 | 37 830 | 105 | 43 |
| 2. 农民初等学校 | 13 586 | 470 024 | 471 642 | 453 787 | 16 201 | 5 994 |
| 其中：扫盲班 | 8 233 | 184 727 | 173 439 | 185 714 | 5 959 | 2 679 |

# 基础教育

〔**综述**〕 2001年全省小学招生及在校生人数继续减少，招生比上年减少3.12万人。在校生比上年减少75.69万人；普通高中招生和在校生人数明显增加，分别比上年增加5.20万人和15.48万人；初中招生比上年减少18.45万人，在校生比上年增加8.10万人。

全省小学学龄儿童入学率为99.73%，比上年下降0.05个百分点。其中女童学龄儿童入学率为99.72%，比上年下降0.06个百分点。小学毕业生升学率为98.47%（含职业初中招生3 053人），比上年提高0.13个百分点；初中毕业生升入普通高中升学率为30.47%，比上年提高0.14个百分点。小学在校生辍学率为0.13%，比上年下降0.27个百分点，其中女童辍学率为0.43%，比上年下降0.06个百分点；初中在校生辍学率为1.42%，比上年上升0.4个百分点，其中女生辍学率为1.33%，比上年上升0.4个百分点。全省普通初中、小学重读生人数分别为1 211人和732人。

全省普通中学专任教师总量有所增加，教师队伍整体素质提高，生师比也高于上学年。普通高中专任教师比上年增加7 066人。教师总数中本科学历及以上的51 515人，教师学历达标率（具有本科及以上学历的专任教师占专任教师总数的比重）为72.52%，比上年提高1.3个百分点；生师比为17.47，高于上学年。初中专任教师比上年增加2 246人。教师总数中具有本科学历及以上的4.55万人，占教师总数的15.76%；具有专科学历的21.27万人，占教师总数的73.70%，教师学历达标率（具有专科及以上学历的专任教师占专任教师总数的比重）为89.46%，比上年提高2.82个百分点；生师比为20.03，高于上学年。全省小学专任教师比上年减少1.78万人。教师总数中具有本科学历及以上的0.86万人，占专任教师总数的2.21%，具有专科学历的11.87万人，占专任教师总数的30.42%，高中阶段毕业的25.77万人，占专任教师总数的66.03%，教师学历达标率（取得高中阶段及以上学历的专任教师占专任教师总数的比重）为98.66%，比上年下降0.31个百分点；生师比为17.91，低于上学年。

普通中小学平均在校生规模为：小学327.6人，初中1 478.4人，高中1 603.6人。每校平均班数为：小学9.1个，初中24.1个，高中25.9个。平均班额为：小学36.1人，初中61.4人，高中61.9人。

全省幼儿园在园幼儿数比上年减少23.74万人，幼儿教师比上年减少2.29万人，教师中具有专科及以上学历的1.28万人，占幼儿教师总数的20.33%，高中阶段毕业的4.45万人，占幼儿教师总数的70.47%。

2001年全省加快建立分级管理，以县为主的教育管理体制；制定了“十五”期间基础教育发展规划；进一步调整了中小学布局；确定了中小学信息技术教育发展目标，分阶段实施“校校通”工程；加强了规范化学校建设和学校的常规管理；运用多种形式，加强中小学德育工作；以课程改革为突破口，全面推进素质教育。根据省政府《山东省实施〈面向21世纪教育振兴计划〉的意见》和教育部文件，启动了普通高中毕业会考等制度改革工作。

〔**全省基础教育工作会议**〕 2001年8月30日～31日，省政府在济南召开全省基础教育工作会议，传达贯彻全国基础教育工作会议精神，研究部署进一步加快全省基础教育的改革与发展。省委副书记、省长李春亭、副省长邵桂芳分别在会上发表讲话。省委常委、副省长韩寓群主持会议。副省长杜世成、林书香、林廷生、陈延明、蔡秋芳等出席会议。省教育厅厅长滕昭庆传达了全国基础教育工作会议精神，省教育厅、计委、财政厅、人事厅的主要负责同志在会议上发了言。会上省政府表彰了济南市历城区等 24 个全省“两基”工作先进县（市、区），省教育厅、财政厅、计委等三部门表彰了济南市教育局等 76 个“两基”工作先进单位和 400 名“两基”工作先进个人。

〔**素质教育**〕 2001 年，全省中小学校根据“区域推进、分段实施、统筹规划、重点突破”的原则，采取行之有效的措施，全面推进素质教育。一是认真学习贯彻江泽民同志《关于教育问题的谈话》精神，学校德育工作得到了切实加强。二是改革高考招生制度，按照各市的人口总数、高中阶段在校生总数和前三年本科上线人数的平均数 3 个指标，将高考招生本科指标分到各市，为高中实施素质教育提供了外部条件。三是实施了新的高中课程方案，推动高中教学改革。四是为总结经验，扩大宣传，举办了大型素质教育成果展览，全省近 3 万人参观，效果十分明显。五是总结推广先进经验，依靠基层推动改革。大力推广烟台市落实学生的主体地位、促进学生的主动发展的经验，高密市的教学改革经验，安丘市的“三个统一、一个漏斗向下”管理学生用书经验，滨州市开展学生创造活动经验，青岛市组织学生参加社会实践、开办家长学校的经验，淄博市切实减轻学生过重课业负担的经验等。六是继续推动中小学生实践能力和创新精神的培养。2001 年，全省已有教育创新实验县区 30 多个，参与的学校 1 000 多所。七是学生过重的课业负担得到了有效地遏制。省教育厅制定了《关于减轻中小学生过重负担的通知》和《普通高中教育教学管理的八条规定》，就小学、初中、高中、县市区减负工作分别提出了具体要求，公布了市地和县市区教育行政部门的监督电话，收到了很好的效果。

〔**中小学布局调整**〕 根据教育部、财政部《关于报送中小学布局调整规划的通知》要求，2001 年省各级教育、财政部门会同计划、人事、编制等部门，在全面进行教育资源普查、科学测算学龄人口和乡镇区划调整的基础上，研究制订了中小学布局调整方案。4 月 11 日，省委副书记陈建国召集省委、省政府有关部门听取省教育厅厅长滕昭庆的工作汇报，会议形成了《全省中小学布局调整情况汇报会纪要》。调整方案的制订，主要坚持以下原则：(1) 实事求是，统筹规划，分步实施。原则上，5 万人口以上的乡镇可以设 1～2 所初中，5 万人口以下的设 1 所初中。根据各乡镇的实际，在方便适龄儿童接受义务教育的前提下，尽量减少小学的校数，小学生的走读半径一般为 2 公里，条件较好的乡镇也可以集中举办 1 至 2 所小学。(2) 城市中小学设学布点必须与城市扩建和小区建设同步规划。(3) 中小学设置的规模要求是：高中、初中不少于 18 个班（4 年制 24 个班），农村乡镇中心小学和学区小学不少于 5 个班（6 年制小学 6 个班），两个以上村办小学距离在 1 公里内的尽可能合班并校或交叉办班。普通高中一般与初中分办。农村初中一般设在乡（镇）政府驻地。现有乡镇如果撤并，原有初中暂不撤消。(4) 要充分利用现有教育资源，保证撤并后的教育资源不流失。要充分考虑到大力发展高中阶段教育的需要，统筹考虑普通中小学教育和职业、成人教育协调发展。中小学布局调整规划的时间为 2001 年至 2005 年。根据规划，五年期间，撤并小学 11 869 所，改扩建小学 7 274所，异地新建小学 835 所。到 2005 年末，全省的普通小学将由 2000 年末的 23 101所调整为 15 239所，减少 7 862 所，减少 34%，小学教学点将由 2000 年末的 7 364 个，调整到 3 373 个，减少 3 991个，减少 54.2%；5 年期间，撤并中学 640 所，改扩建中学 2 100 所，异地新建中学 83 所，到 2005 年末，普通中学将由 2000 年末的 4 009 所调整为 3 450 所，减少 559 所，减少 13.94%。布局调整完成后，基础教育发展将再上一个台阶，学校规模进一步扩大，教师队伍更加精干，设备图书得到充实完善。

〔**中小学信息技术教育**〕 2001 年，中等以下学校校园网建设稳步推进。由 967 所中等以下学校建成了不同规模的校园网，卫星宽带入校方式的小学“校校通”一期工程顺利实施，经过 16 个县（市、区）的 1 200 多所学校试点，效果良好。全省中小学信息技术教育在软硬件环境配置、师资队伍建设、学科教学、辅助教学和辅助管理、网络化教育等方面都取得了成绩。3月15日，省教育厅在高密市召开全省信息技术教育实验区工作会，9个国家级实验区和省级实验区申报单位教育行政部门负责人参加会议。会议交流工作，听取了工作指导和学术报告，研讨规划，部署了下一步工作。省教育厅副厅长陈光华讲话，要求各地抓住机遇，抓住重点，抓住关键，抓紧落实，充分发挥实验区的实验性和示范性作用，力争使山东省教育信息化在“十五”期间取得突破性进展，走在全国的前列。2001年底，全省中小学装备微机已达22.2万台，校园网已达505个，“上网”学校已达1 782所，开设信息技术必修课的学校数已达高中647所、初中2 090所、小学3 136所；占同类学校总数的百分比已达到高中90%、初中54%、小学12%。2001年接受信息技术教育的在校生人数达345万。全省有8个市县进入全国91所中小学校信息技术教育实验区。4月淄博市成为全国第一个接受教育部专家组考察“校校通”的地级市，率先实现了中小学“校校通”。从2001年开始，规划3～7年时间基本普及中小学信息技术教育，全省全面实现“校校通”。阶段目标是：在全省普通高中已全部开设信息技术必修课的基础上，2004年全省初中开设信息技术必修课，2007年全省小学开设信息技术必修课；到2004年，济南、青岛、淄博、枣庄、东营、烟台、潍坊、威海、泰安、日照、莱芜11个市实现“校校通”，到2007年其他6个市实现“校校通”。国家级和省级中小学信息技术教育实验区要分别在2003年和2004年基本普及信息技术教育。市级以上规范化中小学校要利用其办学条件，率先普及信息技术教育。为推动工作的开展，省教育厅已把信息技术教育学科列入高中会考科目。

〔**中小学危房改造**〕　9月28日～29日，省教育厅、省计划委员会、省财政厅在聊城市召开了全省中小学危房改造工作会议。会议进一步落实全国基础教育工作会议精神和山东省基础教育工作会议精神，总结交流了前一阶段全省中小学危房改造工作，向全省发出了打响农村中小学危房改造攻坚战的号召，决定用两年左右时间完成中小学危房改造。经2001年上半年对全省中小学校舍普查、鉴定，山东省有5 048处学校存有危房，危房面积达376万平方米，占校舍总面积的5.88%，其中D级危房208万平方米，危房改造的任务十分艰巨。对事关中小学师生安全的危房改造工作，省委、省政府十分重视，省委书记吴官正指示，“决不让一个孩子在危房中上课、睡觉”，要求把危房改造工作作为落实江总书记“三个代表”重要思想、贯彻全国基础教育工作会议精神的重要内容，切实抓紧抓好。省教育厅、省财政厅、省计委3部门成立了实施工程协调小组。在危房改造工作中，明确各级政府在危房改造中的责任，一把手是危房改造的第一责任人。绝大多数市、县政府召开了危房改造工作会议，成立了危改工作领导小组，配备了相应的专业技术人员，制定了危改方案和实施办法。不少市、县政府在财政非常困难的情况下，安排专项资金用于危房改造补助和奖励。全省各地多渠道筹措资金，用于危房改造的教育费附加和地方四项教育费达8 000多万元，占筹资总额的13%。积极稳妥地开展教育集资，全省已集资近两亿元。各地通过广泛宣传发动，全省范围内形成了关心、支持中小学危房改造工作的良好氛围，全省共收到各种社会捐资7 000余万元，自愿参加危房改造的义务工35万个。到年底，全省共筹集危改资金9.5亿元，占计划投资的30%；已拆除危房面积213万平方米，完成规划拆除任务的97%；改扩建校舍36万平方米，完成规划任务的89%；维修校舍113万平方米，基本完成规划任务；新建校舍176万平方米，完成新建任务的42%。

〔**教师队伍建设**〕　2001年认真落实教师资格认定工作。制定了山东省《全面实施教师资格制度的意见》和《山东省实施〈教师资格条例〉细则》等配套文件，形成了中专、中小学和幼儿园教师资格工作政策的基本框架。制定了《山东省中小学教师继续教育“十五”规划》、《山东省中小学校长培训“十五”规划》、《山东省中小学校长培训规定》和《山东省中小学教师继续教育证书管理与使用办法》，成立了中小学继续教育工作专家指导委员会。

在全省中小学教师中开展了职业道德教育。加强了教师和教育行政干部培训工作，特别是市以下教育干部培训，举办了全省教育行政干部培训班，组织部分市、县教育行政干部参加全国教育局长培训班。

# 职业教育

〔**综述**〕 2001年全省普通中等专业学校招生数与上年基本持平，在校生比上年减少22 676人。职业高中招生数比上年减少8 108人，在校生比上年减少50 403人。普通中等专业学校平均在校生规模由上年的1 371人上升到1 553人；专任教师中具有副高级、中级职称的分别为3 771和6 127人，分别占专任教师总数的24.16%和39.26%。全省职业高、初中学校专任教师中文化课教师1.36万人，专业课教师1.43万人。具有大专以上学历的2.66万人，占专任教师总数94.94%，其中：本科及以上的1.46万人，占52.29%，专科1.19万人，占42.65%，具有本科学历的专任教师所占比例比上年增加1.82个百分点。全省中等职业技术教育生师比分别为：普通中专是19.9、职业高中是13.8、职业初中是9.6。

全省职业高中招生占高中阶段招生总数的19.60%，比上年下降2.48个百分点，普通中专招生占高中阶段招生总数的13.01%，比上年下降1.02个百分点。高中阶段在校学生共有192.56万人（不含成人中专、技工学校在校学生）。普通高中、普通中等专业学校、职业高中在校生占高中阶段在校生总数的比例分别为64.46%、16.12%、19.42%。与上年相比，普通高中提高5.54个百分点，普通中专和职业高中分别降低1.95个百分点和3.59个百分点。与往年同口径比较，高中阶段职业教育在校生占高中阶段在校学生总数的比例持续下降。

〔**普通中专管理体制调整**〕 2001年省政府决定，对省直部门所属普通中等专业学校管理体制进行调整。原有省直部门所属普通中等专业学校73所，其管理体制的调整主要按照“划、并、改、留、升”等方式进行。14所学校划转到所在市管理，由各市结合当地教育资源进行统筹规划、合理配置；20所学校并入高等院校；9所学校经批准，逐步改为非学历培训机构，个别的直接撤销建制；30所学校暂时保持原管理体制，继续由原主管部门办学和管理。其中个别办学条件较好的学校，依据高等职业学校设置标准，经审批后升格为职业技术学院。

〔**中等职业教育**〕 2001年稳定和扩大了中等职业教育的规模，对规模小、条件差、质量低、招生不好的学校进行了调整。在全省推广了青岛、潍坊两市加强对中等职业教育结构的宏观调控、合理分流初中毕业生、职业学校提前招生的做法，全省中等职业教育招生比上年有所增长。继续增加对口高职招生计划达到2.7万人，扩大了中等职业学校毕业生升高职的路子。

随着职业教育的发展，农村职业教育对全省农村经济发展和社会进步产生了积极的推动作用。青岛市政府为加快农村经济发展，促进农民科技致富，在广泛深入调查研究，认真总结莱西职业学校和其他职业学校开展为农服务办学经验的基础上，确定以农业职业学校为依托建设“科教兴农示范基地”，通过基地进行农业新技术、新品种、新工艺的引进、实验、示范和推广，走出了一条“引科技之水，经教育之渠，灌农业之田”的科教兴农之路。10月，省教育厅在莱西市召开全省职业教育为农服务现场会。会议总结、推广了青岛、莱西两地依托农村职业学校建设“科教兴农示范基地”的经验，研究、探讨了推进全省职业教育学校为农服务的具体措施，要求各地学习、借鉴青岛、莱西经验，以农村职业学校基地建设为突破口，集中力量，把“农”字号职业学校建成新的农业科技推广中心，为农民致富和科教兴农做出积极贡献。

# 高等教育

〔**综述**〕 2001年全省招收研究生数比上年增加1 521人。其中招收博士生790人，比上年增加263人，招收硕士生4 581人，比上年增加1 258人。在校研究生比上年增加3 355人。其中在校博士生1 840人，比上年增加534人，在校硕士生10 037人，比上年增加2 821人。研究生指导教师4 059人，比上年增加751人，其中博士硕士导师（同时指导博士和硕士的导师）和博士导师共551人，比上年增加112人，硕士导师3 508人，比上年增加639人。全省普通高等教育（含65所普通高校、部分成人高校举办的高职班和电大普通专科班，以下同）共招生18.36万人，同口径比上年增加4.84万人。其中本科招生7.59万人，比上年增加1.64万人；专科招生10.76万人，同口径比上年增加3.20万人。本专科招生数分别占招生总数的41.38%和58.62%。在校生44.94万人，同口径比上年增加12.40万人。其中本科在校生23.37万人，比上年增加5.12万人，专科在校生21.56万人，同口径比上年增加7.29万人，本专科在校生分别占在校生总数的52.02%和47.98%。专任教师3.09万人，比上年增加0.61万人。专任教师中具有正高级职称的0.31万人，比上年增加687人，具有副高级职称的1.04万人，比上年增加0.23万人，具有副高级及以上职称的专任教师占专任教师总数的43.49%，比上年提高1.34个百分点。专任教师总数中，研究生毕业及以上的0.94万人，比上年增加0.18万人，占专任教师总数的30.31%，比上年下降0.42个百分点。

高校校园网建设基本完成，为网络运行的规范管理和教育资源共享奠定了基础。制发了《山东省现代远程教育管理办法》，已有8所著名高校在山东省设置了27个教学点，大专以上学历教育招生人数达5 400多人，发展势头良好。

〔**山东大学庆祝建校一百周年**〕 10月15日，山东大学召开大会，隆重庆祝建校一百周年。党和国家领导人江泽民、李鹏题词祝贺。江泽民总书记的题词是：“团结进取，开拓创新，为把山东大学办成国内外知名的高水平大学而奋斗”。李鹏委员长的题词是：“齐鲁大地人才辈出，百年学府再创新章”。国务院副总理李岚清、全国人大常委会副委员长姜春云致信祝贺。山东省委书记吴官正，全国政协副主席钱伟长等参加了庆祝大会。教育部部长陈至立在会上讲话。省长李春亭以及国学大师季羡林和国内外一些著名大学校长也出席了大会。

山东大学的前身是诞生于1901年的山东大学堂，她是中国学习西方高等教育模式的早期探索者，是最早摆脱传统书院式办学模式的全国第一所省立大学。其长达万余字的办学章程，为以后其他各省成立的新式学堂所仿照。在长达一个世纪的历史进程中，山东大学逐步形成了艰苦奋斗、爱国进步、崇尚科学、坚持真理的优良办学传统和以文史见长、文理工医学科交叉渗透、综合发展的办学思路，成为在海内外具有重要影响的著名高等学府。

〔**高校布局结构调整**〕 按照省政府《山东省高等职业学校设置暂行办法》，经山东省高校设置评议委员会评议和省政府同意，2001年审批了东营职业学院、潍坊职业学院等10所职业学院。有20所省属中等职业学校并入高校，进一步扩大了高等教育资源。

经教育部、省政府批准，由山东建材学院与济南联合大学合并组建的济南大学于2001年2月正式成立。

〔**“211工程”及重点学科建设**〕 2001年积极配合教育部，支持山东大学、青岛海洋大学、石油大学的“211工程”建设。组织省内8所高校申报24个国家级重点学科并通过初审。在完成“九五”重点学科建设的基础上，面向全省高校确定27个省级重点学科、18个省级重点实验室和248名中青年学术骨干为“十五”重点建设项目。

〔**科研工作**〕 2001年全省高校共获得省部级以上科研项目180余项。获得省科技进步奖129项，占全省授奖项目的27.9%。其中一等奖7项，二等奖40项，三等奖82项，分别占全省一、二、三等奖总数的29.2%、32.8%和26%。近40所高校的402个人文社会科学和自然科学项目分别获得山东高校优秀科研成果奖励。莱阳农学院的“克隆牛技术研究项目”获得“山东高校优秀科研成果奖特别奖”，山东科技大学的“智能机器人”获全省“十大科技成果”奖。

〔**学位工作**〕 2001年，国务院学位委员会第十八次会议批准山东省新增博士学位授予单位1个，新增博士、硕士授权一级学科点9个，增长率90%；新增博士学位授权点31个，增长率为72%；新增硕士学位授权点163个，增长率为44%。博士、硕士授予点的大幅增加，增强了山东省高层次人才的培养能力，在一定程度上缓解了高层次人才的供需矛盾，为下一步扩大研究生招生规模奠定了基础。同时也改善了山东省的学位授权结构。在经济学、教育学学科门类实现了零的突破；在山东省重点发展的信息、生物、新材料等学科领域增列了一大批博士和硕士授权点。山东省的博士学位授权二级学位覆盖率达到71%，基本建立起学科门类较为齐全的学位与研究生教育体系。

〔**高校安全工作**〕 针对近几年高校连续扩招，各种安全隐患增加的实际情况，2001年，突出抓了高校的安全防范工作。结合高校实际，按照预防为主的原则，以防火、防盗、防中毒、防意外事故发生为重点，加强基础建设，狠抓各项安全防范措施和责任制的落实。一年来，全省高校旧房改造共投入6 720.64万元，改造老化电线线路投入2 037余万元，消防器材配备、维修投入671余万元，保卫部门装备投入253余万元，为学校的安全稳定打下良好基础。继续加强了校园“110”的规范化建设，进一步拓宽了其服务领域，强化服务功能。全年共接警出警7 561次，其中治安2 133件，刑事165件，救助服务师生5 263次，较好地发挥了“110”在预防、打击犯罪和服务师生员工方面的作用。

〔**揭批“法轮功”邪教活动**〕 2001年初，极少数“法轮功”顽固分子在天安门广场自焚事件发生后，全省教育系统掀起了声势浩大的揭批高潮。各级各类学校普遍通过举办报告会、座谈会、揭批会等形式，有针对性地对“法轮功”邪教组织进行科学剖析和揭露批判。开学后，各学校及时组织师生收听收看中央电视台及其他媒体有关专题报道，普遍在师生中开展了“崇尚科学，反对邪教”的教育活动和万人签名活动。3月26日，山东省首家高校反邪教协会——山东大学反邪教协会成立。通过一系列的揭批活动，在全省教育系统形成了强大的舆论攻势，使广大师生进一步认清了“法轮功”的邪教本质，提高了对这场政治斗争重要性、必要性的认识，增强了抵御邪教侵蚀的能力，收到了良好的效果。在同“法轮功”邪教组织的斗争中，全省教育系统涌现出一大批先进集体和先进个人，其中省委高校工委安保处、山东大学公安保卫处等单位分别被省委、省政府和省委组织部等7部门评为“全省同法轮功邪教组织斗争先进单位”。

〔**教育交流**〕 2001年全省高校聘请外国文教专家113人，接受外国留学生2 000人。高校因公出国（境）团组325个，700余人。国家留学基金及省自筹资金出国留学录取114人。全年有200余位外国及港澳台教育人士到山东访问。“山东省大学生交流团”共34人赴台湾参加“新世纪成功有约大学生研习营”活动，取得成功。

# 成人教育

〔**综述**〕 2001年全省成人高等学历教育招生（不含电大普通专科班及高职招生）数比上年

增加3.11万人，其中34所独立设置的成人高校招生数比上年增加0.45万人，普通高校举办的夜大、函大、成人脱产班招生数比上年增加2.66万人。普通高校夜大、函大、成人脱产班招生数占招生总数的74.44%，所占比例比上年增加13.56个百分点。各类成人高等学历教育在校生数比上年增加5.73万人，其中独立设置的成人高校在校生比上年增加0.43万人，普通高校夜大、函大、成人脱产班在校生比上年增加5.30万人，普通高校夜大、函大、成人脱产班在校生数占在校生总数的74.38%，所占比例比上年增加12个百分点。各类成人中等专业学校招生4.66万人（其中招收应届初中毕业生2.31万人），在校学生10.56万人。2001年扫除文盲18.47万人。

〔**自学考试**〕 2001年积极拓宽自学考试服务领域，较好地完成了高等教育自学考试、高等教育学历文凭考试、中学教师助学自考、五项非学历社会证书考试等工作任务。打通了成人高校专科毕业生继续深造的渠道，2001年首次实行专升本，0.32万人由专科升入本科学习。为加强成人高等教育学生管理，首次对2001年毕业生进行电子注册。

撰稿 刘　鸣　张崇广

审稿 孟庆旭　张士俊

# 青岛市教育

〔**基本情况**〕

**2001年各级各类学校基本情况**

单位：人

| 学校类别 | 学校数 | 毕业生数 | 招生数 | 在校学生数 | 教职工数 合计 | 教职工数 其中：专任教师 |
|---|---|---|---|---|---|---|
| 一、高等学校 | 10 | 17 513 | 37 069 | 92 830 | 9 088 | 4 926 |
| 1. 普通高等学校 | 6 | 11 119 | 24 868 | 65 126 | 7 610 | 4 058 |
| 2. 成人高等学校 | 4 | 6 394 | 12 201 | 27 704 | 1 478 | 868 |
| 二、中等学校 | 437 | 132 515 | 179 374 | 531 024 | 44 643 | 33 502 |
| 1. 中等专业学校 | 18 | 8 071 | 8 238 | 25 328 | 2 661 | 1 548 |
| 其中：中等师范学校 | 3 | 1 385 | 640 | 2 143 | 478 | 282 |
| 2. 中学 | 352 | 102 192 | 150 209 | 443 693 | 34 903 | 27 728 |
| 高中 | 67 | 25 807 | 31 038 | 85 818 | | 5 798 |
| 初中 | 285 | 76 385 | 119 171 | 357 875 | | 21 930 |
| 3. 职业高级中学 | 67 | 22 252 | 20 927 | 62 003 | 7 079 | 4 226 |
| 三、成人中等专业学校 | 23 | 9 698 | 9 199 | 14 908 | 1 237 | 672 |
| 四、小学 | 1 194 | 118 998 | 81 243 | 499 147 | 34 543 | 31 237 |
| 五、特殊教育学校 | 13 | 179 | 138 | 1 243 | 556 | 389 |
| 六、幼儿园 | 2 361 | 63 566 | 50 947 | 140 085 | 10 737 | 8 141 |

2001年10月8日，市政府召开全市基础教育工作会议，传达全国和山东省基础教育工作会议精神，印发了市政府《关于贯彻鲁政发〔2001〕86号文件精神推动基础教育改革与发展的意见》，提出到2005年，全市基础教育总体水平接近世界中等发达国家水平；到2010年，基本实现基础教育现代化，全市基础教育总体水平基本达到中等发达国家水平。山东省副省长兼青岛市市长杜世成、副市长马论业及计划、教育、人事、财政等部门的主要负责人就发展基础教育的重点工作和各级政府、各有关部门应负的职责发表了讲话。会议出台了促进基础教育健康快速发展的一系列政策措施，明确了各级政府发展义务教育的责任，提出了三项基础教育重点工程：义务教育学校“标准化建设工程”、“托幼一体化工程”、高中阶段教育“普及化提高工程”。青岛市辖的12个市、区有10个也于年内召开了基础教育工作会议。

根据各级基础教育会议精神和青岛市实际情况，市政府加强统筹规划和教育督查，通过目标责任制指导区（市）政府全面承担本地义务教育的主要责任；增加财政转移支付力度，帮助农村贫困地区解决办学经费。农村教育人事管理权限已全部收到各区（市）教育行政部门，自2002年1月起，中小学教师工资由区（市）财政部门统一发放，农村义务教育“由地方政府负责、分级管理、以县为主”的管理体制全面落实。市教育督导室建立农村学生辍学情况专项督导制度，对初中学生辍学情况进行专项督导检查，推动了农村控制学生流失工作的开展。全市高中阶段教育普及率达到85%以上(其中市区97.3%，农村81.6%)，基本普及了高中阶段教育。2001年，青岛市被授予全国“两基”工作先进地市。全市通过评选，李沧区被授予“青岛市教育示范等级区”，20个乡镇被授予“青岛市教育示范等级乡镇”。至此，全市教育示范等级乡镇已达62个，占乡镇总数的48%。

4月24日，青岛市教委改为青岛市教育局，实施内部机构改革，行政审批职能由54项减为28项。建立了行政审批监督和责任追究制度，进一步落实政务公开制度和首问责任制。

社会力量办学有较大发展。全市共有社会力量举办的各级各类学校343所，其中具有独立颁发学历证书的民办高校1所，民办高等教育学历文凭考试学校9所，学历教育中小学50所，中外合作办学学校19所，国际学校2所。共有教职工8 000余人，总资产约4.6亿元，其中创办者投入的资产约3.2亿元；学历教育学校占地面积总计约281公顷，校舍建筑面积约60万平方米（内含自建约50万平方米）。一批起点高、规模大、重品牌的民办学校发展起来。年内市教育局批准了北京大学青岛实验中学等4所民办中学成立。

全市基本形成了市、区（市）、校三级教育科研网络，学校内部基本形成了“学校、教研组、任课教师”三位一体教科研体系。由市教科所承担的“小学‘双语’教学整体改革实验研究”，被专家认为居全国领先水平。在此基础上确定的“基础教育阶段‘双语’教育的研究与实践”课题，被立项为全国教育科学“十五”规划重点课题，同时被立项为全国基础教育外语教学研究资助金重点课题。

全市全年教育经费总收入32.85亿元，比上年增长21.67%。其中财政性教育经费22.69亿元，比上年增长21.60%。全市全年教育事业费拨款18.11亿元，比上年增长34.55%，高于同期全市经常性财政增长速度7.83个百分点。中小学生均预算内教育事业费支出、生均预算内公用经费支出均有较大幅度增加。

全市共投入7 027.5万元，完成中小学危房改造9.38万平方米。市教育局投资2 020万元，建设维修校舍1.8万平方米。市教育局及直属学校3年共投资3 800万元绿化、美化校园，其中2001年投入1 400万元。市教育局分别投资500万元、1 000万元筹建青岛市少年科学院和青岛市中小学素质教育基地。各区（市）共投资2 500余万元用于山东省“中小学实验教学普及县工程”建设，全市中小学教学仪器设备已全部达到省定“工程”配备标准。全市共投资6 000余万元用于教育技术装备现代化建设。市直学校配备了教师电子备课系统、电子阅览室、多媒体电化教学系统和新增理科教学仪器等。全市中小学已配备计算机4万多台，计算机网络教室587个，多媒体电教室329个，已建和在建校园网近百个；有766所学校实现了教育卫星宽带入校，71所市直属学校和134所小学通过光纤接入ATM网，实现了市、区、学校三级互联，并通过青岛市教育信息中心，统一接入因特网。

教育对外交流。2001年派代表团赴德国就平度市"双元制"农职业教育项目进一步与德方商讨，还组成代表团访问台湾。又有2所学校与外国学校建立友好学校及合作关系。学前教育与新加坡、英国交流合作又有新发展。在外国专家协助下开设综合职业教育专业，为普通高中改革开辟了办学模式新途径。组织了19名中学校长和教育行政干部赴澳大利亚进行15天普通教育管理培训；首次选拔25名优秀英语教师赴澳大利亚进行2个月英语教学法和语言技能培训。

2001年成立了青岛市语言文字工作指导委员会，办公室设在市教育局。市语委办以多种形式宣传贯彻《国家通用语言文字法》，对1.6万名中小学、幼儿教师和0.32万名师范类、职业学校毕业生进行了普通话培训和测试。

〔**基础教育**〕 2001年，改进并完善普通中小学、幼儿园办学（园）水平督导评估制度。对全市普通高中第一轮评估已全面完成。进一步扩大学校依法按章程自主管理范围，减少行政干预，加强服务和监管，推动学校更好地自我发展并办出特色，全市按章程自主管理的中小学、幼儿园扩大到563处，占总数1/3强，市级以上规范化（重点、示范）中小学（园）全部建立章程。为树立教育改革先进典型，在1998年评选"教育改革十面红旗"的基础上，评选出第二批"青岛市教育改革十面红旗"。

各级各类学校坚持把德育放在素质教育的首位。结合时事政治开展"学习党的知识、坚定党的信念"、"崇尚科学，抵制邪教"、支持北京申办奥运等活动，进一步加强中小学生的理想信念和爱国主义教育；加强社会实践教育和劳动教育，开展"创新人才世纪行"、"创新教育和科技实践读书"活动，全市16所高中近7千名学生参加了学农劳动，青岛市中小学素质教育实践基地于年底奠基。发挥共青团、少先队在德育工作中的作用，通过举办"成人预备期志愿活动"、"迈好青春第一步"、"继承烈士遗志"等团队活动，增强青少年的责任感、使命感。举办多种形式的家庭教育活动，形成学校、家庭、社会共同育人的良好氛围。

体育工作。保证学生每天1小时的体育活动时间。从2001学年度开始，青岛市承担全国体育与健康课程标准实验。青岛市中学生军校自1997年建立以来，共对20余万名中学生进行了军训，增强了学生的国防、纪律、集体和道德观念，培养了学生的吃苦精神，为全面推进素质教育，培养学生良好的行为习惯起到了积极作用。2001年市教育局被评为"全国学生军训工作先进单位"和"山东省国防教育先进单位"。"民防"教育已由市区扩大到农村五市。

2001年青岛市被教育部批准为中小学信息技术教育实验区，接受信息技术教育的普通中小学生已达48.7万人，小学、初中、普通高中、职业高中开展信息教育的学校分别占同类学校总数的48.9%、94.7%、100%和98%。市教育局在上年编写小学信息技术教材的基础上，编写了初中和高中信息技术教材；在部分学校开展了"信息技术在教学中的应用"课题研究。

幼教工作。全市学前三年幼儿入园率达93%，其中市区99%；幼儿教师学历合格率达96%，继续与新加坡互派教师学习、示教；市实验幼儿园与新加坡幼儿教师协会联合举办青岛智虹实验幼儿园，把市实验幼儿园的开放教育经验与国外先进的教育理念、方法融为一体。

全面启动义务教育学校"标准化建设工程"。全市有324所小学、112所初中通过义务教育学校标准化建设工程验收，分别占小学、初中总数的27.1%和40.6%。分别有17所、57所初中通过省、市级规范化学校验收。

市教育局拨付50万元用于减免特困生学杂费和教材费，教育基金会也投放16万元，保证不让一个学生因家庭贫困而失学。青岛市中心聋校开办了聋人普通高中班，面向全省招收22名学生。盲校和聋校分别有8名、7名高中生升入高等院校。

2001年青岛市被教育部确定为国家基础教育课程改革实验区，自9月起开始改革实验。各学校以实施新课程标准为契机，落实学生主体地位，加强教学方法和教学模式改革、学法指导改革实验等，把“研究性学习”作为教学改革的突破口，把学校内外的教学活动有机结合起来，引导学生变被动学习为主动学习，“研究性学习”使教师“教”的方式和学生“学”的方式发生了根本性转变。

2001年是青岛市初中入学高峰年。市教育局采取措施，确保群众关注的初、高中招生工作的公开化和公正性。市区初中招生严格实行电脑派位录取和整体划拨的方式，普通高中招收择校生实行“限人数、限分数、限钱数”的原则，社会反映良好。

教师队伍建设。2001年举办中小学校长、中层干部及教师培训班多期，选派校长参加教育部、省教育厅举办的研修班。实施公办学校、幼儿园教师资格认定。扩大全员聘任合同制试点学校的范围，重点落实教职工聘任制、绩效工资制。启动校际间优秀教师互补交流试点。在全国率先建立了教师宣誓制度。实施“名师培养工程”，设立骨干教师教育教学研究专项课题和专项基金，资助骨干教师出版教育科研专著，选派干部和教师出国研修和参加境外学术交流。

〔**职业教育与成人教育**〕 2001年全市中等职业学校共设120多个专业，在校生规模过千人的学校42所。面对高校扩招引发的“普通高中热”，市教育局合理调整招生比例和招生办法，保证了中职学校的生源，各类中职学校与普通高中招生比例保持在5.3∶4.7。中职教育以培养学生的创新意识、创业能力为重点，提高学生的综合素质和职业技能水平，2001年有2 500多名学生参加了中、初级工技能考核，1.83万名学生参加了职业技能鉴定和岗位合格考核，1.10多万名学生参加了山东省计算机应用能力考核，中职毕业生就业率市内四区达90%，农村达80%。同时加强对希望升学的毕业生的辅导，中职毕业生对口升高职率达88.1%，初步实现了“升学有门，就业有路”的目标。

继续实施以重点中职学校和骨干专业建设为内容的“双名牌”工程。全市各级重点中职校分别达到：国家级15所、省级6所，市级15所；共有市级骨干专业61个。“双名牌”工程加快了中职学校布局结构调整步伐，调动了中职学校改善办学条件的积极性。市教育局直属中职学校全年设备设施投入额近2 000万元，全部建起了计算机校园网。经多年探索，全市中等职业教育联合办学已形成企业实习型、基地辐射型、股份合作型、产教集团型、国有企办型、与境外联合办学等多种模式。市教育局修订并落实《青岛市中等职业学校教学规范》，制定了《关于在中等职业学校中进行学分制试点工作的意见》。

大力推进农村教育综合改革。加大对上年建成的4个科教兴农示范基地的投入，逐步扩大辐射区域，在引进、推广农业新技术、新品种、新工艺方面取得良好效果，成为区域内农业科技推广服务中心，提高了职业教育为当地经济发展服务和帮助农民致富的能力。山东省教育厅在青岛召开现场会，推广了这一经验。

农村成人教育。把科技推广和文化教育紧密结合起来，进一步加强“三园”（科技园、实验园、样板园）建设，搞好实验示范和新技术、新品种推广，帮助农民致富。各市、区加大政府统筹力度，密切农科教各部门之间的合作，发挥乡镇成教中心对农民的科技培训和实验、示范作用，组织专家送科技下乡。全年吸收工程户10.39万户，户均增收1679元，增幅为12.3%。

〔**高等教育**〕 2001年各类高等教育考试报考人数是历年来最多的一年，共有2.59万人被录取，比上年增长22.7%。硕士研究生报考人数首次突破3 000人，其中本科应届毕业生占56.3%，本科以上学历的占94.3%。

驻青各高校共有博士后流动站5个，博士学位授权一级学科3个，博士点17个，硕士点111个；国家级重点学科2个，省部级重点学科26个，省部级以上重点实验室21个；专任教师中，有院士7人，外聘院士6人，正高级职称670人，副高级职称1 573人，博士生导师116人。青岛市积极发展地方高等教育，加快青岛职业技术学院建设。民办高等教育发展迅速，共有民办高等教育学历文凭考试学校9所，高等学历教育学校1所，高等教育学历文凭考试在册学生9 784人，高职在校生2 403人。

2001年驻青高校共投资2.8亿元，建成校舍34万平方米。组建了独立核算的后勤服务总公司(集团)，形成“小机关、大实体、大服务”的后勤服务模式。同时，制定优惠政策，广泛吸引社会力量参与后勤服务建设。青岛宏业集团投资5 000万元，在青岛建工学院附近建设了学生公寓、食堂、浴池等后勤设施3.2万平方米，入住学生2 200余人。青岛市采取社会化方式为青岛海洋大学、青岛大学建设的“新世纪大学生公寓”，也即将交付使用。

各高校以提高办学效益为重点，深化改革，突出办学特色，加强培养学生综合素质和创新能力。同时积极开展科学研究，2001年共承担国家级科研课题161项，省部级课题248项，市级课题279项；科技成果经鉴定达到国际领先水平的13项、国际先进水平的26项、国内领先的43项、国内先进的16项。在各级科技进步奖评选中，共获国家级奖2项，省部级32项，省部级以上哲学、社会科学优秀成果奖19项。各高校已与60多个国家建立了合作关系，全年有84名外籍教师在高校任教，570名外籍专家、学者来青学术交流，近千名外籍留学生在青岛留学。青岛高校也有479人出国访问、讲学。

各高校全年共向地方转让科技成果153项。青岛化工学院在城阳区建立了占地15公顷的新材料工业园，其“九五”攻关项目“塑料合金化技术及系列合金材料”已在园内投产。国家教育部、山东省人民政府、国家海洋局、青岛市人民政府共同签署了《关于共建青岛海洋大学的协议》，青岛市政府年内投入3 000万元，用于支持青岛海洋大学部分重点实验室和重点科研项目建设，并将启动建立高新技术中试及产业化基地。

2001年全市共举办各类高教自学考试和各类社会证书考试24次，参考总人数16.53万人，比上年增加2.68万人，共颁发毕业证书3 250份。

撰稿　孙新兴

审稿　杜小悌　李振江

# 河南省教育

## 概　况

〔基本情况〕

**2001 年各级普通学校基本情况**

单位：人

| 学校类别 | 学校数（所） | 毕业生数 | 招生数 | 在校生数 | 教职工数 | |
|---|---|---|---|---|---|---|
| | | | | | 合计 | 其中：专任教师 |
| **总计** | **48 834** | **4 293 259** | **5 509 015** | **19 875 416** | **1 032 836** | **888 966** |
| 一、研究生 | (20) | 718 | 2 114 | 4 656 | | |
| 1. 高等学校 | (13) | 704 | 2 086 | 4 583 | | |
| 2. 科研机构 | (7) | 14 | 28 | 73 | | |
| 二、普通高等学校本专科 | 64 | 46 120 | 140 130 | 369 149 | 50 548 | 24 610 |
| 本科院校 | 21 | 25 723 | 73 548 | 216 534 | 30 064 | 13 609 |
| 专科院校 | 43 | 15 655 | 56 891 | 129 741 | 20 484 | 11 001 |
| 分校、大专班 | | 4 742 | 9 691 | 22 874 | | |
| 三、普通中等学校 | 7 067 | 2 040 473 | 2 715 847 | 7 535 135 | 444 967 | 367 751 |
| 1. 中等专业学校 | 160 | 122 812 | 99 806 | 313 996 | 27 845 | 15 242 |
| 中等技术学校 | 121 | 84 100 | 77 620 | 243 153 | 21 417 | 11 334 |
| 中等师范学校 | 39 | 38 712 | 22 186 | 70 843 | 6 428 | 3 908 |
| 2. 技工学校 | 193 | 22 759 | 29 130 | 73 847 | 12 704 | 8 966 |
| 3. 普通中学 | 6 384 | 1 764 432 | 2 469 659 | 6 833 861 | 384 941 | 328 979 |
| 高中 | 819 | 198 380 | 376 319 | 947 329 | | 51 266 |
| 初中 | 5 565 | 1 566 052 | 2 093 340 | 5 886 532 | | 277 713 |
| 4. 职业中学 | 520 | 153 183 | 146 331 | 387 103 | 32 117 | 23 491 |
| 高中 | 512 | 151 454 | 141 214 | 376 045 | | 23 072 |
| 初中 | 8 | 1 729 | 5 117 | 11 058 | | 419 |
| 5. 工读学校 | 3 | 46 | 51 | 175 | 64 | 39 |
| 四、小学 | 39 825 | 2 204 133 | 1 633 170 | 10 707 257 | 503 483 | 475 557 |
| 五、特殊教育学校 | 121 | 1 815 | 2 951 | 18 753 | 3 044 | 2 288 |
| 六、幼儿园 | 1 757 | | 1 014 803 | 1 240 466 | 30 794 | 18 760 |

## 2001年各级成人学校基本情况

单位：人

| 学校类别 | 学校数（所） | 毕业生数 | 招生数 | 在校学生数 | 教职工数 | |
|---|---|---|---|---|---|---|
| | | | | | 合　计 | 其中：专任教师 |
| **总　计** | **54 659** | **7 251 353** | **7 036 737** | **3 981 288** | **39 410** | **24 391** |
| 一、成人高等学校 | 28 | 45 986 | 88 063 | 196 463 | 7 210 | 3 933 |
| 1. 广播电视大学 | 1 | 2 597 | 4 112 | 10 040 | 1 970 | 959 |
| 2. 职工高等学校 | 16 | 4 487 | 7 051 | 17 376 | 2 756 | 1 587 |
| 3. 农民高等学校 | | | | | | |
| 4. 管理干部学院 | 2 | 3 044 | 2 141 | 5 820 | 897 | 439 |
| 5. 教育学院 | 9 | 4 121 | 8 240 | 17 119 | 1 587 | 948 |
| 6. 独立函授学院 | | | | | | |
| 7. 普通高等学校举办： | (64) | 31 737 | 66 519 | 146 108 | | |
| 函授部 | | 16 855 | 35 332 | 81 844 | | |
| 夜大学 | | 2 575 | 7 107 | 15 842 | | |
| 成人脱产班 | | 12 307 | 24 080 | 48 422 | | |
| 二、成人中等学校 | 35 901 | 6 700 179 | 6 486 128 | 3 365 828 | 28 595 | 17 793 |
| 1. 成人中等专业学校 | 437 | 62 433 | 30 934 | 98 710 | 17 174 | 9 988 |
| 广播电视中等专业学校 | 5 | 16 614 | 965 | 20 719 | 1 985 | 848 |
| 职工中等专业学校 | 68 | 7 779 | 3 823 | 15 498 | 2 738 | 1 547 |
| 干部中等专业学校 | 16 | 3 267 | 648 | 3 411 | 1 383 | 759 |
| 农民中等专业学校 | 42 | 7 631 | 8 536 | 19 854 | 2 238 | 1 474 |
| 函授中等专业学校 | 2 | 9 162 | 6 709 | 13 630 | 3 011 | 1 650 |
| 教师进修学校 | 116 | 11 382 | 6 695 | 14 443 | 5 819 | 3 710 |
| 其他类学校举办 | 188 | 6 598 | 3 558 | 11 155 | | |
| 2. 成人中学 | 84 | 22 839 | 23 466 | 21 247 | 169 | 143 |
| 职工中学 | 3 | 66 | 65 | 203 | 28 | 18 |
| 农民中学 | 81 | 22 773 | 23 401 | 21 044 | 141 | 125 |
| 3. 成人技术培训学校 | 35 380 | 6 614 907 | 6 431 728 | 3 245 871 | 11 252 | 7 662 |
| 职工技术培训学校 | 419 | 153 306 | 148 116 | 72 454 | 752 | 535 |
| 农民技术培训学校 | 34 961 | 6 461 601 | 6 283 612 | 3 173 417 | 10 500 | 7 127 |
| 三、成人初等学校 | 18 730 | 505 188 | 462 546 | 418 997 | 3 605 | 2 665 |
| 1. 职工初等学校 | 572 | 55 529 | 55 883 | 41 389 | 9 | 8 |
| 2. 农民初等学校 | 18 158 | 449 659 | 406 663 | 377 608 | 3 596 | 2 657 |
| 其中：扫盲班 | 11 045 | 174 201 | 146 339 | 122 868 | 1 678 | 1 248 |

〔**全省教育工作会议**〕 2001年1月16日，省教育厅在郑州召开全省教育年度工作会议，总结“十五”期间全省教育工作，明确“十五”教育发展思路，部署2001年工作，并对2000年教育系统社会主义精神文明创建活动中涌现出来的先进集体和先进个人进行表彰。会议印发了《河南省教育厅2001年教育工作要点》。副省长陈全国、省教育厅厅长王日新等出席会议并讲话。会议确定全省教育事业发展的主要目标是：⑴努力搞好“两基”的巩固提高工作。保证3个县，力争剩余4个县实现“普九”目标。扫除文盲25万人，培训脱盲人员50万人。⑵继续扩大高中阶段招生规模，努力完成85万招生任务。⑶继续扩大高校招生规模，全省招生22万人。

会议制定完成目标的具体措施是：⑴重点抓好“两基”的巩固和提高工作。要把工作重点放在调整农村学校主要是小学布局、着力解决好初中入学高峰和城市薄弱初中建设上，坚持在巩固的基础上提高，在提高的过程中巩固。⑵努力创造条件，积极扩大普通高中规模，巩固发展中等职业教育，在省辖市市区普及的基础上，努力在经济发达的城镇适时普及高中阶段教育。实施“骨干职业学校建设工程”，每个省辖市要办好1～2所重点中等职业学校，每个县（市）重点办好1所职前职后相沟通的职教中心。⑶继续扩大高等学校的招生规模，使各类高等教育年度招生总量、普通高校招生录取率较上年有所增长，最大限度地满足人民群众接受高等教育的需求。⑷全面实施教师资格制度，完善教师职务聘任制和岗位责任制，继续推进以人事分配制度改革为主要内容的学校内部管理体制改革。继续做好中小学骨干教师省级培训工作，努力提高教师的培养培训质量。在高等学校继续实行“中青年创新人才培养工程”和优秀中青年骨干教师选拔培养制度。⑸继续完善基础教育分级办学、分级管理的体制，加大县级政府对教育经费、教师管理、校长任命的统筹权。加大省级政府对高中阶段教育的统筹权和决策权，省辖市政府负责制定本地区高中阶段教育发展规划，并组织实施。⑹制订全省中小学信息技术教育发展规划，通过广播电视、卫星、计算机网络等多种形式，启动“校校通”工程。⑺集中力量办好新的郑州大学、河南大学，加强省级重点学科、重点学科开放实验室、省重点实验室和工程技术中心建设。⑻继续做好落实省级财政支出中教育经费所占比例和省级教育基建投资占省本级基建投资比例每年提高1.5个百分点的工作。农村教育费附加继续实行“乡征、县管、乡用”的体制，并切实保证专款专用。

〔**制定全省教育事业宏观发展规划**〕 一是制订颁布了《河南省教育事业“十五”计划和2010年规划》，系统地总结了“九五”期间全省教育事业取得的成绩、经验和问题，明确了全省“十五”期间教育改革发展的指导思想、基本原则和主要目标，规划了全省“十五”期间教育事业改革发展实施的素质教育工程、国家贫困地区义务教育工程、西部教育开发工程、教育信息化工程、一流大学及学科建设和“211工程”、高校高新技术产业化工程六大工程，提出了“十五”期间教育改革发展的主要政策措施，理清了教育改革发展的思路。二是制定颁布了《河南省高等教育“十五”发展计划》，全面分析了全省经济发展、人才需求和高等教育现状，提出了“十五”期间全省高等教育发展的指导思想、基本原则和目标任务，并从体制改革、布局调整、社会力量办学、经费投入及重点大学、重点学科、重点实验室建设，发展高新技术产业和推进教育信息化等方面制订了促进全省高等教育改革发展的政策措施。三是制订颁布了《教育厅关于加快高素质人才培养的实施方案》。确定了全省“十五”期间高素质人才培养的指导思想、目标任务，具体规划了高等教育重点学校、重点学科和重点实验室建设工程、高校“扩容”建设工程、教师队伍建设工程、教育信息化建设工程四大重点建设工程及项目。四是制订颁发了《河南省高校干部教育培训“十五”规划》。对“十五”期间全省高校干部教育培训的目标任务、工作原则、主要内容、保障措施等作了具体的规定，旨在全面提高高校干部的思想政治素质、业务能力和领导水平，努力培养造就一支具有较高政治理论素养和开拓创新精神，掌握现代科学文化和管理知识，懂教育善管理、作风优良的高素质、专业化的高校干部队伍，为完成“十五”高等教育事业发展规划提供组织保证。

〔**教育投入与支出**〕 2001年全省全口径教育经费达到193.94亿元，较上年增加25.24亿元，增长14.97%。其中国家财政性教育经费（含预算内教育经费、各级政府征收用于教育的税费、企业办学经费和校办产业等用于教育的经费）达到133.06亿元，较上年增加19.62亿元，增长17.3%。

2001年全省预算内教育经费（含教育事业费、基建拨款、科研经费拨款和其他经费拨款）达到110.81亿元，较上年增加19.65亿元，增长21.56%。其中教育事业费拨款达到96.01亿元，较上年增加18.76亿元，增长24.28%。2001年预算内生均教育事业费、生均公用经费情况：生均教育事业费，小学347.52元，初中498.42元，职业学校947.6元，中等师范学校1 742.53元，分别比上年增长38.21%、21.8%、18.18%、16.41%；普通高中781.8元，普通高校3 325.35元，分别比上年下降5.47%、27.28%；生均公用经费，小学12.08元，比上年增长5.5%；初中31.66元，普通高中76.41元，职业学校84.2元，中等师范学校150.18元，普通高校1 021.8元，分别比上年下降1.89%、16.08%、8.83%、9.6%、32.76%。

2001年，全省多渠道筹措教育经费共计83.14亿元，较上年增加5.61亿元，增长7.24%，占同期教育经费总额的42.87%。各级政府征收用于教育的税费为16.46亿元，较上年增加0.27亿元。其中，城市教育费附加5.72亿元，较上年增加0.57亿元，增长11.07%；农村教育费附加10.65亿元，较上年减少0.33亿元，减少3%。企业办学经费为3.82亿元，较上年增加0.21亿元。校办产业、勤工俭学和社会服务收入用于教育的经费1.97亿元，较上年减少0.51亿元。社会团体和公民个人办学经费4.11亿元，较上年增加1.01亿元，增长32.58%。社会捐、集资办学4.54亿元，较上年减少1.46亿元，减少24.3%。事业收入47.67亿元，较上年增加5.56亿元，增长13.2%。其他收入4.57亿元，较上年增长13.11%。

2001年，全省各级各类学校办学规模进一步扩大，办学条件得到较大改善。全省普通中小学校舍建筑面积8 105.45万平方米，较上年增加188.08万平方米，增长2.4%。普通高等学校占地面积2 952.77万平方米，比上年增加989.44万平方米；校舍建筑面积1 259.75万平方米，比上年增加349.24万平方米，增长38.4%；成人高等学校占地面积325.61万平方米；校舍建筑面积186.91万平方米，比上年增加2.79万平方米，增长1.52%。普通高等学校共有图书3 298.06万册，比上年增加650.19万册，增长24.6%；教学仪器设备资产总值为16.25亿元，比上年增加3.59亿元，增长28.4%。全省普通中小学共有图书2.49亿册，中小学生均图书分别为：普通高中20册、普通初中15册、小学13册。

〔**信息技术教育**〕 2001年，省教育厅把信息技术教育列入重点工作，单列1 500万元专项经费进行重点建设，并深入开展了“教育信息化年”活动。(1) 4月在郑州召开了全省教育信息化工作会议，制发了《河南省普及中小学信息技术教育规划》，明确提出了今后5～10年全省普及中小学信息技术教育及实施“校校通”工程的目标、任务和措施。(2) 河南省教育科研网主干网和郑州高速城域网建设取得较大进展。郑州市1 000M高速城域网于4月开通运行，驻郑州市主要高校和教育单位上联入网。河南教育科研主干网一期工程9月扩展到郑州、开封、洛阳、许昌、平顶山、焦作等省辖市，该网络集成了远程教学、IP电话等应用手段，具有重大的示范意义。(3) 启动建设“河南省高等教育文献信息保障体系”。以河南教育和科研计算机网为依托，确定了两年内建设1个管理中心，按照学科分工，建设4个文献信息中心，装备一批高校现代化图书馆，实现全省高等教育文献资源的“共建、共知、共享”。(4) 开展远程高等教育。省教育厅批准清华大学、北京大学等全国重点大学在河南省设立现代化远程教学站27个，招收本科以上学员3 600多人，为利用重点大学优秀教学资源培养人才开辟了新渠道。(5) 开展教育行政管理应用。建设高等教育学历文凭电子注册认证系统，实行网上学生信息管理；按照教育部要求，进一步扩大高校网上招生录取规模，7～9月，河南省普通高校招生录取工作实现局域网录取运作。8月，省教育厅制订规划，着手构建以“三网一库”（即教育厅内部的办公业务网，省教育厅和各省辖市教育行政部门、各高等学校之间的办公业务资源网，以河南省教育科研网为依托的教育公众信息网和教育系统共建共享的信息资源库）为基本构架的全省教育行政部门信息化枢纽框架，使省、市教育行政部门内部公文、信息、值班、督查、会议等主要办公业务实现网络化和数字化。

〔**语言文字工作**〕　省教育厅、省语委抓住《国家通用语言文字法》贯彻实施的时机，采取有力措施，依法推动全省语言文字工作向前发展。一是开展形式多样的宣传活动。副省长、省语委主任贾连朝在《河南日报》发表署名文章进行宣传。6～9月，省教育厅牵头举办了《国家通用语言文字法》及语言文字知识竞赛。会同省人大、省法制局在调查研究的基础上，起草印发了《河南省实施〈国家通用语言文字法〉办法》。二是搞好普通话水平测试工作。在继续抓好师范院校和职业学校应届毕业生普通话水平测试的同时，启动非师范院校应届毕业生的测试工作。同时，结合教师资格认定，继续稳妥地开展对教师的普通话水平测试工作。全年共测试21万人次，并对测试结果实行计算机管理，提高了工作质量和效率。三是抓好城市语言文字工作评估的试点工作。省教育厅依据国家对省会城市语言文字工作进行全面检查评估的要求，落实工作方案，对郑州市在职公务员普遍进行一次普通话培训与测试，提高了公务员学习使用普通话的水平。

# 基础教育

〔**综述**〕　2001年，全省有鲁山、平舆、兰考3个县通过了省政府的“普九”验收，完成了年度目标。至此，全省通过“普九”验收的县（市、区）达到157个，占全省县（市、区）总数的99%。全省只剩下1个县未通过“普九”验收。

启动基础教育课程改革。9月5日，省教育厅转发教育部《关于印发〈基础教育课程改革纲要（试行）〉的通知》要求各地按照国家和省对基础教育课程改革工作的总体部署，抓好本地基础教育课程改革实验和新课程推广准备工作，加强课程改革实验的科学研究，以科研成果指导课改实验。郑州市金水区作为国家确定的38个实验区之一，从秋季开始，对义务教育各学科课程标准（实验稿）在全区开始实验。6月29日，省教育厅成立了河南省国家基础教育课程改革实验区领导小组和专家指导小组。11月14日，教育部副部长王湛到郑州考察实验区工作，对金水区课改实验取得的成绩给予了充分肯定。12月12日，省教育厅转发《教育部关于印发〈开展基础教育新课程实验推广工作的意见〉的通知》，制定了河南省基础教育课程改革实验推广规划，确定了申报实验区的条件、程序及实验区的工作任务和组织管理。

城市薄弱初中更新工程完成。2001年，按照原省教委《关于实施城市薄弱初中更新工程的意见》的统一部署，经过省、市、区各级政府的共同努力，全省又有37所城市薄弱初中得到更新改造。至此，全省3年内共更新改造薄弱学校123所，超额完成120所的改造任务。3年内，除省里投入3 000万元专项资金外，市、区、校各方共投入资金4.35亿元，改、扩建校舍42.46万平方米，添置设备、仪器14.74万件，图书25.38万册，计算机4 000余台，充实调整学校领导班子127人，骨干教师1 456人，使这些学校在办学条件、学校管理、师资队伍建设、教育教学质量等方面都得到了加强和提高。

“普九”巩固提高。6月29日，省教育厅印发

《关于下达2001年度义务教育目标任务进一步做好“普九”巩固提高工作的通知》，要求各地采取多种形式，切实解决好初中学龄人口高峰，加大对初中辍学督导检查力度，提高初中在校生巩固率，切实抓好残疾儿童少年义务教育，明确任务，继续实行目标管理责任制。截至年底，全省小学和初中适龄人口入学率分别达到99.55%和97.07%，小学和初中辍学率分别为0.13%和2.57%，小学升初中比率达95.21%。

扩大农村小学布局调整试点。2001年增加濮阳、三门峡、平顶山、驻马店、信阳五市开展农村小学布局调整，试点乡镇数增至122个。2001年，全省共撤并调整小学1 444所。

义务教育阶段学制改革试点。4月29日，省教育厅印发《关于搞好义务教育阶段学制改革试点工作的通知》，确定了全省义务教育阶段“五三”学制向“六三”学制过渡改革试点工作的基本方案，要求各地推行试点工作时要注意有利于减缓初中入学高峰压力，避免出现初中生源断档；要与中小学布局调整、农村学校危房改造工程结合起来，避免造成新的资源浪费；五年级分流既要有一定的计划，又要坚持学生家长自愿的原则；要采取切实措施解决一些地方可能出现的因五年级分流、增加六年级教学班所造成的校舍、师资不足等问题。全省共有22万小学五年级毕业生升入六年级。

小学开设英语课程。8月2日，省教育厅印发《关于我省小学开设英语课程的意见》对小学开设英语课程的教学内容及评价、课时、教学方式及手段等提出了基本要求，规定自2001年秋季起到2004年秋，全省城市和有条件的农村地区小学逐步开设英语课程，起始年级一般为三年级。

扩大中小学民族团结教育活动试点。5月28日，按照教育部和国家民委的要求，省教育厅和省民委联合印发《关于扩大中小学开展民族团结教育活动试点的通知》，决定从秋季开始，在商丘、周口两市试点的基础上扩大试点范围，在少数民族相对集中的51个县（市、区）的中小学开展民族团结教育活动。

〔**普通高中教育**〕 普通高中事业规模有较大发展。根据“十五”规划和全国及全省基础教育工作会议精神的要求，努力扩大普通高中招生规模。一是确定了普通高中发展目标，提出了“到2005年使普通高中在校生达到125万人”的目标。二是将2001年的招生任务分解到各市，要求各市采取新建、办分校和扩大民办学校及充分利用职业学校、中等师范学校教育资源等多种措施，扩大招生规模。截至年底，全省普通高中学校数比上年增加58所；录取新生比上年增加6.15万人，增长19.5%，超计划2.63万人完成了招生任务；在校生比上年增加19.58万人，增长26.1%；校均规模达到1 157人，全省平均每万人在校普通高中学生达到103.84人，比上年增加23.8人。

中招改革进一步深化。一是进一步扩大“3+综合”考试试点，由上年驻马店、鹤壁两市增加了三门峡市、焦作市。二是在非试点市继续推行政治开卷考试。三是建立并使用了中招题库，在时间紧、任务重的情况下，顺利完成了试题的征集、筛选、入库等工作，并在本年的命题工作中成功运用。这项改革的成功，表明河南省中招命题已步入规范化、科学化的轨道。四是完成了上海部分试验、示范性普通高中在豫招生工作和教育部理科实验班招生工作，共录取200余人到上海就读高中，推荐了35名优秀初中毕业生参加全国高中理科试验班考试。

继续推进普通高中课程改革。一是转发了教育部《关于印发“普通高中研究性学习”实施指南（试行）的通知》，对全省普通高中研究性学习课程的开展提出具体要求。二是在巩义市和省实验中学召开普通高中研究性学习现场会，巩义二中、郑州一中、省实验中学作了经验介绍。三是先后到信阳、焦作、许昌等地就研究性学习进行专题调研，了解情况，总结经验。各市都制定印发了普通高中开展研究性学习的实施意见，大部分学校也都按照要求，根据各自特点，开设了研究性学习课程。

〔**中小学安全教育**〕 中小学安全教育常抓不懈。一是年初在全省中小学开展了“中小学安全教育月”活动。这次活动以消除上年全省中小学安全专项治理月期间排查出的各种安全隐患为重点，组织各中小学认真学习有关文件资料，提高了安全意识，对遏制中小学生伤亡事故、事件的发生发挥了积极作用。二是及时转发教育部办公厅《关于2001年开展中小学“校园安全”主题教育活动的通知》，在全省开展了安全教育日活动。三是配合省消防总队对全省包括学校在内的公众聚集场所的消防安全工作进行检查，督促各地消除了一批消防安全隐患。四是配合省技术监督局对中小学锅炉压力容器进行了检查。五是根据全省实际情况和季节特点及时下发或转发有关安全工作的文件，对学校安全工作提出具体要求。六是多次赴有关县市、学校调查处理中小学安全事故，指导善后工作。

〔**幼儿教育**〕　2001年，省教育厅组织有关专家对本年申报的示范幼儿园进行验收前的视导工作，提出了整改意见。全省申报的16所省示范幼儿园，经评议决定9所参验。10月28日～11月8日，对9所幼儿园按照省标准进行了全面、公开、公正的评估验收。

〔**基础教育教学研究**〕　7月18日，省基础教育教研室印发《关于推选“河南省基础教育教学实验基地”（第二批）的通知》，制定实验基地条件和推选办法。经实验学校申请，市教研室推荐，省教研室审查，确定焦作市一中等58所中小学为“河南省基础教育教学实验基地”（第二批）。

教材改革步伐加快。2001年，根据教育部和省教育厅对教材建设的指示精神，认真组织修订《河南省基础教育教学研究室教学用书编写、出版管理办法》。按照编审分开的原则，组织了教学用书登记工作。完成了全省小学五年制向六年制过渡小学语文、数学、思想品德、音乐教科书的编写工作。并通过省中小学教材审查委员会的审查，保证了秋季在试点地区的顺利使用。上述四种教科书的下册编写工作也顺利完成报审。

〔**中小学教师继续教育**〕　2001年，中小学骨干教师省级培训共安排两期，参加培训教师2 523人，其中学科带头人650人，骨干教师1 873人。一是聘请专家讲学，组建讲师团。3～4月，分别从华东、北京和华南师大等单位聘请数名专家，为骨干教师省级培训对象讲学。同时，组建了河南省中小学骨干教师培训讲师团，共102人。二是送出去，开展省外培训。5～6月，组织79名教育教学专家培训对象赴华东师范大学，进行为期一个月的基础教育课程改革专题培训。三是加强指导与管理。通过召开培训院校、师训科长及参训学员座谈会，了解培训情况，针对存在问题及时加以指导；通过制订和印发《关于对中小学骨干教师省级培训对象进行跟踪指导与评估验收有关问题的通知》和《关于组织中小学骨干教师省级培训对象申报科研课题的通知》等，规范培训工作。四是开展评估。每期培训结束后，省教育厅都组织有关人员到培训院校对培训工作进行评估。从对各培训基地评估的结果看，培训工作基本上达到了预期目的。

2001年，全省共有328名教师参加了中小学骨干教师国家级培训。到2001年底，全省627名中小学骨干教师国家级培训对象全部参加了培训。2001年暑期，省教育厅在郑州师范学校对即将参加国家级培训的200多名骨干教师进行了为期两周的计算机基础知识和基本操作技能培训。协助有关院校对上年度参加培训的教师进行跟踪指导，各地和学校也注重发挥骨干教师的辐射作用。

加强中小学教师岗位培训。一是加大高中教师岗位培训力度。省教育厅印发了《关于高中教师岗位培训有关问题的通知》，调整了职责和培训分工，并逐步建立开放式的继续教育模式。2001年全省共有9 700多名高中教师参加了岗位培训。二是信息技术培训和现代教育技术培训全面展开。省教育厅印发了《中小学教师信息技术培训考核办法（试行）》，将培训和考核工作分开管理，即培训工作由省辖市负责，考核工作由省里统一安排。全年共有20万名中小学教师参加了信息技术培训。三是超额完成初中和小学教师岗位培训任务。2001年全省共有6万名初中教师和14.5万名小学教师参加了岗位培训。四是启动培训者培训。7月中旬，河南省委托华东师范大学举办了一期中小学教师公修课师资培训班，150名教师进修学校的教师参加了培训。五是与美国英语学会联合举办了第16期中学英语教师暑期培训班，时间为6周，有110名中学教师接受培训。

开展中小学教师学历培训。一是动员和支持中小学教师通过成人高招系统进修学历；为骨干教师省级培训对象提供免试进修本专科学历的机会，2001年有1 500多人被录取。二是继续抓好中小学教师专升本自学考试培训。有3.25万人参加考试，实考8.56万科次，及格6.96万科次，及格率81.2%。三是转发教育部制定的《中学教师进修本科（专科起点）各科教学计划》，对教材使用提出了明确要求，为进一步加强管理和评估提供了依据。四是继续举办中学教师研究生课程进修班，支持鼓励中学教师进修教育硕士学位。参加研究生课程班学习的教师756人，教育硕士录取210人。全省小学、初中和高中教师学历达标率分别达到97.47%、88.22%和73.58%。小学教师中具有专科学历者达27.27%，提前实现了“十五”的规划目标，初中教师中具有本科学历者达12.76%。

〔**电化教育**〕 省电教馆紧紧抓住中小学教材更新和教师继续教育这一契机，投资100多万元采取独立制作、合作开发等方式，已完成基层急需的100个盒号的音像电子教材的制作出版任务。德育片《星星火炬》继上年在中央电视台播出、获全国优秀教育音像制品奖、团中央“五个一工程”奖之后，2001年又获得中宣部“五个一工程”奖。

利用2个多月时间、组织100多名专家对60多个厂家送审的2 000多个品种的电教教材分别进行了审定，否定了内容陈旧、信号模糊、有悖教育教学规律的共计1 000多个品种质量较差的音像制品。

# 职业教育与成人教育

〔**中等职业教育**〕 4月，省教育厅发出《关于做好我省2001年中等职业学校招生工作的通知》，下达了2001年全省中等职业学历教育招生任务35万人、初中后职业技术培训任务15万人，提出了完成任务的4条措施，进一步改进了招生办法、放宽了入学限制，拓宽了中等职业学校毕业生升入高等学校的“立交桥”，并将农村职业学校招生作为工作的重点。5月，印发了《河南省中等职业学校招生简介》，对招生学校的资格、性质等进行了公示。6月29日，省教育厅转发了鹤壁市教委关于加强中等职业学校招生工作的紧急通知，向全省推广了鹤壁市抓好中等职业学校招生工作的做法和经验，针对当时招生中存在的问题提出了改进意见。7月24日，省教育厅在郑州召开全省中等职业教育招生工作专题会议。省教育厅副厅长马振海到会讲话，要求一要充分认识做好中等职业教育招生工作的重大意义，增强搞好工作的信心和决心，二要采取切实有效措施，下大气力抓好中等职业学校招生工作。经过全省各级教育部门、学校的共同努力，完成了中等职业学历教育招生任务，超额完成了初中后职业技术培训任务。

3月，省教育厅发出《关于2001年选拔成人中专优秀毕业生升入成人高校学习的通知》，将选拔的比例由全省成人中专应届毕业生的2%提高到3%。全省共有1 707人参加了选拔考试，录取1 550人。5月，省教育厅发出《关于我省中等职业学校省级优秀学生保送升学工作的通知》，决定从2001年起按全省中等职业学校在校生的万分之一的比例评选省级优秀学生，免试保送升入高等学校。2001年，全省共有26名中等职业学校省级优秀学生保送升入4所本科院校学习。

5月，省教育厅印发《关于实施骨干中等职业学校建设工程的通知》，决定从2001年起在全省启动骨干中等职业学校建设工程，集中力量在全省建设一批规模大、水平高、有特色的骨干中等职业学校。“十五”期间，全省重点建设好10所中等职业示范学校，每个部门重点建设好1所重点中等职业学校，每个省辖市重点建设好1～2所重点中等职业学校，每个县（市）都要建设好1所职前职后相沟通的职教中心。9月，省教育厅制定了《河南省中等职业示范学校评估指标体系（试行）》。10月，组织专家对各地、各部门申报的44所学校进行评估，认定了10所中等职业示范学校、9所中等职业示范学校预备学校。从2001年起，省教育厅用3年左右时间对10所中等职业示范学校进行重点装备，每校装备金额30万元，要求省辖市、县（市）按不少于1∶1的比例配套。

9月，省教育厅转发教育部《中等职业学校设置标准（试行）》，明确：今后中等职业学校的设置由各省辖市教育行政部门负责审批，报省教育厅备案；省直有关部门设置中等职业学校，仍由省教育厅负责审批。要求各省辖市教委、省直有关厅局在2002年3月底前按照《标准》对已经建立的中等职业学校进行一次合格学校评估（国家级、省级重点学校不再参加），并将评估结果报省教育厅。达到《标准》的予以公布，达不到标准者撤销其学校建制。按照教育部要求，省教育厅制定了《河南省民办中等职业学校设置标准》。

9月，省教育厅发出《关于中等职业学校重点专业点认定工作的通知》，确定“十五”期间将种植、养殖、农副产品加工、计算机及应用、电子技术应用、工业与民用建筑、机电技术应用、建筑装饰、服装设计与工艺、旅游服务与管理等10个专业作为全省中等职业学校重点专业，围绕重点专业办好100个重点专业点。

5月29日，省教育厅召开全省中等职业学校毕业生就业指导工作会议。省教育厅副厅长马振海到会讲话，阐述了开展中等职业学校毕业生就业指导工作的必要性和紧迫性，指出了中等职业学校毕业生就业指导工作的基本思路和应采取的措施。1月22日，省教育厅发出《关于加强中等职业学校毕业生就业指导工作的通知》，要求各地、各有关部门和学校，一要提高认识，加强领导；二要建立网络，信息共享；三要深化改革，提高质量。按照通知要求，省教育厅筹建了“河南省中等职业学校联合人才网”，已有近300所中等职业学校在网上发布信息。

〔**教师队伍建设**〕 4月24日，省教育厅转发教育部《关于进一步加强中等职业教育师资培养培训基地建设的意见》，在对国家级重点职教师资培养培训基地之一河南省职业技术师范学院建设提出要求的同时，确定河南职业技术师范学院、郑州大学、河南农业大学、河南教育学院、信阳师范学院等10所学校为省级重点中等职业教育师资培养培训基地。全年在省内举办8个专业的职教师资培训班，培训骨干教师246名；在上海教科院举办职成教管理干部岗位培训班2期，培训职成教管理干部、校长110人；组织中等职业学校学科带头人72名参加了在职攻读硕士学位全国联考。

7月，分别在河北省秦皇岛市、承德市举办了两期中等职业学校教学管理干部培训班。400余名校长、教务主任参加了培训。

8月，在焦作市举办新一轮国家规划教材《语文》、《数学》、《英语》、《德育》课程教师培训班，400余名骨干教师分别参加了四门课程的培训。

〔**防止中等职业教育资源流失**〕 2月1日，省教育厅转发教育部《关于中等专业学校管理体制调整工作中防止中等职业教育资源流失问题的意见》，提出：未经省政府批准，各办学部门（单位）不得擅自将中等专业学校改作他用；不得将学校的办学管理权层层下放；不得随意减少学校原有的财政拨款数额。经教育部批准已改为高等职业学校的，要继续举办中等职业教育；经国家有关部委批准已经改为培训中心的，要继续面向社会提供培养培训服务。4月24日，省教育厅发出《关于规范各类中等职业学校名称的通知》，决定自2001年起，用3年时间逐步将现有的职业中专、成人中专、职业高中统一调整为“中等专业学校”。

〔**成人教育**〕 2月28日，省教育厅在郑州召开了2001年度全省职成教工作会议，交流了各地在职成教改革和发展方面的经验和做法。省教育厅副厅长马振海到会讲话，深入分析了新世纪初职成教工作面临的形势和任务，对全省2001年职成教工作进行了全面安排。

6月22日，省教育厅转发《教育部关于中等职业学校面向农村进城务工人员开展职业教育与培训的通知》，就贯彻落实《通知》提出5项要求，一是深刻认识面向农村进城务工人员开展职业教育与培训的重要意义；二是摸清农村进城务工人员情况，制订切实可行的教育与培训计划；三是大力宣传通知精神，广泛动员农村进城务工人员参加职业教育与培训；四是各中等职业学校要充分利用自身条件，积极开展面向农村进城务工人员的职业教育与培训；五是抓好试点工作，实行典型引路。10月31日，省教育厅印发《河南省教育厅关于加强我省职业技术培训工作的意见》，提出了河南省“十五”期间职业技术培训工作的指导思想、目标任务、配套措施和保障条件。“十五”期间河南省职业技术培训的主要目标是：全省进行初中后职业技术培训100万人，进行农村实用技术培训2 000万人次，对农村进城务工人员进行职业教育与培训50万人，对下岗（失业）、转岗职工进行再就业培训50万人次。

11月28日，省教育厅在济源市召开全省农村教育综合改革试点工作座谈会，交流了各地经验，考察了农村教育综合改革试点，部署了今后一个时期全省农村教育综合改革试点工作。6月26日，省教育厅转发教育部职成教司《关于做好2001年城市和企业教育综合改革有关工作的函》，确定郑州、安阳、洛阳、平顶山等4市为省重点联系的综合改革实验城市。

〔**技工教育**〕　2001年，全省共有技工学校193所，其中地方劳动保障部门办学41所，地方国有经济单位办学146所（行业办学79所，企业办学67所），国务院部委及所属单位办学6所。全省技工学校共有教职工1.27万人（其中女教职工4 836人）。文化技术理论课教师5 689人；高级讲师939人，讲师2 516人，助理讲师1 611人；大学本科以上教师3 154人；生产实习指导教师1 912人，其中高级实习指导教师78人，一级实习指导教师521人，二级实习指导教师639人，三级实习指导教师294人；技师152人；一体化教师1 213人；兼职教师1 227人（其中文化技术理论课教师812人，生产实习指导教师389人）。全省技工学校共有实习工厂和校办企业89个，实现利润163.7万元，纳税270.7万元。技工学校录取新生2.91万人；在校生7.38万人，农业户口学生1.99万人；毕业生2.28万人，截止年底，已有1.65万人实现就业，当年就业率73%。

2001年，全省社会力量举办的职业技能培训机构总数为1 062所，在职教职工6 644人，其中，专职教师4 450人，兼职教师2 388人。全年培训各类人员18.3万人，结业15.8万人，通过培训，9.6万人取得结业证书，6.3万人获得职业资格证书，8.9万人实现就业。全省技工学校积极承担了失业、下岗人员、企业在职职工和其他人员的技能培训，共培训各类人员6.9万人。通过培训，8 210人获得初级职业资格证书，1.16万人获得中级职业资格证书，5 038人获得高级职业资格证书；1.3万人走向了工作岗位。

〔**师范教育**〕　2001年，省教育厅把推动师范教育面向基础教育办学作为突破口，大力宣传为基础教育服务的指导思想，组织师范院校开展“转变教育思想、更新教育观念大讨论”。4月，印发了《关于开展转变教育思想更新教育观念大讨论的通知》，要求师范院校调整专业设置，完善课程结构，改革培养模式。5月，省教育厅在郑州举办河南省基础教育课程改革形势报告会，副厅长马振海到会讲话。会后，省教育厅在《教育时报》上开设了“大讨论”专栏。各校都把“大讨论”作为年度重要工作，制订了“大讨论”工作方案。各师范院校与教育行政部门之间开展了共建教育实践基地活动，师范院校教师与中小学骨干教师开展了“结对子”活动。12月，省教育厅对部分院校“大讨论”情况进行评估验收。

2001年是中师和教师进修院校骨干教师培养的最后一年，根据骨干教师培养方案和评估标准，经省教育厅组织专家组认真考核认定，于启新等145名教师被认定合格，并由省教育厅颁发《河南省中师和教师进修院校省级优秀中青年骨干教师证书》。11月，省教育厅组织专家组对骨干教师申报的课题研究成果进行了评审，共有103项课题获奖，其中一等奖24项、二等奖39项，三等奖40项。

从2001年起普通中师停止招生。通过对中师进行抽科统考，在教师中开展优质课评比等活动，进一步加强对中师的领导和管理，加强对中师教学质量的检查，维护学校教学秩序，确保学校的稳定。经审核，有2.0万余名中师学生获准毕业。

# 高等教育

〔**教学工作**〕　1月17日，省教育厅在郑州召开了全省高等学校教学工作会议。会议要求全省高校要增强加快高等教育改革和发展的使命感和责任感，深化教育思想和教育观念的改革，树立教学质量是高校永恒主题的观念，加强教学基本建设，确保扩招后高校教学秩序的稳定和教育质量的不断提高。

5月20日～25日，教育部专家组对信阳师范学院进行本科教学合格评估工作，从教学条件、教学过程、教学效果三方面实地考察评估学校教学工作。对该院教学评估工作给予好评。6月20日，省教育厅同意郑州大学、河南大学、河南农业大学、洛阳工学院、焦作工学院5所院校从2001年入校的新生开始试行完全学分制。由教育部高等教育司和信息产业部人事司共同主办，日本索尼公司协办的2001年全国大学生电子设计竞赛于9月12日～15日举行。全省共有15个高等学校、48个代表队的144名学生参赛。河南省赛区获全国一等奖2个、二等奖1个。

〔**学科专业建设**〕　重点学科建设。6月14日，省教育厅成立了河南省重点学科专家咨询组。制定印发了《河南省高等学校重点学科管理办法（暂行）》，各重点学科点和省教育厅签定了建设目标任务书。采取省教育厅全额贴息、学校贷款并还贷的方式，加大学科建设资金投入力度。已下拨第一批贴息款1 617万元用于现有85个省级重点学科建设。河南省教育厅组织高校申报国家级重点学科，郑州大学凝聚态物理等14个学科申报参加了国家级重点学科的通讯评审。最后郑州大学的凝聚态物理、材料加工工程与理论和病理生理学，河南农业大学的作物栽培学与耕作学进入了会议评审答辩。

专业建设。12月，省教育厅召开省高校专业设置评议委员会会议，全省高校申报的本专科专业共有422个。经过评审，共评出本科专业112个，报教育部审批或备案。另有100多个专科专业待批。8月，省教育厅同意郑州轻工业学院、郑州工程学院、郑州航空工业管理学院、中原工学院、河南财经学院5所院校增设高职专业。

重点学科开放实验室建设。3月18日～28日，省教育厅组织有关专家对郑州大学、河南大学、河南师范大学、河南农业大学的7个重点学科开放实验室2000年度建设任务进展情况进行了检查。6月，省教育厅印发《河南省高等学校重点学科开放实验室评估细则（暂行）》。11月，7个重点学科开放实验室三年建设项目顺利通过了评估验收。

〔**特聘教授岗位**〕　2000年全省高校首批确定16个特聘教授岗位。9月中旬，省教育厅聘请以两院院士和国务院学位委员会学科评议组成员组成的评审委员会评审后，确定王兆丰为焦作工学院安全技术与工程学科的特聘教授，成为河南省高校建立特聘教授制度以来第一位特聘教授。2001年，全省共有10所高校52个学科参与第二批特聘教授设岗申报工作。10月，省教育厅确定并公布了郑州大学凝聚态物理等20个学科为河南高校第二批设岗学科。

〔**教师队伍建设**〕 2001年，全省15所高校66人参与了第三批创新人才培养对象的申报工作，10月底，经专家组评审，确定郑州大学李新建等20名青年学者为河南省高校“创新人才培养工程”2001～2006年培养对象。

2001年，省教育厅印发了《2001年度高校青年教师岗前培训计划的通知》，编制了全年高校教师岗前培训计划。依托河南省高校师资培训中心，结合教师资格认定工作，完成高校青年教师岗前培训。受教育部委托，4月～5月，省教育厅对全省高校基础课教师队伍状况进行专题调研，形成了专题调研报告，教育部允许河南省2002年开始招收研究生班，加强教师队伍的培养。

省教育厅还制发了《河南省高校青年骨干教师资助计划实施办法》（试行）。全省37所高校383人参与了“骨干教师资助计划”申报工作。10月，经省教育厅组织专家工作委员会评审，确定了郑州大学杜殿楼等200名青年教师为2001年河南省高校“骨干教师资助计划”资助对象。

〔**研究生教育**〕 2001年，全省高校研究生招生规模达1 951人，比上年增长45%。招生期间，根据河南省的生源情况，向教育部申请，又增加近50名博士、硕士生招生计划。2001年，全省研究生招生总规模近2 000人，其中硕士专业学位招生人数达到800多人。全省共有4所高校推荐了258名应届本科毕业生为2002年免试硕士研究生。

6月27日，省教育厅印发了《关于公布2001年举办研究生课程进修班备案单位专业的通知》，同意郑州大学等校93个专业2001年度具有举办研究生课程进修班资格。同时，根据省《关于异地举办研究生课程进修班审批暂行办法》，同意中国人民大学等33所高校在河南举办数量经济学等35个专业的研究生课程进修班。同日，省教育厅将上述备案的单位和专业在《河南日报》予以公告。

〔**开展现代远程教育**〕 根据教育部《关于支持若干所高等学校建设网络教育学院开展现代远程教育试点工作的几点意见》精神，省教育厅决定申报郑州大学为全国现代远程教育学院试点院校。为迎接教育部专家认证工作，省教育厅同意郑州大学开办现代远程高等专科教育实验班。从成人高招中招生60余人进行网上远程教育试点工作，郑州大学远程教育学院正在筹建。

2001年，清华大学、北京大学等15所国内著名高校网络学院在河南省建立27个教学站。省教育厅对27个教学网站的名称、招生专业、层次、联系人、电话等向社会公告。备案的教学网站已经开始招生，招收的专业有计算机信息管理等28个，共招生3 938人。

〔**图书馆建设**〕 8月，省教育厅印发了《河南省高等教育文献保障体系建设方案的通知》，标志着全省高校图书馆文献保障建设正式启动。河南省文献保障体系建设为1个管理中心，5个全省学科文献中心，共二期工程三年内完成。项目总投资为1 700万元。采用省和项目承担学校多渠道筹措资金的办法，分三年到位。10月，省教育厅成立了河南省高等教育文献保障体系建设工作领导小组，并聘请有关专家和管理人员组成管理委员会、专家咨询委员会、管理中心。河南省高等教育文献保障体系管理中心设在郑州大学。2001年，省教育厅用于管理中心建设专项资金150万，郑州大学按1∶1.5配套资金，年内正积极办理政府有关统购手续，预计2002年下半年建成使用。

9月18日～22日，中南六省（区）高校图书馆学术年会暨“新世纪图书馆发展”研讨会在郑州召开。来自中南六省（区）高校图书馆的90多名代表参加了会议。

〔**科技工作**〕 省教育厅组织有关专家开展了2001年度省教育厅科研成果奖评审工作，共评出科技成果一等奖41项，二等奖122项。7月，向省科技厅推荐高校科技成果申报河南省科技进步奖项目118项。2001年河南省高等教育省级教学成果奖项共226项，其中特等奖10项，一等奖60项，二等奖156项。在此项工作的基础上，还向教育部推荐了33项参评国家级教学成果奖励。

省教育厅组织高校科技实力较强的学科、课题组申请国家自然科学基金项目、教育部重点科研项目，以及河南省科技发展计划项目等。全省高校共承担获准立项的省、部以上科研项目477项，获得资助经费达1 386万元。省教育厅加强了对各类科研项目的检查和管理，推行项目立项、检查、鉴定等全过程专家评估制度，尤其对国家或者有关部门委托管理的项目，加强了中期检查评估和跟踪管理。

9月，省教育厅组织郑州大学等6所高校参加了2001年乌鲁木齐对外经济贸易洽谈会；10月，组织郑州大学、河南大学、洛阳工学院、解放军信息工程大学等13所高校参加了“2001年中国国际高新技术成果交易会”。两次会议，共展示高校科技成果91项，签订技术转让合同（协议）42项，成交额近1 000万元。

〔**民办高等教育**〕　8月6日，省教育厅召集民办高等教育学历文凭试点学校负责人及教务处长会，就有关教材变更一事进行研讨，确定调整学历文凭试点医学类5个专业的教学计划、64门教材；非医学类63门教材，从2002年新学期开始使用。省教育厅同意23所民办学校开展实施高等教育学历文凭考试试点工作。电子信息工程等19个专业共招生7 000多人。

〔**思想政治工作**〕　3月9日，2001年度全省高校宣传思想工作会议在郑州召开。会上提出了“六个必须”的总体要求，即高校思想政治工作必须以发展为主题、必须加强理想信念教育、必须坚持改进和创新、必须加强社会主义精神文明建设、必须加强队伍建设、必须加强党的领导。

4月29日，全省高校思想政治教育研究会召开了换届大会暨2000年会，就高校思想政治工作面临的新形势和新任务、途径与方法、改进与创新等问题进行了学术交流。研究会成立了5个专业委员会，即：学生思想政治教育专业委员会、教师思想政治教育专业委员会、思想政治教育学术专业委员会、思想政治教育学科建设专业委员会、心理健康教育专业委员会。5月17日，协助全国高校思想政治教育研究会在黄河科技学院召开了民办高校思想政治教育研讨会，就如何在民办高校中加强思想政治工作进行了研讨和交流。

抓住纪念中国共产党成立80周年的时机，组织广大党员、干部和师生深入学习、研究江泽民“七一”讲话和“三个代表”的重要思想。从3月起在《教育时报》开辟了专栏，6月22日召开纪念建党80周年理论研讨会，组织全省高校理论工作者撰写文章160多篇，评选出优秀论文80篇。

〔**“两课”教学**〕　依托建在河南大学的全省“两课”教师培训基地对90多名兼职教师进行了培训，选派了100名教研室主任参加教育部的骨干教师培训班，选派了7名骨干教师参加了全国“形势与政策”课教师学习班，选拔了117名教师参加全国“两课”教师在职攻读硕士学位联考，落实了90万元的“两课”教师攻读硕士学位专项经费。3月，举办了全省高校“形势与政策”课教师集体备课班。河南省的统编教材顺利通过教育部的评审，送审的7本教材全部合格，其中《思想道德修养》被评为全国优秀教材向全国高校推荐使用。4月25日在洛阳工业高等专科学校召开了“两课”青年教师教学改革研讨会。

落实“三个代表”重要思想“进课堂、进教材、进学生头脑”工作，把“七一”讲话列入下半年“形势与政策”课教学内容，约请中央党校专家撰写了学习《讲话》辅导专题材料作为“形势与政策”课教材，修订了“邓小平理论概论”等相关课程教材，把《讲话》精神纳入到“两课”教学体系之中。

撰稿　高培华　尹鸿斌　韩　冰　赵发中
　　　李明霞　郭郑州
审稿　王日新

# 湖北省教育

## 概　　况

〔基本情况〕

**2001年各级普通学校基本情况**

单位：人

| 学校类别 | 学校数（所） | 毕业生数 | 招生数 | 在校学生数 | 教职工数 合计 | 教职工数 其中：专任教师 |
|---|---|---|---|---|---|---|
| **总　计** | **27 322** | **2 377 044** | **2 967 344** | **11 524 999** | **671 246** | **538 477** |
| 一、研究生 | (38) | 5 810 | 13 015 | 30 874 | | |
| 1. 高等学校 | (18) | 5 671 | 12 669 | 30 082 | | |
| 2. 科研机构 | (20) | 139 | 346 | 792 | | |
| 二、普通高等学校本专科 | 60 | 60 443 | 158 916 | 453 277 | 76 610 | 33 505 |
| 本科院校 | 30 | 45 183 | 101 066 | 319 075 | 59 279 | 24 825 |
| 专科院校 | 30 | 11 521 | 45 593 | 108 349 | 16 509 | 8 307 |
| 分校、大专班 | | 3 739 | 12 257 | 25 853 | 822 | 373 |
| 三、普通中等学校 | 3 769 | 1 099 811 | 1 542 389 | 4 170 283 | 284 371 | 229 183 |
| 1. 中等专业学校 | 190 | 102 122 | 54 441 | 215 076 | 25 020 | 13 589 |
| 中等技术学校 | 171 | 90 817 | 49 954 | 198 382 | 21 984 | 11 641 |
| 中等师范学校 | 19 | 11 305 | 4 487 | 16 694 | 3 036 | 1 948 |
| 2. 技工学校 | | | | | | |
| 3. 普通中学 | 3 331 | 954 044 | 1 439 906 | 3 824 736 | 246 668 | 206 271 |
| 高中 | 581 | 190 671 | 319 109 | 826 915 | | 48 261 |
| 初中 | 2 750 | 763 373 | 1 120 797 | 2 997 821 | | 158 010 |
| 4. 职业中学 | 245 | 43 504 | 47 867 | 130 286 | 12 636 | 9 293 |
| 高中 | 203 | 34 018 | 33 989 | 93 429 | | 7 564 |
| 初中 | 42 | 9 486 | 13 878 | 36 857 | | 1 729 |
| 5. 工读学校 | 3 | 141 | 175 | 185 | 47 | 30 |
| 四、小学 | 21 522 | 1 210 011 | 803 883 | 6 280 480 | 281 807 | 258 226 |
| 五、特殊教育学校 | 74 | 969 | 1 415 | 9 990 | 1 665 | 1 236 |
| 六、幼儿园 | 1 897 | | 447 726 | 580 095 | 26 793 | 16 327 |

## 2001年各级成人学校基本情况

单位：人

| 学校类别 | 学校数（所） | 毕业生数 | 招生数 | 在校学生数 | 教职工数 | |
|---|---|---|---|---|---|---|
| | | | | | 合计 | 其中：专任教师 |
| **总计** | **7 722** | **1 315 943** | **1 170 830** | **846 644** | **28 838** | **15 654** |
| 一、成人高等学校 | 31 | 59 357 | 97 202 | 252 878 | 8 586 | 4 568 |
| 1. 广播电视大学 | 2 | 5 245 | 6 566 | 15 881 | 3 988 | 2 320 |
| 2. 职工高等学校 | 16 | 3 677 | 5 273 | 12 556 | 2 096 | 1 110 |
| 3. 农民高等学校 | | | | | | |
| 4. 管理干部学院 | 6 | 3 112 | 5 817 | 11 710 | 1 261 | 512 |
| 5. 教育学院 | 6 | 2 891 | 3 555 | 10 528 | 987 | 460 |
| 6. 独立函授学院 | 1 | 1 104 | 2 150 | 6 122 | 254 | 166 |
| 7. 普通高等学校举办： | | 43 328 | 73 841 | 196 081 | | |
| 函授部 | | 23 142 | 39 402 | 114 100 | | |
| 夜大学 | | 4 085 | 8 618 | 22 797 | | |
| 成人脱产班 | | 16 101 | 25 821 | 59 184 | | |
| 二、成人中等学校 | 5 246 | 1 116 029 | 952 949 | 512 141 | 16 771 | 9 165 |
| 1. 成人中等专业学校 | 332 | 28 409 | 15 709 | 46 270 | 6 013 | 3 469 |
| 广播电视中等专业学校 | 6 | 1 050 | 997 | 4 891 | 632 | 276 |
| 职工中等专业学校 | 63 | 7 736 | 4 396 | 13 639 | 3 303 | 1 958 |
| 干部中等专业学校 | 5 | 946 | 761 | 2 713 | 920 | 563 |
| 农民中等专业学校 | 11 | 1 337 | 1 298 | 2 846 | 384 | 247 |
| 函授中等专业学校 | 3 | 37 | | 50 | 14 | 2 |
| 教师进修学校 | 23 | 2 580 | 3 545 | 6 094 | 760 | 423 |
| 其他类学校举办 | 221 | 14 723 | 4 712 | 16 037 | | |
| 2. 成人中学 | 11 | 15 925 | 15 332 | 2 070 | 159 | 101 |
| 职工中学 | 6 | 315 | 292 | 798 | 63 | 35 |
| 农民中学 | 5 | 15 610 | 15 040 | 1 272 | 96 | 66 |
| 3. 成人技术培训学校 | 4 903 | 1 071 695 | 921 908 | 463 801 | 10 599 | 5 595 |
| 职工技术培训学校 | 167 | 64 399 | 70 136 | 37 353 | 1 527 | 836 |
| 农民技术培训学校 | 4 736 | 1 007 296 | 851 772 | 426 448 | 9 072 | 4 759 |
| 三、成人初等学校 | 2 445 | 140 557 | 120 679 | 81 625 | 3 481 | 1 921 |
| 1. 职工初等学校 | 2 | 314 | 276 | 276 | | |
| 2. 农民初等学校 | 2 443 | 140 243 | 120 403 | 81 349 | 3 481 | 1 921 |
| 其中：扫盲班 | 1 757 | 67 656 | 57 234 | 49 349 | 2 502 | 1 452 |

〔**年度工作指导思想与工作要点**〕 2001年湖北省教育工作的指导思想是：高举邓小平理论旗帜，按照“三个代表”的要求，认真贯彻中共十五届五中全会精神和省委七届五次全体（扩大）会议精神、全省经济工作会议精神，围绕“科教兴鄂”战略，抢抓历史机遇，实施全省教育事业发展“十五”计划。坚持以深化改革推动全省教育事业适度超前发展，以结构调整促进教育教学质量稳步提高，以改革和发展保证教育系统持续稳定。

工作要点是：（1）加强和改进基础教育工作。继续把普及九年义务教育工作放在“重中之重”的突出地位，加大县（市）级政府对区域内义务教育管理的权力，适应乡（镇）布局调整和城镇化建设的需要，继续调整中小学布局结构；努力扩大普通高中规模。（2）大力发展职业教育和成人教育，进一步完善职业技术教育与培训体系。采取措施，扩大中等职业教育招生规模；增强职业学校的办学活力；推进继续教育、岗位培训和各种形式的成人教育；调整中等职业教育的学科专业结构，提高教育质量，办出特色。（3）加快高等教育发展。大力发展包括现代远程教育、高等教育自学考试在内的高等教育；进一步调整高校布局结构以及学科专业、人才培养结构；切实加强学位和研究生教育工作；推动高校以培养质量为重点的教育教学改革；进一步深化普通高校考试招生制度改革和毕业生就业制度改革；进一步推进高校后勤社会化改革进程；加强高校科学研究，推进高新技术产业化；加强教育对外交流与合作。（4）大力推进素质教育，努力建设高素质的教师队伍。（5）推进教育信息化建设，提高教育整体水平。（6）多渠道增加教育经费投入，完善教育投入保障机制。（7）加强教育法制建设，推进依法治教进程。（8）抓好高校党的建设和思想政治工作。

〔**“十五”期间教育事业发展的主要目标**〕 “十五”期间，湖北省教育事业发展目标是：

1.“两基”水平明显提高。继续确保“两基”作为教育事业重中之重的地位。巩固普及九年义务教育和扫盲成果，提高“两基”教育质量。全省大中城市3～6岁儿童都能接受幼儿教育，农村地区普及学前一年教育。全省所有学龄盲、聋、弱智儿童都能接受九年义务教育。青壮年文盲率控制在1%以下。努力构建面向适龄儿童与青少年的现代化基础教育体系，为每一个适龄儿童与青少年提供充分的、基本均衡的教育机会和高质量的教育服务。

2.高中阶段教育规模明显扩大。各种形式的高中阶段教育在校生规模5年增加100万人。高中阶段教育在校生达到220万人，高中阶段毛入学率提高到65%左右，大中城市的城区和经济发达地区基本普及高中阶段教育，中等职业教育与普通高中教育协调发展。扩大民办高中在校生规模。

3.高等教育规模和办学质量明显提升。全省各类高等教育发展速度高于全国平均水平，高于湖北省经济增长速度。在校人数达到100万人，年均递增9%，高等教育毛入学率达到18%。其中，在校研究生达到6万人左右，年均递增20%左右；普通高等学校全日制本专科在校生达到60万人左右，年均递增12%。扩大民办高等教育在校生规模。继续加快高等职业教育的发展，并进一步办出特色。高等学校的教育质量和办学效益达到较高水平，创新和服务能力进一步增强。

4.人均受教育程度明显提高。提高国民人均受教育程度，全省人均受教育年限提高到9年以上，从业人员人均受教育年限提高到10年以上，全省专业人才资源总量达到180万人以上。

5.办学条件明显改善。建设一批特色鲜明、标准较高的示范学校。各级各类学校的校舍、图书、教学仪器设备、文体设施均基本达到国家规定的标准；高等学校、职业学校附属实训基地达到规定要求。采取各种措施，及时进行中小学危旧校舍的改造和维修，加快学校水、电、气等基础设施的更新和扩容。完善高等院校的计算机网络建设，提高初、中等学校的计算机配备水平。

6.教育在经济增长中的份额明显增加。发挥教育大省优势，提高教育对湖北经济建设的支撑力度。扩大教育规模，促进教育消费，拉动经济增长。加强高等学校科学研究，加快科技成果向生产力转化。大力发展高校科技企业和中初等学校校办产业，积极为教育事业改革和发展服务。

〔**加强教师队伍建设**〕 2001年，省教育厅确定“以提高教师队伍整体素质为根本目标，以培训提高和评审导向为基本支撑点”的指导思想，开展教师队伍建设工作。

1. 中小学教师、校长培训工作取得明显成效。年内完成中小学骨干教师省级培训2 121人，并选派27名教师出国培训。培训计算机教师78 614人，已培训教师占教师总数的76.8%，其中1/3的教师已获得计算机培训中级证书。在教师培训中，始终把师德培训放在首位，在已培训的教师中，有65 245人参加了师德教育的集中培训。培训中小学校长1 030人，其中，培训中小学骨干校长103人。通过函授、自学考试、脱产学习、远程教育等形式，使中小学教师的学历进一步提高。2001年，全省小学、初中、高中教师的学历合格率分别为96.9%、85.7%、70%。小学教师达到专科以上学历、初中教师达到本科以上学历的分别为31%、18%。

2. 高校师资培训有较大进展。加强了培训基地建设，改善了湖北省高校师资培训中心的办学条件和培训设施，使湖北省高校师资培训中心顺利通过教育部的评估验收。2001年，湖北省高校师资培训中心培训高校教师2 400多人，其中岗前培训1 500人，教育管理培训650人，并开展了一系列研修性培训。全省普通高校专任教师学历合格率为34.27%，比上年提高0.23个百分点。

3. 积极推进教育系统职称改革工作。在调查研究的基础上，本着“坚持标准，保证质量，从实际出发”的原则和“重视师德，强化教学，量化科研，突出考核”的思路，提出高校、中专、中小学等新的职务评审条件。截至2001年初，全省高校教师中，共有教授3 253人，副教授9 448人，高级职称人数已占专任教师总数的41.8%。中学教师中，共有高级教师15 205人，一级教师78 919人，高级教师人数占中学教师总数的7.7%。小学教师中，有中学高级教师705人，高级教师107 545人，中学高级教师和小学高级教师人数占教师总数的39.3%。

4. 实施“楚天学者计划”。首批特聘教授岗位确定后，已有76名留学海外，学有所成的中青年专家向设岗学校提出了应聘申请。7月，省教育厅召开首批“楚天学者计划”特聘教授遴选和第二批“楚天学者计划”设岗学科评审会，经过专家认真评审，有6个单位的8名候选人和10个单位的14个学科岗位获得通过。2001年，首批8名特聘教授，已有2人正式签约。

5. 评选第六批特级教师。6月进行了第六批特级教师评选工作，共评出569人，并在《湖北日报》上公示，最后报省政府批准564人，使全省特级教师人数达到852人。

6. 表彰教师和教育工作者。2001年，全省教育系统有35人被教育部、人事部表彰为“全国模范教师”，有4人被表彰为“全国教育系统先进工作者”；有88人被教育部表彰为“全国优秀教师”，有11人被表彰为“全国教育系统优秀教育工作者”；有450人被省教育厅、省人事厅表彰为“湖北省优秀教师”，有50人被表彰为“湖北省优秀教育工作者”。

〔**对口支援三峡库区教育移民工作**〕 湖北教育系统先后对口支援宜昌县、秭归县三峡库区教育移民工作，2001年又对口支援兴山县教育移民工作，教育单位（学校）搬迁资金达4 500万元。5月，省政府召开全省对口支援三峡工程建设表彰大会，省教育厅被评为全省对口支援及服务三峡工程建设先进单位，并在表彰大会上介绍了经验。为了进一步做好对口支援兴山县教育移民工作，省教育厅发出《关于深入开展对口支援兴山县教育移民工作的通知》，并于7月4日在兴山县召开全省教育系统对口支援兴山县教育移民现场会。会上，武汉大学、华中理工大学等单位捐资230万元。

撰稿 雷方圣

# 基础教育

〔**综述**〕 2001年，全省普通高中比上年减少2所，招生和在校生分别比上年增加4.2万人、12.8万人。普通初中比上年增加72所，招生和在校生分别比上年增加4.5万人、18.7万人。小学比上年减少1 850所，在校生比上年减少39.7万人。幼儿园比上年减少1 851所，在园幼儿比上年减少14.7万人。小学入学率平均达到99.54%，巩固率达到99.85%以上，初中阶段在校学生入学率达到96.77%，巩固率达到97.45%；盲、聋、弱智三类残疾儿童少年入学率达到82%，小学、初中年辍学率分别控制在0.15%和2.55%以内。2001年扫除青壮年文盲14.02万人。

进一步巩固提高“两基”成果。坚持和完善“普九”复查制度和教育督导通报制度。组织省督学90多人次，对武汉市黄陂区等16个县（市、区）的“普九”工作进行了复查。就学校收费、教师工资发放、学生入学情况等问题，组织了专项督导检查和春秋两季开学工作大检查。

〔**全省基础教育工作会议**〕 10月22日～23日，全省基础教育工作会议在武汉召开。省委书记蒋祝平、副书记王生铁等出席会议，省长张国光在会上作主题报告。

会议要求：（1）县级政府必须认真落实“在国务院领导下，由地方政府负责，分级管理，以县为主”的农村义务教育管理体制，将农村义务教育管理体制上收到县（市），做到以县为主，真正担负起发展本地农村义务教育的主要责任，统筹规划好当地基础教育尤其是义务教育的实施；必须认真贯彻国务院“一保二控三监管”（保教师工资，控制学校收费标准，加强对教师工资发放和学校收费情况的监管）的方针；进一步组织社会各方面支持教育发展。（2）各级政府尤其是县级政府务必认真落实和完善新的投入机制，一是确保农村中小学教师工资按时足额发放，任何地方都不得再拖欠教师工资，年底以前，全省各地都要将农村中小学教师工资管理收归到县，并按规定设立工资资金专户。对挤占挪用教育经费，造成教师工资拖欠的地方，要追究当地主要领导人的责任。二是确保中小学正常运转的公用经费。三是确保中小学基本建设，要将正在实施的二期“贫九工程”（贫困地区九年义务教育工程）与中小学布局调整、危房改造工程结合起来。四是大力推进办学体制改革，建立以政府办学为主、社会各界共同参与的基础教育办学格局。（3）全面推进素质教育，这是基础教育改革和发展的根本任务，为完成这一根本任务，各级政府要转变教育思想，更新教育观念，加强德育工作；稳步推进基础教育课程、教材改革；改革中小学考试评价与招生选拔制度；努力建设一支符合素质教育要求、数量足够、结构合理的师资队伍。

会议出台了《湖北省人民政府贯彻〈国务院关于基础教育改革与发展的决定〉的实施意见》；并表彰了33个湖北省“两基”工作先进县（市、区）、103个先进单位、331名先进个人，向武汉市等17个市（州、林区）颁发“推进‘两基’成就奖”。

〔**增加基础教育投入**〕 近年来，全省各级财政部门大力调整财政支出结构，积极筹措资金，不断增加对基础教育的投入。

预算内基础教育投入增长较快。据统计，1996年，全省预算内基础教育事业费拨款为23.8亿元，2000年增加到39亿元，年均递增13.14%。其中，预算内中学经费支出由1996年的12亿元增加到2000年的18.8亿元，年均递增11.9%；小学经费支出由1996年的11.2亿元增加到2000年的18.7亿元，年均递增13.7%。全省绝大部分县（市）对基础教育的投入增长速度高于财政总收入和财政总支出增长速度；生均财政经费也由1996年的257元，增加到2000年的391元，基本上达到了教育经费"三个增长"的要求。

多渠道筹措教育经费，扩大教育经费总体规模。先后在全省范围内开征了农村教育费附加、城市教育费附加、地方教育发展费等基础教育筹资政策，开辟了多种教育筹资渠道。据统计，2000年，全省征收的各类教育费附加合计达10.8亿元，占全省教育经费总投入的8.3%。

积极筹措资金，实施第一期"贫九工程"和1998年灾后学校重建工程建设。为帮助贫困地区加快普及九年义务教育，财政累计投入资金7.7亿元。1998年，全省部分地区发生特大洪涝灾害，财政部门累计投入灾区学校重建资金5.18亿元，及时帮助灾区学校重建校园，迅速恢复了正常教学秩序。通过实施"贫九工程"和灾后学校重建工程，全省101个县（市、区）基本实现了"普九"，办学条件得到了明显改善，全省农村中小学校舍建筑面积达到6 978万平方米，比1995年增长26.7%。

启动第二期"贫九工程"。2001年全省有15个县（市）进入该项工程，获中央补助1.7亿元，中央已给湖北拨付"贫九工程"补助专款4 000万元，教材补助260万元，湖北配套4 000万元，用于扶持贫困地区义务教育。

启动中小学危房改造工程。2001年出台了《湖北省中小学危房改造实施细则》、《湖北省中小学危房改造集资管理办法》。配合有关部门对全省28 865所中小学校舍进行了全面的排查和核实，鉴定危房面积510.45万平方米，占校舍总面积的7.29%。制定了全省中小学危房改造方案。各县（市、区）也制定了危房改造的实施方案。2001年，湖北省获中央专款补助9 000万元，省级配套资金3 000万元。湖北省2001年度的危改项目专款已经下达，2002年度项目已获全国危改办审核通过。

较好地保证了中小学教师基本工资的发放。全省各级财政部门坚持优先安排教育经费、优先发放教师工资的原则，确保农村中小学教师基本工资按时发放。据统计，截至2001年11月底止，全省102个县（市、区）有54个县（市、区）将教师工资管理体制上收到县，占52.94%；有43个县（市、区）实行了上划资金县级统发教师工资，占42.16%，只有5个县（市、区）教师工资仍在乡（镇）财政，占4.9%。

〔**实行基础教育工作责任目标考核**〕 为贯彻落实《国务院关于基础教育改革与发展的决定》精神，促进湖北省基础教育持续健康发展，省委、省政府决定，对县（市、区）党政领导实行基础教育工作责任目标考核。11月27日，省委办公厅、省政府办公厅印发《县（市、区）党政领导基础教育工作责任目标考核方案》。责任目标要点如下：(1) 加强党委和政府对教育工作的领导，落实基础教育优先发展战略地位。党委、政府主要领导定期听取教育工作汇报，研究教育工作，形成主要领导及班子成员联系乡（镇）和学校的制度，分管领导要把教育工作，尤其是九年义务教育工作纳入任期目标。(2) 坚持依法治教，巩固普及九年义务教育成果。建立"普九"复查制度、控流防辍制度、中小学素质教育督导评估制度，逐步形成教育管理制度化；建立基础教育"一保二控三监管"工作责任制，并列入党政主要领导的任期责任制和政绩考核内容。(3) 落实并完善基础教育由地方政府负责、分级管理、以县为主的管理体制。明确县、乡两级政府在管理基础教育方面的职责，并采取相应措施。教师工资由县（市、区）财政统一发放。(4) 保障教育投入，做到"三个增长"。财政对教育拨款的增长高于财政经常性收入的增长，并使在校学生生均教育经费逐步增长，生均公用经费纳入财政预算并做到逐年有所增长。预算内教育经费占财政支出的比例每年提高一个百分点，城乡教育费附加和地方教育发展费按政策征收到位。(5) 加强中小学收费管理，减轻群众负担。地方政府及有关部门不超越权限擅自批准或自立中小学收费项目、扩大收费范围、提高收费标准。贫困县的农村地区一律实行"一费制"收费制度。(6) 中小学校安全无隐患。限期解决好中小学危房问题，校园周边环境得到整治，学校无严重安全事故发生。(7) 加强教师编制管理，重视教师队伍建设。(8) 全面贯彻教育方针，积极推进素质教育。学校布局合理，中小学入学率、巩固率达到省定标准，辍学率控制在省定标准以内。

〔**核定农村中小学公用经费标准**〕 经省政府同意，省教育厅和省财政厅核定湖北农村中小学公用经费的标准：平原、丘陵地区初中、高小、初小每人每年分别为180～370元、70～155元、60～140元；山区分别为140～360元、60～145元、50～130元。公用经费使用范围一是保学校正常运转的基本公用经费，包括公务费和业务费；二是保学校正常运转的专项公用经费，包括设备购置费、修缮费及其他费用。各市、州要在省定标准范围内提出本地学校公用经费标准，报省财政厅、省教育厅审批。

各级财政部门要在保证农村中小学教师工资发放的基础上，合理安排农村中小学公用经费。学校按规定收取的杂费全部作为学校公用经费，不足部分由县、乡两级人民政府在城乡教育费附加和财政预算内予以安排。其中，大中型教学仪器设备的购置应纳入政府采购范围。

〔**加强青少年学生活动场所建设和管理**〕 为贯彻中共中央办公厅、国务院办公厅发出的《关于加强青少年学生活动场所建设和管理工作的通知》(以下简称《通知》）精神，湖北省主要做了以下工作：

1. 摸清全省青少年活动场所现状。据调查统计，截至2001年4月，全省共有青少年学生各类活动场所2 225所（处)。这些活动场所包括体育场（馆)、青少年宫（馆、站)、文化场（馆、站)、科技活动中心、社会实践活动基地、爱国主义教育基地等。

2. 制订实施《通知》的意见，成立校外教育工作联席会议。7月13日，省委办公厅、省政府办公厅发出《关于加强青少年学生活动场所建设和管理工作的实施意见》。同时，成立了由省教育厅牵头，有省委宣传部、省计委、省财政厅、团省委等30个单位参加的“湖北省青少年学生校外工作联席会议”，统筹协调和指导全省青少年学生校外教育工作以及青少年学生校外活动场所建设和管理工作。

3. 开展专项整治工作，为青少年学生健康成长创造良好的社会环境。一是对电子游戏经营场所和娱乐场所进行了专项整治。据统计，经过专项整治，全省电子游戏经营场所由原来的5 728家减为627家，游戏机由17.17万台减为3.51万台，电脑“网吧”由2 232家减为1 562家，2 264家利用电脑“网吧”之名从事电脑游戏的非法经营场所全部取缔。娱乐服务场所也由4.43万家减为1.92万家。收缴非法音像制品13.5万盘（盒)，查处非法经营单位263家。二是校园周边环境整治。全省各级政法部门加大对校园周边治安环境的整治力度，对校园周围200米以内的电子游戏厅和其他娱乐场所坚决取缔。

4. 相关部门密切配合，创造条件，丰富青少年学生校外文体活动。如省体育局组织部分学生利用课余时间参加业余体校的专项训练，全省有135所体校、2.8万名学生开展训练。利用体育场（馆）组织学生在暑、寒假开展夏（冬）令营，活动项目达20多个，参营学生达3万多人次。从体育彩票公益金中拿出130万元创建13个青少年体育俱乐部。税务部门对青少年学生活动场所暂免征企业所得税。

5. 加强青少年学生活动场所建设。各地采取新建、扩建、改建等措施，加快青少年学生活动场所建设步伐。如襄樊市在诸葛亮广场划出土地，拨专款1 000万元建青少年宫，2001年一期工程竣工并投入使用。荆门市委、市政府投资250万元，将一所职业学校改造建成荆门市青少年学生活动中心，设立科技馆、标本陈列馆、计算机室、舞蹈室、体育活动室等。湖北教育学院投资近千万元，在离武汉市中心40公里外的黄陂区建立了占地333公顷的湖北省劳动技术教育实践基地。该基地由“一村”（农业生态、自然示范村)、“三馆”（生产及交通工具演示馆、劳技馆、科技馆)、“四园”(百花园、百果园、百鸟园、森林公园）组成。

2001年4月，中央办公厅、国务院办公厅联合督查组对湖北省青少年学生活动场所建设和管理工作进行督查。督查组充分肯定了湖北省在校外教育工作、青少年学生活动场所建设和管理工作中的一些好做法、好经验，认为湖北贯彻《通知》措施得力，成效显著。

〔**加大治理中小学乱收费工作力度**〕 一是抓早抓实。2月8日，省教育厅会同省纠风办联合召开全省治理乱收费电视电话会，副省长王少阶、省教育厅厅长路钢、省纠风办主任荣肇隆在会上对治理中小学乱收费提出要求。会后，各市县认真传达、落实会议精神。二是落实责任制。省委办公厅、省政府办公厅《关于进一步加强中小学收费管理工作的通知》发出后，各地建立收费管理责任制，实行“谁主管、谁负责”和“一把手负总责”的责任制。三是从源头上治理。教育部、国家计委、财政部《关于坚决治理农村中小学乱收费的通知》下发后，省政府办公厅立即发出《关于在贫困地区中小学试行“一费制”的通知》，部署在全省38个国家级和省级贫困县中试行收费“一费制”。四是抓检查。据不完全统计，2001年全省教育部门在治理乱收费工作中，组成检查组760个，检查小学10 014所，中学2 158所；受理群众举报2 076件，查处违纪案件1 227件；处理责任人218人，其中，通报批评102人，给予党纪政纪处分98人。共查出违规收费金额达3 414.26万元，较上年减少1 195.74万元；处理违规收费金额2 686.21万元，其中，清退违规收费金额2 498.47万元，较上年减少1 490万元，罚没违规收费金额187.74万元；清理违规收费办“补习班”466个，减少学生交费223.84万元；清理强制学生购买复习资料等44.25万册，减少学生交费152.65万元。经过治理，全省中小学乱收费在总体上有所遏制，部分市县情况明显好转。

撰稿　雷方圣

# 职业教育与成人教育

〔**稳定中等职业教育规模**〕 2001年，湖北省采取一系列措施稳定中等职业学校招生规模，招生数达到17.3万人（含技工学校），抑制了招生下滑趋势，实现了稳中有升。4月，省教育厅专门召开中职招生工作会议，对各地做好本年中职招生工作，扩大中等职业教育规模提出了具体要求。并对2001年招生工作完成出色的单位和个人进行表彰，评出湖北省中职教育招生工作先进单位45个、先进个人66人。在倾斜政策方面，一是允许学校根据其条件和办学能力自主招生；允许应届、往届初、高中毕业生凭毕业证注册入学。二是拓宽了中职生的出口。扩大了“3＋2”分段制和“五年一贯制”高职教育的试点规模，招生达到1.35万人，比上年增长70％；扩大了中职对口升高职的比例，招收中职毕业生1.3万人，比上年增长30％。同时，打通了高职对口升本科的渠道，有10％的高职二年级的学生转为本科学习；开展了保送优秀中职毕业生就读成人高校的工作，2001年有3 000多人被推荐到成人高校学习。三是实现普通教育与职业教育的学籍沟通。允许普通高中各年级学生自愿转入中职学校学习，对普通高中毕业生到中职学校学习一年的可发中职文凭，以吸引高中毕业生到中职学校就读；在学分互认，学籍互转的条件下，许多地方开展了“高一统整，高二试探，高三分流”的综合高中办学模式试点，全省中职学校2001年招收综合高中学生2.7万人。

撰稿　刘维国　边　志

〔**积极发展高职教育**〕 为发挥高等职业教育在经济建设和社会发展中的促进作用和在高等教育大众化中的基础作用，湖北坚持积极发展高职教育的方针，至2001年，全省共有高职高专学校30所，招生6.5万人，占普通高校招生人数的41%；在校生15.3万人，占普通高校在校生的33.8%。其中，独立设置的高等职业学校21所，招生4.66万人，占普通高校招生人数29.4%；在校生9.89万人，占普通高校在校生21.8%。另有10所普通高校二级职业技术学院，7个民办高等教育机构依托普通高校试办高职教育，14所成人高校举办高职教育。

11月16日，省教育厅召开全省高职教育发展研讨会，副省长王少阶出席会议并讲话。与会代表结合湖北实际，主要从以下几方面进行研讨并形成共识：(1) 客观分析高职教育发展面临的形势，明确高职教育在经济建设和教育发展中的地位和作用，顺应市场经济发展对高职人才的需求，积极发展高职教育。(2) 正确处理政府统筹和市场调节的关系，充分发挥社会各方面投资和举办高职教育的积极性，形成多元化的投资体制和办学体制，建立适应市场经济、充满活力的运行机制。(3) 合理确定高职教育培养目标，密切高职教育与经济建设的关系，改革教育理念和教学方法，形成高职教育的办学特色。(4) 明确湖北高职教育的发展目标，制定好今后一段时期高职教育发展规划和政策措施，促进高职教育持续健康发展。

撰稿　雷方圣

〔**加强骨干示范学校建设**〕　2001年是湖北省实施中等职业技术教育“512工程”（即5年内在全省重点建设100所、办学规模2 000人的示范性中等职业学校）的第三年，通过各级政府职教专项资金的扶持，已有43所学校通过“512工程”合格学校评审认定。2001年共创建县（市）“512工程”合格学校12所。同时将实施“512工程”与创建重点骨干学校结合起来，通过政策引导，资金扶持，2001年教育部批准湖北省20所学校为国家级重点中等职业学校，评估认定了省部级重点中等职业学校22所，建成省级示范乡（镇）成校59所。重点职业学校的骨干示范作用不断加强，全省中等职业学校总数减少114所，平均在校生规模相对扩大。在创建重点骨干学校过程中，全省共投入1.6亿元，新增建筑面积5万平方米，新增计算机1 864台。

在优化职业学校布局结构的同时，狠抓教育教学改革，增强办学活力，突出质量特色。2001年出台了一系列改革措施：一是推动职成教育办学模式创新。会同省计委，试办了12所英语、信息技术“双特色”学校，并鼓励有条件的中等职业学校和部分条件较好的社会力量举办的教育机构，按民营机制试办“双特色”学校，突出文化基础，突出外语、计算机双项技能，突出升学就业双重目标。同时还成立了“双特色”学校教学指导委员会。二是加强了全省中等职业学校的规范化管理和信息化管理，由行政审批管理向法治规范化管理过渡，制定了《湖北省中等职业学校教学管理规范》。开始对全省中等职业学校学生学籍运用计算机辅助管理，并在湖北省教育信息网（WWW.E21.EDU.CN）上开辟了湖北职教二级网站，开展中等职业学校毕业证网上查询、学校简介、信息交流、政务公开等。三是在武汉、襄樊、荆门等地开展了学分制、弹性学制的试点工作，增强了办学活力。四是与劳动部门一起进行了职业教育学历证书与职业资格证书沟通的调查研究。与劳动和社会保障部门一起迎接了国家六部委对湖北省劳动预备制度和就业准入制度执行情况的检查。

〔**加强职教师资队伍建设**〕　在调查研究、充分论证的基础上，省教育厅制定了《湖北省中等职业学校教师队伍建设“十五”规划》。2001年举办了两期“职业教育博士论坛”，聘请国内外职业教育方面知名的专家讲课，省级以上重点学校的校长参加了培训。依托湖北工学院、武汉职业技术学院两个国家重点建设的职教师资培养培训基地和湖北省农村职教师资培训基地等，加强“双师型”职教师资的培训，共培训350多人。此外，还利用中国与欧盟工业职业教育培训项目，培训教师21人，在湖北教育学院培训双特色英语骨干教师12人，选送12名教师参加国家级骨干教师培训。组织了200多名青年教师报考攻读硕士学位研究生的考试工作。通过开展多种形式的培训，使全省普通中专、成人中专、职业高中教师学历合格率分别达到69.3%、43.6%和51.6%，分别比上年提高1.5、3.4和3.5个百分点。

撰稿　刘维国　边　志

〔教育为“三农”服务成绩显著〕　“九五”期间，教育为“三农”（农村、农业、农民）服务成绩显著。培训农民技术员1.58万人、村级干部109万人、“绿色证书”学员48万人、跨世纪青年农民2.1万人，使50多万名农民掌握了一至几门致富新技术。加强了农业干部继续教育与岗位培训，全省2.44万名农业技术人员获得继续教育证书，4.8万名农业管理干部、科技人员参加了岗位培训，5.4万名农业干部学历层次得到提升。推广新技术3 390项、新品种2 734个。2001年，全省又完成实用技术培训330万人的目标任务。教育为农村培养了大批科技明白人和致富带头人，进一步提高了农民吸纳和运用实用科技的能力。

6月7日～8日，省教育厅、省农业厅在黄冈市召开全省创建教育兴农示范县（市）经验交流现场会，省委副书记王生铁在会上要求教育部门及学校的负责人，要站在历史的高度，牢固地树立“重农、扶农、富农、强农”的宗旨，增强科教兴农的使命感、责任感和紧迫感。并向大会推荐了黄冈等市教育兴农的“四点”经验：（1）落脚点抓得好。科教兴农的落脚点就农村经济增长、农业增效、农民增收。（2）结合点抓得准。农科教最佳结合点就是科教兴农的项目。（3）增长点后劲足。产供销、农科教结合的农业产业化是“三农”的重要增长点。（4）支撑点力度强。依托农科教的站、场、所、校及各类经济技术实体，使农业科技进村入户，使科技兴农有坚实的基础。会上，表彰了谷城县等17个首批教育兴农示范县（市）。

撰稿　雷方圣

# 高　等　教　育

〔综述〕　积极推进湖北高等教育管理体制改革和布局结构调整。制订了《湖北省省属高等教育管理体制改革规划方案》，完成了武汉体育学院的划转工作，通过了教育部对组建和更名的中南民族大学等6校的考察，经教育部正式批准组建江汉大学。省政府批准设置汉口职业技术学院等7所高等职业学校，批准筹建和试办1所公办高职和2所民办高职学校。

高等教育大众化进程明显加快。2001年，普通高校在鄂录取人数14.5万人，比上年增加2.2万人，增长17.9%，其中省属普通高校招生11.25万人，比上年增长17.8%；全省普通高校本专科生招生人数由1995年的5.4万人增加到2001年的15.9万人。在校学生规模实现了3年翻一番，全省高等教育毛入学率达到16%，较好地满足了人民群众接受高等教育的需求。

高校综合实力明显增强。至2001年底，全省普通高校校园面积3 873.1万平方米，校舍建筑面积1 756万平方米，藏书4 227.46万册，固定资产总值123.3亿元，其中教学仪器设备总值30.5亿元。共有专任教师3.3万人，其中，两院院士43人，教授3 402人，副教授10 568人。共有43个一级学科博士、硕士授权点，103个博士点，585个硕士点，国家级重点学科27个、重点实验室7个。

高校内部管理体制改革整体推进。高校党政管理机构平均由25个减少到21个，管理人员比例由20%下降到16%。已有10多所高校实行全员聘用制，武汉大学等高校还开展了教育职员制试点。全省61所高校全部完成了后勤系统与行政系统的规范分离，组建后勤集团48个，剥离后勤人员1.3万人，吸纳社会资金10多亿元。全省65%的高校完成或正在进行清产核资工作，有12所学校开展组建独立法人资格的后勤服务实体的试点工作。上年规划投资的105万平方米的学生公寓基本完成，入住学生9.6万人。2001年规划建设100万平方米的学生公寓，同时，改造校内学生宿舍64万平方米。

高等教育经费投入逐步加大。"九五"期间，省财政共投入14.36亿元，年递增21%，省本级教育事业费占财政支出的比重由10.94%提高到14.57%。此外，全省高校共利用国债资金0.92亿元，贴息资金0.3亿元，银行贷款6.4亿元。实行省市共建，各市州地方政府近3年投入高校建设资金10多亿元，仅武汉市政府投入建设新江汉大学的资金就达8亿元。

为经济建设服务的功能增强。全省高校向社会输送各类高级专门人才连年增长，2001年毕业研究生比上年增长14.48%，高校毕业生比上年增长6.8%。高校完成科研项目约占全省总数的70%，为经济发展和社会进步提供了有力的智力支撑。

撰稿　余　彬　梁　炜

〔**研究生教育**〕　2001年，对拟新增硕士或博士学位授予单位的15所高校进行了整体条件评估，对10所省属高校第二批建设的23个重点学科进行了验收，对8所划转高校的21个部、省重点学科进行了认定和验收；评审出第三批省级重点建设学科38个；评审确定65个博士点、164个硕士点进行第二批立项建设。至2001年底，全省共有博士授予权单位21个，博士学位授予权一级学科43个（覆盖着191个二级学科），有博士学位点103个；硕士授予权单位45个，硕士学位授权点585个，全省博士点和硕士点数比1998年分别增长39.2%和24.7%。2001年全省招收硕士研究生首次突破万人大关，达到10 594人，招收博士研究生2 421人。全省在学研究生总数达30 874人，比上年增长26.7%。

湖北确定了"十五"期间学位与研究生教育改革与发展的总体目标：基本满足科技及经济可持续发展对高素质、高层次创造性人才的需求，基本满足社会公众对成才和获得高学位的需求。到2005年，全省在学研究生达到6万人左右，建立一批在国内有影响的重点学科，取得一批具有国际影响或对国家有重大意义的科研成果，培养大批具有创新意识、创新能力、创业精神的高层次复合型人才。

撰稿　雷方圣

〔**高校科技工作**〕　7月，省委、省政府召开全省科学技术奖励大会，表彰为湖北省科学技术事业作出重要贡献的科技人员。湖北高校科技人员获奖143项，其中自然科学奖39项，技术发明奖4项，科技进步奖96项，科技成果推广奖4项。中国工程院院士、华中农业大学傅廷栋教授获得了2000年度湖北省首次设立的科学技术突出贡献奖（只有2人获此奖项），获得奖金50万元。

近年来，湖北高校科技工作在几个方面取得进展：

1. 科研工作效益明显。据统计，湖北高校每年投入的科技活动人员和科技经费分别占全省总量的32%、12%左右，科技投入在全省所占比重不大。但这次全省科技奖励中高校成绩突出。一是获奖数量多。高校获奖占全省总数的55.6%。二是获奖成果水平高。高校获一等奖19项，占同等次奖项总数的76%；获二等奖50项，占同等次奖项总数的64.9%。

2. 较好地发挥了知识创新、技术创新的源头作用。这次奖励首次设立自然科学奖和技术发明奖。高校获得自然科学奖项数和技术发明奖项数，分别占各类奖励总数的97.5%、80%，几乎囊括了两类奖励的一、二等奖。表明高校在基础性研究和湖北省科技创新体系中具有较强的实力。

3. 在科技成果应用、推广、转化方面取得了新成绩。2001年高校获科技进步奖96项、科技成果推广奖4项，分别占总数的48.7%、26.7%，比以前有较大增长。特别是取得重大经济效益、获得一等奖的科技成果，高校所占比例高达68.8%。

4. 省属高校获奖有所突破。这次省属高校获奖成果的水平和奖励等次同过去相比，有较大提高，其中获得自然科学奖二等奖2项，科技进步奖一等奖2项、二等奖2项。但总体数量有限，缺乏高水平科技成果。获奖数量仅15项，占高校获奖总数的10.5%。

撰稿 夏扬福

〔**部省重点共建武汉大学、华中科技大学**〕 2月13日，教育部和湖北省政府在武汉签署协议，重点共建武汉大学、华中科技大学。教育部副部长吕福源和湖北省副省长邓道坤分别代表教育部和省政府在协议书上签字。根据协议，武汉大学、华中科技大学仍为教育部直属高校，实行教育部与湖北省共建。湖北省将武汉大学、华中科技大学的改革和发展纳入全省经济建设和社会发展的总体规划之中并给予相应的政策支持。除安排学校正常事业经费外，在2001年至2003年3年内，教育部和湖北省分别向武汉大学投入建设经费各4亿元人民币；教育部将向华中科技大学投入建设经费3亿元人民币，湖北省和武汉市将通过资金、项目等共投入3亿元人民币。

部、省共建武汉大学、华中科技大学，旨在促进两校各项事业的改革和发展，努力使之成为我国特别是中西部地区高水平创新人才培养、高新技术研究和成果转化、高层次决策的重要基地。

〔**加强教学基础建设**〕 加强重点学校重点学科和重点专业、重点实验室建设。对准备列入博士、硕士授权点的高校安排1 000万元专款，予以重点建设，启动第三批38个省级重点学科建设。全省高校调整、增设本科专业70个，高职高专专业84个，增补15个国家管理的专业点。至2001年底，湖北省属普通高校共有本科专业点480个，专科专业点649个，教育部批准湖北6所高职高专学校7个专业为部级教学改革试点专业。湖北省在12所高职高专学校确定15个教学改革试点专业，连续3年每年投入300万元进行重点建设，使之成为具有鲜明特色的专业。完成了6个省级重点实验室和2个人文社科重点研究基地、2个高水平人才培养基地的评审，并开始建设。

加强基础课实验室工作和图书馆现代化建设。省教育厅已先后对全省27所高校的170个基础课实验室进行了合格评估验收，有150个实验室通过评估验收。4月召开全省高校实验室工作会议，全面总结了湖北高校实验室工作，表彰了45个实验室工作先进集体和83名实验室工作先进个人。各校大力加强实验室建设，据不完全统计，全省高校通过银行贷款、专项经费投入等措施，投入实验室建设经费近1亿元。湖北高校以国家CALIS项目为建设重点，狠抓了图书馆自动化建设工作，全省有44所高校的图书馆开通了计算机集成管理系统，22个图书馆实现了网上信息交换和检索；38个图书馆建成了电子阅览室和光盘检索室，30个图书馆的文献建库量超过80%。

〔**建立全省高校教学巡视制度**〕 近年来，湖北省高校招生规模急剧增加，在校生规模迅速扩大，学校教学投入则相对不足，教育教学质量面临新的困难与问题。为促进高等学校以人才培养为中心，加强教学基本建设，改善办学条件，规范教学过程，严格教学管理，保证和提高人才培养质量，省教育厅决定在全省建立高等学校省级教学巡视工作制度，成立以中共湖北省委高校工委书记、省教育厅厅长路钢为主任委员的湖北省高等学校教学巡视工作委员会，制订《高等学校教学巡视工作实施办法》，聘请34名省级教学巡视员，开展教学巡视工作。

首批省级教学巡视员从高等学校离退休或在职的教师、教学管理人员中聘任，聘任期为两年。教学巡视员的主要职责是：深入高校对课堂教学、实践教学等教学环节进行督查，对教师的教学工作情况和学生的学习状态进行抽查，了解教学工作情况；必要时，在学校教务部门配合下，召开师生或教学管理人员座谈会，听取师生对教学工作的意见；对高等学校的教学文件、教学管理制度的执行情况进行抽查，向学校有关部门提出加强教学工作的意见和建议；参加省教育厅组织的高校办学条件、专业建设、课程建设、毕业论文（毕业设计）和其他专项检查评估工作。

撰稿 张真弼

〔**规范高校招生工作**〕 为了充分体现公开、公平、公正的原则，省教育厅采取七条措施，进一步规范2001年湖北高校招生工作。6月7日，省委书记蒋祝平批示：务必严格责任，狠抓落实到位。七条措施要点如下：

1. 严把高校保送生资格关。一是明确限定保送生资格范围。二是在省级媒体上公布具有保送资格的学生名单和最终录取名单。三是中学必须向全校毕业班师生公开保送生条件，公示本校被推荐的保送预备生名单和最终录取名单。

2. 增加高校体育、艺术特长生招生的透明度。在媒体上公布体艺特长生各科测试成绩；学生录取后，由招生高校进行复试，未达到标准的退掉。

3. 规范定向生招生管理。高校在安排定向招生计划时，必须先落实定向就业协议，并对定向就业协议进行公证。定向生生源计划必须面向全省所有考生。

4. 确定并公布高校招生工作责任人。省教育厅在省级新闻媒体上统一公布各高校招生工作责任人姓名、职务，咨询、举报电话等，高校招生工作责任人须对本校普通本专科及挂靠的高职院校的招生行为承担责任。

5. 严格录取程序。高等学校无论在省内、省外招生，均须遵守当地省级招生部门的规定，录取名册须经当地省级招生机构核准，并加盖省级招生录取机构专用章，作为考生被正式录取和新生取得学籍的依据。

6. 对高校学生学籍和学历证书实行电子注册。招生结束后，省教育厅将建立新生库，核实新生录取情况，对新生学籍资格进行电子注册。具有学籍资格的学生毕业后，将对其取得的学历证书进行电子注册，并上报教育部上网，可供网上验证。

7. 严肃查处违规招生行为。

〔**湖北大学城建设工程启动**〕 由于“九五”期间湖北高校在校生增长90%，而同期校园占地面积只增长43%、教学行政用房增长54%，按国家标准计算，全省高校教学行政用房缺口约180万平方米，相当于超负荷11.9万人，全省97%的高校不能达标。为此，省政府决定建设大学城，并将大学城的建设列入省委关于国民经济和社会发展“十五”计划的建议及教育事业发展“十五”计划。

湖北规划建3处大学城：(1) 武汉黄家湖大学城。该大学城建设工程已启动，主要服务武汉地区高校，已有13所高校提出入住意向，初步确定武汉科技大学、湖北中医学院等7所学校第一批进入。(2) 荆州大学城。主要服务荆州地区高校，已确定在城南开发区规划8平方公里作为大学城城区，已完成可行性论证报告。(3) 鄂州曹家湖大学城。主要为武汉地区高校服务，已完成可行性论证报告，正在进行选址的论证和招商引校工作。

3处大学城均按“政府主导、政策支持、市场机制、多元投资、统筹规划、分步实施、资源共享”的原则运作，实现大学城内办学体制多样化、投资主体多元化、后勤服务社会化的目标。

〔**教育对外交流**〕 为适应湖北省教育对外开放的需要，编印了中英文对照的《湖北教育概况》。2001年共组织217人申请国家公派留学项目，录取116人。聘请长期外国文教专家和外籍教师376人到有关学校任教；以教育厅或直属单位名义组成出国访问团组19个，参团出访人员103人，接待国外来访团组41个，审批具有大专以上自费出国留学人员1 323人。2001年度审批中外合作办学项目8个。

根据教育部的部署，会同省市公安和工商部门对自费出国留学中介机构进行了全面清理，根据《中外合作办学暂行规定》，完成了对全部中外合作办学机构和项目的审核和“中外合作办学许可证”的颁发工作。2001年，通过协议组织自费出国留学生104人。

〔**资助经济困难学生**〕 据不完全统计，2001年全省高校申请国家助学贷款的学生有53 622人，申请总额42 780万元，截至12月，落实贷款金额为16 761万元，落实学生人数为20 570人；发放奖学金总额7 796万元，受奖学生136 090人；发放贷学金总额771万元，受贷学生为11 780人；发放勤工俭学资金为1 672万元，通过勤工俭学获得资助的学生有42 439人；发放特困补助总额为

1 417万元，受助学生 37 023 人；减免学费总额为 1 065 万元，减免学费人数为 7 112 人；通过“绿色通道”入学的学生有 13 419 人。2001 年，全省高校经济困难学生达到 109 914 人（各高校上报数），占全省高校在校学生总数的 24%。2001 年秋季，全省高校应收学费 18.3 亿元，实收学费 14.3 亿元，累计欠费 4.5 亿元，占整个学费收入的 25%。2001 年高校资助经济困难学生虽取得进展，但工作不平衡。如国家助学贷款，全省两年累计落实 32 195 人、22 097 万元，但其中 11 650 人、11 636万元是中央部委几所高校；省属 28 所高校只落实了 12 890 人、9 909 万元。部门和市、州高校只落实了 1 772 人，552 万元。民办学校为零。

11 月 30 日，省教育厅召开全省高校资助经济困难学生工作会议，要求高校领导及主管部门的负责人认真贯彻“三个代表”的思想，讲政治、讲大局、确保高校稳定；进一步明确资助经济困难学生的工作目标、工作责任，确保所有考上大学的学生都能正常完成学业。

撰稿 雷方圣

审稿 郑年春 吴水生

# 湖南省教育

## 概　况

〔基本情况〕

**2001年各级普通学校基本情况**

单位：人

| 学校类别 | 学校数（所） | 毕业生数 | 招生数 | 在校生数 | 教职工数 | |
|---|---|---|---|---|---|---|
| | | | | | 合计 | 其中：专任教师 |
| **总　计** | **36 048** | **2 584 328** | **3 197 572** | **11 654 666** | **694 763** | **584 225** |
| 一、研究生 | （16） | 1 639 | 4 575 | 10 589 | | |
| 1. 高等学校 | （10） | 1 622 | 4 526 | 10 477 | | |
| 2. 科研机构 | （6） | 17 | 49 | 112 | | |
| 二、普通高等学校本专科 | 61 | 49 703 | 117 299 | 331 301 | 53 119 | 23 878 |
| 本科院校 | 19 | 28 692 | 64 363 | 201 804 | 36 014 | 15 116 |
| 专科院校 | 42 | 16 083 | 46 412 | 110 484 | 16 869 | 8 641 |
| 分校、大专班 | | 4 928 | 6 524 | 19 013 | 236 | 121 |
| 三、普通中等学校 | 5 255 | 1 174 584 | 1 819 837 | 4 695 581 | 315 359 | 259 600 |
| 1. 中等专业学校 | 125 | 80 906 | 71 374 | 240 910 | 17 137 | 9 036 |
| 中等技术学校 | 103 | 67 782 | 61 033 | 210 062 | 14 213 | 7 470 |
| 中等师范学校 | 22 | 13 124 | 10 341 | 30 848 | 2 924 | 1 566 |
| 2. 技工学校 | | | | | | |
| 3. 普通中学 | 4 695 | 1 034 231 | 1 648 254 | 4 255 858 | 276 672 | 236 161 |
| 高中 | 732 | 168 166 | 323 625 | 752 579 | | 43 706 |
| 初中 | 3 963 | 866 065 | 1 324 629 | 3 503 279 | | 192 455 |
| 4. 职业中学 | 434 | 59 447 | 100 209 | 198 813 | 21 542 | 14 395 |
| 高中 | 421 | 58 248 | 96 313 | 190 776 | | 13 824 |
| 初中 | 13 | 1 199 | 3 896 | 8 037 | | 571 |
| 5. 工读学校 | 1 | | | | 8 | 8 |
| 四、小学 | 29 340 | 1 357 129 | 723 570 | 6 012 579 | 309 106 | 291 574 |
| 五、特殊教育学校 | 59 | 1 273 | 2 194 | 14 635 | 1 201 | 905 |
| 六、幼儿园 | 1 333 | | 530 097 | 600 570 | 15 978 | 8 268 |

## 2001年各级成人学校基本情况

单位：人

| 学校类别 | 学校数（所） | 毕业生数 | 招生数 | 在校学生数 | 教职工数 | |
|---|---|---|---|---|---|---|
| | | | | | 合计 | 其中：专任教师 |
| **总计** | **33 786** | **2 224 905** | **2 207 153** | **2 126 877** | **56 160** | **22 191** |
| 一、成人高等学校 | 26 | 50 281 | 119 414 | 255 643 | 6 311 | 3 152 |
| 1. 广播电视大学 | 1 | 10 152 | 13 610 | 37 553 | 1 160 | 511 |
| 2. 职工高等学校 | 19 | 6 300 | 13 701 | 25 825 | 4 237 | 2 164 |
| 3. 农民高等学校 | | | | | | |
| 4. 管理干部学院 | 1 | 2 149 | 1 672 | 4 168 | 591 | 298 |
| 5. 教育学院 | 5 | 1 057 | 5 054 | 9 468 | 323 | 179 |
| 6. 独立函授学院 | | | | | | |
| 7. 普通高等学校举办： | (61) | 30 623 | 85 377 | 178 629 | | |
| 函授部 | | 17 932 | 59 428 | 124 181 | | |
| 夜大学 | | 4 386 | 5 134 | 14 446 | | |
| 成人脱产班 | | 8 305 | 20 815 | 40 002 | | |
| 二、成人中等学校 | 28 734 | 2 019 102 | 1 955 837 | 1 729 734 | 41 036 | 16 374 |
| 1. 成人中等专业学校 | 327 | 37 969 | 34 647 | 74 028 | 6 181 | 3 710 |
| 广播电视中等专业学校 | 5 | 2 454 | 2 207 | 3 388 | 199 | 93 |
| 职工中等专业学校 | 39 | 8 879 | 5 725 | 12 923 | 1 426 | 811 |
| 干部中等专业学校 | 10 | 760 | 672 | 1 757 | 325 | 170 |
| 农民中等专业学校 | 28 | 2 682 | 5 285 | 9 608 | 1 423 | 970 |
| 函授中等专业学校 | | | | | | |
| 教师进修学校 | 94 | 10 306 | 13 709 | 23 298 | 2 808 | 1 666 |
| 其他类学校举办 | 151 | 12 888 | 7 049 | 23 054 | | |
| 2. 成人中学 | 276 | 38 346 | 34 713 | 35 014 | 2 312 | 1 051 |
| 职工中学 | 48 | 5 548 | 5 540 | 7 492 | 965 | 493 |
| 农民中学 | 228 | 32 798 | 29 173 | 27 522 | 1 356 | 558 |
| 3. 成人技术培训学校 | 28 131 | 1 942 787 | 1 886 477 | 1 620 692 | 32 534 | 11 613 |
| 职工技术培训学校 | 604 | 74 204 | 72 816 | 67 290 | 4 060 | 2 172 |
| 农民技术培训学校 | 27 527 | 1 868 583 | 1 813 661 | 1 553 402 | 28 474 | 9 441 |
| 三、成人初等学校 | 5 026 | 155 522 | 131 902 | 141 500 | 8 813 | 2 665 |
| 1. 职工初等学校 | 41 | 3 603 | 2 857 | 4 813 | 134 | 67 |
| 2. 农民初等学校 | 4 985 | 151 919 | 129 045 | 136 687 | 8 679 | 2 598 |
| 其中：扫盲班 | 1 505 | 59 450 | 34 097 | 30 644 | 3 634 | 646 |

〔**教育事业“十五”计划**〕 《湖南省教育事业第十个五年计划》提出，“十五”期间全省教育工作的指导思想是：坚持以发展为主题，以调整为主线，以深化改革为动力，以适应经济社会发展对人才的需求和满足广大人民群众的教育需求为根本出发点，全面实施素质教育，努力提高教育质量和办学效益。通过几年的努力，使教育更加适应湖南省经济和社会发展的需要，更加贴近人民群众的教育需求，更加接近发达省市的教育发展水平，为把湖南省建设成教育强省打下良好的基础。“十五”期间全省教育改革和发展的总目标是：全面普及、巩固提高九年义务教育，平稳渡过初中就学高峰期，扩大高中阶段教育和高等教育规模，使全民受教育水平明显提高，劳动者素质和各类专门人才能基本适应经济社会发展的需要，基本形成与社会主义市场经济体制相适应的办学体制、管理体制、投资体制和运行机制，基本形成各类教育相互沟通、相互衔接、充满生机和活力的有湖南特色、时代特征的社会主义终身教育体系框架。具体目标是：(1) 重视发展学前教育。(2) 全面实现“普九”目标，巩固提高“普九”成果。(3) 大力发展高中阶段教育，优化中等教育结构。(4) 加快发展高等教育。(5) 加快推进教育信息化，积极创造条件加速建立覆盖全省各级各类教育的信息化网络。(6) 重视成人教育，构建终身教育体系框架。

为实现上述目标，重点实行以下措施：(1) 创新教育制度，激发教育发展的内在活力。办学体制要基本形成以政府办学为主体、社会各界共同参与、公办学校与民办学校共同发展的格局；要切实扩大学校办学自主权，推进内部管理体制改革，加快高校后勤社会化改革。(2) 采取超常规举措，突破教育投入“瓶颈”。力求达到省本级财政教育支出 2001 年～2003 年每年提高 1 个百分点，市州县也作相应提高。逐步实现全省财政性教育支出占 GDP4％的目标。建立通过收取教育税费、争取国债资金、鼓励社会办学、支持勤工俭学等多渠道筹措教育经费的机制。(3) 坚持发展与调整并重，盘活教育资源存量，促进教育资源聚集与扩张。(4) 加强教育法制建设，全面推进依法治教。根据突出重点的原则，“十五”期间组织实施六大工程，即：素质教育工程、贫困地区义务教育工程、教育资源优化工程、新世纪“园丁”工程、教育信息化工程、岳麓山大学城建设工程。

〔**教育投入与支出**〕 2001 年度省本级教育部门年末资产总金额为 82.30 亿元，总收入为 29.50 亿元，总支出为 28.30 亿元，收支节余为 1.20 亿元。

2001 年度，湖南省中小学得到香港爱国人士邵逸夫先生 1 075 万港元的赠款，共安排 6 个中学项目、8 个完小项目、13 个村小项目。这是湖南省接受邵氏赠款以来最多的一年。湖南大学也得到 600 万港元的赠款。

〔**社会力量办学**〕 为鼓励和支持社会力量办学，加强对社会力量办学的管理，进一步规范办学行为，促进社会力量办学事业健康发展，省教育厅于 2001 年先后印发了《关于湖南省社会力量办学有关问题的通知》和《湖南省社会力量办学管理暂行办法》，对全省社会力量办学的申报程序和审批权限、社会力量办学机构的冠名以及社会力量举办的教育机构的组织与运行、财产与财务、各级教育行政部门对教育机构的保障与扶持、管理与监督等作了明确规定。

〔**招生工作**〕 2001 年，全省各类招生(含外省在湘招生，下同)计划总数为 377 764 人，实际录取 359 608 人。其中，研究生、博士生计划招生 4 292 人，实际录取 5 860 人；普通高校计划招生 116 109 人，实际录取 124 103 人；中专计划招生 130 754 人，实际录取 105 077 人；成人高校计划招生 126 609 人，实际录取 124 568 人。

2001 年以考风考纪建设为重点，切实加强考试管理：(1)层层实行组考责任制和责任追究制，明确各级教育行政部门的一把手为第一责任人，分管领导、纪检书记、招办主任为直接责任人。(2)规定考点必须设在高中以上学校，撤销原来设在小学的 13 个考点。(3)加强考点电子监控设施建设，2001 年，省、市、县三级投资 1 500 万元，新建 28 个电子监控考点。(4)实行县际交叉监考，全省有 5 000 多名监考人员跨县市交流，城区有 3 000 多人异校监考。

(5)实施双重监管。在坚持省市两级巡视员巡考制度的同时,又建立省级督考员驻点督查监考人员履行职责的办法。(6)认真做好评卷工作。严格评卷程序,评卷工作场地实行全封闭管理。

2001年对招生政策、考试内容、管理办法进行了全面改革。其主要内容是:(1)改革招生考试内容,全省实行"3+X"科目设置方案,"3"指语文、数学、外语三科,"X"分为"文科综合"和"理科综合"。(2)调整保送生政策。保送生范围限于获得奥赛国家级一、二、三等奖、省级一等奖获得者和省级优秀学生、公安英烈子女。(3)调整填报志愿时间。考生在高考成绩公布后填报本科院校志愿,本科院校录取结束后,未录取考生再填报专科层次志愿。(4)全面实施网上录取。本科院校采用广域网远程录取,专科层次学校采用现场局域网录取。

〔**教育交流**〕 2001年2月27日,与英国文化委员会合作,在长沙举办"英国教育展",有20所英国大学参展,2 000多名观众参观了展览。4月,组织了第6届"芙蓉奖"评奖和颁奖活动,表彰了29位优秀外国专家和外籍教师。2001年,全省聘请外籍专家、外籍教师资格单位已增至92个。经与英国驻华使馆文化教育处多次磋商,在湖南大众传媒系统设立了"雅思"考点,并于2001年11月24日举行了首次考试,共有来自湖南、河南、北京、黑龙江等地的109名考生参加了考试。2001年全省公费出国留学85人,自费出国494人次。全年共接受长短期外国留学生281人,接受港澳台学生62人。印发了《关于加强自费出国留学中介服务机构管理有关问题的通知》,加强对自费出国留学中介服务机构的监管,维护自费出国当事人的合法权益。

〔**教育法制建设**〕 2001年4月7日～8日,省教育厅与省人大教科文卫委员会在长沙市联合召开全省教育法制工作会议。会议提出了下一阶段全省教育法制工作的目标:加快地方教育立法,加紧建立和完善保障素质教育全面实施的规章和制度;提高依法行政水平,依法规范教育管理和办学行为;尊重、维护学校办学自主权,依法保护人民群众的受教育权;建设一支具有较高素质的教育行政执法队伍,形成公开、公正、公平的教育行政执法和执法监督制度。

4月,省教育厅印发了《湖南省教育厅实施行政执法责任制暂行办法》和《湖南省教育厅机关行政执法错案责任追究暂行规定》。12月,省教育厅和省政府法制办联合对厅机关84名公务员进行了行政执法培训。经过考试,由省政府发放《行政执法证》和《行政执法监督证》。

2001年下半年,省教育厅全面开展了教育行政审批制度改革。经过认真清理,省教育厅原有审批事项(含核准、审核、备案)86项,报经省政府确认后,取消审批事项37项,下放审批事项7项,保留审批事项32项。2001年省教育厅印发了《全省教育系统法制宣传教育第四个五年规划》。

〔**语言文字工作**〕 经过3年努力,湖南省"中国语言文字使用情况调查"工作圆满结束。中国语言文字使用情况调查是国务院决定开展的国情调查。为了完成这次调查任务,抽调并培训了382名调查员,20名电脑编码操作员,3 000多名协调员及省、市(州)、县语言文字工作主管部门的干部。9月11日,省教育厅、省语委召开了总结表彰会。怀化市语委办公室等8个单位被评为此项调查工作先进单位,省语委办公室被教育部、国家语委评为"全国先进集体"。

〔**宣传胡昭程先进事迹**〕 2001年省委宣传部、省教育厅组织中央和湖南部分新闻媒体联合报道了桂东县政府助理调研员、县教育局局长胡昭程,忠实实践江总书记"三个代表"重要思想,几十年如一日,扎根山区,艰苦奋斗,为党的教育事业呕心沥血的先进事迹,在湖南以至全国引起强烈反响。省委、省政府作出了《关于开展向胡昭程同志学习活动的决定》,教育部作出了《关于在全国教育战线开展向胡昭程同志学习的决定》。湖南省委和教育部联合在北京人民大会堂组织了"胡昭程同志先进事迹报告会"。

撰稿　刘少波　黄迪皋　邱　德　颜胜利
许胜如　黄其超　张　平　余军民
尹坚毅　丁志成　符润中　周芳友
王红冰　饶正光　陈贤文

# 基础教育

〔**全省基础教育工作会议**〕 2001年9月10日～11日，省委、省政府在长沙市召开全省基础教育工作会议。各市（州）、县（市、区）党委或政府的主要领导、财政局长、教委主任（教育局长）以及有关省直单位负责人共400余人参加了会议。大会由省委副书记胡彪主持，省委书记、省人大常委会主任杨正午在会上强调：必须进一步落实“以县为主”的管理体制，切实保障办学经费。(1)各级财政要保证教师工资按时足额发放；(2)要以农村教育费附加为主保危房改造和改善办学条件；(3)要以杂费为主保学校公用经费。同时，要加大教师队伍建设和农村学校布局调整的力度，大力推行素质教育。他还强调，各级党委、政府要切实加强对基础教育的领导，要把基础教育摆上重要议事日程，落实各项政策措施，努力形成发展合力，营造基础教育改革和发展的良好环境。代省长张云川作了题为《各级人民政府要依法担负起优先发展基础教育的历史责任》的总结讲话。会前，省委、省政府印发了《关于基础教育改革和发展的决定》，还表彰了一批全省教育工作先进单位和个人。长沙市等14个市州被授予“两基”成就奖；新晃县等9个县区被授予“普及九年义务教育和扫除青壮年文盲先进单位”；衡阳县等8县区被授予“湖南省巩固提高普及九年义务教育先进县”；长沙市芙蓉区等3个县区被评为“湖南省推进素质教育先进县”；北湖区等11个县市区被评为“‘两基’工作先进地区”；长沙市教委等15个单位被评为“‘两基’工作先进单位”；荣燕明等14人荣获“教育功臣”；曾昭薰等98人被评为“‘两基’工作先进个人”。此外，还有380名教师获得了“全省优秀教师”、81人获得了“优秀教育工作者”称号。

〔**办学体制改革**〕 2001年4月，省政府办公厅批转了省教育厅《关于中小学办学体制改革意见的通知》，提出“财政投入主渠道不变”、“民办学校一律不得向学生收取教育储备金”等政策措施。为使公办中小学改制更加规范，政策更具操作性，省教育厅发出《关于委托市州人民政府审批公办中小学办学体制改革试验有关事项的通知》，对公办中小学改制的目的、对象、模式、性质、改制学校的办学收入、改制的内容以及申报改制的前提条件等都作了具体规定。

〔**高中教育**〕 为全面推进素质教育，促进普通高中教育更好地适应经济社会发展的需要，满足学生的不同需求，省教育厅批准长沙市第十一中学、湘潭市第九中学等8所普通高中为湖南省“综合高中”改革试点学校。综合高中执行普通高中教学计划，并利用地方课程和学校课程开设适应经济社会发展需要和适合学生个性特长的课程，在尊重学生志愿的前提下，实现侧重升学或就业的分班教学。2001年12月14日～15日，省教育厅在湘潭市第九中学召开全省综合高中办学模式改革研讨会，对综合高中的办学理论和实践进行了探讨。

根据国家普通高校招生政策的变化和教育发展的新要求，省教育厅发出《关于继续办好普通高中理科实验班有关问题的通知》，对举办普通高中理科实验班有关政策进行了调整：(1)将理科实验班的招生等自主权下放到学校；(2)各校举办的理科实验班要全面执行普通高中教学计划，同时要积极探索理科特长学生培养规律，兼顾参加国际中学生理科奥林匹克竞赛的需要；(3)允许理科实验班学生转入普通班就学；(4)理科实验班学生（国家政策另有规定者除外）不再享受免试保送升学优惠。

〔**教学改革**〕 2001年4月，省教育厅召开全省中小学教学工作会议，明确从2001年秋季开始，普通高中起始年级全面执行新的课程计划，积极推进小学开设英语课，按规划在中小学校开设信息技术课，义务教育阶段大部分学科使用修订大纲和修订教材。为确保课程改革的顺利进行，2001年暑期，省教育厅、省新闻出版局等联合培训了25个学科的省级新教材骨干教师近8 000人，历时50余天。长沙市开福区进入义务教育课程改革国家项目，试验工作取得积极成效。

根据《基础教育课程改革指导纲要》，省教育科研部门修订了小学《思想品德》教材，新编小学《品德与生活》、《品德与社会》教材；编写了《体育与健康》初、高中教材及其教师教学用书，完成了小学《写字》12册的编写工作，小学《英语》教材经教育部审查通过，全省中小学生使用。同时还修订了小学《科技活动》、《劳动教材》，新编高中《劳技》教材和高中、初中、小学信息技术课教材。主编九年义务教育初中历史教科书《中国历史》和《世界历史》共6册。

为加快全省教育现代化步伐，省教育厅制订了《关于我省中小学普及信息技术教育的意见》，提出全省中小学普及信息技术教育以计算机和网络建设为基础，以信息技术教育资源开发利用和师资队伍建设为重点，以提高中小学生信息素养、能力，培养适应21世纪需要的、具有创新精神与实践能力的高素质人才和劳动者为目的，确定从2001年秋季开始，全省普通高中、大中城市初中开设信息技术必修课，并争取尽早在全省90%以上的中小学开设信息技术必修课。

〔**体育工作**〕 2001年省教育厅开展了全省中小学贯彻落实《学校体育工作条例》评估，永顺县民族中学等47所学校达到优秀标准，被授予“贯彻落实《学校体育工作条例》优秀学校”奖匾。

开展全省第七届中小学体育课教学评优活动。经过层层筛选、专家评选和执教教师教学基本功比试的综合评定，16位教师获金奖，24位教师获银奖，28位教师获铜奖。

由全国学生体育协会主办、湖南省承办的2001年全国中学生田径锦标赛于8月7日～11日在常德市第一中学举行，来自23个省、市、自治区的中学生运动员参加了这次比赛。湖南省中学生田径队共获14块金牌、12块银牌、16块铜牌，奖牌总数列第一，以441分获团体总分第一名，并被评选为体育道德风尚奖代表队。

〔**治理中小学乱收费**〕 从2001年起，省教育厅对中小学收费工作实行目标管理。年初下达了中小学收费工作的管理目标和考核办法，管理目标分13项，对教育行政部门和学校行为在同一指标中共同考核，实行百分制，以县（市、区）为单位考核。考核总分85分以上为基本合格，没有达到基本合格的县，要予以通报，并取消教育评比资格；总分65分以下的还要适当核减省拨教育专项经费。9月20日～28日，省教育厅组织14个市州教委开展交叉检查，重点检查各地对农村中小学乱收费行为是否进行了全面清理、纠正和查处；对擅自设立的收费项目是否取消，擅自提高的收费标准是否纠正；农村中小学生用书是否规范；一切通过学校代收的费用是否取消；市州县政府是否依法落实了对基础教育的财政投入，农村中小学教师的基本工资是否得到保证；地方政府和部门违反规定向学校乱集资、乱摊派、乱收费和截留、平调、挪用收费收入的现象是否得到制止。2001年全省共查处乱收费案件147件，通报批评173人，给予党纪政纪处分的47人，其中6人受撤职或党内留察以上处分；共查出违规金额5 330.72万元，其中学校行为违规收费472.48万元，占8.86%，部门搭车违规收费277.01万元，占5.2%，地方政府行为违规收费4 581.22万元，占85.94%。湖南省治理和规范中小学收费工作在2001年5月召开的全国清理中小学乱收费座谈会上作了典型发言，其做法和经验得到肯定。

〔**教育督导**〕 省政府教育督导室2001年印发了《市州政府基础教育工作年度考核评估方案》和《县级行政区域素质教育评估方案》。2001年建立和完善“普九”计算机网络监测制度，对省、市、县、乡、学校五级的“普九”水平实行监测，防止弄虚作假行为。从2001年起，省教育督导室部署对中小学开展办学水平评估，每三年评估一次，县市督导部门负责小学、初中评估，市州督导部门负责高中评估，省督导部门负责评估省重点中学；民办学校、幼儿园由所属市、县评估，主要是督促各类中小学全面实施素质教育，规范办学行为。4月～5月，省督导室部署各市、县督导部门对中小学开展安全工作专项督查，重点对学校电路、电器、危房、食堂卫生、生活锅炉、化学药品管理、交通安全等方面进行督查。省督导室重点抽查了娄底、邵阳两市。这次督查增强了学校安全意识，排除了不少安全隐患。10月9日～14日，省督导室和教育厅对新化等10县（市、区）开展了教育经费管理体制专项督查。至2001年11月止，汨罗、炎陵、攸县、石门、岳阳市君山区、双峰、岳阳7县（市、区）将教育经费收归县管，衡东、涟源、新化3县（市）决定于2002年1月1日将教育经费收归县管。至此，全省各县市区已基本理顺教育经费管理体制。

11月19日～27日，省政府"两基"评估验收团对辰溪县、桑植县的"两基"工作进行了评估验收。两县县委、政府重视教育工作，举全县之力推进"普九"，"两基"工作各项指标达到或基本达到国家和省定标准。

〔**教师队伍建设**〕 2001年，全省共培训各类教育管理干部6 354人次。省教育厅制订了《湖南省实施〈中小学校长培训规定〉办法》。该《办法》规定：校长参加培训的情况与评估、晋级、考核、任用等紧密结合，应做到先培训后上岗，确因工作需要提前进入岗位的，只能任代理校长；已取得《任职资格培训合格证书》的在职中小学校长，必须在每5年内参加提高培训并取得《提高培训合格证书》，逾期未取得的，不能继续任用。

为了加强骨干教师培训工作，省教育厅选拔了3 930名骨干教师作为省级培训对象，涉及小学10个学科1 792人、中学14个学科2 112人，还有特殊教育教师26人。培训任务由省内18所院校承担，2001年完成第一期培训2 021人，其余培训任务将于2002年分两期完成。为切实做好这项工作，省教育厅为每个培训对象支付培训费3 000元。

2001年7月，省教育厅、省人事厅联合发出通知，对中小学教师参加继续教育有关问题作出规定。(1) 中小学教师继续教育工作由政府人事部门综合管理，教育行政部门具体组织实施。(2) 中小学教师接受继续教育的情况，由所在学校根据培训单位发给的毕业证书，按省人事厅统一印制的《专业技术人员继续教育登记手册》进行登记，作为评聘专业技术职务的必备条件之一。(3) 对部分城市中小学管理人员和专业技术人员进行计算机知识培训与考核。2001年开展了优秀在职小学教师通过继续教育达到专科学历培训的试点。实行免试入学、宽进严出和学分制管理，对修满规定学分的学员，颁发继续教育结业证书和专科学历证书。全省共招生7 310人，11所本专科师范院校下设19个教学点承担了培训工作。

〔**义务教育**〕 经教育部、财政部批准，古丈、辰溪等15个县（区）实施第二期"国家贫困地区义务教育工程"，2001年至2005年共投入资金3.2亿元，其中中央专款1.6亿元，省财政配套1.6亿元。

经教育部、国家计委、财政部批准，全省有592所农村中小学被列为危房改造工程项目学校，共改造危房面积87.75万平方米，两年内投入资金1.8亿元，其中中央专款9 000万元，地方配套9 000万元。

针对全省青少年学生校外活动场所建设数量严重不足，总体规模偏小，功能单一，布局不合理，已有的活动场所教育功能弱化，挪作商业用途较为普遍等问题，省委办公厅、省政府办公厅发出《关于加强青少年学生活动场所建设和管理工作的通知》。《通知》提出，"十五"期间，省会城市要建设一座现代化的综合性青少年活动中心，各市州要建好一二所青少年科技、体育或文化活动场所，各县市区至少建好一所青少年学生校外活动场所。建设经费在财政新增教育经费支出和彩票公益金中安排。《通知》还要求，现有教育基地、场馆和设施，要积极创造条件，尽快实行免费向青少年学生开放；同时要依法加强对营业性社会文化场所的管理。

〔**教育技术装备**〕 大力开展多媒体教学软件的研制与开发。先后举办了两期CAI课件评选活动和一次中小学学生电脑设计与制作作品评选活动，有13件中小学生电脑设计和制作作品在全国获奖。

2001年全省普通中小学实验开出率，中学达98%，小学达95%；建有校园网的学校达273所，比2000年新增36所；组织开发研制了小学自然、数学、美术三科学具，并通过教育部核准备案，在全省推广运用。全省教学仪器行业年产值约5亿多元，开发新产品19项。

为适应课程改革的需要，全省加大了音像电子教材开发力度，新编教育录音带128种、投影片122种、录像片19种、VCD64种、电子出版物15种。生产录像带8.9万盒、录音带168万盒、投影片175万框，开发多媒体课件874GB，发行近4 000片，销售收入1 550万元，实现利润230万元。

〔**少数民族教育及援藏援疆工作**〕 2001年上半年，省教育厅派员深入通道、古丈等县（市、区），按照科学规划，合理调整，分步实施的原则，指导民族地区通过撤并、改造、新建等形式调整农村中小学布局。至年底，全省民族地区小学比1998年减少678所，教学延伸点由原来1 000个减少到500个，乡镇初中减少22所，校均办学规模由579人增加到641人。

2001年，湖南教育援藏、援疆工作有新的进展。一是扩大西藏班招生规模。根据西藏自治区的要求和教育部的安排，岳阳市第一中学扩招西藏汉族干部子弟班46人，岳阳师范学校从应届西藏班师范毕业生中增招大专班45人，两校年招收西藏学生6个班282人，是创办西藏班以来年招生人数最多的一年。二是招收新疆学员。根据对口支援协议，从2001年开始，湖南对口首次招收新疆吐鲁番地区成人专升本学生18人，在湖南师范大学就读。三是派遣新一批援藏教师。7月，湖南第3批支援西藏山南地区的教师完成支教任务返湘，8月，省教育厅从衡阳、株洲、常德、娄底4市选派10名中学骨干教师赴山南支教，在藏工作期为2年。四是组织开展西藏班活动。7月30日，省教育厅组织西藏班师生开展“庆‘七一’歌咏比赛”，岳阳师范学校和岳阳市第一中学西藏部全体师生700余人参加了歌咏比赛活动。年底，省教育厅开展西藏班评优争先活动，共评出西藏班先进工作者18名，西藏班优秀学生32名。

6月18日，省教育厅、省民委在长沙联合召开湖南省中小学民族团结教育活动试点经验交流和工作会议，总结交流两年来湖南省中小学开展民族团结教育试点活动的工作。会议决定从2001年下半年开始在全省中小学普遍开展民族团结教育活动。

〔**特殊教育**〕 根据国家有关法律法规和湖南实际，按照“普及与提高相结合，以普及为重点”、“以随班就读为主体，特殊教育学校为骨干”的原则和“着重抓好义务教育和职业技术教育，积极发展学前教育，逐步发展中等教育和高等教育”的基本方针，省教育厅印发了《湖南省特殊教育暂行规程》，并会同省财政厅、民政厅、卫生厅、省残联联合提出并印发了《湖南省发展特殊教育的指导意见》，使特殊教育的发展有了制度保障，为提高特殊教育师资素质及教育教学管理水平，省教育厅在株洲市举办了残疾儿童少年随班就读骨干教师培训班，在浏阳市举办了首届特殊教育学校校长研修班。12月，浏阳、桃江、攸县、汨罗4县市和6位同志被教育部、民政部、中国残联分别授予全国特殊教育先进县（市、区）和先进工作者荣誉称号。

撰稿 张晓春 张毅龙 何伟建 符润中
彭酉滨 蒋　明 李文科 彭干瑜
龚　民 胡惠明 侯荣建 张晓春
温安顺 贺坚信 樊国斌

# 职业教育与成人教育

〔**全省职业教育与成人教育工作会议**〕 2001年5月22日～23日，省政府在长沙召开全省职业教育与成人教育工作会议。会议明确了“十五”期间全省职业教育与成人教育改革和发展的基本思路，研究和制定了新的政策措施。会议由省长助理许云昭主持，副省长唐之享作了题为《全面振兴职业教育，为加快湖南现代化建设服务》的讲话，省教育厅副厅长张作功作了工作报告。会前，省政府办公厅发出《关于大力发展职业教育和成人教育的通知》，提出发展职业教育与成人教育的10项措施：(1) 扩大高等教育和高中阶段教育规模，必须以发展职业教育为重点。中等职业学校在校生占高中阶段在校生的比例一般不得低于50%。(2) 各市、州、县（市、区）政府要切实担负起发展职业教育的责任。每个市、州要创造条件办好1所高等职业学校；县（市、区）要继续办好1所起骨干和示范作用的中等职业学校；有关部门、行业组织和企事业单位应当继续举办职业学校和职业培训机构。(3) 实行分类管理。高等职业教育与成人高等教育发展由省政府统筹。独立设置的高等职业学校与成人高校由省直有关部门、行业组织、企业集团和市、州政府主管，教育业务归口由省教育厅管理。中等职业教育和成人中等教育发展由市、州政府统筹。各类中等职业学校分别由省直有关部门、企事业单位和市、州政府主管。(4) 全省重点办好一批起骨干和示范作用的中等职业学校和重点专业，并依托中心城市的重点职业学校和大中型企业，建设好实习实训中心。(5) 职业学校与成人学校全面推行弹性学制和学分制，各职业学校之间互相承认学分，允许学生提前毕业或分阶段完成学业。(6) 中等职业学校的招生由市、州统筹，允许初中毕业生凭毕业证书或同等学力证明登记入学。继续在一部分条件好的中等职业学校举办五年制高等职业教育，逐步扩大规模。职业学校与成人学校逐步实行春、秋两季招生，学生入学不受年龄和地域限制。(7) 各级政府要继续抓好农民教育。坚持“培训、示范、推广、服务”的方针，为乡镇企业、小城镇建设和农业产业化培养新型劳动者。(8) 全面实行学历证书和职业资格证书制度，坚持“先培训、后就业”，建立和完善就业准入和持证上岗制度。(9) 各级政府应加强领导，逐步增加对职业教育和成人教育的投入。省本级职业教育与成人教育专项补助费视财力情况在2001年2 000万元的基础上逐年增加。各市、州、县（市、区）政府都要设立专项经费。(10) 各级教育督导部门依法加强督导评估。

〔**高等职业教育**〕 2001年，全省高等职业教育获得快速发展。一是办学规模不断扩大。全年新设置高等职业技术学院10所，批准筹建的6所，全省独立设置的高等职业技术学院已达25所，部分普通高等学校、独立设置的成人高等学校和普通中专学校开办了三年制和五年制高职班，共招收高职新生4.3万人，在校生达9.1万人。二是办学条件有了较大改善。独立设置的高职学院共有教职工9 458人，其中专任教师4 758人，在专任教师中，副高以上职称1 374人，本科以上学历4 066人，占地面积662.36公顷，校均26.49公顷，建筑面积227.80万平方米，生均39.62平方米，实验仪器设备总值3.52亿元，生均6 123元，图书馆藏书460.62万册，生均124册。三是加强了常规管理，教学质量不断提高。省教育厅制发了一系列促进高等职业教育教学改革和规范教育管理的文件，如《关于制定三年制高等职业教育专业教学计划的意见》、《关于加强高等职业教育教学工作的意见》等；成立了高职教育研究会，积极开展各种教学研究活动，2001年开展高职教育论文评选，收到论文607篇，评出一等奖43篇、二等奖184篇、三等奖 240 篇；教材建设也取得较大成绩，全年新编教材 5 种，选定推广高职教材 275 种；组织了国家级英语应用能力考试和省级英语、计算机课程合格考试。

2001 年湖南省有 7 所高职学院 13 个专业被列入国家级高职高专教学改革试点专业，投入建设资金 6 000 多万元。6 月，省教育厅印发了由省教科院制订的《湖南省高等职业教育专业（专科层次）评估体系（试行）》，对高等职业学校的专业建立了较全面、科学的评估框架。

〔**中等职业教育**〕　2001 年，湖南省发展职业教育坚持“四个不动摇”，即坚持大力发展职业教育的方针不动摇，坚持高中阶段教育以发展中等职业教育为主不动摇，坚持发展职业教育重点面向农村不动摇，坚持市县办好一所骨干示范性职业学校不动摇。全省中等职业教育招生人数有较大幅度增加，普通中专、职业中专、成人中专、技工学校四类学校共招生 26.86 万人，比上年增加 1.65 万人，增长 6.14%；在校生 60.22 万人，比上年增加 6.64 万人，增长 11.03%。招生数和在校生数分别占整个高中阶段学生数的 45.35%和 44.45%。招生数和在校学生数均创历史最高水平。

为了提高中等职业教育质量和办学水平，2001 年加大了师资培训工作力度，扩大了培训规模，参训人数达 1105 人。培训工作特点：(1) 针对性强。培训内容主要是学习新知识、新技术、新教材，扩展教师的知识视野，熟悉新教材中的新内容和新的教学方法。(2) 管理规范。统一制订了一套规章制度，统一印发教师专业岗位资格证，有效地激发了广大参训教师的学习积极性。(3) 覆盖面广。全年培训涵盖 10 个专业，开办 35 个培训班。

〔**农村成人教育**〕　湖南省自 1998 年经国家扫盲验收达标以后，就不失时机地调整了农村成人教育工作重点，由原来以扫盲学文化为主转变为以学科学技术为主，由原来开展创示范乡镇农校向开展创乡镇农校合格县市转变。到 2001 年底，全省有 15 个县（市、区）达到乡镇农校建设合格县的要求，100%的乡镇办起了农校，100%的乡镇农校开展了培训活动，配备了专职教师，建有生产示范基地和有 3 个以上的示范项目，充分发挥了为“三农”服务的重要作用。2001 年 8 月教育部在杭州召开农村成人教育研讨会，湖南省有 3 个单位在会上介绍了开展创乡镇农校合格县市活动的经验。

撰稿　彭四龙　何建农　马仲明　蒋维加　黄扬清

# 高 等 教 育

〔**体制改革和结构调整**〕　2001 年继续推进大、中专学校管理体制改革和布局结构调整工作。省政府与教育部签订了重点共建中南大学、湖南大学协议；湖南师范大学与湖南政法管理干部学院合并，组建了新的湖南师范大学；以部分成人高校和中等专业学校为基础，新设置了湖南生物与机电工程学院、湖南交通职业技术学院、长沙通信职业技术学院等 9 所高等职业学校。使全省普通高等教育资源进一步扩大，布局结构得到优化。到年底，全省普通高校 61 所（不含军事院校、分校各 1 所）中，部属学校 3 所，省属学校 48 所（民办 2 所），市属学校 10 所。

〔**教学工作**〕　10 月 20 日～24 日，省教育厅在长沙市召开全省普通高校教学工作会议，会议围绕全省高等教育事业的改革与发展提出了一系列切实可行的措施。会后省教育厅印发了《关于加强普通高等学校教学工作，全面提高教学质量的意见》、《关于加强和改进研究生教育工作的意见》、《关于加强高等职业教育教学工作的意见》、《关于进一步加强和改进“两课”教学工作的意见》等文件。

2001年对4所高校的教学工作和5所高校的7个基础实验室进行了评估。到年底，全省共有11所普通高等专科学校通过了教学工作合格评估，122个基础课教学实验室通过了合格评估。

2001年，全省高校有33个学科被确定为国家级重点学科。省教育厅还评审确定了“十五”省级重点学科82个，其中人文、社会科学16个，自然科学66个，并投入重点学科建设专项经费2 000万元。完成了87个重点建设专业的评估验收工作。

3月，省教育厅公布了2001年湖南省高等教育省级教学成果获奖项目220项，其中，一等奖47项，二等奖73项，三等奖100项。这项教学成果奖每4年评选一次，2001年是第4次评奖。

〔**国家助学贷款工作**〕 为了更好地资助经济困难学生完成学业，2001年湖南省全面实施国家助学贷款工作，中南大学、湖南大学、湘潭工学院等8所高校的8 391名学生与有关商业银行签订了贷款合同，合同金额6 493万元（部属院校4 593万元），实际发放贷款金额3 717万元（其中部属院校2 175万元），部分高校欠交学费的现象有所缓解。

〔**学位工作**〕 5月，省学位委员会组织专家组对全省8所高校2001年有首届毕业生的15个本科专业进行了学士学位授权审核。继2000年湖南省有5篇博士学位论文被评为全国百篇优秀博士学位论文后，2001年湖南省又有5篇优秀博士学位论文入选全国优秀博士学位论文。省教育厅对20篇被评为湖南省2001年优秀博士学位论文的作者和指导教师给予了表彰、奖励。为了进一步提高研究生培养质量，湖南省决定从2001年起，每年开展研究生学位论文抽样检查。2001年抽检比例为学位授予人数的10%左右，共计250篇（其中博士学位论文40篇，硕士学位论文210篇）。经省内外专家评审，评出A等45篇，B等148篇，即优秀和优良的占67.2%。

2001年全面开展研究生学历和学位证书电子注册工作。

〔**科技工作**〕 2001年，全省高校一批学科、研究中心、实验室提升为国家级科研机构或基地。其中湖南大学的“化学生物传感与计量学实验室”被科技部批准为国家重点实验室；中南大学的铝合金流变技术与装备、湘潭大学的化工过程模拟与优化、湖南大学的输变电新技术3个工程研究中心被列入教育部首批工程研究中心；湖南师范大学伦理学学科被教育部确定为省属高校人文社科重点研究基地。国防科技大学、中南大学、湖南大学、湖南师范大学4所学校分别通过了教育部组织的“九五”期间“211工程”建设验收。

2001年全省高校共承担科研项目2 600余项，其中国家级课题1 000余项，进校科研经费6.8亿元。获国家科技进步奖3项、国家发明奖1项；中国高校科技成果一等奖4项、二等奖5项；省科技进步一等奖8项（占获奖总数的53%）、二等奖36项。

10月11日～12日，省教育厅联合省科技厅、省经贸委、省乡镇企业局共同举办了首次全省高校科技成果展示暨新闻发布会。会展期间，产、学、研各方开展了以技术转让、技术入股、技术服务等多种形式的合作，共签订高新技术成果交易、合作合同9个，总投资额1.2亿元。另外，签订意向性协议50余个。

〔**高校试办民办学院**〕 2001年省教育厅与省计委、省财政厅、省公安厅、省物价局等有关部门协商，并报请省政府同意，制定了《关于公办普通高等学校合作试办民办学院的意见》。《意见》提出普通高校合作试办民办学院实行两种模式：一是普通高校与社会力量本着自愿的原则，合作试办相对独立的办学实体；二是普通高校通过银行贷款单独试办。民办学院应坚持独立的法人资格、独立的校区、独立的财务管理、独立的教学及管理。民办学院实行校董会领导下的校长负责制、教职工全员聘任制、绩效工资制，后勤实行社会化。2001年全省有6所高校试办了民办学院，即湖南师范大学树达学院，湘潭大学兴湘学院，湖南商学院北津学院，南华大学船山学院，湘潭工学院潇湘科技学院，株洲工学院科技学院。

〔**干部、教师队伍建设**〕 2001年，全省正式启动“芙蓉学者计划”。省教育厅印发了《湖南省芙蓉学者计划实施办法（试行）》和《关于实施特聘教授岗位制度有关问题的通知》，计划在普通高校设立30个特聘教授岗位。全年新选拔青年骨干教师培养对象296名，对原来选拔的206名青年骨干教师培养对象进行了验收检查，有197名验收合格。省高校干部培训中心（省委高校工作委员会党校）2001年举办了1期高校中青年干部培训班、4期高校处级干部进修班，共培训处级干部293人。

〔**高等教育国际论坛**〕　2001年10月22日～26日，由中国高等教育学会与湖南省教育厅共同举办的“2001年高等教育国际论坛”在长沙举行。来自美国、英国、德国、挪威、澳大利亚、泰国等国的部分大学校长和知名学者，清华大学、北京大学、中国人民大学、北京师范大学、上海交通大学、复旦大学、中国科技大学等国内知名大学的校长和专家，国家教育部有关司局负责人和我国高教领域长期从事管理和研究的专家学者，湖南省普通高校的校长或书记共200余人参加了会议。代表们围绕经济全球化与高等教育发展这一主题展开了深入的探讨。中国高教学会会长周远清，代省长张云川、副省长唐之享、省长助理许云昭、省教育厅厅长蒋作斌等出席会议。

论坛共收到论文80余篇，分别从历史与现实、理论与实际结合的层面，阐述了经济全球化对高等教育的影响以及经济全球化与高等教育体制改革、与人才培养质量和要求、与吸收世界先进文化和保护民族优秀文化等多方面的关系，既具有很强的时代精神和理论价值，又富有实践指导意义。

〔**高校后勤社会化改革**〕　2001年全省共投资6亿元，建成大学生公寓53万平方米；筹资8 239万元，建成学生食堂12万平方米，基本满足了高校扩招的需求。全省有70%的高校后勤部门已与学校规范分离，其中长沙电力学院后勤部门已登记注册为具有独立法人资格的股份制企业。

高校后勤社会化改革进行了以下工作：(1) 在后勤部门与学校规范分离方面，省引导各高校从实际出发，采取不同的步骤和方法推进分离工作，并指导已实施规范分离的高校后勤实体，引进现代企业管理技术，构建适应市场经济要求的管理模式和运行机制。(2) 在学生公寓的规划和建设方面，省引导各高校配合当地政府，在校外集中连片开发学生公寓，并制定了《湖南省校外大学生公寓区规划设计导则》和《湖南省校外大学生公寓区管理办法》，规范学生公寓区的建设和管理行为。(3) 组织创建标准化学生公寓和食堂。

〔**高等教育自学考试**〕　2001年，全省举行了3次高等教育自学考试，比往年增加一次，报考人数66.33万人，其中本科28.14万人、专科38.19万人。报考总科次142.04万科。到年底，全省共保留开考专业58个；全省开考的591门课程中，使用全国统一考试大纲和命题的课程有503门，占总数的85%。

〔**毕业生就业工作**〕　2001年省辖区内普通高校各学历层次毕业生的就业情况为：(1) 毕业研究生就业率为95.78%。其中到省直单位占18.78%，中央在湘单位占24.95%，市州占5.93%，出省就业占37.86%，读博（后）和出国占12.48%，准备深造暂不就业72人。(2) 本科毕业生就业率为89.93%。其中到省直单位占8.83%，中央在湘单位占5.97%，市、州占17.46%，出省就业占57.4%，考取研究生占9.66%，出国占0.56%，自主办业占0.05%。(3) 专科毕业生就业率为53.91%。其中到省直单位占4.60%，中央在湘单位占2.93%，市、州占70.40%，出省就业占22.03%，自主办业占0.04%。

2001年首次实行应届毕业生电子注册，有46所普通高校参加，注册毕结业生4.84万名，少数学生因故暂缓注册。

撰稿　金　彪　刘少波　彭小奇　颜胜利
余伟良　刘梦清　余军民　尹坚毅
杨承玖　王文斌　何伟健　熊俊钧
张专伦　刘积成　史云峰　黄迪皋
马宏铁　刘奇军　潘　峰
审稿　蒋作斌

# 广东省教育

## 概　况

〔**基本情况**〕

**2001年各级普通学校基本情况**

单位：人

| 学校类别 | 学校数（所） | 毕业生数 | 招生数 | 在校生数 | 教职工数 合计 | 教职工数 其中：专任教师 |
|---|---|---|---|---|---|---|
| **总　计** | **38 202** | **3 039 651** | **5 059 522** | **17 526 996** | **943 741** | **739 470** |
| 一、研究生 | (26) | 2 843 | 7 429 | 17 918 | | |
| 1. 高等学校 | (18) | 2 761 | 7 186 | 17 399 | | |
| 2. 科研机构 | (8) | 82 | 243 | 519 | | |
| 二、普通高等学校本专科 | 62 | 58 835 | 139 050 | 381 926 | 51 057 | 23 467 |
| 本科院校 | 30 | 46 053 | 84 792 | 257 611 | 42 206 | 18 624 |
| 专科院校 | 32 | 7 270 | 34 596 | 78 812 | 8 392 | 4 672 |
| 分校、大专班 | | 5 512 | 19 662 | 45 503 | 459 | 171 |
| 三、普通中等学校 | 4678 | 1 489 897 | 1 912 008 | 5 358 633 | 330 728 | 267 113 |
| 1. 中等专业学校 | 220 | 77 910 | 66 696 | 238 370 | 22 816 | 13 105 |
| 中等技术学校 | 184 | 62 390 | 63 661 | 219 791 | 18 744 | 10 575 |
| 中等师范学校 | 36 | 15 520 | 3 035 | 18 579 | 4 072 | 2 530 |
| 2. 技工学校 | | | | | | |
| 3. 普通中学 | 4 074 | 1 347 720 | 1 758 927 | 4 896 988 | 289 103 | 239 319 |
| 高中 | 1 000 | 206 752 | 332 084 | 842 763 | | 50 124 |
| 初中 | 3 074 | 1 140 968 | 1 426 843 | 4 054 225 | | 189 195 |
| 4. 职业中学 | 382 | 64 192 | 86 262 | 222 918 | 18 736 | 14 646 |
| 高中 | 375 | 61 384 | 82 887 | 213 351 | | 14 167 |
| 初中 | 7 | 2 808 | 3 375 | 9 567 | | 479 |
| 5. 工读学校 | 2 | 75 | 123 | 357 | 73 | 43 |
| 四、小学 | 23 611 | 1 484 451 | 1 604 435 | 9 529 844 | 428 614 | 371 283 |
| 五、特殊教育学校 | 61 | 3 625 | 4 160 | 29 524 | 1 423 | 1 117 |
| 六、幼儿园 | 9 790 | | 1 392 440 | 2 209 151 | 131 919 | 76 490 |

**2001年各级成人学校基本情况**

单位：人

| 学校类别 | 学校数（所） | 毕业生数 | 招生数 | 在校学生数 | 教职工数 | |
|---|---|---|---|---|---|---|
| | | | | | 合 计 | 其中：专任教师 |
| **总　计** | **5 690** | **1 403 547** | **1 014 903** | **1 498 144** | **35 873** | **17 712** |
| 一、成人高等学校 | 40 | 45 316 | 97 087 | 233 032 | 10 291 | 5 636 |
| 1. 广播电视大学 | 3 | 4 931 | 7 779 | 24 463 | 4 247 | 2 308 |
| 2. 职工高等学校 | 19 | 4 969 | 7 729 | 19 455 | 1 946 | 1 135 |
| 3. 农民高等学校 | | | | | | |
| 4. 管理干部学院 | 12 | 7 912 | 8 903 | 20 435 | 2 928 | 1 549 |
| 5. 教育学院 | 6 | 2 506 | 6 744 | 15 927 | 1 170 | 644 |
| 6. 独立函授学院 | | | | | | |
| 7. 普通高等学校举办： | (62) | 24 998 | 65 932 | 152 752 | | |
| 函授部 | | 8 857 | 34 194 | 75 300 | | |
| 夜大学 | | 7 354 | 22 999 | 55 042 | | |
| 成人脱产班 | | 8 787 | 8 739 | 22 410 | | |
| 二、成人中等学校 | 5 088 | 1 337 776 | 899 302 | 1 248 330 | 24 815 | 11 972 |
| 1. 成人中等专业学校 | 568 | 64 502 | 62 988 | 185 226 | 12 477 | 7 834 |
| 广播电视中等专业学校 | 4 | 7 556 | 6 381 | 21 144 | 307 | 177 |
| 职工中等专业学校 | 147 | 28 006 | 29 976 | 81 002 | 6 535 | 4 115 |
| 干部中等专业学校 | 1 | 170 | 211 | 681 | 25 | 20 |
| 农民中等专业学校 | 55 | 5 598 | 6 763 | 18 696 | 2 290 | 1 564 |
| 函授中等专业学校 | 1 | 1 093 | | 920 | 223 | 133 |
| 教师进修学校 | 100 | 4 004 | 3 894 | 10 656 | 3 097 | 1 825 |
| 其他类学校举办 | 260 | 18 075 | 15 763 | 52 127 | | |
| 2. 成人中学 | 139 | 9 388 | 10 734 | 15 127 | 930 | 432 |
| 职工中学 | 32 | 2 687 | 2 500 | 4 350 | 386 | 223 |
| 农民中学 | 107 | 6 701 | 8 234 | 10 777 | 544 | 209 |
| 3. 成人技术培训学校 | 4 381 | 1 263 886 | 825 580 | 1 047 977 | 11 408 | 3 706 |
| 职工技术培训学校 | 187 | 82 772 | 63 541 | 80 732 | 1 849 | 1 103 |
| 农民技术培训学校 | 4 194 | 1 181 114 | 762 039 | 967 245 | 9 559 | 2 603 |
| 三、成人初等学校 | 562 | 20 455 | 18 514 | 16 782 | 767 | 104 |
| 1. 职工初等学校 | 1 | 1 584 | 181 | 293 | 35 | 25 |
| 2. 农民初等学校 | 561 | 18 871 | 18 333 | 16 489 | 732 | 79 |
| 其中：扫盲班 | 45 | 3057 | 2706 | 2748 | 53 | 4 |

〔**年度工作方针**〕 2001年广东教育工作的指导思想是：以邓小平理论为指导，按照“三个代表”的要求，继续落实第三次全国教育工作会议和全省教育工作会议精神，围绕广东省率先基本实现现代化的总目标，深化改革，加强创新，进一步巩固提高普及九年义务教育，继续加快发展高中阶段教育和高等教育，大力调整优化教育结构，大力推进教育信息化，大力推进高校后勤社会化和科研成果产业化，全面提高教育质量和办学水平，实现“十五”计划的良好开局。

为此，在2001年度要重点抓好以下几方面的工作：(1) 继续加快教育发展，巩固提高“两基”工作成果；(2) 面向本省经济和社会发展需要，大力进行人才培养结构调整；(3) 全面推进素质教育，切实加强教育教学基本建设，不断提高教育质量；(4) 适应经济体制改革要求，深化教育改革，加强制度创新；(5) 大力推进高校重点学科建设和高水平大学建设，促进科研成果转化和产业化；(6) 积极推进教育信息化和教育技术手段现代化；(7) 进一步抓好教师队伍建设，力争在高水平人才的培养中有明显进展；(8) 保障教育经费投入，努力解决教育的热点难点问题；(9) 加大依法治教和教育督导力度，营造教育改革发展的良好环境；(10) 进一步加强高校党建和思想政治工作，加强党风廉政建设。

〔**“九五”教育事业成就**〕 “九五”期间，广东的教育事业取得了历史性的成就。

教育规模不断扩大，社会要求接受教育与学位不足的矛盾开始有所缓解。1996年广东省在全国率先实现了“两基”目标。高等教育毛入学率从1995年的6.59%提高到2000年的11.35%。提前完成了“九五”计划任务。

教育经费大幅增加，办学条件明显改善。“九五”期间广东省本级财政投入共75亿元。各地财政教育性投入也有较大增加。初步建立了以政府投入为主，多渠道筹措教育经费的体制。中小学楼房率达到84%，生均校舍建筑面积分别达到5.81平方米和7.18平方米。普通高等学校生均校舍建筑面积达到45平方米，生均教学仪器设备超过教育部规定的标准。

教育体制改革取得重大突破，办学效益明显提高。基础教育进一步完善了“分级办学、分级管理”的体制，形成以政府办学为主，全社会共同参与的办学局面。高等教育基本形成了中央与省两级管理，以省为主的体制。通过共建、划转、合并、联合等形式，优化了高等教育的资源配置。2000年广东省普通高等学校生均规模达5 759人，是1995年2 169人的2.65倍；生师比达到13.46：1。

全面推进素质教育，教学质量和办学水平逐步提高。中小学课程教学内容改革和教材多样化建设取得阶段性成果，大中小学教育现代化和信息化发展迅速，广东教育和科研计算机网已初具规模。招生考试制度改革迈出了重大步伐。高校教学工作“一三五二工程”进展顺利。重点学科建设成绩显著。全省有8所高校进入“211工程”行列；有15个国家级重点学科；博士点153个，博士一级学科授权点25个，硕士点540个。

教师待遇普遍改善，整体素质明显提高。基础教育在全国率先确定教师最低收入保护线，中央部委属驻粤高校教职工与省属高校一视同仁，增加岗位津贴。中小学教师住房成套率达到85%，普通高校每户带眷教职工基本住上了省规定的标准住房。培养跨世纪基础教育人才的“百千万工程”、高等教育人才的“千百十工程”已初显成效。至1999年，小学、初中、高中教师学历达标率已分别达到98.88%、87.48%、65.36%，普通高校具有高级职称专任教师占教师总数的40%，均高于全国平均水平。

〔**“十五”教育事业发展规划**〕 “十五”期间，广东教育要坚持以邓小平理论为指导，按照“三个代表”的要求，紧紧围绕率先基本实现现代化的总目标，以发展为主题、以结构调整为主线、以改革为动力、以提高质量为根本，把加快教育发展，深化教育改革，提高教育质量，调整教育结构和推进教育信息化摆在突出位置。主要任务概括为：“巩固、发展、提高”，即进一步巩固普及九年义务教育，继续加快发展高中阶段教育和高等教育，全面提高教育质量和办学水平、提高教育特别是高校科技对经济发展的贡献率。具体目标是,(1)规模方面,2005年,全省幼儿入学率要达到80%,小学入学率达到100%,初中毛入学率达到98%;初中毕业生入学率达到70%以上,高中阶段毛入学率达到65%;同龄人口高等教育入学率达到16%;在学研究生达到4万人。(2)质量和水平方面,素质教育水平要居全国前列,一批学校跃居全国同类学校前列。(3)科技创新和成果转化方面,要新建一批国家级重点学科、重点实验室和人文社会科学研究基地,形成若干各具特色的产学研联合体,一批科研成果转换为现实生产力。

〔**加快普及信息技术教育和英语教育的八大行动计划**〕 9月25日,省政府颁发了《关于构建创新人才培养体系,推动广东信息技术产业加快发展的意见》,制订了加快普及信息技术教育和英语教育的八大行动计划。提出了实现创新人才培养体系的“三个三”目标:一是掌握三项基本技能,即信息技术、英语、普通话。二是达到三个基本要求,即小学毕业生基本能够上网、基本会说流利普通话;高中毕业生基本会用英语进行一般日常会话;重点大学本科毕业生基本达到英语六级水平。三是建设三大信息技术基地,即信息技术重点学科专业基地,高校软件科技孵化园基地,高校高新技术产业基地。2003年,全省小学三年级基本开设英语课,2005年,全省中小学基本开设信息技术课程;实施高校信息技术名牌专业建设工程,高校软件科技孵化园建设工程,“软件蓝领”人才培养工程,社会公共英语教育工程;全面推广普通话,加快学校普及普通话工作步伐,到2005年,全省所有小学毕业生基本能讲较为流利的普通话。为此,省政府已决定拨出3 000万元专款,启动欠发达地区300所中小学校信息技术教育和英语教育试点工作。

〔**教育投入与支出**〕 2001年,全省教育经费总支出为405亿元。其中国家财政性教育经费支出249亿元;社会团体和公民办学经费为21亿元,社会捐资办学经费为11亿元;学费、杂费83亿元;其他教育经费41亿元。

2001年广东省本级财政投入高等教育经费13.08亿元。其中,高等教育专项资金预算安排5.88亿元,“211工程”建设专项1.00亿元。当年高等教育专项资金的安排以校舍达标建设为重点,同时加强重点学科、重点实验室、重点课程、重点师资的投入。其中:校舍达标4.09亿元,仪器设备1 880万元,图书资料660万元,生活设施1 700万元,重点学科3 450万元,教师岗位津贴4 000万元,其他项目6 202万元。

〔**教师队伍建设**〕 继续抓好高校“千百十工程”和基础教育“百千万工程”建设。到2001年底,“千百十工程”的第一批培养对象中涌现了4名“长江学者特聘教授”、2名广东省特聘教授,有18人入选人事部“百千万人才工程”第一、二层次,9人入选教育部“跨世纪优秀人才培养计划”。表彰了一批在培养期间作出突出贡献的培养对象和培养工作成绩显著的团队。确定了“千百十工程”第二批培养对象,共有国家级培养对象10名,省级培养对象131名,校级培养对象1 010名。基础教育系统启动了第二批省级培养对象的工作,共确定了30名教育专家培养对象,60名名校长培养对象,120名名教师培养对象。

全面启动教师资格制度实施工作,制定《首次教师资格认定实施办法》。组织教师资格评审工作,受理教师申报职称5 120人,共有2 000多人晋升高一级职称。

2001年,广东省共有41名教师获得“全国模范教师”、“全国教育系统先进工作者”称号、共有104名教师获得“全国优秀教师”、“全国优秀教育工作者”称号。召开了广东省庆祝教师节暨优秀教师表彰大会,共表彰了846名“南粤教书育人优秀教师”,99名“南粤优秀校长”、505名“南粤优秀山区教师”。

成立了省教师继续教育指导中心。全面落实《高等学校教师培训规程》和《中小学教师继续教育规定》。完成新任教师培训5.7万人,教师职务培训33.4万人,骨干教师培训2.6万人,计算机全员培训27.2万人,提高学历培训5.1万人,非师范类毕业生教师资格认定教育学、心理学补修培训约1万人。

〔语言文字工作〕 组织学习宣传《国家通用语言文字法》。成功组织第八届普通话宣传周活动。与广州市教委、语委联合在广州市13个区（市、县）热闹的商业街，同时举办大型街头宣传活动。在全省邮政系统举办系列推普活动，邮政系统2万多职工开展了《国家通用语言文字法》知识竞赛。积极开展普通话水平测试和测试员培训。建立了12所省属高校普通话培训测试站。建成普通话水平测试题库。积极配合做好首次教师资格认定工作，全省有16万教师接受普通话测试。培训省级测试员600多人，超过原有测试员数量的总和，有效保证了全省普通话水平测试工作的顺利进行。

# 基础教育

〔综述〕 2001年，全省小学比上年减少591所。小学招生数比上年增加4.7万人；在校生增加23万人。初中学校比上年增加58所。初中招生数比上年增加2 106人，在校生增加17.3万，流失率有所下降。普通高中学校比上年增加53所。普通高中招生数比上年增加4.5万人，在校生增加11.7万人。幼儿园比上年减少2 237所。幼儿园招生数比上年增加5.5万人，在校生增加6.7万人。特殊教育招生比上年增加1 390人，增长率为50.18%。

〔全省基础教育工作会议〕 全国基础教育工作会议之后，9月30日，省政府在广州召开全省基础教育工作会议。广东省委副书记、省长卢瑞华出席会议并讲话。李鸿忠副省长作工作报告。卢瑞华指出，搞好基础教育是各级政府的责任，要改变过去政府热衷于搞项目的状况，把举办基础教育作为各级政府的基本职能，这一点要形成共识。各地级以上市及顺德市市长、分管教育副市长、计委主任、财政局长、教育局长，省有关单位主要负责人共200多人出席了会议。会上，还颁发了广东省获全国“普九”先进地区和先进个人奖项。

会议制定了《广东省人民政府贯彻〈国务院关于基础教育改革与发展的决定〉的意见》及一系列配套文件和政策措施，确定了广东省基础教育改革和发展的目标、任务。会后，各市及时召开了有人事、财政、税收、劳动、教育等部门领导参加的全市基础教育工作会议，明确“以县为主”管理体制的基本内容和要求，做到“四个落实”：落实教师工资由县（市、区）财政设立专门帐户指定专门银行统一发放；落实教师人事调配权收归县（市、区）统一管理；落实学校规划、布局、建设由县（市、区）有关职能部门统一组织实施；落实县（市、区）有关职能部门落实“一保二控三监管”的财政政策，确保学校的运转和加大对教育的投入。

〔免收农村困难家庭子女义务教育书杂费〕 为切实解决农村困难家庭子女入学难和失学辍学问题，省政府于8月21日印发了《关于我省农村困难家庭子女免收义务教育阶段书杂费的通知》。《通知》决定，从2001年起，省财政每年安排专项资金3亿元，免收全省农村人均年纯收入1 500元以下的困难家庭子女义务教育阶段书杂费（指本地区当年义务教育阶段按有关规定收取的全额杂费以及教育部认定的当年黑白版教材的全额课本费）。为落实《通知》精神，省政府于8月21日在广州市召开专门会议，省直有关部门负责同志、各市主管教育的副市长以及财政、教育、扶贫办的负责同志共100多人参加，广东省副省长李鸿忠到会并讲话。2001年受惠贫困儿童88万余人。

〔信息技术教育和英语教育〕 省教育厅印发了《广东省“十五”中小学信息技术教育发展规划

实施细则》和《广东省中小学英语教育发展行动计划》。召开了珠江三角洲七城市加快推进中小学信息技术教育和英语教育座谈会。组织参加第二届全国中小学学生电脑制作活动，获最佳组织奖，个人一等奖获奖数排全国第二名。信息技术教育按规划实施。普通高中开课的学校有918所，开课率达到95.4%。中小学计算机台数达到27.4万，比上年增加4万台。珠江三角洲7个市中小学2001年全部开课。

〔**课程改革**〕 普通高中从一年级开始使用国家新的课程计划，同时，启动国家级试点深圳南山区试验义务教育阶段新课程方案。12月25日～26日召开全省课程改革工作会议，部署课程改革工作。提出了《广东省基础教育课程改革实施意见》。制订了《广东省中小学教材管理暂行办法》。

〔**特殊教育**〕 制定了“十五”期间特殊教育事业的发展规划。加强对特教师资队伍的培养与培训。分别举办了盲、聋哑、弱智师资培训班和多媒体教学软件制作培训班。启动全省特殊教育实验学校(基地)的建设，开展教育、康复、就业等一系列的工作。进行在乡镇创立特殊教育中心校的试验工作。

〔**中小学德育**〕 组织全省1 200多名德育干部和骨干教师参加学习培训。全省已建和立项在建德育基地28个。深圳市中小学德育基地被命名为全国“青少年德育实验基地”。省成立了中小学心理健康教育指导委员会和指导中心。深圳市高级中学等20所学校确定为省中小学心理健康教育示范学校。成立了省青少年学生校外教育工作联席会议，统筹协调和指导全省青少年校外教育工作和校外活动场所建设。召开了全省学校、家庭、社会三结合教育工作现场会，推广中山市开展社区教育的经验。推动了中小学法制教育，全省200多名兼职法制副校长参加了学习培训。

〔**学校体育**〕 经省政府批准，由省教育厅、省体育局、共青团广东省委联合举办的广东省第七届中学生运动会于7月15日～28日在广州举行，比赛项目有田径、游泳、篮球、足球、毽球、乒乓球6个项目。参赛人数近4 000人，有53人17队90次破51项历届省中运会最高纪录，是广东历届中运会规模最大、参赛人数最多、竞技水平最高的一次中学生运动会。广东省中学生代表团参加亚洲中学生羽毛球锦标赛，获得5块金牌、3块银牌、2块铜牌的优异成绩，为国家争得了荣誉。

〔**教育装备**〕 2001年，广东省用于购置各类教学仪器设备的经费达4.8亿元（比上年增加0.24亿元），其中财政拨款2.5亿元，其他渠道集资2.3亿元；全省中小学教学仪器设备总值约28亿元（比上年增加4.14亿元），其中理、化、生、自然课实验仪器金额为9.2亿元，其他各类教学仪器设备金额为18.8亿元。全省有14个市（区）4 426所学校（其中中学1 397所，小学3 029所）开展了实验操作考核工作。全省中小学拥有计算机室5 580间（比上年增加1 001间），拥有计算机室的学校数为4 608所，已建校园网的学校有412个（比上年增加190个），计算机拥有量约为33.1万台。95%的高完中已配备了计算机，开设信息技术教育必修课。拥有图书6 119万册，生均15册，拥有图书金额4.71亿元；小学拥有图书7 722万册，生均10册，拥有图书金额3.99亿元。

# 职业教育

〔**综述**〕 2001年在全省62所普通高校中，有职业技术学院27所，在校生15万人，建立了一批全国示范性学院和专业；中等职业技术学校1 170所（含普通和成人中专、职中），在校生79万人，其中国家级重点中等职业技术学校65所，省级84所。开设专业300多个，颁发资格证书种类达100多种。其他普通高校和40所成人高校也积极发展职业技术教育。改革开放以来至2001年，全省培养了职业技术教育毕业生共400多万人，其中中专毕业生169万人，大专层次的高职高专毕业生93万人，为生产第一线培养了大量的技能型、实用型人才，为广东经济社会的发展做出了很大的贡献。

〔**职业教育改革**〕 形成多层次、多形式、多体制、多模式的办学体制。建立了灵活多样的招生制度，初步建立了中高等职业教育衔接的立交桥。不同层次的学校教学改革各具特色，如有以能力为中心的教学模式；迎接入世挑战，加强信息技术和英语教育，建立信息技术等名牌专业。加强实践教学环节，建立了首批35个职业技术教育实训中心，并向社会开放。建立多种形式的产学研联合体，以企业为主导的社会力量支持教育、参与办学和管理已成为职业技术教育发展的重要趋势。教育质量逐步提高，3所职业技术学院的平均就业率超过95%，中等职业学校的毕业生也受到广大用人单位的欢迎。发展继续教育，构建职业资格培训与学历教育并重的制度，推动学历社会向学习型社会的转变。

〔**培养“软件蓝领”人才行动计划**〕 根据省政府《关于构建创新人才培养体系，推动广东信息技术产业加快发展的意见》，结合广东省成人高等学校和中等职业学校的实际，制定了《关于培养“软件蓝领”人才行动计划的实施意见》。为落实《实施意见》，先后召开了有软件园负责人、信息技术企业经理、成人高校和中等职业学校领导、专家参加的座谈会，并到有关企业、部门调研，就“软件蓝领”人才的培养规模和规格、师资培训、课程教材建设、实习训练、考级认证、用人就业等问题进行研究探讨，在珠海市第一职业学校进行了与企业合作培养“软件蓝领”人才的试点，同时确定省科干院等5所成人高校和广州市电子信息学校等8所中等职业学校为培养“软件蓝领”人才的试点校。

〔**中等职业教育教学**〕 制定并颁发了《广东省中等职业学校学分制试行办法》，推动广东省中等职业学校试行学分制；健全了教学、学籍管理制度，统一学制和教学计划，规范专业名称。根据教育部2000年颁发的中职教学大纲，组织有关专家修订、完善了3省市区中等职业学校4门文化课、8大专业基础理论课教材共52册，编写了供农职类学生和农民使用的教材共23种。制定了高职招生考试所需的职业证书的考核标准，初步确定了电子、电工、机械、财会、旅游、化工等6个专业职业证书的考试大纲。继续组织中等职业学校学生参加计算机应用基础考试和技能鉴定及全国公共英语等级考试，提高了中职学生的综合专业能力和动手操作能力。

# 高等教育

〔**综述**〕 2001年，广东省普通高等学校比上年增加10所。本专科学生招生数比上年增长12.74%；本专科在校学生比上年增长24.8%；高等教育毛入学率为14%。进一步解放思想，抓住机遇，积极做好高等教育的扩招工作，认真抓好结构调整和提高质量的工作，召开了全省高等学校教学工作会议，制订了《关于加强高等学校人才培养工作，努力提高教育质量的意见》，促进高等教育的健康、持续、协调发展。

〔**组建新中山大学**〕 2001年10月26日，中山大学、中山医科大学合并组建新的中山大学。在成立大会上，教育部部长陈至立、广东省省长卢瑞华先后讲话。陈至立说，中山大学、中山医科大学合并组建一所学科覆盖更宽、实力更强的综合性大学，是贯彻落实科教兴国战略，深化高等教育管理体制改革，优化广东省教育资源配置，适应广东经济、社会发展需要的一项重要举措。她希望新组建的中山大学抓住两校合并与省部共建的历史机遇，在继续保持两校原有办学特色和优势的基础上，主动适应知识经济与教育体制改革和调整的时代要求，发扬与时俱进的精神，开拓进展，加快发展。广东省省长卢瑞华表示，省委、省政府除了在经费上大力支持外，还将在教育部的指导下，把它作为我省高等教育的龙头学府，纳入全省高等教育发展规划重点建设，并带动全省高等教育的发展。

〔**教育部与广东省重点共建中山大学、华南理工大学**〕 10月26日，教育部部长陈至立与广东省省长卢瑞华在教育部与广东省政府重点共建中山大学、华南理工大学的协议上签字。今后，两校成为教育部与广东省重点共建的大学，在3年内分别获得12亿元和4亿元的资金投入。在2001年至2003年内，除对学校的正常经费安排外，教育部还将向中山大学投入建设经费3亿元，广东省配套投入9亿元。在2001年至2003年内，教育部向华南理工大学投入建设经费2亿元，广东省再投入2亿元。2003年后，双方将根据教育部和广东省的建设要求以及经费投入情况制定重点建设项目规划，经教育部和广东省审定后实施。

〔**专业调整改革**〕 制订了《关于加强高等学校专业调整改革，优化学科专业结构的意见》和加入WTO后重点发展的专业指南，在全省高等学校中全面开展了新一轮专业调整改革工作，按照优先发展广东省信息技术、生物技术等高新技术所需专业和加入WTO后紧缺专业，加强新兴产业、支柱产业的建设力度，重视发展直接为地方经济建设服务、适应劳动力就业市场变化需要的学科专业，深化改造传统专业、基础学科专业的思路，对高校专业进行战略性调整改革，优化学科专业结构。2001年新增设本科专业点103个、专科专业点154个，有30%左右是信息技术的专业，50%以上是入世后紧缺的专业。在2002年度教育工作会议上，省教育厅就专业改革问题作了专题发言，介绍了广东省专业调整改革的经验，得到了教育部和各省市领导的好评。

〔**信息技术名牌专业建设**〕 根据省政府《关于构建创新人才培养体系，推动广东信息技术产业加快发展的意见》精神，制订了《关于加强高等学校信息技术名牌专业建设的意见》和《广东省高等学校名牌专业评估方案》，2001年在学校申报的基础上，组织专家评审确定了中山大学计算机科学与技术等12个专业为广东省高校信息技术第一批名牌专业，在高等学校和社会上引起了较大的反响。

〔**高等职业教育**〕 抓好示范性职业技术学院的建设。广州民航职业技术学院和深圳职业技术学院相继被教育部评审确定为国家示范性建设的职业技术学院，成为全国30个示范性建设职业技术学院中的2所学校。积极开展高职高专教育专业教育改革试验，2001年全省共有20个高职专业先后被教育部评选批准为国家高职高专教育教学改革试点专业，是教育部批准教改试点专业最多的省份。重视高职高专教材建设，省组织编写的高职高专教育机电类专业17门系列教材向全国发行。抓好高职高专教育示范性实践基地建设，深圳职业技术学院工业中心已通过教育部组织专家的评估，被确定为国家级高职高专示范性的实践教学基地。创造条件试办四年制高职本科专业，经教育部批准，深圳职业技术学院计算机辅助设计与制造、电子信息工程、楼宇设备与智能技术等3个专业，自2001年开始在全国率先试办四年制本科专业，这是高等职业教育的一个较大突破。抓好信息技术专业重点教学实验室建设。投入资金2 000多万元，在华南师范大学、广东工业大学、茂名学院、肇庆学院、韶关学院5所学校建立了6个信息技术专业重点实验室。

〔**教学改革**〕 积极组织参与教育部“新世纪高等教育教学改革工程”，广东省有34个项目获得国家资助教学研究经费154万元。启动广东省新世纪高等教育教学改革工程，2001年立项147项，促进了全省高校教学改革的开展和深化。在第四届高等学校教学成果评奖中，评出省级教学成果154项，其中一等奖64项，二等奖90项；有21个项目获国家级教学成果奖，其中一等奖3项，二等奖18项，在全国31个省市中排第5位。无论是获奖等级和数量，与上两届评奖相比都有了较大的进步。

组织全省高校40多万人次参加各种类型的教学统考，其中参加全国大学英语四、六级统考有26万人次，参加全省大专实用英语统考有9万人次，参加全省计算机应用水平统考有5万人次。通过参加全国和全省的教学统考，促使学校重视教学工作，促进了教育质量的提高。在2001年6月举行的全国大学英语四、六级水平统考中，广东省高校99级本科生通过率为49.99%。2001年组织了22所学校214个队参加全省和国家的数学建模竞赛，有23个队获得国家级奖励，其中一等奖8队，二等奖15队；22所学校128队参加省和国家的电子设计竞赛，有13支队获得国家的奖励，其中一等奖4名，二等奖9名，对于培养学生的创新精神和实践能力，起到了积极的作用。

〔**高校“两课”建设**〕 积极推进邓小平理论和江泽民“三个代表”重要思想“进教材、进课堂、进学生头脑”工作，举办“两课”贯彻“七一”讲话精神研讨班。召开现代教育技术在“两课”运用成果展示会和思想政治工作进网络现场会。广东省编写的《毛泽东思想概论》、《思想道德修养》被教育部评为优秀教材。成立省高校“两课”教学指导委员会，加强对高校“两课”教学指导和研究。充分发挥专家对“两课”建设的指导作用。组织53批3 200名大学生到社会调查基地开展社会调查活动，与团省委共同组织118个社会实践队共2 200多名大学生参加文化、卫生、科技“三下乡”活动。

〔**思想政治工作**〕 在中山大学和华南理工大学组织高校师生学习江泽民“七一”讲话精神报告会，推动高校师生掀起学习江总书记“七一”讲话的热潮。组织高校纪念建党80周年“党在我心中”歌咏文化活动，“党的光辉激励我成长”征文活动，共评出78篇优秀论文和6个优秀组织奖单位。与省新闻出版局联合开展“党的光辉照山乡”赠书活动，向16个贫困县部分中小学赠送《中国共产党历史青少年读本》。《广东省高校思想政治工作调研报告》被省委宣传部组织的“新形势下基层思想政治工作理论与实践研讨会”评为优秀成果一等奖。继续在10所高校开展师生思想政治状况滚动调查。全省已有40%的高校在网上建立了思想政治教育网页。组织学习贯彻《公民道德教育实施纲要》，加强师德建设和精神文明建设。深圳大学等6个单位、樊军辉等5位同志被省委、省政府分别评为文明单位和精神文明创建活动积极分子。

〔**科技管理**〕 广东省有24所高校获得广东省自然科学基金项目206项，占全省的80.16%；经费1 093万元，占全省的79.03%。此外，还获得2001年度广东省自然科学基金重点项目45项，经费634万元，分别占全省的76.27%和75.57%。在教育部人文社会科学研究“十五”计划第一批立项的规划项目中，省属高校获立项20项，立项率41%（全国为30%），经费48万元。

组织申报中国高校科学技术奖和广东省科学技术奖的工作，全省共有6所高校13个项目获得中国高校科技奖，在全国省区市中名列第11位，其中省属高校获奖6项，按全国省区市属高校排名，列第6位；有18所高校获得广东省科学技术奖88个，占全省的40.7%，比上年提高约6个百分点。2001年广东省高校获得国家自然科学奖二等奖1项，是“九五”以来广东省高校乃至全省在自然科学奖方面零的突破，科技进步奖二等奖2项，且均为第一完成单位。2001年，广东省高校申请专利305项，获得专利授权130项，其中发明专利的申请与授权均有较大幅度增长。

〔**重点学科建设**〕　2001年广东省共有10所高校的72个学科申报教育部组织的第二轮国家重点学科，评审结果有10所高校的42个学科被评为国家重点学科，在全国省区市中位列第六。其中中山大学20个，华南理工大学6个，广州中医药大学4个，华南农业大学、华南师范大学各3个，暨南大学、第一军医大学各2个，广东外语外贸大学、汕头大学各1个。广东省高校国家重点学科不仅数目从原有的15个上升到42个，而且华南师范大学、暨南大学、汕头大学和第一军医大学4所高校均实现了零的突破。

〔**学位与研究生教育**〕　2001年，在广东省报名参加各类学位考试总人数近4万人次。其中参加同等学力人员申请硕士学位外语及综合科目全国统考的有1.02万人次，比上年增加约114%，参加成人本科申请学士学位外语全省统考的有8 577人次，比上年增加约141%。加强对研究生课程进修班、中外合作办学的管理。经严格审查，2001年在广东省登记备案的研究生课程进修班131个，经报国务院学位委员会批准的中外合作办学项目3个。规范研究生学历证书及各类学位证书的管理。对广东省2001年毕业研究生2 587人实行了学历证书电子注册。

〔**高校科技成果转化**〕　广东省高校实施“走出去”战略，首次组织13所高校参加了2001年广东（香港）经济技术贸易洽谈会，取得与外商签约15项，合同金额1.4亿美元、外商直接投资近1亿美元的好成绩。在2001年中国（深圳）高新技术成果交易会上，广东（中山大学、暨南大学、华南农业大学、深圳大学）5所高校实现交易额近9亿元，比上年多了近3亿元。2001年度广东省科学技术奖获奖项目，高校系统共获得88项，占获奖总数的40.7%，比上年提高5.5个百分点。

〔**高校后勤社会化**〕　近两年来，特别是第二次全国高校后勤社会化改革工作会议以来，广东省高校后勤社会化改革力度加大，步子加快。学生公寓及其后勤设施建设取得显著成绩，2000、2001年两年间，吸纳社会资金达16.18亿元，新建改建学生公寓、食堂140.7万平方米，顺利解决新增18万学生的食住需求。高校后勤系统规范分离目标基本达到，如期实现3年改革的第二步目标。2001年，全省高校后勤系统服务项目全部实现分离。

〔**国家助学贷款工作**〕　省成立学生贷款管理中心。广东省普通高校2000～2001学年在校生约30万人，贫困学生近5万，占在校学生的16%，特困学生1.5万人，占在校生的5%。截止到2001年底，全省申请助学贷款的学生有2.11万人，申请贷款金额1.40亿元，与银行签订合同的学生有0.61万人，合同金额0.59亿元，实际发放金额为0.21亿元。

# 成人教育

〔**成人高等教育**〕　继续做好成人高等教育《计算机应用》和《英语》两门课程的统考工作。参加《计算机应用》考试的有65所院校2.16万人，合格1.44万人，合格率为67%；参加《英语》考试的有64所院校2.89万人，合格1.78万人，合格率为61.68%。制定了《广东省成人高等学校学生退学退费暂行办法》和《广东省成人高等学校学籍管理有关问题的通知》，加强学籍管理，加强考风、考纪建设，规范办学行为。以中央电大“人才培养模式改革和开放教育试点”项目研究为突破口，进一步开展电大办学模式的改革，加强电大的现代远程设施设备和教学软件建设，以及教学管理、考试管理和学籍管理，推动电大教育向远距离、开放教育方向发展。规范电大招生工作，2001年，广东省电大均以开放教育本科生、专科生的名义招生。

〔**城乡教育综合改革**〕　完善三级农村成人教育网。广东省1 700多所城乡成人学校培训农民900万人次。10所国家级示范性乡镇成人学校和一批省级示范性乡镇成人学校建设工作有序进行。按照教育部职成司《关于在部分地区开展社区教育实验工作的通知》要求，确定了广州、深圳等10个社区教育实验点，其中广州市天河区、深圳市宝安区为全国社区教育实验区。

〔**社会力量办学**〕　制定了4个关于社会力量办学管理的规范性文件，加强和规范了社会力量办学的管理。印发了新修订的高等教育学历文凭考试16个专业教学计划，组织了有关专家编写省考部分课程的教学大纲。组织专家对限期整改的8所专修学院进行检查验收。配合民政部门对97所学校进行了登记审查。部署了2002年全省社会力量办学机构的年检。

撰稿　石勰平　张幼铎　李学明

审稿　刘育民

# 深圳市教育

〔**基本情况**〕

**2001 年各级普通学校基本情况**

单位：人

| 学 校 类 别 | 学校数（所） | 毕业生数 | 招生数 | 在校生数 | 教职工数 | |
|---|---|---|---|---|---|---|
| | | | | | 合　计 | 其中：专任教师 |
| **总　计** | **1 097** | **119 485** | **183 377** | **627 820** | **46 028** | **30 974** |
| 一、研究生 | | 10 | 85 | 187 | | |
| 1. 高等学校 | | 10 | 585 | 187 | | |
| 2. 科研机构 | | | | | | |
| 二、普通高等学校本专科 | 3 | 2 779 | 7 239 | 18 556 | 2 165 | 1 295 |
| 本科院校 | 1 | 1 455 | 3 229 | 9 102 | 1 289 | 707 |
| 专科院校 | 2 | 1 268 | 3 967 | 9 334 | 876 | 588 |
| 分校、大专班 | | 56 | 43 | 120 | | |
| 三、普通中等学校 | 129 | 33 534 | 53 427 | 141 524 | 11 907 | 8 689 |
| 1. 中等专业学校 | 8 | 1 170 | 1 265 | 3 720 | 803 | 445 |
| 中等技术学校 | 8 | 1 170 | 1 265 | 3 720 | 803 | 445 |
| 中等师范学校 | | | | | | |
| 2. 技工学校 | 2 | 420 | 597 | 1 791 | 152 | 110 |
| 3. 普通中学 | 107 | 28 424 | 48 533 | 126 190 | 9 763 | 7 224 |
| 高中 | | 7 414 | 12 651 | 31 733 | | 2 111 |
| 初中 | | 21 010 | 35 882 | 94 457 | | 5 113 |
| 4. 职业中学 | 11 | 3 493 | 2 992 | 9 583 | 1 161 | 887 |
| 高中 | 11 | 3 493 | 2 992 | 9 583 | 1 161 | 887 |
| 初中 | | | | | | |
| 5. 工读学校 | 1 | 27 | 40 | 240 | 28 | 23 |
| 四、小学 | 377 | 38 987 | 72 220 | 363 657 | 17 370 | 13 254 |
| 五、特殊教育学校 | 1 | 18 | 52 | 456 | 71 | 46 |
| 六、幼儿园 | 587 | 44 157 | 50 354 | 103 440 | 14 515 | 7 690 |

## 2001 年各级成人学校基本情况

单位：人

| 学校类别 | 学校数（所） | 毕业生数 | 招生数 | 在校学生数 | 教职工数 | |
|---|---|---|---|---|---|---|
| | | | | | 合计 | 其中：专任教师 |
| **总计** | **20** | **3 806** | **6 727** | **16 364** | **526** | **292** |
| 一、成人高等学校 | 2 | 2 000 | 4 471 | 10 873 | 368 | 193 |
| 1. 广播电视大学 | 1 | 790 | 907 | 3 462 | 262 | 142 |
| 2. 职工高等学校 | | | | | | |
| 3. 农民高等学校 | | | | | | |
| 4. 管理干部学院 | | | | | | |
| 5. 教育学院 | 1 | | | | 106 | 51 |
| 6. 独立函授学院 | | | | | | |
| 7. 普通高等学校举办： | | 1 210 | 3 564 | 7 411 | | |
| 函授部 | | | | | | |
| 夜大学 | | 762 | 3 270 | 6 638 | | |
| 成人脱产班 | | 448 | 294 | 773 | | |
| 二、成人中等学校 | 18 | 1 806 | 2 256 | 5 491 | 158 | 99 |
| 1. 成人中等专业学校 | 9 | 1 366 | 2 124 | 4 710 | 124 | 75 |
| 广播电视中等专业学校 | 1 | 63 | 278 | 607 | | |
| 职工中等专业学校 | 8 | 1150 | 1816 | 3799 | 124 | 75 |
| 干部中等专业学校 | | | | | | |
| 农民中等专业学校 | | | | | | |
| 函授中等专业学校 | | | | | | |
| 教师进修学校 | | | | | | |
| 其他类学校举办 | | 153 | 30 | 304 | | |
| 2. 成人中学 | 9 | 440 | 132 | 781 | 34 | 24 |
| 职工中学 | 9 | 440 | 132 | 781 | 34 | 24 |
| 农民中学 | | | | | | |
| 3. 成人技术培训学校 | | | | | | |
| 职工技术培训学校 | | | | | | |
| 农民技术培训学校 | | | | | | |
| 三、成人初等学校 | | | | | | |
| 1. 职工初等学校 | | | | | | |
| 2. 农民初等学校 | | | | | | |
| 其中：扫盲班 | | | | | | |

制表　罗海泉

2001年，深圳市教育事业稳步发展。全市各级各类学校1 117所，在校学生6.44万人，教职工4.66万人。与上年相比，普通教育发展较快，成人教育发展基本持平。普通教育各类学校增加63所，在校学生增加8.32万人。普通教育事业发展，一是高等学校进一步扩招，增加了本科招生计划500人，职业技术学院也扩大招生指标；二是基础教育发展迅速，普通中小学校比上年增加37所，在校学生增加近6.9万人。

增加教育经费。2001年，全市教育经费总投入57.71亿元，比上年增加投入14.36亿元，增长33.11%；全市财政性教育经费总投入41.09亿元，比上年增加10.76亿元，财政性教育经费占国内生产总值的比例为2.15%。财政预算内教育经费38.39亿元，比上年增加11.02亿元，增长40.24%；财政预算内教育经费占财政支出的比例为11.93%。

组织重点课题调研。为贯彻落实全国和广东省的基础教育工作会议精神，市教育局确定5个重点调研课题，由教育行政干部、科研人员、校长、教师等50多人组成课题组，就基础教育体制改革、流动人口接受义务教育、创办国际学校及港澳台商子弟学校和加入WTO后深圳教育应对思路与措施等教育热点难点问题，进行了深入调研，获取了大量的第一手材料，分析原因，提出解决问题的对策。在此基础上，市教育局草拟《深圳市人民政府贯彻〈国务院关于基础教育改革与发展的决定〉的若干意见》，已于年底送呈市政府，为市政府决策提供了依据。

2001年，深圳市切实加强校长教师队伍建设。全市各类学校共有教职工4.66万人，增长14.9%，专任教师3.13万人，增长15.4%。试行《深圳市中小学校长负责制暂行条例》和《深圳市中小学教师聘任制暂行条例》，结合事业单位人事制度改革试点，重点抓了盐田区及市电子技术学校和深圳小学两学校的试点工作。“名师工程”的实施取得初步成效，评出全市首批名校长6人、学科带头人64人，中青年骨干教师188人。全市获教育部表彰3人；获省教育厅表彰26人；获市政府表彰的教育先进单位47个，教育系统个人突出贡献奖2人，优秀校长10人，十佳青年教师10人，十佳师德标兵10人，优秀班主任96人，优秀教师171人，先进教育工作者41人。

2001年深圳市教师继续教育工作以计算机全员培训为重点。全市近3万名教师通过了计算机初级培训考试，5 000名教师通过了中级培训考试，已完成国家规定目标任务的90%，制订了计算机高级培训计划。经广东省教育厅对全市1999～2003年的教师继续教育工作进行中期评估，福田区教师培训中心被增补为省级教师继续教育培训基地，至此，全市共有7个省级教师继续教育基地。教师继续教育课程指导小组对各培训院校申报的课程进行评审，根据“高起点、高标准、高要求”和“实效性、先进性、科学性、艺术性”的标准，审定了78门课程，为2002年教师继续教育工作作了充分准备。举办5期中小学校长（幼儿园园长）提高培训班、后备干部培训班和任职资格培训班，有262人参加培训学习。参照公务员培训办法，选送5名校长到国外进行重点培训。

深化考试制度改革。2001年，深圳市继续深化考试制度改革。省一级中学自行组织高中会考，全市中考改革和外语学校初中的招生办法进一步完善。根据广东省2001年高考新政策，深圳市调整策略，改进教学方法，加强高考指导，高考取得优异成绩。

撰稿 张建中 洪其华 黄政才

〔**基础教育**〕 学前教育。2001年，全市共有公办幼儿园44所，约占总数的7.5%，各类社会力量办园约占总数的92.5%。有托儿所40间，收托婴幼儿近2000人。有省级幼儿园12所，通过市一级复评的幼儿园18所，2001年新评市一级幼儿园11所，区级幼儿园48所，省、市、区级幼儿园约占幼儿园总数的15.2%。2001年，市、区教育行政部门以安全工作为重点，继续会同有关部门联合对全市社会力量举办的527所幼儿园、40间托儿所进行年审。5月开始，市、区、镇（街道）政府及其教育行政部门全面清查非法办园，规范办学行为。9月再次调整公办幼儿园的收费标准，每生每月收费达到400元。2001年，根据教育部颁布的《幼儿园教育指导纲要（试行）》和省教育厅颁布的《广东省幼儿园教育指南（试行）》精神，市教育行政部门向全市各类幼儿园发放有关资料，各区教育行政部门成立试点工作领导小组，在全市范围内开展师资培训和课程改革试点工作，全面贯彻落实《纲要》和《指南》。4月3日～5日，深圳市学前教育研究会召开第五届经验交流会，会议主题是“21世纪的深圳幼儿教育”，市研究会个人会员和区分会团体会员代表约100多人参加。12篇论文获得优秀论文奖，南山区分会和福田区分会获得组织奖。会上作了第四届理事会工作总结，介绍了《2001～2010年深圳市学前教育发展规划》和全市教育科学研究展望，对今后几年全市学前教育科学研究工作提出指导性意见。全市各区约800名幼儿园教师和园长参加了论坛活动。

中小学标准化建设。2001年，深圳市出台了《关于深圳市义务教育标准化建设的意见》，明确分三年完成中小学标准化建设。为加强一般学校的信息化建设，年初市政府投资的1万台电脑投放到一般学校。2001年度市区两级财政共投入1.35亿元作为第一期建设资金；落实扶贫改造资金约0.45亿元，对全市8所学校的建设项目进行立项审核、实地考察、可行性论证等工作；有33所未达区一级标准的学校达标，比市政府要求的25所超过8所。新建3所中学、7所小学，新增6万多学位，基本满足学位需求。

筹建寄宿制高级中学。根据《深圳市教育发展十年规划（2001～2010）》，深圳市到2005年将新建8所高标准、高质量的寄宿制高级中学，每所54个班，2 500个学位，把注重效益、为社会服务、实验教学一体化和资源共享等现代理念融入校舍设计，以现代化办学条件，促进教育教学领域的新突破。报经市编委批复同意，成立市寄宿制高级中学筹建办公室。已完成第二高级中学（深圳外国语学校高中部，选址盐田区）大量的前期准备工作，3月动工奠基。第三、第四高级中学建设也开始启动。

推进素质教育。2001年，深圳市实施素质教育有了新的发展。一是创新教育思想观念，确立素质教育正确导向。二是创新人才培养模式，深化教育教学整体改革。通过抓住“一个灵魂”、“一个核心”和“一个主渠道”实施素质教育。“一个灵魂”，就是深化中小学德育改革；“一个核心”就是改革课程教材，建立符合素质教育要求的课程教材体系，修改完善《深圳市基础教育课程改革方案》；“一个主渠道”，就是改革课堂教学。三是建立和完善运行机制，为深入实施素质教育提供可靠保障。建立正确导向机制，引导素质教育方向；深化中考（“3＋综合”）改革，进一步把导向转到全面实施素质教育，培养学生创新精神和实践能力上来；修订《学校素质教育评价方案》、《学生综合素质考核办法》，结合学校等级评估，对学校素质教育实施情况进行评估；采用目标评定法，推行《深圳市中小学生素质教育报告书》制度；推行办学质量承诺制，建立学校办学质量公示制度。对素质教育的难点问题进行了改革实验，如改革教学方法，培养学生创新精神和实践能力，探索中学研究型课程，使学生学习积极性和主动性得到充分发挥。盐田、罗湖的中小学人事制度改革，突破了多年来困扰教育发展的“瓶颈”，抓住了深化教育改革的根本，提供了十分宝贵的经验。2001年3月，召开全市中小学素质教育现场交流会，总结、交流和推广实施素质教育的经验和做法。

解决非户籍人口子女就学问题。深圳市各级政府和教育行政部门高度重视解决非户籍人口子女就学问题。据统计，2001年全市义务教育阶段在校生45.6万人（不含未经批准的民办学校），其中非户籍生达27.03万人，占59.3％。公办学校在解决非户籍人口子女就学中发挥了主要作用。2001年在全市公办学校借读的非户籍生共16.76万人，占非户籍生总数的62％；其中，特区内4个区共有非户籍生10.05万人，在公办学校就读的非户籍生8.56万人，占85％。民办学校成为解决非户籍人口子女就学的重要补充。全市有各类民办学校144所，在校就读的非户籍人口子女12.31万人，占全市中小学在校生总数的24.7％。民办学校共接受义务教育阶段非户籍人员子女10.28万人就读，占全市小学、初中非户籍学生的38％。村办小学在解决非户籍人口子女就学方面肩负了主要责任。宝安、龙岗两区的村办小学共115所，占全市小学总数的30%，在校学生7.25万人，其中非户籍学生4.83万人，占66.6%；占全市公办学校非户籍学生的28.8%。

教育督导工作取得新进展。2001年，深圳市教育督导工作以创建等级学校和教育强区（镇）为重点，取得新的突破。积极推进教育强区（镇）的创建工作，南山区创建教育强区通过省督导组的复评；宝安区的西乡镇、龙华镇、松岗镇，龙岗区的龙岗镇、横岗镇创建教育强镇通过省督导组评估。大力推进上等级学校的评估工作，全年有9所中小学幼儿园通过省督导评估，成为省一级学校；有25所通过市督导评估，成为市一级学校。继续开展办学效益评估工作。有42所中小学幼儿园获得办学效益奖。扩大实施学校办学质量承诺制试点；在总结试点经验的基础上，将试点范围扩大到20所，为提高教育整体质量水平探索新路。

撰稿　马芹娣　洪其华　邱卫思

〔**职业教育**〕　2001年，深圳市中等职业技术教育贯彻落实市委市政府《关于实施科教兴市战略推进教育现代化的决定》中提出的调整和改革中等职业技术教育的任务，坚持走内涵发展的路子。继续调整布局结构和专业设置，使培养的人才更加适应社会，贴近市场。努力深化教育教学改革，开展了多项教育教学改革试验，全面推行“双证书”制度，在重点学校试行学分制，允许学生弹性选课和分阶段完成学业，探索建立灵活、开放的中等职业技术教育教学组织和管理制度。大力强化学生的文化基础教学和技能训练，增强学生的持续发展能力，并进一步拓宽了学生的就业渠道。

建设职教实训中心。2001年，深圳市中等职业技术教育完成了全市性的实训中心建设规划工作。深圳市中等职业技术教育实训中心是以特区社会经济发展的支柱产业为依托，实行学研产贸结合、校企结合、学历教育与非学历教育结合、职前教育与职后教育结合，为全市社会经济发展服务的职业教育教学中心、专业技能培训中心、职教科研开发中心、职教信息咨询中心、先进技术推广辐射中心、人力资源开发基地和终身教育基地。市教育局按照分步实施，重点投入的建设思路，高起点、高标准制定了《深圳市中等职业技术教育实训中心建设规划》。经省教育厅批准确认，深圳市电子技术学校和深圳市博伦职业技术学校进入了广东省首批重点建设的中等职业技术教育实训中心行列。

重点职校试行学分制。2001年，深圳市重点中等职业技术学校试行学分制工作进展顺利。中等职业技术学校实行学分制以后，允许学生弹性选课和分阶段完成学业，将更有利于培养学生扎实的文化基础和职业技能，增强学生的持续发展能力。按照“创造条件，整体规划，积极试点，稳步推进”的原则，全市有电子、工业、华强、博伦等4所重点职业学校参与了改革试验。

撰稿　钟子荣

〔**高等教育**〕　2001年，深圳市有深圳大学、深圳职业技术学院、民办新安职业技术学院3所全日制普通高校和深圳广播电视大学1所成人高校，另有暨南大学中旅学院在深开展全日制本专科办学。市属普通高校共有18个硕士点，7门省级重点课程。2001年高等教育继续扩大办学规模。另有外地25所院校在深设立函授点和远程教育，共招生约4 100人；有24所院校在深举办研究生教育，共招生3 600人。全市高校专任教师中，有高级职称的535人，中级职称的502人。全市高校占地304公顷，固定资产6.94亿元，其中教学、科研仪器设备2.12亿元，图书馆藏书157.99万册。

继续办好深圳大学和深圳职业技术学院。2001年深圳大学、深圳职业技术学院继续扩大招生规模，实招6 781人，在校生达到1.82万人，比上年增加3 960人。2001年深圳大学取消招收专科生，有硕士点18个，本科专业36个。经教育部批准，深圳职业技术学院计算机辅助设计与制造、电子信息工程、楼宇设备与智能化技术3个专业进行四年制高职教育试点，实现了办学层次上的重大突破。为了保障高校扩招任务的落实，市政府对两校增加投资3 000多万元，并落实深圳大学新增办学用地20公顷，深圳职业技术学院新增办学用地

113公顷。为争取博士学位授予单位并取得博士学位点的突破，深圳大学积极做好准备工作，光电子学实验楼的基建任务和设备招标工作基本完成，省部共建的人文社会科学重点研究基地的建设取得成功。深圳大学有省级重点课程7门，“电子信息工程”被确定为广东省12个名牌专业之一，9项教学、管理成果获得省教学成果一、二等奖；建有“光电子学”、“激光工程”、“现代通讯技术与信息处理”3个市级重点实验室；2001年学生英语、计算机等级考试居全省高校第二名。深圳职业技术学院努力在专业设置、课程建设、教学模式上形成自己的特色。“高职教育人才培养模式探索与实践”课题获教育部四年一次评审的教学成果一等奖，实现全国高职教育在此奖项上零的突破。深圳职业技术学院通过了国家示范性职业技术学院实践教学基地评估工作，通过了教育部全国建设示范性职业技术学院项目评审，并被确定为全省高职高专教育师资培训基地。深圳大学、深圳职业技术学院完成了“十五”规划的制定工作。深圳职业技术学院的“十五”规划已经市政府常务会议审议通过。

筹建深圳信息技术学院。“十五”期间深圳市将大力发展以电子信息产业为龙头的高新技术产业，为了使高等教育的发展与深圳市的经济发展战略重点紧密结合，加快了教育结构调整的步伐，并在调整的过程中充分利用现有的教育资源，提出将市财经学校、工业学校合并提升，与深圳教育学院优化重组，组建深圳信息技术学院。信息技术学院面向信息产业管理和生产第一线，培养具有良好的职业素养和熟练技能的实用型人才，是一所社区性的全日制高等职业技术学院。学院的办学规模预定为全日制在校生6 000人。2001年5月，《深圳信息技术学院组建方案》经市政府三届三十次会议审议通过。成立深圳信息技术学院筹备工作领导小组，各项筹备工作进入实质性操作阶段。10月接受了省高等学校设置评审委员会专家组的考察论证，同意向省高校设置评审委员会推荐。信息技术学院已完成校园规划、专业设置论证、师资配备调研等工作，为2002年招生开学打下了良好基础。

加快建设大学城。大学城引进的首批办学实体基本落实：清华大学深圳研究生院、北京大学深圳研究生院经教育部正式批准成立并已正式挂牌运作；市政府与哈尔滨工业大学、南开大学签署了合作创办哈工大深圳研究生院、南开大学深圳金融工程学院的协议书，并已报教育部审批。基本完成了《创建深圳大学城总体方案》提出的2005年前引进3～5所国内外著名高校的目标任务。2001年底，清华大学深圳研究生院、北京大学深圳研究生院基本完成了首批进城学科的建设规划，制订了首批国家重点实验室或分室的建设计划。清华大学深圳研究生院成立了宽带网络多媒体研究中心、环境工程与管理研究中心、水环境国家重点实验室深圳基地、软件工程中心。大学城2001学年度在读研究生1 840人。大学城工程的建设进展顺利。第一期3.8平方公里的建设规划设计已基本完成，现已进入单体设计阶段。有关部门正在进行A1地块的控制性蓝图设计及校园内的主干道网、周边干道网的设计。大学城基本制度建设逐步完善。2001年市政府通过了《清华大学深圳研究生院机构编制和办学投入暂行办法》，该办法将作为进城办学实体经费补贴所遵循的基本原则，使大学城的基本制度建设工作向前迈进一大步。

撰稿　冯妍妍

〔**成人教育**〕　2001年，深圳市成人教育继续稳步发展。强化了社会力量办学的规范管理，年内对155家社会力量办学机构进行年审，督促其依法办学。经过认真调研，提出《关于深圳市独立建制的成人中等专业学校的调整思路》。总结宝安区的社区教育经验，在全区逐步推开社区教育工作。继续抓好镇成人学校创建工作，2001年有4个镇成人学校成为国家级或省级重点。继续扩大了电大在宝安、龙岗教学点的规模，加强对外来工的学历补偿教育，提高劳动者素质。年内常住劳动人口继续教育率可达35％。

撰稿　郑　浩
审稿　张建中

# 广西壮族自治区教育

## 概　况

〔基本情况〕

**2001 年各级普通学校基本情况**

单位：人

| 学校类别 | 学校数（所） | 毕业生数 | 招生数 | 在校生数 | 教职工数 | |
|---|---|---|---|---|---|---|
| | | | | | 合计 | 其中：专任教师 |
| **总计** | **22 000** | **1 805 200** | **2 682 228** | **9 379 723** | **471 438** | **372 254** |
| 一、研究生 | (9) | 539 | 1 547 | 3 057 | | |
| 1. 高等学校 | (9) | 539 | 1 547 | 3 057 | | |
| 2. 科研机构 | | | | | | |
| 二、普通高等学校本专科 | 30 | 23 597 | 58 455 | 151 604 | 19 874 | 10 131 |
| 本科院校 | 13 | 13 516 | 33 078 | 94 336 | 13 384 | 6 616 |
| 专科院校 | 17 | 9 020 | 20 462 | 47 718 | 5 849 | 3 178 |
| 分校、大专班 | | 1 061 | 4 915 | 9 550 | 641 | 337 |
| 三、普通中等学校 | 3 382 | 810 791 | 1 160 589 | 3 161 474 | 201 245 | 148 865 |
| 1. 中等专业学校 | 126 | 43 948 | 44 426 | 157 710 | 16 740 | 8 741 |
| 中等技术学校 | 97 | 33 171 | 37 000 | 133 028 | 12 954 | 6 386 |
| 中等师范学校 | 29 | 10 777 | 7 426 | 24 682 | 3 786 | 2 355 |
| 2. 技工学校 | | | | | | |
| 3. 普通中学 | 3 040 | 738 078 | 1 076 972 | 2 886 924 | 174 958 | 133 698 |
| 高中 | 501 | 96 368 | 171 193 | 436 001 | | 22 580 |
| 初中 | 2 539 | 641 710 | 905 779 | 2 450 923 | | 111 118 |
| 4. 职业中学 | 213 | 28 463 | 38 837 | 116 788 | 9 504 | 6 399 |
| 高中 | 198 | 21 127 | 33 066 | 74 102 | | 5 523 |
| 初中 | 15 | 7 336 | 5 771 | 42 686 | | 876 |
| 5. 工读学校 | 3 | 302 | 354 | 52 | 43 | 27 |
| 四、小学 | 16 077 | 968 492 | 788 221 | 5 252 872 | 228 229 | 200 320 |
| 五、特殊教育学校 | 46 | 1 781 | 2 471 | 16 293 | 619 | 451 |
| 六、幼儿园 | 2 465 | | 670 945 | 794 423 | 21 471 | 12 487 |

**2001年各级成人学校基本情况**

单位：人

| 学校类别 | 学校数（所） | 毕业生数 | 招生数 | 在校学生数 | 教职工数 合计 | 其中：专任教师 |
|---|---|---|---|---|---|---|
| **总　计** | **16 594** | **4 260 684** | **3 803 991** | **3 839 738** | **38 422** | **14 534** |
| 一、成人高等学校 | 11 | 22 335 | 59 765 | 133 694 | 3 473 | 1 685 |
| 1. 广播电视大学 | 1 | 3 754 | 4 635 | 13 319 | 1 465 | 713 |
| 2. 职工高等学校 | 3 | 707 | 1 773 | 4 109 | 426 | 232 |
| 3. 农民高等学校 | | | | | | |
| 4. 管理干部学院 | 4 | 3 234 | 4 918 | 12 449 | 980 | 455 |
| 5. 教育学院 | 3 | 1 180 | 3 818 | 7 854 | 602 | 285 |
| 6. 独立函授学院 | | | | | | |
| 7. 普通高等学校举办： | (30) | 13 460 | 44 621 | 95 963 | | |
| 函授部 | | 9 357 | 40 468 | 84 848 | | |
| 夜大学 | | 594 | 2 288 | 5 215 | | |
| 成人脱产班 | | 3 509 | 1 865 | 5 900 | | |
| 二、成人中等学校 | 13 631 | 4 099 804 | 3 599 537 | 3 571 498 | 30 380 | 11 444 |
| 1. 成人中等专业学校 | 269 | 37 486 | 21 173 | 78 484 | 7 304 | 3 902 |
| 广播电视中等专业学校 | 2 | 2 955 | 1 867 | 6 186 | 831 | 376 |
| 职工中等专业学校 | 27 | 4 294 | 3 881 | 13 376 | 2 299 | 1 182 |
| 干部中等专业学校 | 20 | 2 064 | 1 986 | 5 476 | 1 044 | 589 |
| 农民中等专业学校 | 22 | 4 367 | 2 220 | 7 813 | 839 | 491 |
| 函授中等专业学校 | 4 | 2 975 | 834 | 3 038 | 448 | 140 |
| 教师进修学校 | 57 | 4 703 | 1 273 | 5 526 | 1 843 | 1 124 |
| 其他类学校举办 | 137 | 16 128 | 9 112 | 37 069 | | |
| 2. 成人中学 | 47 | 1 873 | 2 586 | 5 473 | 555 | 436 |
| 职工中学 | 7 | 598 | 1 203 | 2 635 | 258 | 204 |
| 农民中学 | 40 | 1 275 | 1 383 | 2 838 | 297 | 232 |
| 3. 成人技术培训学校 | 13 315 | 4 060 445 | 3 575 778 | 3 487 541 | 22 521 | 7 106 |
| 职工技术培训学校 | 1 011 | 183 339 | 130 668 | 267 774 | 3 619 | 3 015 |
| 农民技术培训学校 | 12 304 | 3 877 106 | 3 445 110 | 3 219 767 | 18 902 | 4 091 |
| 三、成人初等学校 | 2 952 | 138 545 | 144 689 | 134 546 | 4 569 | 1 405 |
| 1. 职工初等学校 | 6 | 4 692 | 1 757 | 725 | 29 | 5 |
| 2. 农民初等学校 | 2 946 | 133 853 | 142 932 | 133 821 | 4 540 | 1 400 |
| 其中：扫盲班 | 1 943 | 43 610 | 60 731 | 89 262 | 2 874 | 730 |

2001年全区“两基”的巩固、提高工作取得新进展。有69个县（市、区）普及九年义务教育，覆盖人口3 374万人，人口覆盖率达71.12%。初等义务教育全面普及。适龄儿童入学率达98.3%；初中毛入学率达91%；15～50周岁的青壮年文盲率下降到0.89%。全区，在园幼儿比上年增加6.6万人；特殊教育学校在校生比上年增加1 538人。

高中阶段教育继续快速协调发展。普通高中比上年增加37所，在校生比上年增加6.7万人，增长18%。各类中等职业学校在校生32.64万人(比上年减少4.96万人)，其中职业中专、职业高中共招生4.86万人，比上年增加1.6万多人，增长26.7%。职业高中、普通中专、成人中专、技工学校等4类中等职业学校招生规模继续回升，2001年共招生13.43万人，比上年增长17%。

高等教育改革和发展步伐加快。高等教育毛入学率达9%，比上年提高3.5个百分点。普通高校在校生、成人高校在校生、在学研究生分别比上年增长31%、38%、49%；电大开放教育在校生3.6万人，高等教育自学考试14.87万人。有博士授权单位2个，博士点9个；硕士授权单位9个，硕士点153个。全年有42所学校举办高等职业教育(包括5所高职学校、24所普通高校、4所成人高校、9所中专学校)，共招生1.52万人。

**〔组织实施六大教育建设工程〕** (1)“国家贫困地区义务教育工程”。已完成第一期建设任务和第二期前期准备工作。一期工程总投入8.51亿元，完成土建项目学校2 256所，建筑面积149.78万平方米；完成仪器设备采购5 482.3万元；采购图书911.5万册、课桌椅40.95万套。完成培训校长5 519人次，培训教师4.82万人次。(2)“边境建设大会战教育项目工程”。自治区党委决定从2000年底起，两年内实施边境建设大会战，其中教育项目计划投入资金2.5亿元，已落实2.68亿元，下达862所学校2.56亿元的建设计划。截至2001年12月底，已竣工664所，竣工率为77%。(3)教育对口支援贫困地区的“两个工程”。实施“广东省对口支援广西贫困地区学校工程”，全区实际受益学校超过150所（含受援项目学校和教师支教点），受益学生7万多人。广东省已派出120多名支教教师到广西受援学校支教，为广西培训了4期共300多名中小学骨干教师和校长。广东省11个支援城市和省直单位已援助资金近2 500万元和价值超过300万元的物资。广州市政府设立“广州资助广西扶困助学专项基金”，向广西教育奖励基金会捐赠1亿元人民币，捐款的增值部分重点用于资助广西贫困地区家庭经济困难的学生，其中主要资助就读普通高校而家庭经济困难的全日制大学生，同时适当奖励优秀教师和教育工作者。与此同时，全区继续实施区内大中城市对口支援贫困地区教育工程：75个区直、中直单位和高校继续对口支援边境县、市学校建设，已投入资金700多万元。全区建立了区、地（市）、县3级支教队，共有6 191名支教队员深入受援学校开展支教工作。区内大中城市对口支援贫困地区学校工程涵盖了全区50个贫困县，有260所学校、14万多名学生受益。(4)中小学危房改造工程。全区中小学危改工程覆盖除41个“国家贫困地区义务教育工程”二期建设项目县之外的69个县，规划建设559所中小学。2000～2001两年危改总投入资金2.33亿元，改建、扩建51.1万平方米校舍。同时，自治区筹集专款3 300万元，用于在2001年两次台风中被毁校舍的恢复重建工作。

**〔全面推进素质教育〕** 2001年，自治区成立了素质教育工作联席会议，并召开第一次全体成员单位会议。联席会议在自治区党委、自治区政府领导下，由宣传、教育、计划、财政、科技、民族等28个单位组成，其主要职责是促进各部门、各地区及全社会支持并参与素质教育工作，为教育多办实事，推动全区素质教育工作的健康发展。办公室设在教育厅。

自治区教育厅积极推动校外教育工作的开展。与自治区科协共同确定118所中小学为第二批自治区科技教育示范学校；与自治区环保局开展“绿色学校”创建活动；与自治区妇儿工委、妇联开展“十佳少年”、“十佳家长”评选活动；制定全区“十五”期间青少年学生校外活动场所建设规划等。

全区各高校重视对学生全面素质的培养。在

提高学生专业素质的同时，也注意加强学生的人文素质教育。通过文、法、理、工、医、农、管等多学科渗透，完善和优化学生的知识结构，提高学生的综合素质和创新能力。桂林电子工业学院、广西工学院、广西大学、广西医科大学等高校先后建立了一批创新实验室、创新基地，以项目建设为中心，组织大学生开展科学研究活动，为社会提供技术研发服务。桂林电子工业学院学生参加2001年全国大学生电子设计竞赛，在有346所高校、2 071个参赛队参与的情况下，夺得全国最高奖项“索尼杯”，同时还获得3个全国一等奖和1个全国二等奖。在2001年全国第七届“挑战杯”大学生课外学术科技作品竞赛中，广西师范大学学生获得二等奖、三等奖各2项，四年级学生阮耀开发的计算机“远程办公”软件已被美、英、德、法等10多个国家的用户购买，取得较好社会经济效益。

〔**教育信息化建设**〕 2001年全面实施中小学“校校通”工程。举办26期培训班，培训教师4 018人次。到年底，全区已有878所中学、702所小学开展了信息技术教育，全区中小学校共拥有4.87万台各种类型的计算机，48所学校建立了校园网，柳州市、桂平市和横县建立了教育信息网。还有一批学校装备了多媒体集中控制系统。南宁、柳州、桂林、桂平、横县、容县6个市、县被教育部确认为全国中小学信息技术教育实验区，18所学校被确认为“全国中小学现代教育技术实验学校”；自治区教育厅确认了89所自治区级现代教育技术实验学校、37所中学计算机网络建设试验学校。

高等学校教育信息化建设步伐进一步加快。由教育部投入1 800万元建设的两条光纤线路（一条由华南理工大学连接到广西大学南宁主节点，另一条由华南理工大学连接到广西师范大学桂林主节点）的提速工作顺利完成，为各高校开展远程教育和信息交流创造了良好的条件。2001年4月，桂林市高校光纤城域网联通。自治区高校工委、教育厅机关公众信息网站初步建成，并开始向公众发布信息。

〔**教育交流**〕 2001年出访团组共171批320人次。全年共派出公费留学人员50多人，为291名大专以上学历人员办理自费留学审核证明。全区高校共聘请长期外籍教师107人，邀请近200名长、短期外国专家、教师来访问、讲学或从事科研活动。各高校接受外国留学生773人，接受港澳台学生46人。

〔**语言文字工作**〕 2001年，自治区语委加大对《国家通用语言文字法》的宣传力度，组织开展第四届全国“推普周”活动；培训了12名国测员、94名省测员，全年测试12万人次。出台了公务员普通话培训测试工作方案，正式启动公务员普通话培训测试工作。全区14个地市都建立了语言文字工作机构。

撰稿 黄雄彪 黄华吉 李美清

# 基础教育

〔**全区基础教育工作会议**〕 2001年12月17日～19日，自治区政府召开全区基础教育工作会议，出台了《自治区人民政府贯彻落实〈国务院关于基础教育改革和发展的决定〉的意见》和有关部门的7个配套文件。会议制定了适应全区基础教育改革与发展的一系列政策，为落实农村义务教育“在国务院领导下，由地方政府负责、分级管理、以县为主的体制”，完善教育投入机制，促进基础教育改革和发展奠定了坚实基础。

自治区教育厅、财政厅、计委三部门表彰了全区“两基”工作先进地区（单位）和先进个人。荣获全区“两基”先进地区（单位）称号的有193个，荣获“两基”先进个人称号的有312人。

〔**素质教育评估试点**〕　为探索实施素质教育经验，自治区政府教育督导团办公室于2001年12月组织自治区政府督学、各地市督导室主任组成素质教育等级学校评估组在钦州一中、恭城中学、扶绥县渠黎三中和平果中学进行了教育评估试点。评估内容主要有办学方向、办学条件、队伍建设、素质教育、常规管理、学生素质等6项；评估方法采取学校自评和评估组测评相结合。这次评估试点，探索了评估办法，培训了队伍，为全面开展素质教育评估工作积累了经验。

撰稿　施广明

〔**示范性普通高中建设**〕　2001年自治区示范性普通高中建设工程全面启动。通过组织专家评估，自治区教育厅确定南宁三中等首批80所示范性普通高中立项建设。各地非常重视示范性普通高中的立项建设工作，从人、财、物和政策上予以大力支持，各学校也积极挖掘潜力，多方筹措资金，预计今后3至5年内各级政府对80所学校总投入约13亿元。

撰稿　林　军

〔**普及实验教学检查验收**〕　2001年，桂林市雁山区，玉林市福绵区，平南县，百色市、兴安县等10个县（市、区）通过自治区级“普及实验教学工作县（区）达标”验收。至此，全区已有34个县（市、区）普及了实验教学，占全区县（市、区）总数的30.9%。南宁市、钦州市所有县（市、区）全部通过了“普实”验收。

撰稿　梁正义

〔**课程改革**〕　教育部确定南宁、柳州、玉林三市为国家基础教育课程改革实验区，从2001年秋季学期起实行新的课程标准及课程计划。自治区教育厅成立基础教育课程改革领导小组，制定了课程改革实施工作方案，召开了课程改革启动会，并明确提出，2002年进行自治区级基础教育课程改革实验，2004年秋季学期全区义务教育阶段起始年全部使用新的课程标准及教材。

2001年继续实行初中毕业考和升学考分离，在全区中考科目中增加体育科测评。

撰稿　黄华吉　李美清

〔**体育、卫生与艺术教育**〕　（1）2001年，自治区教育厅举办了8期体育与健康教师培训班，近1 000名中小学骨干体育与健康教师接受了为期8天的新大纲培训，为各地开展二级培训打下基础。11月，自治区教育厅在南宁举办“全区学校音乐教师基础音乐教育课程改革培训班”，特邀11位全国著名的音乐教育专家前来讲学。500多名各级各类学校的音乐教师接受了培训。（2）自治区教育厅联合自治区体育局、卫生厅对全区学校贯彻落实体育、卫生工作两个《条例》情况进行了检查评估。共组织11个检查组对9个地市的174所中小学进行抽查，对24所中等专业学校进行检查，有161所中小学和17所中等专业学校达到自治区级优秀标准。（3）实施学校体育卫生艺术教育工作专项督导检查。在各地自查自评的基础上，自治区教育厅组织5个检查组，对南宁市、桂林市、钦州市、南宁地区、百色地区进行了抽查。（4）举办了全区高级中学田径运动会。有19所高中的564名运动员参加了男女各15个项目的比赛。与自治区体育局联合举办了第六届广西中学生运动会篮、排、足、毽球预赛，有220支队伍2 100多人参加了比赛。（5）7月，举办“广西第二届中小学生电子琴比赛暨参加全国第三届中小学生电子琴比赛广西选拔赛”。有500余名中小学生参加比赛，其中4人（组）参加全国比赛，获二等奖、三等奖各2名。10月，举办“第二届全区中小学音乐、美术录像课评比”。共评出一、二、三等奖62名及一批优秀指导教师。(6) 对全区 32 所中小学校的 6.17 万名学生进行了视力普查。其中，监测小学生 2.89 万名，监测结果，视力不良 0.46 万名，占 15.93%，近视者 0.28 万名，占 9.62%；监测初中生 1.36 万名，监测结果，视力不良者 0.57 万名，占 41.58%，近视者 0.47 万名，占 41.31%；监测高中生 1.91 万名，监测结果，视力不良者 1.36 万名，占 71.26%，近视者 1.15 万名，占 60.22%。

撰稿　林　军

〔**特殊教育**〕　2001 年，自治区教育厅与香港“世界宣明会”合作实施“广西特殊儿童服务计划”项目。该项目目标为：在 2001～2005 年，为百色地区约 2 500 名有特殊需要的儿童提供适当教育或医疗康复的服务；使社区内超过 2 万名南宁市民对残疾儿童有更多认识、接纳和参与关怀；让广西特殊儿童服务中心服务的占 90% 的特殊儿童家长能有效表达对孩子的关爱。

撰稿　江福龙

〔**教师队伍建设**〕　2001 年，全区有普通高等师范院校 10 所，其中本科院校 3 所，专科院校 7 所。高师院校培训部（函授部）主要培训在职教师。教育学院 3 所，主要承担中学师资培训任务；普通中等师范学校 29 所（含幼儿师范学校 1 所）；教师进修学校 70 所，主要承担小学师资培训任务。

2001 年，继续实施“21 世纪园丁工程”。该工程为期 5 年。为了总结第一阶段培训经验，自治区教育厅组织 23 名专家对第一阶段培训进行了评估。2001 年组织 3 次集中培训，主要培训内容是教学改革和课题研究。有 19 位培养对象的研究论文在《基础教育研究》杂志上发表；出版了《创新型课堂教学的探索》一书，共 3 卷。还组织部分园丁工程导师和培养对象到各地讲授教育教学理论和传授教育教学改革经验。在全区各地建立了 9 个“21 世纪园丁工程培训基地”。2001 年全区有 272 名骨干教师参加国家级培训。

2001 年 1 月，召开了“全区中小学教师继续教育经验大会”。会议总结了“九五”期间全区中小学教师继续教育工作经验，研究了存在的问题，表彰了先进，汇编了继续教育经验选编。3 年内，中小学教师继续教育的内容主要是以计算机为主的信息技术和现代教学技术培训，2001 年度主要是对县以上的城市中 45 岁以下的中小学教师进行培训，据不完全统计，大约有 4 万名教师接受了培训。

2001 年还召开了“小教大专班”教学改革研讨会和中等师范学校（含小教大专班）德育和学生管理工作会议。成立了“广西小学教育专业建设专家指导委员会”，并开展“小教大专班”教学评估和组织专家进行调研。还组织编写出版了 18 本小学教育专科班教材。

以广西师范大学、广西师范学院、广西教育学院为依托，3 月开通了“广西教师教育”网站，储备有 3 亿多汉字资料。到年底，已有 4.8 万人次登陆该网站学习或查找资料。

2001 年继续抓好“贫困地区中小学教师综合素质培训工程”的实施。三江、田东两个试点县正按工程实施方案开展培训。以教师自培、自学、自练为基础，培训机构的专家指导为主导，短期培训为辅，任职学校的组织运作的培训模式正在逐步形成。

2001 年举办 2 期“明天女教师”设备安装使用培训班。还免费举办了 3 期“明天女教师”计算机应用提高班，有 195 名教师参加了培训。

撰稿　蓝可标

〔**勤工俭学**〕　2001 年，全区有 1.75 万所中小学校开展了不同形式的勤工俭学活动，其中拥有校办企业的学校 7 621 所，占开展勤工俭学活动学校数的 43.61%。校办农业基地 1.81 万个，基地面积 3.75 万公顷，校办工业企业 791 个，校办第三产业网点 7 849 个，校办企业职工总数 2.17 万人，其中教职工 1.07 万人。年末校办产业资产总额为 6.64 亿元。全年勤工俭学总产值 15.59 亿元，纯收入 4.04 亿元，上缴税金 5 047 万元。

全区有12个地、市勤工俭学纯收入超千万元，其中贵港市、钦州市超5 000万元。98个县（市）区中有82个纯收入超100万元，其中超千万元的有9个。纯收入超50万元的学校45所，其中超100万元的9所。纯收入超50万元的校办企业29家，其中超100万元的5家。

勤工俭学纯收入用于补助教育经费开支2.88亿元，占纯收入的70.47%。其中用于改善办学条件1.54亿元，用于师生福利和政策性补贴1.23亿元，用于生产实践教育基地建设0.11亿元。

各地中小学校通过认真贯彻教育部《关于贯彻落实全面推进素质教育决定进一步加快中初等学校校办产业发展的若干意见》，进一步明确了勤工俭学、校办产业为素质教育服务的指导思想，逐步把勤工俭学、校办产业基地建设成为接纳学生进行生产劳动、技术培训和社会实践的学生劳动教育基地。全年共接纳学生7 324万人次。此外，各地还重点抓好学生劳动教育示范基地建设，从勤工俭学纯收入中用于学生劳动教育基地建设的开支达1 124万元。

撰稿　黄富雁

〔**治理中小学乱收费**〕　2001年自治区教育厅先后组织3次全区性的中小学收费大检查，据不完全统计，全区共抽查8 845所中小学校，查出违规收费金额386万多元。同时对违规进校书刊进行了清查，查处违纪案件191件，处理责任人52人。

撰稿　黄华吉　李美清

# 职业教育与成人教育

〔**全区职业教育工作会议**〕　7月24日～25日，自治区政府在柳州市召开全区职业教育工作会议，全面规划、部署“十五”期间职业教育、成人教育工作。自治区14个部、委、办、厅（局）和各地、市政府领导，柳州五菱汽车有限公司等3个大型企业领导，各级教育行政部门领导，以及部分中职学校校长共80人出席会议。会议由自治区政府副秘书长王其鹏主持，自治区吴恒副主席在会议上讲话。会上，自治区教育厅与劳动和社会保障厅联合表彰为发展职业教育作出突出贡献的49个先进单位和223名先进工作者。与会代表还参观了来宾县职业中学、柳州第二中等职业学校和柳州市五菱汽车有限责任公司等。

〔**中职学校建设**〕　（1）2001年，自治区教育厅与劳动和社会保障厅合作，对全区329所中等职业学校进行基本办学条件评估，评出良好学校44所、合格学校113所、基本合格75所、不合格97所，并向社会公布，促进中职学校向新高度发展。（2）中职学校与高职沟通，构建人才培养立交桥。2001年选出24所中职学校与5所高职学校联合试办“3+2”办学新模式，使一批初中毕业生入学后按照统一的培养目标、教学计划学习，3年后经考试合格即可进入高职学习，学制2年。（3）加强专业建设。组织专家对全区407所中职学校原开设的2 300多个专业进行评审，修正专业名称，有1 975个专业点获得190个专业的设置资格；同时对92所中职学校申报新增设的185个专业进行评审，有134个获准设立。（4）严格做好2001年度毕业生资格审核及毕业证书验印工作，共审验毕业生8.35万人。

〔**教学管理**〕　（1）继续推行弹性学习制度。对8所试点中等职业学校进行跟踪指导，并由自治区教育、物价、财政3部门联合发文明确招生、收费、毕业生资格审验等政策，确保制度的顺利实施。(2) 表彰了上年(第一届)59 个全区教改优秀成果,并对 2001 年(第二届)申报的 100 个教改项目进行评审,有 51 个获准立项实施。(3) 组建全区中等职业学校教育教学指导委员会,该委员会领导 13 个大类专业教学指导委员会,推动全区中等职业教育教学改革的全面铺开。(4) 恢复广西职业教育与成人教育学会。学会开展了系列学术理论研究信息交流活动。

〔**农村成人教育**〕 2001 年开展了全区农村乡镇成人文化技术学校检查评估工作。在县级评估的基础上,自治区组织抽查评估 34 所,最后经专家审议报自治区教育厅批准,有灵山县新圩镇等 93 所学校被批准为自治区级示范性乡镇成人文化技术学校。

〔**教师队伍建设**〕 (1) 在上年抓好广西工学院作为国家重点建设职教师资培训基地的基础上,2001 年筹建 3 个区内师资培训基地,即广西师范大学"文化基础课教师培训基地"、广西农业学校"农类专业教师培训基地"、柳州市第一职业中专学校"中等职业学校教师培训基地"。(2) 2001 年从职教专项经费中投入 60 万元用于师资培训,共培训 1 500 人。此外,还选派中等职业学校骨干教师 17 人,分别到天津大学、西安交通大学、上海第二工业大学、哈尔滨工业大学参加为期 3 个月的培训;与上海市教育科学研究院职成教研究所联合举办了 2 期职教管理干部高级研修班,全区有 105 名地市教育行政部门职教管理干部与中职学校校级领导参加培训。

〔**第二届职业教育成果展**〕 2001 年 1 月,自治区教育厅会同科技厅举办广西第二届职业教育成果展,共展出图片和实物展品 1 万余件。自治区党委、人大、政府和政协的领导莅临参观指导,7 万余观众参观了展览。

撰稿 宁 彪

# 高 等 教 育

〔**全区高校教学工作会议**〕 2001 年 4 月,自治区教育厅在桂林召开全区高校教学工作会议,总结、交流"九五"以来全区高校教学工作经验,明确"十五"期间教学改革思路、目标和任务,出台了《关于加强教学管理提高教学质量的意见》、《关于试行学分制的若干意见》、《关于加强高职学生实践操作技能的意见》3 个文件,提出进一步规范高校教学管理,提高教学质量的 10 条意见(即建立健全教学工作会议制度,学校领导听课制度,教学档案管理制度,考试管理制度,毕业生质量评估制度,专家督导制度,教学研究项目和教学改革课题立项制度,专业办学水平评估制度,教学工作基本状态数据发布制度以及学分制与主辅修制)。

〔**全区高等职业教育教学工作会议**〕 2001 年 11 月,自治区教育厅召开全区高等职业教育教学工作会议,总结兴办高职教育 3 年来的改革发展历程,针对全区高职教学中存在的问题,提出改革目标与任务,研究部署下一阶段全区高职人才培养和教学改革的有关工作。会议印发了关于高职优秀学生升入普通高校本科学习和高职高专示范性专业建设的两个文件征求意见稿。

〔**教学工作**〕 (1) 经自治区教育厅组织评审,2001 年有 100 项获自治区级教学成果奖。其中一等奖 19 项,被推荐参加国家级教学成果奖评审,有 4 项获第四届国家级教学成果二等奖。(2) 完成新世纪教改工程重点项目立项,总数为 257

项。(3)积极推进高职高专专业教学改革，评出15个(第一批)自治区级示范建设专业并有8个专业通过国家教学改革试点专业专家组评审。(4)积极组织高校学生参加“六赛”活动：即全国高校电子设计、大学生英语竞赛、全区大学生英语演讲比赛、全国大学生数学建模竞赛、全区高校化学实验技能竞赛及化学化工类论文竞赛。(5)举办教育部“教育技术西部行”活动广西站的报告会10场，参加报告会教师、学生达4 000人次。捐赠各高校教学软件、教育技术器材及期刊资料总计1 184件(册)，培训教育技术骨干教师50人。(6)举办全区高校教师技术培训班，培训人数约80人。

撰稿 刘 冰

〔**党建和思想政治工作**〕 2001年，高校工委组织开展纪念建党80周年系列庆祝活动，与自治区党委组织部、宣传部联合表彰在高校党的建设和思想政治教育工作中作出优异成绩的30名先进工作者；组织广大师生学习、宣传、贯彻江泽民总书记“七一”重要讲话精神，召开全区高校领导学习《讲话》精神座谈会，并编印《学习江泽民总书记“七一”讲话辅导读本》发给各高校师生学习；在抓好高校理论骨干学习的基础上，组织宣讲团，深入全区20多所高校巡回宣讲《讲话》精神；组织高校领导干部、教师对《讲话》中若干重大理论问题进行深入研讨，提交论文近百篇。各高校普遍加强师德建设，根据高校工委、教育厅印发的《广西高校教师职业道德规范》，进行师德教育和检查。

全区高校继续保持稳定。坚持开展与“法轮功”邪教组织的斗争。全区高校原有“法轮功”练习者281人，经教育转化254人，转化率达90%。

〔**资助经济困难学生**〕 各高校建立、完善“奖、贷、助、补、减”多元资助体系，加大对经济困难学生的资助力度。启动高校助学贷款工作。落实每年从学费收入中划出10%的经费用于资助经济困难学生，大力开展勤工助学活动，拓宽资助经济困难学生的渠道，125名学生获“西部助学工程助学基金”。全区普通高校2 700名特困生获得2001年自治区政府“春雨奖学金”。

撰稿 莫勇波

〔**学位工作**〕 2001年广西医科大学通过人事部考评，获准设立临床医学博士后科研流动站，这是全区高校第一个博士后流动站。广西大学工商管理硕士(MBA)和工程硕士两种专业学位首次招生，至此全区开展专业学位教育的高校达到4所，专业学位授权点达到6个。

〔**“211工程”和重点学科、重点实验室建设**〕 2001年7月6日广西大学“211工程”一期建设项目通过了国家专家组的验收。二期工程建设方案经再次修改，已上报自治区政府审批。

2001年，自治区教育厅在全区本科院校范围内进行了重点学科和重点实验室的申报和评选工作，并组成了有19位专家参加的专家评审委员会。评选程序包括自主申报、专家评审、现场考察和答辩等。各高校共申报重点学科90个、重点实验室55个，自治区教育厅确定重点学科47个、重点实验室36个。

〔**科研工作**〕 2001年，广西大学、广西师范大学、桂林电子工业学院、广西师范学院、广西工学院等院校都召开了科技大会，总结“九五”期间科技工作，提出“十五”期间科研工作的重点和要求。各高校都注意加强科研管理工作。对引进人才都拨给了科研启动资金或加大投入力度；让课题负责人有更多的自主权；鼓励教师从事科研和技术开发工作；加大对发表高质量科研论文的奖励力度；将学校的分配制度改革与科研工作量考核相结合，大力鼓励高校教师争取科研立项工作，特别是鼓励争取高层次、高水平的科研项目。大多数高校都设有校级科研项目经费和校级的青年科研基金用于资助科研工作。各专科院校纷纷成立或健全科研管理机构，积极申报和承担哲学社会科学或教育科学研究课题。广西大学梧州分校教师苏文龙和广西科学院罗海鹏研究员共同完成的“Ramsey数下界研究”项目，获2001年广西科技进步奖一等奖，是广西专科院校首次获此殊荣。

2001年全区高校共承担科研项目约2 200项，项目经费5 700余万元，比上年增加67%。全区高校共有28项成果获广西科技进步奖，占全区总奖励数126项的22%，其中二等奖8项，三等奖20项，分别占二等奖、三等奖总项数的30%和21%。

撰稿　李向红

〔**体育、卫生与艺术教育**〕　(1)组织全区高校体育卫生论文评选活动。共评选出体育论文一等奖8篇，二等奖27篇，三等奖54篇；卫生论文一等奖2篇，二等奖7篇，三等奖11篇。(2)举办了全区大学生篮球比赛，共有30多所高校，近1 000名师生参加了比赛；举办了全区大学生足球比赛，有22所高校575人参加了比赛。(3)自治区高校工委、教育厅牵头并会同自治区党委宣传部、自治区文化厅、自治区广电总局、共青团广西区委于3月初至7月中旬联合举办了“2001年广西大学生艺术歌曲演唱比赛”活动。全区高校近10万名大学生参与了各种形式的艺术歌曲演唱活动。8月初，广西师范大学、广西大学、广西民族学院和广西师范学院的4个节目到长春市参加全国大学生艺术歌曲演唱比赛。(4)组织和指导全区7所学生国防教育试点高校开展新入学学生的国防教育工作。(5)开展2000年全区高校新生入学体检复查工作。共对3.56万名高校新生进行了复检，新生平均年龄为19.12岁，平均身高为162.08厘米，平均体重为53.31千克，与98级新生的各项平均值相比，年龄小0.21岁，身高下降0.61厘米，体重增加0.72千克；查出视力不良率为69.19%，比1998年下降1.17%；患有疾病并需作休学、退学处理的78人，占新生总数的0.22%。

撰稿　陈　涤

〔**毕业生就业工作**〕　高校毕业生就业继续坚持“统筹安排、合理使用、加强重点、面向基层，充实生产、科研、教学第一线和学以致用、人尽其才”的方针，实行“国家宏观调控，各级政府和学校推荐，学生和用人单位双向选择”的就业办法，在确保重点需要的前提下，适当放宽毕业生就业的限制。努力办好全区性的毕业生就业市场，为毕业生就业提供良好的服务。截至2001年11月30日，全区2001年高校毕业生就业率为74.6%，其中毕业研究生已全部上岗，本科毕业生就业率为86.11%，专科就业率为64.06%，总体就业形势好于往年。

撰稿　林　冰

〔**招生工作**〕　2001年，调整招生政策。(1)放宽了考生报考高校的条件：取消年龄和婚否的限制；取消中等职业学校毕业生毕业两年才能报考高校的限制；取消上一年度被录取而不报到的考生不能报考高校的限制；取消三校毕业生只能报考高职学院不能报考普通高校的限制。(2)严格控制降分照顾的范围和幅度。除民族预科生和体育预科生外，降分照顾一般不超过20分；对应届高中毕业生中体育尖子的降分照顾，将运动等级作相应提高；对单学科奥赛奖获得者的照顾条件，把获优胜奖提高到获省赛区一等奖以上。(3)严格保送生条件。2001年全区录取硕士生1 316人，比上年多录取402人，考录比为3.2∶1。普通高校录取新生7.83万人，比原计划增招0.84万人。成人高校录取新生7.44万人，比原计划增招0.70万人。

在2000年全面实行考生信息电子化及100%实现网上录取的基础上，2001年继续提高远程录取的院校及招生数比例。实现远程录取的院校达176所，考生数约5.98万人，占实际录取总数的85%。

〔**高等教育自学考试**〕　2001年自考考试4次，全年报考47.95万人科次，比上年增加6.68万人科次，增长率为7.1%，平均单科及格率为44.5%。

撰稿　吕　逸

审稿　余益中

# 海南省教育

## 概　况

〔基本情况〕

2001 年各级普通学校基本情况

单位：人

| 学校类别 | 学校数（所） | 毕业生数 | 招生数 | 在校生数 | 教职工数 | |
|---|---|---|---|---|---|---|
| | | | | | 合计 | 其中：专任教师 |
| **总　计** | **4 657** | **291 156** | **446 610** | **1 654 384** | **100 581** | **81 008** |
| 一、研究生 | (2) | 23 | 97 | 203 | | |
| 1. 高等学校 | (2) | 23 | 97 | 203 | | |
| 2. 科研机构 | | | | | | |
| 二、普通高等学校本专科 | 9 | 3 860 | 10 851 | 26 050 | 3 885 | 1 640 |
| 本科院校 | 4 | 3 063 | 7 055 | 18 728 | 3 255 | 1 312 |
| 专科院校 | 5 | 576 | 3 469 | 6 483 | 604 | 311 |
| 分校、大专班 | | 221 | 327 | 839 | 26 | 17 |
| 三、普通中等学校 | 603 | 133 504 | 181 051 | 485 618 | 34 530 | 25 895 |
| 1. 中等专业学校 | 34 | 9 578 | 10 170 | 30 698 | 3 148 | 1 753 |
| 中等技术学校 | 26 | 6 377 | 7 240 | 21 362 | 2 105 | 1 107 |
| 中等师范学校 | 8 | 3 201 | 2 930 | 9 336 | 1 043 | 646 |
| 2. 技工学校 | | | | | | |
| 3. 普通中学 | 527 | 120 850 | 167 275 | 446 098 | 29 987 | 23 163 |
| 高中 | 91 | 16 134 | 25 720 | 68 295 | | 3 805 |
| 初中 | 436 | 104 716 | 141 555 | 377 803 | | 19 358 |
| 4. 职业中学 | 42 | 3 076 | 3 606 | 8 822 | 1 395 | 979 |
| 高中 | 41 | 2 841 | 3 239 | 7 835 | | 909 |
| 初中 | 1 | 235 | 367 | 987 | | 70 |
| 5. 工读学校 | | | | | | |
| 四、小学 | 3 399 | 153 683 | 166 419 | 1 025 278 | 54 827 | 49 347 |
| 五、特殊教育学校 | 4 | 86 | 292 | 1 769 | 103 | 68 |
| 六、幼儿园 | 642 | | 87 900 | 115 466 | 7 236 | 4 058 |

**2001 年各级成人学校基本情况**

单位：人

| 学校类别 | 学校数（所） | 毕业生数 | 招生数 | 在校学生数 | 教职工数 | |
|---|---|---|---|---|---|---|
| | | | | | 合 计 | 其中：专任教师 |
| **总 计** | **1 828** | **390 328** | **387 513** | **433 724** | **1 204** | **680** |
| 一、成人高等学校 | 3 | 3 293 | 7 535 | 17 276 | 133 | 69 |
| 1. 广播电视大学 | 1 | 275 | 687 | 1 519 | 133 | 69 |
| 2. 职工高等学校 | 1 | | | | | |
| 3. 农民高等学校 | | | | | | |
| 4. 管理干部学院 | | | | | | |
| 5. 教育学院 | 1 | | | | | |
| 6. 独立函授学院 | | | | | | |
| 7. 普通高等学校举办： | (9) | 3 018 | 6 848 | 15 757 | | |
| 函授部 | | 1 856 | 4 443 | 11 621 | | |
| 夜大学 | | 180 | 325 | 733 | | |
| 成人脱产班 | | 982 | 2 080 | 3 403 | | |
| 二、成人中等学校 | 1 689 | 382 598 | 378 337 | 414 040 | 1 032 | 573 |
| 1. 成人中等专业学校 | 58 | 3 936 | 3 231 | 10 549 | 694 | 339 |
| 广播电视中等专业学校 | 1 | 164 | 134 | 50 | 42 | 15 |
| 职工中等专业学校 | 1 | 84 | 41 | 156 | 14 | 6 |
| 干部中等专业学校 | | | | | | |
| 农民中等专业学校 | 2 | | 75 | 150 | 49 | 36 |
| 函授中等专业学校 | 0 | 60 | 60 | 130 | | |
| 教师进修学校 | 17 | 1 281 | 163 | 1 277 | 589 | 282 |
| 其他类学校举办 | 37 | 2 347 | 2 758 | 8 786 | | |
| 2. 成人中学 | 7 | 277 | 625 | 666 | 33 | 20 |
| 职工中学 | 7 | 277 | 625 | 666 | 33 | 20 |
| 农民中学 | | | | | | |
| 3. 成人技术培训学校 | 1 624 | 378 385 | 374 481 | 402 825 | 305 | 214 |
| 职工技术培训学校 | 54 | 9 466 | 8 123 | 12 246 | 88 | 51 |
| 农民技术培训学校 | 1 570 | 368 919 | 366 358 | 390 579 | 217 | 163 |
| 三、成人初等学校 | 136 | 4 437 | 1 641 | 2 408 | 39 | 38 |
| 1. 职工初等学校 | | | | | | |
| 2. 农民初等学校 | 136 | 4 437 | 1 641 | 2 408 | 39 | 38 |
| 其中：扫盲班 | 112 | 4 033 | 1 415 | 1 991 | 18 | 18 |

〔**年度工作方针**〕 2001年全省教育工作指导方针是：高举邓小平理论的伟大旗帜，以江泽民同志“三个代表”重要思想和关于教育问题的谈话为指导，认真贯彻党的十五大和十五届六中全会精神，紧紧围绕海南省“十五”计划总体发展目标和战略部署，进一步落实第三次全国、全省教育工作会议和全国、全省基础教育工作会议精神，坚定不移地实施科教兴琼战略，坚持教育适度超前发展，加大教育投入，深化各项教育体制和运行机制改革，加快教育布局结构调整，推进教育现代化、信息化进程，全面推进素质教育，大力开发人力资源，为提高全省国民整体素质、促进经济发展和社会全面进步做出新的贡献。

〔**教育投入与支出**〕 2001年全省各级各类教育总投入25.66亿元，比上年增长14.27%。其中国家财政性教育经费17.28亿元（其中预算内教育经费13.52亿元，各级政府征收用于教育的税费1.11亿元，企业办学经费2.41亿元，以及校办产业、勤工俭学和社会服务收入用于教育的经费0.24亿元），比上年增长16.95%；社会团体和公民个人办学经费0.93亿元，比上年增长30.99%；社会捐、集资办学经费0.81亿元，比上年增长9.55%；事业收入5.77亿元（其中学、杂费4.09亿元），比上年增长9.04%；其他收入0.87亿元。

2001年，各级各类教育总支出25.4亿元，其中国家财政性教育经费支出18.02亿元（其中预算内教育经费支出14.06亿元，各级政府征收用于教育的税费支出1.15亿元，企业办学经费支出2.60亿元，校办产业、勤工俭学和社会服务收入用于教育的经费支出0.21亿元），社会团体和公民个人办学经费支出1.03亿元，社会捐、集资办学经费支出0.71亿元，学、杂费支出3.58亿元，其他支出2.06亿元。

〔**教育对外交流与合作**〕 积极发挥教育外事“窗口”作用，促进教育对外交流与合作。（1）继续抓好公派留学、进修、来琼留学与接收外国中小学生和港澳台学生来琼就读工作。为11人争取到国家留学基金资助出国研修或攻读学位资格；审核79名具有大专以上学历人员自费出国留学；派出29人赴港澳台地区参加学术会议、文化交流等。与省公安厅等部门联合制定了《关于进一步加强我省自费出国留学中介服务机构管理工作的通知》和《海南省自费留学中介服务机构备用金管理规定》，进一步规范了海南省自费出国留学中介服务市场，并与获得自费出国留学中介服务机构资格的单位签定了《委托监管备用金协议》。审批了海口景山学校、海南中学、海台实验学校接收外国学生的资格，使全省具有接收外国学生资格的学校达到10所，全年共接受来琼学习的外国学生37名。（2）规范引进国外智力工作。依法清理整顿聘请外籍教师市场，实地核查了申报聘请外籍教师资格的单位与机构，对于不符合要求的限期整改，积极支持符合条件的19家单位聘请57位外籍教师，促进全省教育教学和管理水平的提高。会同省外专局等部门联合制定了《社会力量办学单位聘请外国文教专家预交保证金》，有效地维护了外籍教师的利益。编报了《海南省外国文教专家“十五”计划》。（3）积极开展合作办学。在巩固原有合作办学项目基础上，又审核批准了海南半岛酒店、海南行政学院、海南省外贸学校分别与加拿大教育协会、加拿大马拉斯宾纳大学、澳大利亚塔州教育部的合作办学项目，批准了华南热带农业大学增加与新加坡华夏管理学院合作办学的专业，使全省中外合作办学单位达到13个。继续做好中国教育国际交流协会与美国英语教师培训项目和2001年暑期中学生英语“中华营”培训项目。与意大利政府达成意向，即将在琼海师范学校启动由意大利政府提供资金，无偿援助“海南基础教育项目”。与美国英语学会、加中教育理事会达成在省小学师资培训研究中心举办暑期小学英语教师培训项目。与国家外专局和国际（美加）教育协会达成为海南省每年培训20名中学或大学骨干英语教师的意向。（4）广泛开展国际教育交流与合作。组织全省教育行政管理干部50人次赴境外进行教育考察与交流，审核派出教育行政干部、教师125人次赴13个国家和地区参加国际会议、进行短期学术研讨、讲学及文化交流；接待了来自4个国家和地区的12名教育行政官员；选派2名全国优秀教师到柬埔寨执教，推进汉语的普及，增进华侨华人对祖国的了解与感情；配合教育部留学服务中心做好国际高等教育巡回展海南布展工作。（5）召开了全省教育外事工作会议，在全面回顾总结建省以来教育外事工作取得成绩的基础上，分析了教育外事工作面临的形势，明确了“十五”期间全省教育外事工作的指导思想和工作思路，重点研讨了海南省教育应对加入WTO新形势的具体对策。

〔**教育法制建设**〕　加强教育法制工作，推进依法治教和依法行政。（1）切实抓好教育普法工作。省教育厅、省司法厅、省综治委、省普法办等部门发出《关于改进学校法制工作配齐配强兼职法制副校长的通知》和《关于印发海南省青少年法制教育基地试点工作实施方案的通知》等文件，使全省850所学校配备了兼职法制副校长，其中192人已接受了省里组织的培训，切实加强了校园法制宣传教育，进一步促使学校法制教育工作走向规范化、科学化轨道。制定了《海南省教育系统法制宣传教育的第四个五年计划》和《海南省教育厅机关公务员学法用法依法行政培训工作方案》，分阶段逐步提高教育工作者和广大师生的法律素质和依法行政水平。（2）认真做好教育立法准备以及规范性文件的审核和修改工作，并按照“有关法律、法规必须与世界贸易组织的有关规定相一致”的原则，对海南省有关教育的地方性法规、政府规章及政策性文件进行了清理。（3）开展执法检查，进一步推进依法治教、依法治校进程。多次组织力量对中小学生食品卫生和安全工作进行了督查，对学校存在的安全隐患提出了整改意见，有效避免了中小学生重大伤亡事故的发生。对教育系统贯彻落实《海南省实施〈未成年人保护法〉办法》和《禁止使用童工规定》的情况进行检查。积极配合省残联对贯彻落实《残疾人保障法》情况进行督查，依法推进残疾人受教育权益的落实。大力整顿非法办学行为，坚决打击和取缔黑校，规范各类幼儿园、中小学和职业学校的办学行为，切实保障广大学生、家长的利益。

〔**教育信息化工作**〕　坚持“政府投入、社会参与、合理收费”的工作方针，想方设法加大教育信息化基础设施设备建设投资，加快教育信息化基础设施建设进程。全年共投入资金4600多万元，比上年增长11.5%，使中国教育科研网（CERNET）海南省网络中心建设初具规模，已有12个单位实现与CERNET海南省网络中心的联通；全省建成校园网和计算机网络教室达810个，中小学计算机拥有量达2.6万多台；全省卫星电视地面接收站达380个，开展广播电视教育的接收网点达1 000个；在2000年完成省教育厅“政府上网”第一期工程的基础上，建成6个市县的教育网站，各类学校实验室建设标准稳步提高。根据教育部《中小学信息技术课程指导纲要》，省教育厅开展了信息技术教育基本情况调查和课程调研，组织编写了“海南省中小学信息技术教材”，对中小学开设信息技术课程进行了总体规划。2001年秋季，全省所有普通高中、大部分市县城镇初中和部分农村初中及506所小学全部开设了信息技术教育课程。全面启动教师信息技术培训工作。经过省、市县和学校分层培训，2001年累计完成2万多名中小学教师的计算机培训，其中中师学校和部分省、市县重点中小学已率先完成全员培训，逐步提高了广大教师掌握和运用现代教育技术手段的能力。教育信息资源库建设取得显著成效。2001年全省师生共编制视听教材1 030部（套）、计算机辅助教学（CAI）课件和教育管理软件2 100件（课时）。在举办的第八届全省多媒体教材（软件）评比活动中，参评作品共计2 199件（部），内容涉及30个学科；在海南省选送参加全国多媒体教学软件大奖赛的作品中，共有8个CAI课件和6个教育教学电视片分获二、三等奖和优秀奖。

〔**语言文字工作**〕　通过召开全省语言文字工作会议，举办省级普通话水平测试员培训班和教师普通话培训班，以及开设国家语言文字工作政策专题讲座，宣传贯彻《国家通用语言文字法》及有关政策法规，大力推广普通话。完善语言文字政策，敦促海口、文昌、陵水等市县和海南师范学院、琼台师范学校、省文化艺术学校等近20个单位成立了语言文字工作机构，指导开展语言文字工作。全面启动普通话水平等级测试工作。成立了海南省普通话测试中心，举办了4期省级普通话水平测试员培训班，经过考核并获得省级普通话水平测试员资格的96人组建了省普通话水平测试员队伍。组织编写了普通话水平测试辅导教材，举办了各类普通话培训班。批准设立了12个基层普通话水平测试站，从东、西、南、北、中5个地域组建全省普通话水平测试的工作网络。全年共完成了5 000多名教师的普通话水平测试工作。

〔**关心下一代工作**〕　成立了海南省离退休教师专家组（18名成员），参与联系学校的教学、科研活动，帮助中青年教师提高教育、教学的业务水平和思想水平。积极配合教育行政部门和学校做好"普九"巩固提高工作，发动辍学儿童少年返校，资助特困生入学。以建党80周年为契机，积极配合学校开展第二课堂活动，加强对学生进行爱国主义教育。

# 基础教育

〔**综述**〕　认真贯彻全国、全省基础教育工作会议精神，加强以巩固提高"两基"成果为重点的基础教育各项工作。通过座谈会、报告会、讨论会、录像等多种形式组织广大教育行政干部、中小学校长、教师集中学习讨论，各市县教育部门也把学习宣传贯彻会议精神及《国务院关于基础教育改革与发展的决定》作为一个时期教育工作的中心任务，结合本地、本校实际开展广泛的学习讨论，把思想认识统一到《决定》的精神上来；另一方面，由省政府办公厅牵头，与省有关部门共同组织了几个调查组，深入十几个市县作摸底调查，为省政府对基础教育工作的决策提供依据。在此基础上，省政府于2001年11月17日至18日上午召开了全省基础教育工作会议，省委、省政府于2001年12月25日出台了贯彻国务院《决定》的实施意见，为今后一个时期基础教育的改革与发展奠定了坚实基础。

同时，农村义务教育管理体制调整开始起步，义务教育尤其是初中阶段在校生辍学得到有效控制，中小学危房改造工程启动实施，中小学布局调整工作全面展开。加大对民族贫困地区义务教育工作扶持力度，继续面向社会开展救助特困生入学活动。同时加强了对流动人口子女入学问题的调查研究。

〔**"两基"工作**〕　继续坚持"两基"重中之重的地位，大力加强"两基"巩固提高工作。一是认真总结"两基"工作的成绩和经验，推荐了一批"两基"工作先进单位和个人接受国家表彰，省政府及有关部门也对一批"两基"工作先进地区、先进单位、先进乡镇和先进个人分别进行了表彰。二是研究制定了巩固提高"两基"成果的实施方案，切实巩固提高义务教育的普及程度。2001年，对"普九"巩固提高工作尤其是初中生入学率、辍学率等重要指标进行了多次督导检查，促请省政府于2001年6月上旬召开了全省控制初中阶段在校生辍学工作电视电话会议，强化政府行为。使2001～2002学年，全省小学适龄儿童入学率达99.66%，初中阶段入学率达97.4%；2000～2001学年度小学在校生辍学率为0.02%，初中在校生辍学率为5.45%。

〔**普通高中教育**〕　积极扩大普通高中教育规模。2001年全省普通高中招生2.57万人，在校生6.83万人，分别比2000年增长12.6%和14%。推进普通高中教育教学改革，为落实国家普通高中新课程计划做好前期准备工作，开展了在普通高中学校开展研究性学习的探索，着力提高普通高中的教育教学质量。进一步改革和完善普通高中会考制度，注重对学生创新精神和实践能力的考查，发挥普通高中会考的评价、导向和管理功能。

〔**幼儿教育与特殊教育**〕 进一步加强对学前教育的指导和管理，提高幼教保育质量。加强对非法办园（班）的清理取缔，规范办园行为。大力发展农村学前教育，积极推动乡镇创办中心幼儿园，使农村幼儿园入园率有了较大提高。积极开展送教下乡活动，组织省示范幼儿园在师资、教学、管理等方面扶持薄弱幼儿园发展。加强幼教师资队伍建设，提高了幼儿教师的教学水平。积极加强不利人群普及九年义务教育工作。大力发展特殊教育，扩大特殊教育在校生规模，举办特殊教育师资培训班，进一步提高特殊教育质量。

〔**中小学德育工作**〕 切实改进和加强中小学德育工作。召开了首次全省中小学德育工作会议，表彰了中小学德育工作先进集体和先进个人，拟定了新时期《进一步加强和改进中小学德育工作的实施意见》，加快对中小学德育内容、途径和方式的改革，增强了德育工作的针对性、实效性和主动性。同时，加强中小学生的科普教育和安全教育，深入推进学校、家庭和社会的三结合教育，并抓住国家对海南省中小学生校外活动场所检查的契机，成立了全省青少年校外教育工作联席会议，对全省青少年校外活动场所进行了全面整顿和清理，研究制定了全省青少年学生校外活动场所建设“十五”规划。各市县加快德育基地、社会实践基地和青少年活动场所建设步伐，并积极申报“全国青少年学生校外教育活动场所建设项目”，其中五指山市和陵水县获得教育部批准。

〔**体育、卫生与艺术教育**〕 进一步改革和促进学校体育、卫生和艺术教育工作。召开了全省学校体育卫生艺术和国防教育现场工作会，加强对学生课外、校外体育、艺术教育活动的指导和管理，不断完善和规范各种体育竞赛活动和艺术比赛活动，出台了海南省学校体育卫生艺术教育和国防教育竞赛、评奖活动管理规定。制定了《关于加强我省学校卫生工作的意见》，加强全省学校食品卫生安全工作，积极开展口腔健康等教育活动和预防艾滋病宣传教育工作，切实保护学生身体健康。进一步抓好初中毕业生升学体育考试工作，并组织了全省中小学体育教师培训和小学体育、中小学音乐、美术教师优质课评选活动，推动了音体美教学改革，提高了教学质量。组织开展全省大中学生各类球赛、第21届世界大学生运动会海南省火炬传递活动以及学生万人跑禁毒宣传活动，参加了国际、国内各类比赛。特别是全省首届大中专学校文艺汇演暨大学生艺术歌曲演唱比赛活动，进一步提高了社会各界对学校艺术教育在全面贯彻教育方针中重要作用的认识，推动了学校艺术教育事业的健康发展。

〔**教师队伍建设**〕 组织实施“新世纪园丁工程”，不断加强教师队伍建设。（1）制定了海南省中小学教师职业道德考核和奖惩制度，举行了普通中专学校教师师德演讲比赛，加强教师职业道德建设，推进以德治教。会同省人事劳动保障厅表彰了68名优秀教师和27名优秀教育工作者，做好2001年全国、全省优秀教师和优秀教育工作者评选表彰工作。（2）加强中小学校、中等专业学校的师资培训工作。召开了全省小学教师继续教育工作会议，组织62名国家级骨干教师参加教育部组织的分学科培训；省级骨干教师的培训工作按计划进行；市县级骨干教师培训对象的选拔、确认工作已完成，部分市县级骨干教师培训工作已展开。全面铺开中小学教师学科基本功训练。全省749名中学校长参加了提高培训，324名校长获得省教育厅颁发的“中学校长提高培训合格证书”。审核设立了25个教师计算机培训点，制定完善了中小学教师全员培训的有关规定，近4 000名中小学教师参加了计算机全员培训。此外，还举办了小学教师学科基本功骨干培训、小学新教师试用期培训、小学校长岗位培训和中等学校教师硕士研究生课程进修班。（3）做好全省教师职务评审工作。在教师职务评审中突出了对教师能力和工作业绩的考核。经评审，21人获得高校教授职务任职资格，62人获得高校副教授职务任职资格，61人获得中专高级讲师职务任职资格，352人获得中学高级教师职务任职资格，589人获得中学一级教师职务任职资格，1 727人获得小学高级教师任职资格。（4）基本完成教师资格认定工作。海南省从2001年起开展教师资格认定工作，依法实施教师资格制度。省教育厅成立了省教师资格认定工作领导小组，制定了《关于海南省教师资格认定工作的实施细则（暂行）》等政策性文件，在全国兄弟省份中居于前列。2001年，全省已完成3.2万人的资格认定工作。（5）调整了师范类毕业生就业政策，允许非短缺专业毕业生转行择业或到外省就业，引导毕业生转变就业观念，督促市县教育行政部门和有关单位做好师范类毕业生就业的各项工作。（6）依法维护广大教职工的合法权益。积极督促有关部门做好教师工资发放工作，至年底全省除三亚外其他18个市县均已实现了教师工资由市县财政统一发放，由银行直接把工资拨入教师个人帐户；抓好教职工住房建设，把改善教职工住房条件当作为民办实事来落实，2001年新建教职工住房8.18万平方米；继续抓好教代会工作，在全省96%的民办学校组建了教育工会，在各级各类学校全面推行校务公开工作，提高了广大教师对学校重大事项决策的参与权和知情权。

〔**教学工作**〕 积极推进基础教育课程、教材和教学方法的改革。贯彻落实《国家基础教育课程改革指导纲要（试行）》，成立了全省课程改革领导小组及专家工作组，申报海口市作为国家课程改革实验区获得批准，并确定了琼山、澄迈、儋州、洋浦作为省级课程改革试验区，研究制定并积极抓好基础教育课程改革的实验与推广工作。依据国家课程管理和开发政策，初步提出了设置开发地方课程、学校课程的意见。为尽快适应“3＋X”高考内容改革，指导各中学加强课程的综合性、教材的渗透性和教学方法的灵活性，注重学生创新精神和实践能力的培养。进一步贯彻落实《关于减轻中小学生过重负担的若干意见》，对中小学用书、学具的管理进行清理整顿，加大了对学校教师利用节假日补课、搞有偿辅导的查处力度。改革农村初中教育模式，继续举办农村初中种养实用技术师资培训班，促进农村初中教育适应当地经济社会发展需要。

〔**教育督导**〕 2001年3月8日，“海南省教育督导办公室”正式更名为“海南省人民政府教育督导室”。2001年，省政府教育督导室重点对全省各市报送的“两基”年审材料进行审核，组织省教育厅、省财政厅、省发展计划厅对市县政府及其有关职能部门贯彻落实《国务院关于基础教育改革与发展的决定》的情况进行督导检查，并做好各项准备工作，迎接国家教育督导团的检查。海南国兴中学、海南师范学院附属中学、海南华侨中学、海口市一中、海口实验中学、琼山中学和华南热带农业大学附属中学7所学校经普通高中办学水平等级评估，被评定为“海南省一级高中学校”。省政府教育督导室被省教育厅、省财政厅、省发展计划厅评为“海南省‘两基’工作先进单位”。

〔**勤工俭学**〕 2001年，全省勤工俭学工作以素质教育为中心，注重结合本地资源优势，发展具有地方特色的校园经济。同时，进一步规范了教育市场，在校服管理工作中继续加强监督、介入管理。2001年，全省中初等学校勤工俭学完成总产值及营业额1.6亿元，勤工俭学总收益达7 042万元，比上年增长6%；勤工俭学创收用于补助教育经费及其他达4 500万元，占总收益64%。全省开展勤工俭学活动的中初等学校有4 656所，占总数的95%，校办企业1 350个，按教学大纲要求安排学生参加劳动的劳动素质教育基地有4 980个，基地面积共3 300多公顷。

〔**中小学危房改造**〕 2001年，全省中小学有各类危房79万平方米（其中D级危房24.8万平方米）。根据国家确定的用两年左右时间基本消除现有中小学D级危房的目标，确定了重点改危项目学校358所，核准改造危房面积17.9万平方米。按中央补助4 000万元、省财政和市县各配套3 000万元、并动员社会捐助的格局投入改危。年内中小学改危的大部分资金已到位，整个项目正按规划方案进入全面实施阶段。

〔**中小学布局结构调整**〕 认真贯彻落实省政府办公厅《关于进一步调整中小学布局精简优化教职工队伍建设的意见》，采取总体规划、先易后难、分步实施的策略，分市县制定了具体的布局调整方案，因地制宜地推进中小学布局调整。经初步调整，小学从2000年的4 167所调整到3 399所，减少了768所，校均规模由248.6人增至301.6人，生师比由20.6∶1增至20.8∶1；初中因扩容需要，从2000年410所增至436所，校均规模由917人增至947人，生师比由19.5∶1增至21.3∶1；普通高中由2000年的93所调整到91所，校均规模由644人增至750人，生师比由17∶1增至17.9∶1。

〔**治理中小学乱收费**〕 根据国务院纠风办、教育部、省纪委（监察厅）关于治理中小学乱收费的有关规定与要求，省教育厅在3月15日召开海南省2001年教育纪检监察工作会议，把治理中小学乱收费工作摆到了教育工作的重要议事日程。7月，省教育厅党组书记、厅长符鸿合在全省基础教育工作暑期研修班上，与全省19个市（县）分管教育的副市（县）长及厅直属中学校长签订了《治理中小学乱收费责任书》；随后，各市（县）副市（县）长与市（县）教育（教科）局长、市（县）教育（教科）局长与学区主任和各中小学校长也层层签订了治理中小学校乱收费责任书。此外，在春秋两季中小学开学时，省教育厅均会同有关部门组成检查组，对部分市县的中小学收费情况进行检查，进一步减轻了学生的学业负担和学生家长的经济负担。

# 职业教育

〔**综述**〕 2001年，进一步调整中等职业教育管理体制和布局结构。积极配合省人大常委会开展贯彻实施《职业教育法》和海南省《实施办法》的执法检查，依法促进职业教育改革与发展。认真贯彻落实省委省政府为民办实事工作部署，继续举办“9+1”农业渔业职业教育班、小康班、少数民族青年农民技术骨干专修班，积极为农业、农村、农民尤其是为中部地区开发提供有力的人才保证和智力支持。

积极探索新的办学模式，逐步推行学分制改革，加强中等职业学校专业和师资队伍建设。成立海南省中等职业学校教育教学指导委员会和教学视导组，加强对中等职业学校教育教学工作的指导，提高了职业教育整体质量。加强了对中央、省财政职业教育专项经费的督查，促使各地落实专项经费，为职业教育发展提供物质保障。

〔**调整中专学校管理体制和布局结构**〕 按照《中共海南省委办公厅、海南省人民政府办公厅关于进一步调整我省中等职业技术学校管理体制和布局结构的实施意见》，从2001年6月起，将省旅游学校、省民族技工学校、海南银行学校、省邮电学校划归省教育厅管理；合并省机电工程学校、省粮食学校，组建省工程技术学校；合并省商业学校、省财税学校、海南银行学校，组建省商业财经学校；合并省卫生学校、省第二卫生学校、省卫生职工中专学校；并将省民族技工学校并入省工业学校。

〔**职业中学改革与发展**〕 加强了市县中等职业学校建设和对社会力量举办的中等职业教育培训机构的管理。召开了全省农村职业学校生产实习基地建设现场会，确定琼海、陵水、保亭、屯昌、五指山5市县职业学校作为生产实习基地重点建设单位，在经费上给予重点扶持，年内上述5所学校的生产实习基地建设均已启动。同时，省教育厅多方筹措资金扶持部分职业学校添置教学设备、改善办学条件，组织14所中专学校对口扶持市县农村职业中学，促进农村职业教育健康发展。省教育厅还加强了对社会力量举办的中等职业教育培训机构的管理，出台了社会力量办学单位评估标准，对不符合办学条件的依法予以取缔。

〔**中等师范教育**〕 2001年，全省8所中等师范学校招生2 930人，比上年减少475人；在校生9 336人，比上年减少368人；毕业生3 201人，比上年减少64人；教职工1 043人，其中专任教师646人。

加强师资培训工作，树立育人为本的教育理念，把德育工作摆在素质教育的首位；同时，高度重视中师学校教育教学改革，运用现代化教学手段，优化教法和学法，促进学生全面发展。临高师范学校订出学校“德育系列教育实施方案”，使本校德育工作取得了显著成绩并荣获“九五”国家重点课题整体构建学校德育体系的研究与实践“先进单位”。琼台师范学校开展了多种形式的有益师生身心健康的公益活动，撰写发行了《学校德育活动艺术》一书。为适应“三级师范”向“二级师范”过渡，从应届毕业生中选送52名到省内高等师范院校深造；在琼台师范学校和海南外国语师范学校举办小学教师大专班，共招收148人。

# 高 等 教 育

〔**综述**〕 2001年，积极创造条件，扩大高等教育规模，提高高等教育质量和办学效益。完成了对海南职业技术学院、海口经济职业技术学院、三亚卓达旅游职业学院和海南国科园职业技术学院的报批和备案工作，4校均被教育部列入2001年具有颁发高等学历资格的普通高等学校招生名单，其中前3所高校2001年已开始招生。同时做好琼州大学升格为本科院校的各项准备工作。高等教育管理体制不断完善，办学体制日趋多元化，后勤社会化步伐加快，教育教学工作得到切实加强，重点学科建设初见成效，高校科研对经济建设和社会发展的贡献率稳步提高。

〔**高校党建与思想政治工作**〕 组织举办了“海南省高校纪念中国共产党成立80周年大学生演讲比赛”、“海南省高校纪念中国共产党成立80周年理论研讨会”等一系列纪念活动，评选表彰了一批全省高校先进基层党组织、优秀共产党员和优秀党务工作者，同时，组织高校认真开展“三讲”教育“回头看”活动，指导和督促各高校就存在的突出问题进行整改；进一步加强高校领导班子建设，做好华南热带农业大学、琼州大学等院校领导的选配、任命工作和各高校后备干部队伍建设。继续深入开展与“法轮功”邪教组织的斗争，及时、有效地做好学校稳定和安全保卫工作。切实加强高校“两课”教学，做好“三个代表”重要思想进课堂、进教材、进学生头脑的“三进”工作。进一步规范和加强高校学生“形势与政策”课程建设，对大学生进行爱国主义、集体主义和社会主义教育。省高校工委召开了全省高校领导干部学习贯彻江泽民总书记“七一”讲话的理论研讨会，并召集“两课”教学指导委员会成员对“三个代表”重要思想“三进”工作进行研究；各高校制定了方案，使“三个代表”思想及时进入高校“两课”教学，进入学生头脑。

〔**大学生心理健康教育和社会实践活动**〕 积极贯彻执行《教育部关于加强普通高等学校大学生心理健康教育工作的意见》，认真研究新形势下大学生心理健康教育工作的任务、特点和规律，加强心理健康教育工作队伍建设。召开了2000年度海南省大学生暑期社会实践活动总结表彰大会，把全省大学生社会实践活动推上新台阶。在教研活动中，关注学生的精神生活，使学生摆脱被动、消极、封闭、沉闷的学习状态，代之以主动、积极、开放、自主创新和个性化的学习。

〔**高校助学贷款**〕 2001年海南省国家助学贷款协调小组连续召开两次会议。会后，有关高校、银行对开展国家助学贷款工作的认识有了很大提高，纷纷行动起来，签定国家助学贷款银校合作协议，积极为困难学生办理贷款业务，取得重大突破。截止2002年1月20日，已有海南师范学院与中国银行、海南大学与中国农业银行、华南热带农业大学与中国建设银行、海南职业技术学院与中国工商银行签定了国家助学贷款银校合作协议，共有2 356名学生与有关银行签定了贷款合同，合同总金额2 161.2万元，其中已发放648.4万元。

〔**高校后勤社会化改革**〕 制定了《海南省大中专学校后勤社会化改革实施方案》，加大高校后勤社会化改革的工作力度。年内各高校均成立了后勤服务公司，部分服务项目已从学校行政管理系统中分离出来；并以学生公寓和食堂为突破口，新建学生公寓6.82万平方米，改造学生宿舍0.6万平方米，改造闲置商品房1.6万平方米，新建学生食堂1万平方米。

〔**教学工作**〕 加强教学工作，努力提高教育教学质量。开展了对2000年度省级重点（扶持）学科建设、高等学校毕业生论文（设计）工作、高等职业学校办学条件和质量等的全面检查。同时，出台了《海南省研究生课程进修班登记备案管理办法》（试行），加强了对研究生课程进修班的管理；对高职教育专业进行了审核备案；并做好高等教育学历证书电子注册工作。

〔**科研工作**〕 积极开展高校科研工作。组织开展年度优秀教学成果评定，评出4个一等奖和7个二等奖，其中两项获得国家级优秀教学成果二等奖；组织申报了教育部2001年度优秀青年教师资助计划和全国人文社科“十五”规划第一批项目，取得了明显成效。

〔**图书馆建设**〕 进一步加强图书馆网络化建设工作。出台了《海南省高校图书馆网络化建设评估方案》、《海南省文献资源共享实施方案》、《海南省高校图书馆馆际互借规则》等文件。海南大学、海南师范学院、海南医学院、华南热带农业大学和琼州大学的图书馆基本实现了“海南省高等学校图书馆网络化建设规划”的目标要求。2001年，全省高校图书馆数字化建设已起步。

〔**研究生教育**〕 2001年全省1个博士学位一级学科授权点（含2个博士点）、18个硕士学位授权点新聘博士研究生导师2名、硕士研究生导师53名，使全省博士研究生导师增至10名，硕士研究生导师增至105名。2001年共招收研究生97人，使全省研究生在校生达到203人。

〔**招生工作**〕 2001年，全省报考普通高等学校招生考试的考生1.96万人，比2000年增加0.20万人。2001年有355所普通高校（含高职院校）在海南省招生，招生计划人数比2000年增加0.22万人。2001年全省实际录取考生1.51万人，其中本科录取0.92万人，专科录取0.59万人，预科录取79人。

在招生工作中，进一步深化改革。一是实施“3＋文科综合/理科综合”的科目设置方案；二是进行英语听力考试；三是实现考生档案电子化，实现普通高校招生现场网上录取；四是对有关招生规定进行相应调整，如：放宽报名条件，增加报考志愿数，取消外语考试类别，减少照顾政策分值等。

# 成人教育

〔**科技扶贫**〕 认真贯彻落实省委省政府为民办实事工作部署，积极为中部地区开发提供专业技术人才和智力支持。继续举办了“9＋1”农业渔业职业教育班、小康班、少数民族青年农业技术骨干专修班和畜牧兽医大专班，并对选拔学员单位和承办学校进行了督查。组织省职业教育讲师团60人次先后到6个市县，深入田头、农户进行巡回辅导，传授新技术、新观念和新信息。继续抓好乡镇、村示范性农民文化技术学校建设，改善办学条件，全省30万人次参加了文化技术学习。同时，组织扶贫技术顾问团，定期或不定期对省教育厅扶贫对象——保亭县六弓乡农民进行技术指导和科技咨询服务，切实为富民强省提供优质服务。

〔**成人高校招生工作**〕 2001年参加成人高考报名1.58万人，比2000年增加0.34万人，增幅27%。共录取新生1.36万人，完成计划88%，其中专升本录取0.27万人，完成计划81%；高中起点本科录取357人，完成计划92%；高中起点专科录取1.06万人，完成计划89%。

各招生机构、招生院校和有关生源单位，通过多种形式动员考生报考，同时放宽报考条件，允许普通中专应届生报考，考生不受年龄、工龄限制，为保证足够的生源创造了有利条件。此外，开展了成人高考预录试点工作，采取正式录取和预录相结合的招生方法，既扩大了生源，又提高了成人招生的质量。

〔**自学考试**〕 2001年，全省参加自学考试的人数从2000年的3.00万多人增加到4.90万人，是开考以来人数最多的一年。海南省把自考当作促进经济发展、提高人口素质的一条重要渠道，把为社会服务的范围从机关发展到农村，从专科提高到本科。同时，依靠学校和助学单位，调整专业设计，多设教学点，实行开放式办学。此外，合理撤并考点，逐步实行微机管理，使自考工作日趋科学化。

撰稿 陈晋玲
审稿 徐金龙

# 重庆市教育

## 概　况

〔基本情况〕

**2001 年各级普通学校基本情况**

单位：人

| 学校类别 | 学校数（所） | 毕业生数 | 招生数 | 在校生数 | 教职工数 合计 | 教职工数 其中：专任教师 |
|---|---|---|---|---|---|---|
| **总　计** | **18 690** | **926 754** | **1 577 249** | **5 261 390** | **301 860** | **237 473** |
| 一、研究生 | (11) | 1 401 | 3 410 | 8 358 | | |
| 1. 高等学校 | (10) | 1 400 | 3 409 | 8 355 | | |
| 2. 科研机构 | (1) | 1 | 1 | 3 | | |
| 二、普通高等学校本专科 | 29 | 24 316 | 61 033 | 161 648 | 27 334 | 12 125 |
| 本科院校 | 16 | 21 323 | 48 997 | 138 216 | 23 436 | 10 345 |
| 专科院校 | 13 | 1 518 | 8 984 | 15 334 | 3 898 | 1 780 |
| 分校、大专班 | | 1 475 | 3 052 | 8 098 | | |
| 三、普通中等学校 | 1 815 | 453 091 | 597 026 | 1 695 860 | 122 853 | 94 184 |
| 1. 中等专业学校 | 52 | 30 798 | 26 849 | 77 056 | 6 477 | 3 248 |
| 中等技术学校 | 35 | 24 948 | 21 034 | 60 548 | 4 730 | 2 299 |
| 中等师范学校 | 17 | 5 850 | 5 815 | 16 508 | 1 747 | 949 |
| 2. 技工学校 | | | | | | |
| 3. 普通中学 | 1 607 | 394 429 | 531 602 | 1 540 317 | 107 562 | 85 030 |
| 高中 | 282 | 60 787 | 113 424 | 255 372 | | 15 184 |
| 初中 | 1 325 | 333 642 | 418 178 | 1 284 945 | | 69 846 |
| 4. 职业中学 | 151 | 27 730 | 38 477 | 78 289 | 8 737 | 5 852 |
| 高中 | 148 | 27 219 | 37 716 | 76 174 | | 5 730 |
| 初中 | 3 | 511 | 761 | 2 115 | | 122 |
| 5. 工读学校 | 5 | 134 | 98 | 198 | 77 | 54 |
| 四、小学 | 13 076 | 445 158 | 475 585 | 2 777 859 | 133 648 | 118 623 |
| 五、特殊教育学校 | 44 | 2 788 | 2 619 | 18 383 | 635 | 474 |
| 六、幼儿园 | 3 726 | | 437 576 | 599 282 | 17 390 | 12 067 |

## 2001年各级成人学校基本情况

单位：人

| 学校类别 | 学校数（所） | 毕业生数 | 招生数 | 在校学生数 | 教职工数 | |
|---|---|---|---|---|---|---|
| | | | | | 合计 | 其中：专任教师 |
| **总计** | **22 201** | **4 074 368** | **2 883 706** | **3 029 109** | **16 461** | **7 666** |
| 一、成人高等学校 | 14 | 22 949 | 44 976 | 101 883 | 3 414 | 1 779 |
| 1. 广播电视大学 | 1 | 5 097 | 10 300 | 18 857 | 888 | 443 |
| 2. 职工高等学校 | 11 | 1 768 | 3 264 | 6 752 | 1 957 | 939 |
| 3. 农民高等学校 | | | | | | |
| 4. 管理干部学院 | 1 | 130 | 204 | 364 | 78 | 62 |
| 5. 教育学院 | 1 | 649 | 2 571 | 3 893 | 491 | 335 |
| 6. 独立函授学院 | | | | | | |
| 7. 普通高等学校举办： | (29) | 15 305 | 28 637 | 72 017 | | |
| 函授部 | | 7 850 | 14 593 | 40 593 | | |
| 夜大学 | | 929 | 1 380 | 4 302 | | |
| 成人脱产班 | | 6 526 | 12 664 | 27 122 | | |
| 二、成人中等学校 | 19 744 | 3 991 248 | 2 792 913 | 2 870 107 | 10 451 | 4 942 |
| 1. 成人中等专业学校 | 152 | 23 716 | 17 882 | 53 674 | 3 305 | 1 760 |
| 广播电视中等专业学校 | 2 | 8 264 | 3 345 | 19 152 | 225 | 99 |
| 职工中等专业学校 | 33 | 6 138 | 10 528 | 21 508 | 1 283 | 645 |
| 干部中等专业学校 | 4 | 328 | 435 | 744 | 142 | 53 |
| 农民中等专业学校 | 10 | 1 229 | 1 339 | 3 220 | 289 | 196 |
| 函授中等专业学校 | 1 | 1 015 | | 107 | 11 | 5 |
| 教师进修学校 | 36 | 978 | 769 | 2 079 | 1 355 | 762 |
| 其他类学校举办 | 66 | 5 764 | 1 466 | 6 864 | | |
| 2. 成人中学 | 107 | 4 836 | 8 308 | 12 969 | 754 | 446 |
| 职工中学 | 17 | 753 | 1 082 | 2 049 | 210 | 97 |
| 农民中学 | 90 | 4 083 | 7 226 | 10 920 | 544 | 349 |
| 3. 成人技术培训学校 | 19 485 | 3 962 696 | 2 766 723 | 2 803 464 | 6 392 | 2 736 |
| 职工技术培训学校 | 66 | 44 906 | 28 580 | 28 981 | 335 | 109 |
| 农民技术培训学校 | 19 419 | 3 917 790 | 2 738 143 | 2 774 483 | 6 057 | 2 627 |
| 三、成人初等学校 | 2 443 | 60 171 | 45 817 | 57 119 | 2 596 | 945 |
| 1. 职工初等学校 | 1 | 19 | 15 | 52 | 2 | 1 |
| 2. 农民初等学校 | 2 442 | 60 152 | 45 802 | 57 067 | 2 594 | 944 |
| 其中：扫盲班 | 1 128 | 22 495 | 21 554 | 26 353 | 1 984 | 661 |

〔**年度工作方针与“十五”发展目标**〕　重庆市各级党委和政府按照中央把教育作为先导性、全局性、基础性的知识产业和关键的基础设施，纳入优先发展的战略重点和现代化建设整体布局的要求，加大投入（重庆市 2000 年财政经常性收入比上年增长 13.70%，预算内教育经费拨款比上年增长 24.58%，教育经费增长幅度较财政经常性收入的增长幅度高 10.88 个百分点），大力实施科教兴渝战略，推进全市教育改革与发展。全市教育战线坚持以邓小平理论和江总书记“三个代表”重要思想为指导，深入贯彻落实党的十五大、全国教育工作会、全国基础教育和全市基础教育工作会精神，全面贯彻党的教育方针，全面推进素质教育，不断增强教育为经济社会发展服务的能力，全市教育改革与发展呈现出蒸蒸日上的可喜局面。

“十五”期间，重庆教育改革和发展的总体目标是：全面完成“两基”任务，大力发展高中阶段教育，积极扩大高等教育办学规模，加快发展民办教育，初步建立起现代教育体系的基本框架；教育质量和高层次创新人才的培养能力位居西部地区前列，人均受教育年限达到全国平均水平。到 2010 年，建立起坚实的基础教育、比较完备的职业教育和成人教育、较为发达的高等教育组成的现代化教育体系，各类专门人才的拥有量基本满足重庆现代化建设的需要，教育质量和高层次创新人才培养能力进入全国先进行列，人均受教育年限高于全国平均水平，初步把重庆建设成为长江上游地区的人才培养中心，努力把重庆建设成为我国西部地区的科教强市。

〔**教育投入与支出**〕　2001 年，重庆市国内生产总值1 750亿元，国家财政性教育经费投入占国内生产总值的比例为 2.77%，比上年的 2.28%提高 0.49 个百分点，全市财政支出 225.92 亿元，地方预算内教育经费支出（含城市教育费附加）占财政支出的比例为 19.81%，比上年提高 2.69 个百分点。

2001 年，全市地方教育投入 75.80 亿元，比上年增长 24.14%，其中：财政预算内教育事业费拨款 32.95 亿元，比上年增长 28.29%，科研经费（科技三项费）拨款 0.17 亿元，其他教育经费拨款 8.04 亿元；基建拨款 1.64 亿元；各级政府征收并用于教育的税费 3.64 亿元，比上年减少 8.20%；企业办学经费 1.03 亿元，比上年减少 25.55%；校办产业、勤工俭学和社会服务收入用于教育的经费 1.07 亿元，比上年减少 4.49%；社团和公民个人办学经费 1.38 亿元，比上年增长 92.07%；捐集资收入 3.07 亿元，比上年增长 30.22%，全市人均捐集资 9.92 元，比上年增加 2.24 元；事业收入 1.86 亿元（其中学杂费收入 9.95 亿元）；其他收入 4.23 亿元。

2001 年，全市地方教育经费总支出 73.93 亿元，比上年增长 25.93%，其中地方教育部门教育经费支出 67.66 亿元，比上年增长 27.32%，全市人均预算内教育经费 115 元，比上年增加 24 元。

地方教育部门及其他部门预算内教育事业费、基建经费支出 35.57 亿元。预算内教育事业费支出 33.93 亿元，其中：公用经费支出 5.58 亿元，占事业费支出的 16.44%。普通高等学校预算内教育事业费支出 5.59 亿元，其中公用经费支出 2.54 亿元，占事业费支出的 45.50%；中等专业学校预算内教育事业费支出 1.59 亿元，其中公用经费支出 0.33 亿元，占事业费支出的 20.73%；普通中学预算内教育事业费支出 10.52 亿元，其中公用经费支出 1.12 亿元，占事业费支出的 10.68%；职业中学预算内教育事业费支出 1.02 亿元，其中公用经费支出 0.15 亿元，占事业费支出的 14.44%；普通中小学预算内教育事业费支出 13.26 亿元，其中公用经费支出 0.77 亿元，占事业费支出的 5.77%；幼儿园预算内教育事业费支出 0.38 亿元，其中公用经费支出 0.04 亿元，占事业费支出的 9.53%；特殊教育预算内教育事业费支出 0.10 亿元，其中公用经费支出 0.03 亿元，占事业费支出的 26.36%。

〔**基本建设**〕　教育基建投入加大。2001 年，全市各级各类学校完成基本建设投资 18.32 亿元，比上年增加投入 7.16 亿元。资金来源中，国家预算内资金 2.64 亿元，占 14.4%；自筹资金 12.10 亿元，占 66.0%；利用其他资金 3.58 亿元，占

19.6%。国家预算内资金中，中央投资1.77亿元，占67.0%；地方投资0.87亿元，占33.0%。自筹资金中，中央各部门投资0.08亿元，占0.1%；各级地方政府投资0.86亿元，占7.1%；教育附加0.91亿元，占8.0%；学校（单位）自筹8.22亿元，占68.0%；教职工个人集资1.91亿元，占15.8%；无偿捐赠0.12亿元，占1.0%。

2001年，施工面积311万平方米，其中教职工住宅64.9万平方米。竣工面积201.3万平方米。其中教职工住宅43.9万平方米。全市教职工家庭人均居住面积11.71平方米，住房成套率为77.28%。2001年竣工校舍面积201.34万平方米，其中高校30.32万平方米，普教171.02万平方米。

〔**学校人事制度改革**〕 2001年初，重庆市教委、市委组织部、市人事局联合制发了《重庆市高等学校人事制度改革实施意见》、《重庆市高等学校教师聘任制实施办法》等4个文件。2001年4月，分别召开了重庆市高等学校和中小学人事制度改革的两个大会。全市大、中、小学人事制度改革拟用3年左右时间完成，大体分三步进行：2001年为起步阶段，2002年为大面积展开阶段，2003年为全面展开阶段。市教委确定了沙坪坝、南岸、黔江3个区和11所学校为改革试点单位，各区县（自治县、市）确定了219所中小学为试点单位。2001年，渝中、江北、沙坪坝、双桥、永川、合川、铜梁、秀山8个区县全面展开了学校人事制度改革，全市有3 000多所学校实行了教师聘任制和全员聘用合同制。

2001年重庆市开始实施教师资格制度，制定了《重庆市教师资格制度实施细则》等文件。9月17日，召开了有各区县（自治县、市）教委主任、各高等学校、直属中小学和市级有关部门负责人参加的全市教师资格制度实施工作会。会后，全市教育系统开展了教师考核、普通话测试、教育学心理学培训等大量工作。全市首次认定教师资格工作全面展开，当年申请认定教师资格的在职教师达10万多人。至2001年底，全市首次认定在职教师资格工作基本完成。

〔**改善教育发展环境**〕 2001年重庆市以“三个代表”为教育工作的出发点和着力点，坚持“委主任接待日”和“矛盾排查”制度，切实加强信访工作，密切同人民群众的联系。加大了治理中小学乱收费工作力度，建立了公示制，设立了举报电话，加大了检查和宣传力度，严格中小学收费手续和程序，进一步规范教育收费行为，重点规范了农村中小学收费和公办高中“择校”行为。据统计，全市共组成检查组649个，检查小学3 509所，中学1 214所，查出违规金额1 060.92万元，处理违规收费金额1 034.25万元，清理违规“补习班”72个，减少学生交费28.8万元；清理强制学生购买复习资料7.8万册，减少学生交费115.89万元，受理群众举报893件（次），查处违纪案件467件，处理责任人140人，其中通报批评103人，给予党纪政纪处分37人。秋季在重庆市城口县渭河乡和潼南县寿桥乡进行了“一费制”试点，对于积极、稳妥地推行“一费制”，减轻当地农村学生家庭经济负担，规范贫困地区农村学校收费行为进行了有益的探索。重点整治了乱办班、乱发证行为，规范了教育教学秩序。采取各种防范措施，预防各种突发事件。进一步强化学校的安全工作意识，明确安全工作责任，加强了学校卫生安全工作。

2001年重庆市深入开展了教育发展环境综合整治活动，进一步明确和理顺管理职能和管理权限，转变工作职能，切实转变工作作风，深入基层、学校认真开展调查研究，解决教育改革与发展中的困难和问题。聘请了10名社会的知名人士为教育督察员，建立了教育督察员制度，主动接受社会监督。取消了一批行政审批项目，破除了一批行政性垄断和行业性垄断，加大了政策透明度，规范了一批政务行为。

〔**第二届教育宣传月活动**〕 2001年3月～5月，在全市范围内组织开展了第二届教育宣传月活动，举办了国际文凭组织亚太地区（中国）2001年学术研讨会，组织送报刊书籍到贫困地区学校，制作播放了“百校风采”电视专题节目，举办了大学生辩论赛、2001年中国·重庆学生艺术节、中小学生实践技能大赛等14项重点活动。此次宣传月活动广泛深入，形式多样，内容丰富，为全市教育改革和发展营造了良好的舆论氛围。

〔**国际合作与交流**〕 经教育部批准，7月成立了全市第一所外资独立学校——重庆耀中国际学校。解决了重庆市长期以来外籍人士、港澳台同胞子女上学难的问题。经教育部、公安部批准，重庆渝教出国留学服务中心、西南师范大学自费出国留学服务中心、四川外语学院海外留学服务中心、索通企划出国留学服务中心正式挂牌成立。

积极为大专以上自费出国留学人员创造条件，2001年的出国自费留学人员是1997年的7倍。2001年，全市通过国家留学基金委的选拔，公派出国学习和各高校派出留学人员有新的增长，西南地区人才培养特别项目在重庆开始实施，首批候选人将在四川外语学院出国培训部接受培训。

2001年，重庆市选拔了一批初中毕业生，于10月初赴新加坡学习。香港知名企业家李嘉诚先生为支持西部建设，援助西部8所院校。2001年2月23日在考察了重庆医科大学正在进行的“三峡库区在职医生培训”、“三峡库区流动医院建设”、“三峡库区贫困儿童病救助”和“三峡库区农村妇女产后出血的防治”4个项目，决定纳入其援助项目，援助基金2 557万元。

2001年，全市教育系统接待国外及港澳台代表团来访285批次，组织代表团出国访问108批次，举办教育国际交流展3次，引进来渝工作的外籍专家113人，其中，“美中友好志愿者”28人。引进中外合作项目9个，项目资金4 100余万元人民币。

2001年9月，全球知名的软件教育机构——印度NIIT在重庆大学和重庆工学院挂牌成立了两个国际软件工程师教育基地，合作培养软件人才。

撰稿 欧可平 孙文松 周富道 左 益 程翔宇 邓 睿 张代忠 陈忠飞 王华玖 罗盛举 邓建中 徐兴旺 王忠涛 傅明华 马 江

# 基础教育

〔**综述**〕 2001年，“两基”工作顺利推进，实现了20世纪国家确定的“两基”目标。“两基”验收后的巩固提高工作进一步加强。薄弱学校治理工作有较大进展，一批薄弱学校通过改善办学条件和对口帮扶得到治理和改造，义务教育阶段办学水平明显提高。移民迁校在困难中推进，至2001年底，迁建学校已竣工交付使用105所。普通高中进一步发展，办学规模扩大。全市命名了一批市级重点中学，示范小学、综合高中和特色高中建设进展顺利。

中学招生改革进一步深化。2001年，针对中职招生考试的新变化，考虑初中毕业考试与高中招生考试功能的明显不同，将过去“两考合一”改为了“两考分离”。高中招生考试科目由过去的语文、数学、外语、物理、化学5科改为7科5卷（即政治、历史两科合卷，物理、化学两科合卷），与高考科目接轨。为了引入高中教育的竞争激励机制，扩大了“联招”范围，由原来11个区县（市）扩大到21个区县（市），使“联招”学校由原来的30所增加到47所。同时，在南岸、九龙坡、万州和涪陵四个区进行了初中毕业考试权下放的试点。

积极配合市经委、市财政局，加快推进国有大中型企业所办中小学的剥离工作。2001年共有35家企业的53所中小学剥离，覆盖14个区县。

2001年12月27日，重庆市政府召开全市基础教育工作会，贯彻落实全国基础教育工作会议、《国务院关于基础教育改革与发展的决定》和《中共重庆市委关于加快实施科教兴渝战略的决定》精神，会议印发了《重庆市基础教育改革与发展纲要》、《关于进一步完善区县教育管理体制的意见》、《关于继续做好农村教育费附加和农村教育集资工作的通知》等11个配套文件。提出了解决影响义务教育发展突出问题的对策，对中小学全面推进素质教育做了进一步的部署，明确了“十五”期间重庆市基础教育改革与发展的总体目标和基本任务，指明了基础教育发展的方向。

〔**课程和教材改革**〕 2001年，重庆市加快课程和教材改革，推进校本教材和地方教材建设，促进教材的灵活性和适应性，拓宽学生主动学习的空间。制定了《重庆市关于基础教育新课程实验推广工作的意见》。研究制定了重庆市小学开设英语课、高中开设研究性学习课、中小学开设信息技术教育课的实施方案、全市技术教育课的实施方案。全市高中及主城区初中已全面开设了信息技术课，全市普及中小学信息技术教育工作已全面启动。主城区小学三年级以上已按要求开设英语课，10个已“普九”区县（市）政府所在地的城镇小学三年级开设了外语课。“绿色证书”教育改革实验成果在全市300余所农村初中学校推广应用，接受教育的学生达到10万多人。法制教育、健康教育、禁毒教育、安全教育、国防教育、环境教育和科普教育等专项教育进一步落实。

〔**教育督导**〕 2001年2月27日，经市政府第77次常务会议审议通过，市长包叙定签署第110号政府令，发布了《重庆市教育督导规定》并在全市实施。《重庆市教育督导规定》属地方政府规章，明确规定了教育督导的性质、任务、范围和对象，对督导机构、职能和督学队伍建设等方面都提出了明确的要求，并根据重庆实际，创造性地提出了实行督学责任区和设立督导片区制度等内容。

2001年，市督导室多次牵头组织人员深入彭水县进行“两基”过程督导，按照强化过程，服务基层，坚持标准，严格程序，推进“两基”攻坚的工作思路，促进彭水县按照“两基”标准实现年度目标。11月，市政府对彭水县的“两基”工作进行了评估验收，认定该县达到“两基”合格标准，随后报请教育部审批，2002年1月被教育部确认为第八批实现“两基”县。截至2001年底，全市已有34个区县（自治县、市）实现“两基”，覆盖人口2 683.45万人，累计人口覆盖率达到87.70%。

2001年按照市教委关于委属学校教育督导评估方案和国家教育督导团《关于加强基础教育督导工作的意见》，遵循教育督导工作程序，由市教委领导带队，市政府教育督导室牵头，有关处室和部门参与，对市教委直属中小学和西南师范大学附中等学校2000～2001学年底学校管理、教育质量开展了督导评估。督导评估组在充分肯定成绩的同时，对这些学校进一步深化改革、加快发展、规范办学行为、充分发挥示范性、实验性等方面提出了建议，并下达了督导意见书。

〔**实施第二期“国家贫困地区义务教育工程”**〕 “十五”期间，重庆市将实施第二期“国家贫困地区义务教育工程”。该项工程在重庆市尚未完成“两基”任务的城口县、云阳县、巫溪县、石柱县、秀山县、酉阳县、彭水县7个县（自治县）实施，总投资2.18亿元，其中：中央专款1.40亿元，市级配套0.70亿元，县级及以下地方政府配套456.7万元，其他投入298万元。按规划资金分配数额：土建项目1.30亿元、仪器设备购置0.11亿元、图书购置599.4万元、课桌凳购置305万元、信息技术教育设备购置2 037万元、师资与校长培训2 037万元、贫困学生助学金2 036万元、预留不可预见费630万元。“工程”执行年度为2001年至2005年。

〔**普通高中教育**〕 2001年全市普通高中教育事业取得了长足发展，有普通高中346所（含附设高中班），2001年招生数11.53万人（比上年增加3万多人），在校生达到25.98万人，每万人口中有普通高中在校生84人。与直辖之初的1997年相比，招生人数增长了97.1%，初中毕业生升普高比例提高了15.61%，在校生总数增长了94%，校均规模翻了一番。2001年重庆市示范性高中建设又有了新的进展，在原有市级重点中学48所的基础上，市教委又组织检查验收了奉节中学、丰都中学、开县临江中学3所市级重点中学。2001年全国高中新一轮课程改革实验全面启动，重庆市北碚区被教育部确定为国家级高中新课程改革实验区。

〔**中小学德育工作**〕 2001年，重庆市贯彻《公民道德建设实施纲要》精神，认真规划不同年龄段学生及各学习阶段道德教育的具体内容，坚持学生日常行为养成教育。将德育融入到学校教育的各个环节，认真研究社会环境变化对青少年成长的影响，引导学生积极参加各种社会实践活动，在全市11个区、3所学校中开展了以家教指导、社区教育、中学生党建为主要内容的德育实验，落实了10个青少年活动中心建设项目规划，启动了德育示范区县创建工作，进一步加大了文明礼仪示范学校、文明学校建设力度。

2001年，重庆市中小学德育工作，深入贯彻中央、国务院和市委、市府“两办”关于《适应新形势，进一步加强和改进中小学德育工作的通知》精神，着重在以下两个方面取得了新的进展。一是以“五个”教育（即思想政治教育、道德教育、法制教育、纪律教育、心理健康教育）为重点，以培养学生的创新精神和实践能力为中心，与时俱进，在增强针对性、实效性和主动性上狠下功夫。丰都中学、朝阳小学在中小学生法纪教育方面；江北鲤鱼池小学、巴蜀小学在学生文明行为习惯养成教育方面；市一中、八中在学生心理健康教育方面；巴县中学在德育活动序列化方面；长寿实验一小、荣昌中学在学校、家庭、社会“三结合”教育方面取得了积极进展。全市学生的道德意识，法纪观念，行为习惯，社会责任感都有不同程度的增强。涌现出了市级优秀学生7名，三好学生249名，优秀学生干部126名，先进班集体100个。二是在校外教育方面普遍加强。重庆市教育行政部门主动协调社区，依托社区，共同担负起搞好青少年学生校外教育和社会实践教育的责任。尤其是江北区、北碚区、渝中区等德育实践区率先取得了积极进展。他们在构建“三结合”教育的机构，完善管理机制，整合社会教育资源，优化育人环境，办好家长学校，建立社会实践基地（社区服务中心），使学生节假日离校不离教等方面为重庆市进一步加强和改进中小学德育工作创造了经验，并受到了出席全国教育关工委工作会议的领导和代表的好评。

〔**中小学教师队伍建设**〕 2001年，市教委成立了以教委主任为组长，分管主任为副组长，师范、人事、基教、财务等相关处室及教师培训院校负责人为成员的“重庆市中小学教师继续教育工作领导小组”。各区县教育行政部门和中小学健全了相应机构，将这项工作纳入了重要议事日程。举办了中小学信息技术课教师培训者培训班两期，共培训120人，信息技术课骨干教师培训249名，小学英语教师岗位培训260名，中小学体育教师培训者培训110人，高中新教师培训324人，心理健康教育培训49人。重庆教育学院被确定为第三批国家级培训基地，承担了130名小学语文和小学劳技骨干的培训任务。按照《重庆市中小学教师“122计划”的实施意见》要求，2001年已完成国家级骨干培训送培任务167名。骨干教师市级培训第一轮800名已结束，第二轮培训的2 600多人送培名额已下达。2001年“重庆市中小学教师网”正式开通，并依托各级中小学教师现代教育技术培训考试中心，有计划地开展了现代远程教育。同英特尔公司合作开展的“英特尔未来教育项目培训”培训的16名骨干教师和160名主讲教师的培训任务已完成，正在全面开展2 000名学科骨干教师培训。

提高中小学教师学历层次的培训工作取得了明显效果。2001年全市有26 000多人参加地方高等学历（师范类）培训，2001年毕业5 200余人。市教委、市计委联合行文开展了小学新师资“3＋2”专科培养模式改革实验工作。中等师范招生学校15所，共招生5 962人，其中“3＋2”培养模式试点招生2 989人。中小学、幼儿园教师学历合格率比上年有所提高，已达标的幼儿园教师为85.87%，小学教师为95.83%，初中教师为

87.08%，高中教师为66.54%，职高教师41.45%，分别比上年提高6.98%，1%，1.53%，0.3%，3.7%。教师学历层次提高比例明显增大：幼儿园教师达大专以上学历的比例为19.09%（上年为5.88%），初中教师学历达本科以上比例为15.16%（上年为12.8%）。

〔**艺术教育**〕　2001年9月，在全国处于领先地位的“现代化音乐、美术实验教室”在重庆市九龙坡区铁路中学、高新区渝高中学和铜梁县实验小学建成。该教室充分体现了“艺术、开放、多功能、现代化”的特点和“以人为本”的教育新理念。在设计上紧密结合音美学科实际，具有很强的专用性、创新性和超前性。该教室的建成和推广将更新艺术教师的教育观念，加速学校艺术教育工作的发展，提高艺术教育教学效果。12月，重庆市组织参加全国美术优秀课竞赛。南开中学美术教师刘玲获中学组一等奖，巴蜀小学美术教师吴倩获小学组一等奖，忠县乌杨镇中心小学教师秦波、巴南区鹿角中学教师李杰琼分获二等奖，其获奖等级和获奖率与北京市并列全国第一。

〔**特殊教育**〕　2001年，全市特殊教育学校39所。其中，江津市、合川市、綦江县、彭水县、秀山县新建或迁建了特殊教育学校。在校的视残、听残、智残等三类残疾学生21 072人，“三残”适龄儿童少年入学率达到85.1%。高中、初中及小学毕业生共1 448人。残疾学生参加高考，有35人达到录取分数线。被高等院校录取28人，其中进入普通院校20人，高等特殊教育学院8人，上线录取率达到80%。

2001年4月，重庆市的特殊教育工作经验在第三次全国特殊教育工作会上进行了交流。12月，渝中区、江津市、大足县被教育部、民政部、中国残联授予“全国特殊教育先进县（市、区）”称号；另有7人被授予“全国特殊教育先进工作者”称号。

在第五届全国残疾人汇演第四赛区中，重庆市选送的9个节目基本上是特殊教育学校组队，全部获奖。其中，获表演一等奖1个，二等奖4个，三等奖1个，优秀奖3个，创作奖5个。同时，重庆市代表队荣获组织奖。

〔**幼儿教育**〕　为建立和完善幼儿园教师资格审定和考核制度，根据幼儿教育发展对幼儿教师素质的要求，2001年市教委对幼儿教师的任职条件作了明确规定：一是具有良好的职业道德、中等幼师毕业及其以上学历和健康的身心等基本条件；二是具有艺术表现技能，会写教育计划、教育笔记、观察记录、教育总结，会创编幼儿游戏、幼儿基本体操、儿童文学和音乐作品，会进行科学小实验、使用电教技术和有效利用教育信息资料等基本技能；三是具有观察、测评、分析了解幼儿的能力，科学合理灵活有效组织一日活动的能力，能与家长、社区配合共同育儿，能参与教改研究和撰写研究报告，能反思和分析自己的教育行为，不断促进自我发展的基本能力。该项要求的实施对幼儿园选拔、聘用、考核和培训幼儿教师将起到积极作用。

为切实提高示范幼儿园教师现代教育实践能力，促进示范幼儿园教师队伍素质建设，市教委于2001年9月～10月举办了“重庆市示范幼儿园教师现代教育能力竞赛”，全市37所示范幼儿园参加了本次竞赛活动。此次竞赛内容包括“教育案例征文”、“教育策略即席答辩”、“命题设计教育活动”和“组织教育活动”四个方面，评委对37位参赛教师的案例分析、即席答辩、即席设计活动和移位教学进行了认真评选，共评出综合一等奖12名，二等奖14名，三等奖11名。教育案例征文奖5名，教育策略即席答辩奖5名，命题设计教育活动奖5名和组织教育活动奖5名。

为进一步推动重庆市幼儿体育活动广泛开展，促进幼儿身心健康成长，市教委、关工委、体育局于2001年5月联合举办了重庆市2001年庆“六一”幼儿基本体操表演。来自近郊9个区教育部门、机关、企业、学校的28个幼儿园（学前班）的700多名幼儿和教练员参加了教育部推广的幼儿广播体操和中国关心下一代工作委员会推荐的幼儿站立素质操及幼儿园创编的幼儿基本体操。共评出幼儿基本体操表演一等奖6名，二等奖9名；自编操一等奖5名，二等奖8名。

〔**扫盲工作**〕 2001年，重庆市各区县（自治县、市）积极组织中小学师生（利用节假日）参加扫盲和扫盲后巩固提高工作，如奉节县把中小学教师利用暑假开展扫盲工作作为教师考核的内容之一，把师范、职高、高中、初中学生暑假回乡参加扫盲工作作为社会实践的考核内容。全市各区县（自治县、市）在2001年共组织了5 655名中小学教师、6 822名师范、职高、高中、初中学生参加扫盲和扫盲后巩固提高工作。全市共举办扫盲班1 086班，组织了1.12万名青壮年文盲参加扫盲学习、脱盲1.15万人，使重庆市青壮年非文盲率达到99.4%，比2000年上升了0.1个百分点；举办了扫盲后巩固提高班5 532班，组织了16万脱盲学员参加巩固提高学习，结业14.04万人。巩固率达到98%。

2001年，各区县（自治县、市）除财政划拨专款外，各级政府还增拨扫盲专项补助，如彭水县政府拨了150万元作为扫盲和乡镇成人学校的专项补助。各级教育行政部门还从教育事业费和农村征收的教育附加费中按比例提取扫盲经费。2001年各区县（自治县、市）投入扫盲经费达943万元，其中：区县投入330万元，为扫盲工作的开展提供了经费保证。

撰稿 欧可平 孙文松 左 益 王 勇 杨 英 周光启 邓 睿 刘永平 付 鹰 唐育国 黄家庆 尹宗明 张子元 黄荣淑 游古国

# 职业教育与成人教育

〔**中等职业学校招生**〕 2001年，重庆市中职学校招生在上年的基础上，继续保持稳定增长。全市普通中专、职业高中（职业中专）、技工学校、成人中专四类中职学校共招生9.77万人，比上年增招1.69万人，增幅20.3%。全市中等职业教育在校生与普通高中在校生的比例基本持平。

为确保职业学校招生任务的完成，市教委在年初开展了中职招生专项调研，多次召开招生座谈会，广泛听取了各区县教育行政部门和各职业学校对中职招生的意见，在此基础上，市教委印发了《重庆市教育委员会关于2001年职业高中招生工作的通知》，对职业高中和部分成人中专招生采取了一系列改革措施。一是放开对中等职业学校招生计划的限制，允许有条件的中职学校根据市场对人才的需求和学校办学能力，自行决定招生规模和专业设置；二是实行职业高中学校自主招生后到教育行政部门注册登记制度；三是放宽中等职业学校入学限制，取消中职学校招生入学考试，开展初中毕业生或具有同等学力的青少年直升中等职业学校的“宽进严出”的招生试点。四是降低招生收费标准，减轻学生和家长负担。五是在部分区县（自治县、市）的职业高中学校中开展春季招生，扩大中职生源，较好地满足部分初中毕业生提前接受职业教育的需要。六是建立资助职业学校贫困学生的制度。全市投入50万元资助职业学校贫困学生。七是确定高职学院对口招收中职学校毕业生的比例。同时，各级教育行政部门还加强对中职招生的督促检查，协调解决招生中的实际问题，确保招生工作的有序进行。

〔**示范职业学校建设**〕 2001年，重庆市继续坚持“名校带动战略”，把建设骨干示范学校作为职教工作的重中之重。在一系列政策的鼓励、引导下，大渡口区重庆旅游学校新校、渝北区职教中心两所高规格、现代化的职业学校相继建成。其中渝北职教中心征地9.1公顷，总投资6 500万元，已完成一期土建工程 2.5 万平方米和 400 米 8 道运动场，2001 年秋季学校实现整体搬迁，当年招生1 980人，在校生达到2 850人。大渡口区政府在黄金地段划拨土地 7.7 公顷，学校通过资产置换、银行信贷、自筹资金等方式，融资5 000余万元，用15 个月时间完成了重庆旅游学校新校区一期工程，2001 年秋季学校已迁入新校，当年招生1 500人，在校学生近3 000人。全市还有不少区县通过布局调整，新建较大规模的职教中心。其中垫江县已在该县的开发区行政划拨土地 8 公顷，新建职教中心。开县将 5 所职业学校合并，在该县的黄金地段征地 10 公顷新建职教中心，这些都将成为重庆市职教新亮点。2001 年，重庆市争取得到西部地区职教国债1 700万元，用于 7 所职教中心建设，争取到日元项目和华夏基金援助，改善了部分职业学校的办学条件。

〔**调整布局结构**〕 2001 年，根据《重庆市人民政府办公厅关于重庆市中等职业学校布局结构调整的意见》，市教委制定了调整实施方案，按照“依法统筹、服务经济、注重效益、分类指导”的原则，通过“合并、共建、联办、划转”等形式，对 6 所普通中专实施了结构调整。其中，重庆中医学校并入重庆医科大学，三峡经济学校并入重庆三峡学院，重庆工程技术学校等 4 所普通中专升格为高等职业技术学院。

〔**试行学分制**〕 2001 年，重庆市开展了职业学校试行学分制改革的试点。市教委印发了学分制改革的文件，部署了学分制改革试点工作，指导试点学校制定了学分制改革方案，组织了部分中职学校赴上海考察学习学分制，在此基础上，市教委确定了 12 所学分制试点学校，启动了学分制改革试点工作。

〔**职教师资培养**〕 2001 年，重庆市开展了大规模的职教师资队伍现状调研，制定了职教师资培训和职业学校教师继续教育规划。把重庆师范学院全国职教师资培训基地的建设作为市师资队伍建设的重点，开展国家级职教师资培训、暑假职教专业课骨干教师培训等。同时，招收了四年制本科职教师资 200 余名。该基地 2000 年 11 月经教育部批准成立，在短短的一年内，不仅承担了国家级和市级骨干教师的培训任务，举办了各种技能培训班，还建立和健全了各项规章制度，初步形成了“专家培训、规范管理、亲人般的服务”的师资培训特色。为重庆市职教师资队伍建设作出了积极贡献。

〔**成人教育和社会力量办学**〕 成人教育和社会力量办学持续发展。成人教育为经济建设服务的能力不断增强。农村成人教育县、乡、村三级培训网络进一步健全；城镇职工教育积极开展，终身教育体系逐步建立和完善。全市城镇职工学校和农民文化技术学校已达21 000所，在学人员 360 万人。国有民办、民办公助、股份制办学等改革有新的突破，社会力量办学得到较快发展。现有各类民办教育机构1 725所。

撰稿 欧可平 孙文松 左 益 王延凤

# 高 等 教 育

〔**布局结构调整**〕 2001 年，根据重庆市实施西部大开发的战略目标和建设三大经济区的需要，制定了重庆市高等学校布局结构调整的总体方案，加快了高等学校布局结构调整的步伐。经教育部批准，西南农业大学、四川畜牧兽医学院、中国农科院柑桔研究所合并组建新的西南农业大学；涪陵师范专科学校与涪陵教育学院合并组建涪陵师范学院；重庆师范高等专科学校与渝州教育学院合并组建渝西学院。2001 年 10 月 28 日，重庆市与教育部共建重庆大学的共建协议正式签署，双方将投入 5.4 亿元，对重庆大学进行重点建设。经重庆市政府批准和教育部备案，新设立了重庆工程职业技术学院、重庆社会工作职业学院、重庆警官职业学院、重庆职业技术学院、重庆信息技术职业学院、重庆海联职业技术学院、重庆光彩职业技术学院和重庆巴渝职业技术学院。先后进行了重庆纺织职工大学和重庆幼儿师范学校并入重庆师范学院、重庆经济干部管理学院并入重庆工学院、重庆中医学校并入重庆医科大学组建重庆医科大学中医药学院等调整工作。到 2001 年底，在渝普通高等学校 29 所，其中本科院校 16 所、普通专科学校 3 所和高等职业学院 10 所。

〔**“两课”建设**〕《邓小平理论概论》等 7 门课程的全市统编教材，经过三次修改再版，接受了教育部的评审，其中，《法律基础》课教材评为全国优秀教材，向全国推广使用，其余 6 门课程教材被评为合格教材。制定了高等职业教育及成人高等教育中“两课”课程设置的意见；组织高校专家编写新高职“两课”专用教材。《职业道德与职业指导》即将出版使用。组织专家教授对全市高校的“两课”教学工作进行了检查评估，组织开展了全市“两课”优秀教师和先进集体的评选工作。表彰了 5 所高校“两课”建设先进学校，7 个“两课”优秀教研部，10 名“两课”优秀教师和 14 名“两课”教学改革积极分子。

〔**本科教学工作**〕 2001 年，16 所本科院校以提高人才培养质量为核心，认真学习贯彻教育部有关文件，深入研究高等学校扩招后，加强教学工作和提高教学质量所面临的问题，已有重庆大学、西南师范大学、西南农业大学等 7 所院校相继召开了全校性的教学工作会议，制定了加强本科教学工作，提高教学质量的措施，教学工作的中心地位得到进一步加强。在渝普通高等学校进一步实施本科专业的结构调整，全面修订了 2001 级的教学计划。2001 年，市属高等学校新增本科专业 49 个，其中，电子商务、科学教育、信息安全、中药学、中医学填补了重庆市学科专业的空白。全面实施“高等教育质量年”活动，明确要求重庆市的高等教育努力做到“政府放心，社会满意，学生成才，群众受益”。针对高校扩招带来的不利因素，印发了《重庆市教育委员会关于开展“高等教育质量年”活动的通知》，在全市高等学校实施质量保障工程；与重庆市电信公司合作，开展了本科毕业设计和毕业论文的督导检查和 100 篇优秀论文评选工作，进一步规范毕业设计（论文）工作；对 100 门市级重点课程进行了评估验收，开始了新一轮 100 门市级重点课程的遴选工作；在 8 所学校中开展教学管理信息化和网络化建设和在重庆交通学院开展了按 ISO9000 标准进行教学管理的试点，推进了教学管理和建设。

〔**科技工作与人文社科研究**〕 在渝高校认真贯彻国家科技工作方针，实施“科教兴国”和“科教兴渝”战略，积极组织科学研究、科技开发、科技成果转化与推广、科技服务等工作，在对推动科技进步，为经济建设和社会发展服务方面取得了成绩。2001 年参加科技活动总人数17 139人，其中教授级 961 人，副教授级3 036人，属于 R&D 人员5 921人；各类研究机构 181 个；承担各级各类科研课题2 646项，其中属于“863”计划、国家科技攻关、“973”计划、国家自然科学基金等重大科技计划课题 213 项；各种渠道获取的科研总经费 2.68 亿元；出版科技专著 77 部，大专教材 148 部，其他著作 19 部；发表学术论文6 103篇，其中在国际刊物发表 403 篇，被 SCI、EI、ISTP 收录论文 307 篇；获省、部级以上科技奖 30 项；技术转让 155 项，合同金额1 540.4万元，当年技术收入 635.5 万元；申请国家专利 52 项，获专利授权 17 项；出席国际学术会议（含在国内召开）246 人次，提交论文 320 篇。科研总经费分别较上年增长 19.55%。组织 13 所高校参展第三届中国重庆高新技术成果交易会，提供参展交易项目 170 多项，重大签约项目 12 项，成交额 4 亿多元，获大会优秀组织奖。

2001年，制定了《重庆市普通高校“十五”人文社科研究规划要点》。组织高校积极申报教育部“十五”期间的第一批人文社会科学科研项目，有3项规划项目，1项青年基金项目，1项专项项目被批准立项。重庆市有2所高校和2人分别获得教育部“九五”社科管理先进集体和先进个人荣誉称号。与市社科联合作正式启动了市级人文社科重点研究基地的申报工作。

〔**高校招生**〕　2001年，全市普通高校共完成招生计划6.44万人，比上年增加1.18万人，增长22.4%；全市普通高校在校生达到17万人（研究生0.84万人，本科生10.05万人，专科高职6.12万人），比上年增加3.75万人，增长28.3%；全市成人高校共完成招生计划4.5万人（本科1.2万人，专科3.3万人），比上年增加9 233人，增长25.8%；全市成人高校在校生达到10.19万人，比上年增加1.83万人，增长21.9%。充分利用各种教育资源发展高等职业教育，各类高等职业教育在校生超过3万人。

〔**学位与研究生工作**〕　至2001年底，全市有硕士点268个（按二级学科统计），博士点41个（按二级学科统计），一级学科授权点14个，国家级重点学科17个，市级重点学校136个。有全日制在校研究生9 682人，各类专业学位在读研究生3 018人。2001年，组织了同等学力人员申请硕士学位外语水平考试和学科综合水平考试、在职攻读学位全国联考、成人本科毕业生申请学士学位外语水平考试。同时，举办了工商管理硕士、法律硕士、临床医学博士和硕士、建筑学硕士、工程硕士、教育硕士、农业推广硕士、公共卫生硕士8种专业学位和“两课”教师在职攻读硕士学位的研究生教育。

〔**助学贷款工作**〕　为切实推进资助经济困难学生顺利完成学业，2001年9月，市教委、市财政局、市国税局、市地税局和人民银行重庆营业管理部在反复研讨、多方协商的基础上，联合印发了《关于进一步推进国家助学贷款的实施意见》，提出了建立风险准备金；建立重庆国家助学贷款个人信用信息网；鼓励支持学生在家庭所在地贷款；在有条件的学校试行国家助学贷款与银行存贷业务挂钩；国家助学贷款单立台帐、单设科目、单独考核；鼓励学生提前还贷；简化借贷程序，调整划款办法；多形式多渠道扶困助学；加强领导，落实责任等9项措施，为进一步推进此项工作创造了有利的条件。截至2001年底，重庆市有5 969名学生（其中：部委属院校3 072人，市属院校2 897人）经学校初步审查后向银行提出了1.63亿元的国家助学贷款申请（其中：部委属院校0.32亿元，市属院校1.31亿元），申请贷款的学生数占在校学生总数的12.4%（其中：部委属院校为15.94%，市属院校为10.9%）；有4 055人与银行签订了4 960万元国家助学贷款合同（其中：部委属院校298万元，市属院校4 172万元），签订合同金额占申请额的24.9%，（其中：部委属院校为9.3%，市属院校为31.9%）；实际发放2 163.58万元（其中：部委属院校86.19万元，市属院校2 077.39万元）。2001年，重庆市属院校实际支付财政贴息资金11.12万元。根据中央“四定”（定学校、定范围、定额度、定银行）和“三考核”（按月考核经办银行国家助学贷款申请人数和申请金额、考核已审批贷款人数和贷款合同金额、考核实际发放人数和发放金额）的要求，人民银行重庆营业管理部、市教委、市财政局出台了相应的政策。同时，重庆市研制开发了“国家助学贷款信用信息管理系统”软件，以切实推进此项工作的全面开展。

〔**高等职业教育**〕　2001年，重庆市高等职业教育得到了长足发展，体现在办学规模进一步扩大，办学条件有较大改善，办学水平有一定提高。2001年经市政府批准（教育部备案），成立了重庆职业技术学院等8所独立设置的高等职业技术学院（其中有4所为社会力量办学性质）。2001年有9所高等职业学院、3所高工专、16所普通本科院校的高职院、2所军队院校开展了高等职业教育，有4所独立成人高校举办高职教育试点班，共招收高职学生1.30万人，其中招中职生0.60万人。2001年，全市高等职业教育在校学生3万余人、180多个专业、240多个专业布点。

2001年，重庆继续推行高等职业教育教学及人才培养模式改革，转变教育思想、教育观念。在教育教学改革方面：以高等职业教育教改试点专业建设工作为切入点，促进高等职业教育上水平、出特色，已取得初步成效。重庆大学高职院被教育部批准为第一批15所重点建设的国家示范职业学院之一；有13所院校的39个专业被专家遴选为重庆市高职高专教育教改试点专业进行立项建设，其中14个专业已接受教育部专家的实地考察，列入国家高职高专教育教改试点专业进行立项建设。部分院校主持或参与教育部、重庆市《新世纪高职高专教育人才培养模式和教学内容体系改革与建设项目计划》重点项目的研究并用于指导改革实践。在人才培养模式改革方面：开展应用技术本科（高职教育本科层次）教育试点工作；在高职应届毕业生中选拔优秀者升入本科学习的试点工作；继续招收优秀初中毕业生直接进入独立高职学院进行五年一贯制中高职相通职业教育和"3＋2、3＋3"中高职对接等试点工作。以改革促发展，从而确保重庆市高等职业教育健康发展。

〔**成人高等教育**〕　随着高等学校管理体制改革和布局结构调整的基本完成，至2001年全市共有各类成人高等教育机构33个，其中普通高等学校成教院19所，独立设置的成人高校14所，在校生为10.19万人，比上年增加1.8万人。各类非学历成人高等教育学生达到2.5万人。

随着"西部大开发"和"科教兴渝"战略的实施，成人高等教育面临新的发展机遇和挑战。为了规范成人高等教育办学行为和办学秩序，促进依法办学，2001年组织专家对20所院校的80个校外办学点（函授站）进行办学情况检查。通过检查，撤消了3个办学点、限期整改14个点，达到了"以检促改、以检促建、以检促发展"的目的。

成人高等教育人才培养模式和教学改革进一步深化，学分制和弹性学制在部分学校开始试点。在重庆广播电视大学有条件的10个专业进行了开放性本专科教育试点，在校学生3 000余人。经教育部批准，重庆大学和西南师范大学试办了网络学院，2001年招收学生2 000余人。

撰稿　严欣平　王恕涛　肖建国
宋建英　陈　渝　邓　睿
胡志铭　胡　斌　张宗华
欧可平　孙文松　左　益
审稿　欧可平　周　旬　余恢毅
彭智勇　陈流汀　刘路明
傅正洪　张宗荫

# 四川省教育

## 概　况

〔基本情况〕

**2001 年各级普通学校基本情况**

单位：人

| 学校类别 | 学校数（所） | 毕业生数 | 招生数 | 在校生数 | 教职工数 合计 | 其中：专任教师 |
|---|---|---|---|---|---|---|
| **总　计** | **45 072** | **2 528 555** | **4 355 409** | **14 612 271** | **779 493** | **629 268** |
| 一、研究生 | (29) | 2 930 | 7 617 | 19 408 | | |
| 1. 高等学校 | (16) | 2 819 | 7 373 | 18 818 | | |
| 2. 科研机构 | (13) | 111 | 244 | 590 | | |
| 二、普通高等学校本专科 | 49 | 44 602 | 119 470 | 316 701 | 50 991 | 21 984 |
| 本科院校 | 24 | 31 362 | 86 561 | 245 079 | 41 165 | 17 352 |
| 专科院校 | 25 | 9 446 | 26 496 | 56 553 | 9 826 | 4 632 |
| 分校、大专班 | | 3 794 | 6 413 | 15 069 | | |
| 三、普通中等学校 | 5 632 | 1 131 809 | 1 732 178 | 4 654 192 | 317 758 | 250 263 |
| 1. 中等专业学校 | 156 | 86 407 | 51 209 | 192 474 | 19 128 | 9 667 |
| 中等技术学校 | 109 | 70 060 | 40 961 | 151 554 | 15 200 | 7 367 |
| 中等师范学校 | 47 | 16 347 | 10 248 | 40 920 | 3 928 | 2 300 |
| 2. 技工学校 | | | | | | |
| 3. 普通中学 | 5 154 | 992 309 | 1 595 486 | 4 282 666 | 279 423 | 227 035 |
| 高中 | 762 | 158 816 | 312 000 | 695 430 | | 41 463 |
| 初中 | 4 392 | 833 493 | 1 283 486 | 3 587 236 | | 185 572 |
| 4. 职业中学 | 318 | 53 005 | 85 466 | 178 857 | 19 141 | 13 520 |
| 高中 | 306 | 51 432 | 82 771 | 171 016 | | 13 048 |
| 初中 | 12 | 1 573 | 2 695 | 7 841 | | 472 |
| 5. 工读学校 | 4 | 88 | 17 | 195 | 66 | 41 |
| 四、小学 | 31 447 | 1 347 390 | 1 338 908 | 7 948 490 | 362 818 | 325 123 |
| 五、特殊教育学校 | 69 | 1 824 | 2 676 | 14 616 | 1 230 | 942 |
| 六、幼儿园 | 7 875 | | 1 154 560 | 1 658 864 | 46 696 | 30 956 |

## 2001年各级成人学校基本情况

单位：人

| 学校类别 | 学校数（所） | 毕业生数 | 招生数 | 在校学生数 | 教职工数 | |
|---|---|---|---|---|---|---|
| | | | | | 合计 | 其中：专任教师 |
| **总计** | **63 867** | **9 512 246** | **7 157 452** | **7 891 409** | **79 043** | **25 809** |
| 一、成人高等学校 | 39 | 54 856 | 141 357 | 308 645 | 10 185 | 5 122 |
| 1. 广播电视大学 | 2 | 12 195 | 26 274 | 47 506 | 2 708 | 1 274 |
| 2. 职工高等学校 | 21 | 4 157 | 7 748 | 17 503 | 2 873 | 1 594 |
| 3. 农民高等学校 | | | | | | |
| 4. 管理干部学院 | 6 | 2 795 | 5 177 | 11 153 | 1 653 | 643 |
| 5. 教育学院 | 9 | 8 909 | 20 776 | 49 550 | 2 428 | 1 318 |
| 6. 独立函授学院 | 1 | 3 031 | 4 922 | 9 360 | 523 | 293 |
| 7. 普通高等学校举办： | （49） | 23 769 | 76 460 | 173 573 | | |
| 函授部 | | 10 479 | 34 432 | 90 613 | | |
| 夜大学 | | 2 065 | 4 338 | 11 331 | | |
| 成人脱产班 | | 11 225 | 37 690 | 71 629 | | |
| 二、成人中等学校 | 59 633 | 9 150 320 | 6 799 887 | 7 347 476 | 63 073 | 18 803 |
| 1. 成人中等专业学校 | 441 | 67 172 | 42 517 | 131 539 | 8 013 | 4 337 |
| 广播电视中等专业学校 | 7 | 11 052 | 11 120 | 30 269 | 345 | 211 |
| 职工中等专业学校 | 46 | 10 193 | 7 363 | 20 412 | 2 360 | 1 208 |
| 干部中等专业学校 | 15 | 2 277 | 1 820 | 3 855 | 763 | 347 |
| 农民中等专业学校 | 19 | 2 442 | 2 057 | 4 962 | 683 | 445 |
| 函授中等专业学校 | 1 | 1 232 | 269 | 2 192 | 30 | 23 |
| 教师进修学校 | 158 | 2 718 | 3 202 | 8 509 | 3 832 | 2 103 |
| 其他类学校举办 | 195 | 37 258 | 16 686 | 61 340 | | |
| 2. 成人中学 | 111 | 3 321 | 5 476 | 8 408 | 961 | 518 |
| 职工中学 | 25 | 1 533 | 737 | 1 728 | 455 | 110 |
| 农民中学 | 86 | 1 788 | 4 739 | 6 680 | 506 | 408 |
| 3. 成人技术培训学校 | 59 081 | 9 079 827 | 6 751 894 | 7 207 529 | 54 099 | 13 948 |
| 职工技术培训学校 | 673 | 206 599 | 175 998 | 184 934 | 2 931 | 1 527 |
| 农民技术培训学校 | 58 408 | 8 873 228 | 6 575 896 | 7 022 595 | 51 168 | 12 421 |
| 三、成人初等学校 | 4 195 | 307 070 | 216 208 | 235 288 | 5 785 | 1 884 |
| 1. 职工初等学校 | 9 | 1 194 | 1 145 | 2 324 | 87 | 4 |
| 2. 农民初等学校 | 4 186 | 305 876 | 215 063 | 232 964 | 5 698 | 1 880 |
| 其中：扫盲班 | 2 795 | 161 243 | 100 301 | 108 318 | 3 103 | 1 458 |

〔**年度工作方针**〕 2001年，是四川教育实施“十五”计划的开局之年，全省教育战线以邓小平理论和“三个代表”重要思想为指导，紧紧围绕“走创新之路，建教育强省”的奋斗目标，大力实施《四川省教育发展“十五”计划和2010年规划纲要》，狠抓落实，坚持开好局、起好步。

〔**教育法制建设**〕 2001年，四川省教育厅制定了“四五”普法规划；配合省人大、省政府积极推进地方性立法工作。《四川省教师申诉办法》（草案代拟稿）已形成上报，《四川省实施〈中华人民共和国职业教育法〉条例》（草案）初稿已完成。积极推进行政审批制度改革。一是为适应入世要求，对政策措施进行了全面清理；二是对现有行政审批事项进一步清理和精简；三是努力做好进入政务服务中心集中受理审批事项工作，2001年省教育厅进入政务服务中心后的12项审批事项工作已正常运行。

〔**教育投入与支出**〕 2001年全省教育经费投入总额为202.87亿元，比上年增长25.23%。其中：在川的中央属学校经费26.25亿元，增长16%；地方属学校经费176.22亿元，增长26.81%；全省教育财政预算内拨款113.14亿元，比上年增长29.82%；多渠道投入的经费总和为89.73亿元，比上年增长19.88%。

全省预算内生均公用经费支出情况见下表：

| 项目<br>类别 | 生均教育事业费（元） | 生均公用经费（元） |
|---|---|---|
| 普通高校 | 3 179.71 | 1 178.64 |
| 中等师范学校 | 1 756.56 | 218.97 |
| 普通中学 | 710.89 | 60.43 |
| 职业中学 | 1 449.57 | 146.91 |
| 小学 | 503.93 | 27.03 |

〔**教师队伍建设**〕 2001年，省教育厅制发《四川省高校教师队伍建设“十五”规划》、《四川省中小学教师队伍建设“十五”规划》、《四川省高校干部培训“十五”规划》、《四川省普教系统干部培训“十五”规划》等规范性文件，以师德建设为核心，加强了对教师的职业道德教育。50名教师评为“全国模范教师”和“全国优秀教育工作者”；113人评为“全国优秀教师”和“全国优秀教育工作者”；500人评为“四川省教育系统优秀教师”和“四川省教育系统优秀教育工作者”。从高校教师中评选推荐了省学术技术带头人170人，省学术技术带头人后备人选219人。省中小学教育教学专家后备人选60名，省中小学学科带头人后备人选962名、中小学特级教师1 200名，省地县共掌握了青年骨干教师1万名左右。

2001年，省教育厅制发了《四川省教师资格实施办法实施细则（试行）》等配套文件，全省已有5万教师办理了教师资格认定手续。制发了《四川省中小学教师继续教育工程实施意见》、《四川省幼儿园教师继续教育规定》、《四川省幼儿园教师继续教育登记制度暂行办法》等一系列规范性文件。完成了全省中小学教师人均进修48学时的培训任务。4 000名中小学骨干教师参加学历培训。启动了民族贫困地区中小学骨干教师的省级培训，以送教上门的形式，完成了对400余名教师的培训任务。密切配合基础教育课程改革，启动了课程改革师资培训工作。全省师范院校、进修院校、教研系统近400名领导、教师和教研人员参加了首期培训班。

〔**教育对外交流**〕 全年共完成出国（境）选拔、审核、审批、派遣3 600余人次，比上年略有增长，国家公派出国留学录取率达80%，创历史最高水平；聘请外国专家、教师的单位达85个，共聘请长期外国专家、教师150余人，邀请短期来华讲学、交流的外国专家、教师370人。审核、审批接受外国来华留学生410余人，接受港澳台学生68人。

〔**学校安全工作**〕 2001年，建立起属地管理、分层负责和“谁主管、谁负责”的学校安全工作管理体制。配合全国“安全生产宣传周”的宣传，开展了一系列宣传教育活动，组织编写了学生安全教育手册和学校安全管理手册。在教育系统开展了“崇尚科学，反对邪教”的“校园拒绝邪教”活动。高校对“法轮功”顽固分子的教育转化取得阶段性成果。

〔**党建工作**〕 2001年，z成都地区20所高校党组织关系划归教育工委管理。对全省高校党组织建设基本情况进行了调查统计。顺利完成了普通高校“三讲”教育“回头看”。形成了《中共四川省委教育工委加强和改进教育系统党的作风建设的意见》。根据省委的安排，教育工委联系指导了简阳市“三个代表”学习教育活动。完成了《新世纪高校领导班子建设思考与对策》的调研工作。草拟了《关于新时期加强高校统一战线工作的意见》，进一步加强了对高校统战工作的指导。

〔**语言文字工作**〕 全年完成1 000多名普通话水平国家级、省级测试员资格聘任工作，新培养了近600名普通话水平省级测试员。面向社会进行普通话水平测试13万多人。加强了普通话在学校和教师中的推广工作。全省开展了第四届推普宣传周活动。制定了规范用字管理办法。

〔**民办教育**〕 2001年5月，召开了全省民办教育工作会议。提出了未来十年民办教育的指导思想，奋斗目标，扶持和规范的政策措施。建立完善了民办学校设置的审批制度。在原有基础上，建立了专家考察评估制度，处室会签制度，使审批工作步入比较规范的运转轨道。全年已审批13所民办学校（其中筹建1所），印发了《四川省教育厅关于进一步加强民办教育工作的若干意见》、《四川省教育厅关于印发〈四川省民办中等职业学校设置标准（试行)〉的通知》，对省属86所民办学校进行了年检。2001年，全省社会力量办学各级各类学校共计12 032所，在校生达113万人，教职工4.95万人，专任教师3.81万人。其中，幼儿园8 636所，在校生51.51万人；小学1 959所，在校生15.15万人；中学131所，在校生5.76万人；中等专业学校13所，在校生1.66万人；具有颁发国家学历文凭资格的高等学校2所，在校生1 436人；学历文凭考试试点校23所，在校生4 445人；不具有颁发国家学历文凭资格的学校（面授）28所，在校生1.09万人；不具有颁发国家学历文凭资格的学校（函授）3所，在校生2.29万人；其他学校1 266所，在校生35.31万人。

# 基础教育

〔**全省基础教育工作会议**〕 为贯彻全国基础教育工作会议和《国务院关于基础教育改革与发展的决定》精神，2001年9月，省政府召开了全省基础教育工作会议。省委书记周永康、省长张中伟在会上讲话，增强了各级党委、政府抓好基础教育工作的信心和决心。制定印发了《四川省人民政府关于贯彻实施〈国务院关于基础教育改革与发展的决定〉的意见》等6个文件，针对基础教育管理体制、拖欠教师工资、中小学危房、中小学公用经费等方面的突出问题，提出了标本兼治，重在治本的政策性措施。省教育厅组织力量抓了会议精神的落实。全省21个市、州2002年将全面实行“以县为主”体制。10月，全省180个县（市、区）中已有143个县将教师工资管理上收到县，占79.4%。及时安排中央财政对四川省的专项转移支付资金3.92亿元，省级财政配套资金400万元，补助贫困地区发放教师工资。截止2000年底，全省中小学有危房648万平方米，占现有校舍总面积的9.1%。加快中小学排危工作进度，省、市（州）、县均成立了危房改造领导小组，并从2001年起设立“中小学危房改造”专项或配套资金。2001、2002两年，中央拟安排四川省排危资金1.15亿，

2001年已到位1.03亿元；省级财政安排配套资金3 000万元，到位1 751万元；各地中小学危房改造工作得到了进一步加强。

〔**“普九”和扫盲工作**〕 2001年，屏山、理县普及了九年义务教育，全省“普九”县达到136个，人口覆盖率达94.2%；金阳、红原、道孚实现了普及初等教育，民族地区的“普初”县达41个；金阳、红原、得荣、稻城达到扫盲标准，全省167个县通过了扫盲评估验收，青壮年非文盲率保持在95%以上。

〔**幼儿教育**〕 2001年，制定了《四川省幼儿园办学条件标准》和《四川省示范幼儿园办学条件标准》，促使幼儿园不断改善办园条件；与联合国儿基会合作开展了新周期（2001～2005）“早期儿童养育与发展”项目研究工作。

〔**特殊教育**〕 2001年，结合儿基会特殊教育项目工作，举办了特教师资培训班，对350多名特教教师进行了培训；制定了儿基会新周期义务教育项目实施方案，抓好项目示范点工作。

〔**素质教育**〕 2001年，根据教育部《基础教育课程改革纲要》，制发了《关于全面实施素质教育推进基础教育课程改革的意见》，对全省基础教育课程改革进行了规划、部署，并在郫县建立国家课程改革实验区，开始课程改革实验。同时，将“研究性学习”和信息技术教育，列入高中必修课程。信息技术教育的开课学校已占全省高中总数的97%。高考“3＋X”科目设置改革顺利进行。

〔**中小学德育及体育卫生艺术工作**〕 2001年，重点抓了以建党80周年为契机，在中小学生中大力开展丰富多彩的爱党、爱祖国教育活动，建立了四川省青少年校外教育工作联席会制度，制定了《四川省青少年校外教育活动建设场所“十五”规划》，完成了国家资助的13个校外教育活动场所的规划、申报工作，全省有13个青少年校外教育活动场所建设项目通过全国联席会议审定。同时开展了校园周边环境的专项整治工作。并在全省中小学生中开展了家庭伦理教育和法制教育。认真落实《学校体育卫生工作条例》和教育部关于初中毕业升学考试体育的实验方案，积极实行《国家体育锻炼标准》、《体育合格标准》，提出了四川省《加强学校体育卫生工作，提高学生体质健康的意见》；成功组织第三届中小学生艺术节，全省参与学生达到85%以上；评估了百所艺术特色学校，表彰了一批学校艺术教育先进集体和个人。

〔**普教科研**〕 2001年，组织了第二届四川省普教教学成果评奖，评出一等奖24项，二等奖103项，三等奖158项。确定了五个省普教科研资助金项目。组织了77项课题申报全国教育科学“十五”规划课题。

# 职业教育与成人教育

〔**综述**〕 2001年7月，召开全省职教工作会议，对“十五”期间职业教育发展的目标、任务和措施提出了明确的要求。省政府下达的中等职业教育招生22.5万人的目标任务超额完成，全省中等职业学校共录取新生23.02万人，职业教育规模得以巩固。

全年共招收五年制高职生1.07万人，对口高职生1.09万人，对口高职生占全省专科招生数的16%。努力拓宽中职毕业生参加普通高考、成人高考、高等教育自学考试的渠道，基本形成中高职衔接贯通的人才培养立交桥。

〔**中等职业学校教学改革**〕 2001年省教育厅制发了《关于加强中等职业学校教学工作的意见》，对中等职业学校加强德育和文化课教学，突出职业特色和职业技术培养，提高学生综合素质起到了积极地推动作用。《意见》还就优化中等职业教育专业结构，加强骨干专业建设，构建具有职教特色的课程体系等提出了指导意见，为职业教育的改革和发展奠定了坚实的基础。

〔**成人教育**〕 2001年四川省乡、村成人教育办学面分别达到95%和78%。全年有385万人次通过乡镇成人技术学校接受了实用技术培训。自学考试全年报考人数共56.93万名，比上年增长5%，有2万余人获大专以上毕业证书。

# 高等教育

〔**招生工作**〕 2001年，全省普通高考报名人数19.34万人，实际录取12.88万人，录取率达到66.64%，超额完成了省委、省政府下达的招生计划12万人的任务。录取率高于全国平均水平近10个百分点。其中，全省49所普通高等学校共招收本、专科学生1.19万人。普通高校在校生达到3.17万人；其中地方属普通高校在校生达到24.09万人，比上年17.02万人增加7.07万人。全省高等教育毛入学率达到13.2%，较上年提高2.55个百分点。

为了完成扩招任务，主要采取了以下措施：(1) 多形式扩大学校招生容量。一是挖掘四川省现有普通高校办学潜力；二是大力发展高等职业技术教育，2001年全省新批设置高职学院8所，共招生3 773人；三是充分利用民办学校和民办二级学院的教育资源，全省新批民办二级学院13个，共招生6 260人；四是充分利用部分成人高校和中等专业学校的教育资源，共招收普通本、专科学生5 700人；五是支持部分高校开展网络教育，2001年四川大学、西南交通大学网络学院招生人数达2 395人。(2) 采取特殊政策补充师资。一是鼓励学校党政管理干部担任专（兼）职教师；二是从党政机关、科研院所选聘符合条件的专业技术人员担任兼职教师，鼓励校际之间互聘教师；三是提前在高校应届本科以上毕业生中遴选优秀人才，通过培养培训补充新师资；四是加强校企合作，吸引大中型企业中的优秀专业技术人员到高校任教；五是为具有高级职务、身体健康的教师办理延长退休年龄手续或返聘已退休的老教师任教；六是鼓励在职教师进修，提高学历层次。(3) 多渠道增加投入。在省财政增加5 500万元用于高等教育（其中1 200万元用于扩招）的同时，一是实行“银教合作”，与省工行、建行、农行等签定了200亿元售信额度的贷款协议，贴息贷款5亿元；二是启动“四川高教人才培养利用日本国际协力银行贷款项目”，贷款4 500万美元；三是争取教育国债和西部国债，2001年已争取到2 000万元投入西南科技大学的建设；四是全省高校自筹3.5亿～4亿元，产业实现利税3.25亿元。(4) 2001年四川省地方属普通高校本科招生较上年增加5 110人。部委属高校和省外院校共在川招生38 190人，较上年增加9 505人。(5) 切实加强招生录取各环节的工作。特别是针对专科高职学校生源缺额较大，退档率高的问题，及时采取了适当降分、组织生源、适时补录工作等有效措施，圆满完成了省委、省政府下达的招生任务。

〔**结构调整**〕 成都理工大学、宜宾学院、攀枝花学院通过全国高等学校评审委员会评审并正式挂牌招生。组织评审了成都农业科技职业学院等

11所高等职业技术学院和民办高校。完成了部分省属本科院校的征地、新校区的规划和建设工作，新征校园建设用地1 333公顷。继续围绕绵阳科技城建设，形成了西南科技大学新校区中长期发展规划。落实了该校发展建设资金4 000万元，新区一期建设工程已经启动。

〔**后勤社会化改革**〕 2001年1月，省政府召开了第二次全省高校后勤社会化改革工作会议，批转了《四川省高校后勤社会化改革实施意见》。会后，省教育厅与各高校签订《四川省高校后勤社会化改革2001年度工作目标责任书》。4月下旬，又在南充市召开了全省高校后勤社会化现场经验交流会。全年新建和改造学生公寓80万平方米，全省共投入资金1.1亿元，新建和改造学生食堂14.5万平方米。组织开展了“标准化食堂”的创建活动，评出18个标准化食堂。全省38所学校全部完成后勤分离任务，实现了后勤管理体制改革和运行机制转换的第一步目标。全省高校后勤社会化实体中的人员有博士5名，硕士14名，本、专科生1 214名，有高级职称的107人，有中级职称的769人。

〔**思想政治工作**〕 精心组织中国共产党成立80周年纪念活动。抓好“两课”改革和建设。四川省高校“两课”教材在全国高校“两课”参评教材中，取得优秀等级的教材数，名列全国第一。组织了近100名“两课”教师在职攻读复旦大学硕士学位；集中举办了全省高校“两课”教师培训班。积极推进“三个代表”重要思想“三进”工作。全国共评出“精彩一课”讲授教师12名，四川省3位教师入选，名列全国第一。起草了《学校思想政治工作条例》，对全省各级各类学校加强和改进思想政治工作提出了明确的思路和意见。

〔**教学工作**〕 按照“新世纪四川省高等教育教学改革工程”的总体要求，加大教改工程实施工作的力度。截止年底，已评审立项建设省级“教学内容和课程体系改革项目”405个，“本科人才培养基地项目”143个，“高职高专教改试点专业项目”44个，“高校基础课教学示范中心建设项目”22个，“重点实验室建设项目”104个（含筹建11个）。在四川大学、成都理工大学、西南石油学院3校的2001级正式启动学分制改革培养方案；在全省实施了专科学校优秀学生跨校升入本科院校学习的方案；学科专业结构调整取得明显进展，全省37所地方高校新增146个本专科专业点，并开始招生。一些工科院校逐步发展成为以工为主的多科性院校，师范院校的非师专业已普遍达到30%～60%。据统计，2001年全省普通高校新增教学仪器设备价值3.02亿元，购置图书154万册，一些万人以上学校的年教学仪器设备投入均在1000万～2000万元以上。第四届全国和四川省高等教育教学成果评奖中，四川省高校共获得国家级教学成果一等奖6项、二等奖19项，省级教学成果一等奖80项、二等奖97项、三等奖117项。

〔**学位与研究生教育**〕 制定了《四川省学位与研究生教育“十五”发展规划》，2001年录取硕士研究生6 068人，博士生1 432人，分别比上年增长44.1%和26.7%，硕士生招生高于全国平均增长30%的发展速度。有38个学科被评为国家重点学科，比原有的19个国家重点学科翻了一番。在“211工程”“九五”首期建设项目验收中，四川大学、西南交通大学、西南财经大学顺利通过验收。批准新增55个学士学位授权专业。

〔**科技工作**〕 2001年，据不完全统计，全年拨入全省高校科技经费达4亿元，人文社科研究经费800万元。全省高校科技成果转化所取得的社会经济效益达35亿元。共申报教育部重点科技项目6项，省重点科技项目386项、应用基础研究项目422项、软科学研究项目28项。教育部正式批准四川师大“巴蜀文化研究中心”。四川大学和电子科技大学两个“大学科技园”进入第一批国家大学科技园。

〔**毕业生就业工作**〕 2001年完成了对全省4.60万名高校毕业生的派遣。据2001年10月统计，全省高校毕业生一次性就业率达到69.2%，较去年提高近4个百分点。其中，研究生就业率94.4%，本科生就业率87.5%，专科生就业率46.7%。2001年在四川省内就业人数较上年增加4 000多人；增长8%以上；到非公有制单位就业的人数较上年增长了5%。农科类毕业生就业增长57%，除电子、通讯等与IT行业发展相关专业毕业生需求旺盛外，医学、师范和与第三产业发展相关专业毕业生需求较好。

〔**学籍管理**〕 2001年完成全省157个高等教育培养单位学历证书的电子注册工作，共注册11.36万人，其中：普通高等教育4.39万人，研究生教育2 032人，成人高等教育5.87万人，高等教育自学考试0.89万人。同时完成了全省普通高等教育学生学籍学历管理信息系统的培训，实现了电子注册的三级管理，规范了学籍管理审批制度。

# 民族教育

〔**《十年行动计划》实施工作**〕 2001年，是《四川省民族地区教育发展十年行动计划》实施的第一年，省和有关市、州、县党委、政府成立了《十年行动计划》及对口支援工作协调领导小组(各级党政主要领导为实施《十年行动计划》的第一责任人)，落实了目标责任制，制定了实施方案；三州"普初"、"普九"和扫盲工作的目标任务全面完成，新增寄宿制学生1.79万人，寄宿制学生达到13.89万人；筹集资金2.75亿元投向民族地区教育。三州247所中小学改扩建项目中已有219个竣工，完工率达88.7%；危房改造项目23个全部竣工；三州学历不达标的235名教师已送到四川师范大学、四川师范学院、乐山师范学院、省教育学院参加提高学历的培训。

〔**对口支援工作**〕 结对支援关系全面建立。成都、绵阳等经济条件相对较好的9个市1 557所内地中小学、33所高校对口支援甘孜、阿坝、凉山3个民族自治州和峨边、马边县；1 512所中小学、33所大中专学校结成帮扶对子，民族地区乡中心校以上的学校至少有一所内地学校对口支援。"手拉手、结伙伴"互访活动深入开展，2001年暑期成都、德阳、绵阳、乐山和三州二县组成25个互访团，650名师生进行了互访，1 000余名学生建立了结对关系；内地173所学校与三州的学校结成"伙伴学校"；全省共选派931名骨干教师到受援地区任教挂职。同时，受援地区也选派500多人次教师到内地学校任教挂职。据不完全统计，全省支援市、县、校为受援地区学校捐资580多万元，衣物60万件，计算机763台，电视机1 000台，图书50多万册，教学仪器设备1.2万套，课桌椅6 500多套，学生学习用具31万件，以及其他教学设备。成都市筹集近500万元实施"光明工程"，为甘孜州117所未通电的学校每校装备一套太阳能发电设备和一台25英寸的彩色电视机，支援三州学校实施"校校通"工程。

撰稿 张澜涛

审稿 戴作安 罗大宪

# 贵州省教育

## 概　　况

〔基本情况〕

**2001年各级普通学校基本情况**

单位：人

| 学校类别 | 学校数（所） | 毕业生数 | 招生数 | 在校生数 | 教职工数 | |
|---|---|---|---|---|---|---|
| | | | | | 合　计 | 其中：专任教师 |
| **总　计** | **18 941** | **1 261 458** | **2 118 678** | **7 557 063** | **336 178** | **288 583** |
| 一、研究生 | (7) | 231 | 659 | 1 418 | | |
| 1. 高等学校 | (6) | 210 | 611 | 1 314 | | |
| 2. 科研机构 | (1) | 21 | 48 | 104 | | |
| 二、普通高等学校本专科 | 30 | 15 092 | 44 597 | 108 159 | 17 959 | 9 007 |
| 本科院校 | 10 | 9 204 | 26 035 | 69 800 | 11 560 | 5 509 |
| 专科院校 | 20 | 4 122 | 16 280 | 34 009 | 6 399 | 3 498 |
| 分校、大专班 | | 1 766 | 2 282 | 4 350 | | |
| 三、普通中等学校 | 2 531 | 466 275 | 810 775 | 2 036 044 | 119 457 | 98 862 |
| 1. 中等专业学校 | 89 | 34 361 | 31 159 | 114 765 | 9 736 | 5 748 |
| 中等技术学校 | 66 | 24 727 | 22 744 | 87 673 | 7 060 | 3 937 |
| 中等师范学校 | 23 | 9 634 | 8 415 | 27 092 | 2 676 | 1 811 |
| 2. 技工学校 | | | | | | |
| 3. 普通中学 | 2 222 | 409 768 | 747 907 | 1 846 015 | 103 116 | 88 079 |
| 高中 | 328 | 47 121 | 109 691 | 244 571 | | 13 613 |
| 初中 | 1 894 | 362 647 | 638 216 | 1 601 444 | | 74 466 |
| 4. 职业中学 | 217 | 21 530 | 30 896 | 74 427 | 6 563 | 5 001 |
| 高中 | 131 | 11 583 | 12 076 | 28 835 | | 2 731 |
| 初中 | 86 | 9 947 | 18 820 | 45 592 | | 2 270 |
| 5. 工读学校 | 3 | 616 | 813 | 837 | 42 | 34 |
| 四、小学 | 15 339 | 778 446 | 830 232 | 4 901 665 | 186 887 | 173 238 |
| 五、特殊教育学校 | 35 | 1 414 | 2 690 | 16 007 | 633 | 485 |
| 六、幼儿园 | 1 006 | | 429 725 | 493 770 | 11 242 | 6 991 |

## 2001年各级成人学校基本情况

单位：人

| 学校类别 | 学校数（所） | 毕业生数 | 招生数 | 在校学生数 | 教职工数 | |
|---|---|---|---|---|---|---|
| | | | | | 合计 | 其中：专任教师 |
| **总计** | **20 882** | **3 705 066** | **3 725 696** | **3 891 190** | **35 718** | **6 902** |
| 一、成人高等学校 | 7 | 14 507 | 38 298 | 82 648 | 1 732 | 856 |
| 1. 广播电视大学 | 1 | 3 404 | 5 757 | 12 545 | 929 | 389 |
| 2. 职工高等学校 | 3 | 598 | 1 622 | 3 517 | 289 | 208 |
| 3. 农民高等学校 | | | | | | |
| 4. 管理干部学院 | | | | | | |
| 5. 教育学院 | 3 | 2 206 | 6 356 | 15 275 | 514 | 259 |
| 6. 独立函授学院 | | | | | | |
| 7. 普通高等学校举办： | (30) | (8 299) | (24 563) | (51 311) | | |
| 函授部 | | 2 076 | 9 682 | 20 293 | | |
| 夜大学 | | 115 | 471 | 1 128 | | |
| 成人脱产班 | | 6 108 | 14 410 | 29 890 | | |
| 二、成人中等学校 | 14 289 | 3 392 229 | 3 375 798 | 3 466 131 | 18 476 | 3 061 |
| 1. 成人中等专业学校 | 129 | 13 269 | 10 138 | 36 876 | 2 629 | 1 480 |
| 广播电视中等专业学校 | 3 | 4 434 | 3 626 | 13 081 | 726 | 333 |
| 职工中等专业学校 | 18 | 1 678 | 2 565 | 7 257 | 855 | 548 |
| 干部中等专业学校 | 7 | 668 | 607 | 1 389 | 378 | 198 |
| 农民中等专业学校 | | | | | | |
| 函授中等专业学校 | 2 | 719 | 185 | 1 120 | 595 | 350 |
| 教师进修学校 | 3 | 51 | 94 | 214 | 75 | 51 |
| 其他类学校举办 | 96 | 5 719 | 3 061 | 13 815 | | |
| 2. 成人中学 | 7 | 281 | 926 | 3 316 | 86 | 67 |
| 职工中学 | 2 | | 397 | 2 519 | 62 | 51 |
| 农民中学 | 5 | 281 | 529 | 797 | 24 | 16 |
| 3. 成人技术培训学校 | 14 153 | 3 378 679 | 3 364 734 | 3 425 939 | 15 761 | 1 514 |
| 职工技术培训学校 | 7 | 160 | 290 | 290 | 18 | 7 |
| 农民技术培训学校 | 14 146 | 3 378 519 | 3 364 444 | 3 425 649 | 15 743 | 1 507 |
| 三、成人初等学校 | 6 586 | 298 330 | 311 600 | 342 411 | 15 510 | 2 985 |
| 1. 职工初等学校 | 2 | 600 | 142 | 142 | 41 | 34 |
| 2. 农民初等学校 | 6 584 | 297 730 | 311 458 | 342 269 | 15 469 | 2 951 |
| 其中：扫盲班 | 6 540 | 295 837 | 308 401 | 334 282 | 15 264 | 2 798 |

2001年，全省普通高中比上年增加23所，普通初中比上年减少125所，九年一贯制学校371所；普通高中在校生比上年增加5.35万人，普通初中在校生比上年增加22.05万人；高中招生比上年增加2.53万人，初中招生比上年增加8.08万人；高中专任教师比上年增加1 955人，初中专任教师比上年增加4 968人。小学比上年减少2 646所；在校生比上年减少10.04万人；招生比上年增加1.97万人；专任教师比上年减少1 584人。7～12周岁适龄儿童入学率达98.15%，比上年下降0.30个百分点。幼儿园在园幼儿比上年减少2 274人；教职工比上年减少6 413人，其中专任教师比上年减少7 213人。工读学校在校生比上年减少81人，专任教师比上年减少1人。特殊教育学校中，有盲聋学校11所，弱智儿童学校9所。

2001年，普通中等专业学校比上年减少15所，在校生比上年增加5 226人，专任教师比上年减少880人。职业中学比上年减少41所，在校生比上年减少5 510人，专任教师比上年减少367人。

2001年，全省在校研究生中，有博士生60人，硕士生1 358人；在校研究生比上年增加416人。普通高等学校在校生比上年增加32 666人，专任教师比上年增加1 767人。

撰稿　段志茹

〔**教育投入**〕　2001年全省教育经费总支出为65.15亿元，比上年增长29.39%，其中：国家财政性教育经费支出50.67亿元，占国内生产总值4.69%，比上年增长24.83%；财政预算内教育经费支出43.68亿元，比上年增长30.54%；政府征收用于教育的税费支出4.58亿元，比上年增长8.27%，其中：城市教育费附加支出为2.17亿元，比上年增长35.63%，农村教育费附加支出为1.86亿元，比上年减少15.07%，地方教育附加支出为5 439万元，比上年增长24.69%；企业办学经费支出为2.25亿元，比上年减少17.28%；校办产业、勤工俭学和社会服务收入用于教育的经费支出1 562万元，比上年减少14.64%；社会团体和公民个人办学经费8 752万元，比上年增长137.96%；社会捐、集资办学经费支出为6 039万元，比上年增长29.37%；学、杂费支出为9.06亿元，比上年增长44.73%；其他支出为3.94亿元，比上年增长72.81%。

全省教育事业费支出为38.70亿元，比上年增长31.95%。在教育部门预算内教育事业费支出中，人员经费支出35.92亿元，比上年增长35.44%，占事业费支出的92.82%；公用经费支出为2.78亿元，比上年减少1.07%。占事业费支出的7.18%。

各类学校人员经费与公用经费占教育事业费支出比例分别是：普通高等学校分别占82.78%和17.22%；中等师范学校分别占87.39%和12.61%；普通中学分别占93.25%和6.75%（其中：农村初中分别占97.66%和2.34%）；普通小学分别占97.58%和2.42%（其中：农村小学分别占98.12%和1.88%）。

各类学校生均教育事业费与公用经费分别是：普通高等学校生均教育事业费2 124.67元，生均公用经费408.10元；中等师范学校生均教育事业费2 041.12元，生均公用经费257.40元；职业中学生均教育事业费1 142.97元，生均公用经费125.99元；普通高中生均教育事业费1 144.76元，生均公用经费125.09元；普通初中生均教育事业费556.50元，生均公用经费30.25元（其中农村初中生均教育事业费454.38元，生均公用经费10.63元）；小学生均教育事业费434.43元，生均公用经费10.54元（其中农村小学生均教育事业费390.74元，生均公用经费7.33元）。

撰稿　陈　净

〔**基建投资完成情况**〕　2001年，全省教育事业基本建设年度计划共安排10.89亿元，与上年比，年度计划投资增加3.24亿元，增长42.25%。2001年底，实际完成投资10.11亿元，占计划投资（下同）的92.80%，比上年增加1.80亿元，增长21.66%。其中，国家预算内的投资（包括国家各种专项投资补助地方非经营性基建基金等）4.93亿元，完成4.20亿元，占85.36%；自筹资金投资（包括中央各部门安排、地方各级机动财力自筹资金、教育费附加和部门、单位、自筹及个人集资等）4.17亿元，完成4.13亿元，占99.08%；利用外资（包括世行贷款、香港邵逸夫先生赠款等）785万元，完成536.9万元，占68.4%，其他投资（“银校”联姻贷款资金）1.72亿元，完成1.72亿元，占100%。上述投资按高教、成教、普通中专、基础教育分类，高教共安排投资3.04亿元，年度实际完成2.32亿元，占76.31%；成人教育共安排102万元，年度实际完成1 311万元，占1 285.29%；普通中专共安排1 632万元，年度实际完成1 975万元，占121.02%；基础教育共安排76 800.7万元，年度实际完成74 610.8万元，占97.14%。全年新增固定资金共计86 730.9万元。其中，高教16 620万元，普通中专905万元，基础教育69 205.9万元，固定资产交付使用率为79.62%，其中，高教54.67%，普通中专55.45%，基础教育89.72%。2001年，全省教育事业住宅建设完成投资6 739.1万元，占总完成投资的6.19%；住宅建筑面积竣工率为96.68%，住宅竣工套数1 758户（高校239户，普通中专130户，基础教育1 389户）。

撰稿　胡　勇

〔**改善办学条件**〕　2001年是贵州省实施第一期“国家贫困地区义务教育工程”的第4年，也是最后一年。全省53个“工程”项目县共投入资金11 876万元，其中省级专项资金5 380万元，建成项目学校216所、教学用房21.24万平方米、厕所1.53万平方米、学校围墙6.77万延伸米、国旗台（杆）216个、校门216个，硬化运动场地30.99万平方米，购置课桌凳7.7万单人套、仪器图书柜（架）2 853个。这批项目学校的建成，改善了这些地区的办学条件，使12万学生搬进了新校舍。

到2001年12月底，贵州省第十四批邵逸夫先生赠款21个项目均竣工交付使用，工程质量经当地建设局质监站验收均达到质量要求，其中50%以上的项目评为优良工程，共建成校舍建筑面积3.95万平方米，完成投资2 323.3万元。第十五批邵逸夫先生赠款项目，贵州省获530万港元，安排项目15个。项目于2001年10月15日起陆续动工，到2001年底铜仁市鱼塘小学等2个项目主体工程已完成。

2001年1月，省教育厅对香港华夏基金农村职教援助项目进行了评估。香港华夏基金会援助资金10万美元（设施），省教育厅配套5万元人民币，遵义市教育局配套10万元人民币，湄潭县政府配套10万元人民币，湄潭县职高配套20万元人民币，项目共计10万美元、45万元人民币。通过项目实施，学校建立了自动大棚温室、多媒体电教室、校园电教网、发电设施、组织培养室、天平室、电视显微镜、分析室等。2001年10月，美籍爱国华侨朱天璜先生为毕节市朱昌镇中心小学捐赠人民币40万元，修建一幢1 600平方米的教学楼。

2001年，贵州教育继1999年、2000年又获中央国债资金11 340万元，项目28个。其中高等教育7 850万元，项目4个；中等职业教育3 490万元，项目24个。

撰稿　刘祖辉　胡　勇　袁黔华　高　山　朱　琴

〔**教师队伍建设**〕　2001年，省教育厅组织开展高校、中专教师和实验技术人员职务任职资格评审工作。高教系列：评审通过教授74人，副教授306人，讲师383人。中专系列：评审通过高级讲师236人，讲师91人。实验系列：评审通过高级实验师18人，实验师38人，助理实验师6人。

2001年，全省有372人被评为全国、全省优秀教师和优秀教育工作者。其中被教育部、人事部授予“全国模范教师”称号的有贵州工业大学文方等17人，被授予“全国教育系统先进工作者”称号的遵义市文化小学秦楠等2人；被教育部授予“全国优秀教师”称号的有贵州大学刘桥等47名，被授予“全国优秀教育工作者”称号的有贵阳市女子职业学校陈长华等7名；被省教育厅、省人事厅授予“贵州省优秀教师”称号的有贵阳师范高等专科学校的丁丰朝等260人，被授予“贵州省优秀教育工作者”称号的有贵州大学杨开雄等 38 人。

2001 年 3 月，省教育厅印发了《“十五”期间贵州省中小学校长培训工作的实施意见》。共举办了三期全省高完中学校长任职资格培训班，每期两个月，共培训校长近 150 人。充分利用北京师范大学教育资源和科研力量优势，面向全省中学校长开展研究生层次的培养、培训工作，启动第二期研究生课程进修班，培养、培训学员 56 名。

2000 年，全省各地组织了最后一批民办教师的文化考试和政治业务考核工作，并严格按照有关程序和政策规定将审查合格人员逐级上报。2001 年，对各地上报数5 688人下达了“民转公”专项指标。各地、州、市严格按照省下达指标数组织转招并办理录用手续。至此，全省“民转公”工作顺利完成。

撰稿　杨元华　银熙惠

〔**师范教育**〕　2001 年，全省有师范本科院校 3 所，在校生 1.74 万人，专任教师1 195人；师范专科学校 7 所，在校生 1.94 万人，专任教师1 128人；中等师范学校 23 所，在校生 2.71 万人，专任教师1 738人；教育学院 3 所，在校生 1.53 万人，专任教师 259 人。形成了以师范院校为主体，其他各类院校共同参与，专业齐全，职前培养与职后培训相衔接的教师教育体系。

为适应基础教育改革与发展的需要，顺应师范教育改革的趋势，充分利用现有学校教育资源，优势互补，加快全省专科层次小学教师培养步伐，省教育厅促成贵阳师范学校等 15 所中师与贵州师范大学等 8 所师范高等院校联合，试办“3＋2”学制师范专科试点班，培养专科层次小学教师。制定印发了“3＋2”学制师范专科班 8 个专业教学计划及部分用书目录（试行）。“3＋2”学制师范专科试点班于 2001 年秋季开始招生。同时，为向高师院校输送优秀生源、缓解中师毕业生就业压力，省教育厅还积极探索应届中师毕业生进入师范高等专科学校继续深造的新模式，开拓优秀应届中师毕业生对口保送本地区师专（师院）渠道，保送生比例占中师应届毕业生数的 5%。2001 年各师专（师院）录取中师保送新生 120 名。

继续调整中等师范学校布局结构。经黔东南州委、州政府同意，2001 年 6 月，榕江民族师范学校由黔东南州政府移交榕江县政府改办县级民族高中；12 月天柱民族师范学校由黔东南州政府移交天柱县人民政府改办县级民族高中。

撰稿　程　蓓

〔**法制教育**〕　省教育厅于 2001 年 12 月 12 日～14 日召开了全省中小学法制教育工作会议暨全省教育系统“四五”普法动员大会。会议印发了由省委宣传部、省综治委、省依法治省办、省教育厅、省司法厅、省公安厅等 12 个部门联合制定的《关于加强中小学法制教育工作的意见》和省教育厅制定的《全省教育系统开展普法和依法治教工作第四个五年规划》，表彰了全省教育系统“三五”普法工作的先进单位和个人。

撰稿　鲁源安

〔**学校体育与艺术教育**〕　2001 年，省教育厅组织高校有关专家学者编写了《大学生体育与健康》，由贵州人民出版社出版。7 月，省教育厅和省体育局联合主办了全省中学生“三好杯”篮球赛，全省 9 个地（州）市和贵州师范大学附属中学、贵州教育学院实验中学等 17 支男（女）队共计 250 人参赛；贵州师范大学附中、贵阳队（贵阳一中），铜仁队（松桃民中）、六盘水队（六盘水二中）分获男子组前三名，黔东南州代表队（剑何民中）、毕节地区代表队（毕节二中）、遵义地区代表队（习水一中）分获女子组前三名。在 8 月举行的 2001 年全国中学生田径锦标赛上，贵州省获得 2 枚银牌、1 枚铜牌，并荣获全国体育道德风尚奖。

2001 年 4 月～6 月，省委宣传部、省教育厅、省文化厅、省广播电视局、团省委在全省高校开展了大学生艺术歌曲演唱比赛活动。并于 6 月 26 日举行了“美的旋律献给党”——庆祝建党 80 周年贵州省大学生艺术歌曲演唱比赛颁奖晚会。贵州医学院、贵州财经学院和贵州大学分别获业余组、专业组优秀大合唱奖；贵州大学、贵州师范大学和贵州财经学院、贵州工业大学分别获全国决赛专业组、业余组三等奖；贵州省获全国优秀组织奖。

2001年，经各地认真评选，省教育厅组织专家审核，省教育厅对贵州师范大学、铜仁地区民族师范学校、贵阳市苗苗实验学校等22个贵州省学校艺术教育先进单位和贵阳市修文县实验幼儿园廖丽等71名学校艺术教育工作先进个人进行了表彰。

撰稿　邹克扬　许国虎　黄开斌

〔**学习贯彻《国家通用语言文字法》**〕　2001年1月1日起开始施行，省语委办分别组织省语委成员单位负责人、省普通话专家组和省教育厅有关处室负责人的座谈会，认真学习《中华人民共和国国家通用语言文字法》，省委宣传部、省人大教科文卫委员会、教育厅、司法厅等部门联合印发《关于学习宣传和贯彻实施〈中华人民共和国国家通用语言文字法〉的通知》，对全省各地（州、市）各部门提出了学习宣传和贯彻《国家通用语言文字法》的工作要求。为搞好宣传和学习，省语委办印制了大量的学习宣传手册、宣传资料向全省各级政府、教育行政部门、各级各类学校广为散发。在第四届全国推普宣传周期间，全省各地结合本地实际情况，以学习贯彻《国家通用语言文字法》为主题，通过上街咨询、召开座谈会、撰写文章、举行专题文艺表演等，使学习和贯彻《国家通用语言文字法》同营造良好的社会语言环境结合起来，取得了明显成效。

撰稿　杨慧娟

〔**国际合作交流**〕　2001年2月经省教育厅批准，贵州省教育国际交流中心在省博物馆举办了“贵州省首届国际教育展”。来自英国、美国、新西兰、澳大利亚、马来西亚、新加坡、瑞士、法国、加拿大等10多个国家的近20家教育机构参展。在为期2天的展览中近3 000人前来参观咨询。2001年，在国家留学基金委录取的26人中，有3名是贵阳市中学教师，将被分别派往美国、希腊和保加利亚等国进修深造。

2001年7月18日～8月18日，贵州省教育国际交流中心与贵阳市第二实验中学联合举办的贵州省首届“中华夏令营”在贵阳开营。此次活动由1名美国教师和7名美国大学生担任英语辅导员，参加夏令营的贵阳市中学生有84名教学与活动相结合，寓教于乐，通过1个月的活动，中学生们英语口语运用能力提高较大，反映良好。

为进一步提高英语教学水平，加强外籍教师与中方师生的合作与交流，来自全省海外志愿者服务社（VSO）项目院校及部分美中友好志愿者项目院校的外语系主任、合作教师及外籍教师30余人于2001年12月15日～16日参加了由省教育厅和英国VSO北京代表处联合召开的“第二届VSO项目院校教学研讨会”。中外教师就外语教学中遇到的困难、中西文化差异以及如何改进教学方法，提高教学质量等问题进行了深入的探讨。

撰稿　朱　琴

# 基础教育

〔**综述**〕　2001年，基础教育改革与发展取得新的成绩。全省基础教育工作会议召开，签订了“十五”期间“两基”工作目标管理责任书，3个县顺利通过“两基”验收，超额完成全省扫盲25

万人的工作任务。超额完成普通高中扩招任务，对9所学校开展省级示范性普通高中评估，基础教育课程改革全面启动。

2001年，瓮安、余庆、天柱3县通过了省政府教育督导室、省教育厅组织的"普及中小学实验教学"验收，3个县均达标。3县共评出省级"普及中小学实验教学示范学校"16所。其中瓮安县6所，余庆、天柱两县各5所。16所示范学校中，中学8所，小学8所。

2001年秋季学期，贵州省共得到中央提供的免费教科书价值1 140万元，27万家庭贫困初中生、特教学校学生接受了免费教科书。为提高免费教科书的使用效益，省教育厅提出滚动使用免费教科书的办法，即人走书留，将免费提供的教科书提供给下一届学生使用。

2001年，贵阳市第九中学、天柱县蓝田中学、遵义市航天中学、遵义市师范学校、安顺实验学校、毕节市第二中学、威宁县白马中学、凯里市第一中学、都匀市第二中学、铜仁市第二小学、玉屏县印山民族小学在创建绿色学校活动中按照绿色学校标准的要求，认真组织实施，在学校环境教育、学生环保活动、学校环境建设等方面取得了突出成绩，经省考核验收小组按照《贵州省绿色学校考核标准》进行考核验收，均达到了贵州省绿色学校的标准，被命名为贵州省首批绿色学校。

撰稿　皮俊林　方　萍
高　琦

〔**"两基"工作**〕　2001年10月下旬，贵州省委、省政府召开全省基础教育工作会议，把打好"两基"攻坚战作为基础教育工作的重中之重。会议印发了《贵州省委、省人民政府关于实施"两基"攻坚的决定》。省委书记钱运录在会上讲话、省长石秀诗作会议主题报告，副省长马文骏作会议总结。会后，各地、县纷纷将实现"普九"作为党委、政府的"一把手工程"和要做的"十件实事"，纳入了干部考核"一票否决制"。

2001年，遵义县、荔波县、镇远县通过了省政府组织的"两基"评估验收，并获国家审查通过予以公布，实现了基本普及九年义务教育和基本扫除青壮年文盲。至此，全省已有35个县（市、区）实现"两基"，占全省总县数的40.2%，"普九"地区人口覆盖率达39.7%。同时，制订了"十五"期间"两基"分年度实施规划，经省委、省政府同意，印发各地贯彻执行。

2001年，全省计划扫除青壮年文盲25万人，经过努力，实际完成29.95万人，超额19.8%完成任务。根据教育部"十五"期间扫盲工作意见和扫盲教改意见，结合"两基"工作的推进，在镇远、荔波两县进行了扫盲教改试点。通过教改，转变了过去以识字为主的扫盲教育观念，建立了以学习者学习需求为导向，推广农业实用技术为重点的扫盲机制，提高了扫盲的实用性，受到群众的欢迎和支持。

2001年，教育部对在"九五"期间为实现"两基"目标而做出贡献的先进单位和先进个人进行表彰奖励。贵州省有贵阳市、遵义市、锦屏县、福泉市、贵阳市白云区、印江土家族苗族自治县6个地区和黔南州教育局、铜仁地区教育局、贵州省人大教科文卫委员会、省计委、省财政厅5个单位以及吴郁英等34名个人受到表彰奖励。

撰稿　吴巍晖　皮俊林　方　萍
高　琦　雷忠勇

〔**教育督导**〕　省政府教育督导室、省教育厅于2001年7月组织9个督导检查组对各地州市执行省政府与各州、市政府、地区行署，原省教委与各地、州、市教委（教育局）签订的《1998～2000年双线教育工作目标管理责任书》执行情况进行了全面督导检查。根据检查结果，经省政府批准，评选出政府系列一、二、三等奖各一名，分别是贵阳市、铜仁地区和黔东南州；评选出教育行政系列一、二、三等奖各一名，分别是黔南州、贵阳市和遵义市；教育行政系列单项奖4名，分别是毕节地区、安顺市、黔西南州、六盘水市。

2001年10月，省人大教科文卫委员会、省政府教育督导室、省教育厅、省审计厅联合组织3个检查组，分别对六盘水市、黔东南州、遵义市及其所辖的钟山县等6个县（区）1998～2000年义务教育经费投入和管理使用情况进行了审计，对进一步完善"以县为主"的农村义务教育管理体制的落实情况进行了检查。检查组在充分肯定各地工作的同时，指出了存在的问题，提出了针对性的改进意见。

2001年，贵州省根据国家教育督导团的部署，开展了全省中小学安全工作专项督导检查。在各校自查的基础上，地、县两级共对1.25万所中小学、职业高中和713所幼儿园进行了专项检查。5月，省政府教育督导室、省教育厅组织5个督导检查组对5个地、州、市16个县（市、区）的35个乡（镇）和89所中小学、幼儿园的安全工作进行了专项督导检查。对检查中发现的存在重大安全隐患的学校，当即向当地政府、教育行政部门和学校通报，要求立即消除。

根据教育部的部署，2001年贵州省还开展了中小学体育、卫生、艺术教育工作专项督导检查。在各中小学自查和地、县检查的基础上，省政府教育督导室、省教育厅于10月组织5个组对5个地州市进行督导检查。共抽查了10个县（市、区）及33所中小学。检查结束后，向教育部和省政府写出了督导报告。

撰稿　皮俊林　方　萍

〔**第二期"国家贫困地区义务教育工程"启动**〕2001年开始实施的第二期"国家贫困地区义务教育工程"至2005年结束，实施期为五年。贵州省有遵义、松桃等56个未"普九"的县（市、特区）列入"工程"项目县。五年内全省将投入"工程"资金9.2亿元，其中中央专款4.9亿元，省级财政配套资金2.45亿元，市（地、州）、项目县自配资金1.85亿元；建设项目学校1 003所（其中初中641所、小学362所），新建校舍164万平方米，还要为项目学校配备相应的仪器设备、图书、课桌凳、信息技术设备、培训教师。为了确保"工程"任务如期完成，省政府于12月召开了全省第二期"工程"启动会议，会议传达了教育部和财政部关于实施第二期"工程"的文件；各市（地、州）政府（行署）与省签订了"工程"目标责任书，作出全面组织实施"工程"，保证如期全面完成"工程"任务的承诺；副省长马文骏作了《实践"三个代表"，强化政府行为，确保如期圆满完成"工程"任务》的讲话；省教育厅厅长孔令中，省财政厅副厅长李岷分别就实施"工程"工作作了具体部署。

撰稿　刘祖辉

〔**普通高中教育**〕　2001年经专家认真评估，省示范高中领导小组审议，省教育厅确定贵阳一中、安顺二中等9所学校为首批省级示范性普通高中。为贯彻省教育厅《关于改革和完善普通高中毕业会考制度的意见》，贵州省在2001年6月的高中毕业会考中，政治学科会考开始试行开卷考试。全省普通高中一年级从2001年秋季起实施教育部颁布的《全日制普通高级中学课程计划（试验修订稿）》，加快普通高中课程改革。为充分利用良好教育资源，深化普通高中改革，加快普通高中发展，经省教育厅批准，贵州师范大学附中高一年级从2001年起面向全省招生。

撰稿　吴作然

〔**科技教育与校外教育**〕　2001年3月10日，省委宣传部、省科技厅、省教育厅、省科协在贵州省植物园为全省首批命名的"贵州省青少年科技教育基地"、"贵州省青少年科技教育特色学校"授牌。首批命名的贵州省青少年科技教育基地有：贵州省青少年科技教育基地、贵州省气象台、遵义乌江渡发电厂、贵州省农业科学研究院、贵州省林业科学研究院、中国科学院地球化学研究所、贵阳蔬菜科技示范中心、贵州省植物园、贵阳市药用植物园、贵州华城智能系统工程有限公司、贵州夜郎谷喀斯特生态园。贵州省青少年科技教育特色学校有：贵阳市实验小学、贵阳市第九中学、贵阳市甲秀小学、贵阳市第十四中学、六盘水市水城矿务局第一中学、遵义市凉水小学、安顺市实验学校、凯里市第一中学。

2001年成立了"贵州省青少年校外教育工作

联席会议”，积极做好项目申报工作。贵州省获得了国家资助的 13 个场馆项目，项目资金 2 340 万元。

撰稿　朱玉芳

〔**启动“基础教育与儿童发展”合作项目**〕继教育部与联合国儿童基金会合作项目“促进贫困县初等教育项目”实施后，2001 年又开始在西北、西南 11 省（区）实施中国/联合国“基础教育与儿童发展项目”。贵州省确定剑河、纳雍、正安、安龙、印江、丹寨、平塘、西秀 8 个县（区）的所有乡镇办事处（138 个）为项目实施单位。项目活动周期为 2001～2005 年。2001 年是项目的启动年，各项目县积极建立健全机构、培训管理人员，摸清基数，确定目标，制作规划，把基础性准备工作做扎实。

撰稿　陈敦佐

〔**中小学教师继续教育**〕　2001 年，全省小学专任教师学历达标率为 89.1%，专科以上学历占 12.19%；初中专任教师学历达标率为 84.61%，本科以上学历占 10.38%；高中专任教师学历达标率为 68.88%，研究生学历的占 0.66%。在全面完成 5 年周期的小学教师继续教育第一阶段培训任务基础上，2001 年贵州省在全省范围内全面启动了为期 5 年的“中小学教师继续教育工程”，即小学教师继续教育进入第二阶段，中学教师继续教育在全省范围内全面展开。2001 年 3 月 29 日～30 日，贵州省中小学教师继续教育工程启动暨小学教师继续教育第一阶段，中师函授教育工作总结表彰会在贵阳召开。会议总结交流了全省小学教师继续教育第一阶段（1995～2000）及中师函授广播教育工作，表彰了先进集体和先进个人，讨论了全省中小学教师继续教育工程的有关文件，对下阶段工作进行了部署。会后，省教育厅印发了《关于成立“贵州省中小学教师继续教育工程协调领导小组”及“工程办公室”的通知》、《贵州省中小学教师继续教育工程方案（2001～2005）》、《贵州省小学教师继续教育第二阶段实施意见（2001～2005）》、《贵州省中学教师继续教育工程实施意见（2001～2005）》等文件。会后，各地遵照省的要求和规定，分别成立了工程领导机构，结合本地实际制订了具体的实施规划及办法，经过 2001 年的努力，“工程”进展情况良好。

2001 年下半年，本着公平、公正、公开的原则，进行了第一批省级骨干教师培训对象的选拔工作。经县、地层层推荐，省中小学教师继续教育工程办公室初审，省中小学省级骨干教师选拔复审组复审，最后确定了贵州省中小学骨干教师培训对象 559 名。将对培训对象分科进行培训，经考试考核，追踪考评合格后，确定为贵州省首批中小学骨干教师。

2001 年，贵州省完成了中国/联合国儿基会“基础教育与早期儿童关爱”师资培训分项目省、县级活动 4 个。先后举办项目县教师进修学校教学管理人员、小学双语骨干教师、小学主要学科骨干教师等培训班、研修班 8 期，培训项目县教师 230 人。

撰稿　程　蓓　安永新

# 职业教育与成人教育

〔**综述**〕　2001 年，全省有各类中等职业学校 465 所（部、班含社办），实际招生学校 336 所（部、班），在校生 19.77 万人。全省中等职业学校开展的职业培训在 10 万人次以上。全省各类中等职业学校在校生数、招生数占整个高中阶段的比例分别为45.24%、36.06%。有国家级重点中等职业学校25所，其中：普通中专17所，职业高中5所，技工学校3所；有省级重点中等职业学校53所，其中：普通中专14所，职业高中24所，技工学校15所。从2001年起，中等职业学校优秀毕业生免试进入高等职业学校和成人高校学习；省教育厅把普通中专和成人中专的学历教育招生计划编制权下放给地（州、市）教育部门和学校。

2001年，全省有独立设置职业技术学院10所，普通高校设置的职业技术学院（二级）4所，有4所普通高校举办高等职业教育班；有15所国家级重点中等专业学校举办五年制高职班；41所省级重点中等职业学校与高职院（校）、普通高校联办"3+2"形式高职班。2001年，全省各类形式高等职业教育招生1.03万人；有高等职业教育在校生1.27万余人。

2001年，全省农民文化技术学校中，县办7所，乡（镇）办1 439所，村办1.27万所，接受技术培训逾340万人次。另有农民初中、农民初等学校，初步形成了学历教育、技术培训、科技示范、技术推广和信息服务的农村成人教育网络。在都匀市召开农村教育综合改革经验交流会，总结交流全省各地农村教育综合改革经验，动员和部署全省农村全面推进素质教育，促进农村经济发展。

2001年，为扶持西部地区中等职业教育的发展，国家发展计划委员会向贵州省下达了关于利用国债资金建设职教中心的项目，资金主要用于县级中等职业学校基础设施和教学仪器设备建设。全省24个项目学校，国债资金3 490万元，地方配套资金1 107万元，总计4 597万元。

撰稿　袁黔华　高　山　孙永红

〔**高等职业教育教学工作会议**〕　为加强高职院校的教学工作，切实提高教学质量，2001年12月省教育厅召开全省高等职业教育教学工作会。会议总结交流了举办高等职业教育的经验，分析了高等职业教育发展面临的形势和任务，研究了进一步规范高等职业教学管理工作，并就加强教学工作的管理、专业设置管理办法、制定实施性教学计划的指导意见、办学水平评价方案、专业教学改革与建设等5个文件进行了讨论，省教育厅副厅长蔡志君参加会议并讲话。会议对推动全省高等职业教育改革和发展，促进高等职业教育教学工作科学化、规范化、制度化，提高教学质量有着重要意义。

撰稿　孙永红

〔**成立省职教教学指导委员会**〕　2001年，省教育厅分别成立了"贵州省中等职业教育教学指导委员会"、"贵州省高等职业教育教学指导委员会"，两个教学指导委员会均为省教育厅领导下的专家组织，其主要职责是：分析全省经济建设、社会发展以及西部大开发对中、高等技术应用性人才的需求；探讨中、高等职业教育的培养目标、人才培养模式、教学要求、专业设置、课程开发、师资队伍建设、现代化技术运用及实验、实习、实训基地等方面的改革与建设；参与教育教学评估、督导检查工作；参与中、高等职业教育科研成果、论文、论著的选优评奖；为全省中、高等职业教育的改革和发展提供咨询和制定政策的依据等。

撰稿　袁黔华　胡　晓　孙永红

〔**中等职业教育教学改革与信息化建设**〕　2001年，省教育厅为准确掌握全省中等职业教育发展现状，组织5个调研检查组共25名专家于10月22日～26日对全省9个地区35所各级各类中职校进行了实地调研，形成了《关于我省职成教改革和发展有关重大问题的调研报告》、《关于我省中等职业学校教学工作情况调研检查报告》、《贵州省中等职业学校贯彻落实劳动预备制、就业准入控制情况》等3份调研报告。在广泛调研的基础上，省教育厅于2001年12月26日～27日在贵阳召开全省中等职业教育教学工作会议。贵州省畜牧兽医学校等12所中等职业学校作了经验交流。会议对加强中等职业教育教学改革、实践教学改革和基地建设、"十五"期间教师队伍建设等提出了指导性意见，对中等职业学校进行学分制试点工作提出了实施意见，并印发了文件。

为深化全省中等职业学校课程与教材体系改革，加大了中等职业教育教材建设力度，制定印发了《贵州省中等职业教育教材信息服务办法（试行）》，成立了贵州省中等职业教育教材信息服务站。同时，为提高教学质量，指导中职校执行教育部新颁教学大纲、使用国家规划新教材，组织了5门文化课新教材的暑期培训，参加教师近1 000人。

2001年5月29日～31日，省教育厅在省交通学校召开中等职业学校现代化教育技术现场会。省教育厅副厅长蔡志君作了题为《总结经验、积极探索，努力开创我省职业教育信息化新局面》的工作报告。省交通学校、省化工学校、贵阳市经贸职校在大会上分别作现场经验交流，从不同角度充分展示了学校在实施现代教育技术，推进信息化建设方面所取得的成效。

撰稿　袁黔华　杨　静

〔**中等职业教育结构调整**〕　2001年，省教育厅、省发展计划委员会联合印发了《贵州省国家级重点中等专业学校举办五年制高等职业教育实施意见》，决定在贵州电力学校、贵州省化学工业学校、贵阳市卫生学校、黔南民族行政管理学校等15所国家级重点中等专业学校开办五年制高等职业教育。

2001年经省教育厅批准，贵州省41所省级以上重点中等职业学校与高职院校联合举办“3＋2”形式高等职业教育，即学生在校学习期间，前3年由中等职业学校实施教学，执行中等职业教育教学计划。学生学完中职阶段规定的全部课程，考核合格，由中等职业学校发给中等职业学校毕业文凭；后2～3年由高职院校实施教学，执行高等职业教育教学计划，学生学完高等职业教育阶段规定的全部课程，考核合格，由高职院校颁发由省统一印制的高等职业教育（专科）毕业文凭。

撰稿　袁黔华　孙永红

〔**技工教育**〕　2001年，全省技工学校85所，教职工2 757人，学历教育在校生14 144人。招收学历教育新生6 384人，比上年减少713人；招收其他人员培训18 951人，比上年增加2 404人，其中下岗职工1 375人，劳动预备制学员1 008人，失业人员70人，在职职工脱产培训14 552人，其他人员1 946人。毕业生5 634人。全年全省技工学校经费支出6 707万元，比上年增加1 618万元。2001年，全省技校招生仍实行以中考成绩或毕业考试成绩为依据，免考试，实行登记入学。实行了自主招生，取消了面向农村招生的限制，招收农业户口学生占招生总数的52%，招收农转非学生1 575人。

撰稿　何凯忠

〔**自学考试**〕　2001年自学考试开考的专业57个，其中本科22个，专科35个。元月报考人数2.05万人，报考科次4.73万科次；4月报考人数11.54万人，报考科次32.09万科次；7月报考人数1.79万人，报考科次3.88万科次；10月报考人数9.90万人，报考科次25.77万科次。毕业生人数共7 060人，其中本科910人，专科6 150人。

撰稿　李　莉

# 高 等 教 育

〔**综述**〕　2001年，贵州省高等教育继续迅猛发展，取得可喜成绩。高校招生继续保持快速增长，普通高等教育和成人高等教育实际招生分别比上年增长32.26%和9.08%；普通高等教育和成人高等教育在校生分别比上年增长35.48%和43.42%；高等教育毛入学率达到7.3%左右，比上年提高1.45个百分点。2001年经教育部批准，遵义师范专科学校升格为本科师范学院，毕节师范专科学校、毕节教育学院和毕节师范学校合并筹建毕节学院。又经省政府批准，成立遵义职业技术学院、安顺职业技术学院、黔南民族职业技术学院、黔东南民族职业技术学院和贵州鸿源管理工程职业学院。

高等教育投入机制改革取得进展，高等教育投入增加，合理运用金融手段，将财政对高校的专项经费投入变为向银行贴息贷款，使高校实际增加投入近7亿元；利用高等教育办学成本分担机制，在8所普通本科高校设立了以新机制运行的二级学院，有效地吸纳社会资金为发展高等教育服务；积极争取国家和社会各方面对高等教育的投入，上亿元的西部教育（国债）补助资金逐步到位，3 000万美元的日元贷款项目已获国家立项，李嘉诚先生等捐赠的上千万元资金已在高校投入使用。

高校对外交流继续扩大，贵州大学承办了亚太大学联盟第四次代表大会，并荣任主席单位，进一步加强了贵州省高校与亚太大学联盟200多所成员学校的交流与合作；贵州省还争取到教育部、国家留学基金委员会“西部人才培养特别项目”，获准从2002年起每年按7：3的经费比例为贵州省选派40人赴国外深造，实际每年资助贵州省280万元留学经费。

高校后勤社会化改革初见成效，召开了第一次全省高校后勤社会化改革工作会议，出台了5个配套文件，组织专家对试点院校规范分离的情况进行了评估，贵州大学、贵州理工大学、贵州师范大学等5所试点院校实现了后勤服务系统与学校的规范分离。高校后勤基础设施投资体制改革也取得成效，引进社会力量和资金建成学生公寓9万平方米，学生食堂7 000平方米，总投资6 700万元。同时，省直高校贫困学生国家助学贷款工作全面开展，贵州省8所省直普通本科院校和贵州商业高等专科学校开展了国家助学贷款工作。

撰稿　蔡志坚

〔**检查评审教改立项项目**〕　1998年启动的贵州省高等教育“面向21世纪教学内容和课程体系改革计划”批准了37个立项项目。为了加强对立项项目的管理和指导，2001年5月30日省教育厅组织有关专家对立项项目进行了中期检查。除1个项目因主要负责人出国进修未参与外，其余36项全部参加了检查，检查结果有17个项目为“好”、9个项目为“一般”、10个项目为“未达到检查要求”。在对第一批教改立项项目进行中期检查的基础上，根据省教育厅有关文件精神，组织专家对各高校申报的121个项目进行了资格审查及评审。在专家组评审的基础上，省教育厅批准27个项目作为第二批贵州省高等教育“面向21世纪教学内容和课程体系改革计划”项目，并予以一定经费资助。

撰稿　赵　祥

〔**人文社会科学研究**〕　2001年省教育厅制定了《贵州省高等学校人文社会科学研究“十五”规划》，按照“依据规划，限额申报，专家评议，择优立项，配额资助”的原则，对各高校申报的105个“十五”规划第一批人文社会科学研究项目进行了形式审查，经省高等学校科研项目管理委员会及专家对形式审查初步合格的103个项目进行评议，确定立项77个，其中：省教育厅资助项目58个，共计资助经费16.6万元，专项任务项目17个。

撰稿　王　涵

〔**高校专家库建设**〕　为了掌握全省各高等院校专家情况，促进各高等院校专家的交流、合作，更好地发挥专家的作用，达到资源共享，加快全省高等院校的改革与发展，省教育厅组织有关专家研制开发了“贵州省高等院校专家库管理系统”，并于2001年11月建立贵州省高等院校副高以上职称专家管理库，此管理库包含副高以上职称2 575位专家。

撰稿　赵　祥

〔**计算机校园网建设**〕 2001年，10所省直高校建成计算机校园网，并接入中国教育与科研网贵州主节点。组织有关专家对高校计算机校园网的建设工作进行了调研、检查、指导，对遵义医学院校园网一期建设工程进行了验收，对高校部分计算机校园网管理人员和技术人员进行了短期培训。向省委、省政府专题报告全省教育信息化工作的情况、存在问题及应对措施。接受了教育部专家组对中国教育科研网贵州主节点的检查验收，并顺利通过验收。积极组织高校申请国家计委“西部高校计算机校园网建设专项经费”配合教育部专家组做好项目高校校园网建设方案和需求计划，共争取国家对省直10所普通本科高校计算机校园网专项经费投入6 250万元。

撰稿 蔡志坚

〔**思想政治教育与党建工作**〕 2001年9月19日～21日，省教育厅、省委高校工委组织省直高校学习江泽民同志“七一”重要讲话宣讲团，分赴全省10多所高校开展宣讲工作，听众达2万余人，收到良好效果。按照教育部、团中央、中宣部的统一部署，省教育厅会同省委宣传部、省团委等部门组织开展了大中专学生志愿者暑期文化科技卫生“三下乡”、“党在我心中——重走长征路”社会实践服务活动。全省有3000多名大学生参加，贵州省有8所高校受到中宣部、教育部、团中央、全国学联的联合表彰。

开展高校党建工作评估。2001年9月省委高校工委在省直各高校自评的基础上，组织高校党建评估专家组，对贵州工业大学、贵州师范大学、贵阳医学院、贵阳中医学院等9所省直高等学校的101个党总支建设工作进行了检查、复核、评估。其中，贵阳医学院基础医学部等22个党总支建设评估结论为优秀，有78个党总支建设评估结论为良好，1个党总支建设评估结论为及格。通过检查评估，达到了“以评促改，以评促建”的目的，使高校基层党组织建设逐步制度化、规范化。

2001年2月28日，省教育厅、省委高校工委召开全省教育系统“校园拒绝邪教”活动动员大会。省教育厅党组书记、厅长、省委高校工委书记孔令中作动员讲话，共青团贵州省委副书记、少工委主任曾羽宣读《关于在全省各级各类学校广泛开展“校园拒绝邪教”活动的通知》，高校、教师及学生代表在大会上作了发言，声讨“法轮功”邪教本质，坚决与“法轮功”邪教作斗争。会后，进行了“校园拒绝邪教”活动签名仪式，5 000余人参加了签名。

撰稿 宋黔平 谌莉萍

〔**高校R&D资源清查工作**〕 2001年，贵州省高校R&D（即科学研究与试验发展）资源清查工作圆满完成，并进行了初步组合分析，作出了《贵州省高校R&D资源清查综合报告》。贵州省教育系统共有10个单位、21名个人分别被省科技厅、省统计局、省财政厅、省经贸委、省计委、省教育厅、省国防科工办联合表彰为全省R&D资源清查先进集体和先进个人，其中1人被科技部、国家统计局、财政部、国家经贸委、国家计委、国防科工委联合表彰为全国R&D资源清查优秀个人。

撰稿 万 山

〔**招生工作**〕 2001年，全省普通高校招生共录取5.30万人（含少数民族预科，不含初中五年制大专和省外对等招生），本科2.75万人，专科2.55万人，录取率为74.6%，录取人数较上年增加0.85万人，增长率19.2%。2001年国家下达研究生招生计划449人。全省报名人数2676人。全省8个硕士招生单位共招收硕士生644人，超额完成计划195人。贵州大学、贵阳医学院、贵州工业大学共推荐优秀本科毕业免试生61人。此外，北京师范大学还为贵州省单独定向培养高层次师资，录取定向研究生27人。

2001年各类成人高校录取新生共4.82万人，完成计划总数的111.8%。其中：省外院校0.55万所，占录取总数的11.4%，完成省外院校招生计划数的94.5%；省内院校4.27万人，占录取总数的88.6%，完成省内招生计划数的114.4%。录取高中起点升专科3.89万人，占录取总数的80.8%，完成专科招生计划数的104.4%。本科（含高升本和专升本）0.92万人。占录取总数的19.2%，完成本科招生计划数的97.7%。

2001年，根据教育部规定，结合贵州省实际，在考生报考和招生政策方面作了较大调整，考生报考普通高等院校年龄不限、婚否不限；具有各类中等教育学历的考生，均可报考普通高等院校或高职院校；在照顾政策方面，按照教育部的有关规定，增加了参加全国奥赛获奖考生的加分政策；对其他有关政策也进行了相应调整。为扩大人才的培养，挖掘高校办学潜力，改革资金投入渠道，减轻国家财政负担，2001年省委、省政府首次批准成立8所省内二级学院，按照新的教学和资金运行机制进行招生。通过这些政策调整，进一步拓宽了生源、开辟了招生新路，调动了高校办学积极性，满足了广大人民群众接受高等教育的愿望。

2001年，贵州省高校招生全面实行了网上录取，并实现了远程录取院校数、录取新生数双过半的目标。

撰稿　杨尚连　柴　真
王明伍

〔**高校毕业生就业情况**〕　2001年，全省共接收安排省内外高校毕业生1.76万人，其中省内本科0.56万人，普通专科0.51万人，师范专科0.41万人，硕士、博士研究生220人，省外院校毕业生0.25万人。截至7月1日（毕业生派遣离校时间），本科毕业生落实就业单位的0.38万人，就业率68.2%；普通专科毕业生落实就业单位的0.22万人，就业率42.3%；师范专科毕业生通过政策性安排，就业率为93%。省外院校毕业生0.57万人，回省0.25万人，回省率44%；回省毕业生落实就业单位0.20万人，就业率79%。硕士、博士研究生220人，除部分硕士研究生考博士外，其余全部就业，就业率100%。

建立高校毕业生就业工作评估制度。为加强对全省高校毕业生就业工作的宏观管理和指导，并以毕业生就业率来评价、考核、推动和促进高校的人才培养工作，促使各高校不断提高毕业生就业工作的管理水平和质量，在学校完成自查自评工作基础上，省教育厅于2001年11月27日～12月19日对贵州工业大学、贵州师范大学、贵阳中医学院、贵阳医学院、贵州财经学院、遵义医学院、贵州大学、贵州民族学院进行毕业生就业工作的省级评估，按照评估方案量化测评结果，8所院校均为优良等级单位。

2001年，省教育厅对24所普通高校（培养单位）中的博士生、硕士生、本科生、专科生和26所成人高校本科生、专科生进行了学历证书电子注册。实现贵州省2001届高等教育毕业生的毕（结）业情况进入国家高等教育学历证书电子档案数据库。

撰稿　吴段文　白　冰

# 民族教育

〔**民族寄宿制中学建设**〕　在黔南、黔东南和黔西南3个自治州的州府所在地各完善1所民族寄宿制中学，被列为2001年度省委、省政府办的“十件实事”之中。经过一年的努力，3校总投资1 412万元，建筑面积2.84万平方米，投资建设项目包括综合教学楼、学生宿舍、学生食堂、购置民族寄宿制学生用的床、被褥、餐具等。各工程项目顺利通过当地质检机构检验，当年投入使用。2001年秋季，3校共招收民族寄宿制初一新生514名（黔南州200名、黔东南州200名、黔西南州114

名)。这些学生绝大部分来自各自治州边远贫困山区，家庭贫困、父母双方都是农民，且品学兼优。这些地区有苗族、布依族、侗族、土家族、瑶族、彝族、仡佬族、水族等10余个民族，基本上涵盖了3个自治州各少数民族。由于学生的学习和生活均得到当地党委、政府和各自治州民族寄宿制学校无微不至的照顾，广大家长对寄宿制就学的子女都十分放心，并深切体会到党的民族政策的温暖。

〔**学前“双语”教学师资培训**〕 在近几年成功探索民族地区“双语”教学有效途径之后，省教育厅于2001年先后举办了两期学前“双语”教学师资培训班，受训教师100余人，分别来自麻山、瑶山等民族边远山区所在县（市）。受训教师接受了现代教育理念，学习了先进的教育教学方法，还与首期学成后在工作岗位取得成绩的教师进行了广泛交流。据对几期受训人员的跟踪了解，此项培训对解决全省“双语”教学问题，收效显著。

撰稿 张庆肃 詹中志
审稿 孔令中

# 云南省教育

## 概　况

〔基本情况〕

**2001年各级普通学校基本情况**

单位：人

| 学校类别 | 学校数（所） | 毕业生数 | 招生数 | 在校生数 | 教职工数 合计 | 教职工数 其中：专任教师 |
|---|---|---|---|---|---|---|
| **总　计** | **25 590** | **1 393 096** | **2 083 074** | **7 642 787** | **434 214** | **365 697** |
| 一、研究生 | （15） | 636 | 1 777 | 3 824 | | |
| 1. 高等学校 | （9） | 570 | 1 642 | 3 479 | | |
| 2. 科研机构 | （6） | 66 | 135 | 345 | | |
| 二、普通高等学校本专科 | 28 | 19 419 | 42 455 | 119 039 | 20 876 | 9 982 |
| 本科院校 | 14 | 12 902 | 29 711 | 85 635 | 16 417 | 7 510 |
| 专科院校 | 14 | 4 462 | 9 730 | 25 600 | 4 459 | 2 472 |
| 分校、大专班 | | 2 055 | 3 014 | 7 804 | | |
| 三、普通中等学校 | 2 693 | 611 192 | 814 839 | 2 270 111 | 157 972 | 124 499 |
| 1. 中等专业学校 | 121 | 36 884 | 46 690 | 128 645 | 13 667 | 7 678 |
| 中等技术学校 | 104 | 27 610 | 38 773 | 101 967 | 11 554 | 6 349 |
| 中等师范学校 | 17 | 9 274 | 7 917 | 26 678 | 2 113 | 1 329 |
| 2. 技工学校 | | | | | | |
| 3. 普通中学 | 2 362 | 524 956 | 722 012 | 2 004 622 | 134 164 | 109 674 |
| 高中 | 419 | 59 347 | 106 652 | 265 035 | | 15 991 |
| 初中 | 1 943 | 465 609 | 615 360 | 1 739 587 | | 93 683 |
| 4. 职业中学 | 209 | 49 352 | 46 137 | 136 782 | 10 094 | 7 115 |
| 高中 | 186 | 34 513 | 39 739 | 102 206 | | 6 375 |
| 初中 | 23 | 14 839 | 6 398 | 34 576 | | 740 |
| 5. 工读学校 | 1 | | | 62 | 47 | 32 |
| 四、小学 | 21 315 | 760 392 | 723 634 | 4 604 962 | 233 987 | 217 658 |
| 五、特殊教育学校 | 24 | 1 457 | 2 805 | 17 822 | 566 | 410 |
| 六、幼儿园 | 1 530 | | 497 564 | 627 029 | 20 813 | 13 148 |

## 2001年各级成人学校基本情况

单位：人

| 学校类别 | 学校数（所） | 毕业生数 | 招生数 | 在校学生数 | 教职工数 | |
|---|---|---|---|---|---|---|
| | | | | | 合计 | 其中：专任教师 |
| **总计** | **13 010** | **5 608 403** | **2 485 840** | **3 058 189** | **9 197** | **4 934** |
| 一、成人高等学校 | 8 | 12 165 | 38 442 | 76 260 | 1 768 | 887 |
| 1. 广播电视大学 | 1 | 1 916 | 2 376 | 6 284 | 892 | 373 |
| 2. 职工高等学校 | 4 | 529 | 305 | 1 248 | 424 | 265 |
| 3. 农民高等学校 | | | | | | |
| 4. 管理干部学院 | | | | | | |
| 5. 教育学院 | 3 | 132 | 517 | 990 | 452 | 249 |
| 6. 独立函授学院 | | | | | | |
| 7. 普通高等学校举办： | (28) | 9 588 | 35 244 | 67 738 | | |
| 函授部 | | 5 794 | 22 084 | 44 670 | | |
| 夜大学 | | 2 024 | 3 595 | 8 288 | | |
| 成人脱产班 | | 1 770 | 9 565 | 14 780 | | |
| 二、成人中等学校 | 13 002 | 5 270 033 | 2 419 580 | 2 780 674 | 6 843 | 3 909 |
| 1. 成人中等专业学校 | 268 | 26 353 | 19 319 | 62 094 | 3 997 | 2 268 |
| 广播电视中等专业学校 | 4 | 11 844 | 11 089 | 31 000 | 754 | 419 |
| 职工中等专业学校 | 9 | 3 707 | 608 | 4 800 | 376 | 211 |
| 干部中等专业学校 | | 1 345 | 1 005 | 3 279 | | |
| 农民中等专业学校 | | | | | | |
| 函授中等专业学校 | 2 | 1 195 | 1 306 | 3 493 | 711 | 378 |
| 教师进修学校 | 124 | 723 | 138 | 418 | 2 156 | 1 260 |
| 其他类学校举办 | 129 | 7 539 | 5 173 | 19 104 | | |
| 2. 成人中学 | 18 | 694 | 219 | 219 | 215 | 180 |
| 职工中学 | 18 | 412 | 219 | 219 | 215 | 180 |
| 农民中学 | | 282 | | | | |
| 3. 成人技术培训学校 | 12 716 | 5 242 986 | 2 400 042 | 2 718 361 | 2 631 | 1 461 |
| 职工技术培训学校 | 71 | 92 213 | 75 835 | 75 842 | 883 | 544 |
| 农民技术培训学校 | 12 645 | 5 150 773 | 2 324 207 | 2 642 519 | 1 748 | 917 |
| 三、成人初等学校 | | 326 205 | 27 818 | 201 255 | 586 | 138 |
| 1. 职工初等学校 | | | | | | |
| 2. 农民初等学校 | | 326 205 | 27 818 | 201 255 | 586 | 138 |
| 其中：扫盲班 | | 288 744 | | 163 119 | 387 | 79 |

2001年，云南省进一步调整校点布局结构，全省小学有2.13万所、校点2.15万个，分别比上年减少0.08万所、0.27万个。由于人口出生率下降，小学在校生比上年减少11.56万人，减少2.45%；普通中学2 362所，比上年增加126所，在校生比上年增加14.49万人，增长7.80%；普通中等专业学校121所，比上年减少6所，在校生比上年增加0.95万人，增长7.92%。幼儿园1 530所，比上年减少240所，在园幼儿比上年增加2.35万人，增长3.89%。普通高等学校28所，比上年增加4所，在校生人数比上年增加2.31万人，增长24%；在学研究生比上年增加0.11万人，增长41.21%。

撰稿　李建福

〔**制定云南省教育事业“十五”计划**〕　根据全国、全省“十五”计划，在调研和论证的基础上制定了《云南省教育事业第十个五年计划》并印发实施。确立了“十五”期间云南省教育改革发展的总体指导思想、总体目标和执行原则。明确提出在未来的五年里，云南省教育要以邓小平“三个面向”和江泽民“三个代表”重要思想为指导，抓住西部大开发的机遇，认真实施“科教兴滇”战略，全面贯彻教育方针，全面推进素质教育。通过深化教育改革、结构调整、体制创新，初步构建与云南经济、社会发展相适应的，布局、结构相对合理的，各级各类教育相互沟通、协调发展的教育体系，培养出一大批具有创新精神和实践能力的能适应云南省经济、社会发展的各类专门人才，成为社会主义的建设者和接班人。在教育的改革发展过程中，始终坚持发展是硬道理的原则，正确处理改革、发展、稳定的关系。以改革促发展，适度超前发展教育。积极探索教育与经济、科技紧密结合的路子；坚持按教育规律办教育，努力做到规模、结构、质量和效益的统一；坚持因地制宜，分类指导。加大对特殊地区、特殊少数民族人群、边远贫困山区教育的扶持力度；坚持依靠广大教职工办教育，发挥地方、学校和全社会的积极性；进一步调整和放宽政策，坚持多种形式发展教育。坚持依法治教，推进教育工作的法制化、规范化、科学化建设。

“十五”期间云南省教育事业发展的主要目标是：高等教育毛入学率达到8%，争取10%；高中阶段学龄人口毛入学率达到38%；初中学龄人口入学率达到85%，小学学龄人口入学率保持在99%，青壮年文盲率降低到5%以下；建设昆明、玉溪大学园区；继续建设云南大学“211工程”和重点建设6所省属重点高校；建成10所左右高等职业技术学院；增加2～3个博士学位授予单位和一批博士、硕士授权点；新建、改扩建一批寄宿制和半寄宿制中小学。教师队伍建设目标：小学教师专科学历以上占15%，初中教师本科占20%，高中和中等职业学校教师本科化并有5%的研究生，高等学校中本科学校教师获硕士、博士学位占40%，专科学校占30%。

撰稿　李建福　谢　冰

〔**党建和德育工作**〕　全省教育系统分层次、有步骤、多形式学习宣传江总书记“七一”讲话和十五届六中全会精神，并渗透到大中小学校课堂教学和常规管理中，努力提高学校党的建设和德育工作的针对性、实效性。加大了对高校“两课”的指导力度，成立了高校“两课”教学指导和教材编写委员会。在教育部高校“两课”教材质量评估中，云南省主编的《马克思主义哲学原理》被评为优秀教材；在全国高校录像材料“精彩一课”评选活动中，云南省的《生命意义，人生价值》录像和《中国为什么要加入WTO》录像被评为“精彩一课”；在省委高校工委、省教育厅对“两课”评估工作中，昆明医学院、云南师范大学、云南大学、云南农业大学被评为优秀等级学校。对高校“两课”建设进行了督导检查，培训500余名大中专学校“两课”教师；全面推行中等职业学校德育课程方案，印发了《云南省小学德育分年级实施意见（试行）》。同时，开展“爱党、颂党、成才、报国”为主题的建党80周年系列教育活动，辅之以文明学校创建、“三好学生”评选、优秀艺术歌曲比赛等校园文化活动，推进了邓小平理论和江泽民“三个代表”重要思想进教材、进课堂、进头脑，高校德育进网络、进学生社团、进学生公寓。富源等13个县被认定为国家2000年首批扶持青少年学生校外活动场所项目县，拨付资金1 560万元。在重视思想建设的同时，进一步加强党的组织建设，配合省委组织部配备16所高校领导班子缺额49名，从根本上解决了高校领导班子不齐的局面。青年教师和本科院校大学生党员比例分别已达41.9%、14%。

撰稿 李建福 杨 丽

〔**社会力量办学**〕 协助省政府制定并颁发了《云南省社会力量办学审批和管理暂行规定》，明确了云南省各级教育行政部门审批和管理权限。印发了《关于准予民办学校计划内新生办理转移户口粮食关系的通知》，解决了民办学校学历教育学生的粮食和户口问题。完成了《社会力量办学政策法规与问题解答》。发出了《关于社会力量所办学校开展专业技术职务评聘工作有关事项的通知》，使民办学校教师职称问题得以解决。民办高等学校实现了零的突破，成立了云南科技信息职业学院和昆明艺术职业学院。4所普通高校举办了6个国有民办二级学院，在校生已达4 533人。成立了4所民办中等专业学校，在校生2 934人。

〔**教师队伍建设**〕 制定了《云南省教师资格制度实施细则》，拟定了《教育教学能力的考核标准和办法》、《教育学、心理学能力的考核标准和办法》、《普通话水平的考核标准和办法》。对370余名初级中学、职中、高完中校长进行了岗位培训，完成中小学教师1.24万人次的履职晋级培训、考核工作。高校新晋升288名教授、副教授，中专、中学分别有313人、1 503人晋升教师高级职务。小学专任教师学历达标率为92.41%，比上年提高1.47个百分点，普通初中专任教师学历达标率90.16%，比上年提高1.12个百分点，普通高中专任教师学历达标率71.23%，比上年下降0.04个百分点。印发了《关于建立本科院校离退休专家人才库的通知》，为充分发挥本科院校离退休专家的作用，缓解专科学校和民办高校高级教师紧缺的矛盾开辟了新的渠道。

以开展中小学教师全员履职晋级培训为导向，促进教师转变观念、提高认识、树立终身教育思想，主动适应基础教育改革发展对教师个体素质的要求。加强指导全日制本专科院校积极参与中小学教师继续教育各项工作，既促进本校教师队伍建设，又保证继续教育培训质量。开展全员教师计算机培训，完成2.5万人次的试点培训、考核工作。构建教师远程培训网络，提高教师继续教育的质量和效益。继续抓紧做好小学教师“五项基本功”、中学教师“四项基本功”训练工作，有效夯实教师基本功。在民族贫困地区积极探索新的教师培训模式，增强教师培训的时效性和针对性。有规划、有目标、有步骤地做好全省师范教育布局结构调整工作，协调有关部门在中等师范学校积极组织实施以“3+2”学制培养小教专科层次人才，为小学教育事业发展服务。广开渠道，利用高校夜大、函大、“三沟通”、电大等形式开展中小学教师提高学历层次进修工作，促进了全省中小学教师队伍建设水平不断提高。

〔**招生和毕业生工作**〕 普通高校继续扩大招生规模，不限定高考报名年龄和婚姻条件，报考学生共8.93万人，最大年龄31岁。全面实行计算机网上录取，远程录取比例达51.28%，完成普通高校录取招生4.92万人，比上年增长22.93%，录取比例为1.9∶1；研究生录取1 777人，比上年增长44%；成人高等教育录取3.84万人，比上年增长42.8%；中专招生4.67万人，比上年增长24.1%。高中应届毕业生会考全科合格人数超过6.45万人，占应届高中毕业生的94.6%。

放宽毕业生就业择业期限，拓宽和疏通毕业生就业渠道，实现网上公布就业信息，规范供需信息管理制度，鼓励毕业生自主创业和到民营企业。圆满完成6.72万名大中专毕业生的就业编制方案，并为5万多名毕业生办理就业手续，基本实现毕业生资源合理配置。向社会公布学校毕业生初次就业率，推进了学校毕业生就业制度改革。各高校成立了毕业生有形市场，举办各种形式的供需见面会、双向选择洽谈会、校企合作交流会，主动向社会、企业推荐毕业生。云南大学和云南民族学院率先按市场规律调节学校招生、培养、就业工作，实行学生就业率与班主任、系、(院)领导考评、人员编制和岗位职数挂钩。云南大学规定一次性就业率低于50%的专业，原则上停止招生，低于60%的隔年招生，超过85%的给予奖励，并紧扣就业率从人员编制、岗位职数设置等方面进行相应的人事改革和调整，从制度上改变了过去招生、培养、就业脱节的问题。

撰稿　李建福

〔**教育交流**〕　2001年省院省校教育合作选派进修教师访问学者115人，攻读合作博士29人，硕士55人，聘请客座、兼职教授23名，合作开展人文社科研究5项，咨询共建省级重点学科16个，验收合作项目4项，教育合作项目经费达1484万元。

全省共聘请长期外专外教148人；招收长期外国留学生约600人。完成派出汉语教师赴泰国工作的任务，承担组织编写对泰国汉语教学教材。争取到国家汉办从2001年起、每期24万元人民币的(两期共48万元)汉语教师培训费。接受联合国开发署捐赠款210万美元，新加坡世界贫困儿童教育基金会600万元人民币。国家公派留学名额由往年的10人增至2001年的50人，首次争取到4个中职毕业生赴卢森堡留学的政府奖学金项目。共派出长期公派留学生130人左右，办理1 000人次左右的短期出访审批工作，共派出150人次左右赴港澳台地区进行学术交流活动。

加大了对自费出国留学工作的监管力度，在全省开展对出入境中介机构的全面清理整顿，维护合法中介机构的权益和出国留学中介服务市场的良好秩序，共查处5家非法从事出国留学中介服务的机构。同时，引导、宣传国家关于自费出国留学的政策和法规，发挥政府部门的积极作用。

撰稿　李建福　章少宏

〔**语言文字工作**〕　组织开展了第四届推普宣传周活动，大力宣传和贯彻实施《国家通用语言文字法》。完成了云南省语言文字工作“十五”计划的制订工作。启动城市语言文字达标评估，组建了全省城市社会用字监督网。加强了各地语委机构建设，落实《云南省语委成员单位工作职责》，初步建立起与各部门齐抓共管的工作格局和运行机制。学校语言文字工作稳步推进，师范院校实现了第二步普及普通话目标。2001年下半年开始，云南省普通话测试实行信息化管理，全年培训、测试各类人员近8万人。完成了国家语言文字使用情况调查统计工作。

撰稿　李建福　李宏坤

〔**科研工作**〕　2001年完成申报教育部重大科研项目6项，“十五”人文社科项目26项；教育厅基金项目298项；高校学术著作出版基金资助9项。设立4个电子信息和生物技术基地。上年批准的国家级大学科技园5个分部，2001年已孵化项目88个，孵化企业50家，企业投资约1.8亿元，工业总产值2.1亿元，其中高校企业共有150多家。

完成“实施‘科教兴滇’战略和人才战略中的重点、难点及对策”专题研究，《云南省教育科学研究“十五”计划课题指南》已正式启动，“教育信息化建设”、“云南高等教育发展规模研究”、“基础教育阶段适应云南三大任务的课程改革与实验研究”等重大课题已取得一定的成果。

〔**教育法制建设**〕　加强对大中小学生教育法制宣传的领导，结合云南实际，采取聘请法制副校长、抓禁毒教育等多种形式进行法制宣传教育活动，形成了“三五”普法工作网络，青少年学生普法率达100%。各级教育行政部门管理人员和学校师生员工的法制观念和法制素质不断提高，依法决定、依法行政、依法办学、依法管理、依法维权的意识和水平不断提高。

按照省委、省政府关于适应我国加入WTO的需要，开展清理法规、规章和政策措施工作，对3件省教育厅制定的地方性法规和9件省政府规章做了清理，分别提出了相应的清理意见。简化行政审批制度，对44项行政审批事项进行了清理，取消

2项，下放14项。

〔**行风建设**〕 2001年，按照教育部和省政府的部署、要求，省、地（市、州）教育行政部门成立了行风民主评议领导小组和办公室，在全省教育系统开展行风评议工作，把加强机关作风建设和治理中小学乱收费，尤其是治理义务教育阶段中小学乱收费，作为2001年行风建设的重点。行风建设得到评议组肯定，人民群众满意率在96%以上。继续与各级教育行政部门、高等院校签订党风廉政建设目标责任书，制定印发了《云南省教育系统领导干部任期经济责任审计工作的实施意见》、《云南省关于贯彻〈教育部关于普通高等学校招生监察工作的暂行规定〉的实施细则》等，加强了高校招生监察工作，严格执行财经纪律警示制度，“收支两条线”的规定进一步得到落实。与省计委、省财政厅共同出台了学生公寓收费标准，制定了云南省民办二级学院收费标准。进一步规范了中小学收费，普通高中择校生收费实行“三限制”，在26个国家级贫困县农村中小学开始试行“一费制”。对中小学乱收费进行了4次专项检查和治理，共组成728个检查组，检查小学5 936所、中学1 507所，查出违规收费442.44万元，清退处理违规收费396.18万元，受理群众举报129件，查处违规违纪案件84件，处理责任人29人。

撰稿　李建福

〔**教育经费收入与支出**〕 2001年，全省教育经费总收入115.73亿元，其中：国家财政性教育经费97.61亿元，社会办学、社会捐集资、事业收入等18.12亿元。全省教育经费总收入中教育部门教育经费总收入104.49亿元，其中：国家财政性教育经费89.43亿元，社会捐集资办学经费2.05亿元，事业收入11.20亿元，其他收入1.80亿元。

2001年全省教育经费总支出113.20亿元，其中：国家财政性教育经费支出95.75亿元（预算内教育经费支出84.75亿元）。全省教育经费总支出中教育部门支出101.98亿元，其中：国家财政性教育经费支出87.68亿元，社会捐集资办学2.15亿元，学杂费等支出12.16亿元。

2001年，云南省预算内教育经费拨款为88.45亿元，比上年增加15.19亿元，增长20.73%。地方一般预算收入完成191.1亿元，比上年的实际完成数增收13.0亿元，增长7.3%。预算内教育经费增长高于地方财政收入的增长。教育事业费拨款75.99亿元，比上年增加13.74亿元，增长22.07%。基础教育预算内生均教育事业费支出情况：2001年，普通高中预算内生均教育事业费用1 786.39元，初中预算内生均教育事业费用979.12元，小学生均预算内教育事业费761.91元。基础教育生均公用经费支出情况：2001年，普通高中生均公用经费396.54元，初中生均公用经费140.37元，小学生均公用经费71.48元。教师工资增长情况：2001年全省支出教职工工资（含基本工资、补助工资、其他工资）53.64亿元，比上年的43.71亿元增加9.93亿元，增长22.72%。

“两个比例”的增长情况。2001年，全省国内生产总值2 077亿元，国家财政性教育经费88.45亿元，国家财政性教育经费支出占国内生产总值的比例为4.26%，比上年的4.08%提高0.18个百分点。2001年，全省财政支出496.4亿元，财政预算内教育经费支出79.25亿元（含城市教育费附加3.27亿元），预算内教育经费支出（含城市教育费附加）占财政支出的比例为15.96%，比上年的18.48%下降2.52个百分点。

2001年为保证“两基”规划的按期实施，省委、省政府继续加大对义务教育投入，省财政安排3亿元投入到“两基”工作。

改善学校办学条件。多渠道筹措教育经费，大力改善办学条件。积极开展勤工俭学，开展面达93%，纯收入2.9亿。进一步强化了财务与资金的监管，印发了《云南省高等学校贯彻〈高等学校会计制度〉的补充规定》和《云南省高等学校贯彻〈高等学校财务制度〉的补充规定》。争取到中央中小学危房改造补助专款，启动2001年全省中小学危房改造工程。

撰稿　张毅永　李建福

# 基础教育

〔全省基础教育工作会议〕 2001年12月9日～10日，全省基础教育工作会议在昆明召开。代省长徐荣凯在会上作了《认清形势，加快发展，开创我省基础教育工作新局面》的讲话。《讲话》指出：各级党委和政府要采取有效措施落实基础教育管理体制，加强对基础教育的领导，落实增加基础教育投入的各项措施，确保基础教育优先发展。要抓好以下几方面工作：(1) 要按照《国务院关于基础教育改革与发展的决定》的精神，确立以县为主管理基础教育的新体制。(2) 加大教育投入，依法做到教育经费的"三个增长"。要继续依法足额征收农村教育费附加。(3) 坚持"两基"重中之重地位不动摇，"十五"期间规划29个县实现"普九"，23个县实现"扫盲"。(4) 要采取特殊措施，帮助民族地区、贫困地区加快发展义务教育。(5) 要鼓励和支持行业、企事业单位、社会团体、公民个人以独资或合资、公办民助、民办公助、国有民办、中外合作等多种形式，依法兴办各类学校。(6) 着力提高教育质量，扎实推进素质教育。(7) 要加强中小学教师队伍建设，通过调整师范院校的层次和布局，提高全省师范教育的水平。(8) 着力推进农村教育改革，使教育更好地为"三农"服务。《讲话》强调指出，要切实把推动教育事业发展的工作情况作为考核地方党政领导的重要内容，各级党委、政府领导要像抓经济工作那样抓好教育工作，从思想观念到实际工作中都要为教育办实事，帮助学校解决办学中的困难和问题，努力把全省的基础教育提高到一个新的水平。

副省长梁公卿作了题为《突出重点，狠抓落实，推动我省基础教育再上新台阶》的书面报告。提出：加快全省基础教育改革与发展进程，要重点做好四方面工作，一要正确认识云南省基础教育面临的机遇和挑战；二要努力推进体制创新，为基础教育创造良好的发展环境；三要大力推进素质教育，全面提高基础教育质量；四要打好"两基"攻坚战，促进全省基础教育健康发展。《报告》要求各级政府要按照国务院的部署，尽快确立和实行"在国务院领导下，由地方政府负责，分级管理，以县为主"的管理体制。要积极稳妥地推进农村乡(镇)教育管理体制改革，确保其在发展农村基础教育特别是义务教育中的重要作用。《报告》指出，省政府决定"十五"期间省级筹措资金比"九五"增加10%，即省级负责筹措22亿元，主要用于中小学危房改造、"贫义工程"二期配套、推进"两基"和"两基"的巩固提高、发展高中阶段教育、中小学信息技术教育等。《报告》强调，当前的迫切任务是：一要抓好以县为主的农村义务教育管理新体制的落实，切实加强县级政府对基础教育的统筹力度。二要认真落实中央和省有关增加基础教育投入的各项措施，建立起"一保、二控、三监管"(即：保证教师工资按时足额发放；控制学校收费标准；加强对教师工资发放和教育收费情况的监管)的机制。三要抓紧做好中小学教师的核编定编工作。四要加强农村中小学建设管理，严格规范学校收费和收费资金的使用管理。五要改革基础教育资金管理办法，努力提高经费使用效益。

会议通过《云南省人民政府贯彻实施〈国务院关于基础教育改革与发展的决定〉的实施意见》。讨论了《云南省乡(镇)中小学管理体制改革的若干意见(征求意见稿)》、《云南省中小学教职工编制标准的实施意见(征求意见稿)》等文件。这次会议，对云南在"十五"期间乃至近10年内基础教育的发展，具有重要意义。

撰稿　邱　林

〔**“两基”工作**〕 2001年，经省政府评估验收的“普及九年义务教育”县有永平县、云龙县，江城哈尼族彝族自治县，砚山县（4个县的扫除青壮年文盲已于1998～2000年经省政府验收），列入全国第八批“普及九年义务教育和扫除青壮年文盲县”名单予以公布。这4个县都是国家“八七”扶贫攻坚县，共辖41个乡镇，其中有19个省级扶贫攻坚乡。4个县2000年末共有人口89.7万人，占全省人口总数的2.1%。至此云南省实现“两基”的县（市）达到92个。

云南省在完成“九五”“两基”规划目标的基础上，2001年又制定了《云南省“十五”期间“两基”实施方案》。《方案》规划“十五”期间全省“两基”工作的主要任务是：继续以“两基”为教育发展重点，全面巩固提高六年义务教育，基本普及九年义务教育，大力扫除青壮年文盲。到2005年，力争再有29个县通过“普九”验收，占全省总人口85%的地区实现“普九”，初中学龄人口入学率达到85%左右，全省基本实现“普九”；扫除青壮年文盲100万人，23个县通过“扫盲”验收，全省青壮年文盲率下降到5%，全省全面实现基本“扫盲”。《方案》要求各级党委、政府依法治教，加强领导，认真落实基础教育在国务院领导下地方负责、分级管理、以县为主的体制，多渠道筹措教育经费，加强教师队伍建设，全面推进素质教育，确保“十五”期间“两基”目标实现。

云南省在加强“两基”普及工作的同时，根据1998年原省教委《关于印发〈关于加强“两基”复查工作的意见〉的通知》，规范和完善云南省的“两基”复查年审制度，2000学年的复查年审，涉及全省1999年以前“两基”验收的67个县（市、区）和2000年前只“普六”的28个县。有8个地州市政府、行署组织了检查，以政府、行署名义向省提交了复查年审情况报告，4个地州市以教委名义向省提交年审情况报告。在对66个“两基”县（市、区）和21个“普六”县的复查年审情况进行分析的基础上，8月27日，省教育厅通报了2000学年“两基”复查年审情况。复查年审工作的开展，促进了各级政府对巩固“两基”工作的重视。12月，省教育厅又印发了《关于“两基”巩固提高工作的若干意见》。《意见》指出，“两基”的验收与巩固提高，是两个不可替代的工作过程。“十五”期间，各级政府要坚持“两基”重中之重地位不动摇，把“两基”攻坚和巩固提高作为全省基础教育改革发展的中心任务，把巩固提高“两基”成果，提升“两基”水平作为实现“两基”的关键环节。《意见》深入分析了全省“两基”巩固提高工作面临的形势，按照分类指导原则，提出了“两基”巩固提高的任务、具体指标和健全完善“两基”巩固提高复查年审制度等要求。

撰稿 李晓南 赵德荣

〔**中小学布局调整规划**〕 年初，在全省范围内进行以集中办学为方向，以提高办学效益为目标的中小学布局调整。在对全省现有中小学布局的现状和客观原因进行全面分析的基础上，根据宜并则并，需增则增；综合考虑当地人口状况、地理环境、交通条件和学生年龄特点以及身心发展规律等各方面的因素；坚持学生就近入学，重点调整山区村小和教学点，逐步扩大完小规模；与“义教工程”和危改工程相结合的原则，2001～2003年，全省共计划改扩建小学7 194所，撤并小学和校点9 479所，异地新建小学806所，新增小学9所；改扩建中学1 806所，撤并中学120所，异地新建200所（含新增设78所）。通过学校布局调整，云南省将扩大农村中小学的办学规模，提高办学效益。

撰稿 邹 平 陈跃琼

〔**督导工作**〕 12月14日，省教育厅印发了《关于加强我省基础教育督导与评估工作意见》，提出：确立教育督导在教育改革与发展中的重要地位，进一步明确教育督导工作的指导思想；提高认识，加强领导，注重教育督导机构和队伍建设；继续加强对普及九年义务教育工作的督导评估，推动基础教育事业持续发展；开展专项督导检查，促进基础教育热点难点问题的解决；建立符合素质教育要求的督导评估机制，保障素质教育顺利实施。

按照中央要求，云南省还建立了中小学德育专项督导制度，并从 2001 年开始执行。制度规定，“十五”期间，各地要对中小学德育工作进行年度督导检查。

撰稿　李晓南　许颖元

〔**中小学信息技术教育和远程教育网**〕　截至 2001 年底，全省中小学计算机总台数已达 3.6 万多台，每年接受计算机培训的中小学生数达 55 万人。普通高中开设信息技术课学校数 257 所，上课学生数 16 万多人；大中城市初中开课学校数 137 所，上课学生数 10 万多人；小学开设信息技术课学校数达 460 所。

4 月 19 日～28 日，省教育厅举办“云南省首届中小学多媒体计算机课堂教学大奖赛”，来自国家级和省级现代教育技术实验学校的 44 名中小学数学学科的教师参加了本次大赛。中学组评选出一等奖 5 名，二等奖 16 名。小学组评选出一等奖 11 名，二等奖 12 名。参加观摩的 300 多名教师，亲临多媒体计算机网络教学环境下的教与学。

上年云南省争取到 100 套价值 75 万元的“李扬远程教育卫星站点工程”卫星设备捐赠。2001 年省教育厅为受捐赠的 100 所学校举办了数字卫星传输与接收技术培训班，年底，受捐赠的 100 所学校的远程教育卫星站点全部建设完毕，可以直接接收中央教育资源库资源，还可运用中学生电脑配套软件，对计算机的操作及网络进行认识和学习。

2001 年，“白玉兰”远程教育网在云南文山州、红河州、思茅地区共建立了 32 个站点。“白玉兰”远程网采用具有国际先进水平的 Spacecast 系统，以远程交互教育模式向云南辐射，使云南省边远地区可充分应用上海的先进资源，促进本地的经济和社会发展。

撰稿　杨春城　罗　文　金祥光　王　甦

〔**特殊教育**〕　4 月 5 日，召开了全省残疾人教育事业发展专题会议，省级有关部门的同志参加了会议。会议听取了省残联和省教育厅关于全省特殊教育情况的汇报。会议在肯定云南省特殊教育事业有较大发展的同时，指出了规模不足、校点少、办学条件差、经费不足、入学率低、尚未形成特殊教育体系等存在的突出问题。副省长梁公卿在会上强调指出，残疾人教育事业是整个教育事业发展，脱贫攻坚的重要组成部分。我们一定要提高认识，全社会都要高度重视发展残疾人教育事业。要把残疾人教育事业纳入全省“十五”教育规划，加快发展。

6 月 28 日，省教育厅、省残联和省民政厅联合召开了第三次全省特殊教育工作会。会议传达了第三次全国特殊教育工作会议精神，提出了贯彻意见：(1) 加大投入，特教特办，保证每年 100 万元的特教专款，在二期“贫义”工程、危房改造工程、“校校通”工程上向特教倾斜，以加快全省特殊教育事业的发展；(2) 把建立完善的特殊教育体系作为全省“十五”期间教育事业发展的一个重点，纳入教育事业发展规划，扩大招生，增加容量，提高残疾人接受教育的层次和水平；(3)“十五”期间在办好现有特教学校的基础上，分期分批建设一批特教学校；(4) 加强教师队伍建设，加强骨干教师的培养；(5) 进一步加强特殊教育的教育教学研究。

撰稿　刘会平

〔**“国家贫困地区义务教育工程”**〕　2001 年是实施一期“国家贫困地区义务教育工程”的最后一年。为做好项目的检查验收工作，制定了云南省“国家贫困地区义务教育工程”项目县验收指导体系，并选择 5 个不同类型的项目县进行试点验收。4 月至 5 月，省教育厅、省财政厅组织专家组对项目县进行全面检查验收。通过检查，69 个项目县的一期“义教工程”经过 3 年实施，完成了规划目标任务，达到了预期目的。新建小学 67 所，改扩建小学 121 所，新增和改造校舍面积 96.57 万平方米；新建初中 27 所，改扩建初中 92 所，新增和改建校舍面积 32.28 万平方米；购置课桌椅 38.88 万单人套；购置图书 554.74 万册；增加教学仪器设备 6 009.5 万元；培训校长教师 2.87 万人次。有效地改善了基础教育的办学条件。5月底项目县通过了由国家教育部、财政部组织的检查验收。

根据教育部、财政部的要求，云南省对尚未"普九"的40个经济薄弱县启动了二期"义教工程"。在制定规划中，注意与全省"十五"、"普九"规划相结合，与中小学布局调整相结合，与危房改造相结合，按照中央专款控制数和各年度资金的不同比例，完成了40个县的规划。规划已经教育部、财政部批准正式启动，云南省已按要求完成了当年的配套资金。工程总计投入5.5亿元，中央3.7亿元，省级配套1.8亿元。40个县中小学项目学校共计1 134所，其中：有土建项目的学校669所，单项改善办学条件的项目学校465所。土建项目的学校中，进入危改工程的学校507所。

〔**中小学危房改造工程**〕 根据省教育厅、省计委、省财政厅的统一部署，各地教育、计划、财政部门对本地中小学危房进行了排查、审核、鉴定和汇总。从汇总情况看，全省中小学危房514万平方米，占校舍总面积的11.83%，危房中：B级危房28.3万平方米，占危房总面积的5.51%；C级危房95.4万平方米，占危房面积的18.57%；D级危房390万平方米，占危房面积的75.92%。危房改造主要解决D级危房，扣除学校布局调整撤并部分校舍外，应纳入改造的D级危房为364万平方米。国家对云南省中小学危房改造补助专款1.2亿元，省按0.5∶1进行配套。同时，二期"义教工程"中央专款用于危房改造的资金1.46亿元，省级按0.5∶1进行配套，合计资金3.88亿元。

撰稿 邹 平 王传永 陈跃琼

〔**教学工作**〕 以基础教育课程改革为重点的实验工作顺利开展，全面实施了高中新课程方案，在石林县启动了国家义务教育新课程实验，组织完成了新课程的组织安排及教师培训工作。部署了全省小学开设英语课的工作，中小学普及信息技术教育"校校通"工程开始启动，2001年全省高完中已全面开设信息技术教育课，许多小学校开设了信息技术教育课。完成85个中小学项目学校配置计算机教室或多媒体教室及网络硬件设备的工作。昆明、玉溪两个信息技术教育实验区目前已有100多个教育行政部门和中小学校试联网。

从2001年秋季开始，国家对未"普九"的云南省37个国家贫困县家庭经济困难的初中生和特殊教育学校（班）学生试行免费提供教科书制度。财政部、教育部秋季一次性安排云南省650万元专款。按普通初中生均60元、特教生均30元计，2001年秋季向全省10.70万名初中贫困学生、2 612名特教学生提供免费教科书。

2001年，禄劝县、宣威市、云龙县、永平县、元谋县、永仁县、姚安县、水富县、威信县、临沧县、河口县、陇川县12个县（市）经云南省教育厅"普实"评估验收，成为2001年"实验教学普及县"。至此，全省"普实"县已达67个。

撰稿 李建福 何开喜 王洪涛

# 职业教育与成人教育

〔**综述**〕 2001年，完成了中等职业教育的结构、布局调整，制定了中等职业学校骨干专业和学科带头人建设标准。确定2所中专学校为专业教师的实习基地，完成了《中等职业教育种植技术教材》和《中等职业教育养殖技术》等职业教育配套教材编写，开展了中等职业学校等级评估、农村实用技术培训和农民文化技术学校的评估验收，下放了70多所职业学校的审批权。完成了28所中专学校、职业高中学校、成人文化技术学校的评估验收，16所中专学校扩大办学规模的论证和审批。

撰稿　李建福

〔**职教“1115工程”**〕　为进一步加强中等职业学校建设，省教育厅提出在“十五”期间云南职教全面实施“1115工程”，即在全省中等职业学校中建设100所示范学校，100个骨干专业，100个学科带头人和5个职教师资培训基地。到2001年底，示范学校建设取得重大进展，已有84所学校获得国家级重点和省（部）级重点中等职业学校称号。云南师范大学、昆明理工大学、云南农业大学、西南林学院和云南财贸学院被确认为职教师资培训基地，云南大学和云南省旅游学校被教育部认定为全国职教师资培训基地，正积极开展职教师资和校长培训。2001年底，省教育厅出台了云南省中等职业学校骨干专业评选标准和学科带头人选拔标准，并制定了相应的评估指标体系，将在今后几年内，评选和选拔出代表云南水平的骨干专业和重点培养使用的学科带头人。通过实施“1115工程”，将全力促进云南中等职业学校的改革与发展，为云南经济建设培养更多高质量的专门人才。

〔**普通中专布局结构调整**〕　2001年，云南省普通中专学校，经各级政府和学校主管部门的努力，积极进行学校布局结构的调整，合并学校6所，普通中专学校数由上年的127所，调整为2001年的121所，但招生数却比上年增长24%；在校生比上年增长7.9%；校均规模达1 064人，比上年的939人增加125人。还有一些地州和省级主管部门正在积极研究制定方案，准备调整所属学校的布局结构，提高办学效益。

撰稿　杨　伟

〔**职业高中教育**〕　2001年，职业高中学校数由上年的180所增加到186所。招生数和在校生数均比上年减少。职业高中校均在校生数由上年的595人减少到2001年的549人，减幅达7.73%。

根据国家计委、教育部、财政部办公厅《关于编报西部教育国债资金投资计划建议方案的通知》精神，2001年省计委、省教育厅积极做好云南省国家级贫困县县级职业中学实施国债建设项目的工作，确定18所职业中学为云南省实施国债职业教育建设项目学校，总投资5 244.8万元，其中：国债资金3 560万元，地县配套1 169.8万元，学校自筹515万元。2001年，已完成了对18所职业中学实施国债职业教育项目的审查，并与地州市计委、教育局（教委）签订了《云南省国债职业教育项目建设责任书》。项目建设中的基建部分已陆续启动。

2001年云南省投入职教补助专款1 100万元，主要用于47所职业高中学校的骨干专业建设。

撰稿　段剑新

〔**农村成人教育**〕　2001年，云南省坚持大力发展农村成人教育，全面提高农村劳动者素质的方针，在开展短期实用技术培训为主的同时，积极发展多种形式的农村成人教育，为农民脱贫致富、增产增收服务。全省共开办乡村成人文化技术学校1.27万所，比上年增加146所。全年共组织524.3万农民（人次）参加各类实用技术培训；有3.75万脱盲和小学辍学的农民通过成人小学学习达到小学毕业程度。在大面积开办乡村成人文化技术学校的基础上，着力完善乡级成人文化技术学校的办学条件，继续创建省级示范性乡镇成人文化技术学校，全年有14所学校成为省级农村成人教育示范学校，使省级示范学校达到135所，建成合格学校56所。指导有条件的示范性乡镇成人文化技术学校开办成人中专和职业中专班，以提高示范性学校的办学层次和办学水平。根据云南农村产业结构调整及发展支柱产业的需要，开展新技术、新成果的培训和推广工作，举办全省中药材规范化种植技术培训，成立云南省《现代实用技术系列读本》编写委员会，组织大中专院校专家教授编写各类现代实用技术系列读物。各地针对农村从业人员文化、科技素质低及广大回乡初、高中毕业生对中、高等教育的需求，在大力开展各类实用技术培训的同时，积极创造条件开办扫盲后、小学后、初中后、高中后各类学历提高班，开展多种形式、多种层次的农村成人教育。

撰稿　徐惠珠

〔**高职高专教育专业教学改革试点工作**〕　根据教育部《关于在高职高专教育中开展专业教学改革试点工作的通知》的要求，昆明大学的导游、房屋建筑工程专业，昆明冶金高等专科学校的电气工程及自动化、环境工程专业申报了全国高职高专教育专业教学改革试点（第三批）。教育部专家组于12月对昆明大学、昆明冶金高等专科学校进行了实地考察，认为两所学校申报的4个专业符合学校的实际情况，将报请教育部确定为高职高专教育国家级教学改革试点专业。

撰稿　叶　绿

〔**高等教育自学考试**〕　2001年，云南省高等教育自学考试报名人数是自1983年开考以来最多的一年，上半年报名人数为14.79万人，其中本科1.55万人，专科13.01万人，中专0.23万人；开考专业48个，其中本科10个，专科36个，中专2个；毕业生人数0.33万人，其中本科70人，专科3 194人，中专37人，取得学士证书21人；下半年随着自学考试专业的不断发展，报名人数达15.75万人，报考人次达36.73万人。为做好高等教育自学考试工作，省招考办每年与各地、州、市签订教育考试目标责任书，对保密规章、保密室、考点建设和考试的具体实施进行细化，并要求各地、州、市按责任书规定落实各项要求，同时派人逐项检查落实。严肃考风考纪，是保证自考质量的重要举措，考试前，省招考办及时转发教育部有关考务规定，严格对照工作各个环节进行检查，做到警钟长鸣。各地按要求严密组织考试，对考生加强思想政治教育，考点工作人员和监考员认真监考，严格履行《监考人员守则》，对违纪作弊考生严格按《考生守则》进行处理。通过加强考务管理，使自学考试从制卷到登分等各个重要环节置于有效的控制之下，保证了考试的正常进行。

撰稿　李家华

# 高等教育

〔**综述**〕　2001年，完成了建设昆明大学城和云南大学玉溪校区选址的调查、论证工作，省委、省政府已批准立项建设，并决定成立昆明大学城建设领导小组、昆明大学城建设管理局（建设总公司）。这是省委、省政府实施“科教兴滇”的又一重大举措。大理学院、楚雄师范学院经教育部批准正式挂牌；交通、国土资源、西双版纳、科技信息、昆明艺术等5所职业技术学院经省政府批准成立。

经过调研，形成了关于云南省高校本、专科教学现状的两个调查报告，并提出了加强云南省本、专科教学、提高人才培养质量的意见。积极推进高等院校实施学分制，提出了高校间学分互换、课程互选、教师互聘、资源共享的实施细则。

继续推进高校后勤改革，已有12所院校的后勤机构从学校剥离。省政府办公厅印发了《云南省建设学生公寓等后勤服务设施优惠政策及保证措施》。全省高校开工建设学生公寓21.39万平方米，竣工22.74万平方米（含2000年开工数）。“昆明大学生城”一期工程3万余平方米竣工，入住学生4千多人。改造学生公寓1.67万平方米，竣工1.51万平方米。开工建设学生食堂1.65万平方米，竣工2.00万平方米（含2000年开工数）；改造学生食堂1.18万平方米，竣工0.93万平方米，总投资约2亿元。

学位工作有较大进展，全省已有2个一级学科博士学位授权点，19个二级学科博士学位授权点，202个硕士学位授权点，8个博士后流动站和部分企业博士后工作站。建成48个省级重点学科，新增1个省级重点实验室（版纳微型猪近产交系重点实验室）。

撰稿　李建福

〔**高等教育学历证书电子注册制度**〕　从2001年起，国家全面实施各类高等教育学历证书电子注册制度。教育部授权各省、自治区、直辖市教育行政部门实施学历证书注册工作。云南省2001年完成599名硕士、博士研究生毕业证书学历注册工作，完成普通高等教育本、专科毕（结）业证书1.92万份，成人高等教育本、专科毕（结）业证书1.35万份，已按要求全部进行审核、注册，并报教育部审核备案。经审核备案的本（专）科毕（结）业证书已进入全国高等学历证书档案库，供社会网上查询。

撰稿　梁国玉　杨丽宏

〔**高校特聘教授（研究员）岗位制度**〕　2001年，云南省有9所高校首次申请设置21个“特聘教授（研究员）”岗位，经评审，首批设置特聘教授（研究员）的岗位是：云南大学的“微生物学”、昆明理工大学的“有色金属冶金”、云南师范大学的“农村生物环境与能源工程”、云南大学的“民族学”、云南大学的“理论物理”、昆明理工大学的“环境工程”、昆明医学院“肝胆胰外科”、昆明理工大学的“矿物加工工程”、昆明工学院的“药理（毒理学）”及云南农业大学的“植物病理学”共10个岗位。“十五”期间拟在云南省高校设置30个岗位，工作周期为3年～5年，由获准设置岗位的学校向国内外公开招聘。特聘教授（研究员）每人每年岗位津贴标准为10万元，原单位待遇不变。聘期内，学校为特聘教授（研究员）配备助手，并提供良好的工作和生活条件。本制度旨在加强云南省高等学校骨干教师队伍和学术梯队建设，吸引和遴选中青年杰出人才，培养、造就有国际领先水平的学科带头人，带动一批重点学科赶超或保持国际先进水平，提高云南省高校在国内外的学术地位和竞争实力。

撰稿　于达林

〔**大学科技园建设**〕　1999年，经省政府批准立项建立“云南省大学科技园”。2001年6月经两部委组织有关专家的评估认定，正式批准成为首批22个国家大学科技园之一。截止2001年12月，云南省大学科技园首批在云南省高校集中建设了5个分部，分别为云南大学分部、昆明理工大学分部、云南师范大学分部、云南农业大学分部、昆明医学院分部，2002年将逐步扩大到10个分部。已经在园区落户的各类企业、中介机构（企业）有61家，其中高校控股的有50家、科研机构22家、中介机构5家，在孵项目达100余项。企业总投资约1.8亿元，从业人员587人，中高级技术人员150人；其中：博士30人、硕士65人。经济效益：年技工贸总收入1.27亿元（不含“云大科技—120”），年工业总产值1.13亿元，年利税401.7万元。高校科技产业的兴起得到了社会的普遍认可，引起社会各界的广泛关注，也给日趋完善的市场经济注入了新的活力。

撰稿　马光宇

〔**省级重点学科建设**〕　2001年，有48个学科被批准为省级重点学科并挂牌。在评估的基础上，省学位办遴选了民族学等11个省级重点学科申报国家级重点学科，有3个学科获得参加答辩的资格。“十五”期间省教育厅、省学位委员会决定继续建设一批重点学科，在各有关高校积极申报的基础上，组织专家答辩和评审，遴选并批准了其中的26个学科作为“十五”期间的省级重点建设学科，给予相应的经费扶持；增列了5个“十五”省级重点建设学科的备选学科。同时，继续建设好省院省校教育合作共建的23个学科及其他延续建设的学科，争取学科建设有更大的突破。

撰稿 赵 纯

〔**R&D资源清查工作**〕 根据全国的总体部署，省教育厅组织了高等学校R&D资源清查工作。从数据汇总资料看：(1) 云南省高校科技清查单位有27个，其中普通高校23所，附属医院4所。其中有科技活动的27个，有R&D活动的23个；(2) 全部从事科技活动人员1.19万人，其中科学家和工程师1.12万人；(3) 科技活动经费筹集总额1.10亿元，经费总额中来自企业的资金达0.16亿元，占资金总额的14.86%；来自各级政府部门的资金达0.79亿元，占资金总额的71.95%；(4) 科技活动支出总额达0.88亿元，其中内部支出0.83亿元，占支出总额的94.12%。在科技活动支出总额中，研究与发展经费支出为0.54亿元，占总支出的61.38%；(5) 全部科技项目达1 629项。(6) 企业事业单位办科技机构达95个。

撰稿 王 珏

〔**高新技术创新人才培养基地建设**〕 根据《云南省人民政府办公厅转发省教育厅等部门关于云南省高新技术创新人才培养基地建设方案的通知》，“十五”期间拟建设5个创新人才培养基地。2001年先建设生物技术及医药产业和电子信息两个基地，2002年再建新材料、光机电一体化、环保工程3个基地。生物技术及医药产业、电子信息两个基地建设期4年，总经费1 000万元。其中政府专项投入500万元，学校配套500万元。生物技术及医药产业基地包括：云南大学生物技术基地，云南农业大学生物多样性与生物技术基地。电子信息基地包括：昆明理工大学信息工程基地，云南大学信息技术与工程基地。

撰稿 于达林

# 民 族 教 育

〔**“两个工程”工作**〕 云南省委、省政府对教育对口支援的“两个工程”工作高度重视，将其作为加速云南基础教育事业发展，推动经济和社会进步的大事来抓。截至2001年底，云南省“两个工程”已签订协议项目653个，启动实施552个。其中，滇沪学校对口帮扶协议项目143个，启动131个；省内先进地区与欠发达地区学校对口帮扶协议项目数236个，启动210个，省内各地州自结对子对口帮扶协议项目数274个，已启动211个。培训教师1.02万人（次），干部培训交流1 237人（次），救助失学儿童1.53万人，建设希望小学147所。接受社会各界捐资6 209万元，捐赠衣物23.91万件（套）、书籍32.42万册、教学仪器13.62万件（套）、学习用品15.40万件，这些物资折合人民币1 396.28万元。

为搞好“两个工程”的工作，云南省采取了以下措施：(1) 加强领导，健全机构，典型引路，营造氛围；(2) 强化管理，建立规范，制定措施，狠抓落实；(3) 挖掘地、州、市自身的潜力，把任务落实到基层，推动学校对口支援向深层次发展；(4) 要求地、州、县学校进一步统一思想，提高认识，坚定不移地推进学校对口支援工作，并加大力度，加强督促检查和宣传表彰工作，为“两个工程”的实施创造良好的社会氛围，特别强调要抓好支教教师讲师团工作，充分发挥支教教师的作用，提高支教教师的覆盖率。云南省实施“两个工程”工作取得显著成效，受到国务院办公厅和教育部的表扬。

〔**“太保项目”全面启动**〕　中国太平洋保险公司为了支持西部大开发和云南民族贫困地区教育事业的发展，决定在“十五”期间，向昆明、曲靖、楚雄、玉溪、红河、思茅、版纳、大理、保山、丽江10个地州捐赠500万元（每年100万元），用于援建20所希望小学（每年4所），协议于2000年12月25日正式签定。省教育厅印发了《中国太平洋保险公司“十五”期间向云南捐赠500万元建盖希望小学的实施方案》。该项目已于2001年正式启动并进展顺利，项目遵循以下原则：一是学校布点符合要求，体现了调整学校布局“宜并则并、需增则增”的原则，2001年所定的4个点都在交通较为方便的村完小，班额在6个以上；二是规划设计符合国家要求，项目的规划设计工作统一由具有甲级资质证的昆明理工大学建筑工程学院设计研究院担任，采取考虑校园总体布局，全面规划，分步实施，不零敲碎打的设计思路进行；三是配套经费基本落实，当年启动的4个校点的配套经费按预算，分别由省、地、县、乡四级分担，并已落实到位；四是项目管理人员到位，管理办法落实，各项目地县都分别成立了“太保项目”实施领导小组，制定了有关规范性文件和办法。当年启动的4个校点，预计2002年3月竣工。

撰稿　吕昆池

〔**寄宿制、半寄宿制学校勤工助学现场会**〕　11月21日～24日，省教育厅召开了“全省寄宿制、半寄宿制学校勤工助学现场会”，各地州市教育局（教委）负责人、部分县和学校的同志共100多人出席了会议。会议参观了屏边县4所中小学通过发展小猪厩、小菜园、小果园、小门市、小苗圃、小鱼塘、小牧场、小加工厂“八小工程”，多种形式开展勤工俭学，帮助学生解决生活与学习中的困难的现场，并作了经验交流，现场和大会交流的共同经验是：凡是勤工俭学搞得好的学校，学生的入学率、巩固率都高，辍学率都低，是贫困地区巩固“普九”成果的一条好路子。会议要求各地、各校，要把勤工俭学这个小题目做成大文章，为推进“两基”工作和“两基”的巩固提高做出贡献。

撰稿　李云芳

〔**中小学民族团结教育**〕　省教育厅、省民委成立了由分管领导任组长的云南省中小学民族团结教育活动领导小组，联合印发了《关于在全省中小学全面开展民族团结教育活动的通知》，4月底召开了“云南省中小学民族团结教育工作会”。会议要求各地州市教委、民委和所属中小学，要从“国家安全，边疆稳定，民族团结”的战略高度出发，进一步提高认识，加强领导，认真组织，全面实施好中小学民族团结教育活动，要求全省中小学100％地开展好此项教育活动，使各族青少年从小接受马克思主义民族观和党的民族宗教政策、民族常识的教育，从小树立起自觉维护民族团结和祖国统一的立场和观点。会后，各地州市成立了以教育局（教委）、民委分管领导为组长的中小学民族团结教育活动领导小组。教育厅在《云南日报》、《云南教育》报刊上开辟了专栏，举办为期一年的中小学民族团结教育征文活动，促进此项活动的开展。

撰稿　徐忠祥

〔**民族贫困地区中小学教师综合素质培训**〕　4月18日，省教育厅印发了《云南省民族贫困地区中小学教师综合素质培训工作实施方案》。此项培训的内容为“中小学教师教育观念的转变与更新”，“中小学教师心理素质与心理健康”两个专题。6月19日～23日，分别在大理州民族师范学校、红河州民族师范学校、丽江地区民族师范学校内同时举办了有13个项目地州73个项目县教师进修学校176位教师参加的培训班。11月，教育厅又印发了《云南省民族贫困地区中小学教师综合素质发展报告册》，12月，召开培训工作会议。到年底，全省有10多万名中小学教师参与了这种新模式的培训。

撰稿　李云芳
审稿　杨崇龙

# 西藏自治区教育

## 概 况

〔基本情况〕

**2001 年各级普通学校基本情况**

单位：人

| 学 校 类 别 | 学校数（所） | 毕业生数 | 招生数 | 在校生数 | 教职工数 | |
|---|---|---|---|---|---|---|
| | | | | | 合 计 | 其中：专任教师 |
| **总 计** | **1 034** | **57 797** | **101 029** | **402 445** | **22 192** | **18 827** |
| 一、研究生 | （2） | | 23 | 47 | | |
| 1. 高等学校 | （2） | | 23 | 47 | | |
| 2. 科研机构 | | | | | | |
| 二、普通高等学校本专科 | 3 | 1 050 | 2 420 | 6 793 | 1 836 | 867 |
| 本科院校 | 3 | 1 010 | 2 066 | 6 279 | 1 836 | 867 |
| 专科院校 | | | | | | |
| 分校、大专班 | | 40 | 354 | 514 | | |
| 三、普通中等学校 | 115 | 14 701 | 37 006 | 79 655 | 7 133 | 5 785 |
| 1. 中等专业学校 | 11 | 1 517 | 2 089 | 6 819 | 1 254 | 802 |
| 中等技术学校 | 10 | 1 265 | 1 651 | 5 575 | 1 100 | 682 |
| 中等师范学校 | 1 | 252 | 438 | 1 244 | 154 | 120 |
| 2. 技工学校 | | | | | | |
| 3. 普通中学 | 100 | 13 184 | 33 823 | 71 710 | 5 875 | 4 979 |
| 高中 | 15 | 3 034 | 5 642 | 15 366 | | 1 079 |
| 初中 | 85 | 10 150 | 28 181 | 56 344 | | 3 900 |
| 4. 职业中学 | 4 | | 1 094 | 1 126 | 4 | 4 |
| 高中 | | | | | | |
| 初中 | 4 | | 1 094 | 1 126 | | 4 |
| 5. 工读学校 | | | | | | |
| 四、小学 | 895 | 42 044 | 58 973 | 311 993 | 12 926 | 11 995 |
| 五、特殊教育学校 | 1 | 2 | 64 | 138 | 14 | 9 |
| 六、幼儿园 | 20 | | 2 543 | 3 819 | 283 | 171 |

**2001 年各级成人学校基本情况**

单位：人

| 学校类别 | 学校数（所） | 毕业生数 | 招生数 | 在校学生数 | 教职工数 | |
|---|---|---|---|---|---|---|
| | | | | | 合 计 | 其中：专任教师 |
| **总 计** | **14** | **682** | **2 046** | **2 786** | | |
| 一、成人高等学校 | 3 | 287 | 1 135 | 2 098 | | |
| 普通高等学校举办 | 3 | 287 | 1 135 | 2 098 | | |
| 其中：函授部 | | (127) | (883) | (1 598) | | |
| 成人脱产班 | | (160) | (252) | (500) | | |
| 二、成人中等学校 | 11 | 395 | 911 | 688 | | |
| 成人中等专业学校 | 11 | 395 | 911 | 688 | | |

〔**年度教育工作指导思想**〕 2001 年，西藏自治区教育工作的指导思想是：坚持以党的十五大和江泽民同志“三个代表”重要思想为指针，贯彻中央第四次西藏工作座谈会精神、自治区第六次党代会精神以及全国基础教育工作会议精神，继续坚持“两基”重中之重地位不动摇，积极发展高中阶段教育、职业教育和高等教育，优先发展师范教育，办好内地西藏班，深化教育改革，扎实工作，全区教育事业继续持续、快速、健康发展。

2001 年全区教育工作推进思路创新、体制创新，重点实施五项改革：（1）调整改革了 1992 年制订的对农牧民子女住校生实行的“三包”政策；自治区政府批转了自治区教育厅及自治区财政厅的文件，新的“三包”政策与实施助学金及奖学金制度相结合，将有效地调动农牧民子女入学和学校办学的积极性，对全区教育事业的健康发展有了推动和保障。（2）调整了中小学校的课程计划；年内制定出台了小学、初中、高中新的课程计划，新的课程计划坚持“三个面向”，坚持实施素质教育，切实加强了“三语”教学，全区各级各类小学从一年级起开设汉语文课，2～3 年内乡以上小学都从三年级起开设英语课。（3）调整了高校的布局及专业设置；已经明确西藏农牧学院与西藏大学合并，组织实施了医学专科学校及西藏民族学院医疗系并入西藏大学组建西藏大学医学院，增设了西藏经济社会发展急需的 8 个本科新专业。（4）改革了全区各级各类学校教师调配办法，理顺了关系，有利于教师的合理流动和加强管理。（5）实施了教育厅机构改革，组建了机关后勤服务中心，分流了人员，建立健全了制度。

年内重点完成了三项工作任务：一是把教育战线“十五”重点建设项目的论证、申报工作摆在工作首位，在区党委、政府的高度重视和支持下，全力以赴做好衔接及争取工作；二是根据中央第四次西藏工作座谈会及全区第六次党代会精神，再次深入基层调研，反复论证，修改制定了“十五”计划，进一步理顺了思路，调整了发展目标，强化了措施；三是召开了全区基础教育工作会议，全面部署了“十五”期间全区基础教育工作，分解了目标任务，制定了具体的政策措施，形成了西藏自治区人民政府关于加强基础教育工作的意见。

〔**教育投入**〕 2001 年全区教育经费总支出 9.88 亿元，其中，自治区预算内教育事业费支出 7.23 亿元；基本建设总投资 2.65 亿元，总建筑面积 24 万平方米。安排大学建设项目 6 个，中等职业技术学校建设项目 5 个。安排中学建设项目 15 个，建筑面积 8.34 万平方米。改扩建小学 100 余所，改扩建面积 8.79 万平方米。全区各级各类学校的条件得到了一定改善，教学仪器、课桌凳得到了更新和补充。

加强教育经费管理，努力建立健全各项规章制度和监督制度，使财务管理和财务监督机制逐步走入正轨。2001年11月，自治区教育厅、财政厅组成联合审计调研组对昌都、那曲2000～2001年度的教育事业费、预算内基建、义务教育工程、危房改造工程、“三包”及助学金经费的使用进行了重点审计。同时派专人指导地市教体委开展了拉萨与山南、林芝与日喀则之间的互审检查。

〔**德育工作**〕 继续在全区教育系统开展马克思主义“四观”、“两论”教育，及时组织实施了江泽民同志“七一”讲话的“三进”工作。组织编写了《马克思主义“四观”教育》课本；全区教育系统广泛开展了崇尚科学、破除迷信、抵制邪教、揭批达赖的活动，并组成督查组，到山南、日喀则地区等地28所学校进行了检查、指导。全区高校认真学习贯彻全国学校党建和思想政治工作会议精神，全面贯彻落实江总书记“七一”讲话和“三个代表”重要思想，加强了高校基层组织建设，调整充实了基层党支部，配齐了政治辅导员，强化了对学生进行反分裂斗争教育，确保高校局势稳定。从2001年秋季新学期起，将马克思主义祖国观、民族观、文化观、宗教观教育内容列入区内高校“两课”和中等职业学校思想政治课教学的必修内容。江泽民同志“七一”讲话已进入高校“两课”教材，在大中专学校做到了“七一”讲话进教材、进课堂、进头脑。

〔**教师队伍建设**〕 2001年，自治区教师队伍建设进一步加强，教师队伍整体素质进一步提高，加强了学历补偿教育和学历提高教育。2001年共招收在职教师报考的高师专科层次、“专升本”学历班脱产、函授学员1 000余名；培训中小学教学骨干和小学英语教师1 400余名。2001年，区内共分配师范类毕业生1 024名；引进内地师范类院校毕业生436名，改善了教师队伍学历结构，教师队伍学历合格率进一步提高。2001年，全区小学教师学历合格率达到88.3%，初中教师学历合格率达到86.2%，高中教师学历合格率达到73.2%。高等学校和中等职业学校中，具有硕士研究生学历的教师比例由“九五”初的不足2%提高到5%左右。加强了中小学校长和教育行政干部的培训工作，中小学校长持证上岗率均达到85%。表彰了一批优秀教师和优秀教育工作者，提高了教育系统人员的工作积极性。2001年，全区共表彰优秀教师、优秀教育工作者、模范班主任和师德标兵227名，表彰自治区级教学能手82名。获人事部、教育部表彰的教师和教育工作者17名。在较大幅度的增加教师职务职数的基础上，严格中高级职务参评原则，以教师素质高低和教学业绩为主要参评条件，评聘了一批中、高级职务教师。2001年，全区教育系统共评出副高以上人员55名，高校教师中，中、高职人员所占比例已接近西部地区平均水平。2001年，全区民办教师转为公办教师584名，已经基本解决了民办教师问题。

〔**内地办学**〕 2001年内地办学规模不断扩大，形成了包含初中预科、初中、高中、中专、中师、大专、大学等类型内地办学形式，到2001年底，各级各类在校生达1.18万人。2001年，内地西藏班初中招生1 639人；初中毕业生1 714人，内地高中招生1 054人，“3+2”学制的中师班招生305人，中专招生105人，中等职业学校招生130人，因学习、身体等原因未被录取的120人。4所高中学校毕业生445人参加普通高校招生考试，其中文史类117人，理工类328人，录取439人。

〔**教育对外交流**〕 2001年加强与有关部门的协调、协作，不断拓展教育合作交流渠道，加强留学生管理工作，认真落实外援项目。2001年审批单位公派及自费出国留学生42人，接收国外留学人员35人，聘请外国文教专家8人，接收国外来藏考察团队共8个，国内教育考察团队25个。继续加强了与美国英语学会的合作。完成了娘热乡小学、拉萨中学、日喀则高中等外援项目。

# 基础教育

〔**综述**〕 2001年，在自治区党委和政府的领导下，经过全区各级党委、政府、教育工作者和人民群众的共同努力，以及兄弟省市的大力援助，全区基础教育事业持续、快速、健康发展，各项改革进一步深化，教育质量和办学效益进一步提高。

截至2001年底，全区有普通中学100所，小学895所，教学点2 304个。全区小学适龄儿童入学率从上年的85.8%提高到87.2%，提高1.4个百分点。初中在校生比上年增加1.32万人；初中毛入学率达到39%，比上年提高7个百分点；全区初等教育普及率从78%提高到87%，提高9个百分点。普通高中在校生1.54万人，比上年增加0.33万人；高中阶段毛入学率达到16%。

〔**全区基础教育工作会议**〕 2001年10月9日～12日，全区基础教育工作会议在拉萨举行。自治区领导列确、杨传堂、巴桑、曲加、群培、向巴嘎登等出席会议。部分区直单位代表、全区7个地（市）主管教育领导、教体委负责人、各县（市、区）主管教育领导及教育局长、教育厅有关处室负责人等共计250余人参加了会议。

会议的主要任务是：以邓小平理论和江泽民同志“三个代表”的重要思想为指导，认真贯彻落实全国基础教育工作会议精神，以全面推进素质教育为核心，以普及义务教育为重点，深化基础教育改革，加快基础教育发展，努力提高基础教育的质量和水平，为实现西藏的跨越式发展和长治久安提供强大的人才和智力支持。自治区党委常务副书记、自治区主席列确在会上讲话，指出教育是经济发展和社会全面进步的重要基础，也是科技发展的基础，而基础教育则是整个教育事业的基石，加快基础教育的改革与发展，对于提高人民群众素质、培养各级各类人才，对于实施“科教兴藏”战略、实现跨越式发展，都具有基础性、先导性和全局性的重要作用。他要求与会同志提高认识，增强责任感和紧迫感，明确任务、突出重点、加强领导、加快基础教育改革和发展步伐，努力开创西藏基础教育工作新局面。

自治区教育厅厅长吴英杰在会上作了《团结奋斗，促进新世纪初我区基础教育加快发展》的报告，他在充分肯定西藏和平解放五十年来全区基础教育工作取得的成绩的同时，对全区基础教育地区发展差异大，推进素质教育起色小，德育工作需大力加强，教师队伍整体素质仍不适应社会发展要求，教育投入体制不尽完善，办学条件总体简陋等问题作了深刻分析，并提出了“十五”期间全区基础教育改革发展的目标任务及落实措施。

会上还传达了全国基础教育工作会议精神，与会代表分组学习了《国务院关于基础教育改革和发展的决定》及朱镕基总理、李岚清副总理以及教育部、国家计委、财政部等部委领导同志在全国基础教育工作会议上的讲话。会议讨论了《西藏自治区人民政府关于贯彻落实〈国务院关于基础教育改革和发展的决定〉的意见》。会上表彰了2000年实现“普九”和“普六”及“扫盲”工作先进县。

〔**教育督导**〕 全区普及义务教育工作稳步推进。2001年，全区各地市普遍加快了“两基”步伐。日喀则地区亚东县、山南地区洛扎县和乃东县通过了自治区“普九”评估验收组的实地评估验收，至此，全区共有5个县（区）域实现“普九”目标，覆盖人口25.79万人，占全区总人口的10.27%。察隅、拉孜、定结、南木林、左贡、类乌齐、察雅7县通过了“普六”评估验收，年末全区有44个县（市、区）域实现“普六”目标，覆盖人口156.66万人，占全区总人口的62.84%。2001年措美、曲松、波密、洛隆4县通过扫盲评估验收，至此，全区有20个县域扫盲达标，覆盖人口74.12万人，占全区总人口的29.5%。全区青壮年文盲率下降到30%以下。各地市加大了对所属县域实施“两基”的过程督导工作。日喀则地区、山南地区、林芝地区和昌都地区对2001年申请“普九”、“普六”和扫盲评估验收的县分别加强了过程督导，年初各地市举办了评估验收工作培训班；山南地区教体委继续实行委领导对“普九”县包县工作制度；日喀则地区督导室和山南地区督导室的同志到当年计划接受“普九”的县域帮助和指导工作达10余次，昌都地区和林芝地区督导室的同志到当年计划接受“普六”、扫盲的县域检查督导工作均在5次以上。

〔**中小学规范化建设**〕 认真组织实施第二期“国家贫困地区义务教育工程”和“中小学危房改造工程”。2001年全区两项工程投入资金2.01亿元，建设15所中学教学楼，改扩建100多所乡镇中心小学。部分县中小学办学条件得到一定改善。

2001年自治区教育厅组织评估组对拉萨、山南、日喀则、林芝4地区7所普通高级中学的办学条件、学校管理、教育教学质量等进行了评估。通过评估促进了学校各项工作，规范了普通高级中学办学行为，积极推进了学校规范化建设。

〔**教学改革**〕 进一步开展教育教学改革，中小学素质教育得到进一步推进。2001年，自治区调整和充实了全区中小学课程计划。印发了《关于调整全日制小学、初级中学课程计划的通知》、《西藏自治区全日制普通高级中学课程计划（试验修订稿）》、《关于我区小学语文等两科、初中语文等八科使用新教学大纲（试用修订版）及教材问题的通知》等文件，并对中小学一、二年级的藏语文等学科的课时作了适当调整，课程结构逐步趋向合理，进一步构建了符合素质教育要求的基础教育课程体系。从2001年秋季开始，90%以上的小学从一年级起开设了汉语文课，86所小学从三年级起开设了英语课，部分小学从四年级起增设了信息技术课。大部分中小学开足开齐了课程，各种兴趣小组、课外活动开展得有声有色，有力地推进了中小学素质教育。

〔**调整中小学学生“三包”政策**〕 2001年，自治区政府转发了自治区教育厅、财政厅《关于我区中小学校实施“三包”政策和助学金制度的规定》。《规定》确定“三包”的范围、对象和费用标准是：全区村完全小学、乡中心小学、县完小及各级初级中学的农牧民子女住校生属“三包”的范围和对象，“三包”范围的中小学住校生均从一年级起实行“三包”。“三包”经费标准为：小学每生每学年600元，其中伙食费500元，服装费、装备费、学习用品费等100元；初中每生每学年800元，其中伙食费650元，服装费、装备费、学习用品费等150元。边境中学、边境乡小学的农牧民子女住校生，其“三包”费用标准在上述基础上年人均再增加50元。教学点的学生实行助学金制度；享受“三包”以外的农牧民子女的学生可以享受助学金。助学金标准为：普通高中农牧民子女住校生，每生每学年800元；初中、小学（包括教学点）中的农牧民子女走读生，小学每生每学年50元，初中每生每学年100元。

为使“三包”政策和助学金制度与奖学金制度有机结合，实行“三包”政策和助学金制度的学校，每年可从“三包”、助学金经费中提取一定比例，用于奖励品学兼优或单项竞赛成绩特别突出的优秀学生。规定初中、小学按在校生人数的5%享受奖学金；高中按在校生人数的10%享受奖学金。奖学金每学年评定一次，分甲、乙、丙三等。奖学金标准：高中甲等300元，乙等200元，丙等100元；初中甲等200元，乙等150元，丙等100元；小学甲等150元，乙等100元，丙等50元。2001年全区“三包”经费支出为7 600万元。

从2001年秋季起，全区还向义务教育阶段农牧民子女免费提供教科书和适量的作业本，以保证农牧民子女不致因家庭困难而辍学或失学。

# 职业教育

〔**重点职业学校建设**〕 2001年，自治区教育厅重视重点中等职业学校建设，完成了全区6个重点中等职业学校改扩建项目的规划、论证工作。对全区中等职业学校的现有专业进行了评估和调整，加强了骨干专业和特色专业的建设。

通过重点学校和骨干专业建设和调整，改革和拓宽了中等职业学校的办学模式，鼓励中等职业学校发展高等职业教育以及与高职的衔接。2001年首次在自治区综合中专开办了“3+2”形式的高职班，招生67人。实施了中等职业学校优秀毕业生免试进入高等职业教育的改革，2001年共有55名优秀中等职业学校毕业生经过学校推荐免试进入高职班学习。

〔**职业教育法制建设和管理**〕 2001年，职业教育法制建设得到加强，《西藏自治区实施〈中华人民共和国职业教育法〉办法（草案）》已提请自治区人大审议。

2001年自治区教育厅加强了农牧区教育综合改革的宏观管理，加大了统筹协调力度，组成工作组对昌都、日喀则地区的农牧区教育综合改革和职业教育的发展进行了调研和指导，各试点县的工作稳步推进。

# 高等教育

〔**综述**〕 2001年启动重点大学建设工程，西藏大学建设项目可行性论证工作已基本完成。高等教育改革进一步深化，规模逐步扩大。2001年全区普通高校招生2 176人，普通高校在校生达6 793人。高校后勤社会化改革稳步推进，区内各高校相继成立了“后勤服务公司（集团）”等社会化组织。

继续调整了高校布局和专业设置，教育部已经批准西藏农牧学院与西藏大学合并，组织实施了自治区医学专科学校及西藏民院医学系并入西藏大学组建西藏医学院工作。2001年又新增设了交通运输、藏药等西藏经济社会发展急需的8个本科专业。全区普通高校2001届毕业生学历证书实行电子注册。加强了高校实验室建设、学科建设和科研管理，涌现出了一批优秀的科研人员。加大了高校科研工作力度，申报了一批自治区级和国家级科研项目。继续做好与内地有关院校合作培养研究生工作，2001年中国人民大学在西藏招收了在职攻读硕士研究生共31人，天津大学在西藏首批招收在职攻读硕士研究生8人。加大了对高等教育层次联合办学的审查与监督，严格按照国家有关规定，规范各类联合办学的管理和运作，2001年内地院校在西藏新设立函授站、研修班共7个。

年初，自治区政府批转了自治区教育厅与自治区财政厅、中国人民银行西藏分行共同拟定的《西藏自治区国家助学贷款管理办法》。2000年度高校贫困学生向银行实际贷款526万元，2001年度下达助学贷款额度650万元。

〔**高校招生工作**〕 2001年全区报考普通高校的区内考生4 410人，其中少数民族考生2 671人，占区内报考总人数的60.57%。考生中报考文史类考生2 634人，占报考总人数的59.7%。报考理工类考生1 776人。普通高校区内招生计划3 272人（文史类1 456人、理工类1 816人）；内地三省招生计划310人。2001年普通高校共录取区内考生3 009人（文史类1 741人，理工类1 268人），区内高校在内地三省录取369人，共计3 378人。其中录取少数民族考生1 774人，占录取总数的58.96%，少数民族考生录取率为66.42%。全区区内考生总录取率为68.23%。

2001年全区报考硕士研究生的考生共461人，其中少数民族考生217人，占报考总数的60.11%。其中：(1) 参加全国统一考试的考生239人，其中少数民族考生158人，占报考人数的66.12%，区内院校共录取研究生16名。(2) 报考中国人民大学和天津大学单独考试的考生共99人，其中少数民族考生43人，占报考总数的43.4%，共录取考生43人。(3) 报考同等学力申请硕士学位的考生10人，其中少数民族考生4人。(4) 报考在职攻读硕士学位的考生13人，其中少数民族考生12人，占报考总数的92.32%。

# 成人教育

〔**成人学校招生考试**〕 2001年成人高校报考考生5 841人，其中少数民族考生4 923人，占报考总数的84.28%。报考成人中专生403人，其中少数民族考生337人，占考生总数的83.63%。2001年成人高校招生计划总数为2 753人，成人中专计划350人。成人高校共录取2 341人，录取专升本147人；录取高中起点本科2人，录取高中起点专科1 214人；录取预科生68人。总录取人数中少数民族考生1 627人，占录取总数的69.50%。成人中专录取考生302人，其中录取少数民族考生239人，占录取总数的79.14%。

〔**自学考试**〕 2001年自学考试报考总人数6 619人，其中本科1 331人，专科4 587人。2001年全区自学考试共开考16个专业，160多个科目，总报考科次达2.43万次。其中本专科层次2.14万次，中专层次2 944次。2001年上半年共有139名考生毕业，其中本科58人，专科58人，中专23人。首次开设的全国计算机等级考试共有78人报名参加考试，其中38人获得等级证书，38人中有35人获得一级合格证书，3人获得二级合格证书。

撰稿 郑 鑫

审稿 张荣扬

# 陕西省教育

## 概 况

〔基本情况〕

**2001年各级普通学校基本情况**

单位：人

| 学校类别 | 学校数（所） | 毕业生数 | 招生数 | 在校生数 | 教职工数 | |
|---|---|---|---|---|---|---|
| | | | | | 合计 | 其中：专任教师 |
| **总计** | **34 742** | **1 596 752** | **2 318 084** | **8 342 234** | **465 915** | **365 496** |
| 一、研究生 | （48） | 4 177 | 10 116 | 24 458 | | |
| 1. 高等学校 | （21） | 4 062 | 9 791 | 23 707 | | |
| 2. 科研机构 | （27） | 115 | 325 | 751 | | |
| 二、普通高等学校本专科 | 47 | 42 884 | 114 391 | 313 718 | 58 846 | 23 613 |
| 本科院校 | 27 | 37 038 | 87 761 | 259 223 | 47 923 | 19 965 |
| 专科院校 | 20 | 4 112 | 21 685 | 45 296 | 10 923 | 3 648 |
| 分校、大专班 | | 1 734 | 4 945 | 9 199 | | |
| 三、普通中等学校 | 3 087 | 735 866 | 1 085 898 | 2 850 056 | 189 446 | 148 121 |
| 1. 中等专业学校 | 112 | 45 151 | 39 326 | 136 784 | 14 482 | 7 260 |
| 中等技术学校 | 90 | 33 454 | 28 392 | 104 148 | 11 495 | 5 423 |
| 中等师范学校 | 22 | 11 697 | 10 934 | 32 636 | 2 987 | 1 837 |
| 2. 技工学校 | | | | | | |
| 3. 普通中学 | 2 680 | 634 233 | 970 234 | 2 547 486 | 160 109 | 131 183 |
| 高中 | 550 | 111 029 | 215 644 | 531 010 | | 28 261 |
| 初中 | 2 130 | 523 204 | 754 590 | 2 016 476 | | 102 922 |
| 4. 职业中学 | 294 | 56 482 | 76 338 | 165 599 | 14 817 | 9 656 |
| 高中 | 285 | 54 572 | 72 500 | 155 627 | | 9 143 |
| 初中 | 9 | 1 910 | 3 838 | 10 072 | | 513 |
| 5. 工读学校 | 1 | | | 87 | 38 | 22 |
| 四、小学 | 29 359 | 813 240 | 668 712 | 4 615 707 | 200 185 | 183 464 |
| 五、特殊教育学校 | 30 | 585 | 775 | 5 456 | 605 | 437 |
| 六、幼儿园 | 2 219 | | 438 192 | 532 839 | 16 833 | 9 861 |

**2001 年各级成人学校基本情况**

单位：人

| 学 校 类 别 | 学校数（所） | 毕业生数 | 招生数 | 在校学生数 | 教职工数 | |
|---|---|---|---|---|---|---|
| | | | | | 合 计 | 其中：专任教师 |
| **总 计** | **35 348** | **2 702 026** | **2 615 424** | **2 374 556** | **32 742** | **12 923** |
| 一、成人高等学校 | 27 | 34 928 | 77 808 | 182 140 | 6 808 | 3 260 |
| 1. 广播电视大学 | 2 | 5 467 | 11 033 | 24 546 | 2 316 | 1 172 |
| 2. 职工高等学校 | 16 | 2 623 | 4 524 | 11 161 | 2 406 | 1 123 |
| 3. 农民高等学校 | | | | | | |
| 4. 管理干部学院 | 5 | 977 | 2 451 | 3 996 | 971 | 392 |
| 5. 教育学院 | 4 | 2 856 | 8 868 | 17 628 | 1 115 | 573 |
| 6. 独立函授学院 | | | | | | |
| 7. 普通高等学校举办： | (47) | 23 005 | 50 932 | 124 809 | | |
| 函授部 | | 14 544 | 33 655 | 85 185 | | |
| 夜大学 | | 2 916 | 4 825 | 11 869 | | |
| 成人脱产班 | | 5 545 | 12 452 | 27 755 | | |
| 二、成人中等学校 | 25 155 | 2 500 627 | 2 317 387 | 2 000 265 | 18 304 | 7 516 |
| 1. 成人中等专业学校 | 262 | 32 727 | 24 976 | 80 778 | 4 447 | 2 248 |
| 广播电视中等专业学校 | 3 | 11 248 | 10 086 | 33 436 | 838 | 390 |
| 职工中等专业学校 | 32 | 2 216 | 2 282 | 7 731 | 872 | 362 |
| 干部中等专业学校 | 3 | | | 44 | 28 | 14 |
| 农民中等专业学校 | | | | | | |
| 函授中等专业学校 | 13 | 3 611 | 2 042 | 5 664 | 892 | 491 |
| 教师进修学校 | 72 | 3 796 | 1 157 | 3 869 | 1 817 | 991 |
| 其他类学校举办 | 139 | 11 856 | 9 409 | 30 034 | | |
| 2. 成人中学 | 90 | 5 240 | 5 887 | 8 558 | 551 | 264 |
| 职工中学 | 15 | 1 760 | 2 411 | 5 032 | 423 | 195 |
| 农民中学 | 75 | 3 480 | 3 476 | 3 526 | 128 | 69 |
| 3. 成人技术培训学校 | 24 803 | 2 462 660 | 2 286 524 | 1 910 929 | 13 306 | 5 004 |
| 职工技术培训学校 | 236 | 58 078 | 55 138 | 68 166 | 976 | 503 |
| 农民技术培训学校 | 24 567 | 2 404 582 | 2 231 386 | 1 842 763 | 12 330 | 4 501 |
| 三、成人初等学校 | 10 166 | 166 471 | 220 229 | 192 151 | 7 630 | 2 147 |
| 1. 职工初等学校 | 22 | 2 861 | 2 507 | 2 738 | 97 | 47 |
| 2. 农民初等学校 | 10 144 | 163 610 | 217 722 | 189 413 | 7 533 | 2 100 |
| 其中：扫盲班 | 9 688 | 123 958 | 174 815 | 146 015 | 7 373 | 2 036 |

〔**年度工作方针**〕　陕西省2001年教育工作的指导方针是：以邓小平理论和江泽民关于“三个代表”的要求为指导，贯彻党的十五届五中全会和陕西省委九届六次会议精神，围绕陕西现代化建设的战略任务，抓住西部大开发的历史机遇，深化教育改革，推进素质教育，更新教育观念，扩大对外开放，加大教育投入，加快教育发展。总体工作思路是：抓党建，促班子建设，全面加强和改进德育和思想政治工作；抓“普九”，促高中教育，切实巩固提高“两基”工作成果；抓高职，促中专提高，积极发展职业和成人教育；抓改革，促资源优化，大力发展高等教育，全面推进学科建设、产学研结合和后勤社会化，不断提高教育教学质量、办学水平和办学效益；抓信息技术，促教育现代化，不断改进教学手段和办学条件；抓机制，促培养提高，加强教师队伍建设，为优秀人才脱颖而出创造环境和氛围；抓管理，促制度建设，大力推进政务校务公开，扎扎实实抓好党风廉政工作；抓“三风”，促机关建设，不断提高管理水平和服务质量，确保“十五”开局之年工作任务的圆满完成。

〔**全省教育事业“十五”计划**〕　2001年，陕西省九届人大四次会议批准《陕西省国民经济和社会发展第十个五年计划纲要》，确定了“要坚持把适度超前发展教育摆在重要的战略地位，建设教育强省，构筑人才高地，为新世纪加快发展提供充足的人才资源和智力支持”的目标。据此，省教育厅制订印发了《陕西省教育事业“十五”计划和2010年规划》，要求各地市教育行政部门和普通高校认真组织实施。

“十五”期间陕西教育改革与发展的主要目标任务是：(1) 完成26个县“普九”任务，人口覆盖率达到95%以上，初中入学率达到97%以上，青壮年文盲率控制在2%以下。全省学龄前儿童入园（班）率达到65%以上，大中城市基本满足社会需求。(2) 多种形式的高中阶段教育和初中后职业培训在校生规模力争达到145万人左右，高中阶段毛入学率提高到60%左右。在西安、宝鸡、铜川、咸阳、渭南、杨凌6市（区）所辖县区的城区和延安、榆林、汉中、安康、商洛5地市所在地的城区基本普及高中阶段教育，所在城镇初中毕业生基本能够升入高中阶段的各类学校。(3) 各类高等教育在学人数增加到70万人左右，其中在学研究生规模达到5万人左右，普通高等教育（含高职）40万人左右，成人高等教育15万人左右，其他形式10万人左右，毛入学率提高到15%以上。全省高校发展到80所左右。努力使西安交通大学成为具有世界高水平的大学，西北农林科技大学成为国内外知名的农业高层次人才培养和知识创新的重要基地，西北工业大学、西北大学、西安电子科技大学、长安大学成为国内外知名大学。(4) 创建一批具有国内外先进水平的一流学科，到2005年，全省建立国家级重点学科50个、省级重点学科250个。积极参加国家创新体系建设，努力提高高校知识创新和技术创新能力。继续实施国家“百千万人才工程”和陕西省“三五人才工程”，加强对高层次创造性人才的培养和引进，尽快造就一批具有国内先进水平的中青年学术攻坚人才。

为实现目标任务所采取的主要措施是：努力增加教育投入，改革和完善教育经费管理体制，提高使用效益；进一步深化教育教学改革，不断增强办学活力；加强师资队伍建设，全面提高教师素质；认真组织实施素质教育工程、贫困地区“两基”攻坚工程、教育信息化工程、高校高新技术产业化工程、骨干学校建设工程；加强宏观统筹和调控，切实落实和扩大学校办学自主权；加强教育法制建设，全面实施依法治教。

到2010年，陕西各级各类教育基本满足社会需求，学前教育、特殊教育办学条件和水平进一步提高。全省基本普及高中阶段教育，高中阶段毛入学率达到90%。各类高等教育在学人数达到100万人左右，其中研究生在学人数达到10万人左右，高等教育毛入学率争取达到20%左右。各项教育教学改革进一步深化。教育信息化程度进一步提高。公民终身教育制度初步确立。基本建立起结构合理，体系完备、教育质量和效益较高的社会主义教育体系，显著提高全省教育总体水平，努力成为西部地区的教育强省。

〔**党建工作**〕　(1) 召开了第九次全省高校党

建工作会议，省委书记李建国、省长程安东分别讲话。会议研究制订了进一步加强和改进高校党建工作的措施。(2) 召开首次全省民办高校党建工作会议，使民办高校党建工作跨入规范化建设的新阶段。(3) 坚持省委教育工委、省教育厅领导联系高校党支部和高校领导班子成员联系党支部等工作制度，开展党建工作量化评估工作，进一步落实了基层支部建设目标管理责任制。(4) 加强在青年教师中发展党员工作，全省高校35岁以下青年教师党员的比例已由上年的37%提高到41%。(5) 推行高校领导干部任前公示制、试用期制、干部考察预告制、考察对象公示制、干部廉政鉴定制和干部考察责任制等，调整23所高校领导班子，在全省13所高校开展了高学历、高职称、高知识结构的党政一把手后备人选的推荐选拔工作，对一批校级后备干部进行了集中培训。(6) 加强党风廉政建设，积极开展警示教育和反腐败斗争，加大案件查处力度和中小学乱收费专项治理工作力度。狠抓了教育系统行风建设。(7) 开展了一系列纪念建党80周年庆祝活动：组织百名高学历、高职称的青年教师新党员赴延安参观学习，举行入党宣誓仪式；召开建党80周年大型表彰专场音乐会；举办大学生歌咏比赛及《红岩魂》演出活动等。

〔**教育法制建设**〕 (1) 1月~2月，陕西省采取自下而上逐级推进、全面检查与重点检查相结合的办法，对全省各地（市）和各高等学校的“三五”普法和依法治教工作进行总结验收，并对汉中市教委、西安理工大学等44个先进集体，杜科持、吴胜利等46名先进工作者，吴景文、蒋建军等43名先进个人予以通报表彰。(2) 4月~9月，开展了全省中学生法律知识学习与竞赛活动，经过县（区）和地（市）两级选拔，于8月中旬进行了“陕西省思源学院杯”中学生法律知识电视竞赛，9月，组织全省中小学生收看了决赛实况，使中小学生受到一次生动的法制教育。(3) 4月下旬，首次举办民办高校和成人高校负责人法律知识培训班，主要学习《教育法》、《教师法》、《高等教育法》和《社会力量办学条例》，促使学校走上依法治教轨道。(4) 召开全省预防青少年违法犯罪工作经验交流会，并对各级各类学校配备法制副校长工作做了安排。(5) 为适应加入世界贸易组织的需要，对由省教育厅执行或印发的地方性法规、地方政府规章、省委和省政府规范性文件等进行了清理。

〔**教育资金管理**〕 为保障各类教育事业的有限资金发挥最大效益，陕西省加强教育资金管理工作：(1) 召开全省教育财务工作会议，明确“十五”和2001年教育财务工作的目标任务。(2) 制订并印发了《关于多渠道筹措经费，保障基础教育发展的通知》、《关于保障中小学公用经费有关问题的通知》、《陕西省中小学危房安全管理规定》等文件，在增加基础教育专款、中小学公用经费标准定额、多渠道筹措基础教育资金以及资金管理体制、机制改革等方面取得重大突破。(3) 对农村税费改革后如何保证农村义务教育投入问题、由财政统一发放中小学教师工资落实情况、农村中小学实行“一费制”问题、高校后勤社会化后财务管理的形式等，进行调查研究，探索对策和办法。(4) 调整教育收费项目和标准，规范学校收费行为，印发《关于取消贫困县农村义务教育阶段中小学电教教材代办费》等通知，及时制订多项有关收费标准。(5) 清理和废止有关文件和办法，制订新的财务管理办法；对高校和事业单位财务管理人员进行新会计制度和计算机技术培训，培训人员1 000余名。(6) 努力提高管理水平。推行全程项目管理模式；推进计算机在教育经费管理中的应用，对各项教育专款实行计算机动态数据库管理；组织专家开发专款项目管理的评价、审核软件；通过因特网建立省级与各地市的计算机信息传送体系；通过加强会计学会建设和组建项目专家组，建立教育专款项目管理专家支持体系。

〔**体育、卫生、艺术和国防教育**〕 全省学校体育、卫生、艺术和国防教育工作取得成绩，推动了素质教育的发展。一是各级教育行政部门将其列入重要议程，在研究教育改革发展规划、安排部署工作和“两基”验收中，都作为一个重要部分统一安排，统一检查评估。二是围绕贯彻落实学校体育和卫生工作条例、艺术教育规划、国防教育等有关文件精神，各地从实际出发，制订了规范性文件。三是通过督导和检查评估推动体育、卫生、艺术和国防教育的开展。四是加大对体育、卫生、艺术和国防教育的投入。五是采取措施，推动常规教育。抓好开齐课程、用足课时；重视教学研究和教改实验，积极进行探索；通过培训和开展竞赛活动，加强体育、卫生、艺术师资队伍建设。六是广泛开展文体活动。各地都组织了不同规模的中、小学生运动会；不少乡镇举办了丰富多彩的艺术节；举办了全省第七届中学生田径运动会；开展了陕西地区世界大运火炬接力传递活动；加强了“三操”和每天一小时文体活动的管理。

# 基础教育

〔**综述**〕 2001 年，全省小学比上年减少3 977 所；招生比上年减少 1.35 万人，在校学生比上年减少 19.3 万人；小学学龄人口入学率为 98.53%、男、女童入学率分别为 98.54 %和 98.53%；小学辍学率为 0.74%，比上年上升 0.26 个百分点。小学教职工比上年增加 0.08 万人，其中专任教师增加 0.12 万人。小学生师比为25.16∶1，小学专任教师学历合格率为 94.96%，比上年提高 0.15 个百分点。

全省初级中学 2 139 所中有职业初中 9 所，其中普通初中比上年增加 110 所；职业初中比上年减少 1 所。初级中学招生比上年增加 4.68 万人；在校学生比上年增加 13.90 万人；初级中学毕业生比上年增加 5.93 万人；初中阶段毛入学率（含职业初中）比上年提高 4.59 个百分点。普通初中学生辍学率 2.63%，比上年下降 0.52 个百分点。普通初中专任教师比上年增加 0.61 万人；职业初中专任教师增加 110 人。初中教师学历合格率为 80.54%，比上年提高 2.41 个百分点，生师比为 19.59∶1；职业初中教师学历合格率为 72.32%，比上年提高 10.04 个百分点，生师比为 19.63∶1。

全省普通高中比上年减少 29 所，招生比上年增加 3.4 万人；在校学生比上年增加 10.39 万人；毕业学生增加 1.29 万人。普通高中专任教师比上年增加 0.28 万人，生师比为 18.79∶1。普通高中专任教师学历合格率为 60.66%，比上年提高 1.59 个百分点。普通高中体育运动场面积、体育器械配备、音乐器械配备、美术器械配备和数学自然实验仪器达标学校的比率分别为 57.82%、60.36%和 51.64%、48.36%、66.55%；建立校园网的学校为总数的 18.36%。

2001 年全省幼儿园在园幼儿（含学前班）比上年减少 7.07 万人；幼儿园教职工减少 5 299 人。

全省特殊教育学校比上年减少 5 所，招生和在校生分别比上年下降 13.70%和 20.57%。在盲哑学校就读的学生 1 801 人，弱智儿童辅读班（校）在校学生 3 655 人。残疾儿童毕业人数 585 人，较上年减少 81 人。全省普通学校设特教班 144 个，入班儿童 1 500 人，普通学校随班就读儿童增加 5 950人，全省 7 至 15 周岁残疾儿童入学率达 70.3%。

全省普通中、小学校舍建筑面积分别为 1 365.36万平方米、1 888.47 万平方米，生均分别达到 5.36 平方米和 4.09 平方米；危房率依次为 0.05%、0.08%，普通中学下降 0.93 个百分点，小学下降 0.96 个百分点。普通初中体育运动场面积、体育器械配备、音乐器械配备、美术器械配备和数学自然实验仪器达标学校的比率分别为 55.73%、60.70% 和 49.91%、48.50%、64.46%；建立校园网的学校占总数的 4.89%；小学的比率分别为 38.58%、28.23% 和 21.60%、20.07%、30.99%；建立校园网的学校占总数的 0.54%。

〔**普及九年义务教育**〕 2001 年，陕西省又有

5个县通过“普九”验收，全省累计已有86个县实现“普九”目标，覆盖人口达84.63%。年内计划“普九”达标的5个县都属于国家级贫困县，办学基础差，工作难度大。近年来，5县市在实施“普九”工作中，努力加大投入，共投入资金2.99亿元，其中靖边县1.01亿元，宜君县3 223万元，商州市8 000万元，志丹县6 299万元，黄龙县2 443.9万元。为确保完成计划任务，省督导团加强了督导检查。截止年底，5县市“普九”工作通过评估验收，扫盲工作通过评估复查，实现了“两基”目标。

〔**高中教育**〕 近几年来，陕西省高中教育处于生源猛增、办学条件不适应、经费紧张的状况。为此，决定把抓好高中教育作为发展基础教育的突破口，全面推进高中学校标准化建设，抓重点中学建设，并启动示范高中建设。省教育厅制订颁发了高中建设标准，由区县搞校建，地市督查验收。同时，宣传眉县和扶风县高中后勤社会化、三原县学校贷款由政府贴息搞校建的经验。组织高中学校相互参观学习，召开重点中学校长会，成立省重点高中校长联谊会。组织教研、电教、条件装备和学校管理等方面的专家，检查验收了7所新的省级重点中学，复查验收了5所老重点中学。到年底，已有15所学校的标准化建设达到省颁标准并通过验收。

〔**课程改革**〕 推动基础教育课程改革，争创国家课程改革实验区。2001年，西安市雁塔区被教育部确定为国家级课改实验区。此外，按照教育部要求，在全省小学三年级起开设英语课，为培养师资，组织了近10次小学英语教师培训班。

〔**改革招生考试制度**〕 2001年，陕西实施高考“3+1”综合改革办法，实行了文科小综合和理科小综合。教研部门先后4次举办“3+x”高考教师培训班，3次举办“3+x”高考研讨班。通过培训教师、训练学生，高考录取控制分数线高于上年。通过实施“3+小综合”改革，中学政治、历史、地理和物理、化学、生物小学科教学及学科之间的综合训练收到良好效果。在中考方面，陕西首次推出了“三试合一”，即对初中毕业生报考高中、中专、职业高中实行统一的招生考试，既减轻了学生多次考试的课业负担和经济负担，又合理配置了高中、中专、职中的生源。

〔**信息技术教育**〕 2001年，陕西省加速发展中小学信息技术教育。(1)转发教育部有关文件，召开专题工作会议，颁发全省工作规划和信息技术教育课教学计划，颁发全省中小学多媒体教室和校园网络配置标准，为在全省开展信息技术教育做好规划和准备。(2)在高中和大中城镇及关中经济发达地区的初中开设信息技术教育课，组织编写教材；培训骨干教师，为在小学开设信息技术课作准备。(3)经省政府同意，确定了收取中小学信息技术课培训费，小学、初中、高中每生每学期分别为40元、45元、60元，解决了学校开设信息技术课设备投入不足、经费紧张的困难。(4)省教育厅和团省委“希望工程”办公室组织有关企业开展对学校信息技术设施的援建工作；省教育厅组织IBM、惠普等公司向大荔县、米脂县以及西安市43中学援建多媒体教室，西安市高新一中向贫困县学校捐赠了多媒体计算机。(5)省电教馆完成国家现代化远程教育扶贫示范工程450个项目的建设和管理工作，对7个国家级贫困县的学校信息化建设起到促进作用。(6)强化了全省90个省级以上现代化教育技术实验学校的管理和建设工作。

〔**督导检查工作**〕 2001年，加强了督导检查工作：(1)重点推进“普九”攻坚，严格评估验收过程。在年内实现“普九”的5县市评估验收中，省督学和有关专业人员共检查乡镇102个，检查覆盖面100%；详查51个乡镇、153个行政村、72所初级中学、230所小学、51所乡镇农技校，均召开了座谈会；查阅了有关档案、教案、作业等。督导检查了县级政府行为到位情况，评估检查了5县市的财政局、教育局、地税局，同时听取了司法、公安、工商、城建等部门关于“两基”实施工作情况介绍。共追回近几年来拖欠教育经费1 585.7万元。(2)对10个县（区）的“两基”工作进行了复查，这些县在“两基”达标后，共投入2亿多元，用于进一步改善办学条件，添置现代化教学设施。(3) 评估眉县中学、志丹中学、宜君中学、黄龙中学、商州市金陵综合中学5所县办中学，促进了这些学校管理的规范化和办学条件的改善。(4) 印发了贯彻省政府关于《陕西省督导规定》的实施意见，由省督导团办公室对部分地市和县的教育督导制度建设情况进行了专项督导检查。(5) 对全省贯彻全国和省基础教育工作会议情况进行了督导检查。

〔**特殊教育“十五”实施方案**〕 2001年10月，陕西省制订并颁发了《陕西省特殊教育工作“十五”实施方案》。方案确定的目标任务是：(1)“十五”期间，西安、咸阳、宝鸡、渭南、铜川、汉中等市（区），适龄视力、听力、智力残疾儿童少年（简称“三类残疾儿童少年”）的义务教育阶段入学率达到85%以上；安康、榆林、延安、商洛等市（地）三类残疾儿童少年的入学率有较大幅度提高。(2) 学前教育。使50%以上的残疾幼儿在幼儿园（所）及学前康复训练机构接受2～3年的学前康复训练、早期智力开发。(3) 高级中等教育。使40%以上经过九年义务教育的三类残疾儿童少年接受高中（中专）阶段教育，60%以上接受中等以上职业教育。(4) 特殊学校的建设。各地市重点抓好特殊教育学校建设，扩大办学规模，提高教育教学质量，贫困县和农村地区仍以随班就读为主，有条件的可以开设特教班和地市特教学校分校。“十五”期间创建8～10所省级示范特殊教育学校。

为实现上述目标任务，拟采取的措施是：(1) 继续根据分区规划、分类指导、分步实施的原则，科学规划，合理安排，推进不同地区、不同类别残疾儿童少年义务教育的持续发展。(2) 各地要在大力普及残疾儿童少年义务教育的基础上，进一步发展学前教育、高级中等教育和高等教育，使特殊教育的体系不断完善。(3) 深化教育教学改革，要根据学生身心特点和发展规律，有针对性地加强德育、体育和美育工作，将残疾学生的身心康复工作贯穿于学校生动活泼的教育教学全过程，使特殊教育质量进一步得到提高。(4) 进一步加强特殊教育师资队伍建设。各地要大力加强特殊教育师资队伍建设，特别是骨干教师的培养、培训工作。依法治教，保证特殊教育战线教职工的工资和特殊教育津贴足额按时发放，在职称评定、表彰奖励等方面给予适当倾斜。(5) 坚持“特教特办”筹措特殊教育经费。(6) 加强对特殊教育的领导和管理。

〔**教师继续教育**〕 2001年，陕西省启动了全省中小学教师继续教育工程。(1) 成立“陕西省中小学教师继续教育工作领导小组”，加强领导；(2) 在各地市推荐上报的基础上，确定2 814名教师为省级骨干培训对象；(3) 确定了陕西师范大学等5所学校为省级骨干教师培训基地，并安排了专项培训经费；(4) 年内共开班14期，参训教师1 600人，完成总任务的64.3%。同时，通过对11个地市继续教育工作的检查评价，推动了全省中小学教师继续教育工作的健康发展。

〔**教育科研**〕 2001年，陕西加大工作力度，狠抓教育科研活动。一方面，通过召开全省基础教育教科研大会、全省中小学心理、健康实验区工作会议、省地县教研室主任会议、教学研究会、名教师示范课、观摩教学课、评教评学等，推广各地的教研教改经验，以提高广大教师参与教研教改的思想认识，激发他们积极参与的自觉性；同时，在全省抓120多所基础教育科研实验学校，抓了实验研究性学习的24个实验学校，以点带面，示范全省。

# 职业教育与成人教育

〔**综述**〕 全省职业高中比上年减少72所；招生比上年减少0.24万人；在校学生比上年减少1.68万人；毕业学生比上年减少0.10万人。职业高中专任教师学历合格率33.51%。职业中学体育运动场面积、体育器械配备、音乐器械配备、美术器械配备和数学自然实验仪器达标学校的比率分别为48.07%、42.11%、35.79%、32.28%和45.61%；建立校园网学校占总数的11.58%。

普通中等专业学校招生比上年减少0.5万人；在校学生比上年减少0.98万人。普通中专学校教职工比上年减少2 053人，其中专任教师比上年减少719人，具有本科以上学历的专任教师比例达到69.17%，生师比为18.84∶1。

成人高中比上年增加1所；招生增加265人；在校学生增加1 581人，毕业学生增加500人。

全省技工学校169所，招生1.36万人，在校学生3.51万人，毕业生1.30万人。技工学校教职工1.02万人，其中专任教师0.45万人。

全省成人技术培训学校比上年减少189所。全年共培训职工5.81万人，培训农民240.46万人。成人初等学校比上年减少2 033所。招生比上年减少2.57万人，在校生比上年减少1.51万人，其中扫盲班在校生14.60万人，比上年减少1.22万人。2001年底全省共扫除青壮年文盲12.40万人。

〔**招生工作**〕 2001年，陕西省采取措施，遏制中等职业学校招生下滑势头，主要措施是：(1)要求各地市根据当地经济和社会发展状况统筹规划高中阶段教育的发展，一方面引导初中毕业生合理分流；一方面，制订措施，为合理分流提供制度保障。(2)允许地市所属省级重点中等职业学校面向全省招生；鼓励省级以上重点中等职业学校按国家有关规定到省外招生。(3)普通中专、成人中专、职业高中分类录取结束后，除普通中专外，其他中等职业学校可免试招收应届和往届初中毕业生。(4)经省教育行政主管部门批准，允许普通中专学校在录取分数线以下招收少量预科生，补习一年文化基础课。(5)继续开展多种形式的联合办学，利用有条件的乡镇成人文化技术学校举办校外班，为农村初中毕业生创造更多的升学机会。(6)各类职业学校可免试招收应届与往届高中毕业生，单独编班，学制1～2年，单独制订教学计划，完成学业后颁发中等职业学校毕业证书。(7)在办好学历教育的同时，充分利用现有资源，招收成人学员，积极开展短期实用技术培训。(8)鼓励部分学校经批准后开展学分制和弹性学制试点，为学生分阶段完成学业创造条件。

〔**教育教学改革**〕 (1)对普通中专学校的学制进行了全面调整，即由原来的以四年制为主调整为以三年制为主。(2)积极推进中等职业学校实行学分制和弹性选课制改革，制订并印发了《陕西省中等职业学校实行学分制和弹性选课制的意见》。10月，举办了职业学校试行学分制研讨班。(3)转发《教育部办公厅关于在部分有条件的中等职业学校做好综合课程教育试验工作的意见》，安排了全省中等职业学校开展综合课程教育试验工作。(4)组织专家对中等职业学校30多个专业的教学计划进行了全面修订。(5)加强教育教学管理，以闭卷考试的形式继续组织对职业高中、职业中专进行质量检测。2001年参加质量检测的学校共有195所，占总数的55%，实际参加检测的学生总数为4.15万人次。(6)选派组织32门课程的60多名教师参加骨干教师国家级培训，举办了计算机、语文、数学、外语、德育等科目的课程改革省级培训班，提高教师专业技能和业务水平，进一步搞好教育教学工作。

〔**骨干学校建设**〕 主要做了以下几个方面的工作：(1) 按照《陕西省县级职教中心建设方案》，继续推进县级职教中心建设，启动了靖边、合阳、宁强、扶风等10县的职教中心建设工作。(2) 组织专家完成了省级重点普通中专学校的评估工作，经省政府同意，确定了陕西省仪祉农业学校等23所普通中专学校为省级重点中等职业学校。(3) 组织专家根据形势的变化，对省级重点职业高中的标准、评估指标体系进行了全面修订。(4) 对省级重点职业高中实行动态管理，对调整工作进行了全面的安排和部署。(5) 根据教育部发展高等职业教育的有关精神，为加快西部大开发培养高级实用型人才的步伐，陕西省决定选择一部分办学条件好、教育质量高、毕业生就业情况较好的国家级重点中专学校，按“2＋3”模式举办5年制高等职业教育的试点，确定的试点学校是西安卫生学校、宝鸡市卫生学校、渭南中医学校和安康卫生学校。

〔**职教师资培养基地建设**〕 省政府印发的《陕西省新世纪教育振兴行动计划》中提出，“5年内在西安交通大学、西北农林科技大学等高等学校建成7个职业教育专任教师和实习指导教师培养培训基地”。根据其建设情况，2001年，西安交通大学、西北农林科技大学、西北轻工业学院被批准为全国重点建设职业教育师资培养培训基地，并已在陕西的职教师资培养培训中发挥作用。同时，决定在西安建筑科技大学、陕西工业职业技术学院、杨凌职业技术学院和陕西省职教中心建立4个省属职教师资培养培训基地，并做了初步规划。

〔**为农服务**〕 一是开展创建“职教兴农示范校”。3月，印发了《关于开展创建“职教兴农示范校”活动的通知》，计划年内建成10个“职教兴农示范校”，在引进项目、培训技术、推广品种及基地示范方面为农业、农民和农村经济服务。二是构建以“职教兴农示范校”为主体，以杨凌示范区为辐射源，以县职教中心为纽带，以乡镇（村组）成人文化技术学校为载体的农村职业教育网络和农业科技推广网络，培训2万余人次，提高了农业劳动者吸纳和应用科技的能力，提高了职业教育在农业经济建设中的贡献率。三是根据教育部《示范乡（镇）成人文化技术学校规程》，印发了《关于评估示范乡（镇）成人文化技术学校的通知》，要求各地市积极建设示范乡（镇）成人文化技术学校，特别是建成一批省级示范学校，为地方的两个文明建设培养更多更好的实用型人才。年底，全省建成各类成人初、中等文化技术学校3.5万所，培训246万人次，建成18所省级示范乡（镇）成人文化技术学校，为提高农民综合素质，推动农村经济发展做出了贡献。

〔**信息化建设**〕 2001年，将职业学校信息化建设列为一项重点工作内容：一是要求31所国家级重点职业学校和23所省级重点普通中专学校进一步完善现代化教育教学设施，充分开发其功能，提高利用率；二是组织落实本省学校信息化建设规划，安排10所以上的职业高中于年内建成校园网；三是要求各学校把计算机教育做为全体学生的必修课，同时，指导部分普通中专学校开设信息化教育专业；四是举办了两期网络管理人员培训班，培训中等职业学校教师200多人次。

〔**社会力量办学**〕 2001年，陕西在规范社会力量办学行为和提高办学效益方面加大了工作力度，依法对社会力量举办的52所中等职业学校进行了检查，撤销了陕西振华职业技术学校等11所办学条件差、办学行为不规范学校的办学资格。在抓财务、教学、学籍管理的基础上，进一步抓了学生管理，后勤管理和安全工作，规范了学校的办学行为。民办中等职业教育办学效益显著提高，在学校总数减少的情况下，招生数比上年增加2 000多人，有3所学校已经申报了省级重点学校。

# 高 等 教 育

〔**综述**〕　2001年，陕西省新设立6所职业技术学院，4所民办高校更名后已在教育部备案。全省普通高校比上年增加8所，其中中央部委院校比上年减少1所。

2001年，普通高校招收研究生和在学研究生分别比上年增长30.29%和32.14%；其中招收博士研究生1 832人，比上年增长32.08%，招收硕士研究生7 872人，比上年增长34.77%。

普通高等学校招收本专科生比上年增加1.72万人。本专科招生比例为1.35∶1。普通高等学校本专科在校学生比上年增加6.9万人。普通高等学校在校学生平均规模由上年的0.80万人提高到1.00万人。

普通高等学校的专任教师比上年增加0.29万人。副高级以上职称教师9 541人，占专任教师总数的40.41%。生师比由上年的11.67∶1提高到13.44∶1。

普通高等学校校舍建筑总面积1 222.02万平方米，比上年增加314.71万平方米，生均校舍建筑面积29.01平方米（按折合计算），比上年减少0.05平方米。生均宿舍面积5.87平方米，比上年增加1.48平方米。生均藏书68.80册，减少10.79册。

普通高校后勤社会化取得进展，高校发展的“瓶颈”问题得到缓解。2001年竣工的大学生公寓面积高达80万平方米，完成投资12亿元。

全省成人高等学校比上年减少3所。成人高等学历教育招收本专科生（含普通高校举办的夜大、函授、成人脱产班）7.78万人；本专科在校生18.2万人，其中本科生4.3万人，专科生13.9万人。成人高等学校专任教师比上年减少32人。专任教师中副高级以上职称教师875人，比上年增加10人。成人高等学校校舍建筑总面积111.06万平方米，比上年增加4.37万平方米，生均校舍面积由上年的21.46平方米减少到19.37平方米。

社会力量举办的非学历高等教育机构63所，其中规模在千人以上的民办高等教育机构22所，学历文凭试点机构36所。2001年结业生2.70万人；招生6.26万人，其中学历文凭试点1.86万人；在校生13.99万人，其中学历文凭试点4.21万人。社会力量举办的非学历高等教育机构现有专职教职工7 763人、专职教师2714人、兼职教师6 035人。

〔**教育教学改革**〕　连续两年扩招，为陕西高等教育发展带来机遇，但同时带来生源质量下降、教师紧缺、教学条件不足、教学投入不到位等新问题。2001年，陕西从实际出发，继续深化教育教学改革，在全省高校推出了四项改革措施：(1)实施跨校选课。利用西安、咸阳高校相对集中的特点，通过推出一批名师、名课，或同一课程不同风格的讲授，为不同学校的学生跨校选课、选专业提供了更广阔的学习空间，以构建立体型的人才培养模式和体系。4月，印发了《陕西省高等学校跨校选课实施方案》。跨校选专业的实施方案正在制订中。(2)创建名牌专业。制订了《陕西省普通高等学校本科名牌专业评估方案》，经过广泛征求意见、组织专家试评，修订完善后于10月正式颁发。(3)推行单性学制。印发了《陕西高等学校“浮动学制”管理办法》，以“公开、公平、公正”的原则为指导，放宽报名条件，改革考试形式和录取办法，调动高职高专学生的学习积极性。报名参加“专升本”考试的达8 410人，涉及54个专业，录取2 600余人，约占二年级专科（高职）学生总数的15%。另外，鼓励高校实施弹性学制，推行学分制，允许学生提前或推迟毕业，以解决扩招带来的生源质量参差不齐的问题。(4)加强教学督导。3月，成立省高等学校教学督导委员会。制订印发了《陕西高等学校教学督导暂行规定》。教学督导委员会受省教育厅委托对全省高校的教学工作进行监督、检查、评估、指导。各高校建立教学督导专家组，参与本校教学质量的监控工作。6月，教学督导委员会分7个小组，对全省高校教学工作进行了一次全面检查。

〔**科研基地建设**〕 2001年，陕西省高校重视科研基地建设。(1) 改革省级重点实验室投入方式，变过去的单纯以资助建设项目为主为以资助开发研究项目为主。(2) 对设在省属高校中的省级重点实验室进行了全方位评估，变过去的终身制为优胜劣汰制。(3) 启动重点实验室对外开放，吸收高层次人才作访问学者。(4) 使省属高校基础较好的研究基地通过竞争进入教育部工程研究中心和人文社科基地，西安建筑科技大学粉体工程研究所被教育部定为“教育部生态水泥工程研究中心”，并获资助资金100万元。西北大学“西部经济发展研究中心”被定为“教育部人文社科研究基地”。(5) 经教育部、科技部组织专家评审，西安交通大学、西北农林科技大学、西北工业大学3校的科技园进入首批国家级大学科技园。(6) 在广泛听取意见、充分论证的基础上，策划成立“陕西省纳米材料与技术研究重点实验室”，论证报告已提交省政府。成立该实验室，一改过去利用一校一专业优势建立科研基地，而是实行了跨学校跨专业的强强联合。在2001年科研基地的产出成果中，获得国家科技进步奖一等奖1项，获国家自然科学发明二等奖1项，获省政府科技进步奖一等奖3项。

〔**学位与研究生教育**〕 2001年，陕西省坚持“加强建设，积极发展，深化改革，提高质量”的工作思路，以加强学科建设，提高培养质量为重点，促进了学位与研究生教育整体水平的提高。(1) 重新修订了《陕西省“十五”学科建设发展规划》。(2) 制订了《陕西省高等学校重点学科暂行管理办法》并开始执行。(3) 省学位办组织人员对全省33所高等学校的重点学科建设情况进行调查研究，提出了《陕西省高等学校重点学科建设调查报告》。(4) 召开陕西省高等学校重点学科建设工作会议，授予14所高校重点学科建设先进单位称号，对获得全国优秀博士论文、陕西省优秀博士论文的作者和导师进行了表彰奖励。(5) 对成人本科学士学位工作进行调查研究，并召开工作会议，明确了工作秩序，规范了管理制度。(6) 对1996年以来教育系统入选为“三五人才”的121名第一、第二层次人员进行了综合考察，其中80名为优秀，其余为合格；对131名申报人员组织专家评审，评出39名作为“三五人才”第二层次人选。(7) 西北大学、西安交通大学、西北工业大学、第四军医大学等经过“211工程”一期建设，在重点学科、基础设施和公共服务体系建设方面取得显著成效，顺利通过国家验收。(8) 采取措施做好国家重点学科的申报工作，全省有13所高校共申报国家重点学科121项，进入答辩的有74项。(9) 有6篇论文入选全国百篇优秀博士学位论文。

〔**科技产业化项目**〕 (1) 2001年，经过专家评审、答辩、实地考察，从各高校申报的45个项目中筛选，确定了26个有一定研究基础，科技含量高、能够紧密结合经济建设、未来市场前景较为广阔的产业化项目，共投入经费255万元扶持，为科技成果转化和产业化奠定了基础。(2) 在专项项目立项中，剔除了一部分低水平、低层次、重复研究的项目，集中有限资金资助有较高研究水平的项目。(3) 组织全省高校申报国家及有关省部委和本省的基金项目和重大产业化项目。2001年，省教育厅共向国家基金委和有关部委以及陕西省推荐重点项目270个。(4) 鼓励高校积极承担企业的技术开发研究项目。通过以上的工作。2001年，全省高校共获得各类研究经费10.47亿元，比上年增加0.84亿元；签订各类技术合同1 390项，技术合同成交额近2.83亿元；申请专利181项，比上年增加46项，累计总数达到1 008项，鉴定科技成果160多项。

〔**高校毕业生就业工作**〕 2001年，陕西省普通高等学校毕业研究生、本、专科毕业生，年内落实就业单位的分别占总数的99.8%、94.44%和48.17%。主要做了以下工作：(1) 广泛收集省内外人才需求信息，先后将2万条就业信息4万个就业岗位输入计算机，建立了人才需求信息库；制作68块人才需求信息展版，计136平方米，方便了毕业生择业查询；编印《西北地区2001年普通高校毕业生、研究生资源情况》，向省内外用人单位寄送3 000余册。(2) 省教育厅与陕西地区42所普通高校联合举办2001年普通高校研究生、本专科毕业供需洽谈会，有3 000多个用人单位和数万名毕业生参加，签约率和达成意向均高于往年。(3) 先后印发了《关于下达陕西省2001年普通高等学校毕业生就业方案的通知》、《关于下达陕西省2001年陕西省接收省外高校毕业生就业有关问题的函》和《关于2001年省外事高校毕业生回陕就业方案的函》等文件，放宽了政策，简化了派遣手续，为毕业生创造了宽松的就业环境。(4) 评选表彰了普通高校优秀毕业生727名、优秀毕业生干部253名。

〔**高等教育学历证书电子注册**〕 为进一步加强学籍管理工作，省教育厅印发了《关于2001年普通高等教育学历证书管理及电子注册有关事项的通知》和《关于2001年成人高等教育学历证书管理实行电子注册有关事项通知》等文件，多次召开会议安排部署。共完成全省43所普通高校、67个成人高等教育和40个研究生培养单位8.59万名毕业生的学历证书电子注册。

〔**高职高专教育**〕 (1) 为推动高职高专院校教学改革，探讨符合省情的办学模式，于4月底召开了高职高专教育工作研讨会。会上成立了陕西省高职高专教育协作委员会，发挥院校之间的交流与协作作用。(2) 积极组织高职高专院校搞好专业基本建设和组织申报工作，9所学校的14个专业通过了教育部评审。并积极进行省级高职高专"试点专业"建设的前期准备工作。(3) 实施省级高职高专教改立项工程，对各高职高专院校报送的立项材料，经专家组评审，最后确定教改项目内容和实施细则。同时，组织有关高职高专院校申报国家级高职高专教改项目。

〔**高校后勤社会化改革**〕 (1) 年初召开了第二次全省高校后勤社会化改革工作会议，提出了工作目标和措施，明确了工作开展方向。(2) 先后制订印发了《陕西省高等学校后勤与行政管理系统规范分离实施意见》和《关于进一步推动我省高校后勤社会化改革工作的若干意见》。(3) 西安交通大学、西北农林科技大学、西安科技学院、榆林高等专科学校、商洛师范专科学校等学校的后勤集团，在与学校行政规范剥离后，已正式注册为企业法人。到年底，已有30多所学校的后勤与行政实现了规范剥离。全省高校后勤集团下设二级实体共200多个，其中注册为企业法人的有近50个。

〔**教师队伍建设**〕 教师职称评定。有718人评定职称，其中教授194人，副教授453人；高级工程师34人，工程师10人；高级实验师22人，实验师5人。高师培训。适度扩大研究生课程班的招生规模，在省高师培训中心增设体育、艺术、英语等专业，共招收128名学员进校学习提高。高层次人才引进。为156名高层次人才落实优惠待遇，西北工业大学等院校聘请兼职院士6名，引进院士2名，为学校发展奠定了基础。建立高层次专家库、建立院士库、"高校高层次人才库"等。

〔**民办高等教育**〕 2001年，陕西在积极扶持民办高等教育发展的同时，加强了对社会力量办学行为的规范和管理：(1) 印发《陕西省社会力量举办非学历教育机构的暂行规定》、《高等教育学历文凭考试试点院校综合评估方案》等，引导民办高校强化内部管理。(2) 召开"全省民办高校党建工作会议"以及"高教学历文凭考试工作会议"，推动全省民办高校党建和管理工作上新台阶，促进高教学历文凭考试工作健康发展。(3) 为规范民办高校招生工作，制订印发了《陕西省民办高等教育机构刊播招生广告（简章）的暂行规定》、《陕西省民办高等教育机构招生管理的暂行规定》等文件。下达了2001年民办高校招生指导计划，解决了民办高校超能力招生问题。对违规招生、乱发招生简章的西安国际商贸专修学院等校进行查处，保证了民办高等教育健康发展。(4) 严格执行年检制度和审批制度：为147所民办学校和教育机构换发了办学许可证，并注销32所不具备办学资格的民办教育机构，暂停5所高教学历文凭试点学校的试点资格。新批准成立10所民办教育机构，批准7所民办高校进行高教学历文凭试点工作。(5) 开展了“民办高等教育面向21世纪改革与发展研究”项目，使民办高校的教育科研工作迈出新步伐。

〔**教育交流**〕 2001年，陕西省进一步加强教育国际合作与交流。(1) 加强引进智力工作。到年底，陕西省高校先后与境外30多个国家和地区的100多个高等学校、科研院所、公司企业和国际组织建立长期学术交流与科技合作关系。全年共邀请有关国家和地区的教育考察、学术交流、专家学者团组469批、2 162人；有335个团组、547名专家、学者及管理人员赴国(境)外进行考察和合作研究；中外双方联合在陕举办学术会议22次，接受境外机构捐赠图书资料、教学科研设备，价值约3 677.75万元人民币。(2) 在聘请外国文教专家工作中，按照“保重点、保急需、重实效”的工作方针，把聘请重点放在保证重点学科、扶持新兴学科、支持新建学科的建设上。截止12月，全省具有聘请外国文教专家资格的院校56所，聘请长期外国文教专家133人，短期专家110人。(3) 在出国留学工作中，按照教学科研的需要和人才培养计划，先后向国（境）外派遣各类留学人员888人，其中国家公派132人，单位派出322人，具有大专以上学历自费出国留学人员434人。同时积极制订优惠措施，努力营造留学人员归国回陕服务的环境，截止12月，陕西高校出国留学人员学成回陕创业、工作的达359人。(4) 2001年，共招收外国留学生774人，在校留学生共有1 014人，所学专业涉及西医、中医、电子、公路、航空、师范、美术、音乐、汉语等。(5) 2001年，共批准中外合作办学机构17个，其中11个领取了《中外合作办学许可证》，已进入招生阶段。为加强对此项工作的管理，陕西省制订了《中外合作办学审批暂行规定》、《陕西省中外合作举办非学历教育机构设置基本条件实施细则》。

撰稿　魏天纬　杨建文
审稿　薛　耀

# 甘肃省教育

## 概　况

〔基本情况〕

**2001年各级普通学校基本情况**

单位：人

| 学校类别 | 学校数（所） | 毕业生数 | 招生数 | 在校生数 | 教职工数 | |
|---|---|---|---|---|---|---|
| | | | | | 合　计 | 其中：专任教师 |
| **总　计** | **21 742** | **897 587** | **1 573 488** | **5 321 213** | **270 850** | **229 749** |
| 一、研究生 | (17) | 865 | 2 147 | 4 781 | | |
| 1. 高等学校 | (8) | 741 | 1 914 | 4 153 | | |
| 2. 科研机构 | (9) | 124 | 233 | 628 | | |
| 二、普通高等学校本专科 | 25 | 17 000 | 45 382 | 110 898 | 19 189 | 8 826 |
| 本科院校 | 12 | 13 007 | 32 735 | 84 881 | 14 964 | 6 567 |
| 专科院校 | 13 | 3 581 | 11 601 | 24 311 | 4 225 | 2 259 |
| 分校、大专班 | | 412 | 1 046 | 1 706 | | |
| 三、普通中等学校 | 2 237 | 389 861 | 601 605 | 1 604 084 | 109 725 | 89 849 |
| 1. 中等专业学校 | 104 | 21 200 | 33 067 | 91 582 | 12 307 | 6 812 |
| 中等技术学校 | 85 | 17 015 | 28 507 | 74 822 | 9 795 | 5 269 |
| 中等师范学校 | 19 | 4 185 | 4 560 | 16 760 | 2 512 | 1 543 |
| 2. 技工学校 | | | | | | |
| 3. 普通中学 | 1 979 | 351 876 | 547 593 | 1 459 845 | 91 315 | 78 439 |
| 高中 | 435 | 62 793 | 109 805 | 276 573 | | 16 562 |
| 初中 | 1 544 | 289 083 | 437 788 | 1 183 272 | | 61 877 |
| 4. 职业中学 | 154 | 16 785 | 20 945 | 52 657 | 6 103 | 4 598 |
| 高中 | 144 | 15 735 | 19 419 | 48 531 | | 4 355 |
| 初中 | 10 | 1 050 | 1 526 | 4 126 | | 243 |
| 5. 工读学校 | | | | | | |
| 四、小学 | 17 477 | 488 961 | 601 257 | 3 189 816 | 127 903 | 122 038 |
| 五、特殊教育学校 | 11 | 900 | 1 644 | 9 953 | 354 | 271 |
| 六、幼儿园 | 1 992 | | 321 453 | 401 681 | 13 679 | 8 765 |

## 2001年各级成人学校基本情况

单位：人

| 学校类别 | 学校数(所) | 毕业生数 | 招生数 | 在校学生数 | 教职工数 | |
|---|---|---|---|---|---|---|
| | | | | | 合 计 | 其中：专任教师 |
| **总 计** | **19 898** | **2 232 956** | **2 181 315** | **1 566 027** | **36 588** | **5 721** |
| 一、成人高等学校 | 13 | 12 582 | 34 472 | 70 649 | 1 397 | 824 |
| 1. 广播电视大学 | 1 | 1 732 | 4 487 | 9 354 | 187 | 67 |
| 2. 职工高等学校 | 10 | 864 | 1 718 | 4 135 | 918 | 594 |
| 3. 农民高等学校 | | | | | | |
| 4. 管理干部学院 | | | | | | |
| 5. 教育学院 | 2 | 555 | 1 995 | 3 767 | 292 | 163 |
| 6. 独立函授学院 | | | | | | |
| 7. 普通高等学校举办： | (25) | 9 431 | 26 272 | 53 393 | | |
| 函授部 | | 4 239 | 12 946 | 28 439 | | |
| 夜大学 | | 1 271 | 3 206 | 6 886 | | |
| 成人脱产班 | | 3 921 | 10 120 | 18 068 | | |
| 二、成人中等学校 | 12 018 | 2 018 517 | 1 896 566 | 1 276 338 | 19 822 | 4 118 |
| 1. 成人中等专业学校 | 172 | 22 427 | 18 824 | 53 002 | 2 609 | 1 426 |
| 广播电视中等专业学校 | 2 | 5 163 | 4 736 | 15 031 | 568 | 265 |
| 职工中等专业学校 | 20 | 2 643 | 1 440 | 4 686 | 765 | 411 |
| 干部中等专业学校 | 2 | 192 | 112 | 202 | 117 | 55 |
| 农民中等专业学校 | 2 | 141 | 32 | 142 | 14 | 6 |
| 函授中等专业学校 | 1 | 1 128 | 678 | 1 607 | 264 | 105 |
| 教师进修学校 | 28 | 1 688 | 1 915 | 4 614 | 881 | 584 |
| 其他类学校举办 | 117 | 11 472 | 9 911 | 26 720 | | |
| 2. 成人中学 | 2 | 164 | 80 | 80 | 10 | 10 |
| 职工中学 | 2 | 164 | 80 | 80 | 10 | 10 |
| 农民中学 | | | | | | |
| 3. 成人技术培训学校 | 11 844 | 1 995 926 | 1 877 662 | 1 223 256 | 17 203 | 2 682 |
| 职工技术培训学校 | 161 | 44 557 | 68 767 | 35 396 | 1 336 | 1 081 |
| 农民技术培训学校 | 11 683 | 1 951 369 | 1 808 895 | 1 187 860 | 15 867 | 1 601 |
| 三、成人初等学校 | 7 867 | 201 857 | 250 277 | 219 040 | 15 369 | 779 |
| 1. 职工初等学校 | 2 | 400 | 580 | 740 | 48 | 48 |
| 2. 农民初等学校 | 7 865 | 201 457 | 249 697 | 218 300 | 15 321 | 731 |
| 其中：扫盲班 | 7 529 | 167 264 | 219 263 | 188 018 | 14 901 | 659 |

〔**年度工作方针**〕　2001年全省教育工作的指导方针是：以邓小平理论为指导，按照“三个代表”的要求，深入学习贯彻党的十五届五中全会和省委九届三次会议精神，落实第三次全国、全省教育工作会议精神和教育振兴行动计划，服从服务于新世纪全省经济建设和西部大开发的大局，坚持教育适度超前发展，认真组织实施《甘肃省教育事业“十五”计划》；进一步深化教育体制和运行机制的改革；加大教育结构调整力度；加快教育现代化、信息化进程；坚持依法治教，全面推进素质教育，全面提高教育质量和办学效益，为进一步实施“科教兴省”战略和西部大开发奠定坚实的人才基础，实现“十五”教育改革和发展的良好开局。2001年，全省教育事业着力抓好七个方面的工作：一是坚持教育适度超前发展，把“两基”作为教育工作的“重中之重”，加快高中阶段教育和高等教育发展；二是适应全省经济结构的战略性调整，加大教育结构调整力度；三是大力推进素质教育，加强教师队伍建设，努力提高教育质量；四是加强制度创新，深化体制改革，推进依法治教；五是加快教育信息化步伐，提高教育现代化水平；六是大力推进产学研结合和重点学科建设，积极参与全省创新体系建设；七是进一步完善教育投入机制，为教育发展提供保障。

〔**教育投入与支出**〕　2001年，全省教育经费总支出68.24亿元，比上年增长30.43%；其中，国家财政预算内教育经费支出43.96亿元，占总支出的64.42%，比上年增长27.09%。全省地方财政预算内教育经费支出为39.83亿元，比上年增长7.5%。

〔**信息技术教育**〕　制发了《关于在中小学普及信息技术教育的实施意见》和《甘肃省中小学信息化建设规范（试行）》，提出了今后5～10年在中小学普及信息技术教育的指导思想和发展目标。在天水、酒泉两地（市）和4所学校开展了信息技术教育试点。教育部现代远程教育扶贫示范工程项目、李嘉诚基金会西部中小学现代远程教育项目联合实施计划正式启动，镇原等6县（市）的450所学校被列为试点学校。4所学校被列为教育部“中西部中小学校园网建设和师资培训示范项目”试点校。全省各县的中小学信息技术教学骨干教师和网管人员信息技术教育培训工作全面展开。2001年，全省普通中学有计算机3万台，校园（局域）网82个；小学有计算机近2万台，校园（局域）网151个。中小学计算机总数比上年增加近2万台，校园（局域）网增加116个。开设信息技术课程的高中、初中、小学分别为305所、536所和738所，分别占全省同类学校总数的70.1%、44.7%和4.2%。

中等职业教育信息化建设也取得新进展，全省有70所职业中学建成了校局域网，22所职业中学接入了宽带网，上网学校数达50%以上。古浪县黄羊川职业中学充分发挥校园网为当地经济建设和农民脱贫致富服务的作用，取得良好的社会、经济效益。

高校校园网建设发展迅速。兰州教育科研计算机城域网建设进展顺利，宽带光缆已联通兰州城区高校和部分中小学。国家西部大学校园网建设计划启动，全省12所本科高校共获得投入7 000多万元。

〔**“国家贫困地区义务教育工程”**〕　二期“国家贫困地区义务教育工程”于2001年10月正式启动。项目覆盖9个地区（州、市）的29个县，总投资4.2亿元。中央、省级配套资金已足额落实，省教育厅、财政厅向各项目地、县下达了第二期“义教工程”中央和省级专款额度，并与项目地、县政府签订了项目责任书，明确了各自的职责。600多人受到项目管理和土建管理培训。

〔**教育对口支援**〕　省教育厅与天津市教委签订了2001年对口支援《协议书》。100名天津教师在甘肃14个县的100所学校支教。天津师范大学等院校为甘肃18个县免费招收、培养教师36名。天津市还组织11名特级教师、高级教师组成巡回讲学团，受到欢迎。省内大中城市、高等学校对口支援贫困地区、民族地区教育工作得到进一步落实。省教育厅、省直机关工委根据省政府的意见，先后两次召开“学校对口支援工作座谈会”，总结经验，部署工作。兰州等地市和兰大等高校结合实际，开展了形式多样、内容丰富的支援活动。根据省委组织部、省人事厅、省教育厅、省财政厅《关于在高等学校为甘南州代培少数民族干部的通知》，在甘肃工业大学、甘肃农业大学、兰州医学院、西北师范大学4所高校23个专业，为甘南州代培少数民族干部50人。2001年，天津市支援甘肃省教育系统资金300多万元和价值200多万元的教学仪器设备、衣物等。省直机关支援贫困地区、民族地区学校资金200多万元、衣物3万多件、图书2万多册，新建学校7所，修建校舍4万多平方米，救助特困学生733名。高等学校支援贫困地区、民族地区学校物资、设备总价值55万元。

撰稿　马正学

# 基础教育

〔**综述**〕　2001年，全省幼儿园比上年减少257所，在园（班）幼儿比上年减少2.63万人。小学比上年减少4 080所，在校生比上年增加2.52万人；适龄儿童入学率98.02%，其中适龄女童入学率97.67%，分别比上年下降0.81和0.90个百分点；小学生年辍学率2.57%，其中女生2.95%，分别比上年上升0.92和0.99个百分点；小学毕业生升入普通初中升学率89.53%，其中女生87.58%，分别比上年下降1.45和0.89个百分点。初中比上年减少71所，在校生比上年增加9.81万人，增长率9%；初中学龄人口入学率77.37%，其中适龄女少年入学率76.25%，分别比上年下降6.92和5.66个百分点；初中学生年辍学率3.28%，比上年下降0.52个百分点，女学生年辍学率4.15%，比上年上升0.25个百分点；初中毕业生升入普通高中的升学率37.98%，比上年上升4.5个百分点。普通高中435所（其中完全中学395所，高中40所），比上年增加16所，在校生比上年增加4.71万人，增长率20.5%；招生数比上年增加1.9万人，增长20.9%；毕业生比上年增加0.63万人，增长率11.2%。特殊教育学校比上年减少1所，接受义务教育的残疾儿童少年比上年增加0.35万人，增长率达54.6%。全年扫除青壮年文盲16.7万人。

〔**全省基础教育工作会议**〕　省政府于2001年8月召开全省基础教育工作会议，印发了《甘肃省人民政府关于加快基础教育改革与发展的决定》。《决定》提出了“十五”期间全省基础教育改革的主要任务和发展目标，确立了“在国务院领导下，由地方政府负责、分级管理、以县为主”的管理体制，并就调整中小学布局、加大基础教育投入、对贫困地区实行重点扶持、加快中小学信息技术教育发展、加强教师队伍建设、全面推行素质教育、加强基础教育法制建设等作出一系列决定。

省教育厅、省财政厅等部门及各地、县政府认真贯彻全国、全省基础教育工作会议精神，采取有力措施，加快基础教育发展。省政府在临夏州、陇南地区及张掖市、庄浪县、合水县、通渭县、会宁县2地（州）5个县开展教职工工资由县财政统一发放试点，逐步向全省推开。省体改委、省教育厅、财政厅、农牧厅、物价局、新闻出版局、地税局等有关部门制定、出台了《关于继续做好农村教育费附加征收管理工作的通知》等10多个重要文件。副省长李重庵带领有关部门负责同志，深入庆阳、平凉、定西等地区，就贯彻落实全省基础教育工作会议精神、完善农村义务教育体制、落实“两基”重中之重地位等情况进行调研、指导。省教育厅发出了《关于学习贯彻全省基础教育工作会议精神的通知》，在各地教育行政部门和中小学开展了

“贯彻《决定》精神，更新教育观念、推进素质教育”活动。教育部组织的“更新教育观念巡回报告团”，在兰州、白银作专题报告。一些地（州、市）县也相继召开基础教育工作会议，出台了相应的政策措施，以改革农村教育体制为重点，深化基础教育改革。

〔**“两基”工作**〕 “九五”期间全省“两基”工作成功的做法和经验是：坚持“两基”重中之重地位，制定合理发展规划；完善管理体制，落实政府职责；拓宽筹资渠道，落实办学经费；调整学校布局，提高办学效益；坚持并重并举，加大扫盲力度；加强检查指导，实行动态管理；加大宣传力度，树立教育优先发展意识；全党动员，全民动手，开展扶贫支教活动；树立超前意识，贷款负债办教育；开展送教下乡，加强薄弱环节；重点扶持民族地区、贫困地区教育；抓好“两基”巩固提高，全面推进素质教育。在总结经验的基础上，2001年省教育厅制定了《甘肃省教育事业“十五”计划》，把坚持“两基”重中之重地位作为“十五”期间全省教育事业发展的战略要点之一，提出到“十五”末期，全省74个县（市、区）、85%的人口地区实现“两基”的奋斗目标。全省基础教育工作会议召开后，根据会议精神，省教育厅对全省“两基”工作的形势、任务进行了全面分析，提出了“分区规划、分类指导、分步实施、全面推进”的指导思想，着重抓好29个县的“两基”攻坚和58个县的巩固提高，并制订了“十五”期间“两基”工作的具体实施计划。

2001年，教育部、财政部、国家计委授予甘肃省政府“推进两基成就奖”，授予酒泉地区、永登县、镇原县、迭部县、省财政厅、张掖地区教育处、天水市计委、静宁县“全国两基工作先进地区（单位）”称号，授予万治贵等26人“全国两基工作先进个人”称号。省教育厅、省财政厅、省计委也对“九五”期间“两基”工作成绩突出的一些地区和个人进行了表彰奖励，授予平凉市等13个县（市）“全省两基工作先进县（市）”称号，授予白银市教委等20个单位“全省两基工作先进单位”称号，授予80名同志“全省两基工作先进个人”称号。8月，省教育厅基础教育处被甘肃省委、省政府授予“全省扶贫开发工作先进集体”称号。天水市教委荣获联合国教科文组织颁发的“世宗国王”扫盲奖。

〔**素质教育**〕 2001年2月，省教育厅印发了《关于认真学习〈中共中央办公厅国务院办公厅关于适应新形势进一步加强和改进中小学德育工作的意见〉的通知》，要求各级教育行政部门和中小学校，以宣传、贯彻《意见》为契机，开展大学习、大讨论，坚持把德育工作摆在素质教育的首要位置，树立育人为本的思想，将“思想政治素质是最重要的素质”的要求落实到教学工作的各个环节，切实提高德育工作的针对性和实效性。春季开学时，全省中小学普遍开展了以遵纪守法、崇尚科学、抵制邪教为主要内容的“校园拒绝邪教”活动。

经教育部批准，兰州市城关区、七里河区被列为国家基础教育课程改革实验区，103所小学按计划开始了课改实验。省教育厅制定了《甘肃省国家基础教育课程改革实验区工作方案》，提出分三步走的课程改革实验及推广计划，成立了课改领导小组、专家指导组和工作小组。暑假期间，选派58名骨干教师参加教育部举办的培训，回来后对两个实验区的1600多名小学教师进行了全员培训。

2001年加强对中小学教学用书的审查、管理。省体改办、省教育厅、省新闻出版局等部门转发了《国务院办公厅转发体改办等部门关于降低中小学教材价格深化教材管理体制改革意见的通知》、《关于印发中小学教辅材料管理办法的通知》、《关于推广使用黑白版教材的通知》，制定了中小学教辅材料管理办法。省教育厅严格审查中小学教学用书目录，印发了2002年春季、秋季普通中小学教学用书《目录》，取消原《教辅读物》项目，增设《推荐书目》项目，严禁学校擅自扩大征订范围、增加品种，严禁书目以外的教材、图书学具和音像资料进课堂，在农村地区推广使用黑白版教材，减轻农村学生的经济负担。2001年秋季会宁、庄浪等20多个贫困县和少数民族县的20多万名中小学生享受了国家提供的价值达605万元的免费教科书。

省教育厅印发了《关于积极推进小学开设英语课程的意见》，从2001年秋季开始，地、州、市政府（行署）所在地小学和有条件的县城小学逐步开设英语课程，其他乡镇中心小学从2003年秋季起逐步开设英语课程。各地积极组织教师收看中国教育电视台的《小学英语同步课堂》节目，开展小学英语教师在职培训。

加强青少年校外活动场所建设。在调研基础上，确定玉门市等12个县（市、区）为2000年度申报国家首批扶持青少年校外活动场所建设项目。2001年10月，全国青少年校外教育联席会议和财政部正式批准了这12个项目，并拨款1 440万予以扶持。

〔**高中教育**〕　在《甘肃省人民政府关于加快基础教育改革与发展的决定》中提出：努力发展高中阶段教育。每县首先集中力量办好一所普通高中。“十五”期间，全省建成35所省级示范性普通高中。未实现“两基”的地方，适度发展高中阶段教育；已实现“两基”的地方，高中阶段教育要有较大发展；城区和经济较发达地区的高中阶段教育要基本满足社会的需求。鼓励有条件的地区实行完全中学的高、初中分离，努力扩大高中规模。鼓励社会力量举办高中阶段教育。鼓励发展普通教育与职业教育相沟通的高级中学。2001年全省各地积极贯彻省政府《决定》精神。

从2001年秋季起，全省普通高中在高中一年级开始使用《全日制普通高级中学课程计划（试验修订稿）》和经修订的各科教学大纲与教材（简称“新课程方案”）。为保证此项工作顺利实施，省教育厅印发了《关于实施普通高级中学新课程方案的通知》，举办了2期新课程方案教师培训班，培训各地、州、市教育管理人员、各县一中校长、各学科教师约1 600人。暑假期间，天津市教委派来的优秀教师在全省各地进行以实施新课程方案及各科教学案例分析为主要内容的巡回讲学，帮助培训高中教师1 500余人。保证了秋季新学年开学时，全省普通高中全部实施了新课程方案。

2001年省教育厅制发了《甘肃省普通高中毕业会考制度改革实施意见（试行）》和《甘肃省初中毕业及升学考试（中考）管理办法》，对会考的科目、内容、形式等方面进行改革。改革后的高中会考制度与过去相比有七个明显变化：一是考试科目有所增加，新增了信息技术科目；二是考试次数有所减少，由过去的每年2次正考、2次补考改为每年3次考试；三是考试时间有所调整，根据普通高中新课程计划的安排，对部分科目的考试时间作了相应调整；四是考试形式向多样化发展，除传统的闭卷考试形式外，政治、语文实行开卷考试，英语增加听力测试，信息技术实行无纸化考试；五是考查科目的考查统一由地州市教委（处、局）组织实施，时间集中在10月份；六是普通高中学生学籍的管理权限下放到地州市；七是高中会考向社会开放，允许社会类考生参加会考。

〔**幼儿教育**〕　省教育厅转发了教育部《关于实施幼儿园教育纲要的通知》，把实施《幼儿园教育纲要》作为强化幼儿园管理、提高学前教育水平的重要措施，提出具体工作要求。同时选派武威、张掖、陇南地区60多名骨干教师到外地参观学习，培训提高。

按时完成了联合国儿基会1996～2000周期“促进贫困地区初等教育”项目的总结、评审工作。在此基础上，积极申报2001～2005周期项目。经教育部和儿基会批准，儿基会“早期儿童养育与发展”（简称ECCD）项目在平凉市、西和县、靖远县实施；“促进贫困地区初等教育”项目在平凉市、永登县、天祝县、康县实施。9月，召开了省级ECCD项目启动会，开展了项目管理人员培训，按时完成了项目活动计划并进行了年度总结。同时在临夏市实施新西兰援助的贫困地区早期儿童发展项目。

〔**特殊教育**〕　2001年5月，省政府印发了《甘肃省残疾人事业发展“十五”计划》，提出贯彻落实全国特殊教育工作会议精神的8项措施：将残疾儿童少年教育纳入义务教育体系，以推广随班就读为主体，使全省适龄残疾儿童少年义务教育入学率达到80%以上；建立学前教育、义务教育、中等职业教育、高等教育相互衔接的残疾人特殊教育体系；完善落实普通高校招收残疾考生的政策；建立、完善残疾人职业教育机构；加强特教师资队伍建设；各级政府建立健全残疾儿童少年教育助学金制度；建立省级特殊教育专项补助费；开展扫除残疾青壮年文盲工作等。10月，省财政厅、省教育厅第一次设立了省级特殊教育专项补助费30万元，用于全省特教学校、特教班建设和特殊教育师资培训。为解决残疾儿童入学中的难点，提高盲童的入学率，省教育厅协同省残联认真组织实施资助盲童入学的“长江新里程计划”，各地（州、市）经过筛选、确定600名接受资助的盲童名单。12月，平凉市、高台县被教育部、民政部、中残联授予“全国特殊教育先进县（市）”称号，杨兴胜等4人获“全国特殊教育先进个人”称号。

撰稿　哈　登　刘彦文

# 职业教育与成人教育

〔**综述**〕　2001年，全省普通中专（不含中师）比上年减少6所，招生比上年增加2 943人，在校生比上年增加9 030人；职业中学比上年减少16所，招生比上年减少516人，在校生比上年增加84人；成人中等专业学校比上年减少41所，招生比上年减少2 573人，在校生比上年减少4 662人。普通中专举办成人班的学校43所，比上年增加3所，招生比上年增加1 879人，在校生比上年增加3 900人。农民技术培训学校进行各类适用技术培训190多万人次。

〔**全省职业教育工作座谈会**〕　2001年11月26日～28日在兰州召开全省职业教育工作座谈会，各地、州、市教委（处）主管职成教工作的主任（处长）、职成教科长和部分职业中学和普通中专学校校长60多人参加了会议。省教育厅厅长李膺和副厅长李廉到会讲话。会议对《关于加快发展职业教育与成人教育的决定（征求意见稿）》、《甘肃省实施〈职业教育法〉办法（征求意见稿）》、《甘肃省职业教育与成人教育“十五”计划（征求意见稿）》进行了深入讨论，对2002年全国职教会后召开全省职成教工作会议提出了许多意见和建议，明确了今后发展职业教育的基本思路和指导思想。

〔**普通中专和职业中学评估**〕　9月，开展了全省中等职业学校的评估验收。2001年的评估工作在组织和工作方式上进行了许多改革。一是申报学校必须是在学校自评、主管部门复评的基础上申报；二是对申报评估的25所学校的申报材料组织专家进行初选，通过筛选，确定对19所学校进行评估；三是对评估专家进行混合编组，评估组既有职业中学专家，又有普通中专专家参加，评估组既评估职业中学，又评估普通中专，有力地促进了两类学校的相互学习和交流。通过评估，有7所中专达到省级重点中专标准，7所职业中学达到省级重点职业高中标准，2所中专达到合格标准。

19所参评学校为达标共投入3 332万元，校均175万元，增加占地8.08公顷，校均0.9公顷，增加建筑面积3.61万平方米，校均1 901平方米，购置设备3 885台套，校均205台套，学校的教学条件、规章制度普遍得以规范，图书馆、档案资料室、阅览室、校园网、校园绿化美化等教育教学设施和场所不同程度得到改善，教学条件和水平有了较大提高。

〔**教师队伍建设**〕　5月，省教育厅制发了“十五”期间《甘肃省职教师资队伍建设的意见》和《甘肃省中等职业学校骨干教师培养办法》，提出采取省内外结合、长短班结合、学历教育与短期培训相结合等多种办法加强教师队伍建设。6月～

10月，组织中等职业学校教师参加硕士研究生推荐、资格审查、报名和考试工作。全省职业中学、普通中专、技工学校3类学校共推荐200多名教师申请参加考试，最后推选46人参加了考试。6月，组织20名校长到山东参加培训，9月派4名专业教师到德国进行为期三个月的专业培训。8月，在西北师范大学、甘肃农业大学、兰州培黎石油学校举办暑期职教师资培训班，对全省100多名教师进行了现代教育技术培训、农业新技术培训、汽车修理培训。在6个全国重点建设职教师资基地培养了15名骨干教师和43名校长和管理干部。

〔**教学管理**〕 制定了《关于加强我省中等职业教育教学质量的管理意见》、《关于加强成人教育工作的意见》、《关于中等职业学校命名（更名）有关问题的通知》、《加快中等职业学校教育和成人教育信息化建设工作的意见》和《甘肃省中等职业学校专业设置管理办法》等文件，逐步实现职业学校教学规范化。

4月～6月，组织中职毕业生报考高职班，全省有3 700多名中职毕业生参加种植、养殖、财会等16类专业课和专业基础课的考试。

11月在兰州举办了首届“甘肃省中等职业学校英语、计算机技能竞赛”。竞赛分预赛和决赛两个阶段，预赛由学校自行组织，全省37所中专学校、42所职业中学的617名同学参加了决赛，有10人获计算机竞赛一等奖，20人获二等奖，30人获三等奖；10人获英语竞赛一等奖，20人获二等奖，30人获三等奖。通过竞赛，促进了中等职业学校英语、计算机应用教学水平的提高和改革。

撰稿 张兴江 白天佑 牛辉峰

# 高等教育

〔**综述**〕 2001年，甘肃省高等教育认真贯彻落实全教会和全省第九次高校党建会议精神，加快发展，扩大规模，积极开展教育教学改革，努力提高教育教学质量。结构布局得到进一步调整、后勤改革稳步推进、助学贷款全面开展，各项工作进展顺利。

2001年省属23所高校共招生4.00万人，在校生9.57万人，毕业生1.43万人。省属高校招收研究生861人，在校研究生1 810人、毕业研究生287人。省属高校共有教职工1.52万人、其中专任教师7 248人。

〔**教学管理**〕 2001年，召开了全省高校教学工作会议，副省长李重庵出席会议并作了讲话。会议总结交流了近年来特别是1999年高校扩招以来全省高校教学改革、教学建设和教学管理方面的经验，分析研究了高校教学工作面临的形势和任务，探讨了扩招以后保证并不断提高教育教学质量，全面推进教育教学改革，培养适应西部大开发的各类专门人才等问题。会议讨论了《关于加强高等学校专业调整和建设工作的若干意见》、《关于加强高等学校教育教学质量监控工作的若干意见》、《关于鼓励高等学校开展校际合作实施教学资源共享的若干意见》、《甘肃省高等学校选拔优秀专科生升入本科学习的试行办法》4个政策性文件。

组织8所高校29个代表队参加2001年全国大学生设计竞赛，兰州大学等3个代表队获全国二等奖，兰州铁道学院等3所高校的4个代表队获甘肃赛区特等奖，甘肃工业大学等6个学校的8个代表队获甘肃赛区一等奖。继续开展高校基础课程建设，开展了数学建模竞赛、计算机等级测试、大学外语水平测试，通过考试监控教学工作，检查教学质量，提高教学水平，进一步促进了基础课程的改革。

评选了2001年全省高等教育教学成果，对11项省级一等奖、30项省级三等奖、83项省教育厅级奖获得者进行了表彰。推荐的5项成果获得国家级奖。继续开展高校基础实验室合格评估，庆阳师范专科学校的4个实验室通过了省级专家组评定。

〔**高等教育布局结构调整**〕　2001年经省委常委会决定，将原隶属省司法厅管理的甘肃政法学院、省煤炭局管理的甘肃工业职工大学划转省教育厅管理，使划转学校的教育资源得到合理利用和重组。

经省政府研究决定，撤销甘肃教育学院，学院部分职能划并西北师范大学，增强西北师范大学职后培训功能，实现职前职后教育一体化；学院资源与甘肃联合大学合并，建立新的甘肃联合大学，解决了甘肃联合大学办学条件不足的问题。

经省政府决定，撤销甘肃省经济管理干部学院，并入西北师范大学；撤销甘肃省职工财经学院，将其并入兰州商学院；设立兰州外语职业技术学院、兰州职业技术学院、甘肃建筑职业技术学院、甘肃警察职业技术学院、甘肃林业职业技术学院、甘肃工业职业技术学院、酒泉职业技术学院7所职业技术学院。同时将张掖地区农业学校并入张掖师范高等专科学校，组建河西学院（本科院校）；将庆阳地区农业学校并入庆阳师范高等专科学校，开展庆阳师范高等专科学校建设本科院校工作；对兰州师范高等专科学校的建设和发展问题进行了调研和协调；同意兰州商学院成立公办民助性质的长青学院、甘肃政法学院成立人民武装分院、甘肃工业大学作为为军队培养干部的地方高等院校。

〔**专业调整与学科建设**〕　以学科建设为龙头，进一步调整高校专业结构，逐步建立符合全省经济建设的学科和专业结构。召开全省高校专业设置评议会，同意西北师范大学等6所高校增设19个本科专业，兰州商学院等13所高校增设59个专科专业，兰州铁道学院等7所高校增设31个本科专业并报教育部备案，甘肃工业大学等3所高校增设5个国家控制专业并报教育部审批；同意兰州工业高等专科学校机电一体化等10个专业更名。同时对部分成人高校专业也作了相应调整。

2001年，建立并完善全省重点学科支撑保障和服务体系，向西北师范大学等8所省属高校的21个重点学科和10个重点扶持学科下达专项建设经费169万元；并对1998～2001年度第二轮建设的36个省级重点学科、5个省级重点扶持学科、1个部级重点学科进行全面评估验收。在4年建设周期中，省财政共为重点学科投入680万元，各校筹措建设经费共计1.05亿元。省级重点学科的建设及其评估工作有效促进了高校学科结构的调整和办学水平的提高。

〔**研究生教育**〕　2001年，在省科学院磁性器件研究所设立“甘肃省高校研究生工作站”，这是全省第二个研究生工作站。经人事部审批，全省高校新增4个博士后流动站（兰州大学生物学博士后流动站、地理学博士后流动站、数学博士后流动站和甘肃农业大学畜牧学博士后流动站）。

2001年，全省有关学位授予单位在省内外共举办103个研究生课程进修班，省外有关学位授予单位经本省同意在甘肃办班4个。

〔**学生工作**〕　2001年召开了高校助学贷款工作会议，鼓励学校与银行密切配合，全面推开助学贷款工作。全年有8所高校启动国家助学贷款业务，为749人发放助学贷款562.19万元，落实了200万元的国家助学贷款贴息。进一步完善奖（奖学金）、贷（助学贷款）、助（勤工助学）、补（困难补助）、免（减免学费）的助学体系，减少救济型的助学形式。

积极开展专升本工作，构建高等教育立交桥。在师专选拔了30名品学兼优的学生进入西北师范大学本科学习，在兰州工专选拔52名优秀学生进入兰州铁道学院本科段学习，各高校也选拔了一部分本校专科生进入本科阶段学习，极大地调动了专科学生的学习积极性。

评选了第二届李政道奖学金，兰州大学、西北师范大学、兰州医学院、甘肃工业大学的4名研究生获奖。

2001年分别召开普通高校和成人高校学历证

书电子注册工作会议，对各高校开展电子注册工作的人员进行培训，对2001年普通高校毕（结）业的1.71万名学生、成人高校1.34万名学生、高等教育自学考试0.43万名学生进行了电子注册工作，同时对成人高等教育的毕业证书进行验印，维护了学历制度和学历证书的严肃性。对1990年以来的历届学生的学历证书注册工作进行了安排部署。

〔**教师队伍建设**〕 2001年采取各种措施加大高层次学历教师的培养力度，组织学术支边国内访问学者6人分别到清华大学、北京工业大学、浙江大学、厦门大学、北京师范大学、西安交通大学学习。继续发挥省高师培训中心的基地作用，开展各类共9个短期培训班，培训学员486人，其中高校青年教师岗前培训班4期239人，现代教育技术培训班3期198人，为河西学院专门举办现代教育技术培训班1期，培训教师130人。开展了全省高校第八届青年教师成才奖的评选工作，全省高校35名青年教师获奖。

撰稿 吴亚白 李 晶 余学军 张东林

# 民族教育

〔**综述**〕 2001年，甘肃省民族地区有小学2 222所，在校生38.63万人（比上年增加0.84万人），专任教师1.48万人；学龄儿童入学率94.36%，女童入学率92.90%；普通中学207所，在校生10.31万人（比上年增加1.03万人），其中初中生8.39万人，高中生1.92万人，专任教师6 663人；职业中学17所，在校生1 855人，专任教师259人；中等专业学校10所，在校生3 750人，专任教师507人。民族地区教师学历合格率分别为：小学92.68%，初中81.7%，高中41.5%。与上年相比，小学教师学历合格率下降1.16个百分点，初中和高中教师学历合格率分别提高4.25和1.5个百分点。

2001年12月在兰州召开全省民族教育工作座谈会，就民族教育重点和难点问题进行了研讨，同时对会议代表进行了义务教育工程实施、基础教育课程改革、高考改革动态等方面的培训。

在酒泉、张掖、武威、天水四个地、州（市）开展了民族团结教育的试点工作，为在全省普遍进行民族团结教育做准备。同时在甘南州的夏河、碌曲、玛曲县确定3所中学，4所小学为示范性寄宿制学校建设试点，作出了示范性寄宿制学校建设规划。

〔**义务教育**〕 按照省政府规划，碌曲县和积石山县要于2002年实现“普初”，东乡县和玛曲县要于2003年实现“普初”。为此，省州县组织力量，进行了提前指导，重点放在提高“四率”上，取得了较好成绩。如碌曲县学龄儿童入学率达到91.5%，女童入学率达到86.48%；玛曲县学龄儿童入学率达到84.63%，女童入学率达到81.23%；积石山县学龄儿童入学率达到91%，女童入学率达到83.85%；东乡县学龄儿童入学率达到87.31%，女童入学率达到89.12%。

但民族地区只有4个县普及了九年义务教育，17个县普及了初等义务教育，“普九”任务仍然很艰巨。

〔**“双语”教学**〕 省内藏族、蒙古族和哈萨克族有自己的语言文字，在教学中实行“双语”教学，要求必须学好汉语文，并在有条件的地方开设外语课。2001年甘南藏族自治州初中6科合格率：普通类达51.47%，汉语文教学为主类达7.24%，藏语文教学为主类达21.28%。小学双科（或三科）毕业会考合格率：普通类78.87%，汉语文为主类22.31%，藏语文为主类16.12%。

〔**民族班工作**〕　2001年7所重点中学民族班招生200多名。在西北师范大学等高校开办了少数民族本科预科班，共招收学生750名。

〔**教育协作**〕　2001年，与内蒙古自治区、新疆维吾尔自治区和青海省继续开展教育协作，互换招生指标，培养用民族语文授课的专门人才。与内蒙古自治区对等培养蒙古语本科生6名；与新疆维吾尔自治区对等培养哈语本科生4名。与青海省师范大学对等培养藏语理科生10名。

撰稿　巴建坤　王小英　王守斌

审稿　李　膺　黎志强

# 青海省教育

## 概　况

〔基本情况〕

**2001年各级普通学校基本情况**

单位：人

| 学校类别 | 学校数（所） | 毕业生数 | 招生数 | 在校学生数 | 教职工数 合计 | 其中：专任教师 |
|---|---|---|---|---|---|---|
| **总　计** | **3 898** | **150 863** | **261 870** | **853 602** | **59 955** | **50 507** |
| 一、研究生 | (5) | 35 | 86 | 172 | | |
| 1. 高等学校 | (3) | 16 | 46 | 74 | | |
| 2. 科研机构 | (2) | 19 | 40 | 98 | | |
| 二、普通高等学校本专科 | 8 | 2 561 | 7 032 | 17 918 | 4 669 | 2 094 |
| 本科院校 | 4 | 2 080 | 5 569 | 14 558 | 3 986 | 1 724 |
| 专科院校 | 4 | 412 | 1 342 | 3 130 | 579 | 331 |
| 分校、大专班 | | 69 | 121 | 230 | 104 | 39 |
| 三、普通中等学校 | 533 | 68 848 | 99 526 | 263 644 | 23 129 | 18 942 |
| 1. 中等专业学校 | 16 | 3 528 | 3 006 | 12 296 | 2 252 | 1 307 |
| 中等技术学校 | 9 | 2 403 | 2 131 | 9 006 | 1 573 | 871 |
| 中等师范学校 | 7 | 1 125 | 875 | 3 290 | 679 | 436 |
| 2. 技工学校 | | | | | | |
| 3. 普通中学 | 486 | 61 357 | 93 034 | 244 629 | 19 835 | 16 857 |
| 高中 | 146 | 13 903 | 22 855 | 56 032 | | 4 453 |
| 初中 | 340 | 47 454 | 70 179 | 188 597 | | 12 404 |
| 4. 职业中学 | 31 | 3 963 | 3 486 | 6 719 | 1 042 | 778 |
| 高中 | 29 | 3 649 | 2 731 | 5 526 | | 725 |
| 初中 | 2 | 314 | 755 | 1 193 | | 53 |
| 5. 工读学校 | | | | | | |
| 四、小学 | 3 159 | 79 174 | 95 067 | 501 740 | 29 377 | 27 870 |
| 五、特殊教育学校 | 15 | 245 | 378 | 2741 | 134 | 110 |
| 六、幼儿园 | 183 | | 59 781 | 67 387 | 2 646 | 1 491 |

## 2001年各级成人学校基本情况

单位：人

| 学校类别 | 学校数（所） | 毕业生数 | 招生数 | 在校学生数 | 教职工数 | |
|---|---|---|---|---|---|---|
| | | | | | 合计 | 其中：专任教师 |
| **总计** | **1 932** | **516 353** | **459 674** | **411 158** | **2 228** | **985** |
| 一、成人高等学校 | 2 | 3 109 | 8 038 | 14 947 | 847 | 550 |
| 1. 广播电视大学 | 1 | 864 | 2 141 | 3 953 | 664 | 414 |
| 2. 职工高等学校 | 1 | 582 | 1 900 | 3 500 | 183 | 136 |
| 3. 农民高等学校 | | | | | | |
| 4. 管理干部学院 | | | | | | |
| 5. 教育学院 | | | | | | |
| 6. 独立函授学院 | | | | | | |
| 7. 普通高等学校举办： | (8) | 1 663 | 3 997 | 7 494 | | |
| 函授部 | | 427 | 1 642 | 2 522 | | |
| 夜大学 | | | 202 | 294 | | |
| 成人脱产班 | | 1 236 | 2 153 | 4 678 | | |
| 二、成人中等学校 | 1 507 | 481 202 | 416 732 | 374 319 | 910 | 374 |
| 1. 成人中等专业学校 | 30 | 3 109 | 1 549 | 5 820 | 567 | 333 |
| 广播电视中等专业学校 | 2 | 622 | 323 | 1 340 | 191 | 111 |
| 职工中等专业学校 | 8 | 1 132 | 489 | 2 157 | 329 | 200 |
| 干部中等专业学校 | 2 | 316 | 90 | 360 | 47 | 22 |
| 农民中等专业学校 | | | | | | |
| 函授中等专业学校 | | | | | | |
| 教师进修学校 | | | | | | |
| 其他类学校举办 | 18 | 1 039 | 647 | 1 963 | | |
| 2. 成人中学 | | | | | | |
| 职工中学 | | | | | | |
| 农民中学 | | | | | | |
| 3. 成人技术培训学校 | 1 477 | 478 093 | 415 183 | 368 499 | 343 | 41 |
| 职工技术培训学校 | 3 | 609 | 224 | 224 | | |
| 农民技术培训学校 | 1 474 | 477 484 | 414 959 | 368 275 | 343 | 41 |
| 三、成人初等学校 | 423 | 32 042 | 34 904 | 21 892 | 471 | 61 |
| 1. 职工初等学校 | | | | | | |
| 2. 农民初等学校 | 423 | 32 042 | 34 904 | 21 892 | 471 | 61 |
| 其中：扫盲班 | 422 | 30 713 | 34 846 | 21 767 | 457 | 49 |

〔**年度工作思路**〕 2001年，青海省教育工作贯彻党的十五届五中全会和省委九届四次会议精神，紧紧围绕经济和社会发展主题，在教育思想、工作思路和方法上不断创新，努力迈出新的步伐。坚持以“两基”为重点，扩大高校和高中阶段教育招生规模；调整高校布局结构、教育体制结构和人才培养结构，深化学校人事分配制度改革、高校后勤社会化改革和招生考试录取方式改革；力争在信息技术教育、社会力量办学、发展高等职业教育、构建终身教育体系方面有所突破；做到老校改扩建与新建学校并举、多种办学形式并举、多种学习形式并举、学历教育与职业教育并举、公办教育与民办教育并举；组织实施好二期“义教工程”等6项工程、高校信息网络建设等7个项目；通过坚持依法治教、实行教育发展目标责任制、加强师资队伍建设等8项措施，保障实现各项目标，推动全省教育事业发展到一个新的水平。

〔**教育发展规模**〕 通过调整，到2001年末，全省小学比上年减少270所，在校生比上年减少3 010人；初中比上年增加57所，在校生比上年增加1.33万人；普通高中比上年减少19所，在校生比上年增加6 641人；中等职业学校在校生比上年减少5 800人；普通高校在校生比上年增加4 507人；成人高校在校生比上年增加5 218人；特殊教育学校比上年增加8所，在校生比上年减少593人；幼儿园比上年减少18所，在园幼儿比上年增加3 676人。全省另有各类成人培训学校1 477所，年内开展各类培训37万人次。

2001年有27个县的非农（牧）人口实现“两基”，全省“两基”人口覆盖率达到73.87%，比上年提高3个百分点；小学适龄儿童入学率达到95.39%，比上年提高1.16个百分点；初中适龄少年入学率达到60.18%，比上年下降5.61个百分点；高中毛入学率达到34.96%，比上年提高2.16个百分点。

〔**教育宏观管理与法制建设**〕 2001年，省委、省政府先后召开了全省高等教育工作会议、全省基础教育工作会议和全省中小学信息技术教育工作会议，印发了《关于加快我省高等教育事业发展的决定》、《关于实施高等教育法，落实高等学校办学自主权的意见》、《贯彻国务院关于基础教育改革与发展决定的意见》等重要文件，批转了省教育厅《关于中小学普及信息技术教育若干问题的意见》。省委、省政府领导多次到教育部门调研，协调、解决困难和问题。省教育厅针对制约教育改革与发展的突出问题，组织进行了全省中小学布局结构调整调研、职业教育发展调研、基础教育工作调研以及学校安全工作调研，进一步深化了对教育省情的认识。

在依法治教、依法行政方面，省教育厅制定了《青海省实施〈教师资格条例〉细则》、《中小学机构编制管理办法》、《教师队伍管理办法》等规范性文件；贯彻《高等教育法》、《职业教育法》、《教师法》的《实施办法》和《青海省民族教育条例》、《青海省教育督导条例》待审批公布；根据省政府要求，对机关行政审批和收费项目进行了全面清理，共取消、下放和划转审批项目5项、收费项目25项；会同有关部门对高校招生、学校收费、学校周边环境治理等教育热点问题进行了专项监督检查。与此同时，组织广大干部认真学习江泽民同志“七一”讲话和中共十五届六中全会、省委九届五次会议精神；开展廉政建设和警示教育活动，建立处级干部廉政档案，实施了廉政责任追究办法；制定实施了“十五”期间教育干部培训规划；经省政府同意，省教育厅教育督导室更名为省人民政府教育督导室，提高了教育督导的权威性。

〔**师资建设与学校人事制度改革**〕 2001年有21名教师分别荣获“全国模范教师”、“全国教育系统先进工作者”、“全国优秀教师”和“全国优秀教育工作者”称号，受到教育部、人事部和劳动保障部的表彰；10名教师荣获陈香梅教育基金第三届优秀教师奖。暑期，北京师范大学为青海举办了一期高校领导干部研修班，36名高校校长和教务处处长接受了学校管理理念和实践等方面的培训。“中小学教师园丁工程”按规划顺利实施，全年共培训中小学教师2 000多人，小学、初中、高中教师学历合格率分别达到 94.92%、89.91%

和 52.1%。

学校人事分配制度改革取得实质性进展，各地根据省政府批转的关于深化高校和中小学人事分配制度改革的两个《实施意见》，确定了改革时间表。西宁市和乐都、民和等县中小学完成了教师全员竞争上岗及聘任工作。各高校机构设置和人员编制方案已报省人事厅、省编办待批，中层领导干部竞聘工作基本结束。

〔**教育基础设施建设**〕 2001 年青海实施了一批重大教育项目，教育基础设施建设有了新的突破，各级各类学校办学条件得到改善。这些项目主要有：

第二期“国家贫困地区义务教育工程”。该项目由教育部、财政部和国家计委共同组织实施。中央分配给青海专项资金 1.45 亿元，省内配套7 250万元，从 2001 年～2005 年在 27 个尚未“普九”的县实施。列入“工程”项目的学校共 523 所，其中小学 415 所，初中 108 所。“工程”项目建设为：新建和改扩建校舍 386 所，总建筑面积 16.61 万平方米；购置图书 61 万册；配备教学仪器设备 246 套、课桌凳 3 万套、信息技术教育设备 481 套；培训中小学校长和师资 0.5 万人次；资助小学、初中贫困学生 4 万人次。“工程”总投资中，用于小学项目建设 1.02 亿元，用于初中项目建设 1.16 亿元。2001 年已完成投资 540 万元，占年度总投资的 24.8%。

中小学危房改造工程。该项目由教育部、国家计委、财政部共同组织实施。“工程”计划投资8 000万元，于 2001～2002 两年在西宁市、海东地区和海南、海西、黄南州的 22 个县（市、区）实施，总计安排项目学校 133 所，新建、改建和扩建校舍 11.28 万平方米。其中 2001 年投资4 524.3万元，安排项目学校 64 所，新建和改建、扩建校舍 6.77 万平方米，年内均已开工建设。

香港邵逸夫先生第 15 批赠款项目。总投资1 479万元，其中邵氏赠款 560 万元，省内配套 919 万元，为西宁十一中学等 17 所学校修建校舍，总建筑面积 2.08 万平方米。年底前部分项目已开工建设。

建设高水平综合大学工程。青海省已向国家计委争取到国债资金8 900万元，重点用于建设青海大学科技馆和综合实验楼等项目。

李嘉诚赠款建设高校信息网络项目。该项目分配给青海省资金1 400万元，其中教育部配套 700 万元，主要用于普通本科院校的信息网络建设。到年底已基本完成项目施工的前期准备工作。

中等职业学校建设项目。国家计委分配给青海省专项资金1 110万元，其中为民和县、循化县、大通县、门源县、格尔木市职业教育中心建设教学楼投资 760 万元；为化隆县、互助县、玉树州职业中学购置教学设备投资 350 万元。年内土建项目已完成了主体工程建设，设备采购也基本到位。

教育部现代远程教育扶贫示范工程。该项目总投资 935.5 万元，其中教育部配备设备价值 360 万元，省级配套资金 400 万元，县级配套资金 175.5 万元。项目确定互助、乐都、共和、循化、湟中 5 县的 300 所学校为示范校，年底前基本完成了设备配备工作。

〔**学校艺术与体育工作**〕 2001 年，青海在全省范围内先后举办了大学生艺术歌曲演唱比赛、中小学生书画大赛和电子琴演奏比赛、艺术教学录像课比赛和第 21 届世界大学生运动会青海火炬传递等活动。组团参加全国大、中学生田径锦标赛，取得三枚铜牌；在第四届全国大学生 CUBA 篮球联赛中，青海师范大学女篮获得西部赛区第一名。

〔**全省教育事业“十五”发展计划**〕 2001 年是“十五”计划的开局之年，“十五”规划中提出，“十五”期间全省教育工作总的指导思想是：切实保障教育优先发展，紧紧围绕“科教兴青”和西部大开发战略的实施，针对区域特点，分类指导，重点突破。坚持社会主义办学方向，以全面推进素质教育为核心，实现“两基”目标为重点，加快发展高中阶段教育和高等教育，放开搞活职业教育和成人教育，继续扶持民族教育。进一步改革教育体制，优化教育结构，创新教育内容、方法和手段，推进依法治教和教育的现代化，提高教育质量和办学效益，为实现青海的现代化战略目标奠定更加坚实的人才和知识基础。

各级各类教育发展的总体目标是：到2005年，全省基本普及九年义务教育，基本扫除青壮年文盲，“两基”人口覆盖率达到85%。小学适龄儿童入学率达到98%，初中适龄少年入学率达到80%，高中阶段人口入学率达到50%，高、中等职业教育规模达到5.5万人，普通高等教育在校生规模达到2万人；城镇及有条件的农牧区中小学基本普及信息技术教育；初步构建起终身教育体系。

撰稿　庞晓玲

# 基础教育

〔**全省基础教育工作会议**〕　2001年8月22日～24日，省政府召开全省基础教育工作会议，部署面向新世纪青海基础教育改革与发展的重大方略，提出了贯彻全国基础教育工作会议精神和贯彻《国务院关于基础教育改革与发展的决定》的《意见》，并制定了一系列保障措施，主要有：从2001年起，省财政每年安排基础教育专项经费500万元，主要用于已“普九”地区的巩固提高；2001年安排400万元，以后连续9年每年安排300万元，用于普及中小学信息技术教育；地方统筹基建经费中10%的教育基建经费，80%用于基础教育；为二期“国家贫困地区义务教育工程”安排配套资金7 250万元；逐县核定教师工资总额和中小学公用经费标准，对财力不足、发放教师工资和保障公用经费确有困难的地区，由上级财政通过转移支付方式解决；通过中央和省级财政的支持，提高青南等民族贫困地区寄宿制中小学生助学金标准。

〔**“两基”工作**〕　根据青海省教育发展规划，“十五”期间全省还将有9个县实现“两基”，18个县实现“普六”。上述27个县大都集中在边远民族地区，经济贫困，文化教育落后，自然环境恶劣，推进“两基”任务繁重，难度很大。为打好“两基”攻坚战，确保实现规划目标，青海提出要确保“两基”“重中之重”的地位，做到思想认识到位，政府行为到位，资金投入到位；加大宣传力度、工作力度、执法力度；继续坚持教育发展目标责任制、评估验收制和表彰奖励制；保重点、破难点、抓典型；分区规划、分类指导、分步实施，推动“两基”工作：尚未实现“两基”的县要规划到乡、措施到村，逐乡、逐村攻坚，保证全省“两基”人口覆盖率年均增长3%；已实现“两基”的地区要以提高教育质量和改善办学条件为重点，巩固发展已有成果；西宁市和其他相对发达地区的教育要坚持高质量、高标准，率先向现代化迈进。根据以上工作思路，2001年，各地加大了工作力度，将要在“十五”期间实现“两基”和“普六”的县都制定了工作规划，拉开了“两基”攻坚序幕。省教育厅围绕“两基”攻坚，先后4次派出工作组，抽调干部百余人次，深入全省各县的150多个乡镇和部分学校指导检查“两基”工作；在互助县召开了“两基”工作现场会，总结推广了“九五”期间“两基”工作经验，帮助各县清理了工作思路；在省教育厅内部实行了每个工作处（室）包1～2个县并确定1名干部蹲点，督促、指导工作，务使“两基”达标；为化隆县、循化县举办了首期乡（镇）党委书记、乡（镇）长“两基”工作培训班，培训干部60多人。此外，对2000年地方教育事业发展《目标责任书》实施情况进行了考评，对西宁市城北区等8个区（县）的“两基”巩固提高工作进行了复查。通过各方面的共同努力，全省“两基”工作有序推进，完成了年初确定的工作目标。

〔**课程与教学改革**〕　按照教育部的统一部署，

在湟中县开展了国家基础教育课程改革实验。在总结湟中县试点经验的基础上，省教育厅制定了《青海省义教课程改革实验方案》，对163名教学管理人员、教研员和教师进行了课改通识培训和学科培训。

素质教育在更深层次和广度上推进。在普通高中倡导了“研究性学习”；初中和小学推广了“微型思维课”、“学科活动课”等新的课型，开展了创新教育与课堂教学改革研讨展示活动。广大教师和教育工作者适应时代发展，积极主动地学习、接受新的教育教学理念和方法、手段，对教学改革表现出了关注和热情。2001年，有16名教师荣获“第三届全省中小学、幼儿园教师教学能手”称号；26节课被评为省级优质课。

〔**中小学信息技术教育**〕 8月24日，省政府召开了全省中小学信息技术教育工作会议。会前，省政府办公厅批转了省教育厅《关于在中小学普及信息技术教育若干问题的意见》，提出“十五”期间在全省中小学实施“现代远程教育工程”，城市、县镇中小学以建设计算机网络为主，农村、牧区中小学以建设电视卫星教育网络为主，两网并举，同步发展，建成以电视卫星教育网和计算机校园网为代表，以现代信息技术为手段，通过中国教育卫星宽带网进行电视转播和网络互联，形成覆盖全省各级教育行政部门及中小学的教育信息网络和现代化教学环境，实现教育教学和教育管理现代化。具体任务是：到2005年，全省建成2 800个中小学卫星电视地面站，形成以青海教育电视台为龙头，以学校卫星电视地面站为基础，以教学放像点为补充的三级卫星电视远程教育网；城市、县镇中小学校和有条件的乡镇中小学均建成计算机校园网或网络教室，全省80%的中小学开设信息技术必修课。为实现上述目标，省政府决定设立中小学信息技术教育省级专项资金，2001年省财政投入专项资金400万元，用于启动全省信息技术教育实验区工作；从2002年起，连续9年每年投入300万元，用于补贴特别困难地区普及信息技术教育和实施教育部“校校通”工程配套资金。同时规定在民族教育补助、师资培训以及职业教育发展等专项资金中用于发展信息技术教育的资金不少于20%。

在争取财政投资的同时，省信息技术教育领导小组努力吸纳各种资金发展信息技术教育。年内落实到位资金0.12亿元，启动实施了全省现代远程教育试点工程；对1.51万名中小学教师进行了现代教育技术培训；开展了利用中央教育资源为教育教学服务的课题实验研究。到年底，全省中小学建成卫星电视地面站439座、多媒体计算机教室或多功能电教室357个，购置计算机1.12万台，已有400所学校开展了信息技术教育，约占全省中小学总数的10%。

撰稿　庞晓玲

# 职业教育与成人教育

〔**综述**〕 2001年5月，省教育厅召开全省中等职业教育工作座谈会，会议总结回顾“九五”期间全省中等职业教育的发展情况，提出了“十五”期间职业教育的发展目标和任务。6月，省教育厅召开了全省农村职业教育生产实习基地建设现场观摩会，各学校交流了经验，增强了信心。

2001年通过国家西部职业教育补助项目，下达给青海省1 110万元国债专项资金，重点扶持了省内贫困地区的8所职业学校。80万元国家职业教育专项经费和800万元省级职业教育专项经费年内一次性下达，帮助20所职业学校改善办学条件。

经教育部审核，青海湟源畜牧学校等9所职业学校分别接受了怡通和华等公司捐赠的常春藤数字校园软件和CAXA/CAO/CAM系统软件，同时接受了上述软件的应用培训。

〔**调整专业与教学改革**〕 年初，对全省各类中等职业学校和部分高等院校开设的中等职业教育的专业设置进行了调整和规范，将原有的184个专业规范为13类88个专业，同时在6所学校分别新增了电子商务、美术绘画（藏式画）等社会急需的8个专业。在专业名称统一的基础上按照教育部的教学指导方案，统一了教学大纲，并开始统一使用国家规划教材，10名教师分别参加了教育部举办的7门课程的新教材培训。省内也相应举办了语文和数学课程新教材的使用培训班，有97名教师参加了培训。秋季在西宁第一职业学校、大通职业学校等7所职业学校开始试办综合课程教育试验班，招收新生近500人，全省中等职业教育开始呈现出多元化的良好趋势。2001年注册2 916名中等专业教育的新生，对6 070名各类中专毕业生的毕业证书进行了验印。

〔**师资工作**〕 青海省教育厅选送了省内中等职业学校的34名专业课骨干教师分别到东北财经大学、河北师范大学等8所国家级师资培训基地参加为期3个月的国家级骨干教师培训，同时启动了全省中等职业学校省级骨干教师培训工作，50名计算机教师和39名外语教师分别在青海广播电视大学和青海省小岛文化教育发展基地参加了为期三个半月的骨干教师培训。组织了全省职业学校教师在职攻读硕士学位的报名、入学考试中的专业课考试工作，有27名教师参加考试，9名教师被录取。

〔**德育工作**〕 经省教育厅评选，表彰了全省中等职业学校中的43名品学兼优的三好学生和44名优秀学生干部。各类中等职业学校年内统一开设了《哲学基础知识》、《法律基础知识》、《经济与政治基础知识》、《职业道德与职业指导》4门德育必修课，7名教师分别参加了教育部主办的德育课程改革培训班。

〔**对口支援工作**〕 2001年，辽宁省15所国家级重点中等职业学校对口支援青海省15所中等职业学校，除在师资培训、学校管理等方面帮助外，受援学校还累计得到30万元的援助资金、79台计算机和一个49座的语音室。省内有6所国家级或省级重点职业学校对口帮扶牧区6州的6所职业学校，双方签订了帮扶协议。

〔**成人教育**〕 2001年，青海省启动了社区教育试点工作，省教育厅制定了社区教育试点的“十五”规划，确定西宁市城西区开始试点。为适应开放旅游的需要，成立了青海省旅游教育培训中心。

在社会力量办学方面，2001年，省教育厅批准成立了青海省育英社会文化教育学校、青海省陆通手机维修培训学校。

撰稿 庞 青

# 高 等 教 育

〔**高校布局结构调整**〕 按照省委、省政府的决策，年初省属高校完成了继1997年调整后的又一次布局结构调整。省财经职业学院并入青海大学，成立青海大学财经学院；省农林科学院和畜牧兽医科学院整建制划归青海大学；青海师范高等专科学校并入青海民族学院，成立青海高等职业技术学院；青海民族师范高等专科学校并入青海师范大学，成立青海师范大学民族师范学院。各有关部门和合并院校从大局出发，积极配合和支持布局结构调整工作。春季开学，合并后的院校顺利实现了资源的整体移交和学校的平稳过渡，以新的管理体制正式运行。9月，省政府又决定将青海政法高等专科学校更名为青海警官职业学院，学校由省委政法委主管调整为由省公安厅主管。至此，青海高校由10所减至7所，即：青海大学、青海师范大学、青海民族学院、青海医学院、青海警官职业学院、青海广播电视大学、青海联合职工大学，基本形成了较为合理的高等教育布局结构框架和体系，教育资源得到了合理配置，办学规模、办学能力和整体效益明显提高，普通高校在校生规模从"八五"末的校均1 100人提高到近3 600人，为青海高等教育更好更快地发展奠定了基础。

〔**全省高等教育工作会议**〕　在基本完成省属高校布局结构调整的基础上，3月21日～22日，省政府召开了全省高等教育工作会议，作出《关于加快我省高等教育事业发展的决定》，印发《关于实施〈高等教育法〉落实高校办学自主权的意见》。《意见》明确了今后一个时期全省高等教育发展的目标任务和发展方向，赋予了省属高校多方面的办学自主权，主要有：高等学校可以自主决定系科招生比例、招生人数及生源地域或行业系统，并根据本校情况和专业特点提出招生附加条件；在核定的学科门类内自主设置和调整学科及专业方向；自主确定和调整学校教学和科研组织机构、管理体制和工作岗位；自主选择用人制度及管理体制，设置和调整专业技术岗位，进行专业技术职务评聘工作，自主评聘副教授以下人员；在工资总额包干的前提下，自主确定校内分配办法和津贴标准等。

会议从青海经济、社会发展和各校实际出发，提出要着力建设好青海大学、青海师范大学和青海民族学院。重点把青海大学建成工学、理学、农学、经济学、管理学等学科门类相对齐全，产学研体制较为健全，对全省经济发展、科学研究和技术开发有较强支撑力的综合性大学与科研基地；把青海师范大学建成以培养中小学教育工作者为主要目标的教育中心和基地；把青海民族学院建成以培养民族高级人才为主要目标，具有地方和民族特色的多科性大学。此外，要加强青海医学院、青海警官职业学院和青海广播电视大学建设，办出各自不同的特色，全面提高青海高等教育的整体水平。

〔**高校扩大招生规模**〕　继1999年和2000年高校扩招之后，2001年西部大开发再次为青海高层次人才培养带来了机遇，经多方争取，省外92所从未在青招生的高校开始面向青海招生。年内省内外普通高校在青招生总数达到1.84万人，其中省内高校招生数比上年增长15.58%；省外高校在青招生数比上年增长97%，录取率达到80.45%，达到青海高校招生历史上的最高水平。经过三年扩招，省属高校在校生数由1998年的8 700人增到1.8万人。扩招一方面缓解了升学压力，进一步满足了人民群众对高等教育的需求，加快了青海高级人才的培养步伐，另一方面也给办学条件和教育教学工作带来了很大的压力，师资、校舍、经费和教学仪器设备不同程度地存在不足，需要下力气改善办学条件，提高教育质量。

〔**教学改革与专业建设**〕　2001年，青海各高校组织实施了课程改革工程，制定教学改革方案，从专业设置、教学计划、课程体系安排以及教学内容、教学方法和手段上，努力体现时代要求和素质教育的内涵。青海广播电视大学开展了人才培养模式改革和开放式教学试点研究；青海民族学院实行学分制和浮动学制，允许一定比例的专科生免试进入本科学习，允许一定比例的本科生进行本科与硕士学位连读，为学生自主发展提供了空间。本科院校均成立了由退休老教师和学科带头人组成的督学机构，对学校教学管理和教学质量实行动态评估检查监督，取得了较好的效果。2001年高校完成省级教学实践研究项目35项；23项成果获省级优秀教学成果奖；青海民族学院的旦正教授获"全国第三届高校青年教师奖"，得到教育部学术资助30万元。学科和专业建设进一步加强，各校根据各自的办学特色，瞄准市场和社会需求，改造老专业，增设新专业，2001年各校调整的专业累计达到35个。

〔**高校后勤社会化改革**〕 2001年，青海高校后勤社会化改革在五个方面取得了突破：(1)对高校后勤管理体制进行了改革，各校撤销了原总务处及下属的各种行政科室，成立后勤管理处，基本实现了后勤服务系统与学校的规范分离。(2)对后勤用人制度进行了改革，在定编、定岗、定任务的基础上，实行管理人员和专业技术人员聘任制、工勤人员合同制，从后勤公司经理到临时工，全部实行公开招聘，双向选择，竞争上岗。(3)对后勤实体的运行机制进行了改革，变无偿服务为有偿服务。(4)对后勤经费供应方式进行了改革，减少行政拨款，逐步实行自主经营、自负盈亏。(5)采取多种方式，筹措资金4 500万元，建设学生公寓5万多平方米，使学生住宿条件得到了较大改善。

撰稿　庞晓玲

# 民族教育

〔**“双语”教学**〕 2001年全省实行“双语”教学的中学47所。其中以藏语言文字授课的民族中学36所，在校生1.5万人，专任教师91人；以蒙古族语言文字授课的民族中学11所，在校生1 157人，专任教师139人。实行“双语”教学的小学1 020所。其中以藏语言文字为主授课的民族小学1 000所，在校生9.4万人，专任教师5 952人；以蒙古族语言文字为主授课的民族小学20所，在校生1 934人，专任教师328人。年内重点推广了同仁县“听、说先行，早期过好汉语言关”的藏汉双语教学实验研究及刚察县“提高牧区教育教学质量试点”经验；为全国藏族地区提供教材297种，新编译教材32种，字数约283万字。

〔**增加寄宿制学生助学金**〕 青海牧区有寄宿制中小学生5万余名，月生均助学金标准额仅在20～25左右，而每生每月学习、生活的实际费用约为140元。学生学习和生活面临很多困难，程度不同地存在着吃不饱、学习不安心、家长不放心的情况，成为制约牧区提高入学率、加快普及义务教育的一大障碍。青海省政府提出将这部分学生的助学金提高到生均每月70元，全年所需的3 600万元资金由省财政和中央财政各解决1 800万元。省政府和省计划、财政、教育等部门多次就此问题向国务院和中央有关部委呈送专题请示，并向有关领导汇报，得到了国家的高度重视。2001年中央财政划拨专项资金800万元，省财政筹集资金500万元，主要用于抵减牧区贫困学生的杂费、课本费及补助寄宿制贫困学生生活，缓解了寄宿制学生的负担。

〔**实施“两个工程”情况**〕 2001年，青海省教育按规划实施了“东部地区学校对口支援贫困地区学校工程”和“西部大中城市学校对口支援本省贫困地区学校工程”。辽宁省选派100名支教人员于2001年4月和9月分两批到位，分别在海南、海西、海北三个民族自治州和西宁市、海东地区的中小学，开展为期一年的支教工作。青海省也派出5名县(市)教育局长赴辽宁省进行为期3个月的挂职锻炼；选派11名高中物理骨干教师到辽宁省教育学院培训。

省内青海民族学院预科部、青海师范大学附中和青海石油管理局基地中学分别为玉树、果洛、海西三州各举办1个民族高中班；西宁市派出14名骨干教师到对口的基层学校支教。

撰稿　雅拉毛
审稿　杜小明

# 宁夏回族自治区教育

## 概　　况

〔基本情况〕

**2001年各级普通学校基本情况**

单位：人

| 学校类别 | 学校数（所） | 毕业生数 | 招生数 | 在校生数 | 教职工数 合计 | 教职工数 其中：专任教师 |
|---|---|---|---|---|---|---|
| **总　计** | **3 650** | **207 723** | **338 966** | **1 131 779** | **72 606** | **61 327** |
| 一、研究生 | (3) | 46 | 122 | 268 | | |
| 1. 高等学校 | (3) | 46 | 122 | 268 | | |
| 2. 科研机构 | | | | | | |
| 二、普通高等学校本专科 | 8 | 3 177 | 8 891 | 23 154 | 4 782 | 2 393 |
| 本科院校 | 4 | 2 821 | 7 055 | 20 134 | 3 946 | 1 867 |
| 专科院校 | 4 | 256 | 1 288 | 2 272 | 836 | 526 |
| 分校、大专班 | | 100 | 548 | 748 | | |
| 三、普通中等学校 | 501 | 100 177 | 133 260 | 369 090 | 28 251 | 22 522 |
| 1. 中等专业学校 | 25 | 4 907 | 6 549 | 22 913 | 3 030 | 1 536 |
| 中等技术学校 | 23 | 3 886 | 5 732 | 20 297 | 2 664 | 1 335 |
| 中等师范学校 | 2 | 1 021 | 817 | 2 616 | 366 | 201 |
| 2. 技工学校 | | | | | | |
| 3. 普通中学 | 448 | 91 789 | 122 578 | 334 786 | 24 072 | 20 102 |
| 高中 | 105 | 20 216 | 30 633 | 76 897 | | 4 502 |
| 初中 | 343 | 71 573 | 91 945 | 257 889 | | 15 600 |
| 4. 职业中学 | 28 | 3 481 | 4 133 | 11 391 | 1 149 | 884 |
| 高中 | 27 | 2 883 | 3 153 | 9 068 | | 757 |
| 初中 | 1 | 598 | 980 | 2 323 | | 127 |
| 5. 工读学校 | | | | | | |
| 四、小学 | 3 011 | 104 222 | 121 790 | 651 082 | 36 143 | 34 267 |
| 五、特殊教育学校 | 6 | 101 | 288 | 1 397 | 148 | 118 |
| 六、幼儿园 | 124 | | 74 615 | 86 788 | 3 282 | 2 027 |

## 2001年各级成人学校基本情况

单位：人

| 学校类别 | 学校数（所） | 毕业生数 | 招生数 | 在校学生数 | 教职工数 合计 | 教职工数 其中：专任教师 |
|---|---|---|---|---|---|---|
| **总　计** | **2 014** | **184 569** | **173 887** | **282 449** | **1 979** | **1 120** |
| 一、成人高等学校 | 3 | 3 876 | 14 496 | 28 072 | 318 | 195 |
| 1. 广播电视大学 | 1 | 949 | 4 726 | 8 540 | 162 | 82 |
| 2. 职工高等学校 | 2 | 399 | 999 | 2 188 | 156 | 113 |
| 3. 农民高等学校 | | | | | | |
| 4. 管理干部学院 | | | | | | |
| 5. 教育学院 | | | | | | |
| 6. 独立函授学院 | | | | | | |
| 7. 普通高等学校举办： | (8) | 2 528 | 8 771 | 17 344 | | |
| 函授部 | | 1 305 | 5 837 | 11 308 | | |
| 夜大学 | | 485 | 1 653 | 2 748 | | |
| 成人脱产班 | | 738 | 1 281 | 3 288 | | |
| 二、成人中等学校 | 1 282 | 151 860 | 113 357 | 207 259 | 1 374 | 680 |
| 1. 成人中等专业学校 | 36 | 5 256 | 4 542 | 15 769 | 590 | 328 |
| 广播电视中等专业学校 | 1 | 824 | 1 194 | 2 020 | 137 | 82 |
| 职工中等专业学校 | 6 | 2 274 | 1 363 | 5 722 | 445 | 243 |
| 干部中等专业学校 | | | | | | |
| 农民中等专业学校 | | | | | | |
| 函授中等专业学校 | 1 | 472 | 206 | 777 | 8 | 3 |
| 教师进修学校 | | | | | | |
| 其他类学校举办 | 28 | 1 686 | 1 779 | 7 250 | | |
| 2. 成人中学 | 2 | 552 | 549 | 936 | 16 | 16 |
| 职工中学 | 2 | 93 | 90 | 477 | 16 | 16 |
| 农民中学 | | 459 | 459 | 459 | | |
| 3. 成人技术培训学校 | 1 244 | 146 052 | 108 266 | 190 554 | 768 | 336 |
| 职工技术培训学校 | 50 | 6 304 | 6 300 | 6 302 | 200 | 100 |
| 农民技术培训学校 | 1 194 | 139 748 | 101 966 | 184 252 | 568 | 236 |
| 三、成人初等学校 | 729 | 28 833 | 46 034 | 47 118 | 287 | 245 |
| 1. 职工初等学校 | 1 | 17 | 20 | 90 | 13 | 13 |
| 2. 农民初等学校 | 728 | 28 816 | 46 014 | 47 028 | 274 | 232 |
| 其中：扫盲班 | 601 | 18 891 | 35 949 | 36 963 | 248 | 206 |

〔**年度教育工作指导思想**〕 2001年，宁夏回族自治区教育工作坚持以邓小平理论和江泽民总书记“三个代表”重要思想为指导，贯彻党的十五届五中、六中全会精神，紧紧围绕实施西部大开发战略，继续落实第三次全国教育工作会议和全区教育大会精神，加快教育事业发展，深化教育体制和运行机制改革，推进教育结构战略性调整，不断提高教育质量和办学效益，积极推进教育现代化信息化进程，继续拓宽教育经费筹措渠道，加快改善办学条件步伐，实现了“十五”计划的良好开局。

〔**调整教育布局结构**〕 自治区教育行政部门经过专项调研，提出了调整全区农村中小学布局，优化教师队伍结构的意见，已经政府办公厅批转。在川区根据城乡社会经济和人口发展状况，撤并一批规模小的学校，相对集中办学；在山区从实际出发，减少教学点，发展寄宿制教育。截至2001年底，全区农村中学已由上年的290所调整到286所，小学由3 056所调整到2 786所。

继续推进中等职业教育布局调整。在完成国务院划转地方管理的几所中等职业学校布局结构调整工作，完成自治区政府机构改革中撤并厅、局所属的宁夏重工业职工大学、宁夏商业学校、宁夏机械技工学校由教育部门管理的交接工作后，根据自治区政府的有关精神，在调研的基础上，制定了《关于我区中等职业学校布局调整的实施意见》，共涉及25个厅（局），38所中等职业学校、5所技工学校、9所成人中专学校、5所职业中学。中等职业学校布局结构调整后，将从根本上扭转全区中等职业学校数量多、规模小、效益差、办学形式单一的局面，进一步提高办学质量和社会效益。

调整高校布局、优化结构。在论证的基础上，制定了宁夏大学和宁夏农学院的合并办学意见和实施方案。经教育部批准，合并办学已进入实质性阶段。拟定了自治区电视大学、重工业职工大学、职工科技学院合并办学工作的初步实施方案。

〔**拓宽中高等人才培养途径**〕 2001年，全区教育工作充分挖掘办学潜力，加快中、高级人才培养。继续扩大高中教育规模，各类高中阶段教育招生计划比上年增加10%。职业教育在进一步抓好骨干学校建设的同时，不断拓宽办学路子。批准了吴忠职业技术学院等3所高职学院正式招生，在10所重点中专学校进行了“3＋2”高职班试点，打通中等职业学校毕业生的升学通道。积极扩大高等教育规模，2001年全区普通高等学校招生比上年增长47.3%，录取率达到55%，比上年提高12个百分点。成人高等教育和高等教育自学考试也有了较快发展。2001年全区成人高校招生比上年增长36.8%，参加各类高等教育自学考试的人数达到4.50万人，与上年相比有较大幅度的增长。

〔**社会力量办学**〕 近年来，宁夏回族自治区社会力量办学发展步伐不断加快。至2001年，全区社会力量办学机构已发展到214所，其中高等教育机构18所（含民办2所）；中等教育机构18所（其中：完全中学8所，12年一贯制5所，初中4所，职业中学1所）；小学教育机构5所；学前教育机构53所；职业技术教育、社会文化生活类机构120所，在校生达5.00万人。年收入近5 000万元，形成教育固定资产近2.8亿元。但是，一些社会力量办学机构在管理上存在问题，为加强管理，对在2000年度办学水平评估中要求限期整改的社会力量办学机构的复评结果进行了通报，对个别存在突出问题的办学机构注销了办学资格。针对近年来区外民办高校在宁夏招生工作中存在的混乱局面，自治区教育厅制定了《关于区外民办高校、普通（成人）高校社会助学来宁招生管理办法》，采取了规定统一招生地点，统一进行招生宣传等办法，有效制止了区外民办院校招生的混乱局面。

撰稿 陈少娟 王 林

# 基础教育

〔**全区基础教育工作会议**〕 9月，自治区政府召开了全区基础教育工作会议，印发了《关于加快基础教育改革与发展的决定》，为推动全区基础教育发展制定了政策措施，特别是针对当前农村义务教育中存在的管理体制、经费投入等突出问题，提出了治本之策，对进一步加快全区基础教育及整个教育事业发展奠定了基础。

〔**“两基”工作**〕 2001年，加强了对川区市、县“两基”巩固提高工作的过程性督导，对平罗县的“两基”进行了复查。到年底，已完成对川区8个市、县的“两基”巩固提高工作的复查验收，覆盖人口154.7万人。通过复查的市、县在控制初中生辍学、增加教育投入、保障生均公用经费、加快教育现代化步伐、推进学校内部管理体制改革、优化育人环境等方面都取得了重要进展。组织对第一人口大县固原县普及初等义务教育的评估验收，截至2001年底，盐池、隆德、泾源、固原4县已实现普及初等义务教育目标，覆盖人口98.7万人。

〔**解决移民办学困难问题**〕 2001年，完成对海原、同心2县扫除青壮年文盲的评估验收，至此，全区县级单位已全部实现基本扫除青壮年文盲，青壮年非文盲率达91%。2000年自治区政府对移民吊庄点实行属地化管理后，学校办学条件差的问题十分突出。按照自治区政府的要求，2001年对全区9个县（市、区）移民吊庄学校办学困难问题进行调研并提出了解决意见，自治区政府决定，每年筹措2 500万元，用2年左右时间，基本解决吊庄学校建设的突出问题。2001年又安排了专门资金，重点解决了吊庄小学学生“进得来”的问题。并积极争取教育部和中央有关部委将宁夏区移民吊庄学校列入第二期“国家贫困地区义务教育工程”项目。

〔**教学工作**〕 （1）加强学校德育工作。制定了加强和改进学校德育工作的意见，已经自治区党委、政府办公厅批转。开展了安全文明校园创建活动，会同有关部门，开展了学校周边环境的治理整顿，启动了校外活动场所建设，进一步优化了育人环境，增强了德育工作的主动性、针对性和实效性。（2）全面实施课堂教学质量工程。积极开展多种形式的教育教学改革实验和研究，启动了国家级基础教育课程改革灵武实验区的工作，在高、初中开设信息技术教育课，在小学开设英语必修课；实行了普通高中新课程方案，在农村初中开展了渗透职业教育内容的实验，取得了明显成效。召开了全区学校体育卫生艺术教育工作会议，加强了体育、卫生、艺术教学设施、场地建设和专业教师培训工作。（3）积极进行评价制度和考试制度改革。制定了县级政府推进素质教育的督导评估意见，继续推广中小学学生评价素质报告书制度，改革了中考制度和高中会考制度。

〔**教师队伍建设**〕 一是对全区中小学5.5万名教师和管理人员进行了自治区、地（州）、县（市）三级培训，占现有专任教师的84%，培训合格率达到95%以上。二是积极鼓励全区中小学教师参加多种形式的在职学历进修，全年全区参加高层学历进修的教师达990人，占现有教师总数的18.3%。到年底，全区小学教师专科学历占22.6%，初中教师本科学历占21.73%，高中阶段教师中具有硕士研究生学历的有26人，占教师总数的0.58%。三是重点抓国家、自治区和市县级骨干教师的培训，全年共培训自治区级骨干教师90名。开展了校长培训工作，建立了一批培训基地。

撰稿　陈少娟

# 职业教育与成人教育

〔综述〕 2001年，全区职业和成人教育工作紧紧围绕“十五”期间自治区总体发展目标和战略部署，通过深化改革、调整结构、不断提高办学质量和效益，增强职业和成人教育工作活力。

深化职业教育教学改革。根据教育部《关于全面促进素质教育，深化中等职业教育教学改革的意见》精神，在部分学校进行了学分制试点；成立了宁夏教材信息网站；首次开展了中等职业教育教学论文征文评选活动；于2001年11月20日～12月26日对全区20所重点中等职业学校进行了教学质量检查工作。

〔教师队伍建设〕 认真贯彻落实2000年全国中等职业教育师资建设工作会议精神，加强教师队伍建设，提高教师素质。通过积极筹备，教育部批准石嘴山职业技术学院为全国52所重点建设职教师资培训基地之一，为全区今后加快培训职教师资创造了条件。继续组织并实施“跨世纪园丁工程”，完成了教育部第二批中等职业学校教师在职攻读硕士学位工作。2001年，在国家级师资培训基地组织了两期校长和一期教师培训，共培训校长19名；培训骨干教师12名，报考在职攻读硕士学位教师32名，被录取12名。

〔招生工作〕 自治区教育厅印发了《关于做好全区2001年中等职业学校招生工作的通知》，制定了宁夏农业学校和部分学校自主招生试点等政策，各中等职业学校加大工作力度，做好招生工作。但是，2001年全区中等职业学校招生出现了计划数大于学生填报志愿数，投档数高，报到率低的现象。根据存在的问题，采取了通过自主招生，招收未参加统一考试的应届和往届毕业生的办法，努力扩大中等职业学校招生规模。

〔高等职业教育〕 促进中、高职教育协调发展，在10所办学条件较好的普通中等专业学校进行高等职业教育和“3＋2”五年制试点。2001年，继续将高等职业学校招生计划的60％用于招收全区中等职业学校（包括普通中等专业学校、职业高中、职业中专、成人中专、技工学校）的应往届毕业生。高等职业院校招生采取的措施有：(1) 采取单独命题、单独划线、单独录取的办法招收中等职业学校毕业生。中等职业学校毕业生也可以通过参加普通高等院校招生全国统一考试报考普通高等院校。(2) 普通高中毕业生参加普通高等院校招生的全部考试科目，在普通专科录取线以内，根据本人志愿，从高分到低分，德智体全面衡量，由高职院校择优录取。(3) 在高等职业院校招生计划中安排200个名额，免试推荐中等职业学校优秀毕业生直接进入区内高等职业院校对口或相近专业学习。

〔多渠道筹措教育资金〕 通过积极努力，争取到中央支援西部职业教育国债项目工程专款1 310万元，主要用于固原地区6县及同心、盐池、陶乐3县的职业学校基本建设。通过与华夏基金会的合作，为青铜峡职业中学争取到10万美元的专项贷款，用于添置教学设备；积极争取教育部对宁夏中等职业教育的支持，2001年教育部增拨50万元用于中等职业学校的基本建设和师资培训。

撰稿　王　林

# 高等教育

〔**教学工作**〕 2001年，自治区教育厅强调学校一定要紧紧抓住教学质量不放松，并推动和指导宁夏大学、宁夏医学院等高校把2001年定为“教学质量年”，要求两校抓教学质量有安排、有检查、有评比、有总结。转发了教育部《普通高等学校本科教学工作随机水平评估方案（试行）》和《关于加强高等学校本科教学工作提高教学质量的若干意见》等文件；筹备召开了全区高校教学科研工作会议；提出了自治区贯彻教育部《关于加强高等学校本科教学工作提高教学质量的若干意见》的实施意见（讨论稿）。通过一系列的工作，促进了全区高校教学质量的提高。

〔**高校科研工作**〕 2001年，全区高校在科研项目立项和科研经费的资助上较往年有较大提高。宁夏大学2001年共申请到国家自然科学基金4项，国家社科基金5项，自治区自然科学基金8项，科技攻关项目9项，国际合作项目1项，中日合作项目1项，教育厅科研项目21项，获得资助总经费207万元。

与此同时，教育部专家组对宁夏大学西夏学研究中心进行专项评估，“西夏学研究中心”被教育部确定为省属重点人文社科研究基地，填补了宁夏高校科研史上的一项空白。

〔**学位工作**〕 2001年，召开了全区首次学位工作会议，提出了“积极发展学位与研究生教育的要求”，研究部署了“十五”期间全区学位发展与建设规划。至2001年，全区高校共有硕士点41个。

〔**重点学科和专业建设**〕 年初，制定印发了自治区级重点学科评审文件和重点学科评估指标体系。成立3个学科评议组，聘请了各个学科的知名专家、教授担任学科评议组成员，对各学校上报的33个重点学科逐一按照评估标准进行了评审，最后评定出应用数学等16个自治区级重点学科。

抓高校专业审定。为了优化高校的专业结构，拓宽专业口径，根据教育部有关文件精神，组织专家对全区普通高校，成人高校、高职学院的新增专业进行了评审。通过审议，帮助学校调整好专业结构，制定了切实可行的教学计划和课程设置方案，确保教育质量。

〔**检查评估教学工作**〕 2001年，重点进行5项检查评估。(1) 进行本科毕业生毕业论文（毕业设计）检查。6月，对区内4所本科院校的应届本科毕业生的毕业论文（毕业设计）进行了检查，并按有关要求对这一工作提出了要求和改进意见。(2) 对电大开放教育试点工作进行评估。根据教育部的部署，自治区教育厅印发了关于对开放教育试点工作进行评估的文件，组成了评估领导小组和专家组制定了评估工作的量化标准，并对宁夏电视大学及所属的20个工作站的开放教育试点工作进行评估。(3) 对成人高等函授教育进行检查评估。为了保证成人高等函授教育的质量，监督成人高等函授教育部（点）的工作，自治区教育厅制定了评估标准和细则，要求各个函授站（点）进行全面自评，在此基础上组成专家组，对各个函授站（点）进行评估，并采取相应的奖惩手段，确保函授站（点）的教育质量。(4) 开展普通高校基础课教学实验室评估。自治区教育厅计划用3年的时间，使自治区普通高校的基础课教学实验室都达到合格标准。年内，评定出17个基础课合格实验室。(5) 对高校科研项目进行中期检查和结题验收。为了使有限的科研经费发挥最大的效益，监控各学校科研项目的进展情况，发现和推广有开发价值的科研项目，组织科研处长对当年完成的科研项目进行结题验收，对正在进行的项目进行中期检查，此项工作2001年底已完成。

〔高校后勤社会化改革〕 2001年，全区高校后勤社会化改革，结合新一轮高等学校内部管理体制改革进行。以改革管理模式和转换内部运行机制为突破口，积极探索组建跨地区、跨学校后勤服务集团的路子，引入市场经营机制，加大以学生公寓和食堂为主的基础设施建设力度。部分高校已基本完成了后勤服务人员、相应资源及操作运行与学校行政管理系统的规范剥离，逐步建立起了由行政拨款向收费服务过渡的新的运行机制。通过采取一系列行之有效的办法，使自治区高校后勤负担过重、资源分散的状况得到一定程度缓解，学校后勤的管理体制、结构、功能、效益发生了较大变化，加快了学校后勤服务由福利型向经营型转变的步伐。高校后勤社会化改革得到了社会各界的逐步认可。

撰稿 陈少娟

# 民族教育

〔综述〕 2001年，全区有民族高等院校1所，民族中专2所，回民中学21所，回民小学101所（含回民寄宿制中学7所，小学65所）。各级各类学校有回族在校生35万多人，占全区各类学校在校生总数的29.4%；其中回族小学生24.6万人，占小学生总数的34.3%；中学生6.9万人，占中学生总数的24.2%；回族适龄儿童入学率为94.6%。

按照自治区的要求，在学校布局上，充分考虑民族地区的特点，建立了一批回民初中和教学点。在银川一中、吴忠中学和固原一中3所自治区重点中学继续增设民族高中班，主要招收农村回族学生。在回族聚居地区有中等专业学校5所，职业教育中心1所，职业中学7所，加强对回族聚集地的中等职业技术培训。扩大了高等院校对少数民族学生的招收数量。2001年西北第二民族学院、宁夏大学的民族预科部和预科班扩大了招生规模，区内外各大中专院校也扩大了对少数民族学生的招生，实现了少数民族招生数与高校扩招的同步增长。

〔民族地区义务教育工作〕 坚持"普九"重中之重地位不动摇，加快了民族地区"普九"步伐，川区16个县（市、区）实现了"普九"目标，覆盖人口292.8万人，其中回族人口59.15万人。少数民族聚集的宁南山区的隆德、泾源、盐池3县已实现了基本普及初等义务教育目标。

努力提高少数民族女童入学率。开办了回族女子中小学和回族女子班；利用中国与联合国儿童基金会加强贫困地区小学教学项目，分别在回族聚居的296所学校推广了女童教育经验；通过优化女童社会、家庭和学校教育环境，积极探索解决民族贫困地区农村女童入学率低的新路子。

减免了少数民族特困生的学杂费。通过对口支援一对一"结对子"帮扶和"手拉手"献爱心活动，使少数民族贫困学生完成学业有了保证。

根据教育部、财政部《关于对全国部分贫困地区农村中小学生试行免费提供教科书的意见》精神，从2001年秋季起，国家对山区8县农村初中学生中家庭经济困难的学生，以及特殊教育学校（特教班）的学生免费提供教科书。自治区教育厅积极配合国家有关部门做好此项工作。

注意发挥民族宗教人士参与"普九"的积极性，全区已有5个回族聚居县市成立了由宗教人士参加的回族教育促进会，宗教人士带头捐资助学，主动辞退在清真寺念经的学龄儿童，有些有名望的宗教人士还担任了学校名誉校长，有效地提高了回族儿童的入学率。

〔**回族中高级人才培养**〕 在高校和中专招生中，对少数民族学生实行了降低分数段录取，对回族聚居的南部山区采取定向招生、切块到县等办法，扩大了少数民族学生的招生比例，并出台政策规定少数民族考生录取比例年递增1%，2001年全区少数民族考生的录取比例占全部考生的28%。

按照全国1 000所示范性高中建设标准，宁夏回族自治区回民高级中学已开工兴建，其办学条件、师资和管理水平等都将是一流的，届时将面向全区招收回族学生。

〔**教师队伍建设**〕 (1) 加强回族教师的培养，2001年继续在固原师范专科学校、同心阿拉伯语学校举办师范班，加强回族聚集区教师的继续教育培训。(2) 把支教的重点放在少数民族集中的山区8县教师培训上。2001年闽宁对口支援和“百名优秀教师支教工程”已抽调教师189名，通过传、帮、带，促进民族地区教师教育教学水平的提高。(3) 提高山区回民中小学教师的待遇，在南部山区8县实行乡、村中小学任教20年以上的教师颁发荣誉证书和浮动工资，已做好前期准备工作。

〔**百所回民中小学标准化建设**〕 2000年自治区教育厅确定实施“百所回民中小学校标准化建设工程”后，2001年3月30日成立了“建设工程”领导小组及办公室，负责此项工作。研究制定了准入评审条件及办法，并组织专家评审小组对申报项目县（市、区）学校进行实地考察论证，考察中学17所，小学17所。并进行逐一评估，确定10所学校（中学7所，小学3所）为首批实施项目学校。自治区政府决定从2001年～2005年，每年拨1 000万元经费建设100所学校，2001年经费已到位。

7月18日，自治区政府召开了“百所回民中小学标准化建设工程”启动大会，自治区副主席刘仲到会并讲话。会后，首批10所项目学校按照自治区中小学现代教育技术装备标准制定学校图书、实验仪器、信息技术教育等装备计划。

8月10日，自治区教育厅组织了首批项目学校教育教学骨干培训班，各项目学校的主管副校长、政教主任、教务主任、年级组长、教研组长等参加了培训。

撰稿　陈少娟

审稿　裴永俊

# 新疆维吾尔自治区教育

## 概　况

〔基本情况〕

**2001 年各级普通学校基本情况**

单位：人

| 学校类别 | 学校数（所） | 毕业生数 | 招生数 | 在校生数 | 教职工数 合计 | 教职工数 其中：专任教师 |
|---|---|---|---|---|---|---|
| **总　计** | **9 117** | **781 320** | **1 057 381** | **4 144 853** | **300 215** | **238 048** |
| 一、研究生 | （9） | 277 | 827 | 1 749 | | |
| 1. 高等学校 | （6） | 259 | 783 | 1 647 | | |
| 2. 科研机构 | （3） | 18 | 44 | 102 | | |
| 二、普通高等学校本专科 | 21 | 15 844 | 41 426 | 108 066 | 19 369 | 9 123 |
| 本科院校 | 11 | 10 704 | 30 365 | 81 611 | 15 344 | 6 947 |
| 专科院校 | 10 | 1 378 | 6 890 | 14 203 | 3 658 | 2 061 |
| 分校、大专班 | | 3 762 | 4 171 | 12 252 | 367 | 115 |
| 三、普通中等学校 | 2 117 | 370 085 | 503 262 | 1 373 560 | 116 107 | 88 807 |
| 1. 中等专业学校 | 99 | 26 403 | 26 763 | 97 321 | 12 627 | 6 842 |
| 中等技术学校 | 79 | 19 292 | 17 311 | 68 710 | 9 635 | 4 962 |
| 中等师范学校 | 20 | 7 111 | 9 452 | 28 611 | 2 992 | 1 880 |
| 2. 技工学校 | | | | | | |
| 3. 普通中学 | 1 929 | 329 801 | 459 878 | 1 228 566 | 99 548 | 79 419 |
| 高中 | 472 | 59 251 | 93 519 | 225 411 | | 17 025 |
| 初中 | 1 457 | 270 550 | 366 359 | 1 003 155 | | 62 394 |
| 4. 职业中学 | 89 | 13 881 | 16 621 | 47 673 | 3 932 | 2 546 |
| 高中 | 84 | 7 098 | 5 000 | 15 773 | | 2 185 |
| 初中 | 5 | 6 783 | 11 621 | 31 900 | | 361 |
| 5. 工读学校 | | | | | | |
| 四、小学 | 6 221 | 395 010 | 352 975 | 2 435 667 | 149 107 | 132 137 |
| 五、特殊教育学校 | 7 | 104 | 135 | 922 | 310 | 187 |
| 六、幼儿园 | 751 | | 158 756 | 224 889 | 15 322 | 7 794 |

## 2001 年各级成人学校基本情况

单位：人

| 学校类别 | 学校数（所） | 毕业生数 | 招生数 | 在校学生数 | 教职工数 | |
|---|---|---|---|---|---|---|
| | | | | | 合　计 | 其中：专任教师 |
| **总　计** | **3 384** | **1 480 206** | **1 110 707** | **1 480 585** | **13 653** | **6 215** |
| 一、成人高等学校 | 18 | 18 462 | 47 004 | 109 285 | 5 417 | 2 645 |
| 1. 广播电视大学 | 2 | 3 357 | 3 891 | 12 265 | 2 468 | 1 165 |
| 2. 职工高等学校 | 9 | 2 956 | 5 192 | 12 726 | 1 255 | 604 |
| 3. 农民高等学校 | | | | | | |
| 4. 管理干部学院 | | | | | | |
| 5. 教育学院 | 7 | 2 518 | 7 198 | 13 898 | 1 694 | 876 |
| 6. 独立函授学院 | | | | | | |
| 7. 普通高等学校举办： | (21) | 9 631 | 30 723 | 70 396 | | |
| 函授部 | | 4 257 | 18 115 | 42 481 | | |
| 夜大学 | | 1 252 | 4 698 | 12 334 | | |
| 成人脱产班 | | 4 122 | 7 910 | 15 581 | | |
| 二、成人中等学校 | 2 675 | 1 339 234 | 966 039 | 1 212 207 | 6 659 | 3 178 |
| 1. 成人中等专业学校 | 156 | 14 099 | 8 468 | 29 073 | 2 942 | 1 618 |
| 广播电视中等专业学校 | 4 | 5 826 | 2 783 | 13 487 | 1 382 | 734 |
| 职工中等专业学校 | 11 | 1 902 | 588 | 2 295 | 682 | 353 |
| 干部中等专业学校 | | | | | | |
| 农民中等专业学校 | | | | | | |
| 函授中等专业学校 | 1 | 235 | 175 | 465 | 155 | 122 |
| 教师进修学校 | 23 | 359 | 598 | 1 232 | 723 | 409 |
| 其他类学校举办 | 117 | 5 777 | 4 324 | 11 594 | | |
| 2. 成人中学 | 18 | 3 893 | 4 957 | 6 832 | 216 | 59 |
| 职工中学 | 18 | 744 | 566 | 1 491 | 90 | 55 |
| 农民中学 | | 3 149 | 4 391 | 5 341 | 126 | 4 |
| 3. 成人技术培训学校 | 2 501 | 1 321 242 | 952 614 | 1 176 302 | 3 501 | 1 501 |
| 职工技术培训学校 | 43 | 21 199 | 18 467 | 21 522 | 366 | 157 |
| 农民技术培训学校 | 2 458 | 1 300 043 | 934 147 | 1 154 780 | 3 135 | 1 344 |
| 三、成人初等学校 | 691 | 122 510 | 97 664 | 159 093 | 1 577 | 392 |
| 1. 职工初等学校 | 5 | 60 | | 36 | 1 | 1 |
| 2. 农民初等学校 | 686 | 122 450 | 97 664 | 159 057 | 1 576 | 391 |
| 其中：扫盲班 | 286 | 48 315 | 36 012 | 54 122 | 893 | 167 |

〔**年度工作方针**〕 2001年以邓小平理论为指导，按照“三个代表”的要求，认真贯彻党的十五大和十五届五中全会精神，进一步落实全国教育工作会议和自治区教育工作会议精神，抓住西部大开发的历史机遇，坚持以发展为主题，以机构调整为主线，以深化改革为动力，以提高教育质量和办学效益为出发点，大力推进素质教育，为全面完成教育事业“十五”规划奠定坚实的基础。(1) 坚持教育适度超前发展，积极推进“普九”进程，坚持“两基”工作重中之重的地位不动摇，加快发展职业教育和高中阶段教育，稳步发展高等教育；(2) 继续推进布局结构调整，加强重点学校、重点学科建设，努力提高办学效益；(3) 大力推进教学领域改革，加大对学生创新精神与实践能力的培养力度，加大汉语教学力度，进一步提高教学质量；(4) 继续推进招生考试、毕业生就业、学校内部人事制度以及高校后勤社会化改革；(5) 大力推进教师继续教育工作，加强教师队伍建设，提高教师队伍整体素质；(6) 加强教育信息化建设步伐，提高教育现代化水平和教育信息化程度；(7) 确保教育事业优先发展的战略地位，依法增加教育投入，提高使用效益；(8) 紧密结合新的历史条件，进一步加强和改进学校党建、德育、思想政治工作，加强民族团结教育，积极开展教育系统创建文明行业活动，维护教育系统稳定；(9) 加强党风廉政建设和反腐败工作，狠抓纠正行业不正之风，加强机关建设，提高服务水平，树立教育工作良好形象。

〔**2001年教育工作电视会议**〕 自治区教育工委、教育厅2001年度教育工作电视会议于2月16日在乌鲁木齐市召开。兵团教委、乌鲁木齐市教委以及自治区高等院校的主要负责同志出席了会议。各地、州、市教育行政部门负责人在各地分会场出席了会议。自治区政协副主席、教育工委书记、教育厅党组书记张贵亭在会上作了报告。报告回顾了“九五”期间全区教育工作取得的成就，对2001年教育工作，强调以下几点：(1) 继续把普及九年义务教育放在“重中之重”的地位；(2) 大力发展各种形式的职业教育；(3) 高度重视高等教育加快发展带来的深层次问题和矛盾；(4) 大力加强汉语教学，进一步提高少数民族教育质量；(5) 千方百计解决好教育投入问题；(6) 坚决纠正行业不正之风。

〔**学校德育工作**〕 4月19日，自治区教育工委、教育厅印发了《关于在自治区大、中、小学开展纪念中国共产党成立80周年活动的通知》。为配合纪念活动，教育厅组织编写了《伟大的中国共产党》、《中国共产党在新疆》、《中国共产党80周年学习读本》，供师生学习。6月，自治区教育工委、教育厅及各地教育行政部门分别举办了“党在我心中”、“党的光辉照天山”座谈会、理论研讨会、专题讲演和歌咏比赛等活动。新疆大学、新疆师范大学、新疆农业大学、新疆石河子大学等高校的师生出版黑板报、墙报等，将庆祝建党80周年和支持北京申奥结合起来，开展了“爱党情，世纪心”长跑和万人签名活动。

7月1日，各族师生收看收听了江泽民总书记在庆祝中国共产党成立80周年大会上的重要讲话，并进行了座谈。自治区教育工委、教育厅党组迅速向教育系统发了通知，做了部署，同时组织专家教授编写了《划时代的马克思主义纲领性文献——学习江泽民同志“七一”讲话辅导》材料，要求教育系统认真学习和贯彻“七一”讲话精神，用“三个代表”思想武装师生头脑，把学习理论与推进教育改革与发展结合起来，真正做到学以致用。8月22日～28日，自治区教育工委、教育厅举办了高校宣传部长、“两课”教师学习“七一”讲话专题培训班，76人参加学习。与此同时，教育厅机关党委举办了4期处以上党员干部学习班，有124人参加学习。新学期开学后，各级各类学校结合本校实际，普遍组织师生员工认真学习讨论“七一”讲话精神，畅谈体会。

昌吉市中小学教师在学习“三个代表”期间，有2 600多名教师走访学生家庭，为3.20万多户贫困学生家庭捐款捐物折合现金12万多元，做好事1 100多件，资助52名辍学的中小学生重返校园。

〔**教育基本建设**〕 2001年，自治区安排教育基建预算内投资1.45亿元。其中，中央1.14亿元，占79%；自治区0.31亿元，占21%。

全年接受邵逸夫先生、李嘉诚先生雪灾赠款分别为950万港元、500万港元。项目涉及学校77所（其中中学2所、完小5所、村小70所），总建筑面积4.91万平方米，地方配套2 164万元人民币。

2001年教育基建工作采取“集中资金，统筹规划，统一安排，重点使用”的办法，努力解决高校校舍不足的矛盾，保证了高校的扩招工作；同时紧紧围绕提高资金使用效果，使有限资金发挥最大作用的原则，力争做到建一个项目成一个项目。坚持“四个突出”。即突出重点，保证厅属高校及直属单位基建投资项目，保证中小学校舍建设，保证邵逸夫、李嘉诚先生赠款项目工程保质保量按期完成；突出建设项目的“项目管理”工作，对申报项目进行可行性研究，提高专项资金的投资效益；突出重点项目和工程设计、讯息工期质量管理工作；突出调查研究，保证各项建设项目计划顺利执行。

〔**廉政建设与纪检工作**〕 2001年，自治区教育厅印发了《关于贯彻落实中纪委五次全会精神和自治区纪委八次会议精神，全面推进党风廉政建设和反腐败斗争的意见》，制定了教育系统《关于“学讲话”“议党风”“反腐败”为主要内容的第三个党风廉政教育月活动的安排》，并对乌市7所高校教育月活动情况进行了两次检查。制定了《自治区教育厅加强厅机关及直属单位党风廉政建设和反腐败工作的措施》，就移动电话管理、福利费发放、差旅费报销、车辆管理、区内外公务接待、财务管理等问题做出了明确规定。执行中纪委“不准用公款为领导干部住宅配备电脑及支付住宅电脑上网费用”的规定，强化了领导干部自律功效，取得了较好成果。

〔**教育外事工作**〕 2001年办理国家公派出国留学96人，新疆地方公派25人，自费出国留学300多人，出国参加学术会议67人，出国考察访问108人（其中副省级1人、正厅级8人、副厅级16人）。安排有关专家、学者组团出访5次，包括赴英国进行高等教育考察，赴日本参加文化节，赴德国、法国进行职业教育考察，出访美国、加拿大等。接待来访的外国访问团14批，共计159人。有香港新界中小学校长考察团，香港学生事务协会，香港学者协会，新加坡世界贫困儿童基金会，澳门大学校友会，日本私立大学协会，美国耶鲁大学等。

2001年，全区聘请外国专家95人，其中长期专家36人，短期专家59人。新疆大学与日本奈良大学开展了校际合作，新疆财经学院与美国阿祖萨太平洋大学签署了互派留学生协议。自治区高校接受外国留学生136人。新疆医科大学首次派人前往巴基斯坦招收了10名医学专业的留学生，和田师范专科学校经批准也开始招收外国留学生。

〔**电化教育**〕 2001年，新疆电化教育馆、新疆教育电视台组织实施“校校通”工程，举办信息技术培训班，培训中小学专业教师735名，其中少数民族教师556名，覆盖学校近700所。7月，教育部批准新疆一个IP卫星频道，通过卫星传输覆盖全疆，为中小学信息技术教育的开展创造了条件。11月中旬，召开自治区电化教育馆（站）长、国家级和自治区级实验学校领导参加的“校校通”工程研讨会。馆、台建立的“新疆远程教育资源网”接受访问人数达11.8万人次。

教育台本着“教育为本，服务社会”的宗旨，全年播出节目5 235小时，其中各类教育节目占60%以上。9月底，完成了中国教育电视台、上海教育电视台、新疆教育电视台三台互动式教师节大型节目《世纪的承诺》新疆外景地的拍摄任务。2001年新疆教育电视台节目在全国教育电视台协会节目评审中获栏目类一等奖1个、新闻类二等奖1个、栏目类三等奖2个。该台的维语节目在全疆少数民族电视译制节目评选中获新闻、论文、译制片三项三等奖各1个。

2001年，自治区教育厅制发了《新疆维吾尔自治区教育信息化建设规划纲要》和《新疆维吾尔自治区校园网建设规范实施意见》；举办了新疆教育网络多媒体技术与教学仪器设备展示会，有130多家区内外IT界企业和教学仪器厂家参展；举办了6场信息化专题报告会，听众达2 000多人次。

〔**体育、卫生与艺术教育**〕 2001年，学校体育开展了如下工作：(1) 根据新的《九年义务教育全日制体育与健康》教学大纲要求，对1 500多名中小学体育教师进行了业务培训。(2) 制定了普通中小学贯彻《学校体育工作条例》评估方案，并下发各地执行。(3) 组织编写了大中专院校通用《国防教育》教材，并委托新疆大学举办两期国防教育课程师资培训班，有90名教师参加了学习。(4) 举办了自治区第五届大中专、中学生健美操比赛和教练员、裁判员培训班，有70人参加了学习。(5) 组织了自治区中学生“华晨杯”足球联赛，并派代表队参加全国中学生“华晨杯”足球决赛。乌鲁木齐市第14中学男子足球队获第一名。(6) 举办了自治区大中专院校学生田径运动会。

卫生工作。2001年，自治区教育厅与自治区卫生厅等7个厅局联合印发了《新疆维吾尔自治区全面实现消除碘缺乏病目标行动规划》；成立了新疆学生常见病防治终期考评联合领导小组，对乌鲁木齐市、伊犁州、阿克苏地区的部分学校进行了抽查考评；7月25日～8月7日举办了自治区“红丝带，献爱心”暑期大中专学生预防艾滋病夏令营活动，营员20名，前往昌吉、石河子、奎屯、博乐、伊宁等地宣传了预防艾滋病的知识；制发了《新疆中小学生饮用奶计划实施方案》；对克拉玛依市、昌吉州、巴音郭楞州部分小学1～3年级学生的牙病防治情况进行了检查指导。

艺术教育。(1) 组队参加全国大学生艺术歌曲比赛，新疆师范大学取得第三名。(2) 组队参加全国中小学生电子琴比赛，中小学各1名选手取得第三名。(3) 组织自治区中小学音乐、美术录像课的评选活动，并组队参加全国第三届中小学音乐、美术录像课的评选活动。(4) 对全国农村艺术教育先进县乌鲁木齐县、麦盖提县的试点工作进行了检查指导。

〔**勤工俭学**〕 2001年，自治区先后召开中初等学校、大中专院校勤工俭学校办产业工作会议、勤工俭学办公室主任研讨会、高校产业办公室主任座谈会等，制定了《勤工俭学校办产业“十五”规划》等文件。

全年各级各类学校勤工俭学纯收入达2.91亿元，学生人均收入达74.29元，校均收入达3.21万元；勤工俭学农、林、牧、渔场的土地面积达2.12万公顷；校办企业384个，其中科技企业4个，第三产业网点1 630个；校办产业资产总额为3.95亿元；纯收入的2.37亿元用于补助教育经费。

# 基础教育

〔**综述**〕 2001年，自治区普通中学比上年增加218所，其中高中比上年减少12所，初中比上年增加230所；在校生比上年增加8.4%，其中高中生比上年增加13.4%；初中生比上年增加7.4%。小学比上年减少497所，在校生比上年减少1.7%。特殊教育学校在校生比上年增加36.7%。幼儿园比上年减少81个，在园幼儿比上年增加5.3%。小学学龄儿童入学率97.41%。初中学龄儿童入学率82.02%。小学生毕业升学率95.68%。初中毕业生升入普通高中的比率是34.56%。中小学生辍学率为初中2.88%、小学0.24%。师生比（人）为初中16.07%、小学18.43%。

中小学教师学历合格率：高中是61.48%，比上年提高3个百分点；初中是90.73%，比上年提高1个百分点；小学是97.16%，比上年下降2个百分点。

普通中学校舍建筑面积801.9万平方米，比上年增加7.1%。小学校舍建筑面积826.1万平方米，比上年减少1.3%。特殊教育学校校舍建筑面积3.4万平方米，比上年减少2.9%。幼儿园建筑面积98万平方米，比上年增加8.2%。

〔**自治区基础教育工作会议**〕 自治区基础教育工作会议于2001年12月26日～27日在乌鲁木齐市召开。会议的主要任务是确定“十五”期间全区基础教育发展的总体目标和任务：力争到2005年全区85%的地区完成“普九”，2010年基本实现“普九”目标，并力争使全区基础教育达到全国中等偏上水平。

自治区主席阿不来提·阿不都热西提到会讲话。他指出，发展基础教育必须立足自治区实际，以教育体制改革和教学改革为动力，以调整布局为主线，以全面实施素质教育为目标，努力满足人民群众日益增长的教育需求。从2002年元月开始，义务教育实行在国家统一领导下各级政府分级负责、分级管理，以县为主的新的管理体制。要加快建立和完善以政府办学为主、社会力量办学为补充的基础教育办学体制，积极推进公办学校办学体制改革的实验，鼓励名校和薄弱学校、企业学校、民办学校联办，充分发挥优质教育资源作用。要因地制宜加快学校布局调整步伐，重点调整好广大农牧区中小学布局，把方便学生上学和扩大学校规模有机结合起来，要防止因为布局调整而造成学生辍学现象的发生。多民族聚居区要加快民汉合校、民民合校和民汉学生混合编班的步伐。要把汉语教学摆在少数民族中小学教育教学的突出地位，这是自治区为发展少数民族教育事业采取的一项重要措施。要积极创造条件，加快汉语师资培养培训步伐。有条件的城镇少数民族小学要从一年级开设汉语课，扩大“双语”授课实验班教学模式。他强调，要把德育摆在素质教育的首位，一定要结合新疆实际，重点加强中小学维护民族团结、祖国统一，反对民族分裂主义的思想教育。要加强中小学领导班子和教师队伍建设，提高教师队伍素质。他最后强调，要采取有效措施，保障基础教育经费投入，努力提高教育经费在自治区本级财政支出中所占的比例。必须依法足额征收城乡教育费附加和人民教育基金。农村教育费附加要严格实行“乡征、县管、乡用”的体制，不得用于发放教师工资，不得抵扣、平调和挪用，对违法违纪行为要一查到底，严肃追究。

自治区党委副书记司马义·铁力瓦尔地在会上作了题为《深化改革加快发展努力开创自治区基础教育工作新局面》的报告。会上，宣读了国家和自治区的表彰决定，向获得全国“两基”工作先进地区（单位）和先进个人颁发了奖状和奖金。同时表彰了国家贫困地区义务教育一期工程的先进项目地州、项目县和先进个人。自治区政府决定对伊犁哈萨克自治州（原伊犁地区）、喀什地区、阿勒泰地区等3个先进项目地州予以表彰，各奖励20万元；吉木乃、尼勒克、疏勒3个先进项目县获一等奖（奖金200万元），疏附、福海、阿合奇、和田4县获二等奖（奖金160万元），柯坪、岳普湖、叶城、布尔津、策勒、木垒6县获三等奖（奖金130万元）。同时，对杜思洁等17名全国“两基”工作先进个人各奖励3 000元，对夏代提等215名“义教工程”先进个人各奖励1 000元。

〔**自治区“两基”工作会议**〕 2001年4月18日～19日，自治区“两基”工作会议在乌鲁木齐市召开。来自28个县的县长、各地州市教委、教育督导室及有关部门负责同志共150人参加会议。会议总结了2000年的“两基”工作，表彰奖励了13个“两基”工作先进集体和28名“两基”工作先进个人，部署了2001年到2010年自治区“两基”规划。自治区教育厅厅长沙塔尔·沙吾提在会上作了工作报告。他指出，全区“两基”工作本着“分区规划，分类指导”的方针组织实施，按照“坚持标准，实事求是”的原则进行验收，至2000年10月，全区93个县（市、区）中已有65个县（市、区），1 046万人口的“两基”工作经自治区政府验收，并经国家审核合格，约占全区县（市、区）总人口的70%。今后要继续坚持“两基”重中之重的地位不动摇，在做好已验收县（市、区）的“两基”巩固提高工作的同时，务必抓好6项工作：（1）巩固“普六”成果，提高初中入学率；（2）抓住项目机遇，改善办学条件；（3）坚持财政主渠道，增加教育投入；(4) 提高师资水平，提高教育质量；(5) 巩固扫盲成果，促进“科教兴农”；(6) 坚持依法治教，加强教育督导。

〔“贫困二”项目执行情况〕 世行贷款第二个贫困地区基础教育发展项目，新疆于1995年正式启动，经过5年多的努力，已全部完成了项目建设内容和目标效益要求。

本项目计划总投资（成本测算，下同）3.6亿元人民币。其中，世行贷款为1 950万美元，国内配套资金1.9亿元人民币。实际完成世行贷款1 859.86万美元，是计划数的95.38%；完成国内配套资金2.11亿元人民币，是计划数的109.69%。其中，小学部分占67.5%，初中部分占32.5%。

对项目县的1 124所中小学进行新、改、扩建、更新改造和维修校舍73.39万平方米；为2 020所中小学配置各类教学仪器2 020套、采购图书250.89万册、课桌椅15.3万单人套；完成中小学教师培训2.40万人次；建成区、县教育信息管理系统并逐步投入使用；组织了9个教育改革实验课题研究项目，完成了双语音像教材项目。

经过“贫困二”项目的执行，项目县的办学条件有了较大改善，基本做到了“一无二有”，图书、仪器设备配套，师资队伍素质有较大提高，教育管理水平明显增强，教育教学质量，特别是民族教育、女童教育的质量都有明显提高，到2001年底，18个项目县全部普及了初等教育。其中阿图什、叶城、布尔津、巴里坤、哈巴河5个县先后通过了自治区“普九”和扫盲“两基”验收，进入了自治区普及九年义务教育的先进行列。

〔中小学信息技术教育〕 自治区中小学信息技术教育工作会议于4月20日在乌鲁木齐市召开。来自全疆80多名代表参加了会议。会议的主要任务是，交流经验，研究部署在中小学普及信息技术教育的措施。

2001年，全区已有约40%左右的高中、10%左右的初中、5%左右的小学配备了计算机设备。其中24所学校拥有校园网，13所学校实现了网上教学，全区中小学拥有计算机1.15万台，计算机教室375个，专兼职教师801人。开展信息技术教育必修课的学校占20%、开设选修课的学校占40%、开展课外兴趣活动的学校占40%。随着计算机技术和网络技术的发展，出现了多媒体多功能学术报告厅、电子备课室、电子阅览室、校园网络等现代化教育设施，出现了新型远程教育教学形式和个别化教育、学习方式，部分地区、学校将信息技术教育课程列入教学计划，上课有教材，课时、师资基本有保障。全区还设立了15所国家级信息技术教育实验学校，克拉玛依市和巴音郭楞蒙古自治州被确定为国家级信息技术教育实验区。实验区、校在信息技术教育工作方面做了大量工作，起到示范辐射作用。

会议制订了《自治区中小学普及信息技术教育规划》和《自治区中小学实施“校校通”工程规划》，确定了自治区第一批“校校通”示范工程的试点学校。

〔教学工作〕 (1) 成立自治区基础教育课程改革实验领导小组及专家指导组，确定乌鲁木齐市天山区和沙依巴克区为国家级课程改革实验区；举办全区中小学新课程计划、新大纲及新教材培训班，参加培训的教师5 700多人次，其中维、哈语系的教师1 700多人次；制定下发了《关于做好控制农牧区初中生辍学工作确保我区普及九年义务教育健康发展的意见》。(2) 召开自治区中小学教材出版、发行工作会议，加强对中小学教学用书的管理。(3) 确定疏附县、尼勒克县、木垒县为2001年至2005年新周期儿基会项目县。并在巴里坤县、伽师县开始实施儿基会“循环教科书”项目。(4) 确定自2001年秋季开始，全区城镇汉语小学从三年级起开设英语课程；乡镇所在地汉语小学三年级从2002年秋季起开设英语课程。鼓励有条件的民语小学在开好汉语课的基础上逐步开设英语课程。(5) 对昌吉州、克拉玛依市的普通高中进行等级评估。首批命名昌吉州一中、二中、奇台县一中、米泉市一中、克拉玛依市一中、四中为自治区示范高中。(6) 举办了聋校教师继续教育培训班，全区有150多名教师参加了学习。组织编写了聋人《维语手法辞典》和聋人维文《语文》教材初稿。(7) 制定了《新疆维吾尔自治区关于进一步加强幼儿教育的意见》，组织编写了《自治区幼儿园教育指导纲要》，举办了首批《纲要》学习班，有160名幼教工作者参加学习。(8) 印发了《中小学德育工作评估办法》和《德育工作评估指标体系》，在全区中小学开展德育评估工作。

〔**教育督导**〕 2001年初，自治区政府发布了《新疆维吾尔自治区教育督导办法》，自治区督导室修正印发了《新疆维吾尔自治区"两基"评估验收办法》和《"两基"验收廉洁自律五条纪律》，使教育督导工作有章可循，有法可依。

2001年自治区教育督导室对实现"两基"工作的13个县、市进行了复查。通过复查，发现存在的主要问题：一是初中辍学率居高不下；二是"两基"验收后教育投入出现问题，出现了一批新的危房。及时向有关方面反映情况，加以改进。

2001年自治区教育督导室撰写的"两基"工作报告文学《献你一束圣洁的雪莲花》被国家选用编入"两基"报告文学集《功在千秋万代》一书。今年改版的《新疆教育督导》分别以汉、维两种文字出版。自治区向国家教育督导团推荐了泽普县、疏勒县、察布查尔县的"两基"工作经验材料。选派了20名督学参加国家举办的督学岗位培训班学习。

2001年自治区教育督导室被评为全国先进教育督导室。

〔**干部、教师队伍建设**〕 (1) 2001年，自治区教育厅举办了4期中小学校长培训班，培训校长200人；幼儿园园长培训班1期，培训园长84人；县（市）教育局长培训班2期，培训50人。组织优秀中小学校长32人到乌鲁木齐地区中学挂职培训；2001年全区共培训教师3.42万人次。(2) 制发了《中小学教师继续教育工程区级自评指南》。自治区组成评估检查组前往9个地、州、市和新疆师范大学、新疆教育学院，对中小学教师继续教育工作进行检查和指导。(3) 召开了民族贫困地区中小学教师综合素质项目培训实验区培训会议，确定喀什地区英吉沙县、塔城地区额敏县为自治区实验县。(4) 启动了中国——联合国儿童基金会2001～2005年新周期师资培训项目。(5) 选送86名中小学骨干教师前往全国21个省、自治区、直辖市的22所院校接受国家级培训。(6) 全年共编译全国指定中小学教师继续教育教材45本、中小学教师综合素质项目教材12本。(7) 在中等师范学校实行招收五年一贯制大专班的办法，即中等师范学校挂靠高一层次师范院校招收初中毕业生进入中师，在校学习五年取得大专文凭，毕业后服务于小学。确定11所中等师范学校做试点。当年共招收五年制小教大专班2 200余人。(8) 完成了2001年度高校、中专、中小学教师职务评审工作，累计评审1 139人，通过1 037人，通过率为91.04%。(9) 2001年全区有18名教师获得全国模范教师和全国教育系统先进工作者荣誉称号，42名教师获得全国优秀教师和全国优秀教育工作者荣誉称号，118名教师被评为自治区优秀教师和自治区优秀教育工作者。(10) 自治区教育基金会2001年组织36名优秀教师代表赴南京、苏州、杭州、上海、西安、延安等地考察、学习、参观、疗养，使他们看到了祖国改革开放的大好形势，增强了献身新疆教育事业的决心和信心。

〔**教育对口支援**〕 2001年，自治区根据"东部地区学校对口支援西部贫困地区学校工程"和"大中城市学校对口支援本地贫困地区学校工程"的要求，建立了"援疆教师档案卡"、"教育活动统计卡"、"通讯联络卡"等管理制度，开展了山东援疆教师评优活动。组织慰问小组对巴音郭楞、阿克苏、克孜勒苏、喀什、和田、阿勒泰等地州的山东援疆教师进行慰问；组织检查组对部分承担支教任务的大中城市的支教工作和山东援助希望小学项目进行了督促检查。

〔**治理中小学乱收费**〕 2001年9月下旬，自治区政府纠风办会同教育厅、计委对全区15个地州市进行了中小学教育收费的专项检查。从检查情况看，中小学教育收费的专项治理与往年相比有很大进步。

各地通过自查自纠，严肃处理了违规乱收费问题。据不完全统计，通过专项治理，全区进一步减轻中小学生费用负担2 992.1万元；查处中小学乱收费案件121件，涉及违纪违规金额3 271.16万元；受党纪政纪处分25人，有27名中小学校长和4名教育主管部门负责人被免职。阿克苏地区今年对所属中小学自查面达98%以上，处理违规收费问题15个，清理10.8万元，处理有关责任人17人，其中4名乡教育办主任、12名中小学校长被免职。伊犁州清退违规收费513万元，9名校长受到追究，其中免职7人。昌吉州在自查中，查处13项违规收费问题，清退违纪金额94.5万元。各地市还通过签订责任书、举办校长学习班、狠抓制度建设等，规范中小学收费行为。

# 职业教育与成人教育

〔**综述**〕 2001年，自治区普通中等专业学校比上年减少13所，在校生比上年减少7.5%；每万人口中在校生52.71人，比上年减少5.99人。职业中学比上年减少23所，在校生比上年减少7%。专任教师比上年减少17.9%。

成人高等学校比上年减少6所，在校生比上年增加18.6%；专任教师比上年减少20.8%；每万人口中在校生59.19人，比上年增加7.28人。成人中等专业学校比上年减少37所，在校生比上年减少17.4%；专任教师比上年减少25.5%。成人中学比上年减少2所，在校生比上年减少1.1%；专任教师比上年减少10.6%。成人技术培训学校比上年减少175所，在校生比上年增加2.2%，专任教师比上年减少15.1%。成人初等学校比上年增加204所，在校生比上年增加11.8%；专任教师比上年增加15.1%。

存在的问题：2001年职业教育严重滑坡，全区职教、成教计划招生为5.43万人，实际录取4.86万人。其中职业中专计划招生0.50万人，只录取1 000人。原因一是受普通高校扩招影响，社会上对职业教育认识有偏差；二是中等职业学校布局结构调整工作进展缓慢，高等职业教育出现盲目跟风办校现象，各类职业学校自成体系，学校和专业设置重复、分散，办学质量不高，特色不鲜明；三是政府对农村教育改革和城市教育综合改革工作统筹力度不够，无专项经费保证，严重影响了改革工作的推动和发展；四是职业学校未能有效地承担起职业培训任务，培训市场不够规范，忽视了培训的质量和实效；五是社会力量办学行为缺乏相应的规范管理和社会监督机制；六是中等职业教育经费投入严重不足，影响了职业教育师资队伍建设和学校基本建设的改善以及民族职业教育教学及教材的建设发展。

〔**职业教育结构调整**〕 2001年，自治区政府批准由昌吉州职工中专等7所学校合并组建昌吉州高等职业技术学院和由新疆人民警察学校、公安司法管理干部学院合并成立新疆警官高等专科学校。原则同意将乌鲁木齐市卫生学校移交新疆医科大学。批准建立新疆农广校乌鲁木齐分校和自治区电大中专学校武警兵团指挥部分校。

〔**中等职业教育**〕 2001年4月，自治区教育厅印发了《关于中等职业学校招生工作有关问题的通知》，决定除公安、司法、卫生等特殊专业外，将其他中等职业学校的招生计划管理权限下放到地、州、市和自治区各有关部门；取消了中等职业学校入学年龄限制，允许中等职业学校采取登记入学的办法招收新生，允许普通高中在校学生转入职业学校继续学习，允许国家级重点学校骨干专业跨地区招生；中专实行春、秋季两次招生。

2001年，自治区教育厅完成了中等职业学校德育课程设置和新编教材（4 种）的推广使用工作；对新疆农校等 5 所学校承担的“九五”国家级课题“整体构建中等职业学校德育课体系和实践”研究成果进行了评定和申报，并获教育部表彰；制发了《关于中等职业学校专业设置管理的原则意见》、《专业设置管理办法（试行）》和《学分制实施方案（试行草案）》。

2001 年成立了新疆职业教育教材信息服务网站，拟订了自治区“中等职业学校网络教育体系规划”草案，并组织部分职业学校参加了教育部举办的现代远程教育和网络建设培训班。

2001 年建立了新疆农业大学全国重点职业教育师资培训基地。进一步巩固和实施职业学校校长岗位培训和持证上岗制度，举办了自治区职业教育与成人教育管理干部资格岗位培训班，培训人员 118 人。

2001 年自治区教育厅确定克拉玛依职业技术学院等 9 所自治区重点学校为教学改革试点学校，批准伊犁州文化艺术学校和新疆地矿局职业中专为自治区重点学校。

新疆水利水电学校集中专、技校、预科、成人大专、专升本、在职研究生班、岗位培训、科技咨询为一体，探索出了一条多层次、多渠道、多元化办学的路子。面对高校扩招，中专技校教育滑坡的现实，该校领导班子与全校教职工转变观念，从 20 世纪 90 年代起就确定以发展中专、技校教育为基础，以市场需求为导向，大力开拓成人教育及岗位培训业务。学校先后与河海大学、华北水利水电学院、南昌水利专科学校等院校联合开办了成人大专、专升本及预科班，同时积极与基层水利部门和企业联系，提供岗位技能培训。由于拓宽了办学渠道，学校保持了良好的发展态势，开设的专业由建校初期的 2 个发展到 20 余个，累计培训输送各类学生 1 万多名。该校已成为自治区水利水电职业技术教育基地、国家级重点中等职业学校。

〔**成人高等教育**〕 2001 年，自治区教育厅针对成人高等学校教学管理中普遍存在的管理不规范、教学秩序不稳定、教学环节不完善、专业设置和教学内容不一致等突出问题进行了调研，提出了《关于加强成人高等教育教学质量管理的若干问题的意见》，对成人高等教育的教学运行、质量监督、基本条件、常规管理提出了新的目标和要求，同时对成人高等学校教学质量的抽查考试工作提出了新的管理意见。2001 年自治区教育厅组织专家组重点抽查了昌吉职业技术学院和新疆农业职业技术学院。全区有 2.30 万多名在校生参加抽考。

〔**农村教育综合改革**〕 2001 年，自治区教育厅规划了“十五”期间全区农村教育综合改革发展的目标和任务。对全区农村教育综合改革实验州、实验县、实验乡村的基本情况和国家扫盲验收后的巩固工作进行了专项调查。积极推进农科教结合的试点工作，与昌吉州联合召开了农村教育综合改革现场经验交流会。组织培训农牧民 23 万人次。推广了玛纳斯县的“学校、公司＋农户”经验，使当地农牧民收入有所提高。编译了农牧民科技培训和文化学校教学使用的《天山实用技术培训手册》。

〔**城市教育综合改革**〕 2001 年，自治区教育厅制发了《关于做好 2001 年城市教育综合改革有关工作的通知》。根据自治区党委召开的第二次社区建设工作会议精神，以及《关于大力发展社区建设的意见》，推荐克拉玛依市独山子区为教育部社区教育实验区。对乌鲁木齐铁路局、自治区交通厅、自治区电力公司、自治区有色公司等单位合并成立的 10 所职工教育培训机构的设置条件进行了审核评估。

〔**自学考试**〕 2001 年，自治区自考办组织实施了全国自考统考、“三沟通”教师培训补考、电大注册视听生考试等 13 次学历和非学历证书考试，协同主考院校进行实践性环节考核 20 多次。其中自考共开考 83 个专业、1 000多门课程，报考科次达 55 万个，有 25 万人次参加了各专业的考试；参加“三沟通”补考的3 000多人次，参加电大注册视听生考试的 2 万多人次，参加交通类专业考试的 2 400人。全年共培养本、专科毕业生 1.1 万人。

非学历证书考试已成为自治区自学考试新的增长点。全国计算机等级考试考点已由 11 个增加到

17个，全年报考人数9400人，比上年增加20%。剑桥少儿英语学习培训机构已达到40家，有12个地州市启动了这一培训项目，全区参加培训的儿童已发展到1万多人。此项目已有上岗教师110名、口试考官20余名。3月和9月组织了1500多名少儿参加国家统一升级考试，与上年相比人数成倍增长。

# 高等教育

〔**综述**〕　2001年，自治区研究生培养单位比上年减少1所。研究生招生比上年增加52%，毕业生比上年增加17.8%，在校生比上年增加46.2%，研究生指导教师比上年增加18.9%。普通高校比上年增加1所，招生比上年增加34.9%，毕业生比上年增加4.2%，在校生比上年增加48.3%，教职工比上年增加8.3%，专任教师比上年增加15.1%。校舍建筑面积计371.4万平方米，比上年增加26.5%。每万人口中有在校生58.53人，比上年增加17.48人。

〔**招生工作**〕　3月27日自治区召开普通大中专院校招生工作会议，研究、部署招生工作。

2001年普通高校招生实行网上录取，录取过程的所有环节都用计算机进行管理、控制。招生录取依然坚持德智体全面考核、择优录取、公平竞争、公正选拔的原则；对南疆三地州和贫困县考生继续给予适当照顾录取，对报考农、林、牧、地矿、煤炭等艰苦专业的考生继续给予照顾录取；暂停保送生的招生；停止区内外高中升中专招生；初中升中专招生除军警、师范、卫生等热门专业外，可免试入学。自治区将从2002年起推行“3＋X”高考科目设置改革方案，自治区教育厅要求各地高中要围绕这个方案进行教学改革。

〔**教学工作**〕　(1) 起草了《高等教育法》的实施意见。(2) 继续抓了高校调整改制工作。组织专家就昌吉师范专科学校调整组建昌吉学院和新疆公安司法管理干部学院改制为新疆警官高等专科学校进行了论证评估，提出组建升格和改制方案，参与了昌吉职工大学改制为昌吉职业技术学院的论证评估工作。(3) 本着“以评促建，评建结合，重在建设”的方针，开展了对普通高校本科教学的评估。组织专家对新疆艺术学院、喀什师范学院、伊犁师范学院的教学自评工作进行了预检；启动了普通高校实验室的评估验收工作，完成了新疆大学12个基础教学实验室的评估验收；开展了第二次高校教学成果奖的评审工作，评出优秀教学成果特等奖1项、一等奖3项、二等奖9项、三等奖20项，获得国家级优秀教学成果二等奖4项。(4) 提出“十五”期间在高校确定20个自治区级重点建设学科、60个优先发展学科以及全面开展高校学科建设的设想，制定了《自治区普通高校学科带头人、骨干教师岗位专项补贴实施意见》，积极营造一个留住人才、激励人才的良好环境。向教育部申报了包括“应用数学”和“少数民族语言文学”在内的8个国家级重点学科。(5) 2001年春季，召开了普通高校教务处长和学生处长联席会议，研究制定了普通高校优秀专科毕业生直升本科的选拔实施办法。9月有303名优秀专科毕业生进入本科段学习。(6) 召开了普通高校学籍和学历证书管理改革讨论会，举办了学历证书电子注册培训班。通过现代网络技术平台，明确了高校学生的身份。2001年的毕业生已全部完成学历证书的电子注册。(7) 启动现代远程教育试点。2001年在新疆医科大学设立北京大学医学部新疆远程教育学院。(8) 自治区电大系统全面开展了“人才培养模式改革和开放教育”研究项目的试点工作。(9) 从2001年新学期起，全疆大中专院校均开设国防教育课。该课程为必修课，18课时。为保证教学质量，自治区教育厅举办了两期国防教育师资培训班，共有59所院校的68人次参加了培训。（10）2001年新疆大学数学学科、新疆农业大学畜牧学学科、新疆医科大学临床医学学科设立博士后科研流动站。引进博士后人才以流动的形式来新疆进行两到三年的项目研究工作，直接有效地为经济服务。

〔**师资培训**〕 2001年自治区将新疆高等师范院校师资培训中心更名为新疆高等学校师资培训中心。召开了高等学校教师岗位培训和师资队伍建设工作会议，提出了师资队伍建设的原则意见。组织选送了10名访问学者去教育部重点实验室开展合作研究；推荐40名“两课”教师参加教育部的统一培训；组织68名教师参加在职攻读硕士学位和报名考试；高校青年教师岗前培训600多名，教师继续教育培训80多名；配合教育部开展教育技术西部行活动，在新疆大学组织现代教育技术培训工作，共培训高校教师50多人。上述活动为自治区培养了一批现代教育技术应用的骨干队伍，提高了教育技术手段的应用能力。

〔**研究生教育**〕 2001年，自治区教育厅加强了对研究生教学状况的调研和管理，制定了《研究生培养经费申请方案》；自治区财政下拨800多万元的研究生培养办学补贴，极大改善了研究生教育的办学条件；大力支持新疆财经学院MBA的秋季招生工作，保证招生质量；审核了2000年以前结业的研究生课程进修班5 000多名学员的资格，对符合条件的3 800多名学员颁发了研究生同等学力证书。

〔**高校教育体制改革情况介绍会**〕 8月9日，自治区在新疆财经学院召开高校教育体制改革情况介绍会，自治区副主席刘怡出席会议，各高校负责人参加了会议。会上，新疆财经学院党委书记汇报了该校教育体制改革情况。从民族教学改革、人事分配改革、后勤管理运作和无神论教育诸方面回顾了财院近五年来的改革与发展历程，对所取得的基本成果作了经验性总结。张贵亭在会上作了讲话，他要求各高校负责人对学校建设做出长短期规划，依规划进行阶段性建设。同时勉励学校各级领导埋头苦干、扎实工作、勇于探索、务实创新。他在讲话中特别强调了当前和今后一段时期高校加强无神论教育的紧迫性和必要性。他说，各高校要本着对党和人民高度负责的态度，深入持久地开展无神论教育，坚决抵制民族分裂和非法宗教对学校的渗透，努力培养政治上坚强、思想上合格的高素质人才。

〔**新疆大学“211工程”建设**〕 新疆大学“211工程”一期建设目标7月接受国家验收，专家们对一期建设项目给予了肯定。新疆大学“211工程”一期建设目标为：学科建设方面，办成以理工为主，涵盖经营、文史、哲、法、艺术等学科门类齐全的全国重点综合大学；办学层次方面，办成自治区高层次人才培养、科技研究、科研成果转化的重要基地；管理水平方面，办成在教学质量、科研管理、办学效益等方面达到全国地方综合院校先进水平，在中亚地区有重要影响的社会主义综合大学。自新疆大学实施“211工程”以来，学科水平有了较大提高，师资培养经费有较大幅度增长，学位点建设、研究生教育取得长足进展，科研总体实力有较大提高；公共服务体系建设步伐明显加快，全校现有教学科研设备总值达6 092万元，比建设前增加1.6倍；“九五”期间基建总面积达9.10万平方米，比建设前增长2.6倍。

# 民族教育

〔**综述**〕　2001年，自治区普通高等学校有少数民族在校生4.75万人、教职工0.66万人，其中专任教师0.35万人。普通中学有少数民族在校生76.24万人、教职工5.34万人，其中专任教师4.49万人。小学有少数民族在校生165.84万人、教职工9.55万人，其中专任教师8.48万人。

〔**"双语"实验班参加高考新规定**〕　自治区教育厅就2001年"双语"授课实验班高三毕业生参加普通高考有关问题发出通知。通知指出，"双语"授课实验班高中毕业生统一参加理科科目语文、数学、化学、物理、汉语（包括HSK考试）5门考试。其中语文和汉语使用母语类试卷参加考试，数学、化学、物理3科使用汉语类试卷参加考试。另外安排英语考试，考生自愿参加，英语成绩作为录取时的参考成绩（不计入总分）。"双语"授课实验班考生必须参加由自治区汉考办在5月组织的汉语水平（HSK）考试，不再参加2001年普通高校招生汉语标准化全国统一考试。各地要动员和鼓励实验班高中毕业生填报民考汉，特别是内地招生计划的学校或直接使用汉语授课的区内院校。

〔**内地新疆高中班工作会议**〕　2001年5月22日至27日，自治区内地新疆高中班工作会议在乌鲁木齐市召开。会议总结了2000年内地新疆高中班的工作，安排部署了2001年的工作和具体招生任务，讨论并通过了《自治区2001年内地新疆高中班招生规定》，2001年计划招生1 000人。自治区党委副书记司马义·铁力瓦尔地在会上作了重要讲话。他指出，西部大开发，教育要先行；新疆大发展，人才是关键。开办内地新疆高中班，有利于进一步增进各民族之间的文化和感情交流，是增强民族团结、维护祖国统一、反对民族分裂的现实需要。各级党委、政府要站在讲政治的高度，充分认清举办内地新疆高中班的重大意义，确保高标准、高质量完成内地新疆高中班的工作。他强调，招生工作是内地新疆高中班工作的中心环节，社会影响面广，一定要坚持原则，秉公办事，严格招生纪律，确保招生工作顺利进行。8月，教育厅圆满完成了第二批内地新疆高中班的招生工作。9月，1 000名新生按时赴北京等12个城市的新疆高中班就读。

撰稿　王建德　王菊平
审稿　刘　华

# 新疆生产建设兵团教育

〔基本情况〕

**2001 年各级普通学校基本情况**

单位：人

| 学校类别 | 学校数（所） | 毕业生数 | 招生数 | 在校生数 | 教职工数 | |
|---|---|---|---|---|---|---|
| | | | | | 合　计 | 其中：专任教师 |
| **总　计** | **919** | **118 312** | **152 579** | **527 684** | **38 380** | **27 151** |
| 一、研究生 | | 19 | 80 | 168 | 81 | 81 |
| 二、普通高等学校本专科 | 2 | 2 608 | 5 882 | 14 322 | 2 926 | 1 144 |
| 三、普通中等学校 | 314 | 38 039 | 60 823 | 159 511 | 15 420 | 10 298 |
| 1. 中等专业学校 | 7 | 2 788 | 1 966 | 6 270 | 574 | 273 |
| 中等技术学校 | 5 | 1 944 | 1 347 | 4 282 | 432 | 194 |
| 中等师范学校 | 2 | 844 | 619 | 1 988 | 142 | 79 |
| 2. 普通中学 | 286 | 33 036 | 57 500 | 147 905 | 14 231 | 9 646 |
| 高中 | 91 | 8 870 | 12 124 | 30 864 | | 2 412 |
| 初中 | 195 | 24 166 | 45 376 | 117 041 | | 7 234 |
| 3. 职业中学 | 21 | 2 215 | 1 357 | 5 336 | 615 | 379 |
| 高中 | 21 | 2 215 | 1 357 | 5 336 | 615 | 379 |
| 初中 | | | | | | |
| 四、小学 | 417 | 44 529 | 45 102 | 291 752 | 16 888 | 14 048 |
| 五、幼儿园 | 186 | 33 117 | 40 692 | 61 931 | 3 065 | 1 580 |

**2001 年各级成人学校基本情况**

单位：人

| 学校类别 | 学校数（所） | 毕业生数 | 招生数 | 在校学生数 | 教职工数 | |
|---|---|---|---|---|---|---|
| | | | | | 合　计 | 其中：专任教师 |
| **总　计** | **25** | **6 716** | **5 869** | **18 656** | **2 338** | **1 076** |
| 一、成人高等学校 | 3 | 2 182 | 4 891 | 12 642 | 936 | 507 |
| 1. 广播电视大学 | 1 | 424 | 635 | 3 750 | 585 | 233 |
| 2. 职工高等学校 | 1 | 332 | 850 | 1 562 | 81 | 60 |
| 3. 农民高等学校 | | | | | | |
| 4. 管理干部学院 | | | | | | |
| 5. 教育学院 | 1 | 452 | 850 | 1 898 | 270 | 214 |
| 6. 独立函授学院 | | | | | | |
| 7. 普通高等学校举办： | （2） | 974 | 2 556 | 5 432 | | |
| 函授部 | | | | | | |
| 夜大学 | | | | | | |
| 成人脱产班 | （2） | 974 | 2 556 | 5 432 | | |
| 二、成人中等学校 | 22 | 4 534 | 978 | 6 014 | 1 402 | |
| 1. 成人中等专业学校 | 22 | 4 534 | 978 | 6 014 | 1 402 | 569 |
| 广播电视中等专业学校 | 1 | | | | | |
| 职工中等专业学校 | 11 | | | | | |
| 干部中等专业学校 | | | | | | |
| 农民中等专业学校 | | | | | | |
| 函授中等专业学校 | | | | | | |
| 教师进修学校 | 10 | | | | | |

2001年10月17日～19日，兵团基础教育工作会议在乌鲁木齐市召开。会议传达了全国基础教育工作会议精神，结合兵团实际，确定了兵团“十五”期间基础教育改革与发展的目标和基本任务，提出了基础教育改革的方针、政策与措施。

兵团“十五”期间基础教育工作的目标及基本任务是:坚持将普及九年义务教育和扫除青壮年文盲作为教育工作的“重中之重”,进一步扩大九年义务教育人口覆盖范围,初中阶段入学率达到95%以上,青壮年非文盲率保持在95%以上,高中阶段入学率达到80%以上,学前教育进一步发展。基本任务是:(1)占兵团人口20%左右,未实现“两基”的边远贫困团场要打好“两基”攻坚战,“十五”期间基本完成“两基”任务。(2)占兵团人口50%左右,已实现“两基”的团场,重点抓好巩固提高工作,办学条件有明显改善。(3)占兵团人口30%左右,已实现“两基”且经济条件较好,教育基础较好的团场,要建设高水平、高质量的九年义务教育。(4)积极发展高中阶段教育。一是挖掘现有学校潜力,扩大普通高中规模,鼓励有条件的完全中学实行高、初中分离。二是努力办好现有中等职业学校,促进普通高中与中等职业学校的协调发展,基本满足社会对高中阶段教育的需求。(5)积极发展学前教育。大力发展以社区为依托,公办与民办相结合的多种形式的学前教育与儿童早期教育。在巩固学前一年教育的基础上,逐步满足社会对学前三年教育的需求。“十五”期间还要大力推进教育信息化,抓好国家示范区和示范学校的信息化建设,以点带面,推动中小学信息技术教育。

会议出台了《新疆生产建设兵团贯彻〈国务院关于基础教育改革与发展的决定〉的实施意见》及11个配套文件，并根据全国农村中小学管理体制改革精神和兵团基础教育实际，决定实行“在国务院领导下，兵团负责，分级管理，以师为主，团为基础”的新的管理体制，明确提出从2002年1月1日起将团场中小学的教师工资、编制和教师、校长管理等权限上收到师。年底以前，农三师、农六师等师已先后召开师教育工作会议，出台了相应的基础教育管理体制改革的文件。

撰稿　湛东亮　郑立峰　宋守荣

〔**基础教育**〕　2001年又有8个团场通过“两基”验收，至此兵团已有131个团场通过“两基”达标验收。“两基”人口覆盖率达到84.6%，小学适龄儿童入学率达到99.6%，初中毛入学率达到102%，辍学率分别降至0.18%和1.01%；残疾儿童入学率达到82.62%；青壮年非文盲率达到98%以上，复盲率控制在5%以内。为促进“两基”的巩固提高，对24个团场进行了复督。各师也普遍开展了对已验收团场的复督、年审等工作。

2001年对7个师的18个农牧团场的40多所学校和兵直、师直的14所学校进行了“减负”专项检查，并针对个别中小学出现的轻视德育教育、放松学校管理、违背素质教育的做法，于12月中旬召开了各师教委主任紧急会议，制定印发了《关于加强和改进德育工作、规范和强化学校管理的若干规定（试行）》，明确提出13个“严禁”。已“普九”的师均已实行小学毕业免试升入初中、就近入学。

兵团于1998～2000年实施了第一期“国家贫困地区义务教育工程”。该工程涵盖62个团场，其中国家级贫困团场42个，兵团级贫困团场20个。有150所团场中小学（其中小学94所，初中56所）成为项目学校，覆盖人口52.17万人，占兵团总人口的22%。到2000年底，项目团场中已有30个团场普及初等义务教育，32个团场普及九年义务教育。工程投资总额1.59亿元，其中中央专款0.50亿元，兵团配套0.40亿元，师团配套0.69亿元。第一期工程的实施，促进了兵团贫困团场教育事业的发展。小学适龄儿童入学率由1997年的96.25%提高到99.35%，辍学率由1.2%降低到0.22%；初中学龄人口毛入学率由105%提高到107%，辍学率由1.06%降低到0.42%。

项目团场办学条件有了较大改善，教师素质有所提高。生均校舍面积，小学由1997年的3.2平方米提高到4.49平方米，初中由4.1平方米提高到6.1平方米，校舍危房率，小学由16.79%降低到5.3%，初中由9.81%降低到5.1%；仪器设备达标率，小学由21.2%提高到83%，初中由39.3%提高到80%；教师学历合格率，小学由79%提高到96%，初中由81%提高到91%。

第二期“国家贫困地区义务教育工程”从2001年至2005年分五年完成。国家对兵团投资2亿元用于50个未“普九”的团场。进入“工程”的项目学校203所，其中小学138所，初中65所。第二期工程资金配套方案：中央专款2亿元，兵团配套0.20亿元，师配套0.20亿元，团场配套0.62亿元，总投资为3.02亿元。其中规划用于土建资金将达1.78亿元，新建、改扩建校舍20.13万平方米。

自1996年以来，兵团共有27所中学、53所小学先后接受了香港邵逸夫先生第九、十、十一、十二、十三、十四批教育捐款和2001年的赈灾款，共建成校舍14多万平方米，总投资1.25亿元。其中邵逸夫先生赠款2 900万港元，兵团配套资金9 600万元。兵团各级党政领导和教育行政部门狠抓项目的立项、设计、施工、进度和质量检查，所有项目均获师以上优良工程称号。邵逸夫先生的赠款极大地促进了这些学校办学条件的改善，推动了兵团普及九年义务教育工作。

2001年对兵团中小学进行了布局调整。通过实行高初中分离、重点学校与薄弱学校联合办学以及灵活多样的授课形式等，挖掘现有普通高中办学潜力，优化高中阶段教育资源配置，扩大普通高中招生规模。独立设置的农五师和农七师高级中学已建成开始招生。

2001年有90名中小学校长参加岗位培训，2 800多名中小学教师参加继续教育培训，20名中小学教师参加全国骨干教师培训；兵团民族师范学校送教上门为农三、四师培训200多名小学民族教师；配合新教材、新大纲实施，培训高中教师650人。2001年有2名教师被人事部、教育部评为全国模范教师和全国教育系统先进工作者，有8名教师被教育部评为全国优秀教师。

撰稿　郑立峰　宋守荣　郑祖武

〔**职业教育**〕　2001年在基本稳定办学规模的基础上，积极进行中等职业教育布局结构调整。兵团物资职工中专已顺利改造为兵团财经学校；兵团工交职工中专与兵团技工学校已合并为工贸学校，并进一步申请成立兵团高等职业技术学院；兵团民族师范学校和农垦中专正积极探索与石河子大学联合办学的路子；农垦中专和公安司法学校申办高等职业学院的工作正在进行之中。

兵团职业学校由于没有稳定的资金来源，办学条件一直处于低水平状态，校舍简陋，教学设备、实习条件远跟不上职业教育改革与社会发展的需要。为加快改变这一状况，2001年教育部、国家计委国债项目划拨给兵团10个项目单位，每个项目单位120万元，共1 200万元。此项专款加上各项目单位配套资金，主要用于职业学校的硬件建设。如：农四师六十六团职业中专，加上配套资金150万元，新迁了校址，新盖教学楼1 800平方米及其他设施；一四八团职业中专，加上配套资金120万元，新盖教学楼2 400平方米；兵团技工学校加上配套资金50万元，用于购置实验设备和图书，都有力改善了办学条件。

撰稿　郑立峰　宋守荣　张国强

〔**高等教育**〕　教育部决定在“十五”期间实施“对口支援西部地区高等学校计划”。在“对口支援计划”中，北京大学直接对口支援石河子大学。2001年，兵团在教委主任高继宏率领下，组团赴北京大学调查研究，双方本着平等互利，共同发展的原则，在充分协商的基础上，于9月签订了北京大学对口支援石河子大学暨全方位合作协议书。协议有效期五年。在进行对口支援和全方位合作中，以人才培养工作为中心，以学科专业建设、师资队伍建设、学校管理制度与运行机制建设为重点，使受援学校在教学、科研、管理水平方面有进一步的提高，为长远发展打下坚实基础。

2001年加大了对博士、硕士点的建设和高层次人才的培养力度，新增博士、硕士点的申报及建设工作顺利进行。同时不断深化高校教育教学改革。（1）按照“择优、扶老、增新、拓展”的原则，对所有专业进行了重组、拓展与改造，学科专业的设置更加适应兵团与新疆经济与社会发展的需要；（2）本着“厚基础、宽口径、高素质、强能力”的原则，全面修订了教学计划与培养目标；

(3) 积极加强师资队伍建设，通过向内地高校和国外高校选送访问学者，参加国家骨干教师培训班、外请专家来校讲学、与内地高校联合举办在职研究生班等形式，培养了一批中青年骨干教师和学科带头人；(4) 全面加强党的建设和思想政治工作，连续12年保持高校稳定。

兵团教委于2001年10月29日成立了由教育行政部门领导、各行业专家组成的兵团高等学校本、专科专业设置评议委员会及其办公室。制订了《评委会工作细则》，《评委会办公室职责》，《兵团高等学校本、专科专业设置调整评议条件》，并对石河子大学和塔里木农垦大学申报的9个本科专业、4个专科专业进行了审核、评议，最后通过8个本科专业、3个专科专业，获准于2002年开始正式招生。

2001年6月，由教育部人事司组织的评估组对兵团大中专院校师资培训中心进行评估复查。最后经教育部高校（高师）评估工作领导小组审定，兵团师培中心等6个省级高校（高师）中心的评估为合格。

国家留学基金委员会于2001年11月21日批准在兵团设立出国留学申请办公室，作为国家留学基金管理委员会在兵团的受理机构，并同意与兵团合作开展西部地区人才培养特别项目。这个机构的设立，为兵团申请留学人员事宜提供了方便，也为兵团培养多学科及高层次管理人才，加强与国内外科教机构的交流合作，开辟了一条良好的途径。

撰稿　王　轮　郑立峰　宋守荣

**〔成人教育〕**　2001年，在继续做好成人学历教育的同时，更加突出提高兵团干部职工科技文化素质及履行岗位工作能力等方面的作用。农业部、财政部和团中央为了落实科教兴农战略，不断提高青年农民科技文化素质，培养一大批觉悟高、懂科技、善经营的新型农民，使其成为21世纪建设社会主义新农村的中坚力量，在全国组织实施“跨世纪青年农民科技培训工程”。经兵团申报，正式批准兵团农一师三团、农二师二十二团、农四师七十六团列为2001年该工程试点项目团场。为保证工程顺利实施，兵团成立了以副司令员华士为组长，兵团教委、财务局、财委、农业局的负责同志任成员的“工程”领导小组，领导小组办公室设在教委（各项目师、团也相应成立了领导小组），开展了以下工作：(1) 制定了《兵团实施“跨世纪青年职工科技培训工程”管理办法》；(2) 安排配套经费；(3) 组织参加农业部、团中央举办的“工程”管理干部培训；(4) 委托兵团农业广播电视学校做好省级培训教材的编写和国家级培训教材的征订以及培训的日常管理等工作。

2001年，兵团继续以电大作为成人教育骨干学校，积极做好“人才培养模式改革和开放教育试点”。当年电大开放教育招生5 014人（本科3 132人，专科1 882人）。

撰稿　尹若强　郑立峰　宋守荣
审稿　高继宏

# 香港特别行政区教育情况简介

香港回归祖国4年来，特区政府十分重视教育发展。为迎接新世纪的挑战，使教育更好地适应社会和经济的发展，特区政府提出了“终身学习，全人发展”的教育发展纲要，制定了一系列的教育改革措施，推进和实施各项改革。

2001年，受全球经济发展缓慢的影响，香港经济发展放缓。在这种情况下，特区政府依然在预算中大幅度增加教育拨款。根据政府公布的2001/02年度预算中，教育经费总计高达553亿元，占公共总支出的19%。香港回归祖国后的4年间，特区政府的教育拨款连年占总预算之首，教育实质增长已高达25%，此举足见特区政府重视教育，致力于提高香港教育素质的远见卓识。

2001年度教育预算中，教育的经常费支出为475亿元，比上年增加29.85亿元，增幅为5.5%。增加部分的教育经费主要用于推进课程改革，落实教育改革的各项措施，提供培训和增加全日制小学。政府计划完成的具体工作是：提升145个小学教师职位，加强和指导英语课的课程制订及教学工作；为落实教育改革的措施，提供包括更多的幼儿教育、特殊教育培训，2001/02年度起，向资助学校发放综合家具及设备经常津贴；制定评估措施；推进地区教师专业交流计划；增办46间全日制小学；将1 640个小学教师职位提升为学位职级；增加约100个中学教师职位，用以加强中文教学；增加约170个小学教师职位，用以统筹图书馆服务及协助推荐阅读计划；提供与语文能力相关的评价训练。特区政府努力通过上述措施的实施，使更多的学校直接参与资助计划，以期全面提高全港教育质量。

课程改革是香港基础教育改革的重要内容。2001年7月，香港课程发展议会发表了《学会学习——课程发展路向》的报告书，决定用10年的时间全面改革香港中小学课程，将现有的学科逐步统整为八个学习领域；教育署预计在3年内对全部中小学校长进行培训；另在5年内，提供单元课程让全体教师进修；升中派位组别由5个改为3个；出台了“一条龙”办学模式的咨询文件；“展翅计划”和“毅进计划”大受欢迎；将试行大学毕业生自愿参加的“统一语文能力评核试”。这些教改方案的实施，对推动香港教育的长远发展起到了举足轻重的作用。

为提高香港中小学校的资讯科技教育，政府已向优质教育基金申请1.7亿元拨款，用于增聘750名资讯科技统筹员，继续扎实地推进各中小学发展科技信息教育。按照教育署的目标，至2001年9月实现全港1 000余所中小学每校配备一名资讯科技统计员，他们的作用是协助发展制作教学软件，并为一般科任教师提供培训和技术支持。

特区政府本年度向高等教育的拨款为129亿元，比上一年度减少，减少幅度为2.2%。但教育统筹局表示，将继续支持增加学生接受高等教育的机会，以期实现到2010年可为60%的中学毕业生提供接受大专教育的目标。同时，注重提高教师资格的培训，将现有的中、小学教师职前培训副学位课程提升至学位或以上课程，全面提高教育质量。

近来香港社会虽然对政府削减对大学的拨款和使大学“教研二分化”的做法有所争议，但特区政府高度重视教育、把发展教育作为建设香港的根本决策是勿庸置疑的。此次董建华先生连任特区第二任行政长官，他在新近的施政报告中再次强调指出：今后五至十年，不管香港的经济环境如何变化，特区政府决心大力发展教育，逐年增加对教育的整体投资，“推动教育发展，绝对不手软”。在特区政府的领导下，在全港教育同仁的热情支持和共同努力下，香港教育改革将取得更辉煌的成就。

教育部港澳台事务办公室、信息中心供稿

# 澳门特别行政区教育情况简介

2001年是澳门回归祖国的第二年，特区政府依照《澳门基本法》，贯彻一国两制、“澳人治澳”，高度自治的原则，稳健施政。两年来，澳门展现出社会祥和，经济稳步回升的良好发展势头。

根据特区政府高等教育辅助办公室公布的统计资料，2001年澳门拥有12所高等教育机构，在校学生总数达1.27万人；公立、私立（以中、英、葡文为教学）的中小学校共计80所（含特殊教育学校），在校学生总数8.64万名；各类幼儿园10个，在园儿童数总计1.36万名。在澳中小学、幼儿园的各类教师总数为4 050名。

回归之后，特区政府十分重视教育改革，使澳门教育出现了新的变化。为适应澳门社会经济的发展，特区政府首先组织专家研究制定未来澳门高等教育发展的政策，于2001年末，发表了《澳门高等教育新纪元策略性发展咨询研究报告》，广泛征求各界人士的建议。报告中明确表示：政府对未来高等教育发展的政策是资源支持，教学自主、自由，高度尊重的指导理念。社会各界正在对此报告发表建议，待经过政府咨询形成结论后，颁布实施。

根据澳门特首何厚铧先生的施政报告，澳门政府致力于提高高等教育的教学和科研水平，2001年政府对大学教师具有博士学位的比例，进行了较大幅度的提高，同时，通过各种网络建立国际科研合作，进一步加强高等教育领域内的国际交流与合作；2001年政府大幅度增加了向公立院校的科研拨款，支持了近百项的科研项目；为确保和提高教育质量，各公立高校分别研究和修订有关章程，重整或增设课程，制定严格的评审制度；校园信息化建设得到进一步的推广，图书馆藏及咨询设施增加；学生学费进一步下调，使更多的澳门学生受益。另一方面，中小学教育硬软件设施进一步加强，兴建和扩建了一批新校舍；增加了教育津贴，有效地实施小班制教学。通过各种培训计划，普遍提高教师素质；拨款资助发展咨询科技教学。同时终身教育体系规模亦有所扩大，使更多的市民受益。

回归后的澳门教育更加密切地开展了与内地的教育交流与合作，2001年澳门的4所大学首次在内地招收了357名自费大学本科生和预科生，促进了两地高校的相互交流，同时也使内地教育界更加了解澳门高校。两地互换教师、派遣研究生、展开合作科研及合作编写教材等项交流日益深入，有效地加强和扩大了双方的交流与合作。

撰稿　闫　丽　张　栋
审稿　丁雨秋

# 文件选编

## 高等教育学历证书电子注册管理暂行规定

（2001年2月5日　教育部印发）

**第一条**　为适应高等教育改革的需要，有利于高等教育健康发展，保证高等教育质量，维护国家学历制度和学历证书的严肃性，维护高等学校毕业生的合法权益，特建立高等教育学历证书电子注册制度。

**第二条**　实施高等学历教育的高等学校或其他教育机构（经批准承担培养研究生任务的科学研究机构，以下同）按国家招生规定录取的学生，参加高等教育自学考试和高等教育学历文凭考试的学生，所取得的学历证书予以注册。

**第三条**　证书注册运用现代信息技术，实行计算机网络管理。

**第四条**　教育部授权各省、自治区、直辖市教育行政部门实施学历证书注册工作。教育部对经注册的证书进行审核、备案；经审核、备案后国家方予承认和保护。

**第五条**　注册学历证书分毕业证书、结业证书两种。

**第六条**　普通高等教育、成人高等教育毕（结）业证书以及通过高等教育自学考试和高等教育学历文凭考试取得的毕业证书，由证书颁发单位向所在省（自治区、直辖市）教育行政部门注册。

**第七条**　普通、成人高等教育毕（结）业证书应具有以下内容：

（一）姓名、性别、出生日期、学习起止年月；

（二）专业、层次（博士、硕士、本科、专科、第二学士学位），毕（结）业；

（三）学习形式（普通全日制，成人脱产、业余、夜大学、函授、电视教育、网络教育）；

（四）本人近期免冠正面照片并骑缝加盖学校钢印；

（五）学校名称及印章，校（院）长签名；

（六）发证日期及证书编号。

**第八条**　高等教育自学考试和高等教育学历文凭考试毕业证书应具有以下内容：

（一）姓名、性别；

（二）身份证号；

（三）本人近期免冠正面照片；

（四）专业、层次（本科、专科）、毕业；

（五）省级高等教育自学考试委员会名称和印章、主考学校或就读学校名称和印章；

（六）发证日期及证书编号。

**第九条**　普通、成人高等教育毕（结）业证书注册内容为：

（一）姓名、性别、出生日期；

（二）专业、层次；

（三）学习形式（普通全日制，成人脱产、业余、夜大学、函授、电视教育、网络教育）；

（四）毕（结）业、证书注册号（证书编号）。

**第十条**　高等教育自学考试和高等教育学历文

凭考试毕业证书注册内容为：

（一）姓名、性别；

（二）身份证号；

（三）专业、层次、毕业；

（四）证书注册号（证书编号）；

（五）省级高等教育自学考试委员会名称，主考学校或就读学校名称。

**第十一条** 毕（结）业证书编号即为注册号，使用阿拉伯数字，统一规范为17位。

（一）普通、成人高等教育毕（结）业证书注册号由学校或其他教育机构按以下顺序编排：前5位为学校或其他教育机构的国标代码；第6位为办学类型代码；第7至10位为年份；第11至12位为培养层次代码；第13位至17位为学校对毕（结）业证书编排的序号。

（二）高等教育自学考试及高等教育学历文凭考试毕业证书注册号，由各省（自治区、直辖市）高等教育自学考试委员会按以下顺序编排：第1位为办学类型代码；第2位为培养层次代码；第3、4位为省（自治区、直辖市）国标代码；第5、6位为地（市）国标代码；第7、8位为县（区）国标代码；第9、10位为年度代码；第11位为上、下半年考试考次代码；第12至16位为准考证序号代码；第17位为校验代码。

（三）办学类型代码：普通高等教育1；成人高等教育5；高等教育自学考试和高等教育学历文凭考试6。

（四）培养层次代码：博士研究生01；硕士研究生02；第二学士学位04；本科05；专科（含高职）06。

**第十二条** 高等教育学历证书注册工作实行国家、省（自治区、直辖市）、学校或其他教育机构三级管理。

（一）高等学校或其他教育机构负责印制、填写、颁发毕（结）业证书，对按国家招生规定录取的每届毕（结）业生颁发证书结束后，于每年7月底以前按本规定第九条的注册内容要求报所在省（自治区、直辖市）教育行政部门。

高等教育自学考试和高等教育学历文凭考试毕业证书，由教育部高等教育自学考试办公室统一印制，省级高等教育自学考试委员会颁发，主考学校或就读学校副署。高等教育自学考试毕业证书颁发时间为每年6月和12月；高等教育学历文凭考试的毕业证书颁发时间为每年6月。省级高等教育自学考试委员会办公室于每年7月底以前将当年6月和上一年12月颁发的毕业证书按本规定第十条的注册内容要求报所在省（自治区、直辖市）教育行政部门。

（二）省（自治区、直辖市）教育行政部门对各证书颁发单位所颁发的毕（结）业证书进行审核并予以注册；于每年8月底前将经注册的毕（结）业证书按本规定的注册内容要求汇总报教育部备案。

（三）教育部对省（自治区、直辖市）已注册的毕（结）业证书进行审核备案；经审核备案的毕（结）业证书进入全国高等教育学历证书档案库，供社会网上查询。

**第十三条** 毕（结）业证书电子注册制度于2001年开始建立并实施。从该年起颁发的毕（结）业证书未经注册的，国家不予承认。

学历证书经注册后予以承认的时间为证书颁发时间。

**第十四条** 漏报、错报毕（结）业证书注册的，由证书颁发单位具文并附相关证明材料报所在省（自治区、直辖市）教育行政部门审核修正，经修正注册后报教育部审核备案。

**第十五条** 因漏报、错报毕（结）业证书注册而影响毕（结）业生就业或造成其他后果的，由漏报、错报单位承担责任。

**第十六条** 各省（自治区、直辖市）教育行政部门，各高等学校及其他教育机构、高等教育自学考试和高等教育学历文凭考试单位，必须重视学历证书注册工作，加强对学历证书的管理。对违规操作、弄虚作假的，除公布已注册证书作废外，并追究有关人员和单位的责任。

# 全国教育干部培训“十五”规划

（2001年2月22日 中共教育部党组印发）

改革开放以来，我国教育干部培训工作取得了显著成就，为建设高素质干部队伍，为促进教育改革和发展做出了积极贡献。同时，必须看到，教育干部队伍的整体素质还不能很好地适应实施科教兴国战略的需要，教育干部培训工作也还面临着一些问题，如一些地区和单位对干部培训的重要性认识不足，存在重使用轻培养的现象；培训管理体制不顺，规范化的干部培训机制和制度还未完全形成，存在调训计划难以落实、特别是抽调领导骨干培训难的现象；培训工作中理论与实际联系不够紧密，培训的针对性和适用性不强等。为了贯彻落实党的十五届五中全会和第三次全国教育工作会议精神，根据中共中央《2001年～2005年全国干部教育培训规划》，结合教育工作实际，现对“十五”期间的教育干部培训做出如下规划。

**一、指导思想和工作原则**

1.“十五”期间，教育干部培训工作的指导思想是：以邓小平理论为指导，认真落实江泽民同志“三个代表”的重要思想，以建设高素质、专业化教育干部队伍和为深化教育改革全面推进素质教育服务为目标，以改革创新为动力，以健全培训制度和提高培训质量为主线，以教育行政机关和各级各类学校主要领导干部为培训重点，逐步形成与教育事业发展相适应、符合干部成长规律的分层次、分类别、多形式、重实效、充满活力的教育干部培训新格局和新机制，努力培养造就一支具有较高政治理论素养和开拓创新精神，掌握现代科学文化和管理知识，懂教育、善管理，作风优良的高素质、专业化的教育干部队伍。

2. 教育干部培训的工作原则是：

——统筹规划，突出重点，分类指导。对教育干部培训工作进行整体规划，统筹协调。在全面推进教育干部培训的基础上，着重抓好县级及其以上教育行政机关主要领导干部、高等学校领导及其后备干部、中小学校长和中等职业学校校长的培训工作。根据各级各类干部的不同情况和需求，分别制定有针对性的培训计划，实施分类指导。

——理论联系实际，按需施教，注重实效。根据经济和社会发展以及教育事业发展的需要，按照不同类别和层次岗位的要求，进行有针对性的培训。特别要围绕教育改革和发展面临的新情况、新问题，把理论学习、总结经验、研讨问题与改进工作紧密结合起来，不断增强工作的原则性、系统性、预见性和创造性，切实提高干部分析、解决实际问题的能力。

——培训和使用结合。逐步建立干部任职资格培训制度和在职定期进修的制度。干部参加培训、学习和运用理论指导实践的情况，要作为干部选拔和使用的重要依据。

——坚持改革创新。以“教育要面向现代化、面向世界、面向未来”为指导，按照新时期干部成长规律和培训工作的特点，改革干部培训模式、内容、方法，加强培训的针对性和实效性。充分利用现代远程教育手段，努力提高干部培训的现代化、信息化水平。

**二、主要目标和内容**

3.“十五”期间，教育干部培训工作的主要目标是：按照不同工作岗位对干部在思想政治、职业道德、领导素质、业务能力等方面的要求，采取灵活多样的方式，分类分层施训，提高各级各类教育干部的政治、业务素质、道德修养和组织实施素质教育的能力，建设布局合理、分工协作、开放高效的教育干部培训网络，编制符合需要、内容规范实用的教育干部培训教材，逐步建立和完善灵活有效的干部培训制度。

4. 教育干部培训工作的主要内容是：

——组织和引导各级各类教育干部深入学习和掌握邓小平理论以及党的各项方针政策，认真学习、深刻理解和自觉实践“三个代表”的重要思想，进行全心全意为人民服务的宗旨和党的优良传统作风的教育，反腐倡廉的教育，艰苦奋斗、自觉奉献的教育，社会主义道德和中华民族的优良传统教育等等，提高干部的思想政治素质和道德修养，树立正确的世界观、人生观、价值观，坚定社会主义和共产主义信念，增强贯彻执行党的路线、方针和政策的自觉性和坚定性。

——强化教育干部的专业知识与能力的培训。要在学习社会主义市场经济理论、精神文明和法制建设理论基础上，重视现代教育科学理论，特别是现代教育管理知识和教育政策法规的学习，还要学习和掌握计算机及其他履行岗位职责必备的知识和技能。要把学习理论知识与研究解决实际问题结合起来，围绕教育改革和发展中的重点和难点问题，开展专题研究和讨论，努力使广大干部精通本行业务，提高工作水平和创新能力。适应干部成长和社会发展的要求，还要学习科技、历史、文学艺术等方面的基本知识，以开阔视野、陶冶情操，全面提高自身综合素质。

**三、主要任务**

5. 加强教育行政领导干部的培训。要适应教育改革和发展以及政府职能转变的需要，围绕建设廉洁、勤政、务实、高效的教育行政机关和高素质、专业化教育行政干部队伍的目标，进行有针对性的培训。要争取在5年时间内使县级以上（含县级）教育行政部门主要领导干部普遍参加一次专题研修培训。省级教育行政部门领导、地（市、州、盟）教育行政部门领导（含副职）和县教育局局长（教委主任）的培训任务由国家高级教育行政学院承担。上述范围之外的其他教育行政干部的培训，由省级教育行政部门按照分级分类培训的原则进行统筹规划，并组织实施。

6. 坚持和落实高校领导干部进修制度。要适应高等教育改革和发展的需要，按照培养社会主义政治家、教育家的要求，抓好高校领导干部培训工作。高校领导干部在任期内至少应到中央党校、国家高级教育行政学院或相关的省级培训机构脱产进修一次。国家高级教育行政学院“高校领导干部进修班”主要招收教育部直属高校和进入“211 工程”的普通本科高校现职副校级以上领导干部与普通本科高校现职正校级领导干部。教育部直属高校和进入“211 工程”的普通本科高校领导干部由我部实行计划调训。未纳入中央党校和国家高级教育行政学院调训计划的其他普通高校和成人高校的校级领导干部，由省、自治区、直辖市高校干部主管部门统筹规划并组织培训。

7. 加大对高校中青年干部的培训力度。高校校级后备干部在上岗前，都应选派到国家高级教育行政学院或相关的省级培训机构参加三个月以上的脱产培训。因特殊原因，经上级干部主管部门批准先上岗的干部，要安排他们参加就近一期的培训。国家高级教育行政学院主要招收教育部直属高等学校推荐的高校中青年干部和拟在近期上岗的普通本科院校校级后备干部。各省、自治区、直辖市高校干部主管部门对所属高等学校推荐的高校中青年干部要统筹安排进行培训。

8. 积极开展高校管理干部分岗专题培训。根据高等学校改革发展和提高学校管理水平的需要，各高等学校要按照高校管理干部岗位职责要求，有重点、有计划、多渠道、多形式地对管理人员进行有针对性的培训。管理干部培训分为：对拟上岗人员的岗前培训、根据专项工作需要进行的专门业务培训和在职管理人员以更新知识为主要内容的培训。

9. 巩固和完善中小学校长、中等职业学校校长培训和持证上岗制度。各级教育行政部门要按照《面向21世纪教育振兴行动计划》《中小学校长培训规定》，认真制定并精心组织实施本地区中小学校长和中等职业学校校长培训规划。校长培训的主要目标是提高校长全面贯彻教育方针，全面实施素质教育的能力和水平。要面向实际，分层施训。对新任校长或拟任校长要进行任职资格培训，做到持证上岗。对取得“校长任职资格培训合格证书”的校长必须安排参加国家规定学时的提高培训。在全员培训的基础上，要采取得力措施，加强对骨干校长的培训。教育部中学校长培训中心和教育部小学校长培训中心主要分别承担中、小学校长高级研修培训任务。中央广播电视大学要利用卫星电视教育频道、VBI数据广播和计算机网络等现代教育技术，切实有效地开发、建设远程教育资源，为中小学校长培训提供相应的多种媒体教材、教学信息和学习支持服务。

10. 大力支持西部地区教育干部培训。实施西部大开发战略，是党中央、国务院作出的重大决策。各地要高度重视，充分认识西部大开发战略的重要意义。东部较发达地区要按照对口支援关系，采取代培代训、挂职学习、经验交流、信息共享等多种形式，加强与西部地区干部培训的交流与合作。要组织专家学者在西部举办形势、政策、知识讲座。要为西部地区的教育领导干部和中小学骨干校长到经济较发达地区参加培训、考察提供便利条件。

**四、保障措施**

11. 加强对教育干部培训工作的领导。各级党委教育工作部门、各级人民政府教育行政部门和学校在制订工作计划和确定重大项目时，要把干部培训作为重要内容，同步考虑，统筹安排。要切实加强领导，管好干部培训工作的方向、政策等重大问题，重视教育培训机构及其领导班子和干部培训工作者队伍建设。主要负责同志要把干部培训作为一项重要工作，列入议事日程，还要带头参加培训，作学习表率。干部培训工作和干部学习情况，应列为考核教育主管部门和学校党政领导班子工作业绩的基本内容之一。

12. 建立教育领导干部脱产培训考核制度。根据中组部、中宣部《关于建立县级以上党政领导干部理论学习考核制度的若干意见》（中组发［2000］16号）精神，对安排进行脱产培训的干部，学习结束时，都要进行必要的考核，并由承担培训任务的机构作出写实性的书面鉴定。学习一个月以上的，还应根据不同层次、不同班次和课程内容的要求，相应采取闭卷、开卷考试或撰写论文、学习总结、工作案例等方式进行考试。干部学习鉴定和考试成绩应记入学员学习登记表，存入本人档案。

13. 抓好教育干部培训基地建设和改革工作。要对干部培训基地实行资格认定制度，采取优胜劣汰机制，建立开放高效的干部培训系统，提高培训质量和办学效益。教育部重点建设国家高级教育行政学院、教育部中学校长培训中心和教育部小学校长培训中心。各省（自治区、直辖市）党委教育工作部门和教育行政部门要根据干部培训规划确定的任务，建立布局合理、分工明确、优势互补的教育干部培训基地的网络体系。要确保各级培训机构具备培训所必需的教学基本设施和培训手段，以及能够适应干部培训教学与科研需要的专兼结合的师资队伍。要充分发挥现有干部培训基地的作用，提倡联合办学。同时要鼓励有条件的高等学校参与教育干部培训。要集中人力、物力、财力，重点建设若干具有现代化教学设施，拥有较强教学能力，对其他干部培训基地起辐射作用，适应新世纪干部培训需要的干部培训基地。要选择确定一批办学方向正、教育质量和管理水平高、改革有特色和成效的学校作为干部培训考察实习基地。

14. 加强教育干部培训课程与教材建设。教育部分类制订全国教育干部培训课程开发指南，组织开发和推荐一批示范性课程及基础性教材。各地也可根据实际需要，本着“少而精”、“管用”的原则，组织编写有关教材，但要避免重复，确保质量。教育干部培训课程教材建设要反映社会经济和教育改革发展动态，着眼于提高干部的政治、业务素质和组织实施素质教育的能力。课程建设要特别注重现实需要，力求关注长远发展，努力体现科学性、先进性、针对性，做到统一性和灵活性相结合。教材建设要满足干部不同学习方式的需要，加强电子教材、多媒体辅助教学软件教材、网上教材等多种类型教材的开发，树立精品意识，确保质量。

15. 建设高素质干训教师队伍。根据干部培训任务的需要，组建专兼结合、结构合理、素质优良的干训教师队伍。加强对干训专职教师的培养。要创造条件，保证教师继续学习，及时更新知识。同时要引导他们深入实际，调查研究，了解教育改革和发展实践中的新鲜经验和理论研究的最新动态。必须特别重视对中青年教研骨干和学术带头人的培养，要采取挂职锻炼、进修深造、承担重大科研课题、加强与党政及企事业单位的交流、合作等方式，不断提高教师的政治素质、业务能力和教学水平。还要从具有一定的理论功底和丰富实践经验的党政领导干部以及企事业单位的专家学者中选聘兼职教师。按照规模适当、结构合理、素质优良、专兼结合、动态管理的原则，建立干部培训师资库，使师资优化配置，发挥更大作用。

16. 推进干部培训信息化和教学手段现代化建设。要适应信息化的趋势，不断更新培训观念，变革培训方式。继续运用电化教育设施和计算机等多媒体手段开展教学。积极利用互联网拓展培训空间，节约培训成本，改进培训管理，提高培训效率。积极发挥现代远程教育手段在干部培训中的作用。

17. 建立干部培训质量评估体系。制订对干部培训管理部门和承担干部培训任务的培训基地的工作评估标准，建立干部培训质量评估制度。要从培训需求调查分析、培训目标的确定、培训计划的制定、培训的教学设计、培训内容和方式的选择、培训师资的选聘、培训过程的管理、培训效果的评估、培训条件的创造等环节上加强对干部培训基地的监督和培训质量的检查。

18. 保证干部培训经费投入。中共中央《2001年～2005年全国干部教育培训规划》提出，“各级财政部门要将干部教育培训经费列入预算，保证干部教育培训任务的完成。对重要培训项目，要给予重点保证。”各级人民政府教育行政部门和高等学校要根据干部培训任务的需要，设立干部培训专款。要积极探索改革干部教育培训经费的拨款方式，使培训经费的使用与培训机构的业绩挂钩。要加强干部教育培训经费管理，不断提高干部培训经费的使用效益。培训干部不得以营利为目的。要严格按照加强干部培训管理的规定，坚决制止乱办班、乱收费、乱发证的不正之风。

19. 强化激励和约束机制。要严格执行《党政领导干部选拔任用工作暂行条例》和领导干部在职学习制度的规定，制定学习计划，加大调训力度，保证领导干部参加学习，把经过培训作为选用干部必须具备的资格。对于没有参加过规定培训的人员，原则上不得予以提拔，对于因工作急需而被提拔的，必须安排参加近期培训。按照干部管理权限和职责分工，分级建立干部学习培训档案，及时掌握干部学习状况和培训需求，为干部使用和有计划地开展培训服务。要通过组织理论研讨和经验交流、表彰先进单位和个人等多种形式，推动和指导教育干部培训工作的开展。

干部参加组织上安排的培训，在学习期间，其职务不受影响，工资、待遇、福利不变。

20. 教育干部培训工作实行分类分级管理。教育部负责制定全国教育干部培训的总体规划、政策协调、业务指导、质量监督检查和相关信息服务工作。各省、自治区、直辖市教育部门负责制定本地区培训规划，落实上级调训计划，组织、协调、实施本地区教育干部培训工作。

# 关于首次认定教师资格工作若干问题的意见

（2001年5月14日　教育部印发）

根据全国教师资格制度实施工作会议精神，为了保证教师资格制度的顺利实施，现就当前实施工作中的若干具体问题提出以下意见：

一、教师资格制度的法律依据。教师资格制度是国家实行的一种法定的职业许可制度。教师资格制度的法律法规、政策依据是《中华人民共和国教师法》、《教师资格条例》、《〈教师资格条例〉实施办法》。原国家教委颁发的《教师资格认定的过渡办法》不再适用于教师资格制度的实施工作。

二、教师资格的性质。教师资格是国家对专门从事教育教学工作人员的基本要求。教师资格制度全面实施后，只有依法取得教师资格者，方能被教育行政部门依法批准举办的各级各类学校和其他教育机构聘任为教师。教师资格一经取得，非依法律规定不得丧失和撤销。具有教师资格的人员依照法定聘任程序被学校或者其他教育机构正式聘任后，方为教师，具有教师的义务和权利。

三、首次认定教师资格的范围。首次认定教师资格的对象范围是未达到国家法定退休年龄的、具备《教师法》规定条件的人员，包括：

1. 1994年1月1日后补充到教师队伍中的在编正式人员；

2. 其他符合《教师法》规定学历条件的人员。

为保证教师资格认定工作的有序进行，在首次认定教师资格工作中，原则上同一申请人不在同一年内申请两种以上教师资格；除高等学校拟聘任教师职务的人员外，暂不受理社会上其他人员认定高等学校教师资格的申请。

四、教师资格的申请。凡在认定范围内符合《教师法》规定学历条件的中国公民可以申请认定教师资格，教师资格认定机构应该依法予以受理。非依法律规定，教师资格认定机构不得拒绝受理中国公民的申请。

教师资格申请人可以向户籍或工作单位所在地的教师资格认定机构或者依法接受委托的高等学校申请，提交申请材料，并提供户籍证明或单位所在地证明，高等学校教师资格的申请人必要时还需提供其他相关材料。

五、教师资格认定程序。教师资格认定工作要严格按照下述程序进行：

1. 申请人向教师资格认定机构提出申请，提交申请材料；

2. 教师资格认定机构对申请人提交的材料进行初步审查；

3. 教师资格专家审查委员会考察申请人的教育教学基本素质和能力，提出专家审查意见；

4. 教师资格认定机构于受理申请期限终止之日起30个法定工作日内做出是否认定的结论，并通知申请人；

5. 教师资格认定机构对经认定符合教师资格条件的，颁发教师资格证书。《教师资格认定申请表》存入当事人档案，有关材料由教师资格认定机构归档保存，并在教师资格管理信息系统中作认定记录。

六、教师资格认定的学历条件。教师资格认定的学历条件要严格按照《教师法》《教师资格条例》和《〈教师资格条例〉实施办法》的有关规定执行。

按照《教师法》规定，申请认定幼儿园、小学教师资格者必须具备中等专业、职业学校师范教育类毕业及其以上学历，其他中专毕业学历应当视为不合格学历。但首次认定教师资格时，对已聘任教师职务的非师范教育类毕业的在职人员，在补修教育学、心理学之后，其中专毕业学历可视同合格学历。这一规定只限于首次认定，今后不再适用。

七、对教育学、心理学等课程的要求。对非师范教育类毕业生申请认定教师资格者补修教育学、心理学等课程的要求，由省级教育行政部门作出规定。

八、教育教学能力的考察。申请人员的教育教学能力条件包括身体条件、普通话水平和承担教育教学工作必需的基本素质和能力。

考察教育教学基本素质和能力的测评指标体系、评分标准和测评程序、办法由省级教育行政部门组织有关专家研究制定，报教育部人事司备案后组织实施。为确保考察的科学性和权威性，制定具体测试标准和办法的工作由省级教育行政部门负责，不再下放。

教师资格专家审查委员会负责教育教学基本素质和能力的考察。地（市）、县级教师资格专家审查委员会由相应的教育行政部门负责同志、教育教学专家、特级教师、高级教师等人员组成。高等学校教师资格专家审查委员会由高等学校（或省级教育行政部门）有关负责人、相关专业的教授组成。教师资格专家审查委员会根据工作需要成立若干专业小组，按照省级教育行政部门制定的测试办法和规定的程序对申请人的教育教学基本素质和能力进行认真考察，提出审查意见，填写在《教师资格认定申请表》有关栏目内，并由专家组组长签名盖章。

教育教学基本素质和能力主要通过面试、笔试、试讲等方式进行考察。面试重点考察申请人的仪表仪态、行为举止、思维能力以及口头表达能力；笔试重点考察申请人的知识水平和运用教育学、心理学等理论解决教育教学和学生管理中实际问题的能力；试讲重点考察申请人实现教学目的、组织课程实施、掌握课程内容、运用教学语言和教学资源等能力，使用普通话提问、板书和讲解的技巧。

教师资格认定机构要根据教师资格专家审查委员会考察意见做出是否认定的结论。凡经教师资格专家审查委员会审查认为不合格者，教师资格认定机构不得认定其教师资格。

九、关于教师资格条件的特殊规定。根据《〈教师资格条例〉实施办法》第九条规定，高等学校拟聘任教授、副教授职务或有博士学位的人员申请认定高等学校教师资格，其教育教学基本素质和能力考察以及普通话水平测试可不作规定。

各级各类学校师范教育类毕业生可以持毕业证书，向其工作单位或户籍所在地教师资格认定机构申请直接认定相应的教师资格。教师资格认定机构在审查其提供的毕业证书、普通话水平等级证书、教师资格认定机构指定的县级以上医院出具的体格检查合格证明和由申请人工作单位或者其户籍所在地乡（镇）政府或街道办事处提供的《教师资格申请人思想品德鉴定表》后，认定其相应的教师资格。对在学期间教学计划中缺少教育教学实践等环节的师范教育类毕业生的教育教学基本素质和能力考察的要求，由省级教育行政部门规定。

应届毕业生可以在毕业前的最后一个学期持学校出具的思想品德鉴定、学业成绩单和其他申请材料向就读或拟任教学校所在地教师资格认定机构申请认定教师资格。对通过教师资格专家审查委员会审查、符合认定条件的，在其取得毕业证书后，由教师资格认定机构认定其相应的教师资格。

十、因学校调整、合并等原因，需要具备其他种类教师资格的人员，应依照法定程序及时申请认定与其新的教学岗位相应的教师资格。

十一、关于委托部分高等学校认定高等学校教师资格问题。根据《实施办法》第二十一条规定，按照属地化的原则，省级教育行政部门应行文委托本行政区域内经过教育行政部门批准实施本科学历教育的普通高等学校负责认定本校拟聘人员的高等学校教师资格。接受委托的高等学校拟认定教师资格的人员应经省级教育行政部门核准。

十二、关于早期退（离）休教师认定教师资格问题。考虑到部分早期离（退）休教师要求认定教师资格的愿望，各地对于1993年12月31日以前办理手续的退（离）休教师，可以视同具备教师资格认定条件，可在自愿申请的原则下和确认教师身份的基础上，由其原任教学校所在地相应的教师资格认定机构颁发教师资格证书。具体办法由省级教育行政部门作出规定。

十三、教师资格的丧失和撤销。对按照《教师法》第十四条、《教师资格条例》第十九条规定丧失或撤销教师资格者，其工作单位或户籍所在地的县级以上教育行政部门应按照教师资格认定权限会同原发证机关办理注销或撤销教师资格手续，通知当事人，收缴其证书，并将教师资格注销或撤销决定存入当事人档案，在教师资格管理信息系统中做相应的记录。被撤销教师资格的当事人5年后再次申请教师资格时，需提供相关证明。

十四、加强对教师资格证书的管理。教师资格证书是教师资格的主要体现形式，是持证人具有教师资格的法定凭证，由教育部统一印制。《教师资格认定申请表》由教育部监制、省级教育行政部门印制。教师资格确认后，《教师资格认定申请表》在当事人人事档案中保存，教师资格认定机构同时存留。

各级教育行政部门要根据《教师资格证书管理规定》，加强对教师资格证书的管理。

十五、关于收费问题。面向社会认定教师资格工作需要向申请者个人收取根据严格的成本核算确定的教师资格认定费用，现已经财政部、国家发展计划委员会批准立项。各地收费标准由省级教育行政部门报请省财政、物价部门批准。

对师范教育类专业毕业生、学校在编正式任教人员和退（离）休教师除收取证书工本费外，一律不得收取认定费用。

县级以上教育行政部门要保证安排教师资格认定工作专项经费，确保教师资格认定工作的顺利进行。同时，要严格遵守纪律，严禁乱收费。

# 教育部关于中等职业学校面向农村进城务工人员开展职业教育与培训的通知

（2001 年 5 月 14 日）

近年来，随着我国经济社会迅速发展，大量农村劳动力向城市转移。据统计，1999 年，在城镇就业的农村转移劳动力达 6 000 多万人。“十五”期间，农村劳动力向城市转移的数量还将进一步增加。目前，进城务工农村劳动力的技能水平和整体素质还较低，这不仅制约了他们自身的发展和生活水平的不断提高，同时也不利于城市的经济建设和社会发展。广大农村进城务工人员（特别是青年人）对接受更多的教育与培训有十分强烈的要求和愿望。为适应经济社会发展的需要，满足农村进城务工人员的学习要求，我部决定，大力加强中等职业学校面向农村进城务工人员开展职业教育与培训的工作。现将有关意见通知如下：

一、中等职业学校面向农村进城务工人员开展职业教育与培训，是落实江泽民总书记“三个代表”重要思想、贯彻教育为社会主义现代化建设服务方针、扩大职业教育服务面向和拓宽办学渠道、推进终身教育体系建立与完善的重要举措，也是中等职业教育招生制度的又一项重要改革，对于提高我国劳动者的整体素质和促进城市经济社会发展具有重要意义。各地教育行政部门要把这项工作作为重要责任，按照“实际、实用、实效”的原则，因地制宜地抓紧抓好。在对农村进城务工人员进行职业技能教育和基础文化教育的同时，还要注重加强对他们进行现代生产技术、信息技术、安全生产、环境保护、法制纪律、心理健康和职业道德等方面的教育，努力提高他们的思想道德和文化科技水平。

二、面向农村进城务工人员开展职业教育与培训，要贯彻学历教育与非学历教育并举、学历证书和职业资格证书并重的原则，推动国家劳动预备制度和职业资格证书制度的实施。学校要根据务工人员的需要，开设专业和课程，在招生上要取消年龄限制，简化招生入学手续，有条件的学校可实行注册入学制度，允许他们分阶段完成学业。进行学历教育的，以求学者持有的初中毕业证书、普通高中毕（结）业证书为入学依据，可以一年多次招生。要根据求学者的实际情况，从有利于他们完成学习任务的角度，制定切实可行的学籍管理办法。

三、面向农村进城务工人员开展职业教育和培训，要充分利用现有教育资源，努力提高教学设施和设备的使用率。在教学管理上，以单独编班组织教学为主，实施学分制和弹性学制，实行全日制学习与部分时间制学习并举，以部分时间制和业余学习为主。要采取集中学习和分散学习相结合的办法，特别注意利用晚间和节假日等业余时间，尽可能方便他们顺利完成学业。

四、农村进城务工人员学习期满、学分修满或培训课程结束并通过考核者，学校应当发给其毕业证书或其他相关的培训结业证书，并积极组织他们参加有关技术等级鉴定，以取得相应的资格证书。要考虑务工人员以前学习和实践中取得的知识和技能，有条件的地方和学校，可通过鉴定方式，认可其已掌握的知识和技能。对于已经取得了普通高中毕业证书且要求接受中等职业学历教育的人员，应主要对他们进行专业教育，学习时间以1～1.5年为宜，在补学专业课程并成绩合格后，可发给中等职业学校毕业证书。毕业证书、资格证书和培训结业证书可作为接受高等职业教育、就业、晋级和增加工资的依据。

五、面向农村进城务工人员开展职业教育和培训，在收费上，既要考虑教育或培训的成本，也要考虑务工人员的实际承受能力，按照国家和地方有关文件规定收取学费。对于经济困难的务工人员，可通过设立助学金或酌情减免收费等形式予以资助。收费一般按学期收取，也可在不提高标准的前提下，按课程或学分收取。

六、面向农村进城务工人员开展职业教育和培训，要切实贯彻执行《职业教育法》、《国务院办公厅转发劳动与社会保障等部门关于积极推进劳动预备制度加快提高劳动者素质意见的通知》等文件的精神，在各级政府的统筹下，充分发挥教育、劳动与社会保障、计划、财政、公安等有关部门的作用，调动有关行业、企业及务工者个人等多方面的积极性。提倡用工较多的单位与中等职业学校实行联合办学，各使用农村进城务工人员的单位，无论是何种所有制、何种行业企业、规模大小，都要积极创造条件，支持并方便本单位的务工人员参加职业教育与培训。要在学习时间安排和经费上为务工人员参加学习提供帮助。有条件的行业、企业和学校，应面向参加中等职业学校学习的务工者，设立奖学金、助学金，切实减轻其就学负担。

七、面向农村进城务工人员开展职业教育和培训是一项新的工作，各地教育行政部门要根据本通知精神，结合当地实际，采取切实有效的措施，尽快制定具体的实施办法。要加大宣传力度，努力取得务工者个人和社会各方面对这项工作的支持；要加强对农村进城务工人员开展职业教育与培训工作的管理与指导，切实保证教育教学质量和水平。要通过积极探索和创新，及时总结经验并大力推广，以推动此项工作健康开展。

# 关于鼓励海外留学人员以多种形式为国服务的若干意见

（2001年5月14日　人事部　教育部　科技部　公安部　财政部印发）

海外留学人员关心国家的社会主义现代化建设和民族的振兴，具有强烈的爱国热情和为国服务的愿望。新中国成立以来，一批批学有成就的留学人员回国工作，成为我国科教文卫等各条战线的骨干力量和学术技术带头人；同时在海外学习和工作的留学人员以他们掌握的先进科技和管理知识，通过多种方式为国服务，为我国经济社会发展作出了贡献。随着科教兴国和人才战略的实施，国家产业结构的调整，科技创新的加快和国内经济社会的快速发展，给海外留学人员回国工作和为国服务提供了广阔的空间和领域。近年来，国家和地方相继制定了一系列关于鼓励海外留学人员回国工作的政策措施，吸引了大批留学人员回国工作，促进了我国经济、科技等各项事业的发展。为充分开发海外留学人才资源，鼓励在海外学习和工作的留学人员以多种方式为祖国服务，特提出如下意见：

一、海外留学人员为国服务是指我在海外学习或完成学业后在国外工作的留学人员及海外留学人员专业团体，以自己的专业和专业团体的优势，通过在国内兼职，接受委托在国内外开展合作研究，回国讲学、进行学术技术交流，在国内创办企业，从事考察咨询活动，开展中介服务等形式，为促进国家经济社会发展而开展的各种活动。

二、国家鼓励海外留学人员采取多种方式为国服务。

（1）鼓励海外留学人员在国内高校、科研院所、国家重点（开放）实验室、工程技术研究中心及各类企业、事业单位受聘兼任专业技术职务、顾问或名誉职务。取得博士学位的海外留学人员可以到国内博士后科研流动站、博士后科研工作站做博士后。

（2）鼓励海外留学人员利用先进科学技术、设备和资金等条件，与国内高等学校、科研院所、企业单位进行合作研究。合作研究可以采取个人与单位、个人与个人或单位与单位的合作形式进行。研究工作可以在国外，也可长期或短期回国内进行，国家鼓励留学人员与国内企事业单位合作，在国内或国外建立合作研究开发基地。

（3）鼓励海外留学人员接受国内委托的科研项目，在国外开展研究、开发活动；也可委托国内有关研究单位、团体，开展接受国外科研项目的研究开发工作。

（4）鼓励海外留学人员以专利、专有技术、科研成果等在国内进行转化、入股，创办企业；或以专有知识、技能、信息等开办专业性咨询公司；可以自有资金或引进资金在国内投资。

（5）鼓励海外留学人员依托海外的科研、教育、培训机构等条件，与国内有关单位合作或接受委托，帮助国内用人单位培养人才。

（6）鼓励海外留学人员到西部地区从事技术引进、科技考察、咨询服务，开展各种学术、技术交流活动，国家按有关规定予以资金支持。

（7）鼓励海外留学人员在国内注册中介机构，为国内引进外资、技术、项目等提供中介服务；联系外国专家来中国举办各种学术技术交流活动，建立与国外学术技术团体的联系，开展科技经济方面的国际交流与合作；在国外建立从事为国内产品开拓国际市场推介营销等中介服务。

除上述方式外，鼓励留学人员在服务实践中创造更多的方式为国服务。鼓励海外留学人员专业团体、学术技术协会、联谊会等社团组织发挥集体优势，开展为国服务的各种活动。

三、国家为海外留学人员为国服务活动提供政策保障。

（1）国家在各学科和技术领域为海外留学人员为国服务提供方便。对在某些学科和专业处于世界领先水平，具有国际竞争力的合作研究开发项目，可按国家现行规定渠道获得经费支持。

（2）按照国际惯例，海外留学人员为国服务的合作单位要给付合理报酬。对短期聘用的留学人员，单位可根据其业绩大小，经双方协商确定协议报酬。对从事中介活动的，可收取中介费或佣金。对合作研究、合资创办企业的，留学人员可以专利、发明、专有技术、管理等要素参与分配。

（3）各地区、各部门和用人单位根据人才需要和财力可能，适当拨出专款对留学人员为国服务活动给予一定的经费支持。对从事国家重点研究项目和短期回国服务的留学人员，根据承担的项目和任务，经申请批准，国家或地方政府及用人单位给予适当经费投入。

（4）保护海外留学人员的知识产权。保障留学人员在专有知识、技术专利、科研成果或合作和委托研究开发的科研成果等方面享有的知识权益。个人科研成果在知识产权收入分配中所占份额预先与合作单位商定，留学人员按有关规定分享。所得税后收入可兑换成外汇汇出境外。

（5）国家支持各地区、各部门和用人单位为海外留学人员为国服务创造良好工作和生活条件。鼓励到国内各经济开发区、高新技术开发区、留学人员创业园进行科技开发和科研成果转化，享受优惠政策。在国内创办企业的，各有关部门给予必要支持，在企业注册、土地使用、工商、税务、商检等方面，简化手续，减少环节，提供服务。

（6）对在华任职的留学归来人员中的外籍高科技、高层次管理人才可以提供入出境便利。对需多次临时入境人员，可根据实际需要发给有效期一年以上，最长不超过五年的多次入境有效“F”签证，对需在华常住人员，可根据实际需要发给一年以上，最长不超过五年的外国人居留证，对需要多次出入境的，同时发给与外国人居留证相同期限的多次返回“Z”签证；对申请在华定居（包括其配偶、未成年子女），可批准同意发给永久有效的外国人居留证。上述人员需提供教育部国际交流与合作司或人事部专业技术人员管理司或各地厅局级人事部门的证明文件。对取得国外长期居留权的，可凭中国护照、副省级市以上政府人事部门证明，在购买住房、子女入学入托及就业等方面享受当地居民待遇。

（7）海外留学人员在国内创办企业、建立合作研究开发基地等，根据需要招聘大学本科以上工作人员，各地人事部门要按照有关政策积极支持帮助，并提供人事代理服务。

四、海外留学人员在为国服务中做出突出贡献的，在尊重本人意愿的情况下进行宣传表彰。对在为国服务活动中做出杰出贡献的海外留学人员及在鼓励、支持海外留学人员为国服务工作中做出卓有成效的单位和个人，根据国家有关规定给予表彰奖励。

五、各地区、各部门要加强对海外留学人员为国服务工作的领导。研究制定适合本地区、本部门特点的有关政策，保证兑现落实。要及时研究解决海外留学人员为国服务中出现的新情况新问题，认真总结交流开展海外留学人员为国服务工作的经验。各级人事、教育、科技、公安、财政等部门要加强与有关部门的合作，互相配合，形成合力，把海外留学人员为国服务工作切实做好。

# 国家大学科技园“十五”发展规划纲要

（2001年6月6日　科技部　教育部印发）

为贯彻落实党的十五届五中全会精神和《中共中央、国务院关于加强技术创新，发展高科技，实现产业化的决定》，深入实施科教兴国战略，明确“十五”期间国家大学科技园的发展目标、指导思想和重点任务，指导和促进我国大学科技园持续快速健康发展，根据《国民经济和社会发展第十个五年计划科技教育发展专项规划》所确定的有关任务，制订本规划纲要。

**一、形势与抉择**

今后五到十年，我国国民经济和社会发展将处于以经济结构战略性调整和产业升级为主要特征的关键历史时期，既面临着知识经济所带来的良好发展机遇，也面临着加入世界贸易组织后激烈国际竞争的严峻挑战。江泽民总书记最近在庆祝清华大学建校90周年的讲话中指出：“大学应该成为科教兴国的强大生力军。要继续提高高等教育的质量，加快高等教育事业的发展，努力在全国建设若干所具有世界先进水平的一流大学。”他特别强调：“一流大学应该站在国际学术的最前沿，紧密结合先进生产力的发展要求，依托多学科的交叉优势，努力进行理论创新、制度创新、科技创新，特别要抓好科技的源头创新，并推动科技成果加速转化为现实生产力。”在新的历史条件下，积极兴办大学科技园，把高等学校的人才和技术优势转化为产业和经济优势，既是党中央提出的重要任务，也是推动科技成果转化和高新技术产业化、提高我国技术创新能力和国际竞争力的客观要求。

1. 兴办大学科技园是加速高新技术产业化的重要战略举措

当今世界，知识和技术的更新速度日益加快，科技成果商品化、产业化的周期大大缩短，科技创新将成为未来经济和社会发展的主导力量，智力资源将是推动社会生产力发展最重要的要素资源，各国综合国力的竞争，将更加突出地表现为知识创新、技术创新和高新技术产业化的竞争。

我国高等学校凝聚了大量高层次人才，是我国科技事业的重要力量。随着科技、教育体制改革的深化和知识经济的发展，高等学校在我国研究开发体系中的地位与作用越来越重要。据初步估算，“九五”期间高等学校承担了1/2左右的国家基础性研究项目，1/3左右的国家“863”高技术研究项目，1/4左右的国家科技攻关项目，取得了一大批研究成果，为我国科技事业发展作出了重要贡献，同时也为发展高新技术产业提供了良好的基础。但是，由于受思想观念和客观环境的制约，蕴藏在高等学校中的智力优势远未得到充分发挥，成果转化渠道不畅，产业化发展未取得应有的效果。

依托高校学科齐全、人才荟萃、成果累累、信息通畅的优势兴办大学科技园，为科技人才创新创业提供平台，促进高等学校丰富的智力资源与其他社会资源的优化组合，是为国内外实践证明了的推动高新技术成果转化的有效途径。因此，积极创造条件大力兴办大学科技园，把蕴藏在高等学校中的智力资源激活、解放出来，变人才和技术优势为产业和经济优势，对于加速我国高新技术产业发展，培育新的经济生长点，提高综合国力和国际竞争力，具有重要战略意义。

2. 兴办大学科技园是高校自身改革和发展的重要方向

高等学校是科教兴国的强大生力军，大学的教学、科研工作与社会经济发展紧密结合，是时代发展的客观需要，是大学改革和发展的重要方向，是大学教育功能在新形势下的一种延伸，是我国研究型大学向世界一流大学迈进的必然要求。大学科技园是大学教学、科研与社会经济发展结合的窗口。在大学科技园内，高校的科技成果不断得到转化，流向企业，拉动高校科研和市场的结合，使高校教学、科研和社会经济发展形成良性循环。同时，大学科技园为创新创业人才的培养和成长提供了实践基地，高校师生通过参与园区创新活动，使理论和实践相结合，既丰富了高校的教学内容，提高了教学和科研水平，又会促进和带动学科建设。因此，兴办大学科技园是深化科技和教育体制改革，推动科技、教育与经济结合的重要措施。

3. 我国大学科技园建设和发展已经具备一定基础

大学科技园是以研究型大学或大学群体为依托，利用大学的人才、技术、信息、实验设备、文化氛围等综合资源优势，通过包括风险投资在内的多元化投资渠道，在政府政策引导和支持下，在大学附近区域建立的从事技术创新和企业孵化活动的高科技园。它是高校技术创新的基地、高新技术企业孵化的基地、创新创业人才聚集和培育的基地、高新技术产业辐射催化的基地。

结合具体国情，借鉴国外经验，我国在建设大学科技园方面进行了十多年的探索和实践，特别是1999年科技部、教育部组织开展国家大学科技园建设试点以后，全国大学科技园发展取得了显著成效，呈现良好发展势头，已经成为各类创新要素资源汇集、融合的新的聚焦点。据2001年初对其中22个大学科技园的初步统计，它们所依托的高校67所，共投入资金170.65亿元，其中吸引社会资金约130亿元，高校和地方投入约40亿元，两部资助的引导资金仅1 500万元；科技园通过盘活校内及周边的现有建筑，已投入使用的孵化场地近100万平方米，在建的近160万平方米；现已入驻企业2 778家，其中新注册的1 763家，有459家即将育成出园；这些企业的从业人员6.84万人，开发的具有自主知识产权的新产品4 813个，其中国家重点新产品2 191个，申请各类专利9 184项，其中已授权专利3 482项；2000年园内企业实现销售收入257亿元，比1999年的134亿元增长92%。大学科技园建设，不仅大大激发了高校科技力量投身发展高科技、实现产业化大业的积极性，为转化科技成果、发展高新技术产业、促进经济结构调整和持续健康发展增添了新的活力，而且也为深化高等学校科技、教育体制改革，培养适应新经济发展要求的复合型人才提供了新鲜经验。更为重要的是，国家大学科技园试点工作所积累的经验，为“十五”期间我国大学科技园大发展奠定了良好的工作基础。

## 二、指导思想、建设目标和发展原则

我国大学科技园虽然取得了较快发展，但在总体上还处于发展的初期阶段。“十五”期间，是我国经济和社会大发展的重要时期，是实现经济结构战略性调整的重要时期，也是社会主义市场经济体制进一步完善、对外开放进一步扩大的重要时期。

要充分利用日益良好的社会环境条件，抓住机遇，促进大学科技园在“十五”期间取得新的更大发展，为实现“十五”国民经济和社会发展目标作出积极贡献。

1. 指导思想

“十五”期间我国大学科技园发展的指导思想是：以党的十五届五中全会精神为指导，认真贯彻落实中央《决定》，深入实施“科教兴国”战略，以市场为导向，以营造环境为重点，以技术和制度创新为保证，把大学科技园建设成为高新技术企业的孵化基地，创新创业人才的培养基地，高等学校服务经济建设的窗口和技术创新的示范基地，为发展我国高新技术产业作出积极贡献。

2. 建设目标

“十五”期间我国大学科技园发展的总体目标是：统筹规划，突出重点，集中力量办好一批功能健全、管理规范的国家大学科技园，使之成为国家技术创新体系中重要的组成部分和发展我国高新技术产业最活跃的创新源；培育一批具有自主知识产权、有较强市场竞争力的高新技术企业（集团），培养一大批复合型创新人才和科技企业家；建立起完善的全国大学科技园组织网络和信息服务网络。同时在有条件的大中城市建设一批具有区域特色的地方大学科技园。

具体发展目标是：

——主要依靠地方和社会力量，在保证质量的前提下，再建设一批大学科技园，其中服务功能健全、管理运行规范、具有示范作用的国家大学科技园达到50个左右，少数要争取成为在国际上有重要影响的大学科技园；

——大学科技园五年孵化高新技术企业5 000家左右，其中在信息、生物、新材料等重点高新技术领域，争取培育出50家左右具有较强国际竞争力的高新技术企业或企业集团，形成一批具有自主知识产权的高新技术产品并在国内外占有一定市场；

——培养和凝聚一批高素质的科技企业家和创新创业人才，形成一支高水平、专业化的大学科技园管理和服务人才队伍。

3. 发展原则

“十五”期间是我国大学科技园大发展的时期，也是打基础的关键时期，关系到我国大学科技园未来发展的全局。因此，在工作中应坚持以下原则：

一是要坚持统筹规划，合理布局。要从国家中长期发展战略需求出发，坚持科学规划，统筹安排，合理布局，把大学科技园建设与国家高新技术产业发展结合起来，与区域经济发展结合起来，通过与现有资源条件的优势互补，实现共同发展。

二是要坚持因地制宜，多种模式发展。要结合不同地区的实际情况，因地制宜，探索多种办园模式。大学科技园既可以办成综合性的，也可以办成专业性的；既可以一校多园，也可以多校一园；既可以与国内企业合办，也可以与国外企业合办。

三是要坚持从实际出发，量力而行。要在全面规划、合理布局的前提下，适当集中资源，培育若干有代表性的示范性国家大学科技园，带动全国大学科技园发展。

四是要坚持技术创新与体制创新并重，按市场规律办大学科技园。要以精简高效为目标建立大学科技园的管理体制和运作模式，逐步形成自我发展能力和良性循环机制。要充分尊重创业者、技术人员、管理人员和服务人员的创造性劳动，正确处理分配关系，积极探索新的分配机制和分配形式，充分调动各类创新人员的积极性。

五是要发挥政府、高校和社会等多方面的积极性。要在各级政府宏观引导和政策扶持下，明确界定大学科技园的发展方向和功能定位，努力从政策、资金、基础设施等方面创造良好的发展环境。大学要充分开放信息、研究设施、图书资料等资源，鼓励师生到科技园创业。要大力吸引社会力量参与投资和建设，努力把大学科技园建成人才、技术、资本、管理和服务等各类要素资源汇集、融合的良好舞台。

**三、重点建设内容**

“十五”期间我国大学科技园建设的重点任务是：围绕转化科技成果、孵化高新技术企业、培养高素质人才的需要，努力做好发展规划，加快基础设施建设，强化体制、机制创新，健全支撑服务功能，建立多元化投融资渠道，完善信息服务网络和组织网络，为实现总体发展目标创造条件。

1. 做好发展规划，加速基础设施建设

大学科技园建设和发展要统筹规划，量力而行，分步实施。要把大学科技园建设纳入地方经济和社会发展规划，明确大学科技园的发展目标、功能定位、重点任务、扶持政策和组织实施措施。既要做好大学科技园空间布局规划，也要做好重点培育和发展的技术领域规划。

要充分挖掘高校自身资源，并积极利用社会资金，加快大学科技园基础设施建设，形成包括孵化场地、通讯网络等在内的功能配套、设备齐全的基础设施，为科技人员创新创业提供良好的硬件环境。

2. 建立良好的管理体制和运行机制

良好的管理体制和运行机制是保障大学科技园健康、高效运行和发展的基础。大学科技园要根据“精简、高效、服务”的原则，因地制宜地设立园区管理机构，建立起适应市场经济规律、有利于“官、产、学、研、金、介、贸”结合的管理体制。大学科技园和依托大学要坚持按经济规律办事，以产权为纽带，以市场为导向，以技术创新为中心，把学校的人才、技术优势与社会资源结合起来，实现校企之间的紧密合作。

要在大学科技园内进行制度创新。根据现代企业制度的基本要求，培育高新技术企业。要通过产权制度和分配制度的改革，建立产权激励机制，完善知识产权保护制度。通过制度创新激励技术创新，增强创新创业的内在动力，促进高新技术企业不断发展壮大。

3. 营造良好的创新创业环境

要建立完备的支撑服务体系，构建创业平台，整合服务资源，为创新创业者提供全过程全方位服务。大学科技园要吸引咨询公司、策划公司、产品设计公司、会计事务所、律师事务所、金融机构、资产评估中心、测试中心、人才培训中心、信息网络中心、技术交易中心等服务机构入园，为园内企业提供优质服务。要吸引高水平的研究开发机构入园，并在园内集聚一些大型高科技企业集团和众多的高科技小企业，达到数百家企业以上的规模，以加快园区聚集效应和创新网络的形成。

努力营造有利于创新创业的人文环境。要弘扬创新创业精神，促进大学文化和企业文化的融合，努力营造标新立异、兼收并蓄、勇于创新、坚韧不拔、容忍失败、尊重个性、团结协作和宽松自由的创新创业氛围。

4. 建立大学科技园孵化器，培育高技术企业，培养创新创业人才

孵化和培育高新技术企业是大学科技园最基本的功能。大学科技园建设初期，首先要加强高新技术企业孵化器建设。要根据依托高校技术和人才的优势和特点，建立综合型、专业型等各种不同形式的孵化器，完善孵化功能，为创新创业者提供良好的空间环境和服务条件，实现全程化、多方位的服务，使高科技企业顺利渡过初创期，提高孵化成功率。

科技型中小企业是大学科技园中最具成长性和最有活力的因素。大学科技园要发挥靠近创新源头的优势，创造有利条件，吸引包括毕业生、在职教师、在校学生和归国留学人员在内的各类创业者到园内创办科技企业。

孵化高新技术企业的过程也是培养创新创业人才的过程。要通过企业孵化和市场经济实践，使大批有作为的科技企业家和发明家在大学科技园里不断涌现出来。要注重培育具有创新精神和创新能力，懂经营、善管理、掌握现代科技知识的复合型人才。

5. 建立风险投资机制

要通过多元化的投融资渠道，建立风险投资机制。要逐步建立创业孵化种子资金，并加强与金融、投资机构的合作，建立健全包括创业投资、科技型中小企业创新基金、创业孵化资金、担保资金等为内容的创业资本市场，为孵化和培育科技企业提供投融资服务。要积极吸引社会企业向园内技术创新项目和高科技小企业投资，把风险投资公司引入科技园，并为风险资本公司运营和发展创造良好条件。同时，积极利用国内外股票市场和产权交易市场融通资金，逐步建立具有中国特色的创业投资机制。

6. 加强信息服务网络和组织网络建设

推动大学科技园信息服务网络建设，是“十五”期间我国大学科技园建设的重要任务。要利用先进的信息网络技术，建立起为创业者和高科技中小企业提供信息服务的平台，为推动产学研结合提供一个高效、便捷的信息通道。同时，积极筹备建立全国大学科技园协会，加强大学科技园之间的合作与交流，并与国际上的同类组织建立合作渠道。

四、相关措施

“十五”期间，科技部、教育部将积极协调相关方面，进一步采取措施加强对大学科技园工作的指导和支持，加大政策扶持力度，鼓励各大学科技园通过技术和制度创新，激发师生创新创业的积极性、创造性，积极借鉴国外大学科技园的成功经验，从理论和实践上探索一条适应我国国情的大学科技园发展之路。

1. 加强宏观指导

大学科技园是国家技术创新体系的重要组成部分，是我国高新技术产业化环境建设的重要内容。要把大学科技园建设纳入国家“十五”科技发展规划和面向21世纪教育振兴行动计划，以国家意志强化宏观指导和调控，加大扶持力度。

科技部、教育部将加强对大学科技园工作的指导，并根据《国家大学科技园管理试行办法》和考核指标体系，按照“因地制宜，分类指导，定期评估，优上劣下”的原则，对国家大学科技园实行动态管理，促进大学科技园建设与发展逐步走向规范化和制度化。

加强大学科技园发展战略研究，动态跟踪园区发展，及时提出推动大学科技园发展的政策建议，力争从国家层面上出台一个加快大学科技园建设发展的政策，推动国家有关部门尽快启动二板市场，争取国家大学科技园企业优先上市。

2. 加大政策扶持力度

要依靠各级政府，深入落实中央《决定》精神，切实把大学科技园建设和发展纳入经济和社会发展计划，在年度预算中安排经费，加大投入，支持大学科技园重点建设项目，在建设用地、激励政策等方面对大学科技园给予优惠和支持。

各级科技、教育行政部门要为大学科技园建设和发展提供专项支持，支持大学科技园孵化器建设和技术创新项目。

国家和地方建立的科技型中小企业技术创新基金要积极扶持大学科技园的技术创新项目。“十五”期间，国家每年将投入一定经费支持国家大学科技园发展。

3. 深化高校体制改革，鼓励师生创新创业

高等学校通过深化改革，向大学科技园充分开放人才、技术、实验设施、文化氛围等综合资源，以产权为纽带，通过市场运作把学校的人才、技术优势与其他社会资源结合起来。

要建立产权激励机制，通过股份、期权等分配方式，激发师生创新创业的积极性、创造性，将集体利益与个人利益结合起来，形成一种创业致富、创业成才为荣的文化氛围。

4. 加强国际合作

以官方和民间等各种渠道，推动我国大学科技园与世界著名大学科技园的合作，吸收国外成功的管理经验，引进国外风险投资资金，并探索与国外共建大学科技园。组织大学科技园管理人员到国外考察、培训，提高管理人员的业务素质和管理水平。

# 中小学教材编写审定管理暂行办法

（2001年6月7日　教育部令第11号发布）

## 第一章　总　　则

**第一条**　为进一步加强中小学教材建设，完善中小学教材编写审定的管理，提高教材编审质量，根据《国务院办公厅转发体改办等部门关于降低中小学教材价格深化教材管理体制改革意见的通知》精神，特制定本办法。

**第二条** 本办法所称中小学教材（以下简称教材）是指中小学用于课堂教学的教科书（含电子音像教材、图册），及必要的教学辅助资料。

**第三条** 国家鼓励和支持有条件的单位、团体和个人编写符合中小学教学改革需要的高质量、有特色的教材，特别是适合农村地区和少数民族地区使用的教材。

**第四条** 编写教材事先须经有关教材管理部门核准；完成编写的教材须经教材审定机构审定后才能在中小学使用。

**第五条** 教材的编写、审定，实行国务院教育行政部门和省级教育行政部门两级管理。国务院教育行政部门负责国家课程教材的编写和审定管理；省级教育行政部门负责地方课程教材的编写和审定管理。

## 第二章 教材编写的资格和条件

**第六条** 编写教材应具备下列条件：

（一）有符合本办法规定条件的编写人员；

（二）有相应的编写经费，能保证正常的编写工作；

（三）有其他必要的编写条件。

**第七条** 教材编写人员必须具备下列条件：

（一）坚持党的基本路线，有正确的政治观点，热爱教育事业，具有良好的职业道德和责任心，能团结协作。

（二）能正确理解党的教育方针，了解中小学教育的现状和教育改革发展的趋势，有较好的教育理论基础，熟悉现代教育理论、课程计划和学科课程标准。

（三）主要编写人员具有相应学科的高级专业技术职务，有较深的学科造诣和丰富的教学实践经验，有改革创新精神；对本学科的现状及改革发展趋势有深入的分析和研究。

（四）了解中小学学生身心发展的特点，熟悉教材编写的一般规律和编写业务，文字表达能力强。

（五）有足够的时间和精力完成教材的编写和试验工作。

**第八条** 教育行政部门和国家公务员不得以任何形式参与教材的编写工作。

全国和省级教材审定机构审定委员和审查委员，被聘期间不得担任教材编写人员。

## 第三章 教材编写的立项和核准

**第九条** 教材编写实行项目管理。编写教材须事先依本办法规定向相应的教育行政部门申请立项，经核准后方可进行。

**第十条** 国务院教育行政部门负责受理核准国家课程教材编写的立项申请，必要时也可授权或委托省级教育行政部门负责核准本地区编写国家课程所规定的有关学科教材的立项申请。

**第十一条** 省级教育行政部门负责受理核准本地区编写地方课程教材的立项申请；根据国务院教育行政部门的授权或委托，负责受理核准本地区编写国家课程所规定的有关学科教材的立项申请，并报国务院教育行政部门备案。

**第十二条** 申请立项编写的教材应为国家课程或地方课程方案所规定的科目。申请立项时需提交以下材料：

（一）申请编写教材的单位、团体、个人的基本情况。

（二）申请编写的教材名称、适用范围，编写目的和指导思想。国内外本学科教材的比较，对国内现行同类教材的分析，拟编教材的主要特点。

（三）教材主要编写人员的基本情况：

1. 个人学习、工作简历（附学历证书、专业技术资格证书的复印件），任职情况；

2. 教材编写方面的相关经历及相关研究成果；

3. 两名资深专家的推荐意见；

4. 所在单位或所在地区教育行政部门的意见。

（四）申请编写的教材体系结构、篇幅、体例、样章及说明。

**第十三条** 教材编写立项申请的受理时间为每年3月和9月。受理申请后，教育行政部门应组织有关专家，对申请者的资质、教材编写的指导思想、体系结构及教材的适用范围等进行审核，审核结果应分别在每年6月底和12月底前通知申请人。

## 第四章 教材的初审与试验

**第十四条** 教材在规定时间完成编写后，送相应教材审定机构初审。教材的送审本一般应是全套教材，特殊情况也可以是一学年以上的教材和全套教材的体系框架及说明。送审者在申请初审时应填写教材初审申请表，交付教材书稿，以及教材试验方案和试验学校情况。

**第十五条** 教材初审通过后，可在400个班或2万名学生的范围内进行试验；因特殊情况需扩大试验范围的，应经国务院教育行政部门批准。

**第十六条** 教材试验应征得省级教育行政部门和试验所在地区教育行政部门的同意，并报国务院教育行政部门备案。

**第十七条** 国务院教育行政部门负责对教材试验进行跟踪评价。

## 第五章 教材的审定

**第十八条** 国务院教育行政部门成立全国中小学教材审定委员会，负责国家课程教材的初审、审定，及跨省（自治区、直辖市）使用的地方课程教材的审定。

**第十九条** 各省、自治区、直辖市教育行政部门成立省级中小学教材审定委员会，负责地方课程教材的初审和审定；经国务院教育行政部门授权或委托，承担有关国家课程教材的初审工作。

**第二十条** 全国中小学教材审定委员会和省级中小学教材审定委员会下设各学科教材审查委员会（或学科审查组），由该学科专家、中小学教学研究人员及中小学教师组成，负责本学科教材的审查，向审定委员会提出审定报告。

**第二十一条** 全国中小学教材审定及审查委员会委员由国务院教育行政部门聘任，任期4年。省级中小学教材审定及审查委员会委员由省级教育行政部门聘任。

**第二十二条** 全国和省级中小学教材审定委员会应建立委员信息库，负责审定教材的委员应按随机抽取的原则，从信息库中选定。委员在教材审定过程中按照《全国中小学教材审定委员会工作章程》关于教材审定的程序、方式、标准的规定，公正客观地进行审查，并遵守有关的工作纪律。

**第二十三条** 国务院教育行政部门的基础教育教材管理部门负责组织全国教材的审定工作和联系协调各学科教材审查委员会的工作，处理教材审查、审定中的日常事务。

**第二十四条** 教材审定原则是：

（一）符合国家的有关法律、法规和政策，贯彻党的教育方针，体现教育要面向现代化、面向世界、面向未来的要求。

（二）体现基础教育的性质、任务和培养目标，符合国家颁布的中小学课程方案和学科课程标准的各项要求。

（三）符合学生身心发展的规律，联系学生的生活经验，反映社会、科技发展的趋势，具有自己的风格和特色。

（四）符合国家有关部门颁发的技术质量标准。

**第二十五条** 送交审定的教材要具备以下条件：

（一）通过教育行政部门核准立项；

（二）初审通过后在试验范围内取得良好效果；

（三）送审教材为定型成品；

（四）有送审报告和试验报告。

送审报告应包括：教材编写指导思想、原则，教材体系结构，教材特色和适用范围；教材试验报告包括：教材试验情况、效果和试验学校对教材的评价。

**第二十六条** 中小学教材审定后，审定委员会按如下规定做出结论：

（一）通过。教材基本达到审定标准，按审查意见修改并经批准后，可供学校选用。

（二）重新送审。教材尚未达到审定标准，但具备修改的基础和条件，按审查意见修改后，于第二年重新送审。

（三）不予通过。教材问题严重，不具备修改基础和条件，不得再送审。

**第二十七条** 经全国中小学教材审定委员会审定通过的教材，经国务院教育行政部门批准后，列入全国中小学教学用书目录，供学校选用。

经省级中小学教材审定委员会审定通过的教材，经省级教育行政部门批准后，列入本省（自治区、直辖市）中小学教学用书目录，供学校选用。

**第二十八条** 国家和省级教育行政部门定期对通过审定的教材进行评价，促进教材及时反映经济、社会、科技的新发展，形成教材更新的机制。

## 第六章 表彰与惩处

**第二十九条** 国家和各省、自治区、直辖市对优秀教材编写者给予表彰奖励。

**第三十条** 违反本办法，擅自进行教材试验，或未经审定通过，擅自扩大教材试验范围者，视情节轻重和所造成的影响，由同级教育行政部门给予通报批评、责令停止试验或禁止使用等处罚，并对直接责任人给予相应的行政处分。

**第三十一条** 对违反本办法第八条第一款的，由上级或同级教育行政部门给予通报批评并责令其退出。对违反本办法第八条第二款的，由同级教育行政部门取消其审定委员或审查委员资格。

**第三十二条** 教材编写者认为教材管理部门、教材审定机构在教材立项核准、初审及审定过程中，有违反本办法的行为，侵犯其合法权益的，可以向同级教育行政部门申诉或依法提起行政复议。

## 第七章 附 则

**第三十三条** 国务院教育行政部门组织的课程教材改革试验范围另行规定。

**第三十四条** 本办法由国务院教育行政部门负责解释。

**第三十五条** 本办法自颁布之日起施行。与本办法抵触的有关规定同时废止。已开始实施且难以立刻终止的，应在本办法颁布之日起 6 个月内纠正。

# 关于对全国部分贫困地区农村中小学生试行免费提供教科书的意见

（2001 年 6 月 7 日 教育部 财政部印发）

为保证贫困地区农村家庭经济困难的学生接受义务教育，切实减轻农民负担，根据《国务院办公厅转发体改办等部门关于降低中小学教材价格深化教材管理体制改革意见的通知》的精神，从 2001 年秋季开始，在全国部分贫困地区农村中小学，对家庭经济困难学生试行免费提供教科书。现就有关工作提出以下意见。

**一、免费提供教科书对象**

免费提供教科书的对象为国家扶贫开发工作重点县中，到 2000 年底未普及初等教育县的全部农村小学生和未通过国家基本普及九年义务教育和基本扫除青壮年文盲验收县农村初中学生中家庭经济困难的学生，以及特殊教育学校（特教班）的学生。

**二、免费提供的教科书种类**

根据现行国家义务教育课程计划设置的课程门类，小学免费提供语文、数学、思想品德、自然、社会、音乐、美术，初中免费提供语文、数学、外语、思想政治、物理、化学、生物、历史、地理、音乐、美术等课程的经济适用型教科书；特殊教育学校（特教班）免费提供的教科书种类按照现行特殊教育学校课程计划确定。

**三、免费提供教科书的发放**

免费提供教科书的选用和征订纳入教育部和省级教育行政部门发布的《中小学教学用书目录》统一进行；出版和发行要引入竞争体制，由有关省、自治区、直辖市实行政府采购，逐步采取招标的办法，在保证质量的前提下，以最低的成本，按时把教科书送到学生手中。

试行免费提供教科书的省级教育行政部门负责组织遴选接受免费提供教科书的学生，并确保开学时将免费提供的教科书发到学生的手中，书款不得先收后返。

**四、免费提供教科书的经费**

试行免费提供教科书所需经费由中央财政承担。2001年秋季免费提供教科书所需的1亿元经费由中央财政从第二期“国家贫困地区义务教育工程”专款中安排。其具体数额由教育部和财政部根据有关省级教育行政部门报送的免费提供教科书人数确定，由中央财政直接拨给省级财政。省级财政部门在教科书发行完毕1个月内将有关经费拨给发行单位。

免费提供教科书的经费要专款专用，教育部、财政部对有关省（自治区、直辖市）的经费使用情况进行监督检查。对经费使用不当和弄虚作假的地区，上级教育、财政行政部门应责令其纠正，并依纪依法追究有关人员的责任。

# 基础教育课程改革纲要（试行）

（2001年6月8日　教育部印发）

改革开放以来，我国基础教育取得了辉煌成就，基础教育课程建设也取得了显著成绩。但是，我国基础教育总体水平还不高，原有的基础教育课程已不能完全适应时代发展的需要。为贯彻《中共中央国务院关于深化教育改革全面推进素质教育的决定》和《国务院关于基础教育改革与发展的决定》，教育部决定，大力推进基础教育课程改革，调整和改革基础教育的课程体系、结构、内容，构建符合素质教育要求的新的基础教育课程体系。新的课程体系涵盖幼儿教育、义务教育和普通高中教育。

**一、课程改革的目标**

1. 基础教育课程改革要以邓小平同志关于“教育要面向现代化，面向世界，面向未来”和江泽民同志“三个代表”的重要思想为指导，全面贯彻党的教育方针，全面推进素质教育。

新课程的培养目标应体现时代要求。要使学生具有爱国主义、集体主义精神，热爱社会主义，继承和发扬中华民族的优秀传统和革命传统；具有社会主义民主法制意识，遵守国家法律和社会公德；逐步形成正确的世界观、人生观、价值观；具有社会责任感，努力为人民服务；具有初步的创新精神、实践能力、科学和人文素养以及环境意识；具有适应终身学习的基础知识、基本技能和方法；具有健壮的体魄和良好的心理素质，养成健康的审美情趣和生活方式，成为有理想、有道德、有文化、有纪律的一代新人。

2. 基础教育课程改革的具体目标：

改变课程过于注重知识传授的倾向，强调形成积极主动的学习态度，使获得基础知识与基本技能的过程同时成为学会学习和形成正确价值观的过程。

改变课程结构过于强调学科本位、科目过多和缺乏整合的现状，整体设置九年一贯的课程门类和课时比例，并设置综合课程，以适应不同地区和学生发展的需求，体现课程结构的均衡性、综合性和选择性。

改变课程内容“难、繁、偏、旧”和过于注重书本知识的现状，加强课程内容与学生生活以及现代社会和科技发展的联系，关注学生的学习兴趣和经验，精选终身学习必备的基础知识和技能。

改变课程实施过于强调接受学习、死记硬背、机械训练的现状，倡导学生主动参与、乐于探究、勤于动手，培养学生搜集和处理信息的能力、获取新知识的能力、分析和解决问题的能力以及交流与合作的能力。

改变课程评价过分强调甄别与选拔的功能，发挥评价促进学生发展、教师提高和改进教学实践的功能。

改变课程管理过于集中的状况，实行国家、地方、学校三级课程管理，增强课程对地方、学校及学生的适应性。

**二、课程结构**

3. 整体设置九年一贯的义务教育课程。

小学阶段以综合课程为主。小学低年级开设品德与生活、语文、数学、体育、艺术（或音乐、美术）等课程；小学中高年级开设品德与社会、语文、数学、科学、外语、综合实践活动、体育、艺术（或音乐、美术）等课程。

初中阶段设置分科与综合相结合的课程，主要包括思想品德、语文、数学、外语、科学（或物理、化学、生物）、历史与社会（或历史、地理）、体育与健康、艺术（或音乐、美术）以及综合实践活动。积极倡导各地选择综合课程。学校应努力创造条件开设选修课程。在义务教育阶段的语文、艺术、美术课中要加强写字教学。

4. 高中以分科课程为主。为使学生在普遍达到基本要求的前提下实现有个性的发展，课程标准应有不同水平的要求，在开设必修课的同时，设置丰富多样的选修课程，开设技术类课程。积极试行学分制管理。

5. 从小学至高中设置综合实践活动并作为必修课程，其内容主要包括：信息技术教育、研究性学习、社区服务与社会实践以及劳动与技术教育。强调学生通过实践，增强探究和创新意识，学习科学研究的方法，发展综合运用知识的能力。增进学校与社会的密切联系，培养学生的社会责任感。在课程的实施过程中，加强信息技术教育，培养学生利用信息技术的意识和能力。了解必要的通用技术和职业分工，形成初步技术能力。

6. 农村中学课程要为当地社会经济发展服务，在达到国家课程基本要求的同时，可根据现代农业发展和农村产业结构的调整因地制宜地设置符合当地需要的课程，深化“农科教相结合”和“三教统筹”等项改革，试行通过“绿色证书”教育及其他技术培训获得“双证”的做法。城市普通中学也要逐步开设职业技术课程。

**三、课程标准**

7. 国家课程标准是教材编写、教学、评估和考试命题的依据，是国家管理和评价课程的基础。应体现国家对不同阶段的学生在知识与技能、过程与方法、情感态度与价值观等方面的基本要求，规定各门课程的性质、目标、内容框架，提出教学和评价建议。

8. 制定国家课程标准要依据各门课程的特点，结合具体内容，加强德育工作的针对性、实效性和主动性，对学生进行爱国主义、集体主义和社会主义教育，加强中华民族优良传统、革命传统教育和国防教育，加强思想品质和道德教育，引导学生树立正确的世界观、人生观和价值观；要倡导科学精神、科学态度和科学方法，引导学生创新与实践。

9. 幼儿园教育要依据幼儿身心发展的特点和教育规律，坚持保教结合和以游戏为基本活动的原则，与家庭和社区密切配合，培养幼儿良好的行为习惯，保护和启发幼儿的好奇心和求知欲，促进幼儿身心全面和谐发展。义务教育课程标准应适应普及义务教育的要求，让绝大多数学生经过努力都能够达到，体现国家对公民素质的基本要求，着眼于培养学生终身学习的愿望和能力。普通高中课程标准应在坚持使学生普遍达到基本要求的前提下，有一定的层次性和选择性，并开设选修课程，以利于学生获得更多的选择和发展的机会，为培养学生的生存能力、实践能力和创造能力打下良好的基础。

**四、教学过程**

10. 教师在教学过程中应与学生积极互动、共同发展，要处理好传授知识与培养能力的关系，注重培养学生的独立性和自主性，引导学生质疑、调查、探究，在实践中学习，促进学生在教师指导下主动地、富有个性地学习。教师应尊重学生的人格，关注个体差异，满足不同学生的学习需要，创设能引导学生主动参与的教育环境，激发学生的学习积极性，培养学生掌握和运用知识的态度和能力，使每个学生都能得到充分的发展。

11. 大力推进信息技术在教学过程中的普遍应用，促进信息技术与学科课程的整合，逐步实现教学内容的呈现方式、学生的学习方式、教师的教学方式和师生互动方式的变革，充分发挥信息技术的优势，为学生的学习和发展提供丰富多彩的教育环境和有力的学习工具。

**五、教材开发与管理**

12. 教材改革应有利于引导学生利用已有的知识与经验，主动探索知识的发生与发展，同时也应有利于教师创造性地进行教学。教材内容的选择应符合课程标准的要求，体现学生身心发展特点，反映社会、政治、经济、科技的发展需求；教材内容的组织应多样、生动，有利于学生探究，并提出观察、实验、操作、调查、讨论的建议。

积极开发并合理利用校内外各种课程资源。学校应充分发挥图书馆、实验室、专用教室及各类教学设施和实践基地的作用；广泛利用校外的图书馆、博物馆、展览馆、科技馆、工厂、农村、部队和科研院所等各种社会资源以及丰富的自然资源；积极利用并开发信息化课程资源。

13. 完善基础教育教材管理制度，实现教材的高质量与多样化。

实行国家基本要求指导下的教材多样化政策，鼓励有关机构、出版部门等依据国家课程标准组织编写中小学教材。建立教材编写的核准制度，教材编写者应根据教育部《关于中小学教材编写审定管理暂行办法》，向教育部申报，经资格核准通过后，方可编写。完善教材审查制度，除经教育部授权省级教材审查委员会外，按照国家课程标准编写的教材及跨省使用的地方课程的教材须经全国中小学教材审查委员会审查；地方教材须经省级教材审查委员会审查。教材审查实行编审分离。

改革中小学教材指定出版的方式和单一渠道发行的体制，严格遵循中小学教材版式的国家标准。教材的出版和发行试行公开竞标，国家免费提供的经济适用型教材实行政府采购，保证教材质量，降低价格。

加强对教材使用的管理。教育行政部门定期向学校和社会公布经审查通过的中小学教材目录，并逐步建立教材评价制度和在教育行政部门及专家指导下的教材选用制度。改革用行政手段指定使用教材的做法，严禁以不正当竞争手段推销教材。

**六、课程评价**

14. 建立促进学生全面发展的评价体系。评价不仅要关注学生的学业成绩，而且要发现和发展学生多方面的潜能，了解学生发展中的需求，帮助学生认识自我，建立自信。发挥评价的教育功能，促进学生在原有水平上的发展。

建立促进教师不断提高的评价体系。强调教师对自己教学行为的分析与反思，建立以教师自评为主，校长、教师、学生、家长共同参与的评价制度，使教师从多种渠道获得信息，不断提高教学水平。

建立促进课程不断发展的评价体系。周期性地对学校课程执行的情况、课程实施中的问题进行分析评估，调整课程内容、改进教学管理，形成课程不断革新的机制。

15. 继续改革和完善考试制度。

在已经普及九年义务教育的地区，实行小学毕业生免试就近升学的办法。鼓励各地中小学自行组织毕业考试。完善初中升高中的考试管理制度，考试内容应加强与社会实际和学生生活经验的联系，重视考查学生分析问题、解决问题的能力，部分学科可实行开卷考试。高中毕业会考改革方案由省级教育行政部门制定，继续实行会考的地方应突出水平考试的性质，减轻学生考试的负担。

高等学校招生考试制度改革，应与基础教育课程改革相衔接。要按照有助于高等学校选拔人才、有助于中学实施素质教育、有助于扩大高等学校办学自主权的原则，加强对学生能力和素质的考查，改革高等学校招生考试内容，探索提供多次机会、双向选择、综合评价的考试、选拔方式。

考试命题要依据课程标准，杜绝设置偏题、怪题的现象。教师应对每位学生的考试情况做出具体的分析指导，不得公布学生考试成绩并按考试成绩排列名次。

七、课程管理

16. 为保障和促进课程适应不同地区、学校、学生的要求，实行国家、地方和学校三级课程管理。

教育部总体规划基础教育课程，制订基础教育课程管理政策，确定国家课程门类和课时。制订国家课程标准，积极试行新的课程评价制度。

省级教育行政部门依据国家课程管理政策和本地实际情况，制订本省（自治区、直辖市）实施国家课程的计划，规划地方课程，报教育部备案并组织实施。经教育部批准，省级教育行政部门可单独制订本省（自治区、直辖市）范围内使用的课程计划和课程标准。

学校在执行国家课程和地方课程的同时，应视当地社会、经济发展的具体情况，结合本校的传统和优势、学生的兴趣和需要，开发或选用适合本校的课程。各级教育行政部门要对课程的实施和开发进行指导和监督，学校有权力和责任反映在实施国家课程和地方课程中所遇到的问题。

八、教师的培养和培训

17. 师范院校和其他承担基础教育师资培养和培训任务的高等学校和培训机构应根据基础教育课程改革的目标与内容，调整培养目标、专业设置、课程结构，改革教学方法。中小学教师继续教育应以基础教育课程改革为核心内容。

地方教育行政部门应制定有效、持续的师资培训计划，教师进修培训机构要以实施新课程所必需的培训为主要任务，确保培训工作与新一轮课程改革的推进同步进行。

九、课程改革的组织与实施

18. 教育部领导并统筹管理全国基础教育课程改革工作；省级教育行政部门领导并规划本省（自治区、直辖市）的基础教育课程改革工作。

19. 基础教育课程改革是一项系统工程。应始终贯彻“先立后破，先实验后推广”的工作方针。各省（自治区、直辖市）都应建立课程改革实验区，实验区应分层推进，发挥示范、培训和指导的作用，加快实验区的滚动发展，为过渡到新课程做好准备。

基础教育课程改革必须坚持民主参与、科学决策的原则，积极鼓励高等学校、科研院所的专家、学者和中小学教师投身中小学课程教材改革；支持部分师范大学成立“基础教育课程研究中心”，开展中小学课程改革的研究工作，并积极参与基础教育课程改革实践；在教育行政部门的领导下，各中小学教研机构要把基础教育课程改革作为中心工作，充分发挥教学研究、指导和服务等作用，并与基础教育课程研究中心建立联系，发挥各自的优势，共同推进基础教育课程改革；建立教育部门、家长以及社会各界有效参与课程建设和学校管理的制度；积极发挥新闻媒体的作用，引导社会各界深入讨论、关心并支持课程改革。

20. 建立课程教材持续发展的保障机制。各级教育行政部门应设立基础教育课程改革的专项经费。

为使新课程体系在实验区顺利推进，教育部在高考、中考、课程设置等方面对实验区给予政策支持。对参加基础教育课程改革的单位、集体、个人所取得的优秀成果，予以奖励。

# 中等职业学校设置标准（试行）

（2001 年 7 月 2 日　教育部印发）

**第一条**　为加强对中等职业学校的宏观管理，促进学校建设，保证教育质量，提高办学效益，特制定本标准。

**第二条**　设置中等职业学校要有学校章程和必

须的管理制度，要依法办学。

**第三条**　设置中等职业学校，须配备有较高思想政治素质和较强管理能力，熟悉职业教育的学校领导。校长应具有从事三年以上教育教学工作的经历，校长及教学副校长须具有本科以上学历和高级专业技术职务，其他校级领导应具有本科以上学历和中级以上专业技术职务。

**第四条**　设置中等职业学校，须建立必要的教育教学和管理等工作机构。

**第五条**　设置中等职业学校，要有基本的办学规模。学校学历教育在校生数，校址在城市的学校（以下简称城市学校）960人以上，校址在县镇及农村的学校（以下简称农村学校）600人以上。

**第六条**　设置中等职业学校，须有与学校办学规模相适应、结构合理的专兼职教师队伍。城市学校专任教师一般不少于55人，农村学校专任教师一般不少于35人。专业课教师数应不低于本校专任教师数的50%。每个专业至少应配备具有相关专业中级以上专业技术职务的专任教师2人。

**第七条**　设置中等职业学校，须有与办学规模和专业设置相适应的校园、校舍和设施。

校园（不含教职工宿舍和相对独立的附属机构）占地面积：城市学校不少于2万平方米（约30亩），农村学校不少于3.3万平方米（约50亩）。

校舍（不含教职工宿舍和相对独立的附属机构）建筑面积：城市学校不少于1.5万平方米，农村学校不少于1万平方米。

体育用地：须有200米以上环型跑道的田径场，有满足教学和体育活动需要的其他设施和场地。

图书馆和阅览室：要适应办学规模，满足教学需要。适用印刷图书生均不少于30册。城市学校报刊种类100种以上，农村学校60种以上。教师阅览（资料）室和学生阅览室的座位数应分别按不低于教职工总数的20%和学生总数的10%设置。

必须具有与专业设置相匹配、满足教学要求的实验、实习设施和仪器设备。设施和仪器设备要规范、实用，并要有与所设专业相适应的校内实习基地和相对稳定的校外实践活动基地。

要具备能够应用现代教育技术手段，实施现代远程职业教育教学与管理信息化所需的软、硬件设施、设备。

**第八条**　设置中等职业学校，须具有符合国家和地方教育行政部门要求的教育教学文件。

**第九条**　中等职业学校的办学经费应依据国家《职业教育法》和地方有关法规多渠道筹措落实。设置学校所需基本建设投资和正常教学等各项工作所需的经费，须有稳定、可靠的来源和切实的保证。

**第十条**　本标准为设置中等职业学校的最低标准，适用于各级政府部门、行业、企业举办的各类中等职业学校。对于民办中等职业学校和在边远贫困地区设置中等职业学校，其办学规模和相应的办学条件可适当放宽要求，具体标准由省级教育行政部门依据本标准制定。

对体育、艺术等特殊类别中等职业学校，其办学规模及其相应办学条件的基本要求，由教育部会同有关部门另行公布。

**第十一条**　本标准自颁发之日起试行。本标准发布之前由教育部制定的有关各类中等职业学校设置标准同时废止。

# 幼儿园教育指导纲要（试行）

（2001年7月2日　教育部印发）

## 第一部分　总　　则

一、为贯彻《中华人民共和国教育法》、《幼儿园管理条例》和《幼儿园工作规程》，指导幼儿园深入实施素质教育，特制定本纲要。

二、幼儿园教育是基础教育的重要组成部分，是我国学校教育和终身教育的奠基阶段。城乡各类幼儿园都应从实际出发，因地制宜地实施素质教育，为幼儿一生的发展打好基础。

三、幼儿园应与家庭、社区密切合作，与小学相互衔接，综合利用各种教育资源，共同为幼儿的发展创造良好的条件。

四、幼儿园应为幼儿提供健康、丰富的生活和活动环境，满足他们多方面发展的需要，使他们在快乐的童年生活中获得有益于身心发展的经验。

五、幼儿园教育应尊重幼儿的人格和权利，尊重幼儿身心发展的规律和学习特点，以游戏为基本活动，保教并重，关注个别差异，促进每个幼儿富有个性的发展。

## 第二部分　教育内容与要求

幼儿园的教育内容是全面的、启蒙性的，可以相对划分为健康、语言、社会、科学、艺术等五个领域，也可作其他不同的划分。各领域的内容相互渗透，从不同的角度促进幼儿情感、态度、能力、知识、技能等方面的发展。

一、健康

（一）目标

1. 身体健康，在集体生活中情绪安定、愉快；

2. 生活、卫生习惯良好，有基本的生活自理能力；

3. 知道必要的安全保健常识，学习保护自己；

4. 喜欢参加体育活动，动作协调、灵活。

（二）内容与要求

1. 建立良好的师生、同伴关系，让幼儿在集体生活中感到温暖，心情愉快，形成安全感、信赖感。

2. 与家长配合，根据幼儿的需要建立科学的生活常规。培养幼儿良好的饮食、睡眠、盥洗、排泄等生活习惯和生活自理能力。

3. 教育幼儿爱清洁、讲卫生，注意保持个人和生活场所的整洁和卫生。

4. 密切结合幼儿的生活进行安全、营养和保健教育，提高幼儿的自我保护意识和能力。

5. 开展丰富多彩的户外游戏和体育活动，培养幼儿参加体育活动的兴趣和习惯，增强体质，提高对环境的适应能力。

6. 用幼儿感兴趣的方式发展基本动作，提高动作的协调性、灵活性。

7. 在体育活动中，培养幼儿坚强、勇敢、不怕困难的意志品质和主动、乐观、合作的态度。

（三）指导要点

1. 幼儿园必须把保护幼儿的生命和促进幼儿的健康放在工作的首位。树立正确的健康观念，在重视幼儿身体健康的同时，要高度重视幼儿的心理健康。

2. 既要高度重视和满足幼儿受保护、受照顾的需要，又要尊重和满足他们不断增长的独立要求，避免过度保护和包办代替，鼓励并指导幼儿自理、自立的尝试。

3. 健康领域的活动要充分尊重幼儿生长发育的规律，严禁以任何名义进行有损幼儿健康的比赛、表演或训练等。

4. 培养幼儿对体育活动的兴趣是幼儿园体育的重要目标，要根据幼儿的特点组织生动有趣、形式多样的体育活动，吸引幼儿主动参与。

二、语言

（一）目标

1. 乐意与人交谈，讲话礼貌；

2. 注意倾听对方讲话，能理解日常用语；

3. 能清楚地说出自己想说的事；

4. 喜欢听故事、看图书；

5. 能听懂和会说普通话。

（二）内容与要求

1. 创造一个自由、宽松的语言交往环境，支持、鼓励、吸引幼儿与教师、同伴或其他人交谈，体验语言交流的乐趣，学习使用适当的、礼貌的语言交往。

2. 养成幼儿注意倾听的习惯，发展语言理解能力。

3. 鼓励幼儿大胆、清楚地表达自己的想法和感受，尝试说明、描述简单的事物或过程，发展语言表达能力和思维能力。

4. 引导幼儿接触优秀的儿童文学作品，使之感受语言的丰富和优美，并通过多种活动帮助幼儿加深对作品的体验和理解。

5. 培养幼儿对生活中常见的简单标记和文字符号的兴趣。

6. 利用图书、绘画和其他多种方式，引发幼儿对书籍、阅读和书写的兴趣，培养前阅读和前书写技能。

7. 提供普通话的语言环境，帮助幼儿熟悉、听懂并学说普通话。少数民族地区还应帮助幼儿学习本民族语言。

（三）指导要点

1. 语言能力是在运用的过程中发展起来的，发展幼儿语言的关键是创设一个能使他们想说、敢说、喜欢说、有机会说并能得到积极应答的环境。

2. 幼儿语言的发展与其情感、经验、思维、社会交往能力等其他方面的发展密切相关，因此，发展幼儿语言的重要途径是通过互相渗透的各领域的教育，在丰富多彩的活动中去扩展幼儿的经验，提供促进语言发展的条件。

3. 幼儿的语言学习具有个别化的特点，教师与幼儿的个别交流、幼儿之间的自由交谈等，对幼儿语言发展具有特殊意义。

4. 对有语言障碍的儿童要给予特别关注，要与家长和有关方面密切配合，积极地帮助他们提高语言能力。

三、社会

（一）目标

1. 能主动地参与各项活动，有自信心；

2. 乐意与人交往，学习互助、合作和分享，有同情心；

3. 理解并遵守日常生活中基本的社会行为规则；

4. 能努力做好力所能及的事，不怕困难，有初步的责任感；

5. 爱父母长辈、老师和同伴，爱集体、爱家乡、爱祖国。

（二）内容与要求

1. 引导幼儿参加各种集体活动，体验与教师、同伴等共同生活的乐趣，帮助他们正确认识自己和他人，养成对他人、社会亲近、合作的态度，学习初步的人际交往技能。

2. 为每个幼儿提供表现自己长处和获得成功的机会，增强其自尊心和自信心。

3. 提供自由活动的机会，支持幼儿自主地选择、计划活动，鼓励他们通过多方面的努力解决问题，不轻易放弃克服困难的尝试。

4. 在共同的生活和活动中，以多种方式引导幼儿认识、体验并理解基本的社会行为规则，学习自律和尊重他人。

5. 教育幼儿爱护玩具和其他物品，爱护公物和公共环境。

6. 与家庭、社区合作，引导幼儿了解自己的亲人以及与自己生活有关的各行各业人们的劳动，培养其对劳动者的热爱和对劳动成果的尊重。

7. 充分利用社会资源，引导幼儿实际感受祖国文化的丰富与优秀，感受家乡的变化和发展，激发幼儿爱家乡、爱祖国的情感。

8. 适当向幼儿介绍我国各民族和世界其他国

家、民族的文化，使其感知人类文化的多样性和差异性，培养理解、尊重、平等的态度。

（三）指导要点

1. 社会领域的教育具有潜移默化的特点。幼儿社会态度和社会情感的培养尤应渗透在多种活动和一日生活的各个环节之中，要创设一个能使幼儿感受到接纳、关爱和支持的良好环境，避免单一呆板的言语说教。

2. 幼儿与成人、同伴之间的共同生活、交往、探索、游戏等，是其社会学习的重要途径。应为幼儿提供人际间相互交往和共同活动的机会和条件，并加以指导。

3. 社会学习是一个漫长的积累过程，需要幼儿园、家庭和社会密切合作，协调一致，共同促进幼儿良好社会性品质的形成。

四、科学

（一）目标

1. 对周围的事物、现象感兴趣，有好奇心和求知欲；

2. 能运用各种感官，动手动脑，探究问题；

3. 能用适当的方式表达、交流探索的过程和结果；

4. 能从生活和游戏中感受事物的数量关系并体验到数学的重要和有趣；

5. 爱护动植物，关心周围环境，亲近大自然，珍惜自然资源，有初步的环保意识。

（二）内容与要求

1. 引导幼儿对身边常见事物和现象的特点、变化规律产生兴趣和探究的欲望。

2. 为幼儿的探究活动创造宽松的环境，让每个幼儿都有机会参与尝试，支持、鼓励他们大胆提出问题，发表不同意见，学会尊重别人的观点和经验。

3. 提供丰富的可操作的材料，为每个幼儿都能运用多种感官、多种方式进行探索提供活动的条件。

4. 通过引导幼儿积极参加小组讨论、探索等方式，培养幼儿合作学习的意识和能力，学习用多种方式表现、交流、分享探索的过程和结果。

5. 引导幼儿对周围环境中的数、量、形、时间和空间等现象产生兴趣，建构初步的数概念，并学习用简单的数学方法解决生活和游戏中某些简单的问题。

6. 从生活或媒体中幼儿熟悉的科技成果入手，引导幼儿感受科学技术对生活的影响，培养他们对科学的兴趣和对科学家的崇敬。

7. 在幼儿生活经验的基础上，帮助幼儿了解自然、环境与人类生活的关系。从身边的小事入手，培养初步的环保意识和行为。

（三）指导要点

1. 幼儿的科学教育是科学启蒙教育，重在激发幼儿的认识兴趣和探究欲望。

2. 要尽量创造条件让幼儿实际参加探究活动，使他们感受科学探究的过程和方法，体验发现的乐趣。

3. 科学教育应密切联系幼儿的实际生活进行，利用身边的事物与现象作为科学探索的对象。

五、艺术

（一）目标

1. 能初步感受并喜爱环境、生活和艺术中的美。

2. 喜欢参加艺术活动，并能大胆地表现自己的情感和体验。

3. 能用自己喜欢的方式进行艺术表现活动。

（二）内容与要求

1. 引导幼儿接触周围环境和生活中美好的人、事、物，丰富他们的感性经验和审美情趣，激发他们表现美、创造美的情趣。

2. 在艺术活动中面向全体幼儿，要针对他们的不同特点和需要，让每个幼儿都得到美的熏陶和培养。对有艺术天赋的幼儿要注意发展他们的艺术潜能。

3. 提供自由表现的机会，鼓励幼儿用不同艺术形式大胆地表达自己的情感、理解和想象，尊重每个幼儿的想法和创造，肯定和接纳他们独特的审美感受和表现方式，分享他们创造的快乐。

4. 在支持、鼓励幼儿积极参加各种艺术活动并大胆表现的同时，帮助他们提高表现的技能和能力。

5. 指导幼儿利用身边的物品或废旧材料制作

玩具、手工艺品等来美化自己的生活或开展其他活动。

6. 为幼儿创设展示自己作品的条件，引导幼儿相互交流、相互欣赏、共同提高。

（三）指导要点

1. 艺术是实施美育的主要途径，应充分发挥艺术的情感教育功能，促进幼儿健全人格的形成。要避免仅仅重视表现技能或艺术活动的结果，而忽视幼儿在活动过程中的情感体验和态度的倾向。

2. 幼儿的创作过程和作品是他们表达自己的认识和情感的重要方式，应支持幼儿富有个性和创造性的表达，克服过分强调技能技巧和标准化要求的偏向。

3. 幼儿艺术活动的能力是在大胆表现的过程中逐渐发展起来的，教师的作用应主要在于激发幼儿感受美、表现美的情趣，丰富他们的审美经验，使之体验自由表达和创造的快乐。在此基础上，根据幼儿的发展状况和需要，对表现方式和技能技巧给予适时、适当的指导。

## 第三部分　组织与实施

一、幼儿园的教育是为所有在园幼儿的健康成长服务的，要为每一个儿童，包括有特殊需要的儿童提供积极的支持和帮助。

二、幼儿园的教育活动，是教师以多种形式有目的、有计划地引导幼儿生动、活泼、主动活动的教育过程。

三、教育活动的组织与实施过程是教师创造性地开展工作的过程。教师要根据本《纲要》，从本地、本园的条件出发，结合本班幼儿的实际情况，制定切实可行的工作计划并灵活地执行。

四、教育活动目标要以《幼儿园工作规程》和本《纲要》所提出的各领域目标为指导，结合本班幼儿的发展水平、经验和需要来确定。

五、教育活动内容的选择应遵照本《纲要》第二部分的有关条款进行，同时体现以下原则：

（一）既适合幼儿的现有水平，又有一定的挑战性。

（二）既符合幼儿的现实需要，又有利于其长远发展。

（三）既贴近幼儿的生活来选择幼儿感兴趣的事物和问题，又有助于拓展幼儿的经验和视野。

六、教育活动内容的组织应充分考虑幼儿的学习特点和认识规律，各领域的内容要有机联系，相互渗透，注重综合性、趣味性、活动性，寓教育于生活、游戏之中。

七、教育活动的组织形式应根据需要合理安排，因时、因地、因内容、因材料灵活地运用。

八、环境是重要的教育资源，应通过环境的创设和利用，有效地促进幼儿的发展。

（一）幼儿园的空间、设施、活动材料和常规要求等应有利于引发、支持幼儿的游戏和各种探索活动，有利于引发、支持幼儿与周围环境之间积极的相互作用。

（二）幼儿同伴群体及幼儿园教师集体是宝贵的教育资源，应充分发挥这一资源的作用。

（三）教师的态度和管理方式应有助于形成安全、温馨的心理环境；言行举止应成为幼儿学习的良好榜样。

（四）家庭是幼儿园重要的合作伙伴。应本着尊重、平等、合作的原则，争取家长的理解、支持和主动参与，并积极支持、帮助家长提高教育能力。

（五）充分利用自然环境和社区的教育资源，扩展幼儿生活和学习的空间。幼儿园同时应为社区的早期教育提供服务。

九、科学、合理地安排和组织一日生活。

（一）时间安排应有相对的稳定性与灵活性，既有利于形成秩序，又能满足幼儿的合理需要，照顾到个体差异。

（二）教师直接指导的活动和间接指导的活动相结合，保证幼儿每天有适当的自主选择和自由活动时间。教师直接指导的集体活动要能保证幼儿的积极参与，避免时间的隐性浪费。

（三）尽量减少不必要的集体行动和过渡环节，减少和消除消极等待现象。

（四）建立良好的常规，避免不必要的管理行为，逐步引导幼儿学习自我管理。

十、教师应成为幼儿学习活动的支持者、合作者、引导者。

（一）以关怀、接纳、尊重的态度与幼儿交往。耐心倾听，努力理解幼儿的想法与感受，支持、鼓励他们大胆探索与表达。

（二）善于发现幼儿感兴趣的事物、游戏和偶发事件中所隐含的教育价值，把握时机，积极引导。

（三）关注幼儿在活动中的表现和反应，敏感地察觉他们的需要，及时以适当的方式应答，形成合作探究式的师生互动。

（四）尊重幼儿在发展水平、能力、经验、学习方式等方面的个体差异，因人施教，努力使每一个幼儿都能获得满足和成功。

（五）关注幼儿的特殊需要，包括各种发展潜能和不同发展障碍，与家庭密切配合，共同促进幼儿健康成长。

十一、幼儿园教育要与0～3岁儿童的保育教育以及小学教育相互衔接。

## 第四部分 教育评价

一、教育评价是幼儿园教育工作的重要组成部分，是了解教育的适宜性、有效性，调整和改进工作，促进每一个幼儿发展，提高教育质量的必要手段。

二、管理人员、教师、幼儿及其家长均是幼儿园教育评价工作的参与者。评价过程是各方共同参与、相互支持与合作的过程。

三、评价的过程，是教师运用专业知识审视教育实践，发现、分析、研究、解决问题的过程，也是其自我成长的重要途径。

四、幼儿园教育工作评价实行以教师自评为主，园长以及有关管理人员、其他教师和家长等参与评价的制度。

五、评价应自然地伴随着整个教育过程进行。综合采用观察、谈话、作品分析等多种方法。

六、幼儿的行为表现和发展变化具有重要的评价意义，教师应视之为重要的评价信息和改进工作的依据。

七、教育工作评价宜重点考察以下方面：

（一）教育计划和教育活动的目标是否建立在了解本班幼儿现状的基础上。

（二）教育的内容、方式、策略、环境条件是否能调动幼儿学习的积极性。

（三）教育过程是否能为幼儿提供有益的学习经验，并符合其发展需要。

（四）教育内容、要求能否兼顾群体需要和个体差异，使每个幼儿都能得到发展，都有成功感。

（五）教师的指导是否有利于幼儿主动、有效地学习。

八、对幼儿发展状况的评估，要注意：

（一）明确评价的目的是了解幼儿的发展需要，以便提供更加适宜的帮助和指导。

（二）全面了解幼儿的发展状况，防止片面性，尤其要避免只重知识和技能，忽略情感、社会性和实际能力的倾向。

（三）在日常活动与教育教学过程中采用自然的方法进行。平时观察所获的具有典型意义的幼儿行为表现和所积累的各种作品等，是评价的重要依据。

（四）承认和关注幼儿的个体差异，避免用划一的标准评价不同的幼儿，在幼儿面前慎用横向的比较。

（五）以发展的眼光看待幼儿，既要了解现有水平，更要关注其发展的速度、特点和倾向等。

# 教师资格证书管理规定

（2001年8月8日 教育部印发）

**第一条** 为加强教师资格证书的管理，维护教师资格制度和教师资格证书的严肃性，依照《教师资格条例》和《〈教师资格条例〉实施办法》，制定本规定。

**第二条** 教师资格证书是持证人具有国家认定的教师资格的法定凭证。在各级各类学校和其他教育机构中从事教师工作的人员，必须依法取得教师资格，并持有相应的教师资格证书。

**第三条** 教师资格证书由国务院教育行政部门统一印制。

**第四条** 教师资格认定机构认定申请人相应的教师资格后，在规定的期限内向申请人颁发教师资格证书。

**第五条** 教师资格证书的主要内容：

（一）持证人姓名、性别、出生年月、民族；

（二）持证人近期小2寸正面免冠照片并加盖教师资格认定机构钢印；

（三）持证人身份证号码；

（四）认定的教师资格种类和任教学科；

（五）教师资格证书号码，其号码与《教师资格认定申请表》（《教师资格过渡申请表》）编号相一致；

（六）教师资格认定机构公章和认定时间。

**第六条** 持证人应妥善保管教师资格证书，不得出借、涂改、转让。

**第七条** 持证人的教师资格证书如果遗失，由持证人在公开发行的报刊上刊登遗失声明，并向原发证机关提出补发教师资格证书的书面申请。原发证机关对申请人档案中的《教师资格认定申请表》等材料进行核实后予以补发，并在《教师资格认定申请表》和教师资格证书的备注页中注明补发原因及时间。补发的教师资格证书编号与原编号一致。

**第八条** 持证人取得新的教师资格后，由教师资格认定机构重新颁发相应的教师资格证书。

**第九条** 持证人的教师资格证书因损毁影响使用的，由持证人向原发证机关提出换发新证书的书面申请。原发证机关审核后收回损坏证书，补发新的教师资格证书，补发的教师资格证书编号与原编号一致。

**第十条** 持证人被撤销或者丧失教师资格后，教师资格证书由批准撤销或者丧失教师资格者所在地相应的教师资格认定机构收回，并在《教师资格认定申请表》和教师资格证书的备注页中注明撤销原因及时间。

被撤销教师资格者按规定再次取得教师资格后，教师资格认定机构应在教师资格证书备注栏中注明曾经被撤销教师资格的批准单位及时间。

**第十一条** 教师资格证书规格为25开、14.5cm×20.5cm，双横开式样，共8页。封面、封底为咖啡色磨砂革，内页采用中国人民银行造币总公司生产供证书使用的代号为103－3的无光防伪纸。证书内页中的国徽和部徽均采用专用防伪油墨套印，在紫外光照射下呈鲜红色荧光反应。第二页中间部位采用特殊无色荧光防伪油墨隐形套印中华人民共和国教育部公章和“中华人民共和国教育部”字样；第七页正中用特殊无色荧光防伪油墨隐形套印教育部标徽，上述隐形内容在紫光灯照射下呈鲜红色荧光反应。

**第十二条** 教师资格证书使用全国统一的编号方法。编号共17位，其含义为：

证书编号的前四位为年度代码，为认定教师资格年度编号；第五、六位为省级行政区代码，代表发证机关所在省（自治区、直辖市），采用国家颁布的《中华人民共和国行政区划代码》中的“省、自治区、直辖市代码”标准；第七、八、九位是教师资格认定机构代码，代码数字由各省级教育行政部门统一规定；第十位是教师资格类型代码：“1”代表幼儿园教师资格、“2”代表小学教师资格、“3”代表初级中学教师资格、“4”代表高级中学教师资格、“5”代表中等职业学校教师资格、“6”代表中等职业学校实习指导教师资格、“7”代表高等学校教师资格；第十一位是性别代码，“0”代表持证人为男性、“1”代表持证人为女性；第十二至十七位是序号代码，由教师资格认定机构对本年度内发放的所有教师资格证书按办理的时间顺序不间断递增统一编号。

**第十三条** 教师资格种类必须按照《教师资格条例》的规定的全称填写。教师资格证书中需填写的文字必须使用规范汉字，不得使用繁体字、异体字。证书中涉及的所有数字全部使用阿拉伯数字。有条件的地方，要使用计算机打印。手工填写教师资格证书必须使用钢笔，并使用碳素墨水或者蓝黑墨水。

**第十四条** 各级人民政府教育行政部门必须加强对教师资格证书的管理。对发放非法印制的教师资格证书的单位和责任者，要追究其行政责任。对变造、倒卖教师资格证书者，依法追究法律责任。

**第十五条** 本规定自发布之日起施行。

# 关于加强高等学校本科教学工作提高教学质量的若干意见

（2001 年 8 月 28 日　教育部印发）

随着我国进入全面推进社会主义现代化建设的新阶段，以高质量的高等教育迎接新世纪的挑战，培养数以千万计的专门人才，是增强我国综合国力、完成“十五”计划各项奋斗目标的重要保证。高等学校要以江泽民同志“三个代表”重要思想为指导，努力促进先进生产力和先进文化的发展，不断满足人民群众日益增长的教育需求，把提高教育质量放在更加突出的重要位置，实现我国高等教育的可持续发展。为切实加强高等学校本科教学工作和提高教学质量，特提出意见如下：

**一、充分认识教学工作的重要地位**

高等学校的根本任务是培养人才，教学工作始终是学校的中心工作。近几年来，我国高等教育的改革与发展取得重大进展，特别是本科教育的规模迅速扩大，随着社会主义市场经济体制的完善和经济结构的战略性调整，社会各方面都对高等教育人才培养的质量提出了新的更高的要求。本科教育是高等教育的主体和基础，抓好本科教学是提高整个高等教育质量的重点和关键。当前，必须高度重视高等教育的质量建设，把加强本科教学工作列入重要工作日程。

各级教育行政部门要把教育质量特别是本科教育质量作为评价和衡量高等学校工作的重要依据。高等学校要处理好新形势下规模与质量、发展与投入、教学与科研、改革与建设的关系，牢固树立人才培养的质量是高等学校生命线的观念，学校党政一把手作为教学质量的第一责任人要亲自抓教学质量，定期召开教学工作会议，及时研究解决本科教学工作中的新情况、新问题，不断推进高等学校的观念创新、制度创新和工作创新，将本科教育质量提高到一个新水平。

**二、进一步加大教学经费投入力度**

省、自治区、直辖市教育行政部门要主动与同级政府有关部门沟通，在高等教育规模扩大的同时，增大对高等教育投入的力度，确保扩招后的高等学校生均教育事业费及时、足额到位。高等学校要在预算内增加教学经费，保证生均经费逐年有所增长，各项教学经费要达到并力争高于教育部制订的本科教学合格评估标准。学校学费收入中用于日常教学的经费一般不应低于 20%，用以保障教学业务、教学仪器设备修理、教学差旅、体育维持等基本教学经费。学校要根据本校实际设立教学专项经费，加强对教学基础设施建设经费的投入，不断改善扩招后的办学条件。

教育部将定期检查并公布各高等学校教学经费投入情况。

**三、大力提倡教授上讲台，加强本科基础课教学**

高等学校提高教学质量的关键是要有大批优秀的教师工作在教学第一线。教授、副教授必须讲授本科课程。一般情况下，55 岁以下的教授、副教授原则上每学年至少为本科学生讲授一门课。如无特殊原因，连续两年不服从学校安排讲授本科课程的，可不再聘任其担任教授、副教授职务。

国家重点建设的高等学校要积极创造条件，鼓励院士和知名教授为本科生讲授基础课或开设专题讲座，一般院校也要从其他学校、科研机构聘请知名学者进行讲学，努力创造良好的学术氛围。

**四、把教学工作质量作为教师职务聘任的重要标准**

教师以育人为天职，教学工作的好坏是衡量教师工作的主要标准，也是考核教师工作和教师职务聘任的关键条件。在教师职务评聘中，实行教学考核一票否决权制。对于不主讲本科课程，或达不到本科教学基本工作量和质量要求的教师，不能聘任副教授或教授职务。对于教学效果较差、学生反映较大的教师，教务部门应根据有关规定暂停或取消其授课资格，并及时更换教师。

**五、加强高校师德建设**

高等学校教师的师德和教风，不仅直接关系到教学质量的高低，也对学生世界观、价值观、人生观的形成有着直接的影响。教师应具有高尚师德、优良教风和敬业精神，具有严谨的科学态度和高度的责任心。教师要把主要精力投入到人才培养和教学工作中，必须做到课前认真备课和准备教案，有条件的学校应通过网络等手段公布教学大纲和教学方案，学校教务部门要适时检查教师的教案和备课情况；教师要注重教学研究，重视教学内容和方法的改革，并通过教改研究不断提高自己的学术水平和业务水平。

**六、建设一支适应高质量教学要求的中青年骨干教师队伍**

提高本科教学的质量，必须把加强中青年教师队伍的建设放在重要位置。要逐步建立和完善国家、省市、高等学校三级教师培训制度，按计划、有目的地培训中青年教师，特别是承担基础课和公共基础课教学的中青年教师。对参加培训的中青年教师要颁发相应证书，并将培训情况记入教师业务档案，作为聘任岗位职务的重要依据。各高等学校要像重视培养学科带头人一样重视基础课中青年骨干教师的培养。

高等学校要大力吸引国内外优秀人才，充实教学第一线的工作。鼓励高校之间、高校与科研机构、企业的教学合作和有序的人才流动，鼓励派出优秀骨干教师到国外著名大学进行教学进修学习。

国家重点建设高等学校的本科课程主讲教师，一般应具有博士学位或讲师职务，其他高等学校的主讲教师一般应具有硕士学位或讲师职务。

**七、切实加强学风建设，充分调动和发挥学生学习的积极性**

优良校风、学风对学生起着潜移默化的作用，是保证教育质量的重要前提。高等学校要将学风建设作为教学工作的一项重要内容来抓。要针对新形势下学生的思想实际，加强大学生思想政治工作和文化素质教育，营造健康向上的校园文化，弘扬努力学习、刻苦拼搏的精神，引导学生树立正确的学习观、成才观、就业观。学校要排除社会不良风气的干扰，努力形成良好的育人环境。

健全和完善教学管理和学籍管理制度，要吸收学生参与教学管理和制度建设。要严明学习纪律，严格考试管理、严肃考场纪律、严格评分标准，坚决杜绝考试作弊现象。对于违反学校纪律的学生，要按照有关规定严肃处理。

**八、积极推动使用英语等外语进行教学**

按照“教育面向现代化、面向世界、面向未来”的要求，为适应经济全球化和科技革命的挑战，本科教育要创造条件使用英语等外语进行公共课和专业课教学。对高新技术领域的生物技术、信息技术等专业，以及为适应我国加入 WTO 后需要的金融、法律等专业，更要先行一步，力争三年内，外语教学课程达到所开课程的 5%～10%。暂不具备直接用外语讲授条件的学校、专业，可以对部分课程先实行外语教材、中文授课，分步到位。

**九、大力提倡编写、引进和使用先进教材**

教材的质量直接体现着高等教育和科学研究的发展水平，也直接影响本科教学的质量。高等学校要结合学科、专业的调整，加快教材的更新换代。对于信息科学、生命科学等发展迅速、国际通用性、可比性强的学科和专业可以直接引进先进的、能反映学科发展前沿的原版教材。鼓励使用“面向 21 世纪课程教材”、“九五”国家重点教材和教学指导委员会推荐的教材。理工类、财经政法类和农林医药类专业使用近 3 年出版新教材的比例应达到 50%左右。

建立科学的高校教材编写、评价和选用制度，鼓励有条件的高等学校编写具有特色的高水平教材、讲义，防止教材编写上的低水平重复，杜绝质量低劣的教材进入课堂。

**十、应用现代教育技术提升教学水平**

在教学活动中应用现代信息技术，是提高本科教学质量的重要手段和措施。高校的人才培养、教学的手段和方法必须适应信息技术发展的要求。高等学校要加强校园网、电子图书馆、多媒体教室等数字化教学环境的建设，为广大教师和学生使用信息技术创造条件。国家重点建设的高等学校所开设的必修课程，使用多媒体授课的课时比例应达到 30%以上，其他高等学校应达到 15%以上。

**十一、进一步加强实践教学，注重学生创新精神和实践能力的培养**

实践教学对于提高学生的综合素质、培养学生的创新精神与实践能力具有特殊作用。高等学校要重视本科教学的实验环节，保证实验课的开出率达到本科教学合格评估标准，并开出一批新的综合性、设计性实验。文科学生要按专业要求参加必要的社会实践。要根据科技进步的要求，注重更新实验教学内容，提倡实验教学与科研课题相结合，创造条件使学生较早地参与科学研究和创新活动。学校的各类实验室、图书馆要对本科生开放，打破“学科壁垒”，加强统筹建设和科学管理，实现资源共享，提高使用效率。要建立和完善校内外实习基地，高度重视毕业实习，提高毕业设计、毕业论文的质量。

实验设备未达标的高等学校要抓紧建设，争取在两年内使实验设备达到本科教学合格评估标准。

**十二、建立健全教学质量监测和保证体系**

政府和社会监督与高校自我约束相结合的教育质量监测和保证体系，是提高本科教育质量的基本制度保障。各级教育行政部门要建立科学有效的本科教育质量评估和宏观监测的机制。教育部拟将进一步修改和完善高等学校本科教学评估指标体系，并适时开展本科教学工作的评估、检查；加强对不同层次、不同类型高等学校教学质量监测的分类指导；引导和规范社会评估高等学校人才培养质量的活动。高等学校要根据新世纪人才培养的要求，不断深化教学管理制度的改革，优化教学过程控制；建立用人单位、教师、学生共同参与的教学质量内部评估和认证机制；建立有利于加强提高本科教学的人事、劳动和分配制度。

各地教育行政部门和高等学校要从本地区、学校的实际情况出发，制订相应的具体措施和办法，创造性地贯彻本文件精神，把本科教育质量提高到一个新水平，为现代化建设作出更大贡献。

# 国家教育督导团关于加强基础教育督导工作的意见

（2001年9月8日）

国务院召开的全国基础教育工作会议和《国务院关于基础教育改革与发展的决定》（以下简称《决定》），明确了“十五”期间基础教育改革与发展的目标、任务和措施，对基础教育督导工作提出了新的更高的要求。为贯彻落实会议精神和《决定》，指导、督促地方政府和学校依法治教，依法管理基础教育，扎实推进素质教育，现就加强基础教育督导工作提出以下意见。

**一、确立教育督导在基础教育改革与发展中的重要地位，进一步明确基础教育督导工作的指导思想**

1. 教育督导在基础教育改革与发展中具有重要的作用，是落实基础教育在社会主义现代化建设中的战略地位，坚持基础教育优先发展，实现基础教育改革与发展目标的保障机制。地方政府及其教育行政部门要充分认识，贯彻落实全国基础教育工作会议精神和《决定》，必须进一步加强教育督导工作。

2.“十五”期间，教育督导工作要以邓小平同志“三个面向”和江泽民同志“三个代表”的重要思想为指导，认真贯彻落实《决定》，坚持督政与督学相结合，以促进地方政府及其教育行政部门履行基础教育职责为主线，以推动义务教育的发展、巩固、提高，推动基础教育各项事业发展，保障实施素质教育为重点，以加强教育督导机构、队伍和制度建设为保证，努力开创教育督导工作的新局面。

3. 坚持督政与督学相结合，是我国教育督导制度建设的基本经验和特色，也是“十五”期间教育督导工作必须坚持的原则。基础教育实行在国务院领导下，由地方政府负责、分级管理、以县为主的管理体制，基础教育督导工作必须把对地方政府特别是县级政府履行教育职责情况作为督导的重要任务。同时，必须以督学为基本职能，根据素质教育的要求，加强对中等及中等以下各类学校的督导检查，推动学校落实《决定》精神，全面实施素质教育。

**二、继续加强对普及九年义务教育工作的督导评估，推动基础教育事业持续发展**

4. 根据《决定》关于“十五”期间基础教育事业发展三类地区的划分和各省（自治区、直辖市）基础教育事业发展的具体规划，各级教育督导机构要继续坚持“积极进取、实事求是、分区规划、分类指导”的原则，以督导检查和评估验收为主要手段，促使不同地区基础教育事业持续发展。

5. 对占全国人口15%左右、未实现“两基”的贫困地区，省级督导机构要会同有关部门加强过程督导，指导、督促和帮助这类地区打好“两基”攻坚战。力争到2005年未完成普及初等义务教育的县均基本实现“普初”，全国初中阶段入学率达到90%以上。督导检查的重点是义务教育的普及程度、教师队伍状况和基本办学条件，评估验收仍执行原国家教委制定的标准和程序。国家教育督导团将加强对“两基”攻坚工作的督导检查，继续对省评估验收材料进行审查，每年公布通过“两基”和“普初”验收县（市、区）名单。省（自治区、直辖市）所辖县（市、区）全部通过验收的，经国家教育督导团抽查认定，由教育部继续颁发奖牌。

6. 对占全国人口50%左右、已实现“两基”的农村地区，要通过开展年检复查工作，重点巩固

"两基"成果，逐步提高"两基"水平。"两基"复查内容和实施程序由省级人民政府制定，基本要求是确保普及程度、资金投入、教师队伍、教育质量和基本办学条件不低于评估验收标准，并且在巩固的基础上不断有所提高。从明年起，用三年时间，省级教育督导机构要对已实现"两基"的县（市、区）全部进行复查。复查中认定存在的突出问题要限期整改，逾期仍达不到规定要求的，由省级人民政府撤销其"实现'两基'县（市、区）"称号。各省（自治区、直辖市）教育督导机构每年将"两基"复查情况报国家教育督导团。国家教育督导团将对省级复查工作进行抽查和指导，并向全国通报抽查结果。

7. 占全国人口35%左右的大中城市和经济发达地区，可依据各省（自治区、直辖市）制定的标准和办法，进行督导检查。

8. 根据各省（自治区、直辖市）发展高中阶段教育和学前教育的规划，由各省督导部门开展督导评估工作，国家教育督导团进行宏观指导。

9. 为推动义务教育健康发展，保证其质量和水平，国家教育督导团在全国选择一部分不同发展水平的县（市、区），开展义务教育实施水平监测工作。各省（自治区、直辖市）也要开展此项监测工作，监测结果作为决策依据，必要时发表监测公报。

**三、开展专项督导检查，促进基础教育热点难点问题的解决**

10. 农村义务教育是基础教育的重点和难点。教育督导工作要把保障农村义务教育健康发展作为首要任务。当前重点检查地方政府义务教育职责的划分情况和落实情况，推进农村义务教育管理体制的调整完善；督促县级政府切实担负起发展农村义务教育的主要责任，同时检查乡镇政府和村民委员会承担相应的农村义务教育办学责任的情况。

11. 开展基础教育经费投入的督导检查。依据《教育法》、《义务教育法》和《决定》的有关规定，重点检查地方政府落实教育经费的"三个增长"情况以及《中共中央国务院关于深化教育改革全面推进素质教育的决定》中关于"增加本级财政中教育经费的支出"的落实情况；检查各地依法做好农村教育费附加的征收、管理和使用情况；实行农村税费改革的地方，要检查在农业税收入和上级转移支付资金中是否优先安排教育经费，确保当地农村义务教育投入不低于改革前水平；检查中小学正常运转所需经费的安排情况。对挪用挤占中小学经费的，报有关部门严肃查处。

12. 建立"一保二控三监管"的机制，检查农村中小学教师工资收归县管，由县设立"工资资金专户"，确保教师工资发放的情况；检查对财力不足、发放教师工资确有困难的县，通过增加转移支付解决的情况；督促地方政府特别是县级政府承担起确保农村中小学教师工资发放的责任。对于不能保证教师工资发放，挪用挤占教师工资资金的地方，一经查实，报有关部门停止中央财政的转移支付，扣回转移支付资金，并追究主要领导人的责任。

13. 开展对教师资格制度、职务制度、聘任制度实施情况的督导检查。重点检查中小学教师是否具备教师资格，是否持有相应的教师资格证书。

14. 开展对中小学危房改造和师生安全问题的督导检查。重点检查危房改造资金筹措和使用情况，现有危房的修缮和拆除情况，建立定期检查和维修危房制度的情况等。

15. 切实抓好对控制农村初中辍学问题的督导检查。检查各地建立依法控辍制度和采取切实措施控辍的情况，指导各地将控辍和解决初中入学高峰、控制乱收费、减轻学生过重负担等结合起来。对辍学率超过规定标准的县（市、区），由省级教育督导机构给予警告，严重的撤销"实现'两基'县（市、区）"称号。

对基础教育改革与发展中的其他问题，必要时可进行专项检查。在开展各种专项督导检查中要注重调查研究，总结经验，为教育行政部门提供决策咨询。

**四、建立符合素质教育要求的督导评估机制，保障素质教育顺利实施**

16. 建立县级教育工作督导评估制度。2001年，国家教育督导团制定《县（市、区）教育工作督导评估暂行办法》，各地组织好学习和调研。2002年，各省（自治区、直辖市）选几个县（市、区）做好试点工作。2003年各省（自治区、直辖市）推开此项工作。争取在“十五”期间各省（自治区、直辖市）对三分之一左右的县（市、区）进行一次督导评估。

17. 继续贯彻原国家教委关于《普通中小学校督导评估工作指导纲要（修订稿）》。“十五”期间，全面建立起对普通中小学校的督导评估制度，有计划、有步骤地对所辖中小学进行全面督导评估。义务教育学校和幼儿园一般由县级负责督导评估，高中阶段学校一般由地市级进行督导评估，有条件的地方经省级批准也可由县级负责督导评估。“十五”期间地县两级按分工对所有的学校进行一轮督导评估。同时开展对民办中小学及其他基础教育机构的督导评估工作。

18. 对学校的综合评估实行归口管理，由教育督导部门组织实施，各有关部门配合。教育督导部门可委托社会中介组织，按有关标准、程序组织开展对学校的评估工作。

19. 健全基础教育督导的激励机制，把对地方政府和学校的督导评估结果作为考核政绩、评选先进、任免干部等的重要依据。“十五”期间，教育部将对实施素质教育的先进地区、单位和个人进行表彰。

20. 国家建立义务教育阶段儿童少年发展水平的监测指标体系，在试点的基础上开展监测工作，及时掌握我国义务教育教学质量，为实施素质教育提供决策依据。

**五、加强领导，完善督导机构、队伍和法制建设**

21. 各地要认真贯彻《中共中央国务院关于深化教育改革全面推进素质教育的决定》，建立健全与教育督导职责相适应的教育督导机构，明确其代表本级政府履行督政、督学的双重职能。市（地）、县两级教育督导机构对于推进基础教育特别是农村义务教育的改革和发展至关重要，各地要加强市（地）、县两级教育督导机构建设。

22. 加强督学队伍建设。完善督学聘任制度，按照督学的任职条件，将政治素质高、业务能力强、熟悉基础教育工作、年富力强的同志充实到督学队伍中来。充分发挥国家督学的作用，做好督导检查和调研工作。地、县两级督学可建立责任区制度，明确责任，分区开展督导工作。加强对督学的培训工作，“十五”期间要把学习江泽民同志在建党80周年大会上的讲话和《决定》作为培训的重要内容。各级督学要加强学习，提高水平，严格遵守督学行为准则，廉洁奉公，求真务实，树立督学的良好形象。

23. 加快教育督导法规建设，认真做好《教育督导条例》制订、颁发的各项准备工作，促进地方督导法规和行政规章建设。

24. 加强督导工作的权威性、科学性和实效性。综合性督导检查要预发通知，提出明确要求；检查过程要深入细致，认真调查研究，作出科学分析；督导结果要向有关领导部门正式反馈或发表督导公报。有些督导检查应采取随机抽样、随机私访的方式。县级督导检查要扩大检查面，乡乡、村村、校校都要督查。加强教育督导的理论研究、科学实验和信息交流。

25. 各级教育行政部门要切实转变职能，重视并加强教育督导工作。在进行教育决策时，要充分听取教育督导的意见；在实施教育管理时，要把教育督导作为必要措施；在考核地方各级领导干部时，要把教育督导结果作为重要依据。要从教育督导工作的特点和实际需要出发，帮助解决所需经费、办公设备、交通工具等，努力改善督导工作条件，保障督导工作顺利进行。

# 关于落实和完善中小学贫困学生助学金制度的通知

（2001年9月24日　教育部　财政部
国务院扶贫开发领导小组办公室印发）

《中华人民共和国义务教育法》颁布实施以来，各省、自治区、直辖市相继恢复或建立了中小学贫困学生助学金制度（以下简称“助学金制度”），这对帮助贫困学生就学，保证各地按时完成普及九年义务教育的目标起了很大的作用。目前，全国仍有一部分中小学生因家庭经济困难而面临着上学难的问题。为贯彻落实《国务院关于基础教育改革与发展的决定》的有关精神，保障适龄儿童、少年顺利就学和正常完成学业，各地、各部门要以“三个代表”的重要思想为指导，进一步落实和完善助学金制度，切实保证义务教育阶段的学生不因家庭经济困难而辍学。现将有关要求通知如下：

一、国家对义务教育阶段的贫困学生实行助学金制度。各地都应设立中小学贫困学生助学金专款，并逐步加大投入力度，切实保证助学金制度的顺利实施。

为推动各地做好对中小学贫困学生资助工作，中央财政设立“国家义务教育贫困学生助学金”专款，重点支持西部贫困的革命老区、少数民族聚居地区和边境地区，同时适当兼顾其他特别贫困地区。

二、助学金经费来源，按照财政体制和教育管理体制，实行以地方为主、分级管理、分级负担的办法，主要从各级财政安排的教育事业费中统筹解决。扶贫资金也要根据扶贫开发规划的总体要求予以适当支持。同时，广泛吸收社会各界捐款，资助贫困学生。

三、助学金主要用于抵减贫困学生的杂费、课本费以及补助寄宿制贫困学生生活费等。助学金原则上集中分配到校，不直接发给学生本人。县级教育行政部门，根据核准后的享受助学金学生的名单和数额，将助学金如数拨给学校。享受助学金学生的名单和数额，由县级教育行政部门上报省级教育行政部门备案。

四、助学金的发放对象，主要为因家庭经济困难，无力负担杂费、书本费、寄宿生活费而未入学和可能辍学者。对家庭经济困难的少数民族儿童、孤残儿童应优先资助。

五、省级教育行政部门应根据实际情况，会同财政部门、扶贫办，在认真调查研究的基础上，采取科学的方法，制定出衡量贫困学生的具体方法和标准，确保贫困的学生得到及时资助。

六、助学金依照民主、公平、公开的原则，每学期评定一次。针对贫困程度不同的学生，应相应设立不同等级的助学金，可全额免收杂费、书本费、寄宿生活费，也可部分减免。享受助学金学生的名单及金额必须张榜公布，接受监督。

七、学校应及时办理助学金的发放事项，保证学生入学，不得因学生交不了杂费、课本费、寄宿生活费等而拒绝学生入学。

八、各地应加强对助学金的管理，建立健全相应的财务和审计制度，确保助学金专款专用，及时拨付，提高经费的使用效益。

九、高中阶段贫困学生的资助问题，各地也要根据实际情况，通过建立助学金和奖学金制度予以解决。

十、各地要大力宣传助学金制度，使国家资助困难学生的政策深入人心、家喻户晓，以推动助学金制度的实施。

十一、助学金的标准和发放的具体办法，各地可结合城镇、农村学校的特点和实际情况制定。

各省、自治区、直辖市须在2001年12月31日前，将本省（自治区、直辖市）实施中小学助学金制度的办法和各级财政安排的助学金经费数额报教育部、财政部、国务院扶贫开发领导小组办公室备案。

十二、原国家教育委员会、财政部《关于健全中小学学生助学金制度的通知》与本文不同之处，按本文件执行。

# 关于做好普通高等学校本科学科专业结构调整工作的若干原则意见

（2001年10月25日 教育部印发）

1998年，教育部颁布新的《普通高等学校本科专业目录》后，全国普通高等学校普遍进行了本科专业整理和学科专业结构调整工作，取得了明显成效。但是，面对经济全球化进程明显加快，科技进步日新月异，综合国力竞争日益激烈的新形势，面对国家经济社会的发展和“十五”计划的实施，面对高等学校招生规模迅速扩大和高等教育体制改革的突破性进展，进一步调整普通高等学校学科专业结构已经成为今后几年高等教育改革和发展的迫切任务。当前，在高等学校学科专业建设中存在的主要问题是，国家未来发展急需的高新技术类专业人才、高层次经营管理人才供给不足；面向地方经济建设的应用性人才培养薄弱；新兴、边缘、交叉学科的建设和发展重视不够；一些学校重专业外延发展，轻专业内涵建设的倾向严重；高等学校主动适应社会变革需要的自我发展、自我调整的专业管理机制有待形成。为了做好普通高等学校本科学科专业结构调整工作，特提出以下原则意见：

一、新一轮学科专业结构调整是具有鲜明时代特征的全局性、战略性调整。要以主动适应我国经济结构战略性调整、人才市场需求和提高国际竞争能力的需要为出发点，以发展高新技术类学科专业和应用型学科专业为重点，全面进行学科专业结构调整，深化教学改革，努力形成与国家经济、科技和社会发展相适应的高等教育学科专业和人才培养结构，形成与社会主义市场经济体制相适应的学科专业调整机制，促进高等教育适度超前发展。

二、新一轮学科专业结构调整要坚持解放思想，实事求是的原则，促进高等学校主动适应国家经济社会发展对人才培养提出的新要求。国家在建立和完善本科专业评估、提供招生就业信息服务和宏观调控制度的基础上，进一步扩大高等学校学科专业设置自主权。高等学校可根据《高等学校本科专业设置规定》，在《普通高等学校本科专业目录》外设置社会发展急需、已具备培养条件的本科专业。北京大学、清华大学等若干所国家重点建设高等学校，经教育部批准，可自主设置本科专业。

三、优先发展信息科学、生命科学、新材料科学等高新技术类本科专业。有条件的高等学校要根据国家和地方当前发展重点和长远发展战略的需要，优先增加上述本科专业的布点，加快其人才培养。已经设置这些专业的高等学校，要加强专业建设，充实办学条件，提高办学水平和教学质量；优先发展适应加入WTO急需的金融、法律、贸易等类本科专业，着力提高培养质量。

四、大力发展与地方经济建设紧密结合的应用型专业。随着我国高等教育规模的扩大以及产业结构调整步伐的加快，社会对高层次应用性人才的需求将更加迫切。高等学校尤其是地方高等学校，要紧密结合地方经济建设发展需要，科学运用市场调节机制，合理调整和配置教育资源，加强应用型学科专业建设，积极设置主要面向地方支柱产业、高新技术产业、服务业的应用型学科专业，为地方经济建设输送各类应用性人才。

五、鼓励高等学校积极探索建立交叉学科专业，探索人才培养模式多样化的新机制。跨学科设置交叉学科专业，是培育和发展新兴学科的重要途径，也是国际上许多发达国家本科专业建设的共同趋势。鼓励有条件的高等学校打破学科壁垒，在遵循学科专业发展规律和人才培养规律的基础上，积极开展跨学科设置本科专业的实验试点，整合不同学科专业的教学内容，构建教学新体系。要深化专业设置、学籍管理制度改革，进一步完善学分制；探索跨专业、跨院系、跨学校选课制；建立健全第二学士学位、主辅修制等教学管理制度，形成高校人才培养多样化的新格局。

六、提倡部分高等学校，尤其是国家重点建设高等学校进一步拓宽专业口径，灵活专业方向。本科教育应更加注重素质培养。高等学校尤其是国家重点建设高等学校要淡化专业意识，拓宽基础，加强素质教育和能力培养。在符合人才培养规律的前提下，鼓励并支持有条件的高等学校按照《普通高等学校本科专业目录》中的二级专业类设置相关专业或按二级专业类组织招生。在考虑到就业需要的情况下，高等学校可以在宽口径专业内灵活设置专业方向。

七、重视人文社会学科专业的建设和发展。高等学校要进一步提高对人文社会科学在推动国家发展和社会进步中所处地位及重要作用的认识，优化人文社会科学专业人才培养结构，在稳定人文社科基础学科专业并不断提高其人才培养质量的同时，积极开办应用文科专业和新兴人文社科专业。进一步加强人文教育与科技教育的结合，在其结合点上形成新的学科专业方向。

八、要求高等学校加强传统学科专业的改革和改造。传统学科专业的改革、改造是高等学校学科专业建设的重点和难点。在发挥传统学科专业师资力量强、办学经验丰富、教学资源充裕等优势的同时，要不断更新其教学内容、改革课程体系。鼓励高等学校加大使用信息科学等现代科学技术提升、改造传统学科专业的力度，实现传统学科专业新的发展。

九、积极推进西部高等学校学科专业发展，完善西部地区高等教育学科专业结构体系。国家在政策上继续对西部地区高等学校增设专业予以倾斜，加强对西部高等学校学科专业结构调整的规划、指导和支持。

十、采取切实有效措施，保证国家艰苦行业、国防军工以及部分基础学科专业发展所需人才的培养。国家继续支持建立一批上述专业人才培养基地。有关部门（单位）、地方和高等学校应增强全局意识，对具有雄厚实力和办学特色的上述专业，要保证投入，加强建设，提高质量，不断满足国家建设和社会发展对该类人才的实际需要。

十一、各级地方教育行政部门要把本地区高等学校人才培养纳入地区整体经济社会发展计划的大系统中，做好人才预测和统筹规划。在本科专业的设置和管理上，要严格标准、规范程序、加强监督和检查。各高等学校应在国家和地方政府的指导下，从本校的性质、办学定位、服务面向和实际办学条件出发，深入调研、科学论证、合理规划，切实做好学科专业建设和调整工作。同时，在学科专业发展上，要努力探索，形成自主、自检、自律的良性运行机制。

# 教育部关于从2003年起调整全国普通高等学校招生统一考试时间的通知

（2001年11月16日）

从1979年起，全国普通高等学校招生统一考试（以下简称高考）时间固定在每年7月7、8、9日。20多年来，高考时间的稳定，对稳定中学教学秩序和规范招生考试管理起到了积极作用。但是，近年来这一时段气温有所升高，自然灾害频发，社会各界希望将高考时间适当提前。

为缓解高温天气和自然灾害对高考的不利影响，有利于考生身心健康、提高考试质量，促进素质教育的全面实施，经调研论证，并报经国务院同意，决定从2003年开始调整高考时间，高考时间固定安排在每年6月7、8、9日。

高考时间调整涉及高中教学安排、考试组织和阅卷录取等诸多环节，与公安、卫生、交通、通讯、机要保密等部门的工作密切相关；高校招生考试工作事关广大考生和人民群众的切身利益，社会影响很大。各级教育行政、招生考试部门、中学、高校和各有关方面要从落实江泽民同志“三个代表”重要思想、关心和解决群众面临的实际问题出发，高度重视，紧密配合，切实把好事办好。要充分注意由于高考时间提前可能带来的各种影响，采取周密细致的配套措施，做好宣传解释工作，做到人人皆知，确保高考时间调整平稳顺利地进行，把高校招生考试工作做得更好。

# 教育部、国家计委、民政部、财政部、人事部、劳动保障部、卫生部、税务总局、中国残联关于“十五”期间进一步推进特殊教育改革和发展的意见

（2001年11月27日　国务院办公厅转发）

改革开放以来，我国特殊教育事业的发展取得了显著成就，教育教学改革进一步深化，初步探索出一条具有中国特色的特殊教育发展途径，形成了特殊教育体系的基本框架，为今后的改革和发展奠定了基础。但目前我国特殊教育的发展还不能满足残疾人日益增长的教育需求。根据《国务院关于基

础教育改革与发展的决定》和中国残疾人事业“十五”计划纲要》的精神，为推进“十五”期间我国特殊教育的改革和发展，提出如下意见：

**一、大力普及残疾儿童少年义务教育，进一步完善特殊教育体系；努力满足残疾人的教育需求**

1. 切实将残疾儿童少年教育纳入义务教育体系。坚持将发展残疾儿童少年义务教育作为普及九年义务教育和巩固提高普及九年义务教育成果与水平的一项重要任务，坚持将残疾儿童少年义务教育作为特殊教育事业发展的重点，按照分区规划、分类指导、分步实施的原则，科学规划，合理安排，推进残疾儿童少年义务教育的持续发展，满足残疾儿童少年接受义务教育的需求。进一步采取积极的扶持政策，大力推进中西部地区残疾儿童少年义务教育的发展。

“十五”期间残疾儿童少年义务教育发展的目标是：

(1) 占全国人口35%左右的大中城市和经济发达的地区，适龄视力、听力、智力残疾儿童少年(以下简称“三类残疾儿童少年”)义务教育阶段入学率分别达到95%以上，使入学率、保留率分别达到或接近当地义务教育水平；在此基础上努力发展高水平、高质量的残疾儿童少年义务教育，提高特殊教育质量。积极创造条件，努力满足其他各类残疾儿童少年接受义务教育的需求；努力建立为社区和家庭残疾儿童少年教育提供指导、咨询等服务的社会体系。

(2) 占全国人口50%左右、已实现基本普及九年义务教育和基本扫除青壮年文盲（以下简称“两基”）的农村地区，“三类残疾儿童少年”义务教育阶段入学率分别达到85%以上，努力使之达到或接近当地义务教育水平。

(3) 占全国人口15%左右、未实现“两基”的贫困地区，积极推进“三类残疾儿童少年”义务教育，入学率达到60%以上。

鼓励有条件的地区建设具有示范作用的特殊教育实验学校。

2. 积极发展残疾儿童学前教育。

大中城市和经济发达地区，要积极发展残疾儿童康复、教育事业，使残疾儿童学前教育水平有较大幅度提高；积极支持幼儿教育、特殊教育机构以及社区、家庭开展3岁以下残疾儿童早期康复、教育活动。其他已经普及九年义务教育的农村地区，要进一步发展残疾儿童学前康复、教育事业。

3. 充分利用现有教育资源，发展残疾人高中阶段教育。要坚持以职业教育为主，使学生具备良好的职业道德、比较熟练的职业技能和平等参与社会生活的能力。有条件的职业学校可试办特殊教育班。在总结试点经验的基础上，进一步兴办视力、听力残疾人普通高中。

4. 积极创造条件，努力扩大残疾人接受高等教育的机会。继续办好现有的高等特殊教育学校（院）和专业（班），根据本地特殊教育事业发展需要，合理确定招生规模。有条件的地方可结合当地实际需要，在高等学校新办特殊教育学院（系）或特殊教育专业（班）。普通高等学校在招生录取工作中，不得拒绝录取符合规定条件的残疾考生。国家有关部门要研究并首先在若干普通高等学校进行放宽残疾考生录取体检标准的试点，进一步完善高等学校招收残疾考生的政策。鼓励和支持残疾人参加高等教育自学考试。

**二、深化教学改革，全面推进素质教育，提高特殊教育的质量**

5. 根据残疾学生身心特点和发展规律，积极改革特殊教育学校课程与教学，调整课程结构，注重课程的综合性、功能性、实践性等特点。“十五”期间，要完成特殊教育学校新的课程方案的制定工作。新的课程方案要坚持以全面提高残疾学生素质为根本宗旨，以培养残疾学生树立自尊、自信、自强、自立的精神和社会适应能力为主要目标；要根据学生差异提出不同的教学内容和要求，使不同类别、不同程度的残疾学生都能够通过教育得到发展；要加强劳动技能和职业教育，坚持文化知识教育和职业技能教育相结合；要更新教育观念，改进教学方法，开展个别化教学等有效的教学实验，切实提高教育教学质量。

6. 从残疾学生的实际出发，有针对性地加强德育、体育和美育工作。要按照残疾学生的年龄和残疾类别，确定德育教育内容和要求，并形成一定的目标递进层次。要加强德育的实效性，开展爱国主义、集体主义和社会主义教育，中华民族优秀传统和革命传统教育，理想、道德和法制教育，文明习惯养成教育、心理健康教育、青春期教育和安全教育，自觉抵制一切不利于残疾学生身心健康的活动和物品，依法保护残疾学生合法权益，防止违法犯罪案件的发生。加强对残疾学生正确对待自身残疾的教育，增强其战胜自身缺陷的能力。

针对残疾学生特点开好体育课，广泛开展多种形式的体育活动和竞赛，使残疾学生掌握正确的体育锻炼方法，养成锻炼身体的习惯。各级教育行政部门要加强特殊教育学校体育设施和卫生保健设施的建设，特殊教育学校要积极组织学生课余体育活动并加强学校卫生工作，为残疾学生的健康成长提供良好的环境。

要进一步加强美育工作，开展丰富多彩的课外艺术活动。特殊教育学校要根据残疾学生的特点，组织学生课余文艺表演团体，丰富学生的课余生活。

要将残疾学生的身心康复工作贯穿于学校教育教学的全过程，针对残疾学生的生理缺陷，科学地开展康复训练。

7. 大力加强劳动技能和职业教育，提高残疾学生适应社会生活的能力，把加强劳动技能教育和多种形式、各种层次的职业教育放在重要位置，切实让学生掌握一定的职业技能，为将来平等、充分参与社会生活，适应社会需要创造条件。各级教育行政部门和学校要根据社会需求确定劳动技能和职业教育教学内容。各地教育、民政和残联等部门和单位要在经费、场地、设备等方面积极支持特殊教育学校开展劳动技能、职业教育，同时要帮助解决好学生毕业后的就业问题以及就业后的残疾职工培训、继续教育问题。各地要采取切实措施，支持特殊教育学校兴办校办企业并积极吸纳本校毕业生就业。

8. 进一步加强对普通学校特殊教育班和残疾学生随班就读工作的指导，努力提高教学质量。各级教育行政部门要把办好普通学校特殊教育班和搞好残疾学生随班就读工作，作为一项重要任务来抓；要制定切实可行的政策，鼓励普通学校招收残疾学生；要加强对普通学校特殊教育班和随班就读教学工作的指导、监控，尽快建立普通学校特殊教育班和随班就读的教学管理制度，努力提高教学质量，降低辍学率。支持随班就读学生较多的学校建立资源教室，配备指导教师，为残疾学生提供教学指导，帮助他们解决学习困难。特殊教育学校要定期派出教师对普通学校特殊教育班和残疾学生随班就读的教学工作进行巡回指导。特殊教育研究部门要努力研究提高普通学校特殊教育班和随班就读教学质量的有效途径。教育部要编写有关随班就读方面的指导手册，指导开展随班就读工作。

9. 积极开展特殊教育的教学研究和科学研究工作。各省、地（市）级教育行政部门所属的教学研究部门和科学研究部门要配备专职或兼职的特殊教育研究人员，特殊教育学校要鼓励教师结合实践进行教学与科学研究，提高教师的业务水平。教育部要编制并公布“十五”特殊教育科研课题指南。充分发挥特殊教育学术团体的作用；努力办好特殊教育的有关刊物；加强特殊教育的国际、地区交流与合作。

**三、进一步加强特殊教育师资队伍建设；不断提高教师素质**

10. 大力加强特殊教育教师的培养、培训工作。“十五”期间，要对特殊教育学校非特殊教育专业毕业的专任教师进行一次比较系统的特殊教育专业培训；加大承担普通学校特殊教育班和随班就读教学工作教师培训的力度，使任课教师都能够接受一次比较正规的短期培训，掌握基本的特殊教育教学方法。教育部要编写承担随班就读教学工作教师培训教材，制定特殊教育教师资格条件有关规定；要尽快安排特殊教育专业高等教育自学考试。要加强特殊教育学校和招收残疾学生的普通学校校长的培训工作，不断提高校长对特殊教育的管理水平。“十五”期间，全国特殊教育学校的校长应当接受一次以上的培训，招收残疾儿童少年的普通学校校长也应接受相关培训。重视特殊教育专业技术人员队伍的建设，努力提高专业技术人员的素质。

高度重视特殊教育骨干教师的培养培训工作。“十五”期间，教育部要有计划地为各地培训一批特殊教育骨干教师；各省、自治区、直辖市有关部门也要采取相应措施，加强本地特殊教育骨干教师的培养与培训，要将特殊教育师资（包括社会福利机构特殊教育师资）的培训工作纳入本地区继续教育工作和骨干教师培训计划中。特别要重视中青年骨干教师的培养和培训，力争在“十五”期间形成一支政治业务素质优良、专业和年龄结构合理的骨干教师队伍。高等师范学校的特殊教育专业要为我国特殊教育高层次人才的培养与培训作出贡献。

11. 办好特殊教育师范学院（校），努力提高办学水平和教育质量。各地要加强领导，增加投入，并结合当地需要，因地制宜，合理制定特殊教育师范学院（校、专业）的招生规模，为特殊教育提供素质优良的师资；鼓励和支持有条件的普通高等师范学校开设特殊教育专业。具备条件的地区结合师范教育的布局结构调整工作，相应提高中等特殊教育师范学校（部）的办学层次。中西部地区继续办好一批中等特殊教育师范学校（部）。特殊教育师范学校要深化教育教学改革，加强对学生进行热爱特殊教育事业的教育和教师职业道德教育，加强教学的实践环节，全面提高学生的素质。普通师范学院（校）和幼儿师范学校（专业）要有计划地开设特殊教育课程或讲座，在学生中普及特殊教育知识。

12. 各地人民政府要保证特殊教育教职工的工资和特殊教育津贴按时足额发放，有条件的地方可根据本地实际，积极改善特殊教育学校教职工的生活水平。接受残疾儿童少年入学的普通学校，在搞活单位内部分配时，应对主要承担残疾儿童少年教育任务的教师给予倾斜。

**四、切实加强领导，采取有力措施，推动特殊教育事业的发展**

13. “十五”期间，国家有关部门要在中西部地区建立残疾儿童少年义务教育项目责任制。各省、自治区、直辖市有关部门也要根据本地的实际情况，建立残疾儿童少年义务教育目标责任制，将残疾儿童少年义务教育的发展目标落到实处。

14. 加强对残疾儿童少年特别是农村地区残疾儿童少年接受义务教育的督导评估工作。各地要制定残疾儿童少年义务教育评估细则，将残疾儿童少年义务教育发展情况作为普及九年义务教育复查的重要内容，着重对已经通过普及九年义务教育验收的县（市）人民政府贯彻落实《中华人民共和国残疾人保障法》有关教育条款的情况、特殊教育学校（部、班）办学思想、办学条件、办学水平和随班就读等残疾儿童少年义务教育情况进行督导检查。

教育部要结合督导检查发布专题督导公报，通报各地特殊教育发展情况和存在问题，督促做好整改工作。各级残疾人联合会要建立义务教育阶段未入学残疾儿童少年登记制度，及时将有关情况通报同级教育行政部门，并协助做好入学工作。各级卫生部门要积极配合做好残疾儿童少年的筛查、检测工作。

15. 进一步开展资助残疾儿童少年接受义务教育的工作。各地要继续推进资助残疾儿童少年接受义务教育工作，建立残疾儿童少年义务教育助学制度，对家庭经济困难的残疾学生酌情减免杂费和其他费用。各有关部门要按照教育部、财政部《关于对全国部分贫困地区农村中小学生试行免费提供教科书的意见》，认真落实好向有关残疾学生免费提供教科书的工作。

16. 坚持特殊教育经费以地方人民政府投入为主的原则，努力增加特殊教育经费。各地要保证特殊教育必需的办学经费，并使特殊教育学校生均财政预算内教育经费、生均公用经费逐年增长。“十五”期间，中央财政将增加特殊教育补助费。各省、自治区、直辖市人民政府及其有关部门也要根据本地的实际情况，增加特殊教育经费。残疾人就业保障金中应有一部分用于支持当地特殊教育学校开展残疾人职业教育。社会福利彩票所募集的福利金也要支持特殊教育事业的发展。“十五”期间，实施国家贫困地区义务教育工程、危房改造工程、“校校通”工程项目的地方应向特殊教育学校倾斜。各地在建设青少年学生校外活动场所时，也要考虑残疾学生的需求。

17. 努力改善办学条件，为残疾学生提供良好的教育环境。各地要统筹规划特殊教育学校的建设，大中城市和经济发达地区，可根据生源情况，合理调整学校布局，提高特殊教育学校的办学效益；尚未建校的地区，一般宜在人口 30 万以上、“三类残疾儿童少年”较多的县（市）新建或利用现有学校改建、扩建一所综合性的、质量较好的、规模较大的学校，同时向周边县（市）辐射；在乡（镇）中心学校附设特殊教育部（班）。要加强特殊教育学校和附设特殊教育部（班）的普通学校校园校舍建设，确保校舍无危房和校园校舍的安全，努力达到国家或省、自治区、直辖市人民政府有关部门规定的校园校舍建设要求。要加强特殊教育学校图书馆（室）的建设，尤其要根据特殊教育需要配备有关图书、刊物；要加强对特殊教育学校教学仪器设备的配备和管理，争取在较短的时间达到国家规定的要求。

鼓励并加快特殊教育的信息化进程，以信息化带动特殊教育的现代化。有条件的学校要配备多媒体教学仪器等现代化的教学、康复设备，开展计算机及网络教育；配备视力、听力、智力等特殊教育的专用仪器设备。积极为普通学校特殊教育班和随班就读工作提供必要的特殊教育专业书刊、教具学具和专用设备。积极鼓励有关部门研制、开发残疾学生的康复设备、器材。

18. 保障残疾人受教育的权利是社会主义制度优越性的重要体现。各级人民政府及其教育、计划、民政、财政、人事、劳动保障、卫生、税务和残联等有关部门和单位，要充分认识发展特殊教育的意义，贯彻和落实国家有关特殊教育的法律、法规和政策，加强对特殊教育工作的领导，切实将发展特殊教育列入工作议事日程，研究制定特殊教育改革和发展的有关政策、措施；要将特殊教育事业的发展纳入经济、社会和教育发展规划，使特殊教育与其他各类教育协调发展。

19. 广泛动员全社会关心支持特殊教育事业。要加大发展特殊教育的宣传力度，为特殊教育的改革和发展营造良好的舆论氛围。鼓励社会各界捐助特殊教育，企事业单位、社会团体和个人等社会力量，通过非营利的社会团体和国家机关向农村义务教育的捐赠，按《国务院关于基础教育改革与发展的决定》的规定，在应纳税所得额中全额扣除。鼓励社会力量举办各种类型的残疾儿童少年教育、康复机构。

# 资料汇编

## 2001年具有高等学历教育招生资格的普通高等学校名单

**教育部按语**：为加强高等教育的宏观管理，确保高等学历教育必要的规格、质量和正常的办学秩序，进一步完善社会监督机制，现将2001年具有高等学历招生资格的1 081所普通高等学校的名单（截止到2001年5月10日）予以公布。

在公布的普通高等学校名单中，凡办学条件低于“黄”牌学校标准的，在其校名前以“*”号标注（共18所），表示2001年虽允许招生，但须控制招生规模，增加投入，充实办学条件。本名单按学校所在地、办学类型、科类等排列，分为三部分，第一部分是本科院校（共593所）；第二部分是高职院校（共488所），包括高等专科学校、职业技术学院（学校）、短期职业大学和民办高等学校；第三部分是经国家批准设立的普通高等学校分校办学点（共210个）。不含军事院校。除本次公布的高等学校名单外，任何其他机构均不具备举办普通高等学历教育的招生资格。对于违纪招生的单位，其所招学生的学籍、发放的毕业证书国家均不予承认。

### 一、本科院校（593所）

**北京市（53所）**

北京大学
中国人民大学
清华大学
北方交通大学
北京化工大学
北京科技大学
北京邮电大学
石油大学
北京航空航天大学
北京理工大学
北方工业大学
北京工业大学
中国农业大学
北京林业大学
北京中医药大学
中国协和医科大学
北京工商大学
首都医科大学
北京师范大学
首都师范大学
北京外国语大学
北京语言文化大学
对外经济贸易大学
中央财经大学
首都经济贸易大学
中国人民公安大学
中国政法大学
北京体育大学
中央民族大学
北京联合大学
北京电子科技学院
北京服装学院
北京机械工业学院
北京建筑工程学院
北京石油化工学院
北京信息工程学院
北京印刷学院
首钢工学院
北京农学院
首都体育学院
北京广播学院
中国青年政治学院
北京第二外国语学院
北京物资学院
外交学院
国际关系学院
中央美术学院
中央戏剧学院
中央音乐学院
北京电影学院
北京舞蹈学院
中国戏曲学院
中国音乐学院

**天津市（18所）**

南开大学
天津大学
天津工业大学
天津医科大学
天津师范大学
中国民用航空学院
天津城市建设学院
天津理工学院
天津轻工业学院

＊天津农学院
天津中医学院
天津职业技术师范学院
天津外国语学院
天津财经学院
天津商学院
天津体育学院
天津美术学院
天津音乐学院

**河北省（22 所）**

河北大学
华北电力大学
河北工业大学
河北科技大学
燕山大学
河北农业大学
河北医科大学
河北师范大学
河北经贸大学
河北建筑工程学院
河北建筑科技学院
河北理工学院
石家庄经济学院
石家庄铁道学院
承德医学院
华北煤炭医学院
张家口医学院
河北职业技术师范学院
廊坊师范学院
唐山师范学院
中国人民武装警察部队学院
河北体育学院

**山西省（13 所）**

山西大学
太原理工大学
山西农业大学
山西医科大学
山西师范大学
山西财经大学
华北工学院
太原重型机械学院
长治医学院
山西中医学院
太原师范学院
忻州师范学院
雁北师范学院

**内蒙古自治区（10 所）**

内蒙古大学
内蒙古民族大学
内蒙古工业大学
内蒙古农业大学
内蒙古师范大学
包头钢铁学院
包头医学院
内蒙古医学院
包头师范学院
内蒙古财经学院

**辽宁省（36 所）**

辽宁大学
大连大学
沈阳大学
大连海事大学
大连理工大学
东北大学
辽宁工程技术大学
沈阳工业大学
沈阳农业大学
大连医科大学
沈阳药科大学
中国医科大学
辽宁师范大学
东北财经大学
鞍山钢铁学院
大连轻工业学院
大连铁道学院
抚顺石油学院
辽宁工学院
沈阳工业学院
沈阳航空工业学院
沈阳化工学院
沈阳建筑工程学院
大连水产学院
锦州医学院
辽宁中医学院
沈阳医学院
鞍山师范学院
锦州师范学院
沈阳师范学院
大连外国语学院
中国刑事警察学院
沈阳体育学院
鲁迅美术学院
沈阳音乐学院
大连民族学院

**吉林省（20 所）**

吉林大学
北华大学
长春大学
延边大学
吉林农业大学
东北师范大学
长春工程学院
长春光学精密机械学院
东北电力学院
吉林工学院
吉林化工学院
吉林建筑工程学院
长春中医学院
长春师范学院
吉林职业师范学院
四平师范学院
通化师范学院
长春税务学院
吉林体育学院
吉林艺术学院

**黑龙江省（21 所）**

黑龙江大学
佳木斯大学
齐齐哈尔大学
哈尔滨工程大学
哈尔滨工业大学
哈尔滨理工大学
东北农业大学
黑龙江八一农垦大学
东北林业大学
哈尔滨医科大学
黑龙江中医药大学
哈尔滨师范大学
哈尔滨商业大学
大庆石油学院
哈尔滨学院
黑龙江工程学院
黑龙江科技学院
牡丹江医学院
齐齐哈尔医学院
牡丹江师范学院
哈尔滨体育学院

**上海市（23 所）**

复旦大学
上海交通大学
同济大学
上海大学
东华大学
华东理工大学
上海工程技术大学
上海理工大学
上海水产大学
上海第二医科大学
上海中医药大学
华东师范大学
上海师范大学
上海外国语大学
上海财经大学
上海电力学院
上海海运学院
上海应用技术学院
上海对外贸易学院
＊华东政法学院
上海体育学院
上海戏剧学院
上海音乐学院

**江苏省（42 所）**

东南大学
南京大学
苏州大学
扬州大学
河海大学
江南大学

中国矿业大学
南京航空航天大学
南京理工大学
江苏理工大学
南京工业大学
南京农业大学
南京林业大学
中国药科大学
南京医科大学
南京中医药大学
南京师范大学
徐州师范大学
常州工学院
华东船舶工业学院
淮海工学院
淮阴工学院
江苏石油化工学院
南京工程学院
南京建筑工程学院
南京气象学院
南京邮电学院
南通工学院
盐城工学院
南通医学院
徐州医学院
镇江医学院
常州技术师范学院
淮阴师范学院
南京晓庄学院
南通师范学院
苏州科技学院
盐城师范学院
南京经济学院
南京审计学院
南京体育学院
南京艺术学院

**浙江省（20所）**

浙江大学
宁波大学
浙江工业大学
浙江师范大学
杭州电子工业学院
杭州应用工程技术学院
嘉兴学院
浙江工程学院
中国计量学院
浙江海洋学院
浙江林学院
温州医学院
浙江中医学院
杭州师范学院
湖州师范学院
绍兴文理学院
温州师范学院
杭州商学院
浙江财经学院
中国美术学院

**安徽省（20所）**

安徽大学
合肥工业大学
中国科学技术大学
安徽工业大学
安徽农业大学
安徽医科大学
安徽师范大学
安徽机电学院
安徽建筑工业学院
淮南工业学院
皖西学院
安徽中医学院
蚌埠医学院
皖南医学院
安徽技术师范学院
安庆师范学院
阜阳师范学院
淮北煤炭师范学院
淮南师范学院
安徽财贸学院

**福建省（11所）**

厦门大学
集美大学
华侨大学
福州大学
仰恩大学
福建农林大学
福建医科大学
福建师范大学
福建中医学院
泉州师范学院
漳州师范学院

**江西省（16所）**

南昌大学
华东交通大学
江西农业大学
江西师范大学
江西财经大学
华东地质学院
景德镇陶瓷学院
南昌航空工业学院
南方冶金学院
赣南医学院
江西中医学院
赣南师范学院
井冈山师范学院
南昌职业技术师范学院
上饶师范学院
宜春学院

**山东省（32所）**

山东大学
青岛大学
山东科技大学
烟台大学
青岛海洋大学
济南大学
山东农业大学
山东中医药大学
曲阜师范大学
山东师范大学
青岛化工学院
青岛建筑工程学院
山东工程学院
山东建筑工程学院
山东轻工业学院
潍坊学院
莱阳农学院
滨州医学院
济宁医学院
泰山医学院
潍坊医学院
德州学院
聊城师范学院
临沂师范学院
烟台师范学院
淄博学院
山东财政学院
山东经济学院
中国煤炭经济学院
山东体育学院
山东工艺美术学院
山东艺术学院

**河南省（21所）**

河南大学
郑州大学
河南农业大学
河南师范大学
华北水利水电学院
焦作工学院
洛阳工学院
中原工学院
郑州航空工业管理学院
郑州工程学院
郑州轻工业学院
河南中医学院
新乡医学院
安阳师范学院
河南职业技术师范学院
洛阳师范学院
南阳师范学院
商丘师范学院
信阳师范学院
河南财经学院
黄河科技学院

**湖北省（30所）**

武汉大学
中南财经政法大学
湖北大学
三峡大学
华中科技大学
武汉理工大学

中国地质大学
武汉科技大学
华中农业大学
华中师范大学
襄樊学院
湖北工学院
湖北汽车工业学院
江汉石油学院
武汉工业学院
武汉化工学院
武汉科技学院
湖北农学院
湖北中医学院
咸宁医学院
郧阳医学院
湖北师范学院
黄冈师范学院
荆州师范学院
孝感学院
武汉体育学院
湖北美术学院
武汉音乐学院
中南民族学院
湖北民族学院

**湖南省（19所）**

湖南大学
中南大学
吉首大学
湘潭大学
南华大学
湖南农业大学
湖南师范大学
长沙电力学院
长沙交通学院
湘潭工学院
湖南工程学院
株洲工学院
中南林学院
湖南中医学院
常德师范学院
衡阳师范学院
湘潭师范学院
岳阳师范学院
湖南商学院

**广东省（31所）**

中山大学
暨南大学
汕头大学
深圳大学
五邑大学
华南理工大学
广东工业大学
华南农业大学
湛江海洋大学
广州中医药大学
中山医科大学
华南师范大学
广东外语外贸大学
广州大学
佛山科学技术学院
茂名学院
肇庆学院
仲恺农业技术学院
广东药学院
广东医学院
广州医学院
韩山师范学院
惠州学院
嘉应学院
韶关学院
*湛江师范学院
广东商学院
广州体育学院
广州美术学院
星海音乐学院
广东职业技术师范学院

**广西壮族自治区(13所)**

广西大学
广西医科大学
广西师范大学
广西工学院
桂林电子工业学院
桂林工学院
广西中医学院
桂林医学院
右江民族医学院
广西师范学院
玉林师范学院
广西艺术学院
广西民族学院

**海南省（4所）**

海南大学
华南热带农业大学
海南医学院
海南师范学院

**重庆市（14所）**

重庆大学
渝州大学
西南农业大学
重庆医科大学
西南师范大学
西南政法大学
重庆三峡学院
重庆工学院
重庆交通学院
重庆邮电学院
重庆师范学院
四川外语学院
重庆商学院
四川美术学院

**四川省（22所）**

四川大学
电子科技大学
西南交通大学
西南科技大学
四川农业大学
成都中医药大学
四川师范大学
西南财经大学
中国民用航空飞行学院
成都理工学院
成都信息工程学院
四川工业学院
四川轻化工学院
西南石油学院
川北医学院
泸州医学院
乐山师范学院
内江师范学院
四川师范学院
成都体育学院
四川音乐学院
西南民族学院

**贵州省（9所）**

贵州大学
贵州工业大学
贵州师范大学
贵阳医学院
贵阳中医学院
遵义医学院
黔南民族师范学院
贵州财经学院
贵州民族学院

**云南省（13所）**

云南大学
昆明理工大学
云南农业大学
云南师范大学
西南林学院
大理医学院
昆明医学院
云南中医学院
曲靖师范学院
玉溪师范学院
云南财贸学院
云南艺术学院
云南民族学院

**西藏自治区（3所）**

西藏大学
*药王山藏医学院
西藏民族学院

**陕西省（28所）**

长安大学
西安交通大学
西北大学
延安大学

西安电子科技大学
西北工业大学
西安建筑科技大学
西安理工大学
西北农林科技大学
陕西师范大学
陕西工学院
西安工业学院
西安科技学院
西安石油学院
西安邮电学院
西安工程科技学院
西北轻工业学院
陕西中医学院
宝鸡文理学院
汉中师范学院
渭南师范学院
西安外国语学院
陕西经贸学院
西安统计学院
西北政法学院
西安体育学院
西安美术学院
西安音乐学院

**甘肃省（11所）**

兰州大学
甘肃工业大学
甘肃农业大学
西北师范大学
兰州铁道学院
甘肃中医学院
兰州医学院
天水师范学院
兰州商学院
甘肃政法学院
西北民族学院

**青海省（4所）**

青海大学
青海师范大学
青海医学院
青海民族学院

**宁夏回族自治区（4所）**

宁夏大学
宁夏农学院
宁夏医学院
西北第二民族学院

**新疆维吾尔自治区（10所）**

石河子大学
新疆大学
塔里木农垦大学
新疆农业大学
新疆医科大学
新疆师范大学
喀什师范学院
伊犁师范学院
新疆财经学院
新疆艺术学院

## 二、高职院校（488所）

**北京市（6所）**

北京青年政治学院
北京科技经营管理学院
海淀走读大学
北京工业职业技术学院
北京轻工职业技术学院
北京信息职业技术学院

**天津市（11所）**

天津职业大学
天津滨海职业学院
民办天狮职业技术学院
天津工业职业技术学院
天津轻工职业技术学院
天津渤海职业技术学院
天津电子信息职业技术学院
天津机电职业技术学院
天津工程职业技术学院
天津现代职业技术学院
天津公安警官职业学院

**河北省（29所）**

防灾技术高等专科学校
华北矿业高等专科学校
承德石油高等专科学校
河北工程技术高等专科学校
华北航天工业学院
唐山高等专科学校
邯郸农业高等专科学校
张家口农业高等专科学校
邯郸医学高等专科学校
保定师范专科学校
沧州师范专科学校
承德民族师范高等专科学校
邯郸师范专科学校
衡水师范专科学校
石家庄师范专科学校
邢台师范专科学校
张家口师范专科学校
保定金融高等专科学校
邢台职业技术学院
沧州职业技术学院
承德民族职业技术学院
邯郸职业技术学院
河北工业职业技术学院
河北职业技术学院
石家庄铁路工程职业技术学院
河北能源职业技术学院
保定职业技术学院
石家庄职业技术学院
张家口职业技术学院

**山西省（13所）**

太原电力高等专科学校
大同医学专科学校
晋东南师范专科学校
晋中师范高等专科学校
吕梁高等专科学校
运城高等专科学校
山西财政税务专科学校
山西警官高等专科学校
*太原大学
大同职业技术学院
山西矿业职业技术学院
山西艺术职业学院
长治职业技术学院

**内蒙古自治区（8所）**

*赤峰民族师范高等专科学校
呼伦贝尔学院
集宁师范高等专科学校
内蒙古民族高等专科学校
河套大学
民办内蒙古丰州学院
*包头职业技术学院
呼和浩特职业技术学院

**辽宁省（28所）**

阜新高等专科学校
辽阳石油化工高等专科学校
本溪冶金高等专科学校
辽宁交通高等专科学校
沈阳电力高等专科学校
本溪师范高等专科学校
朝阳师范高等专科学校
抚顺师范高等专科学校
锦州师范高等专科学校
辽宁外国语师范高等专科学校
铁岭师范高等专科学校
辽宁财政高等专科学校
辽宁商业高等专科学校
辽宁税务高等专科学校
辽宁警官高等专科学校
鞍山市高等职业专科学校
本溪市高等职业专科学校
大连职业技术学院
抚顺职业技术学院
辽宁农业职业技术学院
辽宁商务职业学院
盘锦职业技术学院
大连商务职业学院
渤海船舶职业学院
辽宁对外经贸职业学院
辽阳职业技术学院
营口职业技术学院
丹东职业技术学院

**吉林省（15所）**

长春汽车工业高等专科学校
吉林粮食高等专科学校

吉林农垦特产高等专科学校
长春医学高等专科学校
白城师范高等专科学校
长春金融高等专科学校
吉林财税高等专科学校
吉林商业高等专科学校
吉林公安高等专科学校
四平职业大学
吉林交通职业技术学院
辽源职业技术学院
民办吉林华侨外语职业学院
吉林对外经贸职业学院
长春东方职业学院

**黑龙江省（20所）**

大庆高等专科学校
黑龙江水利专科学校
鸡西煤炭医学高等专科学校
黑龙江农垦师范专科学校
呼兰师范专科学校
克山师范专科学校
绥化师范专科学校
哈尔滨金融高等专科学校
鸡西大学
牡丹江大学
民办黑龙江东方学院
黑龙江建筑职业技术学院
伊春职业学院
黑龙江林业职业技术学院
黑龙江农业职业技术学院
黑龙江农业工程职业学院
黑龙江司法警官职业学院
黑龙江农垦职业学院
大庆职业学院
齐齐哈尔职业学院

**上海市（14所）**

上海出版印刷高等专科学校
上海电机技术高等专科学校
上海医疗器械高等专科学校
上海海关高等专科学校
立信会计高等专科学校
上海金融高等专科学校
上海旅游高等专科学校
上海公安高等专科学校
民办杉达学院
上海第二工业大学
民办东海职业技术学院
民办新侨职业技术学院
上海东沪职业技术学院
上海商业职业技术学院

**江苏省（28所）**

常熟高等专科学校
镇江市高等专科学校
连云港化工高等专科学校
南京动力高等专科学校
连云港师范高等专科学校
镇江师范专科学校
南京金融高等专科学校
南京森林公安高等专科学校
江苏公安专科学校
金陵职业大学
南京市农业专科学校
南通职业大学
彭城职业大学
沙洲职业工学院
苏州职业大学
扬州市职业大学
民办三江学院
连云港职业技术学院
民办明达职业技术学院
南京工业职业技术学院
南通纺织职业技术学院
苏州工艺美术职业技术学院
*泰州职业技术学院
无锡职业技术学院
徐州建筑职业技术学院
常州信息职业技术学院
南通航运职业技术学院
无锡商业职业技术学院

**浙江省（15所）**

浙江水利水电专科学校
杭州医学高等专科学校
丽水师范专科学校
台州师范专科学校
浙江广播电视高等专科学校
公安海警高等专科学校
浙江公安高等专科学校
宁波高等专科学校
温州大学
民办浙江树人学院
民办金华职业技术学院
宁波职业技术学院
温州职业技术学院
浙江交通职业技术学院
浙江万里职业技术学院

**安徽省（21所）**

蚌埠高等专科学校
巢湖师范专科学校
池州师范专科学校
滁州师范专科学校
黄山高等专科学校
宿州师范专科学校
芜湖师范专科学校
铜陵财经专科学校
合肥联合大学
淮南联合大学
安徽纺织职业技术学院
民办安徽新华职业学院
铜陵职业技术学院
淮南职业技术学院
民办万博科技职业学院
安徽商贸职业技术学院
安徽警官职业学院
安徽水利水电职业技术学院
淮北职业技术学院
民办三联职业技术学院
芜湖职业技术学院

**福建省（21所）**

三明高等专科学校
福建建筑高等专科学校
福州师范高等专科学校
龙岩师范高等专科学校
南平师范高等专科学校
宁德师范高等专科学校
莆田高等专科学校
福建商业高等专科学校
福建公安高等专科学校
黎明职业大学
*鹭江职业大学
闽江职业大学
闽西职业大学
漳州职业大学
民办福建华南女子职业学院
福建交通职业技术学院
福建职业技术学院
福州英华职业学院
厦门华夏职业学院
泉州光电信息职业学院
泉州育青职业技术学院

**江西省（15所）**

景德镇高等专科学校
南昌高等专科学校
萍乡高等专科学校
新余高等专科学校
南昌水利水电高等专科学校
井冈山医学高等专科学校
九江医学专科学校
抚州师范专科学校
九江师范专科学校
九江财经高等专科学校
江西公安专科学校
*九江职业大学
江西工业职业技术学院
九江职业技术学院
民办蓝天职业技术学院

**山东省（24所）**

济南交通高等专科学校
山东电力高等专科学校
山东水利专科学校
菏泽医学专科学校
临沂医学专科学校
滨州师范专科学校
菏泽师范专科学校
济宁师范专科学校
泰安师范专科学校
枣庄师范专科学校
山东公安专科学校
民办山东万杰医学高等专科学校

民办青岛滨海职业学院
日照职业技术学院
山东商业职业技术学院
聊城职业技术学院
威海职业学院
济宁职业技术学院
青岛职业技术学院
莱芜职业技术学院
山东劳动职业技术学院
山东南山职业技术学院
曲阜远东职业技术学院
山东军星职业技术学院

**河南省（31所）**

河南城建高等专科学校
河南纺织高等专科学校
河南机电高等专科学校
洛阳工业高等专科学校
郑州电力高等专科学校
郑州工业高等专科学校
洛阳农业高等专科学校
信阳农业高等专科学校
郑州牧业工程高等专科学校
洛阳医学高等专科学校
平顶山师范高等专科学校
新乡师范高等专科学校
许昌师范高等专科学校
周口师范高等专科学校
驻马店师范高等专科学校
河南财政税务高等专科学校
河南商业高等专科学校
河南公安高等专科学校
安阳大学
焦作大学
开封大学
洛阳大学
南阳理工学院
平原大学
中州大学
河南职业技术学院
黄河水利职业技术学院
漯河职业技术学院
民办中原职业技术学院
三门峡职业技术学院
郑州铁路职业技术学院

**湖北省（24所）**

黄石高等专科学校
湖北药检高等专科学校
沙洋师范高等专科学校
咸宁师范高等专科学校
＊郧阳师范高等专科学校
湖北财经高等专科学校
湖北商业高等专科学校
武汉金融高等专科学校
湖北公安高等专科学校
鄂州职业大学
江汉大学
沙市职业大学
武汉商业服务学院
黄冈职业技术学院
荆门职业技术学院
民办长江职业学院
十堰职业技术学院
武汉船舶职业技术学院
武汉职业技术学院
孝感职业技术学院
襄樊职业技术学院
恩施职业技术学院
武汉时代职业学院
武汉生物工程职业技术学院

**湖南省（33所）**

湖南城建高等专科学校
湖南计算机专科学校
湖南建材高等专科学校
湖南轻工业高等专科学校
邵阳高等专科学校
武陵高等专科学校
郴州医学高等专科学校
湖南医学高等专科学校
怀化医学高等专科学校
郴州师范高等专科学校
湖南省第一师范学校
怀化师范高等专科学校
零陵师范高等专科学校
娄底师范高等专科学校
邵阳师范高等专科学校
益阳师范高等专科学校
湖南财经高等专科学校
湖南税务高等专科学校
湖南公安高等专科学校
长沙大学
湖南女子职业大学
株洲师范高等专科学校
湘南医学高等专科学校
长沙航空职业技术学院
长沙民政职业技术学院
衡阳职业技术学院
湖南工业职业技术学院
湖南信息职业技术学院
湖南涉外经济职业学院
湖南铁道职业技术学院
株洲职业技术学院
永州职业技术学院
湖南大众传媒职业技术学院

**广东省（21所）**

中山学院
东莞理工学院
广州航海高等专科学校
广州金融高等专科学校
广东公安高等专科学校
民办南华工商学院
民办培正商学院
私立华联学院
广州民航职业技术学院
番禺职业技术学院
广东交通职业技术学院
广东轻工职业技术学院
广东水利电力职业技术学院
民办白云职业技术学院
民办潮汕职业技术学院
深圳职业技术学院
顺德职业技术学院
广东松山职业技术学院
广东农工商职业技术学院
佛山职业技术学院
民办新安职业技术学院

**广西壮族自治区（17所）**

桂林航天工业高等专科学校
河池师范高等专科学校
桂林师范高等专科学校
柳州师范高等专科学校
南宁师范高等专科学校
钦州师范高等专科学校
梧州师范高等专科学校
右江民族师范高等专科学校
广西财政高等专科学校
广西商业高等专科学校
＊桂林旅游高等专科学校
广西体育高等专科学校
＊邕江大学
广西机电职业技术学院
广西职业技术学院
＊柳州职业技术学院
南宁职业技术学院

**海南省（4所）**

琼州大学
海南职业技术学院
三亚卓达旅游职业学院
海口经济职业技术学院

**重庆市（7所）**

重庆石油高等专科学校
重庆电力高等专科学校
重庆工业高等专科学校
涪陵师范高等专科学校
重庆师范高等专科学校
重庆工业职业技术学院
重庆电子职业技术学院

**四川省（20所）**

自贡高等专科学校
成都电子机械高等专科学校
成都纺织高等专科学校
四川烹饪高等专科学校
西昌农业高等专科学校
成都师范高等专科学校
达县师范高等专科学校
康定民族师范高等专科学校
绵阳师范高等专科学校
西昌师范高等专科学校
宜宾师范高等专科学校

自贡师范高等专科学校
阿坝师范高等专科学校
四川商业高等专科学校
四川警官高等专科学校
成都大学
攀枝花大学
凉山大学
民办四川天一学院
成都航空职业技术学院

**贵州省（16所）**

黔南民族医学高等专科学校
安顺师范高等专科学校
毕节师范高等专科学校
贵阳师范高等专科学校
＊六盘水师范高等专科学校
黔东南民族师范高等专科学校
黔西南民族师范高等专科学校
铜仁师范高等专科学校
遵义师范高等专科学校
贵州商业高等专科学校
贵阳金筑大学
贵州航天职业技术学院
贵州交通职业技术学院
贵州电子信息职业技术学院
贵州人民警察职业技术学院
贵州冶金职业技术学院

**云南省（11所）**

昆明冶金高等专科学校
保山师范高等专科学校
楚雄师范高等专科学校
大理师范高等专科学校
昆明师范高等专科学校
＊蒙自师范高等专科学校
思茅师范高等专科学校
文山师范高等专科学校
昭通师范高等专科学校
云南公安高等专科学校
＊昆明大学

**陕西省（15所）**

西安联合大学
西安电力高等专科学校
西安航空技术高等专科学校
陕西医学高等专科学校
安康师范专科学校
商洛师范专科学校
咸阳师范专科学校
榆林高等专科学校
西安培华女子大学
陕西工业职业技术学院
杨凌职业技术学院
西安欧亚职业学院
西安外事职业学院
西安翻译职业学院
西京职业学院

**甘肃省（6所）**

＊兰州工业高等专科学校
合作民族师范高等专科学校
兰州师范高等专科学校
庆阳师范高等专科学校
张掖师范高等专科学校
兰州石化职业技术学院

**青海省（3所）**

青海民族师范高等专科学校
青海师范高等专科学校
青海财经职业学院

**宁夏回族自治区（3所）**

固原师范高等专科学校
宁夏石嘴山职业技术学院
吴忠职业技术学院

**新疆维吾尔自治区（9所）**

新疆工业高等专科学校
新疆维吾尔医学专科学校
昌吉师范专科学校
＊和田师范专科学校
乌鲁木齐职业大学
新疆农业职业技术学院
克拉玛依职业技术学院
新疆轻工职业技术学院
新疆机电职业技术学院

## 三、分校、办学点（210个）

**北京市**

北京理工大学分校
北京科技大学分院
北方交大昌平分校
中华女子学院
中国工运学院
北京市机械工业局职工大学
北京市经济管理干部学院
北京市财贸管理干部学院
北京人民警察学院
北京市政法管理干部学院
北京市计划劳动管理干部学院

**天津市**

天津青年职业技术职工学院
天津市职工医学院
天津市政法管理干部学院
天津市工会管理干部学院

**河北省**

西南交大唐山分校
华北水利水电学院邯郸校区
中央司法警官教育学院
管道局职工学院
华北石油职工大学
河北省经贸管理干部学院
河北建材职工大学
河北省职工医学院
农业部乡镇企业管理干部学院
河北政法管理干部学院
华北石油教育学院
秦皇岛教育学院
化工部石家庄管理干部学院
河北青年管理干部学院

**山西省**

太原理工大学阳泉煤炭专科班
山西煤炭管理干部学院
山西经济管理干部学院
山西青年管理干部学院
太原经济管理干部学院
山西政法管理干部学院
山西煤炭职工联合大学

**内蒙古自治区**

呼和浩特教育学院

**辽宁省**

辽宁经济管理干部学院
辽宁农业管理干部学院
辽宁教育学院

**吉林省**

吉林省教育学院
吉林省经济管理干部学院

**黑龙江省**

齐齐哈尔市职工大学
牡丹江市联合职工大学
鹤岗矿务局职工大学
黑龙江省农垦管理干部学院
哈尔滨市经济管理干部学院
黑龙江省教育学院
黑龙江省森林工业管理干部学院
黑龙江省经济管理干部学院
黑龙江省政法管理干部学院

**上海市**

上海科技职工大学
上海市徐汇区业余大学
上海市长宁区业余大学
上海市静安区业余大学
上海市普陀区业余大学
上海市闸北区业余大学
上海市杨浦区业余大学
上海机电工业职工大学
上海市建设职工大学
上海纺织工业职工大学
上海海港职工大学
上海海运职工大学

上海市仪表电子工业职工大学
上海市政法管理干部学院
上海第二轻工业职工大学
上海职工医学院
上海工商学院
上海市经济管理干部学院
上海市工会管理干部学院
上海青年管理干部学院
上海市宝山区业余大学

**江苏省**

南京人口管理干部学院
江苏教育学院
苏州教育学院
扬州教育学院
徐州教育学院
徐州经济管理干部学院
江苏商业管理干部学院
无锡市职工大学
南京联合职工大学
常州市职工大学
江阴市职工大学
南京市机械工业职工大学

**浙江省**

浙江工业大学浙西分校
浙江省政法管理干部学院
杭州职工大学
浙江育才职工大学
浙江机电职工大学

**安徽省**

安徽经济管理干部学院
合肥教育学院
安徽省工业经济职工大学
阜阳教育学院
安徽教育学院
芜湖教育学院
蚌埠教育学院
安徽省直职工大学

**福建省**

北京邮电大学福州分校
福建医科大学甫田分校
福建经济管理干部学院
福建金融管理干部学院
福建财会管理干部学院
福建政法管理干部学院

**江西省**

江西医学院上饶分院
江西财院九江分院
江西省教育学院
江西新余钢铁总厂职工大学
江西经济管理干部学院
萍乡煤矿职工大学
吉安地区职工大学
江西行政管理干部学院
南昌飞机制造公司职工工学院
江西金融职工大学
南昌教育学院

**山东省**

青岛远洋船员学院
山东冶金职工大学
烟台职工大学
新汶矿务局职工大学
兖州矿区职工大学
山东铝业公司职工大学
山东省农业管理干部学院
山东省教育学院
烟台教育学院
泰安教育学院
山东省菏泽教育学院
山东省聊城教育学院
山东省贸易职工大学
山东省经济管理干部学院
山东省青年管理干部学院
山东省工会管理干部学院
山东省政法管理干部学院

**河南省**

郑州煤炭管理干部学院
河南教育学院
焦作教育学院
郑州教育学院
濮阳教育学院
许昌教育学院
信阳教育学院
开封教育学院

**湖北省**

华中理工大学汉口分校
武汉大学东湖分校
华中科技大学武昌分校
华中师范大学汉口分校
三峡大学宜昌分校
湖北大学武昌分校
湖北省轻工业学校
中国长江航运集团职工大学
第一冶金建设公司职工大学
湖北省城乡建设职工大学
武汉钢铁公司职工大学
湖北省地质职工大学
湖北省经济管理干部学院
武汉交通管理干部学院
湖北教育学院
咸宁教育学院
湖北省卫生职工医学院
湖北省计划管理干部学院

**湖南省**

湖南大学衡阳分校
湖南工业职工大学
湖南省工艺美术职工大学
湖南工业科技职工大学
湖南经济管理干部学院

**广东省**

汕头教育学院
佛山教育学院
江门教育学院
广东教育学院
湛江教育学院
广东省科技管理干部学院
广州金桥管理干部学院
南方成人经贸学院
广州市职工大学
广东省经济管理干部学院
广东省成人科技大学
广东省佛山职工医学院
广东省财贸管理干部学院
广州市经济管理干部学院
广东省农业管理干部学院
广州市乡镇企业管理干部学院

**广西壮族自治区**

广西大学梧州分校
广西水电学校
广西壮族自治区卫生管理干部学院
广西建筑职工大学
广西壮族自治区经济管理干部学院
广西教育学院
广西公安管理干部学院
广西政法管理干部学院

**重庆市**

重庆教育学院
重庆电力职工大学
重庆职工医学院

**四川省**

川北教育学院
四川经济管理干部学院
四川财贸管理干部学院
四川卫生管理干部学院

**云南省**

云南兵器工业职工大学
云南省公路局职工大学
云南省地质矿产局职工大学
昆明钢铁公司职工大学
临沧教育学院

**甘肃省**

甘肃中医学院甘南藏医班
甘肃省建筑职工工程学院
甘肃机械电子职工大学
白银有色金属公司职工大学
甘肃教育学院
兰州教育学院

酒泉教育学院

**宁夏回族自治区**

宁夏重工业职工大学

**新疆维吾尔自治区**

昌吉回族自治州职工大学

新疆职工大学

新疆教育学院

乌鲁木齐成人教育学院

# 2001 年具有高等学历教育招生资格的成人高等学校名单

**教育部按语**：为了向广大考生提供准确的报考信息，对办学条件较差的学校促其增加投入，改善条件，确保教育质量，进一步完善社会监督机制，现将 2001 年具有高等学历教育招生资格的成人高等学校名单予以公布。全国现有成人高校 761 所，这次向社会公布 2001 年具有招生资格的 646 所，凡办学条件低于国家规定要求的，均在其校名前以“*”标出（标注“**”表示已经连续两年办学条件低于国家规定要求），表示 2001 年可以继续招生，但无条件扩大规模，希望有关学校及其主管部门增加投入，改善办学条件。同时，为了提高统计数据的质量，2001 年凡因上报统计数据有误造成办学条件低于国家规定要求的，加注“▲”公布名单，希望引起学校及其主管部门高度重视，加强和健全学校管理工作。

本名单以学校所在地为顺序，包括广播电视大学、职工（农民）高等学校、管理干部学院、教育（教师进修）学院及独立设置的函授学院。除本次公布的成人高等学校及具有函授、夜大学办学资格的普通高校之外，任何其他机构均不具备成人高等学历教育招生资格。

**北京市（33 所）**

中华女子学院
民航管理干部学院
中国工运学院
国家法官学院
北京市海淀区职工大学
北京市东城区职工业余大学
北京市崇文区职工大学
*北京市宣武区红旗业余大学
北京市石景山区业余大学
北京市朝阳区职工大学
北京市机械工业局职工大学
首都钢铁公司职工大学
北京市医药总公司职工大学
北京市工艺美术品总公司职工大学
北京市立信会计职工大学
北京市建设职工大学
北京市房地产职工大学
北京市总工会职工大学
北京人民警察学院
北京市丰台区职工大学
北京市西城经济科技大学
北京汽车工业总公司职工大学
北京市职工体育运动技术学院
首都联合职工大学
中国科学院管理干部学院
▲北京市农业管理干部学院
北京市经济管理干部学院
北京市财贸管理干部学院
北京市政法管理干部学院
北京市计划劳动管理干部学院
公安部管理干部学院
北京教育学院
北京市广播电视大学

**天津市（32 所）**

天津市和平区新华职工大学
天津市河西区职工大学
天津市河东区职工大学
天津市红桥区职工大学
天津市河北区职工大学
天津市南开区职工大学
天津市建筑工程业余大学
天津市职工公用事业学院
天津市职工经济技术大学
天津汽车工业总公司职工大学
天津市一轻局职工大学
*天津市渤海化工职工学院
**天津市职工化工学院
天津市冶金工业局职工大学
天津市交通局职工大学
天津市建筑材料工业管理局职工大学
天津市职工医学院
天津市医药职工大学
天津市职工科学技术大学
大港石油管理局职工大学
天津职工工业技术学院
天津市机械工业管理局职工机电学院
天津市第二轻工业局职工大学
天津青年职业技术职工学院
**天津市房地产局职工大学
**天津市职工工艺美术学院
天津市管理干部学院
天津物资管理干部学院
天津市财贸管理干部学院
天津市政法管理干部学院
天津市工会管理干部学院
天津市广播电视大学

**河北省（21所）**
华北石油职工大学
河北能源职业技术学院
河北省经贸管理干部学院
河北建材职工大学
保定职工大学
唐山市职工大学
邯郸市职工大学
河北省职工医学院
农业部乡镇企业管理干部学院
河北政法管理干部学院
河北邯郸地区教育学院
河北张家口地区教育学院
河北省广播电视大学
石家庄市职工业余大学
华北石油教育学院
邯郸市教育学院
秦皇岛教育学院
秦皇岛环境管理干部学院
化工部石家庄管理干部学院
河北青年管理干部学院
中央司法警官教育学院

**山西省（19所）**
阳泉市教育学院
广播电影电视管理干部学院
山西机电职工学院
太原钢铁公司职工钢铁学院
山西职工医学院
山西煤炭职工联合大学
山西兵器工业职工大学
山西省职工二轻学院
山西省晋中地区职工大学
太原市教育学院
晋城市教育学院
山西省吕梁地区教育学院
山西省广播电视大学
太原经济管理干部学院
山西煤炭管理干部学院
山西经济管理干部学院
山西青年管理干部学院
山西政法管理干部学院
＊＊长治市教育学院

**内蒙古自治区（11所）**
内蒙古水利职工大学
包头钢铁公司职工大学
包头市职工大学
内蒙古矿业职工大学
内蒙古呼和浩特管理干部学院
呼和浩特教育学院
锡林郭勒盟教育学院
伊克昭盟教育学院
哲里木盟教育学院
赤峰教育学院
内蒙古自治区广播电视大学

**辽宁省（32所）**
辽宁省直属机关职工大学
海军职工大学
抚顺石油化工公司职工大学
本溪钢铁公司职工工学院
辽宁农业管理干部学院
沈阳市广播电视大学
辽宁兵器工业职工大学
沈阳航空职工大学
大连工人大学
大连职工大学
鞍钢职工工学院
鞍钢职工医学专科学校
抚顺矿务局职工工学院
锦州石油化工公司职工大学
阜新矿务局职工大学
＊＊北票矿务局职工煤矿专科学校
辽宁省金融职工大学
辽宁职工体育运动技术学院
沈阳市职工大学
辽宁财贸职工大学
＊＊阜新职工大学
阜新煤炭职工医学专科学校
辽宁文化艺术职工大学
沈阳市联合职工大学
沈阳机械工业职工大学
铁岭职工大学
辽宁经济管理干部学院
辽宁政法管理干部学院
辽宁教育学院
大连市教育学院
辽宁广播电视大学
大连市广播电视大学

**吉林省（19所）**
吉林铁路运输职工大学
＊＊梨树农村成人高等专科学校
长春市职工大学
长春市建筑职工业余大学
＊＊长春职工医科大学
吉林化学工业公司职工大学
吉林职工医科大学
＊＊通化市职工大学
通化钢铁公司职工大学
吉林省油田职工大学
延边职工大学
＊＊白城市职工大学
＊＊延边黎明农民大学
吉林省行政管理干部学院
吉林省经济管理干部学院
吉林省教育学院
长春教育学院
吉林省广播电视大学
长春市广播电视大学

**黑龙江省（43所）**
齐齐哈尔铁路运输职工大学
齐齐哈尔铁路教育学院
黑龙江兵器工业职工大学
哈尔滨航空职工大学
哈尔滨市职工大学
哈尔滨市财贸职工大学
哈尔滨机电职工大学
哈尔滨职工轻工学院
哈尔滨市建设职工大学
黑龙江省科技职工大学
哈尔滨科技职工大学
＊＊黑龙江省直属机关职工大学
哈尔滨市教师体育学院
黑龙江省电力职工大学
黑龙江省物资职工大学
齐齐哈尔市建设职工大学
齐齐哈尔市职工大学
牡丹江市联合职工大学
黑龙江省二轻职工大学
佳木斯市联合职工大学
鹤岗矿务局职工大学
双鸭山矿务局职工工学院
大庆职工大学
伊春市职工大学
大庆职工医学院
鸡西煤炭职工医学院
黑龙江省商业职工大学
黑龙江省社会科学院职工大学
哈尔滨市职工医学院
＊＊黑龙江省职工体育运动技术学院
黑龙江省经济管理干部学院
黑龙江省农垦管理干部学院
哈尔滨市经济管理干部学院
黑龙江省政法管理干部学院
黑龙江省森林工业管理干部学院
黑龙江省教育学院
齐齐哈尔市教育学院
黑龙江省绥化地区教育学院
牡丹江市教育学院
佳木斯市教育学院
＊＊五常朝鲜族教师进修学院
黑龙江省广播电视大学
哈尔滨市广播电视大学

**上海市（30所）**
上海科技职工大学
上海第二工业大学
上海市黄浦区业余大学
上海市南市区业余大学
上海市卢湾区业余大学
上海市徐汇区业余大学
上海市长宁区业余大学
上海市静安区业余大学
上海市普陀区业余大学
上海市闸北区业余大学

上海市虹口区业余大学
上海市杨浦区业余大学
上海机电工业职工大学
上海市建设职工大学
上海纺织工业职工大学
上海海港职工大学
上海海运职工大学
上海市仪表电子工业职工大学
上海医药职工大学
上海财政税务职工大学
上海第二轻工业职工大学
上海职工医学院
上海职工体育运动技术学院
上海工商学院
上海市宝山区业余大学
上海市政法管理干部学院
上海市经济管理干部学院
上海市工会管理干部学院
上海青年管理干部学院
上海市广播电视大学

**江苏省（26 所）**

南京电子工业职工大学
空军第一职工大学
无锡市职工大学
江阴市职工大学
苏州市建筑工程局职工大学
南通市工人业余大学
江苏教育学院
扬州教育学院
江苏商业管理干部学院
南京人口管理干部学院
江苏省省级机关管理干部学院
＊＊江苏省青年管理干部学院
南京金陵旅馆管理干部学院
南京联合职工大学
＊＊江苏省职工医科大学
南京市机械工业职工大学
南京市职工大学
无锡市城建职工大学
常州市职工大学
苏州市职工大学
苏州市职工业余大学
徐州经济管理干部学院
徐州教育学院
连云港师范高等专科学校
江苏省广播电视大学
南京市广播电视大学

**浙江省（16 所）**

东海业余专科学校
浙江省政法管理干部学院
杭州职工大学
浙江育才职工大学
浙江机电职工大学
浙江省省级机关职工业余大学
杭州市工人业余大学
杭州市业余科技大学
浙江省供销合作社联合社职工学院
＊＊金华教育学院
浙江省广播电视大学
浙江经济管理职工大学
浙江省职工体育运动技术学院
宁波市广播电视大学
浙江教育学院
宁波教育学院

**安徽省（17 所）**

安徽电力职工大学
阜阳教育学院
淮南市职工大学
马鞍山钢铁公司职工大学
安徽省工业经济职工大学
合肥职工科技大学
合肥市职工大学
安徽省直职工大学
安徽经济管理干部学院
合肥农村经济管理干部学院
安徽教育学院
合肥教育学院
芜湖教育学院
蚌埠教育学院
宿县地区教育学院
安徽宣州教育学院
安徽省广播电视大学

**福建省（15 所）**

福建职工大学
＊＊福建省直属机关业余大学
＊＊福州业余大学
＊＊福州市工人业余大学
厦门工人业余大学
＊＊福建省漳州业余大学
福建经济管理干部学院
福建金融管理干部学院
福建财会管理干部学院
福建政法管理干部学院
福建教育学院
福州教育学院
厦门教育学院
福建省广播电视大学
厦门市广播电视大学

**江西省（19 所）**

南昌飞机制造公司职工工学院
昌河飞机制造厂职工工学院
江西新余钢铁总厂职工大学
南昌钢铁厂职工大学
江西省机械职工大学
萍乡煤矿职工大学
景德镇陶瓷职工大学
江西金融职工大学
南昌市业余大学
南昌市工人业余大学
吉安地区职工大学
江西行政管理干部学院
江西经济管理干部学院
江西教育学院
南昌教育学院
＊九江教育学院
赣南教育学院
江西省广播电视大学
华中电业联合职工大学

**山东省（27 所）**

山东铝业公司职工大学
烟台职工大学
青岛远洋船员学院
中国重型汽车集团公司职工大学
山东兵器工业职工大学
新汶矿务局职工大学
山东省贸易职工大学
济南市职工科技大学
潍坊市职工大学
兖州矿区职工大学
山东外贸职工大学
泰山乡镇企业职工大学
山东省经济管理干部学院
山东省政法管理干部学院
山东省农业管理干部学院
山东省工会管理干部学院
山东省青年管理干部学院
山东省教育学院
济南教育学院
青岛教育学院
烟台教育学院
▲潍坊教育学院
山东省聊城教育学院
泰安教育学院
山东省菏泽教育学院
山东省广播电视大学
青岛市广播电视大学

**河南省（31 所）**

郑州煤田职工地质学院
长城铝业公司职工工学院
郑州市职工业余大学
河南省建筑职工大学
河南省化工职工大学
洛阳市职工科学技术学院
第一拖拉机制造厂拖拉机学院
洛阳轴承厂职工大学
▲洛阳兵器工业职工大学
洛阳有色金属职工大学
开封市职工业余大学
平顶山煤矿职工大学

＊河南省安阳钢铁公司职工大学
郑州煤炭管理干部学院
河南教育学院
信阳教育学院
郑州教育学院
开封教育学院
平顶山教育学院
新乡教育学院
焦作教育学院
濮阳教育学院
鹤壁教育学院
河南省广播电视大学
▲河南卫生职工学院
河南政法管理干部学院
焦作煤矿职工医学院
＊＊磨料磨具工业职工大学
驻马店教育学院
许昌教育学院
郑州公安管理干部学院

**湖北省（28所）**

中国长江航运集团职工大学
武汉交通管理干部学院
武汉市广播电视大学
第一冶金建设公司职工大学
湖北省城乡建设职工大学
＊＊鄂城钢铁厂职工大学
武汉钢铁公司职工大学
丹江口工程管理局职工大学
长江职工大学
湖北省地质职工大学
长江葛洲坝工程局职工大学
湖北省经济管理干部学院
湖北教育学院
十堰教育学院
荆州教育学院
宜昌市教育学院
湖北省黄石教育学院
武汉市成人教育学院
大冶钢厂职工大学
湖北省卫生职工医学院
湖北函授大学
湖北省广播电视大学
武汉市经济管理干部学院
武汉市职工财经学院
武汉市职工大学
武汉冶金管理干部学院
湖北武汉公安管理干部学院
湖北省计划管理干部学院

**湖南省（28所）**

衡阳工业职工大学
湖南工程职工大学
涟源钢铁总厂职工大学
湖南工业职工大学
湖南省工艺美术职工大学
湖南工业科技职工大学
湖南省轻工业厅职工大学
湖南石化职工大学
长沙市职工大学
衡阳市职工大学
湘潭市职工大学
株洲市职工大学
湖南兵器工业职工大学
湖南机电职工大学
南方动力机械公司职工工学院
衡阳有色冶金职工大学
湖南职工体育运动技术学院
湖南农村金融职工大学
湖南纺织职工大学
湖南有色金属职工大学
岳阳职工高等专科学校
湖南经济管理干部学院
＊＊长沙市教师进修学院
＊＊湘潭市教师进修学院
郴州地区教师进修学院
湘西民族教师进修学院
益阳地区教师进修学院
湖南省广播电视大学

**广东省（38所）**

广州金桥管理干部学院
广东省科技管理干部学院
南方成人经贸学院
▲南海成人学院
广州业余大学
广州市职工大学
＊＊湛江市业余大学
广东省国防工业职工大学
汕头市业余大学
汕头市职工业余大学
韶关市职工大学
＊＊江门市职工业余大学
广东成人财经学院
广州铁路运输职工大学
广东教育学院
汕头教育学院
佛山教育学院
湛江教育学院
广州市公安管理干部学院
珠江教育学院
广东省政法管理干部学院
广东省经济管理干部学院
广东省广播电视大学
华南文艺成人学院
广东新华教育学院
广东省成人科技大学
广东社会科技大学
广东省佛山职工医学院
江门教育学院
广东省财贸管理干部学院
广州市经济管理干部学院
广州市财贸管理干部学院
广东省农业管理干部学院
广东青年管理干部学院
广州市广播电视大学
广州市乡镇企业管理干部学院
广东省行政管理干部学院
深圳市广播电视大学

**广西壮族自治区（12所）**

广西建筑职工大学
桂林市职工大学
＊＊广西直属机关业余大学
广西壮族自治区经济管理干部学院
广西公安管理干部学院
广西政法管理干部学院
广西壮族自治区卫生管理干部学院
广西教育学院
桂林师范高等专科学校
梧州市教育学院
南宁地区教育学院
广西壮族自治区广播电视大学

**海南省（1所）**

海南省广播电视大学

**重庆市（18所）**

重庆兵器工业职工大学
重庆电力职工大学
重庆冶金成人学院
＊＊重庆城建职工学院
重庆化工职工大学
重庆交电分公司职工大学
重庆纺织工业局职工大学
重庆市职工大学
涪陵教育学院
重庆职工医学院
重庆职工会计专科学校
重庆社会大学
重庆商业职工大学
重庆经济管理干部学院
重庆青年管理干部学院
重庆教育学院
渝州教育学院
重庆市广播电视大学

**四川省（41所）**

四川科技职工大学
中国第二重型机械集团公司职工大学
四川省东方动力职工大学
中国工程物理研究院职工工学院
四川核工业职工大学
成都发动机公司职工大学
成都飞机工业公司职工工学院
成都电子职工大学
国营涪江机器厂职工大学

成都电力职工大学
成都冶金职工大学
第五冶金建设公司职工大学
四川省建筑职工大学
成都工业职工大学
四川省机械工业职工大学
中国科学院成都分院职工大学
＊成都水利水电职工大学
广元职工医学院
南充市职工大学
四川省职工运动技术学院
攀枝花冶金职工大学
成都市职工大学
四川卫生管理干部学院
四川财贸管理干部学院
四川经济管理干部学院
四川政法管理干部学院
四川农业管理干部学院
四川省计划生育管理干部学院
四川教育学院
成都教育学院
自贡教育学院
泸州教育学院
德阳教育学院
川北教育学院
南充教育学院
达县教育学院
＊＊雅安教育学院
凉山教育学院
四川干部函授学院
四川省广播电视大学
成都市广播电视大学

**贵州省（7所）**

贵州铝厂职工大学
贵州航空工业职工大学
贵州机械工业职工大学
贵州教育学院
毕节教育学院
黔东南州教育学院
贵州省广播电视大学

**云南省（10所）**

云南兵器工业职工大学
云南省公路局职工大学
云南省地质矿产局职工大学
昆明钢铁公司职工大学
南方电力职工大学
德宏教育学院
丽江教育学院
临沧教育学院
西南林学院
云南省广播电视大学

**陕西省（27所）**

西安铁路运输职工大学
陕西航天职工大学
陕西电子工业职工大学
西安航空职工大学
西安飞机工业公司职工工学院
陕南航空职工大学
陕西兵器工业职工大学
▲西安铁路工程职工大学
西安电力机械制造公司机电学院
陕西省建筑工程总公司职工大学
陕西煤矿职工医科大学
陕西省纺织工业公司职工大学
西安市职工大学
宝鸡市职工大学
＊＊西安市第一轻工业局职工大学
＊＊陕西煤炭职工大学
陕西青年管理干部学院
陕西省经济管理干部学院
陕西工运学院
陕西省政法管理干部学院
陕西教育学院
西安教育学院
陕西省宝鸡教育学院
＊＊陕西省铜川教育学院
陕西省咸阳教育学院
陕西省广播电视大学
西安市广播电视大学

**甘肃省（17所）**

甘肃省建筑职工工程学院
甘肃机械电子职工大学
兰州航空工业职工大学
甘肃核工业职工大学
银光化学材料厂职工大学
酒泉钢铁公司职工大学
金川有色金属公司职工大学
甘肃省职工财经学院
白银有色金属公司职工大学
＊＊甘肃工业职工大学
＊＊甘肃服装职工大学
甘肃省经济管理干部学院
甘肃教育学院
兰州教育学院
定西教育学院
酒泉教育学院
甘肃省广播电视大学

**青海省（2所）**

青海省联合职工大学
青海省广播电视大学

**宁夏回族自治区（5所）**

宁夏煤炭职工大学
宁夏职工科技学院
宁夏重工业职工大学
宁夏石嘴山职业技术学院
宁夏回族自治区广播电视大学

**新疆维吾尔自治区（21所）**

新疆维吾尔自治区钢铁公司职工大学
新疆纺织工业公司职工大学
新疆维吾尔自治区建筑职工大学
新疆机械电子工业厅职工大学
新疆轻工业厅职工大学
昌吉回族自治州职工大学
新疆职工大学
新疆维吾尔自治区卫生厅职工业余医科大学
▲新疆兵团职工大学
新疆有色金属工业公司职工大学
新疆公安司法管理干部学院
新疆教育学院
乌鲁木齐成人教育学院
喀什教育学院
新疆生产建设兵团教育学院
伊犁教育学院
新疆昌吉回族自治州教育学院
＊＊和田地区教育学院
▲阿克苏教育学院
新疆生产建设兵团广播电视大学
新疆维吾尔自治区广播电视大学

# 高校(教育)期刊进入“中国期刊方阵”名单

**按**：2001年，国家新闻出版总署开展“建设‘中国期刊方阵’”活动。“中国期刊方阵”由“双高”（高知名度、高学术水平）期刊、“双奖”（国家期刊奖、国家期刊提名奖）期刊、“双百”（百种重点社科期刊、百种重点科技期刊）期刊、“双效”（社会效益、经济效益好）期刊四部分组成。

## 一、高校科技期刊进入“中国期刊方阵”名单

**“双高”期刊（7种）**

北京大学学报（自然科学版）
清华大学学报（自然科学版）
北京师范大学学报（自然科学版）
北京科技大学学报
高等学校化学学报
地球科学中国地质大学学报
中南工大学报＊

**“双奖”期刊（4种）**

大连理工大学学报
华中理工大学学报（自然科学版）＊
湖南师大学报（自然科学版）
第四军医大学学报

**“双百”期刊（18种）**

北京大学学报（医学版）
东北大学学报（自然科学版）
吉林大学自然科学学报
复旦学报（自然科学版）
数学年刊A辑
同济大学学报（自然科学版）
上海交通大学学报
东南大学学报（自然科学版）
江西农业大学学报
江西师范大学学报（自然科学版）
石油大学学报（自然科学版）
河南医科大学学报
华中农业大学学报
湖南大学学报（自然科学版）
湘潭大学学报
湖南农业大学学报（自然科学版）
电子科技大学学报
华西口腔医学杂志

**“双效”期刊（96种）**

北方交通大学学报
北京工业大学学报
北京邮电大学学报
北京化工大学学报（自然科学版）
中国农业大学学报
北京林业大学学报
首都医科大学学报
北京中医药大学学报
地学前沿
南开大学学报（自然科学版）
天津大学学报（自然科学与工程技术版）
燃烧科学与技术
天津体育学院学报
河北大学学报
河北师范大学学报
太原理工大学学报

华北工学院学报
辽宁大学学报（自然科学版）
东北师大学报（自然科学版）
哈尔滨工程大学学报
哈尔滨医科大学学报
上海大学学报（自然科学版）
上海第二医科大学学报
工业工程与管理
南京化工大学学报（自然科学版）*
中国矿业大学学报
南京林业大学学报
南京医科大学学报
浙江大学学报（工学版）
浙江大学学报（农业与生命科学版）
合肥工业大学学报（自然科学版）
厦门大学学报（自然科学版）
华侨大学学报（自然科学版）
山东科技大学学报（自然科学版）
山东师大学报（自然科学版）
青岛大学医学院学报
烟台师范学院学报（自然科学版）
河南农业大学学报
武汉测绘科技大学学报*
湖南医科大学学报（自然科学版）*
华南理工大学学报（自然科学版）
广州中医药大学学报
广西医科大学学报
海南大学学报（自然科学版）
应用数学和力学
华西药学杂志
四川师范大学学报（自然科学版）
高分子材料科学与工程
西安交通大学学报
中国有线电视
西安公路交通大学学报*
西北轻工业学院学报
昆虫分类学报
甘肃工业大学学报
海军工程大学学报
国防科技大学学报
计算力学学报
辽宁师范大学学报（自然科学版）
哈尔滨工业大学学报
东北林业大学学报
华东理工大学学报
应用科学学报
研究与发展管理
南京大学学报（自然科学版）
河海大学学报（自然科学版）
南京农业大学学报
无锡轻工大学学报*
扬州大学学报（自然科学版）
浙江农业科学
高校化学工程学报
安徽农业大学学报（自然科学版）
福建农业大学学报（自然科学版）
江西医学院学报
山东农业大学学报
山东中医杂志
曲阜师范大学学报（自然科学版）
郑州工程学院学报
武汉大学学报（自然科学版）
华中师范大学学报（自然科学版）
中山大学学报
暨南大学学报（自然科学版）
广西师范大学学报（自然科学版）
广西农业生物科学
重庆大学学报（自然科学版）
四川大学学报（自然科学版）
西南交通大学学报
西南师范大学学报（自然科学版）
西北大学学报
西安医科大学学报*
西安电子科技大学学报
西安建筑科技大学学报
西北农林科技大学学报（自然科学版）
陕西师范大学学报（自然科学版）
宁夏大学学报（自然科学版）
空军工程大学学报（自然科学版）
武警工程学院学报

注：因高校管理体制改革，标注*的高校已更名，期刊更名正在办理中。

## 二、教育部直属高校、直属单位社科类期刊进入“中国期刊方阵”名单

“双高”期刊（1种）

北京大学学报（社科版）

“双奖”期刊（3种）

装饰

文史哲

人民教育

“双百”期刊（2种）

课程·教材·教法

中国人民大学学报

“双效”期刊（52种）

南开经济研究

环球教育展望

学位与研究生教育

语言文字应用

中国远程教育

国外文学

中外法学

法学家

人口研究

思想政治课教学

史学史研究

世界美术

语言教学与研究

复旦学报（哲社版）

财经研究

南京大学学报（哲社版）

吉林大学社会科学学报

当代经济科学

武汉大学学报（哲社版）

华中师范大学学报（哲社版）

当代社会主义

陕西师范大学学报（哲社版）

中山大学学报（社会科学版）

东北师范大学学报（哲学社会科学版）

浙江大学学报（人文社会科学版）

中国高教研究

当代世界与社会主义

中国高等教育

思想理论教育导刊

高校理论战线

中国考试

经济科学

教学与研究

清史研究

北京师范大学学报（社会科学版）

中小学外语教学

外语教学与研究

国际贸易问题

周易研究

外国语

俄罗斯研究

厦门大学学报（哲社版）

中小学教师培训

经济学家

四川大学学报（哲社版）

经济评论

南开学报

东北亚论坛

哲学研究

华东师范大学学报（哲学社会科学版）

西南师范大学学报（哲学社会科学版）

教育研究

# 高考资讯

〔**高校招收保送生制度改革**〕 2001年，教育部对高校保送生制度进行了改革，规定四类普通高中应届毕业生可以享受保送生资格：一是省级优秀学生；二是在高中阶段获全国中学生学科奥林匹克竞赛省赛区一等奖和获得全国决赛一、二、三等奖的应届高中毕业生；三是北京大学附中、清华大学附中、北京师范大学附属实验中学和华东师范大学第二附属中学举办的“三年制高中理科试验班”中的优秀应届高中毕业生；四是天津外国语学校等13所外语中学（学校）各语种中思想品德和学习成绩均特别优秀的应届高中毕业生。

2002年，教育部对招收保送生高校的范围和保送生的资格作了扩充，新变化有：

一、招收保送生的高校范围扩大，过去是重点高校才能招收保送生，2002年凡是具有高等学历教育招生资格的普通高等学校（本科专业）均可招收。

二、2002年的保送生资格对高中阶段获得竞赛项目上进行了扩展，获奖项目在原有的奥林匹克竞赛基础上，新增加了全国青少年科技创新大赛（含全国青少年生物和环境科学实践活动），“明天小小科学家”奖励活动和全国中小学电脑制作活动。获得以上竞赛一、二等奖的应届高中毕业生，经所在中学推荐，招生学校审核同意后，可免于高考，进入高校学习。

此外，高中阶段的竞赛还增加了国际竞赛项目，这些竞赛包括国际科学与工程大奖赛和国际环境科研项目奥林匹克竞赛。获得国际竞赛的应届高中毕业生，经学校推荐，招生学校审核同意后，可免于参加高考，进入高校学习。

〔**高校招生哪些考生可加分**〕 根据教育部《2002年普通高等学校招生工作规定》，有下列情形之一的应届高中毕业考生，由省级招生委员会决定，可以在考生考试成绩基础上适当增加分数投档，由学校审查决定是否录取。同一考生如符合多项增加分数投档条件，只取其中最高一项分值，增加分数不得超过20分。

一、省级优秀学生；

二、高级中等教育阶段思想政治品德方面有突出事迹者；

三、高级中等教育阶段获得省级及以上科技发明创造奖或全国中学生学科奥林匹克竞赛省赛区一等奖以上者；

四、高级中等教育阶段参加重大国际体育比赛或全国性体育比赛取得前六名、获国家二级运动员以上称号的考生（须出具参加比赛的原始成绩）。

有下列情形之一的考生，由省级招生委员会决定，可以在高等学校调档分数线下适当降低分数投档，由学校审查决定是否录取。同一考生如符合多项降低分数投档条件，只取其中降分幅度最大的一项分值，降低分数不得超过20分。

一、边疆、山区、牧区、少数民族聚居地区的少数民族考生；

二、归侨、华侨子女、归侨子女和台湾省籍考生；

三、荣立二等功以上的退役军人；

四、烈士子女。

（选自教育部资料）

〔**如何填报高考志愿**〕 大体需要了解和掌握以下几个方面：

一、熟悉招生政策。所谓政策，就是国家为保证高等学校公平公正录取新生所制定的一系列相对稳定的规定，以及省级招生部门根据国家有关规定和地方实际情况制定的具体实施办法。这些规定和办法，包括计划形式、录取体制、录取批次、录取方法，特殊院校的录取原则以及特殊考生的照顾政策和填报志愿的要求等，是高校录取的准则，也是考生填报志愿的重要依据。对此，各省招办每年都通过《招生考试报》予以公布，考生和家长在填报志愿时，必须熟读和掌握，以免犯常识性的错误。

二、了解有关高校招生情况。十年磨一剑，每个考生都希望能考入自己理想的学校。对于自己准备报考的高校，在填报志愿前应该有较多的了解，尤其是在扩大高校招生自主权的今天，这种了解更有必要。既要了解该校的人文环境，更要了解其当年的招生政策，包括招生专业、计划、收费情况以及自主招生和奖学助学的有关规定，还要了解往年的录取情况，包括录取的最低分，二、三志愿和服从志愿是否录取以及录取时的调档比例等。获取这些资料的途径，主要是阅读有关高校的招生宣传材料，阅读各省招生部门编印的《招生考试报》和相关资料，参加高校的咨询会，听填报志愿的辅导报告，以及向他人询问或直接到有关高校去打听等等。只有对所要报考的高校有一定的了解，填报志愿时才不致于盲目和盲从。

（以上选自《中国教育报》2002年3月6日，谷尉年）

三、全面把握自己。知己知彼，方能致胜。填报高考志愿，既要熟悉当年的招生政策，了解院校情况，更要很好地把握自己，这是非常关键的环节。所谓把握自己，就是对自己要有较为全面而准确的认识和估价。你的兴趣、爱好、性格、特长是什么，适宜学习哪一类专业；你平时的模拟测试成绩在本校考生中和本校往年录取考生中排在多少位，你这个成绩能报考哪些学校；你的身体条件如何，根据体检结论去选择自己喜爱的专业；你的家庭经济状况如何，要知道高校实行收费改革后，不同学校、不同专业之间，收费标准也不一样。如果家庭经济条件允许，你不妨在最后一个志愿栏上填上一所民办高校，这或许还能成为你的“保底”之举。

四、慎重对待第一志愿和服从志愿。第一志愿是考生理想和愿望的集中体现，因为它对考生今后的就业和发展至关重要。不仅考生重视，招生院校也非常重视，希望录取到第一志愿报考本校、本专业的考生。所以，必须慎重对待第一志愿。这里需要注意的一个问题是，如何正确看待名牌院校和热门专业。根据往年的经验，考生在选择第一志愿时，有很多人都冲着名牌院校和当前就业形势看好的“热门”专业去，如计算机、电子、通讯、机械、经济、管理、法律、外语等，而对其他一些专业不感兴趣。诚然，名牌院校的名牌效应不可忽视，热门专业毕业生在人才市场十分抢手也是事实，如果你有实力，不妨一试。但是也要看到，“热门”和“冷门”是相对的，是因人而异、因时而异、因地而异的。人人都报所谓“热门”专业，势必提高这些专业的录取分数线，这样就很可能使一部分高分考生在名牌院校和热门专业的竞争中被淘汰，与自己憧憬的院校失之交臂，或被调剂到自己丝毫不感兴趣的专业，有的同学甚至忍痛放弃录取，来年再考，白白耽误了一年的大好时光，实在可惜。

因此，必须根据自己的高考实力，正确对待名牌院校和“热门”专业。对未来就业的形势要有大致的了解，既要看到比较严峻的一面，也要看到总体趋好的一面。有专家预测，入世后有些行业就业机会将大量增加，如纺织业、服务业，以及钢铁、房地产、家电、食品、商业等行业。因此，考生填报志愿务必要全面衡量自己德智体各方面的实际情况，不要一味追求名牌和“热门”，即便是高分考生也应该注意“热、中、冷”结合，以增加录取的机会，防止一落到底。同时，也要正确对待“服从志愿”，填不填“服从志愿”，结果大不一样。填了，就增加了在同批次的录取希望；不填，则在本批次失去了最后调剂的机会。

（选自教育部资料）

〔**为填报高考志愿出谋划策**〕 2002年高考前夕，中国教育报记者就高考志愿填报问题采访了清华大学招办主任吴振一、中国政法大学招办主任张奇。

记者：对于考前填报志愿的考生，要了解和掌握哪些情况？

张奇：要尽可能多地了解招生院校的情况。据统计，我国高等院校有上千所，在本地招生的院校一般也有几百所。在填报志愿之前，一定要尽可能多地对这些学校进行了解。对学校的地理位置、师资力量、专业设置、培养目标、校风学风、毕业生就业去向及就业率，往年录取分数线等情况都要作一个比较详细的了解，做到心中有数。

吴振一：对于考前填报志愿的考生，最重要的是做到知己知彼。首先，要了解每个报考的高校近年来的录取分数线，尤其是达到录取分数线的考生在当年所有考生中排列的次序，以此做到知彼。其次，要根据自己平时的学习成绩，模考成绩等了解自己在所在中学、所在地区所处的位置，以此做到知己。最后，将两个次序进行比较，就可以初步判断自己能否报考上述高校。

记者：对于考后估分填报志愿的考生，很显然，准确的估分是至关重要的，此外还应注意什么？

吴振一：对于考后估分填报志愿的考生，首先应尽量将自己的高考分数估准。但估分毕竟是估分，由于受判卷松紧的影响，估分与实际分数也会有一定误差。因此，对待估分既不能不信，又不能全信，还应该结合自己平时的学习成绩进行适度调整。在此基础上，参考考前填报志愿的步骤，选择合适的学校。

记者：公布高考成绩后填报志愿的考生，除了要及时了解本省考生在自己分数以上的人数，做出科学的分析，冒险精神和果敢的选择是否也很重要？

吴振一：公布高考成绩以后填报志愿，对于高分考生来说，更增强了填报志愿的自信心和满足志愿的成功率，但对于高考成绩处于自己想要填报的院校计划调档线边缘的学生，会造成一定程度的心理负担。因此，要注意以下几点：(1) 高考分数公布后，应尽快了解自己所处分数段的位置，要掌握院校当年的招生计划数、往年招生计划数和实际录取数。根据高考成绩在该分数段以上的考生人数的多少，决定填报院校和专业。(2) 对于估分或实际高考成绩在某高校按照计划人数确定的录取分数线边缘的考生，在填报志愿时，我们不鼓励盲目冒险，建议考生了解那些录取分数稍低、自己能够接受的高校接收非第一志愿考生的有关政策，从中选择一个有可能录取自己第二志愿的高校，作为报考的第二志愿学校。

记者："服从专业调剂"是否能增加考生本人的录取机会？

吴振一：当考生档案调入高校后，由于成绩所限未被所报专业录取时，若考生"服从专业调剂"，自然扩大了本人被录取的机会。因此，每个考生都应慎重对待。是否"服从专业调剂"，必须明确表态。若"服从专业调剂"，考生要写明服从哪些专业或哪类专业，或除哪些专业以外其他任何专业的调配。

记者：考生实际填报志愿时应掌握哪些技巧？

张奇：一要注意院校间的地区差异。由于历史的原因，我国的高等院校大多分布在大城市和沿海经济发达地区，像北京、上海等地，是全国一流大学云集的地方，但这些学校往往录取的分数较高。而实际上，西部地区和一些中小城市也有不少很好的大学和专业。二要注意院校间的层次差异。大家都知道，除了北大、清华以外，国内还有一大批重点大学。据统计，全国重点大学录取新生的第一志愿率平均约为 95%，第二、第三及调剂志愿的考生约为 5%，很多学校多年没有录取过第二志愿的考生。考生在报考这一层次的学校时要注意拉开档次。比如中国政法大学，这些年录取的学生基本上都是第一志愿的考生，而且一般要高出当地重点线 30 分以上。填报志愿时应当把这一档次的学校放在第一志愿。三要注意院校内专业间的冷热差异。一般来讲，热门专业报考的人多，第一志愿录取率相应也高。如果第一志愿填报热门专业，第二志愿就要填报不太热门的专业，这样被录取的可能性会更大一些。最后是不要轻易放弃提前录取志愿。军事、公安等院校，由于其专业性质的特殊性，国家规定放在提前批录取。提前批录取的学校也有不少很好的大学，如果符合这类学校规定的条件，就不要轻易放弃提前批的志愿，这等于增加了一次被录取的机会，当然你首先要对报考的学校感兴趣才行。

（选自《中国教育报》2002 年 6 月 5 日）

# 留学资讯

〔**出国留学怎样考外语**〕 在我国举办留学考试的国家有美国、英国和日本。这些国家举办的考试分别为：美国教育考试服务处举办的TOEFL、GRE、GMAT、LSAT和TSE考试等；美国密执安大学英语学院举办的MELAB考试；英国文化委员会、剑桥大学海外考试服务处和澳大利亚教育国际开发署共同举办的IELTS考试；日本国际交流基金在华举办的日本语能力测试。

TOEFL考试

该考试是为申请到美国和其他英语国家上大学或进入研究生院学习的非英语国家学生所提供的一种英语水平考试。TOEFL考试最高分为677分，没有及格分数线。目前，在北美有2 000多所大学要求外国学生申请入学时提供TOEFL考试成绩。各大学对新生入学的录取分数线没有统一规定，约75%的院校要求新生的TOEFL成绩在550分以上，只有达到学校所要求的成绩才能取得入学和获得奖助学金的资格。虽然国外院校所要求的最低分数线并不高，但是通常外国学生如果要申请奖学金，则TOEFL分数至少要达到600分以上。

TOEFL考试的内容主要为以下几个部分：听力理解、结构和书面表达、阅读理解。此外，还可能有作文考试，但其成绩不计入TOEFL考试分数，而是单列写作成绩。申请某些专业，如工商管理等通常会要求提供写作成绩。

听力理解部分共有50题，答题时间为30分钟。第1题到第30题听两人对话后回答录音中就对话提出的一个问题；第31题到38题听一段较长的对话后回答录音中就对话提出的几个问题；第39题到第50题听一段演讲或较长对话后回答录音中提出的问题。

结构与书面表达部分共有40题，答题时间为25分钟。第1题到第15题运用文法、语法和句型等知识完成不完整的句子；第16题到第40题从划线的单词或短语中选出用法错误的答案。

阅读理解部分共有50题，答题时间为55分钟。阅读5～6篇短文，并根据短文的意思或隐藏的含义选择正确答案。个别单词的特殊含义也可能在考核的范围之内，但是不以从同义词、近义词中选择完成单句的形式出现。

IELTS考试

谈到前往英语国家留学，人们首先想到的是TOEFL考试。它是判定应试者一般英语能力的考试，而IELTS则较侧重考察应试者在专业范围具备的英语能力，所以很多英语国家学校鼓励学生参加IELTS考试。

对于前往英语国家尤其是英联邦国家就读大学、研究院、技术学院、大学预科课程及文凭课程的留学生，可以将IELTS考试的成绩作为其英语能力的证明。目前，IELTS考试已经在全球100多个国家举行。

IELTS考试的结果以Bands的九阶段评分方式判断，最低的是Band1，表示“无法用英语交谈”；最高的是Band9，表示英语水平已经达到“与受教育的英语国家的人们具有同等的英语能力”。入学所需要的分数，由于学校和专业的要求不同而有差别，如文学和法律等课程要求的分数较高；音乐、美术、工程等对语言能力的要求相对较为灵活。就目前而言，主要英联邦国家英国、澳大利亚及新西兰的大多数学校要求申请攻读本科课程者IELTS成绩达到6分以上，申请攻读研究生课程者须达到6.5分或7分以上。

应试者参加IELTS考试时，可以根据其攻读专业选择考试科目。阅读和写作的测验，其主要目的是测验应试者对授课的理解能力。关于该考试的解答方式，属于记述式的解答方式较多，这一点和

TOEFL截然不同。在阅读测验部分，采用填空方式以简短的句子作答，按阅读文章的先后顺序排列，共有试题30～40个。在写作测验部分，则包括了日常性的话题和学术性的主题，问题约有30～35个。最后的Speaking测验部分，由口试官提出问题，考生应答。这部分也是TOEFL考试所没有的。

GMAT考试

GMAT考试是研究生管理科学入学考试的简称。北美、澳洲甚至世界各地的研究生院，都以GMAT考试的成绩评估申请入学者是否适合在商业、经济和管理等专业的研究生专业阶段学习，以决定是否录取。

GMAT考试不仅考查应试者的语言能力和数学能力，还要测试其头脑反应、逻辑思维和解决实际问题的能力。目前，全世界有近千所大学采用GMAT考试。

GMAT考试由美国经企管理专业研究生入学考试委员会委托美国考试服务处主办。目前在我国，GAMT考试已率先启用计算机考试。在计算机化考试中，屏幕上只显示一道题，题目是根据内容和难度从题库中任意选出的。通常情况下，第一道题难度适中，后面的题则根据考生答题情况给出。计算机化考试对计算机操作的要求并不太高。考试之前，考生会有时间上机练习，熟悉鼠标的使用和选择答案、打字等操作。考试过程中，还可以随时按“帮助”键。

GAMT计算机化考试包括语文、数学和分析性写作三部分试题。分析写作部分共有两个作文题目，每题答题时间30分钟；数学部分37题，答题时间75分钟；语文部分共有41题，答题时间75分钟。

日语能力测试

日本语能力测试由日本国际教育协会与日本国际交流基金共同组织，每年12月在全世界33个国家的75个城市同时举行。

日语能力测试的考试简章每年8月开始发放，报名截止日期在9月中旬。

（选自《中国教育报》2001年1月10日，刘福）

**〔公派出国留学外语有何要求〕**

一、国家公派出国留学人员外语合格条件为：达到“全国外语水平考试”（WSK）的出国标准；或同一语种外语专业本科毕业；或近10年内曾在同一语言国家留学或工作一年以上。曾在教育部所属培训部参加非通用语种培训者，亦可申报国家留学基金资助。

二、参加2000年或2001年WSK考试、成绩符合以下条件者可申请2002年国家出国留学基金。

1. 外语水平合格：

英语（PETS5）总成绩55分以上（含55分），其中听力18分以上（含18分），口试成绩3分以上（含3分）

日/俄语总成绩110分以上（含110分）

德语总成绩65分以上（含65分）

法语总成绩60分以上（含60分）

2. 外语申报条件：

英语（PETS5）总成绩50分以上（含50分）

日语/俄语总成绩90分以上（含90分）

德语总成绩55分以上（含55分）

法语总成绩50分以上（含50分）

3. 外语培训标准：

英语（PETS5）总成绩55分以下

日/俄/德/法语总成绩未达到合格标准

外语培训期限：一学期或一学年

外语口试标准：英语（PETS5）总成绩55分以上（含55分），听力/口试任意一项未达标

三、未参加过外语考试，但派出单位重点推荐者也可以申报。如被录取，则必须参加教育部指定的语言培训并获得培训合格证书，或参加规定的WSK、PETS5考试达到合格标准方可派出。

为满足各方面外语培训的要求，教育部指定的外语培训单位（出国培训部）可提供相应的培训服务。凡外语水平未合格人员可在申请时注明意向培训/口试地点，国家留学基金委将根据实际情况予以安排。英语口试地点安排在北京语言文化大学和上海外国语大学；凡口试未达标人员须按规定参加外语培训，培训地点一般为口试所在培训部。

（选自《中国教育报》2001年12月19日，姜乃强）

〔留学澳大利亚签证类别及费用〕

签证类别

570类：单独的英语强化课。

571类：中学课程（10年级及以上）。

572类：职业教育与培训课程。

573类：高等教育课程，包括大学本科课程、研究生文凭课程、研究生证书课程。

574类：硕士和博士课程。

575类：预科、其他非学历课程。

留学费用

中学：公立学校每年约为6 000～8 500澳元；私立学校每年约为8 000～15 000澳元。

英语课程：每周约200～350澳元。

技术教育与培训课程：公立技术与继续教育学院每年约5 500～13 000澳元；私立职教学院每年约10 000澳元。

本科课程：每年约10 000～14 000澳元。

商科：每年约10 000～14 000澳元。

医科：每年约25 000澳元。

理科（工程学）：每年约11 000～16 500澳元。

法律：每年约20 000澳元。

研究生证书（文凭）课程：每年约9 000～16 000澳元。

硕士、博士课程：每年约11 000～18 500澳元。

生活费用：每年约为12 000澳元。

（选自《中国教育报》2002年5月15日）

〔留学热点国家费用比较〕

英国

文科学费：一年需5 200～7 200英镑，合人民币6万～8万多元。

理科学费：每年需5 700～8 900英镑，合人民币7万～10万元。

医科学费：每年在14 000～16 400英镑左右，合人民币16万～19万元。

生活费：一年5 000英镑，合人民币5万～6万元。

医疗保险：如果在英国读书时间超过6个月，从入境之时起即可享受免费医疗保健服务。

澳大利亚

中学学费：每年在8 000～10 000澳元之间，折合人民币为4万～5万元。

语言学校学费：每年约需12 000澳元，合人民币5万元多一点。

大学学费：根据学校有所不同，最低和高中差不多，每年也是11 000澳元，最高可达18 000澳元，折合人民币为4万～8万元；研究生班及硕士学费：与大学差不多，在每年11 000～14 000澳元左右，合人民币4万～5万元；博士学费：每年15 000～18 000澳元，合人民币6万～8万元。

医疗保险费：每年约274澳元，合人民币1 000元左右。

生活费：一年约需要10 000澳元，合人民币每年4万元左右。

新西兰

中学学费：不同中学的学费不同，一般一年的学费从7 000到24 000新西兰元不等，合人民币2万～8万元。一般私立学校收费较高，典型的公立中学一年的学费为8 000多新西兰元，合人民币近3万元。

语言学校：语言学校的学费大概在一年（48周）11 000～14 000新西兰元之间，合人民币大约在4万～5万元。

专科学院：不同学校，不同专业的学费有差异，一般都在一年9 000～15 000新西兰元之间，合人民币3万～5万元。

大学本科：不同科系的学费差异很大，在每年10 000～18 000新西兰元之间，合人民币3万～6万元。

生活费：在新西兰，选择不同的住宿方式，对生活费用有较大的影响。一般来说，一年大致需要7 000～11 000新西兰元，合人民币2万～3万元。学生保险费（包括旅行/医疗/财产）大约每年为500～800新西兰元，合人民币2 000～3 000元。

德国

语言学校费用：在柏林，语言班学费500马克，住房350～450马克，自己做饭伙食费约180马克，医疗保险68马克，月票75马克，市内电话费约35马克，生活用品及零花40马克，每月约1 300马克，合人民币近5 000元。

大学费用：德国的大学学费全免，只需要缴纳每学期注册费约150马克，合人民币500多元钱；如果幸运申请到学生宿舍，费用便可大大减少。

生活费：每月约600～900马克，合人民币3 000元左右。一年大概需要4万元人民币。

加拿大

学费：加拿大的学费不同学校有所不同，从7 000～14 000加拿大元不等，合人民币为每年4万～7万元。

生活费：一般情况下，作为国际学生，每年要消费1万加拿大元，折合人民币5万多元。保险费每年约400加元，合人民币2 000元左右。

日本

语言学校学费：每年需70万～80万日元，合人民币4万～5万元。

大学费用：每年大约100万日元，合人民币7万元左右。

生活费：日本的生活费也比较贵，每年约100万～120万日元，合人民币7～8万元；

医疗保险费：合人民币100元左右。

美国

美国的学费一般都较贵。要读完硕士学位，一般需要2万～4万美金，越是名牌的大学，学费越贵。在美国的生活费每年约合人民币8万～10万元。在美国读书，一般要强制保险，多数学校明文规定没有保险就不能注册。学生保险的费用大约是500～1 000美元。中国学生去美国留学一般都是通过申请奖学金，否则难以承受其昂贵的学费和生活费。

（选自《中国教育报》2001年11月7日，王晓澜）

〔**留学热点国家学历、语言要求概览**〕

英国

去英国读大学本科必须有雅思（IELTS）或托福（TOEFL）成绩。托福580分是本科入学的最低要求。好一点的学校要600分以上，IELTS则需要6分以上。如果没有达到这个要求，就要先上几个月或者一年的“预科课程”。英国硕士课程要求申请者托福580分以上和IELTS6.5分以上。如果语言成绩不合格，可以去英国先修一年大三的课程，或学习六个月至一年的硕士预科课程，通过两至三门硕士预科考试之后，从第二学年开始正式进入硕士阶段学习。另外，申请攻读MBA学位必须具有三年以上的相关工作经验。

高中生在英国，要上一年预科，或者取得IELTS成绩后才能到大学读本科。两年制大专毕业生，要读一到两年的英国本科课程，在得到了英国正式的大学本科学位后，才可以攻读硕士研究生。

德国

德国的语言要求很严，800学时的语言学习证明是递交入学申请时的最低要求。有了符合要求的语言证明，才可以在申请专业的同时申请先读大学的语言班。另外，德国要求申请者在正式注册学习之前必须通过在该大学举行的外国学生申请大学入学德语考试（DSH）。语言考试第一次未能通过，半年后可再考一次（最多允许两次）。如果在一所大学最终未能通过DSH，则不允许再到其他大学参加此项考试。

德国的入学学历要求与学生在读的学校及学习的时间长短有密切关系。一般情况下，中国学生申请进入德国大学的学历要求是：高中毕业，通过正式高考进入；重点大学四年制本科，修满一个学期，不更换专业方向可直接入学；普通高校四年制本科，修满三个学期，不更换专业方向可直接入学；普通高校四年制本科学生，修满一个学期，必须通过在德国大学预科举行的“大学入学资格鉴定考试”，方可申请入学，但不得更换专业方向；三年制高等专科学校修满两年，可申请直接入学，修满一年，必须通过在德国大学预科举行的“大学入学资格鉴定考试”，方可申请入学；高中、职高、技校、中专毕业生，可申请高等专科或高级进修课程，之后可转入公立大学。上述申请者如果没有德语基础亦可申请，但需先就读语言学校。

加拿大

加拿大对前来留学的高中或中专毕业生不要求提供TOFEL成绩，这些学生可以到加拿大就读中学12年级或私立学院的大学预备课程，即转学学分课或职业证书课程，然后升入大学。如果大专和大学毕业生是到加拿大读私立学院的大学学位课程、职业证书课程以及MBA等硕士学位，可以不提供托福成绩。但如果申请人想申请加拿大公立大学的学士或硕士学位课程，则要求是大学在校生或本科毕业生，TOFEL成绩要在550分以上。无论上述哪一种情况，有工作经验都会有利于申请。

新西兰

中国学生在新西兰可以选择的课程包括由大学、高等理工学院、教育学院、中学和私立培训机构所提供的各种学术、专业和职业方面的培训与学习。

要进入新西兰的大学本科学习，申请者必须在中国国内一所国家认可的大学学完一年级课程，另外还必须出具英语能力证明。申请者如参加高等技术专科院校证书和毕业证课程学习，必须出具英语能力证明以及优良的高中成绩。而要学习新西兰理工学院学位课程的学生，则必须通过新西兰大学助学金考试或同等学力的外国考试，英语水平要达到IELTS最低6.0分，TOEFL最低550分。想去新西兰的高中生可分别插班就读当地FORM5、FORM6、FORM7年级。

澳大利亚

去澳大利亚留学的高中学生和赴澳读研究生课程的学生，是不要语言成绩的。但澳大利亚移民局要求除此二类学生之外的其他学生签证申请者，必须具有托福570分以上的英语条件。在国内就读高中的学生去澳洲后可插班读当地中学的10～11年级。而国内的高中毕业生则必须在提供TOEFL575分或IELTS6.5分以上成绩才可申请大学的预科课程。同样，国内的大专或本科在校生也要提供575分以上的TOEFL成绩或6.5分以上的IELTS成绩才可申请大学学位课程。但是国内本科毕业生不需要语言成绩就可申请研究生课程。

法国

法国大部分学校用法文教学，但也有一部分学校用英文教学。在语言要求方面前者需要申请者的法语水平测试（TEF）成绩必须达到500分以上，后者要求一定的英语水平证明或TOEFL成绩500分以上。另外，根据所选择的专业对法语水平的要求不同，也可能要求出示法国语言培训学校的录取通知书。在学历要求上，申请法国本科学历者，应有中国大学的录取证明并附全国统一高考成绩单，年龄不超过28周岁。国内大专、本科或以上学历的申请者，可直接申请读硕士或博士课程。

日本

自费留学生就读日本大学有两条途径：一是经过日本大学的选拔考试直接进入所希望就读的日本大学。另一种则是先进入大学附属日语教育设施或民间的日语教育机构学习日语，修学1年至2年后再通过大学的选拔考试。具体入学考试方法各大学并不一样。申请去日本留学必须在财团法人日本语教育振兴协会所认定的机构且由法务大臣所告示的日语教育机构接受过6个月以上日语教育，或通过日语能力测试1级或2级。

日本大学要求申请者必须18岁以上，并且修完正规学校教育12年课程。在日本，语言学院对学生要求如下，25岁以下高中毕业，26～28岁需大学专科毕业，28～30岁需大学本科毕业。

（选自《中国教育报》2001年11月21日，王晓澜）

**〔新、美、加、英、澳五国留学签证比较〕**

新西兰：政策相对宽松

目前新西兰对海外留学生采取比较宽松的政策。自1999年11月1日起，新西兰政府取消了对中国的留学配额限制，将入学条件放宽，进入新西兰学习没有学历要求，没有英文要求和年龄限制。以往申请赴新西兰读中学的签证成功率达67%，读大学的达50%，而读英文的则只有13%左右。

其申请签证所需文件包括：出生英文公证、家庭成员关系英文公证、无犯罪记录英文公证、最高学历英文公证、成绩单英文公证、存款证明、资金来源证明、护照像片。

申请者将填好的学生签证申请表和相关材料寄给新西兰驻华大使馆后，大使馆将向申请人发出签证通知，申请人持本人护照和往返机票以及签证费，前往新西兰大使馆办理签证。

美国：获签并非特别难

改革开放以来，美国一直是中国学生留学的首选地。中国留学者中有2/3的人选择了美国。1999年美国国务院签发的留学签证60%的名额给了中国学生。但同时美国签证难拿，也是众所周知的事实。具体说来，被拒签的原因主要有以下几个：

1. 财务担保不明确，有明显的移民倾向。美国是移民国家，政府担心非法移民抢占了合法移民的工作岗位。美国国会对签证官员有非常明确的要求，即在面试前，先假定所有申请学生签证的人都有移民倾向。所以对申请人来说，最好的办法是向美方提供充分、可信的材料来证明自己的留学目的。台湾地区的赴美留学申请被获准的比例高于内地，主要就是由于台湾地区留学生学成归台的比例更高。

2. 美国大使馆对中学生的签证限制比较严格。

3. 申请者的语言能力不够。一般到美国上大学要求托福分数在550分以上，有些专业甚至要求在600分以上。

4. 申请人员在国内所学的专业与申请赴美所学专业不一样，也会被签证官员认为有移民倾向。学习电机、计算机、生命科学、医学、化学等对美国基础科学研究十分重要的专业人员，被拒签的概率就会低一些。

有人认为，美国签证官员的主观意识是拒签的重要原因。而根据美国使领馆的统计，上海、北京等地留学申请人员被拒签的比例大约是45%，这个比例和其他国家相比并不算高。审核留学生签证的手续、条件，美国对全世界有统一的标准，不会对中国申请人员更苛刻。只要本身条件符合，有经济担保，成绩过关，就能获得去美国的留学签证。尤其是被名牌大学录取或拿到全额奖学金的申请者，办理签证的成功率较高。

加拿大：签证率有提高

中国学生办理赴加拿大留学签证的成功率曾一度不高。据统计，1999年申请到加拿大读书的中国留学生比1998年增加了100%以上，但签证的成功率与前阶段相比却有所下降。不过，目前中国学生申请赴加的签证率已有所提高。

据了解，申请人不具备条件或文件填报不准确，通常是被拒签的主要原因。申请人条件不符，主要是经济担保能力不够，或者是经济条件足够，但有关文件不过关。加拿大大使馆已经明确表示，不会向在读高中生派发体检表格，申请人必须是应届高中毕业生。此外，准备到加拿大学习三个月以上者方可申请留学签证。

申请加拿大留学签证，必须具备以下七个条件：完成学业后回国；被教育机构录取；有能力支付学费、生活费和回国路费；没有犯罪记录；递交所有必备材料；打算在加拿大学习六个月以上者需要体检；支付申请受理费。而即使具备了所有的条件，也并不意味着一定能得到签证，所以申请人最好不要提前辞职或退学。

申请签证所需材料：两份填妥的（学生认可）申请表；由申请人用英文或法文和中文填写的家属表/教育和就业细节表；所需受理费用（若邮寄申请表要另附一份邮政汇款单的复印件）；四张护照大小的近期照片；四个写明申请人自己姓名和地址的回邮标签（不是信封）；加拿大学校录取处或注册处的录取通知书的原件和复印件各一份；若录取通知书中未包括学费的准确数目和学习时间，申请人还需递交加拿大大学的标明这些内容的信件；附英文或法文翻译的中国的毕业文凭复印件；附英文或法文翻译的高中成绩单和毕业证书（有申请人的毕业学校注册处的印章）复印件各一份；护照。申请通常需要三个月。

英国：签证相对不难

最近几年，英国吸收中国留学生的态度相当积极，尤其是对于中学生和大学预科生而言签证不是很难，但总有许多学生还是申请失败，原因主要有以下几点：

1. 大多数失败者的问题在于选择了英国的语言学校，而不是直接申请英国的正规大学。选择去英国读语言学校之所以被拒签，是因为签证官会认为学生没有明确的专业（或方向），学习动机不明，赴英留学理由不充分。

2. 正在国内正规大学学习的在校学生，想退学出国留学。这类的学生签证成功率不高，因为签证官难以理解，既然已经在正规大学学习，为什么突然想出国留学？会怀疑有移民倾向。

3. 资金来源不明。有些学生家长确实有足够的经济能力，但他们无工作单位，无自己正式注册的公司。签证官会怀疑他们的钱是临时借来的。

4. 有些学生做假材料和说谎。

申办赴英留学签证时，需递交以下证明材料：接收学校发给的录取通知书；经济证明文件，包括银行证明、定期存款证明或者其他足以证明经济状况的证明材料；本人护照和照片 2 张；填写签证申请表；学历及学业成绩表复印件。

在递交了申请材料后，大使馆会通知申请者到使馆面谈。学生不必要讲流利英语，但要有一定的英语能力以显示能在英国修读课程，让负责面谈的官员确信学生的求学志向，完成课程后会离开英国，并且在英期间不会有经济困难。一般申请受理时间约 4 周。

澳大利亚：审查制度严格

目前，澳大利亚移民局对中国的留学申请者实行严格的审查制度。中国赴澳的学生签证主要是给赴澳中学生和赴澳读研究生课程的学生。

从 2001 年 7 月 1 日起，澳国政府实施了新的赴澳留学签证条例。其中最明显的就是把中国纳入全球统一签证规定框架内，包括英语成绩在内的专对中国设置的政策障碍被取消。但澳移民当局又表示，在扩大签证范围的同时，对中国赴澳申请人的其他要求不降低，特别是有关申请人经济背景的相关要求。

申请赴澳签证的材料包括：护照、学生临时入境申请表、个人履历表、亲属关系表、体格检查表和胸透表、学生回答材料验对表、各项公证书、英语成绩、录取学校发给的学费、住宿费、医疗保险费收据。签证受理时间为 8 至 10 周，大使馆学生处会给申请者面试、批准或不受理的通知。

（选自《中国教育报》2001 年 10 月 10 日，姜乃强）

# 台湾教育讯息

〔**台湾学生掀起赴祖国大陆求学热潮**〕 据新华社香港1月9日电台北消息：近来台湾学生中兴起一股赴祖国大陆求学的风气，而且有越来越热的趋势。据台湾媒体报道，不少学生希望到大陆攻读法律等专业。“一时间，‘到大陆留学’的想法，突然在岛内学生间快速蔓延”。

台湾学生认为，“形势比人强”，为适应今后的需要，也要到大陆抢攻就业市场。目前就读于台大新闻研究所一位姓林的同学说，他未来有意到北大攻读法律。他认为，大陆的市场很大，台湾岛内近年来产业不断移到大陆，未来在大陆的台商会越来越多。如果能了解大陆的法律，甚至取得当地律师资格，将来会有很多发挥的空间。

据悉，2001年寒假期间，岛内数以百计的大学生将以自费或民间单位主办的方式，赴祖国大陆知名大学参观访问。台大学生甚至还集体要求校方安排类似活动。

学生兴致勃勃，许多社团也积极牵线。不少单位准备在寒假期间专门为大学生举办赴大陆参访大学的活动。2000年刚成立的“台湾网大”，内容以介绍大陆大学动态为主，目前每天上网的人数约为23万人次，且多数是大学生。许多网友频频询问赴大陆学习的事情。为此，网站准备在2001年2月中旬，组织一次学生赴大陆大学考察的活动。

台大法学院、社会科学院多位学生与部分教授讨论后认为，两岸大学应加强交流，并准备在2月份以“台大”为名组织30人的团赴北京大学、清华大学参观。

近年来经常举办两岸青年互访、交流活动的两岸中华青年交流协会，2000年11月刚刚办完赴大陆参观西部多所大学活动，最近又开始筹办2001年暑假赴大陆大学参访的活动。

对于这股赴祖国大陆求学热，已捷足先登的一些“学长”深有体会。1996年考入北京大学法律研究所博士班并已毕业在上海工作的谭湘龙说，他学的是国际法，目前台湾该领域的学术研究无法突破，而祖国大陆国际法研究则蓬勃发展。几年读下来，他收获颇丰。他建议，到大陆读书应多和当地民众接触，增进彼此了解，这样既有助于将来在大陆就业，也能促进两岸民间情谊。

（摘自《中国教育报》2001年1月10日）

〔**多元入学与课程统整**〕 台湾教育部门提出的教育改革方向是：“教育松绑、带好每位学生、畅通升学管道（渠道）、提升教育品质、建立终身学习社会。”

大学招生制度改革是台湾教育改革的一个大动作。从1959年开始到2001年，大学联考制度在台湾已经推行了42年。联考制度的一元化选才方式，多年来一直受到社会批评，称其为“考试领导教学”。从2002年起不再实行联考制度，而是实行多元入学方案。新方案分为“甄选入学制”和“考试分发入学制”。“甄选入学制”将现行的“申请入学制”和“推荐甄选制”合二为一；“考试分发入学制”按照考生“学科能力测验”及“指定科目考试”成绩，以联合分发录取学生。多元入学方案旨在改变千军万马过高考这座独木桥的状态，使不同资质、潜能和特长的学生都有机会被选入高校深造。招生制度的改革必定牵动整个教育界。各学校迅速调整教学，以适应新的形势。在建成初中，针对新方案，学校教学作了较大的调整，“设计弹性课程，鼓励学生多元学习，精进（加强）命题技术，强化学生应考能力”。学校在印发的“家长座谈会手册”上提醒家长和学生，新方案强调考生各种能力的表现。

九年一贯制改革是当前台湾教育改革的主要任务之一。按照九年一贯制课程改革的部署，各中小学从2001年开始进行课程统整，对现行的课程设置作大幅度调整。台湾香林小学在这次课程统整中，将原来的10多门课程合并、综合为七大领域，即语文、数学、社会、自然、人文与艺术、综合活动和健康与身体。这项改革强调综合能力的培养，在教育理念上也与以往不同，比如数学，强调的是重思考，而不是重计算，逻辑思考的能力重于背公式，重于解题技巧。教材的编写也由以前的方便教师如何教，改为协助学生的认知发展，一些课程只是指导性的，留有很大的空间让老师发挥，而不是像以前让老师按部就班往下教。台湾中小学课程及教学的改革，同祖国大陆当前实施的基础教育课程改革有相似之处。

（摘自《中国教育报》2001年11月10日，作者于建坤）

〔**台湾的民办大学**〕 台湾面积3.5万多平方公里，人口2 300万。近10年来，由于经济发展与社会的需要，台湾高等教育发展迅猛，到1999年底，已有大专院校141所，其中大学44所，独立学院61所，专科院校36所，学生人数近百万人，其中设有研究所1 126所，博士、硕士生67 233人。台湾私立大学占台湾各高校的60%左右。

对民办大学，由各校董事会直接领导，但董事会均按私立学校法管理学校，而政府均与对公立大学一样，对私立大学加强管理与监督。私立大学的经费开支，大约有20%由政府拨款支付，其中10%用于学生，10%用于增添设备与改善办学条件。私立大学的经费来源60%依靠学杂费收入，20%来自政府拨款，20%来自社会捐助与举办成人教育、非学历教育（台湾称推广教育）的学杂费收入，台湾私立大学举办企业的不多。台湾私立大学学费标准一般为文科每生每年8万～9万新台币，理工科每生每年10万～11万新台币，住宿费每学期6 000元。

由于市场经济发达，台湾的私立学校发展迅速。除小学、初中阶段以政府办学为主外，其他各教育阶段均鼓励社会团体的私人办学。为了把私立学校纳入法制建设范围，1991年台湾颁布《私立学校法》，并于1996年修订颁布。《私立学校法》共71条，其中有总则、设立程序、奖励、监督、附则等，对董事会的组成、职权、任期、财团法人登记、学校招生等都有明确的规定。对私立学校办学成绩优良者给予奖励；对私立学校的基金管理与使用，学校经费使用，学校停办或解散均要受主管行政机关的监督。由于台湾私立学校的设立与管理已有较长的历史，学校的管理已法制化、规范化日趋成熟。

淡江大学、辅仁大学、东海大学、逢甲大学在台湾的私立大学中办学历史悠久，均具万人以上规模，校园设施完善，学科层次齐全，办学层次高（均有数量不等的博士点、硕士点），教学质量高，特色明显，管理规范，具有相当的知名度。

淡江大学在校生2.7万余人，学科齐全，尤其是资讯人才的培养，英语的培训，文理科与管理学科，在台湾有相当高的知名度，毕业生受社会欢迎。辅仁大学、东海大学的文科理科，逢甲大学的理工科、商科，均有相当的知名度。各校十分重视国际学术交流，淡江大学办学目标定为“国际化、资讯化、未来化”努力建设成为国际一流的综合大学。

开南管理学院与南华大学尽管办学历史较短，但特色十分明显。开南管理学院培养技术应用型人才，设置的是社会人才需求量大的专业，课程设置强调理论与实践相结合，尤其重视实践教学。各校除了重视教学质量管理外，也十分重视对学生的教育与管理，强调全人教育，注重学生德、智、体、群、美均衡发展。

（摘自《中国教育报》2002年1月14日，作者夏越炯）

〔**台湾因人而异改革学校体育课**〕 学生在校园内上体育课时，常发生猝死案。尽管猝死原因有待详查，但为减少这类意外事故的发生率，台湾教育部门决定对学生的体育课实行分级分类制。学生在入校后需经体检或经医生诊断，以便确定学生是否患有心脏病或癫痫等重大疾病。校方除将体检或诊断结果建档保存外，还将依此限制有病学生从事体育活动的类型和项目。

在临床上，猝死案的发生与心脏病、中枢神经等疾病有密切关系。猝死案多发生于高中和职高学生的体育课上，但在大专学生群体中也时有发生。

据统计，1999年7月至2000年6月，台湾共有26名学生猝死，其中国小（小学）及国中（初中）生6人，职高生13人，大专生7人。男生猝死案的发生率是女生的3.33倍。

值得注意的是，约五成的家长系因其子女在运动过程中发生猝死或在类似症状发生后，才知道自己的孩子原来患有心脏病等重大疾病。台湾教育部门于1999年度，协助各县市政府对国小学生进行体检。25个县、市共有246 895位学生参加体检，其中1.18%的学生的心脏伴有杂音或心律不齐等现象。从猝死案分析，学生猝死案多发生在体育课上，主因是剧烈运动导致猝死。

为避免悲剧再次上演，台湾教育部门邀请有关单位研商后决定，修改体育课的实施方式，即对学生体育课进行分级、分类制；对患有心脏病或慢性病的学生只让其选择适合他们的运动方式和项目。至于哪一类运动方式较为和缓、运动量较低，且能适合患病学生的问题，要请专家研究后才能决定。

（摘自《世界教育信息》2001年第3期，“基础教育”栏目）

〔**台湾教育部门不同意招收“捐款生”**〕 经济的不景气蔓延到教育，由于教育经费紧缩，大学财政困难，台湾大学拟招收“捐款生”，将捐款列为入学条件之一。对于这项构想，台湾教育部门表示反对，强调，由于社会文化目前不适宜推行捐款生制度，未来捐款生若予开放，也只应由私立大学开办较为合适。

针对台湾大学有意推行捐款生的构想，台湾教育部门官员吕木琳表示，就他所知，美国的确有捐款生的制度，但台湾目前仍不适宜推行。吕木琳解释，目前台湾高等教育的情况并未成熟到像美国的程度，美国大学林立，公立的州立大学，甚至是社区学院足够，可以满足民众的入学需求，所以除了研究经费提供公私立大学角逐申请之外，完全没有提供任何经费补助给私立大学。吕木琳说，正因为美国政府并未提供任何经费补助私立大学，所以私立大学的“弹性”相当大，可以自行决定招收捐款生，将捐款作为入学条件之一。也因为美国大学的升学率几乎百分之百，想读大学的人几乎都有学校可以读，也才有多余的名额给捐款生。反观台湾，目前的大学升学率约六成多，尤其想读台大的人特别多，在竞争激烈的现况下，像台大这种好的大学率先施行捐款生制度，将会引起其他大学对入学公平性的质疑。也正因实施捐款生的条件还没成熟，台湾教育部门目前不会同意台大的做法，对于捐款生制度，教育部门的立场是——持保留态度，未来即使要实施捐款生制度，也应该率先从私立大学做起。

台湾教育部门官员徐慧文补充说明，大学试办选修生制度，都必须是在大学联考达到一定标准才可以成为选修生，显见大学入学标准之严格，何况是只凭捐款就可以入学的捐款生制度，若未有任何大学评鉴、认证机制的配套措施就施行，一定不能被社会所接受。

（摘自《世界教育信息》2002年第5期，“高等教育”栏目）

# 2001 年教育大事记

**1 月 1 日**　中共中央总书记、国家主席、中央军委主席江泽民在全国政协举行的新年茶话会上发表讲话，宣布在过去的一年中，科技、教育、文化和其他各项社会事业取得重要进展，我国如期实现了基本普及九年义务教育和基本扫除青壮年文盲的战略目标。

△《中国教育报》发表教育部部长陈至立题为《迎接新世纪　再创新辉煌》的 2001 年新年献辞。

**1 月 2 日**　教育部公布《教育部备案的高等职业学校名单》。

**1 月 4 日～5 日**　教育部在北京召开全国教师资格制度实施工作会议，动员和部署全面实施教师资格制度。教育部部长陈至立在会上作了题为《全面实施教师资格制度，建设一支高水平的教师队伍》的讲话。

**1 月 5 日～6 日**　2001 年全国教育纪检监察工作会议在广州举行。中纪委委员、教育部党组成员张天保在会上作了题为《突出重点、全面推进、狠抓落实，深入开展教育系统党风廉政建设和反腐败斗争》的报告。

**1 月 7 日～9 日**　教育部直属高校工作咨询委员会第 11 次全体会议在北京举行。国务院副总理李岚清与出席会议的代表座谈，并发表讲话，强调以“三个代表”重要思想为指导，推进新世纪高校改革与发展。教育部部长陈至立、副部长吕福源、韦钰、周远清出席会议并讲话。

**1 月 9 日**　邵逸夫第 14 次向内地教育事业赠款仪式在香港举行。此次捐款总额为 2 亿港元，重点支持西部各省大、中、小学的建设。教育部副部长王湛等出席了捐赠仪式。至此，邵逸夫先生已累计向内地教育事业捐赠 21.5 亿港元，建设大、中、小学项目2 712个，遍及内地 31 个省、自治区、直辖市。

△ 教育部印发《关于违反研究生入学考试规定行为的暂行处理办法》。

**1 月 11 日**　教育部发出关于学习贯彻《中共中央办公厅国务院办公厅关于适应新形势进一步加强和改进中小学德育工作的意见》的通知。18 日，《中国教育报》发表社论《努力开创新世纪中小学德育工作新局面》。

**1 月 13 日～15 日**　全国招收 2001 年硕士学位研究生入学考试初试举行。2001 年报考人数为 46 万人，比 2000 年增长 18%，再创历史新高。

**1 月 15 日**　教育部发出《关于做好 2001 年全国普通高等学校毕业生就业工作的通知》。

**1 月 17 日**　教育部部长陈至立到北京大学季羡林教授、清华大学张光斗教授、北京师范大学钟敬文教授家中探望，向他们祝贺春节。同日，教育部副部长王湛到河北省顺平县慰问贫困地区中小学教师，与教师代表进行座谈，走访了特困教师家庭。19 日，教育部副部长吕福源、周远清也分别到北京大学和清华大学，看望了侯仁之、钱易、杜庆华三位著名教授。20 日，教育部副部长王湛到中央美术学院、中央戏剧学院、中央音乐学院看望了曾为我国艺术教育事业作出杰出贡献的曾竹韶、徐晓钟、廖辅叔教授。

**1 月 18 日**　由教育部科学技术委员会负责组织评选的 2000 年度“中国高等学校十大科技进展”正式揭晓。云南农业大学省植物病理重点实验室的水稻遗传多样性控制稻瘟病理论和技术等十项科技进展入选。

△ 北京大学、清华大学、中国人民大学、北京师范大学等 14 所首都高校学生向全国大中专学

生发出《崇尚科学，提倡文明，抵制邪教》的倡议书。

△ 教育部印发《关于积极推进小学开设英语课程的指导意见》。决定从2001年秋季开始，全国城市和县城小学逐步开设英语课程；2002年秋季，乡镇所在地小学逐步开设英语课程。小学开设英语课程的起始年级一般为三年级。

△ 教育部印发《中等职业教育国家规划教材申报、立项及管理意见》。

**1月22日** 教育部办公厅发出《关于2001年开展中小学“校园安全”主题教育活动的通知》。

**1月27日** 国务院副总理李岚清到北京师范大学、中央民族大学，看望了北京师范大学两位老教授启功、黄祖洽，中央民族大学的两位青年教师苏发祥、杨筑慧和春节没有回家探亲的大学生，向他们表示新春佳节的问候。

△ 中科院院士、复旦大学教授杨福家赴英国就任诺丁汉大学第五任校长。教育部部长陈至立致电祝贺。

**2月1日** 教育部在北京召开江泽民同志《关于教育问题的谈话》发表一周年座谈会，畅谈一年来教育系统学习、贯彻江泽民同志《谈话》精神，加强和改进青少年学生政治教育工作的体会。教育部部长陈至立指出，全国教育战线要继续认真贯彻《谈话》精神，全面推进素质教育；要大力开展“校园拒绝邪教”活动，同“法轮功”进行坚决斗争。

△ 中共教育部党组、共青团中央发出《关于在各级各类学校广泛开展“校园拒绝邪教”活动的通知》。

**2月5日** 教育部印发《高等教育学历证书电子注册管理暂行规定》。

△ 教育部发出《关于2001年普通高等学校招收保送生工作的通知》。

△ 教育部发出《关于重申保证高等教育质量，加强学历文凭、学位证书管理的通知》。

**2月6日** 教育部作出《关于向“焦裕禄式的教育局长”胡昭程同志学习的决定》。

**2月7日** 教育部召开优秀教育新闻和论文颁奖会，教育部部长陈至立强调，为教育改革与发展创造良好舆论氛围。

**2月9日** 国务院办公厅转发国家计委关于农村中小学教育收费专项检查情况报告。

**2月11日** 卫生部办公厅、教育部办公厅发出通知，公布第三批高等医学院校附属医院、教学医院名单。

**2月12日** 教育部和江苏省政府在南京签署共同重点建设东南大学的协议，促进东南大学建成国内外知名的高水平大学。教育部副部长周远清、江苏省副省长王岷分别代表教育部和江苏省政府在协议书上签字。

△ 教育部公布《全国第七批基本普及九年义务教育和基本扫除青壮年文盲县（市、区）名单》、《全国第四批基本普及初等义务教育县（市）名单》。

△ 教育部、国家计委、财政部发出《关于2001年高等学校招生收费工作有关问题的通知》。

△ 国家经贸委、教育部、卫生部印发《关于推广学生营养餐的指导意见》。

△ 教育部印发《关于大学生公寓建设标准问题的若干意见》。

△ 教育部办公厅发出《关于做好2001年全国普通高等学校招生网上录取工作的通知》。

**2月13日** 教育部和湖北省政府在武汉签署协议，重点共建武汉大学、华中科技大学。教育部副部长吕福源、湖北省副省长邓道坤分别代表教育部和湖北省政府在协议书上签字。

△ 无锡轻工大学、江南学院、无锡教育学院合并组建江南大学大会在无锡举行。教育部副部长周远清出席大会并讲话。

△ 教育部、国家计委、财政部发出《关于坚决治理农村中小学乱收费问题的通知》。

△ 教育部作出《关于表彰奖励2000年“两基”、“普初”工作先进县（市、区）的决定》。

△ 教育部作出《关于表彰全国高等教育自学考试工作先进集体、先进个人的决定》。

△ 教育部办公厅印发《2001年教育审计工作要点》。

**2月16日** 教育部、北京市政府在北京召开高等教育自学考试制度建立20周年纪念大会。全国人大副委员长许嘉璐出席大会。教育部部长、全国高等教育自学考试指导委员会主任陈至立和北京市副市长林文漪到会讲话，教育部副部长吕福源在会上宣读了《教育部关于表彰全国高等教育自学考试先进集体、先进个人的决定》。

△ 教育部办公厅发出《关于做好2001年高等教育学历证书管理工作的通知》。

**2月17日** 国务院办公厅转发《教育部、国家计委、财政部关于实施中小学危房改造工程的意见》。

**2月19日** 教育部部长陈至立在北京会见应邀来访的爱尔兰教育科学部长伍兹先生一行。双方分别代表本国政府签署了《中华人民共和国政府和爱尔兰共和国政府教育合作协议》。

△ 教育部部长陈至立在北京会见应邀来访的荷兰教育文化科学大臣赫尔曼斯一行并举行工作会谈。双方共同签署了《中华人民共和国教育部长和荷兰王国教育文化科学部长关于教育合作的会谈纪要》。

**2月22日** 教育部与吉林省政府在长春签署重点共建吉林大学协议。教育部副部长吕福源、吉林省副省长全哲洙分别代表教育部和吉林省政府在协议书上签字。

△ 教育部和福建省政府、厦门市政府在厦门签署重点共建厦门大学协议。教育部副部长张保庆、福建省副省长潘心城、厦门市市长朱亚衍分别代表教育部、福建省政府、厦门市政府在协议书上签字。

△ 中共教育部党组发出《关于教育战线开展纪念中国共产党成立80周年活动的通知》。

△ 中共教育部党组印发《全国教育干部培训“十五”规划》。

**2月23日** 教育部办公厅印发《关于积极配合和推动基础教育课程改革进一步加强和改进教师培养培训工作的几点意见》。

△ 教育部办公厅、国家体育总局办公厅印发《学生体质健康标准（试验方案）》。

**2月23日～3月1日** 教育部部长陈至立在贵州省、广西壮族自治区考察调研。期间，考察了部分中小学校及贵州大学、广西大学等高校。她强调指出，西部教育事业面临着新的发展机遇，一定要抓住机遇，开拓进取，努力工作，为西部大开发作出应有的贡献。

**2月24日** 国务院办公厅转发《教育部、体育总局、国家计委、财政部关于调整体育总局所属学校管理体制的实施意见》。

**2月26日** 教育部与山东省政府在济南签署重点共建山东大学协议。教育部副部长吕福源、山东省副省长邵桂芳分别代表教育部、山东省政府在协议书上签字。

△ 教育部办公厅发出《关于加强学校传染病预防工作的通知》。

**2月26日～28日** 2001年全国教育督导工作会议在广州市举行。会议回顾总结了“九五”以来教育督导工作的成绩和经验，研究了新形势对教育督导提出的新任务和要求，明确了2001年和“十五”期间教育督导改革和发展的基本思路。教育部副部长王湛出席会议并讲话。

**2月27日** 教育部、山东省政府、国家海洋局和青岛市政府在青岛签署重点共建青岛海洋大学协议。教育部副部长吕福源、山东省副省长邵桂芳、国家海洋局副局长倪岳峰、青岛市市长杜世成分别代表教育部、山东省、国家海洋局、青岛市在协议书上签字。

△ 教育部与湖南省政府在长沙签署重点共建湖南大学、中南大学协议。教育部副部长周远清、湖南省副省长周伯华分别代表教育部、湖南省政府在协议书上签字。

**2月28日** 2001年基础教育工作研讨会在山东省潍坊市召开。教育部副部长王湛出席会议并讲话。

**3月1日** 国务院副总理李岚清在中国儿童剧场与北京市部分中小学校长和师生共同观看了大型童话音乐剧《马兰花》，并在会见《马兰花》的主要创作人员和主要演员时指出，要充分重视优秀儿童戏剧的教育作用。

△ 教育部办公厅印发《关于对湖北省阳新县潘桥乡教育组“普九”复查弄虚作假，发生死亡事故的通报》。

**3月3日** 中宣部、中央文明办、教育部联合在北京召开“西部开发助学工程”座谈会，贯彻落实党中央西部大开发的战略决策，推进“西部开发助学工程”的顺利实施。中宣部副部长、中央文明办主任刘云山，教育部部长陈至立出席会议并讲话。

**3月4日** 中共中央总书记、国家主席江泽民，中共中央政治局常委、全国政协主席李瑞环看望出席全国政协九届四次会议的教育、医药卫生界委员，并参加联组会。江泽民在讲话中指出，教育工作关系着社会主义现代化建设的全局。教育是培养人才的基础，对经济和社会发展具有先导性、全局性的作用。我们必须加大实施科教兴国的力度，面向现代化、面向世界、面向未来，继续推进改革和创新，加大对教育事业的投入，加快教育事业的发展。

**3月5日** 九届全国人大四次会议在北京开幕。国务院总理朱镕基在向大会作关于国民经济和社会发展第十个五年计划纲要的报告中指出，要落实科教兴国战略，大力开发人力资源。要坚持教育适度超前发展，为国民经济和社会发展服务。

△ 教育部公布《第二批国家级重点中等职业学校名单》。

△ 教育部公布《第三批全国重点建设职业教育师资培训基地名单》。

△ 教育部发出《关于调整部分全国重点建设职业教育师资培训基地的通知》。

△ 教育部办公厅发出《关于做好2001年初中学生毕业升学体育考试工作的通知》。

**3月6日** 科技部、教育部、中科院、工程院、国家自然科学基金委印发《关于加强基础研究工作的若干意见》。

△ 教育部印发《关于“十五”期间普通高等教育教材建设与改革的意见》。

**3月8日** 全国人大常委会委员长李鹏分别参加九届全国人大四次会议安徽、天津代表团全体会议，审议《关于国民经济和社会发展第十个五年计划纲要的报告》和《纲要（草案）》，并在讲话中强调，义务教育是提高全民素质的根本，是一项基础性工程，务必抓紧抓好。同日，国务院副总理李岚清在参加贵州代表团审议时指出，西部地区要把握机遇，加快教育发展和科技进步，努力实现跨越式发展。

△ 教育部发出《关于做好2001年中等职业学校招生工作的通知》。

△ 教育部公布《跨世纪优秀人才培养计划》2000年入选人员名单。

**3月9日** 教育部办公厅就3月6日发生在江西省宜春市万载县潭埠镇芳林村小学一栋教学楼因爆炸引起教室跨塌，造成师生重大伤亡事件的情况，向各省、自治区、直辖市教育部门发出通报，要求各地教育部门和各级各类学校，迅速采取行动，建立学校安全防范体系。

**3月16日** 教育部印发《关于加强普通高等学校大学生心理健康教育工作的意见》。

**3月16日～18日** 全国普通高校招生就业工作会议在郑州市举行。2001年普通高校计划招生250万人，比2000年增长13.6%，其中本科生130万。全国普通高校毕业生共计115万人，其中本专科毕业生108万，毕业研究生7万。毕业生总数比2000年增长7.5%。教育部副部长吕福源出席会议并讲话。

**3月17日～28日** 教育部副部长张保庆率中国教育代表团访问阿根廷、古巴。

**3月19日** 教育部副部长韦钰在北京会见应邀来访的英国教育就业国务大臣布莱克斯通女士一行。双方就中英两国教育交流，特别是高等教育领域内的合作与交流、网络大学和远程教育以及贯彻中英两国政府间教育合作框架协议等问题交换了意见。

**3月20日～21日** 2001年度全国职业教育与成人教育工作会议在上海举行。会议提出了“十五”期间我国职成教改革的总体目标，部署了当前职成教战线必须全力推进的重点工作。教育部副部长王湛出席会议并讲话。

**3月23日** 教育部部长陈至立在北京会见应邀来访的乌干达教育和体育部长爱德华·基杜·马库布亚率领的乌干达教育代表团。双方签署了《2000—2005年中国教育部与乌干达教育和体育部教育交流与合作协议》。同日，教育部副部长韦钰与乌干达教育代表团进行了工作会谈。

**3 月 26 日** 中国教育学会 2001 年工作会议在北京召开，部署 2001 年学会工作、规划“十五”期间科研工作。教育部副部长王湛出席会议，并就我国基础教育改革和发展的形势、“十五”期间基础教育发展的主要任务发表了讲话。

**3 月 28 日** 我国首次工商管理硕士（MBA）研究生教学合格评估结果揭晓：参加评估的 26 所开展试点工作的高校全部合格，清华大学、东北财经大学、南开大学总分分别排在第一、二、三名。

**3 月 30 日** 教育部发出《关于做好 2001 年普通高等学校招生工作的通知》，就 2001 年普通高等学校招生工作作出规定，对报名参加普通高等学校招生全国统一考试的考生条件进一步放宽。

**4 月 2 日** 教育部副部长韦钰在北京会见应邀来访的塞舌尔教育部长丹尼·福尔，双方就进一步加强两国教育合作和交流交换了意见。

△ 教育部公布备案的第二批高等职业学校名单。

△ 信息产业部、教育部、国家语委发出《关于认真做好信息产业系统语言文字规范化工作的通知》。

**4 月 3 日** 教育部和北京市委、市政府联合举办首都高校师生形势报告会，邀请国家发展计划委员会主任曾培炎就制定“十五”计划的意义、背景及强调的几个重要问题等内容作报告。教育部部长陈至立等出席报告会。

△ 教育部发言人就日本历史教科书审定结果发表谈话，对日本政府主管部门不顾包括中国在内的亚洲近邻各国的强烈呼吁，执意为否认和美化日本军国主义侵略历史的教科书放行，代表中国教育界深感愤慨。

△ 教育部办公厅发出紧急通知，重申严禁组织中小学生参加商业性庆典、演出活动。

**4 月 4 日** 国务院任命袁贵仁、章新胜、赵沁平为教育部副部长，免去周远清的教育部副部长职务；任命袁贵仁为国家语言文字工作委员会主任；任命王湛为教育部总督学，免去其国家语言文字工作委员会主任职务；免去柳斌的教育部总督学职务。

△ 教育部召开 2001 年国家教育统一考试考风考纪电视电话会议。教育部副部长吕福源在会上作了题为《加强考试管理　严肃考风考纪　维护国家教育统一考试的社会声誉》的讲话。

**4 月 5 日** 教育部党组召开扩大会议，传达贯彻江泽民总书记、朱镕基总理和罗干同志在全国社会治安工作会议上的重要讲话精神。教育部党组书记、部长陈至立就教育系统贯彻落实会议精神提出了要求。

△ 教育部部长陈至立在北京会见应邀来访的苏里南教育和人民发展部部长桑德里曼一行，双方就两国教育交流问题交换了意见。

**4 月 5 日～20 日** 教育部副部长韦钰访问意大利、瑞士和法国。

**4 月 6 日** 全国人大教科文卫委员会、教育部、国务院法制办在北京举行《中华人民共和国义务教育法》颁布 15 周年座谈会。国务院副总理李岚清在座谈会上发表讲话，强调要切实加快义务教育的改革与发展，为全面提高国民素质，促进现代化建设作出更大贡献。全国人大常委会副委员长彭珮云、教育部部长陈至立等也在座谈会上讲话。

△ 厦门大学举行建校 80 周年庆祝大会。江泽民总书记致信祝贺。全国人大常委会副委员长成思危、全国政协副主席张克辉出席大会。教育部副部长张保庆代表教育部到会祝贺。

△ 国务院办公厅转发了国务院纠正行业不正之风办公室关于 2001 年纠风工作的实施意见。实施意见对 2001 年加大治理学校乱收费工作的力度，重点解决农村中小学乱收费问题作了明确规定和具体部署。

△ 教育部办公厅发出紧急通知，要求各地教育行政部门和中小学校高度重视并抓好学校安全工作，确保在春游期间杜绝学生伤亡的重大恶性事故发生。

△ 中医药局办公室、教育部办公厅发出通知，公布第二批高等中医药院校合格临床教学基地名单。

**4 月 8 日** 西安交通大学庆祝建校 105 周年，迁校 45 周年。全国人大常委会副委员长王光英、教育部副部长周远清等出席庆祝大会。

**4 月 9 日** 教育部印发《普通高中“研究性学

习”实施指南（试行）》。

**4月10日** 教育部发出《关于做好2001年全国研究生录取工作的通知》。

**4月12日** 财政部部长项怀诚在国务院新闻办举行的新闻发布会上透露，本届政府5年内将增加教育投入约480亿元人民币。

△ 教育部副部长章新胜在北京会见应邀来访的以约旦教育部秘书长加齐·法赫迪·哈里夏为团长的约旦教育代表团，双方就基础教育、互派留学生、职业教育等问题进行了广泛的探讨，希望两国在教育领域的合作进一步巩固和加强。

**4月13日** 教育部办公厅印发《教育部〈科技成果登记办法〉实施细则》。

**4月14日～15日** 教育部、民政部、中国残联在北京联合召开第三次全国特殊教育工作会议。教育部部长陈至立出席会议并讲话，教育部副部长王湛在会上作了主报告。会议提出要从我国社会全面发展和发挥社会主义制度优越性的战略高度，进一步提高对发展特殊教育事业重要性的认识，加强领导，加大投入，促进我国特教事业的发展。

**4月16日** 教育部、国家计委发出通知，下达2001年普通高等教育招生计划。

**4月19日** 在法国访问的国务院副总理李岚清会见留法学生、学者代表，与他们进行座谈，勉励留法学生和学者发扬前辈的光荣传统，刻苦学习，以出色的学业成绩和各种方式为祖国服务。

△ 卫生部、教育部发出《关于开展中国学生营养日宣传教育活动的通知》。

**4月27日** 教育部发出加强教育系统安全教育和安全教育宣传工作通知，要求加大安全教育力度，强化师生安全意识。

**4月28日** 国务院总理、国家科技教育领导小组组长朱镕基在北京主持召开国家科技教育领导小组第九次会议，听取了教育部关于全国基础教育工作和教育部、国家民委关于“十五”期间我国民族地区教育问题的汇报。会议原则同意两个报告，并决定召开全国基础教育工作会议和全国民族地区教育工作会议。朱镕基总理在会上发表了重要讲话。

**4月29日** 庆祝清华大学建校90周年大会在清华大学体育中心举行，党和国家领导人江泽民、朱镕基、胡锦涛、李岚清等出席庆祝大会。江泽民在会上发表重要讲话，祝贺清华大学90周年校庆，并向全国大学生提出殷切希望。清华大学校长王大中介绍了清华大学的历史和发展现状。教育部部长陈至立、北京市市长刘淇分别宣读了教育部和北京市政府的贺信。

同日，江泽民总书记考察了清华大学，听取了学校的工作汇报，参观了清华大学科技成果展览。他对清华大学取得的成绩表示祝贺，希望清华大学朝着具有世界先进水平的一流大学的目标不懈努力。

**4月30日** 国务院副总理李岚清在考察中国科技馆时，要求教育部门、学校组织广大学生有组织地到科技馆了解、学习、认识科学技术，传播科学精神，掌握科技知识，长大以后创造出更多科技成果为祖国服务。

**5月4日** 江泽民总书记在科技部关于在全国开展群众性的“科技活动周”的情况报告上作了重要批语，指出：“科学普及尤其要从青少年抓起，这是振兴我国科技事业的基础性措施。关键要在全社会形成和发扬爱科学、讲科学、学科学、用科学的浓厚风气，使实施科教兴国战略真正成为全民的自觉行动。”

**5月7日** 国家主席江泽民在北京会见美国耶鲁大学校长里查德·莱温一行。江泽民主席就教育发展和人才培养、中美教育交流合作等问题同客人进行了交谈。教育部部长陈至立等参加会见。

**5月10日** 国务院副总理李岚清在第四届中国北京高新技术产业国际周暨中国北京国际科技博览会开幕式上指出，在第十个五年计划期间，我国政府将把发展科技、教育放在更加突出的地位，加大实施科教兴国战略的力度，促进科技教育与经济紧密结合，推动国民经济持续快速健康发展。

**5月11日** 科技部、教育部发出《关于认定首批国家大学科技园的通知》。

**5月12日** 著名教育家、华东师范大学名誉校长刘佛年先生在上海逝世，享年87岁。

**5月14日** 教育部部长陈至立在北京会见应邀来访的伊拉克高等教育和科研部长胡马姆·阿卜

杜·哈利克率领的伊拉克高等教育代表团。同日，教育部副部长章新胜主持了与伊拉克高等教育代表团的工作会谈，双方就高等教育、互派留学生等进行了广泛的探讨。

△ 教育部原顾问郭明秋同志在北京逝世，享年 84 岁。

△ 教育部发出《关于中等职业学校面向农村进城务工人员开展职业教育与培训的通知》。

△ 教育部印发《关于首次认定教师资格工作若干问题的意见》。

△ 人事部、教育部、科技部、公安部、财政部印发《关于鼓励海外留学人员以多种形式为国服务的若干意见》。

△ 教育部发出通知，公布 2001 年“红”、“黄”牌普通高等学校名单。

**5 月 16 日** 教育部、共青团中央在北京召开大会，对全国三好学生、优秀学生干部和先进班集体进行表彰，并颁发胡楚南优秀大学生奖学金。全国政协副主席周铁农、共青团中央书记处第一书记周强、教育部副部长袁贵仁等出席表彰会并为获奖学生代表颁奖。

**5 月 17 日** 教育部部长陈至立和俄罗斯联邦教育部部长菲利波夫在北京共同主持召开了中俄教育、文化、卫生、体育合作委员会教育合作分委会第一次会议，并签署了《会议纪要》。

△ 北京大学举行季羡林先生 90 华诞暨从事东方学研究 66 周年庆祝大会，李岚清副总理等致信祝贺。

△ “2001 职业教育国际周”在北京开幕，来自英国、德国、澳大利亚等 12 个国家和中国共 600 多名职教界人士参加开幕式。全国政协副主席罗豪才、教育部副部长王湛、中国教育国际交流协会会长柳斌等出席开幕式。

**5 月 18 日** 由中国教育国际交流协会主办的“俄罗斯高等教育展”暨“中俄高校合作交流会议”在北京大学交流中心举行。教育部部长陈至立出席开幕式并致辞。

△ 教育部部长陈至立在北京会见印度尼西亚教育部长叶海亚·穆海敏一行。双方就加强和扩大两国在教育领域的交流与合作交换了意见。

△ 北京师范大学、中国协和医科大学、上海交通大学等 8 家院校和科研机构联合亿利资源集团公司在北京签署协议，成立国内首家高等学校蛋白质组学研究院并合作组建中国高校亿利蛋白质组学研究中心，进军被誉为生命科学“登月计划”的蛋白质组学研究领域。

**5 月 21 日** 教育部部长陈至立与应邀来访的吉尔吉斯共和国教育文化部长莎尔舍科耶娃共同签署了《中华人民共和国教育部与吉尔吉斯共和国教育文化部教育合作协议》。

△ 教育部发出《关于做好 2001 年普通高等学校招生考试管理和执法监察工作的通知》。

**5 月 21 日～23 日** 全国民办高等教育学术研讨会在杭州举行。会议提出要从法律上解决民办教育问题。全国人大教科文卫委副主任委员汪家镠、教育部副部长吕福源、中国高等教育学会会长周远清出席会议并讲话。

**5 月 23 日** 全国普通高等学校招生监察工作会议在厦门召开。教育部监察局决定进一步加大高校招生工作监察力度。教育部党组成员、纪检组组长张天保出席会议。

**5 月 24 日** 教育部办公厅印发《关于高等学校结业生学历问题的批复》。

**5 月 24 日～26 日** 教育部在北京召开部属高等学校防火安全工作会议。教育部副部长张保庆出席会议并讲话。

**5 月 28 日** 教育部、国家体育总局、共青团中央、全国少工委发出《关于实施“全国中小学生课外文体活动工程”的通知》。

**5 月 29 日** 国务院作出《关于基础教育改革与发展的决定》。

△ 教育部第二届“高校青年教师奖”颁奖大会在人民大会堂举行。67 所高校的 100 名优秀青年教师获奖。教育部部长陈至立在讲话中强调，要充分认识培养优秀拔尖人才和中青年骨干教师的重大意义，采取有力措施提高青年教师队伍的总体素质。教育部副部长吕福源、赵沁平出席颁奖会并与获奖者代表进行了座谈。

△ 中宣部、中央文明办、教育部发出《关于认真做好 2001 年“西部开发助学工程”实施工作

的通知》。

△ 教育部办公厅发出《关于调整教育部关心下一代工作委员会组成人员的通知》。

**5月30日** 中宣部、教育部、团中央、全国学联发出《关于组织开展2001年大中专学生志愿者暑期文化科技卫生“三下乡”社会实践活动的通知》。

**5月30日～31日** 科技部、教育部在北京召开全国大学科技园工作会议。教育部副部长赵沁平在会上作了工作报告。会议期间，李岚清副总理同会议代表进行座谈并发表讲话，教育部部长陈至立在座谈会上作了关于大学科技园工作的汇报。

△ 国家语言文字应用研究“十五”科研规划论证会在无锡举行。会议提出并明确了“十五”期间语言文字应用研究的主要任务。教育部副部长、国家语委主任袁贵仁出席会议并讲话。

**5月31日** 教育部党组书记、部长陈至立主持党组学习中心组会议，深入学习领会江泽民总书记在庆祝清华大学建校90周年大会上的讲话精神。

△ 教育部公布第三批备案的高等职业学校名单。

△ 教育部办公厅发出《关于成立高职高专教育英语课程教学指导委员会的通知》。

**6月1日** 教育部部长陈至立到中国人民大学附中和清华大学附中，考察北京远程教育网以及“校校通”工程的进展情况。通过远程教育网与学生交谈，并向全国少年儿童致以节日问候。

△ 教育部发布《2000年全国教育事业发展统计公报》。

△ 文化部、教育部、国家语委发出《关于在文化系统贯彻实施〈中华人民共和国国家通用语言文字法〉的通知》。

**6月1日～3日** 国务院副总理李岚清在天津考察工作。期间，考察了南开大学、天津大学和天津二中，就基础教育改革与发展、高校联合办学等问题进行了调研。

**6月4日** 教育部发出《关于下达2001年全国普通高等学校民族预科招生来源计划的通知》。

△ 教育部发出《关于下达2001年普通高等学校招收内地西藏班学生计划的通知》。

**6月5日** 教育部、财政部、国家计委作出《关于表彰全国“两基”工作先进地区（单位）和先进个人的决定》。

**6月5日～7日** 国务院副总理李岚清在上海考察工作。期间，考察了正在建设中的上海松江大学城、上海青少年素质教育基地和上海科技馆，并在复旦大学召开了部分大学校长座谈会，听取了上海高校后勤社会化改革情况的汇报，就如何深化这项改革与校长们进行了讨论。

**6月6日** 中宣部、教育部、团中央、全国学联在北京召开电视电话会议，部署2001年暑期大中专学生志愿者“三下乡”社会实践活动。中宣部副部长刘鹏、教育部副部长袁贵仁、团中央书记处书记胡春华出席会议并讲话。

△ 教育部人文社会科学重点研究基地工作会议在北京召开。教育部副部长袁贵仁出席会议并讲话。

△ 科技部、教育部印发《国家大学科技园“十五”发展规划纲要》。

△ 国家质量监督检验检疫总局、教育部发出《关于开展中小学锅炉压力容器安全大检查的紧急通知》。

**6月7日** 教育部部长陈至立签发中华人民共和国教育部令第11号，发布《中小学教材编写与审定管理暂行办法》，自发布之日起施行。

△ 教育部、财政部印发《关于对全国部分贫困地区农村中小学生试行免费提供教科书的意见》。

△ 教育部、新闻出版总署印发《关于推广使用中小学经济适用型教材的意见》。

△ 国家计委、教育部、新闻出版总署印发《中小学教材价格管理办法》。

△ 新闻出版总署、教育部印发《中小学教辅材料管理办法》。

**6月8日** 教育部、农业部发出《关于在农村普通初中试行“绿色证书”教育的指导意见》。

△ 教育部印发《基础教育课程改革纲要（试行）》。

**6月9日** 教育部、财政部、农业部发出《关于继续做好农村教育费附加征收管理工作的通知》。

**6月11日～12日** 国务院召开的全国基础教

育工作会议在北京举行，研究部署进一步加快基础教育的改革与发展。会议期间，国务院总理朱镕基、副总理李岚清发表了重要讲话。教育部部长陈至立、国家计委主任曾培炎、财政部副部长楼继伟就基础教育问题报告了有关工作。教育部、财政部、国家计委对“两基”工作先进地区（单位）和个人进行了表彰。

**6 月 12 日** 国务院纠风办、教育部印发《关于进一步做好治理教育乱收费工作的意见》。

**6 月 13 日** 教育部、光明日报社在北京召开学习宣传贯彻《国务院关于基础教育改革与发展的决定》座谈会。教育部副部长王湛等在座谈会上发言。

△ 国务院办公厅在北京召开学校对口支援工作经验交流会，总结东西部地区学校对口支援工作开展一年多来的经验，研究部署下一阶段工作。会议提出，加大学校对口支援工作的力度，促进贫困地区和少数民族地区义务教育的发展。教育部部长陈至立在会上讲话。

△ 教育部发出《关于实施“对口支援西部地区高等学校计划”的通知》。

△ 教育部发出通知，公布 2001 年“红”、“黄”牌成人高校名单。

△ 中宣部、教育部、人事部、文化部、广电总局、总政治部、国家语委发出《关于开展第四届全国推广普通话宣传周活动的通知》。

**6 月 14 日** 国务院总理朱镕基视察中央民族大学，代表党中央、国务院对中央民族大学建校 50 周年表示祝贺，勉励中央民族大学大胆创新，加快发展，为民族地区的繁荣昌盛和国家现代化建设作出更大贡献。

**6 月 14 日～16 日** 全国高校纪念中国共产党成立 80 周年理论研讨会在北京举行。教育部部长陈至立、副部长袁贵仁出席研讨会并讲话。

**6 月 15 日** 全国教育科学研究院所长工作联席会议在昆明召开。教育部副部长王湛出席会议并讲话。7 月 13 日，教育部办公厅印发了会议纪要。

△ 教育部发出《关于学习贯彻〈国务院关于基础教育改革与发展的决定〉的通知》。

△ 教育部发出《关于确定北京联合大学等高等学校为第二批示范性职业技术学院建设单位的通知》。

**6 月 15 日～25 日** 教育部部长陈至立率领中国教育代表团对芬兰、奥地利进行工作访问，并顺访了欧盟总部。

**6 月 16 日** 中央民族大学庆祝建校 50 周年。李岚清副总理致信祝贺。

**6 月 18 日** 教育部发出《关于在硕士研究生入学考试中增加外语（非外语专业）听说能力测试的通知》。

**6 月 19 日** 国务院副总理李岚清在北京会见出席“探索推进 21 世纪教育改革研讨会”的香港中学校长和大学生访问团，向他们介绍了全国基础教育工作会议和内地基础教育改革与发展的情况。同日，“探索推进 21 世纪教育改革研讨会”在北京召开。教育部副部长王湛在会上作了题为《改革发展基础教育为中华民族振兴奠定坚实基础》的报告。

△ 为庆祝建党 80 周年，中国教育学会、中央教科所、国家高级教育行政学院等单位联合举行学术研讨会，研讨中国共产党三代领导人教育思想和实践。

**6 月 22 日** 教育部、中国人民银行、财政部在北京召开全国国家助学贷款工作会议，研究进一步落实国家助学贷款政策，全面推进国家助学贷款工作。国务院副总理李岚清对会议作了重要批示。国家科技领导小组办公室副主任廖晓淇做了书面发言。教育部副部长张保庆、财政部副部长张佑才、中国人民银行副行长肖钢等分别在会上讲话。7 月 6 日，教育部办公厅、中国人民银行办公厅、财政部办公厅印发《廖晓淇、肖钢、张佑才、张保庆等同志在全国国家助学贷款工作会议上的讲话》。

**6 月 24 日～27 日** 2001～2005 年教育部高等学校有关科类教学指导委员会工作会议在北京举行。本届 29 个教学指导委员会共有委员 1 356 位，平均年龄 45 岁，有 20 人为两院院士。教育部副部长吕福源出席委员会工作会议并讲话。2002 年 3 月 21 日，教育部办公厅印发了会议纪要和教学指导委员会章程。

**6 月 25 日** 全国人大教科文卫委员会召开全

体会议，听取教育部副部长王湛关于全国基础教育工作会议情况的通报。委员们就全国基础教育工作发表了意见。全国人大常委会副委员长彭珮云出席会议。

△ 教育部发出《关于切实做好部署高校2001年招生收费工作的通知》。

**6月25日～30日** 第十届国际中学生俄语奥林匹克竞赛在莫斯科举行。代表中国参赛的7名选手，4名获金奖，2名获银奖，1名获铜奖，来自上海外国语大学附中的初三学生徐梦婷荣获全优选手称号。7月4日，教育部部长陈至立在北京接见载誉归来的参加第十届国际中学生俄语奥林匹克竞赛的中国代表团全体成员。

**6月28日** 由首都大学生演出的纪念中国共产党建党80周年文艺晚会在北京大学举行，国务院副总理李岚清、教育部部长陈至立等同首都大学生一起观看演出。

**6月28日～7月5日** 第32届国际物理奥林匹克竞赛在土耳其安塔利亚举行。代表中国参赛的5名中学生获得4枚金牌和1枚银牌，团体总分名列第一。

**6月29日～7月10日** 教育部副部长吕福源率中国教育代表团访问美国。

**7月1日** 中共中央举行大会，庆祝建党80周年，江泽民总书记发表重要讲话。同日，教育部党组召开座谈会，畅谈学习江泽民总书记讲话精神。教育部党组书记、部长陈至立强调，要结合教育战线实际，认真学习《讲话》，深刻领会，吃透精神，把思想和行动统一到《讲话》精神上来。全面开创新时期教育工作的新局面，为实现我国社会主义现代化建设的宏伟目标而努力奋斗。

△ 教育部党组书记、教育部部长陈至立为纪念中国共产党成立80周年，在《中国教育报》上发表题为《贯彻“三个代表”思想 推进教育改革与发展》的文章。

**7月2日** 教育部印发《中等职业学校设置标准（试行）》。

△ 教育部印发《幼儿园教育指导纲要（试行）》。

**7月3日** 中共教育部党组发出《关于教育战线学习贯彻江泽民同志在庆祝中国共产党成立80周年大会上重要讲话的通知》，要求教育战线全面深入学习贯彻江泽民同志“七一”重要讲话精神，努力开创新世纪教育工作新局面。

△ 国家体育总局、教育部发出《关于开展“亿万青少年儿童体育健身活动”的通知》。

**7月5日** 国家教育督导团在北京召开部分国家督学会议，学习贯彻《国务院关于基础教育改革与发展的决定》精神，并对“十五”期间如何进一步加强教育督导工作进行研究和部署。教育部副部长、国家总督学王湛出席会议并讲话。

**7月7日～9日** 全国普通高等学校招生统一考试举行。全国有453.5万考生参加考试。

**7月8日** 教育部在北京召开全国教育电视台台长座谈会。教育部副部长袁贵仁出席会议并讲话。会议提出，教育电视台要以江泽民总书记“三个代表”重要思想为指导，在新的历史时期为提高全民族的思想道德素质和科学文化素质以及教育事业的改革发展进一步发挥重要作用。8月9日，教育部办公厅印发座谈会纪要。

**7月8日～9日** 2001年国际数学奥林匹克竞赛在华盛顿举行。6名中学生组成的中国代表队获得团体冠军。

△ 教育部办公厅公布首批通过部级小学学具鉴定的单位及其产品名单。

**7月9日** 教育部召开各省、自治区、直辖市教育部门负责同志和部分高校党委书记座谈会，学习江泽民同志在庆祝中国共产党成立80周年大会上的重要讲话。中共中央政治局常委、国务院副总理李岚清出席座谈会并发表讲话。教育部部长陈至立在会上强调，高校要全面学习、研究江泽民同志“七一”讲话，切实把讲话精神贯彻到教育事业改革、发展、稳定的实践中去。

△ 教育部发言人对日本政府通报不对右翼教科书作进一步修改的决定表明立场。指出，日本政府不对其历史教科书进行进一步修改的决定是在袒护右翼势力，否定和美化侵略历史，也背离了自己迄今在历史问题上作出的表态，我们不能经受。对日本政府的决定极为遗憾并表示强烈愤慨。

△ 教育部、国家保密局印发《教育工作中国

家秘密及其密级具体范围的规定》。

△ 为贯彻落实《国务院关于基础教育改革与发展的决定》，发扬中华民族济困助学的优良传统，教育部、共青团中央、全国少工委联合发出通知，决定组织城市和经济发展较快地区向贫困地区学生捐赠教科书及其他图书。

**7月10日** 教育部在北京召开对口支援西部地区重点建设高等学校座谈会。会议决定加大对口支援西部地区高校力度。教育部部长陈至立出席会议并讲话，教育部副部长张保庆主持会议。

**7月11日** 针对山东曹县发生的高考替考事件，教育部新闻发言人指出，要站在实践“三个代表”思想的高度，维护高校招生公平公正。对高考中发生的各种违纪舞弊案件，发现一起，查处一起，绝不姑息迁就。

**7月12日～15日** 首届世界规划院校大会在上海举行。国务院副总理李岚清致信祝贺。教育部副部长章新胜等出席开幕式并发表讲话。

**7月14日** 第33届国际化学奥林匹克竞赛在印度孟买结束，中国代表队获团体总分第一名，并获得3枚金牌、1枚银牌。

△ 第十二届国际生物奥林匹克竞赛在布鲁塞尔结束，参加竞赛的4名中国学生获得3枚金牌和1枚铜牌。

**7月16日** 国务院副总理李岚清在北京会见由世界136所著名大学的华裔杰出青年和港澳台杰出青年组成的“海外杰青汇中华交流团”。

△ 教育部、国务院学位委员会印发《关于批准2001年全国优秀博士学位论文的决定》。

△ 教育部办公厅发出《关于学习贯彻〈决定〉精神，开展“贯彻〈决定〉精神，更新教育观念、推进素质教育”学习活动的通知》。

△ 教育部、国家体育总局、共青团中央、全国少工委作出《关于命名北京市东城区等五个区、市为“全国中小学生课外文体活动工程示范区”的决定》。

**7月16日～17日** 教育部部长陈至立在安徽就进一步贯彻落实全国基础教育工作会议和《国务院关于基础教育改革与发展的决定》精神进行专题调研。期间，陈至立听取了安徽省政府和省教育厅负责同志有关安徽省农村税费改革过程中基础教育情况的介绍，考察了怀远、长丰县等地的中小学校，调查了解了农村义务教育投入、教师队伍建设和管理体制等方面情况，并与当地基层干部、教师进行了座谈。

**7月17日** 中国联合国教科文组织全委会第22次全体会议在北京召开。教育部副部长韦钰、章新胜出席会议并讲话。

△ 卫生部、教育部印发《中国医学教育改革和发展纲要》。

**7月18日** 国家“211工程”建设两大公共服务体系，“中国教育和科研计算机网（CERNET）地区主干网和重点学科信息服务体系”建设项目和国内最大的高校图书馆联盟——中国高等教育文献保障系统（CALIS）分别通过国家验收，我国高等教育信息基础设施建设取得重大突破。

△ 教育部办公厅公布《〈现代远程中等职业教育与成人教育资源建设工程〉首批开发项目》。

**7月18日～21日** 国务院总理朱镕基率教育部、财政部、农业部等部门负责人在安徽就农村税费改革进行调研。指出在农村税费改革中，必须确保农村义务教育经费投入。

**7月19日** 国务院副总理李岚清出席北京西藏中学庆祝西藏和平解放50周年联欢会，看望在那里学习生活的藏族学生，慰问为民族教育辛勤工作的汉藏教师，与汉藏师生共同联欢。

**7月20日** 第8届全国青少年爱国主义读书教育活动表彰大会在北京举行。国务院副总理李岚清对活动作出批示。全国人大常委会副委员长王光英、彭珮云，全国政协副主席钱正英等出席表彰大会。

△ 国际信息学奥林匹克竞赛在芬兰坦佩雷结束，代表中国参赛的4名中学生获得1枚金牌、2枚银牌、1枚铜牌。

**7月23日～24日** 教育部和全国教育工会在北京联合召开全国校务公开研讨会。教育部党组成员、纪检组组长张天保出席会议并讲话。

**7月26日** 教育部发出《关于普通高等学校“两课”教育教学中贯彻江泽民同志“七一”重要讲话精神的通知》。

△ 教育部办公厅发出《关于加强高等学校学生证管理的通知》。

**7月26日～27日** 全国高校科技产业工作座谈会在北京举行。会议就加强规范管理，进一步促进高校科技产业发展等有关政策问题进行研讨。教育部副部长吕福源、赵沁平出席座谈会并讲话。

**7月26日～8月6日** 教育部部长陈至立作为中国政府特使赴秘鲁出席秘鲁总统权力交接仪式，并顺访哥伦比亚、阿根廷。

**7月26日** 教育部印发《全国教育事业第十个五年计划》。

**7月27日** 中国人民银行、财政部、教育部、国家税务总局发出《关于进一步推进国家助学贷款业务发展的通知》。

△教育部、国家语委印发《国家语言文字工作"十五"计划》。

**7月30日** 全国基础教育课程改革实验工作会议在大连召开。教育部副部长王湛出席会议并讲话。会议部署了课程改革实验工作，确定了2001年～2005年课程改革实验的组织和推广工作进程。

**8月2日** 教育部召开在京部分直属高校党委书记会议。教育部副部长袁贵仁在讲话中强调，高等学校要继续深入学习贯彻江泽民同志"七一"重要讲话，把思想和行动统一到讲话精神上来。要利用高校人才优势，为学习研究"七一"讲话作出应有的贡献。

△ 国家教育督导团发出《关于开展贯彻落实〈国务院关于基础教育改革与发展的决定〉督导检查活动的通知》。

**8月3日** 教育部举行深入学习贯彻江泽民同志"七一"重要讲话座谈会，邀请在京直属高校和北京市有关部门的同志畅谈学习讲话体会，对教育战线贯彻落实"七一"重要讲话作出部署。受正在国外出访的教育部党组书记、部长陈至立委托，教育部党组副书记、副部长吕福源主持座谈会并讲话。

**8月6日** 教育部发出《关于高校网上合作研究中心正式运行的通知》。

**8月7日** 江泽民、朱镕基、胡锦涛、李岚清等党和国家领导人在北戴河会见部分国防科技专家和社会科学专家，并同他们进行座谈。江泽民总书记发表了重要讲话。

**8月8日** 教育部、辽宁省政府、大连市政府在大连签署重点共建大连理工大学协议。教育部副部长吕福源、辽宁省副省长夏德仁、大连市副市长贺旻分别代表教育部、辽宁省政府、大连市政府在协议书上签字。

△ 教育部印发《教师资格证书管理规定》。

**8月13日** 第二届全国中小学生电脑制作活动颁奖仪式暨2001年中国中小学信息技术论坛与交流展示会在北京开幕。教育部副部长王湛出席开幕式并致辞。

△ 卫生部、教育部、公安部印发《关于青海、新疆、广东重大食物中毒事件处理情况的通报》。

**8月15日** 教育部基础教育司会同中国教育学会、国家教育发展研究中心在北京共同召开"更新教育观念、推进素质教育"座谈会暨《素质教育观念学习提要》赠书仪式。全国政协副主席万国权、教育部副部长王湛出席。

**8月16日～22日** 国务院副总理李岚清在辽宁考察工作。期间，李岚清考察了高等学校和中小学校，并强调要保证教师工资发放，保证必要的办学经费。

**8月17日** 教育部办公厅印发《关于在职业学校进行学分制试点工作的意见》。

**8月21日** 教育部办公厅、国家中医药管理局办公室发出《关于开展非医学专业本科毕业生攻读中医学研究生试点工作的通知》。

**8月22日～23日** 联合国教科文组织第四届九个人口大国全民教育部长级会议在北京举行。来自孟加拉、巴西、埃及、印度、印度尼西亚、墨西哥、尼日利亚、巴基斯坦和中国九个人口大国的教育部长、政府官员以及教育专家出席会议。22日，国家主席江泽民会见了出席会议的埃及、印度、尼日利亚、巴基斯坦等国的教育部长和联合国教科文组织总干事、执行局主席。国务院副总理李岚清出席开幕式并致辞。联合国教科文组织总干事松浦晃一郎、联合国教科文组织执行局主席德巴拉鲁也在会上致辞。中国教育部部长陈至立在会上作了题为

《满足人民基本学习需要　开创全民教育新局面》的讲话。会议通过了旨在推动九个人口大国全民教育进一步发展的《北京宣言》。

**8 月 22 日～9 月 1 日**　第二十一届世界大学生运动会在北京举行。江泽民、李鹏、朱镕基、李瑞环、胡锦涛、尉建行、李岚清等出席开幕式。来自 169 个国家的 6 800 名运动员、教练员等参加了本届大运会。中国代表团以 54 枚金牌、25 枚银牌、24 枚铜牌居金牌榜和奖牌榜首位。美国、俄罗斯、日本、乌克兰和意大利代表团分列金牌榜第二位到第六位。李岚清、贾庆林、陈至立等出席了闭幕式。

**8 月 24 日**　国务院副总理兼中俄教育、文化、卫生、体育合作委员会中方主席李岚清与俄罗斯副总理兼该委员会俄方主席马特维延科在北京共同主持召开中俄教育、文化、卫生、体育合作委员会第二次会议，对委员会成立以来的工作进行总结，对下一步工作作出规划。

△　卫生部、教育部、公安部在北京联合召开加强学校食品卫生安全工作电视电话会议，就做好新学期的食品卫生安全工作提出要求。卫生部副部长张文康、教育部副部长王湛、公安部副部长杨焕宁出席会议并讲话。

△　联合国教科文组织总干事松浦晃一郎和中国人民大学校长纪宝成签订协议，正式在人大设立联合国教科文组织版权与邻接权教席。这是联合国教科文组织在中国和亚洲设立的第一个法学教席。教育部副部长章新胜出席仪式并讲话。

**8 月 25 日**　新世纪高等教育发展战略女校长国际论坛在北京开幕。全国人大常委会副委员长彭珮云、全国妇联副主席顾秀莲、教育部副部长章新胜出席开幕式。

**8 月 27 日**　教育部在北京召开控制农村初中生辍学工作电视电话会议。教育部副部长、国家总督学王湛就贯彻落实全国基础教育工作会议和国务院《决定》精神，巩固提高“普九”成果，控制农村初中辍学生工作发表讲话。要求各地认真总结工作方法和经验，在此基础上采取切实措施做好控制农村初中生辍学工作。

△　教育部、国家语委印发《国家语言文字工作委员会科研项目管理办法》等有关文件。

△　教育部、国家语委印发《国家语言文字工作委员会语言文字规范（标准）管理办法》等有关文件。

**8 月 27 日～29 日**　2001 年中小学信息技术国际研讨会在长春举行。来自中国、日本、韩国、英国、美国等国家和港台地区的代表，共同交流与探讨了世界主要国家（地区）的中小学信息技术现状、问题及发展方向。

**8 月 28 日**　教育部印发《关于加强高等学校本科教学工作提高教学质量的若干意见》。

**8 月 28 日～30 日**　教育部党组召开深入学习“三个代表”重要思想，推进教育改革与发展讨论会，就如何以江泽民同志“七一”重要讲话精神统揽全局，贯彻到教育改革与发展实际工作中去，推进教育事业发展进行深入研讨。教育部党组书记陈至立在讲话中强调，做好当前教育工作，必须以江泽民同志“七一”讲话和“三个代表”重要思想为指导，坚持巩固和发展改革成果，关注解决热点问题，狠抓各项工作落实，继续保持学校稳定，努力实践“三个代表”，全面推进我国教育事业的改革与发展。

**8 月 31 日**　国务院副总理李岚清在北京会见奥地利教育、文化和艺术部长伊丽沙白·格雷尔一行。双方就加强两国特别是在教育和文化艺术等领域的合作与交流交换了意见。教育部部长陈至立参加会见。

**9 月 1 日**　义务教育新课程新学期开始进入基础教育课程改革实验区，20 个学科（小学 7 科、中学 13 科）49 种新课程实验教材首次在实验区试用，30 万名中小学一年级新生将用上新教材。

**9 月 3 日**　全国人大教科文卫委员会在北京听取了教育部、劳动和社会保障部实施《职业教育法》的情况汇报。教育部副部长王湛、劳动和社会保障部副部长张小建分别作了汇报。全国人大常委会副委员长彭珮云出席了汇报会。

△《中国教育报》在第一版刊登了教育部副部长张保庆就当前高校收费改革、国家关于资助经济困难学生的政策和办法答记者问。题目是《必须确保每一个大学生都能顺利完成学业》。

△　教育部、国家语委发出《关于开展城市语言文字工作评估的通知》。

**9月4日**　国务院副总理李岚清在北京会见受中国科学院邀请回国考察的11位海外优秀留学人员，希望海外的科学家和留学人员关注国家的建设和发展，通过各种途径和方式，为祖国服务，参与中华民族复兴的伟大事业。

△陈香梅第三届优秀教师奖颁奖典礼在北京举行。215名优秀教师获奖。教育部副部长袁贵仁出席颁奖典礼并讲话。

**9月5日**　中国教育工会庆祝教师节暨第二届全国师德标兵和先进个人表彰会在北京举行。中华全国总工会主席尉健行在会上发表讲话，国务院副总理李岚清致信祝贺。全国人大常委会副委员长彭珮云等出席会议。大会表彰了北京师范大学教授林崇德等10名全国师德标兵和489名全国师德先进个人。

**9月5日～8日**　第46届国际教育会议在日内瓦举行。中国教育部副部长章新胜率中国教育代表团出席会议，并在发言中介绍了中国在全民教育中取得的成绩，就"有质量的全民教育"、"学会和睦相处"、"教育与全球化"等问题阐述了中方的观点和立场。

**9月6日**　人事部、教育部作出《关于表彰全国模范教师和全国教育系统先进工作者的决定》。

同日，教育部作出《关于表彰全国优秀教师和全国优秀教育工作者的决定》。

**9月8日**　国家教育督导团发出《关于加强基础教育督导工作的意见》。

**9月10日**　教育部、人事部、北京市政府、全国教育工会、中国中小学幼儿教师（教育）奖励基金会在北京举行庆祝2001年教师节暨优秀教师表彰大会。国务院副总理李岚清出席会议并发表讲话。全国人大常委会副委员长丁石孙、全国政协副主席钱正英、教育部部长陈至立等出席会议。

同日，国务院副总理李岚清到北京蓝旗营教师住宅小区看望北京大学、清华大学部分教师，并向全国教师致以节日问候。

△　教育部办公厅印发《全国教育科学"十五"规划要点》和《全国教育科学"十五"规划课题指南》。

**9月11日**　中共中央统战部、教育部、民盟中央、中国陶行知研究会在北京举行纪念陶行知诞辰110周年座谈会，缅怀人民教育家陶行知为我国民主革命和教育事业作出的重大贡献。国务院副总理李岚清致信座谈会。全国人大常委会副委员长丁石孙、许嘉璐，中国陶行知研究会名誉会长张劲夫，中央统战部副部长刘延东，教育部副部长王湛在会上发言。

**9月12日**　教育部发出《关于做好2002年招收攻读博士学位研究生工作的通知》。

△　教育部作出《关于授予胡吉伟同学"舍己救人的优秀大学生"荣誉称号的决定》。

**9月14日**　中宣部、教育部、共青团中央、全国学联在北京联合召开全国大学生"三个代表"实践服务活动汇报座谈会，总结交流活动收获和体会，动员和引导广大青年学生深入学习、宣传和实践"三个代表"重要思想。北京大学等5所学校的学生汇报了实践心得。中宣部副部长高俊良、教育部副部长袁贵仁、团中央书记处书记黄丹华出席会议并讲话。

**9月15日～28日**　教育部副部长王湛率中国教育代表团访问德国、俄罗斯。

**9月17日**　教育部副部长章新胜在北京会见应邀来访的汤加王国教育大臣法卡法努阿一行，双方就两国教育交流与合作等问题交换了意见。

△　卫生部办公厅、教育部办公厅、公安部办公厅发出《关于进一步加强学校食品卫生安全管理工作的通知》。

**9月21日**　受中共中央和江泽民、朱镕基、李瑞环、李岚清等领导同志委托，中共中央政治局委员、上海市委书记黄菊前往上海华东医院，看望复旦大学名誉校长、我国著名数学家、教育家苏步青院士，祝贺他百岁华诞。22日，苏步青百岁华诞暨回国执教70周年庆贺大会在复旦大学举行，教育部部长陈至立出席大会并发表讲话。

△　教育部部长陈至立在上海考察了复旦大学的改革与发展情况，强调高校要深入学习江泽民总书记"七一"重要讲话精神，努力推进教育的改革与发展。

**9 月 22 日** 北京外国语大学庆祝建校 60 周年。李鹏委员长为校庆题词："培育外语人才，架筑友谊桥梁"。李岚清副总理致信祝贺。钱其琛副总理等出席庆祝大会，教育部副部长章新胜代表教育部在庆祝大会上宣读了贺信。

△ 对外经济贸易大学建校 50 周年。李岚清副总理致信祝贺。外经贸部部长石广生、教育部副部长章新胜等出席庆祝大会。

**9 月 23 日** 国防科工委、教育部、北京市政府、中国工程院在北京签署协议，共建北京航空航天大学。全国政协副主席朱光亚，国防科工委主任刘积斌，北京市市长刘淇，教育部部长陈至立、副部长章新胜、赵沁平等出席签字仪式。

**9 月 24 日** 教育部、财政部、国务院扶贫开发领导小组办公室发出《关于落实和完善中小学贫困学生助学金制度的通知》。

**9 月 26 日** 教育部召开会议，就江泽民总书记会见部分国防科技和社会科学专家的重要讲话精神进行座谈。教育部副部长袁贵仁出席会议并讲话。

△ 教育部公布普通高等学校人文社会科学重点研究基地建设计划第四批入选机构名单。

**9 月 27 日** 教育部召开党组扩大会议，学习传达中共十五届六中全会精神。教育部党组书记、部长陈至立在会上讲话。

**9 月 28 日** 教育部和重庆市政府在重庆签署重点共建重庆大学协议。教育部副部长吕福源和重庆市市长包叙定分别代表教育部和重庆市政府在共建协议上签字。

△ 教育部、北京市政府在清华大学联合举行北京申办 2008 年奥运会成功报告会。北京市副市长、原北京奥申委常务副主席刘敬民为首都高校近 5 000名师生作了关于北京申奥情况的报告。

**9 月 29 日** 教育部、四川省政府在成都签署重点共建四川大学、电子科技大学协议。教育部副部长吕福源、四川省省长张中伟分别代表教育部和四川省政府在协议书上签字。

**10 月 8 日** 教育部印发《全国教育系统法制宣传教育第四个五年规划》。

**10 月 9 日** 全国妇女儿童工作会议在北京召开。国务院总理朱镕基出席会议并在讲话中强调，要进一步加强妇女教育培训，普遍提高妇女受教育程度和终身教育水平，提高她们的思想政治素质和科学文化素质；全面普及义务教育，提高儿童受教育水平，特别要加强德育，培养德智体美全面发展的新一代。

**10 月 12 日** 中国少年先锋队建队 52 周年前夕，共青团中央、教育部、全国少工委等在北京联合表彰第七届"全国十佳少先队员"、第三届"全国十佳少先队辅导员"和第二届"全国十佳少先队志愿辅导员"。全国人大副委员长铁木尔·达瓦买提等出席颁奖仪式。

**10 月 13 日～14 日** 2001 年在职攻读硕士学位全国联考举行。有将近 10 万人参加了考试。

**10 月 15 日** 山东大学庆祝建校 100 周年。党和国家领导人江泽民、李鹏题词祝贺，李岚清、姜春云发贺信。江泽民总书记的题词是："团结进取，开拓创新，为把山东大学办成国内外知名的高水平大学而努力奋斗"。李鹏委员长的题词是："齐鲁大地人才辈出，百年学府再创新章"。中共中央政治局委员、山东省委书记吴官正，全国政协副主席钱伟长等出席庆祝大会，教育部部长陈至立在庆祝大会上讲话。

**10 月 15 日～11 月 3 日** 联合国教科文组织第 31 届大会在法国巴黎举行。中国教育部副部长、中国教科文组织全国委员会主任章新胜率中国代表团参加会议，并就中国政府支持文化多样性和普及全民教育等问题进行了大会发言。

**10 月 16 日** 新中国成立后创建的第一所师范大学——华东师范大学建校 50 周年。江泽民总书记为学校 50 周年校庆题词："立足上海，面向全国，努力办好华东师范大学，为实施科教兴国战略作出更大贡献。"中共中央政治局委员、上海市委书记黄菊致信祝贺。教育部副部长袁贵仁出席庆祝大会并讲话。

**10 月 17 日** 中央美术学院举行新校园落成庆典暨国际校长论坛。全国政协主席李瑞环为新校园落成致信祝贺。国务院副总理李岚清会见参加国际校长论坛的世界著名美术学院院长。

△ 中国教育国际交流协会成立 20 周年纪念

大会在北京举行。国务院副总理钱其琛致信祝贺。全国人大常委会副委员长丁石孙、许嘉璐，全国政协副主席罗豪才等出席纪念大会。教育部部长陈至立在纪念大会上讲话。

△ 教育部印发《开展基础教育新课程实验推广工作的意见》。

△ 教育部印发《开展基础教育新课程师资培训工作的意见》。

△ 教育部印发《九年义务教育小学思想品德课和初中思想政治课课程标准（修订）》。

**10月18日** “长江学者奖励计划”第四批特聘教授、讲座教授受聘暨第三届“长江学者成就奖”颁奖大会在北京举行。第四批共有49所高校的141个学科聘任了136名特聘教授、7名讲座教授。南开大学教授张伟平、北京师范大学教授李小文获第三届“长江学者成就奖”一等奖。国务院副总理李岚清会见了受聘教授和获奖者。全国政协副主席朱光亚等出席受聘暨颁奖大会。教育部部长陈至立在大会上讲话。

△ 以“为了中国和世界更美好的明天——基础教育的改革与发展”为主题的2001年中国教育国际论坛在北京开幕。教育部副部长王湛出席开幕式并发表学术演讲。

**10月19日** 民政部、教育部印发《教育类民办非企业单位登记办法》（试行）。

△ 卫生部办公厅、教育部办公厅印发《中等医学教育结构调整的指导意见》。

**10月19日～22日** 由中国教育国际交流协会主办的“2001年中国国际教育展”在北京开幕，来自20多个国家和地区的近150所高等院校和教育机构参展。教育部副部长吕福源出席开幕式并讲话。

**10月22日** 国务院副总理李岚清在北京会见以香港大学副校长程介明为团长的香港高教界学者“内地高等教育改革工作考察团”一行，希望内地与香港教育、科技界加强合作，共同为“科教兴国”贡献力量。

△ 教育部副部长张保庆在北京会见应邀来访的古巴高教部副部长冈萨雷斯一行，双方就落实两国教育交流协议等问题交换了意见。

**10月22日～23日** 以“认真学习贯彻江泽民同志‘七一’讲话和六中全会精神，与时俱进，更新教育观念，大力推进素质教育”为主题的第二届全国基础教育论坛在北京举行。教育部副部长王湛出席论坛并讲话。

**10月23日～24日** 全国省级教育行政部门、直属高校办公室主任会议在兰州举行。教育部副部长张保庆在讲话中强调，各级教育行政部门和直属高校办公室要加强思想作风建设，进一步转变教育系统办公室的工作职能、工作方式、工作作风，切实提高工作质量和工作效率，更好地为中心工作服务，为基层服务，为人民群众服务，努力开创教育系统办公室工作的新局面，推动教育系统办公室工作再上新台阶。

**10月25日** 教育部、国家体育总局、国家民委、科技部在北京联合发布2000年全国学生体质健康调研结果。同日，国家体育总局和教育部在北京公布我国首次国民体质监测结果。

△ 清华大学宣布成立医学院，标志着清华大学综合性学科布局和调整已基本完成。著名医学专家、全国人大常委会副委员长吴阶平受聘担任医学院首任院长。

△ 教育部印发《关于做好普通高等学校本科学科专业结构调整工作的若干原则意见》。

△ 新闻出版总署、教育部、国家计委印发《中小学教材出版招标投标试点实施办法》和《中小学教材发行招标投标试点实施办法》。

**10月25日～29日** 国务院副总理李岚清在四川考察工作。期间，李岚清副总理视察了西南科技大学、四川农业大学等高等学校，强调要加快西部地区人才培养和科技成果转化。

**10月26日** 教育部与广东省政府重点共建中山大学和华南理工大学签字仪式在广州举行。中共中央政治局委员、广东省委书记李长春出席签字仪式。教育部部长陈至立和广东省省长卢瑞华分别代表教育部和广东省政府在协议书上签字。

△ 教育部印发《2002年秋季普通中小学教学用书目录》。

**10月29日** 国务院总理朱镕基考察北京国家会计学院。教育部部长陈至立等陪同考察。

**11 月 1 日** 国家体育总局、教育部印发《中等体育运动学校设置标准（试行）》。

**11 月 5 日～13 日** 国务院副总理李岚清在广东考察工作。期间，李岚清考察了广东的高等教育体制改革情况，强调今后的发展目标和任务，一是要把工作重心转到学科结构调整和提高教学质量上来，按照经济发展和社会需要设立新学科，适应高新技术发展对人才的需求；提高本科教学质量，提倡名教授讲基础课；改进外语教学方式，加强听说教学，提高学生的英语实际运用水平。二是要坚持走产学研结合的路子，加快科技成果的应用、转化，使高校成为高技术人才的摇篮、科技创新的源泉和高新技术产业发展的动力。三是要坚持高校后勤社会化改革不动摇。

**11 月 6 日** 公安部、国家经贸委、教育部等 11 个部委局联合召开纪念江泽民总书记《责任重于泰山》重要讲话发表 5 周年暨公众聚集场所消防安全专项治理新闻发布会。

△ 中华苏维埃共和国教育人民委员部旧址揭幕仪式在江西瑞金举行。教育部副部长章新胜、江西省副省长胡振鹏出席仪式并为旧址揭幕。

**11 月 7 日** 教育部、总参谋部、总政治部作出《关于表彰全国学生军训工作先进单位和先进个人的决定》。

△ 教育部印发《关于制定中等职业学校学生学籍管理规定的原则意见》。

**11 月 7 日～9 日** 教育部在北京召开全国社区教育实验工作经验交流会议，总结近年开展社区教育工作的经验，研究和部署今后一个时期社区教育实验工作，推进全国社区教育工作的开展。教育部副部长王湛在会上作了题为《积极开展社区教育实验工作，努力推动社区教育工作的新发展》的工作报告。会议宣布了 28 个全国社区教育实验区名单并授牌。12 月 10 日，教育部办公厅印发了会议纪要。

**11 月 8 日** 教育部在北京召开学习《公民道德建设实施纲要》理论座谈会。教育部副部长袁贵仁出席会议并发表讲话，要求教育系统全面贯彻《纲要》精神，大力推进以德治教。

**11 月 9 日** 教育部、国务院学位委员会在北京召开首次全国专业学位教育工作会议。会议总结交流了 10 年来专业学位教育工作经验，探讨专业学位教育的特色和规律，加强和改进专业学位教育工作，使专业学位教育更好地适应国家经济社会发展的需要。

△ 中宣部、教育部、共青团中央、全国学联作出《关于表彰 2001 年度全国大中专学生志愿者暑期“三下乡”社会实践活动优秀组织工作奖、先进单位的决定》。

△ 教育部办公厅印发《教育部主管的社会团体管理暂行办法》。

**11 月 9 日～10 日** 全国幼儿教育工作座谈会在青岛举行。会议总结交流了近年幼儿教育经验，研究了当前幼儿教育改革与发展的重点工作，以推动全国幼教事业进一步发展。教育部副部长王湛出席会议并讲话。

**11 月 9 日～11 日** 教育部、总参谋部、总政治部在天津联合召开全国学生军训工作会议。中央军委副主席、国务委员兼国防部长迟浩田出席会议并在讲话中强调，要把学生军训工作作为利国强军的一件大事来抓。教育部副部长赵沁平在会上作了工作报告。会上，103 个全国学生军训工作先进单位、207 个先进个人受到教育部、总参谋部、总政治部的联合表彰。教育部副部长袁贵仁在闭幕式上讲话。

**11 月 12 日** 教育部考试中心在北京召开新闻发布会，宣布全国计算机等级考试科目设置和考试内容调整，2002 年上半年首先在福建省福州市区试点，下半年在全国推开。

**11 月 15 日** 中共教育部党组发出《关于教育战线学习贯彻〈公民道德建设实施纲要〉的通知》。

**11 月 16 日** 国家经贸委、教育部在清华大学举行仪式，为首批认定的清华大学、上海交通大学、西安交通大学、华东理工大学、华中科技大学、四川大学 6 所高校的“国家技术转移中心”授牌。国家经贸委副主任谢旭人、教育部副部长赵沁平出席仪式并讲话。

△ 教育部发出《关于从 2003 年起调整全国普通高等学校招生统一考试时间的通知》。

△ 国家计委、财政部、教育部发出《关于坚

决落实贫困地区农村义务教育阶段试行“一费制”收费制度的通知》。

**11月19日** 教育部副部长章新胜在北京会见应邀来访的越南教育培训部副部长阮文望，双方举行了工作会谈。

△ 教育部公布同意备案的高等职业学校名单。

△ 教育部印发《义务教育课程设置实验方案》。

△ 教育部办公厅印发《2002年春秋两季义务教育课程标准实验教学用书目录》。

**11月21日** 教育部印发《关于“十五”期间加强中等职业学校教师队伍建设的意见》。

△ 教育部印发《高等学校计算机网络电子公告服务管理规定》。

△ 科技部办公厅、教育部办公厅、中宣部办公厅、中国科协办公厅、共青团中央办公厅印发《关于推进〈2001—2005年中国青少年科学技术普及活动指导纲要〉实施工作的意见》。

**11月22日** 共青团中央、教育部等8单位联合召开网上发布会，向社会正式发布了《全国青少年网络文明公约》。教育部副部长王湛在会上发表讲话，要求各级教育行政部门和学校努力加强青少年的网络道德教育，共同构筑有利于青少年学生健康成长的网络空间。

**11月24日** 为深入宣传和贯彻全国基础教育工作会议精神，推进素质教育，教育部和北京市在北京共同主办“更新教育观念”大型报告会。北京、天津、河北3省市的6 000多名教育工作者到会听取了北京大学附中张思明等中小学校长、教师作的报告。教育部部长陈至立、副部长王湛，北京市委副书记龙新民等出席报告会。

**11月26日** 中国MBA教育10周年庆祝大会在北京举行。教育部副部长吕福源在会上代表教育部和国务院学位委员会宣布：我国MBA教育试点阶段结束，正式举办开始。

**11月26日～28日** 教育部、新闻出版总署在北京联合召开第五次全国高等学校出版社工作会议，总结“九五”成绩经验，确定“十五”发展目标。教育部副部长袁贵仁在开幕式上作了题为《贯彻“三个代表”重要思想，开创新世纪高校出版社工作的新局面》的报告。

**11月27日** 国务院办公厅转发《教育部、国家计委、民政部、财政部、税务总局、人事部、劳动保障部、卫生部、中国残联关于“十五”期间进一步推动特殊教育改革与发展的意见》。

**11月29日** 教育部和中共湖南省委在北京联合举行胡昭程同志先进事迹报告会。教育部副部长袁贵仁、湖南省副省长唐之享等出席报告会。

△ 教育部办公厅印发《关于中小学校园网建设的指导意见》。

**11月30日** 教育部召开党组扩大会，教育部党组书记、部长陈至立传达了中央经济工作会议精神，并结合当前的教育工作发表讲话。强调“一定要把教育放到经济工作的全局去思考改革和发展问题，这样才能真正落实科教兴国战略，使教育切实为经济工作全局服务。”

△ 宝钢教育基金在上海举行颁奖大会，来自全国各高校的795名师生获“宝钢教育奖”。其中清华大学彭晓峰等10位长期坚持在高校基础课教学一线并作出突出成绩的教师获优秀教师特等奖。

**12月3日** 中国科学信息研究所公布2000年中国高校科技论文排行榜。北京大学、清华大学、浙江大学分列国际论文发表数量、反映工程技术研究领域的论文数量和国内论文发表数量三大排行榜的榜首。

△ 教育部、国家计委发出《关于批准有关高等学校试办示范性软件学院的通知》。

**12月4日** 教育部发出《关于重申高等学校招生收费管理工作有关要求的通知》。

**12月5日** 《未成年人保护法》颁布10周年座谈会在北京举行。李鹏委员长出席座谈会并在讲话中强调，全社会要齐抓共管，形成合力，推动《未成年人保护法》的深入实施，为未成年人的茁壮成长营造一个安全和谐的环境。

△ 国务院任命郑树山、李连宁为教育部部长助理。

**12月6日～8日** 第三次全国高等学校后勤社会化改革工作会议在西安举行。教育部部长陈至立在会上做了工作报告。8日，国务院副总理李岚清出席会议并发表讲话，强调要加快高等学校后勤社会化改革步伐，促进高等教育事业的发展，推动科教兴国战略的实施，以优异成绩迎接党的十六大的召开。2002 年 2 月 6 日，教育部印发了李岚清的讲话和陈至立的报告。

**12 月 9 日** 教育部、甘肃省重点共建兰州大学签字仪式在兰州举行。教育部部长陈至立、甘肃省省长陆浩分别代表教育部和甘肃省政府在协议上签字。

**12 月 12 日** 2001 年中国工程院院士增选工作揭晓。新增选的 81 位院士中，有 32 人来自高校及高教系统。

△ 文化部、教育部印发《中等艺术学校设置标准（试行）》。

**12 月 13 日** 科技部、国家统计局、财政部、国家计委、国家经贸委、教育部、国防科工委作出《关于表彰全国 R&D 资源清查优秀、先进集体和优秀、先进个人的决定》。

**12 月 13 日～23 日** 教育部副部长张保庆率中国教育代表团访问韩国、新加坡和马来西亚。

**12 月 17 日** 国务院副总理李岚清在北京会见应邀来华访问的乌克兰教育与科技部长克列缅，双方就中乌两国在教育领域的交流与合作问题交换了意见。同日，教育部部长陈至立会见了克列缅部长。

**12 月 18 日** 教育部和北京市委联合举办报告会，外交部副部长李肇星为首都 50 多所高校的近 5 000名师生作形势报告。教育部部长陈至立主持报告会。

△ 中国高校首个联合研究院——南开大学天津大学联合研究院揭牌。联合研究院将实行两校优势互补，资源共享，开展高水平的科学研究。并设立两校科技合作基金，支持两校合作开展的科研项目，首批 13 个科技项目正式启动。

**12 月 19 日** 教育部办公厅发出《关于认真做好 2002 年初中学生毕业升学体育考试工作的通知》。

**12 月 19 日** 中国教育电视台在北京召开中国卫星电视教育开播暨中国教育电视台建台 15 周年研讨会。教育部副部长袁贵仁出席会议并讲话。

△ 国家留学基金管理委员会第六次全体委员会议在北京举行，教育部副部长兼国家留学基金委主任章新胜出席会议并讲话。会议审议了国家留学基金委 2001 年度工作报告，并对 2002 年国家公派出国留学和来华留学工作的改革思路提出意见和建议。

△ 全国高等教育学历证书网上查询系统正式开通。以此为技术依托，教育部开始在全国实施高等教育学历证书电子注册、网上查询制度。

△ 教育部作出《关于表彰全国普通高等学校科研管理（人文社会科学类）先进集体和先进个人的决定》。

△ 教育部发布《第一批异形词整理表》和《GB13000.1 字符集汉字折笔规范》。

**12 月 20 日～24 日** 国务院副总理李岚清在福建考察工作。期间，李岚清考察了学校、科研院所等，强调要与时俱进，大胆创新，加快经济和科技教育事业发展。

**12 月 22 日** 全国特殊教育先进县（市、区）和特殊教育先进工作者表彰会在北京举行。101 个特殊教育先进县（市、区）和 203 名特殊教育先进工作者受到教育部、民政部、中国残联的表彰。教育部副部长王湛在表彰会上讲话。

**12 月 24 日** 教育部在北京召开全国普通高校科研管理（人文社会科学类）先进集体和先进个人表彰暨经验交流会，对“九五”期间高校人文社会科学科研管理工作中成绩突出的 60 个先进集体和 150 位先进个人进行表彰。教育部副部长袁贵仁在会上作了题为《树立服务意识，进一步提高人文社会科学研究管理水平》的报告。

△ 教育部作出《关于表彰全国普通高等学校科研管理（自然科学类）先进集体和先进个人的决定》。

**12 月 24 日～25 日** “中国师德建设论坛”在北京举办。教育部副部长袁贵仁出席论坛开幕式并发表讲话。

**12 月 25 日** 国务院任命郑树山、李连宁为教育部部长助理。

**12 月 26 日** 新华社报道：中共中央总书记、

国家主席江泽民为《中国信息化探索与实践》一书作序。在题为《加快我国的信息化建设》的序中，江泽民指出，要在中小学生中普及信息的基本知识教育，也要在广大干部职工中开展学习掌握利用信息的技能活动。

△ 教育部2002年度工作会议在北京举行，教育部部长陈至立在会上作工作报告。会议以坚持发展为主题，对2001年的教育工作进行了回顾总结，部署了2002年的工作。2002年1月7日，教育部印发陈至立在2002年度工作会议上的讲话和《教育部2002年工作要点》。

△ 教育部、国家统计局、财政部发布2000年全国教育经费执行情况统计公告。

**12月28日** 国务院总理、国家科技教育领导小组组长朱镕基在北京主持召开国家科技教育领导小组第十次会议，听取科技部关于我国加入WTO后科技工作有关问题和教育部关于加强助学工作的汇报，并作了重要讲话。会议审议并原则同意科技部关于我国加入WTO后科技工作有关问题和教育部关于加强助学工作的意见。

△ 国务院副总理李岚清在北京与出席“科技创业、报效祖国——2001海外学人回国创业周”活动的部分代表座谈，强调要积极营造良好的环境，鼓励和支持海外学人为国服务，回国创业，为实现中华民族的伟大复兴贡献智慧和力量。

△ 中国教育电视台“面向西部地区基础教育同步课堂”正式开播。教育部副部长王湛出席开播仪式。

**12月28日～30日** 中央组织部、中央宣传部和中共教育部党组在北京联合召开第十次全国高校党建工作会议。中共中央政治局常委、国务院副总理李岚清在会上发表讲话。教育部党组书记、部长陈至立代表中央组织部、中央宣传部和中共教育部党组作会议主报告。教育部副部长袁贵仁在闭幕式上就如何贯彻落实会议精神代表三部门作了讲话。会议交流了高校党建工作的经验，并就李岚清副总理的讲话、陈至立部长的工作报告以及高校党建和思想政治工作中存在的问题进行了深入讨论。

**12月30日** 全国妇联、教育部作出《关于表彰全国家庭教育工作先进集体和先进个人的决定》。

撰稿 闫 蕾 喻晓宪

审稿 高聚慧

# 前进中的中国教育事业

# 中国政法大学

中国政法大学的前身是1952年在北京大学、燕京大学、辅仁大学、清华大学的法学、政治学、社会学等学科基础上合并组建的北京政法学院，著名法学家、政治学家钱端升先生为首任院长。1983年，在中央“要抓紧筹办中国政法大学，把它建成我国政法教育中心”的指示下，学院更名为中国政法大学。

经过50年的建设与发展，中国政法大学已成长为一所以法学为主，兼有政治学、社会学、经济学、管理学、文学、哲学等多学科的教育部直属重点大学。学校目前设有法学院、民商经济法学院、国际法学院、刑事司法学院、政治与公共管理学院、商学院、人文学院、外国语学院等12个校属院部，有各类在校生21367名，教职工1512名，教授、副教授382名，博士生导师，硕士生导师140名。法学专业教师所从事的教学、研究领域几乎涵盖了法学学科的所有三级学科。

昌平校区远景

学校目前有学院路和昌平两个校区。学院路校区位于蓟门桥畔，昌平校区坐落在军都山下。其中，昌平校区于1985年被列为国家“七五”重点建设工程。

50年来，中国政法大学在中央主管部门及社会各界的关心支持下，以“厚德、明法、格物、致公”为校训，以“推动中国社会政治进步和法制昌明”、建设“社会主义法治国家”为理想，严谨治学，砥砺人才，在教学、科研和学科建设等各个方面都形成了自己的办学特色，在法学领域具有突出的整体优势。

中国政法大学是我国高素质政法人才的培养中心，50年来，学校共为社会各界输送优秀毕业生10万余名，其中绝大部分已成为国家公安、检察、审判、司法行政及政府机关、经济实体的骨干力量和法学教学科研的中坚。

建校50周年庆典暨法治与法学教育国际研讨会开幕式

国内外学者共话法学教育

中国政法大学是我国重要的法学研究中心，50年来，学校在许多专业领域都开创了新中国法学教育的先河，如新中国的第一个法律史专业、第一个民商法专业、第一个经济法专业、第一个诉讼法专业、第一个比较法专业等都设在中国政法大学，新中国的第一批法学博士也在这里诞生。50年来，学校的科研成果不断应用于国家立法和司法实践，从1954年第一部《中华人民共和国宪法》的起草，到《香港特别行政区基本法》的颁布，共和国每一部重要法律的诞生和实施，无不凝聚着法大人的心血。仅从1978年复办至今，学校就有1000余人次参加了国家主要立法的论证和起草工作。

毕业生党员为“依法治国”集体宣誓

中国政法大学是中国法学与世界交流的中心，改革开放以来，学校与世界25个国家和地区的50多所大学建立了交流合作关系，目前学校有来自14个国家和地区的留学生400余名。

学校在50年的创立发展过程中，得到了党和国家领导人的高度重视和亲切关怀。毛泽东、邓小平先后为学校题写了校名；中央明确指示要“把中国政法大学建设成为全国政法教育中心，法学研究中心和法学图书资料信息中心”；1995年和2002年，李岚清副总理两次亲临学校视察，对学校的建设与发展作出高度评价，并明确提出了“在21世纪我国加速建设社会主义法治国家的今天，中国政法大学作为中国法学教育的最高学府，要为国家培养更高素质的法律人才和提供更高层次的法律智力支援”的要求；2002年，江泽民总书记和李鹏委员长为学校建校50周年题词祝贺，江泽民总书记的题词是“弘扬法治精神、培育法学新人”，李鹏委员长的题词是“培养优秀政法人才、建设社会主义法治国家”。教育部部长陈至立出席了50周年庆典大会并发表讲话，她要求中国政法大学在21世纪要肩负起为国家培养高素质社会主义法治人才、大力增强广大干部群众的法律意识与法治观念、建设社会主义法治国家的重要历史使命；学校全体师生员工要面向现代化、面向世界、面向未来，积极创新、不断改革，为建设“法学特色鲜明的世界知名的高水平大学”而努力奋斗。

中国政法大学的办学目标是，用20年左右的时间，把学校办成多科性、研究型、开放性、特色鲜明的世界知名高水平大学，使法学学科跻身于世界前列，实现“把中国政法大学办成中国法学教育、科研、信息资料及立法与决策咨询中心”的任务。

与司法部门共同建立实验教学基地

开展普法万里行活动

# 石油大学

山东校区校门

石油大学是教育部直属的高校，列入国家“211工程”重点建设项目，是一所以工为主、理工管结合、文理渗透的高等学府，2000年教育部批准试办研究生院，2001年教育部批准试办网络教育学院。

石油大学的前身是北京石油学院，1953年由清华大学等高校相关院系合并组成，1960年确定为全国重点大学；1969年迁到山东省东营市，改称华东石油学院；1988年更名为石油大学，实行一校两地办学，石油大学（北京）在北京昌平区，占地26万平方米，石油大学（华东）在山东东营市，占地200万平方米。两个办学实体都有完整的党政管理体系。校本部设在北京（学院路20号）。

学校现有3个博士后流动站；3个博士学位授权一级学科；13个博士点，31个硕士点，45个本科专业；5个国家级重点学科，1个国家级重点实验室，1个国家工程基础课程化学课程教学基地，1个教育部工程研究中心。

人工举升理论研究居国内领先水平

学校现有教师1273名，其中教授231名、副教授410名，占教师总人数的50%。有中国工程院院士2名，国家级突出贡献专家4名，享受政府特贴人员116名，博士生导师87名。学校有各类全日制在校生近20000名（其中博士生378名、硕士生1826名）、各类成人教育生11440余名。建校49年来，为国家特别是石油、石化、海洋石油战线输送了博士、硕士研究生3895名，本专科毕业生53000余名。石油大学已成为我国“科教兴国”的一支重要力量。

学校科研工作坚持面向国民经济主战场，实行“产学研相结合”，并重视基础研究。“九五”期间，学校承担国家自然科学基金项目50项，主持“973”项目1项，负责和参加其他“973”项目专题9项，年均科研经费超过1亿元。学校获自然科学奖2项、国家技术发明奖2项、国家科技进步奖6项；获省、部级奖励216项。学校与数十个国家高校与学术机构建立了密切联系与合作，来访的外国学者达1110人次。在校就读的外国留学生100余名。图书馆藏书147.3万册，中外文期刊3972种，“九五”期间共投资2150万元，现两校区图书馆已具备了数字化图书馆雏形。

北京校区图书馆

学校整体目标是：到2010年，将石油大学建成为高水平的，国内著名、国际知名的，以工为主、理工管结合的多科性高等学府。

校门

中医药博物馆

# 北京中医药大学

北京中医药大学创建于1956年，直属教育部管理，是进入国家“211工程”建设的高等中医药院校。

北京中医药大学分东、西两校区，占地面积25.3万平方米，教学区总建筑面积27.7万平方米。现有教职工2690人（校本部1207人），其中具有高级职称654人，专任教师430人，有博士生导师42人。学校有各类学生15483名，其中本专科生4124名，研究生450名，外国留学生746名，台港澳学生369名，成人教育学员3794名，远程教育学生5700名。

学校设有中医学、中药学、制药工程学、针灸推拿学、公共事业管理（卫生事业）、工商管理（中药企业）和中医护理学7个专业。其中中医学七年制含8个培养方向班，分别与南开大学、清华大学、对外经济贸易大学、北京师范大学和中日友好医院等单位联合培养。学校现有6个国家级重点学科，10个部局级重点学科，4个北京市重点学科，1个部级重点实验室、2个北京市重点实验室，6个国家中医药管理局三级实验室。设有中医学、中药学、中西医结合3个博士后科研工作流动站。中医学、中药学、中西医结合3个一级学科具有博士学位授权，包括15个二级学科博士学位学科授予点。

学校附属东直门医院是一所具有中医专科专病特色的医院，附属东方医院已建设成为国家级现代化的综合性中医医院。校办药厂小容量注射剂已通过GMP认证。

近几年来，学校先后与17个国家和地区建立了40多项合作关系，与境外9所正规大学和研究机构建立了良好的学术联系。目前学校在结构布局战略性调整以及教学、科研、医疗和内部管理体制改革诸方面，开展了全方位的卓有成效的改革与实践，为把学校建设成国际知名的一流中医药大学而奋斗。

山西大学创办于1902年，时称山西大学堂。历经世纪之旅，已为国家和社会培养10万多名各类人才。

山西大学占地面积133万平方米，建筑面积56万平方米，是一所综合性大学。现设21个院系，65个本科专业，2个博士后科研流动站，9个博士点，58个硕士点，20个省级重点学科。量子光学与光量子器件实验室是国家重点实验室。光学、科学技术哲学是国家重点学科，代表了山西学科建设的最高水平。教职员工近3000人，具有高级职称的教师750余人。图书馆藏书160万册。已与国外29所高等院校、科研机构建立了校际交流关系。近年来，先后承担国家“973”项目、“863”项目、国家“九五”攻关项目、国家自然科学基金重点项目、国家人文社会科学项目和各级各类项目1100余项，有300多项科研成果获得省部级以上奖励。

百年校庆会场

山西大学本科生考研率一直保持在15%～20%，硕士生考博率一直保持在30%以上，学生一次性就业率保持在全省首位，2001年被教育部评为山西省高校大学生就业先进单位。在第六届“挑战杯”全国大学生课外科技作品大赛中，6件参赛作品5件获奖，总分排名第六位。最近两年的全国大学生体育技能大赛、全国数学建模大赛、电子设计、英语竞赛、健美操比赛中，山西大学学生获得8个全国一等奖。2000年的全国大学生运动会上，学校获得4金2银7铜，总分排在参赛高校的第十名。

2002年5月8日，学校百年庆典。百年传承，薪火相继。学校将努力在“十五”末建成地方特色更加鲜明、地区示范作用更加突出的高水平的教学科研型现代化综合大学。

# 山西大学

课外活动

科技大楼

清泽园鸟瞰

建校 100 周年庆祝大会

# 太原理工大学

太原理工大学的前身是创建于1902年的山西大学堂西学专斋。2002年5月6日，举行了建校百年庆典。该校是以工为主，理工结合，文、管、经、法、体、美协调发展的多科性大学，也是国家“211工程”重点建设的高校之一。

太原理工大学本部设有13个学院，有国家重点学科2个、省级重点学科6个、重点建设学科13个、重点扶持学科2个；有博士后流动站1个、一级学科博士点1个、二级学科博士点14个、硕士点41个、10个学科领域有工程硕士学位授予权；有国家重点实验室1个、省重点实验室2个、省中试基地3个和省工程技术中心2个；有专职教师1600余名，其中教授、副教授等高级专业技术人员990名。校本部全日制在校本专科生15378名，博士生、硕士生1626名。

学校积极推进教学改革，突出本科教育，加强对学生“知识、能力、素质”的综合培养，不断提高学生的创新能力。学校高度重视党团建设、思想政治、精神文明、德育和学生工作，多次获得国家和省部级荣誉称号。2001年，校党委被表彰为“全国优秀基层党组织”。学校大力发展科研产业，近年来，共承担包括国家重大攻关技术“863”项目、国家重点基础研究发展规划“973”项目在内的各类科研项目1600余项，其中获省部级以上奖励334项，国家级奖励16项。

太原理工大学秉承“求实、创新”的校训，重塑精神，砥砺意志，努力在21世纪把学校建设成为实力更强、水平更高、效益更好的有中国特色的高水平大学。

学校承担了国家重大攻关技术“863”项目

# 中国刑警学院

优美的校园

中国刑警学院创建于1949年1月，坐落在辽宁省沈阳市。半个多世纪来，学院继承和吸收了我国刑事侦查和刑事科学技术专业方面的精华，借鉴国内外有关院校的办学经验，创建了符合我国国情、适应公安工作需要、具有鲜明特色的以教学为中心、教学科研办案相结合的办学模式和警务化管理体制。有刑法学、诉讼法学、法医学、分析化学4个硕士学位授予权学科专业点，有侦查学、刑事科学技术、法医学、信息安全4个本科专业及刑事侦查、经济侦查、痕迹检验、法化学、法医学等10个本科专业方向。并建立了相应的设备现代化的实验室、训练场（馆）70余个。同时开设法医学、法化学、刑事科学技术第二学士学位教育。目前，在校全日制研究生、本科生、第二学位生共4000余人。学校面向全国招生，毕业生分布在公、检、法、司、安全、海关等部门工作。

根据公安工作和队伍建设需要，学院大力开展多种形式不同层次的成人学历教育和专业培训、岗位培训，每年招收学员1000余人。同时，学院在全国26个省、自治区、直辖市设立了函授站，在籍本专科学员7500余人。

学校建立了一支包括多名全国著名刑事侦查和刑事科学技术专家在内的师资队伍。在610名教职工中有教授、副教授110多名，讲师、工程师220多名。近几年，学院承担国家级科研课题3项，省部级科研课题20余项，出版专著、教材100余部，发表学术论文2000余篇。协助和参与各地公安机关办案3000余起。

学校积极引进国外先进智力资源，广泛开展国际间的学术交流，已与美国、日本、俄罗斯等国家的一些院校建立了友好合作关系。每年聘请外籍专家和学者来校讲学，同时派出专业教师出国深造。21世纪，中国刑警学院在邓小平理论和“三个代表”重要思想指引下，将为建设新型的现代化的公安高校而努力奋斗！

探讨问题

现代化语音室

地　址：沈阳市皇姑区塔湾街83号　　邮　编：110035　　电　话：024-86982416　　传　真：024-86787000

# 吉林师范大学

中心教学楼

吉林师范大学是吉林省属重点建设高校，坐落在松辽沃野腹地四平市。始建于1958年，前身是四平师范学院，2002年更名为吉林师范大学。

吉林师范大学是吉林省高级中学骨干教师培养中心、高师教育研究中心、普通高校师资培训中心。目前，学校设有5个分院，17个系，4个教研部，5个教学中心，18个研究所，有25个本科专业，固定资产总值5亿元。图书馆藏书125万册，国内外期刊2400种。全校有学生16500人，其中全日制本科在校学生10231人。校园占地92万平方米，建筑面积34万平方米。

吉林师范大学拥有比较雄厚的师资力量。现有教职工1713人，专任教师1045人，有教授、副教授400多人，具有研究生学历的教师451人，有国家突出贡献的中青年专家1人，享受政府特贴专家13人，省拔尖人才3人。获曾宪梓奖17人。

吉林师范大学始终把办学质量放在首位。学校连续4届获国家级教学成果奖。毕业生以基础厚、潜力大、能力强、素质好而受到社会的广泛赞誉。

吉林师范大学科研事业发展迅速，为地方经济建设服务成绩卓著。学校有1个省哲学社会科学重点基地——满族文化研究基地。有专门史、凝聚态物理、基础数学和无机化学4个省重点学科。学校从1979年起开始招收硕士研究生，现有专门史、文艺学、基础数学、凝聚态物理、无机化学、英语语言文学、马克思主义理论与政治思想教育7个硕士点。

吉林师范大学对外学术交流活跃，校际合作广泛。与美国、俄罗斯、日本、澳大利亚、新西兰、韩国等国高校建立了校际合作关系。“十五”期间，吉林师范大学提出了建设国内一流的教学科研型师范大学的奋斗目标。学校将与时俱进，朝着特色鲜明的、现代化的、开放的、充满生机和活力的省属一流重点师范大学的宏伟目标阔步前进。

满族文化研究基地

专门史硕士导师组

校园风光

# 黑龙江大学

黑龙江大学是一所具有光荣历史传统和优良校风、学风的高等学府，是黑龙江省属重点综合性大学。其前身是于1941年在延安成立的中国人民抗日军政大学第三分校俄文队。先后易名为中央军委俄文科、中央军委俄文学校、延安外国语学校。1946年东北解放后，学校迁至哈尔滨，更名为东北民主联军总司令部附设外国语学校，后又易名为哈尔滨外国语专门学校、哈尔滨外国语专科学校、哈尔滨外国语学院，1958年扩建后定名为黑龙江大学。

学校占地面积80万平方米，建筑面积65万平方米。学校现设有文学与新闻传播学院、历史文化旅游学院、哲学与公共管理学院等13个学院；设有竟博学院、同庆学院2所民办学院；设有其他教育形式的国际文化教育学院、成人教育学院、职业技术学院、继续教育学院4个学院；设有涵盖哲、经、法、文、史、理、工、管8个学科门类的共51个本科专业。新建的23000平方米的现代化图书馆，馆藏中外文图书130余万册，中外文期刊6000余种、9万余册；多媒体电子阅览室是中国学术期刊（光盘版）一级检索站。新落成的14960平方米的体育馆，是符合承办国际大赛标准的大型现代化体育馆。学校师资力量雄厚，现有教职员工1930名。教师中具有博士学位的60名，在读博士96名，具有硕士学位的353名，在读硕士104名。学校有博士和硕士研究生588名，本科生12769名，专科生1671名，留学生242名。学校建有信息与计算中心和现代教育技术中心，有较强的CAI课件设计开发能力和远程教学能力。学校以服务社会加快科技成果转化为导向，兴办多家科技产业。学校与联通公司共建了宽带数字化校园网络，校园网络办公自动化信息系统达到了国内先进水平。黑龙江大学是一所开放型大学，已与国外44所大学建立了校际友好关系，并与英国布拉德福德大学、利兹大学，俄罗斯远东大学，加拿大雷克海德大学签署了联合培养学生协议，先后派出联合培养留学生300余名；与加拿大北美文理学院签署了互建分校协议；与美国威尔克斯大学开展了即时交互式远程教学合作。

面向21世纪，学校全面总结近年教育教学改革的经验，积极探索中国入世后高教改革的思路，主动迎接市场经济，信息化，国际化的挑战，努力使黑龙江大学成为培养高素质的、全面发展的、复合型的创新人才培养基地，为建成现代化的的地方综合性大学而奋斗。

多媒体教室

体育馆

# 东华大学

建校 50 周年庆祝大会

东华大学是教育部直属高校，国家正式批准立项的“211 工程”重点建设高校，由教育部和上海市人民政府共建共管。学校的前身华东纺织工学院建于 1951 年 6 月。1960 年起，学校被确定为全国重点大学。是我国首批具有博士、硕士、学士三级学位授予权的单位，并设有博士后流动站以及国家正式批准的工商管理硕士（MBA、EMBA）学位点和工程硕士学位点。1985 年 9 月，学校更名为中国纺织大学。1999 年 8 月，经教育部批准，学校更名为东华大学。

东华大学毗邻上海虹桥经济开发区，松江新校区（100 万平方米）经教育部和上海市人民政府批准，已正式启动建设。学校现设 14 个学院和国际合作办学的东华大学拉萨尔国际设计学院，学科涉及工学、经济学、管理学、文学、法学、理学、教育学七大门类，全日制在校学生已达 12600 名。学校拥有 4 个国家重点学科，有国家重点实验室、国家工程技术研究中心、教育部工程研究中心，教育部重点实验室和 14 个研究所。全校现有教职工 3000 余名，其中，工程院院士、“长江学者奖励计划”特聘教授以及高级职称教师共 500 余名。

“211 工程”“九五”期间建设项目验收

东华大学治学严谨，连续三届获国家优秀教学成果奖。纺织类专业的学士学位毕业生享有在英联邦免试开业的资格（LTI）。学生在上海市和全国的数学建模、电子设计、机电一体化毕业设计、“挑战杯”创业大赛等科技竞赛中屡屡获奖，成绩显著。建校 50 多年来，已为国家输送 7 万多名各类技术和管理人才，并为 56 个国家培养了大批留学生。

东华大学积极开展科学研究，重视产学研合作。在为国家及上海经济建设和社会发展服务方面取得了显著成绩。近年来，有数十项科研成果获得国家科技进步奖、国家发明奖及省部级科技进步奖，有多名教师先后获得中国百名青年科学家、中国十佳服装设计师、上海市科技精英和上海市六大发明家等称号。2000 年和 2001 年，先后有两项科研项目被列为“中国高校十大科技进展”。

2001 年，学校顺利通过“211 工程”“九五”期间建设项目验收，举行了建校 50 周年庆典。跨入 21 世纪的东华大学正在抓住机遇，加快步伐，为把学校建设成为“国内一流，国际有影响，有特色的高水平大学”而努力奋斗。

服装艺术设计毕业生作品汇报表演

# 华东理工大学

华东理工大学原名华东化工学院，是在1952年全国院系调整时，由交通大学（上海）、复旦大学（上海）、大同大学（上海）、东吴大学（苏州）、江南大学（无锡）等校的化工系合并组建成的单科性化工院校。1960年被确定为全国重点高校，直属原高等教育部；党的十一届三中全会以来，通过改革与建设，学校从单科性院校逐步发展成为以工为主、学科特色鲜明、工理经管文法等学科协调发展的大学；1993年经原国家教委批准，更名为华东理工大学。1995年12月，中国石化总公司（现中国石化集团公司）参与共建共管；1997年10月，上海市参与共建共管。在全国首创了教育部、国家企业集团、地方政府共建共管，以教育部为主的“三方共建”模式。学校进入了国家“211工程”建设行列，并于2001年7月顺利通过教育部组织的“九五”期间建设项目验收。

学校大门

学校地处上海市西南隅，由梅陇主校区和金山分校区组成，总占地面积74万余平方米，各类建筑总面积50万余平方米，校图书馆总藏书170万册，中外文期刊3500种，拥有CA、BI等大型光盘数据库20余种和美国全套专利缩微胶卷；是全国化工院校情报协作网组长单位，建有北京图书馆光盘信息中心上海分中心、教育部科技项目咨询及成果查新中心工作站、上海高校外国教材中心等机构。分析测试中心、宝石检测中心为国家计量认证单位。

产学研结合的成果——上海阿华生物研究所

学校设有化工学院、石油化工学院、生物工程学院、化学与制药学院、材料科学与工程学院、信息科学与工程学院、发展学院（筹）、机械工程学院、资源与环境工程学院、理学院、工商经济学院、社会学院、文化艺术学院（筹）、政治教育学院（筹）、外语学院、高等技术学院16个专业学院及成人教育学院、网络教育学院，有34个系，40个本科专业。学校建立了研究生院，有42个硕士授权点、12个博士授权点和2个博士后流动站。化学工程学科为上海市”

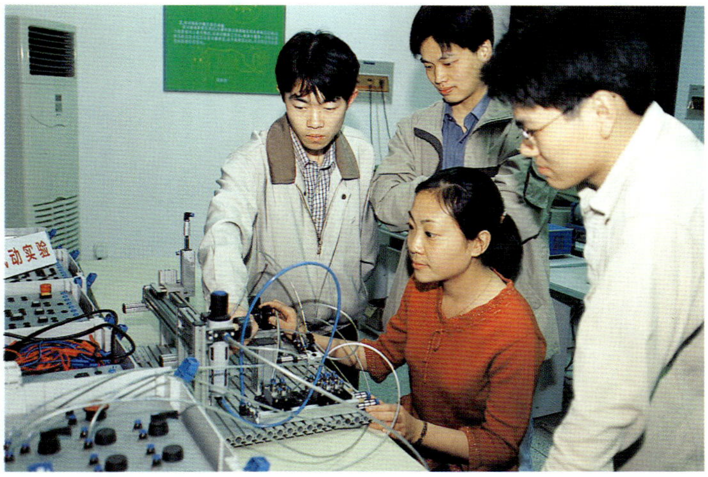

青年教师指导学生实验

重中之重"学科和国家重点学科；生物化工、应用化学为上海市重点学科和国家重点学科；材料学为上海市重点学科；工科化学建有国家级课程建设基地。在校全日制学生15200多人。教职工近4200人，其中两院院士2人，兼职院士7人，国家级有突出贡献专家10人，"长江学者奖励计划"特聘教授4人，有各类正副高级职称的人员近1000人。一大批中青年学者崭露头角，其中3人被评为上海市科技精英，6人入选国家级"跨世纪优秀人才"培养计划，2人获国家杰出青年科学基金，11人获国家优秀青年教师基金。

学校不断深化教育教学改革，教学质量居上海市高校前列。1994年学校在全国普通高校本科教学质量评价试点中评定为优秀；1997年以来有52个项目被评为上海市高校教学成果奖，7个项目被评为国家级教学成果奖；1996年以来在国家和省部组织的优秀教材评选中，先后有30本教材获国家和省部级优秀教材奖；自1991年以来，学生在国际国内数模竞赛中屡创佳绩，同时，在物理、外语、计算机编程、电子设计、机器人制作、科技发明等方面竞赛中也成绩斐然，均名列国内和上海市高校前列。

学校建有40个研究所、1个上海市重点实验室、1个教育部重点实验室、2个国家重点实验室、5个国家工程研究中心或分中心和国家技术转移中心，拥有一支老中青结合、800多名专职和兼职科研人员组成的科研队伍，年均承担各类研究课题500余项，年科研经费8000万元以上，2001年首次超过1亿元。从1980年至2001年累计承担的4000余项科研课题中，获奖成果400多项，其中获国家自然科学奖、国家发明奖及国家科技进步奖29项，获省部委科技进步奖300多项，获得国内外专利近200项。GMT复合材料、化纤钛白、人工钙骨水泥、冶炼厂二氧化硫回收、汽车尾气净化技术、新型自控发酵罐等一批高新技术成果实现产业化，取得了显著的经济效益和社会效益。

半个世纪来，学校共为国家培养了6万余名毕业生，其中8人当选中国科学院、中国工程院院士，许多人成为高校、科研机构、骨干企业和政府部门的领导和中坚。1988年，在学校庆祝石油加工系成立30周年时，江泽民总书记欣然题词："人才辈出。"

今天，华东理工大学正昂首阔步，朝着把学校建设为国内一流，在国际上有一定影响的多科性大学的目标前进。

学生演示物理光电实验

# 华东师范大学

校门雄姿

华东师范大学创建于1951年10月，是在原大夏大学、光华大学基础上，调进复旦大学和同济大学等院校的部分系科创办的师范大学。学校坐落于上海市普陀区，校园环境优美，建筑融合了欧陆风情和中国传统。规划建设中的松江新校区占地100万平方米，将建成“数字化校园”。

华东师范大学是教育部直属高校，拥有雄厚的师资力量和先进的教育设施。学校现有人文学院、教育科学学院、学前教育与特殊教育学院、外语学院、商学院、法政学院、体育与健康学院、理工学院、资源与环境科学学院、生命科学学院、信息科学与技术学院、软件学院、职业技术学院共13个学院，含33个系，53个本科专业，其中中文、历史、数学、地理、心理5个专业是国家文理科基础学科人才培养和科学研究基地。学校还拥有6个国家重点学科，1个上海市“重中之重”学科点，8个上海市重点学科点（涵盖了12个二级学科）；1个国家重点实验室、3个教育部重点实验室或开放实验室、1个上海市重点实验室、5个教育部人文社会科学重点研究基地；设在学校的教育部中学校长培训中心，是从事省级重点中学校长以及其他教育管理干部培训的国家级基地。

学校拥有61个博士点、102个硕士点、8个博士后流动站。近年来，在保持人文社会科学和自然科学领域传统优势的同时，学校适应社会经济文化发展趋势，瞄准科技发展前沿，积极发展新兴学科，如信息科学与技术、新材料技术、生命科学与技术、生态学、经济学、社会学、管理学等，形成了兼有教育科学、社会科学、人文科学、自然科学、技术科学和管理科学的综合性研究型大学新格局。

华东师范大学现有中科院、工程院院士6人，教授、副教授1100余人。全日制本科生12000名，研究生4000名，留学生1000名。

华东师范大学与法国巴黎高师、美国弗吉尼亚大学、日本神户大学、澳大利亚墨尔本大学等欧、美、亚、澳近百所著名高校和科研机构建立了校际合作和学术交流关系，100多位外国专家受聘担任学校名誉教授、顾问教授。

2001年华东师范大学迎来了50周年华诞，江泽民总书记为学校题词：“立足上海，面向全国，努力办好华东师范大学，为实施科教兴国战略作出更大贡献。”极大地鼓舞了广大师生员工奋发进取，为把华东师大建设成为“拥有若干一流学科群，多学科高水平协调发展，教师教育领先的综合性研究型大学”而努力奋斗。

50周年校庆庆典会场

# 河海大学

常州校区图书馆

江宁校区教学楼

长江水质采样调查

河海大学是一所以水利为重点，工科为主，理工结合，理、工、经、管、文、法多学科协调发展的教育部直属高校，也是国家“211工程”重点建设的高校。

河海大学的前身是1915年在南京创办的河海工程专门学校，是我国历史上第一所专门培养水利科技人才的高等学府。1952～1985年间校名为“华东水利学院”，1985年改名为“河海大学”。邓小平同志亲笔题写了校名。

学校有南京校本部和常州、江宁两个校区，总占地面积132万平方米。下设13所专业学院，有3个国家重点学科，8个部省级重点学科，1个教育部重点实验室，5个水利部重点实验室，2个部省级工程研究中心，3个博士后流动站，10个博士点，38个硕士点，44个本科专业。教职工2800余名，其中，中科院、工程院双院士1名，中国工程院院士1名，正副教授740余名，博士生导师90余名，另有6名院士受聘担任学校的教授、博士生导师。学历教育学生24000名，其中研究生2500余名，本科生14000名。建国以来，已为国家培养了各类学历教育毕业生(含外国留学生)6万余名。学校建筑总面积近63万平方米，其中图书馆建筑面积达2.5万平方米，馆藏图书126万册，中外文期刊2000余种以及一批电子类文献。学校科研规模持续发展，2001年成立科学研究院，科技合同经费达1.3亿元。学校完成“211工程”“九五”期间建设任务，顺利通过教育部组织的专家组验收。

近10年来，学校获国家及部省级优秀教学成果奖、优秀重点课程奖、优秀教材奖等60多项；有230多项科研成果获国家和部省级奖励，其中一批科研成果在理论上有重大突破，达到国际先进水平。学校被评为全国以及江苏省“党的建设和思想政治工作先进高校”、江苏省“文明单位”，连续11年被授予“全国大学生社会实践先进集体”、4次荣获“全国民族团结进步模范单位”称号。

跨入新的世纪，河海孕育着新的辉煌。2001年教育部、水利部正式签订共建河海大学的协议，将为学校在新世纪的发展提供更加有效的支持。学校成立了合作发展委员会，与全国水利、电力、交通、环保、教育、金融、社科等系统的108家企事业单位确立了合作关系，为促进学校深入开展产学研结合创造了良好的外部环境。在新的世纪，河海人将牢记江泽民总书记寄予的重托和愿望：“面向未来，开拓进取，进一步发展水利教育事业”，满怀信心，奋发有为，为实现建成高水平特色大学的目标而努力奋斗。

地址：江苏省南京市西康路1号　邮编：210098　电话：025-3723124　传真：025-3735375
网址：www. hhu. edu.cn　E-mail:hohai@hhu.edu.cn

# 江南大学

青山湾校区校门

江南大学为教育部直属的国家“211工程”重点建设高校。2001年2月，经教育部批准，由原无锡轻工大学、江南学院、无锡教育学院合并组建而成。学校位于风景秀丽、经济发达的江南历史名城——江苏省无锡市，共占地98万平方米，建筑面积50多万平方米。校园依山傍水，是一所环境优美的花园式高等学府。

学校现有全日制在校生17800余人，在校研究生700余人，成人教育学生6200余人，教职工2800余人。学校师资力量雄厚，在1332名专任教师中，有教授103名、副教授406名。由中国工程院院士、国务院学位委员会评议组成员及一大批博士生导师、硕士生导师组成的学术带头群体，为高层次人才培养奠定了坚实的基础。

承办21世纪开局中国信息化发展对策研讨会

江南大学下设生物工程学院、食品学院、设计学院、纺织服装学院、通信与控制工程学院、机械工程学院、化学与材料工程学院、信息工程学院、商学院、师范学院、法政学院、理学院、文学院、外语系、建筑系、医学系、体育系、艺术系等18个院（系）和继续教育学院、网络教育学院、职业技术学院及中外合作办学的莱姆顿学院。设有2个博士后流动站、8个博士点、21个硕士点、49个本科专业，是一所以工为主，工、理、艺、文、农、管、经、教育、法、医等学科协调发展的多科性大学。学校拥有6个国家级和部省级重点学科、5个部级重点实验室、36个科研院所及与地方共建的大学科技园区。

学校把对经济建设和社会发展做贡献、高质量人才的培养及高水平科研成果的推广放在办学的首位。建校以来，学校为国家输送了一大批优秀毕业生，许多毕业生已成为各条战线的科技精英和领导骨干。近年来，70余项重大研究成果填补了国内空白，获得多项国家科技、发明最高奖和省部级科技进步奖。科研成果50%以上实现了产业化，其中国家重点攻关成果的转化率达80%以上，累计创造产值50多亿元。学校成立了由海尔集团、中信公司、茅台酒集团、青岛啤酒集团、燕京啤酒集团、绍兴黄酒集团、小天鹅集团等国内100多家知名企业加盟的江南大学董事会，以及约有400多家企事业单位组成的院（系）二级董事会，密切了校企之间、学校与社会之间的联系，促进了产学研的结合。

学校与国内外的教学科研交流合作频繁，是教育部批准的首批接受外国留学生和港澳台学生的高校。自1977年至今，已接受和培养了来自40个国家的300多名本科、硕士、博士等各级外国留学生。学校已与20多个国家和地区的25所大学建立了紧密的校际交流，并与日本、韩国、法国、荷兰、加拿大、马来西亚等国的多个学校或企业开展合作科研项目。学校已逐步成为发酵、食品、粮油、艺术设计等领域的国际交流中心。

钟灵毓秀的江南山水，造就了江南校园开拓进取的学术氛围；蕴涵深厚的人文传统，赋予了江南学子锐意求新的创造精神，迈入新世纪的江南大学，正以国家“211工程”建设为契机，抓住机遇，深入改革，向着国内一流、国际有影响的综合性大学迈进。

逸夫科教馆

博士生导师正在指导研究生

先进的多媒体教学

地址：江苏省无锡市惠河路170号　邮编：214036
电话：0510-5804243　5876989
传真：0510-5807976
网址：www. sytu.edu.cn

新党员入党宣誓

图书馆

# 南京师范大学

南京师范大学是一所百年名校，其前身可追溯至清末两江总督张之洞1902年创办的三江师范学堂。1952年在原中央大学、金陵大学部分院系基础上组建南京师范学院。1984年更名南京师范大学。1996年进入国家“211工程”重点建设高校行列。2000年3月江苏省人民政府将南京动力高等专科学校并入南京师范大学。目前南京师范大学正向着“创建综合性有特色的教学科研型大学”的发展目标而奋斗。

南京师范大学师资力量雄厚，学科门类较为齐全。现有1300多名专任教师，其中中国科学院院士2人，教授、副教授600多人。学校共有24个院（系），在校生2万余名；拥有国家重点学科3个，博士后流动站5个，国家一级学科博士学位授权点3个，博士学位授权点28个，硕士学位授权点61个。

南京师范大学占地233万平方米，设有50多个研究机构与研究基地，其中教育部人文社会科学百所重点研究基地1个，国家基础学科人才培养和科学研究基地2个。图书馆藏书220多万册，在江苏省高校图书馆中名列前茅。学校已与海外44个教学研究机构建立了合作关系。

南京师范大学是江苏省实施“科教兴省”战略的重要组成部分。经过“九五”建设，已形成随园、仙林、紫金三个校区鼎立，普通教育、职业教育与成人教育“三教”兼顾，研究生、本专科生和留学生培养协调发展的综合办学格局。

仙林校区大门

# 江西师范大学

江西师范大学创建于1940年，是一所以师范专业为主，融文、法、理、工、商、艺术、体育和成人教育为一体的综合性省属重点高校，是江西省基础教育师资培养基地、全国高校教育技术培训中心江西省培训基地、江西省现代教育技术培训基地和教育科学研究中心，也是江西省委、省政府确定优先发展的高校之一。

目前，学校有学生2万余人，设有19个学院，37个本科专业。有教职工1700余人，其中教授、研究员100余人。学校在33个硕士点60多个方向招收研究生，现有省“十五”重点学科和重点建设学科10个，有3个专业与外校联合招收博士生。

近5年中，全校在国内外公开发表论文3741篇，有258篇被SCI、EI、ISTP收录；出版学术著作411部，承担了256项国家级课题及大批地方重点课题和横向课题，其中获省（部）级以上奖励76项。

学校重视引进高层次人才。2001年聘请了3位中国科学院、中国工程院院士为兼职教授，引进、调入了4位博士生导师，教师中博士已有92人。特别是聘请中科院院士、原北师大校长王梓坤先生担任校学术委员会主任，受到社会的关注。

学校对外联系交流日趋频繁。目前已与美国、澳大利亚、加拿大、俄罗斯、匈牙利、韩国、日本、新西兰等国家及港台地区一些高校建立了友好合作关系。

综合教学大楼

地址：江西省南昌市北京西路437号
电话：0791-8507358　传真：0791-8511619
网址：www. jxnu.edu.cn
E-mail：jxsdxb@jxnu.edu.cn

女大学生军乐团

计算机房

依山傍水、环境优美的学校

# 安徽师范大学

安徽师范大学地处国家级开放城市——芜湖，是一所历史悠久、学科齐全的省属重点大学，是国务院首批确定具有硕士学位授予权的高等院校，是安徽省师资摇篮和教育管理人员培养、培训的重要基地，也是被国家确定为可招收外国留学生的定点高校之一。学校位于镜湖风景区，校园占地面积60万平方米，校舍总面积30余万平方米。

学校创建于1928年。几经分合，几易校名，先后经历了省立安徽大学、国立安徽大学、安徽大学、安徽师范学院、合肥师范学院、皖南大学等阶段。1972年正式定名为安徽师范大学。

在横跨70多年的办学历程中，刘文典、周建人、郁达夫、苏雪林、陈望道、朱湘、朱光潜等一大批著名学者先后在学校执教，形成了严谨治学的优良学风。

校区概貌

目前，学校设立14个学院、33个系、42个本科专业、32个硕士点、1个人文社会科学重点研究基地、26个研究所（中心），有19个专业可接收外国留学生。有2个校办企业和2个合资企业以及附属中学、附属小学、附属幼儿园。安徽省高等学校师资培训中心和安徽省教育管理干部培训基地也设在校内。

学校有教职工1950多人，其中正副教授、研究员近500人，聘请了一批两院院士和国内外著名专家、学者担任兼职教授。有学生19000多人，其中全日制本科生11275人，硕士研究生688人、留学生51人、成人高等学历教育学生6500多人。

学校编辑出版《安徽师范大学学报》(人文社会科学版、自然科学版)、《安徽师大报》、《安徽师大图书馆馆刊》、《学语文》和《中学生化学》等刊物。

学校图书馆藏书220多万册，中外文报刊5500多种，线装古籍25万册，古籍善本600多种，还辟有《四库全书》等专馆。馆内设有电子阅览室，可查阅多种馆藏数字资源和Internet等诸种网络资源。

多年来，学校认真贯彻党的教育方针，坚持以教学、科研为中心，以提高办学水平为目标，不断深化教育改革，全面推进素质教育。建校70多年来，学校先后为国家输送高等专门人才70000余名，很多校友已成为教育及其他战线上的中坚力量。“九五”以来，学校主持承担科研项目600多项，其中国家级26项，省、部级82项。全校专业技术人员共发表学术论文3000余篇，其中在国内外核心期刊和国家重点期刊上发表学术论文1200多篇，出版各类专著300多部。

为了进一步拓宽办学渠道，学校成立了由50多家政府机构和企事业单位组成的董事会。并不断扩大对外交流与合作，目前学校已与美国、俄罗斯、日本、加拿大、澳大利亚、英国、德国、瑞典、芬兰等国家以及港澳台地区的几十所高等院校、科研机构、学术团体建立和发展了友好合作关系。学校是国家华文教育基地之一，先后接收了30多个国家和地区的近1000名留学生来校学习汉语和中国文化。

根据《安徽师范大学事业发展“十五”计划和2015年发展规划》，到2005年，学校在校生总数将达到3万人左右。力争通过“十五”期间的努力，把学校建成多项办学指标位居全国同类院校前列，一批优势学科、特色学科及其学术带头人在国内外有较大学术影响的师范性综合大学，成为安徽省科学研究、技术创新和高层次人才培养的重要基地之一和“科教兴皖”的重要力量。

图书馆终端检索馆藏资料

计算机中心机房

学生公寓和田径场

# 安徽财贸学院

学院大门

安徽财贸学院创建于1959年5月，是一所以经济、管理学科为主，跨经济、管理、法、文、理、工六大学科门类的多科性高等财经院校。学院地处安徽省蚌埠市风光秀丽的龙湖之滨、曹山脚下。学院先后隶属中华供销合作总社、安徽省、商业部、国内贸易部，自2000年2月起由中央与地方共建。

学院占地35万平方米，总建筑面积31万平方米。教室48100平方米，其中，新建的现代化综合教学楼16850平方米。实验大楼6139平方米，建有模拟实验室14个，多媒体教室34间。投资近300万元的校园网一期工程已经开通，二期工程即将开工。图书馆藏书117万册，中外文期刊2000余种，设有电子阅览室和镜像站点。投资3000万元，建筑面积达25000平方米的新图书馆工程已获立项，将在2003年建成并投入使用。学院还建有计算机中心、电教中心、语音室、体育馆、游泳池、室外运动场等教学、体育设施以及学生公寓。学院先后获省“园林式单位”、“花园式单位”称号。

目前，学院设有13个系，3个教学部，3个院属研究所，5个系属研究所，1个成人教育分院，22个本科专业。11个学科专业具有硕士学位授予权，其中产业经济学、会计学、统计学为省级重点学科，国际贸易学为省级重点扶持学科。

学院有教职工994人，其中，专任教师516人。师资队伍中有正、副教授200余人，讲师150余人，享受国务院特殊津贴专家9人，享受省政府特殊津贴专家和部级优秀专家9人，省学科带头人培养对象15人，省优秀中青年骨干教师24人。学院现有在校普通本专科生

教学楼

沪、深股市实时行情证券实验室

具有国内领先水平的语音实验室

9138人（本科8452人，专科686人），硕士研究生202人，函授、夜大学生8792人。

学院在抓好教育质量的基础上，教学科研取得了一系列成果。近10年来，学院承担的省部级以上科研、教学研究课题222项，出版专著100余部，教材工具书350多部，公开发表论文8000余篇，荣获各种奖励280余项。学报《财贸研究》为全国经济类核心期刊，大学生经济研究会会刊《大学生经济探索》在全国大学生自办刊物中有一定影响。

外教在讲课

学院多次举办国际性、全国性和区域性的经济、管理学术研讨会。积极推动与国外和台港澳地区高等学校或学术研究机构之间的交流与合作。聘有国内外专家、学者来校长期或短期授课、讲学，并选派教师赴日本、美国、意大利、德国、法国、加拿大、英国、奥地利、瑞士、丹麦、罗马尼亚、匈牙利等国家及香港、澳门、台湾地区进修、访问和攻读学位。

学术报告厅

2001年，学院在教育部对全国25所试点院校的本科教学工作随机性水平评估中获得了专家组较好的评价。

地址：安徽省蚌埠市宏业路255号　邮编：233041　电话：0552－3127597
传真：0552－3112285　网址：www.aift.edu.cn

# 厦门大学

学校校门

80周年校庆

签约仪式

厦门大学由著名爱国华侨领袖陈嘉庚先生于1921年创办，是中国近代教育史上第一所华侨创办的大学。是国家跨世纪重点建设的高水平大学之一。

建校之初，陈嘉庚先生亲自定立校训：自强不息，止于至善。80年来，经过几代厦大人的辛勤创业，学校积累了丰富的办学经验，形成了爱国爱校的光荣革命传统和“侨、台、特、海”的鲜明办学特色，在海内外享有良好的声誉。建校迄今，已先后为国家培养了8万多名本科生和研究生，其中在厦大学习、工作过的两院院士达50多人。改革开放以来，厦门大学迈入新的发展时期，邓小平、江泽民、李瑞环、李岚清、钱其琛等党和国家领导人非常关心厦门大学的发展，曾莅校视察。学校根据“立足特区、面向全国、发挥优势、主动服务”的办学新思路，走出了一条较为成功的“共建”之路。2001年7月，通过了国家“211工程”建设项目验收。

厦门大学是教育部首批批准建立研究生院的高校之一，目前学校设有17个学院，包括34个系、61个本科专业，成为一所包括人文科学、社会科学、自然科学、工程与技术科学、管理科学、艺术教育科学、医学科学等学科门类相当齐全的综合性大学。学校拥有7个一级学科博士、硕士学位授权，59个专业可招收培养博士研究生，108个专业可招收培养硕士研究生。有13个国家级重点学科，7个一级学科博士后流动站，4个国家基础科学人才培养基地。8个学科项目列入国家“211工程”一期建设，有10个福建省重点学科。

学校现有教职工4051人，其中中国科学院院士8人，中国工程院院士1人，国务院学科评议组成员9人，博士生导师184人，国家级有突出贡献的专家13人。教师平均年龄40.3岁，其中具有博士学位的占28.02%，具有硕士学位的占51.68%。中青年教师中有10人获国家杰出青年科学基金，13人被列入教育部跨世纪人才培养计划。7个学科设立“长江学者奖励计划”特聘教授岗位，4个学科设立“闽江学者”特聘教授岗位（福建省）。

厦门大学有本专科生12318人，硕士生2880人，博士生676人，外国留学生及港、澳、台学生500多人，海外函授生6000多人。

厦门大学设有50多个研究院、中心、所、室，其中有1个国家重点实验室、3个教育部重点实验室。“九五”期间有75项成果获国家级和省部级奖励；1999年，“固体表面物理化学国家重点实验室”在全国国家重点实验室评估中，荣获化学化工类第一名。固体表面物理化学国家重点实验室的青年研究群体，入选国家自然科学基金委首批“创新研究群体”。高新技术研究和科技成果转化工作呈现良好态势，厦门大学科技园已于2000年4月开始启动。此外，为加强学科的交叉、融合，学校已组建了微机电研究中心（MEMS）、纳米科技研究中心、世界贸易组织（WTO）研究中心等跨学科研究机构。

“211工程”一期建设项目验收组专家视察工作

厦门大学人文社会学科实力雄厚，具有传统优势与特色。目前学校拥有4个国家文科重点研究基地。厦大的台湾研究、南洋研究、海洋研究、特区研究等也颇具特色。

厦门大学已先后与英、美、日、法、俄等国家和港澳台地区的59所高校建立了校际合作关系，与台湾24所高校、63个研究所和34家新闻媒体建立联系，成为祖国大陆对台教育、科技、文化交流最为活跃的高校之一。近年来，教学、科研设备和公共服务体系得到大力改善。目前校舍建筑面积74万平方米（另由市政府兴建学生公寓6.7万平方米），图书馆藏书240万册，仪器设备总值2.7亿元。校园高速信息网络建设的规模、水平居全国高校前列。

为了迎接新世纪的竞争与挑战，厦门大学提出了“把厦门大学建成为国内外知名的高水平大学”的奋斗目标。目前，厦门大学正昂首阔步向着既定的目标前进。

嘉庚楼群

图书馆

地址：福建省厦门市思明南路422号　邮编：361005　电话：0592-2186110　传真：0592-2086526
网址：http://www.xmu.edu.cn　E-mail:xmupo@xmu.edu.cn

# 南昌大学

图书馆和逸夫馆

南昌大学是1993年5月由江西大学和江西工业大学合并组成的学校，2001年6月顺利通过“211工程”建设“九五”验收。2001年底，被列为教育部对江西省重点支持的大学。

学校现有各类在校学生23951人，“九五”期间累计为国家输送各类毕业生17757人。有国家重点学科2个，国家“211工程”重点建设学科4个，国家重点实验室、国家重点工程中心、博士后科研流动站各1个，省级重点学科16个，学校博士学位授予点5个，硕士点60个。经有关部门批准，学校还获得在职人员以同等学力申请硕士学位授予权、工程硕士学位授予权，中法合作工商管理硕士学位、中英合作软件工程与信息技术硕士学位授予权。至2001年底，在校博士生57名，硕士生855名，以及在职人员攻读工程硕士2000人，成为江西省培养高层次专业人才的重要基地。

学校现有教授211人，副教授563人，占专任教师总数的61.4%。教师中博士、硕士占专任教师总数的58.3%。经教育部批准，已设立“长江学者奖励计划”特聘教授岗位2个。现有全国“百千万人才工程”人选2人，全省高校学术带头人36人，全省中青年骨干教师59名，全省跨世纪学术和科技带头人8人（占全省总数的25.8%）。学校紧紧抓住人才培养这个根本任务，积极开展教学改革，强化素质教育，提高了教育教学质量。并涌现出一批全国、全省“优秀教师”、“三好（优秀）学生”；学校共承担国家和省（部）级纵向科研课题484项，横向课题282项，其中国家“863”项目5项、国家自然科学基金项目47项。获省（部）级以上科技进步奖36项，人文社科奖128项，其中国家科技进步二等奖2项、第12届中国图书奖2项。共有200项科研成果向社会转化产生直接经济效益达10亿元。在信息化建设方面，学校共投入800余万元，建设了覆盖全校范围的计算机网络，初步实现了教学科研信息共享、图书情报检索和办公管理的网络化。

优良种苗脱毒快繁技术

在对外交流与合作办学方面，“九五”期间，南昌大学先后与9个国家的10余所高校建立了稳定的交流与合作关系。其中，与法国合作培养工商管理硕士的MBA项目受到国务院学位委员会、教育部的肯定。

体育场

# 南方冶金学院

学院大门

南方冶金学院创办于1958年,原隶属中国有色金属工业总公司,现实行中央与地方共建、以江西省管理为主的管理体制。是一所以工学、管理学为主,有工、经、理、法、文、管、教等多学科,具有较强办学特色和实力,有较大的社会影响,面向全国招生和分配的社会主义工业大学。

学院本部位于京九铁路线上的江西省赣州市。占地面积106万平方米。图书馆藏书100万册。1998年校园网开通运行。教学、科研、文化体育和生活服务设施完善。校园绿树成荫，环境优美。

学院设有8个二级学院，另有应用科学学院和南昌分校2所分校。学院是工程硕士及同等学力在职申请硕士学位授予权单位,是接收华侨及港澳台学生的教学单位。现有硕士点15个，本科专业34个。有江西省“十五”重点建设学科4个，省级重点实验室1个。目前各类在校学生超过15000人。2002年学院面向全国29个省、自治区、直辖市招生。

学院具有教授任职资格评聘权。拥有一批在国内有一定影响的学术学科带头人,聘有外籍教师和包括中国科学院、中国工程院院士在内的知名专家、教授任教。现有教职工1200多人，其中正副教授300多人。

学院全面推进素质教育，教育质量稳步提高。近几年，学院毕业生一次就业率一直在92%以上。累计获国家级、省部级优秀教学成果奖120项。学生在参加全国数学建模比赛、大学生电子制作大赛等一系列竞赛中屡创佳绩。

学院具有较强的科研实力，在采矿、选矿、冶金、材料、机电、环保、化工、自动控制等方面具有一定特色和优势。“九五”期间，承担国家自然科学基金、国家科技攻关项目300多项，取得良好的经济和社会效益。

学院对外交流十分活跃，已先后与19个国家的高校建立了校际合作关系或学术联系。经常聘请国内外知名专家、教授访问讲学，选派中青年教师、学者到国外深造或考察，互派学生留学学习。

新的世纪，学院在邓小平理论和“三个代表”重要思想指引下，正全面实施“十五”规划，努力创建江西一流、在全国有较大影响的社会主义工业大学。


地址：江西省赣州市红旗大道122号

邮编：341000

电话：0797-8240129　传真：0797-8240198

网址：www.sim.jx.cn

图书馆

# 河南大学

古朴庄重的校门

河南大学坐落在历史文化名城七朝古都开封。它创建于1912年，始名河南留学欧美预备学校，历经中州大学（1923年）、河南中山大学（1927年）、省立河南大学（1930年）诸阶段，1942年改为国立河南大学，成为拥有文、理、工、农、医、法六大学院的综合性大学。新中国成立后，又经开封师范学院、河南师范大学等阶段，1984年恢复河南大学校名。2000年7月，与开封医专、开封师专合并，组建了新的河南大学。

建校90年来，河南大学向社会输送各类专门人才30多万人。一大批著名专家学者如范文澜、冯友兰、罗章龙、毛礼锐、姜亮夫、嵇文甫等曾在校任教。校友中如尹达、邓拓、侯镜如、白寿彝、姚雪垠等已成为蜚声中外的专家学者或社会活动家。

今天的河南大学，是一所拥有文、理、工、经、管、法、哲、教、史、医十大科类的综合性大学。学校设有24个学院，67个本科专业，53个硕士、博士学位点。现有学生2.1万人，教职工3500多人，其中两院院士4人，博士176人，具有正、副高级职称者800多人，并拥有一批有突出贡献的国家级专家、河南省优秀专家和省优秀青年骨干教师。河南大学图书资料丰富，馆藏图书近300万册，其中线装古籍17万册，外文书刊近20万册。文物馆藏有大批珍贵文物。设备一流的重点开放实验室，可供物理、化学学科进行多项科学实验。另有计算中心、测试中心、网络中心、电教中心等现代化的教学科研机构。

河南大学老校区位于开封市东北隅，校园内花草芬芳，绿树成荫；大礼堂、七号楼等民族式建筑古朴典雅，为河南省文物保护单位；科技馆、体育馆、图书馆等现代化建筑美丽壮观。整个校园折射出百年名校的奕奕风采。

伴随着全国高教改革的深入，河南大学的发展又揭开了新的篇章。新征地133万平方米建设新校区，近期内将投入资金6亿元，加快学校各方面的建设。学校今后将本着“高起点定位，高水平发展，高层次突破，强措施保证”的指导思想，重点发展文理学科，加快发展经贸、法律等应用学科，切实办好艺术、体育等特殊学科，适当发展工科，使学校真正成为一所既能为地方经济和社会发展服务，又具有特色的综合型、创新型、研究型的大学。

校区一隅

艺术学院楼

# 商丘师范学院

校园概貌

商丘师范学院地处豫鲁苏皖四省结合部、陇海和京九两大铁路交汇处的历史文化名城商丘市，在2000年3月经教育部批准，由商丘师专和商丘教育学院合并建立的一所省属本科院校。学院占地60万平方米，建筑面积30余万平方米。现有学生8000余人，专任教师576人，其中教授24人，副高级专业技术人员185人，博士研究生18人，硕士研究生67人；设有中文、历史、政治、外语、数学、计算机科学、物理、化学、生物、体育、音乐、美术、教育13个系和马列与德育教学部、基础教学部、成人教育学院等教学单位，15个本科专业、18个专科专业，涵盖文学、理学、工学、经济学、历史学、教育学六个一级学科门类；学院图书馆藏书80余万册，中外期刊资料近3300种；拥有设备先进的各类实验室56个，并建有多媒体教室、演播厅、语音室、视听室、电子阅览室、图书计算机管理系统和计算机校园网络。

首届教学和科研工作会议

学院认真贯彻党的教育方针，积极实施素质教育，为国家输送了各级各类合格人才30000余名，教学、科研也取得了丰硕成果。获省部级优秀教学成果奖13项；有11名教师荣获曾宪梓教育基金奖。22人被评为省级优秀教师，10人被评为省级文明教师，3人被评为省管专家和跨世纪学术骨干。1995年以来，在国内外刊物上发表学术论文2476篇，出版学术著作和教材381部。学院编辑出版的《商丘师范学院学报》，被中国社会科学院评为“中国人文社会科学核心期刊”。学院还与英国金斯顿商学院建立了长期的友好合作关系。

经过多年的改革和发展，学院凝成了“立志、敬业、求实、创新”的校训，形成了“团结拼搏，务实奉献，争创一流”的精神。

为适应新世纪经济、教育和社会发展对人才的需要，认真实践“三个代表”的重要思想，学院制定《商丘师范学院“十五”计划和2010年规划》，确定了以发展为主题，以改革为动力，以质量为重点，以建设合格的本科院校为目标的指导思想，努力把商丘师范学院建设成为具有较高教学科研水平和较强办学实力，在省内外有一定影响的以师范教育为主的多科性本科院校。

与外籍学生交流

学院正门

校园鸟瞰

# 中国人民解放军外国语学院

中国人民解放军外国语学院是一所以文为主、文理渗透、多学科交叉的高等院校，隶属于总参谋部，担负着为我军培养高层次外语人才、军队院校汉语师资和外军留学生汉语培训等任务。

学院坐落在历史名城、九朝古都洛阳市，占地142万平方米。前身是1938年在延安成立的中央军委外文训练班，学院正式创建于1949年，现设有20个外语语种共25个本科专业。其中英语专业为国家、军队重点学科，亚非语专业为国家非通用语种本科人才培养基地，军事情报学专业列入军队“2110”工程重点建设学科领域。学院为博士学位授权单位，在英语语言文学和俄语语言文学专业招收博士研究生，并于2001年开始招收项目博士后。目前学院在文学、法学、军事学三个门类的八个二级学科设有硕士点，开辟了40多个相对稳定的研究方向。学院是全军外语主考院校，并有教育部考试中心设立的全国外语水平考试中心和中国国外考试协调处设立的托福考试中心。

经过50多年的建设与发展，学院业已成为一所多层次、多语种、多学科、现代化的外语人才培养基地，为军队培养输送了37000多名外语和工程技术人才。在新的历史时期，学院遵循江泽民主席“为创办具有我军特色的高水平的外语学院而努力奋斗”的指示，坚持政治立院，质量建院，人才兴院，科技强院，勤俭办院，勤奋严谨，创新奉献，不断为国防现代化和社会主义建设事业谱写新的篇章。

年轻的博士群体

向国家专家组领导介绍学校建设情况

学生上机实习

# 湖北汽车工业学院

湖北汽车工业学院是一所以理工为主，人文、管理、经济等学科兼备的全日制普通本科院校，坐落在武当山北麓的汽车城——湖北省十堰市。学院占地面积33万平方米，建筑面积15万平方米，固定资产总值1.2亿元。

建校30年，形成了“文明、团结、求实、奋进”的良好学风。学院已形成研究生教育、本科教育和成人教育多层次、多规格、多形式的办学体系。现设有机械工程系、电气工程系、汽车工程系、材料工程系、管理工程系等14个教学单位。设有14个本科专业、9个专科专业和车辆工程、控制理论与控制工程、材料加工工程和机械制造及其自动化4个省级重点学科以及2个国家管理的专业点。目前，学院有研究生、本专科生5500人。

学院把培养急需、实用型创新人才放在首位，拥有一支理论功底扎实、工程实践能力强的“双师型”师资队伍。现有教职工725人，其中专职教师336人，有教授51人，副教授93人；博士、硕士190人。学院具有良好的教学和科研条件，设有1个工程研究中心和8个研究室、13个实验室、1个应用研究所。图书馆藏书30余万册。学院与德国乌尔姆科技大学等学校建立了长期合作关系，互派访问学者和留学生。

学院坚定地走“产、学、研一体化”的办学道路，以造就高层次创新型人才为办学特色。1987年，学院开展“产学研结合，培养应用型人才”的教改试验，成绩显著，获湖北省优秀教学成果二等奖。2001年，教育部确定湖北汽车工业学院作为全国产学研合作教学示范基地。1995年起，学院在与浙江大学、华中科技大学等高校联合培养在职工程硕士和博士的基础上，又开始与武汉科技大学联合培养车辆工程、控制理论与控制工程、材料加工工程、机械设计与理论等专业硕士研究生。

新世纪，湖北汽车工业学院发扬“与时俱进、挑战未来”的精神，本着“关爱每一个学生、做好每一项工作”的管理理念，锐意改革、不断进取，为把学院办成全国最具学科特色的一流大学而努力！

学院与中日本自动车短期大学签定合作办学协议

# 中南大学

校园风光

中南大学是教育部直属高校，由原卫生部直属高校湖南医科大学、铁道部直属高校长沙铁道学院与教育部直属高校中南工业大学合并组建而成。学校位于中国历史文化名城——湖南省长沙市，环境幽雅，景色宜人。

中南大学的学科涵盖工学、理学、医学、管理学、文学、法学、经济学、哲学、教育学、历史学十大门类，是以本科生、研究生教育为主的高层次综合性大学，下设27个二级学院，有本科专业62个；成立了研究生院，有硕士学位授权学科142个，博士学位授权学科78个，博士、硕士学位授权一级学科10个，博士后科研流动站11个。有国家重点学科17个，国家重点实验室和国家工程研究中心3个，国家或部级培训（研究）中心7个，国家级人才培养基地和课程教学基地3个。有中国科学院院士3人，中国工程院院士12人，博士生导师300余人，教授及其他正高职称人员800余人，副教授及其他副高职称人员2060余人。有在校学生4万多名。

近年来，学校通过了教育部“本科教学工作优秀学校”评价和国家“211工程”“九五”期间建设项目验收，有多项成果获得了国家自然科学奖、国家技术发明奖、国家科学技术进步奖和国家教学成果奖，多次被授予全国精神文明建设先进单位。学校综合办学条件优良，基础设施齐备。占地面积247万平方米，校舍总建筑面积162万平方米，教学科研等仪器设备总值9.2亿元；图书馆总藏书310多万册，已实现信息数字化和管理自动化；建有学术交流中心、科教大楼、体育场馆、学生公寓、活动中心、游泳池等各类公共服务设施，为全校师生员工的学习、生活、学术和文化交流提供了良好的条件；计算机网络将各校区联为一体；学校还拥有3家设备先进、水平一流的“三级甲等”附属医院。

聚三校数十年建设与发展之合力，迎着新世纪诞生的中南大学，正肩负着历史重托，立足湖南，面向全国，放眼世界，努力建设国内外知名的高水平研究型综合性大学，为实施科教兴国伟大战略和实现中华民族伟大复兴作出应有的贡献。

“211工程”“九五”期间项目验收工作报告会

举办千年论坛

# 湖南农业大学

第七教学大楼

湖南农业大学是一所具有51年办学历史的省属重点高校，坐落在历史文化名城长沙。学校前身为湖南农学院，始建于1951年，由创建于1903年的湖南省立修业农林专科学校和湖南大学农学院组建而成，毛泽东主席亲笔题写了校名，1994年2月经原国家教委批准更名为湖南农业大学；办学以来，共为社会培养各类人才54000名。

学校始终坚持社会主义办学方向，坚持为农业、农村、农民服务的办学宗旨，形成了以本科教育为主，研究生教育、职业技术教育、成人学历教育并举的较为完善的农业高等教育体系，成为以农为主，农、工、文、理、经、管、法、教育多学科综合发展的大学。学校从1978年开始招收硕士研究生，1987年开始招收博士研究生，1995年设立博士后科研流动站。从1998年开始向外省招生，目前，对外招生扩展到20个省。2000年开始招收国外留学生。现有在校本专科生9456人；在籍成人学历教育学生8367人；在校硕士、博士生558人。在籍学生总人数达到18381人。

学校设15个学院（包括1个民办二级学院）和体育教学部；设置31个本科专业，其中国家级重点学科1个、农业部重点学科1个、省级重点学科8个，涵盖农、工、文、理、经、管、法、教育学科门类；拥有2个“芙蓉学者”岗位，2个博士后流动站、8个博士点、26个硕士点，3个省级重点实验室，1个全国职业教育师资培训重点建设基地，现有专任教师668人。其中，中国工程院院士1人，博士生导师42人，教授92人，副教授372人；享受政府特殊津贴专家56名。

90年代以来，学校承担各类教改课题200多项，获国家和省部级教学成果奖41项。其中承担教改课题149项，获国家和省部级教学成果奖28项。学校积极参与“科教兴农”、“科教兴湘”、“星火西进”和“科教扶贫”等活动。学校承担各类科研课题580项，其中国家级科研项目48项，部省级科研项目269项，获国家和部省级科技成果奖111项；选育农作物新品种24个，推广科技成果50项。学校对外交往不断扩大，先后与英、美、加、法、日、韩、意、澳、泰、新等10多个国家的20余所大学及联合国粮农组织等国际机构建立了学术、科研交流与合作的密切联系。

学校各项事业取得显著成绩。1998年学校被评为“湖南省党的建设和思想政治工作取得显著成绩的高等学校”；《湖南农业大学学报》（自然科学版）2001年入选全国“双百期刊”和中国期刊方阵；学校在2000年和2001年连续两年被中宣部、教育部、共青团中央、全国学联等授予“全国大中专学生暑期‘三下乡’社会实践先进单位”。

学校与株化集团合作研制的复合肥肥效试验

把科技送到农民手中去

# 华南理工大学

国家大学科技园主园区奠基仪式

华南理工大学是教育部直属高校，坐落在南方名城广州。学校占地面积近200万平方米。是教育部命名的“文明校园”。

学校原名华南工学院，组建于1952年全国高等学校院系调整时期，由当时的中山大学、岭南大学、华南联合大学以及湖南大学、广西大学等中南5省12所院校的有关系科调整合并而成。1960年成为全国重点大学；1981年经国务院批准为首批博士和硕士学位授予单位;1988年1月更名为华南理工大学；1999年底，通过教育部本科教学工作优秀评价，成为“本科教学优秀学校”；同年，经科技部、教育部批准，成为全国15家国家大学科技园建设试点单位之一；2000年，经批准成立研究生院；2001年实行新一轮部省共建，学校进入国家高水平大学建设行列；2002年3月，通过了“211工程”第一期建设项目验收。

经过半个世纪的建设和发展，华南理工大学成为以工为主，理工结合，管、经、文、法协调发展的多科性大学。目前，学校共设有20个学院；有6个国家重点学科，8个“211工程”重点建设学科；有36个本科专业，29个博士点、61个硕士点，14个领域有工程硕士学位授予权，5个博士后科研流动站。

学校办学条件良好，教学环境优良。2001年有固定资产10.02亿元，校舍建设面积91万平方米。校内设有中国教育和科研计算机网

文体活动中心

优美的校园环境

华南网络中心、广东省教育和科研计算机网网络中心。学校教学实验设备齐全，建有国家工科基础课（数学）教学基地、国家大学生人文素质教育基地、十大基础教学实验中心，以及一批现代化实验中心。图书馆面积2.1万平方米，藏书150万册，正稳步向数字化图书馆发展。学生文化体育设施齐全，建有具国际标准的运动场、学生文体活动中心、塑胶网球场，学生田径队、足球队、篮球队、排球队、游泳队、乒乓球队，多次参加全国和省市的比赛并取得优良成绩。一年一度的学生科技文化艺术节和学生社会实践活动，成功地与社会、企业结合，成为提高学生综合素质的重要环节。

研究生院

学校还拥有一批颇具实力的科研机构及技术开发基地，其中包括1个国家重点实验室、2个教育部重点实验室、2个国家工程研究中心、1个国家甲级建筑设计研究院、1个国家大学科技园，2个广东省重点实验室，十几个省、市、校级工程研究开发中心，以此为依托形成了众多重点科研基地，承担了一大批国家、省市的重点科研任务，形成了多学科门类、多专业联合攻关，基础研究、应用研究、开发研究一条龙的科研格局。学校坚持科学研究面向市场、科技成果转化进入市场，2001年学校科研经费超172亿元，专利申请数持续多年居全国高校前列，是全国第一批企事业专利工作试点单位。

第21届世界大学生运动会火炬传递活动

学校重视师资队伍建设，师资力量雄厚。现有教职工3700人，其中教学、科研人员1700多人，两院院士2人、兼职院士7人、外籍院士1人，“长江学者奖励计划”特聘教授3人，博士生导师157人、硕士生导师651人，教授299人、副教授870人，研究生毕业的教师占教师总数的70%以上。近年来，学校通过实施“兴华人才工程”，大力加强师资队伍的建设，优化队伍整体结构，提高队伍素质。优良的师资和良好的环境吸引了众多的学子。2001年有博士、硕士研究生4902人，本专科生12397人，成人学历教育学生近7000人。网络教育学生近3000人，外国留学生80人。一大批毕业校友成为我国科技骨干、著名企业家、领导干部，学校被社会誉为“工程师的摇篮”、“企业家的摇篮”。

2001年，教育部和广东省人民政府签署了重点共建华南理工大学的协议，支持学校建设成为国内外知名的高水平大学。肩负着国家和人民的重托和期望，华南理工大学正朝着建设高水平大学奋勇迈进。

学生组织的模拟法庭

西南政法大学成立于1953年，经过近50年的建设，已成为以法学为主，兼有政治、经济、管理、新闻、外语、工学等多学科协调发展的综合性大学。学校位于重庆市，占地面积近100万平方米，由沙坪坝校区和渝北新校区两部分构成。

学校以培养具有创新精神和实践能力，懂法律、懂经济、懂外语、懂计算机的复合型高级专门人才为中心任务。目前已经形成七系（法学三个系及管理、外语、经济学、新闻学）、三部（研究生、基础、体育）、四院（刑事侦查学院、政治学院、成人教育学院、高等职业技术教育学院）的办学体系，有4个博士点和13个硕士点。现有在校博士、硕士研究生1100人，本科生和法学第二学士学位班学生8000余人，成人教育学生8000余人。

学校拥有一支实力雄厚、结构合理、后备力量充足、敬业精神强的教学科研队伍。现有专兼职教师和科研人员500余人，专业技术人员近300人，其中具有高级专业技术职务的300余人。

学校在改革发展中成绩显著，2001年学校学生荣获全国优秀法学博士论文奖1项；经济法学科成为全国法学类十个国家级重点学科之一；校代表队荣获第二届全国“贸仲杯”国际商事模拟辩论赛冠军，并代表中国队参加维也纳国际商事仲裁辩论赛。

开拓进取、求真务实的西政人将在新世纪奏响更加激动人心的改革发展之歌！

# 西南政法大学

学生们正在做司法化学实验

新建学生公寓

# 四川外语学院

四川外语学院是1950年5月创建的外语高等院校，历经中国人民解放军西南军政大学俄文训练团、第二高级步兵学校、西南革大、西南俄专几个时期，1959年5月扩建为四川外语学院。学院位于重庆市沙坪坝区，是重庆市人民政府命名的园林式单位。

四川外语学院面向全国招生，现已成为国家培养多语种、多专业高级外语人才和从事科研的重要基地。目前有各类在校学生7000余人；拥有一支实力雄厚的教学科研队伍，其中具有高级职称的170多人。

学院现有俄、英、法、德、日、西班牙语和法学、新闻学、对外汉语等语种专业及数十个专业方向，其中俄、英、法、德、日语和比较文学与世界文学等专业具有硕士学位授予权，享有向同等学力人员授予硕士学位权。

为适应改革开放和社会主义现代化建设对各类专业外语人才的需求，学校实现了办学和培养模式从单一的外语专业向多学科相结合培养复合型外语人才的方向转变；从单一层次的办学向本科生、研究生教育为主，与双学位教育、成人和高等职业技术教育及出国人员培训相结合的开放式多层次办学转变；从单一的公办向公办为主与公办民助相结合面向社会独立自主办学和“一校多制”的办学格局转变。

面向21世纪，学院将进一步发扬“团结、勤奋、严谨、求实”精神，继续探索培养高素质复合型高级专门外语人才的办学之路，为实现新的目标而努力奋斗。

独具特色的综合大楼

地址：重庆市沙坪坝区壮志路33号　邮编：400031
电话：023-65385238　65385716
网址：www.sisu.edu.cn

英语系学生参加“21世纪杯”全国英语演讲比赛获优胜奖

工作中的多媒体课题组

# 西南交通大学

学校大门

研制的世界首台载人高温超导磁悬浮列车

国家本科教学工作优秀评价汇报会会场

西南交通大学1896年创建于山海关，时称山海关北洋铁路官学堂。在一个多世纪的办学历程中，一代代交大人用毕生精力铸就了“严谨治学”的优良校风和杰出的办学成就。遍布全国和世界的7万余名毕业生中，有茅以升、竺可桢等老一辈国际著名专家、学者，有张维、周惠久等40余名中科院和工程院院士，有余峻南、刘济源等著名建筑勘测设计大师，也有邹世昌、侯振挺等一批知名专家学者。在中央军委表彰的“两弹一星”功勋奖获得者中，有陈能宽等3位专家为学校校友。

现在，西南交通大学业已发展成为一所以工为主，工、理、管、经、文、法综合发展的“211工程”建设重点大学。建立起了包括研究生教育、本科教育、继续教育、网络教育的完整的高等教育体系。现有各类在校学生近3万人；拥有包括3位中国科学院院士、2位中国工程院院士在内的雄厚师资力量；设有13个学院，2个系，49个本科专业（方向）；有6个国家级重点学科，17个省部级重点学科，24个博士学位授权点，59个硕士学位授权点，6个博士后流动站，有被批准设立“长江学者奖励计划”特聘教授岗位的学科8个。有以国家牵引

西南交通大学105周年庆典

动力实验室为代表的64个教学、科研实验室，还有国家高性能计算中心、现代工业技术培训中心、国家CAD应用教育培训中心和17个跨学科研究中心。图书馆藏书逾140万册。

学校的科学研究近年来发展迅速，年科研经费逾亿元，在磁悬浮技术研究、机车车辆、高速重载运输、神经网络计算机、第三代移动通讯技术研究等方面取得了一大批对国民经济发展有着深远影响的重大成果，日益成为推动国家科技发展的重要基地。特别是在高温超导磁悬浮技术研究方面取得了重大突破，世界第一辆高温超导载人磁悬浮实验车——“世纪号”在国家“863”计划科技成果展上引起关注。

2000年，学校划归教育部管理。同年，学校被国家批准试办研究生院，并顺利通过教育部本科教学优秀评价。2001年，学校通过教育部“211工程”“九五”期间建设项目验收。以此为新的起点，西南交通大学将承扬百年业绩，秉承前人风采，遵照江泽民总书记“继往开来，勇攀高峰，把交通大学建设成世界一流大学”的题词精神，加快学校的发展，为中华民族的伟大复兴作出新的贡献！

2002年3月，西藏大学师资培训基地在西南交通大学成立

多媒体电化教学

# 西南科技大学

教学区

综合实验楼

西南科技大学是一所以工科为主，理、文、法、经、管、农相结合的多科性大学。学校实行中央与省市共建、以四川省管理为主的产学研紧密结合的新型办学体制，中国工程物理研究院、中国空气动力研究与发展中心、四川长虹电子集团等大型科研单位和企业参与共建和合作办学。2001年，学校被教育部确定为中国西部重点建设的14所高校之一，具有推荐优秀应届本科毕业生免试攻读硕士学位研究生资格。2002年，学校又被教育部确定为开展远程教育试点高校。

学校地处四川省绵阳市。校园占地面积200万平方米，校园依山傍水、环境优美，是四川省文明单位。学校面向全国招生，到2002年9月，研究生和普通本专科在校学生达2万余人。

学校在工学、理学、经济学、法学、文学、农学、管理学7个门类设有41个本科专业和8个硕士学位授权点，有省部级重点学科、重点实验室7个，科研机构17个，国家级大学科技园（筹建）1个。现有教职工1800余人，其中教师1000余人，有包括两院院士在内的高级专业技术职务人员400余人，拥有一批博士生、硕士生导师和四川省学术技术带头人及后备人员。学校承担了多项国家“863”项目、“十五”攻关项目和国家自然科学基金项目以及省部级科研项目，不少成果达到国内领先和国际先进水平，被四川省人民政府命名为“科技开发服务先进单位”。

美国数学杂志主编保罗博士与学校数理系教师探讨数学问题

“雄关漫道真如铁，而今迈步从头越”。如今，西部大开发和建设绵阳科技城的号角已吹响，西南科技大学师生员工将进一步解放思想，抓住机遇，深化改革，加快发展，坚持观念创新、体制创新，努力将学校建成为高水平的多科性大学，为国家建设和西部大开发培养更多高素质人才，为建设绵阳科技城提供强有力的人才、智力和技术支持。

# 西安交通大学

可容纳3000余人就餐、学习的康桥苑

西安交通大学是教育部直属高校。其前身是1896年创建于上海的南洋公学，1921年改称交通大学。新中国成立后，根据国家经济建设发展战略的需要，1956年交通大学的主体内迁西安，1959年正式定名为西安交通大学，并被列为全国重点大学。西安交大是国家“七五”、“八五”重点建设的大学，也是首批进入国家“211工程”建设的大学，1999年又被国家确定为建设世界知名高水平大学之一。2000年4月，西安医科大学、陕西财经学院与西安交通大学实现合并。

西安交通大学是一所具有理工特色，涵盖理、工、医、经、管、文、法等9个学科门类的综合性大学。学校设有20个学院，现有教职工10404人，教师3229人，其中博士生导师266名，正副教授1618名，其他各类高级专业人才437名。现有学生29276人，其中博士、硕士研究生6915人。继续教育学生10106人，留学生384人。全校有64个本科专业，136个学科（专业）有权授予硕士学位，83个学科（专业）有权授予博士学位，学校有国家重点学科20个，还拥有工程硕士、临床医学硕士和MBA、MPA等6个专业学位点，有13个博士后流动站，有14个学科被列入国家“长江学者奖励计划”。学校有5个国家重点实验室，4个国家专业或专项实验室，11个省部级重点实验室和1个国家工程研究中心。学校的科技园被列为西北地区国家级大学科技园。

学校占地231万平方米，校舍面积120万平方米。拥有以著名科学家钱学森命名的图书馆和联通全校的校园网，中国教育科研网西北网络中心、国家高性能计算中心也设在西安交通大学。

学校的奋斗目标是：通过“面向21世纪教育振兴行动计划”的实施，把学校建设成世界知名的高水平大学，到21世纪中叶将学校建成世界一流水平大学，成为培养和造就高素质创造性人才的摇篮。

钱学森图书馆

我国高性能计算中心——每秒可运算4000亿次

学校大门

# 西安培华女子大学

西安培华女子大学创建于1984年，是经陕西省政府批准并报教育部注册备案的新中国第一所女子普通高等学校。

学校位于西安高新技术产业开发区西区，占地41万平方米，现有包括综合教学楼、图书馆、学生餐厅、礼堂、学生公寓在内的建筑面积近11万平方米。设有中文系、财经系、艺术系、计算机系、外语系、法学系、电子系和成人教育学院及培华职业技术学校等七系一院一校共22个专业，各类在校学生近5000名，专兼职教师378人，其中任课专职教师的高职比达49%。学校教学设施完备，设有微机室、培华网络机房、电子试验室、多媒体大屏幕视听教学系统、语音教学系统、多媒体服装设计室、服装工艺室、电脑广告设计室及英语听力训练调频电台等教学设备和实习场所，为学生创造了良好的学习环境。

学校坚持以江泽民总书记“三个代表”思想为指导，坚持社会主义的办学方向，遵循“校誉至上，质量第一，自强不息，开拓前进”的办学思路，拥有众多学术造诣深、师德良好的专家、学者任教，担当学术带头人，推动了教学与科研的发展。迄今为止，学校已为社会培养近万名毕业生。1998年，经原陕西省教委批准，学校执行“浮

学校园区

国际交流活动

动学制”，对于本校二年级品学兼优的学生，经考试成绩优秀者可转入相应院校的同专业或相近专业的本科学习。至2000年，学生“专升本”升学率已达20%。

学校对外交流广泛，已有日本、德国、美国、加拿大等30多个国家和地区的70多个友好团体来校参观访问，1987年与日本京都成安女子大学缔结为友好学校，从1991年起每年选派一批优秀学生赴日本学习。目前，已有七批留学生先后学成回校工作；1999年又与日本立命馆亚洲太平洋大学签订了派遣留学生的协议；2000年与日本羽衣国际大学签订友好协议，与韩国光州大学签订派遣留学生协议；2001年起与北京大学联合举办应用社会学专业研究生进修班。今后，学校将进一步拓展校际之间的交流与合作，以远距离联合办学的方式，加强与国际教育、文化的接轨，为学生开辟一条更为广阔的通向世界的道路。

面对知识经济时代，学校将进一步构建适应新世纪需要的人才培养模式，培养更多具有创新精神、实践能力、有理想、有文化、高素质的巾帼英华。

学生服装设计展示会

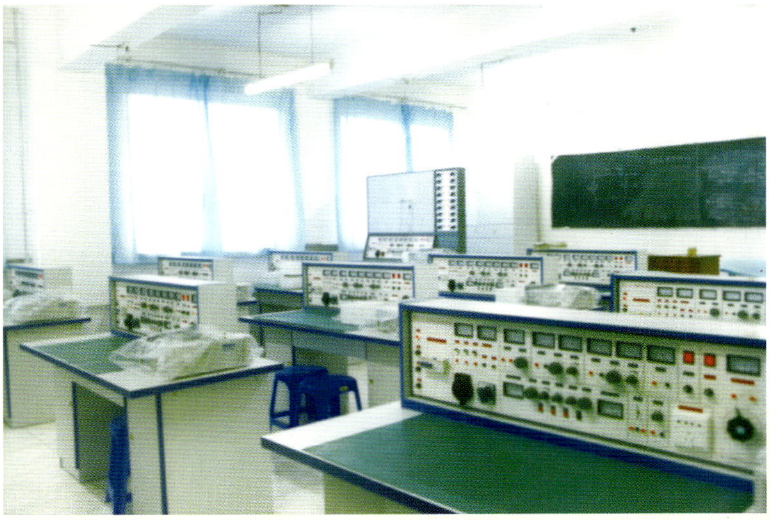

电教室

网络机房

地址：西安市南郊白沙路南段2号
邮编：710065
电话：029-8220740　8253481
传真：029-8220740
网址：www.peihua.net
E-mail:president@peihua.net

# 长安大学

体育馆

长安大学由原西安公路交通大学、西安工程学院、西北建筑工程学院于2000年4月合并组建而成，直属教育部，是国家“211工程”重点建设大学。

长安大学以教学和科研为中心，形成了以培养本科生和研究生为主，兼及高等职业技术教育、成人教育的多层次办学体系。学校设有11个学院和6部2系，设有交通运输工程学科博士后流动站，有交通运输工程一级学科博士学位授权点和地质工程、机械设计及理论两个二级学科博士学位授权点，有23个硕士学位授权点，2个工程硕士点，49个本科专业，57个专业方向，15个专科专业，11个高职专业。专业设置覆盖了当今公路交通、国土资源与环境、建筑工程的绝大部分领域。

“211工程”“九五”期间建设项目通过验收

长安大学占地200万平方米，设校本部、雁塔校区、小寨校区、渭水校区和太白校区共5个校区。学校有2个国家级重点学科、8个省部级重点学科和10个省部级重点实验室，有2个陕西省名牌专业。

学校图书馆藏书150万册。编辑出版包括进入中国期刊方阵的《中国公路学报》、《交通运输工程学报》、《长安大学学报》在内的9种学术性期刊。

长安大学是国家批准的第三批“长江学者奖励计划”特聘教授岗位设置单位，师资力量雄厚，拥有一批学术水平高、在国内外享有盛誉的专家学者。

学校面向全国30个省、自治区、直辖市招生，2001年有学生31603人，其中全日制在校生21486人，博士、硕士生1138人，全日制本科生16303人，高职学生2074人。另有德国、韩国、坦桑尼亚、澳大利亚等国家留学生43人。建校50年来，学校已为社会培养各类高级专门人才近8万名。

长安大学学术气氛浓厚，科研成果丰硕。公路、汽车、工程机械、地质等7个学科领域的科学研究已达到国内领先、接近国际先进水平，并形成了独特的优势。

汽车试验场俯瞰图

# 兰州大学

90周年校庆

兰州大学创建于1909年，1946年定名为“国立兰州大学”，1953年被确定为教育部直属大学。现为国家“211工程”和省部重点共建高校。

兰州大学建有本部、一分部、二分部和榆中校区4个教学园区，占地面积200万平方米。设有研究生院等20个院系，现有教师、科研人员2000余人。其中两院院士6人；博士生导师117人；正、副教授700余人。有在校学生2万余人，其中研究生2000余人。

兰州大学是我国首批具有学士、硕士、博士学位授予权单位；建立博士后流动站，设置文、理国家基础理论研究和教学人才培养基地的高校之一。现有2个国家重点实验室、2个教育部重点实验室、2个国家级人文社会科学研究基地；有35个科研机构，84个实验室；6个国家重点学科，15个省部级重点学科；5个博士后流动站，40个博士授权专业，89个硕士学位授权专业和2个专业学位授权点；61个本科专业，5个国家基础理论研究和教学人才培养基地。近年来，学校先后获得国家和省部级科技成果奖330多项，编辑出版各种专著、教材、译著500多部，平均每年发表学术论文1000余篇。根据《SCI》、《ISR》统计，兰州大学是中国在国际学术刊物上发表论文最多、引用率最高的10所大学之一，特别是1992、1993年连续两年发表论文数名列全国高校第三位，论文引用情况名列第六位。

面对新世纪的挑战和西部大开发的历史机遇，兰大人决心走提高质量、提高效率，办出水平、办出特色的道路，全体师生员工共同奋斗，把兰州大学建成研究型、综合性、高水平的大学，为我国现代化建设作出更大贡献。

黄河漂流考察

第一届世界华人高科技化学研讨会会场

# 西北民族学院

礼堂

西北民族学院建立于1950年8月，其前身是西北人民革命大学兰州分校第三部（简称“革大三部”）。西北民族学院是国家民委直属高校。52年来，学校为国家培养了各级各类人才5万余人。

西北民族学院设有经济管理学院、医学院、职业教育与继续教育学院3个教学分院和汉语言文学系、藏语言文学系、蒙古语言文学系、历史系（广告学系）、外国语言文学系、法律系、心理学系、社会学系、数学系（计算机科学与信息工程系）、物理系（电气工程系）、化学系、食品科学系（动物科学系）、美术系、音乐舞蹈系、体育系、预科部16个系（部），共有48个专业。其中本科专业涵盖哲学、经济学、法学、教育学、文学、历史学、理学、工学、农学、医学、管理学11个学科门类，有省部级重点学科5个。

学校设有中国少数民族语言文学、民俗学（中国民间文学）、宗教学、中国少数民族艺术、中国少数民族经济、马克思主义民族理论与政策、计算机应用技术、专门史8个硕士学位授予点。

学校设有中国民族信息技术研究院、格萨尔研究院和西北民族研究所3个独立建制的科研院所和社会人类学、民俗学研究所等8个系所合一的研究所。

在科学研究方面，学校注重发挥特色和优势，取得了显著成绩。学校研制开发的《计算机藏汉双语文字信息处理系统》系列项目，达到国际领先水平，近年来获得成果数十项，其中《藏汉双语信息处理系统》获1999年国家科技进步二等奖，《藏文视窗平台、字处理软件和藏文网站》获2001年国家科技进步二等奖，并在互联网上建立了世界上第一个藏文网站。

来自各民族的莘莘学子

地　址：甘肃省兰州市西北新村1号　　邮　编：730030　　电　话：0931－8185664　　传　真：0931－8185709

农业工程学院学生在作测量实习

塔里木农垦大学是为了适应新疆农垦事业发展的需要，于1958年创建的。原国家副主席王震亲笔题写了校名，并兼任学校名誉校长。

塔里木农垦大学地处南疆塔克拉玛干沙漠北缘的阿拉尔市，依傍着美丽的塔里木河，是一所“沙漠学府”。经过50多年的艰苦创业，学校已成为南疆一所以农为主，文、理、工、农、经、管多学科相结合的、具有学士学位授予权的本科院校，原属农业部主管，现为与新疆生产建设兵团共建的普通高校。学校占地面积353万平方米，校园面积147万平方米，建筑面积15万平方米。现有专任教师284人，教授15人，副教授65人。教师中具有博士学位、硕士学位的72人。来自新疆、陕西、甘肃、宁夏等省区的在校全日制学生4000余人，成人教育学员2400多人。教学科研仪器设备总值2300万元，图书馆藏书32万册，各类期刊1200多种；校园局域网与中国教育科研网连接。编辑出版的《塔里木农垦大学学报》在国内外公开发行。

学校现有植物科技学院、动物科技学院、农业工程学院、文理学院、高等职业技术学院、成人教育学院6个教学单位和兵团南疆干部培训中心。共设有17个本科专业，25个专科专业，2个兵团重点学科，40个实验室（其中3个校级重点实验室），4个教学实习基地。学校成立了生物技术研究开发中心。

经过50多年的艰苦创业和奋力开拓，塔里木农垦大学已建成具有一定规模、培养各类专业人才的高等学府。已培养输送毕业生13000多名。

近20年来，学校承担各级各类科研项目390多项，其中3项国家自然科学基金项目，获得成果55项，发表论文2560多篇，出版专著和教材56部。在科技服务方面先后选派科技副县长、副团长10余人到各地任职，投入科技力量13000多人次，产生综合经济效益4.6亿元，有9人次获省部级奖励，学校在1997年和2000年获兵团和自治区科技服务先进集体一等奖，2001年获兵团科技扶贫先进集体，为兵团和南疆区域经济发展及社会稳定起到了重要作用。在党中央实施“科教兴国”和西部大开发战略的过程中，学校将加强学科建设，加大教学改革的力度，进一步提高教学质量，培养各类合格人才，为新疆和兵团区域经济、社会和科技文化发展作出更大的贡献。

# 塔里木农垦大学

实验基地

动物科技学院教师给学生讲授标本制作过程

办公大楼

# 江苏教育出版社

成立于1984年的江苏教育出版社，在1994年被评为全国优秀出版社时得到江泽民总书记的亲笔题词鼓励："多出好书，促进社会主义精神文明建设。"

多年来，江苏教育出版社在出书品种、图书印装质量、图书销售等方面一直在出版界名列前茅，每年均有图书在全国、中宣部、新闻出版署、江苏省及行业系统获得各种奖项。到2001年底，江苏教育出版社已有300多种图书获省以上优秀图书奖。2001年出书合计1236种，码洋达7亿。江苏教育出版社本着"以市场为导向，以人为本，以教育为本"的出版理念，在全体员工的共同努力下，连续多年保持持续发展的势头。

江苏教育出版社，深入市场调研，调整出版理念，拓展图书选题思路，陆续开发出一批具有市场潜力的"双效"图书。随着素质教育的深入，江苏教育出版社发挥拥有学校优秀师资编写队伍的优势，编辑出版了一批适应市场需求的素质教育读物，得到学校师生的欢迎和好评。2001年年初，江苏教育出版社积极参与和配合教育部关于研制开发国家新课程标准实验教材的工作。凭借多年编辑出版教材的经验，在深入了解市场的情况下，组织了一支有专家领衔，学科专家、课程专家、一线优秀教师和教研员相结合的编写队伍，在较短的时间内，按照教育部的要求，开发研制出了既有中国特色，又具有国际视野的五套实验教材，已获得全国中小学教材审定委员会审查通过，于2001年秋季进入全国各实验区实验。为了确保新教材的实施和推广，江苏教育出版社成立了21世纪课程教材研究中心，并制定了一套教材质量和服务保障体系，建立1088教育服务网，不定期的举办一系列的教师培训和教材推广活动，力求并保证实验学校用好、学好教材。

随着中国加入WTO，图书出版市场也将面临前所未有的挑战和机遇，江苏教育出版社将团结一心，锐意进取，努力成为我国东部发达地区基础教育系列教材研制、开发、生产的中心。

部分出版书籍

荣誉证书